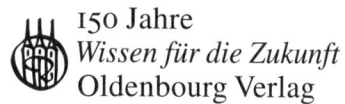

# Lehr- und Handbücher zu Sprachen und Kulturen

## Herausgegeben von
## José Vera Morales

### Lieferbare Titel:

**Arabisch**
*Waldmann*, Wirtschaftswörterbuch
Arabisch-Deutsch · Deutsch-Arabisch

**Chinesisch**
*Kuhn · Ning · Hongxia Shi*, Markt China, Grundwissen zur erfolgreichen Marktöffnung
*Liu · Siebenhandl*, Einführung in die chinesische Wirtschaftssprache

**Englisch**
*Fink*, Wirtschaftssprache Englisch – Zweisprachiges Übersetzer-Kompendium
*Guess*, Professional English, 5. Auflage
*Königs*, Übersetzen Englisch – Deutsch, 2. Auflage
*Labriola · Schiffer*, Politisches Wörterbuch Dictionary of Polities, 4. Auflage
*O'Riordan · Lehniger*, Business 21 – Modernes Wirtschaftsenglisch kompakt
*Pawelzik*, Communication in Business

**Französisch**
*Jöckel*, Training Wirtschaftsfranzösisch, 3. Auflage
*Lavric · Pichler*, Wirtschaftsfranzösisch fehlerfrei – le français économique sans fautes, 3. Auflage

**Italienisch**
*Haring*, Wirtschaftsitalienisch, 2. Auflage
*Macedonia*, Wirtschaftsitalienisch, 3. Auflage
*Macedonia*, Wirtschaftsitalienisch – Übungsbuch

**Polnisch**
*Milińska*, Übersetzungskurs Polnisch-Deutsch und Deutsch-Polnisch

**Russisch**
*Baumgart · Jänecke*, Rußlandknigge, 3. Aufl.
*Fijas · Tjulnina*, Wirtschaftsrussisch – Wörterbuch Band I: Deutsch-Russisch
*Saprykina · Pribyl*, Wirtschaftsrussisch

**Spanisch**
*Jöckel*, Wirtschaftsspanisch – Einführung, 2. Auflage
*Padilla Gálvez*, Wirtschaftsspanisch-Lexikon Spanisch-Deutsch · Deutsch-Spanisch
*Padilla Gálvez*, Wirtschaftsspanisch: Marketing
*Schnitzer · Martí*, Wirtschaftsspanisch – Terminologisches Handbuch, 5. Auflage
*Schnitzer · Schatzl*, Übungsbuch zu Wirtschaftsspanisch, 3. Auflage
*Vera Morales*, Spanische Grammatik, 5. Aufl.
*Weitzdörfer*, Spanisch heute, 2. Auflage

# Spanische Grammatik

von
Dr. José Vera Morales

5., neubearbeitete Auflage

Oldenbourg Verlag München

Bibliografische Information der Deutschen Nationalbibliothek

Die Deutsche Nationalbibliothek verzeichnet diese Publikation in der Deutschen Nationalbibliografie; detaillierte bibliografische Daten sind im Internet über <http://dnb.d-nb.de> abrufbar.

© 2008 Oldenbourg Wissenschaftsverlag GmbH
Rosenheimer Straße 145, D-81671 München
Telefon: (089) 45051-0
oldenbourg.de

Das Werk einschließlich aller Abbildungen ist urheberrechtlich geschützt. Jede Verwertung außerhalb der Grenzen des Urheberrechtsgesetzes ist ohne Zustimmung des Verlages unzulässig und strafbar. Das gilt insbesondere für Vervielfältigungen, Übersetzungen, Mikroverfilmungen und die Einspeicherung und Bearbeitung in elektronischen Systemen.

Lektorat: Wirtschafts- und Sozialwissenschaften, wiso@oldenbourg.de
Herstellung: Anna Grosser
Coverentwurf: Kochan & Partner, München
Gedruckt auf säure- und chlorfreiem Papier
Gesamtherstellung: Druckhaus „Thomas Müntzer" GmbH, Bad Langensalza

ISBN 978-3-486-58645-9

# Inhaltsverzeichnis

Vorwort ............................................................................................................................... 1

**1. Das Geschlecht der Substantive**
    A. Geschlecht von Personenbezeichnungen ........................................................... 3
    B. Die feminine Form von Personenbezeichnungen................................................ 4
    C. Die feminine Form von Herkunftsbezeichnungen .............................................. 8
    D. Geschlecht von Tierbezeichnungen .................................................................... 9
    E. Geschlecht von Sach- und Pflanzenbezeichnungen .......................................... 10
    F. Genusbestimmung nach Maßgabe der Wortform ............................................. 12
    G. Genusbestimmnung nach Maßgabe der Wortbedeutung ................................. 20

**2. Die Mehrzahl der Substantive**
    A. Plural der Substantive mit Endung auf Vokal ................................................... 24
    B. Plural der Substantive mit konsonantischer Endung ........................................ 25
    C. Sonderfälle bei der Pluralbildung ...................................................................... 28
    D. Besonderheiten im Gebrauch von Singular und Plural .................................... 30

**3. Das Adjektiv**
    A. Bildung der femininen Form ............................................................................. 34
    B. Bildung des Plurals ............................................................................................ 37
    C. Kongruenz .......................................................................................................... 38
    D. Stellung des attributiven Adjektivs .................................................................... 42
    E. Verkürzung des Adjektivs .................................................................................. 46
    F. Graduierung des Adjektivs ................................................................................ 50
    G. Substantivierung des Adjektivs ......................................................................... 56

**4. Das Zahlwort**
    A. Die Kardinalzahlen ............................................................................................ 58
    B. Die Ordinalzahlen .............................................................................................. 62
    C. Sonstiges zum Zahlwort .................................................................................... 65

**5. Der bestimmte Artikel**
    A. Formen ............................................................................................................... 69
    B. Besondere Verwendungsweisen des bestimmten Artikels ............................... 74

**6. Der unbestimmte Artikel**
    A. Formen ............................................................................................................... 87
    B. Besondere Verwendungsweisen des unbestimmten Artikels ........................... 89

**7. Die Demonstrativpronomen**
    A. Formen und Grundbedeutung ........................................................................... 94
    B. Sonstiges zur Form und Verwendung der Demonstrativpronomen ................ 98

**8. Die Possessivpronomen**
    A. Possessivpronomen als Adjektive ................................................................... 105
    B. Die Vollformen der Possessivpronomen ........................................................ 107

## 9. Die Indefinitpronomen und Vergleichsstrukturen
A. MISMO, OTRO, TAL, UNO, AMBOS und verwandte Ausdrücke.................... 110
B. MUCHO, BASTANTE, POCO, DEMASIADO und verwandte Ausdrücke.......... 119
C. ALGUIEN, NADIE, ALGO, NADA, ALGUNO, NINGUNO
und verwandte Ausdrücke................................................................................ 127
D. TODO, CUALQUIERA, CADA und verwandte Ausdrücke ..................... 133
E. TANTO, MÁS, MENOS. und verwandte Ausdrücke der Komparation................ 141

## 10. Das Relativpronomen
A. Allgemeines................................................................................................ 152
B. Relativpronomen als Subjekt....................................................................... 155
C. Relativpronomen als Akkusativobjekt ........................................................ 158
D. Relativpronomen als Dativobjekt150........................................................... 161
E. Relativpronomen in sonstigen präpositionalen Konstruktionen................... 162
F. Relativpronomen bei Weglassung des Beziehungselements........................ 164
G. Indefinite Relativpronomen: 'was', 'wo(r)-', 'wer'....................................... 166
H. Sonstiges zum Relativpronomen................................................................. 168

## 11. Die Personalpronomen
A. Formenbestand ........................................................................................... 177
B. Personalpronomen als Satzsubjekt.............................................................. 178
C. Betonte Formen der Partnerpronomen ........................................................ 180
D. Betonte Formen der Verweispronomen ...................................................... 183
E. Die unbetonten (verbundenen) Personalpronomen ..................................... 186
F. Die unbetonten Formen der Partnerpronomen............................................. 188
G. Die verbundenen Pronomen für Drittpersonen ........................................... 189
H. Die verbundenen Pronomen für Sachen und Satzinhalte............................. 197
I. Redundanz des Personalpronomens ............................................................. 200
J. Die unbetonten Pronomen in der Wortfolge ................................................ 204

## 12. Die Verbformen
A. Die infiniten Verbformen............................................................................212
B. Die finiten Verbformen...............................................................................214
C. Die Konjugation der regelmäßigen Verben.................................................216
D. Orthographische Besonderheiten in der Konjugation .................................224
E. Konjugation der Klassenverben..................................................................227
F. Allgemeines über die unregelmäßigen Verben mit Eigenmuster .................243
G. Alphabetische Liste der Verben mit eigenem Muster.................................245

## 13. Reflexivverben
A. Zur Morphologie der Reflexivverben ........................................................259
B. Sonstiges zum Reflexivverb ......................................................................263

## 14. Der Infinitiv
A. Besonderheiten im Gebrauch des Infinitivs ...............................................269
B. Der untergeordnete Infinitivsatz.................................................................275
C. Modalverben..............................................................................................284
D. Häufige infinitivische Fügungen................................................................289
E. Der Infinitivsatz als adverbiale Bestimmung .............................................296

## 15. Das Gerundio
A. Allgemeines zum Gerundio .................................................................. 303
B. Fügungen mit dem Gerundio ............................................................... 311

## 16. Das Partizip
A. Form und Verwendung des Partizips .................................................. 317
B. Aktivische Fügungen mit dem Partizip ................................................ 320

## 17. Das Passiv
A. Das Vorgangspassiv ............................................................................ 323
B. Das Zustandspassiv ............................................................................. 325

## 18. Die Verwendung der Zeiten des Indikativs
A. PRESENTE ............................................................................................. 329
B. PERFECTO ............................................................................................. 329
C. IMPERFECTO ........................................................................................ 333
D. PLUSCUAMPERFECTO ......................................................................... 338
E. INDEFINIDO .......................................................................................... 340
F. PRETÉRITO ANTERIOR ......................................................................... 346
G. Ergänzungen zum Gebrauch der Vergangenheitszeiten ................... 347
H. FUTURO ................................................................................................ 349
I. FUTURO PERFECTO .............................................................................. 355
J. CONDICIONAL SIMPLE ........................................................................ 356
K. CONDICIONAL COMPUESTO .............................................................. 359

## 19. SER, ESTAR, HABER
A. SER beim Klassifizieren, Quantifizieren und Identifizieren ................ 362
B. SER als Geschehensbezeichnung ....................................................... 367
C. ESTAR bei der Standortangabe .......................................................... 370
D. ESTAR bei der Zustandsangabe ......................................................... 374
E. SER oder ESTAR? ................................................................................. 378
F. HABER im unpersönlichen Gebrauch ................................................. 385

## 20. Verben mit Nominativergänzung
A. Ersatzverben für SER und ESTAR ....................................................... 389
B. Verben der Zustands- und Wesensveränderung ............................... 396

## 21. Verben mit Objektsprädikativ
A. Kausative Verben ................................................................................ 400
B. Weitere Verben mit Objektsprädikativ ............................................... 401

## 22. Subjekt und Prädikat
A. Besonderheiten in der Kongruenz ...................................................... 405
B. Sätze mit Nullsubjekt .......................................................................... 410

## 23. Das indefinite Subjekt
A. Die dritte Person Plural des Verbs ..................................................... 412
B. Sätze mit indefinitem SE .................................................................... 413
C. Andere Formen des indefiniten Subjekts .......................................... 417

## 24. Das Akkusativ- und Dativobjekt
A. Akkusativobjekt mit A eingeführt .................................................................. 420
B. Wegfall von A beim Akkusativobjekt ............................................................. 425
C. Dativobjekt ........................................................................................................ 427

## 25. Ortsbestimmungen
A. Lokaladverbien ................................................................................................. 431
B. Präpositionalgefüge zur Positionsbestimmung ........................................... 439
C. Präpositionalgefüge bei Fortbewegungen ................................................... 443
D. Ergänzungen zu den Ortsbestimmungen .................................................... 447

## 26. Zeitbestimmungen
A. Zeitangaben mit und ohne Präposition ....................................................... 450
B. Die Adverbien der relativen Zeitangabe ...................................................... 465
C. Sonstige Zeitadverbien .................................................................................... 469
D. Konventionelle Zeitangaben .......................................................................... 476

## 27. Die Adverbien
A. Vergleich und Steigerung des Adverbs ........................................................ 481
B. Adverbien der Art und Weise ......................................................................... 482
C. Adverbien auf –MENTE ................................................................................. 494
D. Das Adjektiv als modale Bestimmung .......................................................... 496
E. Sonstige Adverbien ........................................................................................... 497

## 28. Frage- und Ausrufewörter
A. Gebrauch von QUÉ .......................................................................................... 504
B. Gebrauch von QUIÉN ..................................................................................... 511
C. Gebrauch von CUÁL ....................................................................................... 512
D. Gebrauch von CUÁNTO ................................................................................ 514
E. Sprecherstellungnahmen in Frageform ........................................................ 516
F. Weitere Ausrufewörter und –strukturen ...................................................... 517

## 29. Negationen
A. Das Negationswort NO ................................................................................... 522
B. Andere Negationswörter ................................................................................. 528
C. Widerspruch und Zurückweisung ................................................................. 537

## 30. Die Stellung der Satzglieder
A. Besonderheiten in der Stellung der Satzglieder .......................................... 540
B. Subjekt nach dem Verb ................................................................................... 543
C. Ergänzung vor dem Verb ................................................................................ 550
D. Stellung von adverbiellen Angaben .............................................................. 552
E. Thematisierung ................................................................................................. 555
F. Hervorhebung durch Satzspaltung ................................................................ 557

## 31. Der Imperativ
A. Der Imperativ und seine Ersatzformen ........................................................ 563
B. Feststehende Imperativformen ...................................................................... 566

## 32. Der Subjuntivo im einfachen Satz
A. Subjuntivo in Aufforderungen ....................................................................... 574

B. Subjuntivo im Ausdruck erfüllbarer Wünsche ............................................................ 575
   C. Ausdruck der Unwirklichkeit im einfachen Satz ....................................................... 576
   D. Sonstiges zum Gebrauch des Subjuntivo im einfachen Satz ................................. 577

## 33. Konjunktionen der Beiordnung
   A. Kopulative Verbindung ............................................................................................. 583
   B. Disjunktive Verbindung ............................................................................................ 584
   C. Adversative Verbindung ........................................................................................... 586
   D. Sonstige Verbindungen ............................................................................................. 587

## 34. Gebrauch der Modi in Objekt- und Subjektsätzen
   A. Übersicht über die Verwendungsweisen von QUE .................................................. 591
   B. Subjekt- und Objektsätze im Indikativ: Benennung von Tatsachen ...................... 598
   C. Subjuntivo: Abhängigkeit von einem Willen oder einem Geschehen .................. 604
   D. Subjuntivo: Wahrscheinlichkeitsbezug .................................................................... 610
   E. Subjuntivo: Widerspruch und Infragestellung ........................................................ 613
   F. Subjet- und Objektsätze: Bewertung von Tatsachen .............................................. 616
   G. Zusätzliches zum Modusgebrauch in Subjekt- und Objektsätzen ........................ 631

## 35. Gebrauch der Modi in Adverbialsätzen
   A. Finalsätze .................................................................................................................... 627
   B. Temporalsätze ............................................................................................................ 630
   C. Komitativsätze ........................................................................................................... 636
   D. Konzessivsätze .......................................................................................................... 639
   E. Kausalsätze ................................................................................................................. 642
   F. Konsekutivsätze ......................................................................................................... 645
   G. Konditionalsätze ....................................................................................................... 648
   H. Komparativsätze ....................................................................................................... 660
   I. Äquivalente von Adverbialsätzen .............................................................................. 662

## 36. Gebrauch der Modi in Relativsätzen
   A. Relativsätze im Indikativ .......................................................................................... 664
   B. Relativsätze im Subjuntivo ....................................................................................... 667

## 37. Zeitenfolge und indirekte Rede
   A. Tempus des Subjekt-Objektsatzes im Indikativ ...................................................... 677
   B. Der Zeitabschnittbezug der Zeiten des Subjuntivo ................................................ 682
   C. Tempus des Subjekt-Objektsatzes im Subjuntivo ................................................... 687
   D. Tempus des Subjuntivo in Adverbialsätzen ............................................................ 693
   E. Zeitenfolgeregeln für Relativsätze ............................................................................ 698
   F. Indirekte Rede ............................................................................................................ 699

## 38. Die Präpositionen DE, A und EN
   A. Die Präposition DE ................................................................................................... 707
   B. Die Präposition A ..................................................................................................... 718
   C. Die Präposition EN ................................................................................................... 722

## 39. Die Präpositionen POR und PARA
   A. Die Präposition POR ................................................................................................ 726
   B. Die Präposition PARA .............................................................................................. 734

**Inhaltsverzeichnis**

**40. Weitere Präpositionen**
　　A. Gebrauch von CON .................................................................. 741
　　B. Gebrauch von CONTRA ........................................................... 745
　　C. Gebrauch von ENTRE .............................................................. 746
　　D. Gebrauch von SEGÚN, SIN und anderen Präpositionen ........... 747
　　E. Besonderheiten im Gebrauch der Präpositionen ....................... 750

**41. Präfixe und Suffixe**
　　A. Präfixe ..................................................................................... 752
　　B. Suffixe ..................................................................................... 755

**42. Aussprache und Schreibung**
　　A. Alphabet und Aussprache ........................................................ 766
　　B. Besonderheiten der spanischen Aussprache ............................ 770
　　C. Silbentrennung, Betonung, Akzent .......................................... 779
　　D. Groß- und Kleinschreibung, Interpunktion .............................. 782

Wort- und Sachregister ........................................................................ 786
Alphabetische Liste unregelmäßiger Verben ....................................... 821

# Vorwort zur Neuauflage

Dieses Buch ist eine praktische Grammatik des modernen Spanisch. Sie will eine Hilfe für all diejenigen sein, die ihre Kenntnisse der spanischen Grammatik fundiert erweitern bzw. festigen möchten: für den fortgeschrittenen Anfänger sowohl als auch für den schon mit der Sprache Vertrauten. Wegen ihrer didaktischen Zielsetzung ist sie außerdem als Nachschlagewerk für Hispanisten und Nichthispanisten aller Stufen geeignet. Aber auch der bloß sprachwissenschaftlich Neugierige wird in diesem Buch umfassende Auskunft über die moderne spanische Syntax finden.

Die vorliegende Grammatik behandelt alle syntaktischen Tatsachen, die für das rechte Verständnis moderner spanischer Texte von Bedeutung sind. Besondere Aufmerksamkeit wurde dabei auf Einzelheiten des kommunikativen Aspekts gelegt, der natürlich nicht in seiner ganzen Tragweite behandelt werden konnte. Einen großen Platz nehmen im Text schließlich die rein lexikalischen Hinweise ein, d.h. die häufigen Redewendungen und Verwendungsweisen mit grammatikalisch wichtigen Wörtern (z.B. MÁS, YA oder TANTO).

Beschrieben wird die Norm des europäischen Spanisch, bei vielfältiger Erwähnung alltagssprachlicher und regionaler Varianten und "Fehler". Darüber hinaus finden Erscheinungen, die dem amerikanischen Spanisch als Ganzem eigen sind, in nicht unbeträchtlichem Umfang Platz. Es hätte dem Verfasser gefallen, er alle lateinamerikanischen Varianten und Abweichungen berücksichtigen zu können. Jedoch: Auch wer sich auf die Erarbeitung von Texten im amerikanischen Spanisch einläßt, kann sich dieser Grammatik getrost bedienen.

Das Buch ist für Lernende und Lehrende mit Deutsch als Muttersprache bestimmt, Aufbau und Schwerpunktsetzung sind entsprechend ausgefallen. Das Kriterium der praktischen Kontrastivität, also des Aneignens einer fremdsprachlichen Regel durch Vergleich mit dem, soweit vorhandenen, eigensprachlichen Pendant, zieht sich durch das ganze Werk durch, ja anhand des kontrastiven Ansatzes werden in dieser Grammatik teilweise neuartige Erklärungen für klassische Zweifelsfälle (z.B. POR / PARA) versucht. Dabei muß der Benutzer nicht unbedingt tiefergehende grammatische Kenntnisse besitzen, durchschnittliches Wissen bezüglich der eigenen, tagtäglich angewandten Grammatik reichen normalerweise für das Erfassen der Erklärungen aus. Im Interesse der leichteren Verständlichkeit wurde hier auf eine einheitliche Terminologie verzichtet. Es ist die Hoffnung des Verfassers, daß die Beispiele, welchen allesamt eine möglichst spiegelbildliche deutsche Übersetzung beigegeben ist, die jeweilige Regel ausreichend verdeutlichen.

Die Neuauflage hat der Verfasser zum Anlaß genommen, eine gründliche Überarbeitung der bisherigen Fassung vorzunehmen. Dabei wurde - neben der Tilgung einer Reihe von Druckfehlern - darauf geachtet, die Seiten hinsichtlich Schrift und Formatierung noch benutzerfreundlicher zu gestalten, ohne die grundlegende Kapiteleinteilung zu ändern. Diese weitgehende Kompatibilität der beiden Auflagen kommt den Dozenten entgegen, die sich für eine gewisse Übergangszeit mit dem Problem konfrontiert sehen, beide Auflagen nebeneinander im Unterricht verwenden zu müssen. Den Anregungen vieler Kollegen und Studenten folgend war der Verfasser bestrebt, die Erläuterungen zu einzelnen Punkten noch klarer und die Übersetzung der zahlreichen und gegenüber der ersten Auflage vermehrten Beispiele noch treffender zu formulieren. Die noch umfangreicheren Querverweise erlauben es demjenigen, der diese Grammatik im Selbststudium benutzt, einer Frage in aller Gründlichkeit nachzugehen.

Die Grammatik gliedert sich wie früher in vierzig Kapitel, denen als Anhang zwei weitere zur Wortbildung bzw. Aussprache und Schreibung beigefügt sind. Jedes Kapitel hat eine Nummer (1, 2, 3 usw.) und ist in mehrere, alphabetisch geordnete Teile unterteilt (1A, 1B, 1C usw.). Jeder Teil gliedert sich in Abschnitte, die die Regeln erläutern und ihrerseits durchnumeriert sind mit Bezug auf die jeweilige Kapitelnummer: die Abschnittnummer 34.15 ist somit die Nummer 15 vom Kapitel 34. Wichtige Aspekte einer Regel werden in weiteren Unterabschnitten (34.15A, 34.15B) behandelt. Das Sach- und Wortregister (Seite 786 ff.) bezieht sich auf o.g. Untergliederungen: 34 bezieht auch auf das Kapitel als Ganzes, 34A auf einen Teil davon, 34.15 auf einen Abschnitt als Ganzes, 34.15A auf einen Unterabschnitt. Zur besseren Orientierung gibt die Kopfzeile im Text die Abschnittnummer an, die sich auf der betreffenden Seite befindet. Viele Abschnitte weisen Anmerkungen auf, die mit dem Zeichen • versehen sind, sie enthalten meistens Hinweise von unmittelbar praktischer Bedeutung. Der Text schließt mit einer alphabetischen Liste der wichtigsten unregelmäßigen spanischen Verben.

Dieses Buch ist aus der praktischen Erfahrung erwachsen und wurde während meiner langjährigen Tätigkeit als Spanischdozent konzipiert. Meinen Studenten an der Universität Augsburg, den philologisch wie den nicht philologisch geschulten gleichermaßen, verdanke ich viele Anregungen und Fragestellungen. Zu Dank verpflichtet bin ich meiner ehemaligen Kollegin am Sprachenzentrum der Universität Augsburg Frau Anne Marie Schick-Wagner, die mir den entscheidenden Anstoß zur Niederschrift des Buches gab. Frau Hildegard Kühlmann hat mit ihren Diskussionsbeiträgen und Ratschlägen zu Form und Inhalt des Buches Wesentliches beigetragen. Herr Paul Härle hat mir bei der Endphase der Fertigstellung unendlich viel geholfen. Auch diesen Freunden gebührt mein tiefster Dank. Für mögliche Fehler und Auslassungen jedoch übernimmt der Verfasser die Verantwortung.

## Zur Neuauflage 2008

Die Neuauflage der Spanischen Grammatik enthält außer einigen Ergänzungen im grammatischen Hauptteil schwerpunktmäßig eine gründliche Neubearbeitung des Sach- und Wortregisters. Ferner wurden Fehler aller Art getilgt und eine benutzerfreundlichere Präsentation versucht. Der Gesamtcharakter der Grammatik ist unverändert geblieben.

Augsburg, im März 2008


Der Verfasser

# 1. Das Geschlecht der Substantive

Es gibt im Spanischen nur maskuline und feminine Substantive. Einem maskulinen Substantiv kommt die maskuline Form des Artikels zu: **el mundo** *die Welt*, **el cura** *der Priester*. Einem femininen Substantiv kommt die feminine Form des Artikels zu: **la vida** *das Leben*, **la soprano** *die Sopranistin*. Zum Geschlecht suffigierter Substantive vgl. 41.17 und 41.24.

## A. Geschlecht von Personenbezeichnungen

### 1.1 Die Grundsatzregel: Der Sexus bestimmt das Genus

Bei Personenbezeichnungen gilt grundsätzlich die Regel: Der Sexus bestimmt das Genus. Das natürliche Geschlecht der gemeinten Person ist demnach maßgebend für die Verwendung der femininen bzw. maskulinen Formen von Artikelwörtern, Adjektiven und Pronomen. Beispiele mit Substantivpaaren:

**El camarero era andaluz. La camarera era andaluza.**
*Der Kellner war Andalusier. Die Kellnerin war Andalusierin.*

**Ese hombre es peligroso. Esa mujer es peligrosa.**
*Dieser Mann ist gefährlich. Diese Frau ist gefährlich.*

**Los jugadores alemanes llegaron cansados. Las jugadoras alemanas llegaron cansadas.**
*Die deutschen Spieler kamen müde an. Die deutschen Spielerinnen kamen müde an.*

**Él no es ningún tonto. Ella no es ninguna tonta.**
*Er ist kein Dummkopf. Sie ist kein Dummkopf.*

### 1.2 Benennung von Personen durch Tier- und Sachbezeichnungen

Die Grundsatzregel gilt auch für Benennungen, die Substantive mit sonst konstantem grammatischen Geschlecht enthalten:

**un / una mosca muerta** *ein Duckmäuser*
**un / una manos largas** *ein Langfinger*

**A ▸** Benennungen dieser Art sind in der Praxis auf Personen eines Geschlechts beschränkt; Beispiele mit Benennungen, die sich ausschließlich auf männliche Personen beziehen:

**un cabeza rapada** *ein Skinhead*
**un espalda mojada** *ein "wet neck", also ein illegaler Einwanderer in die USA*

### 1.3 Sachnamen als Funktionsbezeichnungen

Die Grundsatzregel gilt auch für Sachnamen, die als Funktions- und Amtsbezeichnungen verwendet werden:

**un / una defensa** *ein(-e) Verteidigungsspieler(-in)*
**el / la primer(-a) cabeza de serie** *der / die an Nummer eins Gesetzte (Tennissprache)*
**el / la premio Nobel** *der / die Nobelpreisträger (-in)*
**el / la sex-symbol** *das Sexsymbol*

**A ▸** Viele Funktionsbezeichnungen sind in der Praxis auf Personen eines Geschlechts beschränkt:

**una top model** *ein Top Model*
**el cámara** *der Kameramann*

## 1. Das Geschlecht der Substantive

**el espada** *der Stierkämpfer*
**el trompeta** *der Trompeter*
**el escolta** *der Leibwächter*

### 1.4 Eigenname als Typname

Bei uneigentlichem Gebrauch eines Personeneigennamens, üblicherweise zur Hervorhebung von Charaktereigenschaften, richtet sich dessen Genus nach dem natürlichen Geschlecht der gemeinten Person. In folgenden authentischen Beispielen moderner journalistischer Prosa werden Personen männlichen Geschlechts benannt:

**el Thatcher español** *die spanische Thatcher*
**un Leni Riefenstahl cubano** *eine kubanische Leni Riefenstahl*
**el María Goretti de la UE** *die Maria Goretti der Europäischen Union*

### 1.5 Personenbezeichnungen mit unveränderlichem Genus

Folgende Substantive, die meistens auf Personen angewandt werden, haben ein konstantes Genus (vgl. 1.12B):

**el ángel** *der Engel*
**el duende** *der Geist, das Gespenst*
**la figura** *die Figur*
**el genio** *das Genie*
**el hombre** *der Mensch*

**el individuo** *das Individuum*
**la persona** *die Person, der Mensch*
**el personaje** *die Gestalt*
**la víctima** *das Opfer*
**el ser humano** *der Mensch*

### 1.6 Bewertungen von Personen durch Sachbezeichnungen

Manche Sachbezeichnungen, die in gefühlsbetonter Ausdrucksweise, in der Regel als Prädikatsnomen, zur Bewertung von Personen verwendet werden, ändern das Genus normalerweise nicht:

**Eres un cielo, María.**
*Du bist ein Schatz, Maria.*

**Como mecánico, Ignacio es una calamidad.**
*Als Mechaniker ist Ignacio eine Null.*

**Esta alumna es un desastre.**
*Diese Schülerin ist eine Katastrophe.*

## B. Die feminine Form von Personenbezeichnungen

Die feminine Form kann eine Ableitung auf –A sein, oder sie fällt mit der maskulinen Form zusammen. Bei zahlreichen Substantivpaaren benennt die feminine Form auf –A nicht das eigentliche Gegenstück zum Maskulinum, so zum Beispiel **alguacil** *Gerichtsvollzieher*, **alguacilesa** *Frau eines Gerichtsvollziehers*; **general** *General*, **generala** *Generalsgattin*; **sargento** *Feldwebel*, **sargenta** *Mannweib*. Die herkömmliche und gegebenenfalls abgewandelte Bedeutung solcher Feminina verzeichnet das Lexikon.

### 1.7 Feminine Form mit eigenem Wortstamm

Bei einer Handvoll von Substantivpaaren hat das Femininum einen eigenen Wortstamm:

**hombre / mujer** *Mann / Frau*
**marido / mujer** *Ehemann / Ehefrau*
**padrastro / madrastra** *Stiefvater / Stiefmutter*

**padre / madre** *Vater / Mutter*
**yerno / nuera** *Schwiegersohn / Schwiegertochter*

## 1.8 Alte Feminina auf –A

Bei einer Reihe von Substantivpaaren, die zum althergebrachten Wortschatz gehören, wird ohne klare Ableitungsregeln eine feminine Form auf –A gebildet:

**abad / abadesa** *Abt / Äbtissin*
**alcalde / alcaldesa** *Bürgermeister / Bürgermeisterin*
**barón / baronesa** *Baron / Baronesse*
**conde / condesa** *Graf / Gräfin*
**dios / diosa** *Gott / Göttin*
**don / doña** *Herr / Frau*
**duque / duquesa** *Herzog / Herzögin*
**héroe / heroína** *Held / Heldin*
**papa / papisa** *Papst / Päpstin*
**poeta / poetisa** *Dichter / Dichterin*
**príncipe / princesa** *Prinz / Prinzessin*
**rey / reina** *König / Königin*
**sacerdote / sacerdotisa** *Priester / Priesterin*
**señor / señora** *Herr / Frau, Herrin*

## 1.9 Maskuline Bezeichnung statt femininer Bezeichnung

Da manche feminine Bezeichnungen durch negative Konnotationen belastet sind, wird für eine neutrale Benennung von Frauenberufen manchmal die maskuline Bezeichnung gewählt. Dies ist beispielsweise der Fall bei POETA und SACERDOTE:

**una poeta española** *eine spanische Dichterin*
**una sacerdote inglesa** *eine englische Pfarrerin*

## 1.10 Substantivpaare –O / –A

Die feminine Form wird bei sehr vielen Substantivpaaren durch Ersetzung der maskuline Endung –O durch –A gebildet. Beispiele mit Verwandtschaftsbezeichnungen:

**abuelo / abuela** *Großvater / Großmutter*
**hermano / hermana** *Bruder / Schwester*
**hijo / hija** *Sohn / Tochter*
**niño / niña** *Junge / Mädchen*
**tío / tía** *Onkel / Tante*

## 1.11 Bezeichnung auf –O für beide Geschlechter?

Die Tendenz zur Bildung von Substantivpaaren –O / –A ist dem Sprachsystem immanent. Neuprägungen sind jederzeit spontan möglich, manche Neubildungen setzen sich oft gegen den Widerstand der Sprachpfleger auch bei den Gebildeten durch; dies trifft vor allem für Berufsbezeichnungen zu. Bei folgenden Substantivpaaren möchten strenge Sprachpfleger die Form auf –O für Mann und Frau angewandt wissen:

**abogado / abogada** *Rechtsanwalt / Rechtsanwältin*
**diputado / diputada** *Abgeordneter / Abgeordnete*
**empresario / empresaria** *Unternehmer / Unternehmerin*
**médico / médica** *Arzt / Ärztin*
**ministro / ministra** *Minister / Ministerin*

# 1. Das Geschlecht der Substantive

## 1.12 Bezeichnung auf –O alternativlos

Kein Femininum auf –A bilden u.a. folgende Bezeichnungen:

**contralto** *Altist / Altistin*
**miembro** *Mitglied*
**modelo** *Dressmann / Mannequin*
**piloto** *Pilot / Pilotin*

**reo** *Angeklagter / Angeklagte*
**soldado** *Soldat / Soldatin*
**soprano** *Sopranist / Sopranistin*
**testigo** *Zeuge / Zeugin*

**A** ▶ Authentische Beispiele für den Bezug auf weibliche Personen mit vorangegangenen Wörtern:

**una miembro liberada de ETA** *ein befreites weibliches ETA–Mitglied*
**la mujer piloto más joven del mundo árabe** *die jüngste Pilotin in der arabischen Welt*
**una mujer soldado israelí** *eine israelische Soldatin*

**B** ▶ Kühne Stilisten lassen es sich nicht nehmen, normwidrige Feminina auf –A in die Welt zu setzen, was nicht ohne Resonanz bleibt. So werden die Belege für "Unwörter" wie MIEMBRA und TESTIGA immer zahlreicher. Diese uneigentliche Bildung von Feminina auf –A betrifft im übrigen auch einige der Substantive, die in 1.5 aufgelistet sind; Wörter wie GENIA und INDIVIDUA erfreuen sich trotz scharfer Puristenwarnungen wachsender Beliebtheit, und zwar in der gesamten spanischsprechenden Welt. Bei der Verwendung von **tipo** *Typ* als (vorwiegend pejorative) Personenbezeichnung ist und war hingegen die Form TIPA immer konkurrenzlos.

## 1.13 Substantivpaare –E / –A

Die meisten Personenbezeichnungen auf –E sind einendig (vgl. 1.17); es gibt aber eine Reihe von allgemein akzeptierten Substantivpaaren –E / –A (vgl. auch 41.29, 41.30):

**dependiente / dependienta** *Ladenverkäufer / Ladenverkäuferin*
**infante / infanta** *Infant / Infantin*
**nene / nena** *kleiner Junge / kleines Mädchen*
**monje / monja** *Mönch / Nonne*

## 1.14 Bezeichnung auf –E für beide Geschlechter?

Bei einigen Substantivpaaren mit der Alternanz –E / –A ist die feminine Form umstritten. Sprachkonservative bevorzugen ein Wort für beide Geschlechter, Spracherneuerer möchten ein Femininum auf –A wie in den folgenden authentischen Beispielen:

**la presidenta de Nueva Izquierda** *die Vorsitzende der Neuen Linken (politische Gruppierung)*
**la jefa de las limpiadoras** *die Chefin der Putzfrauen*

**A** ▶ Andere Feminina auf –A, wie z.B. ESTUDIANTA werden nur in komischer oder spöttischer Absicht verwendet. Bei anderen Substantivpaaren handelt es sich nicht um eigentliche Gegenstücke, so beispielsweise bei **asistente** *Assistent,–in;* **asistenta** *Putzfrau*

## 1.15 Femininum auf –A bei gewissen Konsonantenendungen

Durch Anhängen von –A wird die entsprechende feminine Form von Substantiven auf –DOR, –TOR, –SOR, –ÁN, –ÍN und –ÓN gebildet; man beachte den Wegfall des Akzents bei den Endungen –ANA, –INA, –ONA:

**jugador / jugadora** *Spieler / Spielerin*
**lector / lectora** *Leser / Leserin*
**profesor / profesora** *Lehrer / Lehrerin*

**guardián / guardiana** *Aufseher / Aufseherin*
**bailarín / bailarina** *Tänzer / Tänzerin*
**campeón / campeona** *Sieger / Siegerin*

**A** ▶ Zwei wichtige Ausnahmen:

**emperador / emperatriz** *Kaiser / Kaiserin*
**actor / actriz** *Schauspieler / Schauspielerin*

# 1. Das Geschlecht der Substantive

## 1.16 Gleiche Bezeichnung bei Konsonantenendung

Außer den in 1.15 behandelten Fällen sind Personenbezeichnungen mit Endung auf Konsonant in der Regel einendig:

**huésped** *Gast*
**juez** *Richter / Richterin*
**líder** *Führer / Führerin*
**mártir** *Märtyrer / Märtyrerin*
**rehén** *Geisel*
**rival** *Rivale / Rivalin*

**A ▶** Neuprägungen durch Anhängen von –A, vor allem (aber nicht nur!) bei Amts- und Berufsbezeichnungen sind jedoch jederzeit möglich. Authentische Beispiele aus der spanischen Tagespresse:

**lideresa de los desposeídos** *Führerin der Armen*
**las juezas marroquíes** *die marrokanischen Richterinnen*

## 1.17 Eine Bezeichnung auf –E für beide Geschlechter

Eine Personenbezeichnung auf –E benennt in der Regel beide Geschlechter (vgl. 1.13):

**adolescente** *Jugendliche (-r)*
**cantante** *Sänger / Sängerin*
**detective** *Detektiv / Detektivin*
**emigrante** *Emigrant / Emigrantin*
**estudiante** *Student / Studentin* (vgl. 1.14A)
**intérprete** *Dolmetscher / Dolmetscherin*
**oyente** *Hörer / Hörerin*
**transeúnte** *Fußgänger / Fußgängerin*

**A ▶** LA CLIENTA konkurriert (immer erfolgreicher) mit LA CLIENTE. Authentische Beispiele:

**una clienta agradecida** *eine dankbare Kundin*
**una cliente muy satisfecha** *eine sehr zufriedene Kundin*

## 1.18 Gleiche Bezeichnung auf –A

Eine Personenbezeichnung auf –A (darunter viele auf –ISTA) benennt in der Regel beide Geschlechter:

**atleta** *Athlet / Athletin*
**comentarista** *Kommentator / Kommentatorin*
**dentista** *Zahnarzt / Zahnärztin*
**pediatra** *Kinderarzt / Kinderärztin*
**pianista** *Pianist / Pianistin*
**socialista** *Sozialist / Sozialistin*
**tenista** *Tennisspieler / Tennisspielerin*

**A ▶** Volkstümliche maskuline Personenbezeichnung auf –ISTO: **modisto** *Damenschneider*. Humoristische Bildungen wie PERIODISTO statt PERIODISTA für *'Journalist'* kommen relativ häufig vor.

## 1.19 Gleiche Bezeichnung auf –I und –U

Personenbezeichnungen auf –I und –U (beinah ausschließlich Herkunftsbezeichnungen) benennen beide Geschlechter:

**israelí** *Israeli / Israelin*
**marroquí** *Marokkaner / Marokkanerin*
**zulú** *Zulu*
**hindú** *Hindu*

## 1. Das Geschlecht der Substantive

## C. Die feminine Form von Herkunftsbezeichnungen

Wörter, die die Herkunft aus bzw. die Zugehörigkeit zu einer geographischen Einheit wie Dorf, Stadt, Provinz, Region, Nation usw. bezeichnen, heißen spanisch GENTILICIOS. Die GENTILICIOS sind zugleich Substantive und Adjektive, sie werden immer klein geschrieben. Für die Ableitung der femininen Form werden die GENTILICIOS aufgeteilt in diejenigen mit Endung auf –O oder Konsonant und in diejenigen mit sonstiger Endung.

### 1.20 Feminine Herkunftsbezeichnungen auf –A

Endet die maskuline Form auf –O oder auf Konsonanten, dann endet die feminine Form auf –A, welches anstelle von –O tritt bzw. an den Auslautkonsonanten angehängt wird. Weist eine maskuline Form auf Konsonanten einen Akzent auf der letzten Silbe auf, so fällt dieser bei der femininen Form weg:

**chileno / chilena** *Chilene / Chilenin*
**cubano / cubana** *Kubaner / Kubanerin*
**italiano / italiana** *Italiener / Italienerin*
**ruso / rusa** *Russe / Russin*
**sueco / sueca** *Schwede / Schwedin*

**alemán / alemana** *Deutscher / Deutsche*
**español / española** *Spanier / Spanierin*
**francés / francesa** *Franzose / Französin*
**inglés / inglesa** *Engländer / Engländerin*
**mallorquín / mallorquina** *(aus Mallorca)*

### 1.21 BURGUÉS und MONTAÑÉS

Als GENTILICIOS, d.h. als zweiendiges Substantiv-Adjektiv gelten die beiden folgenden Ausdrücke:

**burgués / burguesa** *Bourgeois / Bourgeoise*
**montañés / montañesa** *(Bewohner der nordspanischen Gebirgsregionen)*

### 1.22 Einendige GENTILICIOS auf Konsonant

Auswahl aus der kleinen Liste der unveränderlichen Herkunftsbezeichnungen mit Konsonantenendung:

**astur** *(zu Asturien)*
**bereber** *Berber, –in*
**balear** *(zu den Balearen)*
**esquimal** *Eskimo*
**ligur** *Ligurer, –in*
**magiar** *Magyar, –in*
**provenzal** *(zu der Provence)*

### 1.23 Einendige GENTILICIOS auf Vokal

Bei GENTILICIOS mit anderen Vokalendungen, darunter zahlreiche auf –A, –ENSE, –í und Ú sind maskuline und feminine Form gleich, zum Beispiel:

**azteca** *Azteke / Aztekin*
**bantú** *Bantu*
**belga** *Belgier / Belgierin*
**canadiense** *Kanadier / Kanadierin*
**croata** *Kroate / Kroatin*
**iraní** *Iraner / Iranerin*
**magrebí** *Nordafrikaner / Nordafrikanerin*
**moscovita** *Moskauer / Moskauerin*
**nicaragüense** *Nikaraguaner / Nikaraguanerin*
**onubense** *(aus der spanischen Stadt Huelva)*
**zulú** *Zulu*

# 1. Das Geschlecht der Substantive

## D. Geschlecht von Tierbezeichnungen

### 1.24 Tierbezeichnungen mit Genusunterscheidung

Nur bei sehr wenigen Tierarten existieren zwei Wörter zur Bezeichnung von Männchen und Weibchen; dann gilt die Regel: der Sexus bestimmt das Genus. Es kann sich dabei um Wörter mit eigenem Stamm, oder um Wörter aus einem Stamm mit einer femininen Ableitung auf –A:

**caballo / yegua** *Pferd, Hengst / Stute*
**carnero / oveja** *Hammel / Schaf*
**gallo / gallina** *Hahn / Henne*
**gato / gata** *Kater / Katze*
**mono / mona** *Affe / Äffin*
**toro / vaca** *Stier / Kuh*

### 1.25 Tierbezeichnungen ohne Geschlechtsunterscheidung

Die meisten Tiernamen haben ein feststehendes Genus, das man sich beim Lernen des Wortes einprägen muß; dabei sind die Bezeichnungen auf –O, –I oder Konsonanten in der Regel maskulin, diejenigen auf –A sind normalerweise feminin, die auf –E können maskulin oder feminin sein:

**el sapo** *die Kröte*
**el colibrí** *der Kolibri*
**el ratón** *die Maus*
**el ruiseñor** *die Nachtigall*
**el cisne** *der Schwan*

**la ardilla** *das Eichhörnchen*
**la ballena** *der Wal*
**la mariposa** *der Schmetterling*
**la rana** *der Frosch*
**la liebre** *der Hase*

**A** ▶ Maskulina auf –A:

**el gorila** *der Gorilla*
**el panda** *der Pandabär*
**el puma** *der Puma*

**B** ▶ Feminina auf Konsonanten:

**la codorniz** *die Wachtel*
**la perdiz** *das Rebhuhn*

**C** ▶ AVESTRUZ wird bald als maskulines, bald als feminines Substantiv behandelt.:

**el avestruz tímido** *der scheue Strauß*
**la avestruz asustadiza** *der schreckhafte Strauß*

• Bildungen, die den Regeln in 5.9 folgen (EL AVESTRUZ TÍMIDA → LAS AVESTRUCES TÍMIDAS) sind nicht selten.

### 1.26 Zusatz von MACHO und HEMBRA zur Genusunterscheidung

Das Wort **macho** *Männchen* bzw. **hembra** *Weibchen* wird einem genuskonstantem Tiernamen nachgestellt, um Männchen und Weibchen zu unterscheiden. MACHO und HEMBRA sind dabei unveränderlich:

**una ballena macho / unas ballenas macho** *ein männlicher Wal / männliche Wale*
**el buitre hembra / los buitres hembra** *der weibliche Geier / die weiblichen Geier*

# 1. Das Geschlecht der Substantive

## E. Geschlecht von Sach- und Pflanzenbezeichnungen

### 1.27 Bestimmung des Genus anhand des Artikels

Das Genus von Sach- und Pflanzennamen prägt man sich anhand des Artikels ein. Das Geschlecht eines deutschen Substantivs darf nicht ohne weiteres auf seine spanische Übersetzung übertragen werden. Nachstehend Beispiele für spanische Maskulina mit deutscher femininer Ensprechung und für spanische Feminina mit männlicher oder sächlicher deutscher Entsprechung:

**el abeto** *die Tanne*  
**el aire** *die Luft*  
**el cigarrillo** *die Zigarette*  
**el garaje** *die Garage*  
**el mundo** *die Welt*  
**el puente** *die Brücke*  
**el sol** *die Sonne*

**la guerra** *der Krieg*  
**la luna** *der Mond*  
**la luz** *das Licht*  
**la manzana** *der Apfel*  
**la plata** *das Silber*  
**la sal** *das Salz*  
**la vida** *das Leben*

### 1.28 Homonyme

Homonyme, d.h. Substantive mit gleicher Laut- und Schriftgestalt aber mit verschiedener Bedeutung, können ein jeweils anderes Genus aufweisen. Beispiele aus dem Lexikon:

**el cometa** *der Komet*  
**la cometa** *der Drache*

**el coma** *das Koma*  
**la coma** *das Komma*

**el cólera** *die Cholera*  
**la cólera** *der Zorn*

**el corte** *der Schnitt*  
**la corte** *der Hof*

**el capital** *das Kapital*  
**la capital** *die Hauptstadt*

**el delta** *die Flußmündung*  
**la delta** *das Delta (Buchstabe)*

**el doblez** *die Bügelfalte*  
**la doblez** *die Doppelzüngigkeit*

**el editorial** *der Leitartikel*  
**la editorial** *das Verlagshaus*

**el frente** *die Front*  
**la frente** *die Stirn*

**el faz / haz** *das Bündel*  
**la faz / haz** *das Gesicht, die Oberfläche*

**el margen** *der Rand*  
**la margen** *das Flußufer*

**el moral** *der Maulbeerbaum*  
**la moral** *die Moral*

**el orden** *die Ordnung*  
**la orden** *der Befehl; der Orden*

**el parte** *der Bericht*  
**la parte** *das Teilstück*

**el pendiente** *der Ohrring*  
**la pendiente** *der Bergbabhang*

**el pez** *der Fisch*  
**la pez** *das Pech (Material)*

**el radio** *der Radius; das Radium (auch: der Rundfunkapparat)*  
**la radio** *der Rundfunk*

**A ▸** Man beachte: **el postre** *die Nachspeise;* **a la postre** *letzten Endes.*

### 1.29 Identische Wortform für Personen- und Sachbezeichnungen

Homonyme bei unterschiedlichem Genus zwischen Personen- und Sachbezeichnungen kommen relativ häufig vor (u.a. deshalb, weil zahlreiche Sachnamen gleichzeitig Funktionsbezeichnungen für Personen sind, vgl. oben 1.3). Einige Beispiele:

**el cura** *der Priester*  
**la cura** *die Kur*

**el guardia** *der Hüter; der Polizist*
**la guardia** *die Hut*

**el guardia civil** *der Landpolizist*
**la guardia civil** *die Landpolizei*

**el ordenanza** *der Amtsdiener*
**la ordenanza** *die Anweisung*

**el policía** *der Polizist*
**la policía** *die Polizei*

**el vocal** *das Vorstandsmitglied*
**la vocal** *der Vokal*

## 1.30 Maskulin und feminin bei ARTE

ARTE ist maskulin im Singular und feminin im Plural:

**el arte dramático** *die Schauspielkunst*
**las artes esotéricas** *die esoterischen Künste*

**A** ▶ Feststehende Ausdrücke mit der femininen Singularform:

**arte poética** *Ars poetica (Poetik)*
**arte cisoria** *Tranchierkunst*

**B** ▶ Man beachte ferner Konstruktionen wie die folgende:

**El arte de la política no es una de las bellas artes.**
*Die Kunst der Politik zählt nicht zu den Schönen Künsten.*

## 1.31 Maskulin und feminin bei AZÚCAR

AZÚCAR ist maskulin, aber bei bestimmten Wendungen erhält es die feminine Form des Adjektivs:

**azúcar refinada** *Raffinadezucker*
**azúcar blanquilla** *Puderzucker*

## 1.32 Maskulin und feminin bei DOTE

DOTE ist im Singular feminin, kann aber auch maskulin sein. In der Bedeutung *'Begabung'* wird DOTE im feminin Plural verwendet:

**una buena dote** *eine stattliche Mitgift*
**el dote de mi prima Juana** *die Aussteuer meiner Kusine Juana*
**sus dotes extraordinarias de pedagogo** *seine außerordentliche pädagogische Begabung*

## 1.33 Maskulin und feminin bei HAMBRE

HAMBRE ist feminin, aber das vorangestellte Adjektiv darf die maskuline Form erhalten:

**tener mucho (mucha) hambre** *großen Hunger haben*

## 1.34 Maskulin und feminin bei MAR

MAR ist normalerweise maskulin, aber es ist feminin im seemännischen und dichterischen Gebrauch sowie bei der Bezeichnung von Seegang und Brandung. In figurativer Verwendung ist MAR bald maskulin, bald feminin:

**el Mar Mediterráneo** *das Mittelmeer*

## 1. Das Geschlecht der Substantive

**el Mar Báltico** *die Ostsee*
**mar picado /mar picada** *unruhige See*
**un mar de confusiones** *ein Meer von Verwirrungen*
**estar hecho un mar de lágrimas** *fassungslos heulen*
**hablar de la mar y sus peces** *sich über Nichtigkeiten unterhalten*
**los hijos de la mar** *die Söhne des Meeres (aus einem Gedicht von Antonio Machado)*
**hacerse a la mar** *in See stechen*
**mar gruesa** *hoher Seegang*

**A** ▶ Beispiele mit dem sehr häufigen Intensitätsausdruck LA MAR (DE):

**Me estoy aburriendo la mar en esta disco.**
*Ich langweile mich zu Tode in dieser Disko.*

**Alfonsina es la mar de divertida.**
*Alfonsina ist höchst unterhaltsam.*

### 1.35 Schwankendes Genus einiger Substantive

Bei einigen wenigen Substantiven schwankt das Genus; nachstehend steht zuerst der Artikel, der sich im hochsprachlichen Gebrauch durchgesetzt hat:

**el / la armazón** *das Gerüst* (vgl. 1.48B)
**el / la avestruz** *der Strauß* (vgl. 1.25C)
**el / la calor** *die Hitze*
**el / la color** *die Farbe*
**la / el dote** *die Mitgift* (vgl. 1.32)
**el / la hojaldre** *der Blätterteig*
**el / la maratón** *der Marathonlauf*

**el / la pringue** *das Fett*
**la / el sartén** *die Bratpfanne*
**el / la tanga** *der Tanga*
**el / la tequila** *der Tequila*
**la / el tilde** *die Tilde (Zeichen über dem ñ)*
**la / el viagra** *das Viagra*
**el / la vodka** *der Wodka*

## F. Genusbestimmung nach Maßgabe der Wortform

### 1.36 Genus der Substantive auf –O

Sach- und Pflanzenbezeichnungen auf –O sind in der Regel maskulin:

**el chopo** *die Pappel*
**el labio** *die Lippe*
**el manzano** *der Apfelbaum*
**el miedo** *die Angst*
**el oro** *das Gold*
**el tiempo** *die Zeit*

**A** ▶ Feminina auf –O:

**la dínamo** *der Dynamo*
**la foto** *das Foto*
**la libido** *die Libido*
**la mano** *die Hand*
**la moto** *das Motorrad*
**la nao** *das Schiff*
**la polio** *die Kinderlähmung*

**la radio** *der Rundfunk*
**la seo** *die Domkirche*

**B** ▶ Man merke sich aber: **el balonmano** *Handball (Sportart)*

### 1.37 Geschlecht von Obstbaum– und Fruchtbezeichnungen

Eine Reihe von Obstbaumbezeichnungen, die auf –O enden, sind maskulin, die jeweilige Fruchtbezeichnung endet auf –A und ist feminin:

| | |
|---|---|
| **el almendro** *der Mandelbaum* | **la almendra** *die Mandel* |
| **el avellano** *der Haselnußstrauch* | **la avellana** *die Haselnuß* |
| **el castaño** *der Kastanienbaum* | **la castaña** *die Kastanie* |
| **el cerezo** *der Kirschbaum* | **la cereza** *die Kirsche* |
| **el ciruelo** *der Pflaumenbaum* | **la ciruela** *die Pflaume* |
| **el granado** *der Granatbaum* | **la granada** *der Granatapfel* |
| **el guindo** *der Sauerkirschbaum* | **la guinda** *die Sauerkirsche* |
| **el mandarino** *der Mandarinenbaum* | **la mandarina** *die Mandarine* |
| **el manzano** *der Apfelbaum* | **la manzana** *der Apfel* |
| **el naranjo** *der Orangenbaum* | **la naranja** *die Orange* |

### 1.38 Genus der Substantive auf –A

Sach- und Pflanzenbezeichnungen auf –A sind meistens feminin (zum Artikel EL vgl. 5.9):

**el agua** *das Wasser*
**el ala** *der Flügel*
**la boca** *der Mund*
**la cabeza** *der Kopf*
**la canela** *der Zimt*
**la cama** *das Bett*
**la casa** *das Haus*
**la cara** *das Gesicht*
**la ciencia** *die Wissenschaft*
**la confianza** *das Vertrauen*
**la madera** *das Holz*
**la poesía** *die Poesie*
**la ventana** *das Fenster*

### 1.39 Maskuline Substantive auf –MA griechischen Urprungs

Viele Substantive auf –MA sind im Spanischen maskulin; meistens haben sie im Deutschen ein ebenso aus dem Griechischen stammendes Pendant auf *–em, –om, –amm* oder *–ma*. Nachstehend eine Liste der gebräuchlicheren dieser Substantive:

**el anagrama** *das Anagramm*
**el anatema** *der Bannfluch*
**el autograma** *das Autogramm*
**el aroma** *das Aroma*
**el cisma** *die Trennung*
**el clima** *das Klima*
**el coma** *das Koma* (vgl. 1.28)
**el crucigrama** *das Kreuzworträtsel*
**el diafragma** *das Zwerchfell*
**el diagrama** *das Diagramm*

# 1. Das Geschlecht der Substantive

**el dilema** *das Dilemma*
**el diploma** *das Diplom*
**el dogma** *das Dogma*
**el drama** *das Drama*
**el eccema** *das Ekzem*
**el emblema** *das Emblem*
**el enigma** *das Rätsel*
**el esquema** *das Schema*
**el estigma** *das Stigma*
**el fantasma** *das Gespenst*
**el fonema** *das Phonem*
**el genoma** *das Genom*
**el hematoma** *der Bluterguß*
**el idioma** *die Sprache*
**el lema** *der Spruch*
**el panorama** *das Panorama*
**el plasma** *das Plasma*
**el poema** *das Gedicht*
**el prisma** *das Prisma*
**el problema** *das Problem*
**el programa** *das Programm*
**el radiograma** *das Radiogramm*
**el reuma** *das Rheuma*
**el síntoma** *das Symptom*
**el sistema** *das System*
**el telegrama** *das Telegramm*
**el tema** *das Thema*
**el trauma** *das Trauma*

## 1.40 Weitere maskuline Substantive auf –A

**el aleluya** *der Lobgesang*
**el caza** *das Jagdflugzeug* (vgl. 1.72B)
**el champaña** *der Champagner*
**el cometa** *der Komet* (vgl. 1.28)
**el día** *der Tag*
**el mapa** *die Landkarte*
**el mediodía** *der Mittag*
**el pijama** *der Schlafanzug*

**el planeta** *der Planet*
**el sida** *Aids*
**el sofá** *das Sofa*
**el tequila** *der Tequila*
**el telesilla** *der Skilift*
**el tranvía** *die Tram*
**el vodka** *der Wodka* (vgl. 1.35)
**el yoga** *der Yoga*

**A ▶** Maskulin sind auch die Namen chemischer Mittel auf –CIDA:

**el herbicida** *das Herbizid*
**el insecticida** *das Insektizid*
**el pesticida** *das Pestizid*

## 1.41 Substantive auf –AJE und –AMBRE: maskulin

Maskulin sind die Wörter auf –AJE und –AMBRE (HAMBRE ist feminin, vgl. 1.33).

**el viaje** *die Fahrt*
**el garaje** *die Garage*
**el paisaje** *die Landschaft*

**el alambre** *der Draht*
**el enjambre** *der Bienenschwarm*
**el calambre** *der Muskelkrampf*

# 1. Das Geschlecht der Substantive

## 1.42 Substantive auf –IE und –UMBRE: feminin

Feminin sind die Wörter auf –IE und –UMBRE:

**la serie** *die Reihe*
**la superficie** *die Fläche*
**la barbarie** *die Barbarei*

**la cumbre** *der Gipfel*
**la costumbre** *die Gewohnheit*
**la certidumbre** *die Gewißheit*

**A ▸ vislumbre** *Abglanz* kann maskulin oder feminin sein.

## 1.43 Verbalsubstantive auf –E: maskulin

Substantive auf –E, die einem Infinitiv entsprechen, sind maskulin:

**el cese** *das Aufhören*
**el cierre** *die Schließung*
**el empuje** *der Stoß*
**el enlace** *die Verbindung*
**el roce** *das Streifen*

## 1.44 Maskuline und feminine Substantive auf –E

Sonstige Substantive, die auf –E ausgehen, können maskulin oder feminin sein:

**el jarabe** *der Sirup*
**el cobre** *das Kupfer*
**el coche** *der Wagen*
**el café** *der Kaffee*
**el detalle** *das Detail*
**el peine** *der Kamm*
**el golpe** *der Schlag*
**el diente** *der Zahn*

**la nube** *die Wolke*
**la fiebre** *das Fieber*
**la leche** *die Milch*
**la fe** *der Glaube*
**la calle** *die Straße*
**la carne** *das Fleisch*
**la gripe** *die Grippe*
**la suerte** *das Glück*

## 1.45 Genus der Substantive auf –I und –U

Die verhältnismäßig wenigen Sach- und Pflanzenbezeichnungen auf –I und –U können maskulin oder feminin sein, die wenigen auf –í und –ú sind maskulin:

**el esquí** *der Ski*
**el rubí** *der Rubin*
**el taxi** *das Taxi*

**el espíritu** *der Geist*
**el tabú** *das Tabu*
**la tribu** *der Stamm*

## 1.46 Genus der Substantive auf –D

Fast alle Substantive auf –D sind feminin, darunter alle Wörter auf –DAD und –TAD (diese beiden Endungen entsprechen weitgehend der deutschen Fremdwortendung *–tät*):

**la actitud** *die Haltung*
**la ciudad** *die Stadt*
**la identidad** *die Identität*
**la juventud** *die Jugendzeit*
**la majestad** *die Majestät*
**la mitad** *die Hälfte*
**la pared** *die Wand*
**la realidad** *die Wirklichkeit*
**la sed** *der Durst*
**la verdad** *die Wahrheit*

## 1. Das Geschlecht der Substantive

**la vid** *der Weinstock*
**la virtud** *die Tugend*

**A** ▶ Einige häufigere maskuline Substantive auf –D:

**el alud** *die Lawine*
**el ardid** *der Kniff*
**el ataúd** *der Sarg*
**el césped** *der Rasen*
**el laúd** *die Laute*

### 1.47 Genus der Substantive auf –L

Die meisten Substantive auf –L sind maskulin, darunter alle aus Substantiven abgeleiteten Wörter mit der Nachsilbe –AL:

**el farol** *die Laterne*
**el hospital** *das Krankenhaus*
**el hostal** *der Gasthof*
**el hotel** *das Hotel*
**el maizal** *das Maisfeld*
**el peral** *der Birnbaum*
**el portal** *das Portal*
**el rosal** *der Rosenstrauch*

**A** ▶ Häufigere feminine Substantive auf –L:

**la cal** *der Kalk*
**la cárcel** *das Gefängnis*
**la col** *der Kohl*
**la miel** *der Honig*
**la sal** *das Salz*
**la señal** *das Zeichen*
**la vocal** *der Vokal* (vgl. 1.29)

### 1.48 Feminine Substantive auf –N

**A** ▶ Substantive auf –CIÓN, –GIÓN, –SIÓN sind feminin (die Endungen entsprechen sehr oft den deutschen Fremdwortendungen *–tion, –gion* bzw. *–ssion*):

**la canción** *das Lied*
**la nación** *die Nation*
**la religión** *die Religion*
**la legión** *die Legion*
**la discusión** *die Diskussion*

**B** ▶ Eine Handvoll wichtige feminine Substantive auf –ZÓN sind weiblich (es handelt sich bei dieser Endung um eine Variante der Endung –CIÓN):

**la armazón** *das Gerüst* (vgl. 1.35)
**la cerrazón** *der Starrsinn*
**la picazón** *der Juckreiz, das Jucken*
**la quemazón** *das Brennen*
**la razón** *der Grund*
**la sazón** *die Würze*
**la trabazón** *die Verbindung*

# 1. Das Geschlecht der Substantive

**C ▶** Weitere feminine Substantive auf –N:

**la imagen** *das Bild*
**la sartén** *die Bratpfanne* (vgl. 1.35)

## 1.49 Maskuline Substantive auf –N

Andere Substantive auf –N, darunter sehr viele mit den Endung –ÓN, die nicht unter die in 1.48A angeführten Endungen fallen, sind in der Regel maskulin:

**el afán** *die Mühe*
**el avión** *das Flugzeug*
**el buzón** *der Briefkasten*
**el calzón** *die Unterhose*
**el fin** *das Ende*
**el jabón** *die Seife*
**el limón** *die Zitrone*
**el origen** *der Ursprung*
**el pan** *das Brot*
**el tren** *der Zug*

## 1.50 Genus der Substantive auf –R

Die meisten Substantive auf –R sind maskulin, darunter befinden sich alle substantivierten Infinitive (vgl. 14.5 und 5.5C):

**el amor** *die Liebe*
**el cantar** *der Gesang*
**el dolor** *der Schmerz*
**el hogar** *das Heim*
**el poder** *die Macht*
**el porvenir** *die Zukunft*
**el sabor** *der Geschmack*
**el vapor** *der Dampf*

**A ▶** Häufige feminine Substantive auf –R (vgl. 1.35):

**la flor** *die Blume*
**la labor** *die Arbeit*

## 1.51 Feminine Substantive auf –S

Die Wörter auf –SIS und –TIS sind in der Regel feminin (diese Endungen entsprechen häufig den Fremdwortendungen *–se, –sis* und *–tis* im Deutschen):

**la bronquitis** *die Bronchitis*
**la crisis** *die Krise*
**la diagnosis** *die Diagnose*
**la dosis** *die Dosis*
**la meningitis** *die Hirnhautentzündung*
**la tesis** *die These*

**A ▶** Man merke sich auch:

**la caries** *die Karies*
**la diabetes** *der Diabetes*
**la pelvis** *das Becken (Anatomie)*

# 1. Das Geschlecht der Substantive

## 1.52 Maskuline Substantive auf –SIS

el **análisis** *die Analyse*
el **apocalipsis** *die Apokalypse* (vgl. 1.52A)
el **énfasis** *der Nachdruck* (vgl. 1.52B):
el **éxtasis** *die Ekstase*
el **oasis** *die Oase*
el **paréntesis** *die Parenthese*

**A** ▶ Man gebraucht gewöhnlicherweise EL APOCALIPSIS, wenn allgemein von *'Weltuntergang'* die Rede ist, wobei die weibliche Variante in dieser Bedeutung keineswegs unbekannt ist. LA APOCALIPSIS verwendet man hingegen durchwegs, wenn biblische Schriften gemeint sind, wobei sich bei der Offenbarung des Johannes im Neuen Testament die Großschreibung eingebürgert hat.

**B** ▶ LA ÉNFASIS ist vorwiegend im amerikanischen Spanisch verbreitet.

## 1.53 Andere maskuline Substantive auf –S

Andere Substantive auf –S sind in der Regel maskulin (darunter alle, die gebildet sind aus: **Verb in der 3. Person Singular + Substantiv im Plural**, vgl. 1.59):

el **autobús** *der Autobus*
el **bíceps** *der Bizeps*
el **croquis** *der Entwurf*
el **mentís** *das Dementi*
el **mes** *der Monat*
el **revés** *die Rückseite*
el **abrelatas** *der Dosenöffner*
el **mondadientes** *der Zahnstocher*
el **paracaídas** *der Fallschirm*
el **paraguas** *der Regenschirm*
el **rascacielos** *der Wolkenkratzer*
el **sacapuntas** *der Bleistiftspitzer*

## 1.54 Geschlecht der Substantive auf –X

Die äußerst wenigen Substantive auf –X sind maskulin:

el **ónix** *der Onyx*
el **tórax** *der Brustkorb*

## 1.55 Feminine Substantive auf –Z

Die meisten Substantive auf –Z sind feminin, darunter alle Abstrakta auf –EZ (zu DOBLEZ und FAZ / HAZ vgl. 1.28):

la **estupidez** *die Dummheit*
la **hez** *der Bodensatz*
la **liquidez** *die Liquidität*
la **luz** *das Licht* (vgl. 1.56A)
la **nariz** *die Nase*
la **niñez** *die Kindheit*
la **paz** *der Frieden*
la **pequeñez** *die Kleinigkeit*
la **rapidez** *die Schnelligkeit*
la **vejez** *das Greisenalter*
la **vez** *das Mal*
la **voz** *die Stimme* (vgl. 1.56A)

## 1.56 Maskuline Substantive auf –Z

Wenige Substantive auf –Z sind maskulin:

el **albornoz** *der Bademantel*
el **antifaz** *die Maske*
el **arroz** *der Reis*
el **barniz** *der Lack*
el **cariz** *das Aussehen*
el **desliz** *der Fehltritt*

**el disfraz** *die Verkleidung*
**el maíz** *der Mais*
**el matiz** *die Nuance*
**el tamiz** *das Sieb*

**A ▶** Man merke sich auch die maskulinen Komposita der femininen Substantive LUZ und VOZ:

**el altavoz** *der Lautsprecher*
**el tragaluz** *das Dachfenster*
**el trasluz** *der Schimmer*

### 1.57 Genus der Fremdwörter

Fremdwörter sind in der Regel maskulin. Ein Fremdwort mit einem femininen spanischen Pendant kann feminin sein (Fremdwörter werden normalerweise entweder kursiv oder in Anführungsstriche gesetzt):

**el affaire** *die Affäre*
**la boutique** *die Boutique*
**el boom** *der Boom*
**el bundesbank** *die Bundesbank*
**el fast food** *das Fastfood*
**el hardware** *die Hardware*
**la high school** *die High School*
**el hinterland** *das Hinterland*
**la ostpolitik** *die Ostpolitik*
**el reich** *das Deutsche Kaiserreich*
**el standing** *die Wohnungsausstattung*
**la underclass** *die Unterschicht*

### 1.58 Genus der zusammengesetzten Wörter vom Typ COCHE CAMA

Ein zusammengesetztes Wort, das aus zwei Substantiven besteht, erhält das Genus des ersten; diese Zusammensetzungen können als ein Wort oder als zwei Wörter mit oder ohne Bindestrich geschrieben werden:

**el coche cama** *der Schlafwagen*
**una foca monje** *eine Mönchsrobbe*

### 1.59 Genus der zusammengesetzten Wörter vom Typ ABRELATAS

Eine sehr häufige Art, Komposita zu bilden, besteht in der Zusammenziehung der dritten Person Singular eines Verbs und eines Substantivs im Plural (selten im Singular). Diese Zusammensetzungen sind stets maskulin:

**un espantapájaros** *eine Vogelscheuche*
**el sacacopias** *der Vervielfältiger*
**este quitamanchas** *dieser Fleckentferner*

### 1.60 Genus lautmalender Ausdrücke

Lautmalende Wörter und Ausdrücke sind maskulin (spontane Neuprägungen richten sich immer nach dieser Regel):

**el runrún** *das Gurren (der Tauben)*
**el clin clin** *das Geklingel*
**el tic–tac** *das Ticktack*

### 1.61 Genus substantivierter Sätze und Satzteile

Substantivierte Sätze und Satzteile, sind maskulin. Beispiele aus dem Lexikon:

**el día a día** *der Alltag*
**un no sé qué** *ein gewisses Etwas* (wörtlich: *ein Ich–weiß–nicht–was*)
**el pagaré** *der Schuldschein* (wörtlich: *das Ich–werde–zahlen*)
**el quehacer** *die Aufgabe*
**el punto y coma** *das Semikolon*

### 1.62 Genus substantivierter Wortarten

Von Adjektiven abgesehen (vgl. 5.15) ist jede substantivierte Wortart maskulin, eine wichtige Gruppe bilden dabei substantivierte Infinitive (ad-hoc-Substantivierung von Infinitiven ist jederzeit möglich, vgl. 14.5, 14.6):

**el ayer** *das Gestern, die Vergangenheit*
**el sí** *das Jawort*
**el mañana** *die Zukunft*
**el todo** *die Gesamtheit*
**el decir** *die Redensart*
**el placer** *das Vergnügen*

### 1.63 Genus von angeführtem Text

Zitierter Text ist maskulin:

**ningún "cuando" de este texto** *kein "cuando" in diesem Text*
**el terrible "¡Es por tu bien!" de la mala conciencia** *das furchtbare "ich tue es für dich" des schlechten Gewissens*
**los que creen en el "España va bien"** *die an das "Spanien geht es gut" glauben*
**el segundo "ra" en la palabra "parará"** *das zweite "ra" im Wort "parará"*
**el cartesiano "pienso, luego existo"** *das "Ich denke, also bin ich" des Descartes*

## G. Genusbestimmnung nach Maßgabe der Wortbedeutung

### 1.64 Geschlecht von Länder– und Regionenbezeichnungen

Länder- und Regionennamen auf unbetontem –A sind feminin, sonst sind sie in der Regel maskulin (zum Gebrauch des Artikels bei geographischen Bezeichnungen vgl. 5.32).

**A** ▶ Beispiele femininer geographischer Bezeichnungen:

**una España desconocida** *ein unbekanntes Spanien*
**la Alemania reunificada** *das wiedervereinigte Deutschland*
**un viaje a la Alcarria** *eine Reise in die Alcarria (Region im Nordosten von Madrid)*
**Baja California** *(Region in Mexiko)*

**B** ▶ Beispiele maskuliner geographischer Bezeichnungen:

**Nuevo Méjico** *New Mexico*
**el Perú antiguo** *Alt–Peru*
**el Japón tradicional** *das traditionelle Japan*
**el Canadá francófono** *das frankophone Kanada*

## 1.65 Geschlecht von Städtenamen

In der Regel sind Städtenamen auf unbetontem –A feminin, sonst sind sie maskulin:

**la Barcelona olímpica** *das olympische Barcelona*
**el Madrid heroico** *das heldenhafte Madrid*

## 1.66 Städtenamen im Prinzip immer weiblich

Weil man den Gattungsbegriff CIUDAD zugrundelegen kann, kann ein Stadtname grammatisch immer als Femininum behandelt werden. Authentische Beispiele moderner spanischer Prosa:

**Nací en Madrid; la amo.**
*Ich bin in Madrid geboren, ich liebe es.*

**Santiago es premiada por su urbanismo.**
*Die Stadt Santiago de Compostela bekommt einen Preis für ihre Urbanität.*

## 1.67 Genus von Städtenamen in feststehenden Wendungen

In feststehenden Wendungen erscheinen Städtenamen als weiblich oder männlich. Man beachte ferner das Wort NUEVA im Namen zahlreicher Städte; vor einem Stadtnamen bezeichnet TODO schließlich meist die Bevölkerungsmehrheit der jeweiligen Stadt. Beispiele:

**la imperial Toledo** *das Toledo des westgotischen Reiches*
**Nueva York** *New York*
**todo Barcelona** *ganz Barcelona*

## 1.68 Genus von Namen kleinerer Ortschaften

Ortschaften, die man eher als **pueblo** *Dorf* bezeichnet, können immer maskulin gebraucht werden:

**Las Navas del Marqués es añoso y umbrío.**
*Las Navas del Marqués (Dorf in Altkastilien) ist alt und finster.*

## 1.69 Geschlechtsbestimmung nach dem Gattungsbegriff

Eigennamen erhalten das Genus des jeweiligen Gattungsbegriffes, der meistens nicht (wieder) erwähnt wird. Der Artikelgebrauch richtet sich in den folgenden Beispielen erstens nach dem maskulinen Substantiv DICCIONARIO, dann nach dem maskulinen Substantiv MUSEO, schließlich nach dem femininen Substantiv CADENA:

**El María Moliner no trae muchos americanismos.**
*Im María-Moliner-Wörterbuch gibt es nicht viele Ausdrücke des lateinamerikanischen Spanisch.*

**Estuvimos en el Reina Sofía.**
*Wir waren im Reina–Sofía–Museum.*

**La Sol inaugura un hotel en La Habana.**
*Die Sol–Hotelkette eröffnet ein Hotel in Havanna.*

## 1.70 Genus von Kardinalzahlen in abkürzender Ausdrucksweise

Wenn Kardinalzahlen zur Benennung von Einzelelementen aus numerierten Reihen verwendet werden, erhalten sie das Genus des jeweiligen Gattungsbegriffes. Der Artikelgebrauch richtet sich in den folgenden Beispielen erstens nach der femininen Substantiv LÍNEA, dann nach dem femininen Substantiv HABITACIÓN:

**¿Cogemos la uno?**
*Nehmen wir die Eins?*

## 1. Das Geschlecht der Substantive

**Esta es la llave de la cuarenta y cuatro.**
*Das ist der Schlüssel vom Zimmer vierundvierzig.*

### 1.71 Geschlecht von Abkürzungen

Abkürzungen erhalten das Genus des maßgebenden Gattungsbegriffes:

**la OTAN** *die Nato* ([la] Organización del Tratado del Atlántico Norte)
**el PSOE** *die Spanische Sozialistische Arbeiterpartei* ([el] Partido Socialista Obrero Español)
**el IVA** *die Mehrwertsteuer* ([el] impuesto sobre el valor añadido)

**A** ▸ In folgenden Beispielen richtet sich der Artikel- und Adjektivform zuerst nach dem femininen Substantiv MÁQUINA DE ESCRIBIR, dann nach dem maskulinen Substantiv ORDENADOR:

**una vieja IBM** *eine alte IBM–Schreibmaschine*
**nuestro nuevo IBM** *unser neuer IBM–Computer*

### 1.72 Maskuline Eigen– und Gattungsnamen

Bei folgender Liste handelt es sich weitgehend um die Anwendung des Grundsatzes, der in 1.69 formuliert ist; er ist daher anzuwenden, sollte eine Bezeichnung in den folgenden Kategorien nicht erfaßt sein.

**A** ▸ Flüsse, Berge, Meere, Binnenseen:

**el Elba** *die Elbe*
**el Volga** *die Volga*

**el Etna** *(Vulkan in Italien)*
**el Aconcagua** *(Berg in Chile)*

**el Báltico** *die Ostsee*
**el Pacífico** *der Pazifik*

**el Titicaca** *der Titicaca–See*
**el Ontario** *der Ontario–See*

**B** ▸ Autos, Schiffe, Flugzeuge, Eisenbahnstrecken:

**un Mercedes** *ein Mercedes*
**el Fiesta** *der Ford-Fiesta*

**el Queen Elisabeth** *die Q.E.*
**el Estrella de Oriente** *(Name eines Schiffes)*

**el DC10** *die DC10*
**el Concorde** *die Concorde*

**el Madrid–Sevilla** *(der Zug Madrid–Sevilla)*
**el Puerta del Sol** *(der Zug Madrid–Paris)*

**C** ▸ Tage, Monate, Jahre:

**un sábado** *an einem Samstag*
**los domingos** *sonntags*

**agosto caluroso** *heißer August*
**un noviembre frío** *ein kalter November*

**la Generación del 98** *die 98er Generation (literaturgeschichtlicher Begriff)*
**el mundo en el 2050** *die Welt im Jahre 2050*

**D** ▶ Zahlen, Noten, Farben:

**el uno** *die Eins*
**el treinta y siete** *die Zahl dreiunddreißig*

**un la** *ein a*
**el fa sostenido** *das fis*

**el lila** *die Farbe lila*
**el verde de las eras** *das Grün der Saatzeilen*

**E** ▶ Kunstwerke, vor allem Gemälde, die mit dem Namen des Künstlers benannt werden, sind maskulin (gelegentlich werden diese Wörter kleingeschrieben bzw. in Kursivschrift und / oder in Anführungszeichen gesetzt):

**los 44 Picassos del milmillonario Barnes** *die 44 Picassos des Milliardärs Barnes*
**varios falsos Dalís** *zahlreiche falsche Dalí–Gemälde*
**el precio de un Frida Kahlo** *der Preis eines Bildes von Frida Kahlo*

**F** ▶ Weine:

**un Rioja** *ein Rioja*
**un Viña Pedrosa** *ein Viña Pedrosa*

**G** ▶ Sportvereine:

**la nueva estrategia del Bayern** *die neue Strategie von Bayern München*
**tardío homenaje al Benfica** *späte Huldigung an den Benfica Lissabon*
**un Barça agotado** *ein erschöpfter FC Barcelona*

• Ausnahme für Spanien: **la Real Sociedad** *(Fußballverein aus San Sebastian)*

## 1.73 Feminine Eigen- und Gattungsnamen

Bei folgender Liste handelt es sich weitgehend um die Anwendung des Grundsatzes: Eigennamen erhalten das Genus des jeweiligen Gattungsbegriffes; der Grundsatz ist auch anzuwenden, sollte eine Bezeichnung in den folgenden Kategorien nicht erfaßt sein.

**A** ▶ Buchstaben, Sprachlaute:

**con acento sobre la o** *mit Akzent auf dem o*
**poner los puntos sobre las íes** *die Sachen klarstellen*

**la articulación de la erre múltiple** *die Artikulation des spanischen mehrfach vibrierenden R*
**la aspiración de la ese en Argentina** *die Aspiration des s–Lautes in Argentinien*

**B** ▶ Firmennamen:

**la General Motors** *General Motors*
**el consejero delegado de la Siemens** *der Aufsichtsratsvorsitzende von Siemens*

**C** ▶ Inseln, Straßen:

**la calidad de vida en las Baleares** *die Lebensqualität auf den Balearen*
**las Salomón** *die Salomon–Inseln*

**la N VI** *die Nationalstraße 6*
**un puente sobre la A8** *eine Brücke über die / der A8 (Autobahn im Norden Spaniens)*

**D** ▶ Fahr-, Motorräder:

**una vieja Hércules** *ein altes Hercules-Fahrrad*
**la Suzuki** *das Suzuki (Motorrad)*

# 2. Die Mehrzahl der Substantive

## A. Plural der Substantive mit Endung auf Vokal

### 2.1 Plural der Substantive mit Endung auf unbetontem Vokal
Die Substantive mit Endung auf Vokal enden meistens auf unbetontem –A, –E oder –O, ganz selten auf unbetontem –U oder –I. Diese Substantive bilden den Plural durch Anhängung von –S. Die Betonung der Singularform bleibt dabei erhalten:

**casa** → **casas** *Häuser*
**padre** → **padres** *Eltern*
**taxi** → **taxis** *Taxis*
**foto** → **fotos** *Fotos*
**espíritu** → **espíritus** *Geister*

### 2.2 Plural von englischen Lehnwörtern auf –Y
Englische Lehn- und Fremdwörter auf (vokalischem, also mit dem Lautwert von I auszusprechendem) –Y erhalten ebenfalls das Pluralzeichen S (es wird bei diesen Wörtern versucht, die Schreibweise auf –I durchzusetzen):

**penalty (penalti)** → **penaltys (penaltis)** *Elfmeter*
**whisky** → **whiskys** *Whiskys*

### 2.3 Plural von JERSEY, GUIRIGAY, BONSÁI und SAMURÁI
Einige Substantive, meist Lehn- und Fremdwörter, die auf fallendem Y/I-Diphthong enden, erhalten das Pluralzeichen S; dabei erscheint im Plural nur IS, niemals YS. (vgl. 42.10D; zum Plural der Substantive auf den Halbkonsonanten –Y vgl. 2.11):

**jersey (jerséi)** → **jerséis** *Pullover*
**guirigay** → **guirigáis** *Krawalle*
**bonsái** → **bonsáis** *Bonsai-Bäumchen*
**samurái** → **samuráis** *Samurais*

### 2.4 Plural der endbetonten Substantive auf –A (Á), –E (–É) und –O (–Ó)
Die kleine Anzahl von einsilbigen Substantiven, die auf betontem –A, –E oder –O enden, bilden den Plural durch Anhängung von –S (vgl. aber 2.5); diese Regel gilt auch für alle Substantive auf –É und für diejenigen auf –Á und –Ó aus dem Alltagswortschatz:

**fa** → **fas** *F–Töne*
**pie** → **pies** *Füße*
**do** → **dos** *C–Töne*
**e** → **es** (Plural des Buchstabennamens E)
**sofá** → **sofás** *Sofas*
**papá** → **papás** *Papas*
**dominó** → **dominós** *Domino–Spiele*
**café** → **cafés** *Cafés; Kaffesorten*

**A ▶** Die Mehrzahl von TÉ erhält in der Regel den Akzent:

**té** → **tés** *Teesorten*

## 2. Die Mehrzahl der Substantive

### 2.5 Empfohlener Plural einiger Substantive auf betontem –A und –O

Bei Substantiven auf betontem –A und –O aus dem gehobenen Wortschatz wird empfohlen, den Plural durch Anhängung von –ES zu bilden, das gilt ebenso für die Pluralform der Buchstabennamen A und O:

**jacarandá** → **jacarandaes** *Jakarandabäume*
**yo** → **yoes** (Mehrzahl von **yo** *Ich*)
**no** → **noes** (Mehrzahl von **no** *nein*)
**a** → **aes** (Mehrzahl des Buchstabennamens A)
**o** → **oes** (Mehrzahl des Buchstabennamens O)

**A** ▸ Das Wort **faralá** *Volant andalusischer Frauentracht* hat in der Regel die Pluralform FARALAES, es gibt jedoch auch die Form FARALARES.

### 2.6 Substantive mit Endung auf betontem –I (–Í) und –U (–Ú)

Die meisten Substantive auf –í und –ú gehören zum Kennwortschatz der Gebildeten; der Plural dieser mehr oder minder exotischen Wörter, darunter zahlreiche Herkunftsbezeichnungen auf –í, wird in der Regel gebildet durch Anhängen von –ES. Der Plural der Buchstaben I und U wird ebenfalls durch Anhängen von –ES gebildet:

**alhelí** → **alhelíes** *Levkojen*
**jabalí** → **jabalíes** *Wildschweine*
**sí** → **síes** (Plural von **sí** *ja*)
**iraní** → **iraníes** *Iraner, -innen*
**i** → **íes** (Plural des Buchtabennamens I)

**gurú** → **gurúes** *Gurus* (vgl. 2.6A)
**marabú** → **marabúes** *Marabus* (vgl. 2.6A)
**tabú** → **tabúes** *Tabus* (vgl. 2.6A)
**zulú** → **zulúes** *Zulus*
**u** → **úes** (Plural des Buchtabennamens U)

**A** ▸ Bei einigen Substantiven auf auf –í und –ú schwankt der Gebrauch beträchtlich, das Anhängen von bloßem –S nimmt zu, je populärer das Wort wird; dazu gehören GURÚ, MARABÚ und TABÚ, deren Pluralform auch GURÚS, MARABÚS und TABÚS lautet. Beispiele mit Substantiven auf -í:

**bisturí** → **bisturís / bisturíes** *Skalpelle, Seziermesser*
**rubí** → **rubís / rubíes** *Rubine (Edelstein)*
**marroquí** → **marroquís / marroquíes** *Marrokaner, -innen*
**paquistaní** → **paquistanís / paquistaníes** *Pakistanis*

### 2.7 Plural von Substantiven auf –Í und –Ú aus dem Alltagswortschatz

Substantive auf –í und –ú aus dem Alltagswortschatz bilden den Plural durch Anhängung von –S:
**esquí** → **esquís** *Skier*
**menú** → **menús** *Speisekarten*
**champú** → **champús** *Shampoos*

## B. Plural der Substantive mit konsonantischer Endung

### 2.8 Plural der Substantive mit Endung auf –D, –N, –L, –R, –Z

Die Substantive mit konsonantischer Endung gehen meistens auf –D, –N, –L, –R oder –Z aus. Diese Wörter bilden den Plural durch Anhängung von –ES; bis auf drei Substantive (vgl. 2.10) bleibt dabei die Wortbetonung unverändert:

**ciudad** → **ciudades** *Städte*
**señal** → **señales** *Zeichen*
**hogar** → **hogares** *Haushalte*

## 2. Die Mehrzahl der Substantive

### 2.9 Orthographische Besonderheiten bei der Pluralbildung

**A ▶** Schreibweise –CES für die Mehrzahl der Substantive auf –Z:

disfraz → **disfraces** *Verkleidungen*
pez → **peces** *Fische*
matiz → **matices** *Nuancen*
voz → **voces** *Stimmen*
luz → **luces** *Lichter*

**B ▶** Wegfall des Akzents für die Mehrzahl der Substantive auf –ÁN, –ÉN, –ÍN, –ÓN und –ÚN:

alemán → **alemanes** *Deutsche*
sartén → **sartenes** *Pfannen*
jardín → **jardines** *Gärten*
avión → **aviones** *Flugzeuge*
atún → **atunes** *Thunfische*

**C ▶** Akzentsetzung in der Pluralform von Wörtern auf –N, die nicht endungsbetont sind:

orden → **órdenes** *Befehle*
germen → **gérmenes** *Keime*
canon → **cánones** *Richtlinien*

### 2.10 Betonungsverschiebung bei der Pluralbildung

Bei den folgenden drei Wörtern verschiebt sich der Akzent um eine Silbe auf die Wortendung hin (CARÁCTER verliert dabei den Akzent):

carácter → **caracteres** *Charaktere*
espécimen → **especímenes** *Exemplare*
régimen → **regímenes** *Regimes*

### 2.11 Plural der Substantive auf –J und –Y

Die ganz wenigen Substantive aus dem hergebrachten bzw. voll hispanisierten Wortschatz, die auf dem Konsonanten –J oder dem Halbkonsonanten –Y ausgehen, bilden den Plural durch Anhängung von –ES:

reloj → **relojes** *Uhren*
carcaj → **carcajes** *Pfeilköcher*
buey → **bueyes** *Ochsen*
convoy → **convoyes** *Konvois*
ley → **leyes** *Gesetze*
rey → **reyes** *Könige*

• Zu JERSEY und GUIRIGAY vgl. 2.3

### 2.12 Plural der endungsbetonten Substantive auf –S

Einsilbige Substantive auf –S und mehrsilbige Substantive auf –S mit Betonung auf der letzten Silbe bilden den Plural durch Anhängung von –ES, dabei fällt der Akzent der mehrsilbigen weg:

as → **ases** *Asse*
dios → **dioses** *Götter*
mes → **meses** *Monate*
anís → **anises** *Anisgetränke*
autobús → **autobuses** *Autobusse*
interés → **intereses** *Interessen*

## 2. Die Mehrzahl der Substantive

### 2.13 Nullplural bei einigen endbetonten Substantiven auf –S
Das Lexikon gibt an, welche Substantive Ausnahmen zu der Regel in 2.5.1 darstellen. Dazu gehören die Komposita auf –PIÉS sowie u.a. MENTÍS und MOISÉS:

ciempiés → ciempiés *Tausenfüßler*
mentís → mentís *Dementis*
moisés → moisés *Babykörbchen*

### 2.14 Nullplural der nicht endbetonten Substantive auf –S
Bei Substantiven auf –S, die auf der vorletzten Silbe betont werden (und folglich keinen Akzent erhalten), sind Singular- und Pluralform gleich. Darunter befinden sich fünf Wochentagsnamen, zahlreiche Komposita (vgl. 1.53) und alle Substantive auf –SIS:

lunes → lunes *Montage*
martes → martes *Dienstage*
miércoles → miércoles *Mittwoche*
jueves → jueves *Donnerstage*
viernes → viernes *Freitage*

abrelatas → abrelatas *Dosenöffner*
paraguas → paraguas *Regenschirme*
virus → virus *Viren*
crisis → crisis *Krisen*
análisis → análisis *Analysen*

**A ▸** Die gelegentlich in mündlicher und schriftlicher Form vorkommende Pluralbildung durch angehängtes –ES (VIRUSES) sind schlimme Schnitzer.

### 2.15 Nullplural der Substantive auf –X und –PS
Die wenigen Substantive auf –X und –PS haben einen Nullplural (zum Akzent bei BÍCEPS und TRÍCEPS vgl. 42.25A):

ónix → ónix *Onyxe*
tórax → tórax *Oberkörper*

bíceps → bíceps *Bizepse*
tríceps → tríceps *Trizepse*

### 2.16 Plural auf –ES der Substantive mit exotischer Konsonantenendung
Die gebräuchlichsten Substantive haben in der Regel die Pluralendung –ES:

álbum → álbumes *Alben*
club → clubes *Vereine* (vgl. 2.16A)

**A ▸** Die Mehrzahlform CLUBS ist allerdings ebenso verbreitet wie CLUBES.

### 2.17 Plural auf –S der Substantive mit exotischer Konsonantenendung
Die Mehrzahl der meisten im Lexikon bereits enthaltenen Substantive auf –B, –C, –F, –G, –K, –M, –P und –T sowie der Substantive mit Endungen auf Doppelkonsonanten wird durch Anhängung von –S gebildet (zum Akzent bei RÉCORDS vgl. 42.25A):

esnob → esnobs *Snobs*
bloc → blocs *Schreibblöcke*
tuareg → tuaregs *Tuareg*
réquiem → réquiems *Requiems*
chip → chips *Chips*
tíquet → tíquets *Tickets*
récord → récords *Rekorde*
hinterland → hinterlands *Hinterlandsgebiete*

## 2. Die Mehrzahl der Substantive

### 2.18 Nullplural der Substantive auf –T

Für die Wörter lateinischen Ursprungs auf –T wird der Nullplural empfohlen (häufig wird aber – S angehängt):

**déficit → déficit / déficits** *Defizite*
**superávit → superávit / superávits** *Überschüsse*

### 2.19 Hispanisierung bei der Pluralbildung

Bei einer Anzahl von Wörtern wird eine Anpassung an die Lauteigenschaften des Spanischen vorgenommen, dabei wird der Auslautkonsonant der Singularform weggelassen, oder ihm wird ein –E hinzugefügt. Gelegentlich wird allein die Pluralform hispanisiert. Die hispanisierte und die nicht hispanisierte Form findet man im Lexikon häufig nebeneinander vor.

**A ▶** Beispiele mit Substantiven auf –T:

**complot /compló → complots / complós** *Komplotte*
**chalet / chalé → chalets / chalés** *Einfamilienhäuser im Grünen*

**B ▶** Beispiele mit Substantiven auf –C:

**vivac / vivaque → vivaques / vivacs** *Feldlager*
**frac / fraque → fracs / fraques** *Fracks*

**C ▶** Das Wort LORD:

**lord → lores** *Lords*


## C. Sonderfälle bei der Pluralbildung

### 2.20 Plural der zusammengesetzten Begriffe

Bei Begriffen, die sich aus zwei mit oder ohne Bindestrich verknüpften Substantiven zusammensetzen, erhält in der Regel nur das erste von ihnen die Pluralform:

**águila macho → águilas macho** *Adlermännchen*
**buitre hembra → buitres hembra** *Geierweibchen*
**bombardeo alfombra → bombardeos alfombra** *Teppichbombardements*
**chaleco antibala → chalecos antibala** *kugelsichere Westen*
**coche cama → coches cama** *Schlafwagen*
**edición facsímil → ediciones facsímil** *Faksimileausgaben*
**hombre rana → hombres rana** *Froschmänner*

**A ▶** Bei einigen festgelegten Bezeichnungen erhalten beide Substantive die Pluralform:

**gobierno títere → gobiernos títeres** *Marionettenregierungen*
**país miembro → países miembros** *Mitgliedsländer*

**B ▶** Bei zahlreichen Gefügen dieser Art konkurrieren Unveränderlichkeit und Kongruenz:

**hora punta → horas punta / puntas** *Spitzenzeiten*
**disco pirata → discos pirata / piratas** *CD-Raubkopien*
**programa basura → programas basura / basuras** *Trashsendungen im Fernsehen*

### 2.21 Plural der hispanisierten Fremdwörter

Substantive mit konsonantischer Endung, die sich in Schrift und Aussprache dem Spanischen angepaßt haben, aber noch als fremd empfunden werden, haben meistens zwei Pluralformen: einen von den Sprachautoritäten empfohlenen Plural auf –ES (in manchen Fällen wird der Nullplural empfohlen) und einen populären auf –S:

**cóctel** → **cócteles / cóctels** *Cocktails*
**esmoquin** → **esmóquines / esmoquins** *Smokings*
**gánster** → **gánsteres / gánsters** *Gangster*
**bóer** → **bóers** *Buren (kein Plural auf –ES!)*

## 2.22 Plural der Fremdwörter

Ungeachtet ihrer Endung wird die Pluralform der Fremdwörter (die normalerweise in Anführungszeichen oder kursiv gesetzt werden) durch Anhängung von –S gebildet (Offiziell wird der Nullplural empfohlen, dies wird jedoch in der Praxis nur bei extrem exotischen Vokabeln befolgt):

**boutique** → **boutiques**
**manager** → **managers**
**poster** → **posters**
**pub** → **pubs**
**show** → **shows**
**shopping center** → **shopping centers**

**A ▸** Folgende Wörter aus dem Deutschen erhalten ihre deutsche Pluralform:

**land** → **länder** *Bundesländer*
**lied** → **lieder** *Kunstlieder*

## 2.23 Nullplural für die Bezeichnung exotischer Volksgruppen

Bezeichnungen von Volks- und Religionsgruppen, die dem spanischen Kulturkreis sehr fremd sind, haben einen Nullplural:

**los anangu** *die Anangu (australisches Ureinwohnervolk)*
**los amish** *die Amischen (eine Mennonitengruppe)*

## 2.24 Plural von Eigennamen

Bei der Benennung zählbarer Gegenstände und Personen bilden Eigennamen eine Pluralform:

**¿cuántos Santiagos?** *wieviele Städte mit dem Namen Santiago?*
**dos Juanes** *zweimal Juan*
**tres Garcías** *dreimal García*

**A ▸** Eine Mehrzahlbildung kann ausbleiben bei Eigennamen mit mehreren Begriffen sowie bei konsonantischer Endung des Eigennamens, besonders wenn dabei fremdsprachliche bzw. dem Spanischen fremde Wörter und Buchstabenfolgen vorkommen:

**¿dos Pachem Lama?** *zwei Pan–Chem–Lamas?*
**todos los Madrid que recuerdo** *alle Madrids, an die ich mich erinnere*
**tres Tartuffe en un solo verano** *drei Tartuffe–Inszenierungen in einem einzigen Sommer*

**B ▸** Man beachte auch Beispiele wie das folgende:

**los virgo que somos ordenados** *wir Jungfrau–Menschen, die ordnungsliebend sind*

## 2.25 Nullplural für Eigennamen auf –Z

Eigennamen auf –Z haben in der Regel einen Nullplural:

**todos los Pérez de este mundo** *alle Pérez dieser Welt*
**los Velázquez del Museo del Prado** *die Velázquez–Bilder im Prado*

## 2.26 Plural von Markennamen

Zur Pluralbildung von Markennamen ist die Hinzufügung von einfachem –s die Regel, zuweilen (besonders bei fremdsprachlichen bzw. exotischen Wörtern) wird jedoch der Nullplural bevorzugt:

**infinidad de Seats** *eine Unmenge von SEAT–Personenwagen*
**cuatro Jaguars** *vier Jaguar (Automarke)*
**los nuevos Sony** *die neuen Sony–Geräte*
**los feroces Tomahawk** *die schrecklichen Tomahawk–Hubschrauber*

## 2.27 Plural von Abkürzungen

In der Schrift erhalten Abkürzungen normalerweise keinen Plural:

**las ONG hondureñas** *die Nicht–Regierung–Organisationen aus Honduras* (ONG: "Organizaciones no gubernamentales")
**las PYME británicas** *die britischen Klein– und Mittelunternehmen* (PYME: "Pequeñas y medianas empresas")
**el acta fundacional de los GAL** *die Gründungsakte der GAL–Gruppen* (GAL: "Grupos Antiterroristas de Liberación", *eine terroristische Organisation in Spanien*)

**A** ▶ Umgangsprachlich erhalten Abkürzungen in der Regel eine Mehrzahlbildung: LAS OENEGÉS, LAS PYMES.

**B** ▶ Der Nullplural kommt auch bei der Benennung von Personen durch Abkürzungen (in der Regel in Kleinbuchstaben geschrieben) zum Tragen.:

**los dos gal fugitivos** *die zwei flüchtigen GAL–Mitglieder*
**unos farc dispuestos a negociar** *einige verhandlungsbereite FARC-Mitglieder* (FARC: Fuerzas Armadas Revolucionarias Colombianas, *eine kolumbianische Guerilla-Organisation*)

# D. Besonderheiten im Gebrauch von Singular und Plural

## 2.28 Der Plural männlicher Personennamen als Paarbezeichnung

Die Mehrzahl der maskulinen Bezeichnung benennt bei Personen auch das Paar; gegebenenfalls entscheidet der Kontext, ob es sich um eine Paarbezeichnung oder um eine Mehrzahl männlicher Personen handelt:

**los novios** *das Brautpaar* oder: *die Bräutigame*
**los reyes** *das Königspaar* oder: *die Könige*
**los padres** *die Eltern* oder: *die Väter*
**los abuelos** *die Großeltern* oder: *die Großväter*
**los duques de Gales** *der Herzog und die Herzogin von Wales* oder: *die Herzöge von Wales*
**los señores Acebo** *Herr und Frau Acebo*

## 2.29 Der Plural männlicher Personennamen als Kollektivbezeichnung

Der Plural maskulin dient bei Personenbezeichnungen zur Benennung eines gleichartigen, beide Geschlechter umfassenden Kollektivs; der Kontext entscheidet gegebenenfalls darüber, ob nicht doch eine Mehrzahl männlicher Personen vorliegt:

**hijos** *Kinder*, aber auch: *Söhne*
**hermanos** *Geschwister*, aber auch: *Brüder*
**primos** *Vettern und Basen*, aber auch: *Vettern* allein
**sobrinos** *Neffen und Nichten*, aber auch: *Neffen* allein
**los señores** *die Herrschaften*, aber auch: *die Herren*

## 2. Die Mehrzahl der Substantive

### 2.30 Bezeichnung von Tiergattungen durch den Plural

In der Regel dient die Mehrzahl der männlichen Bezeichnung, falls dafür ein eigenes Wort zur Verfügung steht, zur Benennung einer Menge artgleicher Tiere:

**Se veían a lo lejos unos caballos.**
*Man sah in der Ferne einige Pferde.*

**Me gustan más los gatos que los perros.**
*Ich mag Katzen lieber als Hunde.*

**A ▸** Drei Ausnahmen:

**las ovejas** *die Schafe*
**las gallinas** *die Hühner*
**las monas** *die Affen*

### 2.31 Familiennamen im Singular

Ein Familienverband oder ein Ehepaar wird durch den Artikel LOS und den jeweiligen Familiennamen im Singular benannt (im Deutschen normalerweise mit dem Artikel und mit dem Familiennamen auf –S):

**los Benda y sus hijos** *die Bendas und ihre Kinder*
**el clan de los Castro** *der Castro–Clan*

### 2.32 Plural von Stoffnamen

Der Plural von Stoffnamen wird als Sammelbezeichnung und als fachsprachliche Stoffartenbezeichnung verwendet. Stoffnamen benennen auch häufig zählbare Gegenstände:

**aceros** *Stähle*
**aguas** *Gewässer*
**lluvias** *Regenfälle*
**nieblas** *Nebelbildungen*
**nieves** *Schneefälle*
**panes** *Brote; Brotlaibe*
**quesos** *Käsestücke; Käsesorten*
**vinos** *Weine*

**A ▸** Beim Bezug auf eine bestimmte geographische Gegend werden Stoffnamen häufig im Plural verwendet:

**las arenas del Sáhara** *der Sand der Sahara–Wüste*
**las aguas del Tajo** *das Wasser des Tajo*

### 2.33 Plural von nicht konkreten Gegenständen

Das mehrmalige Auftreten von Zuständen, Eigenschaften und Vorgängen wird normalerweise durch den Plural der jeweiligen Bezeichnung ausgedrückt (manche Zustandsbezeichnungen benennen auch den zustandsauslösenden Gegenstand):

**amores** *Liebschaften*
**caprichos** *Launen*
**fiebres** *Fieberschübe*
**iras** *Zornausbrüche*
**murmullos** *Gemurmel*
**nerviosismos** *nervöse Zustände*
**penas** *Kummer*
**risas** *Gelächter*

## 2. Die Mehrzahl der Substantive

**toses** *häufiger Husten*
**tristezas** *traurige Momente; traurige Anlässe*

**A** ▸ Zahlreiche feststehende Wendungen enthalten Bezeichnungen nicht konkreter Gegenstände im Plural:

**de / con mil amores** *herzlich gern*
**reclamación de daños y perjuicios** *Schadensersatzklage*
**a duras penas** *mit Mühe und Not*

### 2.34 Die Pluralform als Bezeichnung mehrteiliger Einzelgegenstände

Durch eine Pluralform kann ein Einzelgegenstand bezeichnet werden, der sich aus mehreren identischen Teilen zusammensetzt; zu solchen Bezeichnungen zählen zahlreiche Namen paariger Geräte:

**los alicates** *die Zange*
**las gafas** *die Brille*
**las tijeras** *die Schere*

**A** ▸ Bei manchen Substantiven ist die Verwendung von Singular- oder Pluralform schwankend (nachstehend zuerst die gebräuchlichere Form, vgl. im übrigen 2.37):

**alicates / alicate** *Zange*
**pantalones / pantalón** *Hose*
**calzoncillos / calzoncillo** *Unterhose*
**nariz / narices** *Nase*
**espalda / espaldas** *Rücken*
**escalera / escaleras** *die Treppe, die Leiter*

### 2.35 Pluralia tantum

Einige Bezeichnungen werden ausschließlich in der Pluralform gebraucht, dabei handelt es sich teilweise um die Mehrzahl von Adjektiven und Adverbien (vgl. auch 2.36):

**las afueras** *die Vororte*
**los alrededores** *die Umgebung (einer Ortschaft)*
**los funerales** *die Totenfeier*
**las ínfulas** *die Eitelkeit*
**las tinieblas** *die Finsternis*
**las vacaciones** *die Ferien, der Urlaub*

### 2.36 Bedeutungsverschiebung zwischen Singular und Plural

Die Pluralform einiger Wörter besitzt eine Eigenbedeutung, die sich mehr oder weniger von der Bedeutung der Singularform unterscheidet (dies verzeichnet das Lexikon):

| | |
|---|---|
| **celo** *Eifer* | **celos** *Eifersucht* |
| **antigüedad** *Altertum* | **antigüedades** *Antiquitäten* |
| **correo** *Post* | **Correos** *Postamt* |
| **seña** *Wink* | **señas** *Adresse* |
| **gracia** *Wohlwollen* | **gracias** *danke* |
| **entremés** *Zwischenspiel* | **entremeses** *Vorspeise* |
| **memoria** *Gedächtnis* | **memorias** *Memoiren* |

## 2.37 Konventionelle Verwendung von Singular und Plural

Bei zahleichen Substantiven wird ohne Sinnveränderung bald die Singular-, bald die Pluralform verwendet. Dies tritt vor allem bei feststehenden Wendungen auf:

**de día en día** *tagtäglich*
**buenos días** *guten Morgen*

**por la tarde** *nachmittags*
**buenas tardes** *guten Tag*

**hacer noche** *übernachten*
**buenas noches** *gute Nacht*

**tener ganas de hacer algo** *Lust haben, etwas zu tun*
**de buena gana** *gern*

**nariz chata** *Plattnase*
**estar hasta las narices** *die Nase voll haben*

**por la espalda** *hinterrücks, heimtückisch*
**dar de espaldas** *auf den Rücken fallen*

**encuadernar en cuero** *mit einem Ledereinband versehen*
**dejar en cueros** *splitternackt zurücklassen*

## 2.38 GENTE und GENTES

GENTE bedeutet *'Leute'* und ist eine singularische Kollektivbezeichnung; die Mehrzahl GENTES verwendet man zur Verdeutlichung, daß eine Menschengruppe, z.B. die Bewohnerschaft einer Gegend, sich verschiedenartig zusammensetzt:

**La gente lee cada vez menos.**
*Die Leute lesen immer weniger.*

**Se habían congregado en la plaza gentes venidas de todo el país.**
*Menschen aus dem ganzen Land hatten sich auf dem Platz versammelt.*

• Zur Kongruenz bei GENTE vgl. 22.8.

**A ▶** *'drei Leute'* sagt man spanisch normalerweise: TRES PERSONAS; durchaus zulässig, wenn auch nicht zur Gebildetensprache gehörig, wäre: TRES GENTES. Im lateinamerikanischen Spanisch ist die völlige Singularisierung nicht unüblich: UNA GENTE.

# 3. Das Adjektiv

## A. Bildung der femininen Form

### 3.1 Maskuline Form auf –O, feminine Form auf –A
Endet die maskuline Form des Adjektivs auf –O, so tritt für die feminine Form –A anstelle von –O:

**vino blanco** *Weißwein*
**casa blanca** *weißes Haus*

### 3.2 Alternanz –O / –A bei Herkunftsbezeichnungen
GENTILICIOS (vgl. 1.10-1.23), deren maskuline Form auf –O endet, bilden das Femininum auf –A, das anstelle VON –O tritt:

**el gobierno mexicano** *die mexikanische Regierung*
**la revolución mexicana** *die mexikanische Revolution*

### 3.3 Alternanz Konsonant / –A bei Herkunftsbezeichnungen
Endet das Maskulinum eines GENTILICIO auf einem Konsonanten, so wird für die feminine Form –A daran angehängt, die GENTILICIOS auf –ÁN und –ÉS verlieren dabei den Akzent:

**el catolicismo español** *der spanische Katholizismus*
**la democracia española** *die spanische Demokratie*

**el parlamento inglés** *das englische Parlament*
**la monarquía inglesa** *die englische Monarchie*

**el romanticismo alemán** *die deutsche Romantik*
**la música alemana** *die deutsche Musik*

### 3.4 BURGUÉS und MONTAÑÉS
Die Wörter BURGUÉS und MONTAÑÉS gelten als GENTILICIOS (man beachte dabei den Wegfall des Akzents bei Bildung des Femininums):

**el estado burgués** *der bürgerliche Staat*
**la mentalidad burguesa** *die bürgerliche Mentalität*

**el tipo montañés** *der Menschenschlag der Bergbewohner*
**la flora montañesa** *die Bergflora*

### 3.5 Einendige Herkunftsbezeichnungen auf Konsonant
Ausnahmen zu der Regel in 3.13 sind u.a. die unveränderlichen Adjektive BALEAR und PROVENZAL (zu weiteren einendigen GENTILICIOS vgl. 1.22):

**el dialecto balear** *der Dialekt der Balearen*
**la pronunciación balear** *die Aussprache auf den Balearen*

**el estilo provenzal** *der provençalische Stil (der mittelalterlichen Minnesänger)*
**la poesía provenzal** *die provençalische Dichtung*

## 3. Das Adjektiv

### 3.6 Feminine Form auf –A bei den Nachsilben –DOR, –TOR und –SOR

Die Nachsilben –DOR, –SOR und –TOR werden an Verbstämme angehängt, um den Ausführenden oder Bewirkenden zu bezeichnen. Solche Bezeichnungen (vgl. 1.15) dienen sehr oft als Adjektive. Die feminine Form wird dabei durch Hinzufügung von –A gebildet:

**un detalle revelador** *eine verräterische Einzelheit*
**una palabra reveladora** *ein verräterisches Wort*

**un sistema opresor** *ein repressives System*
**una familia opresora** *eine repressive Familie*

**un aparato destructor** *ein zerstörerischer Apparat*
**una máquina destructora** *eine zerstörerische Maschine*

**A ▶** Man beachte, daß die aus dem Lateinischen übernommenen Komparativformen auf –OR einendig sind. Das sind: MEJOR, PEOR, MAYOR, MENOR, SUPERIOR, INFERIOR, ANTERIOR, POSTERIOR, INTERIOR, EXTERIOR, ULTERIOR (vgl. 3.70ff)

**B ▶** Die substantivierte Form **superiora** *Oberin* kann als adjektivische Apposition verwendet werden: MADRE SUPERIORA.

### 3.7 Alternanz –TOR / –TRIZ

Bei einigen feststehenden Ausdrücken ersetzt die feminine Endung –TRIZ die maskuline Endung –TOR. Beispiele aus dem Lexikon:

**nervio motor** *Bewegungsnerv*
**fuerza motriz** *Triebkraft*

**interés director** *leitendes Interesse*
**idea directriz** *Leitgedanke*

### 3.8 Feminine Form auf –A bei den Nachsilben –ÁN, –ÍN und –ÓN

Die Nachsilben –ÁN, –ÍN und –ÓN werden an Verbstämme angehängt, um mehr oder weniger abfällige Bezeichnungen des Ausführenden oder Bewirkenden abzuleiten (vgl. auch 41.23, 41.24). Die feminine Form solcher Wörter, die meistens zugleich Adjektive und Substantive sind, wird gebildet durch Anhängung von –A, dabei fällt der Akzent der maskulinen Form weg:

**chico holgazán** *fauler Junge*
**chica holgazana** *faules Mädchen*

**vecino parlanchín** *redseliger Nachbar*
**vecina parlanchina** *redselige Nachbarin*

**color chillón** *knallige Farbe*
**voz chillona** *kreischende Stimme*

● Zu den Ausnahmen vgl. 3.9 und 3.10.

### 3.9 Einendiges RUIN und AFÍN

Einendige Adjektive auf –IN (–ÍN) sind RUIN und AFÍN:

**un acto ruin** *eine niederträchtige Handlung*
**una madrastra ruin** *eine gemeine Stiefmutter*

**término afín** *verwandter Begriff*
**palabra afín** *verwandtes Wort*

## 3. Das Adjektiv

### 3.10 Einendiges MARRÓN
Einendiges Adjektiv auf –ÓN ist MARRÓN:

**zapato marrón** *brauner Schuh*
**falda marrón** *brauner Rock*

### 3.11 Feminine Form auf –A bei den Nachsilben –OTE und –ETE
Bei Adjektiven auf –OTE und –ETE bildet man die feminine Form durch Ersetzung des auslautenden –E durch –A (zur Semantik vgl. 41.29 und 41.30):

**chico grandote** *großer Junge*        **chaval espabiladete** *pfiffiger Bursche*
**chica grandota** *großes Mädchen*      **chavala espabiladeta** *pfiffiges Mädel*

### 3.12 Adjektive mit Vokalendung ohne eigene Form für das Femininum
Bei Adjektiven – einschließlich der **GENTILICIOS**, vgl. 1.20-1.23 – mit der maskulinen Form auf (akzenttragendem oder –losem) –A, –E, –I oder –U ist die feminine Form gleich:

**un argumento idiota** *ein schwachsinniges Argument*
**una letra idiota** *ein schwachsinniger Liedtext*

**el equipo croata** *die kroatische Mannschaft*
**la posición croata** *die kroatische Haltung*

**un hombre valiente** *ein mutiger Mann*
**una mujer valiente** *eine mutige Frau*

**el bosque canadiense** *der kanadische Wald*
**la madera canadiense** *das kanadische Holz*

**un asunto baladí** *eine unwichtige Angelegenheit*
**una conversación baladí** *eine oberflächliche Unterhaltung*

**el petróleo iraní** *das iranische Öl*
**la revolución iraní** *die iranische Revolution*

**el sistema hindú** *das hinduistische System*
**la religión hindú** *die hinduistische Religion*

**A** ▶ Unter den einendigen Adjektiven auf Vokal stechen diejenigen auf –ISTA hervor; diese Endung kommt häufig in Neubildungen vor (vgl. 41.37):

**un símbolo machista** *ein Symbol der Männerherrschaft*
**una actitud machista** *eine Macho-Haltung*

### 3.13 Adjektive mit konsonantischer Endung
Endet die maskuline Form auf Konsonanten, so ist die feminine Form mit der maskulinen identisch (von dieser Regel ausgenommen sind die Fälle, die in 3.3-3.8 angeführt sind):

**el cambio social** *der soziale Wandel*
**la estructura social** *die soziale Struktur*

**un deporte popular** *eine beliebte Sportart*
**una canción popular** *ein Volkslied*

**un árbol joven** *ein junger Baum*
**una planta joven** *eine junge Pflanze*

**un sombrero gris** *ein grauer Hut*
**una nube gris** *eine graue Wolke*

**un hombre feliz** *ein glücklicher Mann*
**una mujer feliz** *eine glückliche Frau*

## 3.14 Einendiges CORTÉS

Zu der Gruppe einendiger Adjektive mit Konsonantenendung gehört außer den Adjektiven AFÍN, RUIN (vgl. 3.9) und MARRÓN (vgl. 3.10) das Adjektiv CORTÉS:

**un recibimiento cortés** *ein höflicher Empfang*
**una despedida cortés** *ein höflicher Abschied*

## B. Bildung des Plurals

## 3.15 Plural der Adjektive mit Endung auf unbetontem Vokal

Adjektivformen, die auf unbetontem Vokal enden, bilden den Plural durch Anhängen von –S:

**casa blanca → casas blancas** *weiße Häuser*
**mujer valiente → mujeres valientes** *mutige Frauen*
**novela cursi → novelas cursis** *kitschige Romane*
**sombrero negro → sombreros negros** *schwarze Hüte*

## 3.16 Plural der Adjektive mit Endung auf betontem –Í und –Ú

Adjektive, die auf betontem –í oder –ú ausgehen, bilden den Plural durch Anhängen von –ES:

**soldado iraní → soldados iraníes** *iranische Soldaten*
**jefe zulú → jefes zulúes** *Zuluhäuptlinge*

## 3.17 Plural der Adjektive mit Endung auf Konsonant

Adjektivformen, die auf Konsonanten ausgehen, bilden den Plural durch Anhängen von –ES:

**cambio social → cambios sociales** *gesellschaftliche Veränderungen*
**canción popular → canciones populares** *Volkslieder*

## 3.18 Orthographische Details bei der Pluralbildung von Adjektiven

**A ▶** Die Mehrzahl der Adjektive auf –Z wird –CES geschrieben:

**mujer audaz → mujeres audaces** *wagemutige Frauen*

**B ▶** Man beachte den Wegfall des Akzents bei der Pluralform der mehrsilbigen endbetonten Adjektive auf –N und –S:

**compositor alemán → compositores alemanes** *deutsche Komponisten*
**color chillón → colores chillones** *knallige Farben*
**rasgo común → rasgos comunes** *gemeinsame Merkmale*
**vino francés → vinos franceses** *französische Weine*

**C ▶** Man beachte die Akzentsetzung bei der Pluralform der Adjektive auf –N, die nicht endbetont sind:

**planta joven → plantas jóvenes** *junge Pflanzen*

# 3. Das Adjektiv

## C. Kongruenz

### 3.19 Übereinstimmung mit dem Substantiv und Pronomen

Das Adjektiv stimmt in Zahl und Geschlecht mit dem Substantiv oder Pronomen der dritten Personen überein, auf das es sich bezieht, sowohl als beigeordnetes Wort als auch als Prädikatsnomen (vgl. Kapitel 20) bzw. Prädikatsakkusativ bei attributiv-prädikativen Verben (vgl. Kapitel 21).

**A** ▶ Beispiele mit beigeordneten Adjektiven:

**un vino blanco** *ein Weißwein*
**la camisa blanca** *das weiße Hemd*
**unos calcetines blancos** *weiße Socken*
**cuatro casas blancas** *vier weiße Häuser*

**B** ▶ Beispiele mit Adjektiven als Prädikatsnomen:

**El problema es complejo.**
*Das Problem ist komplex.*

**La mesa está limpia.**
*Der Tisch ist sauber.*

**Los políticos se han puesto nerviosos.**
*Die Politiker sind nervös geworden.*

**Ellas no quieren quedarse solas.**
*Sie (weiblich) wollen nicht allein bleiben.*

**C** ▶ Beispiele mit Adjektiven als Objektsprädikativ:

**Considero resuelto el problema.**
*Ich halte das Problem für gelöst.*

**Llevaba puesta la chaqueta roja.**
*Er hatte die rote Jacke an.*

**Calificó de ridículos los argumentos de su rival.**
*Er bezeichnete die Argumente seines Gegners als lächerlich.*

**La situación ha hecho necesarias estas medidas.**
*Die Lage hat diese Maßnahmen notwendig gemacht.*

**D** ▶ Beispiele mit Adjektiven als prädikativ-adverbialen Ergänzungen (vgl. 27.47):

**El hombre nace solo.**
*Der Mensch wird allein geboren.*

**María llegó nerviosa.**
*Maria kam nervös an.*

**Todos le miraban perplejos.**
*Alle schauten ihn überrascht an.*

**Las bicicletas pasaban veloces.**
*Die Fahrräder fuhren schnell vorbei.*

**E** ▶ Beispiele mit Adjektiven in freien Fügungen:

**Curiosa por saber los resultados, María llamó al médico a medianoche.**
*Da sie auf die Ergebnisse neugierig war, rief Maria den Arzt um Mitternacht an.*

**Hartas de tanta indiscreción, resolvieron no hacer más declaraciones.**
*Der vielen Indiskretionen überdrüssig, beschlossen sie, keine Erklärungen mehr abzugeben.*

# 3. Das Adjektiv

## 3.20 Übereinstimmung mit dem Sexus der Partnerpronomen

Das Adjektiv (und das adjektivisch gebrauchte Pronomen) stimmt in Zahl und Geschlecht mit den ersten und zweiten Personen der Rede überein.

**A** ▶ Beispiele mit attributiv gebrauchten Adjektiven:

**"Lo hice yo misma", dijo la niña.**
*"Ich habe es selbst gemacht", sagte das Mädchen.*

**"Tienes que decidirlo tú sola", le dijo el marido a su mujer.**
*"Du mußt es allein entscheiden", sagte der Mann zu seiner Frau.*

**"Usted misma me lo ordenó, señora", le dijo la criada a su ama.**
*"Sie haben es mir selbst befohlen, gnädige Frau", sagte das Dienstmädchen zu ihrer Herrin.*

**"Ayudaremos todas nosotras", dijeron las mujeres.**
*"Wir werden alle mithelfen", sagten die Frauen.*

**"Vosotras mismas lo pedisteis", les dijo el padre a sus hijas.**
*"Ihr selbst habt darum gebeten", sagte der Vater zu seinen Töchtern.*

**"Pónganse al lado todas ustedes", les gritó el empleado a las ancianas.**
*"Gehen Sie alle zur Seite!", schrie der Angestellte den alten Frauen zu.*

**B** ▶ Beispiele mit prädikativ gebrauchten Adjektiven:

**"Estoy muy nerviosa", dijo la estudiante.**
*"Ich bin sehr nervös", sagte die Studentin.*

**"Te has vuelto holgazana", le dijo la madre a la hija.**
*"Du bist faul geworden", sagte die Mutter zur Tochter.*

**"Ha sido usted muy generosa conmigo", le dijo el alumno a la maestra.**
*"Sie waren sehr großzügig zu mir", sagte der Schüler zur Lehrerin.*

**"Nos vamos a volver locas", pensaban las chicas.**
*"Wir werden noch verrückt", dachten die Mädchen.*

**"Os quedaréis sordas con esa música", les dijo la madre a sus hijas.**
*"Ihr werdet bei dieser Musik noch taub", sagte die Mutter zu ihren Töchtern.*

**C** ▶ Beispiele mit Adjektiven als Objektsprädikativ:

**"Cualquier ruido me pone nerviosa", dijo la abuela.**
*"Jedes Geräusch macht mich nervös", sagte die Großmutter.*

**"Siempre te he tenido por muy lista", le dijo la maestra a la alumna.**
*"Ich habe dich immer für sehr schlau gehalten", sagte die Lehrerin zur Schülerin.*

**"¿No la vuelve loca tanta entrevista?", le preguntó el periodista a la actriz.**
*"Machen Sie die vielen Interviews nicht verrückt?", fragte der Reporter die Schauspielerin.*

**"Lo que dijo nos puso furiosas", dijeron las enfermeras.**
*"Was er sagte, machte uns wütend", sagten die Krankenschwestern.*

**"No os creía tan fanáticas", les dijo el hombre a las chicas.**
*"Ich habe nicht gedacht, daß ihr so fanatisch seid", sagte der Mann zu den Mädchen.*

**"Se las ha calificado de irrespetuosas", les dijo el moderador a las tres políticas.**
*"Man hat Sie als respektlos bezeichnet", sagte der Moderator zu den drei Politikerinnen.*

## 3.21 Übereinstimmung des Adjektivs bei mehreren Bezugswörtern

Ein Adjektiv, das sich auf mehrere Wörter bezieht, muß in der Pluralform stehen. Ist eines dieser Bezugswörter ein Maskulinum, so wird die maskuline Form des Adjektivs verwendet:

### 3. Das Adjektiv

**Tienes una mujer y unas hijas maravillosas.**
*Du hast eine wunderbare Frau und wunderbare Töchter.*

**Se hablará del futuro del comercio y la industria mejicanos.**
*Man wird über die Zukunft des mexikanischen Handels und der mexikanischen Industrie sprechen.*

**Están enfermos el entrenador y cuatro jugadoras.**
*Der Trainer und vier Spielerinnen sind krank.*

**"¿Por qué hemos de ser desdichados tú y yo?", le dijo la mujer a su marido.**
*"Warum sollten du und ich unglücklich sein?", sagte die Frau zu ihrem Ehemann.*

### 3.22 Das vorangestellte Adjektiv bei mehreren Bezugswörtern

Das attributive vorangestellte Adjektiv steht bei mehreren Bezugswörtern in der Pluralform und kann sich im Genus nur nach dem ersten Bezugswort richten:

**numerosas máquinas y aparatos** *zahlreiche Maschinen und Geräte*
**variadas formas y colores** *verschiedene Formen und Farben*

**A ▶** Es wird als unelegant angesehen und folglich gemieden, wenn eine Pluralform vor einer Singularform bzw. eine maskuline Pluralform vor einer femininen Form erscheint. Statt also **rigurosos cumplimiento y aplicación de la ley** oder **rigurosos aplicación y cumplimiento de la ley** sollte man etwa sagen und schreiben: **la rigurosa aplicación de la ley y su riguroso cumplimiento** *die strenge Anwendung und Einhaltung des Gesetzes.*

### 3.23 Übereinstimmung der zusammengesetzten Adjektive

Zusammengesetzte Adjektive sind häufig zu einem Wort verschmolzen und folgen entsprechend den Regeln in den Unterkapiteln 3A und 3B:

**una azafata pelirroja** *eine rothaarige Stewardeß*
**un ministro cariacontecido** *ein betrübter Minister*
**un mundo bipolar** *eine bipolare Welt*

### 3.24 Das zusammengesetzte Adjektiv als Mehrwort–Gebilde

Zwei (oder noch mehr) Adjektive können zu einer neuen Sinneinheit kombiniert werden; in der Regel werden die Bestandteile davon durch Bindestrich verknüpft; bei diesen Verknüpfungen unterliegt nur der zweite Bestandteil den Regeln der Kongruenz, der erste Bestandteil bleibt durchwegs in der maskulinen Singularform:

**el progreso técnico–científico** *der wissenschaftlich–technische Fortschritt*
**los progresos técnico–científicos** *die wissenschaftlich–technischen Fortschritte*
**la revolución técnico–científica** *die wissenschaftlich–technische Revolution*
**las revoluciones técnico–científicas** *die wissenschaftlich–technischen Revolutionen*

**un régimen burocrático–autoritario** *ein bürokratisch–autoritäres Regime*
**una monarquía burocrático–autoritaria** *eine bürokratisch–autoritäre Monarchie*
**regímenes burocrático–autoritarios** *bürokratisch–autoritäre Regime*
**monarquías burocrático–autoritarias** *bürokratisch–autoritäre Monarchien*

**A ▶** Beispiel mit einem dreigliedrigen Adjektiv:

**una cuestión geográfico–histórico–política** *eine geographisch–historisch–politische Frage*

## 3.25 Herkunftsbezeichnungen im zusammengesetzten Adjektiv

Der erste Bestandteil einer Zusammensetzung aus Herkunftsbezeichnungen erhält in der Regel eine lateinische oder latinisierende Form auf –O; solche Komposita werden häufig aus Ländernamenbezeichnungen gebildet:

**la frontera franco–alemana** *die französisch–deutsche Grenze*
**el tratado franco–alemán** *der französisch–deutsche Vertrag*

**A ▶** Beispiel mit einem dreiteiligen Adjektiv:

**la guerra hispano–cubano–norteamericana** *der spanisch–kubanisch–US–amerikanische Krieg*

**B ▶** Für *'katalanisch sprechend'* stehen die Wörter CATALANOPARLANTE und CATALANOHABLANTE bereits im Lexikon. Formen wie ÁRABO–ISRAELÍ oder CROATO–MUSULMÁN fallen allerdings wegen Inkorrektheit auf. Es müßte heißen:

**árabe–israelí** *arabisch–israelisch*
**croata–musulmán** *kroatisch–muslemisch*

**C ▶** Zahlreich sind die zusammengesetzten, oft zu einem Wort zusammengezogenen Adjektive mit dem ersten Teil IBERO– oder HISPANO–, beides bezieht sich auf das Land Spanien, seine Geschichte und Kultur:

**los países hispanohablantes** *die spanischsprechenden Länder*
**la cooperación económica iberoamericana** *die wirtschaftliche Zusammenarbeit zwischen Spanien und Lateinamerika*


## 3.26 Veränderliche Farbadjektive ohne Kongruenz

Die kongruenzfähigen Farbadjektive bleiben normalerweise in der maskulinen Singularform, wenn sie einen näher bestimmenden Zusatz erhalten, darunter häufig CLARO (auch CLARITO) bzw. OSCURO (es handelt sich dabei eigentlich um eine präpositionale Ergänzung, bei der der Teil **de color** *mit der Farbe* weggelassen wird):

**una falda azul claro** *ein hellblauer Rock*
**ojos azules clarito** *hellblaue Augen*
**uniformes verde oscuro** *dunkelgrüne Uniformen*
**una melena lacia castaño oscuro** *eine dunkel kastanienbraune glatte Mähne*
**unas blusas gris perla** *perlengraue Blusen*

**A ▶** Kongruierendes CLARITO erscheint häufig in spontan gebildeten Farbbezeichnungen:

**cortinas rojas claritas** *hellrote Vorhänge*
**de pelo blanco con manchas marrones claritas** *mit weißem, hellbraun gesprenkelten Fell*

**B ▶** Appositionen wie die folgenden werden als unkorrekt bezeichnet (die korrekte Version lautet für das erste Beispiel: ...DE COLOR..., für das zweite: ...DE COLOR DE...):

**un paño color rojo amapola** *ein mohnrotes Tuch*
**botines color cuero** *lederfarbene Damenstiefel*


## 3.27 Unveränderliche Farbbezeichnungen

Eine Reihe von Farbbezeichnungen sind nebengeordnete, meist Naturprodukte bezeichnende Substantive, die als solche in der Regel keinerlei Formveränderung aufweisen (**de color** *der Farbe* wird dabei, wie in 3.26 erläutert, in der Regel weggelassen):

**miles de pañuelos lila** *Tausende von lila Halstüchern*
**un vestido malva** *ein malvenfarbenes Kleid*
**unos pantalones naranja** *eine orangenfarbene Hose*

## 3.28 Kongruierende oder nichtkongruierende Farbbezeichnungen?

So wie MARRÓN ein gewöhnliches, kongruierendes Adjektiv geworden ist (vgl. 3.10), findet man, vor allem in literarischen Texten, Farbadjektive, die unter 3.26 und 3.27 fallen, als kongruierend vor. Beispiele wie die folgenden sind nicht nachzuahmen:

**una noche azul oscura** *eine dunkelblaue Nacht*
**atardeceres rosas y malvas** *rosa– und malvenfarbene Sonnenuntergänge*
**venillas lilas** *lilafarbene Äderchen*

## D. Stellung des attributiven Adjektivs

## 3.29 Pronomen und Zahlen vorangestellt

Adjektivisch gebrauchte Indefinit-, Demonstrativ- und Possessivpronomen sowie adjektivisch gebrauchte Zahlwörter werden in der Regel dem Substantiv vorangestellt (Näheres vgl. Kapitel 7, 8 und 9):

**otra pregunta** *eine andere Frage*         **sus cosas** *seine / ihre Sachen*
**los demás niños** *die anderen Kinder*     **seis hermanos** *sechs Geschwister*
**esa puerta** *diese Tür*                    **tercera vuelta** *dritte Runde*

## 3.30 Das restriktive Adjektiv: nach dem Substantiv

Das Adjektiv wird dem Substantiv nachgestellt, wenn es zur Identifizierung notwendig ist, wenn es also etwas angibt, das zur Unterscheidung einer Person oder Sache von anderen Personen oder Sachen dienen soll:

–¿Quiénes organizan la manifestación?  *"Wer organisiert die Demonstration?"*
–Los estudiantes católicos.              *"Die katholischen Studenten."*

–¿Qué vamos a beber hoy?                 *"Was trinken wir heute?"*
–Vino alemán.                            *"Deutschen Wein."*

–¿Había algo debajo de la cama?          *"War etwas unter dem Bett?"*
–Sí, tus zapatos negros.                 *"Ja, deine schwarzen Schuhe."*

–¿Te gusta esta mesa?                    *"Magst du diesen Tisch?"*
–No, no me gustan las mesas redondas.    *"Nein, runde Tische mag ich nicht."*

–¿Dónde vives tú?                        *"Wo wohnst du?"*
– En la parte vieja de la ciudad.        *"In der Altstadt."*

–¿Qué te parece esto?                    *"Wie findest du das hier?"*
–Me gusta. Es un sitio tranquilo.        *"Das gefällt mir, das ist ein ruhiger Ort."*

**A ▶** Das nachgestellte Adjektiv dient also zur sachlichen Unterscheidung, es wird deshalb in wissenschaftlichen und rein informativen Darstellungen und bei der Bildung von Fachbegriffen bevorzugt (vgl. aber 3.43). Beispiele von feststehenden Begriffen aus verschiedenen Wissensgebieten und Lebensbereichen:

**ropa interior** *Unterwäsche*
**derecho penal** *Strafrecht*
**música clásica** *klassische Musik*
**ideología marxista** *marxistische Ideologie*
**monarquía constitucional** *konstitutionelle Monarchie*
**número primo** *Primzahl*
**rayos solares** *Sonnenstrahlen*

**hermanos siameses** *siamesische Zwillinge*
**biología molecular** *Molekularbiologie*
**sistema fiscal** *Steuerwesen*

**B ▶** Wenn ein Adjektiv einem Eigennamen nachgestellt wird, bezeichnet es einen Aspekt der Geschichte, der Persönlichkeit, der Beschaffenheit usw. der betreffenden Person oder Sache:

**la España negra** *das schwarze (d.h. nicht liberale) Spanien*
**Méjico revolucionario** *Mexiko zur Zeit der Revolution*
**el Picasso cubista** *Picasso in seiner kubistischen Periode*

### 3.31 Obligatorische Nachstellung
Adjektive mit einer präpositionalen Ergänzung werden immer nachgestellt:

**palabras propias de un machista** *Worte, die einem Macho eigen sind*
**características comunes a todos** *allen gemeinsame Merkmale*

### 3.32 Gewöhnliche Nachstellung bei der Steigerung
Adjektive mit einem Intensitätsadverb werden normalerweise nachgestellt:

**una playa muy sucia** *ein sehr schmutziger Strand*
**una decisión demasiado rápida** *eine zu schnelle Entscheidung*

### 3.33 Mehrere nachgestellte Adjektive

**A ▶** Bei mehreren restriktiven Adjektiven ergeben sich die dem Redesinn angemessenen Abstufungen:

**el sistema nervioso central** *das zentrale Nervensytem*
**los mercados financieros europeos** *die europäischen Finanzmärkte*
**un guardia civil herido** *ein verletzter Angehöriger der Guardia Civil*
**una silla plegable barata** *ein preiswerter Klappstuhl*

**B ▶** Restriktive Adjektive, die als gleichwertig erachtet werden, folgen dem Substantiv, entweder durch ein Komma getrennt oder durch eine koordinierende Konjunktion verbunden:

**una familia numerosa y hambrienta** *eine kinderreiche, hungerleidende Familie*
**unos asientos duros e incómodos** *harte, unbequeme Sitze*
**un billete estrujado, aunque válido** *eine zerknüllte, gleichwohl gültige Fahrkarte*

### 3.34 Das Adjektiv neben anderen Bestimmungen
Bei substantivischen Wörtergruppen folgt das identifizierende Adjektiv logischerweise der von ihm näher bestimmten Sinneinheit. Dies ist besonders zu beachten bei den überaus häufigen identifizierenden Verbindungen mit DE; dort können unter Umständen Zweideutigkeiten auftreten:

**las zonas climáticas de la Tierra** *die Klimagebiete der Erde*
**una botella de cerveza negra** *eine Flasche Schwarzbier* oder: *eine schwarze Bierflasche*

### 3.35 Das kommentierende Adjektiv: vor dem Substantiv
Vor das Substantiv wird das Adjektiv gestellt, das einen Zusatzkommentar zu einer bereits ausreichend eingegrenzten Person oder Sache darstellt, also eine beiläufige, zur Unterscheidung des Substantivs von anderen derselben Klasse entbehrliche Information beinhaltet:

# 3. Das Adjektiv

**Julio y Lola son médicos. La joven pareja ha decidido emigrar a Australia.**
*Julio und Lola sind Ärzte. Das junge Paar hat beschlossen, nach Australien auszuwandern.*

**Muy pocos logran descifrar el esotérico texto del tratado.**
*Die wenigsten können den esoterischen Wortlaut des Vertrages entschlüsseln.*

**No falta quien prefiere el intrincado "Persiles" al popularesco "Don Quijote".**
*Mancher zieht den verwickelten "Persiles" dem volkstümlichen "Quijote" vor. (Romane des Cervantes)*

## 3.36 Zusatzbestimmungen zum vorangestellten Adjektiv

Adverbien können durchaus kommentierende Adjektive begleiten; dies ist nicht selten bei sorgfältig aufgebauten Texten anzutreffen:

**la mundialmente célebre colección Thyssen** *die weltweit berühmte Thyssen-Sammlung*
**el ya tan polémico coto de Doñana** *der schon so umstrittene Naturpark von Doñana*

## 3.37 Häufung von vorangestellten Adjektiven

Mehrere kommentierende, dem Substantiv vorausgehende Adjektive kommen in sehr stilbewußt konstruierten Texten vor; zwischen ihnen stehen Kommata oder eine beiordnende Konjunktion:

**la crudelísima, desgarradora verdad** *die grausame, herzzerreißende Wahrheit*
**la antediluviana y peligrosa N11** *die vorsintflutliche, gefährliche N11 (Nationalstraße)*

## 3.38 Semantische Relevanz der Adjektivstellung

Die Stellung des Adjektivs ist u.U. entscheidend für den Bedeutungsumfang des betreffenden Substantivs:

**los suspiros de los viajeros fatigados** *das Seufzen der erschöpften Fahrgäste (einige Fahrgäste waren erschöpft, andere nicht)*
**los suspiros de los fatigados viajeros** *das Seufzen der erschöpften Fahrgäste (alle Fahrgäste waren erschöpft)*
**la España húmeda** *das feuchte Spanien (gemeint ist der Teil Spaniens, der regenreich ist)*
**la decadente España de fin de siglo** *das dekadente Spanien (gemeint ist, daß Ende des 19. Jahrhunderts Spanien als Ganzes im Verfall und Niedergang begriffen war)*

**A ▶** Beispiele mit kommentierenden und restriktiven Adjektiven zu einem Beziehungswort:

**largas plumas ornamentales** *lange Schmuckfedern*
**la poderosa Alemania unificada** *das mächtige vereinte Deutschland*
**desastroso aspecto físico** *jämmerliches Aussehen*

## 3.39 Das bewertende Adjektiv: vor dem Substantiv

Adjektive, die eine gefühlsmäßige Bewertung des Sprechers bzw. Verfassers darstellen, werden in der Regel vorangestellt; es handelt sich dabei um mehr oder weniger subtile Nuancierungen der Adjektive BUENO und MALO:

**la horrible verdad** *die furchtbare Wahrheit*
**la incómoda tarea de recordar una aburrida lección de historia en el bachillerato**
*die schwierige Aufgabe, eine langweilige Geschichtsstunde in der Oberschule ins Gedächtnis zu rufen*
**la generosa ayuda** *die großzügige Hilfe*
**una admirable serenidad** *eine bewundernswerte Gemütsruhe*
**espeluznantes resultados** *haarsträubende Ergebnisse*

## 3. Das Adjektiv

### 3.40 Festgelegte Stellung bewertender Adjektive

**A ▶** Das bewertende Adjektiv wird in Anredeformeln vorangestellt:

**Querido Andrés** *Lieber Andrés*
**Estimados señores** *Sehr geehrte Herren*
**Mi adorada Paulita** *Meine angebetete Paulita*

**B ▶** In stereotypen Verwünschungen wird das dazugehörige Adjektiv vorangestellt:

**estos malditos zapatos** *diese verdammten Schuhe*
**bonito vicio** *ein hübsches Laster*
**¡menudo profesor!** *toller Lehrer!*
**¡valientes amigos!** *schöne Freunde!*

### 3.41 Bewertend–restriktive Adjektive

Wenn ein restriktives Adjektiv vorangestellt wird, was bei stilbewußten Schriftstellern recht häufig vorkommt, erhält es immer eine gefühlsbetonte Nuance. Bei folgenden Beispielen hätte man das Adjektiv normalerweise nachgestellt, da es sich um eindeutige Klassifizierungen handelt:

**Recibimos la noticia con cautelosa euforia.**
*Wir haben die Nachricht mit vorsichtiger Euphorie aufgenommen.*

**Las religiosas se hallaban envueltas en frenético afán.**
*Die Nonnen waren in einem heftigen Treiben begriffen.*

**Opté por tomar un frugal desayuno.**
*Ich beschloß, ein bescheidenes Frühstück zu nehmen.*

**A ▶** Das Adjektiv GRANDE wird sehr häufig bei eindeutig klassifizierender Absicht vorangestellt (vgl. auch 3.43E):

**Tomó un gran plato.**
*Sie nahm einen großen Teller.*

### 3.42 Bedeutungswechsel bei Voran– und Nachstellung

Bei einigen Adjektiven und Pronomen kann eine Bedeutungsverschiebung mit Voran– oder Nachstellung verknüpft sein. Das verzeichnet ein gutes Lexikon. Beispiele mit POBRE, CIERTO und SIMPLE:

**una viuda pobre** *eine mittellose Witwe*
**una pobre viuda** *eine bedauernswerte Witwe*
**noticia cierta** *wahre Nachricht*
**cierta cantidad** *eine gewisse Menge*
**un procedimiento simple** *ein einfaches Verfahren*
**una simple formalidad** *eine bloße Formalität*

### 3.43 Konventionelle Stellung des Adjektivs

Der eingespielte Gebrauch schreibt bei zahlreichen Adjektiven für bestimmte Fälle die Voran– oder die Nachstellung vor. Diese Festlegungen sind teils redensartlichen, teils terminologischen Charakters. Das Lexikon verzeichnet alle diese Konventionen, bei denen erkennbar ist, daß die nicht konkrete Bedeutung eines Adjektivs die Voranstellung nach sich zieht. Nachstehend eine Auswahl von Redewendungen, anschließend Beispiele für Ausdrücke und Begriffe mit einigen der sehr häufig gebrauchten Adjektive.

**A ▶** Einige Redewendungen und Ausdrücke mit stellungsfestem Adjektiv:

## 3. Das Adjektiv

**hacer un flaco servicio** *einen Bärendienst erweisen*
**echar un tupido velo a algo** *den Schleier des Vergessens über etwas breiten*
**intereses creados** *Interessenverflechtung*
**a largo / corto plazo** *langfristig / kurzfristig*
**a viva fuerza** *mit aller Kraft*
**las fuerzas vivas de la ciudad** *Industrie und Handel der Stadt*

**B** ▶ Feststehende Begriffe mit ALTO:

**alto alemán** *Hochdeutsch*
**alta mar** *hohe See*
**alto horno** *Hochofen*
**altos tipos de interés** *hohe Zinssätze*
**temporada alta** *Hochsaison*
**alta tensión** *Hochspannung*
**alta presión** *Hochdruck*

**C** ▶ Feststehende Begriffe mit BUENO:

**¡buen provecho!** *guten Appetit!*
**buena voluntad** *guter Wille*
**buen viaje** *gute Reise!*
**buenos modales** *gute Manieren*
**un buen rato** *lange*

**D** ▶ Feststehende Begriffe mit MALO:

**mal humor** *schlechte Laune*
**mal año** *Jahr mit einer Mißernte*
**mal asunto** *böse Sache*
**malos tratos** *Mißhandlung*
**malos modos** *schlechte Manieren*

**E** ▶ Feststehende Begriffe mit GRANDE:

**Gran Buenos Aires** *Groß–Buenos Aires*
**gran empresa** *Großunternehmen*
**gran pianista** *großer Pianist*

**F** ▶ Feststehende Begriffe mit NUEVO:

**nueva edición** *Neuauflage*
**Nueva York** *New York*
**el Nuevo Mundo** *die Neue Welt*
**el Nuevo Testamento** *das Neue Testament*

**G** ▶ Feststehende Begriffe mit VIEJO:

**viejas amigas** *alte, lange bekannte Freundinnen*
**los viejos tiempos** *die alten Zeiten*
**el Viejo Testamento** *das Alte Testament*

## E. Verkürzung des Adjektivs

### 3.44 Verkürzung von BUENO und MALO

BUENO und MALO verlieren vor einem maskulinen Substantiv im Singular das ausgehende –O, werden also zu BUEN bzw. MAL verkürzt:

**buen amigo** *guter Freund*
**mal olor** *schlechter Geruch*

- Die Pluralformen lauten BUENOS und MALOS:

**buenos amigos** *gute Freunde*
**malos olores** *schlechte Gerüche*

## 3.45 Verkürzung der Ordinalzahlen PRIMERO, TERCERO und POSTRERO

Vor einem maskulinen Substantiv im Singular verlieren PRIMERO, TERCERO und POSTRERO das ausgehende –O, werden also (PRIMERO und TERCERO auch als Teil höherer Ordnungszahlen) zu PRIMER, TERCER und POSTRER:

**el primer día** *der erste Tag*
**el vigésimo primer aniversario** *der einundzwanzigste Jahrestag*
**su tercer empleo** *seine dritte Arbeitsstelle*
**su trigésimo tercer campeonato** *ihr dreiunddreißigster Turniersieg*
**mi postrer deseo** *mein letzter Wunsch*

- Die Mehrzahl lautet: PRIMEROS, TERCEROS und POSTREROS:

**primeros ensayos** *erste Versuche*
**los terceros viernes** *jeden dritten Freitag*

**A** ▶ In einigen Gegenden werden PRIMER, TERCER und POSTRER (aber mit Plural PRIMERAS, TERCERAS, POSTRERAS) auch vor einem femininen Substantiv im Singular verwendet (dieser Gebrauch ist ein Verstoß gegen die Standardgrammatik):

**la primer vez** *das erste Mal*
**la postrer calamidad** *das allerletzte Unglück*

**B** ▶ Das heute selten gebrauchte Adjektiv POSTRIMERO, Synonym von POSTRERO, unterliegt ebenfalls den hier behandelten Verkürzungsregeln.

## 3.46 PRIMERO, TERCERO und POSTRERO nicht direkt vor dem Substantiv

Die verkürzten Formen PRIMER, TERCER und POSTRER erscheinen auch vor einem anderen dem Substantiv vorausgehenden Wort:

**el primer trágico error** *der erste tragische Fehler*
**el tercer o cuarto alto el fuego** *der dritte oder vierte Waffenstillstand*
**nuestro postrer e irrepetible adiós** *unser letztes, unwiederholbares Lebewohl*

## 3.47 Gebrauch der Vollform von PRIMERO, TERCERO und POSTRERO

Die Vollformen PRIMERO, TERCERO und POSTRERO werden verwendet, wenn das Beziehungswort weggelassen wird:

**Yo fui el primero en enterarme.**
*Ich habe es als erster erfahren.*

**Era mi primer intento y el tercero de ella.**
*Es war mein erster Versuch und ihr dritter.*

**A** ▶ In folgenden Beispielen folgt auf die Vollform ein weiteres Adjektiv zum weggelassenen Beziehungswort:

**Su último discurso ha sido el primero escrito en ordenador.**
*Seine letzte Rede ist die erste, die er am Computer geschrieben hat.*

## 3. Das Adjektiv

**Es el quinto premio (tercero internacional) que obtiene por esta novela.**
*Es ist der fünfte Preis (der dritte im internationalen Kontext), den er für diesen Roman bekommt.*

### 3.48 Verkürzung der Indefinitpronomen ALGUNO und NINGUNO

Vor einem maskulinen Substantiv im Singular verlieren ALGUNO und NINGUNO das auslautende –O, werden also zu ALGÚN bzw. NINGÚN verkürzt:

**algún motivo** *irgendein Grund*
**ningún problema** *kein Problem*

### 3.49 ALGUNO und NINGUNO nicht direkt vor dem Substantiv

**A ▶** ALGÚN und NINGÚN werden auch vor einem dem Substantiv vorausgehenden Wort gebraucht:

**algún extraño relato** *irgendeine wunderliche Erzählung*
**ningún buen resultado** *kein gutes Ergebnis*

**B ▶** ALGÚN und NINGÚN erscheinen auch vor dem Pronomen OTRO:

**este libro o algún otro** *dieses Buch oder irgendein anderes*
**ese hombre y ningún otro** *dieser Mann, kein anderer*

**C ▶** ALGÚN wird auch verwendet in der Wendung ALGÚN QUE OTRO (vgl. 9.87):

**algún que otro guiño disimulado** *manch ein verdecktes Augenzwinkern*
**algún que otro árbol raquítico** *einige verkümmerte Bäume*

### 3.50 Verkürzung von ALGUNO und NINGUNO vor femininen Substantiven

ALGÚN und NINGÚN werden auch vor femininen Substantiven mit betontem anlautendem A– bzw. HA– verwendet (Dieser Gebrauch gilt nicht allen Sprachpflegern als korrekt):

**algún alma buena** *irgendeine gute Seele*
**ningún hambre más terrible** *kein Hunger, der schrecklicher wäre*

### 3.51 Gebrauch der Vollform von ALGUNO und NINGUNO

Die Vollformen ALGUNO und NINGUNO werden verwendet, wenn das Beziehungswort weggelassen wird:

**Alguno de ellos se encolerizaba siempre conmigo.**
*Einer von ihnen wurde immer auf mich wütend.*

**Todos tenían un problema, pero ninguno el mismo.**
*Alle hatten ein Problem, aber keiner das gleiche.*

**A ▶** In folgenden Beispielen folgt auf die Vollform ein weiteres Adjektiv zum weggelassenen Beziehungswort:

**Los chicos eran morenos, castaños, alguno rubio. Yo era el único pelirrojo.**
*Die Jungen hatten schwarzes oder braunes Haar, manch einer war blond. Ich war der einzige Rothaarige.*

**Entre sus motivos no hay ninguno inconfesable.**
*Unter seinen Motiven ist keines, zu dem er nicht stehen könnte.*

## 3.52 Verkürzung von GRANDE

GRANDE verliert vor jedem Substantiv im Singular die Silbe –DE, wird also zu GRAN verkürzt:

**un gran actor** *ein großer Schauspieler*
**una gran actriz** *eine große Schauspielerin*

## 3.53 Gebrauch der Vollform GRANDE

**A ▶** Die Vollform GRANDE wird in der Regel verwendet, wenn dem Substantiv ein anderes Wort vorausgeht:

**grande, profundo amor** *eine große, tiefe Liebe*
**una grande, sobrenatural similitud** *eine große, übernatürliche Ähnlichkeit*

**B ▶** Im folgenden Beispiel folgt auf die Vollform ein weiteres Adjektiv zum weggelassenen Beziehungswort:

**No me pases la toalla roja, la que quiero es la grande amarilla.**
*Gib mir nicht das rote Handtuch, ich möchte das große gelbe.*

**C ▶** Die Vollform GRANDE liest man noch in Texten mit feierlicher, altertümelnder Ausdrucksweise (die nicht nachgeahmt werden darf):

**grande alborozo** *großer Jubel*
**grande esperanza** *große Hoffnung*

**D ▶** Die Vollform GRANDE muß beim Superlativ, also nach MÁS oder MENOS, verwendet werden:

**Picasso: el más grande pintor del siglo veinte** *Picasso: der größte Maler des 20. Jahrhunderts*
**la más grande victoria del tenis español** *der größte Sieg des spanischen Tennis*

## 3.54 Verkürzung von CUALQUIERA

CUALQUIERA verliert vor jedem Substantiv im Singular das ausgehende –A, wird also zu CUALQUIER verkürzt:

**cualquier chico** *jeder Junge*
**cualquier chica** *jedes Mädchen*

## 3.55 Verkürzung von CUALQUIERA vor einem Adjektiv und vor OTRO

**A ▶** CUALQUIER wird verwendet, wenn dem Substantiv ein anderes Wort vorausgeht:

**cualquier pequeño cambio** *jede kleine Veränderung*
**cualquier insidiosa amenaza** *jede hinterlistige Drohung*

**B ▶** CUALQUIER erscheint auch vor dem Pronomen OTRO:

**en este coche o en cualquier otro** *in diesem Wagen oder in irgendeinem anderen*
**una cara tan corriente como cualquier otra** *ein Gesicht, so gewöhnlich wie irgendein anderes*

## 3.56 Gebrauch der Vollform CUALQUIERA

CUALQUIERA wird verwendet, wenn das Beziehungswort weglassen wird:

**Esos son los testigos. Pregúntele a cualquiera.**
*Das sind die Zeugen. Fragen Sie, wen Sie wollen.*

## 3. Das Adjektiv

**A ▶** Beispiel mit der Vollform CUALQUIERA vor einem weiteren Adjektiv des weggelassenen Beziehungsworts:

**Cualquiera tildado de opositor puede correr la misma suerte.**
*Jedem, der als Systemgegner bezeichnet wird, kann das gleiche widerfahren.*

### 3.57 Verkürzung von SANTO

Vor dem Namen eines Heiligen der katholischen Kirche, der nicht mit TO– oder DO– beginnt, verliert SANTO die auslautende Silbe –TO, wird also zu SAN verkürzt:

**San Juan de la Cruz** *der heilige Johannes von Kreuz (spanischer mystischer Dichter)*
**el Evangelio según San Mateo** *das Matthäus–Evangelium*

### 3.58 Verwendung der Vollform SANTO

Die Vollform SANTO verwendet man in den Fällen, die in 3.57 nicht vorgesehen sind:

**Santo Domingo de la Calzada** *(Kleinstadt im Nordwesten Spaniens)*
**Santo Tomás de Aquino** *Thomas von Aquin*
**el Santo Padre** *der Heilige Vater*
**todo el santo día** *den lieben langen Tag*

## F. Graduierung des Adjektivs

### 3.59 Ausdruck der Gleichheit

Als Vergleichswörter werden TAN ... COMO verwendet (vgl. 27.11):

**Las causas son tan variadas como los efectos.**
*Die Ursachen sind so vielfältig wie die Wirkungen.*

**La situación no es tan desesperada como parece.**
*Die Lage ist nicht so hoffnungslos, wie es den Anschein hat.*

### 3.60 Die Vollform TANTO

TAN ist eigentlich eine Verkürzung von TANTO. Diese Vollform muß gebraucht werden, wenn das Adjektiv weggelassen wird:

**La situación es grave, pero no tanto como lo proclaman los medios.**
*Die Lage ist sehr ernst, aber nicht so sehr, wie die Medien behaupten.*

### 3.61 MISMO (...) QUE

MISMO (vgl. 9.1) wird ergänzt mit QUE:

**Hiciste los mismos errores que yo.**
*Du hast dieselben Fehler wie ich gemacht.*

### 3.62 IGUAL (...) QUE / A

IGUAL wird ergänzt mit QUE oder –bei Nachstellung bzw. prädikativischem Gebrauch– mit A:

**Lima está situada a igual altura que Río.**
*Lima liegt auf gleicher Höhe wie Rio.*

**Estas firmas son casi iguales a la mía.**
*Diese Unterschriften sind der meinen fast gleich.*

- Zu IGUAL DE + Adjektiv / Adverb vgl. 27.2A

**A ▶** In Sätzen wie dem folgenden kann als Komparativpartikel allein QUE stehen:

**No es igual ser padre que ser madre.**
*Es ist nicht das Gleiche, Vater oder Mutter zu sein.*

### 3.63 Weitere häufige Ausdrücke von Gleichheit, Ähnlichkeit u.ä.

ANÁLOGO, AFÍN, COMPARABLE, CONFORME, EQUIPARABLE, EQUIVALENTE, EXACTO, IDÉNTICO, PARECIDO, SEMEJANTE und SIMILAR werden mit A, SINÓNIMO wird mit DE ergänzt. Einige Beispiele:

**una falda parecida a la tuya** *ein Rock ähnlich dem deinen*
**niños idénticos a su padre** *Jungen, die ihrem Vater wie ein Ei dem anderen gleichen*
**una expresión equivalente a ésta** *ein Ausdruck, der diesem gleichwertig ist*
**una palabra sinónima de "coger"** *ein Wort, das mit "coger" bedeutungsgleich ist*

### 3.64 Ausdruck des höheren Grades

Für den Ausdruck des höheren Grades wird **MÁS + Adjektiv** verwendet:

**Todos desean una política más humana.**
*Alle wünschen sich eine menschlichere Politik.*

### 3.65 MÁS + Adjektiv in Ausrufen

In Ausrufen wird **MÁS + Adjektiv** als absoluter Superlativ verwendet:

**¡Qué gente más maja viene por aquí!**
*Was für nette Leute kommen hierher!*

**¡Estuvo más idiota el tío!**
*Der Typ hat sich arg blöd benommen!*

### 3.66 Die Ergänzung MÁS QUE

Wird die Person oder Sache erwähnt, die die fragliche Eigenschaft in niedrigerem Grad besitzt, so wird sie QUE eingeleitet:

**Los niños son más sinceros que los adultos.**
*Kinder sind ehrlicher als Erwachsene.*

**Antes la televisión era más interesante que ahora.**
*Früher war das Fernsehen interessanter als heute.*

**Todos son más listos que yo.**
*Alle sind klüger als ich.*

**A ▶** Im folgenden Beispiel ist das Substantiv durch Relativsatz vertreten:

**Este ordenador es más caro que los que vimos ayer.**
*Dieser Computer ist teurer als die, die wir gestern gesehen haben.*

### 3.67 Die Ergänzung MÁS ... DE LO QUE

DE LO QUE leitet der Satz ein, der den Sachverhalt benennt, welcher Ausgangspunkt für die Behauptung eines höheren Grads der fraglichen Eigenschaft ist:

**3. Das Adjektiv**

**Nos creíamos más fuertes de lo que somos.**
*Wir hielten uns für stärker, als wir sind.*

**La película resultó más interesante de lo que esperábamos.**
*Der Film war doch interessanter, als wir erwarteten.*

### 3.68 Die Ergänzung MÁS ... DE LO + Adjektiv in Singular maskulin

Mit DE LO + Adjektiv in Singular maskulin wird eine Ergänzung eingeführt, die mit Adjektiven wie PREVISTO, HABITUAL, NECESARIO, CONVENIENTE, DEBIDO die erwartete, notwendige oder ausreichende Intensität ausdrückt:

**No tienes por qué ser más severa de lo necesario.**
*Du brauchst nicht strenger als nötig zu sein.*

**Parecían más nerviosas de lo habitual.**
*Sie schienen nervöser zu sein als gewöhnlich.*

**La resistencia es más fuerte de lo previsto.**
*Der Widerstand ist stärker als erwartet.*

### 3.69 Nähere Bestimmung vom Komparativ

Der Komparativ kann eine adverbiale Intensitätsbestimmung wie MUCHO, BASTANTE, usw. annehmen:

**Las cámaras japonesas son mucho más fáciles de manejar que las alemanas.**
*Die japanischen Fotoapparate sind viel leichter zu bedienen als die deutschen.*

### 3.70 Der Komparativ MEJOR

MEJOR ist die Steigerungsform von BUENO; im attributiven Gebrauch wird die Voranstellung bevorzugt:

**Aquí la comida es mejor que en otros sitios.**
*Hier ist das Essen besser als anderswo.*

**No hay mejor familia que la propia.**
*Es gibt keine bessere Familie als die eigene.*

### 3.71 Wann verwendet man MÁS BUENO

Bei **bueno** *gutherzig* wird MÁS BUENO und nicht MEJOR als Komparativ gebraucht. MÁS BUENO kommt auch in Ausrufen zum Tragen (vgl. 3.65):

**un hombre más bueno que el pan** *ein herzensguter Mann*
**¡una película más buena!** *ein großartiger Film!*

### 3.72 Der Komparativ PEOR

PEOR ist die Steigerungsform von MALO; im attributiven Gebrauch wird die Voranstellung bevorzugt:

**La atención médica es mucho peor de lo que pensábamos.**
*Die medizinische Versorgung ist viel schlechter, als wir dachten.*

**La máquina de fotos es de peor calidad que la que nos robaron.**
*Der Fotoapparat ist von schlechterer Qualität als der, den man uns gestohlen hat.*

## 3. Das Adjektiv

### 3.73 Wann verwendet man MÁS MALO

MÁS MALO ersetzt häufig PEOR. Bei **malo** *böse, boshaft* heißt der Komparativ immer MÁS MALO. Ferner gebraucht man MÁS MALO in Ausrufen (vgl. 3.65):

**un rendimiento más malo que el del año pasado** *eine schlechtere Leistung als letztes Jahr*
**una persona más mala que el diablo** *ein Mensch, böser als der Teufel*
**¡un cantante más malo!** *so ein schlechter Sänger!*

### 3.74 Der Komparativ MAYOR / MÁS GRANDE

MAYOR ist die Steigerungsform von GRANDE kann aber meistens durch MÁS GRANDE ersetzt werden. Wenn nicht räumliche Größe gemeint ist, kann nur MÁS GRANDE verwendet werden:

**Alemania es mayor / más grande que Francia.**
*Deutschland ist größer als Frankreich.*

**En lo humano, Miró es sin duda más grande que Dalí.**
*Menschlich gesehen ist Miró zweifellos größer als Dali.*

### 3.75 Wichtige Verwendungsweisen von MAYOR

**A** ▶ Beispiele für die Verwendung des Komparativs MAYOR im Bezug auf das Alter von Personen. Man beachte, daß die Ergänzung von MAYOR durch DE eingeführt wird, falls es sich dabei um einen Mengenausdruck handelt:

**Su mujer es ocho años mayor que él.**
*Seine Frau ist acht Jahre älter als er.*

**Ninguna era mayor de 18 años.**
*Keine war älter als 18.*

**Los viajeros de atrás eran unos hombres mayores.**
*Die Fahrgäste hinten waren betagte Männer.*

**B** ▶ MAYOR ist Teil zahlreicher feststehender Wendungen. Einige Beispiele:

**altar mayor** *Hauptaltar*
**colegio mayor** *Studentenheim*
**mayor de edad** *volljährig, Erwachsener*
**ganado mayor** *Großvieh*
**Osa Mayor** *Großer Bär (Sternbild)*
**tono mayor** *Dur*
**fa sostenido mayor** *Fis–Dur*

### 3.76 Der Komparativ MENOR / MÁS PEQUEÑO

MENOR ist die Steigerungsform von PEQUEÑO; bei räumlicher Größe darf nur MÁS PEQUEÑO verwendet werden:

**La tasa de crecimiento ha sido menor que en los años anteriores.**
*Die Wachstumsrate ist niedriger ausgefallen als in den Vorjahren.*

**Las viviendas de la planta baja son más pequeñas que las del primer piso.**
*Die Wohnungen im Erdgeschoß sind kleiner als die im ersten Stock.*

## 3. Das Adjektiv

### 3.77 Wichtige Verwendungsweisen von MENOR

**A** ▶ Beispiele für die Verwendung des Komparativs MENOR im Bezug auf das Alter von Personen: Falls die Ergänzung von MENOR ein Mengenausdruck ist, wird sie durch DE eingeleitet:

**Él parece mucho menor que su hermana melliza.**
*Er sieht viel jünger aus als seine Zwillingsschwester.*

**Condenaron a dos menores por robo a mano armada.**
*Zwei Minderjährige wurden wegen bewaffneten Raubs verurteilt.*

**Los niños menores de 12 años no pagarán entrada.**
*Kinder unter 12 Jahren haben freien Eintritt.*

**B** ▶ MENOR ist Bestandteil zahlreicher feststehender Wendungen:

**caza menor** *Kleinwild*
**menor de edad** *minderjährig*
**valor menor** *Minderwert*
**ganado menor** *Kleinvieh*
**en paños menores** *fast nackt*
**tono menor** *Moll*
**si bemol menor** *b–Moll*

### 3.78 Aus dem Lateinischen stammende Komparative

Die aus dem Lateinischen übernommenen Komparativwörter ANTERIOR, POSTERIOR, EXTERIOR, INTERIOR, SUPERIOR, INFERIOR und ULTERIOR haben ihre Steigerungsbedeutung weitgehend eingebüßt. Sie werden hauptsächlich bei Orts- und Zeitbestimmungen verwendet, außer bei EXTERIOR und INTERIOR wird ihre Ergänzung mit A eingeleitet:

**la letra anterior a la o** *der Buchstabe vor dem o*
**sucesos muy anteriores a la muerte de Franco** *lange vor dem Tod F.s liegende Ereignisse*
**de fecha posterior** *späteren Datums*
**la parte posterior de la boca** *der hintere Teil der Mundhöhle*
**apariencia exterior** *Äußeres*
**Ministerio de Asuntos Exteriores** *Außenministerium*
**habitación interior** *Zimmer zum (Innen–)Hof*
**mercado interior** *Binnenmarkt*
**superior a mis fuerzas** *stärker als ich*
**superior en talento a todos los demás** *allen anderen an Begabung überlegen*
**una marca inferior al minuto** *eine Zeit unter einer Minute*
**labio inferior** *Unterlippe*
**una información ulterior** *eine nachträgliche Information*
**el desarrollo ulterior** *die weitere Entwicklung*

### 3.79 DISTINTO und DIFERENTE

Die Ergänzung von DISTINTO und DIFERENTE wird mit A oder, normativ richtiger, mit DE eingeleitet:

**La niña es muy distinta de su hermano.**
*Das Mädchen ist ganz anders als ihr Bruder.*

**Un español de veinte años apenas es diferente de un alemán de la misma edad.**
*Ein zwanzigjähriger Spanier unterscheidet sich kaum von einem gleichaltrigen Deutschen.*

**A** ▶ In Sätzen wie dem folgenden ist als Komparativergänzung allein QUE zulässig:

**Es diferente ser madre que padre.**
*Muttersein oder Vatersein sind zwei verschiedene Sachen.*

## 3. Das Adjektiv

### 3.80 PREFERIBLE A und PREFERIBLE QUE
Die Ergänzung von PREFERIBLE wird mit A eingeleitet, ist die Ergänzung ein Infinitiv, so kann auch QUE als Einleitungspartikel der entsprechenden unpersönlichen Konstruktion stehen:

**La verdad es preferible a cualquier mentira.**
*Die Wahrheit ist jeder Lüge vorzuziehen.*

**Yo consideraba preferible pagarlo todo que reclamar.**
*Ich hielt es für besser, alles zu zahlen als sich zu beschweren.*

### 3.81 Verwendung von MENOS zum Ausdruck des niedrigeren Grades
MENOS hat die Bedeutung *'weniger'* und wird vor einem Adjektiv zum Ausdruck des niedrigeren Grades verwendet; die Ergänzungen werden mit denselben Ausdrücken wie beim Komparativ mit MÁS eingeleitet (vgl. 3.66):

**Esta zona es menos peligrosa que el centro.**
*Diese Gegend ist weniger gefährlich als die Innenstadt.*

**Los alemanes son menos puntuales de lo que dicen.**
*Die Deutschen sind weniger pünktlich, als man sagt.*

**Las lluvias han sido menos abundantes de lo esperado.**
*Die Regenfälle waren weniger reichlich als erwartet.*

### 3.82 Ausdruck des höchsten Grades beim Vergleich
Der relative Superlativ, also die höchste Stufe im Vergleich mehrerer Größen, wird ausgedrückt durch **bestimmter Artikel + Komparativ**; eine Ergänzung wird mit DE eingeleitet:

**Isabel Segunda de Inglaterra es la mujer más rica del mundo.**
*Elisabeth die Zweite von England ist die reichste Frau der Welt.*

**El "Guernica" no es el mejor cuadro de Picasso, pero es el más famoso.**
*"Guernica" ist nicht das beste Bild Picassos, aber das berühmteste.*

**Fue uno de los momentos más felices de mi vida.**
*Das war einer der glücklichsten Augenblicke in meinem Leben.*

**A ▶ bestimmter Artikel + Komparativ** entspricht auch deutschen Konstruktionen mit einem Komparativ, dem der Artikel vorausgeht:

**el monte más alto** *der höhere / höchste Berg*
**la mejor jugadora de las dos** *die bessere Spielerin*

### 3.83 Possessivpronomen + Komparativ = Superlativ
Statt des bestimmten Artikels kann beim Superlativ das Possessivpronomen erscheinen:

**su discípulo más célebre** *sein berühmtester Schüler*
**nuestros mejores pianistas** *unsere besten Pianisten*
**mi hermana mayor** *meine älteste Schwester*

### 3.84 Wortstellung des Superlativs
Normalerweise steht das Adjektiv im relativen Superlativ nach, nur in anspruchsvoll aufgebauten Texten steht er vor dem Substantiv:

**la más bella niña de nuestro lugar** *das schönste Mädchen unseres Ortes*
**el más grande poeta cubano vivo** *der größte lebende Dichter Kubas*

55

## 3. Das Adjektiv

**A ▶** MAYOR und MENOR im Ausdruck der Altersstufe dürfen nur nachgestellt werden:

**la hija mayor de los Reyes** *die älteste Tochter des spanischen Königspaars*
**mis hermanos menores** *meine jüngeren Geschwister*

### 3.85 Ausdruck eines sehr hohen Grades

Der Elativ oder absoluter Superlativ wird mit Hilfe eines Adverbs der Intensität vor dem Adjektiv gebildet (vgl. aber auch 41.4). Unter diesen Adverbien ist MUY (vgl. 9.45) am meisten einsetzbar und gebräuchlich:

**unas gafas muy elegantes** *eine sehr elegante Brille*
**cosas bastante caras** *ziemlich teure Sachen*
**niños extraordinariamente dotados** *außerordentlich begabte Kinder*
**un hombre extremadamente intolerante** *ein extrem intoleranter Mann*
**exigencias plenamente satisfechas** *voll befriedigte Forderungen*
**países altamente desarrollados** *hochentwickelte Länder*
**proposiciones considerablemente similares** *recht gleich lautende Vorschläge*

**A ▶** Ein sehr hoher Grad der Eigenschaft kann durch DE LO MÁS + [kongruierendes] Adjektiv ausgedrückt werden:

**Estamos de lo más inquietos.**
*Wir sind äußerst besorgt.*

• Es gibt im Spanischen zahlreiche weitere syntaktische Mittel, ein Adjektiv absolut zu steigern. Zu Sätzen wie QUÉ TRISTES ESTABAN vgl. 28.24. Zu Sätzen wie LO TRISTES QUE ESTABAN vgl. 28.29. Zu Sätzen wie SON MÁS LISTOS vgl. 3.65. Zu Sätzen wie SI SERÍA TONTO vgl. 35.81. Zur Steigerung wie in UN PISO CARÍSIMO vgl. 41.33. Zu den Elativadjektiven vgl. 41.35

## G. Substantivierung des Adjektivs

### 3.86 Artikel + Adjektiv bei Wegfall des Substantivs

Beim Bezug auf ein maskulines oder feminines Substantiv kann jedes Adjektiv auf Artikelwörter EL, LOS, UNO, UNOS bzw. LA, LAS, UNA, UNAS folgen:

**El guardia sentado en la barra era el mismo que nos controló en el aeropuerto.**
*Der Polizist an der Theke war derselbe, der uns am Flughafen kontrolliert hatte.*

**Detrás se sientan los alumnos flojos y delante, los aplicados.**
*Hinten sitzen die faulen Schüler und vorne die fleißigen.*

**Antes tenía un armario de madera, ahora tengo uno metálico.**
*Früher hatte ich einen Holzschrank, jetzt habe ich einen aus Metall.*

**Busco zapatos de fiesta, ¿tendría usted unos negros de cuero?**
*Ich suche elegante Schuhe, hätten Sie solche aus schwarzem Leder?*

**La poesía lírica inglesa es más filosófica que la francesa.**
*Die englische Lyrik hat mehr philosophischen Charakter als die französische.*

**Claro que las patatas grandes tardan más en cocer que las pequeñas.**
*Natürlich brauchen die großen Kartoffeln länger Zeit zum Garwerden als die kleinen.*

**Si le parecen muy caras las máquinas alemanas, cómprese una japonesa.**
*Wenn Ihnen die deutschen Fotoapparate zu teuer sind, kaufen Sie doch einen japanischen!*

**Estamos hartos de elecciones manipuladas, esta vez queremos unas limpias.**
*Wir haben manipulierte Wahlen satt, wir wollen diesmal saubere.*

**A ▶** Ein generelles Wort wie HOMBRE / HOMBRES bzw. MUJER / MUJERES bleibt oft ganz unerwähnt:

**Los solteros no lo tienen más fácil que las solteras, ni mucho menos.**
*Unverheiratete Männer haben es überhaupt nicht leichter als unverheiratete Frauen.*

**B ▶** In emphatischer Ausdrucksweise wird ein Adjektiv oft mit UN / UNA / UNOS / UNAS substantiviert (vgl. 6.14, 6.15):

**Son unos desdichados.**
*Sie sind richtige Pechvögel.*

**He sido una tonta.**
*Ich bin schön dumm gewesen.*

### 3.87 LO + Adjektiv maskulin Singular

Mit **LO + Adjektiv maskulin Singular** erfaßt man das, was das Adjektiv überhaupt meint, oder ein Merkmal, das mehreren Dingen zukommt:

**La Estética es la ciencia de lo bello.**
*Die Ästhetik ist die Wissenschaft vom Schönen.*

**Todos los políticos dicen lo mismo.**
*Alle Politiker sagen dasselbe.*

**Ahora viene lo mejor.**
*Jetzt kommt das Beste.*

**A ▶** Mit **LO + Adjektiv maskulin Singular** kann ein markanter Aspekt einer Person oder Sache hervorgehoben werden:

**Caí en la cuenta de lo ridículo de mi situación.**
*Mir wurde das Lächerliche meiner Lage bewußt.*

# 4. Das Zahlwort

## A. Die Kardinalzahlen

### 4.1 Namen der Kardinalzahlen: ein Überblick

0 cero
1 uno (un / una)
2 dos
3 tres
4 cuatro
5 cinco
6 seis
7 siete
8 ocho
9 nueve
10 diez
11 once
12 doce
13 trece
14 catorce
15 quince
16 dieciséis
17 diecisiete
18 dieciocho
19 diecinueve
20 veinte
21 veintiuno (veintiún / veintiuna)
22 veintidós
23 veintitrés
24 veinticuatro
25 veinticinco
26 veintiséis
27 veintisiete
28 veintiocho
29 veintinueve
30 treinta
31 treinta y uno (un/una)
32 treinta y dos
33 treinta y tres
34 treinta y cuatro
35 treinta y cinco
36 treinta y seis
37 treinta y siete
38 treinta y ocho
39 treinta y nueve

40 cuarenta
44 cuarenta y cuatro
50 cincuenta
55 cincuenta y cinco
60 sesenta
66 sesenta y seis
70 setenta
77 setenta y siete
80 ochenta
88 ochenta y ocho
90 noventa
99 noventa y nueve
100 cien/ciento
101 ciento uno (un/una)
125 ciento veinticinco
199 ciento noventa y nueve
200 doscientos (doscientas)
300 trescientos (trescientas)
400 cuatrocientos (cuatrocientas)
500 quinientos (quinientas)
600 seiscientos (seiscientas)
700 setecientos (setecientas)
800 ochocientos (ochocientas)
900 novecientos (novecientas)
999 novecientos noventa y nueve
1000 mil
2000 dos mil
3000 tres mil
4000 cuatro mil
99 000 noventa y nueve mil
100 000 cien mil
900 000 novecientos mil
1 000 000 un millón
2 000 000 dos millones
3 000 000 tres millones
4 000 000 cuatro millones
10 000 000 diez millones
100 000 000 cien millones
1 000 000 000 mil millones / un millardo
1 000 000 000 000 un billón

# 4. Das Zahlwort

## 4.2 Wann muß man Y bei den Ziffern lesen?

Die Konjunktion Y steht nur bei den Zehnern ab 16 und zwar vor den Einern. Zwischen 16 und 29 ist Y Wortbestandteil geworden, bei den Zwanzigern entfällt das ausgehende –E von VEINTE (ebenso bei der ungefähren Angabe VEINTITANTOS / VEINTITANTAS, vgl. 9.136):

18 dieciocho
25 veinticinco
132 ciento treinta y dos
4444 cuatro mil cuatrocientos cuarenta y cuatro
101 ciento uno (vgl. 4.7)
408 cuatrocientos ocho
709 setecientos nueve
33 303 treinta y tres mil trescientos tres

## 4.3 Die Zahl MIL

MIL verhält sich wie das deutsche *'tausend'*, hat also beim Ziffernlesen keinen Plural (vgl. 4.8):

1 009 mil nueve
20 015 veinte mil quince
16 029 dieciséis mil veintinueve
19 134 diecinueve mil ciento treinta y cuatro

## 4.4 UNO vor MIL

Vor MIL fällt bei den Zahlen auf –UNO das ausgehende –O (vgl. 4.7) weg, VEINTIUNO wird dabei zu VEINTIÚN (Akzent!):

21 000 veintiún mil
31 000 treinta y un mil
41 000 cuarenta y un mil

## 4.5 Wie man MILLÓN liest

MILLÓN wird stets als (maskulines) Substantiv gelesen:

1 000 000 un millón
2 000 000 dos millones
51 000 000 000 cincuenta y un mil millones

## 4.6 Lesebeispiele von Mathematikaufgaben

$8 + 7 = 15$   ocho más siete son quince
$7 - 3 = 4$   siete menos tres son cuatro
$3 - 2 = 1$   tres menos dos es uno
$3 \times 2 = 6$   tres por dos son seis
$6 \div 2 = 3$   seis entre/dividido por dos son tres
4,2   cuatro coma dos
$\sqrt{9} = 3$   la raíz cuadrada de nueve es tres

## 4.7 Die Zahlen auf (–)UNO mit Bezug auf ein Substantiv

**A ▶** Bezogen auf ein Substantiv wird die Zahl 1 zum unbestimmten Artikel, vgl. 6.1:

**un hombre y una mujer** *ein Mann und eine Frau*
**dos camiones y un coche** *zwei Lastwagen und ein Auto*

## 4. Das Zahlwort

**B ▶** Vor einem femininen Substantiv erhalten die Zahlen, die auf Y UNO enden, die Endung Y UNA. Vor einem maskulinen Substantiv entfällt das ausgehende –O von Y UNO, die Zahl 21 hat vor einem Substantiv die Formen VEINTIUNA bzw. VEINTIÚN (Akzent!). Das Substantiv nach den Zahlen auf –UNO (Y UNO) steht im Plural:

**a los cuarenta y un minutos de juego** *nach einundvierzig Minuten Spielzeit*
**para ser exactos, ciento un kilómetros** *um genau zu sein, hundert und ein Kilometer*
**ciento sesenta y una personas** *hunderteinundsechzig Menschen*
**una joven de veintiún años** *eine junge Frau von einundzwanzig Jahren*
**en total veintiuna pesetas** *insgesamt einundzwanzig Peseten*

**C ▶** Die Vollform kommt bei Nichtwiedererwähnung des Substantivs zum Tragen (vgl. 6.8):

**no dos hermanos, sino uno** *nicht zwei Brüder, sondern ein einziger*
**las nueve y cuarenta y uno** *neun Uhr einundvierzig*

**D ▶** Auch bei Substantiven wie ALMA und HACHA (vgl. 6.4) findet, wenn auch nicht immer als korrekt angesehen, die Verkürzung statt:

**las veintiún amas de casa entrevistadas** *alle einundzwanzig interviewten Hausfrauen*
**robadas cuarenta y un hachas de sílex** *einundvierzig Feuersteinbeile gestohlen (Schlagzeile)*

### 4.8 Die Zahlen 1001 und 1 000 001

Y UN / UNO bzw. UNA steht nach MIL und MILLÓN:

**mil y un euros** *tausend und ein Euro*
**un marco más, o sea un millón y uno** *noch eine Mark, das heißt eine Million und eine*
**las mil y una noches** *tausendundeine Nacht*
**una peseta más, o sea un millón y una** *noch eine Pesete, d.h. eine Million und eine*

### 4.9 Wann verwendet man CIEN?

Die Zahl 100 heißt CIEN im expliziten oder impliziten Bezug zu einem Substantiv sowie vor MIL und MILLONES:

**cien marcos o cien pesetas** *hundert Mark oder hundert Peseten*
**ser más de cien en el aula** *mehr als hundert im Hörsaal sein*
**cien mil más** *noch einmal hunderttausend*
**¿cien millones de mexicanos?** *hundert Millionen Mexikaner?*

**A ▶** Die Verwendung von CIEN mit implizitem Substantivbezug wird oft kritisiert (das zweite Beispiel müßte demnach heißen: MÁS DE CIENTO). Tatsächlich wird aber CIEN sehr oft auch als Name der Ziffer 100 gebraucht, zum Beispiel in mathematischen Aufgaben.

### 4.10 Wann verwendet man CIENTO?

Bei Aufzählungen, mathematischen Aufgaben und dgl. müßte CIENTO zum Tragen kommen (CIEN wird aber auch dann meistens vorgezogen). CIENTO (immer Einzahl!) ist Wortbestandteil der Zahlen 101–199; es tritt außerdem auf bei Prozentangaben in der Wendung POR CIENTO sowie in anderen wenigen feststehenden Redewendungen:

**ciento un países** *hundert und ein Land*
**ciento veinte naciones** *hundertzwanzig Nationen*
**(1120 Ptas. =) mil ciento veinte pesetas** *eintausendeinhundertzwanzig Peseten*
**el tanto por ciento** *der Prozentsatz*
**el treinta por ciento de no votantes** *30% Nichtwähler*

**más vale pájaro en mano que ciento volando** *besser ein Spatz in der Hand als eine Taube auf dem Dach*
**¡ciento por ciento!** *hundertprozentig!*

**A ▶** Letztgenannter Ausdruck lautet auch sehr häufig CIEN POR CIEN, dies wird aber als fehlerhaft angesehen.

### 4.11 Die feminine Form der Hunderter: –CIENTAS

Bezogen auf ein explizites oder implizites feminines Substantiv erhalten die Hunderter bei den Zahlen von 200 bis 999 eine feminine Endung: –CIENTAS. Die Endung erscheint auch vor MIL:

**201 (doscientas una) pesetas** *zweihundert und eine Pesete*
**valer más de quinientas mil** *über fünfhunderttausend (Peseten) kosten*
**761 591 (setecientas sesenta y un mil quinientas noventa y una) personas en paro** *siebenhunderteinundsechzigtausendfünfhunderteinundneunzig Menschen ohne Arbeit*

### 4.12 Die Zahl 1 000 000 vor einem Substantiv

Zwischen MILLÓN (maskuliner Substantiv!) und einem anderen, immer im Plural stehenden Substantiv steht DE:

**su primer millón** *seine erste Million*
**hace millones de años** *vor Millionen von Jahren*
**hace cien millones de años** *vor hundert Millionen Jahren*
**un millón de dólares** *eine Million Dollar*
**cuatrocientos millones de hispanohablantes** *vierhundert Millionen Spanischsprechende*

**A ▶** Die Artikelform UN kann entfallen, wenn auf MILLÓN eine ungefähre Bestimmung folgt:

**(un) millón y pico de votos** *etwas mehr als eine Million Stimmen*
**(un) millón y medio de horas trabajadas** *eineinhalb Millionen geleistete Stunden*

### 4.13 Die Zahl 1 000 000 000

Für *'Milliarde'* gibt es die Neubildung MILLARDO, in der Praxis verwendet man jedoch weiterhin MIL MILLONES:

**dos mil millones de chinos** *zwei Milliarden Chinesen*
**los cuarenta y cinco mil millones de deuda externa** *die fünfundvierzig Milliarden Auslandsschulden*

**A ▶** Für MILLARDO gelten die Regeln für MILLÓN (vgl. 4.12):

**un millardo exacto** *genau eine Milliarde*
**cinco millardos de kilómetros** *fünf Milliarden Kilometer*

### 4.14 BILLÓN und TRILLÓN

Für BILLÓN und TRILLÓN gelten die syntaktischen Regeln von MILLÓN (vgl. 4.12):

**un billón de dólares** *eine Billion Dollar*
**trillones de cuerpos celestes** *Trillionen von Himmelskörpern*

**A ▶** Nicht selten wird BILLÓN nicht für eine Million Millionen, sondern inkorrekterweise für Tausend Millionen, also für eine Milliarde verwendet.

# 4. Das Zahlwort

## 4.15 Die Kardinalzahlen als Eigennamen

Bei der Bezeichnung von Buslinien, Buchseiten, Zimmern, Telefonanschlüssen usw. mit Kardinalzahlen stehen diese wie im Deutschen nach dem Substantiv; bei femininen Oberbegriffsbezeichnungen kann die nachgestellte Zahl die feminine Form erhalten:

**en la página veintiuno / veintiuna** *auf Seite einundzwanzig*
**en la habitación cuatrocientas ocho / cuatrocientos ocho** *im Zimmer vierhundertacht*
**repasar la lección tres** *die Lektion drei wiederholen*

**A** ▶ Telefonnummern werden im Spanischen als Folge von Zehnern aufgesagt; u.U. wird die erste Zahl als Hunderter oder die letzte Zahl als Einer gelesen:

**94568943** noventa y cuatro, cincuenta y seis, ochenta y nueve, cuarenta y tres
**913844231** noventa y uno, treinta y ocho, cuarenta y cuatro, veintitrés, uno

## B. Die Ordinalzahlen

## 4.16 Formenbestand

Für die Ordinalzahlen werden im Spanischen die Ziffern mit dem Zeichen ° versehen, das dem deutschen Punkt entspricht (vor ° kann man einen Punkt schreiben, einen Punkt allein jedoch niemals). Alle Ordinalzahlen haben eine feminine Form auf –A.

1° primero
2° segundo
3° tercero
4° cuarto
5° quinto
6° sexto
7° séptimo (sétimo)
8° octavo
9° noveno / nono
10° décimo
11° undécimo
12° duodécimo
13° decimotercero / decimotercio
14° decimocuarto
15° decimoquinto
16° decimosexto
17° decimoséptimo
18° decimoctavo
19° decimonoveno / decimonono
20° vigésimo
21° vigésimo primero
22° vigésimo segundo
23° vigésimo tercero
24° vigésimo cuarto
25° vigésimo quinto
26° vigésimo sexto
27° vigésimo séptimo
28° vigésimo octavo
29° vigésimo noveno

30° trigésimo
31° trigésimo primero
40° cuadragésimo
50° quincuagésimo
60° sexagésimo
70° septuagésimo
80° octogésimo
90° nonagésimo
100° centésimo
101° centésimo primero
102° centésimo segundo
110° centésimo décimo
200° ducentésimo
300° tricentésimo
400° cuadringentésimo
500° quingentésimo
600° sexcentésimo
700° septingentésimo
800° octingentésimo
900° noningentésimo
999° noningentésimo nonagésimo noveno
1000° milésimo
1384° milésimo tricentésimo octagésimo cuarto
2000° dosmilésimo
3000° tresmilésimo
10 000° diezmilésimo
100 000° cienmilésimo
500 000° quinientosmilésimo
1 000 000° millonésimo

**A ▶** Die Zahlen mit dem Anfang DECIMO– können vom zweiten Wortelement getrennt werden: DÉCIMO PRIMERO, DÉCIMO SEGUNDO, usw. Die Zahlen mit dem Anfang VIGÉSIMO können zusammengeschrieben werden, dann entfällt der Akzent: VIGESIMOPRIMERO, VIGESIMOSEGUNDO usw.

**B ▶** Zur Ableitung von Ordinalzahlen auf –AVO, vgl. 4.23. NONO wird außer bei den Namen von Päpsten selten gebraucht:

**Pío Nono** *Pius der Neunte*

### 4.17 Vor– und Nachstellung der Ordinalzahl

Die Ordinalzahl wird für gewöhnlich vorangestellt; nachgestellt wird die Ordinalzahl meist bei der Nennung geschlossener Reihen und immer bei den Eigennamen von Herrschern (keinen Punkt nach der römischen Ziffer!); in einigen Redewendungen steht die Ordinalzahl auch nach dem Substantiv:

**el segundo intento** *der zweite Versuch*
**el quinto continente** *der fünfte Kontinent*
**por séptima vez** *zum siebten Mal*
**el siglo primero a.C.** *das erste Jahrhundert vor Christus*
**Carlos Quinto (Carlos V)** *Karl der Fünfte*
**Enrique Octavo (Enrique VIII)** *Heinrich der Achte*
**Juan Pablo Segundo (Juan Pablo II)** *Johannes Paul der Zweite*

### 4.18 Die Ordinalzahlkennzeichen O, A, ER und ERA

Die hochgestellten Zeichen zur näheren Kennzeichnung einer Ordinalzahl erscheinen in der Regel nur bei der Voranstellung einer solchen.

**A ▶** Das Ordinalzahlzeichen ° wird auch dann gern gesetzt, wenn beim Lesen eine Kardinalzahl verwendet wird:

**el 250° aniversario de su muerte** [gelesen: **doscientos cincuenta**] *sein 250. Todestag*
**el 81° temblor** [gelesen: **ochenta y un**] *das einundachzigste Beben*

**B ▶** Das hochgestellte ª folgt häufig auf eine Ordinalzahl vor einem femininen Substantiv (und wird auch dann geschrieben, wenn eine Kardinalzahl gelesen wird):

**la 150ª representación** [gelesen: **ciento cincuenta**] *die hundertfünfzigste Vorstellung*
**la 25ª bomba** [gelesen: **veinticinco**] *die fünfundzwanzigste Bombe*

**C ▶** Das hochgestellte ᵉʳ folgt nicht selten – statt ° – auf 1 und 3, das hochgestellte ᵉʳᵃ – statt ª – auf 1 und 3 beim Bezug auf ein Femininum. Die Zeichen werden auch dann gesetzt, wenn eine Kardinalzahl gelesen wird:

**su 13ᵉʳ filme** [gelesen: **trece** oder: **decimotercer**] *sein 13. Film*
**la 31ᵉʳᵃ Copa de Europa** [gelesen: **treinta y una** oder: **trigésima primera**] *die 31. Europacup-Meisterschaft*

### 4.19 Verkürzung von Ordinalzahlen

Vor einem maskulinen Substantiv fällt das ausgehende –O von PRIMERO und TERCERO sowie vom Ordinalausdruck POSTRERO weg; die Vollform tritt bei Wegfall des Substantivs sowie beim Nachstellen der Ordinalzahl auf (vgl. 3.45):

**el primer día** *der erste Tag*
**su vigésimo primer campeonato** *ihr einundzwanzigster Turniersieg*
**el decimotercer viaje del Papa** *die dreizehnte Reise des Papstes*
**el Tercer Mundo** *die Dritte Welt*

**4. Das Zahlwort**

su postrer deseo *sein letzter Wunsch*
**Juan Carlos Primero** *Juan Carlos der Erste*
**el primero y el tercero de la fila** *der Erste und der Dritte in der Reihe*

## 4.20 Feminine Form mancher Ordinalzahlen

Die Ordinalzahlen, die mit DECIMO– bzw. VIGESIMO– anfangen und in einem Wort geschrieben werden, erhalten die feminine Endung allein am Wortende; werden zwei Wörter verwendet, so erhalten beide die Endung (und den Akzent):

**la decimocuarta tregua** oder **la décima cuarta tregua** *der vierzehnte Waffenstillstand*
**la vigesimocuarta visita** oder **la vigésima cuarta visita** *der vierundzwanzigste Besuch*

## 4.21 Die Ordinalzahlen im Gebrauchswortschatz

Von der Reihe der Ordinalzahlen werden im gewöhnlichen Reden und Schreiben allein die ersten zehn verwendet, sowie (vor allem in hyperbolischer Ausdrucksweise, wozu auch **enésimo** *n–ter* gehört) CENTÉSIMO und MILÉSIMO. In etwas anspruchsvollerem Stil werden die ersten hundert ganz normal gebraucht. Ersetzt werden die Ordinalzahlen durch die nachgestellte, selten durch die vorausgehende Kardinalzahl:

**el piso quince** *das fünfzehnte Stockwerk*
**su gol trescientos veinte** *sein dreihundertzwanzigstes Tor*
**el visitante treinta millones** *der dreißigmillionste Besucher*
**la doscientas cincuenta representación** *die zweihundertfünfzigste Aufführung*
**por enésima vez** *zum x–ten Mal*

## 4.22 Die Ordinalzahlen bei Herrschernamen

Bei den Namen von Herrschern werden nur die ersten zehn Ordinalzahlen (immer nachgestellt!) verwendet, bei Namen von Päpsten gern NONO statt NOVENO:

**Juan Carlos Primero (Juan Carlos I)** *Juan Carlos der Erste*
**Isabel Segunda (Isabel II)** *Elisabeth die Zweite*
**los crímenes de Ricardo Tercero (Ricardo III)** *die Verbrechen Richards des Dritten*
**Federico Guillermo Cuarto (Federico Guillermo IV)** *Friedrich Wilhelm der Vierte*
**Carlos Quinto (Carlos V)** *Karl der Fünfte*
**el papa Alejandro Sexto (Alejandro VI)** *Papst Alexander der Sechste*
**Fernando Séptimo (Fernando VII)** *Ferdinand der Siebte*
**Enrique Octavo (Enrique VIII)** *Heinrich der Achte*
**Pío Nono (Pío IX)** *Pius der Neunte*
**Alfonso Décimo (Alfonso X)** *Alfons der Zehnte*
**Pío Once (Pío XI)** *Pius der Elfte*
**Alfonso Trece (Alfonso XIII)** *Alfons der Dreizehnte*
**Juan Veintitrés (Juan XXIII)** *Johannes der Dreiundzwanzigste*

## 4.23 Bezeichnungen auf –AVO als Ordinalzahlen

Die einzige Ordinalzahl auf –AVO ist OCTAVO. Die sehr gelehrt klingenden Bezeichnungen ab UN-DÉCIMO werden sehr häufig von Wörtern bestehend aus **Kardinalzahl + –AVO** ersetzt, was als fehlerhaft angesehen wird (zu –AVO vgl. 4.25):

**el doceavo piso** statt **el duodécimo piso** oder **el piso doce** *das zwölfte Stockwerk*
**la catorceava fila** statt **la fila catorce** *die vierzehnte Reihe*
**quinceava edición** statt **decimoquinta edición** *fünfzehnte Auflage*

# 4. Das Zahlwort

## C. Sonstiges zum Zahlwort

### 4.24 Formenbestand der Bruchzahlen: die ersten zehn

1/1 un entero  
1/2 un medio  
1/3 un tercio  
1/4 un cuarto  
1/5 un quinto  

1/6 un sexto  
1/7 un séptimo  
1/8 un octavo  
1/9 un noveno  
1/10 un décimo  

### 4.25 Die weiteren Bruchzahlen auf –AVO

Ab 1/11 wird die Endung –AVO an die Kardinalzahl angehängt, bei einigen Bezeichnungen ergeben sich Zusammensetzungen, die neben den regelmäßigen Bildungen bestehen:

1/11 un onceavo  
1/12 un dozavo (doceavo)  
1/13 un trezavo (treceavo)  
1/14 un catorzavo (catorceavo)  
1/15 un quinzavo (quinceavo)  
1/16 un dieciseisavo  
1/17 un diecisieteavo  

### 4.26 Lesebeispiele von Bruchzahlen

3/4   tres cuartos  
5/8   cinco octavos  
15/28 quince veintiochoavos  

### 4.27 Ausdrücke für 1/2, 1/3 und 1/4 im nicht mathematischen Gebrauch

Im nicht mathematischen Gebrauch wird die Bruchzahl 1/2 durch LA MITAD ersetzt; 1/3 heißt UN TERCIO oder LA TERCERA PARTE. Bei der umgangssprachlichen Uhrzeitansage (vgl. 26.90) sowie bei Gewichtsangaben ist CUARTO gebräuchlich:

**quedarse con la mitad** *die Hälfte behalten*  
**un tercio / la tercera parte de la población** *ein Drittel der Bevölkerung*  
**la una y cuarto** *Viertel nach eins*  
**tres cuartos de hora** *eine dreiviertel Stunde*  
**un cuarto de kilo de azúcar** *ein viertel Kilo Zucker*  

### 4.28 Die Verwendung von PARTE(S) zum Ausdruck von Bruchzahlen

Weitere Bruchzahlen werden ersetzt durch die Ordinalzahlen, die zwischen LA(S) und PARTE(S) auftreten; vor einem expliziten Substantiv steht dann DE. In den Ausdrücken mit PARTE(S) wird normalerweise LA(S) verwendet; UNA(S) wird in der Regel für ungefähre Angaben eingesetzt:

**la cuarta parte de los ingresos de los partidos** *ein Viertel der Einkünfte der Parteien*  
**las tres cuartas partes de los votos** *drei Viertel der Stimmen*  
**una quinta parte de la programación televisiva** *etwa ein Fünftel des Fernsehprogramms*  
**ocupar unas tres cuartas partes** *etwa drei Viertel einnehmen*

## 4. Das Zahlwort

### 4.29 Wann schreibt man Zahlen in einem Text aus?

Soweit Zahlen bei der Angabe abgelaufenen und benötigten Zeitraums verwendet werden, werden sie als Ziffern geschrieben. Das ist etwa der Fall bei Meßwert-, Stundenplan-, Datums- und statistischen Angaben. Man richte sich ansonsten nach dem deutschen Gebrauch:

**salida a las 22.34** *Abfahrt um 22.34*
**el 15 de marzo de 2025** *am 15. März 2025*
**una novela de 212 capítulos** *ein Roman in 212 Kapiteln*
**el 40% de los votantes** *40% der Wähler*
**690 minutos sin recibir un gol** *690 Minuten ohne ein Tor zu kassieren*
**dos niñas de 16 años de edad** *zwei 16jährige Mädchen*
**ganar por 6–1, 6–2** *6–1, 6–2 gewinnen*
**más de cien muertos** *über hundert Tote*
**desde hace veinte meses** *seit zwanzig Monaten*
**a los cinco minutos** *nach fünf Minuten*

### 4.30 Die Zahlsubstantive CENTENA, CENTENAR und CIENTO

Die Ausdrücke bedeuten *'hundert'*. CENTENAR und CIENTO sind häufiger als CENTENA und werden oft in ungefähren Angaben verwendet. Zwischen CENTENA, CENTENAR und CIENTO und einer Ergänzung steht DE (vgl. 38.4C):

**una centena de poemas** *hundert Gedichte; ungefähr hundert Gedichte*
**centenares de felicitaciones** *Hunderte von Glückwünschen*
**morir a centenares** *zu Hunderten sterben*
**cientos de cartas** *Hunderte von Briefen*
**cientos de miles de refugiados** *Hunderttausende Flüchtlinge*

### 4.31 Das Zahlsubstantiv DECENA

Der Ausdruck bedeutet eigentlich *'zehn'*, wird aber gern in ungefähren, übertreibenden Angaben verwendet (zu DE vgl. 4.30):

**ser una decena** *zehn an der Zahl sein*
**una decena de libros** *zehn Bücher; ungefähr zehn Bücher*
**decenas de pretendientes** *Dutzende von Verehrern; eine Menge Verehrer*

### 4.32 Das Zahlsubtantiv DOCENA

**dos docenas de huevos** *zwei Dutzend Eier*
**ni media docena de estudiantes** *nicht einmal ein halbes Dutzend Schüler; sehr wenige Schüler*

• Zu DE vgl. 4.30.

### 4.33 Die Zahlsubstantive MILES und MILLAR

Diese Wörter bedeuten *'Tausende'* bzw. *'Tausend'*, und werden nur in ungefähren, abrundenden Angaben verwendet, dabei kann nur MILES auf CIENTOS DE folgen (zu DE vgl. 4.30):

**miles de visitantes** *Tausende von Besuchern*
**decenas de miles de peregrinos** *Zehntausende Pilger*
**cientos de miles de víctimas** *Hunderttausende Opfer*
**morir a millares** *zu Tausenden sterben*

## 4.34 Die Zahlsubstantive PAR und PAREJA

PAR / PAREJA bedeuten *'zwei, ein Paar'* (zu DE vgl. 4.30):

**un par de zapatos** *ein Paar Schuhe*
**un par de necedades** *ein paar Dummheiten*
**parejas de enamorados** *Liebespaare*
**trabajar por parejas** *paarweise arbeiten*

**A** ▶ Beispiele für eine weitere wichtige Bedeutung von PAREJA:

**El chico y la chica eran pareja.**
*Der Junge und das Mädchen waren ein Liebespaar*

**Encontró otra pareja por Internet y lo abandonó.**
*Sie fand einen anderen Partner im Internet und verließ ihn.*

## 4.35 Maßangaben und sonstige Ausdrücke mit Zahlen

**medir un metro noventa (de alto)** *ein Meter neunzig groß sein*
**medir 5,8 (cinco coma ocho) por 4,3 (cuatro coma tres)** *5,8 mal 4,3 messen*
**cien metros de largo y treinta de ancho** *hundert Meter lang und dreißig Meter breit*
**un área de quinientos metros cuadrados** *eine Fläche von 500m²*
**veinticinco grados bajo / sobre cero** *fünfundzwanzig Grad unter / über Null*
**cincuenta caballos de vapor** *50 PS*
**en copia doble** *in zweifacher Ausfertigung*
**letra doble** *Doppelbuchstabe*
**habitación doble** *Doppelzimmer*
**el doble de alto** *doppelt so groß* (vgl. 9.155)
**haber aumentado el doble / haberse duplicado** *sich verdoppelt haben*
**triple salto** *Dreisprung*
**el primero de mayo** *der Erste Mai* (vgl. 26.96)
**el 12 de octubre de 1492** *am 12. Oktober 1492* (vgl. 26.96)
**las cinco de la tarde** *fünf Uhr nachmittags* (vgl. 26.90A)
**cada dos minutos** *alle zwei Minuten/jede zweite Minute* (vgl. 9.125)
**uno de cada tres españoles** *jeder dritte Spanier* (vgl. 9.125)
**provistos de sendas mochilas** *mit je einem Rucksack ausgerüstet* (vgl. 9.128)
**con ambas manos** *mit beiden Händen* (vgl. 9.35)
**por los dos lados** *an beiden Seiten* (vgl. 5.56)

## 4.36 Ungefähre Angaben mit Zahlen

**A** ▶ Mit CASI, CERCA DE, ALREDEDOR DE, EN TORNO A und APROXIMADAMENTE:

**casi cien** *fast hundert*
**cerca de trescientos millones** *zirka dreihundert Millionen* (vgl. 25.16)
**alrededor del 7%** *etwa 7%*
**en torno a los mil millones** *beinah eine Milliarde*
**aproximadamente un tercio** *nahezu ein Drittel*

**B** ▶ Mit UNOS (vgl. 6.9):

**durante unos diez minutos** *etwa zehn Minuten lang*
**a unos veinte kilómetros del pueblo** *etwa zwanzig Kilometer vom Dorf entfernt*
**unas doscientas solicitudes** *etwa zweihundert Anträge*

## 4. Das Zahlwort

**C** ▸ Mit COMO (vgl. 27.16) und COSA DE:

**hace como quince años** *vor ungefähr fünfzehn Jahren*
**un niño como de unos diez años** *ein kleiner Junge von vielleicht zehn Jahren*
**hace cosa de tres meses** *vor etwa drei Monaten*

**D** ▸ Mit MÁS O MENOS (man beachte die Varianten mit POCO und SOBRE):

**¿más o menos de veinte?** *mehr oder weniger als zwanzig?* (vgl. 9.154)
**en quince días, sobre poco más o menos** *in etwa fünfzehn Tagen*
**poco más o menos mil personas** *um die tausend Menschen*
**más o menos tres horas** *ungefähr drei Stunden*

**E** ▸ Mit Y PICO:

**costar quinientas y pico** *etwas mehr als fünfhundert kosten*
**un mes y pico** *knapp über einen Monat*
**a las cuatro y pico de la madrugada** *kurz nach vier Uhr morgens*

**F** ▸ Mit LARGO und ESCASO:

**una entrevista de media hora larga** *ein Gespräch von einer guten halben Stunde*
**durar una hora escasa** *knapp eine Stunde dauern*

**G** ▸ Mit TANTOS (vgl. 9.136):

**veintitantos kilómetros** *gut und gern zwanzig Kilometer*
**una mujer de treinta y tantos años** *eine Frau von über dreißig*
**allá por los años cincuenta y tantos** *irgendwann in den fünfziger Jahren*

### 4.37 Feststehende Begriffe und Wendungen mit NÚMERO und den Zahlen

Das Lexikon enthält alle Begriffe mit dem Wort **número** *Zahl* aus der Mathematik und anderen Wissenszweigen sowie alle feststehenden Wendungen mit Zahlwörtern:

**número arábigo** *arabische Zahl*
**número dígito / simple** *einfache Zahl*
**un número extraordinario de "El País"** *eine Sonderausgabe von "El País"*
**género y número** *Geschlecht und Zahl (Grammatik)*
**en un dos por tres** *im Handumdrehen*
**cada dos por tres** *sehr oft*
**matar dos pájaros de un tiro** *zwei Fliegen mit einer Klappe schlagen*
**cuatro gatos** *kaum jemand*
**pregonarlo a los cuatro vientos** *es ausposaunen*
**decir cuántas son cinco** *Tacheles reden*
**tener siete vidas como los gatos** *zählebig sein*
**seguir en sus trece** *hartnäckig sein*
**a primeros del mes** *Anfang des Monats*
**el Tercer Mundo** *die Dritte Welt*
**a la tercera va la vencida** *beim dritten Mal muß es klappen*
**estar en sus trece** *hartnäckig sein, nicht nachgeben*

# 5. Der bestimmte Artikel

## A. Formen

### 5.1 Maskuline und feminine Formen

- **EL** für ein maskulines Substantiv im Singular:

    **el problema** *das Problem*
    **el hombre** *der Mann*

- **LA / EL** für ein feminines Substantiv im Singular (zu EL vgl. 5.9):

    **la carta** *der Brief*
    **la mujer** *die Frau*

- **LOS** für ein maskulines Substantiv im Plural:

    **los problemas** *die Probleme*
    **los hombres** *die Männer*

- **LAS** für ein feminines Substantiv im Plural:

    **las cartas** *die Briefe*
    **las mujeres** *die Frauen*

- Zum "sächlichen" Artikel LO vgl. 5.15.

### 5.2 Deklination der Artikelwörter EL / LA / LOS / LAS

Der bestimmte Artikel wird nicht dekliniert:

**con la señora** *mit der Dame*
**en la mesa** *auf dem / den Tisch*

### 5.3 Wortstellung der Artikelwörter EL / LA / LOS / LAS

EL / LA / LOS / LAS gehen dem Substantiv voraus. Zwischen Artikel und Substantiv können in stilistisch anspruchsvollen Texten Adjektive, aber auch Adverbien stehen:

**el ahora millonario hijo menor** *der jetzt Millionär gewordene jüngste Sohn*
**las aproximadamente veinte víctimas** *die annähernd zwanzig Opfer*

### 5.4 EL / LA / LOS / LAS vor Adjektiv oder Partizip

Gefolgt von einem Adjektiv oder einem Partizip (vgl. 3.86) beziehen sich EL / LA / LOS / LAS auf ein vorher erwähntes maskulines oder feminines Substantiv im Singular oder Plural; darüber hinaus besitzt der Artikel einen ganz allgemeinen Geschlechtsbezug; der Artikel LOS kann sich dabei auf Menschengruppen beiderlei Geschlechts beziehen (vgl. 2.29):

**el sombrero verde o el rojo** *der grüne Hut oder der rote*
**no la camisa negra, sino la blanca** *nicht das schwarze Hemd, sondern das weiße*
**los amigos presentes y los ausentes** *die an– und abwesenden Freunde*
**¿las botellas llenas o las vacías?** *die vollen Flaschen oder die leeren?*
**las cariñosas** *die zärtlichen Frauen*
**los divorciados** *die geschiedenen Männer* oder: *die Geschiedenen (allgemein)*

# 5. Der bestimmte Artikel

## 5.5 Substantivierungen mit EL

**A** ▸ Beispiele mit Substantivierungen mit EL nach 1.60-1.63:

**el libro de los por qués** *das Buch der Rätsel (wörtlich: das Buch der "Warums")*
**una película llamada "del rosa al amarillo".** *ein Film mit dem Namen "Vom Rosa zum Gelb".*
**el bla bla bla de los intelectuales** *das Blabla der Intellektuellen*
**fascinados por el "todo a cien"** *fasziniert durch das "Alles-zu-hundert (Peseten)"*
**el "hasta cuando" del primer renglón** *das "hasta cuando" in der ersten Zeile*

• NADA als philosophischer Begriff ist feminin: **la nada** *das Nichts*.

**B** ▸ Eine kleine Anzahl von Adjektiven werden durch EL substantiviert. Beispiele aus dem Lexikon:

**el absurdo** *das Absurde*
**el vacío** *die Leere*
**el particular** *die Angelegenheit*

**C** ▸ Vor einem Infinitiv als Satzteil steht häufig EL (vgl. 14.36):
**Me agrada recibir cartas, pero detesto el contestarlas.**
*Ich bekomme gern Briefe, aber sie zu beantworten, hasse ich.*

**D** ▸ Einem QUE-Satz kann EL vorausgehen, nach einer Präposition jedoch niemals (vgl. 34.13, 34.6N, 34.94):
**Le debemos al alcalde el que estemos vivos.**
*Wir verdanken dem Bürgermeister, daß wir am Leben sind.*

## 5.6 Die Zusammensetzungen DEL und AL

Die Präposition DE verbindet sich mit EL zu DEL, die Präposition A verbindet sich mit EL zu AL:

**el precio del libro** *der Preis des Buches*
**ir al banco** *auf die Bank gehen*

## 5.7 Die Zusammensetzungen DEL und AL vor weiblichen Substantiven

Die Zusammensetzungen AL und DEL gelten auch, wenn EL vor einem Femininum steht (vgl. 5.9):

**el color del agua** *die Farbe des Wassers*
**¡guerra al hambre!** *Krieg dem Hunger!*

## 5.8 Wegfall der Zusammensetzungen DEL und AL

Die Zusammensetzungen gelten in der Regel nicht, wenn der Artikel Teil eines Eigennamens ist (in der Praxis werden meistens die Zusammensetzungen doch gesprochen):

**la faena de "El Cordobés"** *der Auftritt von "El Cordobés" (Stierkämpfername)*
**una advertencia a "El País"** *eine Warnung an "El País" (spanische Tageszeitung)*

## 5.9 EL als Artikel vor Feminina

Vor einem femininen Substantiv, das mit betontem A oder HA beginnt, wird als bestimmter Artikel EL gebraucht:

    **el ala** *der Flügel*
    **el hada** *die Fee*

**A** ▶ Die Pluralform ist LAS:

**el ala** → **las alas** *die Flügel*
**el hada** → **las hadas** *die Feen*

**B** ▶ Beispiele mit Eigennamen (vgl. aber unten 5.11):

**el África negra** *Schwarzafrika*
**el Asia judeo–cristiana** *das jüdisch–christliche Asien*

**C** ▶ Wohl in Anlehnung an die Verwendung von EL werden in gesprochenen, aber auch in geschriebenen Texten nicht selten weitere maskuline Determinative vor Feminina gebraucht, die mit betontem A oder HA beginnen: ESTE AGUA, ESE ÁREA. Dies ist ein Verstoß gegen die Standardgrammatik, korrekt heißt es: ESTA AGUA, ESA ÁREA.

## 5.10 Wegfall von EL als Artikel vor Feminina

Steht zwischen Artikel und Substantiv ein Adjektiv, so wird nicht EL, sondern LA verwendet:

**la inminente alza del dólar** *der bevorstehende Anstieg des Dollars*
**la resistente haya** *die widerstandsfähige Rotbuche*

**A** ▶ Konstrukte wie EL ÚNICO ARMA (statt *la única arma* die einzige Waffe) sind als grobe Fehler abzulehnen.

**B** ▶ Vor der femininen Form eines Adjektivs, das mit betontem A oder HA beginnt, steht als Artikel LA:

**la áspera voz de un fumador** *die rauhe Stimme eines Rauchers*
**la ancha carretera** *die breite Landstraße*

## 5.11 LA statt EL vor mit betontem A– oder HA– beginnenden Femimina

LA muß vor Frauenvornamen (vgl. 5.27) und vor Buchstabennamen verwendet werden:

**la Ana** *die Anna*
**la a** *das a*
**la hache** *das h*

## 5.12 Pronominaler Gebrauch von EL / LA / LOS / LAS

Unbetontes EL / LA / LOS / LAS tritt vor die identifizierende Bestimmung (in der Regel mit DE, vgl. 38.3) eines Substantivs, das nicht wieder erwähnt wird. Die Zusammensetzungen AL und DEL finden statt:

**mi bolso y el de Pedro** *meine Tasche und die von Pedro*
**¿la rubia o la de pelo lila?** *die Blondine oder die mit dem lila Haar?*
**no los partidos de hoy, sino los de ayer** *nicht die heutigen Spiele, sondern die gestrigen*
**estas poesías y las de Machado** *diese Gedichte und die von Machado*
**un rendimiento por debajo del de Ferrero** *eine Leistung, die unter der von Ferrero liegt*
**un precio superior al de la paz** *ein Preis, der höher liegt als der des Friedens*

• Zu Sätzen wie LA DE VECES QUE MIENTE vgl. 28.51.
• Im pronominalem Gebrauch treten die Artikelwörter EL / LA / LOS / LAS auch mit QUE auf, vgl. 10.57, 10.70.

**A** ▶ Im folgenden Beispiel wird CONVENCIMIENTO nicht wieder erwähnt, weshalb sich die Sequenz EL DE QUE ergibt:

**Y tenía otro convencimiento: el de que sus hijos estaban vivos.**
*Und sie war noch von etwas anderem überzeugt, nämlich daß ihre Kinder noch am Leben waren.*

## 5. Der bestimmte Artikel

### 5.13 EL / LA / LOS / LAS mit anderen Präpositionen als DE?

In identifizierenden Fügungen dürfen EL / LA / LOS / LAS nicht mit anderen Präpositionen als DE verwendet werden; trotzdem kommen sie gelegentlich vor (empfohlen wird für folgende Beispiele AQUELLOS bzw. AQUELLAS anstelle von LOS und LAS):

**los con baja nota** *die mit einer schlechten Note*
**las sin sombrero** *die ohne Hut*
**los países industriales y los en desarrollo** *die Industrie- und die Entwicklungsländer*

### 5.14 Allgemeiner Bezug durch EL / LA / LOS / LAS

EL / LA / LOS / LAS beziehen sich häufig auf ein vorher nicht erwähntes Substantiv mit allgemeinem Sinn:

**los de Madrid** *die Leute aus Madrid*
**los de abajo** *die Unterdrückten (Titel eines Romans des Mexikaners Mariano Azuela)*

### 5.15 Der neutrale Artikel LO

Zur Erfassung des Sinngehalts von Eigenschaften und Zuständen wird LO vor der maskulinen Singularform eines Adjektivs (oder eines Wortes, das als Adjektiv empfunden wird) verwendet. Eine Pluralform kann nicht gebildet werden. **LO + Adjektiv** enspricht weitgehend der deutschen Substantivierung eines Adjektivs mit Hilfe von *'das'*; es wird statt eines Substantivs bzw. als Ersatz dafür verwendet, häufig zur Hervorhebung eines bestimmten Aspekts einer Person, Sache oder eines Sachverhalts:

**lo bello** *das Schöne*
**el arte de lo posible** *die Kunst des Möglichen*
**lo verdaderamente sagrado** *das wahrhaft Heilige*
**lo ridículo de la situación** *das Lächerliche der Situation*
**lo más importante** *das Wichtigste*
**lo mejor de todo** *das Beste von allem*

**A** ▶ Authentische Beispiele mit Fremdwörtern, die man als Adjektive empfindet:

**lo "in" y lo "out" en la nueva Casa Blanca** *was im neuen Weißen Haus "in" und "out" ist*
**un emblema de lo infra** *ein Emblem des Minderwertigen*

**B** ▶ LO + Adjektiv ist Teil einiger feststehender Wendungen:

**en lo alto de la montaña** *oben auf dem Berg*
**a lo largo de los años** *im Laufe der Jahre*
**por lo bajo** *heimlich*
**a lo sumo** *höchstens*

**C** ▶ Man beachte auch:

**a lo lejos** *in der Ferne*

### 5.16 LO vor Ordinalzahlen und Possessivpronomen

Der Artikel LO kann auch vor einer Ordinalzahl oder einem Possessivpronomen auftreten:

**lo primero** *das erste*
**lo nuestro** *das Unsrige (d.h. unser Verhältnis, unsere Lage, o.ä.)*

**A** ▶ LO MÍO / SUYO etc. bezeichnet redewendungsmäßig Vorlieben und Geneigtheiten:

**Lo suyo nunca ha sido el fútbol. Su gran pasión son los coches.**
*Fußball hat ihm nie richtig gefallen. Autos sind seine große Leidenschaft.*

## 5.17 LO vor Indefinitpronomen

Der Artikel LO wird vor den Indefinitpronomen MISMO, ÚNICO, DEMÁS, UNO und OTRO verwendet (vgl. 27.7A):

**decir lo mismo** *dasselbe sagen*
**lo único interesante** *das einzig Interessante*
**lo demás** *das Übrige, der Rest*
**ni lo uno ni lo otro** *weder das eine noch das andere*

• Zu LO MUCHO vgl. 9.41, 28.30; zu LO POCO vgl. 9.57, 28.30; zu LO BASTANTE vgl. 9.68.

## 5.18 Pronominaler Gebrauch von LO in der Wendung LO DE

Mit LO DE, in der Regel gefolgt von einem Substantiv oder einem Infinitiv, wird ein Text- oder Gesprächszusammenhang wieder aufgenommen:

**lo de la unidad alemana** *die Sache mit der deutschen Einheit*
**lo del fin de las ideologías** *das mit dem Ende der Ideologien*
**lo de compartir vivienda** *das Zusammenwohnen*
**lo de convertirse en político** *das mit dem Politikerwerden*

## 5.19 LO DE QUE

Mit **LO DE QUE + Verb** wird auf Behauptungen zurückgegriffen (vgl. Näheres 34.6Q, 34.99):

**lo de que el Papa sea infalible...** *daß der Papst unfehlbar sein soll...*
**lo de que hay una explosión demográfica...** *daß es eine demographische Explosion gibt...*

## 5.20 LO DE + Adverbien

LO DE kann vor Adverbien verwendet werden; LO bezieht sich dabei auf einen Gegenstand, den man nicht wieder bzw. überhaupt nicht erwähnen kann oder will:

**lo de ayer** *das Gestrige (d.h. das gestern Geschehene, Besprochene, usw.)*
**lo de siempre** *das Übliche*
**lo de aquí** *das hier (z.B. das, was vor mir liegt)*
**lo de más allá** *das, was weiter weg ist*

• Eng verwandt mit LO DE sind die Relativpronomen LO QUE, LO CUAL, TODO LO QUE und TODO LO CUAL. Vgl. Kapitel 10.

## 5.21 POR LO + kongruieredes Adjektiv

Zum Ausdruck der Intensität einer Eigenschaft bzw. eines hohen Grades derselben wird **LO + Adjektiv + QUE** verwendet (vgl. 28.29). Diese Wortfügung verkürzt sich oft in Verbindung mit POR. **POR LO + Adjektiv** ist eine kausal-konsekutive Wendung:

**Ciertos sucesos, por lo íntimos, no deberían publicarse.**
*Manche Ereignisse sind so privat, daß sie nicht an die Öffentlichkeit kommen sollten.*

**Las niñas, por lo serias y bien educadas, inspiraban respeto más que cariño.**
*Die Mädchen waren so ernst und wohlerzogen, daß man ihnen eher Respekt als Zuneigung entgegenbrachte.*

• Zur Adverbialangabe des Typs CON LO MENTIROSAS QUE SON vgl. 40.8

## 5.22 Der Modalausdruck A LO + Substantiv / Adjektiv

Beispiele für die modale Formel A LO + Substantiv / Adjektiv, die in 27.39 näher erläutert wird:

**ser conservador a lo Margaret Thatcher** *konservativ sein in der Art von Margaret Thatcher*
**chillar a lo melodramático** *melodramatisch kreischen*
**abrir una botella de vino a lo bruto** *eine Flasche Wein mit Gewalt öffnen*

## B. Besondere Verwendungsweisen des bestimmten Artikels

## 5.23 EL / LA / LOS / LAS vor Titeln

EL / LA / LOS / LAS muß vor einem beruflichen Titel sowie vor Adels- und Herrscherbezeichnungen (DOCTOR, PADRE, INGENIERO, CARDENAL, PRESIDENTE, CANCILLER, REY, DUQUE, PAPA, auch SEÑOR, SEÑORA und SEÑORITA) gebraucht werden, sofern der Titel Satzsubjekt, Prädikatsnomen, Satzobjekt oder Ergänzung einer Präposition ist:

**El cardenal Landázuri es un diplomático habilísimo.**
*Kardinal Landázuri ist ein sehr geschickter Diplomat.*

**El ingeniero Benet soy yo.**
*Ich bin Ingenieur Benet.*

**Estamos buscando al padre Cansino.**
*Wir suchen Pater Cansino.*

**Se considera el heredero espiritual del presidente Kennedy.**
*Er hält sich für den geistigen Erben von Präsident Kennedy.*

## 5.24 Kein bestimmter Artikel vor DON, DOÑA und MONSEÑOR

Vor DON / DOÑA und MONSEÑOR wird kein Artikel gebraucht:

**Don Juan se acercó a Doña Elvira.**
*Don Juan ging auf Donna Elvira zu.*

**Monseñor Vargas delataba un carácter muy firme.**
*Monsignore Vargas machte den Eindruck eines sehr starken Charakters.*

## 5.25 Wegfall des bestimmten Artikels vor Titeln

Wird mit dem Titel angeredet, so fallen EL / LA / LOS / LAS weg:

**buenos días, señorita Cora** *guten Morgen, Fräulein Cora*
**y usted, ¿qué tal, padre Mariano?** *und wie geht es Ihnen, Padre Mariano?*
**bienvenido, señor presidente** *herzlich willkommen, Herr Präsident!*

## 5.26 Der bestimmte Artikel vor Familiennamen

Der Artikel vor Vor- oder Familiennamen wird in der Standardsprache lediglich in abwertender oder spöttischer Absicht gebraucht (vgl. aber 5.29):

**La Luisita era gruesecita.**
*Luiserl war ganz schön pummelig.*

**Esas son las botas del Nacho.**
*Das sind Nachos Stiefel.*

## 5. Der bestimmte Artikel

### 5.27 LA vor dem Nachnamen berühmter Frauen
Der abwertende Beigeschmack verschwindet teilweise beim Gebrauch des Artikels vor dem Familiennamen prominenter Frauen aus der Kunst-, Kultur- und Unterhaltungswelt:

**la primera puesta en escena de la Espert** *die erste Inszenierung der Espert (Schauspielerin)*
**el estilo de la Pardo Bazán** *der Stil der Pardo Bazán (Schriftstellerin)*

### 5.28 EL vor dem Vornamen eines italienischen Künstlers
Gelegentlich wird noch der Artikel vor dem Namen italienischer Künstler verwendet:

**el Ariosto y el Dante** *Ariosto und Dante*
**el Giotto** *Giotto*

### 5.29 Benennung von Familiengemeinschaften

**A ▶ LOS + Familienname im Singular** bezeichnet das Ehepaar oder die Familiengemeinschaft (vgl. 2.28 und 2.31):

**esa noche en casa de los García** *an jenem Nachmittag beim Ehepaar (oder: bei Familie) García*
**las aficiones de los Clinton** *die Vorlieben des Ehepaars Clinton (oder: der Familie) Clinton*

**B ▶ LOS / LAS + Familienname im Singular** bezeichnet auch Geschwistergemeinschaften:

**las novelas de los Goytisolo** *die Romane der Goytisolo–Brüder*
**la menor de las Molina** *die jüngere der Molina–Schwestern (Sängerinnen)*

### 5.30 Benennung von Buchtiteln mit dem Artikel
EL / LA / LOS / LAS stehen bei der Nennung von Buchtiteln mit dem darin vorkommenden Namen:

**no haber leído el Quijote** *den Quijote nicht gelesen haben*
**conocer el Fausto de Goethe** *Goethes Faust kennen*

### 5.31 Kein bestimmter Artikel vor geographischen Bezeichnungen
Vor den Bezeichnungen von Staaten, Landschaften und Städten steht im modernen Spanisch im Prinzip kein Artikel; dies ist insbesondere zu beachten bei Ländernamen, die im Deutschen den Artikel tragen:

**Suiza claro que forma parte de Europa.**
*Die Schweiz gehört selbstverständlich zu Europa.*

**Turquía y Alemania tienen fuertes vínculos históricos.**
*Die Türkei und Deutschland haben starke historische Bindungen.*

### 5.32 Verwendung von EL / LA / LOS / LAS vor geographischen Namen
Der Artikel kommt vor einer geographischen Bezeichnung nur bei einer näheren Bestimmung zur Anwendung:

**la España democrática** *das demokratische Spanien*
**la Yugoslavia de Tito** *Titos Jugoslawien*
**el África hambrienta** *das hungernde Africa*
**el Moscú de los Zares** *das Moskau der Zaren*

## 5. Der bestimmte Artikel

**A** ▶ Vor einer zusätzlichen geographischen Bestimmung, die Teil des Namens ist, steht in der Regel kein Artikel:

**Asia Menor** *Kleinasien*
**Europa Central** *Mitteleuropa*
**Berlín Occidental** *Westberlin*

### 5.33 Einige Ländernamen mit Artikel versehen

Bei einigen Ländernamen wird der Artikel verwendet, er kann aber auch weggelassen werden (Lateinamerikaner verwenden in der Regel den Artikel für ihr Heimatland):

**La Argentina** *Argentinien*
**El Brasil** *Brasilien*
**El Canadá** *Kanada*
**La China** *China*
**El Ecuador** *Ecuador*
**Los Estados Unidos de América** *die Vereinigten Staaten von Amerika*
**La India** *Indien*
**El Japón** *Japan*
**El Paraguay** *Paraguay*
**El Perú** *Peru*
**El Salvador** *El Salvador*
**El Uruguay** *Uruguay*

### 5.34 LOS / LAS obligatorisch vor geographischen Namen

**A** ▶ Bergketten- und Regionenbezeichnungen im Plural haben immer den Artikel:

**los Alpes** *die Alpen*
**los Pirineos** *die Pyrenäen*
**los Balcanes** *der Balkan*

**B** ▶ Der Name von Inselgruppen, die keinen eigenen Staat darstellen, wird mit dem Artikel verwendet:

**las Azores** *die Azoren*
**las Malvinas** *die Falkland-Inseln*
**las Antillas** *die Antillen*
**las Baleares** *die Balearen* (vgl. 5.35)

### 5.35 Wegfall von LAS bei BALEARES und CANARIAS

Bei den Inselgruppen, die zum spanischen Staat gehören, wird der Artikel häufig weggelassen (vgl. 22.10):

**En Canarias son las ocho, aquí son las nueve.**
*Auf den Kanarischen Inseln ist es acht Uhr, hier ist es neun*

**Baleares es la región más rica de España.**
*Die Balearen sind die reichste Region Spaniens.*

### 5.36 EL / LA /LOS /LAS als fester Bestandteil geographischer Namen

Bei zahlreichen Städte- und Landschaftsbezeichnungen sowie bei anderen geographischen Namen gehört der Artikel zum Eigennamen (dies verzeichnen Landkarten und Lexika zuverlässig):

**La Alcarria, Las Hurdes, La Mancha, La Rioja** *(spanische Landschaften)*
**Los Ángeles** *Los Angeles*
**El Cairo** *Kairo*
**La Habana** *Havanna*
**La Haya** *Den Haag*
**La Paz** *La Paz*

### 5.37 EL / LA / LOS / LAS bei nicht geographischen Ortsnamen

Bei sonstigen, nicht geographischen Ortsbezeichnungen wie z.B. Einrichtungen, Ämtern und Straßen wird in der Regel kein Artikel verwendet:

**ir a Correos** *auf die Post gehen*
**enfrente de Telefónica** *gegenüber dem Gebäude der Telefongesellschaft*
**coger por Velázquez** *in die Velázquez–Straße einschlagen*

### 5.38 Verwendung von EL / LA / LOS / LAS bei Abstrakta

EL / LA steht vor einem abstrakten Begriff im Singular, der Subjekt in einem Satz mit allgemeingültigem Sinn ist:

**El tiempo es oro.**
*Zeit ist Gold.*

**El trabajo disciplina las pasiones.**
*Arbeit zügelt die Leidenschaften.*

### 5.39 EL / LA / LOS / LAS vor Krankheitsbezeichnungen

Der Artikel steht vor Krankheitsbezeichnungen, die als Satzsubjekt oder –objekt allgemeiner Aussagen sowie als Ergänzung der Präpositionen PARA und CONTRA auftreten:

**El cáncer no es invencible.**
*Krebs ist nicht unbesiegbar.*

**Curar el sida sigue costando una millonada.**
*Aids zu behandeln kostet immer noch Millionen.*

**Sigue sin haber remedio contra el catarro.**
*Es gibt immer noch kein Medikament gegen Katarrh.*

### 5.40 Wegfall von EL / LA / LOS / LAS bei Abstrakta

Vor abstrakten Bezeichnungen als Objekte in Sätzen, die das Vorhandensein ausdrücken, fällt der Artikel normalerweise weg (man richte sich hier nach dem deutschen Gebrauch):

**Disponían de tiempo, de mucho tiempo.**
*Sie verfügten über Zeit, über viel Zeit.*

**La gente quiere trabajo.**
*Die Menschen wollen Arbeit.*

**Empecé a tener miedo.**
*Ich begann, Angst zu haben.*

## 5.41 Verwendung von EL / LA bei Stoffbezeichnungen

EL / LA steht vor einer Stoffbezeichnung, die Subjekt in einem Satz mit allgemeingültigem Sinn ist:

**La sangre es roja.**
*Blut ist rot.*

**El té no es digestivo.**
*Tee fördert die Verdauung nicht.*

## 5.42 EL / LA vor Stoffbezeichnungen bei Vergleich und Steigerung

In Vergleichs- und Steigerungsstrukturen wird auch der Artikel verwendet, wenn der fragliche Stoff ganz allgemein erwähnt wird:

**más rojo que la sangre** *röter als Blut*
**tan excitante como el café** *so belebend wie Kaffee*

## 5.43 Stoffbezeichnungen ohne Artikel

Ist eine Stoffbezeichnung Objekt oder Subjekt eines Verbs des Verzehrs, Herstellens oder Vorhandenseins, so fällt EL / LA / LOS / LAS weg:

**Bebían cerveza.**
*Sie tranken Bier.*

**Cultivaban arroz.**
*Sie bauten Reis an.*

**Le faltaba sal a la sopa.**
*Die Suppe war nicht richtig gesalzen.*

**Jamón no queda.**
*Der Schinken ist ausgegangen.*

## 5.44 Der Artikel vor Bezeichnungen im Plural

Der bestimmte Artikel steht vor Bezeichnungen im Plural, die Subjekt einer allgemeingültigen Aussage sind:

**Los hombres no lloran.**
*Männer weinen nicht.*

**Los vasos rotos son irreparables.**
*Zerbrochene Gläser sind nicht zu reparieren.*

## 5.45 Bezeichnungen im Plural nach einer Präposition

Steht eine Mehrzahlbezeichnung nach einer Präposition, so wird EL / LA / LOS / LAS nur dann verwendet, wenn der Bezug auf eine konkrete oder bekannte Menge unterstrichen werden soll:

**la educación de niños legasténicos** *die Erziehung legasthenischer Kinder*
**un libro para mujeres solas** *ein Buch für alleinlebende Frauen*
**Ministerio de Obras Públicas** *Ministerium für Öffentliche Arbeiten*

## 5.46 EL / LA / LOS / LAS im Ausdruck von Präferenzen

EL / LA / LOS / LAS steht in Ausdrücken über Vorlieben, Interessen und Abneigungen:

**¿Te gusta el flamenco?**
*Magst du Flamenco?*

**Detesto el pescado.**
*Ich hasse Fisch.*

**A mí no me dice nada la política.**
*Politik interessiert mich überhaupt nicht.*

**Mi interés por los toros es mínimo.**
*Mein Interesse am Stierkampf ist sehr gering.*

## 5.47 EL / LA / LOS / LAS bei Wissensgebietsbezeichnungen

EL / LA / LOS / LAS steht vor der Bezeichnung einer Wissenschaft, wenn diese Subjekt eines Satzes mit allgemeingültigem Sinn ist:

**La Química nos hace la vida fácil.**
*Chemie macht uns das Leben leicht.*

**El Derecho, ¿es una ciencia o un arte?**
*Ist Jura eine Wissenschaft oder eine Kunst?*

## 5.48 Wissensgebietsbezeichnungen als Satzobjekt und nach Präposition

EL / LA / LOS / LAS wird auch bei einem Wissenschaftsnamen gebraucht, der Satzobjekt ist, sofern damit die Wissenschaft als Ganzes gemeint ist; ebenso bei einer Verbindung mit DE und (viel seltener) anderen Präpositionen, bei denen das erste Substantiv einen Vorgang bezeichnet:

**fomentar la Informática** *die Informatik fördern*
**renovar la Astronomía** *die Astronomie erneuern*
**los avances de la Física** *die Fortschritte der Physik*
**el ocaso de la Sociología** *der Untergang der Soziologie*

## 5.49 Wissensgebietsbezeichnungen nach gewissen Präpositionen

EL / LA / LOS / LAS fällt weg bei der Präposition EN und bei Verbindungen zur Benennung von Institutionen, Ämtern und Berufen:

**Métodos Estadísticos en Bioquímica** *Statistische Methoden in der Biochemie (Buchtitel)*
**un experto en Filosofía del Lenguaje** *ein Fachmann in Sprachphilosophie*
**especialista en Geodesia** *Fachmann in Geodäsie*
**cátedra de Lógica** *Lehrstuhl für Logik*
**profesor de Matemáticas** *Mathematiklehrer*

## 5.50 Wegfall des Artikels bei Unterrichts- und Studienfachnamen

Kein Artikel wird bei Unterrichts- oder Studienfachnamen in Verbindung mit der Präposition EN verwendet, sowie bei der Ergänzung von CLASE, CURSO, ESTUDIOS und PROFESOR(–A):

**no dar golpe en Matemáticas** *eine Null in Mathematik sein*
**sacar un cinco en Geografía** *eine Fünf in Geographie bekommen*
**la clase de Historia** *die Geschichtsstunde*
**el profesor de Química** *der Chemielehrer*

## 5.51 Wegfall des Artikels bei Verben des Lehrens und Lernens

Kein Artikel wird bei Unterrichts- oder Studienfachnamen verwendet, wenn sie Ergänzung eines Verbs im Bedeutungsfeld von Lehren und Lernen (DAR, ESTUDIAR, APRENDER, ENSEÑAR, CURSAR, SABER, ENTENDER DE) oder ihrer entsprechenden Substantive sind:

## 5. Der bestimmte Artikel

**Cada vez más mujeres quieren estudiar Derecho.**
*Immer mehr Frauen wollen Jura studieren.*

**Damos Matemáticas con un astrónomo checo.**
*Wir haben Mathematik bei einem tschechischen Astronomen.*

**No podré acabar mis estudios de Botánica.**
*Ich werde meine Botanik–Studien nicht beenden können.*

### 5.52 EL vor Sprachenbezeichnungen
EL steht in der Regel vor einer Sprachenbezeichnung:

**El alemán se ha convertido en la lengua franca de Europa Central.**
*Deutsch ist Mitteleuropas* lingua franca *geworden.*

**Me resulta más fácil traducir del italiano al español que al revés.**
*Mir fällt es leichter, vom Italienischen ins Spanische zu übersetzen als umgekehrt.*

**Comparemos en este punto el español con el alemán.**
*Laßt uns in diesem Punkt Spanisch und Deutsch vergleichen!*

### 5.53 Wegfall und Gebrauch von EL vor Sprachennamen bei gewissen Verben
Bei der Ergänzung von APRENDER, HABLAR, SABER, ENTENDER fällt EL vor einem Sprachennamen in der Regel weg, bei DOMINAR und PERFECCIONAR nicht:

**saber (el) latín** *Latein können*
**aprender (el) inglés cantando** *Englisch lernen durch Singen*
**entender (el) ruso** *Russisch verstehen*
**dominar el alemán** *die deutsche Sprache beherrschen*

### 5.54 Wegfall von EL vor Sprachennamen bei gewissen Substantiven
Kein Artikel steht vor einem Sprachennamen bei der Ergänzung von CLASE, CURSO, ESTUDIOS und PROFESOR(–A) und auch nicht nach der Präposition EN:

**un curso de japonés** *ein Japanischkurs*
**la clase de inglés** *der Englischunterricht*
**mi profesor de griego** *mein Griechischlehrer*
**ser capaz de expresarse en español** *sich auf Spanisch ausdrücken können*

### 5.55 LOS / LAS im Ausdruck von Gesamtheit
Für die Angabe einer Gesamtmenge durch die Zahl ihrer Elemente genügt LOS / LAS:

**Hicieron el examen veinte y suspendieron los veinte.**
*Zwanzig haben die Prüfung gemacht, und alle zwanzig sind durchgefallen.*

### 5.56 LOS DOS und LAS DOS Bezeichnung einer Zweiergruppe
LOS / LAS DOS bezeichnet das Paar (vgl. AMBOS 9.35):

**comprarse las dos camisas** *beide Hemden kaufen*
**el mismo castigo para los dos** *die gleiche Strafe für alle beide*

## 5.57 LOS / LAS nach TODOS / TODAS
LOS / LAS folgt auf TODOS (zu TODOS LOS QUE vgl.10.15):

**todas las puertas** *alle Türen*
**todos los argumentos** *alle Argumente*

## 5.58 Wegfall von LOS / LAS bei TODOS + Pronomen
Der Artikel fällt weg, wenn auf TODOS ein Pronomen folgt:

**todas ellas** *sie alle*
**todos ustedes** *Sie alle*
**todos nosotros** *wir alle*

## 5.59 Wegfall von LOS / LAS bei TODOS / TODAS in Umstandsangaben
Kein Artikel steht bei einigen feststehenden Umstandsangaben mit TODOS + **Substantiv**. Hervorzuheben sind die Verbindungen mit SITIO bzw. PARTES, MODO bzw. MANERA und FORMA:

**en todas partes / todos sitios** *überall*
**de todas partes / todos sitios** *von überall her*
**a todas partes / todos sitios** *überall hin*
**de todos modos / todas maneras / formas** *wie auch immer*

**A ▶** Weitere Beispiele:

**a todas luces** *ganz offensichtlich*
**a todas horas** *die ganze Zeit*

## 5.60 Wegfall des Artikels bei TODO
Bei **todo** *jeder*, also synonym von **todos** *alle* (vgl. 9.112) wird kein Artikel verwendet (aber schon bei TODO EL QUE, vgl. 10.19):

**toda ciudad** *jede Stadt*
**todo nuevo gobierno** *jede neue Regierung*

**A ▶** Beispiele mit feststehenden Wendungen:

**todo tipo de escándalos** *allerlei Skandale*
**toda clase de bebidas** *alle möglichen Getränke*

## 5.61 Artikel nach TODO in der Bezeichnung des Ganzen
Auf **todo** *ganz* folgt der bestimmte Artikel:

**toda la ciudad** *die ganze Stadt*
**todo el libro** *das ganze Buch*

**A ▶** Bei einigen feststehenden Wendungen fällt der Artikel weg:

**con toda dignidad** *in aller Würde*
**a toda velocidad** *mit Vollgas*

**B ▶** Zwischen TODO / TODA und einem geographischen Eigennamen steht der bestimmte Artikel nicht, außer in den in 5.32 genannten Fällen:

**toda Europa** *ganz Europa*
**toda la España republicana** *das ganze republikanische Spanien*

## 5. Der bestimmte Artikel

### 5.62 LOS / LAS bei der Bezeichnung von Gesprächsteilnehmern

Der Artikel steht vor einer Personenbezeichnung, die Subjekt eines Satzes mit dem Verb in der ersten oder zweiten Person Plural ist:

**Las mujeres reclamamos lo que nos corresponde según la ley.**
*Wir Frauen fordern, was uns nach dem Gesetz zusteht.*

**Los alemanes conocéis todo esto de sobra.**
*Ihr Deutschen kennt dies alles zur Genüge.*

### 5.63 LOS / LAS nach Pronomen

Der Artikel steht vor einer Personenbezeichnung, die einem betonten oder unbetonten Pronomen der ersten oder zweiten Person zugeordnet ist:

**Los extranjeros no pueden tener iguales derechos que nosotros los españoles.**
*Die Ausländer können nicht die gleichen Rechte haben wie wir Spanier.*

**A los pobres sólo nos protege el cielo.**
*Uns Arme schützt allein der Himmel.*

**¿En qué medida os afecta la política a vosotros los artistas?**
*Inwieweit seid ihr Künstler von der Politik betroffen?*

### 5.64 EL / LA / LOS / LAS bei der Angabe von Eigenschaft und Zustand

EL / LA / LOS / LAS wird gebraucht bei der Beschreibung vom Zustand und Aussehen von Körperteilen und Kleidungsstücken bei Personen sowie von Teilstücken und Zubehör bei Sachen mit dem Verben TENER, LLEVAR und TRAER:

**tener las manos frías** *kalte Hände haben*
**tener los pies hinchados** *geschwollene Füße haben*
**llevar el pelo suelto** *das Haar offen tragen*
**traer los zapatos desatados** *mit unverschnürten Schuhen kommen*

**A ▶** EL / LA / LOS / LAS steht auch zur Angabe von Zustand und Aussehen bei Umstandsangaben mit CON und SIN:

**dormir con las ventanas cerradas** *bei geschlossenen Fenstern schlafen*
**viajar sin el pasaporte en regla** *ohne gültigen Paß fahren*
**mirar con la boca abierta** *mit offenem Mund anschauen*

### 5.65 DE + EL / LA / LOS / LAS bei der Angabe von Eigenschaft und Zustand

EL / LA / LOS / LAS steht meistens bei identifizierenden Nominalfügungen mit DE (aber nicht beim Superlativ, vgl. 38.3 und 9.149):

**la mujer del vestido amarillo** *die Frau mit dem gelben Kleid*
**el coche de la banderita** *der Wagen mit der kleinen Flagge*

### 5.66 Wegfall von EL / LA / LOS / LAS nach DE in näheren Angaben

EL / LA / LOS / LAS fällt weg in identifizierenden Nominalfügungen mit DE bei Angaben mit einem unbestimmten Substantiv vor DE (vgl. 38.3 und 9.149):

**un señor de gafas** *ein Herr mit Brille*
**dos señoritas de físico asfixiante** *zwei junge Damen von atemberaubender Figur*

## 5. Der bestimmte Artikel

### 5.67 Wegfall von EL / LA / LOS / LAS in superlativischen Angaben

in superlativischen Nominalfügungen mit DE und CON fällt EL / LA / LOS / LAS vor MÁS weg:

**el argumento de más peso** *das schwerwiegendste Argument*
**el hospital con más camas** *das Krankenhaus mit den meisten Betten*

### 5.68 EL / LA / LOS / LAS in Zeitangaben

EL / LA / LOS / LAS wird verwendet bei der konventionellen Bezeichnung der Uhrzeit und des Datums (vgl. Kapitel 26D) sowie der Tageszeiten (vgl. 26.7):

**dar las diez** *zehn Uhr schlagen*
**conmemorar el primero de mayo** *den ersten Mai feiern*
**pasar la tarde en la biblioteca** *den Nachmittag in der Bibliothek verbringen*

### 5.69 Der bestimmte Artikel bei Monatsangaben

Monatsnamen als Satzsubjekt oder -objekt tragen den Artikel in der Regel nur beim Superlativ (vgl. 26.93A):

**Abril es rico en lluvias y en tristeza.**
*Der April ist reich an Regen und Trauer.*

**Fue el septiembre más largo de mi vida.**
*Es war der längste September meines Lebens.*

### 5.70 Der bestimmte Artikel bei der Benennung von Feiertagen

Bei den Namen von Feiertagen steht der Gebrauch von EL / LA / LOS / LAS frei; EL / LA / LOS / LAS wird bei einer näheren Bestimmung durchwegs verwendet:

**(La) Semana Santa nos ha traído la primera oleada de turistas.**
*Die Karwoche hat uns den ersten Touristenansturm beschert.*

**El Carnaval de Venecia es una apoteosis de la muerte.**
*Der Karneval von Venedig ist eine Apotheose des Todes.*

### 5.71 EL / LA / LOS / LAS bei der Bezeichnung markierter Punkte

Wenn das Erreichen oder Übertreffen von in Zahlen ausgedrückten Meßpunkten mit Hilfe von Verben wie ACERCARSE A, ALCANZAR, BAJAR DE, LLEGAR A, PASAR, PASAR DE, REBASAR, REPRESENTAR, SUPERAR, SOBREPASAR, SUPONER angegeben wird, so steht EL / LA / LOS / LAS vor den jeweiligen Zahlen:

**superar los quinientos kilómetros por hora** *die 500-km/h-Marke übertreffen*
**rebasar los veinte grados** *zwanzig Grad übersteigen*
**alcanzar los cinco millones en premios** *die fünf Millionen Dollar Preisgeld erreichen*

• Zum Gebrauch von EL bei Prozentangaben vgl. 5.74.

**A ▶** EL / LA / LOS / LAS steht auch nach Präpositionen und Adjektiven (vgl. 3.78, 25.44, 25.45), die zum Ausdruck des Übertreffens markierter Punkte gebraucht werden:

**En México la esperanza de vida está por encima de los 70.**
*In Mexiko übersteigt die Lebenserwartung 70 Jahre.*

**Una cifra superior a los cinco millones parece la más verosímil.**
*Eine Zahl über fünf Millionen scheint die wahrscheinlichste zu sein.*

## 5. Der bestimmte Artikel

### 5.72 Maßangaben ohne EL / LA / LOS / LAS

Maße werden in der Regel (mit Verben wie MEDIR, PESAR, ESTAR A, IR A, HACER, TENER, SER DE und deren Synonymen) ohne EL / LA / LOS / LAS angegeben:

**medir tres centímetros de ancho** *drei Zentimeter breit sein*
**hallarse a dos mil metros de altura** *sich auf zweitausend Meter Höhe befinden*
**ir a cien kilómetros por hora** *mit hundert Kilometern in der Stunde fahren*
**jugar al tenis a treinta grados a la sombra** *bei dreißig Grad im Schatten Tennis spielen*
**tener treinta y nueve grados de fiebre** *neunundreißig Grad Fieber haben*

- Zu A + EL/LA/LOS/LAS + **Zeitangabe** vgl. 26.20.
- Zu A + EL/LA/LOS/LAS + **Entfernungsangabe** vgl. 25.51.

### 5.73 Altersangaben mit und ohne LOS

**A** ▶ LOS steht vor der Anzahl von Lebensjahren, die erreicht oder übertroffen werden:

**andar por los cincuenta años** *so um die fünfzig sein*
**más allá de los cuarenta** *jenseits des vierzigsten Lebensjahres*
**pasar de los treinta** *über dreißig sein*

**B** ▶ Bei der Altersangabe mit TENER wird kein Artikel verwendet, ebenso entfällt der Artikel häufig bei CUMPLIR (Weglassung nicht empfehlenswert):

**tener veinte años** *zwanzig Jahre alt sein*
**haber cumplido (los) sesenta** *sechzig geworden sein*

**C** ▶ Das Alter als Bezugszeitpunkt lebensgeschichtlicher Ereignisse wird angegeben mit A gefolgt von LOS und der Anzahl von Lebensjahren; neuerdings wird dafür auch die Präposition CON ohne bestimmten Artikel gebraucht:

**casarse a los dieciocho años** *mit achtzehn Jahren heiraten*
**casarse con dieciocho años** *mit achtzehn Jahren heiraten*

**D** ▶ Mit DESDE ist die Artikelverwendung bei der Altersangabe obligatorisch (vgl. 26.31):

**Sonia escribe novelas desde los 15 años.**
*Sonia schreibt Romane seit sie 15 Jahre alt ist.*

### 5.74 EL vor einer Prozentangabe

Bei Prozentangaben wird in der Regel der bestimmte Artikel gebraucht (vgl. 6.15):

**un aumento del 10,5%** *eine Steigerung von 10,5 %*
**el 68% de los alemanes** *68% der Deutschen*

### 5.75 Gebrauch und Wegfall von EL / LA / LOS / LAS bei bestimmten Wörtern

**A** ▶ Bei JUGAR geht der Bezeichnung des Spiels A, gefolgt von EL / LA / LOS / LAS, voraus (für das amerikanische Spanisch trifft diese Regel weitgehend nicht zu):

**jugar al fútbol** *Fußball spielen*
**jugar a las cartas** *Karten spielen*

- Bereits allgemein gewordene Wendung: JUGAR EL / UN PAPEL:

**jugar un papel importante** *eine wichtige Rolle spielen*
**el papel que juega la economía sumergida** *die Rolle, die die Schwarzarbeit spielt*

## 5. Der bestimmte Artikel

**B ▶** Bei TOCAR geht der Bezeichnung des Instruments EL / LA / LOS / LAS voraus (für das amerikanische Spanisch trifft diese Regel weitgehend nicht zu):

**tocar el piano** *Klavier spielen*
**tocar la guitarra** *Gitarre spielen*

**C ▶** Bei CASA als Bezeichnung der Wohnstätte wird kein Artikel gebraucht:

**irse a casa** *nach Hause gehen*
**estar en casa** *zu Hause sein*
**salir de casa** *das Haus verlassen*
**comer fuera de casa** *außer Haus essen*
**irse a casa de Jaime** *zu Jaime gehen*
**vivir en casa de sus padres** *bei seinen Eltern wohnen*
**pasar por casa de Pío** *bei Pío vorbeischauen*

**D ▶** Bei MISA in Ausdrücken um Kirchgang und Kirchenbesuch wird kein Artikel gebraucht:

**ir a misa** *in die Kirche gehen*
**volver de misa** *von der Kirche kommen*

• Bei der Bezeichnung eines bestimmten Gottesdienstes (oder Messe) wird LA verwendet:

**En la misa de ayer aplaudieron al cura.**
*Im Gottesdienst gestern wurde dem Priester applaudiert.*

• MISA kommt in einer Reihe von typischen, allesamt im Lexikon verzeichneten Wendungen um den katholischen Gottesdienst vor:

**oír misa** *die Messe hören*
**cantar misa** *Messe lesen*
**decir misa** *Messe lesen*
**ayudar a misa** *Meßdiener sein*
**celebrar misa** *die Messe zelebrieren*

**E ▶** Bei CLASE wird LA (bzw. LAS) nur bei der näheren Bestimmung einer spezifischen Unterrichtsstunde sowie in feststehenden Wendungen verwendet:

**ir a clase** *in den Unterricht / die Schule gehen*
**estar en la clase de Historia** *in der Geschichtsstunde sitzen*
**faltar a (la) clase** *im Unterricht / in der Schule fehlen*
**dar clase** *Unterricht haben; Unterricht erteilen*

**F ▶** Bei CAMA wird bei einigen Wendungen LA gebraucht, bei anderen weggelassen:

**guardar cama** *das Bett hüten*
**estar en la cama** *im Bett liegen*

**G ▶** Bei TÍO und TÍA wird EL bzw. LA in familiärer Ausdrucksweise verwendet:

**el tío Ramón** *Onkel Ramón*
**la tía Tula** *Tante Tula*

### 5.76 Wegfall und Gebrauch des Artikels bei Fahrzeugbenennungen

Bei der Angabe einer Beförderungsart mit EN –gefolgt von COCHE, AVIÓN, AUTOBÚS, TREN, BARCO, ASCENSOR usw.– wird kein Artikel gebraucht:

**ir en coche** *mit dem Auto fahren*
**venir en bici** *mit dem Fahrrad kommen*
**viajar en avión** *fliegen*
**subir en ascensor al cuarto piso** *(mit dem Aufzug) in den vierten Stock fahren*

## 5. Der bestimmte Artikel

**A** ▶ Die Benennung eines bestimmten Fahrzeugs erfordert den Gebrauch von EL:

**ir en el coche de Paco** *mit Pacos Wagen fahren*
**viajar en el tren de las seis** *mit dem sechs–Uhr–Zug fahren*

**B** ▶ In neuerer Zeit wird mit COCHE, AUTOBÚS und TREN die Präposition CON, gefolgt von EL zur Bezeichnung der Beförderung verwendet:

**ir con el coche** *mit dem Auto fahren*
**venir con el tren** *mit dem Zug kommen*

### 5.77 Wegfall von EL / LA / LOS / LAS vor DE bei Angabe der Tätigkeit

Bei der Verbindung DE + **Substantiv der Tätigkeit** (vgl. 38.6H, 38.6I) wird kein Artikel verwendet:

**estar de paso** *auf der Durchreise sein*
**estar de visita** *zu Besuch sein*
**estar de charla** *plaudern*
**irse de veraneo** *in den Sommerurlaub fahren*
**salir de vacaciones** *in den Urlaub fahren*
**ir de caza** *auf die Jagd gehen*

### 5.78 Feststehende Wendungen mit und ohne EL / LA / LOS / LAS

Das Lexikon gibt alle feststehende Wendungen mit und ohne EL / LA / LOS / LAS an. Einige Beispiele:

**el Estado en crisis** *der Staat in der Krise*
**en busca de inversores** *auf der Suche nach Investoren*
**dar de espaldas** *auf den Rücken fallen*
**por primera vez** *zum ersten Mal*
**de rodillas** *auf Knien*
**treinta kilómetros por hora** *dreißig Kilometer in der Stunde*
**poner a disposición** *zur Verfügung stellen*
**por ejemplo** *zum Beispiel*
**dar la razón** *recht geben*
**tener derecho** *das Recht haben*
**tener tiempo de hacerlo** *Zeit haben, es zu tun*

# 6. Der unbestimmte Artikel

## A. Formen

### 6.1 Formenbestand
- UN / UNO (zu UNO vgl. 6.7) für ein maskulines Substantiv im Singular:

    **un problema** *ein Problem*
    **un hombre** *ein Mann*

- UNA für ein feminines Substantiv im Singular:

    **una carta** *ein Brief*
    **una mujer** *eine Frau*

- UNOS (vgl. 6.9-6.14) für ein maskulines Substantiv im Plural:

    **unos problemas** *Probleme / einige Probleme*
    **unos hombres** *Männer / einige Männer*

- UNAS (vgl. 6.9-6.14) für ein feminines Substantiv im Plural:

    **unas cartas** *Briefe / einige Briefe*
    **unas mujeres** *Frauen / einige Frauen*

### 6.2 Keine Deklination des unbestimmten Artikels
Der unbestimmte Artikel wird im Spanischen nicht dekliniert:

**con un problema** *mit einem Problem*
**la voz de una mujer** *die Stimme einer Frau*

### 6.3 Wortstellung des unbestimmten Artikels
Der unbestimmte Artikel steht unmittelbar vor dem Substantiv; in Textproduktionen, die einem eigenwilligen Stil folgen, können zwischen Artikel und Substantiv Adjektive, aber auch Adverbien stehen:

**un todavía pueblerino rincón de Madrid** *ein noch dörflicher Winkel von Madrid*
**una poco menos que irrealizable propuesta** *ein so gut wie unerfüllbarer Vorschlag*
**un en adelante territorio libre** *ein von jetzt an freies Gebiet*

### 6.4 UN vor einem femininen Substantiv
Das ausgehende A von UNA fällt weg, wenn das unmittelbar folgende feminine Substantiv mit betontem A (oder HA) beginnt:

**un alma** *eine Seele*
**un hacha** *eine Axt*

- Vgl. die Bemerkungen in 5.9C.

### 6.5 Plural von UN ALMA
Die Pluralform von UN als unbestimmte Artikel für Substantive wie ALMA und HACHA ist UNAS:

**un alma buena → unas almas buenas** *gute Seelen*
**un hacha enterrada → unas hachas enterradas** *vergrabene Äxte*

## 6. Der unbestimmte Artikel

### 6.6 Verwendung von UNA vor einem beigeordneten Adjektiv
Steht zwischen Artikel und Substantiv ein Adjektiv, so wird nicht UN, sondern UNA verwendet:

**una estresada ama de casa** *eine gestreßte Hausfrau*
**una descomunal hacha de cartón** *eine riesengroße Axt aus Pappe*

### 6.7 Pronominaler Gebrauch von UNO / UNA
UNO / UNA muß verwendet werden, wenn das Substantiv, auf das sich der Artikel bezieht, weggelassen wird:

**¿Quiere usted un bolígrafo? Aquí tiene uno.**
*Möchten Sie einen Bleistift? Hier haben Sie einen.*

**Ronda es una de las ciudades más interesantes de Andalucía.**
*Ronda ist eine der interessantesten Städte Andalusiens.*

**A ▶** Beispiele mit den feststehenden Wendungen UNO U OTRO und UNO QUE OTRO:

**El futuro del país no es asunto de uno u otro partido, sino de todos.**
*Die Zukunft des Landes ist nicht eine Sache der einen oder anderen Partei, sondern eine Sache aller.*

**El cibercafé estaba vacío, y uno que otro ordenador no funcionaba.**
*Das Internet-Café war leer, einige Computer waren defekt.*

### 6.8 UNO vor einem Adjektiv oder Pronomen
UNO muß verwendet werden vor einem Adjektiv oder Pronomen, wenn das maskuline Substantiv, auf das es sich bezieht, weggelassen wird; dies ist insbesondere bei SOLO zu beachten:

**Entre los zapatos blancos había uno negro.**
*Bei den weißen Schuhen war ein schwarzer.*

**Tú vives contenta con este mundo. Yo creo en uno mejor.**
*Du bist mit dieser Welt zufrieden, ich aber glaube an eine bessere.*

**Invitamos a veinte periodistas y no vino ni uno solo.**
*Wir haben zwanzig Journalisten eingeladen, und kein einziger ist gekommen.*

### 6.9 UNOS / UNAS in ungefähren Angaben
UNOS / UNAS vor einer Ordinalzahl dient zur Angabe von Näherungswerten:

**unos diez policías** *etwa zehn Polizisten*
**unas veinte veces** *etwa zwanzig mal*

### 6.10 UNOS / UNAS bei der Angabe einer kleinen Menge
Mit UNOS / UNAS wird eine kleine Menge nicht näher bestimmter Sachen oder Personen bezeichnet (vgl. 9.89 und 9.90):

**unos libros** *ein paar Bücher*
**unas monedas** *einige Münzen*

### 6.11 UNOS / UNAS bei der Angabe einer überschaubaren Anzahl
Mit UNOS / UNAS wird eine Anzahl von Sachen oder Personen bezeichnet, die dem Sprechenden irgendwie bekannt sind:

**Tenemos unos vecinos maravillosos.**
*Wie haben wunderbare Nachbarn.*

**Me alojaré en casa de unos amigos.**
*Ich werde bei Freunden wohnen.*

**Los miembros de la UE tienen en común unos intereses y unos valores.**
*Die EU-Mitglieder haben gemeinsame Interessen und Werte.*

**Para una paz duradera son necesarias unas relaciones Norte-Sur nuevas.**
*Für einen dauerhaften Frieden sind neue Nord-Süd-Beziehungen notwendig.*

### 6.12 UNOS / UNAS als unbestimmter Artikel

UNOS / UNAS dient als unbestimmter Artikel für Wörter, die nur oder meistens in der Pluralform vorkommen, dabei aber Einzelgegenstände bezeichnen (vgl. 2.34):

**Encima de la mesa no había más que unos alicates.**
*Auf dem Tisch war nur eine Zange.*

**Trabajo en unos grandes almacenes del centro.**
*Ich arbeite in einem Kaufhaus in der Innenstadt.*

**El país tuvo unas elecciones libres después de una dictadura de medio siglo.**
*Nach einem halben Jahrhundert Diktatur gab es im Land freie Wahlen.*

### 6.13 UNOS / UNAS vor Bezeichnungen des Paares

UNOS / UNAS steht als Artikel vor einer Pluralform, die zwei zusammengehörende Dinge oder Lebewesen erfaßt:

**En la caja había unos zapatos y unos calcetines.**
*In dem Karton waren ein Paar Schuhe und ein Paar Socken.*

**Nunca me ha importado tener unos abuelos comunistas.**
*Es hat mich nie gestört, kommunistische Großeltern zu haben.*

### 6.14 UNOS / UNAS in Klassifizierungen

In mehr oder weniger gefühlsbeladenen Äußerungen zum Lob oder – häufiger – Tadel von Personen wird UNOS / UNAS vor Substantiven und Adjektiven verwendet:

**Sois unos genios.**
*Ihr seid wahre Genies!*

**Estos amiguetes tuyos son unos cobardes.**
*Diese Kumpels von dir sind waschechte Feiglinge.*

## B. Besondere Verwendungsweisen des unbestimmten Artikels

### 6.15 UN / UNA in ungefähren Angaben

Vor Mengenangaben bezeichnet UN / UNA in der Regel Näherungswerte; dies ist insbesondere zu beachten bei Prozentangaben und bei MEDIO (vgl. 6.20):

**un diez por ciento** *etwa 10%*
**una media legua** *etwa eine halbe Meile*

## 6. Der unbestimmte Artikel

### 6.16 Der unbestimmte Artikel im Ausdruck von Besonderheit

Vor einem nicht näher bestimmten Substantiv, das ein eigentlich Nichtteilbares bezeichnet, wird der unbestimmte Artikel, meist in ausrufeartigen Sätzen, zur Betonung von Besonderheit verwendet (vgl. 6.29):

**Hacía un calor.**
*Es war eine (solche) Hitze.*

**Me dio una vergüenza.**
*Ich habe mich so geschämt!*

### 6.17 Umgangssprachlicher pronominaler Gebrauch von UNA

UNA wird sehr häufig gesagt, um sich mit der Absicht emotionaler Bewertung – am häufigsten einer negativen – auf eine Sache zu beziehen, die gerade passiert und situations- oder gesprächsrelevant ist. Häufig erscheint UNA mit einem folgenden Adjektiv:

–Me contó lo tuyo con Ángela.  *"Er erzählte mir deine Sache mit Angela."*
–Jo, ese tío no se calla una.  *"Mensch, der Kerl erzählt aber auch alles".*

–¿Te has enterado de lo que hará el Gobierno con los fumadores?  *"Hast du schon mitgekriegt, was die Regierung mit den Rauchern tun wird?"*
–Sí, se nos viene una buena, macho.  *"Ja, da kommt was Schönes auf uns zu, mein Lieber".*

### 6.18 Der umgangssprachliche Ausdruck UNA DE

UNA DE + Substantiv im Plural wird umgangssprachlich mit dem Sinn *'ein Haufen...'* verwendet. Der Ausdruck kann – durch QUE ergänzt – konsekutiv gebraucht werden:

–¿Qué tal tus alumnos?  *"Wie haben deine Schüler abgeschnitten?"*
–Mal. Tenían una de faltas que me dieron ganas de llorar.  *"Schlecht. Sie hatten so viele Fehler, daß mir beinahe die Tränen gekommen wären ".*

–¿Lo pasasteis bien en El Arenal?  *"War es schön in El Arenal?"*
–Regular... Había una de alemanes...  *"Es ging. Eine Menge Deutscher waren da".*

### 6.19 Wegfall des unbestimmten Artikels vor OTRO

Vor OTRO fällt UN / UNA weg (vgl. 9.14):

**mudarse a otro hotel** *in ein anderes Hotel ziehen*
**pedir otra cerveza** *noch ein Bier bestellen*

### 6.20 Wegfall des unbestimmten Artikels vor MEDIO

Vor MEDIO fällt UN / UNA weg (vgl. aber 6.15):

**por medio millón de dólares** *für eine halbe Million Dollar*
**más de media hora** *länger als eine halbe Stunde*
**con seis años y medio de retraso** *mit sechseinhalb Jahren Verspätung*

**A ▶** UN / UNA fehlt häufig vor einem Substantiv im Singular in Angaben mit Y MEDIO / MEDIA:

**desde hace (una) hora y media** *seit anderthalb Stunden*
**después de (un) año y medio** *nach eineinhalb Jahren*

## 6. Der unbestimmte Artikel

**B** ▶ Man beachte folgenden Gebrauch mit artikellosem MEDIO / MEDIA:

**las críticas de media España** *die Kritiken von halb Spanien*
**medio planeta en peligro** *der halbe Planet in Gefahr*

**C** ▶ Bei feststehenden Ausdrücken mit MEDIO tritt der unbestimmte Artikel in normaler Verwendung auf:

**un mediodía** *ein Mittag*
**una media cerveza** *eine Halbe*

### 6.21 Wegfall des unbestimmten Artikels vor CIERTO

Vor CIERTO kann UN / UNA stehen oder wegfallen:

**con (una) cierta lentitud** *mit einer gewissen Langsamkeit*
**(un) cierto tono de desprecio** *eine gewisser Ton der Verachtung*

**A** ▶ Beim Adjektiv CIERTO in der Bedeutung *'wahr'* wird UN / UNA normal gebraucht:

**una historia cierta** *eine wahre Geschichte*
**un motivo cierto** *ein wirklicher Grund*

### 6.22 Wegfall des unbestimmten Artikels vor TAL

Vor TAL fällt UN / UNA weg (vgl. 9.23):

**tal belleza** *eine solche Schönheit*
**tal error** *ein solcher Fehler*

**A** ▶ Bei TAL in der Bedeutung *'ein gewisser'* wird der Artikel verwendet:

**un tal García** *ein gewisser Garcia*
**la tal Milagros** *besagte Milagros*

### 6.23 Wegfall des unbestimmten Artikels vor SEMEJANTE

Bei vorangestelltem SEMEJANTE fällt UN / UNA weg:

**semejante atropello** *eine solche Ungerechtigkeit*
**semejante imprudencia** *ein solcher Leichtsinn*

**A** ▶ Gegenbeispiele bei nachgestelltem SEMEJANTE :

**un entierro semejante** *eine solche (ähnliche) Beerdigung*
**en una situación semejante** *in einer solchen (ähnlichen) Lage*

### 6.24 Wegfall des unbestimmten Artikels vor TAMAÑO

Bei TAMAÑO fällt UN / UNA weg:

**tamaña estupidez** *eine solche Dummheit*
**tamaño desatino** *eine solche Taktlosigkeit*

### 6.25 Wegfall des unbestimmten Artikels vor DISTINTO

Bei vorangestelltem DISTINTO fällt UN / UNA in der Regel weg, wenn das Substantiv keine Ergänzung aufweist:

**hacer las cosas de distinto modo / de distinta manera** *die Dinge anders tun*

## 6. Der unbestimmte Artikel

**A** ▶ Gegenbeispiele mit nachgestelltem DISTINTO:

**un modo distinto de ver las cosas** *eine andere Art, die Dinge zu sehen*
**una versión distinta de los hechos** *eine andere Version der Ereignisse*

### 6.26 Wegfall des unbestimmten Artikels vor TAN

Vor TAN fällt UN / UNA weg:

**tan distinguida concurrencia** *ein so feines Publikum*
**tan elevados precios** *so hohe Preise*

### 6.27 Wegfall des unbestimmten Artikels vor CUALQUIERA

Vor CUALQUIERA (vgl. 9.118) fällt UN / UNA weg:

**en cualquier situación** *in jeder Lage*
**capaz de cualquier esfuerzo** *zu jeder Anstrengung fähig*
**la paciencia de cualquiera** *die Geduld eines jeden*

**A** ▶ Gegenbeispiele mit nachgestelltem CUALQUIERA:

**por un motivo cualquiera** *aus irgendeinem beliebigen Grund*
**no en una ciudad cualquiera, sino en esta** *nicht in irgendeiner Stadt, sondern in dieser*

**B** ▶ Die folgenden Substantivierungen von CUALQUIERA erhalten in der Regel UN / UNA:

**no ser un cualquiera** *kein Dutzendmensch sein*
**comportarse como una cualquiera** *sich wie ein Flittchen verhalten*

### 6.28 Wegfall von UN / UNA beim Objekt von Verben des Habens

Der unbestimmte Artikel betont bei Verben des Besitzens, Verfügens, Anhabens, Suchens und Findens das Vorhandensein eines Einzelexemplars; daher fällt er weg, wenn es auf die Anzahl nicht ankommt:

**tener coche** *einen Wagen haben (Wagenbesitzer sein)*
**gastar bigote** *einen Schurrbart tragen*
**buscar piso** *eine Wohnung suchen*
**no encontrar trabajo** *keine Arbeit finden*

### 6.29 Verwendung von UN / UNA beim Objekt von Verben des Habens

Wird auf die Einmaligkeit oder Einzigartigkeit einer Person oder Sache Bezug genommen, so wird der unbestimmte Artikel verwendet:

**tener un coche viejísimo** *einen uralten Wagen haben*
**necesitar un piso, no dos o tres** *eine Wohnung brauchen, nicht zwei oder drei*

### 6.30 Wegfall von UN / UNA in feststehenden Wendungen

Bei sehr vielen feststehenden Wendungen, die allesamt im Lexikon stehen, fällt der unbestimmte Artikel weg:

**formar Gobierno** *eine Regierung bilden*
**poner casa** *einen Hausstand gründen*
**tomar tierra** *landen; Fuß fassen*

## 6. Der unbestimmte Artikel

### 6.31 Wegfall des unbestimmten Artikels bei Typisierungen

Die Benennung einer besonderen Eigenschaft kann den Wegfall des unbestimmten Artikels zur Folge haben; dieser Wegfall kommt bei zahlreichen Sprichwörtern, feststehenden Begriffen und Redensarten sowie bei superlativischen Hervorhebungen und nach Präpositionen recht häufig vor; im modernen Sprachgebrauch ist er nicht obligatorisch und ein reines Stilmittel:

**Es hombre de bien.**
*Er ist ein rechtschaffener Mann.*

**A caballo regalado no hay que mirarle el diente.**
*Einem geschenkten Gaul schaut man nicht ins Maul.*

**Me dieron el visado tras interminable espera.**
*Ich bekam das Visum nach unendlichem Warten.*

**No hay ciudad más hermosa que Granada.**
*Es gibt keine schönere Stadt als Granada.*

### 6.32 Wegfall des unbestimmten Artikels bei Appositionen

Der unbestimmte Artikel fällt in der Regel bei kommentierenden beigeordneten Begriffserklärungen weg:

**la equitación, deporte de ricos...** *Reiten, eine Sportart reicher Leute...*
**Colonia, ciudad fundada por los romanos...** *Köln, eine von den Römern gegründete Stadt...*
**José Ortega y Gasset, filósofo elitista...** *José Ortega y Gasset, ein elitärer Philosoph...*

# 7. Die Demonstrativpronomen

## A. Formen und Grundbedeutung

### 7.1 Die EST–Formen

|  | maskulin | feminin | neutral |
|---|---|---|---|
| Singular | ESTE | ESTA | ESTO |
| Plural | ESTOS | ESTAS | |

### 7.2 Grundbedeutung der EST–Demonstrativa

Mit den EST–Demonstrativa weist der jeweils Sprechende auf Sachen oder Personen hin, die sich in seiner Reichweite befinden (zur Verwendung von ESTO vgl. 7.11-7.14):

**este libro** *dieses Buch (d.h. ein Buch, das ich in der Hand halte)*
**esta ciudad** *diese Stadt (d.h. die Stadt, in der ich mich gerade aufhalte)*
**estos señores** *diese Herren (d.h. die Herren, die ich gerade vorstelle)*
**estas manos** *diese Hände (d.h. in der Regel: meine Hände)*

### 7.3 Demonstrativum statt Eigennamen oder Personalpronomen

In nicht sehr gepflegter Ausdrucksweise bezeichnen die pronominal gebrauchten EST–Demonstrativa anwesende Personen:

**Esta me ha dicho que tú lo sabes todo.**
*Die hier hat mir gesagt, daß du alles weißt.*

### 7.4 Die ES–Formen

|  | maskulin | feminin | neutral |
|---|---|---|---|
| Singular | ESE | ESA | ESO |
| Plural | ESOS | ESAS | |

### 7.5 Grundbedeutung der ES–Demonstrativa

Mit den ES–Demonstrativa weist der jeweils Sprechende auf Sachen oder Personen hin, die sich in Reichweite des Gesprächspartners befinden (zur Verwendung von ESO vgl. 7.11-7.14):

**¿Vas a poner ese disco?**
*Willst du die Platte auflegen? (die Platte hältst du in der Hand)*

**¿De quién es esa pelota?**
*Wem gehört der Ball? (d.h. der Ball, mit dem du gerade spielst)*

**Pásame esos papeles.**
*Gib mir die Zettel herüber! (die liegen direkt vor dir)*

**Oiga señora, se le han caído esas monedas.**
*Entschuldigung, die Münzen da sind Ihnen heruntergefallen.*

**A ▶** Das ES–Demonstrativum hat kein Äquivalent im Deutschen; es entspricht häufig *'dieses'*, oft aber auch einem betonten Artikelwort bzw. einem Artikelwort oder *'dieses'* mit dem Zusatz *'da'*.

## 7.6 ES–Demonstrativa besitzanzeigend

Mit dem ES–Demonstrativum weist man auf die Kleidungsstücke und Körperteile des Gesprächspartners:

**esos zapatos** *diese Schuhe (d.h. die Schuhe, die du anhast)*
**esas orejas** *diese Ohren (d.h. in der Regel: deine Ohren)*

## 7.7 Benennung des unweit liegenden Bereichs

Die ES–Demonstrativa werden auch zum Hindeuten auf Sachen oder Personen verwendet, die sich unweit der Gesprächspartner befinden:

**Vamos a ponernos bajo esos árboles.**
*Stellen wir uns unter die Bäume da.*

**Ese señor es mi profesor de latín.**
*Das ist mein Lateinlehrer.*

**Esa chica es la francesa que comparte el piso con Javier.**
*Das ist die Französin, die die Wohnung mit Javier teilt.*

**Mira ese camión que se acerca ahí.**
*Schau den Lastwagen, der da kommt.*

## 7.8 Die AQUEL–Formen

|  | maskulin | feminin | neutral |
|---|---|---|---|
| Singular | AQUEL | AQUELLA | AQUELLO |
| Plural | AQUELLOS | AQUELLAS | |

## 7.9 Grundbedeutung der AQUEL–Demonstrativa

Mit den AQUEL–Demonstrativa weist der Sprecher auf Sachen oder Personen hin, die sich bei einem Dritten bzw. von den Gesprächspartnern weit entfernt befinden (zur Verwendung von AQUELLO vgl. 7.11-7.14):

**en aquel bosquecillo** *in dem Wäldchen da drüben*
**el asta de aquella bandera** *die Stange der Flagge ganz hinten*
**aquellos hombres pequeñitos** *die kleinen Männer (die wir vom Berggipfel aus sehen)*
**aquellas nubes negras** *die schwarzen Wolken da hinten*

**A ▶** Das AQUEL–Demonstrativum hat kein Äquivalent im Deutschen; es entspricht eigentlich dem literarischen Demonstrativum *'jenes'*, in nicht gehobener Sprechweise aber einem betonten Artikelwort bzw. einem Artikelwort mit einem Zusatz wie *'da drüben, da hinten, dort'*.

## 7.10 Allgemeines über die neutralen Demonstrativa

ESTO, ESO und AQUELLO sind reine Pronomen, ein Substantiv kann ihnen also weder voran- noch nachgestellt werden. Eine Sinneinheit bilden sie allein mit Präpositionen (vgl. 7.38) und dem in der Regel vorangestellten Indefinitpronomen TODO. Mit ESTO, ESO und AQUELLO kongruiert ein Adjektiv bzw. ein Possessivpronomen in Maskulin Singular; das verbundene Pronomen im Akkusativ ist LO, das unmittelbare Relativpronomen QUE (vgl. 10.24, 10.41), und sie korrespondieren mit anderen neutralen Ausdrücken wie ALGO und NADA:

**Aquello gris son nubes.**
*Das Graue da oben sind Wolken.*

## 7. Die Demonstrativpronomen

**Mira esto. Bonito, ¿verdad? Pero no es mío, así que no lo toquéis.**
*Schau dir das an. Hübsch nicht wahr? aber es gehört mir nicht, faßt es also nicht an!.*

**Eso que dices es algo que ya sabíamos.**
*Was du da sagst ist etwas, das wir schon wußten.*

**Eso no es nada nuevo.**
*Das ist nichts Neues.*

### 7.11 Der räumliche Bezugsrahmen von ESTO / ESO / AQUELLO

Für die neutralen Demonstrativpronomen gilt der Raumbezug der maskulinen und femininen: ESTO bezieht sich auf etwas, was in Reichweite des Sprechers liegt, ESO meint etwas, was der Sprecher nicht mehr berühren kann, AQUELLO benennt etwas, das sich weit entfernt vom Sprecher befindet:

**¿Qué es esto?**
*Was ist das? (= was ich in der Hand halte)*

**¿Qué es eso?**
*Was ist das? (= was du in der Hand hältst)*

**¿Qué es aquello?**
*Was ist das? (= ich deute auf den Berggipfel)*

### 7.12 ESTO / ESO / AQUELLO bei der Einführung eines Gegenstandes

Mit ESTO / ESO / AQUELLO benennt man einen Gegenstand, den man nicht als zu einer Klasse zugehörig erkennt oder erst als solches zu erkennen gibt:

**Esto es una papaya, pero esto no sé lo que es.**
*Dies hier ist eine Papaya, aber das hier kenne ich nicht.*

**Yo diría que eso es gasolina.**
*Ich würde sagen, das ist Benzin.*

**Aquello es una casa, ¿no?**
*Das da drüben ist doch ein Haus, oder?*

### 7.13 ESTO / ESO / AQUELLO bei der Benennung komplexer Gegenstände

Mit ESTO / ESO / AQUELLO benennt man auf gleichsam verkürzte Weise einen wohl bekannten, aber schwer zu bezeichnenden Gegenstand oder eine Anzahl wohlbekannter Gegenstände:

**Esto está precioso.**
*Es ist wunderschön hier. (= der Raum, in dem ich mich jetzt befinde)*

**Todo eso hay que tirarlo.**
*Das alles muß man wegwerfen.*

### 7.14 ESTO / ESO / AQUELLO bei der Benennung von Personen

Nur zum Ausdruck von Herabwürdigung oder Verachtung kann ein neutrales Demonstrativum zum Hindeuten auf eine Person verwendet werden ist:

**Se va a casar con eso.**
*Mit so was will sie sich verheiraten.*

**A ▶** Wenn in einem Satz wie ESO ES MI MADRE das Demonstrativum ESO sich nicht auf die physische Person bezieht, sondern die Aussagen, Taten usw. der betreffenden Person meint, dann hat die Äußerung keinen pejorativen Sinn.

## 7. Die Demonstrativpronomen

### 7.15 Das Demonstrativum als Satzsubjekt: Hinweis auf Sachen

Wenn das Prädikatsnomen eine bereits bestimmte bzw. wohlbekannte Sache darstellt, wird als Satzsubjekt ein maskulines oder feminines Demonstrativum verwendet (vgl. 7.12):

**Este es el libro que quiero regalarle a mi profesor.**
*Das ist das Buch, das ich meinem Lehrer schenken möchte.*

**Esa es una sartén como la de la abuela.**
*Das ist eine Pfanne wie die von der Großmutter.*

**Aquella es la bandera de Austria.**
*Das dort ist die österreichische Flagge.*

### 7.16 Das Demonstrativum als Satzsubjekt: Hinweis auf Personen

Beim Hinweis auf Personen dürfen nur die maskulinen und femininen Formen der Demonstrativpronomen verwendet werden. Dies ist insbesondere dann zu beachten, wenn das Demonstrativum Satzsubjekt und das Prädikatsnomen eine Personenbezeichnung ist:

**Estos son mis hijos.**
*Das sind meine Kinder.*

**Esa es Lola.**
*Das ist Lola.*

**Aquel es Juanjo, ¿verdad?**
*Das ist Juanjo, oder?*

### 7.17 Die Wahl des Demonstrativums als Satzsubjekt

Ob ein maskulines, feminines oder neutrales Demonstrativum als Satzsubjekt verwendet wird, hängt von der Vertrautheit des Sprechers mit dem fraglichen Gegenstand bzw. seiner Fähigkeit ab, ihn als Element einer ihm bekannten Gegenstandsklasse selbst zu erkennen oder erkennen zu lassen:

**Esta es una bicicleta plegable.**
*Das (= dieses Fahrrad) ist ein zusammenklappbares Fahrrad.*

**Esto es una bicicleta plegable.**
*Das (= dieses Ding) ist ein zusammenklappbares Fahrrad.*

**Ese es mi nuevo coche, ¿te gusta?**
*Das (= der Wagen da) ist mein neuer Wagen, gefällt er dir?*

**Eso fue mi nuevo coche.**
*Das (= der Haufen Blech) war mein neuer Wagen.*

**A ▶** Es versteht sich von selbst, daß nur die maskulinen oder femininen Formen des Demonstrativpronomens als Prädikatsnomen zu einer bereits genannten Sache oder Person verwendet werden dürfen:

**La bici que te has comprado, ¿es como esta?**
*Das Fahrrad, das du dir gekauft hast, sieht so aus wie dies hier?*

• Beispiel mit der häufigen Formel QUÉ + Substantiv + SER + Demonstrativpronomen:

**¿Pero qué locura es esta?**
*Aber was ist das für ein Wahnsinn?*

**7. Die Demonstrativpronomen**

## B. Sonstiges zur Form und Verwendung der Demonstrativpronomen

### 7.18 Korrelation zwischen Demonstrativum und pronominalem Ortsadverb

Das EST–Demonstrativum bezieht sich auf den Bereich, der mit **aquí** *hier* bezeichnet wird; das ES–Demonstrativum bezieht sich auf den Bereich, der mit **ahí** *da* bezeichnet wird; das AQUEL–Demonstrativum bezieht sich auf den Bereich, der mit **allí** *dort* bezeichnet wird:

**esto que está aquí** *das, was hier ist*
**eso que está ahí** *das, was da ist*
**aquello que está allí** *das, was dort ist*

### 7.19 Der Akzent bei den Demonstrativpronomen

Die Formen auf –E,–A,–OS,–AS können den Akzent tragen, wenn sie als Pronomen verwendet werden. Die Formen auf –O tragen nie den Akzent:

**Parece que esta mesa es más grande que ésa / esa.**
*Es scheint, daß dieser Tisch größer ist als der da.*

**No me gusta esto.**
*Das gefällt mir nicht.*

### 7.20 Übliche Wortstellung der Demonstrativpronomen

Die Formen auf –E,–A,–OS,–AS gehen im adjektivischen Gebrauch dem Substantiv in der Regel voraus, sie stehen auch vor einem anderen Adjektiv oder Pronomen:

**este país** *dieses Land*
**por esa misma razón** *aus demselben Grunde*
**aquellos venturosos días** *jene glücklichen Tage*

### 7.21 Nachstellung der Demonstrativpronomen

Nachgestellt wird das Demonstrativpronomen vornehmlich dann, wenn bei der Wiedererwähnung von bereits bestimmten oder bekannten Sachen, Personen oder Ereignissen ein räumlicher bzw. zeitlicher Hinweis mit ausgedrückt werden soll. Beim Nachstellen des Demonstrativums muß dem Substantiv der bestimmte Artikel vorausgehen:

**Los papeles estos ya no me hacen falta.**
*Die Zettel hier brauche ich nicht mehr.*

**No te seques con la toalla esa.**
*Trockne dich nicht mit dem Handtuch da ab.*

**Colocaos junto a las macetas aquellas.**
*Stellt euch neben die Blumentöpfe da hinten.*

### 7.22 Emotionalität bei der Nachstellung der Demonstrativpronomen

Sehr häufig werden die Demonstrativpronomen zum Ausdruck von Überdruß, Ärger oder Abwertung nachgestellt:

**Nunca voy a acabar de rellenar el formulario este.**
*Mit dem Ausfüllen dieses Formulars hier werde ich nie fertig.*

**¿Dónde estará la tienda esa?**
*Wo ist bloß dieser Laden?*

# 7. Die Demonstrativpronomen

## 7.23 Nachstellung der Demonstrativpronomen in Ausrufen
Beispiele der Ausrufestruktur mit nachgestelltem Demonstrativum QUÉ + Substantiv + Demonstrativum:

¡qué chico este! *schlimmer Junge!*
¡qué tiempos aquellos! *das waren Zeiten!*

## 7.24 Nachstellung der Demonstrativpronomen in Appositionen
Das Demonstrativum (in der Regel EST-) wird in kommentierenden Appositionen nachgestellt (in der deutschen Entsprechung wird kein Demonstrativum verwendet):

...la inteligencia, virtud esta que la Iglesia debería aprovechar.
*...die Intelligenz, eine Tugend, die die Kirche ausnützen sollte.*

## 7.25 Verweis auf Nicht-Gegenständliches durch Demonstrativum
Die EST–Pronomen beziehen sich auf Ereignisse, die eng mit der Gegenwart des Sprechers verbunden sind oder ihn betreffen; die ES–Demonstrativa beziehen sich auf nicht weit vor der Gegenwart oder in der Zukunft liegende Ereignisse oder auf solche, die den Gesprächspartner betreffen; die AQUEL–Demonstrativa beziehen sich auf weit in der Vergangenheit oder in nicht absehbarer Zukunft liegende Ereignisse:

**Este es mi primer examen.**
*Dies ist meine erste Prüfung.*

**Esa tos es sospechosa.**
*Dieser (= dein) Husten kommt mir verdächtig vor.*

**Nunca me olvidaré de aquellas palabras.**
*Die Worte damals werde ich nie vergessen.*

## 7.26 ESE ES EL PROBLEMA statt ESO ES EL PROBLEMA
Bei Wörtern wie PROBLEMA, RAZÓN, DIFICULTAD und anderen, die komplexe Sachverhalte benennen, wird vorzugsweise ein maskulines oder feminines Demonstrativum als Satzsubjekt verwendet, wenn diese Wörter Prädikatsnomen sind und mit dem bestimmten Artikel versehen auftreten (logischer wären vielleicht ESTO, ESO oder AQUELLO, vgl. 7.35):

**No se quieren ir. Ese es el problema.**
*Sie wollen nicht gehen. Das ist das Problem.*

**Me confundí de tren, pero esa no fue la razón de mi retraso.**
*Ich bin in den falschen Zug eingestiegen, aber das war nicht der Grund meiner Verspätung.*

## 7.27 Hinweis auf Zeitabschnitte durch Demonstrativum
Beim Hinweis auf Zeitpunkte und Zeiträume beziehen sich gewöhnlich die EST–Demonstrativa auf die Gegenwart, die ES–Demonstrativa auf die überschaubare Vergangenheit, sowie auf die Zukunft, die AQUEL–Demonstrativa auf die weit zurückliegende Vergangenheit:

**Salgo en este momento.**
*Ich fahre in diesem Augenblick los.*

**Ese día no llegará nunca.**
*Der Tag wird nie kommen.*

**Aquellos años fueron los más felices de mi vida.**
*Diese Jahre damals waren die glücklichsten meines Lebens.*

## 7. Die Demonstrativpronomen

**A ▸** Zeitangaben mit den Demonstrativpronomen (vgl. auch 26.6):

**esta mañana / esta tarde / esta noche** *heute morgen / heute nachmittag / heute abend*
**un / algún / cualquier día de estos** *irgendwann in unmittelbarer Zukunft*
**en / por aquel entonces** *damals*

### 7.28 Hinweis auf Textstellen durch Demonstrativum

Mit einem EST–Demonstrativum nimmt man Bezug auf das nächste, mit einem AQUEL–Demonstrativum nimmt man Bezug auf das weiter zurückliegende Substantiv in einem geschriebenen Text:

**Encima de la mesa había unos periódicos y una raqueta de tenis; ésta se hallaba medio tapada por aquéllos.**
*Auf dem Tisch lagen Zeitungen und ein Tennisschläger; dieser war durch jene halb verdeckt.*

### 7.29 Emotionalität in der Verwendung von AQUEL

Vor allem in Texten, die in der Vergangenheitsform geschrieben sind, wird ein AQUEL–Demonstrativum zum gefühlsbeladenen Nachdruck verwendet:

**Odiaba aquel odio que lo envenenaba todo.**
*Er haßte jenen Haß, der alles vergiftete.*

**Entonces leyeron aquel comunicado infame.**
*Dann lasen sie das infame Kommuniqué vor.*

### 7.30 ESTA und ESA in brieflichen Mitteilungen

In brieflichen Mitteilungen bezeichnet ESTA den Absender-, ESA den Empfängerstandort:

**Llegué a ésta hace dos días y partiré para ésa el día 23.**
*Ich kam hier vor zwei Tagen an und werde am 23. dorthin abfahren.*

### 7.31 Verwendung des ES–Demonstrativums in abwertender Absicht

Sach- und Personenbezeichnungen, die in emotional geladener, oft abwertender Hinsicht benannt werden, werden häufig von einem (oft nachgestellten) ES–Demonstrativum begleitet:

**¡Cómo puede salir con ese tonto / el tonto ese!**
*Wie kann sie bloß mit diesem Dummkopf da ausgehen!*

**No sé qué pensar de esos amiguitos tuyos.**
*Ich weiß nicht, was ich von deinen kleinen Freunden da denken soll.*

### 7.32 ES–Demonstrativum + Substantiv statt Personalpronomen

In geschriebenen Texten kann ein ES–Demonstrativum vor einem Substantiv stehen, das man durch Personalpronomen nicht wiederaufnimmt:

**Poseía una reproducción de "La rendición de Breda", que había pegado a la puerta de su habitación. Esa reproducción, descolorida y arrugada, era el único adorno de la vivienda.**
*Er besaß eine Kopie der "Übergabe von Breda" von Velázquez, die er an seiner Zimmertür angebracht hatte. Diese Kopie, vergilbt und zerknittert, war der einzige Schmuck in der Wohnung.*

## 7. Die Demonstrativpronomen

### 7.33 ES–Demonstrativum im Hinweis auf Bekanntes

Die ES–Demonstrativa werden beim Bezug auf etwas verwendet, dessen Eigenschaften dem Leser oder Gesprächspartner vertraut sind (oder sein sollten):

**El alemán hablaba con ese acento del inmigrante triunfador.**
*Der Deutsche sprach mit jenem Akzent, der typisch ist für den erfolgreichen Einwanderer.*

### 7.34 ES–Demonstrativum bei Hervorhebungen mit SI-Sätzen

Das ES-Demonstrativum wird den anderen Demonstartiva bevorzugt bei Hervorhebung mit einem hypothetischen SI-Satz (vgl. 35.74):

**Si existe algún lugar que amo en esta casa, ese es la cocina**
*Wenn es irgendeinen Ort in dieser Wohnung gibt, die ich liebe, dann ist das die Küche.*

**Si hay algún guitarrista al que reconoces desde el primer compás, ese es Narciso Yepes.**
*Wenn es irgendeinen Gitarrenspieler gibt, den du vom ersten Takt an erkennst, dann ist das Narciso Yepes.*

### 7.35 Gebrauch von ESTO / ESO / AQUELLO zum Benennen eines Geschehens

ESTO bezieht sich auf Aussagen, die der Sprecher gerade macht oder gerade gemacht hat. ESO benennt Aussagen des Gesprächspartners oder Ereignisse und Sachverhalte, die nicht mehr zur unmittelbaren Gegenwart gehören, AQUELLO meint Ereignisse und Sachverhalte, die weit in der Vergangenheit zurückliegen:

**Te estoy diciendo esto para tranquilizarte.**
*Ich sage dir das, um dich zu beruhigen.*

**¡Eso son mentiras!**
*Das sind Lügen!*

**Prefiero morir antes que volver a pasar por aquello.**
*Lieber sterbe ich, als daß ich das noch einmal durchmache.*

### 7.36 ESO statt ELLO

ESO ersetzt sehr häufig ELLO (vgl. 11.27), vor allem als Satzsubjekt:

**El chico ha suspendido en dos asignaturas, pero eso nos trae sin cuidado.**
*Der Junge ist in zwei Prüfungen durchgefallen, aber das bringt uns nicht um den Schlaf.*

### 7.37 ESO als betontes Pronomen bei Kopulaverben

ESO wird gebraucht als betontes Fürwort für ein Prädikatsnomen von SER:

**Una empollona. Eso fui yo en la universidad.**
*Eine Streberin. Das bin ich auf der Universität gewesen.*

**Estoy feliz de ser madre, pero no soy sólo eso.**
*Ich bin glücklich, Mutter zu sein, aber ich bin nicht nur das.*

### 7.38 Die Wiedererwähnungsstruktur ESO / ESO / AQUELLO DE

Bei der Struktur LO DE + Substantiv / Infinitiv (vgl. 5.18) kann LO durch ein neutrales Demonstrativum ersetzt werden, um die räumliche oder zeitliche Zugehörigkeit bzw. die Sprechernähe oder -ferne hervorzuheben:

## 7. Die Demonstrativpronomen

**esto de la música rock** *das mit der Rockmusik (ich spreche gerade darüber)*
**eso de la música rock** *das mit der Rockmusik (du hast gerade darüber etwas gesagt)*
**aquello de la música rock** *das mit der Rockmusik (ich rede von der Meinung eines Abwesenden)*

### 7.39 Die Wiedererwähnungsstruktur ESO / ESO / AQUELLO DE QUE

ESTO / ESO / AQUELLO können statt LO in der Struktur **LO DE QUE** + konjugierter Verbform (vgl. 34.6, 34.99) verwendet werden, um die räumliche oder zeitliche Zugehörigkeit der zitierten Behauptungen zu betonen:

**aquello de que los italianos son perezosos...** *daß die Italiener faul sein sollen...*
**eso de que la vida es sueño...** *daß das Leben ein Traum sei*

### 7.40 Konkurrenz zwischen ES– und AQUEL–

In vielen Gegenden der spanischsprechenden Welt verfügt man in der nicht gehobenen Sprechweise nur über zwei Demonstrativpronomen, und zwar für den sprecherbezogenen Bereich EST–, für den sprecherfernen Bereich ES– oder AQUEL–. In folgenden Beispielen müßte nach den Regeln in 7.9 AQUEL– statt ES– stehen:

**¿Qué puede ser eso que se ve en el tejado?**
*Was mag das auf dem Dach da drüben sein?*

**Esos camiones tapan el bar que está detrás.**
*Die Lastwagen verdecken die Bar dahinter.*

### 7.41 Feststehende Wendungen mit ESA / ESAS

Beispiele für häufige umgangssprachliche Wendungen mit ESA und ESAS:

**A ▶ CHÚPATE ESA**

–Ha hecho pérdidas por más de diez millones.
–Chúpate esa.
*"Er hat mehr als zehn Millionen Verluste gemacht"*
*"Recht geschieht ihm!"*

–Dijo que vivimos en la era de la intertextualidad.
–Chúpate esa.
*"Er sagte, wir leben im Zeitalter der Intertextualität"*
*"Kleiner geht es nicht?"*

**B ▶ ESA ES OTRA**

–También se le critica su ironía.
–Esa es otra.
*"Man kritisiert auch Ihren ironischen Ton."*
*"Das ist was ganz anderes."*

**C ▶ NI POR ESAS** (vgl. Näheres 29.56E)

–¿Cuántas veces le escribiste?
–Veinte, pero ni por esas.
*"Wie oft hast du ihr geschrieben?"*
*"Zwanzig, aber völlig umsonst."*

**D ▶ SALIR / VENIR CON ESAS**

–No voy porque tengo que hacer.
–Ahora me sales con esas.
*"Ich kommt nicht mit, ich habe zu tun"*
*"Aha, jetzt heißt es also: Ich habe zu tun"*

–Ser un buen padre requiere educación.
–No me vengas con esas.
*"Ein guter Vater zu sein, das verlangt eine Ausbildung*
*"Fang jetzt nicht schon wieder damit an!"*

## 7. Die Demonstrativpronomen

**E ▶** ¿CONQUE ESAS TENEMOS?

–Me voy a vivir con Lucía.  "Ich ziehe zu Lucía."
–¿Conque esas tenemos?  "So ist es also."

### 7.42 Feststehende Ausdrücke mit den neutralen Demonstrativa

Beispiele für die zahlreichen Wendungen mit ESTO und ESO (ein gutes Lexikon gibt alle Ausdrücke an).

**A ▶** EN ESTO / ESO

**Nos sentamos y en eso oímos un grito.**
*Wir hatten Platz genommen, da hörten wir einen Schrei.*

**B ▶** ESTO ES

**Tuvo un accidente, esto es, se cayó de la cama.**
*Er hat einen Unfall gehabt, das heißt, er ist aus dem Bett gefallen.*

**C ▶** A ESO DE (vgl. 26.91)

**Alfonso llegó a eso de las nueve.**
*Alfonso kam gegen neun.*

**D ▶** DE ESO NADA / DE ESO NI HABLAR (vgl. 29.60, 29.60A)

–Tendrás que ir tú.  "Du wirst hingehen müssen."
–¿Ir yo? De eso nada.  "Ich? Nicht im Traum!."

–Vamos a hacerle un regalo.  "Schenken wir ihm etwas."
–De eso ni hablar.  "Das kommt nicht in Frage!"

**E ▶** ESO / ESO ES

–Lo que habría que hacer es darle un tortazo.  "Eine scheuern müßte man dem."
–Eso.  "Ganz genau."

–Usted tiene que ser el doctor Lara.  "Sie müssen Doktor Lara sein."
–¡Eso es!  "Ganz richtig."

**F ▶** ESO SÍ (vgl. 27.52)

–¿Qué tal ese Kurt?  "Wie ist dieser Kurt?"
–Muy majo, eso sí, es vegetariano.  "Sehr nett, allerdings: er ist Vegetarier."

**G ▶** POR ESO / ESTO. POR ESO wird auch als Ausdruck der Zustimmung verwendet:

**Estaba nevando y por eso nos quedamos en casa.**
*Es schneite, deshalb sind wir zu Hause geblieben.*

–Una nueva ley lo complicará todo aún más.  "Ein neues Gesetz wird alles noch mehr durcheinander bringen."
–¡Por eso!  "Sage ich ja!"

**H ▶** POR ESO MISMO

–Tienen muchas ganas de conocerte.  ""Sie wollen dich sehr gern kennenlernen."
–Por eso mismo no voy.  "Genau deshalb gehe ich nicht hin."

## 7. Die Demonstrativpronomen

**I** ▶ ¡ESO, ESO!

–Julio debería casarse.　　　　　　　　"*Julio sollte heiraten.*"
–¡Eso, eso!　　　　　　　　　　　　　　"*Genau!*"

**J** ▶ Y ESO QUE (vgl. 35.48)

**No entendieron nada, y eso que se lo expliqué diez veces.**
*Sie haben nichts verstanden, und dabei habe ich ihnen das zehnmal erklärt.*

**K** ▶ ESO ES QUE ist meist ein Synonym von LO QUE OCURRE ES QUE (vgl. 34.24):

–Los hombres son unos bárbaros.　　　"*Männer sind richtige Barbaren.*"
–Eso es que los eliges mal, tía.　　　　"*Nein, Du triffst nur eine schlechte Wahl, meine Gute.*"

**L** ▶ ¿Y ESO?

–La semana que viene no tengo día libre.　"*Nächste Woche habe ich keinen freien Tag.*"
–¿Y eso?　　　　　　　　　　　　　　"*Wieso das?*"

**M** ▶ ¿Y ESO QUÉ?

–No les has respondido el saludo.　　　"*Du hast ihren Gruß nicht erwidert.*"
–¿Y eso qué?　　　　　　　　　　　　"*Na und?*"

**N** ▶ Y ESO / Y TODO ESO

**Era una fiesta a lo barroco, con pelucas, laúdes, candelabros y eso / y todo eso.**
*Es war eine Party im Barock-Stil, mit Perücken, Lauten, Kandelabern und dergleichen mehr.*

**O** ▶ O ESO

**El venezolano tiene nombre de semidiós griego, Hércules o eso.**
*Der Venezolaner heißt wie ein griechischer Halbgott, Herkules oder so.*

**P** ▶ ¿NO ES ESO?

**La rubita era su prima, ¿no es eso?**
*Das kleine blonde Mädchen war ihre Kusine, nicht wahr?*

# 8. Die Possessivpronomen

## A. Possessivpronomen als Adjektive

### 8.1 Formenbestand

Bei den Formen MI / MIS, TU / TUS und SU / SUS handelt es sich um Verkürzungen der Vollformen (vgl. 8.8).

- Die Formen für den *ich*-Besitzer (*'mein'*) kennen nur Singular und Plural:

|  | maskulin / feminin |
|---|---|
| Singular | MI |
| Plural | MIS |

- Die Formen für den *du*-Besitzer (*'dein'*) kennen nur Singular und Plural:

|  | maskulin / feminin |
|---|---|
| Singular | TU |
| Plural | TUS |

- Die Formen für den *er–, sie–* und *Sie*-Besitzer (*'sein', 'ihr'* [Singular und Plural], *'Ihr'*) kennen nur Singular und Plural:

|  | maskulin / feminin |
|---|---|
| Singular | SU |
| Plural | SUS |

- Formen für den *wir*-Besitzer (*'unser'*):

|  | maskulin | feminin |
|---|---|---|
| Singular | NUESTRO | NUESTRA |
| Plural | NUESTROS | NUESTRAS |

- Formen für den *ihr*-Besitzer (*'euer'*):

|  | maskulin | feminin |
|---|---|---|
| Singular | VUESTRO | VUESTRA |
| Plural | VUESTROS | VUESTRAS |

### 8.2 Stellung und Betonung der adjektivischen Possessivpronomen

Die adjektivischen Possessivpronomen werden nicht dekliniert, sie stehen vor dem Substantiv und es sind durchwegs unbetonte Wörter (eine Betonung kann nur durch Verwendung der Vollformen erfolgen, vgl. 8.17):

**mi casa** *mein Haus*
**para tu hermano** *für deinen Bruder*
**en su cartera** *in seiner / ihrer / Ihrer Mappe*
**nuestro plato preferido** *unser Leibgericht*
**vuestros errores más graves** *eure schlimmsten Fehler*

## 8.3 Demostrativum vor dem Possessivpronomen

Das Demonstrativpronomen steht vor dem adjektivischen Possessivpronomen (diese Verwendungsweise ist jedoch auf die gepflegte Schriftsprache beschränkt):

**estos mis cabellos de oro** *diese meine goldenen Haare*
**aquella su cándida sonrisa** *jenes unschuldige Lächeln, das sie zeigte*

## 8.4 Artikel und Indefinitpronomen vor dem Possessivpronomen

Vor dem adjektivischen Possessivpronomen kann weder der bestimmte noch der unbestimmte Artikel noch irgendein Indefinitpronomen stehen. In dialektbeeinflußten Gegenden sowie in stilistisch eigenwilliger Schriftsprache findet man dies gelegentlich jedoch vor. Authentische Beispiele aus der spanischen Tagespresse:

**un taco lanzado del su coche** *ein aus seinem Wagen herausgestoßenes Schimpfwort*
**con ambas sus dos manos** *mit seinen beiden Händen*

## 8.5 Eingeschränkter Gebrauch des Possessivpronomens

Falls durch den Kontext der Besitzer ausreichend bestimmt ist, wird das Possessivpronomen durch den bestimmten Artikel ersetzt; noch häufiger als im Deutschen wird dabei der Dativ des Besitzes verwendet:

**Cogió el sombrero y se lo puso.**
*Er nahm den (seinen) Hut und setzte ihn auf.*

**Me he dejado la llave del despacho en casa.**
*Ich habe den (meinen) Büroschlüssel zu Hause vergessen.*

**No le aguanto la mirada de seductor.**
*Ich kann seinen Verführerblick nicht ausstehen.*

## 8.6 Vermeidung der Mehrdeutigkeit von SU / SUS

Da SU / SUS auf sechs verschiedene Besitzer bezogen werden kann, wird zur Klärung DE + ÉL / ELLA / USTED / ELLOS / ELLAS / USTEDES gebraucht:

**El hermano de usted me lo dijo.**
*Ihr Bruder hat es mir gesagt.*

**El equipaje de él está en la habitación de ella.**
*Sein Gepäck ist in ihrem Zimmer.*

## 8.7 Redundantes SU

Redundantes SU / SUS tritt nicht selten zu possessivischen Konstruktionen mit DE + ÉL / ELLA / USTED / ELLOS / ELLAS / USTEDES. Solche Sätze (außer denjenigen mit DE USTED / USTEDES) gelten als nicht korrekt:

**Su pasaporte de él es éste.**
*Sein Paß ist der hier.*

**¿Cuál es su despacho de usted?**
*Welches ist Ihr Büro?*

## B. Die Vollformen der Possessivpronomen

### 8.8 Formenbestand

Die Vollformen des Possessivpronomens kennen Genus- und Zahlunterscheidung. Bei einigen der adjektivisch zu gebrauchenden Formen handelt es sich um Verkürzungen der Vollformen (vgl. 8.1)

- Formen für den *ich*-Besitzer (*'mein'*):

|  | maskulin | feminin |
|---|---|---|
| Singular | MÍO | MÍA |
| Plural | MÍOS | MÍAS |

- Formen für den *du*-Besitzer (*'dein'*):

|  | maskulin | feminin |
|---|---|---|
| Singular | TUYO | TUYA |
| Plural | TUYOS | TUYAS |

- Formen für den *er-, sie-* und *Sie*-Besitzer (*'sein', 'ihr', 'Ihr'*):

|  | maskulin | feminin |
|---|---|---|
| Singular | SUYO | SUYA |
| Plural | SUYOS | SUYAS |

- Formen für den *wir*-Besitzer (*'unser'*):

|  | maskulin | feminin |
|---|---|---|
| Singular | NUESTRO | NUESTRA |
| Plural | NUESTROS | NUESTRAS |

- Formen für den *ihr*-Besitzer (*'euer'*):

|  | maskulin | feminin |
|---|---|---|
| Singular | VUESTRO | VUESTRA |
| Plural | VUESTROS | VUESTRAS |

### 8.9 Die Vollformen der Possessivpromen als Prädikatsnomen

Der Besitz wird ausgedrückt durch eine Form von SER und das Possessivpronomen:

**¿Es suyo este bolígrafo?**
*Gehört Ihnen dieser Kugelschreiber?*

**Si la toalla no es tuya, ¿de quién es entonces?**
*Wenn das Handtuch nicht dir gehört, wem gehört es dann?*

**No te puedo dejar la máquina porque no es mía.**
*Ich kann dir den Fotoapparat nicht leihen, weil er nicht mir gehört.*

### 8.10 Vermeidung der Mehrdeutigkeit von SUYO

Die Mehrdeutigkeit von SUYO / SUYA / SUYOS / SUYAS wird vermieden durch Einsetzen von DE + ÉL / ELLA / USTED / ELLOS / ELLAS / USTEDES:

**El coche en que Juan paseaba a Lola era de ella.**
*Der Wagen, in dem Juan Lola spazieren fuhr, gehörte ihr.*

## 8. Die Possessivpronomen

¿Son de ustedes estas llaves?
*Gehören Ihnen diese Schlüssel?*

### 8.11 Possesivpronomen bei neutralen Formen
Die maskuline Form des Pronomens wird verwendet, wenn das Satzsubjekt ein neutrales Demonstrativum oder ein Ausdruck ist, der von LO begleitet ist (vgl. 5.16, 5.16A):

**Eso es mío.**
*Das gehört mir.*

**Ahora todo esto es tuyo.**
*Jetzt gehört das alles dir.*

**Lo que está encima es nuestro.**
*Was oben ist, gehört uns.*

### 8.12 Bestimmter Artikel + Vollform des Possessivpronomens
EL / LA / LOS / LAS + **Vollform des Possessivpronomens** wird gebraucht beim Nichtwiedererwähnen eines Substantivs, das von einem adjektivischen Possessivpronomen begleitet wird:

**Francamente, su trabajo me gusta más que el mío.**
*Ehrlich gesagt, Ihre Arbeit gefällt mir besser als meine.*

**Resulta que no cogí mis llaves, sino las tuyas.**
*Ich habe nicht meine Schlüssel, sondern deine mitgenommen.*

### 8.13 Vermeidung der Mehrdeutigkeit von EL SUYO
Die Mehrdeutigkeit von EL SUYO / LA SUYA / LOS SUYOS / LAS SUYAS wird vermieden durch Einsetzen von EL / LA / LOS / LAS + DE + ÉL / ELLA / USTED / ELLOS / ELLAS / USTEDES:

**Mis maletas estaban junto a las de él, no junto a las de usted.**
*Meine Koffer standen neben seinen (den seinigen), nicht neben Ihren (den Ihrigen).*

### 8.14 LO + maskuline Vollform des Possessivpronomens
Zum unspezifischen Ausdruck von Besitz und Zugehörigkeit eines oder mehrerer bekannter Dinge wird LO + **maskuline Vollform des Possessivpronomens** verwendet:

**Lo mío me lo llevo mañana.**
*Meine Sachen nehme ich morgen mit.*

**Le he escrito a Sara sobre lo nuestro.**
*Ich habe Sara über das Unsrige (wohl: unser Verhältnis) geschrieben.*

### 8.15 Angehängtes Possessivpronomen bei indefiniten Benennungen
Zur Anzeige des Besitzes kann eine Vollform des Possessivpronomens auf UN / UNA / **Indefinitpronomen + Substantiv** folgen:

**una prima mía** *eine meiner Kusinen*
**algunos versos tuyos** *einige deiner Verse*

**A ▶** Beispiele für UNO / UNA bzw. Indefinitpronomen + Vollform des Possessivpronomens:

**Se llevó todos sus libros y uno mío también.**
*Er hat alle seine Bücher und auch eins von mir mitgenommen.*

Comparó los errores de Juan con algunos tuyos.
*Er verglich Juans Fehler mit ein paar von deinen.*

## 8.16 Formelhafter Gebrauch der Vollform des Possessivpronomens

Das nachgestellte Possessivpronomen erscheint auch in mehr oder weniger formelhaften Ausrufungen:

**hijo mío** *mein Sohn*
**¡Dios mío!** *mein Gott!*
**muy señor mío** *sehr geehrter Herr (in Briefen)*

## 8.17 Angehängtes Possessivpronomens bei definiten Benennungen

Einem vom bestimmten Artikel oder Demonstrativpronomen begleiteten Substantiv kann ein Possessivpronomen zur nachdrücklichen Anzeige des Besitzes folgen:

He preparado el cocido con la receta nuestra.
*Ich habe den Eintopf nach unserem Rezept zubereitet.*

Lo que más me molestó fue lo que dijeron esas amigas tuyas.
*Am meisten hat mich geärgert, was diese deine Freundinnen gesagt haben.*

**A ▶** Beispiele mit sächlichem TODO und kongruierendem TODOS:

Me voy a llevar todo lo mío.
*Ich nehme alles mit, was mir gehört.*

La reclamación del Dr. Lau tuvo más peso que todas las nuestras.
*Die Reklamation von Dr. Lau hatte mehr Gewicht als alle unsrigen.*

## 8.18 Die Vollform des Possessivpronomens nach Präpositionen

Die Vollformen des Possessivpronomens werden oft statt DE + **Personalpronomen** bei zusammengesetzten Präpositionen verwendet; dieser Gebrauch wird als fehlerhaft getadelt:

**detrás mío** (statt: **detrás de mí**) *hinter mir*
**delante tuyo** (statt: **delante de ti**) *vor dir*

## 8.19 Das Possessivpronomen in feststehenden Redewendungen

Das Lexikon enthält alle Redewendungen, in denen Vollformen des Possessivpronomens vorkommen. Einige Beispiele:

**¡la mía / tuya / suya!** *meine / deine / seine / ihre Chance!*
**proteger a los míos / tuyos / suyos** *die Meinigen usw.(d.h.: meine usw. Leute) schützen*
**no decir esta boca es mía** *den Mund nicht aufmachen*
**una cosa de suyo complicada** *eine von Natur aus komplizierte Sache*
**hacer de las suyas** *sein Unwesen treiben*

# 9. Indefinitpronomen und Vergleichsstrukturen

In diesem Kapitel wird eine eher lexikalische Darstellung derjenigen Wörter vorgenommen, die gemeinhin als Indefinitpronomen gruppiert werden und zu denen sowohl reine Demonstrativpronomen wie **tal** *solcher* als auch Quantitätswörter wie **mucho** *viel* gezählt werden. Im Teil E wird auf die in praktischer Hinsicht so wichtigen Strukturen der Komparation mit TANTO bzw. TAN, MÁS und MENOS zusammenfassend eingegangen. Zur Modusverwendung in Komparativsätzen vgl. Kapitel 35, Teil H.

## A. MISMO, OTRO, TAL, UNO, AMBOS und verwandte Ausdrücke

### 9.1 Das Pronomen MISMO

Beispiele für den Gebrauch von **el mismo** *derselbe* und **lo mismo** *dasselbe*. Die Ergänzung von MISMO ist QUE:

**Fuimos al mismo colegio.**
*Wir sind in dieselbe Schule gegangen.*

**Tras aquello ya no eran las mismas.**
*Sie waren danach nicht mehr dieselben.*

**Cometes los mismos errores que yo.**
*Du begehst dieselben Fehler wie ich.*

**Me dijo lo mismo que a ti.**
*Sie hat mir dasselbe wie dir gesagt.*

**A ▶** In elliptischer, salopper Ausdrucksweise wird der Artikel vor MISMO weggelassen:

**misma cosa** *dasselbe*
**misma escuela, mismos vicios** *gleiche Schule, gleiche Laster*

### 9.2 Wiedererwähnung durch EL MISMO

Nicht selten wird EL MISMO statt eines anderen Pronomens zur Bezugnahme auf ein Substantiv, das zuvor angeführt worden ist (diese Verwendungsweise wird von manchen Sprachautoritäten getadelt, danach müßte es im Beispiel heißen: ...LISTAS DE ELLOS):

**El artículo era sobre maltratadores y sobre si se deben publicar listas de los mismos.**
*In dem Artikel ging es um gewalttätige Ehemänner und darum, ob Listen derselben veröffentlicht werden sollen.*

### 9.3 Feststehende Wendungen mit LO MISMO

Beispiele für den Gebrauch von LO MISMO in Adverbien und Konjunktionen (vgl. ferner 35.108 und 32.10):

**Cosechó despiadadas críticas, lo mismo en Europa que en Estados Unidos.**
*Er wurde schonungslos kritisiert, in Europa ebenso wie in Amerika.*

**Lo mismo canta que llora.**
*Bald singt er, bald weint er.*

**Yo me voy a ir lo mismo.**
*Ich gehe trotzdem.*

**Lo mismo te da las gracias esta vez.**
*Vielleicht bedankt er sich doch diesmal bei dir.*

**Es lo mismo que si lo hubiesen matado.**
*Es ist dasselbe, als hätte man ihn umgebracht.*

## 9.4 IGUAL: Synonym von LO MISMO

Gleichartigkeit wird ausgedrückt mit IGUAL. Vor IGUAL steht kein Artikel. Ergänzungen von IGUAL werden eingeleitet durch QUE oder beim Ausdruck von Ähnlichkeit oder Gleichheit durch A. Schließlich wird IGUAL in zahlreichen Wendungen (vgl. 35.108 und 32.10) verwendet:

**precios iguales** *gleiche Preise*
**dos más dos igual a cuatro** *zwei plus zwei gleich vier*
**tratar de igual a igual** *von gleich zu gleich behandeln*
**a igual altura** *auf gleicher Höhe*
**ser igual a su padre** *seinem Vater gleich / sehr ähnlich sein*
**dar / ser igual** *egal sein*
**un profesor que igual te grita** *ein Lehrer, der dich vielleicht sogar anschreit*

## 9.5 Adverbieller Gebrauch von IGUAL

Beispiele für die Adverbien IGUAL, IGUAL QUE und IGUALMENTE und für die Struktur IGUAL DE + Substantiv / kongruierendes Adjektiv:

**Hemos gastado igual ella y yo.**
*Wir haben dasselbe ausgegeben, sie und ich.*

**Habla igual que su padre.**
*Er redet genau(so) wie sein Vater.*

**Es igual que si lo hubieran matado.**
*Es ist genauso, als hätte man ihn umgebracht.*

**No todas las guerras son igualmente injustas.**
*Nicht alle Kriege sind in gleicher Weise ungerecht.*

**Es sin duda lista y es igualmente indiscutible su audacia.**
*Sie ist zweifellos clever und ebenso unbestreitbar ist ihr Wagemut.*

**Los libros parecían igual de antiguos que los muebles.**
*Die Bücher schienen genauso alt wie die Möbel.*

**Consume igual de gasolina que un Porsche.**
*Er verbraucht genauso viel Benzin wie ein Porsche.*

## 9.6 Hervorhebung von Identität durch MISMO

Zur Identitätsverstärkung folgt MISMO ohne Artikel auf ein Personalpronomen oder ein Substantiv; da MISMO in dieser Funktion nicht allein stehen darf, muß u.U. ein Nominativ durch Personalpronomen wiederaufgenommen werden:

**Lo comprobé yo misma, dijo Rosa.**
*Ich habe es selbst nachgeprüft, sagte Rosa.*

**Las niñas pintaron la habitación ellas mismas.**
*Die Mädchen haben das Zimmer selbst gestrichen.*

**Se lo decían a sí mismas.**
*Sie sagten es zu sich selbst.*

## 9. Indefinitpronomen und Vergleichsstrukturen

**Este hombre es la bondad misma.**
*Dieser Mann ist die Güte selbst.*

**Te lo ha de enseñar la vida misma.**
*Das Leben selbst wird es dich lehren.*

### 9.7 UNO MISMO und UNA MISMA als verstärktes indefinites Subjekt

Die Identitätsverstärkung eines indefiniten Subjekts (vgl. 23.23), also *'man selbst'* erfolgt durch UNO MISMO:

**Lo tiene que hacer uno mismo.**
*Man muß es selbst tun.*

**Lo sentimental es cosa de una misma.**
*Gefühle sind die Angelegenheit von einem selbst.*

### 9.8 Hervorhebendes MISMO vor dem Substantiv

Folgende authentische Beispiele belegen, daß in der Praxis identitätsverstärkendes MISMO nicht immer auf das Bezugswort folgt:

**Hasta las mismas vecinas me decían que aguantara.**
*Sogar die Nachbarinnen sagten mir, ich solle aushalten.*

**Ni su misma vida le importaba nada.**
*Nicht einmal sein eigenes Leben war ihm etwas wert.*

### 9.9 MISMO als Ergänzung von Adverbien

MISMO folgt zur Identitätsverstärkung auf und Orts- und Zeitadverbien:

**Nací aquí mismo.**
*Ich bin an ebendiesem Ort geboren.*

**Debes ponerlo encima mismo.**
*Du mußt es genau darüber legen.*

**Ahora mismo voy.**
*Ich komme sofort.*

**Ojalá ocurriese eso mañana mismo.**
*Wenn das morgen schon passieren würde!*

**A ▶** Folgt identitätsverstärkendes MISMO auf eine Ortsbezeichnung, dann kann es die genusadäquate Endung annehmen:

**Vivo en Barcelona misma / mismo.**
*Ich lebe direkt in Barcelona.*

### 9.10 MISMITO und MISMÍSIMO

MISMO kann in expressiver Ausdrucksweise die Suffixe –ITO und –ÍSIMO erhalten (vgl. 41.15 bzw. 41.33):

**ahora mismito** *jetzt sofort*
**en su mismísimo despacho** *in seinem eigenen Büro*

## 9. Indefinitpronomen und Vergleichsstrukturen

### 9.11 Identitätsverstärkung durch PROPIO

Identitätsverstärkung kann auch ausgedrückt werden durch das immer voranzustellende Adjektiv PROPIO, dem der bestimmte Artikel oder ein Possessivum vorangeht:

**con sus propias manos** *mit seinen eigenen Händen*
**el propio Fidel Castro** *Fidel Castro selbst*

### 9.12 Identitätsverstärkung durch SOLO

SOLO dient ebenfalls zur Identitätsverstärkung:

**ella sola** *sie allein*
**una sola dificultad** *eine einzige Schwierigkeit*
**la sola mención de esa palabra** *die bloße Erwähnung dieses Wortes*

**A ▶** Es gilt zu unterscheiden zwischen dem Adjektiv SOLO und dem Adverb SÓLO, welches auch ohne Akzent geschrieben werden darf und als Synonyme SOLAMENTE und ÚNICAMENTE hat. Die Zweideutigkeit von SOLO vermeidet man im übrigen durch den Gebrauch jeweils synonymer Ausdrücke wie **a solas** *allein* bzw. **únicamente / solamente** *nur, lediglich* (vgl. ferner 9.16, 9.153):

**un hombre solo** *ein einsamer Mann*
**sólo un hombre / un hombre sólo** *nur ein Mann*
**a solas con Pedro** *allein mit Pedro*
**solamente con Pedro** *nur mit Pedro*

### 9.13 Identitätsverstärkung durch MERO

MERO hat die Bedeutung *'bloß'*:

**la mera sospecha de infidelidad** *der bloße Verdacht der Untreue*
**el mero hecho de ser extranjero** *die bloße Tatsache, daß man Ausländer ist*

### 9.14 Das Pronomen OTRO ohne Artikel

Vor **otro** *ein anderer, ein weiterer* steht nie der unbestimmte Artikel:

**usar otro libro** *ein anderes Buch benutzen*
**vivir en otra ciudad** *in einer anderen Stadt leben*
**en otras palabras** *mit anderen Worten*
**no esos cambios, sino otros** *nicht diese Veränderungen, sondern andere*
**otra cerveza, por favor** *noch ein Bier, bitte*

**A ▶** Graduiertes OTRO wie in **muy otro** *ein ganz anderer* wird selten gebraucht, vgl. 9.17A.

**B ▶** ALGUNO, NINGUNO und CUALQUIERA können vor OTRO vorkommen (vgl. 3.49B, 3.55B):

**alguna otra posibilidad** *irgendeine andere Möglichkeit*
**ningún otro problema** *kein anderes Problem*
**cualquier otra alternativa** *jede andere Alternative*

### 9.15 OTRO in Verbindung mit MÁS

UN / UNA + Substantiv + MÁS kann OTRO in der Bedeutung *'ein weiterer'* ersetzen; die entsprechende Pronominalisierung lautet UNO / UNA MÁS, aber auch OTRO MÁS:

**un error más → uno más / otro más** *noch ein Fehler→ noch einer*
**una cerveza más → una más / otra más** *noch ein Bier→ noch eines*

## 9. Indefinitpronomen und Vergleichsstrukturen

**A** ▶ OTRO vor Zahlen ab DOS kann ebenfalls durch MÁS ersetzt werden:

**otras dos hojas / dos hojas más** *noch zwei Blätter*
**otros seis / seis más** *noch sechs*

### 9.16 OTRO QUE

In Verneinungssätzen drückt OTRO + **Substantiv** + QUE eine Einschränkung aus. Auch hier kann OTRO durch MÁS ersetzt werden (vgl. 9.153):

**La respuesta no puede ser otra que un no rotundo.**
*Die Antwort kann nur ein kategorisches nein sein.*

**Aquí me tenéis, sin otra compañía que la noche.**
*Hier bin ich und nur die Nacht ist meine Begleiterin.*

**A** ▶ OTRO QUE + **Personalpronomen** dient ebenfalls zur Einschränkung:

**otro que tú** *ein anderer (= jemand anders als du)*
**otra que ella** *jemand anders als sie*

### 9.17 Graduierbare Synonyme von OTRO

**A** ▶ Synonyme von **otro** *andersartig* sind DISTINTO und DIFERENTE, beide graduierbar:

**una bandera distinta / diferente** *eine andere Flagge*
**dos niños muy diferentes** *zwei sehr verschiedene Kinder*
**una mentalidad completamente distinta** *eine ganz andere Mentalität*

**B** ▶ AJENO hat die Bedeutung *'anderen gehörig, fremd'*:

**en casa ajena** *bei fremden Leuten*
**las opiniones ajenas** *die Meinung anderer Leute*

### 9.18 Feststehende Ausdrücke mit OTRO

**A** ▶ ESA / ESTA ES OTRA; (ESE) ES OTRO CANTAR

–También se le critica el estilo.  "Auch ihr Stil wird kritisiert."
–Lo del estilo, esa es otra.  "Der Stil, das ist etwas anderes."

–Con Martínez no se van a meter.  "Mit Martínez werden sie sich nicht anlegen."
–Eso, Martínez es otro cantar.  "Ganz richtig: Martínez ist was ganz anderes."

**B** ▶ OTRO QUE TAL / OTRA QUE TAL

–En España gobernaba Franco, y en Portugal, Salazar.  "In Spanien regierte Franco, und in Portugal Salazar."
–Otro que tal.  "Auch so einer."

–Haz un viaje y descansarás.  "Mach eine Reise und du wirst dich erholen."
–Viajar es otra que tal.  "Reisen ist genauso schlimm."

### 9.19 EL OTRO, LA OTRA, LOS OTROS, LAS OTRAS

**el otro** *der andere* (zur Verbindung **uno / otro** *einander* vgl. 9.34):

**El otro modelo me gustaba más.**
*Das andere Modell gefiel mir besser.*

**¿Dónde está el otro zapato?**
*Wo ist der andere Schuh?*

**Ninguno de los otros vecinos dijo nada.**
*Von den anderen Nachbarn sagte keiner etwas.*

**Yo me quedo, las otras señoras pueden irse.**
*Ich bleibe, die anderen Damen können gehen.*

### 9.20 LO OTRO

Beispiele für den Gebrauch von LO OTRO:

**No piensa más que en su carrera, lo otro no le importa.**
*Er denkt nur an seine Karriere, alles andere ist ihm gleich.*

**No quiero ni lo uno ni lo otro.**
*Ich will weder das eine noch das andere.*

### 9.21 Das Pronomen DEMÁS

DEMÁS ersetzt häufig OTRO in der Bedeutung *'sonstig, übrig'*. DEMÁS wird sehr häufig mit dem Artikel, vor allem mit LOS / LAS, aber auch mit dem Possesivpronomen verwendet. Vor DEMÁS wird auch der neutrale Artikel LO verwendet. Zur Verstärkung von DEMÁS kann TODO eingesetzt werden:

**Los demás ministros continuaron en sus cargos.**
*Die anderen Minister blieben in ihren Ämtern.*

**Recogió su chaqueta y sus demás cosas.**
*Er nahm sein Jackett und seine restlichen Sachen.*

**Fue coetáneo del comunismo, del cubismo, del surrealismo y demás ismos.**
*Er war Zeitgenosse des Kommunismus, des Kubismus, des Surrealismus und sonstiger Ismen.*

**La quiere, sin despreciar a todas las demás.**
*Er liebt sie, verachtet alle anderen deswegen keineswegs.*

**Era de día, lo demás lo recuerdo muy vagamente.**
*Es war Tag, an den Rest erinnere ich mich nur ganz vage.*

**Los amos del lenguaje son también amos de todo lo demás.**
*Die Herren der Sprache herrschen über alles andere auch.*

**A ▶** Nach Zahlen wird DEMÁS nicht verwendet, es wird dafür beispielsweise ein Adjektiv wie RESTANTE oder SOBRANTE verwendet:

**las cuatro hojas restantes / sobrantes** *die restlichen vier Blätter.*

### 9.22 Feststehende Ausdrücke mit DEMÁS

**A ▶** Y DEMÁS

**Hacía novillos, fumaba porros y demás.**
*Sie schwänzte die Schule, rauchte Haschich und dergleichen mehr.*

**B ▶** POR LO DEMÁS

**No fui porque esa semana estuve fuera. Por lo demás, nadie me había invitado.**
*Ich bin nicht hingegangen weil ich in der Woche weg war. Im übrigen hatte mich niemand eingeladen.*

# 9. Indefinitpronomen und Vergleichsstrukturen

### 9.23 Das Pronomen TAL

Beispiele für den Gebrauch von TAL als Determinans (zum Artikelgebrauch vgl. 6.22, 9.27):

**No nos esperábamos tal nevada.**
*Mit einem solchen Schneefall hatten wir nicht gerechnet.*

**Tuvo amantes y acabó divorciándose, aunque no vemos el peso de tales reproches.**
*Er ging fremd und ließ sich am Ende scheiden, aber wir sehen das Gewicht solcher Vorwürfe nicht.*

### 9.24 TAL als reines Pronomen

Beispiele für den Gebrauch von TAL als Pronomen:

**Las puertas no eran tales, sino unos armatostes de hierro.**
*Die Türen waren keine richtigen Türen, sondern zwei riesige Eisenkonstrukte.*

**Se presenta a las elecciones un partido que no es tal.**
*Es stellt sich zur Wahl eine Partei, die nicht wirklich eine solche ist.*

### 9.25 TAL in Konsekutivsätzen

Beispiele für Konsekutivsätze mit TAL QUE (in Sätzen wie dem ersten Beispiel kann TAL durch TANTO ersetzt werden; zum Modusgebrauch vgl. 35.64, 35.65, 35.66):

**Era tal la confusión / la confusión era tal que me salí del local.**
*Die Verwirrung war so groß, daß ich das Lokal verließ.*

**Cada cual precisa un descanso tal que se sienta a gusto en el trabajo.**
*Jeder muß sich so erholen können, daß er sich bei der Arbeit wohlfühlt.*

### 9.26 TAL bei unbestimmtem Bezug

Beispiele für den Gebrauch von TAL beim Hinweisen auf bekannte, gleichwohl nicht benannte Sachen und Personen. Nicht selten tritt hier CUAL hinzu:

**Me dijo que fuera a tal pensión, que comiera en tal restaurante...**
*Er sagte, ich solle in die Pension so und so gehen, in dem Restaurant so und so essen...*

**Sabemos más de lo que hacen tales o cuales deportistas que de la vida de nuestros propios hijos.**
*Wir wissen mehr vom Treiben dieser oder jener Sportler als vom Leben unserer eigenen Kinder.*

### 9.27 UN TAL und EL TAL

UN / UNA TAL und EL / LA TAL vor Eigennamen drückt Distanz oder Abwertung aus:

**un tal Revilla** *ein gewisser Revilla*
**el tal Revilla** *besagter Revilla*

### 9.28 Feststehende Ausdrücke mit TAL

**A** ▶ Y TAL

**Hablaban del tiempo, de las vacaciones de los niños y tal.**
*Sie redeten über das Wetter, den Urlaub, die Kinder und dergleichen mehr.*

**B** ▶ TAL (Y) COMO

**La habitación está tal como ella la dejó.**
*Das Zimmer sieht genauso aus wie sie es verließ.*

**Debes hacerlo tal y como te lo indiqué.**
*Du mußt es genauso machen, wie ich es dir gesagt habe.*

**C ▶** TAL CUAL

**Las redacciones tienen muchas faltas de ortografía, pero usted las copia tal cual.**
*Die Aufsätze haben viele Rechtschreibfehler, aber Sie sollen sie bitte unverändert abtippen.*

**Una película no puede ni debe reflejar la vida tal cual es.**
*Ein Film kann und soll nicht das echte Leben widerspiegeln.*

**D ▶** ¿QUÉ TAL?

**¿Qué tal? ¡Tanto tiempo sin vernos!**
*Servus! wir haben uns schon so lange nicht gesehen!.*

**¿Qué tal la película? ¿Os gustó?**
*Wie war der Film? Hat er euch gefallen?*

**¿Qué tal se portaron los críos?**
*Wie haben sich die Kinder benommen?*

**E ▶** TAL COMO

**Les son ajenos sentimientos tales como la culpa y los celos.**
*Gefühle wie Schuld und Eifersucht sind ihnen fremd.*

**F ▶** FULANO DE TAL (vgl. 9.75)

**No me puedes despertar porque haya llamado Fulano de Tal.**
*Du kannst mich nicht aufwecken, weil Herr Soundso angerufen hat!*

**G ▶** TAL VEZ (vgl. 32.15)

**Tal vez esté empezando una nueva guerra fría.**
*Vielleicht beginnt gerade ein neuer kalter Krieg.*

**H ▶** CON TAL DE (QUE) (vgl. 35.97)

**Estaba dispuesto a cualquier cosa con tal de mantenerse en el poder.**
*Er war zu allem bereit wenn er nur an der Macht bleiben würde.*

**El mundo se puede hundir, con tal de que yo me salve.**
*Die Welt kann untergehen, wenn ich mich nur retten kann.*

## 9.29 Die Pronomen SEMEJANTE und TAMAÑO

Synonyme von TAL in der Bedeutung *'solch ein'* sind: SEMEJANTE und TAMAÑO (vgl. 6.23, 6.24):

**semejante estupidez** *so eine Dummheit*
**tamaña injusticia** *solch eine Ungerechtigkeit*

## 9.30 Das Pronomen DETERMINADO

**determinado,–a** *bestimmt* ist nach Meinung der Sprachautoritäten ohne Artikel zu verwenden und immer voranzustellen. Authentische Beispiele aus der zeitgenössischen spanischen Prosa:

**en un determinado momento** *in einem bestimmten Augenblick*
**la imposición de una religión determinada** *die Durchsetzung einer bestimmten Religion*
**pinchar determinados teléfonos** *bestimmte Telefone anzapfen*
**seguir unas determinadas reglas** *bestimmten Regeln folgen*

## 9. Indefinitpronomen und Vergleichsstrukturen

### 9.31 Das Pronomen CIERTO

CIERTO hat die Bedeutung *'gewiß'* und wird immer vorangestellt; es besteht unter den Sprachautoritäten keine Einigung darüber, ob die Verwendung von UN / UNA vor CIERTO einen Fehler darstellt oder nicht. Authentische Beispiele aus der zeitgenössischen spanischen Prosa:

**con cierta sorpresa** *mit einem gewissen Erstaunen*
**con un cierto descaro** *mit einer gewissen Unverfrorenheit*
**sin poder evitar cierta emoción** *ohne eine gewisse Rührung vermeiden zu können*
**a cierta edad** *in einem gewissen Alter*
**tener una cierta libertad de expresión** *eine gewisse Meinungsfreiheit haben*
**llegar a un cierto bienestar** *einen gewissen Wohlstand erreichen*
**en cierto sentido** *in einem gewissen Sinne*
**la reacción de ciertos sectores** *die Reaktion gewisser Kreise*
**albergar ciertas esperanzas** *gewisse Hoffnungen hegen*
**el consumo de ciertas drogas** *der Konsum gewisser Drogen*
**cumplir ciertas condiciones** *gewisse Bedingungen erfüllen*

**A** ▶ Nachgestelltes CIERTO hat die Bedeutung *'wahr'*:

**una historia cierta** *eine wahre Geschichte*
**un hecho cierto** *eine wahre Tatsache*

**B** ▶ Beispiel mit der sehr häufigen Wendung POR CIERTO:

**¿Tú cuándo marchas, por cierto?**
*Übrigens, wann fährst du weg?*


### 9.32 Das Pronomen UNO

Mit UNO / UNA / UNOS / UNAS wird auf Menschen verwiesen, die man nicht näher bestimmen kann oder will:

**Entonces uno me preguntó por ti.**
*Dann hat mich einer nach dir gefragt.*

**Los de la tienda grande eran unos que parecían suecos o alemanes.**
*Die Menschen im großen Zelt waren vielleicht Schweden oder Deutsche.*

- Zu UNO als Artikel vgl. 6.7; zu UNO als verhüllte Ich-Bezüglichkeit, vgl. 23.21.
- Zu UNO MISMO vgl. 9.7.


### 9.33 UNO im Zusammenhang mit OTRO

UNO und OTRO bezeichnen die einzelnen Mengenhälften:

**Son como mellizas. Cuando la una dice sí, la otra dice también sí.**
*Sie sind wie Zwillingsschwestern. Sagt die eine ja, sagt die andere auch ja.*

**Los unos aplaudían, los otros chillaban furiosos.**
*Die einen klatschten Beifall, die anderen kreischten wütend.*

**A** ▶ Bei wohlbestimmten Paaren oder Gruppen werden EL / LA / LOS / LAS – vor allem vor UNO – sehr oft weggelassen:

**Tenían dos hijos muy listos; físico uno, músico el otro.**
*Sie hatten zwei sehr kluge Söhne; Physiker der eine, Musiker der andere.*

## 9. Indefinitpronomen und Vergleichsstrukturen

### 9.34 UNO und OTRO im Ausdruck von Reziprozität

(EL) UNO und (EL) OTRO treten zusammen auf zur Verdeutlichung oder Betonung von Wechselseitigkeit oder Gegenseitigkeit (vgl. 13.11). Obwohl der Gebrauch des bestimmten Artikels in Beispielen wie dem ersten logisch ist, ist er nicht zwingend:

**Las tres mujeres se miraban perplejas (las) unas a (las) otras.**
*Die drei Frauen schauten einander verdutzt an.*

**Avanzaban uno al lado del otro.**
*Sie rückten nebeneinander vor.*

### 9.35 Das Pronomen AMBOS

AMBOS / AMBAS bezeichnet eine Zweiermenge, deren Elemente eng zusammenhängen. Als Adjektiv kann es in der – antiquiert klingenden – Form ENTRAMBOS / EMTRAMBAS auftreten. Vor AMBOS / AMBAS steht nie ein Artikel:

**Contemplaba el crucifijo, sosteniéndolo en lo alto con ambas manos.**
*Sie betrachtete das Kruzifix und hielt es mit beiden Händen in die Höhe.*

**Hay sólo dos partidos que cuentan, pues entre ambos reúnen el 80% de los votos.**
*Nur zwei Parteien sind von Bedeutung, denn beide vereinen 80% der Stimmen.*

**A ▶** AMBOS / AMBAS erscheint noch manchmal in der altmodischen Form AMBOS A DOS; ohnehin ist AMBOS / AMBAS auf den gehobenen Sprechstil beschränkt, es wird in der Regel – vielleicht nicht ganz korrekterweise – von LOS / LAS DOS (vgl. 5.56) ersetzt.

## B. MUCHO, BASTANTE, POCO, DEMASIADO und verwandte Ausdrücke

### 9.36 Das Pronomen MUCHO

MUCHO bezeichnet große Menge und Intensität:

**mucho pan** *viel Brot*
**mucha leche** *viel Milch*
**muchos amigos** *viele Freunde*
**muchas esperanzas** *viele Hoffnungen*
**muchos de los presentes** *viele der Anwesenden*
**mucho miedo** *große Angst*
**las muchas ganas** *die große Lust*
**su mucha inteligencia** *seine große Intelligenz*

**A ▶** MUCHO steht nie nach TAN, BASTANTE und DEMASIADO. Zu MUY MUCHO vgl. 9.48. Zu weiteren Ausdrucksformen großer Menge und Intensität vgl. 41.4, 41.33, ferner 1.34A, 3.85A, 28.51.

### 9.37 MUCHO als Prädikatsnomen

MUCHO / MUCHA / MUCHOS / MUCHAS steht auch als Prädikatsnomen. Als Prädikatsnomen zu einer Mengenangabe als Satzsubjekt steht normalerweise MUCHO:

**Las objeciones eran muchas.**
*Der Einwände waren viele.*

**Treinta mil pesetas en el fondo no era mucho.**
*Dreißigtausend Peseten, das war eigentlich nicht viel.*

## 9. Indefinitpronomen und Vergleichsstrukturen

### 9.38 Die Einzahl MUCHO als Mehrzahlbezeichnung

Die Singularform MUCHO kann in emphatischer Ausdrucksweise die Mehrzahl bezeichnen; dieser Gebrauch kommt vor allem in bezug auf Personen vor und hat oft einen abwertenden Beiklang:

**mucho político corrupto** *(viel zu) viele korrupte Politiker*
**mucha niña mimada** *viele verwöhnte Mädchen*

### 9.39 Kongruierendes MUCHO + MÁS + Substantiv

Zur Steigerung steht MUCHO / MUCHA / MUCHOS / MUCHAS vor MÁS + Substantiv:

**mucho más cuidado** *viel größere Vorsicht*
**mucha más paciencia** *viel mehr Geduld*
**muchos más alumnos** *viel mehr Schüler*
**muchas más flores** *viel mehr Blumen*

### 9.40 Adverbielle Verwendung von MUCHO

Als Adverb kann MUCHO hohe Intensität jeder Art bezeichnen (Häufigkeit, Dauer, Ausdehnung, Geläufigkeit, usw.):

**comer mucho** *viel essen*
**gustar mucho** *sehr gefallen*
**correr mucho** *viel / oft / sehr schnell laufen*
**haber esperado mucho** *sehr lange gewartet haben*

### 9.41 LO MUCHO QUE

Mit LO MUCHO QUE wird in ausrufeartigen Sätzen hohe Intensität ausgedrückt. Es handelt sich dann um ein Synonym von CUÁNTO (vgl. 28.45):

**No sabes lo mucho que me hirió aquello.**
*Du weißt nicht, wie sehr mich das verletzt hat.*

### 9.42 MUCHO im Ausdruck exzessiver Intensität

MUCHO hat sehr oft den Sinn von *'zuviel'* (vgl. auch 26.82):

**Se aburrió porque había mucha gente que no conocía.**
*Er langweilte sich, weil zu viele Leute da waren, die er nicht kannte..*

### 9.43 MUCHO + Komparativ des Adjektivs und des Adverbs

MUCHO dient als Graduativergänzung bei Adjektiven; es steht also vor den Komparativen MAYOR, MENOR, MEJOR, PEOR, MÁS und MENOS sowie vor ANTES und DESPUÉS:

**Estas faldas son mucho más caras.**
*Diese Röcke sind viel teurer.*

**Las primeras funciones fueron mucho mejores que las anteriores.**
*Die ersten Vorstellungen waren viel besser als die letzten.*

**Mis padres bailan mucho mejor de lo que crees.**
*Meine Eltern tanzen viel besser als du glaubst.*

**Tienes que comer mucho más**
*Du mußt viel mehr essen.*

**Yo había llegado mucho antes.**
*Ich war viel früher angekommen.*

## 9. Indefinitpronomen und Vergleichsstrukturen

### 9.44 Feststehende Wendungen mit MUCHO

**A** ▶ Beispiele mit COMO MUCHO:
**como mucho diez personas** *höchstens zehn Leute*
**a las diez como mucho** *spätestens um zehn Uhr*

**B** ▶ Beispiele mit CON MUCHO und NI CON MUCHO (zu POR MUCHO QUE vgl. 35.46A):
**Han superado con mucho las expectativas.**
*Sie haben die Erwartungen weit übertroffen.*

**Eso no es ni con mucho lo peor.**
*Das ist bei weitem nicht das Schlimmste.*

### 9.45 Das Adverb MUY

Zur absoluten Steigerung von Adjektiven, adjektivischen Fügungen, Adverbien und Adverbialangaben wird nicht MUCHO, sondern dessen verkürzte, unbetonte Form MUY verwendet:

**muy amables** *sehr freundlich*
**muy bien** *sehr gut*
**muy despacio** *sehr langsam*
**muy cuidadosamente** *ganz vorsichtig*
**muy de mañana** *in aller Frühe*
**muy de cerca** *ganz aus der Nähe*
**muy a mi pesar** *sehr zu meinem Leidwesen*
**un escritor de novelas muy del Barça** *ein Romanschriftsteller, ganz Fan des FC Barcelona*
**una Marisa Paredes muy en su papel** *eine ganz in ihrer Rolle aufgegangene M. P.*
**bailar muy a lo que salga** *ganz unbekümmert tanzen*

• MUY steht nicht vor folgenden Komparativen: MAYOR, MENOR, MEJOR, PEOR, MÁS, MENOS, ANTES und DESPUÉS. Vor diesen Wörtern steht MUCHO (vgl. 9.43).

**A** ▶ Bei superlativischen Adjektiven wird MUY ungern verwendet oder ganz gemieden. Statt MUY verwendet man gegebenenfalls ein Adverb zur Hervorhebung des Eigentlichen wie REALMENTE oder VERDADERAMENTE bzw. DE VERDAD:

**lo realmente fatal del caso** *das wirklich Schlimme an diesem Fall*
**personas verdaderamente maravillosas** *wirklich wunderbare Menschen*
**unos colores de verdad increíbles** *wirklich unglaubliche Farben*

### 9.46 MUY + Nominalsyntagma

MUY steht auch meist in stark stilwilliger Ausdrucksweise vor mehr oder weniger feststehenden Wendungen mit Substantiven, die eine Typisierung ausdrücken oder ausdrücken sollen:

**Era muy casero, muy padre de familia.**
*Er war sehr häuslich, sehr Familienvater.*

**La producción de Turandot en el reabierto Liceu es muy Hollywood.**
*Die Turandot–Inszenierung im wieder eröffneten Liceu ist sehr Hollywood nachempfunden.*

### 9.47 MUCHO statt MUY

MUCHO muß bei Weglassen des Adjektivs oder Adverbs statt MUY verwendet werden:

**Los exámenes fueron difíciles, pero no mucho.**
*Die Prüfungen waren schwer, aber nicht zu sehr.*

## 9. Indefinitpronomen und Vergleichsstrukturen

### 9.48 MUCHÍSIMO, MUY MUCHO und verwandte Ausdrücke

**A** ▶ Für *'sehr viel'* steht vornehmlich MUCHÍSIMO zur Verfügung:

**muchísimos amigos** *sehr viele Freunde*
**muchísimo mejor** *sehr viel besser*
**sufrir muchísimo** *sehr viel leiden*

**B** ▶ Beispiel mit dem adverbiellen Intensitätsausdruck MUY MUCHO, Synonym von MUCHÍSIMO:

**Me alegro muy mucho de tus progresos.**
*Ich freue mich riesig über deine Fortschritte.*

**C** ▶ MUCHÍSIMO als Verbalangabe hat zahlreiche Synonyme. Beispiele mit den eher umgangssprachlichen Ausdrücken UNA BURRADA, UNA BARBARIDAD und HORRORES (die beiden letzten begleiten sehr häufig Verben der Präferenz):

**El tabaco ha subido una burrada.**
*Zigaretten sind unheimlich teuer geworden.*

**Disfrutamos una barbaridad.**
*Wir hatten einen Heidenspaß.*

**"Titanic" me gustó horrores.**
*"Titanic" hat mir schrecklich gut gefallen.*

**D** ▶ Viele Intensitätsadverbien enden auf –MENTE; sie modifizieren Adjektive, Adverbien und Verben. Beispiele mit ALTAMENTE, EXTREMADAMENTE, SUMAMENTE und EXTRAORDINARIAMENTE:

**Son unos informáticos altamente cualificados.**
*Es handelt sich um hochqualifizierte Informatiker.*

**El ministro se mostró extremadamente satisfecho.**
*Der Minister zeigte sich äußerst zufrieden.*

**El tío me cae sumamente mal.**
*Den Typ finde ich unausstehlich.*

**Las cosas han cambiado extraordinariamente.**
*Die Dinge haben sich außerordentlich verändert.*

### 9.49 Bestimmter Artikel + MUY + Adjektiv / Substantiv

Mit EL / LA / LOS / LAS + MUY + Adjektiv / Substantiv hebt man Eigenschaften oder Verhaltensweisen in tadelnder, herablassender Absicht hervor:

**el muy ingenuo** *der Naivling*
**el muy canalla** *dieser Schuft*
**los muy tontos** *die Dummköpfe*

### 9.50 MUY im Ausdruck exzessiver Intensität

MUY hat sehr oft den Sinn von *'allzu, zu, zu sehr'* (vgl. auch 26.82):

**El agua está muy fría para bañarse.**
*Das Wasser ist zum Baden zu kalt.*

### 9.51 POR MUY + Adjektiv + QUE

POR + MUY + Adjektiv + QUE ist eine konzessive bindewörtliche Fügung (vgl. 35.46B):

**Por muy ridículas que nos parezcan, han sido unas palabras sinceras.**
*Auch wenn sie uns hochgradig lächerlich vorkommen, es waren ehrliche Worte.*

## 9. Indefinitpronomen und Vergleichsstrukturen

### 9.52 Ausdrücke im Bedeutungsfeld von MUCHO

**A** ▶ Aus den zahlreichen Wendungen zum Ausdruck (sehr) großer Menge und Intensität hier Beispiele mit SOBREMANERA, CON CRECES, A MONTONES, LA TIRA DE und UN RATO (LARGO):

**molestar sobremanera** *außerordentlich stören*
**agradecer con creces** *sich ganz herzlich bedanken*
**tener trabajo a montones** *einen Haufen Arbeit haben*
**pasarse la tira de horas telefoneando** *stundenlang telefonieren*
**escenas un rato sosas** *sehr langweilige Szenen*
**entender un rato largo de fútbol** *eine Menge von Fußball verstehen*

**B** ▶ Beispiele mit Adverbialangaben (sehr) großer Menge und Intensität, die in der Regel nur mit einem bestimmten Verb bzw. nur in einem Bedeutungsfeld vorkommen:

**llover a cántaros** *in Strömen regnen*
**sudando a chorros** *schweißtriefend*
**quejarse a voz en cuello** *sehr laut klagen*

### 9.53 Das Pronomen POCO

Beispiele für die Verwendung von **poco** *wenig*:

**poco tiempo** *wenig Zeit*
**poca mantequilla** *wenig Butter*
**pocos amigos** *wenige Freunde*
**pocas ganas** *wenig Lust*
**muy poca gente** *ganz wenige Leute*
**muy pocas entre las entrevistadas** *nur wenige unter den interviewten Frauen*

### 9.54 POCO als Prädikatsnomen

Als Prädikatsnomen steht logischerweise POCO / POCA / POCOS / POCAS. Aber es steht normalerweise POCO, wenn das Satzsubjekt eine Mengenbezeichnung ist:

**En realidad, dos millones es poco considerando la inflación.**
*Bei dieser Inflation sind zwei Millionen eigentlich wenig.*

### 9.55 POCO als Adverb

Als Adverb kann POCO geringe Intensität jeder Art bezeichnen (Häufigkeit, Dauer, Geläufigkeit, usw.):

**recordar poco** *sich an wenig erinnern*
**durar poco** *kurz dauern*
**venir poco** *selten kommen*
**escribir poco** *wenig* oder *selten schreiben*

### 9.56 Verneinende Bedeutung von POCO vor Adjektiven

POCO + Adjektiv hat oft verneinende Bedeutung:

**observaciones poco originales** *wenig originelle Bemerkungen*
**unos proyectos poco realistas** *unrealistische Pläne*
**una manera de hablar poco respetuosa** *eine unhöfliche Art zu reden*

## 9. Indefinitpronomen und Vergleichsstrukturen

### 9.57 LO POCO QUE

Mit LO POCO QUE und CON LO POCO QUE wird in Ausrufen Geringfügigkeit und geringe Intensität ausgedrückt (vgl. 28.30). Die Diminutivform LO POQUITO QUE ist auch gebräuchlich:

**Entonces me di cuenta de lo poco que sabía.**
*Da wurde es mir klar, wie wenig ich wußte.*

**Imposible ahorrar nada con lo poco que ganamos.**
*Unmöglich, überhaupt etwas zu sparen bei unserem kleinen Gehalt.*

**Se bebió lo poquito que quedaba en la copa.**
*Er trank den kleinen Rest aus dem Glas aus.*

### 9.58 Substantiviertes POCO

POCO ist ein maskulines Substantiv, gebräuchlich vor allem in der Wendung **un poco / un poco de** *ein wenig*; UN POCO dient auch als graduierende Partikel (vgl. 9.77). POCO hat die Verkleinerungsform POQUITO:

**criticar un poco** *ein wenig kritisieren*
**un poco cansadas** *ein wenig müde*
**pedir un poco de agua** *um ein wenig Wasser bitten*
**este poco de bienestar** *dieser bescheidene Wohlstand*
**un poquito más de sal** *ein bißchen mehr Salz*

**A ▶** Beispiele mit UN POCO (UN POQUITO) vor Komparativen:
**un poco más de vida** *etwas mehr Leben*
**un poquito más despacio** *ein klein wenig langsamer*
**unas proposiciones un poco más serias** *etwas ernsthaftere Vorschläge*

### 9.59 UNA POCA, UNA POQUITA

UNA POCA (häufig in der Diminutivform UNA POQUITA) ist eine volkstümliche, humoristische Variante von UN POCO vor femininen Substantiven. Meistens kommen die Formen UNA POCA DE bzw. UNA POQUITA DE vor:

**una poca de gracia** *ein wenig Anmut*
**una poquita de música** *ein klein wenig Musik*

### 9.60 POCO statt DEMASIADO POCO

POCO hat oft den Sinn von *'zu wenig'*:

**poca comida para cuatro personas** *zu wenig Essen für vier Leute*
**poca luz para poder leer** *zu wenig Licht, um lesen zu können*

### 9.61 Häufige Fügungen mit POCO

Festehende Wendungen mit POCO (vgl. 35.99):

**un sinvergüenza como hay pocos** *ein ganz ausgekochter Flegel*
**hombre de pocas palabras** *ein schweigsamer Mann*
**dentro de poco** *in Kürze*
**poco a poco** *allmählich*
**poquito a poquito** *schön langsam*
**¡poco a poco!** *immer mit der Ruhe!*
**por poco** *beinah* (vgl. 18.7)

## 9. Indefinitpronomen und Vergleichsstrukturen

### 9.62 | Ausdrücke für kleine Menge und geringe Intensität

Das Lexikon verzeichnet alle Wendungen zum Ausdruck kleiner Menge oder geringer Intensität. Einige Beispiele daraus:

**un país de escasas lluvias** *ein Land mit wenigen Niederschlägen*
**una diferencia asombrosamente escasa** *ein erstaunlich kleiner Unterschied*
**en contadas ocasiones** *selten*
**apenas cinco o seis** *gerade noch fünf oder sechs* (vgl. 29.32, 29.37)
**una pizca de sal** *eine Prise Salz*
**un tanto cansadas** *ein wenig müde* (vgl. 9.38)
**pagar una miseria** *einen Hungerlohn zahlen*
**reñir por nada** *beim geringsten Anlaß zanken*


### 9.63 | Das Pronomen BASTANTE

Beispiele für den adjektivischen und substantivischen Gebrauch von **bastante** *reichlich, ziemlich*:

**Para freír un huevo hay que poner bastante aceite en la sartén.**
*Für ein Spiegelei mußt man reichlich Öl in die Pfanne tun*

**Seguían las explicaciones con bastante atención.**
*Sie folgten den Erklärungen mit ziemlich großer Aufmerksamkeit.*

**Bastantes de sus admiradoras no lo vieron nunca.**
*Ziemlich viele seiner weiblichen Fans haben ihn nie gesehen.*

**Los argentinos pudientes eran en aquella época bastantes.**
*Wohlhabende Argentinier gab es damals reichlich viele.*

**A ▶** MUY und MUCHO stehen niemals vor oder nach BASTANTE, und zwar in allen seinen Bedeutungen und Verwendungsweisen.


### 9.64 | Unveränderliches BASTANTE in partitiven Fügungen

Beispiele für den Gebrauch von BASTANTE DE zum Ausdruck von Eigenschaften:

**Estas películas tienen bastante de reportajes.**
*Diese Filme haben ziemlich viel von Reportagen.*


### 9.65 | Unveränderliches BASTANTE als Adverb

Das Adverb BASTANTEMENTE wird ganz selten benutzt. Beispiele der Verwendung von BASTANTE als Adverb im Bezug auf Verben, Adjektiven, Adverbien und Komparativen:

**Allí se ha reducido bastante el paro.**
*Dort ist die Arbeitslosigkeit beträchtlich zurückgegangen.*

**Estas fotos parecen bastante privadas.**
*Diese Fotos scheinen ziemlich privat zu sein.*

**Conozco bastante bien muchos países de África.**
*Ich kenne viele afrikanische Länder recht gut.*

**Está bastante más grueso que hace ocho años.**
*Er ist ziemlich dicker als vor acht Jahren.*

## 9. Indefinitpronomen und Vergleichsstrukturen

### 9.66 BASTANTE im Ausdruck zureichender Menge und Intensität

Beispiele für den Gebrauch von **bastante** *ausreichend*. (in dieser Bedeutung kann BASTANTE, insbesondere in Verbindung mit PARA, dem Substantiv folgen):

**¿Tiene bastante luz la planta?**
*Bekommt die Pflanze genügend Licht?*

**No hay bastantes mujeres que se quieran dedicar a la política.**
*Es gibt nicht genügend Frauen, die sich der Politik widmen wollen.*

### 9.67 Das Adverb BASTANTE im Ausdruck von Hinlänglichkeit

Das Adverb BASTANTE (häufig LO BASTANTE) kann ausreichende Menge und Intensität jeder Größe ausdrücken (vgl. 9.68):

**Ya hemos hablado bastante por hoy.**
*Für heute haben wir genug geredet.*

**Sigues haciendo los mismos errores, no estudias bastante.**
*Du machst immer noch die gleichen Fehler, du lernst nicht genug.*

**No fueron lo bastante diplomáticos con Rusia.**
*Sie waren nicht diplomatisch genug zu Rußland.*

**A** ▶ Beispiele für die häufige Wendung TENER BASTANTE CON + Substantiv / Infinitiv:

**No tiene novio, tiene bastante con su tesis.**
*Sie hat keinen Freund, sie hat genug mit ihrer Doktorarbeit*

### 9.68 BASTANTE oder LO BASTANTE?

LO BASTANTE wird verwendet, wenn, was recht häufig der Fall ist, eine Infinitivergänzung angegeben oder vorausgesetzt wird; die dazugehörige Formel lautet: LO BASTANTE (+ Adjektiv / Adverb) COMO PARA + Infinitiv / COMO PARA QUE (vgl. 35.9):

**No era lo bastante dotada como para dedicarse a la música de forma profesional.**
*Sie war nicht begabt genug, um Berufsmusikerin zu werden.*

**Se había asomado, pero no lo bastante como para que la vieran.**
*Sie hatte sich hinausgelehnt, aber nicht weit genug, um gesehen zu werden.*

**A** ▶ Die häufig anzutreffende Weglassung von LO und COMO in Sätzen mit BASTANTE und PARA (für das erste Beispiel also BASTANTE DOTADA PARA DEDICARSE) wird als fehlerhaft kritisiert.

### 9.69 Das Quantitätswort SUFICIENTE

Ein Synonym von BASTANTE in der Bedeutung 'genug' ist SUFICIENTE. Beispiele für die Verwendung des Pronomens und Adjektivs SUFICIENTE und des Adverbs (LO) SUFICIENTE bzw. (LO) SUFICIENTEMENTE:

**Llamaré a Norma mañana, ¿es suficiente?**
*Ich rufe Norma morgen an, reicht das?*

**No tenían los medios suficientes para darles una carrera a todos.**
*Sie hatten nicht genügend Geld, allen ein Studium zu ermöglichen.*

**El mundo ya produce lo suficiente para todos sus habitantes.**
*Die Erde produziert schon genug für alle ihre Bewohner.*

**La hora me pareció lo suficientemente buena como para hablar del viaje.**
*Ich hielt den Augenblick für passend genug, von der Reise zu sprechen.*

## 9. Indefinitpronomen und Vergleichsstrukturen

### 9.70 Ausdrücke im Bedeutungsfeld von BASTANTE

Beispiele mit synonymen Ausdrücken des Adjektivs bzw. Adverbs BASTANTE; die maskuline Singularform von HARTO dient als Adverb; das Adverb ASAZ gehört dem gehobenen Stil an:

**cantidades considerables** *eine beträchtliche Summe*
**considerablemente mayor** *beträchtlich größer*
**hartas preocupaciones** *ziemlich viele Sorgen*
**una noticia harto grave** *eine ziemlich schlimme Nachricht*
**una vía asaz penosa** *ein recht leidensvoller Weg*

### 9.71 Das Pronomen DEMASIADO

Beispiele für den Gebrauch von **demasiado** *zuviel*:

**tener demasiada confianza en la técnica** *zuviel Vertrauen in die Technik haben*
**no beber demasiado alcohol** *nicht zuviel Alkohol trinken*
**hacer demasiadas horas extra** *zu viele Überstunden machen*
**demasiados coches por habitante** *zu viele Autos je Einwohner*

• MUCHO wird sehr oft statt DEMASIADO verwendet, vgl. 9.42.
**A** ▶ DEMASIADO wird nie vor MUCHO verwendet.

### 9.72 DEMASIADO als Adverb

Beispiele für den Gebrauch von DEMASIADO als Adverb:

**no pedir demasiado** *nicht zuviel verlangen*
**hombres demasiado intelectuales** *viel zu intellektuelle Männer*
**demasiado despacio para un coche así** *zu langsam für so einen Wagen*

• MUY wird sehr oft statt DEMASIADO verwendet, vgl. 9.50 und 26.82.
**A** ▶ In nicht gepflegter, der Sprache der urbanen Unterschichtenjugend eigener Ausdrucksweise wird DEMASIADO zu DEMASIÉ.

### 9.73 Ausdrücke im Bedeutungsfeld von DEMASIADO

Weitere Wendungen aus dem Lexikon zum Ausdruck des Überreichlichen:

**estar de más** *überflüssig sein*
**el exceso de tabaco** *das zuviel Rauchen*
**beber en exceso** *zuviel trinken*
**caridad excesiva** *zu große Nächstenliebe*
**unas dimensiones excesivas** *übergroße Dimensionen*
**vestir de manera excesivamente juvenil** *sich viel zu jugendlich kleiden*
**... ya que sobraban veinte** *...denn es waren zwanzig zuviel da* (vgl. 19.100B)
**saber algo de sobra** *etwas allzugut wissen*

## C. ALGUIEN, NADIE, ALGO, NADA, ALGUNO, NINGUNO und verwandte Ausdrücke

### 9.74 Das Pronomen ALGUIEN

Beispiele für den Gebrauch von **alguien** *jemand* (vgl. 9.32, 9.81, 10.101):

**si viene alguien** *wenn jemand kommt*

# 9. Indefinitpronomen und Vergleichsstrukturen

**buscar a alguien como tú** *jemanden wie dich suchen*
**alguien detrás de ella** *jemand hinter ihr*
**el nombre de alguien a quien quiero** *der Name von jemandem, den ich liebe*
**alguien simpático, correcto y trabajador** *jemand, der nett, zuverlässig und fleißig ist*
**alguien más** *noch jemand*
**alguien de mi especialidad** *jemand mit meiner Fachrichtung*
**alguien que sufre del corazón** *jemand mit einem Herzleiden*
**creerse alguien** *sich für eine wichtige Person halten*
**llegar a ser alguien** *ein bedeutender Mensch werden*

## 9.75 Indefinitausdrücke statt Personeneigennamen

**A** ▶ Die Wörter FULANO, MENGANO, ZUTANO und PERENGANO werden statt Eigennamen verwendet, die man verschweigen möchte. Diese Wörter werden immer groß geschrieben, sie treten für gewöhnlich paarweise oder wie in obiger Reihenfolge auf:

**En la fiesta estuvieron Fulano, Zutano, Mengano y Perengano.**
*Auf der Feier waren Hinz und Kunz.*

**Se habló de la novia de Fulano y de las amigas de Mengano.**
*Man sprach über die Freundin von diesem und über die Freundinnen von jenem.*

• Beispiele für weitere Verwendungsweisen von FULANO (DE TAL):

**Tú no tienes más que decir: "Soy Fulano de Tal y vivo en tal y tal parte"**
*Du brauchst nur zu sagen: "Ich bin Herr Soundso und wohne da und da."*

**Está saliendo con una fulanita que dice ser florista.**
*Er geht jetzt mit einer Person, die sagt, sie sei Blumenhändlerin.*

**B** ▶ SERVIDOR / SERVIDORA wird zum Ich-Bezug gebraucht, also im Sinne von *'meine Wenigkeit'*:

**El arquitecto Ramón es un servidor. ¿Le gusto?**
*Architekt Ramón ist meine Wenigkeit. Gefalle ich Ihnen?*

**Perdone usted, pero servidora odia el fútbol.**
*Entschuldigen Sie, aber meine Wenigkeit haßt Fußball.*

## 9.76 Das Pronomen NADIE

Beispiele für den Gebrauch von **nadie** *niemand; jemand* (vgl. auch 9.93 und 10.101, zur doppelten Verneinung vgl. 29.36):

**porque no lo sabe nadie** *denn niemand weiß es*
**nadie más que tú** *niemand anders als du*
**no ver a nadie más** *sonst niemanden sehen*
**sin ayuda de nadie** *ohne jemandes Hilfe*
**no saludar nunca a nadie** *niemals jemanden grüßen*
**imposible hablar con nadie** *unmöglich, mit jemandem zu reden*
**llegar antes que nadie** *vor allen anderen eintreffen*
**querer a su madre más que a nadie** *seine Mutter mehr als jemanden sonst lieben*
**un Don Nadie** *ein Herr von Habenichts*
**no casarse con nadie** *sich von niemandem beeinflussen lassen*

## 9.77 Das Pronomen ALGO

Beispiele für den Gebrauch von **algo** *etwas*:
**si faltara algo** *falls etwas fehlen sollte*

**decir algo** *etwas sagen*
**mencionar algo más** *noch etwas erwähnen*
**algo de eso** *etwas davon*
**algo que aburre** *etwas, das langweilt*
**algo maravilloso** *etwas Wunderbares*
**algo diferente** *etwas anderes*
**unos pacientes algo nerviosos** *etwas nervöse Patienten*
**retrasarse algo** *sich etwas verspäten*
**algo de dinero** *etwas Geld*
**un melón o algo así** *eine Honigmelone oder so etwas Ähnliches*
**algo así como cuarenta kilómetros** *etwa vierzig Kilometer*
**unos ojos que tienen algo de orientales** *Augen, die etwas Orientalisches an sich haben*

### 9.78 Das Pronomen NADA

Beispiele für **nada** *nichts; (irgend)etwas* (zum redundanten NO vgl. 29.36. Vgl. auch 29.56C, 29.60):

**porque no hay nada** *denn nichts ist da*
**no usar nada de manteca de cerdo** *kein Schweineschmalz verwenden*
**no ser nada nuevo** *nichts Neues sein*
**¡no pasa nada!** *macht nichts!*
**no tener nada de particular** *nichts besonderes an sich haben*
**no ver nunca nada** *nie etwas sehen*
**sin que nada llamara la atención** *ohne daß etwas aufgefallen wäre*
**nada más, gracias** *nichts mehr, danke*
**nada más levantarme** *sobald ich aufgestanden bin* (vgl. 14.104, 35.21A)
**¡de nada!** *bitte, nichts zu danken!*
**antes de / que nada** *zuallererst*
**antes que nada** *das Wichtigste von allem*
**no tener nada que ver con aquello** *nichts damit zu tun haben*
**la nada** *das Nichts*
**dentro de nada** *in nächster Zeit*
**reñir por nada** *sich wegen einer Kleinigkeit zanken*
**nada menos que Jorge** *kein Geringerer als Jorge*

### 9.79 Adverbieller Gebrauch von NADA

Beispiele mit NADA als Adverb (zum redundanten NO vgl. 29.31):

**no trabajar nada** *überhaupt nicht arbeiten*
**no sorprenderse para nada** *sich überhaupt nicht wundern*
**no ser nada bobos** *gar nicht dumm sein*
**no vivir nada mal** *gar nicht schlecht leben*

**A** ▶ NADA DE NADA ist eine eher umgangssprachliche Verstärkungsfassung von adverbiellem NADA und wird oft ans Ende der Äußerung gesetzt. NADA DE NADA ist ferner eine Verstärkung von substantivischem NADA. Schließlich wird NADA DE NADA zum Ausdruck gescheiterter Bemühung ans Ende einer Aufzählung gesetzt:

**Las entrevistas no fueron nada agradables, nada de nada.**
*Die Gespräche waren gar nicht angenehm, überhaupt nicht.*

**Ninguno de los que dirigen saben nada de nada.**
*Keiner unter den politischen Führern hat von irgendetwas die geringste Ahnung.*

## 9. Indefinitpronomen und Vergleichsstrukturen

**He presentado quejas, escritos y demás, pero nada de nada.**
*Ich habe Beschwerden, Schriftstücke und so fort vorgelegt, aber alles ganz umsont.*

### 9.80 Die Gesprächsfloskel NADA

NADA spielt eine wichtige Rolle in der Umgangssprache; es leitet Erklärungen in ironischer, untertreibender Absicht ein sowie, fast immer mit vorausgehendem PUES, den Übergang zum Abschied vom Gesprächspartner nach einer ausführlichen Unterhaltung (vgl. 33.21A):

**Nada, que yo estaba durmiendo.**
*Nun, ich habe geschlafen*

**Pues nada, José, adiós y buenas noches.**
*Also dann, José, auf Wiedersehen und gute Nacht.*

### 9.81 Das Pronomen ALGUNO

ALGUNO (ALGÚN) / ALGUNA wird statt UNO (UN) / UNA obligatorisch verwendet, wenn die Existenz der betreffenden Person oder Sache nicht feststeht; ALGUNO(ALGÚN) / ALGUNA kann statt UNO(UN) / UNA verwendet werden, wenn die betreffende Person oder Sache nicht mit Sicherheit angebbar ist:

**Llámeme si tiene algún problema.**
*Rufen Sie mich an, falls Sie ein Problem haben.*

**¿Hubo alguna pregunta interesante?**
*Gab es irgendeine interessante Frage?*

**¿Ha estado alguno de ustedes en la exposición de Miró?**
*Ist jemand von Ihnen in der Miró–Ausstellung gewesen?*

**Es hora de que lea alguna de sus novelas.**
*Es ist höchste Zeit, daß ich einen ihrer Romane lese.*

• Zur Verkürzung von ALGUNO vgl. 3.48 und 3.50.

### 9.82 ALGUNO oder UNO?

ALGUNO (ALGÚN) / ALGUNA verwendet man bei einem gewohnheitsmäßig wiederholten Geschehen, um einzeln auftretende Personen oder Sachen der gleichen Art zu benennen:

**Los domingos venía a verme alguna vecina.**
*Sonntags hat mich eine der Nachbarinnen besucht.*

**Siempre traía algún regalo.**
*Sie brachte immer ein Geschenk mit.*

### 9.83 ALGUNO zum Ausdruck geringer Intensität

Vor Substantiven, die Stoffnamen oder nicht Zählbares bezeichnen, dient ALGÚN / ALGUNA zum Ausdruck geringer Intensität:

**Voy a estar algún tiempo con ellas.**
*Ich werde einige Zeit bei ihnen sein.*

**Ella aún tenía algún poder sobre él.**
*Sie hatte noch etwas Macht über ihn.*

## 9. Indefinitpronomen und Vergleichsstrukturen

### 9.84 ALGUNO zum Ausdruck kleiner Menge

ALGUNO (ALGÚN) / ALGUNA dient sehr häufig zur Bezeichnung eine kleine unbestimmte Menge von zählbaren Dingen oder Personen (vgl. 9.87):

**Esto casi no tiene errores, alguna palabra mal escrita como mucho.**
*Dies hat beinah keinen Fehler, höchstens ein paar Tippfehler.*

**Algún famoso ha puesto sus pies en esta casa.**
*Manch eine Berühmtheit ist schon einmal in diesem Haus gewesen.*

**Lo volvió a explicar, pero alguno seguía sin entenderlo.**
*Er hat es noch einmal erklärt, aber manch einer hat es immer noch nicht verstanden.*

### 9.85 Vollform von ALGUNO + Adjektiv

ALGUNO / ALGUNA, also die Vollform dieses Pronomens steht bei Weglassung des Bezugssubstantivs bei Hinzutreten eines Adjektivs:

**La novela tiene pasajes muy fuertes, aunque también alguno muy débil.**
*Der Roman hat ganz starke Passagen, manch eine ist allerdings sehr schwach.*

### 9.86 ALGUNO mit Zeit-, Orts- und Modusbezeichnungen

Mit ALGÚN / ALGUNA und entsprechenden allgemeinen Wörtern bringt man die Ungewißheit bzw. die Unbestimmtheit von Ort, Zeit und Art und Weise zum Ausdruck:

**En alguna parte se oía el ruido atronador de una aspiradora.**
*Irgendwo dröhnte ein Staubsauger.*

**¿Saliste con él alguna vez?**
*Bist du irgendwann mit ihm ausgegangen?*

**He colaborado con él en alguna ocasión.**
*Ich habe schon einmal mit ihm zusammengearbeitet.*

**Algún día se encontrará a los culpables.**
*Irgendwann wird man die Schuldigen finden.*

**Eso es de alguna manera un consuelo.**
*Das ist irgendwie ein Trost.*

### 9.87 ALGUNO QUE OTRO

ALGUNO (ALGÚN) / ALGUNA QUE OTRO / OTRA benennt eine nicht große Anzahl, ist also mit ALGUNOS / ALGUNAS (vgl. 9.89) gleichbedeutend:

**Los delegados sonrieron; alguno que otro trató de saludarme en español.**
*Die Delegierten lächelten; der eine oder andere versuchte, mich auf spanisch zu grüßen.*

**Algún que otro poema suyo no tiene ni cinco palabras.**
*Manches seiner Gedichte besteht aus nicht einmal fünf Wörtern.*

### 9.88 Nachgestelltes ALGUNO

Nachgestelltes ALGUNO / ALGUNA hat verneinenden Sinn (vgl. 9.96 und 29.41A):

**no tener motivo alguno para afirmar tal cosa** *keinen Grund haben, solches zu behaupten*
**sin muestra alguna de arrepentimiento** *ohne das geringste Zeichen von Reue*

# 9. Indefinitpronomen und Vergleichsstrukturen

## 9.89 Das Quantitätspronomen ALGUNOS

ALGUNOS / ALGUNAS bezeichnet eine kleine Anzahl, hat also die Bedeutung *'einige, ein paar'*.
ALGUNOS / ALGUNAS wird als Adjektiv häufiger als UNOS / UNAS (vgl. 6.10) verwendet und muß als Pronomen vor DE gebraucht werden:

**algunos países de Asia Oriental** *einige ostasiatische Länder*
**algunos sí, otros no** *einige ja, andere nein*
**algunas de las víctimas** *einige der Opfer*
**algunos de nosotros** *einige von uns*

## 9.90 UNOS POCOS und UNOS CUANTOS

Ebenso wie ALGUNOS und UNOS bezeichnen UNOS POCOS und UNOS CUANTOS eine kleine Anzahl; diese Ausdrücke werden ebenso häufig adjektivisch wie pronominal verwendet.

**A** ▶ Beispiele mit UNOS POCOS / UNAS POCAS:

**hace unas pocas décadas** *vor einigen Jahrzehnten*
**un negocio rentable sólo para unos pocos** *ein nur für einige wenige rentables Geschäft*

**B** ▶ Beispiele mit UNOS CUANTOS / UNAS CUANTAS:

**unos cuantos errores** *ein paar Fehler*
**de ningún modo todas, sino sólo unas cuantas** *keineswegs alle, sondern nur einige*

## 9.91 Das Quantitätspronomen VARIOS

Beispiele für den adjektivischen und pronominalen Gebrauch von VARIOS / VARIAS:

**varios países** *mehrere Länder*
**varias habitaciones** *mehrere Zimmer*
**varias veces** *mehrmals*
**varias de las personas que estaban allí** *mehrere von den Leuten, die dort waren*

## 9.92 Die Quantitätsausdrücke DIVERSOS, DIFERENTES und DISTINTOS

Die Adjektive DIVERSO, DIFERENTE und DISTINTO werden im Plural als Synonyme von VARIOS verwendet. Sie treten nur adjektivisch auf und werden in der Regel vor das Substantiv gestellt:

**diversos oficios** *verschiedene Berufe*
**diversas interpretaciones** *verschiedene Interpretationen*
**diferentes / distintos aspectos** *verschiedene Aspekte*
**diferentes / distintas emisoras** *verschiedene Sender*

## 9.93 Das Pronomen NINGUNO

Mit **ninguno (ningún) / ninguna** *keine (-r, -s)* wird das Vorhandensein für jedes einzelne Element einer Menge verneint. (Zur Verkürzung vgl. 3.48 ff. Zum redundanten NO vgl. 29.31, 29.36):

**un libro para todos y para ninguno** *ein Buch für alle und für keinen*
**llamarlas a todas y no localizar a ninguna** *alle anrufen und keine erreichen*
**ningún examen sin fallos** *keine Prüfung ohne Fehler*
**ninguna solución viable** *keine durchführbare Lösung*
**no confiar en ninguno de ellos** *niemandem von ihnen trauen*
**en ningún país mejor que en éste** *in keinem anderen Land besser als in diesem*
**sin ninguna posibilidad de escapar** *ohne irgendeine Fluchtmöglichkeit* (vgl. 29.42)
**saber más que ninguno de nosotros** *mehr als irgendeiner von uns wissen* (vgl.29.46)

## 9. Indefinitpronomen und Vergleichsstrukturen

### 9.94 Wegfall von NINGUNO

NINGUNO / NINGUNA wird in der Regel nicht verwendet bei nicht zählbaren Bezeichnungen in verneinten Existenzsätzen, noch bei Sätzen des Typs TENER COCHE (vgl. 6.28):

**No queda vino.**
*Es ist kein Wein mehr da.*

**No tengo hambre.**
*Ich habe keinen Hunger.*

**Este niño no tiene madre.**
*Dieses Kind hat keine Mutter.*

### 9.95 Die Pluralform NINGUNOS

Die Mehrzahlform NINGUNOS / NINGUNAS wird sehr selten verwendet, es wird für die Verneinung die Singularform bevorzugt:

**ningunas novelas (ninguna novela)** *keine Romane*
**ningunos parientes (ningún pariente)** *keine Verwandten*

**A ▶** Die Verneinung von Sätzen mit unbestimmten Mehrzahlbezeichnungen als Objekt bzw. als Prädikatsnomen erfolgt in der Regel mit NO:

**no leer novelas** *keine Romane lesen*
**no ser ateos** *keine Atheisten sein*

### 9.96 Negationsverstärkung durch NINGUNO

NINGUNO / NINGUNA stellt beim Prädikatsnomen und bei nicht zählbaren Substantiven eine Negationsverstärkung dar:

**no ser ningún problema** *gar kein Problem sein*
**no ser ningún genio** *keineswegs ein Genie sein*
**no tener ningún interés** *keinerlei Interesse haben*
**hablar alemán casi sin ningún acento** *fast ohne jeden Akzent Deutsch sprechen*

**A ▶** Bei der Negationsverstärkung kann NINGUNO / NINGUNA dem Substantiv nachgestellt werden (es hat dann den Wert von ALGUNO / ALGUNA, vgl. 9.88):

**no tener ningún libro** oder: **libro alguno** oder: **libro ninguno** *gar kein Buch haben*

## D. TODO, CUALQUIERA, CADA und verwandte Ausdrücke

### 9.97 Das Pronomen TODO

Beispiele für den Gebrauch von TODO in der Bedeutung *'alles'*:

**Todo pasa, nada queda.**
*Alles vergeht, nichts währt.*

**El emilio no le llegó, eso es todo.**
*Er hat die Mail nicht erhalten, das ist alles.*

**Ya lo tengo todo preparado.**
*Ich habe schon alles vorbereitet.*

**Todo lo que hacemos lo hacemos por ti.**
*Alles, was wir tun, tun wir für dich.*

## 9. Indefinitpronomen und Vergleichsstrukturen

**Se apuntaba todo cuanto le pasaba.**
*Er schrieb alles auf, was ihm geschah.*

• Zum redundanten LO bei TODO vgl. 11.82. Zu TODO LO QUE vgl. 10.25, 10.42. Zu TODO CUANTO vgl. 10.88. Zu TODO SON (ERAN etc.) vgl. 22.2A.

### 9.98 TODO + neutrales Pronomen

TODO steht häufig vor einem Demostrativpronomen auf –O (vgl. 7.10, 7.14N) und vor ELLO (vgl, 11.29):

**¿Qué he hecho yo para merecer todo esto?**
*Womit habe ich das alles verdient?*

**Lo peor de todo ello es que trabajan para el Gobierno.**
*Das Schlimmste von allem ist, daß sie für die Regierung arbeiten.*

### 9.99 DE TODO als partitive Ergänzung

Insbesondere bei Verben des Vorhandenseins und Verzehrs in Aussagen mit allgemeinem Sinn wird vorzugsweise DE TODO als Entsprechung für *'alles, alles mögliche'* verwendet:

**Es delgada y eso que come de todo.**
*Sie ist schlank, dabei ißt sie alles.*

**En esta tienda hay de todo.**
*In diesem Laden gibt es alles*

### 9.100 Feststehende Wendungen mit TODO

**A ▶** Mit Y TODO werden konzessive Konstruktionen abgeschlossen (vgl.35.114):

**Deportista y todo, tiene algo de torpe.**
*Auch wenn er Sportler ist / sein soll, er ist sehr ungeschickt.*

**Dominando idiomas y todo, no consiguen trabajos mejores.**
*Auch wenn sie Fremdsprachen können, bekommen sie keine besseren Jobs.*

**B ▶** Das Lexikon verzeichnet alle feststehenden Wendungen mit TODO. Beispiele daraus:

**después de todo** *letzten Endes*
**ante todo** *zuallererst*
**sobre todo** *vor allem*
**con todo** *jedoch* (vgl. 33.17)
**así y todo** *trotzdem* (vgl. 33.17)

### 9.101 TODO + Artikel + Substantiv

Beispiele für den Gebrauch von **todo / toda** *ganz* (zur Verwendung bzw. Wegfall von EL / LA vgl. 5.60, 5.61):

**todo el país** *das ganze Land*
**toda la verdad** *die ganze Wahrheit*
**todo un pueblo** *ein ganzes Volk*
**toda una vida** *ein ganzes Leben*

**A ▶** Auf TODO LO folgt naturgemäß ein Adjektiv, die Vollform eines Possessivpronomens, sehr häufig aber auch ein Partizip mit Ergänzungen:

**hacer todo lo posible para superar la crisis** *alles Erdenkliche tun, um die Krise zu überwinden.*
**cautivadas por todo lo americano** *von allem Amerikanischen fasziniert*
**todo lo contrario** *ganz im Gegenteil, genau das Gegenteil*
**enemiga de todo lo mío** *feindselig gegen alles, was mich betrifft*
**todo lo escuchado hasta este momento** *alles, was man bisher gehört hat*

- Zu Sätzen wie TODO LO BUENAS QUE ERAN und TODO LO BIEN QUE PUEDE ESTAR vgl. 28.31.

### 9.102 Bestimmter Artikel + Substantiv + TODO
In emphatischer Ausdrucksweise kann TODO / TODA nach dem Substantiv kommen:

**el universo todo** *das Weltall als Ganzes*
**la humanidad toda** *die ganze Menschheit*

### 9.103 Wegfall von EL / LA nach TODO in adverbiellen Wendungen
In zahlreichen adverbiellen Präpositionafügungen, die im Lexikon festgehalten sind, aber durchaus auch in spontanen Bildungen vorkommen können, fällt EL / LA nach TODO / TODA weg. Es handelt sich meistens um Ausdrücke der Art und Weise mit den Präpositionen A und CON. Beispiele:

**correr a toda velocidad / prisa** *ganz schnell rennen*
**un anuncio a toda página** *eine ganzseitige Annonce*
**cantar a todo pulmón** *aus voller Brust singen*
**acudir con toda seguridad a la cita** *ganz sicher zur Verabredung kommen*

### 9.104 Wegfall des bestimmten Artikels bei POR TODO
In der Bedeutung *'einzig'* fällt der bestimmte Artikel nach TODO / TODA weg. In dieser Bedeutung kommt TODO / TODA fast ausschließlich nach der Präposition POR (vgl. 39.14B) vor:

**Por todo equipaje llevaban una mochila de mediano tamaño.**
*Als einziges Gepäck trugen sie einen mittelgroßen Rucksack.*

### 9.105 Bedeutungsverstärkung durch TODO UN
TODO / TODA steht als Adjektiv vor UN / UNA + Substantiv zur Unterstreichung der Art:

**todo un caballero** *ein richtiger Kavalier*
**toda una mujer** *eine richtige Frau*
**todo un gesto** *eine echte Geste*
**todo un mal carácter** *ein wirklich schlechter Charakter*

### 9.106 Wegfall des Artikels zwischen TODO und Substantiv
Bei Länder-, Städtenamen und anderen geographischen Bezeichnungen sowie bei den Monatsnamen fällt der bestimmte Artikel nach TODO / TODA weg (vgl. 5.61B, 5.69):

**toda Europa** *ganz Europa*
**todo Buenos Aires** *ganz Buenos Aires*
**extendido por todo Occidente** *im ganzen Abendland verbreitet*
**estar fuera todo abril** *den ganzen April verreist sein*

## 9. Indefinitpronomen und Vergleichsstrukturen

### 9.107 | TODO + Possessivum / Demonstrativum + Substantiv
Statt des Artikels kann nach TODO / TODA ein Demonstrativ- oder ein Possesivpronomen stehen:

**todo mi amor** *meine ganze Liebe*
**toda nuestra sociedad** *unsere ganze Gesellschaft*
**todo ese ambiente** *dieses ganze Ambiente*
**toda esa gente insoportable** *all diese unausstehlichen Leute*

### 9.108 | Kongruierendes TODO als Ausdruck des höchsten Grades
TODO / TODA steht adverbiell vor Adjektiven zum Ausdruck absoluten Superlativs:

**Llevaba una camisa toda sucia**
*Er hatte ein völlig schmutziges Hemd an.*

**Tenía las piernas todas hinchadas.**
*Er hatte ganz geschwollene Beine.*

**A ▶** Vor adjektivischen Fügungen, die ein Substantiv erhalten, kann die Übereinstimmung mit dem Bezugssubstantiv oder -pronomen erfolgen, oder es kann das Neutrum TODO stehen:

**Todo / Toda sonrisas, la dependienta disimulaba su despiste.**
*Die Verkäuferin strahlte und verdeckte damit ihre Ahnungslosigkeit.*

**B ▶** TODO / TODA steht vor einem betonten Pronomen (in der Regel ÉL oder ELLA) zum Ausdruck des höchstmöglichen Grads einer durch den Kontext zu erschließenden Eigenschaft:

**Sor Agripina era toda ella bondad.**
*Schwester Agripina war die Güte in Person.*

**C ▶** TODO / TODA steht adverbiell zu Verben und dem Satzsubjekt kongruierend:

**La niña gemía temblando toda.**
*Das kleine Mädchen stöhnte und zitterte am ganzen Körper.*

### 9.109 | TODO als Ausdruck des höchsten Grades vor Adverbien
TODO steht zum Ausdruck absoluten Superlativs vor einigen adverbiellen Angaben:

**Siga todo recto hasta el semáforo.**
*Fahren Sie geradeaus weiter bis zur Ampel.*

### 9.110 | Das Substantiv TODO
Beispiele mit dem maskulinen Substantiv TODO:

**el todo y sus partes** *das Ganze und seine Teile*
**fragmentos de un todo insondable** *Teile eines unergründlichen Ganzen*

**A ▶** Beispiele mit dem häufigen Adverb DEL TODO:

**Esto no está del todo mal.**
*Das ist gar nicht schlecht.*

**Son a mi juicio unas medidas del todo arbitrarias.**
*Das sind meiner Meinung nach ganz willkürliche Maßnahmen.*

**¿Es del todo preciso que esté yo?**
*Muß ich unbedingt da sein?*

**Las maletas se habían perdido del todo.**
*Die Koffer waren endgültig verloren gegangen.*

**Lee el francés perfectamente, pero es del todo incapaz de hablarlo.**
*Er liest Französisch ganz mühelos, aber er kann es überhaupt nicht sprechen.*

### 9.111 Ausdrücke im Bedeutungsfeld von TODO

**A** ▶ Beispiele für den adjektivischen und adverbiellen Gebrauch von ENTERO bzw. ENTERAMENTE / POR ENTERO:

**una década entera sin guerras** *ein ganzes Jahrzehnt ohne Kriege*
**en el mundo entero** *in der ganzen Welt*
**dos páginas enteras** *zwei ganze Seiten*
**barrios enteros** *ganze Stadtviertel*
**dedicarse por entero al tenis** *sich ganz dem Tennis widmen*
**una moda no enteramente nueva** *eine nicht ganz neue Mode*

**B** ▶ Beispiele für den adjektivischen und adverbiellen Gebrauch von COMPLETO bzw. COMPLETAMENTE / POR COMPLETO:

**una bibliografía bastante completa** *eine ziemlich vollständige Sekundärliteratur*
**nuestro completo desacuerdo** *unser völliger Widerspruch*
**las obras completas de García Lorca** *die gesamten Werke von García Lorca*
**Julio Cortázar: Cuentos Completos** *Julio Cortázar: Sämtliche Erzählungen*
**abandonar por completo los estudios** *das Studium ganz aufgeben*
**completamente seguro** *ganz sicher*

### 9.112 Das Pronomen TODO ohne darauffolgenden Artikel

Beispiele für den Gebrauch von TODO in der Bedeutung *'jede(–r,–s)'*:

**como todo buen cristiano** *wie jeder gute Christ*
**el destino de toda mujer casada** *das Schicksal jeder verheirateten Frau*
**por encima de toda sospecha** *über jeden Verdacht erhaben*
**enemigo de todo énfasis** *Gegner jeder Übertreibung*

**A** ▶ Das Lexikon verzeichnet alle Wendungen mit TODO / TODA. Beispiele mit EN TODO CASO, A TODA COSTA, TODO TIPO DE und TODA CLASE DE:

**Escucharon un discurso que no les interesó y que, en todo caso, los aburrió.**
*Sie hörten eine Rede, die sie nicht interessierte und die sie bestenfalls langweilte.*

**Puede que a la noche deje de llover. En todo caso, voy a llevar paraguas.**
*Vielleicht hört der Regen am Abend auf, ich nehme jedenfalls einen Regenschirm.*

**Quieren preservar sus privilegios a toda costa.**
*Sie wollen ihre Privilegien um jeden Preis behalten.*

**Su música tiene influencias de todo tipo.**
*Seine Musik weist allerlei Einflüsse auf.*

**Habían tomado toda clase de precauciones.**
*Sie hatten alle möglichen Vorsichtsmaßnahmen getroffen.*

### 9.113 TODO EL QUE und TODO AQUEL QUE

In der Bedeutung *'jeder, der'* werden häufig TODO EL QUE bzw. TODO AQUEL QUE verwendet (vgl. 10.19, 10.38):

**todo el que sepa bailar** *jeder, der tanzen kann*
**todo aquel que se dedica a la política** *jeder, der sich der Politik widmet*

## 9. Indefinitpronomen und Vergleichsstrukturen

### 9.114 | Das Pronomen TODOS

Beispiele für den substantivischen und pronominalen Gebrauch von TODOS (zum antizipierenden redundanten LOS / LAS vgl. 11.82, zu TODOS LOS QUE vgl. 10.15, 10.19):

**Queremos justicia social para todos.**
*Wir wollen soziale Gerechtigkeit für alle.*

**Todos están contra mí.**
*Alle sind gegen mich.*

**Clara es la mayor de todas las que están aquí.**
*Clara ist die älteste von allen, die hier sind.*

**Su cuarto está repleto de libros, y los ha leído todos.**
*Sein Zimmer quillt von Büchern über, und er hat sie alle gelesen.*

**A ▸** Ein sehr häufig gebrauchtes Synonym von TODOS ist TODO EL MUNDO:

**Se ha ido todo el mundo.**
*Alle sind weggegangen.*

**Así se comporta todo el mundo en España.**
*So benehmen sich alle Leute in Spanien.*

**B ▸** TODOS kommt sehr häufig nach dem Verb vor:

**Las ciudades occidentales acabarán pareciéndose todas.**
*Am Ende werden die Städte des Westens alle gleich aussehen.*

**C ▸** Ein Adjektiv kann auf TODOS folgen:

**Escribía historias de amor, todas traumáticas y dolorosas.**
*Er schrieb Liebesgeschichten, alle traumatisch und schmerzensreich.*


### 9.115 | TODOS + betontes Personalpronomen

Ein Personalpronomen folgt auf TODOS. ELLOS / ELLAS hat dabei häufig eine bloß verstärkende Funktion:

**Es una cuestión que nos concierne a todas nosotras.**
*Das ist eine Frage, die uns alle angeht.*

**En la sala bailaban unas trescientas personas, todas ellas disfrazadas.**
*Im Saal tanzten etwa dreihundert Leute, alle ohne Ausnahme verkleidet.*


### 9.116 | TODOS + bestimmter Artikel + Substantiv

Außer bei einer Anzahl feststehender adverbieller Ausdrücke (vgl. 9.116) muß zwischen TODOS und dem damit quantifizierten Substantiv der Artikel LOS / LAS stehen:

**todos los vecinos** *alle Nachbarn*
**todas las páginas** *alle Seiten*
**todos los jueves** *jeden Donnerstag* (vgl. 26.45)

**A ▸** Bei einer Reihe sehr häufiger adverbieller Angaben steht kein bestimmter Artikel zwischen TODOS und dem Substantiv:

**en / por todas partes** *überall*
**a todas partes** *überallhin*
**de todos modos / de todas maneras / de todas formas** *jedenfalls; auf alle Fälle; trotzdem*
**a todas luces** *ganz offensichtlich*
**a todas horas** *ständig*

## 9. Indefinitpronomen und Vergleichsstrukturen

### 9.117 TODOS vor Possessiv– oder Demonstrativpronomen

**A ▶** Anstatt LOS / LAS kann nach TODOS ein adjektivisch gebrauchtes Possessiv- oder Demonstrativpronomen stehen:

**todos mis ahorros** *meine ganzen Ersparnisse*
**todos estos detalles** *alle diese Details*

**B ▶** In bestimmten Fällen steht LOS / LAS nach TODOS / TODAS und vor der Vollform eines Possessivpronomens (vgl. 8.17A):

**un triunfo más importante que todos los nuestros** *ein Sieg, der wichtiger ist als alle, die wir erreicht haben*
**este disco y todos los tuyos** *diese Platte und alle, die dir gehören*

**C ▶** Beispiele für TODOS / TODAS vor einem pronominal verwendeten Demonstrativum:

**Mi mochila es esta y todas esas son de las chicas alemanas.**
*Mein Rucksack ist der hier, und alle dort gehören den deutschen Mädchen.*

### 9.118 Das Pronomen CUALQUIERA

CUALQUIERA wird zu CUALQUIER vor jedem Substantiv. CUALQUIERA bezeichnet ein Element einer Menge auf völlig unterschiedslose Weise:

**Cualquier español te diría lo mismo.**
*Jeder Spanier würde dir dasselbe sagen.*

**Esta blusa pega con cualquier falda.**
*Diese Bluse paßt zu jedem Rock.*

**Todos los vasos están limpios, así que puedes usar cualquiera.**
*Alle Gläser sind sauber, du kannst also jedes benutzen.*

**Sal a la calle y pregúntale a cualquiera.**
*Gehe auf die Straße und frage irgendjemanden dort.*

**Cualquier otra alternativa supondría el caos.**
*Jede andere Alternative würde das Chaos bedeuten.*

**Este es un país como otro cualquiera.**
*Dies ist ein Land wie jedes andere.*

**A ▶** Eine auf ländliche Regionen beschränkte Abwandlung von CUALQUIERA ist CUALISQUIERA, welches das syntaktische Verhalten von CUALQUIERA aufweist:

**cualisquiera de ellos** *jeder von ihnen*
**por cualisquier bobada** *wegen jeder Dummheit*

### 9.119 Die Mehrzahl von CUALQUIERA

Die selten gebrauchte Mehrzahl von CUALQUIERA ist CUALESQUIERA; die Verkürzung von CUALESQUIERA ist hier nicht obligatorisch:

**cualesquier(a) argumentos** *jegliches Argument; alle Argumente*
**cualesquier(a) solicitudes** *jeglicher Antrag*

**A ▶** Bildungen mit einem falschen Plural von CUALQUIERA kommen nicht selten vor: CUALQUIERA OTROS DOCUMENTOS, PAÍSES CUALQUIERA. Solche Sätze dürfen nicht nachgeahmt werden.

# 9. Indefinitpronomen und Vergleichsstrukturen

### 9.120 Abwertende Bedeutung von CUALQUIERA

CUALQUIERA wird in herabsetzender Absicht nachgestellt:

**un regalillo cualquiera** *irgendein kleines Geschenk*
**una tela cualquiera** *irgendein (wertloser) Stoff*
**un cualquiera** *ein Dutzendmensch*
**una cualquiera** *ein Flittchen*

### 9.121 Festsstehende Wendungen mit CUALQUIERA

**A ▶ CUALQUIERA SABE**

–¿Irás a ver a los abuelos a Madrid?     *"Besuchst du die Großeltern in Madrid?*
–Cualquiera sabe.     *"Wer weiß es!"*

**B ▶ DE CUALQUIER MANERA**

–Claro que le compré las pastillas.     *"Natürlich habe ich ihm die Pillen gekauft."*
–De cualquiera manera, no las tomó.     *"Wie auch immer, er hat sie nicht eingenommen."*

**C ▶ POR CUALQUIER COSA**

–Dice que está furiosa conmigo.     *"Sie sagt, sie ist sehr böse mit mir."*
–No le hagas caso, se enfada por cualquier cosa.     *"Halb so schlimm, sie ärgert sich wegen jeder Nichtigkeit."*

### 9.122 Das Pronomen CADA

CADA ist einendig und hat keine Mehrzahl. CADA ist ein Distributivum und bezeichnet alle Elemente einer Menge bei Hervorhebung des Einzelnen:

**dos personas en cada coche** *zwei Menschen in jedem Auto*
**un vaso de leche para cada niño** *ein Glas Milch für jedes Kind*

### 9.123 CADA als Pronomen

Das distributive Pronomen heißt CADA UNO / UNA. CADA UNO wird auch als verallgemeinerndes Pronomen verwendet:

**Las ancianas iban cogidas del brazo y cada una llevaba un pañuelo blanco.**
*Die alten Frauen marschierten Arm in Arm, jede trug ein weißes Kopftuch.*

**Le había puesto un número a cada uno de sus discos.**
*Jede seiner Schallplatten hatte er mit einer Nummer versehen.*

**Cada uno tiene su lugar en este mundo.**
*Jeder hat seinen Platz auf dieser Welt.*

**A ▶** Da CADA ein betontes Wort ist, wird es zuweilen, vielleicht unkorrekterweise, als reines Pronomen verwendet:

**lechugas y cebollas, dos ejemplares de cada** *Salatköpfe und Zwiebeln, zwei Stück von jedem*

**B ▶** Die distributive Bedeutung von TODOS wird häufig verdeutlicht durch Hinzufügung von CADA UNO / A. Es ergibt sich der Ausdruck TODOS / TODAS Y CADA UNO / UNA (DE):

**todos y cada uno de los ministros** *jeder Minister*
**todas y cada una de las revistas** *jede Zeitschrift*
**la buena voluntad de todos y de cada uno** *der gute Wille jedes Einzelnen*

## 9. Indefinitpronomen und Vergleichsstrukturen

### 9.124 CADA CUAL und CADA QUIEN

CADA CUAL wird als Pronomen benutzt, wenn die Geschlechtsunterscheidung unwichtig ist; es wird auch sehr häufig als distributives Pronomen der Verallgemeinerung verwendet. Synonym von CADA CUAL ist CADA QUIEN:

**Cada cual hacía lo que quería sin atender a las consecuencias.**
*Jeder machte, was er wollte, ohne sich um die Folgen zu kümmern.*

**Que cada cual / cada quien saque sus conclusiones.**
*Jeder soll seine eigenen Schlüsse daraus ziehen.*

### 9.125 CADA in Verbindung mit Zahlen

CADA + Zahl + Zeiteinheit in Plural und Zahl + DE CADA + Zahl + Substantiv im Plural sind häufige distributive Wendungen:

**cada cinco minutos** *alle fünf Minuten*
**uno de cada dos españoles** *jeder zweite Spanier*

### 9.126 CADA vor Komparativen

Mit CADA kann man Graduativergänzungen bilden, am häufigsten mit CADA VEZ:

**estar cada vez más tontos** *immer dümmer werden*
**jugar cada día mejor** *jeden Tag besser spielen*

### 9.127 Verstärkung durch CADA

Beispiel für die Verstärkungsfunktion von CADA vor einem Substantiv:

**¡Se te ocurre cada cosa!**
*Du hast aber auch Einfälle!*

### 9.128 Das Distributivpronomen SENDOS

Das Distributivpronomen SENDOS wird fast ausschließlich in der Schriftsprache verwendet, es existiert nur in der Pluralform:

**tres policías con sendos fusiles** *drei Polizisten, jeder mit einem Gewehr*
**cuatro ramos de rosas en sendas mesas** *vier Rosensträuße, jeder auf einem Tisch*

### 9.129 RESPECTIVO und RESPECTIVAMENTE

Beispiele für den Gebrauch des voran- oder nachzustellenden Ajektivs RESPECTIVO und des Adverbs RESPECTIVAMENTE:

**La derecha y la izquierda son criticadas en sus respectivas comunidades.**
*Die Linke und die Rechte werden in ihrem jeweiligen Lager kritisiert.*

**La velocidad máxima permitida es en algunos estados de 65 millas por hora, en otros de 55 (105 y 89 kilómetros por hora, respectivamente).**
*In einigen Bundesstaaten ist die erlaubte Höchstgeschwindigkeit 65 Meilen in der Stunde, in anderen 55 (105 bzw. 89 kmh).*

## 9. Indefinitpronomen und Vergleichsstrukturen

## E. TANTO, MÁS, MENOS und verwandte Ausdrücke der Komparation

### 9.130 Das Pronomen TANTO

Das Pronomen TANTO bedeutet *'soviel(–e)'* und bezieht sich immer auf eine vorher erwähnte oder gedachte definite oder indefinite, als groß angesehene Menge. TANTO steht nie vor MUCHO oder vor sonstigen Indefinitpronomen:

**tanto pan** *soviel Brot*
**tanta suerte** *soviel Glück*
**tantos esfuerzos** *so viele Anstrengungen*
**tantas palabras** *so viele Worte*
**¿veinte suspensos? ¿tantos?** *zwanzig durchgefallen? so viele?*

### 9.131 OTRO TANTO als Pronomen

Beispiele mit dem indefiniten Pronomen OTRO TANTO:

**cinco chicas con otros tantos chicos** *fünf Mädchen mit ebensovielen Jungen*
**cuatro flores para ti y otras tantas para mí** *vier Blumen für dich und ebensoviele für mich*

### 9.132 Die Einzahlform TANTO zur Bezeichnung einer Mehrzahl

Die Singularform kann in emphatischer Ausdrucksweise für die Mehrzahlform stehen. Dies kommt insbesondere in Ausrufen von Verwunderung, Ärger usw. vor:

**¡tanto médico chapucero!** *so viele Pfuscher unter den Ärzten!*
**¡tanta lágrima derramada en vano!** *so viele umsonst vergossene Tränen!*

### 9.133 Unveränderliches TANTO als Adverb

Beispiele von TANTO als Adverb bei Verben:

**imposible comer tanto** *unmöglich, soviel zu essen*
**¿para qué quejarse tanto?** *wozu soviel klagen?*
**no gustar tanto** *nicht so sehr gefallen*
**tres veces tanto** *dreimal soviel*
**no poder esperar tanto** *nicht so lange warten können*
**¿para qué correr tanto?** *wozu so schnell / so lange rennen?*
**cansadas de tanto hablar** *müde vom vielen Reden*

### 9.134 OTRO TANTO

OTRO TANTO ist ein sehr häufiger Ausdruck der Gleichheit. Beispiele seiner Verwendungsweise:

**Le puse una cucharada de sal al asado y otro tanto a la sopa.**
*Ich gab einen Löffel voll Salz an den Braten und ebensoviel in die Suppe.*

**Alemania cierra sus fronteras y España hace otro tanto.**
*Deutschland schließt seine Grenzen und Spanien tut ein gleiches.*

### 9.135 TANTO als Prädikatsnomen

TANTO / TANTA / TANTOS / TANTAS erscheint als Prädikatsnomen, wenn das Satzsubjekt eine Personenbezeichnung ist. Bei Angaben über Geld, Preis, Temperatur, Geschwindigkeit usw. steht TANTO, sofern man nicht die jeweiligen Meßeinheiten meint:

**Tuve treinta fallos. No me imaginé que podrían ser tantos.**
*Ich hatte dreißig Fehler. Ich hatte mir nicht vorstellen können, daß es so viele sein würden.*

**Cinco millones de rublos no es tanto.**
*Fünf Millionen Rubel, das ist nicht so viel.*

### 9.136 Ungefähre Angaben mit kongruierendem TANTO

TANTO steht insbesondere in ungefähren Zeitangaben des Alters, der Jahreszahl, des Datums und der Uhrzeit:

**veintitantas noches sin dormir** *gut und gern zwanzig schlaflose Nächte*
**un hombre de treinta y tantos años** *ein Mann (hoch) in den Dreißigern*
**en mil novecientos setenta y tantos** *irgendwann in den siebziger Jahren*
**a tantos de enero** *den soundsovielten Januar*
**marcharse a las tantas de la noche** *sehr spät in der Nacht gehen*

### 9.137 Das Substantiv TANTO

Das Lexikon verzeichnet die Bedeutungen von TANTO als Substantiv, sowie alle feststehenden Wendungen mit TANTO. Beispiele daraus:

**un solo tanto en la primera manga** *ein einziger Punkt im ersten Satz (Tennis)*
**no ser para tanto** *nicht so schlimm sein*
**estar al tanto** *auf dem laufenden sein*
**de tanto en tanto** *von Zeit zu Zeit*
**¡tanto como eso, no!** *das nicht!*
**por tanto / por lo tanto** *daher, folglich*
**en tanto / entre tanto** *unterdessen*

**A ▶** TANTO ist Teil komparativ- kausaler Wendungen (vgl. 9.165, 35.107, 35.108):

**tanto mejor** *um so besser*
**tanto peor** *um so schlimmer*
**tanto más cuanto que** *um so mehr als*

### 9.138 Der Ausdruck UN TANTO

UN TANTO ist ein Synonym von UN POCO (vgl. 9.58); als Adverb zu einem Verb kann es auch die Form UN TANTO ASÍ erhalten:

**un tanto cansadas** *ein wenig müde*
**angustiarse un tanto** *ein wenig Angst bekommen*
**crecer un tanto así** *ein wenig wachsen*

### 9.139 Gebrauch und Wegfall der Verkürzung von TANTO: TAN

TANTO wird vor einem Adjektiv, einer adjektivischen Fügung oder Adverb zu TAN verkürzt; die Vollform wird verwendet, wenn das Adjektiv oder Adverb nicht wieder erwähnt wird:

**tan caro / cara / caros / caras** *so teuer*
**tan deprisa** *so schnell*
**tan de mañana** *so früh*
**tan por debajo de su nivel habitual** *so sehr unter seinem üblichen Niveau*
**grande, pero no tanto** *groß, aber nicht so sehr*

## 9. Indefinitpronomen und Vergleichsstrukturen

### 9.140 Feststehende Wendungen mit TAN

**A** ▶ TAN SÓLO ist eine Verstärkung von **sólo** *nur*:
**sólo seis** *nur sechs*
**si tan sólo fuera por eso...** *wenn es nur das wäre...*

**B** ▶ TAN SIQUIERA und NI TAN SIQUIERA:
**tan siquiera por tu madre** *wenigstens deiner Mutter zuliebe*
**ni tan siquiera en Navidad** *nicht einmal zu Weihnachten*

### 9.141 Strukturen mit ASÍ DE

TAN ist ein unbetontes Wort, sein betontes Synonym lautet ASÍ DE (Fügungen mit ASÍ DE können auch die Formel annehmen: **ASÍ + Verb + DE + Adjektiv / Adverb**):

**Me llevaron hasta la puerta de mi casa. Así de amables estuvieron esa noche.**
*Sie haben mich bis zur Haustür begleitet. So freundlich waren sie an dem Abend.*

**Un euro treinta. Así estaban de caras las ciruelas.**
*Ein Euro dreißig. So teuer waren die Pflaumen.*

**Sólo tardamos veinte minutos. Así de rápido te atienden allí.**
*Wir haben nur zwanzig Minuten gebraucht. So schnell wirst du dort bedient.*

### 9.142 TAN im Ausdruck hoher Intensität

Beispiel für die superlativische Ausrufestruktur **QUÉ + Substantiv + TAN + Adjektiv** (vgl. 28.24):

**Qué versos tan bellos le dedicó a su madre.**
*Was für schöne Verse widmete er seiner Mutter.*

### 9.143 TANTO und TAN in Vergleichsstrukturen

Die Komparativergänzung von TANTO und TAN ist COMO:

**tanto trabajo como antes** *so viel Arbeit wie früher*
**tanta suerte como yo** *so viel Glück wie ich*
**comer tanto como sea necesario** *soviel essen wie nötig ist*
**quererle tanto como a su propio hijo** *ihn so lieben wie seinen eigenen Sohn*
**tan imprescindible como la justicia social** *so unentbehrlich wie die soziale Gerechtigkeit*
**tan a gusto como en mi propia tierra** *so wohl wie in meiner eigenen Heimat*

• Zu TANTO O MÁS QUE vgl. 9.147.

**A** ▶ In Beispielen wie dem folgenden hat die herausgelöste Fügung TAN ... COMO eine konzessive Funktion:

**Tan listos como se creen, no han caído en la cuenta de que el público no es siempre el mismo.**
*Obgleich sie glauben, so schlau zu sein, ist ihnen nicht aufgefallen, daß das Publikum nicht immer das gleiche ist.*

### 9.144 Nicht komparatives TANTO COMO

Beispiel mit der bindewörtlichen Verbindung TANTO ... COMO:

**Estamos ante una revolución, tanto en las ciencias como en las letras.**
*Wir stehen vor einer Revolution, sowohl in den Natur– als auch in den Geisteswissenschaften.*

# 9. Indefinitpronomen und Vergleichsstrukturen

## 9.145 MISMO und IGUAL in Vergleichsstrukturen

Die Komparativergänzung von (LO) MISMO und IGUAL (DE) ist QUE.

**A** ▸ Beispiele mit dem Adjektiv MISMO und dem Adverb LO MISMO (vgl. 3.61, 9.1):

**Tiene las mismas opiniones que yo.**
*Er hat dieselben Ansichten wie ich.*

**Me ocurrió lo mismo que a ti.**
*Mir ist dasselbe wie dir passiert.*

**B** ▸ Beispiele mit dem Adjektiv und Adverb IGUAL (vgl. 3.62, 9.4, 9.5):

**No tienen iguales posibilidades que un varón.**
*Sie haben nicht die gleichen Chancen wie ein Mann.*

**Se comportan igual que buitres.**
*Sie benehmen sich wie Geier.*

**Son dos personas exactamente igual de malas.**
*Es sind zwei genau gleich böse Menschen.*

• Zu der spanischen Entsprechung von Sätzen wie *'so schnell als möglich'* vgl. 27.7.

## 9.146 TANTO und TAN in Konsekutivstrukturen

Nach TANTO und TAN steht als Konsekutivergänzung QUE (vgl. 35.58):

**Tanto miedo tenía que le fue imposible decir nada.**
*So groß war seine Angst, daß er nichts sagen konnte.*

**Se burlaban tanto de él que decidió no ir más al colegio.**
*Er wurde so sehr gehänselt, daß er beschloß, nicht mehr in die Schule zu gehen.*

**Las llaves son tan pequeñas que caben en esta cajita.**
*Die Schlüssel sind so klein, daß sie in dieses Schächtelchen hineinpassen.*

**Hablaba tan despacio que temí que estuviera enferma.**
*Sie sprach so langsam, daß ich Angst hatte, sie könnte krank sein.*

• Zu der konsekutivischen Wendung TAN ES ASÍ QUE vgl. 35.61.

## 9.147 TAN und TANTO koordiniert mit MÁS

Werden die positive Stufe und die Steigerungsstufe der Komparation mit einer Konjunktion der Beiordnung verbunden, dann steht als Ergänzungspartikel QUE:

**Somos tan tacaños o quizás aún más que nuestros vecinos.**
*Wir sind so knauserig wie unsere Nachbarn oder vielleicht noch mehr.*

**La apreciaba tanto o incluso más que a las demás alumnas.**
*Ich schätzte sie genauso (sehr) oder sogar mehr als die anderen Schülerinnen.*

## 9.148 Das Pronomen MÁS: Steigerung von MUCHO

Das unveränderliche **más** *mehr* kann als Steigerungsform von MUCHO aufgefaßt werden. (Zum Akzent von MÁS vgl. 42.25F):

**más dinero** *mehr Geld*
**más botellas** *mehr Flaschen*
**exigir más** *mehr fordern*
**gustar más** *besser gefallen*
**durar más** *länger dauern*

## 9. Indefinitpronomen und Vergleichsstrukturen

¿**algo / alguna cosa más?** *sonst noch etwas?*
**un poco / algo más de sentimiento** *etwas mehr Gefühl*
**beber más del mismo vino** *mehr vom gleichen Wein trinken*
**dos semanas más** *noch zwei Wochen / zwei Wochen länger*
**no querer nada más** *nichts mehr wollen*
**no beber más de momento** *vorläufig nichts mehr trinken*
**cien mil más el aguinaldo** *hunderttausend zuzüglich Weihnachtsgeld*
**dos más dos son cuatro** *zwei plus zwei ist vier*

- *'nicht mehr'* entspricht meistens YA NO (vgl. 29.13). Zu NO MÁS vgl. ferner 29.15.

**A** ▶ Beispiele mit DE MÁS (vgl zur Kontrastierung 9.13 und 9.73):

**cobrar cien euros de más** *hundert Euro zuviel kassieren*
**llevar todo el día de más** *den ganzen Tag nichts getan haben*

### 9.149 Superlativische Bedeutung von MÁS

MÁS entspricht *'meist'* in superlativischen Nominal- oder Relativfügungen (vor MÁS steht kein Artikel):

**lo que más me molestó** *was mich am meisten störte*
**la zona de más criminalidad** *der Stadtteil mit der meisten Kriminalität*
**las frutas con más vitaminas** *die vitaminreichsten Früchte*
**el país que más se gasta en sanidad** *das Land mit den höchsten Gesundheitsausgaben*

**A** ▶ Weitere Beispiele mit MÁS in superlativischen Strukturen (vgl. 9.151):

**la montaña más alta de España** *der höchste Berg in Spanien* (vgl. 3.82)
**de lo más tranquilos** *seelenruhig* (vgl. 3.85A)
**lo más despacio posible** *möglichst langsam* (vgl. 27.7)

### 9.150 Feststehende Wendungen mit MÁS

Beispiele für einige feststehende Wendungen mit MÁS (vgl. 35.46A-B):

**estudioso como el que más** *extrem fleißig*
**trabajar como el que más** *ganz hart arbeiten*
**el que más y el que menos** *jedermann*
**gritar a más no poder** *aus allen Kräften schreien*
**a más tardar** *spätestens*
**todo lo más nueve horas** *höchstens neun Stunden*
**¡qué más da!** *einerlei!*
**es más** *mehr noch*
**en lo más mínimo** *nicht im geringsten*
**los / las más** *die meisten*

**A** ▶ Man beachte die Wendung A CUAL MÁS:

**Estudian aquí unas niñas rusas a cual más talentosa.**
*Hier studieren russische Mädchen, eines begabter als das andere.*

### 9.151 MÁS als Ersatz für TANTO und TAN

MÁS wird in Ausrufen zum Ausdruck hoher Intensität verwendet, also als Ersetzung von TANTO / TAN bzw. CUÁNTO / CUÁNTA / CUÁNTOS / CUÁNTAS (vgl. 9.142, 28.24 und 28.25):

**¡Qué gente más maja!**
*Was für nette Leute!*

¡Son más insolentes!
*Die sind frech!*

¡Hice más fallos!
*So eine Menge Fehler habe ich gemacht!*

### 9.152 MÁS QUE bei der Steigerung

Beispiele für Steigerungsfügungen mit MÁS (...) QUE (vgl. 3.66, 27.3, Kapitel 35, Teil H). Graduierende Ergänzungen von MÁS sind möglich mit **todavía / aún** *noch*:

**más moderna que la otra habitación** *moderner als das andere Zimmer*
**una rebelión más que justificada** *ein mehr als gerechtfertigter Aufstand*
**andar aún más despacio que una tortuga** *noch langsamer als eine Schildkröte gehen*
**más libros que en una biblioteca** *mehr Bücher als in einer Bibliothek*
**más que tú y yo juntos** *mehr als du und ich zusammen*
**comer más que tú** *mehr als du essen*
**más autoritario que totalitario** *eher autoritär als totalitär*
**gritar más que hablar** *eher schreien als reden*

### 9.153 Einschränkende Bedeutung von NO MÁS QUE

NO MÁS QUE ist eine stark einschränkende Wendung, häufig verwendet mit dem Verb HACER:

**no decir más que la verdad** *lediglich die Wahrheit sagen*
**no tener más falda que la roja** *nur den roten Rock haben* (vgl. 9.16)
**no hacer más que cumplir órdenes** *nur Befehle ausführen*
**no hacer más que dormir** *schlafen, sonst nichts tun*

### 9.154 MÁS DE + Mengenangaben

MÁS DE + Mengenbezeichnung wird für Mengenangaben verwendet, die Überschüssiges bezeichnen:

**perder más de la mitad** *mehr als die Hälfte verlieren*
**más de veinte millones de habitantes** *über zwanzig Millionen Einwohner*
**conocer los antecedentes de más de uno** *die Vorgeschichte von mehr als einem kennen*

**A ▶** Man beachte den feinen Unterschied:

**no tener más de diez años** *nicht älter als zehn Jahre alt sein*
**no tener más que diez años** *erst zehn Jahre alt sein*

### 9.155 Ergänzung von DOBLE

Die Ergänzung von **doble** *doppelt* und anderen Vervielfältigungszahlen wird mit QUE eingeführt. DOBLE wird meistens substantiviert gebraucht: EL DOBLE. Beispiele für typische Verwendungsweisen von DOBLE:

**Ganará el doble que yo.**
*Er wird doppelt soviel wie ich verdienen.*

**Enseñamos el doble de inglés que en otras academias.**
*Wir unterrichten doppelt soviel Englisch wie in anderen Schulen.*

**A ▶** Wenn die Ergänzung von DOBLE ein Satz ist, der eine Erwartung, Forderung, Vermutung, Gewohnheit usw. über die in Frage stehende Menge oder Intensität ausdrückt, dann wird die Ergänzung durch DE LO QUE eingeführt:

## 9. Indefinitpronomen und Vergleichsstrukturen

**Pagó el doble de lo que suele.**
*Er zahlte doppelt soviel wie sonst.*

**B ▶** Wenn die Ergänzung von EL DOBLE oder EL DOBLE DE + **Substantiv** ein Satz ist, der eine Erwartung, Forderung, Vermutung. Gewohnheit usw. über die in Frage stehende Menge oder Intensität ausdrückt, dann wird die Ergänzung je nach Genus und Numerus des Bezugsubstantivs durch DEL QUE, DE LA QUE, DE LOS QUE oder DE LAS QUE eingeführt:

**Tuvo el doble de faltas de las que creía.**
*Er hatte doppelt soviele Fehler wie er glaubte.*

**C ▶** Wenn die Ergänzung von EL DOBLE oder EL DOBLE DE + **Substantiv** ein Adjektiv ist, das eine Erwartung, Forderung, Vermutung. Gewohnheit usw. über die in Frage stehende Menge ausdrückt, dann wird diese Ergänzung durch DE eingeführt, das Adjektiv kann sich gegebenenfalls kongruierend auf das Substantiv beziehen oder in der neutralen Form **LO + Adjektiv maskulin Singular** stehen:

**Gastaron casi más del doble de lo previsto.**
*Sie gaben beinah mehr als doppelt soviel aus wie vorgesehen.*

**El ruido alcanza a veces el doble de decibelios de los permitidos / lo permitido.**
*Der Lärm erreicht manchmal doppelt soviele Dezibel wie erlaubt.*

### 9.156 MÁS + Adjektiv / Adverb + DE LO QUE

Beim Komparativ von Adjektiven und Adverbien steht MÁS ... DE LO QUE, wenn die Ergänzung eine Verbform ist, die eine Meinung (Erwartung, Forderung, Vermutung usw.) oder das Sosein ausdrückt (vgl. 3.67):

**Los exámenes fueron más difíciles de lo que esperaban los estudiantes.**
*Die Prüfungen waren schwerer, als die Studenten erwarteten.*

**Avanzamos más deprisa de lo que parece.**
*Wir kommen schneller vorwärts, als es scheint.*

### 9.157 MÁS + Adjektiv / Adverb + DE LO

Wenn in der Ergänzung eines Komparativs Erwartung, Notwendigkeit, Forderung, usw. durch ein Adjektiv oder Partizip ausgedrückt ist, ergibt sich die Formel: MÁS ... DE LO + **Adjektiv maskulin Singular** (einige dabei häufig gebrauchte Adjektive und Partizipformen: LO NECESARIO, LO CONVENIENTE, LO DEBIDO, LO HABITUAL, LO PREVISTO):

**No seáis más corteses de lo necesario.**
*Seid nicht höflicher als nötig.*

**Recibimos los paquetes mucho más pronto de lo previsto.**
*Wir erhielten die Pakete viel früher als vorgesehen.*

### 9.158 Relativsätze als Ergänzung des Komparativs

Wenn die Ergänzung eines Komparativs ein Relativsatz ist, dessen Bezugswort vorher erwähnt wurde und daher nicht noch einmal explizit, sondern durch eines der Artikelwörter EL / LA / LOS / LAS vertreten erscheint (vgl. 10.57), dann wird diese Ergänzung durch QUE eingeleitet:

**La nuestra es una sociedad sin duda más libre que la que conocieron nuestros padres.**
*Unsere Gesellschaft ist zweifellos freier als die, die unsere Eltern kannten.*

## 9.159 MÁS DE + EL / LA / LOS / LAS

Wenn die Ergänzung von MÁS + Substantiv ein Satz ist, der Erwartung, Notwendigkeit, Forderung, usw. ausdrückt, so steht vor dem Satz DE + bestimmter Artikel + QUE. Es ergeben sich die Formen: DEL QUE, DE LA QUE, DE LOS QUE, DE LAS QUE:

**Este país no debería fomentar más turismo del que conviene al medio ambiente.**
*Dieses Land sollte nicht mehr Fremdenverkehr fördern als der Umwelt zuträglich ist.*

**Hoy en día se produce mucha más carne de la que se puede consumir.**
*Heute wird viel mehr Fleisch produziert als man verbrauchen kann.*

**Parece que recibieron más mails de los que esperaban.**
*Sie sollen mehr Mails bekommen haben als sie erwarteten.*

**De niño hice más locuras de las que te puedas imaginar.**
*Als kleiner Junge habe ich mehr Verrücktheiten gemacht als du dir vorstellen könntest.*

**A ▶** Es kommt relativ häufig vor, daß in Sätzen wie den vorangegangenen die Ergänzung nicht durch DE, sondern durch QUE eingeleitet wird: ...MÁS LOCURAS QUE LAS QUE TE PUEDAS IMAGINAR. Damit wird eine Angleichung zu den Konstruktionen vorgenommen, die in 9.158 erläutert werden. Es muß zugegeben werden, daß eine scharfe Grenze zwischen den beiden Satztypen nicht gezogen werden kann, und daher Sätze wie DE NIÑO HICE MÁS LOCURAS QUE LAS QUE TE PUEDAS IMAGINAR als akzeptabel gelten müssen.

## 9.160 MÁS + Substantiv + QUE + Satz

Wenn die Ergänzung von MÁS + Substantiv ein Satz ist, dessen Verb ein anderes Objekt hat, so wird dieser ergänzende Satz durch QUE eingeleitet. Auf QUE muß die Ergänzung – normalerweise das Objekt – des zweiten Verbs folgen:

**Los chicos de hoy ven más televisión que libros leen.**
*Die jungen Leute von heute sehen mehr fern, als daß sie Bücher lesen.*

## 9.161 Artikel + Adjektiv als Ergänzung von MÁS + Substantiv

Die Steigerungsergänzug eines quantitäts- oder intensitätsmäßig gesteigerten Substantivs kann auch ein Adjektiv sein:

**más turismo del conveniente** *mehr Fremdenverkehr, als vorteilhaft ist*
**más carne de la necesaria** *mehr Fleisch, als nötig ist*

## 9.162 Satz als Ergänzung von adverbiellem MÁS

Zwischen alleinstehendem MÁS und seiner satzmäßigen Ergänzung steht DE LO QUE:

**Sabían más de lo que pretendían.**
*Sie wußten mehr, als sie vorgaben.*

**Por lo general, los escritores escriben más de lo que publican.**
*Im allgemeinen schreiben die Schriftsteller mehr, als sie veröffentlichen.*

• Man beachte den Unterschied zu den MÁS QUE-Sätzen in 9.163.

## 9.163 MÁS QUE in adversativen Sätzen

Mit MÁS QUE können zwei Sachverhalte in vergleichend-kontrastiver Absicht verbunden werden. MÁS hat dabei den allgemeinen Sinn von *'eher'*. Mit adversativem MÁS werden in der Regel Substantive, Adjektive und Verbformen einschließlich des Infinitivs in Verbindung gesetzt, dabei ist die Tendenz stark, MÁS QUE ungetrennt einzusetzen:

## 9. Indefinitpronomen und Vergleichsstrukturen

**Lo hizo por lástima más que por admiración.**
*Er tat das eher aus Mitleid denn aus Bewunderung.*

**Son bien educadas más que de verdad cultas.**
*Sie sind eher wohlerzogen als wirklich gebildet.*

**Volaba más que corría.**
*Sie flog eher, als daß sie rannte.*

**Las palabras de Victoria, más que aliviarlo, lo desalentaban.**
*Victorias Worte beruhigten ihn nicht, sie entmutigten ihn vielmehr.*

### 9.164 MÁS + DE LO + Adjektiv / Partizip

Eine Adjektiv- oder Partizipergänzung von alleinstehendem MÁS wird durch DE LO eingeleitet:

**no decir más de lo conveniente** *nicht mehr als nötig sagen*
**durar más de lo previsto** *länger dauern als vorgesehen*
**comer más de lo prescrito por el médico** *mehr essen, als vom Arzt vorgeschrieben*

### 9.165 MÁS im proportionalen Vergleich: 'je mehr...'

Der Konjunktion *'je ... desto / um so'* entsprechen Konstruktionen mit MÁS in Verbindung mit CUANTO (-A) und weglaßbarem TANTO (-A). Folgende Beispiele verdeutlichen dies:

**Cuanto más te conozco, (tanto) más te quiero.**
*Je länger ich dich kenne, desto mehr liebe ich dich.*

**Cuantas más preguntas le hagáis, (tantas) más ocasiones tendrá de lucirse.**
*Je mehr Fragen ihr ihm stellt, desto mehr Gelegenheiten zur Selbstdarstellung hat er.*

• Zum Modus und Tempus der Proportionalsätze vgl. 35.107 und 35.108.

### 9.166 MIENTRAS MÁS

In den Strukturen von 9.45 kann CUANTO durch MIENTRAS ersetzt werden (vgl. Kapitel 35, Teil H):

**mientras más te conozco...** *je länger ich dich kenne...*
**mientras más preguntas le hagáis...** *je mehr Fragen ihr ihm stellt...*

### 9.167 Proportionaler Vergleich von Adjektiven und Adverbien

Im proportionalen Vergleich von Adjektiven und Adverbien sind CUANTO und - in der Praxis sehr häufig weggelassenes - TANTO unveränderlich:

**Cuanto más difíciles se vuelven las cosas, (tanto) más me gustan.**
*Je schwieriger die Dinge werden, desto besser gefallen sie mir.*

**Cuanto mejor hables el inglés, (tanto) mayores serán tus posibilidades de encontrar empleo.**
*Je besser du Englisch sprichst, desto größere Chancen hast du, eine Arbeit zu finden.*

### 9.168 Porportional-komparative Formel mit A

A + Komparativ + A Komparativ ist eine verblose proportional-komparative Formel:

**a más pobreza, más racismo** *je mehr Armut, desto mehr Rassismus*
**a más sol, más turistas** *je mehr Sonne, desto mehr Touristen*
**a mayor control, menos confianza** *je größer die Kontrolle, desto kleiner das Vertrauen*

## 9.169 Bloßes MÁS im proportionalen Vergleich

Vor allem umgangssprachlich wird MÁS ... MÁS als proportional-komparative Wendung gebraucht:

**Más mejoran la cara de la ciudad, más ganas me dan de irme a vivir a otro sitio.**
*Je mehr sie die Stadt verschönern, desto mehr bekomme ich Lust wegzuziehen.*

**Más débil es un político, más impopular puede llegar a ser.**
*Je schwächer ein Politiker ist, desto unpopulärer kann er werden.*

## 9.170 Das Pronomen MENOS

Das unveränderliche **menos** *weniger* kann als Steigerungsform von POCO aufgefaßt werden. Beispiele für die Verwendung von MENOS als Gegenteil von MÁS:

**menos dinero** *weniger Geld*
**menos botellas** *weniger Flaschen*
**exigir menos** *weniger fordern*
**gustar menos** *weniger gefallen*
**durar menos** *kürzer dauern*
**cien mil menos el aguinaldo** *hunderttausend abzüglich Weihnachtsgeld*
**nueve menos cinco son cuatro** *neun minus fünf ist vier*

## 9.171 Das Pronomen MENOS in der Komparation

Beispiele für MENOS in Komparativfügungen:

**menos moderna que las demás habitaciones** *weniger modern als die anderen Zimmer*
**aún menos deprisa que tú** *noch weniger schnell als du*
**menos personas que ayer** *weniger Menschen als gestern*
**menos que tú y yo juntos** *weniger als du und ich zusammen*
**el sinónimo menos frecuente** *das am wenigsten häufige Synonym*
**el país con menos nacimientos en el mundo** *das Land mit der niedrigsten Geburtenrate*
**tardar lo menos posible** *so wenig Zeit wie möglich brauchen*
**menos de veinte metros** *weniger als zwanzig Meter*
**menos liberales que hace treinta años** *weniger liberal als vor dreißig Jahren*
**menos seguras de lo que parecen** *weniger sicher, als sie scheinen*
**menos turismo del acostumbrado** *weniger Fremdenverkehr als gewöhnlich*
**menos hijos de los que quiere** *weniger Kinder, als er will*
**gastar menos de lo previsto** *weniger ausgeben als vorgesehen*
**porque cuanto / mientras más te conozco, (tanto) menos te entiendo** *denn je länger ich dich kenne, desto weniger verstehe ich dich*
**a más ecotasa, menos turismo** *je mehr Ökosteuer, desto weniger Tourismus*

## 9.172 Feste Wendungen mit MENOS

Einige Wendungen mit MENOS aus dem Lexikon (vgl. ferner 29.57 und 35.94):

**a / por lo menos** *wenigstens*
**al / cuando menos** *wenigstens*
**todos menos tú** *alle außer dir*
**ser lo de menos** *nicht darauf ankommen*
**porque no era para menos** *denn man mußte das ja erwarten*
**echar de menos** *vermissen*
**nada menos que tu padre** *kein Geringerer als dein Vater*

# 10. Die Relativpronomen

Die Regeln für den Modusgebrauch in Relativsätzen werden im Kapitel 36 dargestellt. Die Hervorhebung von Satzteilen durch Relativpronomen wird im Kapitel 30 detailliert behandelt. Zur Verwendung von Relativsätzen statt Frage- und Ausrufesatz vgl. 28.21 und 28.26.

## A. Allgemeines

### 10.1 Kein Komma vor einem restriktiven Relativsatz

Mit einem restriktiven Relativsatz wird etwas angegeben, das zur Identifizierung der fraglichen Person oder Sache (des "Bezugsworts" oder der "Bezugsgröße") notwendig ist. In Widerspiegelung des Sprechflusses steht zwischen Bezugswort und Relativpronomen kein Komma:

**En la barra atendía un camarero que sabía inglés.**
*An der Bar bediente ein Kellner, der Englisch konnte.*

**¿Cómo se llama la novela que estás leyendo?**
*Wie heißt der Roman, den du gerade liest?*

- Restriktive Relativsätze mit Präposition zwischen Bezugswort und Relativpronomen:

**Odio la situación en que me he metido.**
*Ich hasse die Lage, in die ich geraten bin.*

**Nos gustaría conocer la ideología desde la cual elabora sus críticas.**
*Wir würden gern die Ideologie kennenlernen, von der aus er seine Kritiken verfaßt.*

- Im folgenden Beispiel steht ein Komma vor dem zweiten restriktiven Relativsatz, weil es sich um eine Aufzählung restriktiver Relativsätze zum Beziehungswort COSAS handelt:

**Aquel hombre dijo cosas que nunca había dicho nadie, que conmovieron a la humanidad entera y que ya nadie recuerda.**
*Jener Mann sagte Dinge, die noch niemand gesagt hatte, die die ganze Menschheit bewegten und an die sich kein Mensch mehr erinnert.*

**A ▸** Zwischen EL / LA / LOS / LAS / LO als Bezugswort und QUE steht kein Komma (vgl. 10.2):

**Lo que dijiste tú no estuvo muy claro tampoco.**
*Was du gesagt hast, war auch nicht sehr klar.*

**Estoy hablando de los que han suspendido.**
*Ich rede von denen, die durchgefallen sind.*

### 10.2 Komma vor einem nicht restriktiven Relativsatz

Relativsätze können eine zusätzliche, irgendwie kommentierende Angabe zu einer bereits hinreichend identifizierten Person oder Sache enthalten. Vor dem Relativpronomen steht dann ein Komma:

**Mi madre, que es ama de casa, lee mucho.**
*Meine Mutter, die Hausfrau ist, liest viel.*

**El poeta Luis Cernuda, que era republicano, se exilió en México.**
*Der Dichter Luis Cernuda, der ein Anhänger der Republik war, ging nach Mexiko ins Exil.*

**Yo, que no hablo ni una palabra de alemán, entendí perfectamente las indicaciones del policía bávaro.**
*Ich, der ich kein Wort Deutsch spreche, habe die Anweisungen des bayerischen Polizisten bestens verstanden.*

## 10. Die Relativpronomen

### 10.3 Komma vor einem weiterführenden Relativsatz

Zur gedanklichen Weiterführung kann man zwei inhaltlich voneinander unabhängige Sätze durch Relativpronomen verbinden. Das Relativpronomen bezieht sich auf den ersten Satz als Ganzes oder auf ein Element desselben. Vor einem solchen nicht restriktiven, weiterführenden Relativsatz steht ein Komma:

**Aquel fin de semana lo pasaría en casa de Andrés, al cual yo no veía desde el bautizo de Manolita.**
*Das Wochenende wollte ich bei Andrés verbringen, den ich seit Manolitas Taufe nicht gesehen hatte.*

**El viajero calvo abrió la ventana, lo que me fastidió sobremanera.**
*Der kahlköpfige Fahrgast öffnete das Fenster, was mich außerordentlich störte.*

### 10.4 Entfernung des Relativpronomens von seinem Bezugswort

Das Relativpronomen steht möglichst nah an seinem Bezugswort, es wird tunlichst vermieden, das Relativpronomen auf das Prädikat bzw. auf ein Adverb folgen zu lassen:

**Aquí no vive el señor que usted está buscando.**
*Der Herr, den Sie suchen, wohnt nicht hier.*

**Dentro de poco se reanudarán los trabajos que fueron suspendidos el pasado octubre.**
*Die Arbeiten, die letzten Oktober unterbrochen wurden, werden in Kürze wieder aufgenommen werden.*

**A** ▶ Bei einer Folge von Substantiven, die durch Präposition verbunden sind oder adjektivische Bestimmungen enthalten, entscheidet der Kontext, und der gesunde Menschenverstand, auf welches Wort sich der Relativsatz bezieht:

**el señor de traje gris que se marchó ayer** *der Herr im grauen Anzug, der gestern abreiste*
**una novela de Vargas Llosa sobre un dictador centroamericano que tuvo muy buena crítica** *ein Roman von Mario Vargas Llosa über einen zentralamerikanischen Diktator, der sehr gute Kritiken bekam*
**esa voz educada en Italia con que interpretará a Wagner** *diese in Italien ausgebildete Stimme, mit der sie Wagner singen wird*

**B** ▶ Das folgende Beispiel enthält einen Relativsatz als nähere Bestimmung der präpositionalen Ergänzung des Bezugsworts:

**He perdido la dirección del estudiante con el que está saliendo Rosa que me dio Sara.**
*Ich habe die Adresse des Studenten, mit dem Rosa ausgeht, verloren, die hatte mir Sara gegeben.*

### 10.5 Formenbestand

Für die einzelnen Verwendungsweisen des Relativpronomens können meist mehrere Formen eingesetzt werden. Bei der nachstehenden, knapp charakterisierenden Liste der spanischen Relativpronomen wird angegeben, wann die einzelnen Relativpronomen alternativlos zu verwenden sind.

### 10.6 Das Relativpronomen QUE

QUE ist ein unveränderliches Relativpronomen.

• QUE ist obligatorisch als Subjekt und Akkusativobjekt in restriktiven Relativsätzen, wenn das Bezugswort ein sachbezeichnendes Substantiv oder Pronomen außer TODO / TODOS ist.

## 10. Die Relativpronomen

• QUE ist obligatorisch als Subjekt in restriktiven Relativsätzen, wenn das Bezugswort ein personenbezeichnendes Substantiv oder Pronomen außer TODO / TODOS ist.

### 10.7 Das Relativpronomen EL QUE

EL QUE / LA QUE / LOS QUE / LAS QUE sind unbetonte Zusammensetzungen; die Wörter vor QUE sind auf das Genus des Beziehungsworts verweisende Artikelwörter, EL geht also die Verbindungen AL und DEL ein (vgl. 5.6, 5.12).

• EL QUE usw. ist obligatorisch als relativische Wiedererwähnung sachbezeichnender Substantive.
• EL QUE usw. ist obligatorisch bei Satzspaltungen, wenn der hervorzuhebende Satzteil ein sachbezeichnendes Substantiv ist (vgl. 10.85, 10.86 und Kapitel 30, Teil F).

### 10.8 Das Relativpronomen LO QUE

LO QUE ist ein neutrales Relativpronomen, kann sich also nicht auf ein Substantiv beziehen.

• LO QUE usw. ist obligatorisch bei **lo que** *(das,) was* und **todo lo que** *alles, was*

### 10.9 Das Relativpronomen EL CUAL

EL CUAL / LA CUAL / LOS CUALES / LAS CUALES ist ein eher schriftsprachliches Pronomen. CUAL und CUALES sind betonte Wörter, die Wörter davor sind unbetonte, auf das Genus des Beziehungsworts verweisende Artikelwörter, EL geht also die Verbindungen AL und DEL ein (vgl. 5.6).

• EL CUAL usw. ist üblich nach den zusammengesetzten Präpositionen und obligatorisch nach den einfachen Präpositionen DURANTE, MEDIANTE und SEGÚN.

### 10.10 Das Relativpronomen LO CUAL

LO CUAL ist ein eher schriftsprachliches neutrales Pronomen, zu verwenden allein in nicht restriktiven Relativsätzen.

• LO CUAL ist obligatorisch nach den zusammengesetzten Präpositionen und nach den einfachen Präpositionen DURANTE, MEDIANTE und SEGÚN.

### 10.11 Das Relativpronomen QUIEN

QUIEN / QUIENES: ist ein eher schriftsprachliches Relativpronomen; es hat nicht nur die Bedeutung *'wer'*, sondern es ist auch ein sehr oft eingesetztes indefinites Relativum.

### 10.12 Das Relativpronomen CUYO

CUYO / CUYA / CUYO / CUYAS ist ein eher schriftsprachliches possessives Relativpronomen; es hat meistens die Bedeutung *'dessen, deren'*.

### 10.13 Das Relativpronomen CUANTO

CUANTO / CUANTA / CUANTOS / CUANTAS ist ein quantitatives Relativpronomen, das eher in der gehobenen Schriftsprache beheimatet ist; es ist ein Äquivalent von TODO LO QUE bzw. TODOS LOS QUE, hat also meistens die Bedeutung *'alles, was'* bzw. *'alle, die'*.

# 10. Die Relativpronomen

## B. Relativpronomen als Subjekt

### 10.14 Bezugswort: sachbezeichnendes Substantiv oder Pronomen

Wenn das Bezugswort ein sachbezeichnendes Substantiv ist oder irgendein Pronomen außer TODOS (vgl. 10.15, auch 10.21), dann steht QUE als Subjekt von restriktiven Relativsätzen alternativlos:

**Viven en una casa que parece un palacio.**
*Sie leben in einem Haus, das einem Palast gleicht.*

**Mi equipaje es éste que está aquí.**
*Mein Gepäck ist das hier.*

### 10.15 TODOS LOS QUE

Zwischen TODOS / TODAS und QUE erscheinen die Artikelwörter LOS bzw. LAS:

**¿Los paquetes? Estos son todos los que llegaron.**
*Die Pakete? Das hier sind alle, die gekommen sind.*

**¿Las cartas? Estas son todas las que llegaron.**
*Die Briefe? Das hier sind alle, die gekommen sind.*

### 10.16 QUE in nicht restriktiven Relativsätzen

In nicht restriktiven Relativsätzen steht QUE als Satzsubjekt (vgl. 10.17):

**En Puerto Rico, que es de hecho una colonia de Estados Unidos, se aplican las leyes norteamericanas.**
*In Puerto Rico, das faktisch eine Kolonie der Vereinigten Staaten ist, werden die amerikanischen Gesetze angewandt.*

**No comas de esos plátanos, sino de éstos, que están maduros.**
*Iß nicht von den Bananen da, sondern von diesen hier, die sind reif.*

### 10.17 EL CUAL oder QUE

In weiterführenden Relativsätzen kann EL CUAL / LA CUAL / LOS CUALES / LAS CUALES als stilbewußte Alternative zu QUE stehen:

**Divisaron por fin la casa de Don Pedro, que / la cual se hallaba en lo alto de una loma.**
*Sie erblickten endlich Don Pedros Haus, welches sich auf einer Anhöhe befand.*

**En vista de lo sucedido hubo que convocar a nuevas elecciones, que / las cuales se realizaron en un ambiente poco menos que letal.**
*Angesichts der Ereignisse mußten Neuwahlen ausgerufen werden, welche in einer gleichsam tödlichen Atmosphäre stattfanden.*

### 10.18 Bezugswort: personenbezeichnendes Substantiv oder Pronomen

Wenn das Bezugswort ein Substantiv oder ein Pronomen außer TODOS ist, das eine Person bezeichnet, dann steht in restriktiven Relativsätzen QUE als Subjekt alternativlos:

**Hizo de intérprete una azafata que no sabía usar el subjuntivo.**
*Gedolmetscht hat eine Stewardeß, die den Konjunktiv nicht anwenden konnte.*

**Muchos que no han podido venir son de la misma opinión que yo.**
*Viele, die nicht kommen konnten, sind derselben Meinung wie ich.*

## 10. Die Relativpronomen

### 10.19 TODO EL QUE und TODOS LOS QUE

Die Artikelwörter EL, LAS, LOS und LAS schieben sich zwischen TODO / TODA / TODOS / TODAS und QUE:

**Todo el que vive solo se ha hecho alguna vez esta pregunta.**
*Jeder, der allein lebt, hat sich irgendwann diese Frage gestellt.*

**No todos los que aprobaron se lo merecían.**
*Nicht alle, die die Prüfung bestanden haben, haben es verdient.*

### 10.20 QUE in nicht restriktiven Relativsätzen

In nicht restriktiven Relativsätzen steht QUE als Satzsubjekt:

**García Lorca, que nunca hizo la carrera de Música, era un buen pianista.**
*Federico García Lorca, der niemals Musik studiert hatte, war ein guter Pianist.*

**Lo contó mi hermana pequeña, que lo vio todo.**
*Erzählt hat es meine jüngste Schwester, die alles gesehen hatte.*

**Pregúntales a ésos, que entienden español.**
*Frag die da, die verstehen Spanisch.*

### 10.21 Personalpronomen + QUE

Relativsätze, die ein betontes Personalpronomen als Bezugswort haben, sind nicht restriktiv (vgl. aber 10.22). Als Satzsubjekt steht QUE (vgl. 10.17):

**Nosotras, que nos educamos con monjas, no tenemos problemas de género.**
*Wir, die wir von Nonnen erzogen wurden, haben keine Probleme mit dem anderen Geschlecht.*

**Debes hablar con él, que ha faltado a las últimas reuniones.**
*Du mußt mit ihm reden, der ist zu den letzten Sitzungen nicht erschienen.*

• Sätze mit einem betonten Pronomen der dritten Person sind nicht zu verwechseln mit den Konstruktionen mit einem Relativsatz der Verallgemeinerung (vgl. 10.57).

### 10.22 Personalpronomen + QUE restriktiv oder nicht restriktiv?

Manche Relativsätze der Umgangssprache, deren Bezugsgröße die Personalpronomen YO, TÚ, USTED, VOSOTROS und USTEDES sind, haben einen ganz eindeutigen kausalen Sinn und kommen hauptsächlich als Einleitung zu Fragen, Bitten und Vorschlägen vor. Sie werden ohne den üblichen Einschnitt im Sprechfluß gesprochen und folglich ohne Komma geschrieben, weshalb sie auch manchmal als nicht restriktiv klassifiziert werden. Beispiel:

**Oye Juan, tú que eres medio mexicano, ¿cómo llaman en México a esto?**
*Du Juan, du bist ja halb Mexikaner, wie nennt man dies in Mexiko?*

### 10.23 Alternativen zu QUE in weiterführenden Relativsätzen

In weiterführenden Relativsätzen kann EL CUAL / LA CUAL / LOS CUALES / LAS CUALES bzw. QUIEN / QUIENES als Alternative zu QUE stehen:

**Se encontraron con Don Eduardo, que / el cual / quien, como de costumbre, saludó descubriéndose.**
*Sie trafen Don Pedro, der wie gewöhnlich zur Begrüßung den Hut zog.*

## 10.24 Bezugswort: neutrales Pronomen und LO + Adjektiv

Wenn das Bezugswort ein Demonstrativpronomen auf -O (ESTO, ESO, AQUELLO), die Indefinitpronomen ALGO und NADA oder eine aus **LO + Adjektiv** bestehende Verbindung ist, dann steht in restriktiven Relativsätzen QUE als Subjekt alternativlos:

**esto que está aquí** *das, was hier ist*
**algo que molesta** *etwas, das stört*
**nada que me aburra más** *nichts, was mich mehr langweilt*
**lo peor que podría pasar** *das Schlimmste, was passieren könnte*

## 10.25 TODO LO QUE

Das Artikelwort LO schiebt sich zwischen TODO und QUE (vgl.10.88):

**todo lo que te guste** *alles, was dir gefällt*
**todo lo que pasa** *alles, was passiert*

## 10.26 QUE bei sächlichem Bezugswort in nicht restriktiven Relativsätzen

In nicht restriktiven Relativsätzen wird QUE verwendet, wenn das Bezugswort ein neutrales Demostrativum oder **LO + Adjektiv** ist:

**Aquello, que no fue más que un estúpido malentendido, fue la causa de nuestra desunión.**
*Das, was nichts als ein dummes Mißverständnis war, war die Ursache unserer Entfremdung.*

**Tenía preferencia por lo caro, que, según ella, a la larga salía por menos que lo aparentemente barato.**
*Sie bevorzugte das Teure, das ihrer Meinung nach auf die Dauer weniger kostete als das angeblich Preiswerte.*

## 10.27 Nicht restriktiver Relativsatz mit (TODO) LO QUE als Bezugsgröße

Ein nicht restriktiver Relativsatz, dessen Bezugsgröße ein mit LO QUE oder TODO LO QUE eingeleiteter Relativsatz ist, hat QUE als Satzsubjekt:

**Hago lo que me gusta, que es escribir libros.**
*Ich tue, was mir gefällt, und das ist das Bücherschreiben.*

**Se apuntaron todo lo que vieron, que no fue mucho.**
*Sie schrieben alles auf, was sie sahen, und das war nicht viel.*

## 10.28 Bezugsgröße: Satzinhalt

Ist die Bezugsgröße ein Satzinhalt, so handelt es sich stets um nicht restriktive Relativsätze; zu verwenden ist dabei LO QUE oder LO CUAL:

**Inés suspendió en todas las pruebas menos en las de Matemáticas, lo que / lo cual no sorprendió a nadie.**
*Inés ist außer in Mathematik bei allen Prüfungen durchgefallen, was niemanden überrascht hat.*

## 10.29 COSA QUE und dgl.

Auf einen Satzinhalt bezogenes LO QUE / LO CUAL kann ersetzt werden durch ALGO QUE, COSA QUE, CIRCUNSTANCIA QUE, HECHO QUE. Die hierbei in Frage kommenden Substantive allgemeiner Art werden stets artikellos verwendet. Beispiel mit COSA QUE:

## 10. Die Relativpronomen

Dijo con acento de turista nórdica que quería ser torera, cosa que nos hizo reír una barbaridad.
*Sie sagte mit dem Akzent einer nordeuropäischen Touristin, sie wolle Stierkämpferin werden, was uns köstlich amüsierte.*

### 10.30 QUE als Relativum eines Satzinhaltes

Bloßes QUE kann die Weiterführung des Hauptsatzes einleiten, wenn das Verb des Relativsatzes ein Kopulaverb ist, in der Regel SER (vgl. 10.98). QUE ist hier also eine Alternative zu LO QUE / LO CUAL:

Iba a Jaén y llegó a Valencia, que / lo que / lo cual ya es perderse.
*Er wollte nach Jaén und kam in Valencia an, was schon eine Irrfahrt ist.*

**A ▶** Bloßes QUE ist obligatorisch, wenn auf das Kopulaverb LO QUE oder LO + Adjektiv folgt:

Debo decidirme entre quedarme en España, que es lo que naturalmente quiere la familia, o aceptar la beca, que sería lo más beneficioso para mí.
*Ich muß entscheiden, ob ich in Spanien bleibe, das ist natürlich der Wunsch meiner Familie, oder ob ich das Stipendium annehme, das wäre für mich das Vorteilhafteste.*

## C. Relativpronomen als Akkusativobjekt

### 10.31 Bezugswort: sachbezeichnendes Substantiv oder Pronomen

Wenn das Bezugswort ein sachbezeichnendes Substantiv oder Pronomen außer TODOS ist, dann ist in restriktiven Relativsätzen QUE als Akkusativobjekt alternativlos zu verwenden:

Los pendientes que quería vender los había heredado de su abuela.
*Die Ohrringe, die sie verkaufen wollte, hatte sie von ihrer Großmutter geerbt.*

Mi máquina de escribir es de esas que ansían poseer los museos.
*Meine Schreibmaschine ist von der Sorte, die Museen sehnlichst zu besitzen wünschen.*

### 10.32 TODOS LOS QUE

Zwischen TODOS und akkusativischem QUE erscheinen die Artikelwörter LOS und LAS:

Me gusta leer libros, pero no recuerdo el título de todos los que he leído.
*Ich lese gern Bücher, aber ich weiß nicht mehr den Titel von allen, die ich gelesen habe.*

Me gusta leer novelas, pero no recuerdo el título de todas las que he leído.
*Ich lese gern Romane, aber ich weiß nicht mehr den Titel von allen, die ich gelesen habe.*

### 10.33 Akkusativisches QUE in nicht restriktiven Relativsätzen

In nicht-restriktiven Relativsätzen ist bei sachbezeichnendem Beziehungswort akkusativisches QUE zu verwenden:

La carta del 18 de mayo, que abrió temblando de ansiedad, no era de Jorge.
*Der Brief vom 18. Mai, den sie vor Erwartung zitternd öffnete, war nicht von Jorge.*

### 10.34 Akkusativisches QUE und EL CUAL in nicht restriktiven Relativsätzen

Bei sachbezeichnendem Beziehungswort ist in weiterführenden Relativsätzen QUE oder EL CUAL / LA CUAL / LOS CUALES / LAS CUALES zu verwenden:

## 10. Die Relativpronomen

Sabe de memoria largos pasajes de "El Quijote", que / el cual, como muchos, cita sin haber leído por completo.
*Er kann lange Passagen aus "El Quijote" auswendig, den er wie so viele zitiert, ohne ihn vollständig gelesen zu haben.*


### 10.35 Redundantes Pronomen von akkusativischem QUE

In der gesprochenen Sprache, aber nicht nur dort, wird recht häufig das unbetonte Pronomen im Akkusativ: LO, LA, LOS, LAS zum akkusativischen QUE hinzugenommen (vgl. 11.76, 11.77). Dies ist insbesondere der Fall bei unbestimmtem sachbezeichnendem Bezugswort:

**un paquete que lo voy a abrir enseguida** *ein Paket, das ich sofort öffnen werde*
**unas sillas que me las ha arreglado Pepe** *Stühle, die Pepe für mich repariert hat*
**esa cara que el que la ve no la olvida** *dieses Gesicht, das man sieht und nicht vergißt*
**sus poemas juveniles, que los he vuelto a leer** *seine Jugendgedichte, die ich wieder gelesen habe*


### 10.36 Bezugsgröße: personenbezeichnendes Substantiv oder Pronomen

In restriktiven Relativsätzen ist die Verwendung von bloßem QUE zulässig, solange die Bezugsperson unbestimmt ist. Bei wohlbestimmten oder -bekannten Bezugspersonen muß AL QUE / A LA QUE / A LOS QUE / A LAS QUE oder A QUIEN / A QUIENES oder AL CUAL / A LA CUAL / A LOS CUALES / A LAS CUALES verwendet werden (obwohl häufig genug und vielleicht fehlerhaft bloßes QUE gebraucht wird):

**No puedo hablar de la gente que conocí en París.**
*Ich kann nicht von den Leuten reden, die ich in Paris kennengelernt habe.*

**Hans es un alemán al que / al cual / a quien conocí en París.**
*Hans ist ein Deutscher, den ich in Paris kennengelernt habe.*

**Mi madre y mi abuela son las dos personas a las que / a las cuales / a quienes considero mis modelos de conducta.**
*Meine Mutter und meine Großmutter sind die zwei Menschen, die ich als meine Vorbilder ansehe.*


### 10.37 Obligatorisches akkusativisches A vor dem Relativpronomen

In allen nicht restriktiven Relativsätzen, also auch in weiterführenden Relativsätzen muß bei personenbezeichnendem Bezugswort AL QUE / A LA QUE / A LOS QUE / A LAS QUE oder A QUIEN / A QUIENES oder AL CUAL / A LA CUAL / A LOS CUALES / A LOS CUALES verwendet werden:

**Picasso, al que / al cual / a quien muchos tienen por loco, pintó en su juventud como Rembrandt.**
*Picasso, den viele für verrückt halten, malte in seiner Jugend wie Rembrandt.*

**El debate lo ganó con creces el candidato conservador, al cual, según informan las encuestas, sigue teniendo por aburrido la mayoría de la población.**
*Den eindeutigen Sieg in der Debatte trug der konservative Kandidat davon, den die Bevölkerungsmehrheit laut Umfragen nach wie vor für langweilig hält.*

**Tú, a la que / a la cual / a quien tanto aprecio, me defraudaste esta vez como nunca.**
*Du, die ich so schätze, hast mich diesmal wie noch nie enttäuscht.*


### 10.38 Personenbezeichnendes TODO + akkusativisches Relativpronomen

Für *'jeder, den / jede, die'* muß TODO AQUEL AL QUE / AL CUAL bzw. TODA AQUELLA A LA QUE / A LA CUAL verwendet werden:

## 10. Die Relativpronomen

**el destino de todo aquel al que perseguía la justicia** *das Schicksal eines jeden, den die Justiz verfolgte*
**piedad para toda aquella a la que se condena por adúltera** *Erbarmen mit jeder, die man wegen Ehebruchs verurteilt*

### 10.39 Akkusativisches Relativpronomen zu personenbezeichnendem TODOS

Für *'alle, die'* beim Bezug auf Personen muß TODOS AQUELLOS A LOS QUE / A LOS CUALES / A QUIENES bzw. TODAS AQUELLAS A LAS QUE / A LAS CUALES / A QUIENES verwendet werden:

**todos aquellos a quienes criticaba ella** *alle, die sie kritisierte*
**todas aquellas a las que sedujo Don Juan** *alle, die Don Juan verführte*

### 10.40 Redundantes Personalpronomen nach Relativpronomen

In der nicht gepflegten Umgangssprache wird immer QUE als akkusativisches Pronomen für Personen verwendet, wobei im Relativsatz das entsprechende unbetonte Personalpronomen im Akkusativ das Bezugswort wiederaufnimmt:

**su hijo mayor, Ignacio, que yo lo conozco** *ihr ältester Sohn, Ignacio, den ich kenne*
**esas dos viejecitas que las vemos ir a misa todos los días** *die zwei alten Frauen, die wir jeden Tag in die Kirche gehen sehen*

### 10.41 Bezugsgröße: neutrales Pronomen und LO + Adjektiv

Wenn das Bezugswort ein Demonstrativpronomen auf -O (ESTO, ESO, AQUELLO), die Indefinitpronomen ALGO und NADA oder eine aus **LO + Adjektiv** bestehende Verbindung ist, dann steht in restriktiven Relativsätzen akkusativisches QUE als Subjekt alternativlos:

**esto que ves aquí** *das, was du hier siehst*
**por algo que no hemos hecho** *für etwas, das wir nicht getan haben*
**nada que podamos llevar** *nichts, das wir mitnehmen können*
**lo único que esperábamos** *das Einzige, was wir erwarteten*

### 10.42 TODO LO QUE

Das Artikelwort LO schiebt sich zwischen TODO und akkusativisches QUE (vgl.10.88):

**todo lo que hacemos** *alles, was wir tun*
**con todo lo que se llevaron los ladrones** *bei allem, was die Diebe mitgenommen haben*

### 10.43 QUE in nicht restriktiven Relativsätzen

In nicht restriktiven Relativsätzen wird akkusativisches QUE verwendet, wenn das Bezugswort ein neutrales Demonstrativum oder **LO + Adjektiv** ist:

**Aquello, que podría haberse inventado un García Márquez, sucedió realmente.**
*Das, was ein García Márquez erfunden haben könnte, geschah wirklich.*

**Seguía preocupada por lo perdido, que nadie aparte de ella echaba de menos.**
*Sie machte sich immer noch Sorgen um das Verlorene, das niemand außer ihr vermißte.*

### 10.44 Bezugsgröße: ein Satzinhalt

Ist die Bezugsgröße ein Satzinhalt, so handelt es sich stets um nicht restriktive Relativsätze; zu verwenden ist dabei als Akkusativobjekt LO QUE oder LO CUAL:

**Se marchó sin despedirse de Rosa, lo que / lo cual seguimos sin comprender.**
*Er ging weg, ohne sich von Rosa zu verabschieden, was wir immer noch nicht begreifen.*

## D. Relativpronomen als Dativobjekt

### 10.45 Dativischer Relativsatz: A + Relativpronomen

In allen Sorten von Relativsätzen mit sach- und personenbezeichnenden Substantiven und Pronomen als Beziehungswort wird als dativische Formel AL QUE / A LA QUE / A LOS QUE / A LAS QUE (oder AL CUAL / A LA CUAL / A LOS CUALES / A LAS CUALES, bei Personen auch A QUIEN / A QUIENES) verwendet. Bei solchen Relativsätzen tritt redundantes LE, LES bzw. SE (vgl. 11.85, 11.65) häufig auf:

**un coche al que le propinaron un puntapié** *ein Wagen, dem sie einen Fußtritt verpaßten*
**la paz, a la que se le concede prioridad** *der Friede, dem man Priorität einräumt*
**la empleada a la que le enseñé el pasaporte** *die Angestellte, der ich den Paß zeigte*
**Ana y Luis, a los que se lo dije** *Ana und Luis, denen ich das sagte*

### 10.46 Bloßes QUE als Dativobjekt

In nicht sorgfältiger Sprech- und Schreibweise wird in restriktiven und nicht restriktiven Relativsätzen als dativisches Relativpronomen QUE verwendet, im Relativsatz erscheint dann immer redundantes LE bzw. LES:

**una puerta que le dieron un puntapié** *eine Tür, der sie einen Fußtritt verpaßten*
**nuestro jefe, que al anunciar los despidos se le quebró la voz** *unser Chef, dem beim Verkünden der Entlassungen die Stimme versagte*
**unos vecinos que les gusta cantar** *Nachbarn, die gern singen*

### 10.47 A LO QUE, A LO CUAL nach Neutralpronomen und Satzinhalten

In allen Sorten von Relativsätzen mit einem neutralen Pronomen (ESTO, ESO, AQUELLO, ALGO, NADA) oder LO + Adjektiv oder einem Satzinhalt als Beziehungsgröße wird als dativische Formel A LO QUE oder A LO CUAL verwendet:

**Eso es algo a lo que / a lo cual nadie niega importancia.**
*Das ist etwas, dem niemand seine Bedeutung abspricht.*

**Insistió en aquello de las huchas, a lo que / a lo cual me era imposible encontrarle sentido alguno.**
*Er kam von neuem auf die Geschichte mit den Sparschweinchen zu sprechen, der irgendeinen Sinn abzugewinnen mir unmöglich war.*

**Ramón solía hablar entonces de sus aventuras amorosas en Berlín, a lo que / a lo cual Armando parecía no prestar atención alguna.**
*Ramón sprach häufig von seinen Liebesabenteuern in Berlin, dem schenkte Armando anscheinend nicht die geringste Aufmerksamkeit.*

### 10.48 Bloßes QUE als Dativobjekt zu ALGO und NADA

In nicht sorgfältiger Sprechweise wird QUE als dativisches Relativpronomen vor ALGO und NADA verwendet, im Relativsatz erscheint dann immer redundantes LE:

**algo que le debíamos poner fin** *etwas, dem wir ein Ende setzen sollten*
**nada que le sirva de remedio esto** *nichts, dem dies abhelfen kann*

**10. Die Relativpronomen**

## E. Relativpronomen in sonstigen präpositionalen Konstruktionen

Die folgenden Regeln haben einen stark normativen Charakter; es ist nicht auszuschließen, daß der Leser vor allem in älteren schriftlichen Zeugnissen mehr oder weniger große Abweichungen von den hier gegebenen Regeln feststellt.

### 10.49 Sachname + A / DE / EN / CON in restriktiven Relativsätzen

**A** ▶ In restriktiven Relativsätzen folgt bei bestimmtem Beziehungswort auf die Präpositionen A, DE, EN und CON bloßes QUE oder EL QUE / LA QUE / LOS QUE / LAS QUE oder EL CUAL / LA CUAL / LOS CUALES / LAS CUALES:

**las cosas en que / las que / las cuales suelo pensar** *die Dinge, an die ich oft denke*
**la excepción a que / la que / la cual me refiero** *die Ausnahme, auf die ich mich beziehe*
**el dinero con que / el que / el cual pagó** *das Geld, mit dem er zahlte*
**los triunfos de que / los que / los cuales estoy orgulloso** *die Siege, auf die ich stolz bin*

**B** ▶ In restriktiven Relativsätzen bei unbestimmtem Beziehungswort folgt auf die Präpositionen A, DE, EN und CON entweder EL QUE / LA QUE / LOS QUE / LAS QUE oder EL CUAL / LA CUAL / LOS CUALES / LAS CUALES:

**un derecho al que / al cual no puedo renunciar** *ein Recht, auf das ich nicht verzichten kann*
**una cultura de la que / la cual no queda nada** *eine Kultur, von der nichts mehr übrig bleibt*
**ciertas cosas en las que / las cuales sigo creyendo** *gewisse Dinge, an die ich immer noch glaube*
**unos jarrones con los que / los cuales adornaron la habitación** *ein paar Vasen, mit denen sie das Zimmer schmückten*

### 10.50 Sachname + A / DE / EN / CON in nicht restriktiven Relativsätzen

In nicht restriktiven Relativsätzen folgt auf die Präpositionen A, DE, EN und CON entweder EL QUE / LA QUE / LOS QUE / LAS QUE oder EL CUAL / LA CUAL / LOS CUALES / LAS CUALES:

**la guerra del Golfo, a la que / la cual me referiré enseguida** *der Golfkrieg, auf den ich mich sogleich beziehen werde*
**Madrid, del que / del cual me he alejado en todo sentido** *Madrid, von dem ich mich in jeder Hinsicht entfernt habe*
**la habitación 548, en la que / la cual se cometió el asesinato** *das Zimmer 548, in dem der Mord begangen wurde*
**tus bultos, con los que / los cuales tropecé al salir** *deine Gepäckstücke, über die ich stolperte, als ich hinausging*

### 10.51 POR, PARA und anderen Präpositionen bei sachbezeichnendem Bezugswort

In allen Sorten von Relativsätzen folgt auf die Präpositionen, die in 10.49 und 10.50 nicht behandelt werden, entweder EL QUE / LA QUE / LOS QUE / LAS QUE oder EL CUAL / LA CUAL / LOS CUALES / LAS CUALES:

**ninguna idea por la que valga la pena morir hoy en día** *keine Idee, für die es sich heutzutage zu sterben lohnt*
**el Tour del 2005, para el que se preparó como nunca** *die Tour de France des Jahres 2005, auf die er sich wie noch nie vorbereitet hatte*
**aquel mes de mayo, acerca del cual se han forjado absurdas leyendas** *jener Monat Mai, über den absurde Legenden entstanden sind*

# 10. Die Relativpronomen

## 10.52 Obligatorisches EL CUAL bei Sachbezeichnungen

Nach den Präpositionen DURANTE, MEDIANTE und SEGÚN sowie nach Präpositionalfügungen (letztere im geschriebenen Spanisch recht häufig anzutreffen) wird allein EL CUAL / LA CUAL / LOS CUALES / LAS CUALES verwendet. In nicht restriktiven Relativsätzen folgt auf eine zusammengesetzte Präposition ebenfalls allein EL CUAL / LA CUAL / LOS CUALES / LAS CUALES:

**dos años durante los cuales no escribió un solo poema** *zwei Jahre, während welcher er kein einziges Gedicht schrieb*
**un informe según el cual colaboró con la Gestapo** *ein Bericht, wonach er mit der Gestapo kollaborierte*
**unas palancas mediante las cuales se podía regular la velocidad** *zwei Hebel, durch die man die Geschwindigkeit regeln konnte*
**Bach, por encima del cual sólo está Dios** *Bach, über dem allein Gott ist*

**A ▶** Beispiele mit Präpositionalfügungen:

**las infecciones a causa de las cuales murieron ambos** *die Infektionen, in deren Folge beide starben*
**la mentira en base a la cual construyó la defensa** *die Lüge, auf der sie die Verteidigung aufbaute*
**unas negociaciones al término de las cuales pudiera surgir la paz** *Verhandlungen, an deren Ende es vielleicht Frieden geben könnte*

## 10.53 Personenbezeichnung + Präposition + Relativpronomen

In allen Sorten von Relativsätzen wird bei allen Präpositionen EL QUE / LA QUE / LOS QUE / LAS QUE oder EL CUAL / LA CUAL / LOS CUALES / LAS CUALES oder QUIEN / QUIENES:

**el policía con el que / el cual / quien hablé en el museo** *der Polizist, mit dem ich in dem Museum sprach*
**una escritora para la que / la cual / quien el feminismo ha dejado de existir** *eine Schriftstellerin, für die der Feminismus aufgehört hat zu existieren*
**a por Alfonso y Sara, sobre los que / los cuales / quienes pesa una enorme responsabilidad** *auf der Suche nach Alfonso und Sara, auf denen eine enorme Verantwortung lastet*
**con ella, por la que / la cual / quien había dejado la carrera** *mit ihr, um deretwillen er das Studium aufgegeben hatte*

## 10.54 Relativpronomen zu sächlicher Wortgruppe mit Präposition

In allen Arten von Relativsätzen folgt auf eine Präposition LO QUE oder LO CUAL, wenn das Beziehungswort ein neutrales Pronomen oder **LO + Adjektiv** ist:

**eso de lo que / lo cual hablaron** *das, worüber sie sprachen*
**algo con lo que / lo cual se nace** *etwas, wormit man geboren wird*
**nada para lo que / lo cual haga falta un ordenador** *nichts, wofür ein Computer nötig ist*
**lo único en lo que / lo cual cree el hombre** *das Einzige, woran der Mensch glaubt*

**A ▶** Mit längeren, betonten oder mehrgliedrigen (vgl. 10.52) Präpositionen sowie mit Präpositionalfügungen wird allein LO CUAL verwendet:

**algo después de lo cual renacerás** *etwas, nach dessen Ende du wiedergeboren sein wirst*
**aquello cara a lo cual temblábamos** *das, angesichts dessen wir zitterten*

## 10. Die Relativpronomen

### 10.55 Satz + Präposition + Relativpronomen

Auf eine Präposition folgt LO QUE oder LO CUAL, wenn die Bezugsgröße ein Satzinhalt ist:

**La niña despertó afiebrada y tosiendo, por lo que llamaron al médico.**
*Das Mädchen wachte mit Husten und Fieber auf, weshalb sie den Arzt kommen ließen.*

**Los mineros se declararon en huelga de hambre, con lo cual nadie contaba.**
*Die Bergarbeiter traten in einen Hungerstreik ein, womit niemand rechnete.*

**A ▸** Mit längeren, betonten oder mehrgliedrigen (vgl. 10.52) Präpositionen sowie mit Präpositionalfügungen wird allein LO CUAL verwendet:

**Había unos veinte camiones impidiendo la circulación, en vista de lo cual desistimos de seguir.**
*Etwa zwanzig Lastwagen behinderten den Verkehr, woraufhin wir auf die Weiterfahrt verzichteten.*

### 10.56 QUE + Präposition + Personalpronomen

In nicht gepflegter oder hastiger Ausdrucksweise folgt nicht das Relativpronomen auf die Präposition, sondern die Reihenfolge wird umgekehrt, wobei auf die Präposition die betonte Form des die Bezugsgröße wiederaufnehmenden Personalpronomen folgt Es ergibt sich im Relativsatz die Sequenz: QUE + Verb + Präposition + ÉL / ELLA / ELLOS / ELLAS, weniger häufig die Sequenz QUE + Präposition + ÉL / ELLA / ELLOS / ELLAS + Verb:

**un país que se habla mucho de él** *ein Land, von dem viel die Rede ist*
**una patria que mueres por ella** *ein Vaterland für das du stirbst*
**los papeles que sin ellos no te dejan pasar** *die Papiere, ohne die du nicht hinein darfst*
**las azafatas que con ellas hablé** *die Stewardessen, mit denen ich gesprochen habe*

## F. Relativpronomen bei Weglassung des Beziehungselements

### 10.57 Artikelwort + QUE

Wird das Substantiv nicht wiederaufgenommen, welches Beziehungswort des Relativsatzes ist, so steht statt des Substantivs EL QUE / LA QUE / LOS QUE / LAS QUE (die Artikelwörter EL / LA / LOS / LAS nehmen das Beziehungselement wieder auf):

**Esta maleta es más pesada que la que trajiste de México.**
*Dieser Koffer ist schwerer als der, den du aus Mexiko mitgebracht hast.*

**Las mejores secretarias son las que saben idiomas.**
*Die besten Sekretärinnen sind die, die Sprachen können.*

**A ▸** Aufgrund der thematischen Satzstellung erscheint in Beispielen wie den folgenden das Bezugswort nach der relativischen Fügung (vgl. 30.73B, ferner 27.6):

**Los que no llevaban firma eran los únicos documentos legibles.**
*Die ohne Unterschrift waren die einzigen lesbaren Dokumente.*

**Las que más provecho sacan de la crisis son las economías emergentes.**
*Die am meisten von der Krise profitieren, sind die Volkswirtschaften der Schwellenländer.*

### 10.58 Präposition vor EL QUE

Vor EL QUE / LA QUE / LOS QUE / LAS QUE kann die Präposition stehen, die vom Verb des Hauptsatzes verlangt wird:

**No estoy pensando en el lío que tengo hoy, sino en el que tuve ayer.**
*Ich denke nicht an das Problem, das ich heute habe, sondern an das, das ich gestern hatte.*

## 10. Die Relativpronomen

### 10.59 EL DE + EL QUE

Die Fügung **Artikelwort + DE**, bei der DE eine nähere Bestimmung eines durch das Artikelwort vertretenen Substantivs eilnleitet (vgl. 5.12) kommt recht häufig vor der Verbindung **Artikelwort + QUE** vor:

**No quiero las señas de todos los alumnos, sino sólo las de los que faltaron ayer.**
*Ich will nicht die Adressen aller Studenten haben, sondern nur die von denen, die gestern fehlten.*

**Según él, no deben compararse el miedo del soldado que muere con el del que mata.**
*Ihm zufolge soll man die Angst des Soldaten, der stirbt, und die Angst des Soldaten, der tötet, nicht vergleichen.*

**No se metieron en el coche de los chicos que gritaban, sino en el de los que dormían.**
*Sie stiegen nicht in den Wagen der Burschen, die schrieen, ein, sondern in den derer, die schliefen.*

**A ▶** Wird die Ergänzung des Substantivs von einer anderen Präposition als DE eingeleitet, so kann davor EL / LA / LOS / LAS nicht stehen, man muß sich dann mit anderen syntaktischen Mitteln behelfen:

**Suspendieron tanto el seminario sobre los escritores que emigraron a América como el dedicado a los que se quedaron en España.**
*Es wurden abgesagt sowohl das Seminar über die Schriftsteller, die nach Amerika auswanderten, als auch das über die, die in Spanien blieben.*

### 10.60 Ersetzung von EL QUE durch AQUEL bei Präposition vor QUE

Zwischen EL / LA / LOS / LAS und QUE kann kein Wort stehen, das ist insbesondere zu beachten, wenn eine Präposition von dem Verb des Relativsatzes verlangt wird – und Gebilde wie LA EN QUE entstehen würden – . Das aufnehmende Artikelwort muß ersetzt werden von einem Ausdruck wie AQUEL, und auf die daran anschließende Präposition folgt QUE, EL QUE, EL CUAL oder QUIEN (vgl. die Regeln im Kapitel 10, Teil E):

**La familia ideal es aquella en la que / la cual trabajan ambos cónyuges.**
*Die ideale Familie ist diejenige, bei der beide Ehepartner berufstätig sind.*

**No le dejó todos sus apuntes, sino sólo aquellos de los que se había hecho una copia.**
*Sie lieh ihm nicht alle ihre Notizen, sondern nur die, von denen sie eine Kopie gemacht hatte.*

### 10.61 AQUEL zwischen zwei Präpositionen

Beispiele mit je einer Präposition – die eine vom Hauptsatzverb, die andere vom Relativsatzverb verlangt – vor und nach AQUEL:

**No escribo para cualquier lector, sino sólo para aquellos con los que / los cuales / quienes comparto el ideario humanista.**
*Ich schreibe nicht für alle, sondern nur für die, mit denen ich das humanistische Gedankengut teile.*

**No leyó los últimos capítulos, fascinado como estaba por aquel en que / el que / el cual se describía la muerte de Olga.**
*Er las die letzten Kapitel nicht, so fasziniert war er von dem, in dem Olgas Tod beschrieben wurde.*

### 10.62 Unmögliche Verbindung EL QUE + CUYO

CUYO kann nicht auf EL QUE folgen, noch kann es zwischen EL und QUE stehen. Die Verbindung ist möglich nur durch die Ersetzung von EL QUE durch AQUEL:

**Sus mejores películas son aquellas cuyos protagonistas son niños.**
*Seine besten Filme sind die, deren Protagonisten kleine Jungen sind.*

## G. Indefinite Relativpronomen: 'was', 'wo(r)-', 'wer'

### 10.63 Indefinites Relativum für Sachen: LO QUE
Mit *'was'* als Relativpronomen wird eine Sache oder ein Sachzusammenhang in ganz unbestimmter Weise benannt. Im Spanischen steht dafür LO QUE:

**lo que acaba de caerse** *was heruntergefallen ist*
**lo que pasó en Granada** *was in Granada passierte*
**lo que me dijo el médico** *was mir der Arzt gesagt hat*

### 10.64 LO QUE nach Präpositionen
LO QUE steht auch alternativlos nach Präpositionen:

**vivir con lo que nos da Dios** *mit dem leben, was uns Gott gibt*
**el nombre de lo que tengo en la mano** *der Name dessen, was ich in der Hand habe*
**pensar en lo que no se debe** *an das denken, was verboten ist*

### 10.65 Entsprechungen von 'wovon', 'woran' usw.
Der deutschen relativischen Verbindung *'wo(r)-'* entspricht die Fügung **Präposition + LO QUE**. Als neutrales Beziehungswort kann allein AQUELLO stehen:

**de lo que se trata ahora** *worum es jetzt geht*
**a lo que estoy acostumbrado** *woran ich gewohnt bin*
**aquello en lo que creemos los cristianos** *dasjenige, woran wir Christen glauben*

### 10.66 Fehlen des Beziehungsworts in Hervorhebungssätzen
In Hervorhebungssätzen mit SER fehlt in der Regel das Beziehungswort:

**Eso es en lo que pensaba yo también.**
*Das ist es, woran ich auch dachte.*

**No era eso a lo que iba.**
*Darauf wollte ich nicht hinaus.*

### 10.67 Ersetzung von LO QUE durch AQUELLO
AQUELLO muß als indefinites Relativum für Sachen verwendet werden, wenn die Verben im Haupt- und Nebensatz verschiedene Präpositionen verlangen; auf die Präposition nach AQUELLO folgt LO QUE oder LO CUAL:

**Jamás se había interesado su marido por aquello con lo que ella soñaba.**
*Niemals hatte sich ihr Ehemann für das interessiert, wovon sie träumte.*

### 10.68 LO QUE statt AQUELLO bei gleicher Präposition
Verlangen die Verben im Haupt- und Nebensatz die gleiche Präposition, so muß diese nicht zweimal erscheinen, und als indefinites Pronomen wird LO QUE verwendet:

**Sólo se interesó por lo que había pagado dos millones.**
*Er interessierte sich nur für das, wofür sie zwei Millionen bezahlt hatte.*

# 10. Die Relativpronomen

## 10.69 LO QUE = LO MISMO QUE
LO QUE ersetzt häufig LO MISMO QUE:

**Ella hizo lo que yo.**
*Sie tat dasselbe wie ich.*

## 10.70 Indefinite Relativpronomen für Personen
Die ganz allgemeine bzw. ganz unbestimmte Benennung von Menschen durch ein Relativum erfolgt durch QUIEN oder durch EL QUE; EL ist dabei Artikelwort und geht daher die Verbindungen AL und DEL ein:

**Quien siembra vientos, recoge tempestades.**
*Wer Wind sät, wird Sturm ernten.*

**El que diga eso, no tiene idea de nada.**
*Der das sagt, der hat von nichts eine Ahnung.*

**Tiene la inocencia del que jamás ha salido de su pueblo.**
*Er hat die Unschuld eines Menschen, der sein Dorf nie verlassen hat.*

**Diríjase al que le haga señas.**
*Wenden Sie sich an den, der Ihnen winkt.*

## 10.71 Femeninum und Plural beim indefiniten Relativum für Personen
Es ist im Spanischen möglich, durch Verwendung von LA QUE, LOS QUE, LAS QUE und QUIENES eine Geschlechts- bzw. Zahlunterscheidung bei allgemeinen bzw. unbestimmten Benennungen mittelst Relativum deutlich zu machen:

**la que se casa siendo estudiante** *die Frau, die als Studentin heiratet*
**los que traicionan a su patria** *die ihr Vaterland verraten*
**las que piden el divorcio** *die Frauen, die die Scheidung einreichen*
**quienes deciden emigrar** *diejenigen, die sich für die Auswanderung entscheiden*

## 10.72 Einschränkung des generalisierenden Relativsatzes durch Prädikat
Das Prädikat eines generalisierenden Relativsatzes mit LOS QUE, LAS QUE und QUIENES kann in der ersten oder zweiten Person Plural stehen:

**los que trabajamos en construcción** *wir, die wir am Bau arbeiten*
**las que os ocupáis de vuestros hijos** *ihr, die ihr euch um eure Kinder kümmert*
**quienes hemos nacido pobres** *diejenigen, die wir arm geboren sind*
**quienes me estáis oyendo ahora** *ihr, die ihr mich hört*

## 10.73 Akkusativisches und dativisches indefinites Relativpronomen
Beispiele mit indefiniten Relativpronomen als Akkusativ- und Dativobjekt:

**engañar al que engaña** *den(jenigen) betrügen, der betrügt*
**darles la razón a los que se equivocan** *denen / denjenigen recht geben, die irren*

**A ▶** In folgenden Beispielen ist das akkusativische bzw. dativische indefinite Relativpronomen für Personen Elemente des Prädikatsnomens:

**Yo soy al que / a quien estabais buscando.**
*Ich der, den ihr gesucht habt.*

**Tus padres son a quienes debes lo que eres.**
*Deine Eltern sind die Menschen, denen du verdankst, was du bist.*

## 10. Die Relativpronomen

### 10.74 Indefinites Relativum für Personen mit Präposition im Relativsatz

Sätze wie die folgenden, in denen irgendein Bezugswort fehlt, kommen im gesprochenen Spanisch nicht selten vor:

**En quien tanta confianza tenía me defraudó.**
*Der, in den ich so viel Vertrauen hatte, enttäuschte mich.*

**Con quien está saliendo ahora fue alumno suyo.**
*Der, mit dem sie jetzt geht, ist ihr Schüler gewesen.*

### 10.75 SER DE LOS QUE

Bei der sehr häufigen Verbindung SER DE LOS QUE (auch SER DE LAS QUE) ist das entsprechende Indefinitpronomen weggelassen:

**Yo soy de los que suelen trabajar de noche.**
*Ich bin einer von denen, die nachts zu arbeiten pflegen.*

**Eres de las que jamás serán buenas hijas.**
*Du gehörst zu den Frauen, die niemals gute Töchter sein werden.*

### 10.76 LOS HAY QUE

Beispiele für die häufige Fügung LOS / LAS + HABER + QUE:

**Los hay que odian a los pedagogos por principio.**
*Manche hassen die Lehrer aus Prinzip.*

**Las hay que antes renuncian a tener familia que a ejercer una profesión.**
*Manche Frau verzichtet lieber darauf, Kinder zu haben, als darauf, einen Beruf auszuüben.*

## H. Sonstiges zum Relativpronomen

### 10.77 Relativische Verschränkung

Es kommt in der gesprochenen wie in der geschriebenen Sprache häufig vor, daß ein Relativum Satzteil eines nicht relativischen Nebensatzes ist und daß es vor den dazugehörigen Hauptsatz gestellt wird:

**Vendrá un alemán que quiero que conozcas.**
*Es kommt ein Deutscher, von dem ich möchte, daß du ihn kennenlernst.*

**Dispongo de una licencia que temo que me retiren.**
*Ich besitze eine Lizenz, von der ich fürchte, daß man sie mir wegnimmt.*

**¿Cuál es la estudiante que dice Julio que nació en Suecia?**
*Welche ist die Studentin, von der Julio sagt, daß sie in Schweden geboren sei?*

**A ▶ Beispiele mit abhängigen Fragen:**

**El cuadro, que todo el mundo se pregunta cuánto le costó, lo tiene colgado en su despacho.**
*Das Bild, von dem sich jeder fragt, wieviel es ihn gekostet hat, hat er in seinem Arbeitszimmer hängen.*

**Me dio un teléfono que no sé si sería el suyo.**
*Er gab mir eine Telefonnummer, vom der ich nicht weiß, ob sie ihre war.*

## 10. Die Relativpronomen

### 10.78 Das possessive Relativpronomen CUYO

Das relative Adjektiv CUYO richtet sich, anders als *'dessen, deren'*, nach Zahl und Geschlecht des darauffolgenden Substantivs:

**una lengua cuyo origen desconocen los expertos** *eine Sprache, deren Ursprung die Fachleute nicht kennen*

**una guerra cuyos efectos económicos son incalculables** *ein Krieg, dessen wirtschaftliche Auswirkungen unkalkulierbar sind*

**la reina Isabel, bajo cuya protección Colón emprende sus viajes** *Königin Isabella, unter deren Schutz Kolumbus seine Fahrten unternimmt*

**Barcelona, en cuyas calles resulta peligroso perderse** *Barcelona, in dessen Gassen sich zu verirren gefährlich ist*

### 10.79 Ersetzung von CUYO

Das langsam ungebräuchlich werdende CUYO kann durch eine allerdings nicht immer wohl klingende Fügung bestehend aus DE + Relativpronomen ersetzt werden:

**un general del que desconocemos el paradero** *ein General, dessen Aufenthaltsort wir nicht kennen*

**Múnich, del cual admiro el sistema de transportes** *München, dessen Verkehrssystem ich bewundere*

**la mujer de quien el marido se suicidó** *die Frau, deren Mann Selbstmord beging*

**A ▶** Es besteht die starke Tendenz, das Substantiv, das auf die DE-Fügung folgt, nicht mit dem bestimmten Artikel, sondern mit dem Possessivpronomen zu versehen, für das letzte Beispiel dann: LA MUJER DE QUIEN SU MARIDO SE SUICIDÓ.

### 10.80 Ersetzung von CUYO durch eine DE + EL CUAL–Fügung

Steht vor CUYO eine andere Präposition, dann wird bei der Ersetzung DE + Relativpronomen hinter das Substantiv gestellt, wobei das Relativpronomen, das sich bekanntermaßen auf das Bezugswort bezieht, nur EL CUAL sein darf (vgl. 10.52):

**un instituto en las estadísticas del cual nadie confía** *ein Institut, dessen Statistiken niemand vertraut*

**la Tierra, a la edad de la cual me refería ayer** *die Erde, auf deren Alter ich mich gestern bezog*

### 10.81 Ersetzung von CUYO durch QUE und das Possessivpronomen

In der gesprochenen, aber immer häufiger in der geschriebenen Sprache wird CUYO durch QUE + Possessivpronomen + Substantiv ersetzt (dieser Gebrauch sollte nicht nachgeahmt werden):

**una del club que su madre es brasileña** *eine vom Verein, deren Mutter Brasilianerin ist*

**la casa que sus dueños murieron** *das Haus, dessen Besitzer gestorben sind*

### 10.82 Weitere Ersetzungen von CUYO in der Umgangssprache

Relativsätze mit CUYO werden ersetzt in der lässigen Umgangssprache durch QUE, gefolgt vom bestimmten Artikel, manchmal ergänzt durch DE und das entsprechende betonte Pronomen der dritten Person:

**ese programa que la presentadora ha sacado un libro** *diese Sendung, deren Moderatorin ein Buch veröffentlicht hat*

**el abuelete que la mujer de él se sacó el gordo** *der Opa, dessen Frau den Hauptpreis im Lotto gewann*

10. Die Relativpronomen

### 10.83 CUYO in feststehenden Wendungen
In einigen feststehenden Wendungen ist CUYO ein Demonstrativum:

**por cuya causa / cuyo motivo** *aus dem Grunde, weshalb*
**en cuyo caso** *in diesem Falle, dann*

### 10.84 Relativsatz beim Objekt eines Wahrnehmungsverbs
Das Objekt eines Verbs der Wahrnehmung (VER, OÍR, ESCUCHAR, ENCONTRAR, IMAGINARSE usw) kann als charakterisierende Bestimmung einen Relativsatz erhalten:

–¿Usted fue quien denunció al ladrón? *"Haben Sie den Dieb angezeigt?*
–Sí, lo vi que se metía el paquete en la *"Ja, ich sah, wie er die Packung in seinen Ruck-*
mochila y avisé al guardia. *sack steckte, und rief den Wachmann."*

• Ein prädikativischer Relativsatz liegt auch der Fügung LOS HAY QUE zugrunde (vgl. 10.76). Bei Wahrnehmungsverben konkurriert ein prädikativischer Relativsatz mit dem Gerundio und dem Infinitiv (vgl. 15.4, 14.42).

### 10.85 Relativa in der Hervorhebung von sachbezeichnenden Satzteilen
Bei sachbezeichnenden Satzteilen, die man durch Spaltung eines Satzes hervorhebt, werden LO QUE oder EL QUE / LA QUE / LOS QUE / LAS QUE verwendet (vgl. Näheres Kapitel 30, Teil F):

**Fue el vino tinto el que probé primero.**
*Es war der Rotwein, den ich zuerst probierte.*

**Es a la situación de África a la que / lo que hemos prestado atención.**
*Es ist die Situation in Africa, der wir Aufmerksamkeit geschenkt haben.*

**Son los asientos traseros los que están sucios.**
*Es sind die hinteren Sitze, die schmutzig sind.*

**Era por esas ideas por las que / lo que luchaba.**
*Für diese Ideen kämpfte er.*

### 10.86 Relativa in der Hervorhebung von personenbezeichnenden Satzteilen
Bei personenbezeichnenden Satzteilen, die man durch Spaltung eines Satzes hervorhebt, werden EL QUE / LA QUE / LOS QUE / LAS QUE oder QUIEN / QUIENES verwendet (vgl. Näheres Kapitel 30, Teil F):

**Fue el profesor el que / quien se marchó el último.**
*Es war der Lehrer, der zuletzt wegging.*

**Era Franco el que / quien no quería la reconciliación.**
*Es war Franco, der die Versöhnung nicht wollte.*

**Será ella la que / quien abandone el empleo.**
*Sie wird es sein, die ihre Arbeit aufgibt.*

### 10.87 ES EL HOMBRE QUE VIENE vs. ES EL HOMBRE EL QUE VIENE
Der Unterschied zwischen einer streng adjektivischen Verwendung des Relativsatzes und einer Verwendung in rhematisierender Absicht muß klar sein, zumal bei Sätzen mit SER wie in den folgenden Beispielen. Im ersten haben wir mit dem "normalen", adjektivischen Gebrauch des Relativsatzes zu tun, im zweiten erfolgt bloß eine Hervorhebung durch Spaltung eines Hauptsatzes. In Sätzen wie dem zweiten ist im Deutschen die Verwendung von *'es'* unerläßlich, und das Relativpronomen kann durch *'derjenige'* ersetzt werden:

**El gordito de barba que está en la tumbona se llama Franz Lau. ¿Sabes?, es el alemán que nos quiere comprar el apartamento de La Escala.**
*Der Dicke mit dem Bart im Liegestuhl heißt Franz Lau. Weißt du, er ist der Deutsche, der uns das Appartment in La Escala abkaufen will.*

**El suizo también es millonario, pero es el alemán el que nos quiere comprar el apartamento de La Escala.**
*Der Schweizer ist auch Millionär, aber der Deutsche ist es, der uns das Appartment in La Escala abkaufen will (der Deutsche ist derjenige...).*

### 10.88 Das Relativum CUANTO

Das Relativpronomen CUANTO hat die Bedeutung *'alles, was'*; CUANTO wird auch nach TODO statt LO QUE verwendet.:

**(todo) cuanto me sucedía** *alles, was mir passierte*
**(todo) cuanto quieras** *alles, was du willst*

**A ▶** Die verkürzte Form CUAN ist noch gebräuchlich in der Wendung: CUAN LARGO / ALTO ERA:
**Estaban tendidos en la yerba cuan largos eran.**
*Sie lagen ausgestreckt auf dem Gras.*

### 10.89 CUANTOS statt TODOS LOS QUE

CUANTOS = TODOS LOS QUE, CUANTAS = TODAS LAS QUE:

**Preguntó a cuantos pudo preguntar.**
*Er fragte alle, die er fragen konnte.*

**Para mejor control de las direcciones, dame cuantas tengas.**
*Zur besseren Kontrolle der Anschriften gib mir alle, die du hast.*

### 10.90 Adjektivische Verwendung von CUANTO

Als Adjektiv ist CUANTO / CUANTA / CUANTOS / CUANTAS Synonym von TODO / TODA / TODOS / TODAS ... EL / LA / LOS / LAS QUE:

**cuanto vino quedaba** *der ganze Wein, der noch da war*
**cuanta fuerza sea necesaria** *die ganze Kraft, die nötig ist*
**cuantos barcos había en el puerto** *alle Schiffe, die am Hafen waren*
**cuantas personas iban por la calle** *alle Menschen, die auf der Straße gingen*

• CUANTO ist Teil von Konjunktionen des proportionales Vergleichs und der Kausalität, vgl. 9.165, 9.167, 35.52, 35.53.

### 10.91 EN CUANTO

Beispiele für wichtige Verwendungsweisen von EN CUANTO:

**en cuanto al segundo problema...** *was das zweite Problem angeht...*
**en cuanto a que el peligro haya cesado...** *was die Aussage betrifft, die Gefahr sei gebannt...*
**superior a todos en cuanto a pundonor y ambición** *allen überlegen an Ehrgefühl und Eifer*
**el escritor en cuanto ciudadano** *der Schriftsteller als Staatsbürger*
**en cuanto padre de familia que soy...** *sofern ich Familienvater bin...*
**en cuanto lo tenga preparado** *sobald ich es fertig habe* (vgl. 35.21)

## 10. Die Relativpronomen

### 10.92 Relativpronomen von substantivischen Zeitausdrücken: EN QUE

Relativsätze mit einen substantivischen Ausdruck der Zeit als Bezugsgröße werden in der Regel von EN QUE oder EN EL / LA / LOS / LAS QUE eingeleitet :

**el momento en que se anuncia una guerra** *der Augenblick, in dem sich ein Krieg ankündigt*
**aquella hora en que traducíamos a Ovidio** *jene Stunde, in der wir Ovid übersetzten*
**dos años en los que no pasó nada** *zwei Jahre, in denen nichts geschah*

### 10.93 QUE statt EN QUE nach substantivischen Zeitausdrücken

Bloßes QUE erscheint in der Regel, vielleicht unkorrekterweise, als Relativpronomen zu NOCHE, DÍA, TARDE, AÑO:

**el día que murió Franco** *der Tag, an dem Franco starb*
**la tarde que nos conocimos** *der Nachmittag, an dem wir uns kennenlernten*
**el año que se iniciaron las reformas** *das Jahr, in dem die Reformen begannen*
**la única noche que la dejaron sola** *die einzige Nacht, in der sie allein gelassen wurde*

**A ▶** Nach VEZ steht auch normalerweise relativisches QUE, meistens ohne EN:

**la primera vez que juegan** *das erste Mal, daß sie spielen*
**las únicas dos veces (en) que me equivoqué** *die beiden einzigen Male, daß ich irrte*

**B ▶** Man beachte die Verwendungsweisen von UNA VEZ QUE:

**una vez que me lo encontré en un bar** *einmal, als ich ihn zufällig in einer Bar traf*
**una vez que te hayas tranquilizado** *sobald du dich beruhigt hast* (vgl. 35.21)

### 10.94 QUE nach Zeitadverbien

QUE ist das Relativum zu AHORA, SIEMPRE, HOY und anderen Zeitadverbien, teilweise auch als Bestandteil von Konjunktionen:

**ahora que lo veo** *jetzt, da ich es sehe*
**ahora que la culpa no era mía** *nun war es nicht meine Schuld*
**siempre que nos vemos** *immer, wenn wir uns sehen* (vgl. 35.20)
**siempre que no lo sepan** *vorausgesetzt, sie wissen es nicht* (vgl. 35.97)
**cada vez que pienso en ellas** *jedesmal, wenn ich an sie denke* (vgl. 35.20)

### 10.95 Obligatorisches EN QUE nach Zeitadverbien

In nicht restriktiven Relativsätzen mit einem Zeitadverb als Bezugsgröße muß EN QUE verwendet werden (die Sequenz kommt nicht selten in stilbewußten Texten vor):

**Hoy, en que tanto se cuidan los católicos de lo que ven en la televisión los niños, los obsequian durante varios días con un incesante espectáculo de terror en vivo: las procesiones de Semana Santa.**
*Heutzutage, da Katholiken sich so sehr um das kümmern, was die Kinder im Fernsehen sehen, spendieren sie ihnen tagelang ein unaufhörliches Live-Terrorspektakel: die Osterprozessionen.*

### 10.96 EN QUE bezogen auf FORMA, MANERA und MODO

Die allgemeinen Ausdrücke der Art und Weise FORMA, MANERA und MODO erhalten häufig EN QUE als Relativpronomen in Ersetzung von COMO (vgl. 27.35):

**la forma en que mienten los políticos** *die Art und Weise, wie Politiker lügen*
**la inusitada manera en que se produjo el cambio** *die ungewöhnliche Art, wie der Wandel vor sich ging*
**el modo en que me lo dijo** *die Art und Weise, wie sie es mir sagte*

# 10. Die Relativpronomen

## 10.97 QUE vor einem Infinitiv

Nach ALGO, MUCHO, NADA, POCO, ALGUIEN oder **Mengenausdruck + Substantiv** erscheint QUE vor dem Infinitiv eines Verbs der Existenz (HABER, TENER, QUEDAR), um das noch Ausstehende auszudrücken (vgl. 14.17):

**tener mucho que hacer** *viel zu tun haben*
**seis formularios que rellenar** *sechs auszufüllende Formulare*

## 10.98 Begründungsfunktion von weiterführendem QUE

QUE erscheint als Anschluß zu Sätzen, die die Beschaffenheit von Personen und Sachen (auch Zeit- und Ortsbezeichnungen) angeben. Solche erklärende bzw. begründende Relativsätze haben QUE als Satzsubjekt, das Verb ist SER. Das Prädikatsnomen ist dabei häufig ein Relativadverb wie COMO, CUANDO und DONDE:

**...Mona Lisa, que era así como llamaba él a la perra** *Mona Lisa, so nannte er nämlich die Hündin..*
**...en julio, que es cuando cumple años** *im Juli, da hat er nämlich Geburtstag.*
**...a Huelva, que es donde nació su abuelo** *nach Huelva, dort war ja ihr Großvater geboren.*

**A ▶** Beispiel mit einem Satzinhalt als Bezugsgröße:

**Iba a Jaén y llegó a Vic, que es como repetir el primer viaje de Colón.**
*Er wollte nach Jaén und kam in Vic an, was einer Neuauflage der ersten Kolumbusfahrt gleichkommt.*

## 10.99 LO QUE ES

LO QUE ES fungiert als umgangssprachliche Weise der Themahervorhebung (vgl. 30.51):

**lo que es yo** *was mich angeht*
**lo que es mi padre** *was meinen Vater betrifft*

## 10.100 Distributiver Sinn von Relativsätzen mit QUE

Die Struktur **Substantiv + QUE + Verb (...) Substantiv + QUE + Verb**, in welcher das Substantiv ohne jegliches Artikelwort steht, hat einen konditionalen Sinn; sie entspricht einer CADA-Konstruktion, wenn das Substantiv wiederholt wird:

**Carta que se lee es intimidad que se rompe.**
*Wenn man einen fremden Brief liest, verletzt man die Intimsphäre.*

**Arma que encuentro, arma que destruyo.**
*Ich zerstöre jede Waffe, die ich finde.*

## 10.101 Bedeutungen des indefiniten Relativums QUIEN

QUIEN wird sehr häufig als indefinites Relativpronomen verwendet. Es hat den Sinn von UNO QUE, ALGUIEN QUE, LA PERSONA QUE oder NADIE QUE im Verneinungskontext:

**Hay quien sostiene lo contrario.**
*Mancher behauptet das Gegenteil.*

**Esta es la primera foto de quien nos hace feliz.**
*Das ist das erste Bild des Menschen, der uns glücklich macht.*

**Me miró como quien mira a su verdugo.**
*Er schaute mich an wie jemand, der seinen Henker anschaut.*

**En esta ciudad no hay quien pueda ayudarme.**
*In dieser Stadt gibt es niemanden, der mir helfen kann.*

## 10. Die Relativpronomen

### 10.102 Eingeschobener Relativsatz mit EL QUE

Es kommt nicht selten vor, daß in einem zwischen Kommata eingeschlossenen, durch EL QUE / LA QUE / LOS QUE/ LAS QUE eingeleiteten Relativsatz eine gewissermaßen nachträgliche Einschränkung des Umfangs des Bezugsworts angegeben wird:

**Los libros, los que se venden bien, dan de comer a un librero y su familia.**
*Die Bücher, natürlich nur die, die sich gut verkaufen, gewähren einem Buchhändler und seiner Familie den Lebensunterhalt.*

**Los peruanos jóvenes, los que creen aún en la democracia, votarán seguramente al candidato liberal.**
*Die jungen Peruaner, und zwar die, die noch an die Demokratie glauben, werden für den liberalen Kandidaten stimmen.*

**A ▶** Obige Verwendungsweise von EL QUE / LA QUE / LOS QUE / LAS QUE darf nicht verwechselt werden mit deren Verwendung als Ersatz von weiterführenden EL CUAL / LA CUAL / LOS CUALES / LAS CUALES (vgl. 10.17, 10.23). Dieser Gebrauch, den man vor allem bei lateinamerikanischen Autoren antrifft, sollte nicht nachgeahmt werden:

**En toda la biblioteca no había sino tres libros de historia, los que no parecían haberse leído nunca.**
*In der ganzen Bibliothek waren nur drei Geschichtsbücher, welche so aussahen, als wären sie nie gelesen worden.*

### 10.103 EL QUE und LA QUE mit Bezug auf Eigennamen

Es gibt im Spanischen eine charakteristische Verwendung von EL QUE und LA QUE in eingeschobenen Relativsätzen; sie beinhalten, nachträglich oder vorwegnehmend, eine nähere Bestimmung eines Eigennamens (vgl. 36.39):

**Vendrá a España la que fuera presidenta de Nicaragua, Violeta Chamorro.**
*Die frühere Präsidentin Nicaraguas, V.C., wird Spanien besuchen.*

**Ha sufrido un accidente de moto Tito Pacheco. El que fuera batería de Los Diablillos se ganaba la vida como guardián de museos en Bilbao.**
*Tito Pacheco hat einen Motorradunfall gehabt. Der ehemalige Schlagzeuger der Band Los Diablillos verdiente seinen Lebensunterhalt als Museumswächter in Bilbao.*

### 10.104 LA QUE ohne ausdrückliches Bezugswort

LA QUE ist Subjekt von mehr oder weniger feststehenden Intensitätswendungen:

**la que se montó** *so ein Durcheinander (war das)!*
**la que se nos viene** *was alles auf uns zukommt!*

### 10.105 EL CUAL als Demonstrativum

In nicht restriktiven Relativsätzen kann das Beziehungswort von EL CUAL / LA CUAL / LOS CUALES / LAS CUALES noch einmal – nicht selten nachgestellt – erscheinen (EL CUAL etc. wird in dieser Bedeutung heute nur noch in humoristischer oder altertümelnder Absicht verwendet):

**Tres jóvenes pintaban la puerta de la casa, la cual puerta / puerta la cual era de hojalata, a diferencia de las demás.**
*Drei junge Männer haben die Tür des Hauses gestrichen, diese Tür war im Unterschied zu allen anderen aus Blech.*

## 10.106 EL CUAL nach Quantitätsausdrücken

Im nicht restriktiven Relativsatz kann ein Indefinitpronomen (ALGUNOS, MUCHOS, CADA UNO) oder eine Mengenbezeichnung vor EL CUAL / LA CUAL / LOS CUALES / LAS CUALES erscheinen:

**Sobre todo echaba de menos a las niñas del orfelinato, cada una de las cuales le había compuesto una poesía al partir él.**
*Vor allem vermißte er die Mädchen aus dem Waisenhaus, von denen ein jedes ihm bei seinem Weggang ein Gedicht gemacht hatte.*

**Alemania albergaba unos 500 000 refugiados, la mayoría de los cuales provenían de la ex Yugoslavia.**
*Deutschland beherbergte etwa 500 000 Flüchtlinge, von denen die meisten aus dem ehemaligen Jugoslawien kamen.*

## 10.107 Substantiv + Präposition + EL CUAL in der Relativsatzmitte

EL CUAL / LA CUAL / LOS CUALES / LAS CUALES kann präpositionale Ergänzung eines Substantivs sein (das nicht das Beziehungswort ist, vgl. 10.80):

**Las cartas, los sellos para las cuales ya se habían pegado en los sobres respectivos, no llegaron a escribirse nunca.**
*Die Briefe, auf deren jeweiligen Umschlag bereits die Briefmarken geklebt worden waren, wurden niemals geschrieben.*

## 10.108 EL CUAL und LO CUAL als Einleitung von Quasi-Hauptsätzen

EL CUAL / LA CUAL / LOS CUALES / LAS CUALES und LO CUAL werden in stilbewußter Ausdrucksweise als Ersatz für entsprechende Personal- oder Demonstrativpronomen gebraucht:

**Los españoles e italianos que emigraron a Francia a comienzos del siglo XX se casaron y tuvieron hijos. Los cuales no se sintieron en absoluto parte de ninguna minoría dentro del Estado francés.**
*Die Spanier und Italiener, die Anfang des 20. Jahrhunderts nach Frankreich auswanderten, heirateten und bekamen Kinder. Diese fühlten sich keineswegs als Angehörige irgendeiner Minderheit innerhalb des französischen Staates.*

**Los hermanos son miembros de organizaciones políticas enemigas. Lo cual no impide que la familia se reúna completa para festivos señalados como Navidad y Año Nuevo.**
*Die Geschwister sind Mitglieder in miteinander verfeindeten politischen Organisationen. Das hindert die Familie nicht daran, zu markanten Feiertagen wie Weihnachten und Neujahr sich vollständig zu versammeln.*

**A ▶** Beispiel mit TODO LO CUAL als Ersatz für TODO ELLO (vgl. 11.30, 11.31):

**Al acusado se le permite salir de compras, pasearse en coche, viajar al extranjero y desaparecer por días y semanas. Todo lo cual, no lo dudo, es perfectamente legal.**
*Der Angeklagte darf einkaufen gehen, spazierenfahren, ins Ausland reisen und für Tage und sogar Wochen verschwinden. Das alles, daran zweifle ich nicht, ist vollkommen legal.*

## 10.109 Die Relativadverbien

**A ▶** Beispiele mit CUANDO (vgl. 26.89C):

**en verano, cuando los días son más largos** *im Sommer, wenn die Tage länger sind*
**una expresión de cuando éramos jóvenes** *ein Ausdruck aus der Zeit, als wir jung waren*

## 10. Die Relativpronomen

**B** ▶ Beispiele mit DONDE (vgl. 25.1):

**Cataluña, donde empezó la industrialización** *Katalonien, wo die Industrialisierung begann*
**el pueblo de donde es mi abuela** *das Dorf, wo meine Großmutter herstammt*
**de donde son los caimanes** *wo die Kaimane herkommen*

**C** ▶ Beispiele mit COMO (vgl. 27.14):

**acompañada al piano, como se canta en Europa** *am Klavier begleitet, so wie man in Europa singt*
**la forma como nos trataba** *die Art und Weise, wie sie uns behandelte*
**como más te guste** *wie du es am liebsten hast*

# 11. Die Personalpronomen

Es wird hier an dem überkommenen Begriff "Personalpronomen" festgehalten, obwohl diese Bezeichnung bekanntlich irrig ist. Darunter subsumiert man nämlich die Partnerpronomen, mit denen die jeweils miteinander Redenden sich und einander benennen, sowie die Verweispronomen, mit denen der Redende auf Drittpersonen und -sachen verweist.

## A. Formenbestand

In der folgenden Übersicht wird wegen der teilweise großen Verschiedenheit der deutschen und der spanischen Deklination des Personalpronomens auf eine deutsche Übersetzung der einzelnen Formen verzichtet.

### 11.1 Pronomen für die sprechende(n) Person(en): 'ich' und 'wir'

|         | betonte Formen         |                 | unbetonte Formen |       |
|---------|------------------------|-----------------|------------------|-------|
|         | Satzsubjekt            | nach Präposition| Akkusativ        | Dativ |
| eine    | YO                     | MÍ (CONMIGO)    | ME               |       |
| mehrere | NOSOTROS / NOSOTRAS (♀)|                 | NOS              |       |

### 11.2 Pronomen für die in vertraulicher Anrede angesprochene(n) Person(en): 'du' und 'ihr'

|         | betonte Formen         |                 | unbetonte Formen |       |
|---------|------------------------|-----------------|------------------|-------|
|         | Satzsubjekt            | nach Präposition| Akkusativ        | Dativ |
| eine    | TÚ                     | TI (CONTIGO)    | TE               |       |
| mehrere | VOSOTROS / VOSOTRAS (♀)|                 | OS               |       |

### 11.3 Pronomen für die in distanzwahrender Anrede angesprochene(n) Person(en): 'Sie'

|         | betonte Formen |                  | unbetonte Formen       |       |
|---------|----------------|------------------|------------------------|-------|
|         | Satzsubjekt    | nach Präposition | Akkusativ              | Dativ |
| eine    | USTED          |                  | ♂: LO [LE]<br>♀: LA    | LE    |
| mehrere | USTEDES        |                  | ♂: LOS [LES]<br>♀: LAS | LES   |

### 11.4 Pronomen für Drittpersonen: 'er' und 'sie'

|                   | betonte Formen |                  | unbetonte Formen |         |
|-------------------|----------------|------------------|------------------|---------|
|                   | Satzsubjekt    | nach Präposition | Akkusativ        | Dativ   |
| eine Person ♂     |                | ÉL               | LO [LE]          | LE / SE |
| eine Person ♀     |                | ELLA             | LA               | LE / SE |
| mehrere Personen ♂|                | ELLOS            | LOS [LES]        | LES / SE|
| mehrere Personen ♀|                | ELLAS            | LAS              | LES / SE|
| reflexiv          | ---            | SÍ (CONSIGO)     | SE               |         |

## 11. Die Personalpronomen

### 11.5 Pronomen für besprochene Sachen: 'er' 'sie' und 'es'

|  | betonte Formen || unbetonte Formen ||
|---|---|---|---|---|
|  | Satzsubjekt | nach Präposition | Akkusativ | Dativ |
| eine Sache maskulin | ÉL || LO | LE / SE |
| eine Sache femenin | ELLA || LA | |
| mehrere Sachen maskulin | ELLOS || LOS | LES / SE |
| mehrere Sachen femenin | ELLAS || LAS | |
| reflexiv | --- | SÍ (CONSIGO) | SE ||

### 11.6 Pronomen für einen besprochenen Satzinhalt: 'das'

|  | betonte Formen || unbetonte Formen ||
|---|---|---|---|---|
|  | Satzsubjekt | nach Präposition | Akkusativ | Dativ |
| nicht reflexiv | ELLO || LO | LE |
| reflexiv | ---- | SÍ (CONSIGO) | SE ||

### 11.7 Unterschied zwischen betonten und unbetonten Personalpronomen

Die betonten Personalpronomen sind diejenigen, die als Satzsubjekt auftreten können bzw. nach Präpositionen stehen müssen. Die unbetonten Personalpronomen sind Formen, die allein mit einer Verbform verbunden gebraucht werden können (daher nennt man sie auch verbundene Personalpronomen). Diese Unterscheidung ist im Deutschen nicht vorhanden. Nachstehend je zwei Beispiele für jeden Typ:

**Decídete, yo o ella.**
*Entscheide dich, ich oder sie.*

**Piensa un poco en ti misma.**
*Denke ein wenig an dich selbst*

**No me queda más remedio que marcharme.**
*Mir bleibt nichts anderes übrig als zu gehen.*

**No lograremos nada diciéndoselo ahora y de esa manera.**
*Wir erreichen nichts, wenn wir es ihm jetzt und auf diese Weise sagen.*

## B. Personalpronomen als Satzsubjekt

### 11.8 Wegfall des Pronomens als Satzsubjekt

Die Personenendungen des Verbs reichen in der Regel aus, um mitzuteilen, welcher Gesprächspartner gemeint ist. Sofern Verwechslungen ausgeschlossen sind, muß ebensowenig durch Pronomen eine zuvor erwähnte Person oder Sache wieder aufgenommen werden:

–¿Qué tal el examen?
–No sé. Estaba temblando, pero igual he aprobado.

*"Wie war die Prüfung?"*
*"Ich weiß nicht. Ich habe gezittert, aber ich habe vielleicht bestanden."*

–¿Qué es de tus huéspedes alemanes?
–No vienen, dicen que ya han visto la película y que no es tan buena.

*"Wo bleiben deine deutschen Gäste?"*
*"Sie kommen nicht, sie sagen, sie hätten den Film schon gesehen, er sei nicht so gut."*

–¿Por qué quieres hablar con el padre García?
–Porque es necesario.

*"Warum möchtest du mit Pater García sprechen?"*
*"Weil es notwendig ist."*

## 11.9 Fehlen eines nicht referentiellen Satzsubjekts

Das Spanische verfügt über kein Pronomen, das dem deutschen *'es'* entspricht, wenn es Scheinsubjekt von Verben des Wetters, von "unpersönlichen Konstruktionen" und beim Ausdruck *'es gibt'* ist. Die Stelle eines solchen Scheinsubjekts bleibt im Spanischen unbesetzt, das Prädikat steht in der dritten Person Singular:

**Estuvo lloviendo y luego empezó a nevar.**
*Es hat geregnet und dann hat es angefangen zu schneien.*

**Conviene no decir nada.**
*Es ist besser, nichts zu sagen.*

**Es fácil hacer errores.**
*Es ist ein Leichtes, Fehler zu machen.*

**No hay clase hoy.**
*Heute gibt es keinen Unterricht.*

## 11.10 Pronomen als Satzsubjekt: Hauptsache in der Aussage

Als Satzsubjekt wird ein Personalpronomen (also YO, NOSOTROS, NOSOTRAS, TÚ, USTED, VOSOTROS, VOSOTRAS, USTEDES, ÉL, ELLA, ELLOS, ELLAS und ELLO) verwendet, wenn es den wichtigsten Teil des Gesagten darstellt (und dabei häufig von einem verstärkenden Adverb wie TAMBIÉN, SÓLO, TAMPOCO, INCLUSO, bzw. einem verstärkenden Adjektiv wie MISMO, SOLO oder TODO begleitet oder durch Relativsatz hervorgehoben ist):

—¿Quién cerró la puerta?     *"Wer hat die Tür zugemacht?"*
—Yo.     *"Ich."*

—Estamos cansados.     *"Wir sind müde."*
—Nosotras también.     *"Wir auch."*

—Fue ella la que subió los bultos.     *"Das Gepäck hat sie hinaufgebracht."*
—¿Ella sola?     *"Sie allein?"*

—¿Quién te comentó eso?     *"Wer hat dir davon erzählt?"*
—Tú misma.     *"Du selbst."*

## 11.11 Gebrauch des Satzsubjekt-Pronomens bei mehreren Satzsubjekten

Personalpronomen werden verwendet, wenn in einem bestimmten Zusammenhang mehrere Satzsubjekte gegenübergestellt werden. Die Pronomen sind dabei nicht unbedingt betont. Darüber hinaus, insbesondere bei Stellungnahmen mit YO, erfolgt die Gegenüberstellung oft rein gedanklich:

**Yo me largo, no sé lo que haréis vosotros.**
*Ich haue ab, ich weiß nicht, was ihr macht.*

**Ve tú a abrir que nosotras no estamos listas todavía.**
*Geh du aufmachen, wir sind noch nicht fertig.*

**¿Llamas tú o llamo yo?**
*Rufst du an, oder soll ich anrufen?*

**Yo no creo en las virtudes civiles.**
*Ich glaube nicht an die staatsbürgerlichen Tugenden.*

**Lo de Alfonso y Elena se acabó cuando ella decidió estudiar una carrera.**
*Die Beziehung zwischen Alfonso und Elena ging zu Ende, als sie beschloß zu studieren.*

## 11.12 Repetierendes Subjektpronomen als Verstärkung

Ein dem Prädikat nachgestelltes Personalpronomen, welches das bereits explizite Satzsubjekt wiederaufnimmt, wird verwendet zur nachdrücklichen Hervorhebung des Handlungsurhebers. Diese Wiederaufnahme entspricht einer Hervorhebung mit MISMO (vgl. 9.6) oder SOLO:

**María quiere escribir ella la carta.**
*Maria will den Brief selbst schreiben.*

**Los dos ancianos arreglaron el ordenador ellos.**
*Die zwei alten Männer reparierten den Computer selbst.*

## 11.13 Gebrauch des Satzsubjekt-Pronomens als unbetontes Pronomen

Es gibt im spanischen Verbsystem einige finite Formen, die formal mehreren Satzsubjekten zugeschrieben werden können. Häufig werden zum Zweck einer gewissermaßen bestätigenden Personen-Unterscheidung die Personalpronomen bei diesen Formen unbetont verwendet, dabei folgen sie immer unmittelbar auf die Verbform. Die Zeiten, um die es hier geht, sind: IMPERFECTO DE INDICATIVO, CONDICIONAL SIMPLE, PRESENTE DE SUBJUNTIVO, IMPERFECTO DE SUBJUNTIVO, PLUSCUAMPERFECTO DE INDICATIVO, CONDICIONAL COMPUESTO, PERFECTO DE SUBJUNTIVO und PLUSCUAMPERFECTO DE SUBJUNTIVO. Die Personen, die davon betroffen sind: YO, ÉL und ELLA:

**¿Que cómo me acordé? Pues por casualidad. Tenía yo aquel día que ir al hospital...**
*Wie mir das einfiel? Reiner Zufall. An dem Tag mußte ich zum Krankenhaus fahren...*

**De modo que Concha no lo cree... Si estuviera ella aquí, lo vería con sus propios ojos.**
*Concha glaubt es also nicht... Wenn sie hier wäre, würde sie es mit eigenen Augen sehen.*

**Alfonso sigue sin llegar. Si me hubiera él hecho caso, ya estaría aquí.**
*Alfonso ist immer noch nicht da. Wenn er auf mich gehört hätte, wäre er längst hier.*

## 11.14 Benennungsumfang von NOSOTRAS, VOSOTRAS und ELLAS

Die maskulinen Formen NOSOTROS, VOSOTROS und ELLOS vertreten männliche wie auch gemischte Gruppen. Die femininen Formen vertreten ausschließlich Personen weiblichen Geschlechts:

**Yo siempre haré la diferencia: ellos arriba, nosotras abajo.**
*Ich werde den Unterschied immer machen: sie oben, wir unten.*

**Sólo nosotras sabemos lo que es ser madres.**
*Nur wir wissen, was es heißt, Mutter zu sein.*

**¿Qué sentís vosotras cuando se os compara con otras europeas?**
*Was empfindet ihr, wenn man euch mit anderen europäischen Frauen vergleicht?*

**Una auténtica política femenina la pueden hacer sólo ellas.**
*Eine echte Frauenpolitik können allein Frauen machen.*

## C. Betonte Formen der Partnerpronomen

## 11.15 Die Anredeform TÚ

Mit **tú** *du* wird auf vertrauliche Weise ein Gesprächspartner angesprochen; etwa seit Mitte der siebziger Jahre werden jedoch auch fremde, ja sogar ganz fremde Menschen mit TÚ angeredet. Das Verb steht in der zweiten Person Singular. TÚ steht teilweise nach Präpositionen, vgl. 11.22. Im zweiten der folgenden Beispiele wird Gott angeredet:

**Mi mejor amigo has sido siempre tú.**
*Mein bester Freund bist immer du gewesen.*

**Sólo tú puedes socorrerme, Señor.**
*Nur du kannst mir helfen, Herr.*

- Zu TÚ als Form des indefiniten Pronomens vgl. 23.27.

### 11.16 Die Anredeform VOSOTROS / VOSOTRAS

VOSOTROS / VOSOTRAS heißt *'ihr'*, ist also gewissermaßen die Mehrzahl von TÚ. Das Verb steht in der zweiten Person Plural. VOSOTROS / VOSOTRAS steht auch nach Präpositionen (zum Bedeutungsumfang von VOSOTRAS vgl. 11.14):

**No cabemos todos. Vosotros, o esperáis hasta mañana o cogéis un taxi.**
*Wir passen nicht alle rein. Ihr wartet bis morgen, oder ihr nehmt ein Taxi.*

**Con vosotras se hace más agradable la vida.**
*Mit euch wird das Leben angenehmer.*

**A ▶** VOSOTROS wird im spanischsprechenden Amerika durch USTEDES ersetzt, dort kennt man also keinen Unterschied zwischen vertraulicher und distanzwahrender Anrede im Plural.

### 11.17 Die Anredeform USTED

USTED heißt *'Sie'* beim Ansprechen eines Einzelnen. USTED ist die Anredeform der Distanz; damit spricht man einen fremden Erwachsenen an oder eine bekannte Person, zu der man aus irgendeinem Grund Distanz wahren möchte oder muß. USTED steht auch nach Präpositionen. Die Verbform zu USTED ist die dritte Person Singular, das Prädikatsnomen richtet sich nach dem Geschlecht des oder der Angesprochenen. Im letzten der folgenden Beispiele wird ein Dienstbote angesprochen:

**¿Es usted la señora López?**
*Sind Sie Frau López?*

**Quisiera hablar con usted.**
*Ich möchte mit Ihnen sprechen.*

**Esto es para usted, Matías.**
*Dies ist für Sie, Matías.*

**A ▶** Abkürzungen von USTED: V., VD., UD.

### 11.18 Die Anredeform USTEDES

USTEDES heißt *'Sie'* beim Ansprechen mehrerer Personen. Die Verbform zu USTEDES ist die dritte Person Plural, ein begleitendes Adjektiv bzw. das Prädikatsnomen steht im Plural und richtet sich nach dem Geschlecht der Angesprochenen (es gelten ansonsten die Ausführungen zu USTED, vgl. 11.17):

**Todas ustedes son madres y pueden comprender mi decisión.**
*Sie alle sind Mütter und können meine Entscheidung verstehen.*

**Tengo que hablar con ustedes dos.**
*Ich muß mit Ihnen beiden sprechen.*

**A ▶** Abkürzungen von USTEDES: VS., VDS., UDS.
- USTEDES ist die lateinamerikanische Ersatzform für VOSOTROS. Vgl. 11.16A.

## 11. Die Personalpronomen

### 11.19 Nachstellung von USTED und USTEDES in Behauptungssätzen

USTED und USTEDES werden sehr häufig ganz unbetont verwendet, um Verwechslungen mit einer dritten Person auszuschließen. In diesem unbetonten Gebrauch werden USTED und USTEDES in Behauptungssätzen normalerweise nachgestellt:

**Tiene usted razón, doctor.**
*Sie haben recht, Herr Doktor.*

**Tienen ustedes razón, señores.**
*Sie haben recht, meine Herren.*

### 11.20 Die Anredeform VOS

Mit VOS wird eine Einzelperson angesprochen. VOS wird heute gelegentlich zur Anrede von Herrschern, Heiligen und Gott verwendet, ansonsten nur in altertümelnder Ausdrucksweise. Das Verb zu VOS steht in der zweiten Person Plural, ein begleitendes Adjektiv bzw. das Prädikatsnomen steht im Singular und richtet sich nach dem Geschlecht des oder der Angesprochenen. VOS wird auch nach Präpositionen gebraucht. VOS wird immer großgeschrieben:

**Vos sois misericordioso.**
*Du bist / Ihr seid barmherzig.*

**Enmudezco ante Vos.**
*Vor Euch / Dir verstumme ich.*

**A** ▶ VOS ersetzt TÚ in weiten Teilen des spanischsprechenden Amerika. Diese Verwendung von VOS nennt man **VOSEO**.

### 11.21 Die Formen MÍ / CONMIGO und TI / CONTIGO

MÍ (mit Akzent!) und TI (ohne Akzent!) werden nach Präpositionen gebraucht. An die Präposition CON wird -MIGO bzw. -TIGO angehängt: CONMIGO bzw. CONTIGO:

**para mí / ti** *für mich / dich*
**ir hacia mí / ti** *auf mich / dich zugehen*
**pensar en mí / ti** *an mich / dich denken*
**gracias a mí / ti** *dank meiner / deiner*
**ante mí / ti** *vor mich (mir) / dich (dir)*
**salir conmigo / contigo** *mit mir / dir ausgehen*
**en torno de mí / ti** *um mich / dich herum* (vgl. 8.18)
**detrás de mí / ti** *hinter mich (mir) / dich (dir)* (vgl. 8.18)

### 11.22 YO und TÚ nach gewissen Präpositionen

Nach den Präpositionen ENTRE, SEGÚN, SALVO, MENOS und EXCEPTO stehen die Formen YO bzw. TÚ:

**entre tú y yo** *zwischen dich (dir) und mich (mir)*
**según tú** *dir zufolge*
**salvo / menos / excepto tú y yo** *mit Ausnahme von mir und dir*

**A** ▶ Beispiel mit ENTRE zum Ausdruck der Gemeinsamkeit:
**Entre tú y yo lo superaremos, ya verás.**
*Du und ich, wir werden es gemeinsam bewältigen, du wirst schon sehen.*

**B** ▶ Beispiele mit **hasta** *bis* und **hasta** (= incluso) *sogar*:
**llegar hasta ti** *an dich heranreichen*
**algo que hasta tú entenderás** *etwas, das sogar du verstehen wirst*

## 11.23 Feststehende Wendungen mit MÍ und TI

Das Lexikon gibt alle feststehenden Wendungen mit MÍ und TI an. Einige Beispiele daraus:

**¿a mí qué?** *das ist mir egal*
**para mí que...** *meiner Meinung nach...*
**por mí** *meinetwegen*
**hoy por ti, mañana por mí** *eine Hand wäscht die andere*


## D. Betonte Formen der Verweispronomen

## 11.24 ÉL, ELLA, ELLOS und ELLAS als Satzsubjekt

Als Satzsubjekt können sich ÉL / ELLA / ELLOS / ELLAS in der Regel nur auf Personen beziehen:

**Él consideraba natural lo que ella combatía: un mundo en el que ellos mandan y ellas obedecen.**
*Er sah als natürlich an, was sie bekämpfte: eine Welt, in der die Männer befehlen und die Frauen gehorchen.*

**A ▶** In der anspruchsvollen Schriftsprache findet man gelegentlich ÉL / ELLA / ELLOS / ELLAS als Satzsubjekt für Sachen (aber niemals für konkrete Gegenstände):

**La crisis es milenaria: ella nos ha inventado y ella nos lleva por la vida.**
*Die Krise ist tausend Jahre alt: sie hat uns erschaffen, und sie führt uns durchs Leben.*


## 11.25 ÉL, ELLA, ELLOS und ELLAS nach Präpositionen

Nach Präpositionen können sich ÉL / ELLA / ELLOS / ELLAS auf jedes Substantiv beziehen:

**conocer a Julio y estar de acuerdo con él** *Julio kennen und mit ihm einverstanden sein*
**estar en el mundo y sentirse a gusto en él** *auf der Welt sein und sich in ihr wohl fühlen*
**tener una hija y esperar mucho de ella** *eine Tochter haben und viel von ihr erwarten*
**detrás de la casa o frente a ella** *hinter dem Haus oder davor*
**querer a sus hijos y hacer todo por ellos** *seine Kinder lieben und alles für sie tun*
**con motivos o sin ellos** *mit Gründen oder ohne sie*
**dos ancianas, un gato junto a ellas** *zwei alte Frauen, eine Katze neben ihnen*
**por las reformas o contra ellas** *für die Reformen oder gegen sie*


## 11.26 ÉL, ELLA, ELLOS und ELLAS als Verstärkung von Adjektiven

ÉL / ELLA / ELLOS / ELLAS können zur Intensitätssteigerung auf Adjektive folgen, mit denen meistens Aussehen, Zustand und Wesen ironisch charakterisiert werden. Dies erfolgt in einer kommentierenden verblosen Fügung, die in den Haupsatz eingeschoben ist (und häufig durch TAN oder MUY eingeleitet wird) oder auf ihn folgt:

**El dependiente, cabezón él, se negó.**
*Der Ladenverkäufer, ein Mensch mit einem großen Kopf, sagte nein.*

**Tiene una novia holandesa violinista, gordita ella.**
*Er hat eine holländische Freundin, die ist Geigerin und ganz schön mollig.*

**Los periodistas, tan expertos ellos, no sabían lo que costaba un litro de leche.**
*Die Journalisten, die so kundig taten, wußten nicht, wie teuer ein Liter Milch war.*

• TODO / TODA bzw. TODOS / TODAS können als Verstärkung von ÉL / ELLA / ELLOS / ELLAS diesen Pronomen vorausgehen (vgl. 9.108B).

## 11. Die Personalpronomen

### 11.27 Hauptverwendung von ELLO

ELLO vertritt als Satzsubjekt und nach Präpositionen einen Satzinhalt, niemals ein Substantiv. ELLO gehört zur Schriftsprache und zum gehobenen Sprechstil (vgl. 7.36, 11.28):

**Para crear empleo, las pequeñas y medianas empresas necesitan un clima de confianza en el futuro. Ello tiene una dimensión política, y no sólo social.**
*Um Arbeitsplätze zu schaffen, brauchen die kleinen und mittelgroßen Unternehmen ein Klima des Vertrauens in die Zukunft. Das hat eine politische, nicht nur eine soziale Dimension.*

**El nuevo plan pretende adecuar el Ejército español a la nueva realidad. El primer paso hacia ello consiste en eliminar estructuras arcaicas predemocráticas.**
*Der neue Plan will die spanischen Streitkräfte der neuen Wirklichkeit anpassen. Der erste Schritt dazu besteht darin, archaische vordemokratische Strukturen abzuschaffen.*

### 11.28 Demonstrativum als Akkusativobjekt bei Satzinhalten

Statt ELLO muß als betontes Akkusativobejkt von Satzinhalten ein sächliches Demonstrativpronomen verwendet werden, in der Regel ESO:

**La Tierra es redonda. Galileo demostró eso y algunas cosas más**
*Die Erde ist rund. Galilei bewies das und noch einiges mehr.*

### 11.29 Die Verbindung TODO ELLO

TODO kann vor ELLO gebraucht werden:

**todo ello nada más que para sembrar discordia** *das alles nur, um Zwietracht zu säen*
**la consecuencia lógica de todo ello** *die logische Folge von all dem*

### 11.30 ELLO als Pronomen eines Neutrums

ELLO vertritt auch ein neutrales Pronomen wie TODO oder ALGO:

**Veo que todo se transforma a mi alrededor y que yo me transformo con ello.**
*Ich sehe, daß alles um mich herum sich ändert, und daß ich mich auch dabei ändere.*

**He venido por algo que han dejado para mí y no me voy sin ello.**
*Ich komme etwas abholen, das man für mich hinterlassen hat, und ich gehe nicht ohne das.*

### 11.31 Ersetzungen von ELLO

Das alltagssprachliche (auch das nicht anspruchsvolle schriftsprachliche) Pronomen für Satzinhalte ist ESO, in der gehobenen Schriftsprache wird auch das weiterführende Relativum LO CUAL, häufig in der Verbindung TODO LO CUAL (vgl. 10.108A) verwendet:

**Ella fumaba mucho, pero eso no me molestaba.**
*Sie rauchte viel, aber das hat mich nicht gestört.*

**Organizaron una votación, ocuparon el local y se declararon en huelga de hambre. Todo lo cual era una insensatez.**
*Sie führten eine Abstimmung durch, besetzten das Lokal und traten in den Hungerstreik. Das alles war eine Dummheit.*

### 11.32 Feststehende Wendungen mit ELLO

Das Lexikon gibt alle feststehenden Wendungen mit ELLO an. Beispiele daraus:

**por ello** *deshalb, darum*

**estar en ello** *schon längst dabei sein*
**¡a ello!** *nur zu!*

### 11.33 Das rückbezügliche Pronomen SÍ / CONSIGO

Nach Präpositionen wird bei Rückbezüglichkeit von besprochenen Sachen oder Personen SÍ (Akzent!) verwendet; an die Präposition CON wird SIGO angehängt: CONSIGO:

**Lo quieren todo para sí.**
*Sie wollen alles für sich.*

**Dice de sí que no va a cambiar.**
*Er sagt von sich, daß er sich nicht ändern wird.*

**El final de la Segunda Guerra Mundial trajo consigo grandes desplazamientos de población.**
*Das Ende des Zweiten Weltkrieges brachte Bevölkerungsverschiebungen in großem Ausmaße mit sich.*

• SÍ / CONSIGO wird sehr oft von einem identitätsverstärkenden Pronomen wie MISMO oder SOLO begleitet, vgl. 9.6.

### 11.34 SÍ / CONSIGO durch nicht rückbezügliche Pronomen ersetzt

SÍ / CONSIGO wird sehr oft durch ÉL / ELLA / ELLOS / ELLAS beim Verweis auf Rückbezüglichkeit von Personen ersetzt:

**¿Qué ve la mujer por fin liberada en torno de ella?**
*Was sieht die endlich emanzipierte Frau um sich herum?*

**Aprendía de los otros y de él mismo.**
*So lernte er von den anderen und von sich selbst.*

### 11.35 SÍ und SÍ MISMO statt anderer Reflexiv-Konstruktionen

Vor allem bei Verben, die mit einer Präposition und einem Reflexivum konstruiert werden, wird gelegentlich SÍ (MISMO(S), -A(S)) statt anderer richtiger Reflexivkonstruktionen, insbesondere der ersten und zweiten Person Plural gebraucht. Authentische Beispiele aus der zeitgenössischen spanischen Presse:

**No dábamos más de sí.**
*Wir waren überfordert, wir konnten nicht mehr.*

**Ya erais capaces de pensar por sí mismos.**
*Ihr konntet schon selbständig denken.*

### 11.36 Feststehende Wendungen mit SÍ

Das Lexikon beinhaltet alle feststehenden Wendungen mit rückbezüglichem sí. Beispiele daraus:

**una cosa en sí / de sí / de por sí complicada** *eine an sich komplizierte Sache*
**volver en sí** *wieder zu Bewußtsein kommen*
**incapaces de salir adelante por sí solos** *unfähig, sich aus eigener Kraft zu entwickeln*
**leer para sí** *stumm lesen*
**aborrecimiento de sí mismo** *Selbsthaß*

## E. Die unbetonten (verbundenen) Personalpronomen

### 11.37 Verwendung der unbetonten Formen des Personalpronomens

Mit ME / TE / NOS / OS / SE / LO / LA / LOS / LAS / LE / LES wird auf vorher erwähnte oder als bekannt vorausgesetzte Personen und Sachen verwiesen (zu SE vgl. 11.40C, 11.65), die das Gesagte zwar erst voll verständlich machen, aber darin nicht die Hauptrolle spielen, d.h. in der jeweiligen Äußerung (Behauptung, Frage oder Befehl) steht das Subjekt, das Prädikat oder irgendeine Umstandsangabe (wie, wo, wann, warum, wozu usw.) im Vordergrund:

–Voy a tirar estos periódicos.  
""Ich werfe diese Zeitungen weg."

–Déjalos donde están. Los tiro yo cuando los haya leído.  
"Laß sie bitte liegen. Ich werfe sie weg, wenn ich sie gelesen habe."

–Yo no me encontraba en casa.  
"Ich war nicht zu Hause."

–No te lo creo.  
"Das glaube ich dir nicht."

–¡Te lo juro!  
"Ich schwöre es dir!"

–No me molesta en absoluto que me llame, al contrario.  
"Es stört mich überhaupt nicht, daß Sie mich anrufen, ganz im Gegenteil."

–Es usted muy amable. Sólo quería informarle de que ya nos hemos puesto de acuerdo en lo del pago. Se le hará llegar una copia inmediatamente.  
"Nett von Ihnen. Ich wollte Ihnen nur sagen, daß wir uns auf die Zahlungsmodalitäten geeinigt haben. Man wird Ihnen eine Kopie sofort zukommen lassen."

• Formeln für die Betonung von Akkusativ- und Dativobjekt vgl. 11.41.

### 11.38 Dativus ethicus

Mit ME, TE, NOS, OS, aber auch mit LE und LES drückt der Sprecher Unruhe und innige Anteilnahme an einem Geschehen aus. Im Spanischen spielt dieser DATIVUS ETHICUS eine größere Rolle als im Deutschen und kommt sehr häufig vor in Konstruktionen mit reflexiven Verben:

**Salúdame a tu mujer.**
*Grüß mir deine Frau!.*

**Me estás rindiendo cada vez mejor.**
*Deine Leistungen werden immer besser. (Ich verfolge das mit Vergnügen)*

**¡Te me vas a caer de la ventana!**
*Du wirst mir noch aus dem Fenster fallen!*

**Se nos bebió toda la botella.**
*Er hat die ganze Flasche allein getrunken. (Wir haben entsetzt zugeschaut)*

### 11.39 Dativformen statt Zielergänzungen

Bei einigen wenigen Verben der Bewegung wie ACERCARSE, DIRIGIRSE und REUNIRSE kann eine unbetonte Dativform die für diese Verben vorgeschriebene präpositionale Ergänzung ersetzen, sofern dies Lebewesen sind:

**Nada más sentarme se me acercó un guardia.**
*Kaum hatte ich mich hingesetzt, kam ein Wächter auf mich zu.*

**Al ver a la profesora, los padres se le dirigieron corriendo e invocando justicia.**
*Als sie die Lehrerin sahen, rannten die Eltern auf sie zu und riefen nach Gerechtigkeit.*

**Jorge se nos reunió en Cerberos.**
*Jorge schloß sich uns in Cerberos an.*

## 11.40 Übersicht über die Verwendungsbereiche von SE

SE spielt eine große Rolle in der spanischen Syntax. Für das richtige Verständnis spanischer Texte muß man die vielfältigen Einsatzmöglichkeiten von SE berücksichtigen. SE tritt in drei Varianten auf.

**A** ▸ Als 'lexikales' oder 'pronominales' SE ist SE Teil eines Verbs auf -ARSE, -ERSE oder -IRSE (vgl. Kapitel 13):

**Se lavó las manos.**
*Er hat sich die Hände gewaschen.*

**Se cayó de la ventana.**
*Er ist aus dem Fenster gefallen.*

**B** ▸ Als 'unpersönliches' SE dient SE zum Ausdruck eines unpersönlichen Subjekts und zur Bildung passivischer Sätze, vgl. Kapitel 23, Teil B. Beispiele:

**Se esperaba lo peor.**
*Man erwartete das Schlimmste.*

**Se salvaron todas las dificultades.**
*Man beseitigte alle Schwierigkeiten / Alle Schwierigkeiten wurden beseitigt.*

**C** ▸ Als nicht reflexives Dativobjekt ersetzt SE die Dativpronomen LE und LES in bestimmten Fällen (vgl. 11.65):

**Se lo dije a Laura.**
*Ich sagte es Laura.*

**Se lo recomiendo a usted.**
*Ich empfehle es Ihnen.*

• Der Satz SE LO PUSO JUNTO A LA VENTANA kann also bedeuten, wenn von **el abrigo** *der Mantel* die Rede ist: *'er zog ihn am Fenster an'* oder *'man legte ihn vors Fenster'* oder *'er legte ihn ihm / ihr vor dem Fenster um'*.


## 11.41 Wie drückt man ein betontes Akkusativ- oder Dativobjekt aus?

Kommt es bei einer Behauptung, Frage oder Aufforderung auf das Akkusativ- oder Dativobjekt eines Verbs an, so muß **A+ betonte Form des Personalpronomens** verwendet werden. Die unbetonten Formen ME / TE / NOS / OS / SE / LO / LA / LOS / LAS / LE / LES werden in der Regel zum Verb redundant gebraucht:

**A ver a quién invita a su fiesta. A ti seguro que no.**
*Mal sehen, wen er zu seinem Fest einlädt. Dich bestimmt nicht.*

**¿A quiénes les estabas haciendo señas? ¿A nosotras?**
*Wem hast du zugewinkt? Uns?*

**Todo el mundo se ríe de él, pero a mí me da lástima el pobre.**
*Alle Welt lacht über ihn, aber mir tut der Arme leid.*

**Ella odiaba todo lo que le gustaba a él.**
*Sie haßte alles, was ihm gefiel.*

**No hace falta que se lo digas a todos, basta con que se lo digas a ellas.**
*Du brauchst es nicht allen zu sagen, es genügt, wenn du es ihnen (z.B. den Frauen) sagst.*

**Se va a hacer daño sobre todo a sí misma.**
*Sie wird vor allem sich selbst schaden.*

**La pregunta se la hice a usted y es usted el que debe contestar.**
*Die Frage habe ich Ihnen gestellt, und Sie sind es, der antworten muß.*

# 11. Die Personalpronomen

## F. Die unbetonten Formen der Partnerpronomen

### 11.42 Die Pronomen ME und NOS

ME und NOS sind Dativ- und Akkusativformen für die redende(n) Person(en), auch im rückbezüglichen Sinn. ME und NOS treten redundant zu den Akkusativ- und Dativformeln A MÍ bzw. A NOSOTROS / A NOSOTRAS (vgl. 11.41):

**Si me conocieras, no me dirías eso.**
*Wenn du mich kennen würdest, würdest du mir so etwas nicht sagen.*

**Nos estaba buscando para contarnos lo que pasó.**
*Er hat uns gesucht, um uns zu erzählen, was passiert ist.*

### 11.43 NOS zur Inklusion des Sprechenden

NOS muß verwendet werden, wenn sich die sprechende Person in einen pluralischen Ausdruck einbezieht, der Akkusativ- oder Dativobjekt ist:

**A los llegados de Alemania se nos recibió con cierta reserva.**
*Uns aus Deutschland Eingetroffenen empfing man mit einer gewissen Zurückhaltung.*

**A las dos nos dijeron lo mismo.**
*Uns beiden sagten sie dasselbe.*

### 11.44 Die Pronomen TE und OS

TE und OS sind Dativ- und Akkusativformen für die angesprochene(n) Person(en), auch im rückbezüglichen Sinn. TE und OS werden zur jeweiligen Verbform redundant gebraucht, wenn A TI bzw. A VOSOTROS / A VOSOTRAS als betontes Akkusativ- oder Dativobjekt auftreten (vgl. 11.41):

**Te quiero decir que no tienes por qué sentirte obligada a nada.**
*Ich möchte dir sagen, daß du dich nicht zu irgendetwas verpflichtet fühlen mußt.*

**Voy a acompañaros yo, no os preocupéis.**
*Ich werde euch begleiten, macht euch keine Sorgen.*

**A ▶** Eine volkstümliche Variante von OS ist SUS:

**¿Sus cuento un chiste muy bueno?**
*Soll ich euch einen sehr guten Witz erzählen?*

### 11.45 OS zur Inklusion des Gesprächspartners

OS muß verwendet werden, wenn der oder die Angesprochene / n in einen pluralischen Ausdruck einbezogen werden, der Akkusativ- oder Dativobjekt ist:

**Os perdono a todos.**
*Ich verzeihe euch allen.*

**A los suspensos no os tengo ninguna misericordia.**
*Mit euch Durchgefallenen habe ich kein Erbarmen.*

### 11.46 Die unbetonten Pronomen zu USTED und USTEDES

Die unbetonten Pronomen im Akkusativ und Dativ für die mit USTED oder USTEDES angeredete(n) Person(en) sind die Pronomen für die dritte(n) Person(en), wie es im Kapitel 11, Teil G dargestellt wird. Es handelt sich um die LOÍSTA-Varianten, die viele LEÍSTAS als unkorrekt ansehen. (Zu den Begriffen LOÍSTA / LOÍSMO und LEÍSTA / LEÍSMO vgl. 11.53)

## 11. Die Personalpronomen

### 11.47 Unbetonter Akkusativ zu USTED und USTEDES
Die unbetonten Pronomen im Akkusativ richten sich nach Zahl und Geschlecht des oder der Angesprochenen. Alle Beispiele entsprechen dem deutschen Satz *'ich erwarte Sie um elf'*
- Ein Mann wird angesprochen: LO ESPERO A LAS ONCE
- Eine Frau wird angesprochen: LA ESPERO A LAS ONCE
- Mehrere Männer werden angesprochen: LOS ESPERO A LAS ONCE
- Mehrere Frauen werden angesprochen: LAS ESPERO A LAS ONCE
- Frauen und Männer werden angesprochen: LOS ESPERO A LAS ONCE

### 11.48 Unbetonter Dativ zu USTED und USTEDES
Die unbetonten Pronomen im Dativ richten sich nach der Zahl des oder der Angesprochenen. Alle Beispiele entsprechen dem deutschen Satz *'gefällt es Ihnen?'*
- Ein Mann wird angesprochen: ¿LE GUSTA?
- Eine Frau wird angesprochen: ¿LE GUSTA?
- Mehrere Männer werden angesprochen: ¿LES GUSTA?
- Mehrere Frauen werden angesprochen: ¿LES GUSTA?
- Frauen und Männer werden angesprochen: ¿LES GUSTA?

### 11.49 LE und LES als männlicher Akkusativ zu USTED und USTEDES
Die LEÍSTA-Varianten werden von vielen kompetenten Sprechern des Spanischen für die richtigen gehalten (vgl. 11.54). Die Varianten für den deutschen Satz *'ich erwarte Sie um elf'* lauten:
- Ein Mann wird angesprochen: LE ESPERO A LAS ONCE
- Eine Frau wird angesprochen: LA ESPERO A LAS ONCE
- Mehrere Männer werden angesprochen: LES ESPERO A LAS ONCE
- Mehrere Frauen werden angesprochen: LAS ESPERO A LAS ONCE
- Frauen und Männer werden angesprochen: LES ESPERO A LAS ONCE

### 11.50 LE und LES als genereller Akkusativ zu USTED und USTEDES
Viele LEÍSTAS erweitern ihren Gebrauch auf Personen weiblichen Geschlechts, und alle LEÍSTAS verwenden LE bzw. LES nach unpersönlichem SE (was im übrigen auch sehr viele LOÍSTAS tun):

**Es un placer saludarle, señora Cuevas.**
*Es ist ein Vergnügen, Sie zu begrüßen, Frau Cuevas.*

**Les vamos a acercar hasta la puerta del hotel, señoras.**
*Wir fahren Sie vor das Hotel, meine Damen.*

**No llore, Doña, que se le lleva a una clínica de lujo.**
*Weinen Sie nicht, gnädige Frau, man bringt Sie doch in eine Luxusklinik.*

**Siento mucho el que no se les incluya en la lista de espera, señoras.**
*Ich bedauere sehr, daß man Sie nicht in die Warteliste aufgenommen hat, meine Damen.*

## G. Die verbundenen Pronomen für Drittpersonen

### 11.51 Die Akkusativformen
- LO ist Akkusativform für eine männliche Person:

**Pobre Pablo. Lo abandonó su mujer.**
*Armer Pablo. Seine Frau hat ihn verlassen.*

## 11. Die Personalpronomen

- LA ist Akkusativform für eine weibliche Person:

**Se llama Rosa. ¿Quieres conocerla?**
*Sie heißt Rosa. Willst du sie kennenlernen?*

- LOS ist die Akkusativform für mehrere männliche Personen:

**Dicen que había dos guardias, pero yo no los vi.**
*Angeblich waren zwei Polizisten da, aber ich habe sie nicht gesehen.*

- LAS ist die Akkusativform für mehrere weibliche Personen:

**Las dos monjas irían si las acompañaba un cura.**
*Die zwei Nonnen würden gehen, wenn ein Priester sie begleitete.*

- LOS ist die Akkusativform für gemischte Gruppen:

**Si supieras lo que han sufrido mis padres, los entenderías.**
*Wenn du wüßtest, was meine Eltern alles durchgemacht haben, würdest du sie verstehen.*

### 11.52 Die Dativformen

- LE ist die Dativform für eine männliche oder weibliche Person:

**¿Es Juan? Dile que bajo enseguida.**
*Ist es Juan? Sag ihm, ich komme sofort hinunter.*

**Ella sospecha que él no le es fiel.**
*Sie vermutet, daß er ihr nicht treu ist.*

- LES ist Dativform für mehrere Personen männlichen oder weiblichen Geschlechts:

**Me acerqué a los policías y les hice una pregunta.**
*Ich ging zu den Polizisten und stellte ihnen eine Frage.*

**Las niñas tuvieron sed y les di un vaso de leche.**
*Die Mädchen bekamen Durst, und ich gab ihnen ein Glas Milch.*

### 11.53 Die Begriffe LOÍSMO, LEÍSMO und LAÍSMO

Die in 11.51 dargestellte Norm spiegelt die Bevorzugung von LO bzw. LOS als maskuline Akkusativformen wider. Dieser in der spanisch-sprechenden Welt am meisten verbreitete Gebrauch wird LOÍSMO genannt, wer sich danach richtet ist ein LOÍSTA. LEÍSMO wird hingegen die Tendenz genannt, die (Dativ-)Formen LE und LES für die maskulinen (Akkusativ-)Formen LO bzw. LOS beim Bezug auf Personen zu verwenden. LEÍSTA ist jemand, der die Unterscheidungen des LEÍSMO vornimmt, auch wenn dies in der Realität nie ganz konsequent stattfindet. LAÍSMO ist schließlich die Tendenz, beim Verweis auf weibliche Personen die Dativformen LE bzw. LES durch LA bzw. LAS zu ersetzen. LAÍSTAS findet man vor allem bei der etwas rückständigen Landbevölkerung vor; der LAÍSMO genießt kein soziales Prestige.

### 11.54 LEÍSMO-Ersetzungen: LE und LES statt LO und LOS

LEÍSTAS sagen und schreiben LE / LES für die Akkusativformen LO / LOS. Radikale LEÍSTAS benennen damit nicht nur Personen, sondern sehr häufig Sachen und sogar Satzinhalte:

**No he hablado con él todavía. Le voy a llamar ahora mismo.**
*Ich habe noch nicht mit ihm gesprochen, ich will ihn jetzt gleich anrufen.*

**El sargento les tenía por los reclutas más listos.**
*Der Feldwebel hielt sie für die aufgewecktesten Rekruten.*

**Fui al gran belén de Casa de Campo, pero no le pude ver.**
*Ich ging zur großen Weihnachtskrippe in der Casa de Campo (Madrider Park), aber ich habe sie nicht sehen können.*

**La Tierra es redonda, como le demostró Galileo.**
*Die Erde ist rund, wie Galileo es bewies.*

- Die LEÍSMO-Ersetzungen umfassen teilweise nicht nur die maskulinen LOÍSMO-Formen, sie erstrecken sich auch auf die Formen LA und LAS. Letztere Ersetzung wird auch in einem Fall von vielen LOÍSTAS vorgenommen, vgl. 11.55.

### 11.55 Radikaler LEÍSMO: LE und LES als feminine Akkusativformen

Nicht wenige LEÍSTAS verwenden LE / LES statt LA / LAS (dieser Gebrauch wird selbst von vielen LEÍSTAS als indiskutabel abgelehnt):

**A la hija del embajador se le retuvo en el aeropuerto.**
*Die Tochter des Botschafters wurde am Flughafen festgehalten.*

**Inés dice que le llames a su casa.**
*Ines sagt, du sollst sie zu Hause anrufen.*

**A las suecas les llevé yo.**
*Die Schwedinnen habe ich mitgenommen.*

### 11.56 Radikaler LOÍSMO: LO und LOS als Dativformen

Es kommt nicht selten vor, daß LOÍSTAS die Akkusativformen LO / LOS als Dativformen gebraucht werden. Dieser Gebrauch ist nicht nachzuahmen:

**¿Por qué no se los da trabajo en sus países?**
*Warum gibt man ihnen keine Arbeit in ihren Heimatländern?*

### 11.57 LEÍSMO der Höflichkeit

Viele LOÍSTAS verwenden LE / LES statt LO / LOS als Akkusativ der Höflichkeitsformen USTED / USTEDES, also wenn der (die) Gesprächspartner männlichen Geschlechts ist:

**¿Desea que le acompañe, doctor?**
*Möchten Sie, daß ich Sie begleite, Herr Doktor?*

**Les voy a echar mucho de menos, señores.**
*Ich werde Sie sehr vermissen, meine Herren.*

### 11.58 LE statt LO als Maskulin Singular Akkusativ für Personen

Aufgrund der Vorgabe von Sprachautoritäten bzw. in Nachahmung eines angeblich hochsprachlichen, kultivierten Gebrauchs verwenden viele LOÍSTAS LE statt LO als Akkusativ Maskulin für eine Einzelperson:

**Ese es Julio Landa, tú le conoces, ¿verdad?**
*Das ist Julio Landa, du kennst ihn, nicht wahr?*

### 11.59 LE und LES als maskuline Akkusativformen nach unpersönlichem SE

Die Ersetzung der Akkusativformen LO und LOS durch LE und LES nach "unpersönlichem" SE (vgl. 23.13-23.19) wird von den meisten spanischen LOÍSTAS als die Norm angesehen und praktiziert. Folgende Beispiele kombinieren LOÍSMO und LEÍSMO:

**El hombre estaba vivo y lo llevamos a su casa, donde se le recibió jubilosamente.**
*Der Mann lebte und wir brachten ihn nach Hause, wo man ihn hocherfreut empfing.*

**A los violentos hay que integrarlos, pero ¿cómo se les integra?**
*Man muß die Gewaltbereiten integrieren, aber wie integriert man sie?*

## 11. Die Personalpronomen

### 11.60 Das Objekt von Verben der Gemütsbewegung

Bei Verben der Gemütsbewegung bevorzugen LOÍSTAS für den Zustandsträger die Dativformen LE / LES statt der sonst üblichen Akkusativformen LO / LA / LOS / LAS, und zwar dann, wenn die Äußerung mit dem Objekt beginnt und das Satzsubjekt kein handelndes Agens bzw. ein Infinitiv- oder eine QUE-Ergänzung ist. Verben wie MOLESTAR folgen dann dem Muster von GUSTAR:

**A los actores no creo que les moleste una decoración así.**
*Ich glaube nicht, daß die Schauspieler so eine Dekoration stört.*

**Señora, ¿le molestaría correrse un sitio?**
*Gnädige Frau, würde es Ihnen ausmachen, einen Platz weiter zu rücken?*

**A ella no le molesta que él odie la ópera.**
*Sie stört es nicht, daß er die Oper haßt.*

**A** ▶ Beispiele mit Akkusativformen in sonstiger syntaktischen Umgebung:

**–Los chicos están haciendo sus deberes, ¿quieres que los llame?**
**–No por Dios, no los molestes.**
*"Die Kinder machen gerade Schulaufgaben. Soll ich sie rufen?"*
*"Nein, störe sie um Gottes willen nicht!"*

**–¿Adela te dijo con quién estuvo en París?**
**–No, me dijo que la molestaba con esa pregunta y cambió de tema.**
*"Hat dir Adela gesagt, mit wem sie in Paris gewesen ist?"*
*"Nein, sie sagte, ich belästige sie mit so einer Frage und wechselte das Thema."*

**B** ▶ Folgende Verben der Gemütsbewegung weisen die oben erläuterte Alternanz von Akkusativ- zu Dativobjekt auf:

| | | | |
|---|---|---|---|
| ABURRIR | CONSOLAR | ENCOLERIZAR | INTERESAR |
| ALENTAR | DECEPCIONAR | ENTRETENER | IRRITAR |
| ASOMBRAR | DESAGRADAR | ENTUSIASMAR | MOLESTAR |
| ASUSTAR | DISGUSTAR | ESCANDALIZAR | MORTIFICAR |
| ATERRORIZAR | DISTRAER | HALAGAR | PREOCUPAR |
| ATRAER | DIVERTIR | IMPRESIONAR | SORPRENDER |
| COMPLACER | ENCANTAR | INQUIETAR | |

### 11.61 Das Objekt von kausativen Verben

Der Akkusativ der Verben HACER und DEJAR in Infinitivkonstruktionen wird in der Regel zum Dativ, wenn die Infinitivergänzung ein transitives Verb ist (vgl. 11.63), d.h. die Pronomen, die die beeinflußte Person vertreten, sind LE / LES statt der sonst üblichen Akkusativformen LO / LA / LOS / LAS:

**Su marido le hizo destruir los diarios del embarazo.**
*Ihr Mann ließ sie die Tagebücher der Schwangerschaft vernichten.*

**Amonestaron al profesor que les dejó consultar el diccionario.**
*Der Lehrer, der ihnen im Wörterbuch nachzuschlagen erlaubte, wurde gerügt.*

**A** ▶ Beispiele mit Akkusativformen in sonstiger syntaktischen Umgebung::

**Fue su marido el que la hizo abortar.**
*Ihr Mann ließ sie abtreiben.*

**Amonestaron al profesor que los dejó irse a casa antes de la hora.**
*Der Lehrer, der ihnen erlaubte, vorzeitig nach Hause zu gehen, wurde gerügt.*

**B** ▶ Das Verb MANDAR weist die gleiche Alternanz wie HACER und DEJAR auf:

**El sargento les mandó limpiar las duchas.**
*Der Feldwebel befahl ihnen, die Duschräume zu säubern.*

**El profesor los mandó callar.**
*Der Lehrer befahl ihnen zu schweigen.*

**C ▶** Bei den Verben IMPEDIR, ORDENAR, PERMITIR, PROHIBIR und PROPONER wird das Subjekt der Infinitivergänzung immer mit LE / LES pronominalisiert. Beispiele mit PROPONER:

**Les propuso a los amigos comprar entre todos un ordenador.**
*Er schlug den Freunden vor, zusammmen einen Computer zu kaufen.*

**A Laura le voy a proponer volver mañana.**
*Laura werde ich vorschlagen, morgen zurückzukommen.*

**D ▶** Bei folgenden kausativen Verben wird das Subjekt der Infinitivergänzung, welches mit A eingeleitet wird, immer mit LO / LA / LOS / LAS pronominalisiert:

| | | | |
|---|---|---|---|
| ALENTAR | CONVIDAR | FORZAR | INDUCIR |
| ANIMAR | DECIDIR | IMPELER | INSTAR |
| AUTORIZAR | DESAFIAR | IMPULSAR | INVITAR |
| COMPROMETER | EXCITAR | INCITAR | OBLIGAR |
| CONDENAR | EXHORTAR | INCLINAR | PERSUADIR |

## 11.62 Obligatorisches LO und LOS als Akkusativ

Generell gilt die Regel: Nach den Dativformen ME, TE, OS, NOS und SE (= LE oder LES, vgl. 11.65) darf als Akkusativ für eine oder mehrere männliche Personen allein LO bzw. LOS stehen und nicht LE bzw. LES (demnach werden also **LEÍSTAS** gezwungenermaßen zu **LOÍSTAS**):

**Estaba con el novio y me lo presentó, a pesar de que yo ya le conocía.**
*Sie war mit ihrem Freund da und hat ihn mir vorgestellt, obwohl ich ihn schon kannte.*

**A los valencianos se los había recomendado el alcalde.**
*Der Bürgermeister hatte ihnen die Valencianer empfohlen.*

**A ▶** Beispiel für ganz radikalen, fehlerhaften, dennoch häufig anzutreffenden **LEÍSMO**:

**Este es Arturo. Me le he traído por cierto asunto.**
*Das ist Arturo. Ich habe ihn wegen einer gewissen Angelegenheit mitgebracht.*

## 11.63 LO oder LE?

Bei einer Reihe von Verben, die im folgenden alphabetisch aufgelistet werden, ist es nützlich zu wissen, welche Art der Objektpronominalisierung (akkusativisch mit LO / LA / LOS / LAS oder dativisch mit LE / LES) in welchen Fällen stattfindet. Auf Ausnahmen und Varianten zu den angegebenen Regeln wird man in der Praxis immer stoßen.

**A ▶** Bei ACONSEJAR steht die beratene Person im Dativ, bei Wegfall des sachbezeichnenden Akkusativs wird häufig mit LO / LA / LOS / LAS pronominalisiert (vgl. *'raten'* und *'beraten'*):

**María quiso que la aconsejara y le aconsejé que no lo fuera a ver más.**
*Maria wollte, daß ich sie berate und ich riet ihr, ihn nicht länger zu besuchen.*

**B ▶** Das Objekt von AMENAZAR steht meistens im Akkusativ:

**La amenazó con despedirla.**
*Er drohte ihr, sie zu entlassen.*

**C ▶** Bei APLAUDIR steht der Empfänger des Applauses meistens im Dativ:

**Salió el presentador y le aplaudieron con entusiasmo.**
*Der Moderator trat ein, und man applaudierte ihm begeistert.*

## 11. Die Personalpronomen

**D** ▶ Das personenbezeichnende Objekt von ATENDER steht im Dativ in der Bedeutung *'zuhören'* und im Akkusativ in der Bedeutung *'bedienen'*:

**Ella estaba furiosa porque nadie le atendía.**
*Sie war wütend, weil niemand ihr zuhörte.*

**Ella estaba furiosa porque nadie la atendía.**
*Sie war wütend, weil niemand sie bediente.*

**E** ▶ Das personenbezeichnede Objekt von AVISAR steht normalerweise im Dativ, der Akkusativ kommt aber relativ häufig vor (und eine Passivbildung mit SER ist ebenso üblich):

**Dijo que tenía una hermana y pidió que le / la avisaran inmediatamente.**
*Er sagte, er habe eine Schwester und er bat darum, sie sofort zu benachrichtigen.*

**Los participantes habían sido avisados del riesgo con antelación.**
*Die Teilnehmer waren im voraus auf die Gefahr hingewiesen worden.*

**F** ▶ Das personenbezeichnende Objekt von AYUDAR steht im Dativ oder Akkusativ. Eine Passivbildung mit SER ist möglich und üblich:

**Le abrió la portezuela a la señora y la ayudó a bajar.**
*Er öffnete der Dame die Wagentür und half ihr auszusteigen.*

**Los accidentados fueron ayudados por psicólogos.**
*Die Unfallopfer wurden von Psychologen betreut.*

**G** ▶ Das personenbezeichnende Objekt von ENSEÑAR (die "belehrte" Person) steht im Dativ. Bei der relativ häufigen Infinitivkonstruktion mit ENSEÑAR A wird jedoch dieses Dativobjekt manchmal als Akkusativ aufgefaßt und entsprechend pronominalisiert:

**Su marido, que había vivido en Rusia, le enseñó unas cuantas palabras de ruso.**
*Ihr Mann, der in Rußland gelebt hatte, brachte ihr ein paar russische Wörter bei.*

**Su marido, que había vivido en Rusia, le / la enseñó a saludar en ruso.**
*Ihr Mann, der in Rußland gelebt hatte, brachte ihr bei, wie man auf russisch grüßt.*

**H** ▶ Das Verb ENTENDER hat ein Akkusativobjekt (die Aussagen einer Person) und ein Dativobjekt (die Person, deren Aussagen verstanden oder nicht verstanden werden). Pronominalisiert wird sehr oft allein letzteres, dann wird LE / LES verwendet. Nicht selten ist aber eine Person als solche (ihr Verhalten, ihr Wesen) Akkusativobjekt, und bei Pronominalisierung wird LO / LA / LOS / LAS gebraucht:

**Estos alemanes hablan muy rápido, no les entiendo.**
*Diese Deutschen reden zu schnell, ich verstehe sie nicht.*

**Qué cosas hacen estos alemanes. No los entiendo.**
*Was diese Deutschen alles treiben. Ich verstehe sie nicht.*

**I** ▶ Das Verb LLAMAR hat zwei Akkusativobjekte: das Benannte und die Benennung, ersteres immer durch A eingeführt (vgl. 24.16A). Wenn das Benannte eine Person ist, wird die Pronominalisierung naturgemäß mit LO / LA / LOS / LAS vorgenommen. Nicht wenige fassen diesen Satzteil jedoch als Dativobjekt auf und verwenden als Pronomen LE / LES:

**Al profesor de religión, que era muy menudo, lo / le llamaban Lazarillo.**
*Den Religionslehrer, der ein sehr kleiner Mann war, nannten sie den kleinen Lazarus.*

**J** ▶ Das sachbezeichnende Objekt von OBEDECER, das sehr häufig mit A eingeführt wird, wird pronominalisiert mit LO / LA / LOS / LAS, das personenbezeichnende Objekt mit LO / LA / LOS / LAS oder mit LE / LES:

**Son unas órdenes crueles, no hay por qué obedecerlas.**
*Es sind grausame Befehle, man muß sie nicht befolgen.*

**Son tus padres, tienes que obedecerlos / obedecerles.**
*Es sind deine Eltern, und du mußt ihnen gehorchen.*

**K ▶** Das personenbezeichnende Objekt von PAGAR wird mit LE / LES pronominalisiert (dabei fällt das dazu gehörige Akkusativ weg):

**No sé por qué ha vuelto a llamar Doña Rosa, si ya le pagué.**
*Ich weiß nicht, warum Doña Rosa wieder angerufen hat, ich habe sie doch schon bezahlt.*

**L ▶** Das personenbezeichnende Objekt von PEGAR in der Bedeutung *'schlagen, prügeln'* wird mit LE / LES pronominalisiert, Pronominalisierung mit LO / LA / LOS / LAS ist im europäischen Spanisch jedoch recht häufig anzutreffen:

**Antes los profesores pegaban a los alumnos, y les pegaban fuerte.**
*Früher haben die Lehrer die Schüler geschlagen, und sie schlugen sie tüchtig.*

**M ▶** Das personenbezeichnende Objekt von PERDONAR in der Bedeutung *'verzeihen'* wird mit LO / LA / LOS / LAS pronominalisiert, wenn kein anderes Objekt benannt wird. Falls die "verziehene" Sache benannt wird, wird die um Verzeihung bittende Person mit LE / LES pronominalisiert:

**Le preguntó a su mujer si lo perdonaba.**
*Er fragte seine Frau, ob sie ihm verzeihe.*

**Le preguntó a su mujer si le perdonaba el último desliz.**
*Er fragte seine Frau, ob sie ihm seinen letzten Seitensprung verzeihe.*

**N ▶** Das personenbezeichnende Objekt von PICAR in der Bedeutung *'stechen'* wird mit LE / LES, nicht selten jedoch auch mit LO / LA / LOS / LAS pronominalisiert:

**El niño chillaba porque le / lo había picado una abeja.**
*Der kleine Junge schrie, weil ihn eine Biene gestochen hatte.*

**O ▶** Bei REGAÑAR wird das personenbezeichnendes Objekt mit LE / LES, im spanischsprechenden Amerika jedoch in der Regel mit LO / LA / LOS / LAS pronominalisiert (Gleiches gilt für die sinnverwandten Verben REÑIR und REPRENDER):

**Juanito no entendió por qué le / lo regañaban de esa manera.**
*Juanito verstand nicht, warum sie ihn so auszankten.*

**P ▶** Bei ROBAR wird die bestohlene Person mit LE / LES pronominalisiert, sehr häufig erscheint dabei im Satz kein weiteres Objekt:

**La abuela no se dio cuenta de que le habían robado hasta que llegó a casa.**
*Erst zu Hause merkte die Großmutter, daß man sie bestohlen hatte.*

**Q ▶** Wenn SEGUIR zur Bezeichnung einer Folge von Ereignissen verwendet wird, wird das personen- oder sachbezeichnende Objekt mit LE / LES pronominalisiert. Wenn SEGUIR ein Nachgehen, Nachfahren, Nachrennen usw mit irgendwelchen Absichten bedeutet, dann wird die verfolgte Person oder Sache mit LO / LA / LOS / LAS pronominalisiert:

**El tango fue aplaudidísimo, y le siguió un bolero igual de ovacionado.**
*Der Tango wurde sehr beklatscht, und danach kam ein ebenso stark beklatschter Bolero.*

**Primero recitaron las niñas. Les siguieron los varoncitos.**
*Zunächst rezitierten die Mädchen, nach ihnen waren die Jungen an der Reihe.*

**Sintió que la seguían.**
*Sie bemerkte, daß jemand ihr nachstellte.*

**Vieron un coche de matrícula sueca y lo siguieron.**
*Sie sahen einen Wagen mit schwedischem Kennzeichen und fuhren ihm nach.*

**11. Die Personalpronomen**

**R** ▸ Bei SERVIR in der Bedeutung *'servieren, auftragen'* wird sehr oft das Akkusativobjekt nicht pronominalisiert, hingegen sehr häufig allein das dazu gehörige Dativobjekt, und zwar naturgemäß mit LE / LES. Ferner wird das Objekt von SERVIR in der Bedeutung *'als Diener arbeiten'* in der Regel mit LO / LA / LOS / LAS pronominalisiert:

**Las señoras se quejaron de que no les servían.**
*Die Damen beschwerten sich darüber, daß man sie nicht bediente.*

**Vivían allí mis dos tías ancianas y la joven que las servía.**
*Es lebten dort meine zwei alten Tanten und die junge Frau, die ihnen (als Hausmädchen) diente.*

**S** ▸ Bei SILBAR wird häufig allein das personenbezeichnende Objekt pronominalisiert, und zwar mit LE / LES. Man begegnet jedoch nicht selten LO / LA / LOS / LAS in gleicher Funktion:

**Al portugués le / lo silbaron cada vez que tocó el balón.**
*Der Portugiese wurde bei jedem Ballkontakt ausgepfiffen.*

**T** ▸ Bei TEMER wird die gefürchtete Person oder die gefürchtete Sache mit LE / LES pronominalisiert, für Sachen jedoch können auch LO / LA / LOS / LAS als Fürwörter verwendet werden. Ist das Objekt des Befürchtens ein Satzinhalt, dann ist LO die einzig mögliche Pronominalisierung:

**El profesor era muy cruel, y todos le temíamos.**
*Der Lehrer war sehr grausam, und wir hatten alle Angst vor ihm.*

**Nadie desea cambios. El hombre les / los teme por naturaleza.**
*Niemand wünscht sich Veränderungen, denn der Mensch fürchtet sich davor von Natur aus.*

**Que este año habrá pérdidas, ¿lo da usted por seguro o solamente lo teme?**
*Daß es dieses Jahr Verluste geben wird, halten Sie das für ausgemacht oder befürchten Sie es nur?.*

**U** ▸ Bei TIRAR in der Bedeutung *'schießen'* ist - ebenso wie bei seinem Synonym DISPARAR – das personenbezeichnende Objekt ein Dativ und wird daher mit LE / LES pronominalisiert:

**Al huir el ladrón, los policías le tiraron / dispararon a las piernas.**
*Als der Räuber die Flucht ergriff, schossen ihm die Polizisten in die Beine.*

**V** ▸ In der Bedeutung *'berühren'* wird TOCAR häufig mit einem possessiven Dativ konstruiert, welcher naturgemäß mit LE / LES pronominalisiert wird. Diese Pronomen erscheinen oft als einzige Pronominalisierung in Sätzen mit diesem Verb:

**La abuela tenía la mano vendada y el nieto le tocó justo allí.**
*Die Großmutter hatte die Hand verbunden, und der Enkel faßte sie genau dort an.*

### 11.64 LAÍSMO-Ersetzungen

Den LAÍSMO, bei dem die Dativformen LE und LES durch die femininen Akkusativformen LA und LAS ersetzt werden, findet man vor allem bei der etwas rückständigen Landbevölkerung vor; er genießt allgemein kein soziales Prestige. Folgende Beispiele freilich sind Werken namhafter spanischer Schriftsteller aus Kastilien entnommen (der LAÍSMO ist im spanischsprechenden Amerika nahezu unbekannt):

**¿Oísteis? ¡Decidla madre!**
*Habt ihr gehört? Sagt Mutter zu ihr!*

**Dicen que las gitanas lanzan al desastre a quien no las da una limosma.**
*Man sagt, Zigeunerinnen werfen denjenigen ins Unglück, der ihnen kein Geld gibt.*

**Rociaron las instalaciones con gasolina y las prendieron fuego.**
*Sie übergossen die Anlagen mit Benzin und zündeten sie an.*

# 11. Die Personalpronomen

## 11.65 Ersetzung von LE und LES durch SE

Vor LO / LA / LOS / LAS werden LE und LES durch SE ersetzt (dieses SE hat einen anderen Ursprung als das SE der Reflexivverben bzw. der unpersönlichen Sätze):

–Luis me pidió tu dirección.  *"Luis fragte mich nach deiner Adresse."*
–¿Y se la diste?  *"Und hast du sie ihm gegeben?"*

–Rosa no sabe que estoy enferma.  *"Rosa weiß nicht, daß ich krank bin."*
–Pues debes decírselo.  *"Du mußt es ihr aber sagen."*

–Yo estuve en casa. Se lo juro.  *"Ich war zu Hause. Ich schwöre es Ihnen."*
–No, usted no estuvo en casa. Se lo puedo probar.  *"Sie waren nicht zu Hause. Ich kann es Ihnen beweisen."*

–Las chicas quedaron muy encantadas del curso.  *"Die Mädchen waren von dem Kurs ganz begeistert."*
–Pues me alegra porque se lo recomendé yo.  *"Das freut mich aber, denn ich habe ihnen den empfohlen."*

–Estos políticos prometen hacer una política de participación ciudadana.  *"Diese Politiker versprechen, eine Politik der Bürgerbeteiligung zu machen."*
–¿Y tú se lo crees?  *"Und glaubst du ihnen das?"*

–Oiga, le habíamos pedido el menú.  *"Bitte, wir wollten die Speisekarte haben."*
–Se lo traigo enseguida, señoritas.  *"Ich bringe sie Ihnen gleich."*

## H. Die verbundenen Pronomen für Sachen und Satzinhalte

## 11.66 Die Akkusativformen

• LO ist Akkusativform für eine maskuline Sachbezeichnung im Singular:
**Ya he acabado de leer el periódico, así que puedes tirarlo.**
*Ich bin mit der Zeitung fertig, du kannst sie wegwerfen.*

• LA ist Akkusativform für eine feminine Sachbezeichnung im Singular:
**Cogió una manzana y me la dio.**
*Sie nahm einen Apfel und gab ihn mir.*

• LOS ist die Akkusativform für eine maskuline Sachbezeichnung im Plural:
**Se conocen los problemas, pero nadie sabe cómo resolverlos.**
*Die Probleme sind bekannt, aber niemand weiß, wie man sie lösen soll.*

• LAS ist die Akkusativform für eine feminine Sachbezeichnung im Plural:
**¿No ha entendido las frases? Pues las repito.**
*Haben Sie die Sätze nicht verstanden? Also, ich wiederhole sie.*

## 11.67 Akkusativformen vertreten Unbestimmtes

Die Formen LO / LA / LOS / LAS vertreten ganz unbestimmte und verneinte Bezeichnungen:
**¿Querías emociones? Pues aquí las tienes.**
*Du wolltest Emotionen? Hier hast du welche.*

**Estoy buscando trabajo y no lo encuentro.**
*Ich suche Arbeit und finde keine.*

## 11. Die Personalpronomen

### 11.68 Dativformen statt Akkusativformen
Unzulässigerweise erweitern manche LEÍSTAS ihren Gebrauch auf Sachbezeichnungen:

**Este documento es importantísimo, así que guárdale donde ya sabes.**
*Dieses Dokument ist sehr wichtig, du weißt also, wo du es hintun sollst.*

**Como no podía con los bultos, les dejé en la consigna.**
*Da die Gepäckstücke mir zu schwer waren, ließ ich sie bei der Gepäckaufbewahrung.*

### 11.69 Die Dativformen
- LE ist, wie für jede Personenbezeichnung auch, Dativform für jede Sachbezeichnung im Singular (vgl. 11.51 und 11.70):

**Le arrancaron una rama al árbol.**
*Sie haben einen Zweig vom Baum abgebrochen.*

**¿Le has puesto sal a la sopa?**
*Hast du schon Salz in die Suppe gegeben?*

- LES ist, wie für jede Personenbezeichnung auch, Dativform für jede Sachbezeichnung im Plural (vgl. 11.51 und 11.70):

**Los libros no han cambiado de sitio, sólo se les ha cambiado la signatura.**
*Die Bücher behalten ihren Standort, sie haben nur eine neue Signatur bekommen.*

**Las palabras de un poeta tienen el sentido que les da él.**
*Die Worte eines Dichters haben die Bedeutung, die er ihnen gibt.*

### 11.70 Die zulässige Unkorrekheit LE für LES
Redundantes vorausgehendes LE erscheint sehr oft statt LES; diese Unkorrektheit wird auch von gebildeten Sprechern begangen, die Form LES erscheint auch ihnen als zu pedantisch:

**Le dieron de comer a las vacas un producto que genera una enfermedad grave.**
*Sie fütterten die Kühe mit einem Erzeugnis, das eine schwere Krankheit verursacht.*

**¿Qué es eso de lavarle la cara a las paredes?**
*Was heißt das denn, den Wänden das Gesicht waschen?*

**Claro que puedo echarle la culpa de lo que me ha pasado a algunas personas.**
*Ich kann durchaus einigen Personen die Schuld für das geben, was mir widerfahren ist.*

### 11.71 Die Unkorrektheit LOS für LO und LAS für LA
Vor allem im amerikanischen Spanisch werden die Verbindungen SE LO und SE LA zu SE LOS bzw. SE LAS, wenn SE für LES steht (vgl. 11.65). Diese Unkorrektheit macht auch vor gebildeten Sprechern nicht halt:

**Ellos me pidieron tu número de teléfono pero yo no se los di.**
*Sie haben mich nach deiner Telefonnummer gefragt, aber ich habe sie ihnen nicht gegeben.*

**Ellos me pidieron tu dirección pero yo no se las di.**
*Sie fragten mich nach deiner Adresse, aber ich habe sie ihnen nicht gegeben.*

### 11.72 LO als verbundenes Pronomen zu Kopulaverben
LO vertritt das Prädikatsnomen von SER, ESTAR und PARECER (vgl. auch 19.91):

**París no añora ser la capital multirracial, que ya lo es.**
*Paris will nicht die Hauptstadt der Mehrrassigkeit sein, das ist es bereits.*

**Debería estar agotada pero no lo estoy.**
*Ich sollte erschöpft sein, aber ich bin es nicht.*

**No son artistas, pero se esfuerzan en parecerlo.**
*Sie sind keine Künstler, aber sie geben sich Mühe, so auszusehen.*


### 11.73 Die Akkusativform LO für Satzinhalte und neutrale Pronomen

LO ist verbundenes Pronomen im Akkusativ für Satzinhalte sowie für die neutralen Pronomina ELLO, ESTO, ESO, AQUELLO, LO QUE, TODO und ALGO:

**¿Que cómo se llama la calle? No se lo puedo decir porque no lo sé.**
*Wie die Straße heißt? Ich kann es Ihnen nicht sagen, weil ich es nicht weiß.*

**Prometiste pedir disculpas y tienes que hacerlo.**
*Du hast versprochen, dich zu entschuldigen, und du mußt es tun.*

**Todo eso se ha venido abajo y es imposible reconstruirlo.**
*Das alles ist zusammengebrochen, und man kann es unmöglich wieder aufbauen.*

**Aquello era lo más terrible, y nadie lo podía remediar.**
*Das war das Schrecklichste, und niemand konnte es in Ordnung bringen.*


### 11.74 Die Dativform LE für Satzinhalte und neutrale Pronomen

LE ist verbundenes Pronomen im Dativ für Satzinhalte sowie für die neutralen Pronomina ELLO, ESTO, ESO, AQUELLO, LO QUE, TODO, ALGO sowie für **LO + Adjektiv**:

**Hemos decidido separarnos por un tiempo. Es triste, sí, pero yo no le doy tanta importancia como tú.**
*Wir haben beschlossen, uns eine Zeitlang zu trennen. Klar, es ist traurig, aber ich messe dem nicht soviel Bedeutung bei wie du.*


### 11.75 L-Pronomen als bezugsloses Verbanhängsel

Bei vielen feststehenden Wendungen, die das Lexikon verzeichnet, erscheinen L-Pronomen (vor allem LA und LAS, wohl als Fürwörter der Substantive COSA bzw. COSAS) als Verbanhängsel ohne Bezug auf irgendein im fraglichen Text vorkommendes Substantiv:

**tomarla con alguien** *sich mit jemandem anlegen*
**pasarlo bien** *sich gut unterhalten*
**arreglárselas** *sich zurechtfinden*
**cantarlas claras** *Klartext reden*
**no tenerlas todas consigo** *nicht alle Tassen im Schrank haben*

**A ▶** In wenigen feststehenden Wendungen erscheint LE als bezugslose Verbergänzung. Beispiel mit der häufigen Wendung QUÉ LE VAMOS A HACER:

—Le ha prohibdo al marido ir a ver a los críos. Es como muy mala, ¿no crees?
—Ella es así, qué le vamos a hacer.

*"Sie hat dem Mann verboten, die Kinder zu besuchen. Sie ist ein bißchen zu böse, meinst du nicht auch?"*
*"Sie ist nun mal so, da kann man nichts ändern."*

## 11. Die Personalpronomen

## I. Redundantes Personalpronomen

### 11.76 LO / LA / LOS / LAS repetiert das bestimmte Akkusativobjekt

Der spanische Satz beginnt in der Regel mit dem weniger wichtigen, bekannteren Satzteil (vgl. 30.1). Sofern es sich dabei um das wohlbestimmte Akkusativ- oder Dativobjekt handelt und also vor das Prädikat plaziert wird, muß es mit dem entsprechenden L-Pronomen (oder mit SE, vgl. 11.65) wiederaufgenommen werden:

**Sus primeras poesías las escribió a los siete años.**
*Seine ersten Gedichte schrieb er mit sieben Jahren.*

**A Blanca la querían despedir por otras razones.**
*Blanca wollten sie aus anderen Gründen entlassen.*

**El telegrama hay que mandárselo inmediatamente.**
*Das Telegramm muß man ihm sofort schicken.*

**Lo que sobre lo tiras.**
*Was übrigbleibt, wirfst du weg.*

**Que Ortega y Machado son españoles lo noto enseguida.**
*Daß Ortega und Machado Spanier sind, merke ich sofort.*

### 11.77 Repetierendes L-Pronomen des Akkusativobjekts in Relativsätzen

In der gesprochenen Sprache und zuweilen auch im lässigen Schreibstil wird häufig das Akkusativobjekt nach dem Relativpronomen QUE durch L-Pronomen repetiert (vgl. 10.35, 10.40):

**esa cuestión que la enfocó tan bien Ortega** *diese Frage, die Ortega so gut anging*
**García Lorca, que lo traicionó un poeta** *Federico García Lorca, den ein Dichter verriet*

### 11.78 Repetierendes L-Pronomen bei HABER

Das (eigentlich emphatische, vgl. 11.89) Objekt von HABER wird sehr häufig durch LO / LA / LOS / LAS wiederaufgenommen, nicht selten in der altertümlichen Satzstellung HAYLO, HAYLA, HAYLOS, HAYLAS, dabei wird häufig ein Komma nach dem vorangestellten Objekt gesetzt:

**Fuerzas nacionalistas las hay en Cataluña, Euskadi, Canarias, etc.**
*Nationalistische Kräfte gibt es in Katalonien, dem Baskenland, den Kanarischen Inseln, usw.*

**Problemas, haylos.**
*Probleme gibt es durchaus.*

### 11.79 Repetierendes L-Pronomen bei unbestimmtem Akkusativ

Wenn ein unbestimmtes Akkusativobjekt thematisiert wird (vgl. 30.50B), dann wird im Sprechfluß eine Pause vor dem Prädikat eingelegt, was in der Schrift durch Komma widergespiegelt wird; das Objekt wird beim Prädikat durch L-Pronomen repetiert:

**Gente encerrada, por desgracia, la tenemos a manos llenas.**
*Leute im Gefängnis haben wir, leider, zuhauf.*

**Un tropezón, cualquiera lo da en la vida.**
*Einen Fehltritt begeht jeder im Leben.*

## 11. Die Personalpronomen

### 11.80 Redundanz bei nicht ganz unbestimmtem Akkusativobjekt

Ist ein vorangestelltes Akkusativobjekt von einem Ausdruck der Menge oder durch ASÍ (vgl. 27.9) begleitet, so wird es häufig durch L-Pronomen repetiert :

**Algunos temas no los hemos hablado aún.**
*Einige Themen haben wir noch nicht besprochen.*

**Un día así hay que celebrarlo.**
*So einen Tag muß man feiern.*

### 11.81 LO repetiert ein Prädikatsnomen

Nicht selten findet statt eine eigentlich nicht obligatorische und vielleicht fehlerhafte Wiederaufnahme des vorangestellten Prädikatsnomens von SER, ESTAR und PARECER durch LO (vgl. 11.72) statt:

**Cosmonauta no lo puede ser cualquiera.**
*Kosmonaut kann nicht jeder sein.*

**Enfermas sí que lo estaban las dos.**
*Krank waren die beiden doch.*

**Muy típica no lo parecía la música que tocaban.**
*Sehr typisch schien die Musik nicht zu sein, die sie spielten.*

### 11.82 Antizipierendes L-Pronomen bei TODO und TODOS

Pronominal gebrauchtes, nach dem Prädikat auftretendes TODO und TODOS / TODAS wird durch LO bzw. LOS / LAS vorweggenommen:

**Lo sé todo.**
*Ich weiß alles.*

**Los conocía a todos.**
*Ich kannte sie alle.*

**¿Las cartas? Habrá que volver a escribirlas todas.**
*Die Briefe? Man wird sie alle noch einmal schreiben müssen.*

**A ▶** TODO LO QUE, TODOS LOS QUE und TODAS LAS QUE werden nicht durch akkusativisches L-Pronomen vorweggenommen:

**Me apunté todo lo que dijo.**
*Ich habe mir alles aufgeschrieben, was sie sagte.*

**Tú conoces a todos los que van a estar.**
*Du kennst alle, die da sein werden.*

### 11.83 Antizipierendes L-Pronomen des Personenakkusativs

Personenbezeichnungen im Akkusativ (**A + Substantiv**, vgl. Kapitel 24, Teil A) können durch entsprechendes L-Pronomen vorweggenommen werden, sofern sie im Kontext bereits erwähnt wurden. Es handelt sich hier um einen eher umgangssprachlichen Gebrauch.

**Bueno, entonces yo la voy a llamar a Carmen.**
*Dann rufe ich also Carmen an.*

**Ayer me lo crucé a Pedro en el cine.**
*Gestern habe ich Pedro im Kino getroffen.*

## 11. Die Personalpronomen

### 11.84 Antizipierendes L-Pronomen des Prädikatsnomens TODO
Wenn TODO Prädikatsnomen von SER ist, dann wird es in der Regel durch LO vorweggenommen:

**Tú lo eres todo para mí.**
*Du bist für mich alles.*

### 11.85 Repetierendes dativisches L-Pronomen
Ein vor dem Prädikat vorkommendes Dativobjekt wird durch LE / LES bzw. SE (vgl. 11.65) wiederaufgenommen:

**A la abuela escríbele otra cosa.**
*Der Großmutter schreib bitte etwas anderes.*

**A Cristina se lo tendré que decir yo.**
*Cristina werde ich es wohl sagen müssen.*

### 11.86 Antizipierendes dativisches L-Pronomen
Das Dativobjekt eines Verbs, das ein Betroffensein ausdrückt (vgl. 24.33) wird in der Regel durch LE / LES vorweggenommen, ebenso das Dativobjekt eines Verbs, dessen Akkusativobjekt nicht erscheint:

**¿Le gustará esto a Rosa?**
*Ob Rosa dies gefällt?*

**No les va a resultar fácil a los sospechosos probar su inocencia.**
*Es wird für die Verdächtigen nicht leicht sein, ihre Unschuld zu beweisen.*

**También le escribimos al presidente.**
*Wir haben auch dem Präsidenten geschrieben.*

• Bei GUSTAR und anderen Verben mit dativischem Objekt kann das redundante L-Pronomen wegfallen (vgl. 11.92).

### 11.87 Vorwegnahme jeglichen Dativobjekts durch L-Pronomen
Das Dativobjekt eines jeden Verbs kann durch LE / LES bzw. SE vorweggenommen werden. Die Vorwegnahme erfolgt in der Regel zur Verdeutlichung direkter Interaktion bzw. des Engagements der Beteiligten:

**Le he dejado mis apuntes a Laura / Mis apuntes se los he dejado a Laura.**
*Ich habe Laura meine Notizen geliehen / Meine Notizen habe ich Laura geliehen.*

**Les gritó un par de groserías a los periodistas.**
*Er schrie den Journalisten ein paar Grobheiten zu.*

### 11.88 Obligatorische Redundanz des Dativobjekts
Bei Verben, in denen das Dativobjekt den Kontakt bezeichnet (vgl. 24.29), findet die Redundanz in der Regel statt:

**Les ponían pegatinas a las bicicletas.**
*Sie brachten Aufkleber auf den Fahrrädern an.*

**¡Que no le caiga agua a la máquina!**
*Daß ja kein Wasser auf den Fotoapparat fällt!*

**A** ▶ Zu **uno / una** *man* tritt immer ein redundantes Pronomen hinzu, vgl. 23.24.

## 11. Die Personalpronomen

### 11.89 | Emphase schließt Redundanz aus

Erscheint das Akkusativobjekt in emphatischer Vorfeldstellung, dabei häufig als nachdrückliche Wiederaufnahme von zuvor Gesagtem, so wird es nicht durch L-Pronomen wiederaufgenommen. Dies ist gewöhnlich der Fall bei artikellosen Substantiven, Indefinitpronomen und den Demonstrativpronomen auf -O:

**Atracciones encontrarás pocas.**
*Attraktionen wirst du kaum finden.*

**Nada podemos hacer.**
*Nichts können wir tun.*

**¿Eso soñaste?**
*So etwas hast du geträumt?*

**A ▶** Im folgenden Beispiel ist ESO nicht emphatisch und wird daher durch LO wiederaufgenommen:

**Me preguntó si renunciaba y yo le contesté que eso ya lo sabían todos.**
*Er fragte mich, ob ich kündige, und ich antwortete ihm, daß das bereits alle wußten.*

### 11.90 | Kein redundantes Pronomen von MISMO und IGUAL

Ein vorangestelltes Akkusativobjekt, das MISMO oder IGUAL aufweist, wird nicht mit L-Pronomen wiederaufgenommen, ebensowenig LO MISMO:

**Los mismos problemas causa el paro.**
*Dieselben Probleme verursacht die Arbeitslosigkeit.*

**Casi igual altura tiene el Teide.**
*Fast die gleiche Höhe hat der Teide.*

**Y lo mismo le dije yo.**
*Und dasselbe habe ich ihm gesagt.*

### 11.91 | Keine Redundanz von Fragewörtern

Fragewörter werden nicht durch Pronomen wiederaufgenommen:

**¿Qué deseaba usted?**
*Was möchten Sie?*

**¿A quién estabas mirando?**
*Wen hast du angeschaut?*

### 11.92 | Wegfall von LE und LES bei GUSTAR und dgl.

Das Fehlen von antizipierendem LE / LES bzw bei GUSTAR und anderen Verben mit dativischem Objekt ist möglich und üblich, damit wird persönliche Betroffenheit bzw. direkte Interaktion bewußt ausgeschlossen (vgl. 11.70):

**Este alcalde no gusta ni a los políticos de su propio partido.**
*Dieser Bürgermeister gefällt nicht einmal den Politikern seiner eigenen Partei.*

**Ahora toca a los demás mover ficha.**
*Jetzt sind die anderen am Zug.*

### 11.93 | Keine Redundanz von Relativpronomen

Ein Relativpronomen als Akkusativobjekt wird nicht wiederaufgenommen (vgl. aber 11.77):

**Gastamos el último dinero que teníamos.**
*Wir haben das letzte Geld ausgegeben, das wir hatten.*

## 11. Die Personalpronomen

## J. Die unbetonten Pronomen in der Wortfolge

### 11.94 Wie folgen mehrere unbetonte Pronomen aufeinander?

Beziehen sich zwei Pronomen auf dasselbe Verb, so folgen sie aufeinander nach folgendem Rangordnungschema:

| SE | TE / OS | ME / NOS | LO / LA / LOS / LAS / LE / LES |
|---|---|---|---|

Folgendes ist demnach festzustellen:
- SE steht vor jedem anderen unbetonten Pronomen.
- Die mit L- beginnenden Pronomen stehen immer zuletzt.
- TE und OS stehen immer vor ME und NOS.
- Logischerweise darf nur ein Pronomen aus jeder Spalte erscheinen.

Beispiele:

**Se me cayó.**
*Es ist mir heruntergefallen.*

**¡Te nos vas!**
*Du verläßt uns!*

**Considero mi deber decíroslo.**
*Ich halte es für meine Pflicht, es euch zu sagen.*

**Recuérdeselas sin rencor.**
*Man erinnere sich ohne Groll an sie.*

### 11.95 Zwei unbetonte Pronomen der Person beim Verb?

Wegen des Doppelwerts von ME, TE, NOS, OS und den Dativformen LE und LES können die spanischen Entsprechungen von Sätzen wie *"ich ziehe ihn ihr vor"*, *"sie hatte dich ihm empfohlen"* und *"er hat euch ihr vorgestellt"* nicht mit zwei unbetonten Pronomen ausgedrückt werden. Es empfiehlt sich, den Akkusativ durch das unbetonte Pronomen und den Dativ durch **A + betontes Pronomen** (ohne redundantes Pronomen) vertreten zu lassen. Bei fortgesetzter Unklarheit muß auf andere Strukturen – z.B. Passivkonstruktionen mit SER, vgl. 17.1 – zurückgegriffen werden:

**Le prefiero a él antes que a ella.**
*Ich ziehe ihn ihr vor.*

**Ella te había recomendado a él.**
*Sie hatte dich ihm empfohlen.*

**¿Fuisteis presentados a ella por él?**
*Er hat euch ihr vorgestellt?.*

### 11.96 Drei unbetonte Pronomen hintereinander

Drei unbetonte Pronomen zu einer Verbform sind möglich, wenn auch nicht üblich:

**Te me lo llevas sin decirme nada.**
*Du nimmst es mir weg, ohne mir etwas zu sagen.*

### 11.97 Falsche Reihenfolgen

Falsche Reihenfolgen, vor allem in Verbindung mit Reflexivverben, kommen durchaus vor, werden aber als üble Schnitzer angesehen:

**Me se cayó (= se me cayó).**
*Es ist mir heruntergefallen.*

## 11. Die Personalpronomen

### 11.98 Die unbetonten Pronomen bei Indikativ- oder Subjuntivoformen

In Behauptungs-, Frage-, Ausrufe- und Verneinungssätzen steht das Pronomen oder die Pronomenfolge vor der finiten Form des Verbs (dessen Akkusativ- oder Dativobjekt sie sind):

**Llamé a Marta y le conté lo ocurrido.**
*Ich habe Marta angerufen und habe ihr von dem Vorfall erzählt.*

**¿Qué le ha pasado? ¿Se le ha pinchado una rueda?**
*Was ist Ihnen passiert? Ist Ihnen ein Reifen geplatzt?*

**¡Cuánto me alegra que os lo haya dicho!**
*Wie es mich freut, daß er euch das gesagt hat!*

**No nos extrañó que no se nos creyera.**
*Es hat uns nicht gewundert, daß man uns nicht geglaubt hat.*

### 11.99 Adverb zwischen unbetontem Pronomen und Verbform

Gelegentlich erscheint ein Adverb wie MEDIO zwischen Pronomen und finiter Verbform:

**Se medio despertó.**
*Er wachte halbwegs auf.*

### 11.100 Archaisierende Reihenfolge

In Nachahmung älteren oder dialektalen Gebrauchs, vor allem aber in einer Anzahl fester Wendungen erscheint das unbetonte Personalpronomen nach der finiten Verbform:

**Hallábame inquieta.**
*Ich war unruhig.*

• Zu Sätzen wie PROBLEMAS, HAYLOS vgl. 11.78.

**A ▶** Beispiele feststehender Wendungen aus dem Lexikon:

**dijérase / diríase** *man würde sagen*
**creyérase** *man könnte glauben*
**afufólas** *er gab Fersengeld*
**¡habráse visto!** *so eine Frechheit!*
**érase una vez** *es war einmal (Märchenanfang)*

### 11.101 Enklitisches Pronomen bei Subjuntivo-Formeln

Bei den Formeln mit Subjuntivo mit repetiertem Verb (vgl. 36.16) wird recht häufig das Verb an die erste finite Form angehängt; ebenso wird bei den disjunktiven Subjuntivo-Formeln (vgl. 32.19, 32.20) bisweilen das Verb an die erste Verbform angehängt:

**Dígase lo que se diga, no hay alternativa.**
*Was man auch immer dazu sagen mag, es gibt keine Alternative.*

**Esa es la verdad, créala el jefe o no.**
*Das ist die Wahrheit, gleichviel, ob der Chef sie glaubt oder nicht.*

### 11.102 Die unbetonten Personalpronomen beim bejahenden Imperativ

Eines oder mehrere unbetonte Pronomen stehen angehängt an jede als "bejahenden Imperativ" gebrauchte finite Verbform. Es entsteht dabei ein Wort, das u.U. einen Akzent tragen muß (von der Akzentsetzung beim Anhängen nur eines Pronomens sind die Imperativformen mit -D- und auf -AOS bzw. -EOS ausgenommen):

## 11. Die Personalpronomen

**Ayúdame.**
*Hilf mir!*

**Pónganse de pie, por favor.**
*Stehen Sie bitte auf.*

**Estas son las fotos. Lleváoslas a casa, miradlas bien y decidíos.**
*Das sind die Fotos. Nehmt sie mit nach Hause, schaut sie genau an und entscheidet euch!*

**Grábatelo en la memoria.**
*Präge es dir ins Gedächtnis ein!*

**Perdóneseme la digresión.**
*Man verzeihe mir die Abschweifung.*

**A ▶** Die Regel gilt auch, wenn die Imperativform auf -D durch die Infinitivform (vgl. 31.9) ersetzt wird (beim Anhängen nur eines Pronomens erscheint dann kein Akzent):

**Llevároslas, mirarlas bien y decidiros.**
*Nehmt sie mit, schaut sie genau an und entscheidet euch!*

### 11.103 Proklitisches Pronomen beim bejahenden Imperativ

In lässiger Sprechweise wird im europäischen Spanisch das Pronomen des bejahenden Imperativs, und zwar nur bei dessen Subjuntivo-Ersatzformen, vor die Verbform gestellt:

**Ustedes me perdonen, pero yo me voy.**
*Entschuldigen Sie mich, ich gehe.*

**Me traiga por favor una botella de agua mineral.**
*Bringen Sie mir bitte eine Flasche Mineralwasser.*

### 11.104 Die unbetonten Personalpronomen beim verneinenden Imperativ

Eines oder mehrere unbetonte Personalpronomen stehen zwischen NO (oder einer vor das Prädikat gestellte Vollnegation wie NUNCA) und einer als Imperativ verwendeten finiten Verbform:

**No te sientes ahí.**
*Setze dich bitte nicht dorthin!*

**Nunca te des por vencida.**
*Gib nie auf!*

**No me lo recuerde.**
*Erinnern Sie mich nicht daran!*

**No se juzgue que es fácil.**
*Man meine nicht, das sei leicht.*

**A ▶** Bei der Verwendung einer Infinitivform als allgemeines Verbot (vgl. 31.11) steht das unbetonte Pronomen angehängt:

**no dispersarse** *bitte nicht auseinandergehen!*

### 11.105 Die unbetonten Personalpronomen beim Imperativ an Dritte

Unbetonte Personalpronomen in Appellen, Bitten und Wünschen, die vom Sprechenden oder dem Textverfasser an Dritte mit Hilfe von QUE und einer Subjuntivoform gerichtet werden, stehen im Satz nach der Regel in 11.98:

**Que no se engañe nadie creyendo eso.**
*Niemand soll sich täuschen, der so etwas glaubt.*

La censura es eso: lo que no quiero ver, que no lo vean los otros.
*Zensur funktioniert so: Was ich nicht sehen will, sollen die anderen auch nicht sehen.*

## 11.106 Die unbetonten Personalpronomen beim Imperativ mit QUE

Bei imperativischen Beteuerungen mit QUE sowie bei den formelhaften Ausdrücken für gute Wünsche an den oder die Gesprächspartner, die mit QUE eingeleitet werden (vgl. 32.13, 32.7) stehen eine oder mehrere unbetonte Pronomenformen nach der Regel in 11.98:

**¡Que te vayas!**
*Du sollst gehen!*

**¡Que no me lo estés repitiendo!**
*Du sollst es mir nicht immer wieder sagen!*

**¡Que te diviertas!**
*Viel Spaß!*

## 11.107 Die unbetonten Personalpronomen in Willensäußerungen ohne QUE

Es gibt im spanischen Lexikon zahlreiche ausrufeartige Formeln, die eine Bitte an eine dritte Person (häufig Gott) richten, es möge dies und jenes der Fall sein (vgl. 32.3 und 32.7). Die eventuell dort auftretenden unbetonten Personalpronomen werden nach den Regeln in 11.98 plaziert:

**¡Dios nos asista!**
*Gott stehe uns bei!*

## 11.108 Die unbetonten Personalpronomen beim Infinitiv

Eines oder mehrere unbetonte Personalpronomen stehen angehängt an den Infinitiv (beim zusammengesetzten Infinitiv an HABER). Es entsteht dabei ein Wort, daher wird bei Aufeinanderfolge mehrerer Formen der Akzent gesetzt:

**Es cuestión de esforzarse.**
*Es kommt darauf an, sich anzustrengen.*

**¿Dices eso para tranquilizarme?**
*Sagst du das, um mich zu beruhigen?*

**Demostrárselo a ella es lo más difícil.**
*Ihr das zu beweisen, ist das Schwerste.*

**Siento habértelo dicho de esa manera.**
*Ich bedaure, es dir so gesagt zu haben.*

## 11.109 Die unbetonten Personalpronomen bei mehreren Infinitivformen

Kommen mehrere Infinitivformen zusammen, so werden ME / TE / NOS / OS / SE / LO / LA / LOS / LAS / LE / LES logischerweise an den Infinitiv angehängt, dessen Akkusativ- oder Dativobjekt sie sind (vgl. 11.111):

**un descaro no dejarme hablar** *eine Frechheit, mich nicht sprechen zu lassen*
**difícil enseñarle a peinarse** *schwierig, ihm beizubringen, wie man sich kämmt*
**¿para qué negarte a hacerlo?** *wozu dich weigern, es zu tun?*
**una locura empeñarse en ayudarme a ponérselo** *verrückt, darauf zu bestehen, mir zu helfen, es ihm aufzusetzen*

## 11. Die Personalpronomen

### 11.110 Die unbetonten Personalpronomen beim Gerundio

Eine oder mehrere unbetonte Pronomenformen stehen angehängt an das Gerundio; es entsteht dabei ein Wort, das immer akzentuiert wird:

**Contestó volviéndose**
*Er antwortete und drehte sich dabei um.*

**Aprendía las palabras leyéndolas en voz alta.**
*Er lernte die Wörter, indem er sie laut las.*

**Callándotelas, jamás resolverás esas dificultades.**
*Wenn du sie verschweigst, wirst du diese Schwierigkeiten niemals überwinden.*

**No lograrás nada diciéndoselo.**
*Du wirst nichts erreichen, wenn du es ihm sagst.*

### 11.111 Alternative Stellung der unbetonten Personalpronomen in infinitivischen Fügungen

Bei zahlreichen Infinitivfügungen können die unbetonten Pronomenformen entweder der finiten Form vorausgehen oder dem Infinitiv angefügt werden. Nachstehend eine Liste derjenigen Fügungen, bei denen die unbetonten Pronomen vorzugsweise vor der finiten Verbform erscheinen.

**A** ▶ ACABAR DE (vgl. 14.72):

**Se acababan de ir**
*Sie waren gerade weggegangen.*

**B** ▶ DEBER und DEBER DE (vgl. 14.57):

**Me lo debiste decir.**
*Du hättest es mir sagen sollen.*

**Se le debe de haber olvidado.**
*Er wird es wohl vergessen haben.*

**C** ▶ DEJAR DE (und sein Synonym PARAR DE, vgl.14.88):

**Me lo dejó / paró de contar.**
*Er hörte auf, es mir zu erzählen.*

**D** ▶ HABER DE (vgl. 14.61):

**Me he de esforzar.**
*Ich werde mich anstrengen.*

**E** ▶ IR A (vgl. 14.64):

**¿Qué me ibas a decir?**
*Was wolltest du mir sagen?*

**F** ▶ LLEGAR A (vgl. 14.94):

**No me lo llegó a decir.**
*Sie konnte es mir nicht sagen.*

**G** ▶ PODER (vgl. 14.54):

**Le podía preguntar cualquier cosa.**
*Ich durfte sie alles fragen.*

**H** ▶ QUERER (vgl.14.56)
**Me lo quiero comprar.**
*Ich will es mir kaufen.*

## 11. Die Personalpronomen

**I** ▶ SOLER (vgl. 14.92):

**Las cifras me las suelo apuntar aquí.**
*Die Ziffern schreibe ich mir meistens hier auf.*

**J** ▶ TENER QUE (vgl. 14.59):

**Me tengo que ir.**
*Ich muß gehen.*

**K** ▶ VOLVER A (vgl. 14.91):

**Se le ha vuelto a perder.**
*Er hat es wieder verloren.*

### 11.112 Die unbetonten Personalpronomen bei HABER QUE

Bei unpersönlichem HABER QUE (vgl. 14.60) ist die Abweichung von der Anhängungsregel umstritten. Folgende Beispiele klingen zahlreichen kompetenten Sprechern fremd:

**Esto lo hay que aprender.**
*Dies muß man lernen.*

**Las camisas las hubo que tirar.**
*Die Hemden mußte man wegwerfen.*

### 11.113 Die unbetonten Personalpronomen bei Verben der Bewegung

Bei den Verben der Bewegung IR, VENIR, PASAR, BAJAR, SUBIR, CORRER usw. ist die Abweichung von der Anhängungsregel möglich, sofern die Infinitivergänzung (**A + Infinitiv**, vgl. 14.114) auf die finite Verbform unmittelbar folgt:

**Lo fui a leer a la biblioteca.**
*Ich ging in die Bibliothek, um es zu lesen.*

**Te vengo a decir dos cosas.**
*Ich komme, um dir zweierlei zu sagen.*

### 11.114 Die unbetonten Personalpronomen bei sonstigen Verben

Bei folgenden Verben mit Infinitivergänzung darf man von der Anhängungsregel abweichen, sofern kein anderes Wort vor dem Infinitiv erscheint (vgl. 11.119):

| | | | |
|---|---|---|---|
| ACEPTAR | DESEAR | NECESITAR | PROMETER |
| ALCANZAR A | EMPEZAR A | PARECER | RECORDAR |
| APRENDER A | ESPERAR | PENSAR | RESOLVER |
| COMENZAR A | EVITAR | PREFERIR | SABER |
| CONSEGUIR | EXIGIR | PRETENDER | TEMER |
| CREER | INTENTAR | PROCURAR | TERMINAR DE |
| DECIDIR | LOGRAR | PROHIBIR | TRATAR DE |

### 11.115 Die unbetonten Personalpronomen bei häufigen Wendungen

Häufige Wendungen mit dem Infinitiv erlauben auch eine Abweichung von der Anhängungsregel:

**Se estuvo a punto de caer.**
*Er wäre beinah hingefallen.*

**Lo estoy por hacer.**
*Ich bin versucht, es zu tun.*

## 11. Die Personalpronomen

### 11.116 Die unbetonten Personalpronomen bei mehreren Infinitivformen

Bei mehreren aufeinanderfolgenden Infinitivformen, von denen eine oder mehrere aus der Liste in 11.111 sind, ergeben sich entsprechende Alternativen:

**una tontería no poderse afeitar / no poder afeitarse** *dumm, sich nicht rasieren zu können*

**sentir tener que hacerlo / tenerlo que hacer** *bedauern, es tun zu müssen*

**no querer volver a verse / no querer volverse a ver / no quererse volver a ver** *sich nicht wieder sehen wollen*

### 11.117 Zulässige Abweichungen von der Anhängungsregel beim Gerundio

Bei den häufigen Fügungen mit Gerundio können ME / TE / NOS / OS / SE / LO / LA / LOS / LAS / LE / LES auch vor dem Hilfsverb stehen, was dann auch meistens der Fall ist.

**A ▶ ESTAR (vgl. 15.25 ff):**
**Me estaba bañando.**
*Ich habe gerade gebadet.*

**B ▶ IR (vgl. 15.33):**
**Nos vamos acostumbrando.**
*Wir gewöhnen uns langsam daran.*

**C ▶ SEGUIR / CONTINUAR (vgl. 15.36):**
**¿Te sigue escribiendo?**
*Schreibt sie dir immer noch?*

**D ▶ VENIR (vgl. 15.38):**
**Lo vengo observando desde hace meses.**
*Ich beobachte es seit Monaten.*

**E ▶ ANDAR (vgl. 15.41):**
**Lo anda pregonando a los cuatro vientos.**
*Er erzählt es überall herum.*

### 11.118 Gerundio– und Infinitivfügungen hintereinander

Wenn Gerundio- und Infinitivfügungen mit alternativer Pronomenstellung aneinander anschließen, ergeben sich entsprechende Möglichkeiten:

**Nos tenemos que ir acostumbrando / tenemos que irnos acostumbrando.**
*Wir müssen uns langsam daran gewöhnen.*

**Deberían seguir haciéndolo / deberían seguirlo haciendo / lo deberían seguir haciendo.**
*Sie sollten es weiterhin tun.*

### 11.119 Unpersönliches SE in Infinitiv- und Gerundiokonstruktionen

"Unpersönliches" SE ist Satzsubjekt und sollte logischerweise in Infinitiv- und Gerundiofügungen weder mit dem Objektpronomen des Infinitivs oder Gerundio vor einer finiten Verbform auftreten, noch mit einem Objektpronomen an eine Infinitiv- oder Gerundioform angehängt werden; beides ist aber oft genug der Fall, wobei, falls es sich um ein Verb aus den Listen in 11.111 bzw. 11.117 handelt, mehrere sinngleiche Sequenzen möglich sind:

Era evidente que se me había querido engañar / ... que se había querido engañarme / ...que había querido engañárseme.
*Es war klar, daß man mich hatte betrügen wollen.*

¿Por qué se me estaba excluyendo / ...se estaba excluyéndome? / ...estaba excluyéndoseme?
*Warum schloß man mich aus?*

**A ▶** Muttersprachler empfinden die "logischeren" Sequenzen SE HABÍA QUERIDO ENGAÑARME bzw. SE ESTABA EXCLUYÉNDOME als befremdlich, die Anhängungssequenz als zu eigenwillig.

## 11.120 Die unbetonten Personalpronomen bei Verben der Wahrnehmung

Bei den Infinitivkonstruktionen mit den Wahrnehmungsverben VER, OÍR und SENTIR (vgl. 14.42) zieht das Akkusativobjekt dieser Verben das L-Pronomen des Infinitivs nach sich; ist das Akkusativobjekt des Wahrnehmungsverbs eine Drittperson, entstehen dann die Pronomenfolgen SE LO / SE LA / SE LOS / SE LAS nach den Regeln in 11.65; das Pronomenpaar wird dann mit der jeweiligen (finiten oder infiniten) Form des Wahrnehmungsverbs verbunden:

¿Me lo has oído decir alguna vez?
*Hast du mich das jemals sagen hören?*

Pedro se lo había visto hacer sostenida en un solo pie.
*Pedro hatte gesehen, wie sie es auf einem Fuß stehend machte.*

Te cuesta cien euros oírmelo decir.
*Es kostet dich hundert Euro, wenn du mich das sagen hören willst.*

Se divierte viéndotelo hacer.
*Er amüsiert sich, wenn er dich das machen sieht.*

## 11.121 Die unbetonten Personalpronomen bei kausativen Verben

Bei Infinitivkonstruktionen mit den Verben **dejar** *zulassen* und **hacer** *veranlassen* (vgl. 14.46, 14.48) zieht das Akkusativobjekt dieser Verben das L-Pronomen des Infinitivs nach sich; ist das Objekt von DEJAR bzw. HACER eine Drittperson, entstehen die Pronomenfolgen SE LO / SE LA / SE LOS / SE LAS nach den Regeln in 11.65; das Pronomenpaar steht an irgendeiner regelkonformen Stelle, jedoch nicht an der Infinitivergänzung von DEJAR bzw. HACER:

Me mostró el telegrama pero no me lo dejó leer.
*Er zeigte mir das Telegramm, er ließ es mich aber nicht lesen.*

Primero tienes que dejármelo ver / ...me lo tienes que dejar ver.
*Zuerst mußt du es mich sehen lassen.*

Hágaselo saber a tiempo.
*Lassen Sie ihn es rechtzeitig wissen!*

Logró lo que quería haciéndoselo firmar.
*Er erreichte, was er wollte, indem er ihn dazu brachte, es zu unterschreiben.*

**A ▶** Die logischeren Versionen obiger Beispiele: NO ME DEJÓ LEERLO, TIENES QUE DEJARME VERLO, HÁGALE SABERLO A TIEMPO und ...HACIÉNDOLE FIRMARLO werden von Muttersprachlern äußerst selten spontan gebildet.

**B ▶** Dieselbe Pronomenpaarbildung wie bei DEJAR und HACER ist mit OBLIGAR und ENSEÑAR möglich und üblich; sie ist bei anderen Verben der verbalen Beeinflussung, die ohnehin QUE-Ergänzungen bevorzugen (vgl. 14.44), mindestens umstritten.

# 12. Die Verbformen

Da es in diesem Kapitel vornehmlich um Verbformen und deren Ableitung geht, wird auf eine deutsche Übersetzung von Einzelformen weitgehend verzichtet. Die spanischen Bezeichnungen, die in den Teilen A und B vorgestellt werden, werden in den Teilen C bis G verwendet. Zum Gebrauch der einzelnen Formen und Zeiten vgl. die entsprechenden Kapitel.

## A. Die infiniten Verbformen

Die infiniten Verbformen (spanisch: FORMAS INFINITAS oder FORMAS NO PERSONALES) sind der Infinitiv (spanisch: INFINITIVO), das Gerundio und das Partizip (spanisch: PARTICIPIO)

### 12.1 (Einfacher) Infinitiv, Konjugationstypen, Verbstamm

Das Wort Infinitiv bezeichnet in der Regel den einfachen Infinitiv (spanisch: INFINITIVO SIMPLE). Der Infinitiv endet auf –AR, –ER oder –IR. Die drei Infinitivendungen bezeichnen die drei Konjugationsklassen der spanischen Verben: Es gibt Verben auf –AR, –ER und –IR. Der Wortteil nach Abzug der Infinitivendung ist der Infinitivstamm oder Verbstamm.

- Verben des ersten Konjugationstyps sind: TOMAR, PENSAR, ESTAR
- Verben des zweiten Konjugationstyps sind: COMER, VENDER, SABER
- Verben des dritten Konjugationstyps sind: SUBIR, PARTIR, PEDIR

### 12.2 Zusammengesetzter Infinitiv

Der zusammengesetzte Infinitiv (spanisch: INFINITIVO COMPUESTO) wird gebildet mit HABER und dem Partizip:

- TOMAR → HABER TOMADO
- COMER → HABER COMIDO
- SUBIR → HABER SUBIDO

### 12.3 Die passivischen Infinitive

Geht man davon aus, daß das Passiv mit SER (vgl. 17.1) das eigentliche Passiv ist, dann lauten die entsprechenden Infinitivformen:

- TOMAR → SER TOMADO, –A und HABER SIDO TOMADO, –A
- COMER → SER COMIDO, –A und HABER SIDO COMIDO, –A
- SUBIR → SER SUBIDO, –A und HABER SIDO SUBIDO, –A

### 12.4 Regelmäßige Bildung des (einfachen) Gerundio

Das spanische Gerundio hat im Deutschen keine Entsprechung, daher wird in dieser Grammatik das spanische Wort beibehalten. Mit Gerundio bezeichnet man normalerweise das einfache Gerundio. Das Gerundio hat eine Endung für die Verben auf –AR, und eine andere für die Verben auf –ER und –IR:

- Verben auf –AR: Verbstamm + –ANDO: TOMAR → TOMANDO
- Verben auf –ER: Verbstamm + –IENDO: COMER → COMIENDO
- Verben auf –IR: Verbstamm + –IENDO: SUBIR → SUBIENDO

### 12.5 Unregelmäßige Gerundioformen einzelner Verben

- VENIR → VINIENDO (vgl. 12.97)
- DECIR → DICIENDO (vgl. 12.79)

- PODER → PUDIENDO (vgl. 12.86)
- IR → YENDO (vgl. 12.83)
- OÍR → OYENDO (vgl. 12.85)
- CAER → CAYENDO (vgl. 12.77)
- RAER → RAYENDO (vgl. 12.89)
- ROER → ROYENDO (vgl. 12.90)
- TRAER → TRAYENDO (vgl. 12.95)

## 12.6 Unregelmäßige Gerundioformen einzelner Verbgruppen

- Verben auf –EER: CREER → CREYENDO (vgl. 12.64)
- Verben auf –UIR: INFLUIR → INFLUYENDO (vgl. 12.66A)
- Verben auf –EÍR: REÍR → RIENDO (vgl. 12.65)
- Verben mit Vokalwechsel E → IE / I: SENTIR → SINTIENDO (vgl. 12.56A)
- Verben mit Vokalwechsel E → I: PEDIR → PIDIENDO (vgl. 12.60)
- Verben mit Vokalwechsel O → UE / U: DORMIR → DURMIENDO (vgl. 12.59)

## 12.7 Bildung des zusammengesetzten Gerundio

Das zusammengesetzte Gerundio (spanisch: GERUNDIO COMPUESTO) wird durchwegs mit HABIENDO (gerundio von HABER) und dem unveränderlichen Partizip gebildet:

- TOMAR → HABIENDO TOMADO; ESTAR → HABIENDO ESTADO
- COMER → HABIENDO COMIDO; PONER → HABIENDO PUESTO
- SUBIR → HABIENDO SUBIDO; ABRIR → HABIENDO ABIERTO

## 12.8 Regelmäßige Bildung des Partizips

Zur regelmäßigen Bildung des Partizips (spanisch: PARTICIPIO) wird –ADO an den Stamm der Verben auf –AR und –IDO an den Stamm der Verben auf –ER und –IR angehängt:

- TOMAR → TOMADO
- COMER → COMIDO
- SUBIR → SUBIDO

## 12.9 Unregelmäßige Partizipformen

**A** ▶ ABRIR: ABIERTO. Alle Komposita von ABRIR bilden das Partizip auf ABIERTO. Das Partizip ist die einzige unregelmäßige Form von ABRIR und seinen Komposita.

**B** ▶ CUBRIR: CUBIERTO. Alle Komposita von CUBRIR bilden das Partizip auf CUBIERTO. Das Partizip ist die einzige unregelmäßige Form von CUBRIR und seinen Komposita.

**C** ▶ DECIR: DICHO. Die Komposita BENDECIR und MALDECIR haben je zwei Partizipformen: BENDECIDO / BENDITO und MALDECIDO / MALDITO. Die Formen auf ITO werden als Adjektive verwendet. Alle anderen Komposita von DECIR bilden das Partizip auf DICHO, vgl. 12.79.

**D** ▶ ESCRIBIR: ESCRITO. Alle Komposita von ESCRIBIR bilden das Partizip auf –SCRITO. Die Form ESCRIBIDO existiert in der humoristischen Wendung **leído y escribido** *hochgebildet*.

**E** ▶ FREÍR: FRITO. Es existiert die regelmäßige Form FREÍDO, es wird nicht so häufig gebraucht wie FRITO und wird vielfach als unkorrekt angesehen, vgl. 12.65.

**F** ▶ HACER: HECHO. Das Partizip des Kompositums SATISFACER ist SATISFECHO. Alle anderen Komposita von HACER bilden das Partizip auf HECHO, vgl. 1282, 12.82B.

## 12. Die Verbformen

**G** ▶ IMPRIMIR: IMPRESO. Neben IMPRESO gibt es die regelmäßige Form IMPRIMIDO. IMPRESO und IMPRIMIDO werden gleichermaßen in den zusammengesetzten Zeiten mit HABER verwendet, im adjektivischen Gebrauch wird IMPRESO bevorzugt. Das Partizip ist die einzige unregelmäßige Form von IMPRIMIR.

**H** ▶ MORIR: MUERTO. MUERTO wird auch als Partizip von MATAR in passivischen Konstruktionen mit SER verwendet.

**I** ▶ PONER: PUESTO. Alle Komposita von PONER bilden das Partizip auf PUESTO, vgl. 12.87.

**J** ▶ PUDRIR (PODRIR): PODRIDO. Das Partizip ist die einzige unregelmäßige Form von PUDRIR, das als Infinitiv auch PODRIR heißen kann.

**K** ▶ RESOLVER: RESUELTO. Alle Verben auf -SOLVER bilden das Partizip auf SUELTO, vgl. 12.58K.

**L** ▶ ROMPER: ROTO. Das Partizip ist die einzige unregelmäßige Form von ROMPER. Das Kompositum CORROMPER hat ein unregelmäßiges Partizip, das nur als Adjektiv verwendet wird: **corrupto,–a** *korrupt*.

**M** ▶ VER: VISTO. Alle Komposita von VER bilden das Partizip auf VISTO. Das Klassenverb PROVEER (vgl. 12.64) hat ein regelmäßiges Partizip: PROVEÍDO; das unregelmäßige PROVISTO wird hauptsächlich als Adjektiv verwendet.

**N** ▶ VOLVER: VUELTO. Alle Komposita von VOLVER bilden das Partizip auf VUELTO, vgl. 12.58J.

## B. Die finiten Verbformen

Die finiten Verbformen heißen spanisch FORMAS FINITAS oder FORMAS PERSONALES. Im Deutschen wie im Spanischen bilden sie den eigentlichen Teil des Konjugationssystems.

### 12.10 Indikativ, Subjuntivo, Imperativ

Der Indikativ heißt spanisch MODO INDICATIVO oder einfach INDICATIVO. Der Konjunktiv heißt MODO SUBJUNTIVO oder einfach SUBJUNTIVO; letztere Bezeichnung wird hier verwendet, weil der deutsche Konjunktiv, mindestens im modernen, nicht allzu eigenwilligen Gebrauch, nur wenige Gemeinsamkeiten mit dem spanischen Subjuntivo aufweist. Die Befehlsform heißt spanisch MODO IMPERATIVO oder einfach IMPERATIVO. Man unterschied früher noch einen vierten Modus, den Potentialis, spanisch MODO POTENCIAL oder einfach POTENCIAL. Die zwei Tempora des POTENCIAl werden jetzt, aus vielleicht nicht ganz einsichtigen Gründen, als CONDICIONAL SIMPLE bzw. CONDICIONAL COMPUESTO zum Indikativ gezählt. Diese Grammatik schließt sich dem an.

### 12.11 Die Bildung der zusammengesetzten Zeiten

Der Indikativ und der Subjuntivo verfügen über einfache und zusammengesetzte Zeiten. Die zusammengesetzten Zeiten im Spanischen werden gebildet mit einem Tempus des Verbs HABER (vgl. 12.81) und dem Partizip. Das Partizip ist unveränderlich, und zwischen Hilfsverb und Partizip tritt in der Regel kein anderes Wort (vgl. aber 16.2).

### 12.12 SER als Hilfsverb in den zusammengesetzten Zeiten

In Nachahmung älteren Gebrauchs wird manchmal ser als Hilfsverb für zusammengesetzte Zeiten verwendet, meistens in klischeehaften Wendungen mit LLEGAR; das Partizip ist dann veränderlich:

**Llegada era la hora de la verdad.**
*Die Stunde der Wahrheit war gekommen.*

## 12. Die Verbformen

### 12.13 Zeitenbezeichnungen

Der Imperativ hat nur ein Tempus, welches man wohl als Präsens bezeichnen darf. Die Tempora von Indikativ und Subjuntivo sind im Laufe der Grammatikgeschichte verschieden benannt worden. In der folgenden Tempusübersicht werden einige der noch üblichen Namen vorgestellt, zuerst erscheint jedoch die Bezeichnung, die in dieser Grammatik verwendet wird. Auf die Angabe einer deutschen Entsprechung wird verzichtet, vgl. die Verwendung der Zeiten in den Kapiteln 18, 34, 37.

- Einfache Zeiten des Indikativs:
    - PRESENTE DE INDICATIVO
    - IMPERFECTO DE INDICATIVO
    - INDEFINIDO / PRETÉRITO INDEFINIDO / PERFECTO SIMPLE / PRETÉRITO
    - FUTURO / FUTURO IMPERFECTO
    - CONDICIONAL / CONDICIONAL SIMPLE / POTENCIAL / POTENCIAL SIMPLE

- Zusammengesetzte Zeiten des Indikativs:
    - PERFECTO / PERFECTO COMPUESTO
    - PLUSCUAMPERFECTO / PRETÉRITO PLUSCUAMPERFECTO
    - PRETÉRITO ANTERIOR
    - FUTURO PERFECTO
    - CONDICIONAL COMPUESTO / POTENCIAL COMPUESTO

- Einfache Zeiten des Subjuntivo:
    - PRESENTE DE SUBJUNTIVO
    - IMPERFECTO DE SUBJUNTIVO
    - FUTURO DE SUBJUNTIVO

- Zusammengesetzte Zeiten des Subjuntivo:
    - PERFECTO DE SUBJUNTIVO / PERFECTO COMPUESTO DE SUBJUNTIVO
    - PLUSCUAMPERFECTO DE SUBJUNTIVO
    - FUTURO PERFECTO DE SUBJUNTIVO

### 12.14 Personalendungen, Wegfall des Pronomens

Jedes Tempus des Indikativs und des Subjuntivo hat sechs Personalendungen (bei einigen Tempora sind es nur fünf wegen des Zusammenfallens erster und dritter Person Singular). In Konjugationsmustern werden die entsprechenden Pronomen nicht angeführt (zur Begründung vgl. 11.8). Nachstehend die Formenanordnung der Konjugationsmuster in dieser Grammatik sowie die Pronomen, denen die Formen zuzuordnen sind.

- Erste Person Singular, Pronomen **yo** *ich*
- Zweite Person Singular, Pronomen **tú** *du*
- Dritte Person Singular, Pronomen **él** *er*, **ella** *sie*, **ello** *das*, **usted** *Sie* (Einzahl)
- Erste Person Plural, Pronomen **nosotros / nosotras** *wir*
- Zweite Person Plural, Pronomen **vosotros / vosotras** *ihr*
- Dritte Person Plural, Pronomen **ellos / ellas** *sie* (Mehrzahl), **ustedes** *Sie* (Mehrzahl)

### 12.15 Fünf Formen des Imperativs

Die Formen des Imperativs beziehen sich auf die fünf Partnerpronomen, an die Befehle, Bitten, Verbote usw. direkt gerichtet werden können, ebenso wie auf die erste Person Plural:

- **tú** *du*
- **usted** *Sie* (Einzahl)
- **nosotros / nosotras** *wir*
- **vosotros / vosotras** *ihr*
- **ustedes** *Sie* (Mehrzahl)

## 12. Die Verbformen

### 12.16 Regelmäßige und unregelmäßige Verben

Regelmäßige Verben sind solche, die dem Muster von TOMAR, COMER und SUBIR folgen. Die davon abweichenden Verben sind unregelmäßig. Man kann zwei Arten von unregelmäßigen Verben unterscheiden: Die Klassenverben und die Verben mit Eigenmuster.

- Die Klassenverben sind solche, die ihre verhältnismäßig nicht zahlreichen Abweichungen vom regelmäßigen Muster mit anderen Verben teilen (vgl. Kapitel 12, Teil E).
- Die Verben mit Eigenmuster teilen ihre Abweichungen fast ausschließlich mit ihren Komposita (vgl. Kapitel 12, Teil G).

### 12.17 Regelmäßige Bildung ohne Ausnahme

Kein spanisches Verb ist in allen Formen bzw. Zeiten unregelmäßig. Bei allen Verben werden folgende Zeiten immer regelmäßig gebildet:

- CONDICIONAL
- IMPERFECTO DE SUBJUNTIVO
- alle zusammengesetzten Zeiten

### 12.18 Semantische Einschränkungen

Es gibt Verben, die aufgrund der Bedeutung nicht in allen Personen verwendet werden (können) wie **relampaguear** *blitzen* oder **acontecer** *sich ereignen*. Ein gutes Lexikon verweist auf den Bedeutungsumfang solcher Verben.

### 12.19 Defektive Verben

Einige, mehrheitlich unregelmäßige Verben auf –IR kommen nur in einzelnen Formen vor, und zwar in denjenigen, deren Endung mit I beginnt. Dazu gehören u.a:

- **abolir** *abschaffen* (ABOLE ist belegt)
- **agredir** *angreifen* (AGREDE und AGREDEN sind belegt)
- **aguerrir** *abhärten* (nur das Partizip wird gebraucht)
- **arrecirse** *erstarren*
- **aterirse** *vor Kälte erstarren* (nur der Infinitiv und das Partizip sind gebräuchlich)
- **balbucir** *stammeln*
- **blandir** *schwingen*
- **despavorir** *erschrecken* (nur das Partizip ist gebräuchlich)
- **empedernir** *verhärten* (nur das Partizip ist gebräuchlich)
- **garantir** *gewährleisten* (heute ersetzt von GARANTIZAR)

**A** ▶ henchir *anfüllen* wird wie PEDIR konjugiert (vgl. 12.60A), wird aber in den Formen, deren Endung nicht mit I beginnt, durch das regelmäßige HINCHAR ersetzt.

### C. Die Konjugation der regelmäßigen Verben

Im folgenden wird die regelmäßige Bildung jedes Tempus des Indikativs, des Subjuntivo und des Imperativs dargestellt, und zwar anhand der Verben TOMAR, COMER und SUBIR. Dabei werden die in 12.13 angegebenen spanischen Bezeichnungen verwendet. In den Mustern ist der betonte Vokal durchwegs fettgedruckt. An die Muster schließen sich Erläuterungen zur Stammbildung, Betonung sowie Akzentuierung und ein Schema der Personalendungen.

Von großer praktischer Bedeutung ist für Lernende die Tatsache, daß die Verben auf –ER und –IR sich nur in folgenden Formen unterscheiden (beim Stamm von **FUTURO** und **CONDICIONAL** handelt es sich um die Infinitivform):

- erste und zweite Person Plural des PRESENTE DE INDICATIVO

## 12. Die Verbformen

- Imperativ Person VOSOTROS / VOSOTRAS
- Stamm von FUTURO und CONDICIONAL

### 12.20 PRESENTE DE INDICATIVO

| TOMAR | COMER | SUBIR |
|---|---|---|
| t**o**mo | c**o**mo | s**u**bo |
| t**o**mas | c**o**mes | s**u**bes |
| t**o**ma | c**o**me | s**u**be |
| tom**a**mos | com**e**mos | sub**i**mos |
| tom**á**is | com**é**is | sub**í**s |
| t**o**man | c**o**men | s**u**ben |

- Der Stamm ist der Verbstamm: –TOM, –COM, –SUB.
- Die Singularformen und die dritte Person Plural sind stammbetont; die erste und zweite Person Plural betonen das letzte A, E oder I (bei allen dreien wird ein Akzent in der zweiten Person Plural gesetzt).
- Die erste Person singular endet durchwegs auf –O. Die Personenendungen der Verben auf –IR unterscheiden sich von denen der Verben auf –ER allein in der ersten und zweiten Person Plural; bei der zweiten Person Plural sind das Stamm-I und das Endungs-I zusammengezogen. Die Personenendungen im einzelnen:

| Verben auf –AR: | Verben auf –ER: | Verben auf –IR: |
|---|---|---|
| –O | –O | –O |
| –AS | –ES | –ES |
| –A | –E | –E |
| –AMOS | –EMOS | –IMOS |
| –ÁIS | –ÉIS | –ÍS |
| –AN | –EN | –EN |

### 12.21 IMPERFECTO DE INDICATIVO

| TOMAR | COMER | SUBIR |
|---|---|---|
| tom**a**ba | com**í**a | sub**í**a |
| tom**a**bas | com**í**as | sub**í**as |
| tom**a**ba | com**í**a | sub**í**a |
| tom**á**bamos | com**í**amos | sub**í**amos |
| tom**a**bais | com**í**ais | sub**í**ais |
| tom**a**ban | com**í**an | sub**í**an |

- Der Stamm ist der Verbstamm: –TOM, –COM, –SUB.
- Bei den Verben auf –AR wird das erste A der Endung betont (Akzent bei ÁBAMOS), bei den Verben auf –ER und –IR das silbenbildende, durchwegs akzentuierte I der Endung.
- Bei den Personenendungen sind die erste und die dritte Person Singular bei allen Verben gleich (Endung auf –A). Die Verben auf –ER und –IR haben identische Endungen. Die Personenendungen im einzelnen:

| Verben auf –AR: | Verben auf –ER auf –IR: |
|---|---|
| –ABA | –ÍA |
| –ABAS | –ÍAS |
| –ABA | –ÍA |
| –ÁBAMOS | –ÍAMOS |
| –ABAIS | –ÍAIS |
| –ABAN | –ÍAN |

## 12. Die Verbformen

### 12.22 INDEFINIDO

| TOMAR | COMER | SUBIR |
|---|---|---|
| tom**é** | com**í** | sub**í** |
| tom**aste** | com**iste** | sub**iste** |
| tom**ó** | com**ió** | sub**ió** |
| tom**amos** | com**imos** | sub**imos** |
| tom**asteis** | com**isteis** | sub**isteis** |
| tom**aron** | com**ieron** | sub**ieron** |

- Der Stamm ist der Verbstamm: –TOM, –COM, –SUB.
- Bei der ersten und dritten Person Singular wird die letzte Silbe betont (Akzente: É, Ó bzw. Í, IÓ). Bei den restlichen Personen trägt der vorletzte Vokal den Ton, also das A der Verben auf AR bzw. das silbenbildende I oder E der Verben auf ER und IR; diese Formen haben keinen Akzent.
- Die Verben auf –ER und –IR haben identische Endungen. Die Personenendungen im einzelnen:

Verben auf –AR:
- –É
- –ASTE
- –Ó
- –AMOS
- –ASTEIS
- –ARON

Verben auf –ER und –IR:
- –Í
- –ISTE
- –IÓ
- –IMOS
- –ISTEIS
- –IERON

### 12.23 FUTURO

| TOMAR | COMER | SUBIR |
|---|---|---|
| tomar**é** | comer**é** | subir**é** |
| tomar**ás** | comer**ás** | subir**ás** |
| tomar**á** | comer**á** | subir**á** |
| tomar**emos** | comer**emos** | subir**emos** |
| tomar**éis** | comer**éis** | subir**éis** |
| tomar**án** | comer**án** | subir**án** |

- Der Stamm ist der Infinitv: TOMAR–, COMER–, SUBIR–.
- Betont wird das E oder A der Personenendung.
- Für alle drei Verbklassen sind die Endungen gleich. Die Personenendungen im einzelnen:

- –É
- –ÁS
- –Á
- –EMOS
- –ÉIS
- –ÁN

### 12.24 CONDICIONAL SIMPLE

| TOMAR | COMER | SUBIR |
|---|---|---|
| tomar**ía** | comer**ía** | subir**ía** |
| tomar**ías** | comer**ías** | subir**ías** |
| tomar**ía** | comer**ía** | subir**ía** |
| tomar**íamos** | comer**íamos** | subir**íamos** |
| tomar**íais** | comer**íais** | subir**íais** |
| tomar**ían** | comer**ían** | subir**ían** |

## 12. Die Verbformen

- Der Stamm ist derjenige Wortteil, der nach Abzug der Futurendungen übrigbleibt; es ist im Falle von TOMAR, COMER, SUBIR der Infinitiv (vgl. 12.72).
- Betont wird das silbenbildende I der Personenendung (Akzent!).
- Die Endungen sind für alle drei Verbklassen identisch (es sind die IMPERFECTO-Endungen der Verben auf -ER und -IR, vgl. 12.21). Die Personenendungen im einzelnen:

    –ÍA
    –ÍAS
    –ÍA
    –ÍAMOS
    –ÍAIS
    –ÍAN

### 12.25 PERFECTO

| TOMAR | COMER | SUBIR |
|---|---|---|
| he tomado | he comido | he subido |
| has tomado | has comido | has subido |
| ha tomado | ha comido | ha subido |
| hemos tomado | hemos comido | hemos subido |
| habéis tomado | habéis comido | habéis subido |
| han tomado | han comido | han subido |

- Das PERFECTO wird gebildet mit dem PRESENTE von HABER (vgl. 12.81) und dem Partizip (vgl. 12.8):

### 12.26 PLUSCUAMPERFECTO

| TOMAR | COMER | SUBIR |
|---|---|---|
| había tomado | había comido | había subido |
| habías tomado | habías comido | habías subido |
| había tomado | había comido | había subido |
| habíamos tomado | habíamos comido | habíamos subido |
| habíais tomado | habíais comido | habíais subido |
| habían tomado | habían comido | habían subido |

- Das PLUSCUAMPERFECTO wird gebildet mit dem IMPERFECTO von HABER (vgl. 12.81) und dem Partizip (vgl. 12.8)

### 12.27 PRETÉRITO ANTERIOR

| TOMAR | COMER | SUBIR |
|---|---|---|
| hube tomado | hube comido | hube subido |
| hubiste tomado | hubiste comido | hubiste subido |
| hubo tomado | hubo comido | hubo subido |
| hubimos tomado | hubimos comido | hubimos subido |
| hubisteis tomado | hubisteis comido | hubisteis subido |
| hubieron tomado | hubieron comido | hubieron subido |

- Das PRETÉRITO ANTERIOR wird gebildet mit dem INDEFINIDO von HABER (vgl. 12.81) und dem Partizip (vgl. 12.8)

## 12. Die Verbformen

### 12.28 FUTURO PERFECTO

| TOMAR | COMER | SUBIR |
|---|---|---|
| habré tomado | habré comido | habré subido |
| habrás tomado | habrás comido | habrás subido |
| habrá tomado | habrá comido | habrá subido |
| habremos tomado | habremos comido | habremos subido |
| habréis tomado | habréis comido | habréis subido |
| habrán tomado | habrán comido | habrán subido |

- Das FUTURO PERFECTO wird gebildet mit dem FUTURO von HABER (vgl. 12.81) und dem Partizip (vgl. 12.8)

### 12.29 CONDICIONAL COMPUESTO

| TOMAR | COMER | SUBIR |
|---|---|---|
| habría tomado | habría comido | habría subido |
| habrías tomado | habrías comido | habrías subido |
| habría tomado | habría comido | habría subido |
| habríamos tomado | habríamos comido | habríamos subido |
| habríais tomado | habríais comido | habríais subido |
| habrían tomado | habrían comido | habrían subido |

- Das CONDICIONAL COMPUESTO wird gebildet mit dem CONDICIONAL SIMPLE von HABER (vgl. 12.81) und dem Partizip (vgl. 12.8)

### 12.30 PRESENTE DE SUBJUNTIVO

| TOMAR | COMER | SUBIR |
|---|---|---|
| tome | coma | suba |
| tomes | comas | subas |
| tome | coma | suba |
| tomemos | comamos | subamos |
| toméis | comáis | subáis |
| tomen | coman | suban |

- Der Stamm ist der Verbstamm: –TOM, –COM, –SUB.
- Die Formen werden betont und akzentuiert wie im PRESENTE DE INDICATIVO, vgl. 12.20. Die drei Formen des Singulars und die dritte Person Plural sind also stammbetont, die anderen betonen das E bzw. A der Endung.
- Bei den Personenendungen sind die erste und die dritte Person Singular bei allen Verben gleich. Die Verben auf –ER und –IR haben identische Endungen. Die Personenendungen im einzelnen:

Verben auf –AR:  Verben auf –ER auf –IR:
  –E         –A
  –ES        –AS
  –E         –A
  –EMOS      –AMOS
  –ÉIS       –ÁIS
  –EN        –AN

## 12. Die Verbformen

### 12.31 IMPERFECTO DE SUBJUNTIVO

| TOMAR | COMER | SUBIR |
|---|---|---|
| tomara / tomase | comiera / comiese | subiera / subiese |
| tomaras / tomases | comieras / comieses | subieras / subieses |
| tomara / tomase | comiera / comiese | subiera / subiese |
| tomáramos / tomásemos | comiéramos / comiésemos | subiéramos / subiésemos |
| tomarais / tomaseis | comierais / comieseis | subierais / subieseis |
| tomaran / tomasen | comieran / comiesen | subieran / subiesen |

- Der Stamm ist die dritte Person Plural des INDEFINIDO (vgl. 12.22) abzüglich der Endung –RON, bei TOMAR also TOMA–, bei COMER COMIE– und bei SUBIR SUBIE–.
- Betont wird der Vokal vor der Endung, also bei den Verben auf –AR das –A, bei den Verben auf –ER und –IR das –E (Akzent allein bei der 1. Person Plural!).
- Für alle drei Konjugationstypen gibt es zwei Endungsgruppen, die erste und die dritte Person Singular haben gleiche Formen. Die Personenendungen im einzelnen:

    –RA / –SE
    –RAS / –SES
    –RA / –SE
    –RAMOS / –SEMOS
    –RAIS / –SEIS
    –RAN / –SEN

### 12.32 FUTURO DE SUBJUNTIVO

| TOMAR | COMER | SUBIR |
|---|---|---|
| tomare | comiere | subiere |
| tomares | comieres | subieres |
| tomare | comiere | subiere |
| tomáremos | comiéremos | subiéremos |
| tomareis | comiereis | subiereis |
| tomaren | comieren | subieren |

- Der Stamm ist die dritte Person Plural des INDEFINIDO (vgl. 12.22) abzüglich der Endung –RON, bei TOMAR also TOMA–, bei COMER COMIE– und bei SUBIR SUBIE–.
- Betont wird der Vokal vor der Endung, also bei den Verben auf –AR das A, bei den Verben auf –ER und –IR das E.
- Für alle drei Konjugationstypen gibt es dieselben Endungen, wobei die erste und die dritte Person Singular identische Endungen haben. Die Personenendungen im einzelnen:

    –RE
    –RES
    –RE
    –REMOS
    –REIS
    –REN

## 12. Die Verbformen

### 12.33 PERFECTO DE SUBJUNTIVO

| TOMAR | COMER | SUBIR |
|---|---|---|
| haya tomado | haya comido | haya subido |
| hayas tomado | hayas comido | hayas subido |
| haya tomado | haya comido | haya subido |
| hayamos tomado | hayamos comido | hayamos subido |
| hayáis tomado | hayáis comido | hayáis subido |
| hayan tomado | hayan comido | hayan subido |

- Das PERFECTO DE SUBJUNTIVO wird gebildet mit dem PRESENTE DE SUBJUNTIVO von HABER (vgl. 12.81) und dem Partizip (vgl. 12.8).

### 12.34 PLUSCUAMPERFECTO DE SUBJUNTIVO

| TOMAR | COMER | SUBIR |
|---|---|---|
| hubiera / hubiese tomado | hubiera / hubiese comido | hubiera / hubiese subido |
| hubieras / hubieses tomado | hubieras / hubieses comido | hubieras / hubieses subido |
| hubiera / hubiese tomado | hubiera / hubiese comido | hubiera / hubiese subido |
| hubiéramos/hubiésemos tomado | hubiéramos/hubiésemos comido | hubiéramos/hubiésemos subido |
| hubierais / hubieseis tomado | hubierais / hubieseis comido | hubierais / hubieseis subido |
| hubieran / hubiesen tomado | hubieran / hubiesen comido | hubieran / hubiesen subido |

- Das PLUSCUAMPERFECTO DE SUBJUNTIVO wird gebildet mit dem IMPERFECTO DE SUBJUNTIVO von HABER (vgl. 12.81) und dem Partizip (vgl. 12.8).

### 12.35 FUTURO PERFECTO DE SUBJUNTIVO

| TOMAR | COMER | SUBIR |
|---|---|---|
| hubiere tomado | hubiere comido | hubiere subido |
| hubieres tomado | hubieres comido | hubieres subido |
| hubiere tomado | hubiere comido | hubiere subido |
| hubiéremos tomado | hubiéremos comido | hubiéremos subido |
| hubiereis tomado | hubiereis comido | hubiereis subido |
| hubieren tomado | hubieren comido | hubieren subido |

- Das FUTURO PERFECTO DE SUBJUNTIVO wird gebildet mit dem FUTURO DE SUBJUNTIVO von HABER (vgl. 12.81) und dem Partizip (vgl. 12.8).

### 12.36 Eigen- und Leihformen des Imperativs

Eigenformen des Imperativs existieren nur für den bejahenden Imperativ der Personen TÚ und VOSOTROS / VOSOTRAS. Für die nicht vorhandenen Formen des Imperativs werden Formen des PRESENTE DE SUBJUNTIVO gebraucht, vgl. die Übersicht in 12.37.

- Der bejahende Imperativ für die Person TÚ fällt zusammen mit der dritten Person Singular des PRESENTE DE INDICATIVO, d.h. an den Verbstamm wird die Endung –A für die Verben auf –AR angehängt und für die Verben auf –ER und –IR die Endung –E:
    - TOMAR → TOMA
    - COMER → COME
    - SUBIR → SUBE

- Den bejahenden Imperativ für die Person VOSOTROS / VOSOTRAS erhält man durch Ersetzung des ausgehenden R der Infinitivform durch D; betont wird die letzte Wortsilbe, also das A, E oder I vor dem auslautenden D:

- TOMAR → TOMAD
- COMER → COMED
- SUBIR → SUBID

## 12.37 Der Imperativ, eine Übersicht

| Person | bejahender Imperativ | verneinender Imperativ |
|---|---|---|
| TÚ | eigene Imperativform | 2. Person Singular PRESENTE DE SUBJUNTIVO |
| USTED | 3. Person Singular PRESENTE DE SUBJUNTIVO | |
| NOSOTROS / NOSOTRAS | 1. Person Plural PRESENTE DE SUBJUNTIVO | |
| VOSOTROS / VOSOTRAS | eigene Imperativform | 2. Person Plural PRESENTE DE SUBJUNTIVO |
| USTEDES | 3. Person Plural PRESENTE DE SUBJUNTIVO | |

## 12.38 Imperativ von TOMAR

|  | bejahend | verneinend |
|---|---|---|
| TÚ: | toma | no tomes |
| USTED: | tome | no tome |
| NOSOTROS / NOSOTRAS: | tomemos | no tomemos |
| VOSOTROS / VOSOTRAS: | tomad | no toméis |
| USTEDES: | tomen | no tomen |

## 12.39 Imperativ von COMER

|  | bejahend | verneinend |
|---|---|---|
| TÚ: | come | no comas |
| USTED: | coma | no coma |
| NOSOTROS / NOSOTRAS: | comamos | no comamos |
| VOSOTROS / VOSOTRAS: | comed | no comáis |
| USTEDES: | coman | no coman |

## 12.40 Imperativ von SUBIR

|  | bejahend | verneinend |
|---|---|---|
| TÚ: | sube | no subas |
| USTED: | suba | no suba |
| NOSOTROS / NOSOTRAS: | subamos | no subamos |
| VOSOTROS / VOSOTRAS: | subid | no subáis |
| USTEDES: | suban | no suban |

## D. Orthographische Besonderheiten in der Konjugation

In diesem Teil wird zuerst eine Zusammenfassung der orthographischen Besonderheiten in der Konjugation gegeben, anschließend die kommentierte Darstellung der Konjugation von Verben mit orthographischen Veränderungen, dabei werden nur die davon betroffenen Formen angeführt.

### 12.41 Orthographische Einzelerscheinungen in der Konjugation

- Steht ein Diphthong, dessen erster Laut /i/ ist, am Wortanfang oder nach einem anderen Vokal, so entsteht der Laut [y], der mit Y wiedergegeben wird (vgl. 42.10B); diese Regel ist maßgebend für Schreibung und Aussprache einzelner, ansonsten regelmäßig zu bildender Formen der Verben auf –AER, –EER, –OER, –OÍR und –UIR sowie des Verbs IR.
- Zur Kennzeichnung des nicht stummen U nach G muß Ü geschrieben werden; das ist maßgebend für die Schreibung einzelner Formen der Verben auf –GUAR sowie der Verben mit Diphthongierung der Silbe GO.
- Man beachte die Schreibweise der Formen HAZ und HIZO von HACER.
- Man beachte den Akzent bei der Form DÉ im **PRESENTE DE SUBJUNTIVO** von DAR.
- Beim **INDEFINIDO** von DAR, IR, VER und SER ist nirgends ein Akzent. Diese Regel gilt seit 1959; ältere Texte enthalten den zuvor vorgeschriebenen Akzent: FUÉ, VIÓ, DIÓ, was viele heute noch zu einer falschen Schreibweise veranlaßt.
- Das Partizip der Verben auf –UIR hat keinen Akzent, vgl. 12.66A.

### 12.42 Die Verben auf –GAR: PAGAR

Bei diesen Verben muß GU (stummes U!) vor E geschrieben werden. Das betrifft alle Personen des **PRESENTE DE SUBJUNTIVO**, die erste Person Singular des **INDEFINIDO**, die Personen NOSOTROS / NOSOTRAS, USTED und USTEDES des bejahenden Imperativs sowie den gesamten verneinenden Imperativ.

| INDEFINIDO | PRESENTE DE SUBJUNTIVO | IMPERATIVO | | |
|---|---|---|---|---|
| pagué | pague | TÚ: | paga | no pagues |
| pagaste | pagues | USTED: | pague | no pague |
| pagó | pague | NOSOTROS / NOSOTRAS: | paguemos | no paguemos |
| pagamos | paguemos | VOSOTROS / VOSOTRAS: | pagad | no paguéis |
| pagasteis | paguéis | USTEDES: | paguen | no paguen |
| pagaron | paguen | | | |

### 12.43 Die Verben auf –CAR: TOCAR

Bei diesen Verben muß QU (stummes U!) vor E geschrieben werden. Das betrifft alle Personen des **PRESENTE DE SUBJUNTIVO**, die erste Person Singular des **INDEFINIDO**, die Personen NOSOTROS / NOSOTRAS, USTED und USTEDES des bejahenden Imperativs sowie den gesamten verneinenden Imperativ.

| INDEFINIDO | PRESENTE DE SUBJUNTIVO | IMPERATIVO | | |
|---|---|---|---|---|
| toqué | toque | TÚ: | toca | no toques |
| tocaste | toques | USTED: | toque | no toque |
| tocó | toque | NOSOTROS / NOSOTRAS: | toquemos | no toquemos |
| tocamos | toquemos | VOSOTROS / VOSOTRAS: | tocad | no toquéis |
| tocasteis | toquéis | USTEDES: | toquen | no toquen |
| tocaron | toquen | | | |

## 12.44 Die Verben auf –ZAR: ROZAR

Bei diesen Verben wird C vor E geschrieben. Das betrifft alle Personen des **PRESENTE DE SUBJUNTIVO**, die erste Person Singular des **INDEFINIDO**, die Personen NOSOTROS / NOSOTRAS, USTED und USTEDES des bejahenden Imperativs sowie den gesamten verneinenden Imperativ.

| INDEFINIDO | PRESENTE DE SUBJUNTIVO | IMPERATIVO | | |
|---|---|---|---|---|
| rocé | roce | | TÚ: | roza \| no roces |
| rozaste | roces | | USTED: | roce \| no roce |
| rozó | roce | NOSOTROS / NOSOTRAS: | | rocemos \| no rocemos |
| rozamos | rocemos | VOSOTROS / VOSOTRAS: | | rozad \| no rocéis |
| rozasteis | rocéis | | USTEDES: | rocen \| no rocen |
| rozaron | rocen | | | |

## 12.45 Die Verben auf –CER: VENCER

Bei diesen Verben muß Z vor O und A geschrieben werden. Das betrifft die erste Person Singular des **PRESENTE DE INDICATIVO**, alle Personen des **PRESENTE DE SUBJUNTIVO**, die Personen NOSOTROS / NOSOTRAS, USTED und USTEDES des bejahenden Imperativs sowie den gesamten verneinenden Imperativ.

| PRESENTE DE INDICATIVO | PRESENTE DE SUBJUNTIVO | IMPERATIVO | | |
|---|---|---|---|---|
| venzo | venza | | TÚ: | vence \| no venzas |
| vences | venzas | | USTED: | venza \| no venza |
| vence | venza | NOSOTROS / NOSOTRAS: | | venzamos \| no venzamos |
| vencemos | venzamos | VOSOTROS / VOSOTRAS: | | venced \| no venzáis |
| vencéiss | venzáis | | USTEDES: | venzan \| no venzan |
| vencen | venzan | | | |

## 12.46 Die Verben auf –CIR: ESPARCIR

Bei diesen Verben muß Z vor O und A geschrieben werden. Das betrifft die erste Person Singular des **PRESENTE DE INDICATIVO**, alle Personen des **PRESENTE DE SUBJUNTIVO**, die Personen NOSOTROS / NOSOTRAS, USTED und USTEDES des bejahenden Imperativs sowie den gesamten verneinenden Imperativ.

| PRESENTE DE INDICATIVO | PRESENTE DE SUBJUNTIVO | IMPERATIVO | | |
|---|---|---|---|---|
| esparzo | esparza | | TÚ: | esparce \| no esparzas |
| esparces | esparzas | | USTED: | esparza \| no esparza |
| esparce | esparza | NOSOTROS / NOSOTRAS: | | esparzamos \| no esparzamos |
| esparcemos | esparzamos | VOSOTROS / VOSOTRAS: | | esparcid \| no esparzáis |
| esparcís | esparzáis | | USTEDES: | esparzan \| no esparzan |
| esparcen | esparzan | | | |

## 12. Die Verbformen

### 12.47 Die Verben auf –GUIR: DISTINGUIR

Bei diesen Verben verschwindet das stumme U der Infinitivform vor O und A. Das betrifft die erste Person Singular des PRESENTE DE INDICATIVO, alle Personen des PRESENTE DE SUBJUNTIVO, die Personen NOSOTROS / NOSOTRAS, USTED und USTEDES des bejahenden Imperativs sowie den gesamten verneinenden Imperativ.

| PRESENTE DE INDICATIVO | PRESENTE DE SUBJUNTIVO | IMPERATIVO | |
|---|---|---|---|
| distingo | distinga | TÚ: | distingue \| no distingas |
| distingues | distingas | USTED: | distinga \| no distinga |
| distingue | distinga | NOSOTROS / NOSOTRAS: | distingamos \| no distingamos |
| distinguimos | distingamos | VOSOTROS / VOSOTRAS: | distinguid \| no distingáis |
| distinguís | distingáis | USTEDES: | distingan \| no distingan |
| distinguen | distingan | | |

### 12.48 Die Verben auf –QUIR: DELINQUIR

Bei diesen Verben muß C vor O und A geschrieben werden. Das betrifft die erste Person Singular des PRESENTE DE INDICATIVO, alle Personen des PRESENTE DE SUBJUNTIVO, die Personen NOSOTROS / NOSOTRAS, USTED und USTEDES des bejahenden Imperativs sowie den gesamten verneinenden Imperativ.

| PRESENTE DE INDICATIVO | PRESENTE DE SUBJUNTIVO | IMPERATIVO | |
|---|---|---|---|
| delinco | delinca | TÚ: | delinque \| no delincas |
| delinques | delincas | USTED: | delinca \| no delinca |
| delinque | delinca | NOSOTROS / NOSOTRAS: | delincamos \| no delincamos |
| delinquimos | delincamos | VOSOTROS / VOSOTRAS: | delinquid \| no delincáis |
| delinquís | delincáis | USTEDES: | delincan \| no delincan |
| delinquen | delincan | | |

### 12.49 Die Verben auf –GER: COGER

Bei diesen Verben muß J vor O und A geschrieben werden. Das betrifft die erste Person Singular des PRESENTE DE INDICATIVO, alle Personen des PRESENTE DE SUBJUNTIVO, die Personen NOSOTROS / NOSOTRAS, USTED und USTEDES des bejahenden Imperativs sowie den gesamten verneinenden Imperativ.

| PRESENTE DE INDICATIVO | PRESENTE DE SUBJUNTIVO | IMPERATIVO | |
|---|---|---|---|
| cojo | coja | TÚ: | coge \| no cojas |
| coges | cojas | USTED: | coja \| no coja |
| coge | coja | NOSOTROS / NOSOTRAS: | cojamos \| no cojamos |
| cogemos | cojamos | VOSOTROS / VOSOTRAS: | coged \| no cojáis |
| cogéis | cojáis | USTEDES: | cojan \| no cojan |
| cogen | cojan | | |

## 12. Die Verbformen

### 12.50 Die Verben auf –GIR: DIRIGIR

Bei diesen Verben muß J vor O und A geschrieben werden. Das betrifft die erste Person Singular des **PRESENTE DE INDICATIVO**, alle Personen des **PRESENTE DE SUBJUNTIVO**, die Personen NOSOTROS / NOSOTRAS, USTED und USTEDES des bejahenden Imperativs sowie den gesamten verneinenden Imperativ.

| PRESENTE DE INDICATIVO | PRESENTE DE SUBJUNTIVO | IMPERATIVO | | |
|---|---|---|---|---|
| diri**j**o | diri**j**a | | TÚ: | dirige \| no diri**j**as |
| diriges | diri**j**as | | USTED: | diri**j**a \| no diri**j**a |
| dirige | diri**j**a | NOSOTROS / NOSOTRAS: | | diri**j**amos \| no diri**j**amos |
| dirigimos | diri**j**amos | VOSOTROS / VOSOTRAS: | | dirigid \| no diri**j**áis |
| dirigís | diri**j**áis | | USTEDES: | diri**j**an \| no diri**j**an |
| dirigen | diri**j**an | | | |

### 12.51 Die Verben auf –EAR: DESEAR

Bei diesen Verben bleibt das E des Stamms vor der Endungs- E erhalten, es ergibt sich die Folge EE, mit eventuellem Akzent auf dem zweiten E. Der Hiatus betrifft die erste Person Singular des **INDEFINIDO**, alle Personen des **PRESENTE DE SUBJUNTIVO**, die Personen NOSOTROS / NOSOTRAS, USTED und USTEDES des bejahenden Imperativs sowie den gesamten verneinenden Imperativ.

| INDEFINIDO | PRESENTE DE SUBJUNTIVO | IMPERATIVO | | |
|---|---|---|---|---|
| dese**é** | des**ee** | | TÚ: | des**ee** \| no des**ee**s |
| deseaste | des**ee**s | | USTED: | des**ee** \| no des**ee** |
| deseó | des**ee** | NOSOTROS / NOSOTRAS: | | des**ee**mos \| no des**ee**mos |
| deseamos | des**ee**mos | VOSOTROS / VOSOTRAS: | | desead \| no dese**é**is |
| deseasteis | dese**é**is | | USTEDES: | des**ee**n \| no des**ee**n |
| desearon | des**ee**n | | | |

## E. Konjugation der Klassenverben

Die Klassenverben werden in folgender Anordnung dargestellt:
- Verben mit Diphthongbildung oder –auflösung in Stamm oder Endung (12.52-12.54).
- Verben mit sonstiger Vokalveränderung im Stamm (12.55-12.60)
- Verben auf –ÑER, –ÑIR und –LLIR (12.61-12.63)
- Verben auf –EER, –EÍR und –UIR (12.64-12.66)
- Verben mit Konsonantenveränderungen im Stamm (12.67-12.68)

Jede Verbklasse wird anhand eines oder mehrerer Verben vorgestellt, und zwar nur in den vom Muster von TOMAR, COMER und SUBIR abweichenden Formen bzw. Zeiten. Die von regelmäßigem Muster abweichenden Formenteile (Diphthongauflösung, Diphthongierung, Konsonantenveränderung usw.) werden fettgedruckt. Es werden für die Zeiten die spanischen Bezeichnungen verwendet. Zu jeder Klasse wird eine Liste der wichtigsten dazugehörigen Verben gegeben.

### 12.52 Verben mit Diphthonauflösung im Stamm
### A ▶ AISLAR

| PRESENTE DE INDICATIVO | PRESENTE DE SUBJUNTIVO | IMPERATIVO | | |
|---|---|---|---|---|
| a**í**slo | a**í**sle | | TÚ: | a**í**sla \| no a**í**sles |
| a**í**slas | a**í**sles | | USTED: | a**í**sle \| no a**í**sle |
| a**í**sla | a**í**sle | NOSOTROS / NOSOTRAS: | | aislemos \| no aislemos |
| aislamos | aislemos | VOSOTROS / VOSOTRAS: | | aislad \| no aisléis |
| aisláis | aisléis | | USTEDES: | a**í**slen \| no a**í**slen |
| a**í**slan | a**í**slen | | | |

## 12. Die Verbformen

- In den stammbetonten Formen dieser Verben wird das I betont und akzentuiert, das zwischen dem vorausgehenden A, E oder O und dem folgenden Konsonanten vor der Personalendung steht.
- Verben dieser Klasse: AHIJAR, AHILAR, AHINCAR, AHITAR, AIRAR, AISLAR, ARCAIZAR, COHIBIR, ENRAIZAR, HOMOGENEIZAR, PROHIBIR, PROHIJAR, REHILAR, SOBREHILAR

### B ▶ REUNIR

| PRESENTE DE INDICATIVO | PRESENTE DE SUBJUNTIVO | IMPERATIVO | |
|---|---|---|---|
| reúno | reúna | TÚ: | reúne \| no reúnas |
| reúnes | reúnas | USTED: | reúna \| no reúna |
| reúne | reúna | NOSOTROS / NOSOTRAS: | reunamos \| no reunamos |
| reunimos | reunamos | VOSOTROS / VOSOTRAS: | reunid \| no reunáis |
| reunís | reunáis | USTEDES: | reúnan \| no reúnan |
| reúnen | reúnan | | |

- In den stammbetonten Formen dieser Verben wird das U betont und akzentuiert, das zwischen dem vorausgehenden A, E oder O und dem folgenden Konsonanten vor der Personalendung steht.
- Verben dieser Klasse: AHUCHAR, AHUMAR, AULLAR, AUNAR, AUPAR, EMBAULAR, REHUSAR, REUNIR

### 12.53 Die Verben auf –IAR
### A ▶ CAMBIAR

| PRESENTE DE INDICATIVO | PRESENTE DE SUBJUNTIVO | IMPERATIVO | |
|---|---|---|---|
| cambio | cambie | TÚ: | cambia \| no cambies |
| cambias | cambies | USTED: | cambie \| no cambie |
| cambia | cambie | NOSOTROS / NOSOTRAS: | cambiemos \| no cambiemos |
| cambiamos | cambiemos | VOSOTROS / VOSOTRAS: | cambiad \| no cambiéis |
| cambiáis | cambiéis | USTEDES: | cambien \| no cambien |
| cambian | cambien | | |

- Bei CAMBIAR bildet das I vor der Infinitivendung mit dieser einen Diphthong. Bei den stammbetonten Formen wird nun weiterhin ein Diphthong mit der jeweiligen Personenendung gebildet.
- Verben dieser Klasse: ABREVIAR, ACARICIAR, ACOPIAR, AGOBIAR, ALIVIAR, ANGUSTIAR, ANUNCIAR, APRECIAR, APREMIAR, APROPIARSE, ARRECIAR, ASEDIAR, ASFIXIAR, ASOCIAR, BENEFICIAR, CALUMNIAR, CAMBIAR, CODICIAR, COLEGIARSE, COLUMPIAR, COMERCIAR, CONCILIAR, CONTAGIAR, COPIAR, CUSTODIAR, DENUNCIAR, DESAHUCIAR, DESPERDICIAR, DESPRECIAR, DIFERENCIAR, DISTANCIAR, DIVORCIAR, ELOGIAR, ENCOMIAR, ENJUICIAR, ENSUCIAR, ENTIBIAR, ENTURBIAR, ENUNCIAR, ENVIDIAR, ESTUDIAR, EVIDENCIAR, EXILIAR, EXPOLIAR, FASTIDIAR, HISTORIAR, INCENDIAR, INICIAR, INJURIAR, IRRADIAR, LIDIAR, LIMPIAR, MEDIAR, OBSEQUIAR, ODIAR, OFICIAR, PRECIAR, PRELUDIAR, PREMIAR, PRESAGIAR, PRESENCIAR, PRINCIPIAR, PRIVILEGIAR, PRONUNCIAR, PROPORCIONAR, RABIAR, RADIAR, REFUGIARSE, REMEDIAR, RENUNCIAR, REPUDIAR, RUMIAR, SACIAR, SENTENCIAR, SITIAR, TAPIAR, TERCIAR, VENDIMIAR, VICIAR

**B** ▶ AGRIAR kann wie CAMBIAR oder wie ENVIAR (vgl. 12.53C) konjugiert werden.

### C ▶ ENVIAR

| PRESENTE DE INDICATIVO | PRESENTE DE SUBJUNTIVO | IMPERATIVO | |
|---|---|---|---|
| envío | envíe | TÚ: | envía \| no envíes |
| envías | envíes | USTED: | envíe \| no envíe |
| envía | envíe | NOSOTROS / NOSOTRAS: | enviemos \| no enviemos |
| enviamos | enviemos | VOSOTROS / VOSOTRAS: | enviad \| no enviéis |
| enviáis | enviéis | USTEDES: | envíen \| no envíen |
| envían | envíen | | |

## 12. Die Verbformen

- Bei ENVIAR ergibt sich bei den stammbetonten Formen eine Diphthongauflösung vom I des Verbstamms und der Personenendung, die Betonung liegt hier auf dem I (Akzent!).
- Verben dieser Klasse: ALIAR, AMPLIAR, ANSIAR, ARRIAR, ATAVIAR, AVERIAR, AVIAR, CABLEGRAFIAR, CALCOGRAFIAR, CALIGRAFIAR, CHIRRIAR, CINEMATOGRAFIAR, CONFIAR, CONTRARIAR, CRIAR, DESAFIAR, DESCARRIAR, DESCONFIAR, DESLIAR, DESVIAR, ENFRIAR, ENVIAR, ESCALOFRIAR, ESGRAFIAR, ESPIAR, ESPURRIAR, EXPATRIAR, EXPIAR, EXTASIARSE, EXTRAVIAR, FIAR, FOTOGRAFIAR, GLORIARSE, GUIAR, HASTIAR, HISTORIAR, LIAR, MALCRIAR, MECANOGRAFIAR, MIMEOGRAFIAR, PALIAR, PIAR, PIFIAR, PORFIAR, RADIOGRAFIAR, RECRIAR, REPATRIAR, RESFRIAR, ROCIAR, TELEGRAFIAR, VACIAR, VARIAR
- Zu AGRIAR vgl. 12.53B.

### 12.54 Die Verben auf –UAR
#### A ▸ EVACUAR

| PRESENTE DE INDICATIVO | PRESENTE DE SUBJUNTIVO | IMPERATIVO | | |
|---|---|---|---|---|
| evacuo | evacue | | TÚ: | evacua \| no evacues |
| evacuas | evacues | | USTED: | evacue \| no evacue |
| evacua | evacue | NOSOTROS / NOSOTRAS: | | evacuemos \| no evacuemos |
| evacuamos | evacuemos | VOSOTROS / VOSOTRAS: | | evacuad \| no evacuéis |
| evacuáis | evacuéis | | USTEDES: | evacuen \| no evacuen |
| evacuan | evacuen | | | |

- Bei EVACUAR bildet das U vor der Infinitivendung mit dieser einen Diphthong. Bei den stammbetonten Formen wird nun weiterhin ein Diphthong mit der jeweiligen Personenendung gebildet.
- Aller Verben auf –CUAR gehören dieser Klasse an: EVACUAR, OBLICUAR

#### B ▸ AVERIGUAR

| PRESENTE DE INDICATIVO | PRESENTE DE SUBJUNTIVO | IMPERATIVO | | |
|---|---|---|---|---|
| averiguo | averigüe | | TÚ: | averigua \| no averigües |
| averiguas | averigües | | USTED: | averigüe \| no averigüe |
| averigua | averigüe | NOSOTROS / NOSOTRAS: | | averigüemos \| no averigüemos |
| averiguamos | averigüemos | VOSOTROS / VOSOTRAS: | | averiguad \| no averigüéis |
| averiguáis | averigüéis | | USTEDES: | averigüen \| no averigüen |
| averiguan | averigüen | | | |

- Bei AVERIGUAR bildet das U vor der Infinitivendung mit dieser einen Diphthong. Bei den stammbetonten Formen wird nun weiterhin ein Diphthong mit der jeweiligen Personenendung gebildet, das U vor E muß zur Erhaltung der Aussprache Ü geschrieben werden.
- Aller Verben auf –GUAR gehören dieser Klasse an: AGUAR, AMORTIGUAR, APACIGUAR, ATESTIGUAR, AVERIGUAR, DESAGUAR, FRAGUAR, MENGUAR, SANTIGUAR

#### C ▸ ACTUAR

| PRESENTE DE INDICATIVO | PRESENTE DE SUBJUNTIVO | IMPERATIVO | | |
|---|---|---|---|---|
| actúo | actúe | | TÚ: | actúa \| no actúes |
| actúas | actúes | | USTED: | actúe \| no actúes |
| actúa | actúe | NOSOTROS / NOSOTRAS: | | actuemos \| no actuemos |
| actuamos | actuemos | VOSOTROS / VOSOTRAS: | | actuad \| no actuéis |
| actuáis | actuéis | | USTEDES: | actúen \| no actúen |
| actúan | actúen | | | |

- Bei ACTUAR ergibt sich bei den stammbetonten Formen eine Diphthongauflösung vom U des Verbstamms und der Personenendung, die Betonung liegt hier auf dem U (Akzent!).
- Verben dieser Klasse: ACENTUAR, ACTUAR, ATENUAR, CONCEPTUAR, CONTINUAR, DESHABITUAR, DESVIRTUAR, DEVALUAR, EFECTUAR, EVALUAR, EXCEPTUAR, EXTENUAR, FLUCTUAR, GRADUAR, HABITUAR, INFATUAR, INSINUAR, MENSTRUAR, PERPETUAR, PRECEPTUAR, PUNTUAR, REDITUAR, REVALUAR, SITUAR, TATUAR, USUFRUCTUAR, VALUAR

## 12. Die Verbformen

### 12.55 Verben mit Veränderung des Stamm–E

#### A ▸ PENSAR

| PRESENTE DE INDICATIVO | PRESENTE DE SUBJUNTIVO | IMPERATIVO | | |
|---|---|---|---|---|
| pienso | piense | | TÚ: | piensa \| no pienses |
| piensas | pienses | | USTED: | piense \| no piense |
| piensa | piense | NOSOTROS / NOSOTRAS: | | pensemos \| no pensemos |
| pensamos | pensemos | VOSOTROS / VOSOTRAS: | | pensad \| no penséis |
| pensáis | penséis | | USTEDES: | piensen \| no piensen |
| piensan | piensen | | | |

- Bei PENSAR wird das E des Verbstamms in den stammbetonten Formen zu IE.
- Verben dieser Klasse: ACERTAR, ACRECENTAR, ALENTAR, APACENTAR, APRETAR, ARRENDAR, ASENTAR, ASERRAR, ATRAVESAR, AVENTAR, CALENTAR, CERRAR, CONFESAR, DESALENTAR, DESAPRETAR, DESARRENDAR, DESCONCERTAR, DESEMPEDRAR, DESPERTAR, DESTERRAR, EMPEDRAR, ENCERRAR, ENCOMENDAR, ENMENDAR, ENSANGRENTAR, ENTERRAR, ENTRECERRAR, ESCARMENTAR, GOBERNAR, HELAR, HERRAR, MENTAR, MANIFESTAR, MERENDAR, NEVAR, PENSAR, PERNIQUEBRAR, QUEBRAR, RECALENTAR, RECOMENDAR, REMENDAR, REPENSAR, REQUEBRAR, RESEMBRAR, RESQUEBRAR, RETEMBLAR, REVENTAR, SEMBRAR, SENTAR, SERRAR, SUBARRENDAR, TEMBLAR, TENTAR

#### B ▸ EMPEZAR

| PRESENTE DE INDICATIVO | PRESENTE DE SUBJUNTIVO | IMPERATIVO | | |
|---|---|---|---|---|
| empiezo | empiece | | TÚ: | empieza \| no empieces |
| empiezas | empieces | | USTED: | empiece \| no empiece |
| empieza | empiece | NOSOTROS / NOSOTRAS: | | empecemos \| no empecemos |
| empezamos | empecemos | VOSOTROS / VOSOTRAS: | | empezad \| no empecéis |
| empezáis | empecéis | | USTEDES: | empiecen \| no empiecen |
| empiezan | empiecen | | | |

- EMPEZAR weist die Diphthongierung von PENSAR auf (vgl. 12.55A), und außerdem ist die Schreibung C statt Z vor E vorgeschrieben. Zur Vervollständigung der Konjugation von EMPEZAR vgl. 12.44.
- Verben dieser Subklasse: COMENZAR, EMPEZAR, RECOMENZAR, TROPEZAR

#### C ▸ NEGAR

| PRESENTE DE INDICATIVO | PRESENTE DE SUBJUNTIVO | IMPERATIVO | | |
|---|---|---|---|---|
| niego | niegue | | TÚ: | niega \| no niegues |
| niegas | niegues | | USTED: | niegue \| no niegue |
| niega | niegue | NOSOTROS / NOSOTRAS: | | neguemos \| no neguemos |
| negamos | neguemos | VOSOTROS / VOSOTRAS: | | negad \| no neguéis |
| negáis | neguéis | | USTEDES: | nieguen \| no nieguen |
| niegan | nieguen | | | |

- NEGAR weist die Diphthongierung von PENSAR auf (vgl. 12.55A), und zur Erhaltung der Aussprache muß außerdem GU (stummes U!) vor E geschrieben werden. Zur Vervollständigung der Konjugation von NEGAR vgl. 12.42.
- Verben dieser Subklasse: ABNEGARSE, CEGAR, FREGAR, DESPLEGAR, DENEGAR, NEGAR, PLEGAR, REFREGAR, REGAR, RENEGAR, REPLEGAR, RESTREGAR, SEGAR, SOSEGAR, TRASEGAR

## 12. Die Verbformen

### D ▸ ERRAR

| PRESENTE DE INDICATIVO | PRESENTE DE SUBJUNTIVO | IMPERATIVO | | |
|---|---|---|---|---|
| yerro | yerre | | TÚ: | yerra \| no yerres |
| yerras | yerres | | USTED: | yerre \| no yerres |
| yerra | yerre | NOSOTROS / NOSOTRAS: | | erremos \| no erremos |
| erramos | erremos | VOSOTROS / VOSOTRAS: | | errad \| no erréis |
| erráis | erréis | | USTEDES: | yerren \| no yerren |
| yerran | yerren | | | |

• Bei ERRAR, das die Diphthongierung von PENSAR aufweist, ergibt sich eine phonologisch bedingte orthographische Veränderung: das I des Diphthongs wird zum Konsonanten [y], der Y geschrieben werden muß.

### E ▸ PERDER

| PRESENTE DE INDICATIVO | PRESENTE DE SUBJUNTIVO | IMPERATIVO | | |
|---|---|---|---|---|
| pierdo | pierda | | TÚ: | pierde \| no pierdas |
| pierdes | pierdas | | USTED: | pierda \| no pierda |
| pierde | pierda | NOSOTROS / NOSOTRAS: | | perdamos \| no perdamos |
| perdemos | perdamos | VOSOTROS / VOSOTRAS: | | perded \| no perdáis |
| perdéis | perdáis | | USTEDES: | pierdan \| no pierdan |
| pierden | pierdan | | | |

• Bei PERDER wird das E des Verbstamms in den stammbetonten Formen zu IE.
• Verben dieser Klasse: ASCENDER, ATENDER, CERNER, CONDESCENDER, CONTENDER, DEFENDER, DESATENDER, DESCENDER, DESENTENDERSE, DISTENDER, ENCENDER, ENTENDER, EXTENDER, HEDER, HENDER, MALENTENDER, PERDER, SOBREENTENDER, SUBTENDER, TENDER, TRANSCENDER, TRASCENDER, VERTER

### F ▸ CERNIR

| PRESENTE DE INDICATIVO | PRESENTE DE SUBJUNTIVO | IMPERATIVO | | |
|---|---|---|---|---|
| cierno | cierna | | TÚ: | cierne \| no ciernas |
| ciernes | ciernas | | USTED: | cierna \| no cierna |
| cierne | cierna | NOSOTROS / NOSOTRAS: | | cernamos \| no cernamos |
| cernimos | cernamos | VOSOTROS / VOSOTRAS: | | cernid \| no cernáis |
| cernís | cernáis | | USTEDES: | ciernan \| no ciernan |
| ciernen | ciernan | | | |

• Bei CERNIR wird das E des Verbstamms in den stammbetonten Formen zu IE.
• Verben dieser Klasse: CERNIR, CONCERNIR, DISCERNIR, HENDIR.

### 12.56 Verben mit doppelter Vokalveränderung im Stamm–E

### A ▸ SENTIR

GERUNDIO: sintiendo

| PRESENTE DE INDICATIVO | PRESENTE DE SUBJUNTIVO | IMPERATIVO | | |
|---|---|---|---|---|
| siento | sienta | | TÚ: | siente \| no sientas |
| sientes | sientas | | USTED: | sienta \| no sienta |
| siente | sienta | NOSOTROS / NOSOTRAS: | | sintamos \| no sintamos |
| sentimos | sintamos | VOSOTROS / VOSOTRAS: | | sentid \| no sintáis |
| sentís | sintáis | | USTEDES: | sientan \| no sientan |
| sienten | sientan | | | |

## 12. Die Verbformen

## SENTIR (Fortsetzung)

| INDEFINIDO | IMPERFECTO DE SUBJUNTIVO | FUTURO DE SUBJUNTIVO |
|---|---|---|
| sentí | sintiera / sintiese | sintiere |
| sentiste | sintieras / sintieses | sintieres |
| sintió | sintiera / sintiese | sintiere |
| sentimos | sintiéramos / sintiésemos | sintiéremos |
| sentisteis | sintierais / sintieseis | sintiereis |
| sintieron | sintieran / sintiesen | sintieren |

- Bei SENTIR wird das E des Verbstamms (und bei silbenreicheren Verben das letzte E vor der Infinitivendung):
  - zu IE in den stammbetonten Formen;
  - zu I in folgenden nicht stammbetonten Formen:
    - Gerundio
    - Dritte Person Singular des INDEFINIDO
    - Dritte Person Plural des INDEFINIDO (die gleichzeitig zur Stammableitung für IMPERFECTO DE SUBJUNTIVO und FUTURO DE SUBJUNTIVO dient)
    - Erste Person Plural des PRESENTE DE SUBJUNTIVO
    - Zweite Person Plural des PRESENTE DE SUBJUNTIVO

- Verben dieser Klasse (darunter alle Verben auf –FERIR und –VERTIR): ADHERIR, ADVERTIR, ARREPENTIRSE, ASENTIR, CIRCUNFERIR, CONFERIR, CONSENTIR, CONTROVERTIR, CONVERTIR, DESMENTIR, DIFERIR, DIGERIR, DISENTIR, DIVERTIR, HENDIR, HERIR, HERVIR, INFERIR, INGERIR, INJERIR, INTERFERIR, INVERTIR, MALHERIR, MENTIR, PERVERTIR, PREFERIR, PRESENTIR, PRETERIR, PROFERIR, REFERIR, REINVERTIR, REQUERIR, RESENTIRSE, REVERTIR, SENTIR, SUBVERTIR, SUGERIR, TRANSFERIR, TRASFERIR, ZAHERIR

## B ▶ ERGUIR

GERUNDIO: irguiendo

| PRESENTE DE INDICATIVO | PRESENTE DE SUBJUNTIVO | IMPERATIVO | |
|---|---|---|---|
| yergo | yerga | TÚ: | yergue \| no yergas |
| yergues | yergas | USTED: | yerga \| no yerga |
| yergue | yerga | NOSOTROS / NOSOTRAS: | irgamos \| no irgamos |
| erguimos | irgamos | VOSOTROS / VOSOTRAS: | erguid \| no irgáis |
| erguís | irgáis | USTEDES: | yergan \| no yergan |
| yerguen | yergan | | |

| INDEFINIDO | IMPERFECTO DE SUBJUNTIVO | FUTURO DE SUBJUNTIVO |
|---|---|---|
| erguí | irguiera / irguiese | irguiere |
| erguiste | irguieras / irguieses | irguieres |
| irguió | irguiera / irguiese | irguiere |
| erguimos | irguiéramos / irguiésemos | irguiéremos |
| erguisteis | irguierais / irguieseis | irguiereis |
| irguieron | irguieran / irguiesen | irguieren |

- ERGUIR weist die vokalischen Veränderungen von SENTIR auf; außerdem ergibt sich hier eine phonologisch bedingte orthographische Veränderung: das I des Diphthongs wird, weil am Wortanfang stehend, zum Konsonanten [y], der Y geschrieben werden muß. Bei den Endungen muß darüber hinaus GU vor E und I geschrieben werden (vgl. 12.46).

## 12. Die Verbformen

### 12.57 Verben mit Diphthongierung des Stamm–I : ADQUIRIR

| PRESENTE DE INDICATIVO | PRESENTE DE SUBJUNTIVO | IMPERATIVO | | |
|---|---|---|---|---|
| adquiero | adquiera | TÚ: | adquiere \| no adquieras | |
| adquieres | adquieras | USTED: | adquiera \| no adquiera | |
| adquiere | adquiera | NOSOTROS / NOSOTRAS: | adquiramos \| no adquiramos | |
| adquirimos | adquiramos | VOSOTROS / VOSOTRAS: | adquirid \| no adquiráis | |
| adquirís | adquiráis | USTEDES: | adquieran \| no adquieran | |
| adquieren | adquieran | | | |

- Bei ADQUIRIR wird das I des Verbstamms in den stammbetonten Formen zu IE.
- Verben dieser Klasse: ADQUIRIR, INQUIRIR, READQUIRIR

### 12.58 Verben mit Diphthongierung des Stamm–O

#### A ▶ CONTAR

| PRESENTE DE INDICATIVO | PRESENTE DE SUBJUNTIVO | IMPERATIVO | | |
|---|---|---|---|---|
| cuento | cuente | TÚ: | cuenta \| no cuentes | |
| cuentas | cuentes | USTED: | cuente \| no cuente | |
| cuenta | cuente | NOSOTROS / NOSOTRAS: | contemos \| no contemos | |
| contamos | contemos | VOSOTROS / VOSOTRAS: | contad \| no contéis | |
| contáis | contéis | USTEDES: | cuenten \| no cuenten | |
| cuentan | cuenten | | | |

- Bei CONTAR wird das O des Verbstamms in den stammbetonten Formen zu UE.
- Verben dieser Klasse: ACORDAR, ACOSTAR, AMOLAR, APOSTAR, APROBAR, ASOLAR, ATRONAR, COLAR, CONCORDAR, CONSOLAR, COSTAR, DEMOSTRAR, DENOSTAR, DESAMOBLAR, DESAPROBAR, DESCOLLAR, DESCONSOLAR, DESCONTAR, DESCORNAR, DESOLAR, DESOLLAR, DESPOBLAR, DISCORDAR, DISONAR, ENCONTRAR, ENCORDAR, ENSOÑAR, ESCORNAR, HOLLAR, MOSTRAR, POBLAR, PROBAR, RECORDAR, RECOSTAR, REENCONTRAR, RENCONTRAR, RENOVAR, REPOBLAR, REPROBAR, RESOLLAR, RESONAR, RODAR, SOLAR, SOLDAR, SOLTAR, SONAR, SOÑAR, TOSTAR, TRASCORDARSE, TRONAR, VOLAR

#### B ▶ VOLCAR

| PRESENTE DE INDICATIVO | PRESENTE DE SUBJUNTIVO | IMPERATIVO | | |
|---|---|---|---|---|
| vuelco | vuelque | TÚ: | vuelca \| no vuelques | |
| vuelcas | vuelques | USTED: | vuelque \| no vuelque | |
| vuelca | vuelque | NOSOTROS / NOSOTRAS: | volquemos \| no volquemos | |
| volcamos | volquemos | VOSOTROS / VOSOTRAS: | volcad \| no volquéis | |
| volcáis | volquéis | USTEDES: | vuelquen \| no vuelquen | |
| vuelcan | vuelquen | | | |

- VOLCAR weist die Diphthongierung von CONTAR auf (vgl. 12.58A), und außerdem ist die Schreibung QU (stummes U!) statt C vor E notwendig. Zur Vervollständigung der Konjugation von VOLCAR vgl. 12.43.
- Verben dieser Subklasse: EMPORCAR, REVOLCAR, TROCAR, VOLCAR

#### C ▶ FORZAR

| PRESENTE DE INDICATIVO | PRESENTE DE SUBJUNTIVO | IMPERATIVO | | |
|---|---|---|---|---|
| fuerzo | fuerce | TÚ: | fuerza \| no fuerces | |
| fuerzas | fuerces | USTED: | fuerce \| no fuerce | |
| fuerza | fuerce | NOSOTROS / NOSOTRAS: | forcemos \| no forcemos | |
| forzamos | forcemos | VOSOTROS / VOSOTRAS: | forzad \| no forcéis | |
| forzáis | forcéis | USTEDES: | fuercen \| no fuercen | |
| fuerzan | fuercen | | | |

## 12. Die Verbformen

- FORZAR weist die Diphthongierung von CONTAR auf (vgl. 12.58A), und außerdem ist die Schreibung C statt Z vor E vorgeschrieben. Zur Vervollständigung der Konjugation von FORZAR vgl. 12.44.
- Verben dieser Subklasse: ALMORZAR, ESFORZAR, FORZAR, REFORZAR

### D ▸ ROGAR

| PRESENTE DE INDICATIVO | PRESENTE DE SUBJUNTIVO | IMPERATIVO | |
|---|---|---|---|
| ruego | ruegue | TÚ: | ruega \| no ruegues |
| ruegas | ruegues | USTED: | ruegue \| no ruegue |
| ruega | ruegue | NOSOTROS / NOSOTRAS: | roguemos \| no roguemos |
| rogamos | roguemos | VOSOTROS / VOSOTRAS: | rogad \| no roguéis |
| rogáis | roguéis | USTEDES: | rueguen \| no rueguen |
| ruegan | rueguen | | |

- ROGAR weist die Diphthongierung von CONTAR auf (vgl. 12.58A), und zur Erhaltung der Aussprache muß außerdem GU (stummes U!) vor E geschrieben werden. Zur Vervollständigung der Konjugation von ROGAR vgl. 12.42.
- Verben dieser Subklasse: COLGAR, DESCOLGAR, HOLGAR, ROGAR

### E ▸ DEGOLLAR

| PRESENTE DE INDICATIVO | PRESENTE DE SUBJUNTIVO | IMPERATIVO | |
|---|---|---|---|
| degüello | degüelle | TÚ: | degüella \| no degüelles |
| degüellas | degüelles | USTED: | degüelle \| no degüelles |
| degüella | degüelle | NOSOTROS / NOSOTRAS: | degollemos \| no degollemos |
| degollamos | degollemos | VOSOTROS / VOSOTRAS: | degollad \| no degolléis |
| degolláis | degolléis | USTEDES: | degüellen \| no degüellen |
| degüellan | degüellen | | |

- DEGOLLAR weist die Diphthongierung von CONTAR auf (vgl. 12.58A). In den Diphthongen muß außerdem zur Erhaltung der Aussprache GÜE geschrieben werden.
- Verben dieser Subklasse: AGORAR, DEGOLLAR, REGOLDAR

### F ▸ AVERGONZAR

| PRESENTE DE INDICATIVO | PRESENTE DE SUBJUNTIVO | IMPERATIVO | |
|---|---|---|---|
| avergüenzo | avergüence | TÚ: | avergüenza \| no avergüences |
| avergüenzas | avergüences | USTED: | avergüence \| no avergüence |
| avergüenza | avergüence | NOSOTROS / NOSOTRAS: | avergoncemos \| no avergoncemos |
| avergonzamos | avergoncemos | VOSOTROS / VOSOTRAS: | avergonzad \| no avergoncéis |
| avergonzáis | avergoncéis | USTEDES: | avergüencen \| no avergüencen |
| avergüenzan | avergüencen | | |

- AVERGONZAR weist die Diphthongierung von CONTAR (vgl. 12.58A), die Schreibung GÜE von DEGOLLAR sowie die konventionelle Schreibung C statt Z der Verben auf –ZAR (vgl. 12.44) auf.

### G ▸ MOVER

| PRESENTE DE INDICATIVO | PRESENTE DE SUBJUNTIVO | IMPERATIVO | |
|---|---|---|---|
| muevo | mueva | TÚ: | mueve \| no muevas |
| mueves | muevas | USTED: | mueva \| no mueva |
| mueve | mueva | NOSOTROS / NOSOTRAS: | movamos \| no movamos |
| movemos | movamos | VOSOTROS / VOSOTRAS: | moved \| no mováis |
| movéis | mováis | USTEDES: | muevan \| no muevan |
| mueven | muevan | | |

- Bei MOVER wird das O des Verbstamms in den stammbetonten Formen zu UE.

## 12. Die Verbformen

- Verben dieser Klasse: CONDOLERSE, CONMOVER, DEMOLER, DOLER, LLOVER, MOLER, MORDER, MOVER, PROMOVER, REMOLER, REMORDER, REMOVER, SOLER

## H ▶ TORCER

| PRESENTE DE INDICATIVO | PRESENTE DE SUBJUNTIVO | IMPERATIVO | |
|---|---|---|---|
| tuerzo | tuerza | TÚ: | tuerce \| no tuerzas |
| tuerces | tuerzas | USTED: | tuerza \| no tuerza |
| tuerce | tuerza | NOSOTROS / NOSOTRAS: | torzamos \| no torzamos |
| torcemos | torzamos | VOSOTROS / VOSOTRAS: | torced \| no torzáis |
| torcéis | torzáis | USTEDES: | tuerzan \| no tuerzan |
| tuercen | tuerzan | | |

- TORCER weist die die Diphthongierung von MOVER (vgl. 12.58G) auf, außerdem muß geachtet werden auf die orthographischen Veränderungen der Verben auf –CER, bei denen Z vor O und A geschrieben werden muß (vgl. 12.45). Die Verben der Subklasse TORCER dürfen nicht verwechselt werden mit anderen Verben auf –CER wie MERECER, CONOCER und NACER (vgl. 12.67).
- Verben dieser Subklasse: COCER, DESTORCERSE, ESCOCER, RECOCER, RETORCER, TORCER

## I ▶ OLER

| PRESENTE DE INDICATIVO | PRESENTE DE SUBJUNTIVO | IMPERATIVO | |
|---|---|---|---|
| huelo | huela | TÚ: | huele \| no huelas |
| hueles | huelas | USTED: | huela \| no huelas |
| huele | huela | NOSOTROS / NOSOTRAS: | olamos \| no olamos |
| olemos | olamos | VOSOTROS / VOSOTRAS: | oled \| no oláis |
| oléis | oláis | USTEDES: | huelan \| no huelan |
| huelen | huelan | | |

- Bei OLER wird H vor UE geschrieben.

## J ▶ VOLVER

PARTICIPIO: vuelto

| PRESENTE DE INDICATIVO | PRESENTE DE SUBJUNTIVO | IMPERATIVO | |
|---|---|---|---|
| vuelvo | vuelva | TÚ: | vuelve \| no vuelvas |
| vuelves | vuelvas | USTED: | vuelva \| no vuelvas |
| vuelve | vuelva | NOSOTROS / NOSOTRAS: | volvamos \| no volvamos |
| volvemos | volvamos | VOSOTROS / VOSOTRAS: | volved \| no volváis |
| volvéis | volváis | USTEDES: | vuelvan \| no vuelvan |
| vuelven | vuelvan | | |

- VOLVER weist die Diphthongierung von MOVER auf, hat außerdem ein unregelmäßiges Partizip.
- Verben dieser Subklasse: DEVOLVER, DESENVOLVER, ENVOLVER, REVOLVER, VOLVER

## K ▶ RESOLVER

PARTICIPIO: resuelto

| PRESENTE DE INDICATIVO | PRESENTE DE SUBJUNTIVO | IMPERATIVO | |
|---|---|---|---|
| resuelvo | resuelva | TÚ: | resuelve \| no resuelvas |
| resuelves | resuelvas | USTED: | resuelva \| no resuelvas |
| resuelve | resuelva | NOSOTROS / NOSOTRAS: | resolvamos \| no resolvamos |
| resolvemos | resolvamos | VOSOTROS / VOSOTRAS: | resolved \| no resolváis |
| resolvéis | resolváis | USTEDES: | resuelvan \| no resuelvan |
| resuelven | resuelvan | | |

- RESOLVER weist die Diphthongierung von MOVER auf, hat darüber hinaus eine unregelmäßige Partizipform.
- Verben dieser Subklasse: ABSOLVER, DISOLVER, RESOLVER

## 12. Die Verbformen

### 12.59 Verben mit doppelter Vokalveränderung im Stamm–O: DORMIR

**GERUNDIO:** durmiendo

| PRESENTE DE INDICATIVO | PRESENTE DE SUBJUNTIVO | IMPERATIVO | |
|---|---|---|---|
| duermo | duerma | | |
| duermes | duermas | TÚ: | duerme \| no duermas |
| duerme | duerma | USTED: | duerma \| no duerma |
| dormimos | durmamos | NOSOTROS / NOSOTRAS: | durmamos \| no durmamos |
| dormís | durmáis | VOSOTROS / VOSOTRAS: | dormid \| no durmáis |
| duermen | duerman | USTEDES: | duerman \| no duerman |

| INDEFINIDO | IMPERFECTO DE SUBJUNTIVO | FUTURO DE SUBJUNTIVO |
|---|---|---|
| dormí | durmiera / durmiese | durmiere |
| dormiste | durmieras / durmieses | durmieres |
| durmió | durmiera / durmiese | durmiere |
| dormimos | durmiéramos / durmiésemos | durmiéremos |
| dormisteis | durmierais / durmieseis | durmiereis |
| durmieron | durmieran / durmiesen | durmieren |

- Bei DORMIR wird das O des Verbstamms:
    - zu UE in den stammbetonten Formen;
    - zu U in folgenden nicht stammbetonten Formen:
        - Gerundio
        - Dritte Person Singular des INDEFINIDO
        - Dritte Person Plural des INDEFINIDO (die gleichzeitig zur Stammableitung für IMPERFECTO DE SUBJUNTIVO und FUTURO DE SUBJUNTIVO dient)
        - Erste Person Plural des PRESENTE DE SUBJUNTIVO
        - Zweite Person Plural des PRESENTE DE SUBJUNTIVO

**A ▶** Wie DORMIR wird MORIR konjugiert. MORIR hat darüber hinaus ein unregelmäßiges Partizip: MUERTO.

### 12.60 Verben mit Veränderung des Stamm–E zu I

**A ▶ PEDIR**

**GERUNDIO:** pidiendo

| PRESENTE DE INDICATIVO | PRESENTE DE SUBJUNTIVO | IMPERATIVO | |
|---|---|---|---|
| pido | pida | | |
| pides | pidas | TÚ: | pide \| no pidas |
| pide | pida | USTED: | pida \| no pida |
| pedimos | pidamos | NOSOTROS / NOSOTRAS: | pidamos \| no pidamos |
| pedís | pidáis | VOSOTROS / VOSOTRAS: | pedid \| no pidáis |
| piden | pidan | USTEDES: | pidan \| no pidan |

| INDEFINIDO | IMPERFECTO DE SUBJUNTIVO | FUTURO DE SUBJUNTIVO |
|---|---|---|
| pedí | pidiera / pidiese | pidiere |
| pediste | pidieras / pidieses | pidieres |
| pidió | pidiera / pidiese | pidiere |
| pedimos | pidiéramos / pidiésemos | pidiéremos |
| pedisteis | pidierais / pidieseis | pidiereis |
| pidieron | pidieran / pidiesen | pidieren |

- Bei PEDIR wird das E des Verbstamms zu I:
    - in den stammbetonten Formen;
    - in folgenden nicht stammbetonten Formen:
        - Gerundio
        - Dritte Person Singular des INDEFINIDO

- Dritte Person Plural des INDEFINIDO (die gleichzeitig zur Stammableitung für IMPERFECTO DE SUBJUNTIVO und FUTURO DE SUBJUNTIVO dient)
- Erste Person Plural des PRESENTE DE SUBJUNTIVO
- Zweite Person Plural des PRESENTE DE SUBJUNTIVO

• Verben dieser Klasse: COMEDIR, COMPETIR, CONCEBIR, DERRETIR, DESPEDIR, DESVESTIR, EMBESTIR, EXPEDIR, GEMIR, HENCHIR, IMPEDIR, INVESTIR, MEDIR, PEDIR, REEXPEDIR, RENDIR, REPETIR, REVESTIR, SERVIR, TRAVESTIR, VESTIR

## B ▸ ELEGIR

**GERUNDIO:** eligiendo

| PRESENTE DE INDICATIVO | PRESENTE DE SUBJUNTIVO | IMPERATIVO | |
|---|---|---|---|
| elijo | elija | TÚ: | elige \| no elijas |
| eliges | elijas | USTED: | elija \| no elija |
| elige | elija | NOSOTROS / NOSOTRAS: | elijamos \| no elijamos |
| elegimos | elijamos | VOSOTROS / VOSOTRAS: | elegid \| no elijáis |
| elegís | elijáis | USTEDES: | elijan \| no elijan |
| eligen | elijan | | |

| INDEFINIDO | IMPERFECTO DE SUBJUNTIVO | FUTURO DE SUBJUNTIVO |
|---|---|---|
| elegí | eligiera / eligiese | eligiere |
| elegiste | eligieras / eligieses | eligieres |
| eligió | eligiera / eligiese | eligiere |
| elegimos | eligiéramos / eligiésemos | eligiéremos |
| elegisteis | eligierais / eligieseis | eligiereis |
| eligieron | eligieran / eligiesen | eligieren |

• ELEGIR weist die Unregelmäßigkeiten von PEDIR auf, vgl. 12.60A. Orthographisch ergeben sich bei ELEGIR die Änderungen der Verben auf –GIR, nämlich die Schreibung J statt G vor O und A (vgl. 12.50).

• Verben dieser Subklasse: COLEGIR, CORREGIR, ELEGIR, REELEGIR, REGIR

## C ▸ SEGUIR

**GERUNDIO:** siguiendo

| PRESENTE DE INDICATIVO | PRESENTE DE SUBJUNTIVO | IMPERATIVO | |
|---|---|---|---|
| sigo | siga | TÚ: | sigue \| no sigas |
| sigues | sigas | USTED: | siga \| no siga |
| sigue | siga | NOSOTROS / NOSOTRAS: | sigamos \| no sigamos |
| seguimos | sigamos | VOSOTROS / VOSOTRAS: | seguid \| no sigáis |
| seguís | sigáis | USTEDES: | sigan \| no sigan |
| siguen | sigan | | |

| INDEFINIDO | IMPERFECTO DE SUBJUNTIVO | FUTURO DE SUBJUNTIVO |
|---|---|---|
| seguí | siguiera / siguiese | siguiere |
| seguiste | siguieras / siguieses | siguieres |
| siguió | siguiera / siguiese | siguiere |
| seguimos | siguiéramos / siguiésemos | siguiéremos |
| seguisteis | siguierais / siguieseis | siguiereis |
| siguieron | siguieran / siguiesen | siguieren |

• SEGUIR weist die Unregelmäßigkeiten von PEDIR auf, vgl. 12.60A. Orthographisch ergeben sich bei SEGUIR die Änderungen der Verben auf –GUIR, nämlich der Wegfall des stummen U nach G vor O und A, vgl. 12.47.

• Verben dieser Subklasse: CONSEGUIR, PERSEGUIR, PROSEGUIR, SEGUIR, SUBSEGUIR

## 12. Die Verbformen

### 12.61 Verben auf –ÑER: TAÑER

**GERUNDIO:** tañendo

| INDEFINIDO | IMPERFECTO DE SUBJUNTIVO | FUTURO DE SUBJUNTIVO |
|---|---|---|
| tañí | tañera / tañese | tañere |
| tañiste | tañeras / tañeses | tañeres |
| tañó | tañera / tañese | tañere |
| tañimos | tañéramos / tañésemos | tañéremos |
| tañisteis | tañerais / tañeseis | tañereis |
| tañeron | tañeran / tañesen | tañeren |

- Bei TAÑER entfällt das I vor E und O. Folgende Formen sind davon betroffen:
  - Gerundio
  - Dritte Person Singular des INDEFINIDO
  - Dritte Person Plural des INDEFINIDO (die gleichzeitig zur Stammableitung für IMPERFECTO DE SUBJUNTIVO und FUTURO DE SUBJUNTIVO dient)
- Verben dieser Klasse: ATAÑER, TAÑER

### 12.62 Verben auf –ÑIR

#### A ▶GRUÑIR

**GERUNDIO:** gruñendo

| INDEFINIDO | IMPERFECTO DE SUBJUNTIVO | FUTURO DE SUBJUNTIVO |
|---|---|---|
| gruñí | gruñera / gruñese | gruñere |
| gruñiste | gruñeras / gruñeses | gruñeres |
| gruñó | gruñera / gruñese | gruñere |
| gruñimos | gruñéramos / gruñésemos | gruñéremos |
| gruñisteis | gruñerais / gruñeseis | gruñereis |
| gruñeron | gruñeran / gruñesen | gruñeren |

- Bei GRUÑIR entfällt das I vor E und O. Folgende Formen sind davon betroffen:
  - Gerundio
  - Dritte Person Singular des INDEFINIDO
  - Dritte Person Plural des INDEFINIDO (die gleichzeitig zur Stammableitung für IMPERFECTO DE SUBJUNTIVO und FUTURO DE SUBJUNTIVO dient)
- Verben dieser Klasse: BRUÑIR, GRUÑIR

#### B ▶CEÑIR

**GERUNDIO:** ciñendo

| PRESENTE DE INDICATIVO | PRESENTE DE SUBJUNTIVO | IMPERATIVO | |
|---|---|---|---|
| ciño | ciña | TÚ: | ciñe \| no ciñas |
| ciñes | ciñas | USTED: | ciña \| no ciña |
| ciñe | ciña | NOSOTROS / NOSOTRAS: | ciñamos \| no ciñamos |
| ceñimos | ciñamos | VOSOTROS / VOSOTRAS: | ceñid \| no ciñáis |
| ceñís | ciñáis | USTEDES: | ciñan \| no ciñan |
| ciñen | ciñan | | |

| INDEFINIDO | IMPERFECTO DE SUBJUNTIVO | FUTURO DE SUBJUNTIVO |
|---|---|---|
| ceñí | ciñera / ciñese | ciñere |
| ceñiste | ciñeras / ciñeses | ciñeres |
| ciñó | ciñera / ciñese | ciñere |
| ceñimos | ciñéramos / ciñésemos | ciñéremos |
| ceñisteis | ciñerais / ciñeseis | ciñereis |
| ciñeron | ciñeran / ciñesen | ciñeren |

- CEÑIR weist die Unregelmäßigkeiten im Stamm-E von PEDIR (vgl. 12.60A) und die Unregelmäßigkeiten im Endungs-Ñ von GRUÑIR (vgl. 12.62A) auf.
- Verben dieser Klasse: CEÑIR, CONSTREÑIR, DESCEÑIR, DESTEÑIR, ESTREÑIR, REÑIR, RETEÑIR, TEÑIR

## 12. Die Verbformen

### 12.63 Verben auf –LLIR: ENGULLIR

GERUNDIO: engullendo

| INDEFINIDO | IMPERFECTO DE SUBJUNTIVO | FUTURO DE SUBJUNTIVO |
|---|---|---|
| engullí | engullera / engullese | engullere |
| engulliste | engulleras / engulleses | engulleres |
| engulló | engullera / engullese | engullere |
| engullimos | engulléramos / engullésemos | engulléremos |
| engullisteis | engullerais / engulleseis | engullereis |
| engulleron | engulleran / engullesen | engulleren |

- Bei ENGULLIR entfällt das I vor E und O, wovon folgende Formen betroffen sind:
    - Gerundio
    - Dritte Person Singular des INDEFINIDO
    - Dritte Person Plural des INDEFINIDO (die gleichzeitig zur Stammableitung für IMPERFECTO DE SUBJUNTIVO und FUTURO DE SUBJUNTIVO dient)
- Verben dieser Klasse: BULLIR, ENGULLIR, ESCABULLIRSE, MULLIR, REBULLIR, TULLIR, ZAMBULLIR

### 12.64 Verben auf –EER: CREER

PARTICIPIO: creído
GERUNDIO: creyendo

| PRESENTE DE INDICATIVO | PRESENTE DE SUBJUNTIVO | IMPERATIVO | |
|---|---|---|---|
| creo | crea | TÚ: | cree \| no creas |
| crees | creas | USTED: | crea \| no crea |
| cree | crea | NOSOTROS / NOSOTRAS: | creamos \| no creamos |
| creemos | creamos | VOSOTROS / VOSOTRAS: | creed \| no creáis |
| creéis | creáis | USTEDES: | crean \| no crean |
| creen | crean | | |

| INDEFINIDO | IMPERFECTO DE SUBJUNTIVO | FUTURO DE SUBJUNTIVO |
|---|---|---|
| creí | creyera / creyese | creyere |
| creíste | creyeras / creyeses | creyeres |
| creyó | creyera / creyese | creyere |
| creímos | creyéramos / creyésemos | creyéremos |
| creísteis | creyerais / creyeseis | creyereis |
| creyeron | creyeran / creyesen | creyeren |

- Bei CREER bleibt das Stamm–E immer silbenbildend, daher der Akzent auf dem I bei den Formen, deren Endung mit einem I beginnt: CREÍDO, CREÍSTE, CREÍMOS, CREÍSTEIS.
- Nach dem Stamm–E wird das I des Diphthongs IE zu [y], geschrieben Y. Von dieser phonologisch-orthographischen Besonderheit sind folgende Formen betroffen:
    - Gerundio
    - Dritte Person Singular des INDEFINIDO
    - Dritte Person Plural des INDEFINIDO (die gleichzeitig zur Stammableitung für IMPERFECTO DE SUBJUNTIVO und FUTURO DE SUBJUNTIVO dient)
- Man beachte im übrigen den Hiatus EE in den Formen des PRESENTE DE INDICATIVO und des IMPERATIVO.
- Zum Partizip von PROVEER und DESPROVEER vgl. 12.69N.
- Verben dieser Klasse: CREER, DESPROVEER, LEER, POSEER, PROVEER, RELEER, SOBRESEER

## 12.65 Verben auf –EÍR: REÍR

**PARTICIPIO:** reído
**GERUNDIO:** riendo

| PRESENTE DE INDICATIVO | PRESENTE DE SUBJUNTIVO | IMPERATIVO | |
|---|---|---|---|
| río | ría | TÚ: |ríe \| no rías |
| ríes | rías | USTED: | ría \| no ría |
| ríe | ría | NOSOTROS / NOSOTRAS: | riamos \| no riamos |
| reímos | riamos | VOSOTROS / VOSOTRAS: | reíd \| no riáis |
| reís | riáis | USTEDES: | rían \| no rían |
| ríen | rían | | |

| INDEFINIDO | IMPERFECTO DE SUBJUNTIVO | FUTURO DE SUBJUNTIVO |
|---|---|---|
| reí | riera / riese | riere |
| reíste | rieras / rieses | rieres |
| rió | riera / riese | riere |
| reímos | riéramos / riésemos | riéremos |
| reísteis | rierais / rieseis | riereis |
| rieron | rieran / riesen | rieren |

- Bei REÍR bildet das Stamm–E vor einem I keinen Diphthong, daher der Akzent auf dem I beim Infinitiv und bei den regelmäßig gebildeten Formen REÍDO, REÍD, REÍSTE, REÍMOS, REÍSTEIS.
- REÍR weist außerdem Unregelmäßigkeiten von PEDIR (vgl. 12.60A) auf mit der Besonderheit, daß das I der Diphthonge IE und IO verschwindet; das I des Stamms ist silbenbildend. Die davon betroffenen Formen sind:
    - Gerundio (ohne Akzent!)
    - PRESENTE DE INDICATIVO (Akzente überall!)
    - PRESENTE DE SUBJUNTIVO (Akzente auf dem I des Singulars und der 3. Person Plural)
    - Dritte Person Singular des INDEFINIDO
    - Dritte Person Plural des INDEFINIDO (die zur Stammbildung des IMPERFECTO DE SUBJUNTIVO und des FUTURO DE SUBJUNTIVO dient)
    - Imperativ (Akzent auf RÍE!)
- Verben dieser Klasse: DESLEÍR, ENGREÍR, FREÍR, REFREÍR, REÍR, SOFREÍR, SONREÍR
- Zum unregelmäßigen Partizip von FREÍR vgl. 12.9E.

## 12.66 Verben auf –UIR

### A ▸INFLUIR

**PARTICIPIO:** influido
**GERUNDIO:** influyendo

| PRESENTE DE INDICATIVO | PRESENTE DE SUBJUNTIVO | IMPERATIVO | |
|---|---|---|---|
| influyo | influya | TÚ: | influye \| no influyas |
| influyes | influyas | USTED: | influya \| no influya |
| influye | influya | NOSOTROS / NOSOTRAS: | influyamos \| no influyamos |
| influimos | influyamos | VOSOTROS / VOSOTRAS: | influid \| no influyáis |
| influís | influyáis | USTEDES: | influyan \| no influyan |
| influyen | influyan | | |

| INDEFINIDO | IMPERFECTO DE SUBJUNTIVO | FUTURO DE SUBJUNTIVO |
|---|---|---|
| influí | influyera / influyese | influyere |
| influiste | influyeras / influyeses | influyeres |
| influyó | influyera / influyese | influyere |
| influimos | influyéramos / influyésemos | influyéremos |
| influisteis | influyerais / influyeseis | influyereis |
| influyeron | influyeran / influyesen | influyeren |

## 12. Die Verbformen

- Bei INFLUIR tritt ein nicht silbenbildendes I vor E, O und A auf, das zum Laut [y] wird und Y geschrieben werden muß. Die von dieser Unregelmäßigkeit betroffenen Formen bzw. Tempora sind:
  - Gerundio
  - PRESENTE DE INDICATIVO
  - PRESENTE DE SUBJUNTIVO
  - Dritte Person Singular des INDEFINIDO
  - Dritte Person Plural des INDEFINIDO (die gleichzeitig Stamm des IMPERFECTO DE SUBJUNTIVO und des PLUSCUAMPERFECTO DE SUBJUNTIVO ist)
  - Imperativ
- Das Partizip der Verben auf –UIR endet auf –UIDO, das I wird also inkonsequenterweise nicht akzentuiert (vgl. 12.65). Der Akzent fällt auch weg bei den Formen INFLUIMOS, INFLUISTE, INFLUISTEIS, INFLUID ebenso wie bei der Infinitivform INFLUIR. Die Vorschrift, daß das silbenbildende I nach U hier nicht akzentuiert werden soll, ist umstritten und wird vor allem bei der Partizipform vielfach nicht beachtet, man schreibt etwa INFLUÍDO.
- Verben dieser Klasse: AFLUIR, ARGÜIR, ATRIBUIR, CIRCUIR, CONCLUIR, CONFLUIR, CONSTITUIR, CONSTRUIR, CONTRIBUIR, DESTITUIR, DESTRUIR, DILUIR, DISMINUIR, DISTRIBUIR, ESTATUIR, EXCLUIR, FLUIR, HUIR, IMBUIR, INCLUIR, INFLUIR, INMISCUIRSE, INSTITUIR, INSTRUIR, INTUIR, OBSTRUIR, PROSTITUIR, REARGÜIR, RECLUIR, RECONSTITUIR, RECONSTRUIR, REDARGÜIR, REDISTRIBUIR, REFLUIR, RESTITUIR, RETRIBUIR, SUSTITUIR, TRIBUIR

### B ▸ REHUIR

| PRESENTE DE INDICATIVO | PRESENTE DE SUBJUNTIVO | IMPERATIVO | | |
|---|---|---|---|---|
| rehúyo | rehúya | TÚ: | rehúye | no rehúyas |
| rehúyes | rehúyas | USTED: | rehúya | no rehúya |
| rehúye | rehúya | NOSOTROS / NOSOTRAS: | rehuyamos | no rehuyamos |
| rehuimos | rehuyamos | VOSOTROS / VOSOTRAS: | rehuid | no rehuyáis |
| rehuís | rehuyáis | USTEDES: | rehúyan | no rehúyan |
| rehúyen | rehúyan | | | |

- Als Kompositum von HUIR weist REHUIR die Unregelmäßigkeiten von INFLUIR auf (vgl. 12.66A). Außerdem erfolgt bei REHUIR der Hiatus von REUNIR bzw. REHUSAR (vgl. 12.52B), was sich in der Akzentsetzung niederschlägt.

### 12.67 Verben auf –CER mit konsonantischer Veränderung

### A ▸ MERECER

| PRESENTE DE INDICATIVO | PRESENTE DE SUBJUNTIVO | IMPERATIVO | | |
|---|---|---|---|---|
| merezco | merezca | TÚ: | merece | no merezcas |
| mereces | merezcas | USTED: | merezca | no merezca |
| merece | merezca | NOSOTROS / NOSOTRAS: | merezcamos | no merezcamos |
| merecemos | merezcamos | VOSOTROS / VOSOTRAS: | mereced | no merezcáis |
| merecéis | merezcáis | USTEDES: | merezcan | no merezcan |
| merecen | merezcan | | | |

- Bei MERECER wird das [θ] der Infinitivendung, geschrieben C, in der ersten Person Singular des PRESENTE DE INDICATIVO zu [θk], geschrieben ZC. Das betrifft außerdem alle Personen des PRESENTE DE SUBJUNTIVO und entsprechend einige des Imperativs.
- Verben dieser Klasse: ADASTCCER, ADORNECER, ACAECER, ACRECER, ACONTECER, ADOLECER, ADORMECER, AGRADECER, AMANECER, AMORTECER, ANOCHECER, APARECER, APETECER, CARECER, COMPADECER, COMPLACER, CRECER, DECRECER, DESABASTECER, DESAGRADECER, DESAPARECER, DESENMOHECER, DESENTORPECER, DESENTUMECER, DESFALLECER, DESFAVORECER, DESGUARNECER, DESMERECER, DESOBEDECER, DESVANECER, EMBASTECER, EMBEBECERSE, EMBELLECER, EMBLANDECER, EMBLANQUECER, EMBRAVECER, EMBRUTECER, EMPALIDECER, EMPECER, EMPEQUEÑECER, EMPLASTECER, EMPLUMECER, EMPOBRECER, EMPUTECER, ENALTECER, ENARDECER, ENCANECER, ENCARECER, ENCARNECER, ENCEGUECER, ENDENTECER, ENDURECER, ENFLAQUECER, ENFURECER, ENGRANDECER, ENLOBREGUECER, ENLOQUECER, ENMOHECER, ENMUDECER, ENMUGRECER, ENNEGRECER, ENNOBLECER, ENORGULLECER, ENRARECER, ENRIQUECER, ENROJECER, ENRONQUECER, ENSOBERBECER, ENSOMBRECER, ENSORDECER, ENTALLECER, ENTENEBRECER, ENTERNECER, ENTONTECER, ENTORPECER, ENTRISTECER, ENTUMECER, ENVANECER, ENVEJECER, ENVILECER, ESCARNECER, ESCLARECER, ESTABLECER, ESTREMECER,

## 12. Die Verbformen

FALLECER, FAVORECER, FENECER, FLORECER, FORTALECER, FOSFORECER, GUARECER, GUARNECER, HUMEDECER, LANGUIDECER, MERECER, OBEDECER, OBSCURECER, OFRECER, OSCURECER, PADECER, PALIDECER, PARECER, PERECER, PERMANECER, PERTENECER, PREVALECER, REAPARECER, REBLANDECER, RECRUDECER, REFLORECER, REJUVENECER, RESPLANDECER, RESTABLECER, REVERDECER, ROBUSTECER, TALLECER, VERDECER

### B ▶ NACER

| PRESENTE DE INDICATIVO | PRESENTE DE SUBJUNTIVO | IMPERATIVO | |
|---|---|---|---|
| nazco | nazca | TÚ: | nace \| no nazcas |
| naces | nazcas | USTED: | nazca \| no nazca |
| nace | nazca | NOSOTROS / NOSOTRAS: | nazcamos \| no nazcamos |
| nacemos | nazcamos | VOSOTROS / VOSOTRAS: | naced \| no nazcáis |
| nacéis | nazcáis | USTEDES: | nazcan \| no nazcan |
| nacen | nazcan | | |

- Bei NACER wird das [θ] der Infinitivendung, geschrieben C, in der ersten Person Singular des PRESENTE DE INDICATIVO zu [θk], geschrieben ZC. Das betrifft außerdem alle Personen des PRESENTE DE SUBJUNTIVO und entsprechend einige des Imperativs.
- Verben dieser Klasse: NACER, PACER, RENACER

### C ▶ PLACER

PLACER wird wie NACER konjugiert; von diesem Verb sind allein die dritten Personen gebräuchlich: PLACE, PLACIERON, PLAZCA, PLAZCAN usw. Manchmal erscheinen in literarischen Texten statt der heute gebräuchlichen INDEFINIDO-Formen PLACIÓ bzw. PLACIERON die veralteten Formen PLUGO und PLUGUIERON, die nach den Regeln in 12.70 gebildet werden. Die aus PLUGUIERON abgeleiteten Formen des IMPERFECTO DE SUBJUNTIVO bzw. FUTURO DE SUBJUNTIVO: PLUGIERA / PLUGUIESE bzw. PLUGUIERE kommen auch gelegentlich vor.

### D ▶ CONOCER

| PRESENTE DE INDICATIVO | PRESENTE DE SUBJUNTIVO | IMPERATIVO | |
|---|---|---|---|
| conozco | conozca | TÚ: | conoce \| no conozcas |
| conoces | conozcas | USTED: | conozca \| no conozca |
| conoce | conozca | NOSOTROS / NOSOTRAS: | conozcamos \| no conozcamos |
| conocemos | conozcamos | VOSOTROS / VOSOTRAS: | conoced \| no conozcáis |
| conocéis | conozcáis | USTEDES: | conozcan \| no conozcan |
| conocen | conozcan | | |

- Bei CONOCER wird das [θ] der Infinitivendung, geschrieben C, in der ersten Person Singular des PRESENTE DE INDICATIVO zu [θk], geschrieben ZC. Das betrifft außerdem alle Personen des PRESENTE DE SUBJUNTIVO und entsprechend einige des Imperativs.
- Verben dieser Klasse: CONOCER, DESCONOCER, RECONOCER

### 12.68 Verben auf –CIR mit konsonantischer Veränderung

#### A ▶ LUCIR

| PRESENTE DE INDICATIVO | PRESENTE DE SUBJUNTIVO | IMPERATIVO | |
|---|---|---|---|
| luzco | luzca | TÚ: | luce \| no luzcas |
| luces | luzcas | USTED: | luzca \| no luzca |
| luce | luzca | NOSOTROS / NOSOTRAS: | luzcamos \| no luzcamos |
| lucimos | luzcamos | VOSOTROS / VOSOTRAS: | lucid \| no luzcáis |
| lucís | luzcáis | USTEDES: | luzcan \| no luzcan |
| lucen | luzcan | | |

## 12. Die Verbformen

- Bei LUCIR wird das [θ] der Infinitivendung, geschrieben C, in der ersten Person Singular des PRESENTE DE INDICATIVO zu [θk], geschrieben ZC. Das betrifft außerdem alle Personen des PRESENTE DE SUBJUNTIVO und entsprechend einige des Imperativs.
- Verben dieser Klasse: DESLUCIR, ENLUCIR, LUCIR, RELUCIR, TRANSLUCIR, TRASLUCIRSE

### B ▶ CONDUCIR

| PRESENTE DE INDICATIVO | PRESENTE DE SUBJUNTIVO | IMPERATIVO | |
|---|---|---|---|
| conduzco | conduzca | | |
| conduces | conduzcas | TÚ: | conduce | no conduzcas |
| conduce | conduzca | USTED: | conduzca | no conduzca |
| conducimos | conduzcamos | NOSOTROS / NOSOTRAS: | conduzcamos | no conduzcamos |
| conducís | conduzcáis | VOSOTROS / VOSOTRAS: | conducid | no conduzcáis |
| conducen | conduzcan | USTEDES: | conduzcan | no conduzcan |

| INDEFINIDO | IMPERFECTO DE SUBJUNTIVO | FUTURO DE SUBJUNTIVO |
|---|---|---|
| conduje | condujera / condujese | condujere |
| condujiste | condujeras / condujeses | condujeres |
| condujo | condujera / condujese | condujere |
| condujimos | condujéramos / condujésemos | condujéremos |
| condujisteis | condujerais / condujeseis | condujereis |
| condujeron | condujeran / condujesen | condujeren |

- CONDUCIR weist zwei Unregelmäßigkeiten auf.
  - Wie bei LUCIR (vgl. 12.68A) wird das [θ] der Infinitivendung, geschrieben C, in der ersten Person Singular des PRESENTE DE INDICATIVO zu [θk], geschrieben ZC. Diese Unregelmäßigkeit betrifft außerdem alle Personen des PRESENTE DE SUBJUNTIVO und entsprechend einige des Imperativs.
  - Das INDEFINIDO von CONDUCIR folgt einem Eigenmuster: es hat einen eigenen Stamm: CONDUJ– sowie die Endungen und Betonung der stark unregelmäßigen Verben, vgl. 12.70. Von dieser Unregelmäßigkeit sind entsprechend das IMPERFECTO DE SUBJUNTIVO und das FUTURO DE SUBJUNTIVO betroffen.
- Wie CONDUCIR werden alle Verben auf –DUCIR konjugiert: ADUCIR, CONDUCIR, DEDUCIR, INDUCIR, INTRODUCIR, PRODUCIR, RECONDUCIR, REDUCIR, REPRODUCIR, SEDUCIR, TRADUCIR

## F. Allgemeines über die unregelmäßigen Verben mit Eigenmuster

### 12.69 PRESENTE DE SUBJUNTIVO bei den Verben mit Eigenmuster

- Die erste Person Singular des PRESENTE DE INDICATIVO abzüglich der Endung –O wird zum Stamm des PRESENTE DE SUBJUNTIVO, sofern sie eine Konsonantenveränderung aufweist.
- Die Endungen dieser Verben sind diejenigen der Verben auf –ER und –IR, also:

    –A
    –AS
    –A
    –AMOS
    –ÁIS
    –AN

- Folgende Verben bilden den PRESENTE DE SUBJUNTIVO auf diese Weise: ASIR, CABER, CAER, DECIR, HACER, OÍR, PONER, RAER, ROER, SALIR, TENER, TRAER, VALER, VENIR, YACER.
- Ein PRESENTE DE SUBJUNTIVO mit eigenem Stamm haben DAR, ESTAR, HABER, IR, SABER, SER.

# 12. Die Verbformen

## 12.70 INDEFINIDO bei den unregelmäßigen Verben mit Eigenmuster

- Hat das INDEFINIDO einen eigenen Stamm, dann hat dieses Tempus eine von der regelmäßigen (vgl. 12.22) abweichende Betonung in der ersten und dritten Person Singular, die hier stammbetont (also mit der Betonung auf dem Vokal vor der Endung) sind.
- Die Personenendungen lauten:
    - –E
    - –ISTE
    - –O
    - –IMOS
    - –ISTEIS
    - –IERON / –ERON

- Die Endungen stellen eine Mischung aus den Endungen der Verben auf –AR (erste und dritte Person Singular) und den Endungen der Verben auf –ER /–IR für die sonstigen Personen dar, wobei die Endung –ERON für die dritte Person Plural der Verben auf –DUCIR (vgl. 12.68B) sowie für DECIR und TRAER gilt.
- Folgende Verben sind zusammenfassend davon betroffen: ANDAR, CABER, DECIR, ESTAR, HABER, HACER, IR, PODER, PONER, QUERER, SABER, TRAER, VENIR (vgl. auch 12.68B für die Verben auf –DUCIR).
- Ausnahmen sind: DAR, IR und SER.
- Ein regelmäßig gebildetes INDEFINIDO, doch mit Y vor O und E weisen CAER, OÍR, RAER, ROER auf.

## 12.71 Verben mit unregelmäßigem PRESENTE DE INDICATIVO

- Im PRESENTE DE INDICATIVO weisen Unregelmäßigkeiten auf: ASIR, CABER, CAER, DECIR, ESTAR, HABER, HACER, IR, JUGAR, OÍR, PODER, PONER, QUERER, ROER, SABER, SALIR, SER, TENER, TRAER, VALER, VENIR, VER, YACER.
- HABER und SABER sind die einzigen spanischen Verben, die in der ersten Person Singular des PRESENTE DE INDICATIVO einen anderen silbenbildenden Vokal als O aufweisen, nämlich ein E.
- DAR, ESTAR, IR und SER weisen die Endung –OY in der ersten Person Singular DES PRESENTE DE INDICATIVO auf, bei der das Y ein nicht silbenbildendes I darstellt.

## 12.72 Verben mit unregelmäßigem FUTURO

Einen unregelmäßigen Stamm des FUTURO haben: CABER, DECIR, HABER, HACER, PODER, PONER, QUERER, SABER, SALIR, TENER, VALER, VENIR. Bei CABER, HABER, PODER, QUERER und SABER fällt der Ausgangsvokal des Infinitivstamms weg, bei PONER, SALIR, TENER, VALER und VENIR wird er durch D ersetzt.

## 12.73 Verben mit unregelmäßigem Imperativ

- Für den bejahenden Imperativ in der Person TÚ haben folgende Verben eine unregelmäßige Form: DECIR, HACER, IR, PONER, SALIR, SER, TENER, VALER, VENIR.
- Für den bejahenden Imperativ in der Person VOSOTROS/VOSOTRAS weist IRSE eine unregelmäßige Bildung auf.

## G. Alphabetische Liste der Verben mit eigenem Muster

Es werden bei jedem Verb allein die unregelmäßigen Formen bzw. Tempora angeführt.

### 12.74 ANDAR

| INDEFINIDO | IMPERFECTO DE SUBJUNTIVO | FUTURO DE SUBJUNTIVO |
|---|---|---|
| anduve | anduviera / anduviese | anduviere |
| anduviste | anduvieras / anduvieses | anduvieres |
| anduvo | anduviera / anduviese | anduviere |
| anduvimos | anduviéramos / anduviésemos | anduviéremos |
| anduvisteis | anduvierais / anduvieseis | anduviereis |
| anduvieron | anduvieran / anduviesen | anduvieren |

**A** ▸ Regelmäßig gebildete Formen des INDEFINIDO: ANDÉ, ANDASTE usw. kommen recht häufig vor, dürfen jedoch nicht nachgeahmt werden.

- Wie ANDAR wird sein Kompositum DESANDAR konjugiert.

### 12.75 ASIR

| PRESENTE DE INDICATIVO | PRESENTE DE SUBJUNTIVO | IMPERATIVO | | |
|---|---|---|---|---|
| asgo | asga | | TÚ: | ase\| no asgas |
| ases | asgas | | USTED: | asga \| no asga |
| ase | asga | NOSOTROS / NOSOTRAS: | | asgamos \| no asgamos |
| asimos | asgamos | VOSOTROS / VOSOTRAS: | | asid \| no asgáis |
| asís | asgáis | | USTEDES: | asgan \| no asgan |
| asen | asgan | | | |

- Wie ASIR wird sein Kompositum DESASIR konjugiert.

### 12.76 CABER

| PRESENTE DE INDICATIVO | PRESENTE DE SUBJUNTIVO | IMPERATIVO | | |
|---|---|---|---|---|
| quepo | quepa | | TÚ: | cabe\| no quepas |
| cabes | quepas | | USTED: | quepa \| no quepa |
| cabe | quepa | NOSOTROS / NOSOTRAS: | | quepamos \| no quepamos |
| cabemos | quepamos | VOSOTROS / VOSOTRAS: | | cabed \| no quepáis |
| cabéis | quepáis | | USTEDES: | quepan \| no quepan |
| caben | quepan | | | |

| INDEFINIDO | IMPERFECTO DE SUBJUNTIVO | FUTURO DE SUBJUNTIVO |
|---|---|---|
| cupe | cupiera / cupiese | cupiere |
| cupiste | cupieras / cupieses | cupieres |
| cupo | cupiera / cupiese | cupiere |
| cupimos | cupiéramos / cupiésemos | cupiéremos |
| cupisteis | cupierais / cupieseis | cupiereis |
| cupieron | cupieran / cupiesen | cupieren |

| FUTURO | CONDICIONAL SIMPLE |
|---|---|
| cabré | cabría |
| cabrás | cabrías |
| cabrá | cabría |
| cabremos | cabríamos |
| cabréis | cabríais |
| cabrán | cabrían |

**A** ▸ Regelmäßige Formen von CABER kommen vor, was nicht nachgeahmt werden darf.

## 12. Die Verbformen

### 12.77 CAER

**PARTICIPIO:** caído
**GERUNDIO:** cayendo

| PRESENTE DE INDICATIVO | PRESENTE DE SUBJUNTIVO | IMPERATIVO | |
|---|---|---|---|
| caigo | caiga | TÚ: | cae \| no **caig**as |
| caes | caigas | USTED: | **caig**a \| no **caig**a |
| cae | caiga | NOSOTROS / NOSOTRAS: | **caig**amos \| no **caig**amos |
| caemos | caigamos | VOSOTROS / VOSOTRAS: | caed \| no **caig**áis |
| caéis | caigáis | USTEDES: | **caig**an \| no **caig**an |
| caen | caigan | | |

| INDEFINIDO | IMPERFECTO DE SUBJUNTIVO | FUTURO DE SUBJUNTIVO |
|---|---|---|
| caí | cayera / cayese | cayere |
| caíste | cayeras / cayeses | cayeres |
| cayó | cayera / cayese | cayere |
| caímos | cayéramos / cayésemos | cayéremos |
| caísteis | cayerais / cayeseis | cayereis |
| cayeron | cayeran / cayesen | cayeren |

- Wie CAER werden konjugiert: DECAER, RECAER

### 12.78 DAR

| PRESENTE DE INDICATIVO | PRESENTE DE SUBJUNTIVO | IMPERATIVO | |
|---|---|---|---|
| doy | dé | TÚ: | da \| no **des** |
| das | des | USTED: | **dé** \| no **dé** |
| da | dé | NOSOTROS / NOSOTRAS: | **demos** \| no **demos** |
| damos | demos | VOSOTROS / VOSOTRAS: | dad \| no **deis** |
| dais | deis | USTEDES: | **den** \| no **den** |
| dan | den | | |

| INDEFINIDO | IMPERFECTO DE SUBJUNTIVO | FUTURO DE SUBJUNTIVO |
|---|---|---|
| di | diera / diese | diere |
| diste | dieras / dieses | dieres |
| dio | diera / diese | diere |
| dimos | diéramos / diésemos | diéremos |
| disteis | dierais / dieseis | diereis |
| dieron | dieran / diesen | dieren |

### 12.79 DECIR

**PARTICIPIO:** **dicho**
**GERUNDIO:** diciendo

| PRESENTE DE INDICATIVO | PRESENTE DE SUBJUNTIVO | IMPERATIVO | |
|---|---|---|---|
| **dig**o | **dig**a | TÚ: | **di** \| no **dig**as |
| **dic**es | **dig**as | USTED: | **dig**a \| no **dig**a |
| **dic**e | **dig**a | NOSOTROS / NOSOTRAS: | **dig**amos \| no **dig**amos |
| decimos | **dig**amos | VOSOTROS / VOSOTRAS: | decid \| no **dig**áis |
| decís | **dig**áis | USTEDES: | **dig**an \| no **dig**an |
| **dic**en | **dig**an | | |

## DECIR (Fortsetzung)

| INDEFINIDO | IMPERFECTO DE SUBJUNTIVO | FUTURO DE SUBJUNTIVO |
|---|---|---|
| dije | dijera / dijese | dijere |
| dijiste | dijeras / dijeses | dijeres |
| dijo | dijera / dijese | dijere |
| dijimos | dijéramos / dijésemos | dijéremos |
| dijisteis | dijerais / dijeseis | dijereis |
| dijeron | dijeran / dijesen | dijeren |

| FUTURO | CONDICIONAL SIMPLE |
|---|---|
| diré | diría |
| dirás | dirías |
| dirá | diría |
| diremos | diríamos |
| diréis | diríais |
| dirán | dirían |

- Wie DECIR werden konjugiert: ANTEDECIR, DESDECIR, CONTRADECIR, ENTREDECIR, REDECIR

### A ▶ Verben auf –DECIR mit Abweichungen von DECIR: PREDECIR

**IMPERATIVO**

- TÚ: **predice** | no pre**dig**as
- USTED: pre**dig**a | no pre**dig**a
- NOSOTROS / NOSOTRAS: pre**dig**amos | no pre**dig**amos
- VOSOTROS / VOSOTRAS: predecid | no pre**dig**áis
- USTEDES: pre**dig**an | no pre**dig**an

| FUTURO | CONDICIONAL SIMPLE |
|---|---|
| predeciré | predeciría |
| predecirás | predecirías |
| predecirá | predeciría |
| predeciremos | predeciríamos |
| predeciréis | predeciríais |
| predecirán | predecirían |

- Die Verben BENDECIR, MALDECIR und PREDECIR werden wie DECIR konjugiert mit Ausnahme folgender Tempora: FUTURO, CONDICIONAL und des bejahenden Imperativs der Person TÚ.

### B ▶ BENDECIR und MALDECIR folgen dem Muster von PREDECIR, haben außerdem ein regelmäßiges Partizip, vgl. Näheres 12.9C.

## 12.80 ESTAR

| PRESENTE DE INDICATIVO | PRESENTE DE SUBJUNTIVO | IMPERATIVO |
|---|---|---|
| estoy | esté | TÚ: está \| no estés |
| estás | estés | USTED: esté \| no esté |
| está | esté | NOSOTROS / NOSOTRAS: estemos \| no estemos |
| estamos | estemos | VOSOTROS / VOSOTRAS: estad \| no estéis |
| estáis | estéis | USTEDES: estén \| no estén |
| están | estén | |

| INDEFINIDO | IMPERFECTO DE SUBJUNTIVO | FUTURO DE SUBJUNTIVO |
|---|---|---|
| estuve | estuviera / estuviese | estuviere |
| estuviste | estuvieras / estuvieses | estuvieres |
| estuvo | estuviera / estuviese | estuviere |
| estuvimos | estuviéramos / estuviésemos | estuviéremos |
| estuvisteis | estuvierais / estuvieseis | estuviereis |
| estuvieron | estuvieran / estuviesen | estuvieren |

## 12. Die Verbformen

**A** ▸ Als Imperativ von ESTAR fungiert häufig der Imperativ der Reflexivform ESTARSE, dabei muß auf die eingebürgerten Schreibungen ESTÁTE und ESTÉSE geachtet werden.

### 12.81 HABER

| PRESENTE DE INDICATIVO | PRESENTE DE SUBJUNTIVO |
|---|---|
| he | haya |
| has | hayas |
| ha / hay | haya |
| hemos | hayamos |
| habéis | hayáis |
| han | hayan |

| INDEFINIDO | IMPERFECTO DE SUBJUNTIVO | FUTURO DE SUBJUNTIVO |
|---|---|---|
| hube | hubiera / hubiese | hubiere |
| hubiste | hubieras / hubieses | hubieres |
| hubo | hubiera / hubiese | hubiere |
| hubimos | hubiéramos / hubiésemos | hubiéremos |
| hubisteis | hubierais / hubieseis | hubiereis |
| hubieron | hubieran / hubiesen | hubieren |

| FUTURO | CONDICIONAL SIMPLE |
|---|---|
| habré | habría |
| habrás | habrías |
| habrá | habría |
| habremos | habríamos |
| habréis | habríais |
| habrán | habrían |

**A** ▸ Die Form HAY des PRESENTE DE INDICATIVO wird in unpersönlichen Existenz- und Obligativangaben verwendet, vgl. 14.60 und Kapitel 19, Teil F. HABER hat keinen Imperativ.

### 12.82 HACER

PARTICIPIO: **hecho**

| PRESENTE DE INDICATIVO | PRESENTE DE SUBJUNTIVO | IMPERATIVO | |
|---|---|---|---|
| hago | haga | TÚ: | haz \| no hagas |
| haces | hagas | USTED: | haga \| no haga |
| hace | haga | NOSOTROS / NOSOTRAS: | hagamos \| no hagamos |
| hacemos | hagamos | VOSOTROS / VOSOTRAS: | haced \| no hagáis |
| hacéis | hagáis | USTEDES: | hagan \| no hagan |
| hacen | hagan | | |

| INDEFINIDO | IMPERFECTO DE SUBJUNTIVO | FUTURO DE SUBJUNTIVO |
|---|---|---|
| hice | hiciera / hiciese | hiciere |
| hiciste | hicieras / hicieses | hicieres |
| hizo | hiciera / hiciese | hiciere |
| hicimos | hiciéramos / hiciésemos | hiciéremos |
| hicisteis | hicierais / hicieseis | hiciereis |
| hicieron | hicieran / hiciesen | hicieren |

## HACER (Fortsetzung)

| FUTURO | CONDICIONAL SIMPLE |
|---|---|
| haré | haría |
| harás | harías |
| hará | haría |
| haremos | haríamos |
| haréis | haríais |
| harán | harían |

- Zu beachten beim Paradigma von HACER sind die orthographischen Veränderungen beim Imperativ: HAZ und beim INDEFINIDO: HIZO.
- Wie HACER werden konjugiert: CONTRAHACER, DESHACER, REHACER

**A ▶** Die erste und die dritte Person Singular des INDEFINIDO von REHACER tragen den Akzent: REHÍCE, REHÍZO (vgl. 12.52A).

## B ▶ Die Komposita von HACER auf –FACER: SATISFACER

PARTICIPIO: satisfecho

| PRESENTE DE INDICATIVO | PRESENTE DE SUBJUNTIVO | | IMPERATIVO |
|---|---|---|---|
| satisfago | satisfaga | TÚ: | satisfaz / satisface \| no satisfagas |
| satisfaces | satisfagas | USTED: | satisfaga \| no satisfaga |
| satisface | satisfaga | NOSOTROS / NOSOTRAS: | satisfagamos \| no satisfagamos |
| satisfacemos | satisfagamos | VOSOTROS / VOSOTRAS: | satisfaced \| no satisfagáis |
| satisfacéis | satisfagáis | USTEDES: | satisfagan \| no satisfagan |
| satisfacen | satisfagan | | |

| INDEFINIDO | IMPERFECTO DE SUBJUNTIVO | FUTURO DE SUBJUNTIVO |
|---|---|---|
| satisfice | satisficiera / satisficiese | satisficiere |
| satisficiste | satisficieras / satisficieses | satisficieres |
| satisfizo | satisficiera / satisficiese | satisficiere |
| satisficimos | satisficiéramos / satisficiésemos | satisficiéremos |
| satisficisteis | satisficierais / satisficieseis | satisficiereis |
| satisficieron | satisficieran / satisficiesen | satisficieren |

| FUTURO | CONDICIONAL SIMPLE |
|---|---|
| satisfaré | satisfaría |
| satisfarás | satisfarías |
| satisfará | satisfaría |
| satisfaremos | satisfaríamos |
| satisfaréis | satisfaríais |
| satisfarán | satisfarían |

- Der bejahende Imperativ der Person TÚ von SATISFACER kann lauten SATISFACE oder SATISFAZ.
- Wie SATISFACER wird konjugiert: RAREFACER

**C ▶** Die nicht selten anzutreffenden regelmäßigen Formen von SATISFACER: SATISFACIÓ, SATISFACERÍA, SATISFACIERA usw. sind abzulehnen.

## 12. Die Verbformen

### 12.83 IR

**GERUNDIO:** yendo

| PRESENTE DE INDICATIVO | PRESENTE DE SUBJUNTIVO | IMPERATIVO | |
|---|---|---|---|
| voy | vaya | TÚ: | **ve** \| no **vay**as |
| vas | vayas | USTED: | **vaya** \| no **vaya** |
| va | vaya | NOSOTROS / NOSOTRAS: | **vay**amos \| no **vay**amos |
| vamos | vayamos | VOSOTROS / VOSOTRAS: | id \| no **vay**áis |
| vais | vayáis | USTEDES: | **vay**an \| no **vay**an |
| van | vayan | | |

**IMPERFECTO DE INDICATIVO**
iba
ibas
iba
íbamos
ibais
iban

| INDEFINIDO | IMPERFECTO DE SUBJUNTIVO | FUTURO DE SUBJUNTIVO |
|---|---|---|
| fui | **fue**ra / **fue**se | **fue**re |
| fuiste | **fue**ras / **fue**ses | **fue**res |
| fue | **fue**ra / **fue**se | **fue**re |
| fuimos | **fué**ramos / **fué**semos | **fué**remos |
| fuisteis | **fue**rais / **fue**seis | **fue**reis |
| fueron | **fue**ran / **fue**sen | **fue**ren |

**A ▶** Der Imperativ von IRSE weist Unregelmäßigkeiten auf. Es hat eine unregelmäßige Form für VOSOTROS / VOSOTRAS und eine Variante für NOSOTROS / NOSOTRAS:

| | |
|---|---|
| TÚ: | **vete** \| no te **vay**as |
| USTED: | **váy**ase \| no se **vaya** |
| NOSOTROS / NOSOTRAS: | **vayámonos / vámonos** \| no nos **vay**amos |
| VOSOTROS / VOSOTRAS: | **idos** \| no os **vay**áis |
| USTEDES: | **váy**anse \| no se **vayan** |

### 12.84 JUGAR

| PRESENTE DE INDICATIVO | PRESENTE DE SUBJUNTIVO | IMPERATIVO | |
|---|---|---|---|
| juego | juegue | TÚ: | **juega** \| no **juegues** |
| juegas | juegues | USTED: | **juegue** \| no **juegue** |
| juega | juegue | NOSOTROS / NOSOTRAS: | juguemos \| no juguemos |
| jugamos | juguemos | VOSOTROS / VOSOTRAS: | jugad \| no juguéis |
| jugáis | juguéis | USTEDES: | **juegue**n \| no **juegue**n |
| juegan | jueguen | | |

• JUGAR weist in den finiten Formen die Unregelmäßigkeiten und die orthographischen Besonderheiten von ROGAR (vgl. 12.58D) auf, die Diphthongierung betrifft hier das U des Stamms. Ansonsten ist JUGAR regelmäßig.

## 12.85 OÍR

GERUNDIO: oyendo

| PRESENTE DE INDICATIVO | PRESENTE DE SUBJUNTIVO | IMPERATIVO | |
|---|---|---|---|
| oigo | oiga | TÚ: | oye \| no **oig**as |
| oyes | oigas | USTED: | **oig**a \| no **oig**a |
| oye | oiga | NOSOTROS / NOSOTRAS: | **oig**amos \| no **oig**amos |
| oímos | oigamos | VOSOTROS / VOSOTRAS: | oíd \| no **oig**áis |
| oís | oigáis | USTEDES: | **oig**an \| no **oig**an |
| oyen | oigan | | |

| INDEFINIDO | IMPERFECTO DE SUBJUNTIVO | FUTURO DE SUBJUNTIVO |
|---|---|---|
| oí | oyera / oyese | oyere |
| oíste | oyeras / oyeses | oyeres |
| oyó | oyera / oyese | oyere |
| oímos | oyéramos / oyésemos | oyéremos |
| oísteis | oyerais / oyeseis | oyereis |
| oyeron | oyeran / oyesen | oyeren |

- Wie OÍR werden konjugiert: DESOÍR, ENTREOÍR, TRASOÍR

## 12.86 PODER

GERUNDIO: pudiendo

| PRESENTE DE INDICATIVO | PRESENTE DE SUBJUNTIVO |
|---|---|
| puedo | pueda |
| puedes | puedas |
| puede | pueda |
| podemos | podamos |
| podéis | podáis |
| pueden | puedan |

| INDEFINIDO | IMPERFECTO DE SUBJUNTIVO | FUTURO DE SUBJUNTIVO |
|---|---|---|
| pude | pudiera / pudiese | pudiere |
| pudiste | pudieras / pudieses | pudieres |
| pudo | pudiera / pudiese | pudiere |
| pudimos | pudiéramos / pudiésemos | pudiéremos |
| pudisteis | pudierais / pudieseis | pudiereis |
| pudieron | pudieran / pudiesen | pudieren |

| FUTURO | CONDICIONAL SIMPLE |
|---|---|
| podré | podría |
| podrás | podrías |
| podrá | podría |
| podremos | podríamos |
| podréis | podríais |
| podrán | podrían |

## 12. Die Verbformen

### 12.87 PONER

**PARTICIPIO: puesto**

| PRESENTE DE INDICATIVO | PRESENTE DE SUBJUNTIVO | IMPERATIVO | | |
|---|---|---|---|---|
| pongo | ponga | | TÚ: | pon \| no pongas |
| pones | pongas | | USTED: | ponga \| no ponga |
| pone | ponga | NOSOTROS / NOSOTRAS: | | pongamos \| no pongamos |
| ponemos | pongamos | VOSOTROS / VOSOTRAS: | | poned \| no pongáis |
| ponéis | pongáis | | USTEDES: | pongan \| no pongan |
| ponen | pongan | | | |

| INDEFINIDO | IMPERFECTO DE SUBJUNTIVO | FUTURO DE SUBJUNTIVO |
|---|---|---|
| puse | pusiera / pusiese | pusiere |
| pusiste | pusieras / pusieses | pusieres |
| puso | pusiera / pusiese | pusiere |
| pusimos | pusiéramos / pusiésemos | pusiéremos |
| pusisteis | pusierais / pusieseis | pusiereis |
| pusieron | pusieran / pusiesen | pusieren |

| FUTURO | CONDICIONAL SIMPLE |
|---|---|
| pondré | pondría |
| pondrás | pondrías |
| pondrá | pondría |
| pondremos | pondríamos |
| pondréis | pondríais |
| pondrán | pondrían |

- Vgl. 12.87B zum Imperativ der Komposita von PONER.
- Wie PONER werden konjugiert: ANTEPONER, COMPONER, CONTRAPONER, DEPONER, DESCOMPONER, DISPONER, EXPONER, IMPONER, INDISPONER, INTERPONER, OPONER, POSPONER, PREDISPONER, PROPONER, RECOMPONER, REPONER, SOBREPONER, SUPERPONER, SUPONER, TRANSPONER, TRASPONER, YUXTAPONER.

**A** ▶REPONER in der Bedeutung *'erwidern'* wird nur in den Tempora verwendet, die mit REPUS– beginnen. In allen anderen Zeiten wird es von seinem Synonym RESPONDER ersetzt.

**B** ▶ Der Imperativ der Komposita von PONER weist orthographische Einzelheiten auf:

| | |
|---:|---|
| TÚ: | supón \| no supongas |
| USTED: | suponga \| no suponga |
| NOSOTROS / NOSOTRAS: | supongamos \| no supongamos |
| VOSOTROS / VOSOTRAS: | suponed \| no supongáis |
| USTEDES: | supongan \| no supongan |

- Der Imperativ der Person TÚ der Komposita von PONER trägt den Akzent: PROPÓN, SUPÓN, etc. Der Akzent bei darauffolgendem unbetonten Pronomen entfällt: SUPONTE, PROPONLO.

### 12.88 QUERER

| PRESENTE DE INDICATIVO | PRESENTE DE SUBJUNTIVO |
|---|---|
| quiero | quiera |
| quieres | quieras |
| quiere | quiera |
| queremos | queramos |
| queréis | queráis |
| quieren | quieran |

# 12. Die Verbformen

## QUERER (Fortsetzung)

| INDEFINIDO | IMPERFECTO DE SUBJUNTIVO | FUTURO DE SUBJUNTIVO |
|---|---|---|
| quise | quisiera / quisiese | quisiere |
| quisiste | quisieras / quisieses | quisieres |
| quiso | quisiera / quisiese | quisiere |
| quisimos | quisiéramos / quisiésemos | quisiéremos |
| quisisteis | quisierais / quisieseis | quisiereis |
| quisieron | quisieran / quisiesen | quisieren |

| FUTURO | CONDICIONAL SIMPLE |
|---|---|
| querré | querría |
| querrás | querrías |
| querrá | querría |
| querremos | querríamos |
| querréis | querríais |
| querrán | querrían |

- Wie QUERER werden konjugiert: BIENQUERER, MALQUERER

## 12.89 RAER

PARTICIPIO: raído
GERUNDIO: rayendo

| PRESENTE DE INDICATIVO | PRESENTE DE SUBJUNTIVO | IMPERATIVO | |
|---|---|---|---|
| raigo | raiga | TÚ: | rae \| no raigas |
| raes | raigas | USTED: | raiga \| no raiga |
| rae | raiga | NOSOTROS / NOSOTRAS: | raigamos \| no raigamos |
| raemos | raigamos | VOSOTROS / VOSOTRAS: | raed \| no raigáis |
| raéis | raigáis | USTEDES: | raigan \| no raigan |
| raen | raigan | | |

| INDEFINIDO | IMPERFECTO DE SUBJUNTIVO | FUTURO DE SUBJUNTIVO |
|---|---|---|
| raí | rayera / rayese | rayere |
| raíste | rayeras / rayeses | rayeres |
| rayó | rayera / rayese | rayere |
| raímos | rayéramos / rayésemos | rayéremos |
| raísteis | rayerais / rayeseis | rayereis |
| rayeron | rayeran / rayesen | rayeren |

## 12.90 ROER

PARTICIPIO: roído
GERUNDIO: royendo

| PRESENTE DE INDICATIVO | PRESENTE DE SUBJUNTIVO | IMPERATIVO | |
|---|---|---|---|
| roo (roigo) | roa (roiga) | TÚ: | roe \| no roas (roigas) |
| roes | roas (roigas) | USTED: | roa (roiga) \| no roa (roiga) |
| roe | roa (roiga) | NOSOTROS / NOSOTRAS: | roamos (roigamos) \| no roamos (roigamos) |
| roemos | roamos (roigamos) | | |
| roéis | roáis (roigáis) | VOSOTROS / VOSOTRAS: | roed \| no roáis (roigáis) |
| roen | roan (roigan) | USTEDES: | roan (roigan) \| no roan (roigan) |

## 12. Die Verbformen

### ROER (Fortsetzung)

| INDEFINIDO | IMPERFECTO DE SUBJUNTIVO | FUTURO DE SUBJUNTIVO |
|---|---|---|
| roí | royera / royese | royere |
| roíste | royeras / royeses | royeres |
| royó | royera / royese | royere |
| roímos | royéramos / royésemos | royéremos |
| roísteis | royerais / royeseis | royereis |
| royeron | royeran / royesen | royeren |

- ROER hat im PRESENTE DE INDICATIVO und im PRESENTE DE SUBJUNTIVO ein regelmäßiges und ein unregelmäßiges Paradigma.
- Kompositum von ROER: CORROER

### 12.91 SABER

| PRESENTE DE INDICATIVO | PRESENTE DE SUBJUNTIVO | IMPERATIVO | |
|---|---|---|---|
| sé | sepa | TÚ: | sabe \| no sepas |
| sabes | sepas | USTED: | sepa \| no sepa |
| sabe | sepa | NOSOTROS / NOSOTRAS: | sepamos \| no sepamos |
| sabemos | sepamos | VOSOTROS / VOSOTRAS: | sabed \| no sepáis |
| sabéis | sepáis | USTEDES: | sepan \| no sepan |
| saben | sepan | | |

| INDEFINIDO | IMPERFECTO DE SUBJUNTIVO | FUTURO DE SUBJUNTIVO |
|---|---|---|
| supe | supiera / supiese | supiere |
| supiste | supieras / supieses | supieres |
| supo | supiera / supiese | supiere |
| supimos | supiéramos / supiésemos | supiéremos |
| supisteis | supierais / supieseis | supiereis |
| supieron | supieran / supiesen | supieren |

| FUTURO | CONDICIONAL SIMPLE |
|---|---|
| sabré | sabría |
| sabrás | sabrías |
| sabrá | sabría |
| sabremos | sabríamos |
| sabréis | sabríais |
| sabrán | sabrían |

### 12.92 SALIR

| PRESENTE DE INDICATIVO | PRESENTE DE SUBJUNTIVO | IMPERATIVO | |
|---|---|---|---|
| salgo | salga | TÚ: | sal \| no salgas |
| sales | salgas | USTED: | salga \| no salga |
| sale | salga | NOSOTROS / NOSOTRAS: | salgamos \| no salgamos |
| salimos | salgamos | VOSOTROS / VOSOTRAS: | salid \| no salgáis |
| salís | salgáis | USTEDES: | salgan \| no salgan |
| salen | salgan | | |

| FUTURO | CONDICIONAL SIMPLE |
|---|---|
| saldré | saldría |
| saldrás | saldrías |
| saldrá | saldría |
| saldremos | saldríamos |
| saldréis | saldríais |
| saldrán | saldrían |

- Kompositum von SALIR: SOBRESALIR

## 12. Die Verbformen

## 12.93 SER

| PRESENTE DE INDICATIVO | PRESENTE DE SUBJUNTIVO | IMPERATIVO | |
|---|---|---|---|
| soy | sea | TÚ: | sé \| no seas |
| eres | seas | USTED: | sea \| no sea |
| es | sea | NOSOTROS / NOSOTRAS: | seamos \| no seamos |
| somos | seamos | VOSOTROS / VOSOTRAS: | sed \| no seáis |
| sois | seáis | USTEDES: | sean \| no sean |
| son | sean | | |

**IMPERFECTO DE INDICATIVO**
era
eras
era
éramos
erais
eran

| INDEFINIDO | IMPERFECTO DE SUBJUNTIVO | FUTURO DE SUBJUNTIVO |
|---|---|---|
| fui | fuera / fuese | fuere |
| fuiste | fueras / fueses | fueres |
| fue | fuera / fuese | fuere |
| fuimos | fuéramos / fuésemos | fuéremos |
| fuisteis | fuerais / fueseis | fuereis |
| fueron | fueran / fuesen | fueren |

## 12.94 TENER

| PRESENTE DE INDICATIVO | PRESENTE DE SUBJUNTIVO | IMPERATIVO | |
|---|---|---|---|
| tengo | tenga | TÚ: | ten \| no tengas |
| tienes | tengas | USTED: | tenga \| no tenga |
| tiene | tenga | NOSOTROS / NOSOTRAS: | tengamos \| no tengamos |
| tenemos | tengamos | VOSOTROS / VOSOTRAS: | tened \| no tengáis |
| tenéis | tengáis | USTEDES: | tengan \| no tengan |
| tienen | tengan | | |

| INDEFINIDO | IMPERFECTO DE SUBJUNTIVO | FUTURO DE SUBJUNTIVO |
|---|---|---|
| tuve | tuviera / tuviese | tuviere |
| tuviste | tuvieras / tuvieses | tuvieres |
| tuvo | tuviera / tuviese | tuviere |
| tuvimos | tuviéramos / tuviésemos | tuviéremos |
| tuvisteis | tuvierais / tuvieseis | tuviereis |
| tuvieron | tuvieran / tuviesen | tuvieren |

| FUTURO | CONDICIONAL SIMPLE |
|---|---|
| tendré | tendría |
| tendrás | tendrías |
| tendrá | tendría |
| tendremos | tendríamos |
| tendréis | tendríais |
| tendrán | tendrían |

- Vgl. 12.94A zum Imperativ der Komposita von TENER.
- Wie TENER werden konjugiert: ABSTENERSE, ATENERSE, CONTENER, DETENER, ENTRETENER, MANTENER, OBTENER, RETENER, SOSTENER.

**A ▶** Der Imperativ der Person TÚ der Komposita von TENER trägt den Akzent: MANTÉN, SOSTÉN etc. Es ist umstritten, ob der Akzent bei darauffolgendem unbetonten Pronomen erhalten bleibt: MANTÉNTE / MANTENTE, SOSTÉNLO / SOSTENLO.

## 12. Die Verbformen

### 12.95 TRAER

PARTICIPIO: traído
GERUNDIO: trayendo

| PRESENTE DE INDICATIVO | PRESENTE DE SUBJUNTIVO | IMPERATIVO | |
|---|---|---|---|
| traigo | traiga | TÚ: | trae \| no traigas |
| traes | traigas | USTED: | traiga \| no traiga |
| trae | traiga | NOSOTROS / NOSOTRAS: | traigamos \| no traigamos |
| traemos | traigamos | VOSOTROS / VOSOTRAS: | traed \| no traigáis |
| traéis | traigáis | USTEDES: | traigan \| no traigan |
| traen | traigan | | |

| INDEFINIDO | IMPERFECTO DE SUBJUNTIVO | FUTURO DE SUBJUNTIVO |
|---|---|---|
| traje | trajera / trajese | trajere |
| trajiste | trajeras / trajeses | trajeres |
| trajo | trajera / trajese | trajere |
| trajimos | trajéramos / trajésemos | trajéremos |
| trajisteis | trajerais / trajeseis | trajereis |
| trajeron | trajeran / trajesen | trajeren |

- Wie TRAER werden konjugiert: ABSTRAER, ATRAER, CONTRAER, DETRAER, DISTRAER, EXTRAER, RETRAER, RETROTRAER, SUBSTRAER, SUSTRAER

### 12.96 VALER

| PRESENTE DE INDICATIVO | PRESENTE DE SUBJUNTIVO | IMPERATIVO | |
|---|---|---|---|
| valgo | valga | TÚ: | val (vale) \| no valgas |
| vales | valgas | USTED: | valga \| no valga |
| vale | valga | NOSOTROS / NOSOTRAS: | valgamos \| no valgamos |
| valemos | valgamos | VOSOTROS / VOSOTRAS: | valed \| no valgáis |
| valéis | valgáis | USTEDES: | valgan \| no valgan |
| valen | valgan | | |

| FUTURO | CONDICIONAL SIMPLE |
|---|---|
| valdré | valdría |
| valdrás | valdrías |
| valdrá | valdría |
| valdremos | valdríamos |
| valdréis | valdríais |
| valdrán | valdrían |

- Wie VALER werden konjugiert: EQUIVALER, PREVALER

### 12.97 VENIR

GERUNDIO: viniendo

| PRESENTE DE INDICATIVO | PRESENTE DE SUBJUNTIVO | IMPERATIVO | |
|---|---|---|---|
| vengo | venga | TÚ: | ven \| no vengas |
| vienes | vengas | USTED: | venga \| no venga |
| viene | venga | NOSOTROS / NOSOTRAS: | vengamos \| no vengamos |
| venimos | vengamos | VOSOTROS / VOSOTRAS: | venid \| no vengáis |
| venís | vengáis | USTEDES: | vengan \| no vengan |
| vienen | vengan | | |

## VENIR (Fortsetzung)

| INDEFINIDO | IMPERFECTO DE SUBJUNTIVO | FUTURO DE SUBJUNTIVO |
|---|---|---|
| vine | viniera / viniese | viniere |
| viniste | vinieras / vinieses | vinieres |
| vino | viniera / viniese | viniere |
| vinimos | viniéramos / viniésemos | viniéremos |
| vinisteis | vinierais / vinieseis | viniereis |
| vinieron | vinieran / viniesen | vinieren |

| FUTURO | CONDICIONAL SIMPLE |
|---|---|
| vendré | vendría |
| vendrás | vendrías |
| vendrá | vendría |
| vendremos | vendríamos |
| vendréis | vendríais |
| vendrán | vendrían |

- Wie VENIR werden seine Komposita konjugiert: ADVENIR, AVENIRSE, CONTRAVENIR, CONVENIR, DESAVENIRSE, DEVENIR, INTERVENIR, PREVENIR, PROVENIR, RECONVENIR, REVENIRSE, SOBREVENIR, SUBVENIR.

**A ▶** Der – sehr selten vorkommende – Imperativ der Person TÚ der Komposita von VENIR trägt den Akzent: INTERVÉN. Regelmäßig gebildete Formen (INTERVIENE) sind nicht unbekannt und klingen nicht unkorrekt.

## 12.98 VER

PARTICIPIO: visto

| PRESENTE DE INDICATIVO | PRESENTE DE SUBJUNTIVO | IMPERATIVO | |
|---|---|---|---|
| veo | vea | TÚ: | ve \| no veas |
| ves | veas | USTED: | vea \| no vea |
| ve | vea | NOSOTROS / NOSOTRAS: | veamos \| no veamos |
| vemos | veamos | VOSOTROS / VOSOTRAS: | ved \| no veáis |
| veis | veáis | USTEDES: | vean \| no vean |
| ven | vean | | |

IMPERFECTO DE INDICATIVO
veía
veías
veía
veíamos
veíais
veían

| INDEFINIDO | IMPERFECTO DE SUBJUNTIVO | FUTURO DE SUBJUNTIVO |
|---|---|---|
| vi | viera / viese | viere |
| viste | vieras / vieses | vieres |
| vio | viera / viese | viere |
| vimos | viéramos / viésemos | viéremos |
| visteis | vierais / vieseis | viereis |
| vieron | vieran / viesen | vieren |

- Das regelmäßige Muster des INDEFINIDO ist hier angeführt, um das Fehlen jeglichen Akzents deutlich zu machen.
- Wie VER werden konjugiert: ENTREVER, PREVER (vgl. 12.98A).

## 12. Die Verbformen

### A ▶ PREVER

| PRESENTE DE INDICATIVO | INDEFINIDO | IMPERATIVO | |
|---|---|---|---|
| preveo | **preví** | TÚ: | **prevé**\| no preveas |
| **prevés** | previste | USTED: | prevea \| no prevea |
| **prevé** | **previó** | NOSOTROS / NOSOTRAS: | preveamos \| no preveamos |
| prevemos | previmos | VOSOTROS / VOSOTRAS: | preved \| no preveáis |
| **prevéis** | previsteis | USTEDES: | prevean \| no prevean |
| **prevén** | previeron | | |

• In den Mustern sind die endungsbetonten Formen fett gedruckt, die bei PREVER im Unterschied zu VER den Akzent tragen müssen.

### 12.99 YACER

| PRESENTE DE INDICATIVO | PRESENTE DE SUBJUNTIVO | IMPERATIVO | |
|---|---|---|---|
| **yazgo** | **yazg**a | TÚ: | yace \| no **yazg**as |
| yaces | **yazg**as | USTED: | **yazg**a \| no **yazg**a |
| yace | **yazg**a | NOSOTROS / NOSOTRAS: | **yazg**amos \| no **yazg**amos |
| yacemos | **yazg**amos | VOSOTROS / VOSOTRAS: | yaced \| no **yazg**áis |
| yacéis | **yazg**áis | USTEDES: | **yazg**an \| no **yazg**an |
| yacen | **yazg**an | | |

# 13. Reflexivverben

Reflexivverben sind solche, deren Infinitivform auf –ARSE, –ERSE oder –IRSE endet, und bei deren Beugung die Pronomen ME, TE, SE, OS und NOS erscheinen müssen. Es wird hier an der üblichen Bezeichnung "Reflexivverb" festgehalten, obgleich die meisten spanischen Verben auf –ARSE, –ERSE und –IRSE weder Rückbezüglichkeit noch Wechselseitigkeit ausdrücken. Die spanische Bezeichnung VERBO PRONOMINAL ist durchaus angemessener, "Pronominalverb" ist aber in der deutschen grammatischen Terminologie unbekannt.

## A. Zur Morphologie der Reflexivverben

Die Reflexivpronomen ME, TE, SE, OS, NOS folgen den Stellungsregeln im Kapitel 11, Teil J. Die Konjugationsmuster der Reflexivverben werden anhand der regelmäßigen Verben **lavarse** *sich waschen* (13.4), **meterse** *eindringen* (13.5) und **subirse** *klettern* (13.6) dargestellt. Die volkstümliche Form SUS für OS (vgl. 11.44A) kommt auch als Reflexivpronomen vor, wird hier aber nicht berücksichtigt.

### 13.1 Stellung der Reflexivpronomen beim behajenden Imperativ

Beim bejahenden Imperativ werden die Reflexivpronomen an die Verbform angehängt, es entsteht also ein Wort: LÁVATE, MÉTASE, SÚBANSE, usw.; zu der ersten und zweiten Person Plural ist zu beachten:

• Das S der Endung –MOS fällt in der ersten Person Plural weg. Es ergibt sich also die Endung –MONOS: LAVÉMONOS, METÁMONOS, SUBÁMONOS.

• Gelegentlich wird der Fehler begangen, die erste Person Plural auf MOSNOS enden zu lassen: RIÁMOSNOS, QUEDÉMOSNOS. Das darf nicht nachgeahmt werden.

• Das –D der zweiten Person Plural fällt vor –OS weg. Die Endungen für die drei Konjugationstypen lauten also jeweils –AOS, –EOS und (Akzent!) –ÍOS: LAVAOS, METEOS, SUBÍOS. Ausnahme von dieser Regel ist der Imperativ von IRSE: IDOS.

### 13.2 Stellung der Reflexivpronomen beim verneinenden Imperativ

Beim verneinenden Imperativ stehen die Reflexivpronomen zwischen NO und der jeweiligen Form: NO TE LAVES, NO TE METAS, NO SE SUBAN, NO NOS LAVEMOS, NO NOS METAMOS, NO NOS SUBAMOS, NO OS LAVÉIS, NO OS METÁIS, NO OS SUBÁIS, NO OS VAYÁIS, usw.

### 13.3 Stellung der Reflexivpronomen bei Gerundio und Infinitiv

• An das Gerundio wird das Reflexivpronomen angehängt, es ergeben sich Formen wie LAVÁNDOSE, METIÉNDOOS, SUBIÉNDOTE, HABIÉNDONOS LAVADO.

• Beim Infinitiv und beim Gerundio sind nach den Regeln in 11.111 und 11.117 manchmal verschiedene Satzstellungen möglich:

**Me quiero lavar / quiero lavarme.**
*Ich möchte mich waschen.*

**Se estaba bañando / Estaba bañándose.**
*Er badete gerade.*

## 13. Reflexivverben

### 13.4 Konjugationsmuster eines Verbs auf –ARSE: LAVARSE

**INFINITIVO:** lavarse
**GERUNDIO:** lavándose
**PARTICIPIO:** lavado

#### INDICATIVO

| PRESENTE | IMPERFECTO | INDEFINIDO | FUTURO | CONDICIONAL SIMPLE |
|---|---|---|---|---|
| me lavo | me lavaba | me lavé | me lavaré | me lavaría |
| te lavas | te lavabas | te lavaste | te lavarás | te lavarías |
| se lava | se lavaba | se lavó | se lavará | se lavaría |
| nos lavamos | nos lavábamos | nos lavamos | nos lavaremos | nos lavaríamos |
| os laváis | os lavabais | os lavasteis | os lavaréis | os lavaríais |
| se lavan | se lavaban | se lavaron | se lavarán | se lavarían |

| PERFECTO | PLUSCUAMPERFECTO | PRETÉRITO ANTERIOR |
|---|---|---|
| me he lavado | me había lavado | me hube lavado |
| te has lavado | te habías lavado | te hubiste lavado |
| se ha lavado | se había lavado | se hubo lavado |
| nos hemos lavado | nos habíamos lavado | nos hubimos lavado |
| os habéis lavado | os habíais lavado | os hubisteis lavado |
| se han lavado | se habían lavado | se hubieron lavado |

| FUTURO PERFECTO | CONDICIONAL COMPUESTO |
|---|---|
| me habré lavado | me habría lavado |
| te habrás lavado | te habrías lavado |
| se habrá lavado | se habría lavado |
| nos habremos lavado | nos habríamos lavado |
| os habréis lavado | os habríais lavado |
| se habrán lavado | se habrían lavado |

#### IMPERATIVO

TÚ: lávate | no te laves
USTED: lávese | no se lave
NOSOTROS / NOSOTRAS: lavémonos | no nos lavemos
VOSOTROS / VOSOTRAS: lavaos | no os lavéis
USTEDES: lávense | no se laven

#### SUBJUNTIVO

| PRESENTE | IMPERFECTO | FUTURO |
|---|---|---|
| me lave | me lavara / me lavase | me lavare |
| te laves | te lavaras / te lavases | te lavares |
| se lave | se lavara / se lavase | se lavare |
| nos lavemos | nos laváramos / nos lavásemos | nos laváremos |
| os lavéis | os lavarais / os lavaseis | os lavareis |
| se laven | se lavaran / se lavasen | se lavaren |

| PERFECTO | PLUSCUAMPERFECTO | FUTURO |
|---|---|---|
| me haya lavado | me hubiera / me hubiese lavado | me hubiere lavado |
| te hayas lavado | te hubieras / te hubieses lavado | te hubieres lavado |
| se haya lavado | se hubiera / se hubiese lavado | se hubiere lavado |
| nos hayamos lavado | nos hubiéramos / nos hubiésemos lavado | nos hubiéremos lavado |
| os hayáis lavado | os hubierais / os hubieseis lavado | os hubiereis lavado |
| se hayan lavado | se hubieran / se hubiesen lavado | se hubieren lavado |

## 13.5 Konjugationsmuster eines Verbs auf –ERSE: METERSE

**INFINITIVO:** meterse
**GERUNDIO:** metiéndose
**PARTICIPIO:** metido

### INDICATIVO

| PRESENTE | IMPERFECTO | INDEFINIDO | FUTURO | CONDICIONAL SIMPLE |
|---|---|---|---|---|
| me meto | me metía | me metí | me meteré | me metería |
| te metes | te metías | te metiste | te meterás | te meterías |
| se mete | se metía | se metió | se meterá | se metería |
| nos metemos | nos metíamos | nos metimos | nos meteremos | nos meteríamos |
| os metéis | os metíais | os metisteis | os meteréis | os meteríais |
| se meten | se metían | se metieron | se meterán | se meterían |

| PERFECTO | PLUSCUAMPERFECTO | PRETÉRITO ANTERIOR |
|---|---|---|
| me he metido | me había metido | me hube metido |
| te has metido | te habías metido | te hubiste metido |
| se ha metido | se había metido | se hubo metido |
| nos hemos metido | nos habíamos metido | nos hubimos metido |
| os habéis metido | os habíais metido | os hubisteis metido |
| se han metido | se habían metido | se hubieron metido |

| FUTURO PERFECTO | CONDICIONAL COMPUESTO |
|---|---|
| me habré metido | me habría metido |
| te habrás metido | te habrías metido |
| se habrá metido | se habría metido |
| nos habremos metido | nos habríamos metido |
| os habréis metido | os habríais metido |
| se habrán metido | se habrían metido |

### IMPERATIVO

| | |
|---:|---|
| TÚ: | métete \| no te metas |
| USTED: | métase \| no se meta |
| NOSOTROS / NOSOTRAS: | metámonos \| no nos metamos |
| VOSOTROS / VOSOTRAS: | meteos \| no os metáis |
| USTEDES: | métanse \| no se metan |

### SUBJUNTIVO

| PRESENTE | IMPERFECTO | FUTURO |
|---|---|---|
| me meta | me metiera / me metiese | me metiere |
| te metas | te metieras / te metieses | te metieres |
| se meta | se metiera / se metiese | se metiere |
| nos metamos | nos metiéramos / nos metiésemos | nos metiéremos |
| os metáis | os metierais / os metieseis | os metiereis |
| se metan | se metieran / se metiesen | se metieren |

| PERFECTO | PLUSCUAMPERFECTO | FUTURO |
|---|---|---|
| me haya metido | me hubiera / me hubiese metido | me hubiere metido |
| te hayas metido | te hubieras / te hubieses metido | te hubieres metido |
| se haya metido | se hubiera / se hubiese metido | se hubiere metido |
| nos hayamos metido | nos hubiéramos / nos hubiésemos metido | nos hubiéremos metido |
| os hayáis metido | os hubierais / os hubieseis metido | os hubiereis metido |
| se hayan metido | se hubieran / se hubiesen metido | se hubieren metido |

## 13. Reflexivverben

### 13.6 Konjugationsmuster eines Verbs auf –IRSE: SUBIRSE

**INFINITIVO:** subirse
**GERUNDIO:** subiéndose
**PARTICIPIO:** subido

#### INDICATIVO

| PRESENTE | IMPERFECTO | INDEFINIDO | FUTURO | CONDICIONAL SIMPLE |
|---|---|---|---|---|
| me subo | me subía | me subí | me subiré | me subiría |
| te subes | te subías | te subiste | te subirás | te subirías |
| se sube | se subía | se subió | se subirá | se subiría |
| nos subimos | nos subíamos | nos subimos | nos subiremos | nos subiríamos |
| os subís | os subíais | os subisteis | os subiréis | os subiríais |
| se suben | se subían | se subieron | se subirán | se subirían |

| PERFECTO | PLUSCUAMPERFECTO | PRETÉRITO ANTERIOR |
|---|---|---|
| me he subido | me había subido | me hube subido |
| te has subido | te habías subido | te hubiste subido |
| se ha subido | se había subido | se hubo subido |
| nos hemos subido | nos habíamos subido | nos hubimos subido |
| os habéis subido | os habíais subido | os hubisteis subido |
| se han subido | se habían subido | se hubieron subido |

| FUTURO PERFECTO | CONDICIONAL COMPUESTO |
|---|---|
| me habré subido | me habría subido |
| te habrás subido | te habrías subido |
| se habrá subido | se habría subido |
| nos habremos subido | nos habríamos subido |
| os habréis subido | os habríais subido |
| se habrán subido | se habrían subido |

#### IMPERATIVO

|  |  |
|---|---|
| TÚ: | súbete \| no te subas |
| USTED: | súbase \| no se suba |
| NOSOTROS / NOSOTRAS: | subámonos \| no nos subamos |
| VOSOTROS / VOSOTRAS: | subíos \| no os subáis |
| USTEDES: | súbanse \| no se suban |

#### SUBJUNTIVO

| PRESENTE | IMPERFECTO | FUTURO |
|---|---|---|
| me suba | me subiera / me subiese | me subiere |
| te subas | te subieras / te subieses | te subieres |
| se suba | se subiera / se subiese | se subiere |
| nos subamos | nos subiéramos / nos subiésemos | nos subiéremos |
| os subáis | os subierais / os subieseis | os subiereis |
| se suban | se subieran / se subiesen | se subieren |

| PERFECTO | PLUSCUAMPERFECTO | FUTURO |
|---|---|---|
| me haya subido | me hubiera / me hubiese subido | me hubiere subido |
| te hayas subido | te hubieras / te hubieses subido | te hubieres subido |
| se haya subido | se hubiera / se hubiese subido | se hubiere subido |
| nos hayamos subido | nos hubiéramos / nos hubiésemos subido | nos hubiéremos subido |
| os hayáis subido | os hubierais / os hubieseis subido | os hubiereis subido |
| se hayan subido | se hubieran / se hubiesen subido | se hubieren subido |

# B. Sonstiges zum Reflexivverb

## 13.7 Lexikalische Fragen

- In der Regel gibt die nicht reflexive Form die Grundbedeutung des Reflexivverbs an: **lavar** *waschen* → **lavarse** *sich waschen*, **aburrir** *langweilen* → **aburrirse** *sich langweilen*. Diese Grundregel ist vor allem für spontane, ins Lexikon nicht aufgenommene Neuprägungen zu beachten.
- Das Lexikon gibt die Reflexivformen an, die sich von der entsprechenden nicht reflexiven Form mehr oder weniger stark unterscheiden: **acordar** *vereinbaren* → **acordarse** *sich erinnern*, **burlar** *täuschen* → **burlarse** *verspotten*, **reunir** *sammeln* → **reunirse** *sich versammeln*.
- Es gibt Verben, die nur in der Reflexivform vorhanden sind, wie zum Beispiel: **arrepentirse** *bereuen*, **atreverse** *wagen*, **jactarse** *protzen*, **quejarse** *klagen*, **rebelarse** *rebellieren*, **suicidarse** *sich das Leben nehmen*.
- Beispiele für spanische nicht reflexive Verben, die einem deutschen Reflexivverb entsprechen: **acontecer** *sich ereignen*, **cambiar** *sich verändern*.

## 13.8 Direkte und indirekte Rückbezüglichkeit

Die Reflexivpronomen sind Akkusativ- und Dativobjekt in echten Reflexivverben (das Satzsubjekt wird von seinem eigenen Tun betroffen), dabei ist das Dativobjekt sehr häufig ein Possessivdativ (vgl. 24.29):

**Me voy a afeitar más tarde.**
*Ich werde mich später rasieren.*

**Me quiero afeitar el bigote.**
*Ich will mir den Bart abrasieren.*

## 13.9 Betonte Reflexivität durch MISMO

Muß das Reflexivpronomen betont werden (vgl. 11.33, 11.41), so wird dafür **A + betonte Form des Reflexivpronomens + MISMO,–A** verwendet, das unbetonte Pronomen erscheint im Satz dabei vorweg- oder wiederaufnehmend:

**¡Conócete a ti mismo!**
*Erkenne dich selbst!*

**Ellas se hacen daño a sí mismas comportándose así.**
*Sie schaden sich selbst, wenn sie sich so verhalten.*

## 13.10 Ausdruck der Gegenseitigkeit

Die Pronomen SE, NOS und OS werden als reziproke Pronomen verwendet:

**Nos reuníamos en casa de Federico.**
*Wir trafen uns bei Federico.*

**¿Os conocíais ya?**
*Kanntet ihr euch schon?*

**Esos vecinos se odian.**
*Diese Nachbarn hassen sich.*

## 13.11 Betonung der Gegenseitigkeit

Um das Verhältnis der Gegenseitigkeit zu unterstreichen, verwendet man UNO A OTRO (vgl. 9.34), oder Adverbien wie MUTUAMENTE, das Reflexivpronomen tritt aber im Satz immer auf:

**Se pegaban (los) unos a (los) otros.**
*Sie schlugen einander.*

**Os echabais la culpa mutuamente.**
*Ihr habt euch gegenseitig beschuldigt.*

## 13.12 ENTRE SÍ

Mit dem Ausdruck ENTRE SÍ wird auch Gegenseitigkeit betont, er wird aber nur für die dritte Person Plural verwendet:

**Se miraban entre sí.**
*Sie schauten einander an.*

## 13.13 Reflexivverben mit kausativem Sinn

Bei einigen Reflexivverben geht es nicht darum, daß das Satzsubjekt eine Handlung an sich selbst oder für sich selbst vollzieht, sondern darum, daß ein anderer etwas an dem Satzsubjekt oder für es tut; gegebenfalls muß der Kontext über das Gemeinte entscheiden:

**cortarse el pelo** *sich (selbst) die Haare schneiden oder: sich die Haare schneiden lassen*
**sacarse una muela** *sich einen Zahn herausziehen lassen*
**construirse una casa** *sich ein Haus bauen (lassen)*
**asesorarse legalmente** *sich juristisch beraten lassen*

## 13.14 Reflexivverben mit passivischem Sinn

In einigen Fällen hat das Reflexivverb einen eindeutigen passivischen Sinn:

**operarse** *sich operieren lassen*
**examinarse** *geprüft werden, sich prüfen lassen*
**criarse** *aufwachsen*
**llamarse** *genannt werden, heißen*
**educarse** *erzogen werden*

## 13.15 SE + Dativ der betroffenen Person

Reflexivverben bezeichnen im Spanischen sehr oft das Geraten eines Lebewesens in einen physischen oder psychischen Zustand: **cansarse** *müde werden,* **recuperarse** *genesen,* **alegrarse** *sich freuen,* **asustarse** *erschrecken,* **aburrirse** *sich langweilen* ; auch Vorgänge, die Dingen oder Personen widerfahren können, werden meistens durch Reflexivverben bezeichnet: **mojarse** *naß werden,* **secarse** *trocknen,* **caerse** *hinfallen,* **destrozarse** *zerreißen,* **equivocarse** *sich irren.* Zu beiden Typen von Reflexivverben tritt sehr häufig eine nicht reflexive Dativform des Personalpronomens (ME / TE / LE / NOS / OS / LES), welche die auf irgendeine Weise durch einen solchen Vorgang betroffene Person vertritt (vgl. Näheres 24.29); es ergeben sich die Pronomenverbindungen SE ME, SE TE, SE LE, SE NOS, SE OS, SE LES:

**No se me quita la fiebre.**
*Ich habe noch Fieber.*

**¿Sigue deprimida? Ya se le pasará.**
*Ist sie noch niedergeschlagen? Sie wird schon darüber hinwegkommen.*

**En este momento no se me ocurre nada.**
*Im Augenblick fällt mir nichts ein.*

# 13. Reflexivverben

**Se les cayó la casa.**
*Ihr Haus ist eingestürzt. (=ihnen ist das Haus zusammengefallen)*

**Se nos olvidó la fecha de su santo.**
*Wir haben vergessen, wann sein Namenstag ist. (= uns ist ... entfallen)*

## 13.16 Nicht steuerbarer Vorgang oder beabsichtigte Handlung?

Weitere Beispiele von Reflexivverben, die Vorgänge bezeichnen, die das Satzsubjekt erleidet (vgl. 13.16), sind: **romperse** *zerbrechen,* **hundirse** *untergehen,* **quemarse** *niederbrennen*; falls nun das Subjekt dieses Verbs ein Lebewesen ist, kann es sich um einen nicht steuerbaren Vorgang oder um eine willentlich ausgeführte Handlung handeln. Der Kontext entscheidet über das Gemeinte:

**Juan se quemó los dedos por no usar guantes.**
*Juan hat sich die Finger verbrannt, weil er keine Handschuhe anhatte.*

**Juan se quemó los dedos para dar pruebas de su hombría.**
*Juan hat sich die Finger verbrannt, um seinen Mannesmut zu beweisen.*

**Se mató porque no le veía sentido a su vida.**
*Er hat sich getötet, weil er keinen Sinn in seinem Leben sah.*

**Se mató en un accidente de tráfico.**
*Er starb bei einem Verkehrsunfall.*

## 13.17 Reflexivformen der Verben des Verzehrs

Bei Verben wie BEBER, COMER, FUMAR, GASTAR, RECORRER, TRAGAR, TOMAR unterstreichen die entsprechenden Reflexivformen (BEBERSE, COMERSE, usw.), daß das Satzsubjekt auch der Nutznießer, der Vollender dieser (oft als beachtliche Leistung anzusehenden) Handlungen ist. Die Reflexivform wird vorzugsweise verwendet, wenn das Akkusativobjekt mengenmäßig bezeichnet ist, und sie ist obligatorisch bei einer Identitätsverstärkung mit SOLO. Im übertragenen Sinne werden nur COMERSE und TRAGARSE verwendet:

**Me fumé un paquete de cigarrillos yo solo.**
*Ich (allein) habe eine (ganze) Packung Zigaretten geraucht.*

**Me bebí el güisqui de un trago.**
*Ich trank den Whisky in einem Zug.*

**Me recorrí los veinte kilómetros a pie.**
*Ich habe die zwanzig Kilometer zu Fuß zurückgelegt.*

**Es chilena y se come las eses.**
*Sie ist Chilenin und verschluckt die S am Silbenende.*

**Se los tragó la tierra.**
*Sie sind wie vom Erdboden verschwunden.*

## 13.18 Reflexivformen von Verben geistiger Wahrnehmung

Bei Verben des Wissens, Vorstellens, Meinens betont die reflexive Form eine bestimmte subjektive Haltung gegenüber dem Inhalt des Wissens, Vorstellens, Meinens. Diese Nuance ist bei jedem Verb verschieden und oft im Deutschen nicht wiederzugeben. Zur Veranschaulichung nachstehend einige Beispiele.

**A ▶ APRENDERSE, SABERSE**
APRENDERSE ist ein perfektives Verb und bedeutet: *'einen Lerninhalt im Gedächtnis verankern'*; das imperfektive Verb dazu ist SABERSE:

**Me he aprendido el nombre de mis alumnos en dos días. Ya me los sé.**
*Ich habe mir die Vornamen meiner Schüler in zwei Tagen gemerkt. Ich kann sie schon auswendig.*

**B ▶ CONOCERSE**
CONOCERSE hat den Sinn von *'etwas gründlich kennen'*:
**Yo soy de esta ciudad y me la conozco como nadie.**
*Ich bin aus dieser Stadt und ich kenne sie wie kein zweiter.*

**C ▶ SUPONERSE, TEMERSE**
SUPONERSE hat den Sinn von **figurarse / imaginarse** *sich denken, sich vorstellen,* **temerse** *fürchten* wird bei der Angabe unangenehmer Sachverhalte einleitend verwendet:
**Suponte que vengan más de diez.**
*Stell dir vor, es kommen mehr als zehn.*

**Me temo que ellos tienen razón.**
*Ich fürchte, sie haben recht.*

**D ▶ CREERSE**
CREERSE bedeutet etwa: *'Unwahrscheinliches oder Unwahres arglos glauben'*:
**Me prometió un puesto y yo me lo creí.**
*Er stellte mir eine Arbeitsstelle in Aussicht, und ich habe es geglaubt.*

• NO ME LO CREO ist die übliche Entsprechung für *'das glaube ich nicht'* bzw. *'das kann ich einfach nicht glauben'*.

## 13.19 Reflexive und nicht reflexive Form bei transitiven Verben

**A ▶ LLEVARSE**
Beispiel mit LLEVARSE in der Bedeutung *'mitnehmen'*:
**Se lo llevaron todo.**
*Sie nahmen alles mit.*

**B ▶ TRAERSE**
TRAERSE hat die Bedeutung *'mitbringen'*; TRAERSE wird verwendet, wenn etwas Eigenes, Wertvolles transportiert wird, meistens an den Ort, wo der Sprechende sich befindet:
**Dile a Julio que se traiga la guitarra.**
*Sag Julio, er soll seine Gitarre mitbringen.*

**C ▶ ENCONTRARSE**
**Estaba pensando en Javier y me lo encuentro en el supermercado.**
*Ich dachte an Javier und treffe ihn im Supermarkt.*

## 13.20 Reflexive und nicht reflexive Formen bei Verben der Bewegung

Die reflexive Form vieler Verben der zielgerichteten Bewegung (ANDARSE, BAJARSE, IRSE, LLEGARSE, MARCHARSE, SALIRSE, SUBIRSE, VENIRSE, VOLVERSE, auch PASEARSE und ESCAPARSE) betont den End- oder den Ausgangspunkt, oder auch die plötzliche Entschlossenheit oder Notwendigkeit, die Handlung auszuführen:

**Me ha dicho que se va a Suecia.**
*Er hat mir gesagt, er gehe nach Schweden.*

**Me salí del cine a mitad de la película.**
*Ich bin mitten im Film aus dem Kino gegangen.*

## 13.21 ESTARSE und QUEDARSE

ESTARSE und QUEDARSE betonen das Verharren an einem Ort (oder in einem Zustand, vgl. 20.8B):

**Me estuve tres horas allí.**
*Ich war drei Stunden dort.*

**Tú te vas, yo me quedo.**
*Du gehst, ich bleibe.*

## 13.22 MORIR und MORIRSE

MORIR meint das bloße Aufhören der Existenz, MORIRSE hingegen betont das Sterben ohne fremde Einwirkung. In der Regel werden beide Formen bei Personen unterschiedslos verwendet, bei Sachen wird MORIR bevorzugt. Aber wenn auf den nicht natürlichen Tod hingewiesen werden soll oder muß, kann allein MORIR verwendet werden. Und ein Dativ des Interesses (vgl. 24.29) ist allein mit MORIRSE möglich:

**Ha muerto la literatura comprometida.**
*Die politisch engagierte Literatur ist tot.*

**Moriría el que tratara de escaparse.**
*Derjenige würde sterben, der zu entkommen versuchte.*

**Se le han ido muriendo todos los amigos.**
*Alle seine Freunde sind ihm nach und nach weggestorben.*

## 13.23 REÍR, SONREÍR und REÍRSE, SONREÍRSE

REÍRSE wird gegenüber REÍR bevorzugt, wenn auf die Ursache des Lachens eingegangen wird. SONREÍRSE wird eher verwendet, wenn es um ein hintergründiges oder plötzliches Lächeln geht:

**¿De qué te ríes?**
*Worüber lachst du?*

**Me río de tu seriedad.**
*Ich lache über deinen Ernst.*

**Se sonrió, pero no dijo nada.**
*Er lächelte, sagte aber nichts.*

## 13.24 CALLARSE und DESPERTARSE

CALLARSE und DESPERTARSE betonen den genauen Beginn oder die Plötzlichkeit des Geschehens:

**Cuando Rigoberto habla, Sigfrido se calla.**
*Wenn Rigoberto spricht, schweigt Sigfrido.*

**Me desperté con los gritos del vecino.**
*Ich wachte bei dem Geschrei des Nachbarn auf.*

## 13.25 CAER und CAERSE

**caer** *fallen*, **caerse** *hinfallen, stürzen*. Im übertragenen Sinne kann nur CAER verwendet werden, für das Abstürzen des Computers wird jedoch meistens CAERSE gebraucht:

**Cayó la dictadura.**
*Die Diktatur ist gestürzt.*

**Me caí conectado a la web del Prado.**
*Mein Computer stürzte ab, als ich auf der Webseite des Prado–Museums war.*

## 13. Reflexivverben

### 13.26 ESPERAR und ESPERARSE

ESPERARSE wird statt ESPERAR in eindringlichen Bitten und Drohungen benutzt:

**Espérate, no te vayas.**
*Warte doch, gehe nicht!*

### 13.27 OLVIDAR und OLVIDARSE

Neben OLVIDAR gibt es das "unpersönliche" OLVIDARSE (mit obligatorischem Dativ des Interesses, vgl. 24.29) und das "persönliche" OLVIDARSE DE. OLVIDAR wird eher mit Gegenständlichem, oft im Sinn von *'liegen, stehen lassen'*, sowie in allgemeinen Aussagen ohne bestimmtes Objekt verwendet. Die Reflexivformen betonen die subjektive Seite, also das Unfreiwillige bzw. Tadelnswerte des Vorgangs und beziehen sich immer auf bestimmte Gegebenheiten:

**El hombre no puede vivir sin olvidar ciertas cosas.**
*Der Mensch kann nicht leben, ohne gewisse Dinge zu vergessen.*

**Se molestó porque me olvidé de su cumpleaños.**
*Sie wurde böse, weil ich ihren Geburtstag vergessen hatte.*

**Se me ha olvidado lo que te quería decir.**
*Ich habe vergessen, was ich dir sagen wollte.*

# 14. Der Infinitiv

## A. Besonderheiten im Gebrauch des Infinitivs

### 14.1 Einfacher oder zusammengesetzter Infinitiv?
Wie im Deutschen bezeichnet der einfache Infinitiv Unabgeschlossenes, der zusammengesetzte Infinitiv bezeichnet hingegen Abgeschlossenes:

**orgullosos de participar** *stolz darauf, teilzunehmen*
**orgullosos de haber participado** *stolz darauf, teilgenommen zu haben*
**el temor de ser engañados** *die Angst davor, betrogen zu werden*
**el temor de haber sido engañados** *die Angst davor, betrogen worden zu sein*

### 14.2 Einfacher statt zusammengesetztem Infinitiv
Der (meistens an sich logisch zwingende) zusammengetzte Infinitiv ist nicht obligatorisch, und auch überhaupt nicht üblich, bei der Verkürzung von Temporalsätzen mit ANTES DE und DESPUÉS DE (vgl. 14.100, 14.103). Er wird dann vor allem gebraucht, um die Dauer eines sehr langen (oder als sehr langen empfundenen) Zeitraums hervorzuheben:

**Volvió a España tras haber vivido cuarenta años en Argentina.**
*Er kehrte nach Spanien zurück, nachdem er dreißig Jahre in Argentinien gelebt hatte.*

**Imposible asumir el paro después de haber trabajado toda la vida.**
*Man kann die Arbeitslosigkeit nicht akzeptieren, nachdem man sein Leben lang gearbeitet hat.*

### 14.3 Stellung des Subjekts des Infinitivsatzes
Das Subjekt des Infinitivsatzes (vgl. Kapitel 14, Teil E) steht, falls es ausgedrückt werden muß, hinter dem Infinitiv:

**¿Quedarme yo? ¿Para qué?**
*Ich soll bleiben? Wozu?*

**Tras desaparecer ella, desapareció él.**
*Nachdem sie verschwunden war, verschwand er.*

### 14.4 Der Infinitivsatz in Wörterbuchdefinitionen
In einsprachigen Wörterbüchern werden Begriffe mit Infinitivsätzen erklärt, auch mit intransitiven Verben, deren Subjekt regelgemäß hinter dem Infinitiv erscheint:

PONER: **soltar el huevo las aves.**
*legen: (Hühner und Vögel) ein Ei ausstoßen.*

ESTALLAR: **principiar violentamente una cosa como una guerra, un incendio.**
*ausbrechen: (Krieg, Feuerbrunst) mit Heftigkeit einsetzen.*

### 14.5 Lexikalisierte Infinitivformen
Beispiele für substantivierte, maskuline Infinitivformen, die im Lexikon verzeichnet sind:

**el deber de un gobernante** *die Pflicht eines Regierenden*
**aquellos placeres prohibidos** *jene verbotenen Wonnen*

## 14. Der Infinitiv

### 14.6 Ad–hoc substantivierte Infinitivformen

Der Infinitiv erhält sehr häufig die Begleitwörter eines maskulinen Substantivs, und kann dabei als Satzteil Ergänzungen jeder Art aufweisen (vgl. Kapitel 14, Teil E und 5.5C):

**el ser mujer en un país musulmán** *das Frausein in einem muslimischen Land*
**el fotografiar árboles** *(das Bäumefotografieren =) das Fotografieren von Bäumen*
**ese empeñarse en entenderlo todo** *jenes Bestreben, alles zu verstehen*
**un temprano despertar a la vida** *ein frühes Lebenserwachen*
**el haber muerto en pobreza** *daß man in Armut gestorben ist*
**el haberme alejado para comunicártelo** *daß ich mich entfernt habe, um es dir mitzuteilen*

### 14.7 LO / ESTO / ESO / AQUELLO DE + Infinitiv

Bei der Formel LO / ESTO / ESO / AQUELLO DE + Substantiv (vgl. 5.18 und 7.38) kann ein Infinitiv anstelle des Substantivs treten:

**lo de subir los impuestos** *das mit der Steuererhöhung*
**esto de no poder recordar apellidos** *daß man sich keine Namen merken kann*
**eso de creer en el diablo** *das mit dem Glauben an den Teufel*
**aquello de querer ser torero** *diese Geschichte, daß ich (man) Stierkämpfer werden wollte*

### 14.8 Der Infinitiv in passivisch–unpersönlicher Bedeutung nach DE

Unpersönliche QUE-Konstruktionen mit bestimmten Verben, bestehend aus SER + DE + Infinitiv bezeichnen Notwendigkeit oder Zweckmäßigkeit; es handelt sich u.a. um die Verben: **desear** *wünschen*, **destacar** *hervorheben*, **esperar** *hoffen*, **notar** *bemerken*, **presumir** *annehmen*, **recordar** *erinnern*, **señalar** *hinweisen*, **suponer** *vermuten*, **temer** *befürchten*. Das Deutsche verfügt über dieselbe Struktur mit etwa den gleichen Verben:

**Es de destacar que no existen más pruebas.**
*Es ist hervorzuheben, daß keine weiteren Beweise vorhanden sind.*

**Era de presumir que todo era mentira.**
*Es war anzunehmen, daß alles gelogen war.*

### 14.9 SER DE + Infinitiv mit obligativem Sinn als Prädikatsnomen

SER + DE + Infinitiv mit den meisten in 14.8 genannten Verben kann auch prädikativ verwendet werden:

**Sus iras son de temer.**
*Seine Wutausbrüche sind zu fürchten.*

**Era de notar su manera de sentarse.**
*Bemerkenswert war seine Sitzhaltung.*

### 14.10 DE + Infinitv als Ergänzung von Adjektiven

DE + Infinitiv erscheint als passivisch-unpersönliche Ergänzung einiger Adjektive, am häufigsten FÁCIL und DIFÍCIL. DE + Infinitiv wird hier auch prädikativisch gebraucht:

**un nivel difícil de mantener** *ein schwer zu haltendes Niveau*
**cosas facilísimas de conseguir en Holanda** *Dinge, die man in Holland ganz leicht bekommt*
**estampas que eran muy bonitas de ver** *Heiligenbilder, die sehr hübsch anzuschauen waren*
**una historia breve de contar** *eine Geschichte, die rasch erzählt werden kann*

## 14.11 Der Infinitiv in passivisch–unpersönlicher Bedeutung nach A

Die sehr verbreitete, heftig bekämpfte, nur in manchen Fällen tolerierte rein attributive Fügung A + Infinitiv wird verwendet zur Bezeichnung dessen, was getan werden soll:

**cheques a cobrar** *einzulösende Schecks*
**la cantidad a pagar** *der zu zahlende Betrag*
**el obstáculo principal a superar** *das größte Hindernis, das überwunden werden soll / muß*

## 14.12 Der passivisch–unpersönliche Infinitiv nach POR

Die passivische Fügung POR + Infinitiv bezeichnet das, was als Aufgabe anzusehen und noch zu erledigen ist. Die Fügung kann sowohl attributiv als auch prädikativ gebraucht werden. Im prädikativen Gebrauch ergänzt sie meistens FALTAR, HABER, QUEDAR oder ESTAR bzw. deren Synonyme. Ein Adverb wie AÚN erscheint redundanterweise in diesen Sequenzen recht häufig:

**Queda mucho por hacer**
*Es bleibt viel zu tun.*

**Fecha y lugar están aún por determinar.**
*Ort und Datum werden noch festgelegt.*

**Los últimos terrenos por expropiar pertenecen a la Iglesia.**
*Die letzten zu enteignenden Grundstücke sind Eigentum der katholischen Kirche.*

## 14.13 Der passivisch–unpersönliche Infinitiv nach SIN

Die passivische Fügung SIN + Infinitiv bezeichnet das, was unerledigt oder nicht geschehen ist; es entspricht sehr häufig Partizipien mit der Vorsilbe *'un–'*. Die Fügung kann sowohl attributiv als auch prädikativ (hauptsächlich mit ESTAR und QUEDAR) gebraucht werden:

**Hay dos formularios sin rellenar.**
*Es gibt zwei unausgefüllte Formulare.*

**Toda esta ropa está sin planchar.**
*Diese ganze Wäsche ist ungebügelt.*

**El último párrafo ha quedado sin traducir.**
*Der letzte Absatz ist unübersetzt geblieben.*

## 14.14 Der passivisch–unpersönliche Infinitiv nach A MEDIO

Die passivische Fügung A MEDIO + Infinitiv bezeichnet das halbwegs Erledigte. Die Fügung kann sowohl attributiv als auch prädikativ, dann in der Regel mit ESTAR, gebraucht werden:

**En el cenicero se veían dos cigarrillos a medio fumar.**
*Im Aschenbecher waren zwei halb gerauchte Zigaretten.*

**La casa estaba a medio construir.**
*Das Haus war halb fertig gebaut.*

## 14.15 Bedeutung von PARA + INFINITIV

PARA + Infinitiv bezeichnet das, was auf eine bestimmte Weise behandelt oder benutzt werden soll; darüber hinaus ersetzt die Formel in der heutigen Sprache immer mehr POR in der in 14.12 erläuterten Verwendungsweise:

**cuadernos para corregir** *zu korrigierende Hefte*
**un disco para regalar** *eine Schallplatte zum Verschenken*
**tener un terreno para vender** *ein Grundstück zu verkaufen haben*

## 14. Der Infinitiv

**medicinas para repartir** *Medikamente zu verteilen*
**una bicicleta para usar en la playa** *ein Fahrrad, das man am Strand verwenden kann*

### 14.16 SER / ESTAR + PARA + Infinitiv

Als Prädikatsnomen von SER oder ESTAR wird **PARA + Infinitiv** sehr häufig zur Bezeichnung dessen gebraucht, was der Fall sein sollte (vgl. 19.86):

**Este abrigo está para tirarlo.**
*Dieser Mantel ist nicht mehr zu benutzen (diesen Mantel sollte man wegwerfen).*

**La historia no es para usarla con fines ideológicos.**
*Die Geschichte darf man nicht zu ideologischen Zwecken gebrauchen.*

**Los libros son para leerlos.**
*Bücher sind zum Lesen da.*

### 14.17 Der passivisch–unpersönliche Infinitiv nach QUE

Zur Bezeichnung dessen, was man erledigen muß, kann TENER / HABER + Substantiv + QUE + Infinitiv verwendet werden, wobei anstelle eines Substantivs auch Quantitäsausdrücke wie MUCHO oder NADA erscheinen können. Diese Fügung fungiert häufig als Ersatz für POR + Infinitiv:

**Tengo dos cosas que decir.**
*Ich habe zweierlei zu sagen.*

**Hay mucha niebla que despejar en este asunto.**
*In dieser Angelegenheit gibt es viele Unklarheiten zu beseitigen.*

### 14.18 TENER / HABER / QUEDAR DE BEBER / COMER

ALGO / NADA DE BEBER / COMER steht nach TENER und den Verben des Vorhandenseins wie HABER und QUEDAR (DE wird hier sehr oft von PARA ersetzt, vgl. 14.15):

**¿Tienes algo de beber?**
*Hast du etwas zu trinken?*

**Ya no les quedaba nada de comer.**
*Sie hatten nichts mehr zu essen.*

### 14.19 DE + Infinitiv als Merkmalbezeichnung

Häufig in passivisch-unpersönlicher Bedeutung steht **DE + Infinitiv** als nähere Bestimmung eines Substantivs. Die Fügung tritt in attributiver und prädikativer Verwendung auf:

**Esta es una camisa de lavar y usar.**
*Dies ist ein wash–and–wear–Hemd.*

**La gente como nosotros no es de fiar.**
*Leute wie wir sind nicht vertrauenswürdig.*

**El regalo, ¿es de comer o es de ponerse?**
*Ist das Geschenk etwas zum Essen oder zum Anziehen?*

### 14.20 Infinitiv statt finiter Verbform in einem Hauptsatz

Der Infinitiv ersetzt im Gespräch häufig eine persönliche Form. Er kommt in Antworten vor auf Fragen, was der Sprecher oder ein anderer tut, getan hat oder tun wird, ferner im verwunderten Wiederholen einer Behauptung in Frageform, schließlich in *'soll'*-Fragen:

# 14. Der Infinitiv

—¿Qué haces?  "Was machst du?"
—Descansar.  "Ich ruhe mich aus."

—¿Qué van a hacer con eso?  "Was machen die damit?"
—Tirarlo a la basura  "Sie werfen es in den Müll."

—Me parece que te equivocas.  "Ich glaube, du irrst"
—¿Equivocarme yo? De eso nada.  "Ich soll mich irren? Ach wo!"

—Esto debemos acabarlo para las diez.  "Wir müssen dies bis zehn fertig haben."
—Oye, si él no está, ¿para qué darnos tanta prisa?  "Du, hör mal, wozu sollen wir uns so beeilen, wenn er nicht da ist?"

**A** ▶ Der Infinitiv wird sehr häufig als Aufforderungsform gebraucht vgl. 31.9, 31.11.

## 14.21 Der deklarative Infinitiv

Vornehmlich am Schluß, aber auch am Anfang schriftlicher und mündlicher Äußerungen steht statt der finiten Form der ersten Person Singular der Infinitiv. Es geht bei diesem deklarativen Infinitiv um Verben, die Kommunikationsweisen beschreiben: DECIR, PEDIR, CONFIRMAR, AGRADECER u. ä.:

**Por último, pedirles que publiquen esta carta sin recortarla.**
*Zuletzt möchte ich Sie noch darum bitten, diesen Brief ungekürzt zu veröffentlichen.*

**Ante todo, darte las gracias por abrirme los ojos.**
*Zuallererst möchte ich Dir dafür danken, daß Du mir die Augen geöffnet hast.*

## 14.22 Infinitiv in abhängigen Fragen nach SABER

Nach SABER wird der Infinitiv in abhängigen Fragen mit persönlichem oder unpersönlichem, allgemeinem Sinn nach Fragewörtern und nach SI in der Bedeutung *'ob'* verwendet:

**No sé qué ponerme.**
*Ich weiß nicht, was ich anziehen soll.*

**¿Sabes cómo manejar esto?**
*Weißt du, wie man hiermit umgeht?*

**No sabemos si irnos o quedarnos.**
*Wir wissen nicht, ob wir gehen oder bleiben sollen.*

## 14.23 Der Infinitiv in unabhängigen allgemeinen Fragen

Fragen mit einem Frageadverb oder –pronomen, auf die der Infinitiv folgt, haben einen allgemeinen Sinn:

**¿Qué hacer?**
*Was soll man tun?.*

**¿Cómo ayudar a África?**
*Wie soll man Afrika helfen?*

## 14.24 Der Infinitiv als Verkürzung von Temporalsätzen

Mit der eher in der Umgangssprache gebrauchten Formel **3. Person Singular von SER + Infinitiv** wird ein Temporalsatz der unmittelbaren Vorvergangenheit ersetzt. Die Sequenz wird vervollständigt mit **Y + Infinitiv / finite Verbform**:

**Fue vernos y enamorarnos.**
*Wir sahen uns und verliebten uns auf der Stelle.*

## 14. Der Infinitiv

**Es acabar el verano y le empieza la depre.**
*Kaum ist der Sommer zu Ende, kriegt er seine Depressionen.*

### 14.25 Der Infinitiv in abhängigen Fragen mit TENER und HABER

Ein Infinitivsatz kann auf ein Fragepronomen oder -adverb folgen mit TENER sowie nach unpersönlichem HABER. Vielfach werden die Fragewörter DÓNDE und QUIÉN als Pronomen aufgefaßt und folglich nicht akzentuiert:

**No tengo qué ponerme.**
*Ich habe nichts zum Anziehen.*

**No hay de qué avergonzarse.**
*Es gibt keinen Grund, sich zu schämen.*

**Por fin teníamos cómo volver.**
*Endlich wußten wir, wie wir zurückfahren konnten.*

**¿Ya tienes dónde dormir?**
*Weißt du schon, wo du schlafen wirst?*

**Mi hermana mayor siempre tenía con quien jugar.**
*Meine älteste Schwester hatte immer jemand, mit dem sie spielen konnte.*

• Zu Sätzen wie NO HAY POR QUÉ HABLAR und NO TIENES POR QUÉ HACERLO vgl. 28.13B.

### 14.26 Infinitivsatz statt Relativsatz

Im persönlichen oder unpersönlichen Ausdruck von Wunsch und Notwendigkeit kann ein Infinitivsatz auf DONDE oder **Präposition + Relativpronomen** folgen:

**Les gustaría que su ciudad tuviese calles donde deslizarse sin peligro con el patinete.**
*Sie sähen es gern, wenn es in ihrer Stadt Straßen gäbe, auf denen sie gefahrlos Rollschuh fahren könnten.*

**Difícil nombrar un político al que tomar como modelo.**
*Schwierig, einen Politiker zu nennen, den man sich zum Vorbild nehmen könnte.*

### 14.27 Der thematische Infinitiv

Einer in der Regel zögernden, nachdenklichen Antwort mit einer finiten Verbform kann der entsprechende Infinitiv vorgeschaltet werden, um den Gegenstand der Antwort anzukündigen; manchmal steht LO QUE SE DICE oder COMO vor dem Infinitiv:

**Divertirnos, algo nos divertimos.**
*Nun ja, ein bißchen Spaß haben wir schon gehabt.*

**Mentir, lo que se dice mentir, no mintió.**
*Also, richtig gelogen hat er nicht.*

**Como estudiar, estudiamos lo que se nos exige.**
*Ob wir lernen? Nun, wir lernen gerade soviel, wie man von uns verlangt.*

### 14.28 POR + thematischer Infinitiv

POR + **Infinitiv** steht häufig vor einem mit der entsprechenden finiten Form gebildeten Satz, der explizit oder implizit eine Steigerung, einen Höhepunkt ausdrückt. Die Struktur wird meistens in einem negativen Kontext verwendet, weshalb der Infinitiv entsprechend verneint erscheint:

No sabemos dónde vive ni a qué se dedica. Por no saber, no sabemos ni su nombre.
*Wir wissen nicht, wo sie wohnt und was ihr Beruf ist. Ja, wir wissen nicht einmal ihren Namen.*

## 14.29 Der Infinitiv der Überraschung und der Empörung

In Erwiderungen auf Mitteilungen des Gesprächspartners drückt der Sprecher seine Überraschung oder Empörung darüber durch das Ausrufen des entsprechenden Infinitivs aus, häufig durch an sich selbst gerichtetes MIRA QUE (vgl. 31.35A, vgl. auch 27.33B) eingeleitet. Der zusammengesetzte Infinitiv wird hier oft gebraucht:

**¡Cosa más rara! ¡No saber quién fue Franco!**
*Wie seltsam! Daß man nicht weiß, wer Franco war!*

**Esconderte el pasaporte, ¡qué bestias!**
*Daß sie deinen Paß versteckt haben! was für Lumpen!*

**Mira que irse / haberse ido sin avisarnos.**
*Daß sie weggegangen sind, ohne uns Bescheid zu geben!*

## 14.30 Der Infinitiv im Ausdruck von Bedauern und Vorwurf

In gefühlsbetonter Ausdrucksweise steht der zusammengesetzte Infinitiv in Ausrufen des Bedauerns und Vorwurfs darüber, was der Fall hätte sein sollen, und ersetzt somit den CONDICIONAL COMPUESTO bzw. PLUSCUAMPERFECTO DE SUBJUNTIVO des betreffenden Verbs (vgl. 18.22):

**¡Haberlo sabido!**
*Hätte ich das bloß gewußt!*

**¡Habérmelo dicho antes!**
*Hättest du es mir vorher gesagt!*

## B. Der untergeordnete Infinitivsatz

## 14.31 Substantiv + DE + Infinitiv

Zwischen einem (näher bestimmten) Substantiv und dessen Infinitivergänzung steht normalerweise DE (sonst ist DE auch eine meistens – aber nicht immer! – korrekte Alternative zu anderen Präpositionen, vgl. 38.5C):

**el deseo de fundar una familia** *der Wunsch, eine Familie zu gründen*
**la orden de destruir el puente** *der Befehl, die Brücke zu zerstören*
**mi esperanza de conseguir trabajo** *meine Hoffnung, Arbeit zu finden*
**las ventajas de poseer pasaporte alemán** *die Vorteile, einen deutschen Paß zu besitzen*

**A ▶** Beispiele für Substantive mit einer anderen Präposition vor dem Infinitiv:

**los esfuerzos por salir de la crisis** *die Anstrengungen, aus der Krise herauszukommen*
**el derecho a tener una patria** *das Recht, ein Vaterland zu haben*
**el miedo a hablar en público** *die Angst, in der Öffentlichkeit zu sprechen*
**la vergüenza a levantar la mano en clase** *die Scheu, die Hand im Unterricht zu heben*
**el interés en no cambiar estructuras** *das Interesse, Strukturen nicht zu verändern*

# 14. Der Infinitiv

## 14.32 Infinitivsatz statt QUE-Nebensatz

Für den spanischen Infinitiv als Ergänzung eines Substantivs, der auch "unpersönlich" gebraucht werden kann, steht im Deutschen oft ein Satz mit finiter Verbform; dies ist insbesondere der Fall bei EL HECHO:

**la sospecha de equivocarnos** *die Vermutung, wir irrten*
**el hecho de vivir sola** *die Tatsache, daß man / sie allein lebt*
**por el mero hecho de ser madres** *bloß weil sie / wir / ihr Mütter sind / seid*

## 14.33 Adjektiv + DE + Infinitiv

Bei den meisten Adjektiven, die eine Infinitivergänzung haben können, wird der Infinitiv mit DE eingeführt:

**orgullosos de ser catalanes** *stolz, Katalanen zu sein*
**hartas de esperar** *des Wartens überdrüssig*
**contentísimos de haberlo logrado** *äußerst glücklich darüber, es erreicht zu haben*
**seguros de ganar** *siegessicher*

• Zur Infinitivergänzung von Adjektiven mit PARA vgl. 39.41, mit POR vgl. 39.8A.

## 14.34 Adjektiv + EN + Infinitiv

Bei Angaben von gewohnheitsmäßigen Verhaltensweisen durch Adjektiv und Infinitiv steht normalerweise EN vor dem Infinitiv, welchem nicht selten EL vorausgeht:

**severo en juzgar** *streng im Urteilen*
**diestro en razonar** *geschickt im Argumentieren*
**negligente en el vestir** *nachlässig in der Kleidung*
**sobrio en el beber** *mäßig im Trinken*

## 14.35 Präposition vor dem Infinitiv fehlt in unpersönlichen Konstruktionen

Wenn der Infinitiv Satzsubjekt ist, also in sogenannten "unpersönlichen Konstruktionen" steht niemals eine Präposition davor. Der Verbteil im Satz beginnt hier sehr häufig mit der Kopula und deren Ergänzung oder dem Prädikat mit eventueller Ergänzung:

**En ese caso sería posible ir en coche.**
*In dem Fall wäre es möglich, mit dem Auto zu fahren.*

**Era tu obligación ayudarlos.**
*Es war deine Pflicht, ihnen zu helfen.*

**Duele ver una casa destruida.**
*Es schmerzt, ein gestörtes Haus zu sehen.*

**No sé si merece la pena intentarlo.**
*Ich weiß nicht, ob es sich lohnt, es zu versuchen.*

## 14.36 Substantivierter Infinitiv in unpersönlichen Konstruktionen

Vor dem infinitivischen Satzsubjekt steht oft EL:

**Da ilusión el saber que existen personas como ella.**
*Es ist eine Freude, zu wissen, daß es Menschen wie sie gibt.*

**Es crimen y error a un tiempo el lanzar al pueblo a la guerra.**
*Es ist sowohl ein Verbrechen als auch ein Irrtum, das Volk in den Krieg zu stürzen.*

## 14.37 Persönliche oder unpersönliche Infinitiv Konstruktion?

Der Unterschied zwischen den "unpersönlichen Konstruktionen" ohne Präposition und den "persönlichen Konstruktionen" mit DE (oder einer anderen Präposition, vgl. 14.31, 14.33, 14.34) muß klar sein:

**Era mi intención ayudarlos.**
*Es war meine Absicht, ihnen zu helfen.*

**Tenía la intención de ayudarlos.**
*Ich hatte die Absicht, ihnen zu helfen.*

**Estas reglas son difíciles de explicar.**
*Diese Regeln sind schwer zu erklären.*

**Es difícil explicar estas reglas.**
*Es ist schwer, diese Regeln zu erklären.*

## 14.38 Liste der Verben mit Infinitivergänzung

Die Verben der folgenden Liste nehmen in der Regel eine Infinitivergänzung an (nicht angeführt sind die Verben des Berichtens, vgl. 14.41). Die vor der Infinitivergänzung eventuell zu verwendende Präposition bzw. QUE wird in Kapitälchen mit angegeben. Fettgedruckt sind die Verben, bei denen eine Infinitivkonstruktion auch dann möglich ist, wenn der Nebensatz ein eigenes Subjekt hat.

abandonarse A
abstenerse DE
acabar DE/POR (vgl 14.72, 14.75)
acceder A
aceptar
acertar A
acomodarse A
**aconsejar** (vgl. 14.43)
acordar
acordarse DE
acostumbrar(se) A (vgl. 14.53A)
**acusar** DE
afanarse POR
afligirse DE
agacharse A (vgl. 14.115)
agraviarse DE
aguardar A
ajustarse A
alcanzar A
alegrarse DE
**alentar** A/PARA
amenazar CON
anhelar
**animar** A
ansiar
aplicarse A
aprender A
apresurarse A
apretar A
apurarse POR
arrepentirse DE
arriesgarse A
asombrarse DE

aspirar A
asustarse DE
atinar A
atreverse A
**autorizar** A/PARA
avenirse A
aventurarse A
avergonzarse DE
**ayudar** A
bastar A/CON (vgl 14.53B)
cansarse DE
ceder A
celebrar
citar A
cesar DE
comenzar A
complacerse EN
**comprometer** A
**condenar** A
concluir POR
**conducir** A (vgl. 14.47A)
confiar EN
conformarse A
congratularse DE
**consagrar** A
conseguir
**consentir** (vgl. 14.49)
consentir EN
consistir EN
conspirar A
contar CON
contentarse CON
contribuir A
convenir EN
**convidar** A

creer (vgl. 14.51)
cuidar DE
**culpar** DE
dar (vgl. 14.53C)
deber (vgl. 14.57)
deber DE (vgl. 14.58)
decidir
decidirse A/POR
**dedicar** A
**dejar** (vgl. 14.48)
dejar DE (vgl.14.88)
deleitarse EN
demostrar
**desafiar** A
descartar
descuidar DE
desear
deshacerse POR
desistir DE
**destinar** A
desvivirse POR
detenerse A
determinar
determinarse A
detestar
dignarse
disculparse DE
disponerse A
divertirse EN/CON
dudar EN
echar(se) A
elegir
eludir
empeñarse EN
empezar A

## 14. Der Infinitiv

**emplazar** A (vgl. 14.45)
encargar
encargarse DE
ensayar A
**enseñar** A
entrar A (vgl. 25.59A)
entretenerse EN
enviar A
equivaler A
esforzarse POR/PARA/EN
esmerarse EN
espantarse DE
esperar (vgl. 14.51)
esperar a (vgl. 35.16)
**excitar** A
**exhortar** A
**exigir**
extrañarse DE
evitar
felicitarse DE
fijarse EN
fingir
**forzar** A
**ganar** A
gloriarse DE
gozar DE
gozarse EN
guardarse DE
gustar DE
haber QUE/DE (vgl. 14.60, 14.61)
**hacer** (vgl. 14.46)
hacer bien/mal EN
hartarse DE
hincharse a
huir DE
humillarse A
impacientarse POR
**impedir** (vgl. 14.50)
**impeler** A (vgl. 14.47)
**impulsar** A (vgl. 14.47)
**incitar** A (vgl. 14.47)
**inclinar** A (vgl. 14.47)
incomodarse A/POR
**inducir** A (vgl. 14.47)
inflarse a
insistir EN
**inspirar** A
**instar** A (vgl. 14.47)
intentar
**invitar** A (vgl. 14.45)
ir A (vgl. 14.64, 14.114)
jactarse DE
jugar A
lamentar (vgl. 14.51)
lanzarse A
levantarse A

liarse A
limitarse A
lograr
**llevar** A (vgl. 14.47A)
luchar POR/PARA
llegar a (vgl. 14.93-95, 14.114)
**mandar**
maravillarse DE
matarse POR
merecer(se)
meterse A
molestarse EN
morirse POR
necesitar
negar
negarse A
oír
**obligar** A (vgl. 14.47)
obstinarse EN
ocuparse EN/DE/CON
odiar
ofrecer
ofrecerse A
olvidar(se) (vgl. 13.27)
olvidarse DE (vgl. 13.27)
oponerse A
optar POR
**ordenar**
osar
parar DE
pararse A
parecer (vgl. 14.52)
pasar A (vgl. 14.79)
**pedir**
pensar
pensar EN
**permitir**
perseverar EN
persistir EN
**persuadir** A
plantear
poder (vgl. 14.54)
**poner** A
ponerse A
preciarse DE
preferir
preparar A/PARA
prescindir DE
prestarse A
presumir DE
pretender
principiar A
probar A
proceder A
**prohibir** (vgl. 14.49)
prometer

**proponer**
proponerse
proyectar
pugnar POR
quedar POR (vgl. 14.12)
quedar EN
quedarse A (vgl. 14.115)
quejarse DE
querer
rabiar POR
rebajarse A
rechazar
**recomendar** (vgl 14.43)
recordar
recrearse EN
reducir A
rehusar
relevar DE
renunciar A
**reprochar** (vgl. 14.44)
resignarse A
resistirse A
resolverse A
retirarse A
reventar POR
**rogar** (vgl. 14.43)
romper A
saber
sentarse A
**sentir** (vgl. 14.42)
servirse
soler
soltarse A
someterse A
soñar CON
sorprenderse DE
sugerir
**suplicar** (vgl. 14.44)
tardar EN
temer (vgl. 14.51)
tener QUE (vgl. 14.59)
tender A
**tentar** A (vgl. 14.45)
terminar DE/POR (vgl. 14.73-75)
titubear EN
tocar A
tornar A
tratar DE
ufanarse DE
vacilar EN
vanagloriarse DE
venir A (vgl. 14.84-87, 14.114)
**ver** (vgl. 14.42)
ver DE (vgl. 14.53G)

## 14. Der Infinitiv

### 14.39 Persönliche Infinitivergänzung in unpersönlichen Konstruktionen

In unpersönlichen Konstruktionen ist in der Regel das Subjekt der Infinitivergänzung die Person, die beim Hauptverb durch das Dativobjekt vertreten ist:

**Me gusta cocinar.**
*(Mir gefällt es zu kochen =) Ich koche gern.*

**Le resultaba imposible vivir sola.**
*Es war ihr unmöglich, allein zu leben.*

**A las niñas se les ocurrió hacer un pastel.**
*Die Mädchen kamen auf den Gedanken, einen Kuchen zu backen.*

• Mit unpersönlichem PARECER bei Meinungsäußerungen ist eine QUE-Konstruktion die Regel, vgl. jedoch 14.52.

### 14.40 Haupt- und Infinitivsatz mit eigenem Subjekt

Es kommt nicht selten vor, daß der Infinitivsatz einer unpersönlichen Konstruktion wie in 14.24 erläutert ein eigenes Subjekt hat; somit ersetzt hier der (häufig substantivierte) Infinitivsatz einen QUE-Nebensatz, was nicht ganz korrekt anmutet:

**Es una desfachatez el exigirnos silencio absoluto a partir de las 10 de la noche.**
*Es ist eine Unverschämtheit, daß man von uns ab 10 Uhr abends absolute Ruhe verlangt.*

### 14.41 Infinitivergänzung statt QUE-Nebensatz bei Verben des Berichtens

Behauptungen können statt in einem QUE-Satz (vgl. Kapitel 37, Teil F) auch in einem Infinitivsatz wiedergegeben werden. Dies ist nicht unüblich im journalistischen Stil und kommt vor allem bei folgenden redeeinführenden Verben zur Anwendung:

| | | |
|---|---|---|
| ADMITIR | CONFIRMAR | MANIFESTAR |
| ADVERTIR | DECIR | MENCIONAR |
| AFIRMAR | DECLARAR | OPINAR |
| ANUNCIAR | DESTACAR | RECONOCER |
| AÑADIR | INDICAR | REITERAR |
| ASEGURAR | INFORMAR | SEÑALAR |
| COMUNICAR | INSINUAR | SOSTENER |

Beispiele:

**Dice no recordar nada.**
*Er sagt, er erinnere sich an nichts.*

**Aseguró haber cancelado la cita.**
*Er versicherte, er habe die Verabredung abgesagt.*

### 14.42 Infinitivergänzung nach Verben der Wahrnehmung

Ein Infinitivsatz mit eigenem Subjekt kann Akkusativobjekt der Verben VER, OÍR, MIRAR, SENTIR sein; das Subjekt der Infinitivergänzung (welches Objekt von VER, OÍR, MIRAR, SENTIR wird) steht in der Regel hinter dem Infinitiv (zum Personalpronomen vgl. 11.120):

**Oímos gritar a la vecina.**
*Wir hörten die Nachbarin schreien.*

**Vi cerrarse una puerta.**
*Ich sah eine Tür zuschnappen.*

**Mirábamos pasar a los soldados.**
*Wir schauten zu, als die Soldaten vorbeimarschierten.*

## 14. Der Infinitiv

**Siento venir calamidades.**
*Ich spüre das Herannahen von Katastrophen.*

**A ▸** Eine Infinitivkonstruktion nach VER, OÍR, MIRAR und SENTIR ist nur zulässig, wenn es um die Wahrnehmung von Handlungen und Geschehen geht. Bei der Infinitivkonstruktion steht im Vordergrund die Wahrnehmung als solche; bei der mit diesen Verben auch möglichen Gerundio-Konstruktion (nur mit VER üblich, vgl. 15.4) wird der Verlauf der wahrgenommenen Handlung eines Lebewesens betont, bei der ebenfalls möglichen QUE-Konstruktion (vgl. 34.31) werden eher Meinungen mitgeteilt.

### 14.43 Infinitivergänzung nach Verben der Willensäußerung

Eine Infinitivkonstruktion mit Verben, die einen Sprechakt der Willensäußerung bezeichnen wie ACONSEJAR, PEDIR, RECOMENDAR, ROGAR ist obligatorisch nur bei (der selten anzutreffenden) Subjektidentität im Haupt- und Nebensatz sowie dann, wenn das Subjekt in beiden Fällen unpersönlich-allgemein gehalten werden soll:

**Exijo ver los documentos inmediatamente.**
*Ich verlange sofortige Einsicht in die Dokumente.*

**Se ruega guardar silencio.**
*Es wird um Ruhe gebeten.*

**Recomiendan no ir a más de 100 kilómetros por hora.**
*Sie empfehlen, nicht schneller als 100 km/h zu fahren.*

### 14.44 QUE–Nebensatz gegenüber Infinitivergänzung bevorzugt

Bei folgenden Verben wird ein QUE-Nebensatz (vgl. 34.43) bei Subjektverschiedenheit im Haupt- und Nebensatz bevorzugt:

| | | |
|---|---|---|
| ACONSEJAR | PROPONER | ROGAR |
| ENCARGAR | RECOMENDAR | SUGERIR |
| EXIGIR | REPROCHAR | SUPLICAR |
| PEDIR | | |

• Bei DECIR ist nur ein QUE-Nebensatz als Ergänzung möglich.

### 14.45 Infinitivergänzung gegenüber QUE–Nebensatz bevorzugt

Bei folgenden Verben kommt überwiegend eine Infinitivkonstruktion zur Anwendung:

| | | |
|---|---|---|
| ALENTAR A / PARA | CONVIDAR A | ORDENAR |
| ANIMAR A | DESAFIAR A | PERSUADIR A / PARA |
| EXCITAR A | INVITAR A | TENTAR A |
| EXHORTAR A | MANDAR | |

### 14.46 Infinitivkonstruktion bei HACER

HACER in der Bedeutung *'veranlassen'* wird allein in Infinitivkonstruktionen verwendet, das Subjekt der Infinitivergänzung wird dabei zum Akkusativ von HACER (zum syntaktischen Verhalten der dabei vorkommenden Personalpronomen vgl. 11.121):

**Hice venir a Juan.**
*Ich ließ Juan kommen.*

**Me hizo reír a carcajada limpia.**
*Er hat mich dazu gebracht, daß ich schallend lachte.*

# 14. Der Infinitiv

**A ▶** Die Ergänzung von unterordnendem HACER in der Bedeutung *'bewirken'* kann allein ein QUE-Nebensatz sein (vgl. 34.49).

## 14.47 Infinitivkonstruktion bei Verben der Beeinflussung

Folgende unterordnende Verben des Veranlassens und des Zwingens werden in der Regel mit Infinitivergänzung konstruiert, bei conducir und llevar ist allerdings ein que-Sätze:

| | | |
|---|---|---|
| AUTORIZAR A / PARA | IMPELER A | INSPIRAR A |
| CONDENAR A | IMPULSAR A | INSTAR A |
| CONDUCIR A | INCITAR A | LLEVAR A |
| COMPROMETER A | INCLINAR A | OBLIGAR A |
| DECIDIR A | INDUCIR A | PONER A |
| FORZAR A | | |

**A ▶** Bei CONDUCIR und LLEVAR in der Bedeutung *'führen, zur Folge haben'* ist das Subjekt in der Regel nicht persönlich und die Ergänzung entsprechend ein QUE-Nebensatz (vgl. 34.49):

**Aquello llevó a que se despidiera a la mitad de la plantilla.**
*Das führte dazu, daß die Hälfte der Belegschaft entlassen wurde.*

## 14.48 Infinitivkonstruktion bei DEJAR

Die Ergänzung von unterordnendem DEJAR in der Bedeutung *'zulassen'* ist normalerweise ein Infinitivsatz, wenn das Folgegeschehen durch direkte Interaktion (Worte und Taten) ausgelöst wird oder wenn das Subjekt des Nebensatzes eine von bestimmten Umständen unmittelbar betroffene Person ist:

**Los policías dejaron pasar a los manifestantes.**
*Die Polizisten ließen die Demonstranten vorbeigehen.*

**El sol no me dejaba ver la pelota al sacar.**
*Die Sonne ließ mich den Ball beim Aufschlag nicht sehen.*

**A ▶** Feste Wendung: **dejar que desear** *zu wünschen übrig lassen*

**B ▶** DEJAR wird mit einem QUE-Nebensatz ergänzt, wenn das Folgegeschehen anders als durch direkte Interaktion zustandekommt oder zustandekommen soll (vgl. 34.42).

## 14.49 Infinitivkonstruktion bei Verben des Zulassens und Verbietens

Die Verben ADMITIR, CONSENTIR, PERMITIR und PROHIBIR weisen die gleichen syntaktischen Eigenschaften wie unterordnendes DEJAR (vgl. 14.29):

**Sólo el 20% de los padres prohíbe a sus hijos beber.**
*Nur 20% der Eltern verbieten ihren Kindern das Trinken.*

**Les permitieron rezar en el patio.**
*Sie erlaubten ihnen, im Hof zu beten.*

## 14.50 Infinitivkonstruktion bei IMPEDIR

Bei IMPEDIR in der Bedeutung *'hindern, verhindern'* ist eine Infinitivergänzung möglich, wenn das Subjekt des Nebensatzes eine Person ist, die auch allgemein gehalten werden kann:

**Los prejuicios te impiden ver la realidad.**
*Die Vorurteile hindern dich daran, die Wirklichkeit zu sehen.*

## 14. Der Infinitiv

### 14.51 Infinitiv– und QUE–Ergänzung bei Verben geistiger Tätigkeit

Bei den Verben **creer** *glauben,* **confiar** *vertrauen,* **esperar** *hoffen,* **recordar** *sich erinnern,* **temer** *fürchten* und **sentir / lamentar** *bedauern* kann (nicht muß!) bei Subjektidentität im Haupt- und Nebensatz eine präpositionslose Infinitivergänzung stehen (statt einer QUE-Ergänzung, man richte sich nach dem deutschen Gebrauch mit den entsprechenden Pendants):

**Creo no equivocarme.**
*Ich glaube, ich irre mich nicht.*

**Espero no haberte ofendido.**
*Ich hoffe, ich habe dich nicht beleidigt.*

**No recuerdo haberle dicho nada.**
*Ich erinnere mich nicht, ihm etwas gesagt zu haben.*

**Siento mucho tener que decirle esto ahora.**
*Ich bedauere sehr, Ihnen das jetzt sagen zu müssen.*

### 14.52 Infinitiv– und QUE–Ergänzung bei PARECER

Bei PARECER, das sehr oft zum Ausdruck von Meinung und Vermutung verwendet wird, kann eine Infinitiv- oder QUE-Ergänzung stehen. Mit **Dativ des Interesses + PARECER** kann auch statt eines QUE-Satzes eine Infinitivergänzung folgen, deren Subjekt die vom Dativ des Interesses vertretene Person ist:

**Parecía no darse cuenta de nada.**
*Er schien nichts zu begreifen.*

**Me parece estar oyendo su voz.**
*Ich meine, ich höre seine Stimme.*

### 14.53 Einzelfälle zu Verb + Infinitiv

**A ▶** Das A nach **acostumbrar** *die Gewohnheit haben* kann wegfallen, jedoch nicht nach **acostumbrar(se)** *(sich) gewöhnen*:

**Acostumbra (a) traer un regalo.**
*Sie bringt gewöhnlich ein Geschenk mit.*

**Me he acostumbrado a callar.**
*Ich habe mich daran gewöhnt, zu schweigen.*

**B ▶** Beispiele mit Infinitivergänzungen von BASTAR:

**Eso bastará a / para tranquilizarlos.**
*Das wird genug sein, um sie zu beruhigen.*

**Basta con llamar.**
*Anruf genügt.*

**C ▶** Interessant sind folgende Fälle der Infinitivergänzung von DAR

• A führt in der Regel den Infinitiv ein in Ausdrücken des Beauftragens und Anvertrauens:

**dar a guardar dinero** *Geld zum Aufbewahren geben*
**dar a lavar la ropa** *die Wäsche zum Waschen weggeben*

• Weitere Beispiele mit DAR(SE) A:

**dar a entender** *zu verstehen geben*
**darse a entender** *sich verständlich machen*
**dar a conocer** *bekanntgeben*

## 14. Der Infinitiv

- DE führt den Infinitiv von COMER, BEBER, FUMAR usw. ein:

**dar de comer** *zu essen geben*
**darle de beber algo al perro** *dem Hund etwas zu trinken geben*

- Feste Wendungen: DAR EN DECIR, DAR EN CREER, DAR EN PENSAR:

**Han dado en decir que allí venden droga.**
*Es geht das Gerücht um, daß man dort Drogen verkauft.*

**No sé por qué has dado en creer que todo se arreglará.**
*Ich weiß nicht, wieso du zu der Meinung kommst, alles werde sich zum Guten wenden.*

- Die sehr häufige Wendung DAR POR + Infinitiv bezeichnet das unerwartete Übernehmen einer seltsamen Gewohnheit; DAR steht immer in der dritten Person Singular, das Subjekt des Infinitivs wird durch einen Dativ des Interesses vertreten:

**A mi madre le ha dado por leer el santoral.**
*Neuerdings liest meine Mutter oft im Heiligenkalender.*

- Beispiele mit DAR QUE + Infinitiv:

**Vamos a dar que pensar si no contestamos.**
*Wir werden uns verdächtig machen, wenn wir nicht antworten.*

**Me da que pensar que no contesten.**
*Es gibt mir zu denken, daß sie nicht antworten.*

**Este asunto da que hacer.**
*Diese Angelegenheit gibt Anlaß zur Sorge.*

- Beispiele mit der überaus häufigen, mit einem Dativ des Interesses immer zu bildenden Fügung DARSE + Infinitiv:

**A la chica se le da muy bien conducir.**
*Das Mädchen ist sehr begabt fürs Autofahren.*

**No se me da montar a caballo.**
*Ich tue mir schwer beim Reiten.*

**D** ▶ Beispiele für die Infinitivergänzungen von DECIDIR(SE) und sein Synonym DETERMINAR(SE):

**decidir volver** *den Entschluß fassen, zurückzugehen*
**decidir a emigrar a alguien** *jemanden zum Auswandern veranlassen*
**decidirse / determinarse a vender la casa** *sich entschließen, das Haus zu verkaufen*

**E** ▶ Die Infinitivergänzung von ENSEÑAR *'lehren, beibringen'* wird durch A eingeleitet:

**enseñar a leer a los niños** *den Kindern das Lesen beibringen*

**F** ▶ Beispiele mit Infinitivergänzungen von MANDAR in der Bedeutung *'beauftragen, bestellen'*:

**mandar arreglar el coche** *den Wagen zur Reparatur abgeben*
**mandar hacerse una librería** *sich ein Bücherbord machen lassen*

**G** ▶ Beispiele für die Wendung VER DE:

**Veré de terminar esto para el fin de semana.**
*Ich werde versuchen, das bis zum Wochenende beendet zu haben.*

# 14. Der Infinitiv

## C. Modalverben

### 14.54 PODER

Beispiele für die Verwendungsweisen von **poder** *können, dürfen*:

**Ya puedo levantarme.**
*Ich kann / darf schon aufstehen.*

**No puede haber sido ella.**
*Sie kann es nicht gewesen sein.*

**Yo podría ser tu padre.**
*Ich könnte dein Vater sein.*

**Han podido morir 10.**
*Es können / könnten 10 gestorben sein.*

**A ▶** Um zu verdeutlichen, daß eine Möglichkeit aufgrund erteilter Erlaubnis besteht, kann ein Verb des Erlaubens wie PERMITIR mit unpersönlichem Subjekt gebraucht werden:

**No se le permitió asistir al congreso.**
*Sie durfte nicht an dem Kongreß teilnehmen.*

**B ▶ no poder menos de** *nicht umhin können*:

**No podían menos de cerrar la tienda.**
*Sie konnten nicht umhin, den Laden zu schließen.*

- Für *'hätte ... können'* bzw. *'könnte ... haben'* vgl. 18.22, 1846B.
- Zu Sätzen wie PUEDE QUE LO SEPAN vgl. 34.55.

### 14.55 SABER

SABER drückt die erlernte Fähigkeit, das Geschick aufgrund der Beherrschung bestimmter Regeln aus (vgl. auch 14.22):

**Mi hermana no sabe nadar.**
*Meine Schwester kann nicht schwimmen.*

**El liberalismo ha sabido imponer su filosofía sin formularla.**
*Der Liberalismus hat es verstanden, seine Philosophie durchzusetzen, ohne sie zu formulieren.*

**Hay que saber envejecer.**
*Man muß wissen, wie man alt wird.*

**A ▶** Nicht selten wird SABER im Sinne *'fähig sein zu'* verwendet:

**No supieron decir con quién le vieron.**
*Sie waren nicht in der Lage, zu sagen, mit wem sie ihn gesehen hatten.*

### 14.56 QUERER

Beispiele für die Verwendungsweisen von **querer** *wollen, mögen*:

**Quiere ser la mejor.**
*Sie will / möchte die Beste sein / werden.*

**No quiero llegar tarde.**
*Ich will / möchte nicht zu spät kommen.*

# 14. Der Infinitiv

**A ▶** Das PRETÉRITO IMPERFECTO DE SUBJUNTIVO von QUERER (QUISIERA) dient zum Ausdruck von Wunsch und Absicht in milderem, bescheidenerem Ton als das PRESENTE DE INDICATIVO von QUERER (QUIERO):

**Quisiera pedirle un favor, señorita.**
*Ich möchte Sie um einen Gefallen bitten.*

**Quisiera saber quién es el culpable de esto.**
*Ich möchte / würde gern wissen, wer schuld daran ist.*

• Zu QUÉ MÁS QUISIERA vgl. 32.26A.

**B ▶** In der Umgangssprache werden höfliche Bitten mit dem PRESENTE DE INDICATIVO von QUERER in Frageform ausgesprochen:

**¿Quieres cerrar la puerta?**
*Würdest du bitte die Tür zumachen?*

**C ▶** QUERER dient zum Ausdruck des Sichandeutens und Sichabzeichnens:

**Quería amanecer.**
*Es sollte bald hell werden.*

## 14.57 DEBER

DEBER drückt das Verpflichtetsein aufgrund (wirklich oder vermeintlich) gültiger ethischer Normen aus. Bei der Erteilung von Empfehlungen, Ratschlägen, usw. wird häufig der CONDICIONAL bzw. IMPERFECTO DE SUBJUNTIVO oder IMPERFECTO DE INDICATIVO von DEBER verwendet:

**Debes levantarte más temprano.**
*Du solltest früher aufstehen.*

**Los hijos deben asistir a los padres en la vejez.**
*Kinder sollen ihren Eltern im Alter beistehen.*

**Deberías/debieras/debías atender a mis consejos.**
*Du solltest dir meine Ratschläge zu Herzen nehmen.*

• Zu *'hätte...sollen'* und sonstigem Tempusgebrauch von DEBER vgl. 18.21-22, 18.47.

**A ▶** Es kommt relativ häufig vor, daß ein DE vor die Infinitivergänzung von obligativem DEBER gesetzt wird: DEBES DE ANDAR POR LA ACERA. Das darf nicht nachgeahmt werden, vgl. 14.58.

## 14.58 DEBER DE

DEBER DE dient zum Ausdruck von Vermutungen als Schlußfolgerungen:

**Esta debe de ser la llave del coche.**
*Das muß der Wagenschlüssel sein.*

**Debe de haberse confundido.**
*Er dürfte sich geirrt haben.*

**A ▶** Es kommt sehr häufig vor, daß das DE der Vermutungsformel DEBER DE weggelassen wird: ESTA DEBE SER LA LLAVE. Dieser Fehler darf nicht nachgeahmt werden, vgl. 14.57.

## 14.59 TENER QUE

TENER QUE drückt ein Gezwungensein aufgrund objektiver Gegebenheiten, also Müssen aus (zur Tempusverwendung bei TENER QUE vgl. 18.22):

**Tengo que acabar esto hoy.**
*Ich muß dies heute zu Ende bringen.*

## 14. Der Infinitiv

**Tuvimos que pagar treinta dólares por el exceso de peso.**
*Wir mußten dreißig Dollar für das Übergewicht zahlen.*

**A ▶** Mit TENER QUE wird auch eine starke, aufgrund objektiver Gegebenheiten angestellte Vermutung ausgedrückt:

**Si estuvo en la reunión, tiene que haberse enterado.**
*Wenn sie auf dem Treffen war, dann muß sie es erfahren haben.*

**Algo tiene que fallar si cada día ocurre un robo.**
*Etwas muß nicht in Ordnung sein, wenn jeden Tag ein Diebstahl passiert.*

### 14.60 HABER QUE

HABER QUE drückt dasselbe wie TENER QUE aus (vgl. 14.59), es ist eine unpersönliche Formel, HABER darf also nur in der dritten Person Singular verwendet werden, im PRESENTE DE INDICATIVO mit der Form HAY:

**Hay que aprovechar el tiempo.**
*Man muß die Zeit nutzen.*

**Habrá que operar inmediatamente.**
*Man wird sofort operieren müssen.*

- Zu der feststehenden Formel HAY QUE VER vgl. 31.49A.

### 14.61 HABER DE im Ausdruck des Müssens

HABER DE drückt neben anderen Verwendungsweisen (vgl. 14.63M, 14.63P) auch ein Müssen aus, wird dabei aber weniger gebraucht als TENER QUE. HABER DE ist eine persönliche Formel, die dritte Person Singular im PRESENTE DE INDICATIVO lautet HA:

**Hubimos de prestarnos dinero de un empleado del consulado.**
*Wir mußten uns Geld von einem Konsulatsangestellten leihen.*

**Usted ha de presentar los siguientes documentos...**
*Sie müssen folgende Unterlagen vorlegen...*

### 14.62 Ablehnung in Frageform mit HABER DE

HABER DE + Infinitiv kann als Ablehnung einer Voräußerung verwendet werden. Es leistet also Ähnliches wie IR A + Infinitiv (vgl. 14.70). Die häufigsten Tempora von HABER sind dabei solche des Indikativs: PRESENTE, IMPERFECTO und CONDICIONAL SIMPLE, letztere meistens, aber keineswegs ausschließlich mit Vergangenheitsbezug:

–Pensará que somos unos tontos.  *"Sie denkt wohl, wir sind dumm."*
–¿Por qué ha / había / habría de pensarlo?  *"Warum sollte sie das denken?"*

–¿Quién te lo dijo?  *"Wer hat es dir gesagt?"*
–¿Quién había / habría de ser? Ella.  *"Wer sollte es sein? Sie."*

### 14.63 Zusätzliches zu den Modalverben, vom Deutschen ausgehend

**A ▶** Negiertes *'dürfen'* als Verneinung des Müssens entspricht negiertem DEBER oder negiertem HABER QUE:

**No debiste decir eso.**
*Das hättest du nicht sagen dürfen.*

## 14. Der Infinitiv

**No hay que hacer ruido.**
*Man darf keinen Lärm machen.*

**B** ▶ *'dürfte'* im Ausdruck von Vermutung und Annahme DEBER DE oder irgendeiner QUE–Konstruktion mit einem Verb der Vermutung (vgl. 34.31):

**Ya debe de haber llegado.**
*Er dürfte schon eingetroffen sein.*

**Supongo que ella no sabría nada.**
*Sie dürfte nichts davon gewußt haben.*

**C** ▶ Weitere Ausdrücke für negiertes *'mögen'* sind u.a. NO TENER GANAS und NO GUSTAR:

**No tengo ganas de hablar de eso ahora.**
*Ich mag jetzt nicht darüber reden.*

**No le gusta hablar de cosas sentimentales.**
*Sie mag nicht über Gefühle reden.*

**D** ▶ *'mögen'* in der Form des Konjunktiv I bei der Wiedergabe von Aufforderungen bzw. im Ausdruck von Wünschen entspricht einem QUE–Nebensatz im Subjuntivo, vgl. 32.5, 34.43:

**Le pidió que se quitara los zapatos.**
*Er bat sie, sie möge die Schuhe ausziehen.*

**¡Que Dios te proteja!**
*Möge Gott dich beschützen!*

**E** ▶ *'mögen'* im Ausdruck unwirksamer Gegengründe entspricht den Subjuntivo-Formeln mit POR (vgl. 35.46) oder dem spanischen Futur (vgl. 18.74):

**Por mucho que lo intente, no logrará nada.**
*Er mag es noch sooft versuchen, er wird nichts erreichen.*

**Tendrá razón en este punto, pero en los demás se equivoca.**
*Er mag in diesem Punkt recht haben, in den anderen irrt er.*

**F** ▶ *'mögen'* im Ausdruck von Unsicherheit und Ratlosigkeit entspricht dem spanischen Futur (vgl. 18.70) und Konditional (vgl. 18.86):

**¿Qué será esto?**
*Was mag das hier sein?*

**Tú tendrías siete años.**
*Du magst sieben Jahre alt gewesen sein.*

**G** ▶ Für *'brauchen'* verwendet man Ausdrücke der Notwendigkeit oder des Müssens (vgl. 14.59) oder Formeln wie NO TENER MÁS QUE (vgl. 9.153) oder NO TENER POR QUÉ (vgl. 28.13B):

**No necesitas / tienes que apuntártelo todo.**
*Du brauchst nicht alles aufzuschreiben.*

**No es preciso / No hace falta que se lo digas.**
*Du brauchst ihr das nicht zu sagen.*

**No tiene más que accionar la palanca.**
*Sie brauchen nur den Hebel zu betätigen.*

**No tenía por qué haberse quedado.**
*Sie hätte nicht zu bleiben brauchen.*

## 14. Der Infinitiv

**H** ▶ *'wollen'* entspricht eher einem Verb wie PRETENDER, wenn in metaphorischer Verwendung unbelebten Dingen Wünsche oder Absichten zugeschrieben werden:

**Este ensayo pretende explicar lo inexplicable.**
*Dieser Essay will das Unerklärliche erklären.*

**I** ▶ *'wir wollen'* im Ausdruck der Aufforderung entspricht VAMOS A:

**Ahora vamos a enumerar las ventajas.**
*Wir wollen nun die Vorteile aufzählen.*

**J** ▶ Für *'wollen'* im Ausdruck der Zukunft verwendet man IR A:

**Iba a salir cuando me acordé de tus llaves.**
*Ich wollte gerade gehen, als ich mich an deine Schlüssel erinnerte.*

**Le voy a escribir que ya no nos hace falta su ayuda.**
*Ich will ihm schreiben, daß wir seine Hilfe nicht mehr brauchen.*

**K** ▶ Für *'wollen'* mit einem unbelebten Subjekt und einer passivischen Infinitivergänzung muß im Spanischen ein Verb des Sollens in unpersönlicher Form verwendet werden:

**Este libro se debe leer con mucha atención.**
*Dieses Buch will besonders aufmerksam gelesen werden.*

**L** ▶ *'wollen'* bei der skeptischen Wiedergabe der Äußerung eines Dritten entspricht einem Verb wie PRETENDER, PARECER bzw. DECIR oder eine Aussageeinleitung mit SEGÚN:

**Pretende no haber visto nada.**
*Er will nichts gesehen haben.*

**Dice que cogió el ascensor.**
*Er will mit dem Anzug gefahren sein.*

**Según afirma, estuvo paseando por la playa.**
*Er will am Strand spazieren gegangen sein.*

**M** ▶ *'sollen'* bei der Bezeichnung von Zukünftigem vom vergangenem Standpunkt aus wird wiedergegeben durch das IMPERFECTO DE INDICATIVO von IR A (vgl. 14.66) bzw. - im gehobeneren Stil - HABER DE oder den CONDICIONAL SIMPLE (vgl. 18.84):

**El malentendido iba a causarle más molestias.**
*Das Mißverständnis sollte ihm noch mehr Ärger bringen.*

**Aquel niño tímido había de llegar a ser un ajedrecista famoso.**
*Jener schüchterne Junge sollte ein berühmter Schachspieler werden.*

**La victoria le devolvería la confianza en sí mismo.**
*Der Sieg sollte ihm das Selbstvertrauen zurückgeben.*

**N** ▶ Für *'sollen'* als Wiedergabe einer Aufforderung muß im Spanischen ein QUE-Nebensatz im Subjuntivo verwendet werden (vgl. 34.46):

**Los policías le dijeron que no se moviera.**
*Die Polizisten sagten ihr, sie solle sich nicht bewegen.*

**O** ▶ Für *'sollen'* in Fragen an den Gesprächspartner darüber, ob der Fragende eine Handlung ausführen soll, verwendet man die 1. Person des PRESENTE DE INDICATIVO oder eine Konstruktion mit QUERER QUE:

**¿Me pongo en la cola?**
*Soll ich mich in die Schlange stellen?*

**¿Quiere que le diga la verdad?**
*Soll ich Ihnen die Wahrheit sagen?*

**P ▶** *'sollen'* in Fragen, die mit einem Frageadverb in etwas brüskem Ton eine Behauptung zurückweisen, entspricht IR A oder HABER DE. Zu weiteren dialogischen Beispielen vgl. 14.70 und 14.62:

**¿Cómo va a ser prehistórico esto?**
*Wieso soll / sollte das vorgeschichtlich sein?*

**¿Cómo lo iban a entender los campesinos?**
*Wie hätten das die Bauern verstehen sollen?*

**¿Por qué no he de preguntárselo?**
*Wieso soll ich ihn das nicht fragen?*

**Q ▶** *'sollen'* in allgemeinen Fragen mit einem Fragewort, häufig verwendet statt der Verneinung, entspricht einer Frage mit dem Infinitiv (vgl. 14.20, 14.23):

**¿Para qué contestar a tales insultos?**
*Wozu soll(te) man auf solche Beleidigungen antworten?*

**¿Cómo alimentarse bien?**
*Wie soll man sich richtig ernähren?*

**R ▶** *'sollen'* bei der Wiedergabe der Äußerung eines Dritten entspricht ein unterordnendes Verb wie PARECER oder DECIR in unpersönlichem Gebrauch oder eine Formel wie HABER OÍDO DECIR / CONTAR (vgl. auch 18.88):

**Parece / Dicen que ella ha pedido el divorcio.**
*Sie soll die Scheidung eingereicht haben.*

**He oído decir que está escribiendo sus memorias.**
*Man sagt, er schreibe an seinen Memoiren.*

## D. Häufige infinitivische Fügungen

### 14.64 IR A + Infinitiv

IR A drückt die nahe Zukunft aus, d.h. bevorstehende Handlungen oder Ereignisse, vom gegenwärtigen oder von einem vergangenen Standpunkt aus:

**Espera, te lo voy a explicar.**
*Warte, ich will / werde es dir erklären.*

**Le dije que se lo iba a explicar.**
*Ich sagte ihm, ich würde es ihm erklären.*

**Le voy a leer lo que pone aquí.**
*Ich werde Ihnen vorlesen, was hier steht.*

**¡Se va a caer!**
*Das fällt gleich hinunter!*

- IR A wird für die Zurückweisung von Behauptungen verwendet, vgl. 14.63P.
- VAMOS A + Infinitiv ersetzt oft den Imperativ, vgl. 31.6.
- Zum modalen Gebrauch von VAMOS A VER vgl. 31.26, 31.27.
- Zu Sätzen wie NO VAYAMOS A QUEDARNOS ENCERRADOS vgl. 32.22A. Zu Sätzen wie NO VAYA A SER QUE VENGA vgl. 35.13.

## 14. Der Infinitiv

### 14.65 IR A + Infinitiv statt Futur

IR A verdrängt vor allem in der gesprochenen Sprache immer mehr das Futur:

**El paro tampoco va a disminuir el año que viene.**
*Die Arbeitslosigkeit wird auch nächstes Jahr nicht sinken.*

### 14.66 Tempusgebrauch beim futurischen IR A + Infinitiv

Für die futurische Fügung **IR A + Infinitiv** kommen allein das PRESENTE DE INDICATIVO und das IMPERFECTO DE INDICATIVO von IR bzw. ihre Subjuntivo-Entsprechungen PRESENTE DE SUBJUNTIVO und IMPERFECTO DE SUBJUNTIVO in Frage; mit anderen Tempora hat IR die urprüngliche konkrete Bedeutung des Hingehens, Hinfahrens, Hinreisens, Hinschreitens, usw; im ersten der folgenden Beispiele meint IR A die bevorstehende, intendierte Handlung, im zweiten den Akt des Sichbegebens an den Ort der Handlungsausführung:

**Iba a devolverle el cheque.**
*Ich wollte ihm den Scheck zurückgeben.*

**Fui a devolverle el cheque a su casa.**
*Ich ging zu ihm hin, um ihm den Scheck zurückzugeben.*

- IBA A DEVOLVERLE EL CHEQUE A SU CASA kann natürlich auch meinen: *'ich war unterwegs zu ihm, um...'*; oder auch: *'ich hatte die Gewohnheit, zu ihm zu gehen, um...'*

### 14.67 IR A + Infinitiv in Vermutungen

In der gesprochenen Sprache wird FUTURO häufig ersetzt durch **IR A + Infinitiv** im Ausdruck von Vermutung, am häufigsten in Verbindung mit SER:

**—Tengo ganas de devolver.** *"Ich glaube, ich muß mich übergeben."*
**—Eso va a ser la sandía que comiste ayer.** *"Das dürfte die Wassermelone sein, die du gestern gegessen hast".*

### 14.68 Imperfekt von IR + A + Infinitiv in Bedingungssätzen

IMPERFECTO DE INDICATIVO von **IR + A + Infinitiv** wird nicht selten statt CONDICIONAL SIMPLE in irrealen Bedingungssätzen (vgl. 45.85) verwendet. In quasi-irrealen Bedingungssätzen (vgl. 35.89) ist das CONDICIONAL SIMPLE von PODER bei der Übersetzung heranzuziehen:

**Si le pidieran papeles a los extranjeros ricos, nos íbamos a llevar más de una sorpresa.**
*Würde man reiche Ausländer nach ihrer Dokumentation fragen, würden wir mehr als eine Überraschung erleben.*

**Es mejor que no vayas, que te iba a costar un ojo de la cara.**
*Geh lieber nicht hin, es könnte / kann dich ein Heidengeld kosten.*

### 14.69 Futur von IR + A + Infinitiv in vorwegnehmenden Erwiderungen

Mit der Fügung FUTURO von **IR +A + Infinitiv**, häufig mit DECIR als Infinitiv wird mit der Absicht der Widerlegung eine unangenehme oder unwillkommene Aussage des Partners vorweggenommen:

**No irá usted a decir que la televisión nos vuelve estúpidos.**
*Sie wollen doch nicht etwa sagen, das Fernsehen mache uns dumm.*

## 14.70 IR A + Infinitiv in Äußerungen der Zurückweisung

Mit IR A + Infinitiv wird im gesprochenen Spanisch mit einer gewissen Heftigkeit Sätzen oder Satzteilen widersprochen, am häufigsten mit Verwendung eines Fragewortes, vornehmlich QUÉ, POR QUÉ und CÓMO. Die häufigsten Tempora von IR sind dabei solche des Indikativs: PRESENTE und IMPERFECTO, letzteres meistens mit Vergangenheitsbezug. Die Äußerung hat dabei häufig Ausrufeintonation:

–¿Sabes cómo se maneja este chisme?    "Weißt du, wie dieses Ding geht?"
–¿Cómo voy a saberlo?    "Wie soll ich das wissen?"

–Te pareció ridículo, ¿verdad?    "Du fandest es lächerlich, nicht wahr?"
–Por favor, ¿por qué me iba a parecer ridículo?    "Ich bitte dich, wieso sollte ich es lächerlich finden?"

–Estoy gordo.    "Ich bin dick."
–¡Qué vas a estar gordo!    "Ach was, du und dick!"

–¿Cuál es Rosalía?    "Wer ist Rosalía?"
–¿Cuál va a ser? La gordita.    "Wer soll es sein? Die kleine dicke eben."

• In folgenden Beispielen entfällt das Fragewort:

–No te preocupes.    "Mach dir keine Sorgen."
–¡No me voy a preocupar!    "Ich soll mir keine Sorgen machen!"

–Si tú no te hubieras dormido...    "Wenn du nicht eingeschlafen wärest...."
–¿Qué pasa? ¿que ahora voy yo a tener la culpa?    "Bitte? Jetzt soll ich schuld daran sein?"

## 14.71 INDEFINIDO von IR A + Infinitiv

IR A + Infinitiv, vornehmlich im INDEFINIDO wird mit intransitiven Verben verwendet, um den Endpunkt einer heftigen, ungesteuerten Bewegung zu bezeichnen. Die Formel kommt häufig mit Verben wie PARAR, CAER, ESTRELLARSE und deren Synonymen vor:

**La pelota fue a parar al jardín.**
*Der Ball landete im Garten. (= kam im Garten zum Stehen)*

**El avión fue a estrellarse contra un edificio.**
*Das Flugzeug prallte schließlich gegen ein Hochhaus.*

## 14.72 ACABAR DE + Infinitiv im Ausdruck naher Vergangenheit

ACABAR DE + Infinitiv drückt den Zustand aus, der auf eine soeben ausgeführte Handlung folgt; im Deutschen drückt man das mit dem Perfekt oder Plusquamperfekt des betreffenden Verbs aus, begleitet von einem Adverb wie *'soeben'* oder *'gerade'*:

**Acabo de llegar.**
*Ich bin gerade gekommen.*

**Acababa de levantarse.**
*Er war gerade aufgestanden.*

**A ▶ ACABAR DE + Infinitiv** kommt auch als Partizipialfügung (ACABADO DE) vor:

**acabada de llegar** *(sie ist) gerade eben angekommen*
**acabados de casarse** *als sie frisch verheiratet waren*

## 14. Der Infinitiv

### 14.73 Tempusgebrauch beim präteritalen ACABAR DE + Infinitiv

Für die hier dargestellte Fügung kommen allein das PRESENTE DE INDICATIVO und das IMPERFECTO DE INDICATIVO von ACABAR in Frage; andere Tempora bezeichnen den Endpunkt einer Handlung oder Tätigkeit. Im ersten der folgenden Beispiele wird der Zustand nach einem soeben erfolgten Geschehen beschrieben, im zweiten, bei dem ACABAR durch TERMINAR oder CONCLUIR ersetzt werden kann, wird der Schlußpunkt einer lang andauernden Tätigkeit benannt:

**Me encontré con Julia, que acababa de escribir la carta en que renunciaba a su cargo.**
*Ich traf Julia; sie hatte gerade ihren Kündigungsbrief geschrieben.*

**El jueves acabó / terminó / concluyó de escribir la carta que había empezado el martes.**
*Am Donnerstag beendete sie den Brief, den sie am Dienstag angefangen hatte.*

• Natürlich kann ACABABA / TERMINABA / CONCLUÍA DE ESCRIBIR LA CARTA auch meinen: *'er war gerade dabei, den Brief zu Ende zu schreiben'* oder *'er pflegte den Brief zu Ende zu schreiben'*.

### 14.74 Verneintes ACABAR DE + Infinitiv

NO ACABAR DE führt an, daß ein Sachverhalt trotz mehrerer Versuche nicht zustande kommt (vgl. 14.95):

**No acaba de convencerme este candidato.**
*Dieser Kandidat hat mich immer noch nicht überzeugt.*

**A ▶** Bedeutungsgleich mit NO ACABAR DE ist SEGUIR SIN (vgl. 14.121):

**Sigo sin entender la diferencia.**
*Ich verstehe den Unterschied immer noch nicht.*

### 14.75 ACABAR / TERMINAR POR + Infinitiv

ACABAR POR und TERMINAR POR (zuweilen auch, vielleicht unkorrekterweise, ACABAR DE) werden verwendet zur Bezeichnung des (aus welchen Gründen auch immer) als bedeutungsvoll anzusehenden Schlußteils einer Reihe von Handlungen (vgl. 15.42):

**Acabó por firmar la denuncia.**
*Als letztes (zu guter Letzt) unterschrieb er die Anzeige.*

### 14.76 EMPEZAR / COMENZAR / PONERSE A + Infinitiv

Der Anfang eines Geschehens (Handlung, Ereignis, Tätigkeit) kann ausgedrückt werden durch EMPEZAR A, COMENZAR A und PONERSE A (wobei letzteres nur mit belebtem Subjekt verwendet werden sollte):

**Empezó / comenzó a llover.**
*Es fing an zu regnen.*

**Se puso a contar el dinero.**
*Sie begann (machte sich daran), das Geld zu zählen.*

### 14.77 EMPEZAR / COMENZAR POR + Infinitiv

EMPEZAR POR und COMENZAR POR werden verwendet zur Bezeichnung des ersten, auffallenden Teils einer Reihe von Handlungen:

**Empezó por decir que no se sentía a gusto en esa tertulia.**
*Als erstes sagte er, ihm sei es in dieser Diskussionsrunde nicht wohl.*

## 14.78 ECHAR(SE) A + Infinitiv

ECHAR(SE) A wird verwendet zum Bezeichnen eines Bewegungsanfangs oder des Ausbruchs einer unkontrollierten, heftigen Reaktion. Im zweiten Fall kann auch ROMPER A verwendet werden:

**Echaron a correr hacia la puerta.**
*Sie rannten in Richtung auf die Tür los.*

**Se echaron / rompieron a llorar al acabar el partido.**
*Am Ende des Spiels brachen sie in Tränen aus.*

## 14.79 PASAR A + Infinitiv

PASAR A wird in sehr formellen bzw. festen Redewendungen gebraucht (zu PASAR A SER zum Ausdruck des Werdens vgl. 20.18B):

**Paso a comunicarle...**
*Hiermit teile ich Ihnen mit...*

**Pasamos después a examinar las objeciones de Mariano.**
*Dann gingen wir dazu über, Marianos Einwände zu behandeln.*

## 14.80 PASAR DE + Infinitiv

PASAR DE + Infinitiv + A + Infinitiv ist eine häufig gebrauchte Wendung zur Betonung der auffallenden Verschiedenartigkeit von Anfang und Ende einer Reihe von Handlungen:

**Pasó de criticar mi modo de vida a pedirme que le prestara 500 dólares.**
*Nachdem er meine Lebensweise kritisiert hatte, wollte er sich von mir 500 Dollar leihen.*

A ▶ NO PASAR DE SER ist eine feste Wendung der Negationsverstärkung:

**Aquello no pasaba de ser un mero capricho.**
*Das war nichts als eine bloße Laune.*

## 14.81 METERSE A + Infinitiv

Mit METERSE A wird das Herangehen an eine Tätigkeit bezeichnet, zu der das Satzsubjekt nicht qualifiziert ist:

**No entiendo por qué te metes a hablar de política.**
*Ich verstehe nicht, wieso du immer mit der Politik kommst.*

**No te metas a criticar a los profesores.**
*Du sollst nicht die Lehrer einfach so kritisieren.*

## 14.82 LIARSE A + Infinitiv

LIARSE A bezeichnet den Beginn von Handlungen, deren Ausführung sich als beschwerlich oder verwirrend erweist:

**Se lió a escribir una historia de amor.**
*Er machte sich ganz naiv daran, eine Liebesgeschichte zu schreiben.*

**Me lié a explicarle las reglas del béisbol.**
*Ich habe versucht, ihm die Regeln des Baseball-Spiels zu erklären.*

## 14. Der Infinitiv

### 14.83 LANZARSE / SOLTARSE A + Infinitiv

LANZARSE A und SOLTARSE A bezeichnen den plötzlichen oder unüberlegten Beginn von Handlungen oder Tätigkeiten:

**No sé por qué me lancé a defenderle.**
*Ich weiß nicht, wieso es mir einfiel, ihn in Schutz zu nehmen.*

**Después se soltó a hablar mal de los españoles.**
*Dann legte er gegen die Spanier los.*

### 14.84 VENIR A + Infinitiv im Ausdruck des Unerwarteten

Mit der resultativen Fügung VENIR A + Infinitiv drückt der Sprecher aus, daß etwas das oft überraschende, unangenehme Ergebnis einer Entwicklung ist (vgl. 14.94). Die Fügung wird häufig mit Verben des Sagens wie DECIR und RECORDAR verwendet:

**Su embarazo ha venido a complicar los planes.**
*Nun hat ihre Schwangerschaft alle Pläne durcheinander gebracht.*

**Vino a decir que nos alegraba la derrota de España.**
*Er gab noch zum besten, wir seien froh über Spaniens Niederlage.*

### 14.85 VENIR A SER

VENIR A SER wird verwendet für originelle, unerwartete Begriffsbestimmungen:

**El comunismo viene a ser un cristianismo primitivo sin Cristo.**
*In Wirklichkeit ist der Kommunismus ein Urchristentum ohne Christus.*

**Según él, hacer literatura e inventar mentiras vienen a ser lo mismo.**
*Geschichten schreiben und Lügen erfinden läuft für ihn auf dasselbe hinaus.*

### 14.86 VENIR A + Infinitiv bei der Mitteilung von Einschätzungen

VENIR A + Infinitiv wird häufig in zahlenmäßigen Einschätzungen und Berechnungen verwendet:

**Con el IVA viene a costar unos dos mil euros.**
*Mit Mehrwertsteuer kostet es etwa zweitausend Euro.*

### 14.87 VENIR A + Infinitiv im Ausdruck des Erwarteten

Häufig will man mit VENIR A + Infinitiv darauf hinweisen, daß ein Geschehen lange gehegte Erwartungen erfüllt oder Ungewißheit beseitigt:

**Su dimisión vino a resolver el problema.**
*Sein Rücktritt brachte die Lösung des Problems.*

**Ella venía a llenar el vacío dejado por la muerte de Amanda.**
*Sie füllte die Lücke, die Amandas Tod gerissen hatte.*

### 14.88 Lexikalische Bedeutung von DEJAR DE + Infinitiv

Mit DEJAR DE bezeichnet man das Aufhören eines Geschehens sowie das Enden eines Zustands, einer Eigenschaft oder einer Gewohnheit; mit DEJAR DE warnt man auch davor, Günstiges zu verpassen:

**Hemos dejado de escribirnos.**
*Wir schreiben uns nicht mehr.*

**Si no vienes, dejarás de enterarte de lo que pasa aquí.**
*Wenn du nicht kommst, hast du keine Chance mehr, zu erfahren, was hier los ist.*

## 14.89 NO DEJAR DE in der Imperativform

DEJAR DE wird häufig in der verneinten Form des Imperativs gebraucht, um eindringliche Bitten oder Aufforderungen auszusprechen:

**No dejes de mandarme la copia.**
*Schick mir unbedingt die Kopie!*

**No dejen de abrocharse los cinturones.**
*Vergessen Sie bitte nicht, sich anzuschnallen.*

## 14.90 NO DEJAR DE in Beurteilungen

In Beurteilungen weist man mit NO DEJAR DE darauf hin, daß etwas als Nebenerscheinung oder trotz Vorbehalte der Fall ist. Beurteilungen dieser Art werden sehr häufig mit NO DEJAR DE SER gegeben:

**No dejo de reconocer que tiene algo de razón.**
*Ich gebe gern zu, daß er in gewisser Hinsicht recht hat.*

**No dejó de molestarme el que hablara de traidores.**
*Es hat mich übrigens doch ziemlich gestört, daß er von Verrätern sprach.*

**Esa actitud no deja de ser ridícula.**
*Diese Haltung ist alles in allem ziemlich lächerlich.*

## 14.91 VOLVER A + Infinitiv

Mit VOLVER A wird die einmalige Wiederholung eines Geschehens ausgedrückt (damit werden Adverbien wie **otra vez** *noch einmal,* **de nuevo** / **nuevamente** *erneut, von neuem* ersetzt):

**Volvió a decírselo por escrito.**
*Er sagte es ihr noch einmal schriftlich.*

**Se le volvió a caer la toalla de las manos.**
*Das Handtuch fiel ihm noch einmal aus der Hand.*

## 14.92 SOLER + Infinitiv

Mit SOLER + Infinitiv wird das gewohnheitsmäßige Wiederholen eines Geschehens ausgedrückt, die gebräuchlichen Tempora sind dabei PRESENTE DE INDICATIVO und IMPERFECTO DE INDICATIVO bzw. ihre Subjuntivo-Entsprechungen:

**Suelen darse un beso al saludarse.**
*Zur Begrüßung geben sie sich meistens einen Kuß.*

**De joven yo no solía soñar.**
*Als junger Mann habe ich nicht oft geträumt.*

- Synonym von SOLER: ACOSTUMBRAR, vgl. 14.53A.

## 14.93 LLEGAR A + Infinitiv zum Ausdruck des Ergebnisses

Mit LLEGAR A + Infinitiv drückt man aus, daß etwas nach einer längeren, oft anstrengenden Entwicklung vorliegt oder geschieht:

**Le he llegado a tomar cariño a este lugar.**
*Ich habe diesen Ort schließlich liebgewonnen.*

**María llegó a tomar el tren en Vallecas.**
*Maria konnte in Vallecas den Zug doch noch besteigen.*

## 14. Der Infinitiv

- Zu LLEGAR A als Entprechung von *'werden'* vgl. 20.19.
- Zu LLEGAR A + Infinitiv in irrealen Bedingungssätzen der Vergangenheit vgl. 18.8.

### 14.94 LLEGAR A + Infinitiv im Ausdruck des Unerwarteten

Mit LLEGAR A + Infinitiv drückt man aus, daß etwas Unwahrscheinliches, Überraschendes oder Unerwünschtes Wirklichkeit wird:

**Llega a nadarse veinte kilómetros.**
*Manchmal schafft er es, zwanzig Kilometer weit zu schwimmen.*

**Han llegado a prohibir el uso de flash.**
*(Es ist soweit gekommen, daß...) Sie haben sogar das Benutzen von Blitzlicht verboten.*

**Tu chico llegará a odiar el piano.**
*Am Ende wird dein Sohn das Klavier noch hassen.*

**Llegó a decir que éramos unos bárbaros.**
*(Er ging soweit zu sagen...) Er hat sogar gesagt, wir seien Barbaren.*

### 14.95 NO LLEGAR A + Infinitiv

Mit NO LLEGAR A + Infinitiv wird ausgedrückt, daß etwas trotz Anstrengungen nicht geschieht:

**No has llegado a convencerme.**
*(Du hast es nicht geschafft...)Du hast mich immer noch nicht überzeugt.*

**No llegamos a poner el telegrama.**
*Wir haben das Telegramm schließlich doch nicht aufgegeben / aufgeben können.*

## E. Der Infinitivsatz als adverbiale Bestimmung

Die infinitivische Angabe hat in der Regel dasselbe grammatische bzw. logische Subjekt wie der Hauptsatz; sie kann aber auch ihr eigenes bzw. ein unpersönliches Subjekt haben. Darauf wird im folgenden nur bei auffallenden Besonderheiten eingegangen.

### 14.96 AL + Infinitiv

AL + Infinitiv verkürzt einen Temporalsatz der punktuellen Gleichzeitigkeit. Subjektverschiedenheit im Haupt- und Nebensatz kommt häufig vor, ebenso häufig ist das Subjekt des Infinitivsatzes unpersönlich:

**Dimos un suspiro de alivio al oír nuestros nombres.**
*Als wir unsere Namen hörten, seufzten wir erleichtert auf.*

**Apriete el botón al encenderse la luz roja.**
*Wenn das rote Licht angeht, drücken Sie auf den Knopf.*

### 14.97 Kausaler und quasi–kausaler Sinn von AL + Infinitiv

AL + Infinitiv kann einen mehr oder weniger eindeutigen kausalen Sinn haben, ohne daß das zeitliche Verhältnis völlig verschwände:

**Cerrarán las fábricas en Argentina al sufrir fuertes pérdidas.**
*Angesichts der starken Verluste werden die Fabriken in Argentinien geschlossen.*

**Al tener cada cual su campo definido, se evitan los enfados.**
*Da jeder seinen eigenen Bereich hat, kommt es nicht zum Streit.*

**A ▶** Häufige Redewendung: **al parecer** dem Anschein nach (vgl. 27.55)

## 14. Der Infinitiv

### 14.98 AL + Infinitiv in der negativen Form

AL + Infinitiv in der negativen Form dient zur Angabe von Gründen oder Bedingungen durch die Benennung eines zeitlich auslösenden Umstands:

**Al no encontrarla, le metió el papel por debajo de la puerta.**
*Als / da er sie nicht antraf, schob er ihr den Zettel unter der Tür durch.*

**Al no recordar el número, llamó a Informaciones.**
*Da ihm die Nummer nicht einfiel, rief er die Auskunft an.*

### 14.99 A LA HORA DE + Infinitiv

A LA HORA DE+ Infinitiv hat meistens den Sinn von. *'wenn es darum geht, zu...'* bzw: *'als es darum ging, zu...'*:

**A la hora de aplicar la ley, se amilanan.**
*Wenn sie das Gesetz anwenden sollen, werden sie feige.*

**A la hora de pagar, comprobé que no llevaba un céntimo.**
*Beim Bezahlen merkte ich, daß ich nicht einen Cent dabei hatte.*

### 14.100 ANTES DE + Infinitiv

ANTES DE + Infinitiv verkürzt einen Temporalsatz, dem ein anderer vorzeitig ist; bei Subjektidentität im Haupt- und Nebensatz ist die Infinitivkonstruktion obligatorisch, Subjektverschiedenheit, obwohl in der Alltagssprache nicht unüblich, gilt als nicht ganz standardsprachlich (vgl. 14.2):

**Antes de irte a dormir piensa en lo que te he dicho.**
*Bevor du schlafen gehst, denke über das nach, was ich dir gesagt habe.*

**Se tomó un café antes de ponerse a fregar los platos.**
*Sie trank einen Kaffee, bevor sie mit dem Abwasch begann.*

• Zu Sätzen wie A DOS DÍAS DE REUNIRSE LOS MINISTROS vgl. 26.22.

### 14.101 HASTA + Infinitiv

HASTA + Infinitiv verkürzt einen *'bis'*-Temporalsatz:

**Solía leer hasta dormirse.**
*Für gewöhnlich las er, bis er einschlief.*

**Ahorraré hasta tener lo suficiente.**
*Ich werde solange sparen, bis ich genügend habe.*

**A** ▶ Beispiel mit der Bedeutung *'bevor nicht'* (und redundantem NO, vgl. 35.23):

**No me muevo de aquí hasta no tener listo el trabajo.**
*Ich komme nicht weg von hier, bevor ich nicht mit der Arbeit fertig bin.*

### 14.102 EN ESPERA DE + Infinitiv

EN ESPERA DE + Infinitiv wird für ein langes Warten verwendet:

**Unas 2000 personas están en espera de embarcarse.**
*Etwa 2000 Menschen warten auf ihre Einschiffung.*

## 14. Der Infinitiv

### 14.103 DESPUÉS DE + Infinitiv

DESPUÉS DE + Infinitiv verkürzt einen Temporalsatz, dem ein anderer nachzeitig ist (vgl. 14.2):

**Después de hablar con ella, me sentí mucho mejor.**
*Nachdem ich mit ihr gesprochen hatte, ging es mir viel besser.*

**Después de comer suele fumarse un cigarrillo.**
*Nach dem Essen raucht er in der Regel eine Zigarette.*

- Zu Sätzen wie A LA MEDIA HORA DE IRTE TÚ, vgl. 26.20.

**A** ▸ Synonyme von DESPUÉS DE in Infinitivkonstruktionen:

    TRAS
    LUEGO DE

### 14.104 NADA MÁS + Infinitiv

NADA MÁS + Infinitiv verkürzt einen Temporalsatz, dem ein anderer unmittelbar nachzeitig ist:

**Te llamo nada más llegar.**
*Sobald ich nach Hause komme, rufe ich dich an.*

**Nada más pronunciarse su nombre se puso a temblar.**
*Kaum war ihr Name ausgesprochen, fing sie an zu zittern.*

**A** ▸ Synonyme von NADA MÁS in Infinitivkonstruktionen:

    SÓLO
    ENSEGUIDA DE
    A POCO DE
    A RENGLÓN SEGUIDO DE

### 14.105 Verkürzung von Kausalsätzen: POR + Infinitiv

POR + Infinitiv verkürzt einen Kausalsatz:

**Se burlan de él por llevar pendientes.**
*Sie machen sich über ihn lustig, weil er Ohrringe trägt.*

**Le expulsaron de la sala por interrumpir al conferenciante.**
*Er wurde des Saales verwiesen, weil er den Vortragenden unterbrochen hatte.*

**Por no haber conocido la rueda, no se les considera de alta cultura.**
*Da sie das Rad nicht kannten, werden sie nicht als Hochkultur angesehen.*

- Zu kausalem AL + Infinitiv vgl. 14.97.

**A** ▸ Wenn der Infinitiv ein Kopulaverb ist, dann kann er entfallen, es entsteht die Formel: POR + **Prädikatsnomen**. Diese überaus häufige Formel kommt mit Adjektiven (vgl. 5.21), aber auch mit Substantiven und Partizipformen vor:

**Eso te pasa por descuidada.**
*Das geschieht dir, weil du nicht aufpaßt.*

**Los excluyeron por diabéticos.**
*Sie wurden ausgeschlossen, weil sie Diabetiker waren / sind.*

**B** ▸ Weitere Präpositionalfügungen in kausalen Infinitivkonstruktionen:

    A BASE DE
    A FALTA DE
    A FAVOR DE

# 14. Der Infinitiv

A FUERZA DE
A RAÍZ DE
POR MOR DE

## 14.106 DE TANTO + Infinitiv

DE TANTO + Infinitiv ist eine Nebensatzverkürzung mit kausal-konsekutivem Sinn; damit weist man auf ein Geschehen hin, dessen Intensität den Sachverhalt im Hauptsatz auslöst:

**Estoy ronco de tanto hablar.**
*Ich bin heiser vom vielen Reden.*

**De tanto verlas, ya no nos llaman la atención.**
*Wir sehen sie so oft, daß sie uns nicht mehr auffallen.*

## 14.107 Verkürzung von Konditionalsätzen: EN CASO DE / DE+ Infinitiv

Mit EN CASO DE + Infinitiv und DE + Infinitiv werden Konditionalsätze verkürzt, wobei DE + Infinitiv vornehmlich für irreale Bedingungssätze verwendet wird:

**En caso de no localizarme, me dices algo en el contestador.**
*Falls du mich nicht erreichst, sprichst du auf den Anrufbeantworter.*

**En caso de no entender bien alguna pregunta, no dé ninguna respuesta.**
*Sollten Sie eine Frage nicht richtig verstehen, geben Sie bitte keine Antwort!*

**De haberse negado, le hubieran dado una paliza.**
*Wenn er sich geweigert hätte, hätten sie ihn verprügelt.*

**De ser tan rico como tú, yo no trabajaría.**
*Wenn ich so reich wie du wäre, würde ich nicht arbeiten.*

**A** ▶ Beispiel mit SÓLO DE + Infinitiv:

**Me da escalofríos sólo de pensarlo.**
*Mir läuft es kalt den Rücken herunter, wenn ich nur daran denke.*

**B** ▶ Weitere Präpositionalfügungen in konditionalen Infinitivkonstruktionen:

A CAMBIO DE
A CONDICIÓN DE
A TRUEQUE DE
A RESERVA DE
CON TAL DE
CASO DE
EN EL CASO DE
SALVO
SO PENA DE
A MENOS DE

## 14.108 Konditionales A+ Infinitiv

A + Infinitiv ist die klassische Formel für die konditionale Infinitivkonstruktion, heute ersetzt von DE + Infinitiv (vgl. 14.107). A + Infinitiv in konditionaler Bedeutung ist in der modernen Sprache nur noch in mehr oder weniger festen Wendungen vertreten.

**A** ▶ A SER + Adjektiv:
**a ser posible** *falls möglich*
**a ser cierto / verdad** *falls das stimmen sollte*

## 14. Der Infinitiv

**B** ▶ A NO SER (QUE) (vgl. 35.94A):
**a no ser estudiando** *es sei denn, er lernt*
**a no ser en su casa** *es sei denn bei ihm zu Hause*

**C** ▶ A NO SER POR + Substantiv:
**a no ser por ella** *wenn sie nicht da wäre*
**a no ser por los mosquitos** *wenn man von den Moskitos mal absieht*

### 14.109 Konditionales CON+ Infinitiv

CON (SÓLO) + Infinitiv verkürzt einen Bedingungssatz, der die ausreichende Bedingung im Hinblick auf einen zufriedenstellenden Sachverhalt angibt:

**Me conformo con tener para comer.**
*Ich bin zufrieden, wenn ich genügend zum Essen habe.*

**No arriesgamos nada con probar.**
*Wir riskieren nichts, wenn wir es versuchen.*

**Todo quedará resuelto con sólo firmar ese papel.**
*Damit alles in Ordnung ist, genügt es, dieses Papier zu unterschreiben.*

**A** ▶ CON DECIRTE QUE führt in der Umgangssprache einen Umstand an, der als einleuchtendes Beispiel für das gerade Besprochene anzusehen ist:

**Con decirte que ni su mujer lo sabía.**
*Stell dir vor: nicht einmal seine Frau hat es gewußt.*

### 14.110 Verkürzung von Konzessivsätzen: A PESAR DE / PESE A + Infinitiv

Mit A PESAR DE + Infinitiv und PESE A + Infinitiv werden Konzessivsätze verkürzt, die eine bekannte Tatsache wiedergeben:

**No adelantaba a pesar de estudiar día y noche.**
*Er kam nicht voran, obwohl er Tag und Nacht lernte.*

**Estoy cansado pese a haber dormido diez horas.**
*Ich bin müde, obwohl ich zehn Stunden geschlafen habe.*

**A** ▶ Synonyme von A PESAR DE und PESE A DE in konzessiven Infinitivkonstruktionen:

(AUN) A RIESGO DE
(AUN) A SABIENDAS DE
A FUER DE
NO OBSTANTE DE
SIN EMBARGO DE

### 14.111 Konzessives CON + Infinitiv

CON + Infinitiv kann einen Konzessivsatz ersetzen; die Verbindung kommt vor allem mit SER vor:

**Con ser grave, la situación no puede compararse a la de Francia.**
*Obwohl die Lage sehr ernst ist, kann man sie nicht mit der in Frankreich vergleichen.*

### 14.112 Konzessives PARA + Infinitiv

PARA + Infinitiv erhält nicht selten eine konzessive Bedeutung (vgl. 39.6A):

**Para ser un libro de política, es increíble cómo se vende.**
*Dafür, daß es sich um ein Buch über Politik handelt, verkauft es sich unglaublich gut.*

# 14. Der Infinitiv

## 14.113 Finale Infinitivangaben mit PARA

*'um zu'*-Ergänzungen werden mit PARA eingeführt. Mit PARA + Infinitiv führt man Geplantes ein:

**Tiene que ser el mejor para poder postular a la beca.**
*Er muß der Beste sein, um sich um das Stipendium bewerben zu können.*

**Abrió las ventanas para ventilar el dormitorio.**
*Er machte die Fenster auf, um das Schlafzimmer zu lüften.*

**No gana lo suficiente como para mantener a una familia.**
*Er verdient nicht genug, um eine Familie zu ernähren.*

• Näheres zu COMO PARA + Infinitiv vgl. 9.68, 39.42A. Mit PARA + Infinitiv werden nicht nur Angaben mit eindeutig finalem Sinn gebildet. Vgl. 39.36A und 14.112.

**A ▶** PARA + Infinitiv wird auch verwendet, obwohl meist inkorrekt, wenn Hauptsatz und Infinitivangabe verschiedene Subjekte haben:

**Se corrió a un lado para poder sentarme yo.**
*Er rückte zur Seite, damit ich mich setzen konnte.*

**B ▶** Weitere Präpositionalfügungen für finale Infinitivkonstruktionen:

A (LOS) EFECTOS DE
A FIN DE
DE CARA A
CON EL OBJETO DE
CON VISTAS A
CON MIRAS A
CON EL FIN DE
SO PRETEXTO DE

## 14.114 A + Infinitiv nach Verben der Bewegung mit finalem Sinn

Die finale Infinitivergänzung der Verben der Bewegung wie ACERCARSE, BAJAR, CORRER, DIRIGIRSE, IR, IRSE, MARCHARSE, VENIR, RETIRARSE, SUBIR, SALIR, aber auch ENTRAR in ihrer konkreten Bedeutung des Sichbegebens auf einen Ort hin wird mit A eingeführt, wenn die beabsichtigte Handlung sofort ausgeführt werden soll (vgl. 25.50):

**Me voy a casa a ver el partido.**
*Ich gehe nach Hause, um mir das Spiel im Fernsehen anzusehen.*

**Tuve que bajar a comprar tabaco a la tienda de la esquina.**
*Ich mußte hinunter gehen, um im Laden an der Ecke Zigaretten zu kaufen.*

**Entré en la casa a saludar a los abuelos.**
*Ich ging in das Haus, um die Großeltern zu begrüßen.*

**A ▶** In Infinitivergänzungen von Verben der Bewegung erscheint PARA statt A nur zur Unterstreichung der oft ungewöhnlichen Zwecksetzung oder zur Angabe eines bloß weiterführenden, ungeplanten Geschehens; bei negiertem Infinitiv ist PARA + Infinitiv obligatorisch. Man vergleiche die Beispiele:

**Salieron a mirar de dónde venían los ruidos.**
*Sie gingen hinaus, um nachzusehen, woher die Geräusche kamen.*

**Salieron para estar solos siquiera un momento.**
*Sie gingen hinaus, um wenigstens einen Augenblick allein sein zu können.*

**Salieron para no tener que saludar a los recién llegados.**
*Sie gingen hinaus, um nicht die neu Eingetroffenen begrüßen zu müssen.*

**Salieron para volver a las dos horas.**
*Sie gingen hinaus und kamen erst nach zwei Stunden zurück.*

## 14. Der Infinitiv

**B ▶** Die finale Infinitivergänzung von **volver** *zurückkehren* wird wegen der Verwechslungsmöglichkeit mit der festen Fügung VOLVER A + Infinitiv (vgl. 14.91) gewöhnlich mit PARA eingeführt:

**Volví a Salamanca para encontrarme con ella.**
*Ich kam nach Salamanca zurück, um sie zu treffen.*

**Volví a encontrarme con ella en Salamanca.**
*Ich traf sie in Salamanca wieder.*

### 14.115 A + Infinitiv mit finalem Sinn nach sonstigen Verben

Die finale Infinitivergänzung folgender Verben wird in der Regel mit A eingeführt (bei PARARSE, QUEDARSE und SENTARSE gelten die Erläuterungen in 14.114):

| | | | |
|---|---|---|---|
| AGACHARSE | DISPONERSE | OFRECERSE | QUEDARSE |
| APRESURARSE | ENVIAR | PARARSE | SENTARSE |
| DETENERSE | MANDAR | SEPARARSE | |

Beispiele:

**¿Te quedas a comer con nosotros?**
*Bleibst du zum Essen da?*

**Se detuvo a leer los anuncios de cine.**
*Er blieb stehen, um die Kinoannoncen zu lesen.*

**Se dispusieron a recibirla.**
*Sie bereiteten sich vor, sie zu empfangen.*

**A ▶** Feste Wendungen mit **mandar a** *schicken zu*:

**mandar a freír espárragos** *zum Teufel wünschen*
**mandar a hacer gárgaras** *zum Teufel jagen*

**B ▶** Feste Wendungen mit **A + Infinitiv**:

**a decir verdad** *um die Wahrheit zu sagen*
**a más tardar** *spätestens*
**a más no poder** *so .... wie möglich*
**a no dudarlo** *zweifellos*
**a saber** *nämlich*

### 14.116 POR + Infinitiv mit finalem Sinn nach Verben des Ringens

Bei Verben, die eine Anstrengung und ein heftiges Streben beschreiben, wird die finale Infinitivangabe durch POR eingeführt (kann aber auch durch PARA eingeführt werden, wenn eine durchdachte Zielsetzung vorliegt):

**Se esforzaba por no perder el hilo de la conversación.**
*Er strengte sich an, den Gesprächsfaden nicht zu verlieren.*

**Admiro a las parejas que luchan por crear un hogar.**
*Ich bewundere die Paare, sie darum kämpfen, ein Heim zu gründen.*

### 14.117 POR + Infinitiv beim nicht geplanten Tun

POR führt den Infinitiv ein, wenn die Handlung einem dringenden Wunsch, einem plötzlichen Einfall, einer Laune o.ä. gleichkommt (und nicht auf die Erreichung eines durchdachten Zwecks gerichtet ist, Näheres vgl. 39.5B):

**Por hacer algo, cogí un libro cualquiera.**
*Um etwas zu tun, nahm ich irgendein Buch in die Hand.*

**14. Der Infinitiv**

Estás hablando por hablar.
*Du redest nur so daher.*

## 14.118 POR + Infinitiv mit HACER und DAR

Mit HACER und DAR führen Muttersprachler die Finalangabe mit POR ein, wenn diese Verben die Bedeutung *'sich einsetzen'*, *'sich anstrengen'* bzw. *'sich opfern'* haben (diesem Gebrauch liegt vielleicht die Vorstellung des Tausches zugrunde, vgl. 39.11):

Haré lo posible por acabar el trabajo hoy.
*Ich werde alles versuchen, um die Arbeit heute noch zu beenden.*

Daría cualquier cosa por verle ahora.
*Ich würde alles darum geben, ihn jetzt zu sehen.*

## 14.119 POR + Infinitiv in textkommentierenden Angaben

Wendungen, mit denen der Sprecher eine Redestelle in einer bestimmten Perspektive gesehen haben will, enthalten oft POR + Infinitiv:

Por usar una terminología imprecisa, lo llamaré incidente.
*Um eine ungenaue Terminologie zu gebrauchen, werde ich es Vorfall nennen.*

**A ▶** Beispiele feststehender Wendungen mit POR DECIR:

por decirlo así *um es einmal so zu formulieren; sozusagen*
el clima, o por mejor decir, el cambio climático *das Klima, oder vielmehr der Klimawandel*
difícil, por no decir imposible *schwer, um nicht zu sagen unmöglich*

**B ▶** Die Wendungen mit POR, die sich auf Zitate beziehen, enthalten die Verben CITAR, MENCIONAR, RECORDAR, REFERIRSE A u.ä. Beispiele:

por no citar sino las obras más conocidas *um nur die bekanntesten Werke zu nennen*
por recordar un desastre reciente *um an ein Unglück der jüngsten Vergangenheit zu erinnern*

## 14.120 Infinitivangaben des fehlenden Umstands

*'ohne zu'*-Angaben werden mit SIN + Infinitiv gebildet; oft hat SIN + Infinitiv konditionalen oder konzessiven Sinn:

Salió sin cerrar la puerta.
*Er ging, ohne die Tür zuzumachen.*

Se pasan el día sin hacer nada.
*Den ganzen Tag lang tun sie nichts.*

Comía con la vista fija en el plato y sin hablar con nadie.
*Er aß, den Blick auf seinen Teller gerichtet, und redete dabei mit niemandem.*

Su juego, sin ser elegante, es de rotunda efectividad.
*Sein Spiel, obwohl nicht elegant, ist höchst effektiv.*

• Zu SIN + Infinitiv mit passivisch-unpersönlichem Sinn vgl. 14.13.

**A ▶** Beispiel mit der Fügung LLEVAR + Zeitraumangabe + SIN + Infinitiv (vgl. 26.34):

Llevamos veinte años sin vernos.
*Wir haben uns seit zwanzig Jahren nicht gesehen.*

**B ▶** Feststehende Wendung: SIN IR MÁS LEJOS:

la nueva ley de seguridad, sin ir más lejos *beispielsweise das neue Sicherheitsgesetz*
¿un tipo neurótico? tú, sin ir más lejos *ein neurotischer Typ? du zum Beispiel*

## 14. Der Infinitiv

### 14.121 SIN + Infinitiv im Ausdruck des Zustands

SIN + Infinitiv wird zur Betonung der unterlassenen Handlung als Ergänzung von ESTAR, SEGUIR, DEJAR, QUEDAR(SE) gebraucht; oft werden diese Verben weggelassen:

**Los chicos están sin comer.**
*Die Kinder haben noch nicht gegessen.*

**Sigo sin entenderte.**
*Ich verstehe dich immer noch nicht.*

**Nos quedamos sin ver la película.**
*Wir haben den Film nicht sehen können.*

**Se han ido a vivir a otro sitio, y nosotros sin saberlo.**
*Sie sind umgezogen, und wir wußten es nicht.*

### 14.122 Infinitivangaben des alternativen Umstands

'*statt zu*'-Angaben werden mit EN VEZ DE / EN LUGAR DE + Infinitiv gebildet:

**Se me quedó mirando en vez de ayudarme.**
*Er starrte mich an, statt mir zu helfen.*

**En lugar de molestarte podrías decirle la manera de hacerlo mejor.**
*Statt dich zu ärgern, könntest du ihm sagen, wie man es besser macht.*

• Zu MÁS QUE + Infinitiv vgl.9.153.

**A ▶** Ein weiterer häufiger Ausdruck zur Infinitivangabe des alternativen Umstands ist LEJOS DE; die Fügung wird auch zum Ausdruck des nicht eingetretenen Zustands gebraucht:

**Lejos de disminuir el número de atracos, se han duplicado.**
*Die Zahl der Überfälle hat sich überhaupt nicht verringert, sie hat sich vielmehr verdoppelt..*

**La crisis está lejos de terminar.**
*Die Krise ist noch lange nicht zu Ende.*

### 14.123 Infinitivangaben des zusätzlichen Umstands

Mit ADEMÁS DE + Infinitiv wird ein weiterer Sachverhalt angegeben, um den Vorrang des Sachverhalts im Hauptsatz hervorzuheben:

**Además de tocar la guitarra, baila.**
*Er spielt nicht nur Gitarre, er tanzt auch.*

**Además de haber vivido en Roma, conocía París como la palma de su mano.**
*Er hatte nicht nur in Rom gelebt, auch Paris kannte er wie seine Westentasche.*

**A ▶** SER und ESTAR können nach ADEMÁS DE entfallen:

**Además de tacaños, son antipáticos.**
*Sie sind nicht nur knauserig, sondern auch unsympathisch.*

**Parecían tristes además de cansadas.**
*Sie waren nicht nur müde, sie sahen auch traurig aus.*

**B ▶** Weitere Präpositionalfügungen für Infinitivkonstruktionen des zusätzlichen Umstands:

AMÉN DE
APARTE DE
ENCIMA DE
FUERA DE
AL MARGEN DE
SOBRE

# 15. Das Gerundio

Das spanische Wort GERUNDIO kommt vom lateinischen Wort GERUNDIUM, hat aber mit dem lateinischen Verbalnomen nichts zu tun. Da es im Deutschen zudem keine dem spanischen GERUNDIO entsprechende Kategorie gibt, wird hier der spanische Terminus verwendet. Wenn nicht anders erwähnt, meint das Wort das einfache Gerundio.

## A. Allgemeines zum Gerundio

### 15.1 Einfaches und zusammengesetztes Gerundio

Das einfache Gerundio bezeichnet Unabgeschlossenes (vgl. 15.2), das zusammengesetzte Gerundio bezeichnet Abgeschlossenes:

**reduciéndose la oferta** *wenn sich das Angebot verringert (verringern sollte)*
**habiéndose reducido la oferta** *da sich das Angebot verringert hat (hatte)*

### 15.2 Begriffsbestimmung des einfachen Gerundio

Das (einfache) Gerundio ist eine infinite Verbform und wird für adverbiale Angaben verwendet. Es bezeichnet ein Nebengeschehen, das mit dem Hauptgeschehen zeitlich mehr oder weniger zusammenfällt und es auf irgendeine Weise, meistens modal, näher bestimmt:

**Dominaban dividiendo.**
*Sie herrschten, indem sie aufteilten.*

**Prefiero vivir soñando.**
*Ich ziehe es vor, ein Leben im Traum zu führen.*

**Íbamos por la calle cantando.**
*Wir gingen auf der Straße und sangen (dabei).*

**Le respondí estremeciéndome.**
*Ich antwortete ihm und zuckte zusammen.*

**A ▶** Beispiele für Gerundio-Angaben, die den Sinn von Hauptverben mit sehr allgemeiner Bedeutung präzisieren:

**ir andando** *zu Fuß gehen*
**salir corriendo** *hinausrennen*
**empezar diciendo** *als erstes sagen*
**contestar gritando** *zurückschreien*
**quedarse mirando** *anstarren*

### 15.3 Das Subjekt der Gerundio-Angabe

Das Subjekt der Gerundio-Angabe ist meistens das des Hauptverbs, kann aber auch ihr eigenes Subjekt haben oder sich auf ein unpersönlich-allgemeines Subjekt beziehen. Wenn das Subjekt in der Gerundio-Angabe erwähnt wird, steht es nach dem Gerundio (vgl. aber 15.4):

**Le di el libro evitando mirarla.**
*Ich gab ihr das Buch und vermied es, sie dabei anzuschauen.*

**No me puedo bañar estando tus medias en la bañera.**
*Ich kann nicht baden, wenn / weil / solange deine Strümpfe in der Badewanne sind.*

**Las cebollas pierden el sabor sumergiéndolas en agua caliente.**
*Die Zwiebeln verlieren ihre Schärfe, wenn man sie in heißes Wasser eintaucht.*

## 15. Das Gerundio

**A ▶** Einige geläufige Gerundio-Angaben mit unpersönlichem bzw. eigenem Subjekt:

**considerando su edad** *wenn man sich sein / ihr Alter vor Augen führt*
**teniendo en cuenta que no es músico** *wenn man in Betracht zieht, daß er kein Musiker ist*
**suponiendo que sea como dice** *nehmen wir einmal an, es ist so, wie er sagt*
**hablando de la corrupción...** *apropos Korruption...*
**resumiendo** *zusammenfassend*
**andando el tiempo** *mit der Zeit*

### 15.4 Gerundio–Angabe bei Wahrnehmungsverben

Ein Gerundio kann sich auf das Akkusativobjekt eines Verbs des Wahrnehmens – in der Regel ein Lebewesen – beziehen und dabei angeben, welche Handlung es gerade ausführt (das Subjekt der Gerundio-Angabe ist zugleich das Objekt des Hauptverbs, dieses Objekt kann natürlich ein Personalpronomen im Akkusativ sein):

**Observábamos a la mujer tratando de abrir la puerta.**
*Wir beobachteten die Frau beim Versuch, die Tür zu öffnen.*

**Os oí tramando el plan.**
*Ich habe gehört, wie ihr den Plan ausgeheckt habt.*

**Encontré a mamá llorando.**
*Ich habe Mutter weinend angetroffen.*

**Te vi besándote con él.**
*Ich habe dich gesehen, wie du ihn küßtest.*

**A ▶** Die am häufigsten hier vorkommenden Verben sind: CONTEMPLAR, DISTINGUIR, MIRAR, NOTAR, OBSERVAR, OÍR, SENTIR. Auf MIRAR, OÍR, VER und SENTIR kann auch eine Infinitivangabe folgen (vgl. 14.42), VER, OÍR und SENTIR können auch eine QUE-Nebensatzergänzung enthalten (vgl. 34.29, 34.106C).

### 15.5 Gerundio–Angabe bei Vergegenwärtigungsverben

Eine Gerundio-Angabe folgt auf das Objekt eines Verbs des Vor- und Darstellens – meistens ein Lebewesen – und gibt dabei an, welche Handlung dieses dabei gerade ausführt:

**Me imagino a Jorge leyéndole tu carta.**
*Ich stelle mir Jorge vor, wie er ihr deinen Brief vorliest.*

**Dibujó a Boabdil llorando la pérdida de su imperio.**
*Er zeichnete Boabdil, wie dieser den Verlust seines Reiches beweinte.*

**A ▶** Bildtitel bestehen oft aus einer Gerundio-Angabe; das dazu gehörige Obersatzverb des Darstellens muß hinzugedacht werden:

**Napoleón cruzando los Alpes** *Napoleon beim Überqueren der Alpen*
**el Papa besando el suelo de España** *der Papst küßt den spanischen Boden*

**B ▶** In Titeln von Zeitungsartikeln ersetzt das Gerundio den Infinitiv. Diese Verwendungsweise ist hauptsächlich auf durative Verben begrenzt, und auch dann ist das Gerundio nicht immer einsetzbar. Beispiele:

**viviendo en el hielo** *Leben im Eis*
**descubriendo a Miró** *eine Entdeckungsreise zu Miró*

## 15.6 Ergänzung von Lageangaben durch Gerundio–Angaben

Mit einer Gerundio-Konstruktion wird häufig eine weiterführende Angabe zu einer Lagebeschreibung mit ESTAR, HABER und deren Synonymen gemacht, und zwar geht es um die Handlung, die das Satzsubjekt an dem angegebenen Ort gerade ausführt:

**Por la calle hay unos guardias poniendo multas.**
*Auf der Straße sind Polizisten, die Strafzettel verteilen.*

**Una mujer estaba asomada a la ventana tendiendo la ropa.**
*Eine Frau lehnte sich aus dem Fenster und hängte Wäsche auf.*

**Me quedé en mi casa preparando el equipaje.**
*Ich blieb zu Hause und packte die Koffer.*

• Gerundio-Angaben mit QUEDAR(SE) haben sehr oft einen bloß resultativ-durativen Sinn, vgl. 15.44.

**A ▶** Das Akkusativobjekt von DEJAR in der Bedeutung *'(an einem Ort zurück–)lassen'* wird in Sätzen der Lagebeschreibung zum Subjekt der Gerundio-Angabe:

**A los críos los he dejado en casa haciendo deberes.**
*Ich habe die Kinder zu Hause gelassen, sie machen ihre Hausaufgaben.*


## 15.7 Gerundio–Konstruktion statt Präposition oder Adverb des Ortes

Ein Gerundio kann selbst als Ortsangabe fungieren und somit eine Präposition oder ein Adverb des Ortes ersetzen:

**Esa iglesia está pasando el puente.**
*Die Kirche kommt nach der Brücke.*

**Hay un estanco girando en la esquina a la izquierda.**
*Ein Tabakladen ist links um die Ecke.*

**A ▶** In Verbindung mit DE und HASTA wird PASANDO POR häufig in Lageangaben (auch im nicht konkreten Sinn) verwendet:

**La gama de los opositores es variopinta: va desde los minusválidos hasta los ancianos, pasando por los ciclistas y los automovilistas.**
*Die Gegner sind eine bunte Mischung: von den Behinderten bis zu den Alten, darunter auch Rad– und Autofahrer.*


## 15.8 Das Gerundio als Adjektiv: ARDIENDO und HIRVIENDO

Nur die Gerundioformen **ardiendo** *brennend* und **hirviendo** *kochend* sind als (unveränderliche) Adjektive ins Lexikon aufgenommen worden:

**echar agua hirviendo a los invasores** *kochendes Wasser auf die Invasoren ausschütten*
**salvar a los niños de las casas ardiendo** *die Kinder aus den brennenden Häusern retten*

**A ▶** Das deutsche Partizip Präsens in adjektivischer Verwendung muß im Spanischen grundsätzlich durch einen Relativsatz wiedergegeben werden. Für *'die ankommenden Gäste'* etwa: LOS INVITADOS QUE IBAN LLEGANDO; für *'das Problem der studierenden Frauen'* etwa: EL PROBLEMA DE LAS MUJERES QUE ESTUDIAN UNA CARRERA.

**B ▶** Die einendigen Adjektive auf -ANTE und -IENTE sind Restformen des spanischen Partizip Präsens und entsprechen oft dem deutschen Partizip Präsens:

**el creciente descontento** *die wachsende Unzufriedenheit*
**el hombre pensante** *der denkende Mensch*
**una prueba concluyente** *ein schlagender Beweis*

**15. Das Gerundio**

### 15.9 Attributiv gebrauchte Gerundio–Angabe
Der nicht seltene, schriftsprachlich-literarische Gebrauch des Gerundio als nähere Bestimmung eines (meist) unbestimmten personenbezeichnenden Substantivs wird als unkorrekt kritisiert. In ihnen wird das Gerundio, meist aus Gründen der Ausdrucksprägnanz, nämlich zur Vergegenwärtigung verlaufenden Geschehens, einem Relativsatz vorgezogen:

**Eran unas vocecillas chillonas, como gritos de niños jugando al escondite.**
*Es waren kreischende Stimmchen, wie das Geschrei von Kindern beim Versteck-Spiel.*

**Un hombre tocando el arpa es una figura insólita.**
*Ein Mann, der Harfe spielt, ist eine ungewohnte Erscheinung.*

### 15.10 Attributiv gebrauchte Gerundio–Angabe in Beschreibungen
In schriftsprachlich-literarischen Beschreibungen von Gegenständen werden sehr oft Gerundio-Angaben als Merkmalsangabe verwendet:

**unas hayas centenarias rodeando la casa** *hundertjährige Buchen, die das Haus umgeben*
**dos lindos frasquitos conteniendo veneno** *zwei hübsche kleine Flaschen mit Gift*
**sus abultados hombros, mostrando orquídeas tatuadas** *seine massigen Schultern, die Tätowierungen in Gestalt von Orchideen aufweisen*

### 15.11 Attributiv gebrauchte Gerundio–Angabe in Beschreibungen
CON + bestimmter Artikel + Substantiv + Gerundio kommt häufig in Beschreibungen von Aussehen und Zustand vor:

**Era una choza abandonada con el tejado cayéndose de viejo.**
*Es war eine verlassene Hütte mit einem Dach, das – altersschwach – einzustürzen drohte.*

**Permanecí allí, pálida y con las manos temblándome de miedo.**
*Ich rührte mich nicht von der Stelle, ich war blaß und meine Hände zitterten vor Angst.*

### 15.12 Instrumentale Angabe mit Gerundio
*'indem'*-Sätze werden gewöhnlich mit einem Gerundio-Satz gebildet:

**Se abre la puerta marcando el número clave.**
*Man öffnet die Tür, indem man den Ziffercode eingibt.*

**Enemistándonos nosotros, les damos la razón a nuestros enemigos comunes.**
*Indem wir Feinde werden, geben wir unseren gemeinsamen Feinden recht.*

- Der instrumentale Gerundio-Satz wird häufiger gebraucht als CON + Infinitiv (vgl. 14.109).

### 15.13 Temporale Angabe mit Gerundio
Eine Gerundio-Angabe kann einen Temporalsatz der Gleichzeitigkeit und der unmittelbaren Vor- und (weniger häufig) Nachzeitigkeit ersetzen. Gerundio-Konstruktionen, die etwas angeben, das zeitlich weiter vorausliegt, kommen in sorgfältig konstruierten Texten vor, gelten aber als unkorrekt (vgl. 15.21):

**Recordé un verso de Neruda mirando vuestras dispositivas.**
*Mir ist ein Vers von Neruda eingefallen, als ich eure Dias anschaute.*

**Salió a la terraza apagando por fuera la luz del salón.**
*Er ging auf die Terrasse hinaus und löschte das Licht im Salon von draußen.*

**Mirándose una última vez en el espejo, abrió la puerta.**
*Er / sie schaute ein letztes Mal in den Spiegel und machte die Tür auf.*

## 15. Das Gerundio

### 15.14 EN + Gerundio
Die etwas antiquiert anmutende Formel EN + Gerundio wird als Ersatz eines Temporalsatzes der Gleich- oder Nachzeitigkeit verwendet, nicht selten mit konditionalem Nebensinn:

**En acabando esto me voy.**
*Sowie ich damit fertig bin, gehe ich.*

**Podremos dormir tranquilos en pagando el crédito.**
*Wir werden ruhig schlafen können, wenn wir den Kredit zurückbezahlt haben / zurückbezahlen.*

### 15.15 Konditionale Angabe mit Gerundio
'wenn, falls'-Sätze können durch Gerundio-Angaben ersetzt werden:

**Siendo así, prefiero no ir.**
*Wenn es so ist, ziehe ich es vor, nicht hinzugehen.*

**Reuniéndonos en mi casa, no tendremos problemas de cómo llegar.**
*Wenn wir uns bei mir treffen, werden wir keine Probleme haben, dorthin zu kommen.*

**Subiendo por el ascensor no te cansarías tanto.**
*Würdest du den Fahrstuhl nehmen, dann würdest du dich nicht so sehr anstrengen.*

### 15.16 Konditionale Angabe in beschreibenden Gerundio–Angaben
Mit der Zustand beschreibenden Formel CON + bestimmter Artikel + Substantiv + Gerundio (vgl. 40.7) wird oft eine Bedingung angegeben:

**No puedes concentrarte con los niños chillando todo el día.**
*Du kannst dich nicht konzentrieren, wenn die Kinder den ganzen Tag schreien.*

**¿Cómo descansar con los temas bulléndote en la cabeza?**
*Wie soll man sich erholen, wenn einem die Probleme im Kopf herumbrodeln?*

### 15.17 Kausale Angabe mit Gerundio
Mit einer Gerundio-Angabe kann ein Kausalsatz verkürzt werden:

**Es natural que sepa español habiendo vivido aquí toda su vida.**
*Es ist nur natürlich, daß er Spanisch kann, hat er doch sein Leben lang hier gelebt.*

**No pudiendo esperar más, le dejé un recado.**
*Da ich nicht länger warten konnte, hinterließ ich ihm eine Nachricht.*

**No se lo pregunté creyendo que no lo sabía.**
*Ich habe sie nicht danach gefragt, weil ich dachte, sie wisse es nicht.*

### 15.18 Kausales Gerundio in Verbindung mit COMO
Beispiele mit der intensiv-kausalen Formel Gerundio + COMO + finite Verbform des Gerundio–Verbs:

**sabiendo como sabe que estoy aquí** *da sie doch weiß, daß ich hier bin*
**leyendo como lees** *da du ja so viel / schnell liest*
**preocupándome como me preocupa** *da mich das nun einmal so sehr beschäftigt*

**A** ▶ Statt COMO kann in dieser Fügung ein anderes Adverbialpronomen, wie z.B. DONDE oder QUIEN erscheinen:

**Me parece raro que no lo sepan, viniendo de donde vienen.**
*Ich finde es seltsam, daß sie das nicht wissen, wenn man bedenkt, aus welchem Ort sie kommen.*

### 15. Das Gerundio

**Siendo quien soy, claro que me alegro de lo que ha ocurrido.**
*Als diejenige, die ich nun einmal bin, freue ich mich über dieses Ereignis.*

#### 15.19 Konzessive Angabe mit dem Gerundio

Mit dem Gerundio kann man einen Konzessivsatz verkürzen; zur Verdeutlichung des Konzessivcharakters erscheint oft AUN bzw. NI AUN vor oder Y TODO nach dem Gerundio:

**Se hicieron comunistas habiendo gozado de una severa educación católica.**
*Sie wurden Kommunisten, und dabei waren sie streng katholisch erzogen worden.*

**Aun / Ni aun invocando los lazos de sangre, le negarían la herencia.**
*Selbst wenn er die Blutsbande beschwören würde, würden sie ihn enterben.*

**Escribiéndole y todo, no te hará caso.**
*Auch wenn du ihm schreibst, wird er dich ignorieren.*

#### 15.20 Finale Angabe mit Gerundio

Finalangaben mit dem Gerundio kommen relativ selten vor:

**Te escribiré informándote de la asamblea.**
*Ich werde dir ausführlich schreiben, um dich über die Versammlung zu unterrichten.*

#### 15.21 Weiterführende Angabe durch Gerundio

In der nicht literarischen Schriftsprache werden sehr häufig Gerundio-Angaben eingesetzt, um etwas darzustellen, das als Ergebnis aus dem zuvor Mitgeteilten anzusehen ist. Dieser Gebrauch des Gerundio ist stilistisch umstritten und gilt vor allem dann als nicht korrekt, wenn das Gerundio-Geschehen offensichtlich lange nach dem ersten liegt:

**Nació en un pueblito de Galicia próximo a la frontera con Portugal, emigrando a Cuba a los diecisiete años.**
*Er wurde in einem kleinen Dorf in Galizien nah an der portugiesischen Grenze geboren und mit siebzehn wanderte er nach Cuba aus.*

**Se les permite salir en libertad, otorgándoseles una nueva oportunidad para reincidir en el delito.**
*Man gewährt ihnen einen freien Ausgang und gibt ihnen damit gleichsam eine neue Chance, rückfällig zu werden.*

**Los formularios a rellenar son incomprensibles aun para las personas educadas, contribuyendo esto a que cunda la sensación de estar abandonados a su suerte.**
*Die auszufüllenden Formulare sind auch für gebildete Leute unverständlich, das verstärkt noch den allgemeinen Eindruck, daß man ganz auf sich selbst gestellt ist.*

#### 15.22 Weiterführendes SIENDO

Das Gerundio von SER, oft in der Form SIENDO ASÍ QUE und SIENDO DE NOTAR, wird häufig zur gedanklichen Weiterführung verwendet, und zwar in konzessiver oder kontrastierender Absicht:

**Suelen calificar de provincianos a los catalanes, siendo éstos, al contrario, los españoles más cosmopolitas.**
*Sie haben sich angewöhnt, die Katalanen als provinziell zu bezeichnen, wohingegen diese die weltoffensten Spanier sind.*

**Se habla de una crisis generalizada, siendo así que los bancos hacen más beneficios que nunca.**
*Man spricht von einer allgemeinen Krise, doch die Banken machen mehr Gewinne denn je.*

**Los ecologistas no llegan al 10% de los votos, siendo de notar que los nuevos votantes se inclinan por otros partidos.**
*Die Umweltschützer erreichen nicht einmal 10% der Stimmen, wobei bemerkenswert ist, daß die Neuwähler andere Parteien bevorzugen.*

### 15.23 Das Gerundio als Imperativform

Mit einigen Verben der zielgerichteten Bewegung (aber nicht mit IR!) wird das einfache Gerundio als Imperativ verwendet; es handelt sich dabei wohl um feststehende Wendungen, die aus Aufforderungen mit IR + Gerundio (vgl. 31.5) entstanden sind:

**¡subiendo!** *einsteigen!*
**¡avanzando!** *vorwärts!*

### 15.24 COMO + Gerundio

Mit COMO + Gerundio wird in der Regel ein Vergleich angegeben, häufig mit irrealem Sinn:

**Me miraba como culpándome de lo sucedido.**
*Sie schaute mich an, und es war, als gäbe sie mir die Schuld an dem Geschehen.*

**Hablaba de su enfermedad como refiriendo una noticia periodística.**
*Er sprach von seiner Krankheit wie jemand, der eine Nachricht aus der Zeitung mitteilt.*

## B. Fügungen mit dem Gerundio

Bei den Fügungen, die in diesem Teil vorgestellt werden, sind die Verben, die das Gerundio begleiten, als Hilfsverben anzusehen. Natürlich können diese Verben auch in ihrer vollen, konkreten Bedeutung in Verbindung mit dem adverbiellen Gerundio auftreten. Im folgenden Beispiel ist das Gerundio eine Angabe zu dem Vollverb IR:

**Los otros iban en un autobús cantando el himno nacional.**
*Die anderen fuhren in einem Bus und sangen dabei die Nationalhymne.*

### 15.25 ESTAR + Gerundio

Mit dieser überaus häufigen Fügung gibt man an, daß sich das Satzsubjekt gleichsam mitten im Vollzug bzw. Verlauf einer Handlung bzw. eines Geschehens befindet:

**Oye, estamos comiendo, llama más tarde, ¿de acuerdo?**
*Du, wir essen gerade, rufe später an, einverstanden?*

**Estaba nevando cuando llegamos a Berlín.**
*Als wir in Berlin ankamen, schneite es.*

**Mañana a estas horas estaremos volando sobre el Atlántico.**
*Morgen um diese Zeit werden wir über dem Atlantik fliegen.*

### 15.26 Iteratives ESTAR + Gerundio

ESTAR + Gerundio wird auch verwendet, wenn sich das Satzsubjekt inmitten einer unendlichen Wiederholung von punktuellen Handlungen oder Ereignissen befindet:

**Juanito estaba tirando piedras al río.**
*Juanito warf Steine in den Fluß.*

**El grifo está goteando.**
*Der Wasserhahn tropft.*

### 15. Das Gerundio

**Ella, como siempre, estaría firmando autógrafos.**
*Sie dürfte da gerade, wie immer, Autogramme gegeben haben.*

#### 15.27 Indefinido von ESTAR + Gerundio

Beispiele mit ESTAR im **INDEFINIDO** zum Ausdruck eines abgeschlossenen durativen oder repetitiven Vorgangs (vgl. 18.37):

**Te estuve esperando en el bar de siempre.**
*Ich habe auf dich in dem gewohnten Lokal gewartet.*

**Estuvimos jugando al ajedrez hasta que nos fuimos a acostar.**
*Wir haben Schach gespielt, bis wir zu Bett gingen.*

**Estuvieron mirando fotos toda la tarde.**
*Sie haben sich den ganzen Nachmittag Fotos angeschaut.*

• Die begrenzte Dauer kann auch mit **PASARSE** + Gerundio ausgedrückt werden, vgl. 26.50.

#### 15.28 Zusammmengesetzte Zeit von ESTAR + Gerundio

ESTAR bei ESTAR + gerundio kann in jeder zusammengesetzten Zeit stehen gemäß der Verwendungsweise des entsprechenden Tempus (vgl. insbesondere Kapitel 18, Teile B und D). Beispiele mit ESTAR in **PERFECTO** zum Ausdruck eines bis jetzt andauerden durativen oder repetitiven Vorgangs (vgl. 15.38):

**Por fin te encuentro, te he estado buscando por todas partes.**
*Endich finde ich dich, ich habe dich überall gesucht.*

**Me han estado mintiendo, son de lo peor.**
*Sie haben mich die ganze Zeit angelogen, das sind doch die allerletzten.*

**A ▶** Beispiele mit ESTAR im **PLUSCUAMPERFECTO** zum Ausdruck eines bis zu einem vergangenen Zeitpunkt andauerden durativen oder repetitiven Vorgangs

**Lo habían estado boicoteando, y renunció.**
*Sie hatten ihn gemobbt, und er kündigte.*

**La ropa tendida estaba empapada porque había estado lloviendo.**
*Die Wäsche an der Leine war klatschnaß, weil es geregnet hatte.*

#### 15.29 Wegfall von ESTAR bei ESTAR + Gerundio

Bei der Beschreibung von Situationen entfällt sehr oft ESTAR:

**el profesor explicando la regla de tres y él siguiendo el vuelo de una mosca** *der Lehrer erklärte die Dreisatzrechnung, und er verfolgte den Flug einer Fliege*

#### 15.30 ESTAR + Gerundio bei Zustandsverben

Für die Konstruktion mit ESTAR + Gerundio kommen Zustandsverben wie SABER, TENER, PODER, LLAMARSE, etc. im Prinzip nicht in Frage; auf nicht fehlerhafte Verwendungsfälle stößt man jedoch immer wieder:

**Esta crisis de confianza está teniendo consecuencias muy graves para las bolsas.**
*Gegenwärtig hat diese Vertrauenskrise für die Börsen sehr gravierende Folgen.*

**A ▶** Beispiele mit ESTAR DESEANDO:

**Estoy deseando que llegue el verano.**
*Wie sehr wünschte ich mir, es wäre schon Sommer.*

**Estoy deseando verte de nuevo para contarte todo.**
*Ich wünsche mir sehr, dich wieder zu sehen, um dir alles zu erzählen.*

### 15.31 ESTAR SIENDO + Substantiv / Adjektiv

In nicht literarischem Schreibstil kommt die Konstruktion mit SER, obwohl vielfach als inkorrekt oder überflüssig bezeichnet, nicht selten vor:

**Insistió en que estaba siendo víctima de un fraude.**
*Er wiederholte, er werde gerade Opfer eines Betrugs.*

**No te imaginas lo caluroso que está siendo este verano.**
*Du kannst dir nicht vorstellen, wie heiß dieser Sommer ist.*

### 15.32 ESTAR + Gerundio als Imperativ

Die Formel YA + ESTAR + Gerundio ist eine imperativische Formel, die der eher saloppen Ausdrucksweise eigen ist:

**Ya te estás acostando.**
*Du liegst schon im Bett!*

### 15.33 IR + Gerundio

Die überaus häufige Fügung IR + Gerundio verwendet man, um anzugeben, daß eine Entwicklung (sehr oft eine Entwicklung von Zuständen) oder eine Tätigkeit langsam, allmählich einsetzt. Alle Verbformen von IR sind dabei verwendbar, das INDEFINIDO bezeichnet dabei genau den Anfangspunkt der Entwicklung. Vielleicht redundanterweise tritt dazu oft der Ausdruck **poco a poco** *nach und nach* auf. Die inchoative Bedeutung von IR + Gerundio ist im Deutschen, wenn überhaupt nötig, mit einem Adverb wie *'allmählich'*, *'langsam'* oder *'nach und nach'* wiederzugeben:

**Poco a poco nos vamos enterando de lo que pasó realmente.**
*Wir erfahren nach und nach, was wirklich geschah.*

**El bar se iba vaciando.**
*Allmählich leerte sich das Lokal.*

**Fueron perdiendo el optimismo pasado un año.**
*Ihr Optimismus ließ nach einem Jahr nach.*

• IR(SE) + Gerundio wird sehr häufig in der Imperativform gebraucht, vgl. 31.5.

**A ▶** IR + Gerundio erscheint gewöhnlich in Verbindung mit den Konjunktionen, die eine graduelle Entwicklung bzw. ein Parallelgeschehen bezeichnen (vgl. 35.22):

**Fui aceptando su manera de ser conforme le iba conociendo.**
*In dem Maße, wie ich ihn näher kennenlernte, akzeptierte ich seine Wesensart.*

**La xenofobia irá disminuyendo a medida que se resuelva la crisis.**
*Der Fremdenhaß wird in dem Maße abnehmen, wie die Wirtschaftskrise gelöst wird.*

### 15.34 Unterschied zwischen ESTAR + Gerundio und IR + Gerundio

Mit ESTAR + Gerundio wird der gerade verlaufende, mit IR + Gerundio der sich entwickelnde Sachverhalt ausgedrückt. In bestimmten Fällen mag die Unterscheidung allzu subtil erscheinen; im ersten der folgenden Beispiele liegt die Empfangsszene gewissermaßen fertig vor, im zweiten wird sie gewissermaßen zunehmend bunter:

**Estaba imaginando el recibimiento. – Iba imaginando el recibimiento.**
*Er stellte sich den Empfang vor.*

### 15. Das Gerundio

#### 15.35 IR + Gerundio im iterativen Sinn

IR + Gerundio verwendet man um zu unterstreichen, daß sich eine Handlung in einer Aufeinanderfolge identischer Schritte vollzieht. Spanische Muttersprachler nuancieren damit eine Geschehenswiedergabe gern und häufig; die syntaktischen Mittel dazu sind im Deutschen nicht vorhanden:

**La secretaria iba sellando las cartas que le entregaba el cartero.**
*Die Sekretärin stempelte die Briefe einen nach dem anderen, wie sie ihr der Briefträger gab.*

**Fue subrayando las palabras nuevas.**
*Er unterstrich jedes einzelne neue Wort.*

**Les iba quitando el polvo a los libros según los cogía.**
*Er entstaubte die Bücher, sowie er sie in die Hand nahm.*

- Zur fallweisen Synonymität von IR + Gerundio und VENIR + Gerundio vgl. 15.38A

#### 15.36 SEGUIR + Gerundio

Mit SEGUIR + Gerundio wird angegeben, daß eine Handlung oder ein Geschehen nicht aussetzt bzw. ein Zustand unverändert weiterbesteht:

**La mujer me seguía mirando.**
*Die Frau schaute mich unentwegt an.*

**¿Sigues pensando que fue una casualidad?**
*Denkst du immer noch, daß es ein Zufall war?*

**¿Sigue lloviendo?**
*Regnet es immer noch?*

- Eine Art Negation von SEGUIR + Gerundio ist SEGUIR SIN + Infinitiv, vgl. 14.121.

**A** ▶ Gelegentlich wird bei SEGUIR + Gerundio TODAVÍA bzw. AÚN gebraucht. Diese Verwendung ist vielleicht redundant:

**¿Aún sigues creyendo en la libre empresa?**
*Glaubst du immer noch an das freie Unternehmertum?*

**B** ▶ Beispiel mit SEGUIR SIENDO:

**El paro sigue siendo la primera preocupación de los españoles.**
*Die Arbeitslosigkeit bleibt die erste Sorge der Spanier.*

**C** ▶ Beispiele mit SEGUIR ESTANDO:

**La herida sigue estando a flor de piel.**
*Die Wunde ist immer noch nicht geheilt.*

**Marte sigue estando lejos.**
*Der Planet Mars liegt immer noch weit weg.*

#### 15.37 Andere Hilfsverben der kontinuativen Gerundio–Fügung

Synonyme von SEGUIR in der kontinuativen Gerundio-Fügung sind CONTINUAR und PROSEGUIR. Beispiele:

**Jerusalén continuará siendo la capital de Israel.**
*Jerusalem wird die Hauptstadt von Israel bleiben.*

**En el vehículo policial, el detenido prosiguió insultando a los agentes.**
*Im Polizeiwagen beschimpfte der Festgenommene die Polizisten weiter.*

## 15. Das Gerundio

### 15.38 VENIR + Gerundio

Mit **VENIR** + Gerundio wird angegeben, daß eine Handlung oder ein Geschehen sich bis zum gegenwärtigen Zeitpunkt mehrmals, oft gewohnheitsmäßig wiederholt hat. Im Deutschen fehlt ein syntaktisches Mittel für diese im Spanischen sehr beliebte Nuancengebung, man kann sich behelfen mit einer Zeitangabe der Häufigkeit zu dem jeweils passenden einfachen oder zusammengesetzten Tempus (zum Unterschied zu **LLEVAR** + Gerundio vgl. 15.39):

**Te lo vengo diciendo desde hace una hora.**
*Ich sage es dir seit einer Stunde.*

**Vengo observando una decadencia de las buenas costumbres.**
*Ich beobachte (seit einiger Zeit) einen Verfall der guten Sitten.*

**Hemos venido vulnerando los derechos humanos de los aborígenes.**
*Wir haben die Menschenrechte der Eingeborenen lange und oft verletzt.*

**Tendrán que pensárselo quienes venían votando al partido liberal.**
*Diejenigen, die bisher die liberale Partei gewählt haben, werden es sich überlegen müssen.*

**A ▶** Es kommt relativ häufig vor, daß ein Vorgang, dessen Bezugspunkt die Gegenwart ist, mit **VENIR** + Gerundio und mit **IR** + Gerundio gleichermaßen ausgedrückt werden kann. Das ist meistens der Fall bei Verwendung des **PERFECTO** von VENIR bzw. IR:

**Las relaciones han venido / han ido evolucionando desfavorablemente en los últimos dos años.**
*Die Beziehungen haben sich in den letzten zwei Jahren ungünstig entwickelt.*

### 15.39 LLEVAR + Gerundio

*'seit'*-Zeitangaben ohne präpositionalen Bestandteil werden mit **LLEVAR** + Gerundio gebildet; anders als bei **VENIR** + Gerundio darf hier die Angabe des zurückliegenden Zeitraums nicht fehlen, sie erscheint in der Regel zwischen LLEVAR und dem Gerundio eingeschoben. Das häufig auftretende Adverb YA steht entweder vor oder nach LLEVAR:

**Llevo semanas esperando respuesta.**
*Ich warte seit Wochen auf eine Antwort.*

**Llevaba ya tres años trabajando de taxista.**
*Schon seit drei Jahren arbeitete er als Taxifahrer.*

**A ▶** Für die Konstruktion mit Gerundio kommen als Tempora von LLEVAR allein das **PRESENTE DE INDICATIVO**, das **IMPERFECTO DE INDICATIVO** und das **FUTURO** bzw. deren Subjuntivo-Entsprechungen in Frage (vgl. 15.40A).

### 15.40 Unterschied zwischen VENIR + Gerundio und LLEVAR + Gerundio

Bei **LLEVAR** + Gerundio ist die Vorstellung der Entwicklung oder Wiederholung ausgeklammert, die bei **VENIR** + Gerundio charakteristisch ist. Von den beiden Formeln kann daher allein **LLEVAR** + Gerundio in Angaben ununterbrochener Tätigkeit oder Beschäftigung verwendet werden. Beispiel für denselben Sachverhalt aus den beiden verschiedenen Sichtweisen:

**Lleva tres días repitiéndolo / Lo viene diciendo desde hace tres días.**
*Er wiederholt es seit drei Tagen. / Drei Tage schon sagt er es immer wieder.*

**A ▶** LLEVARSE + Gerundio ist eine Variante von VENIR + Gerundio. LLEVARSE + Gerundio wird in allen Zeiten verwendet:

**Estos personajes se han llevado años proclamando el fin de la novela.**
*Schon seit Jahren verkünden diese Leute das Ende des Romans.*

## 15. Das Gerundio

### 15.41 ANDAR + Gerundio

Mit **ANDAR** + Gerundio wird mit Nachdruck, oft mit Verdruß oder Ärger darauf hingewiesen, daß jemand etwas wiederholt und / oder an verschiedenen Orten getan hat oder tut. Die Nuance ist im Deutschen nicht prägnant wiederzugeben:

**Te andaba buscando.**
*Ich habe dich gesucht (seit langem und überall).*

**No me andes regañando por lo mismo todo el tiempo.**
*Hör doch auf, mich ständig aus dem gleichen Grund herunterzuputzen!*

### 15.42 ACABAR + Gerundio

Mit **ACABAR** + Gerundio (manchmal auch, vielleicht inkorrekt **TERMINAR** + Gerundio) wird auf die letzte einer Reihe von Handlungen hingewiesen und sie auch als – häufig notwendiger – Höhepunkt des Ganzen hingestellt; die Fügung ist mit **ACABAR POR** + Infinitiv sinnverwandt, vgl. 14.75:

**Si esto sigue así, los trabajadores acabarán rebelándose.**
*Wenn das so weitergeht, werden die Arbeiter noch einen Aufstand machen.*

**Acabaron durmiéndose.**
*Am Ende schliefen sie denn doch ein.*

### 15.43 SALIR + Gerundio

In folgenden häufigen feststehenden Wendungen hat **SALIR** + Gerundio einen ähnlich resultativen Sinn wie **ACABAR** + Gerundio:

**salir ganando** *siegen, als Sieger hervorgehen; den größten Vorteil haben*
**salir perdiendo** *verlieren, Nachteile hinnehmen; das Nachsehen haben, den kürzeren ziehen*

### 15.44 QUEDAR(SE) + Gerundio

Mit **QUEDAR(SE)** + Gerundio benennt man den Beginn einer Handlung oder Tätigkeit und teilt zusätzlich mit, daß der Ausführende relativ lange dabei bleibt. **QUEDARSE** wird gegenüber **QUEDAR** bevorzugt, wenn ein Verharren oder ein Zurückbleiben mit ausgedrückt werden soll:

**Me quedé leyendo hasta las cinco de la mañana.**
*Ich habe bis fünf Uhr morgens gelesen.*

**Se me quedó mirando.**
*Er starrte mich an.*

# 16. Das Partizip

Das spanische **PARTICIPIO** entspricht weitgehend dem deutschen 'Partizip II'. In diesem Kapitel werden nur einige kontrastiv interessante Verwendungsweisen des Partizips sowie die formal aktivischen Partizipialfügungen dargestellt. Zum Passiv vgl. Kapitel 17.

## A. Form und Verwendung des Partizips

### 16.1 Unveränderliches Partizip
In den zusammengesetzten Zeiten des Konjugationssystems (**HABER** + **Partizip**, vgl. 12.11) ist das Partizip unveränderlich:

**Las chicas han llegado hoy, pero nadie las ha visto.**
*Die Mädchen sind heute gekommen, aber niemand hat sie bis jetzt gesehen.*

**A ▶** In archaisierenden Wendungen mit SER als Hilfsverb – was man auf keinen Fall nachahmen darf – kongruiert das Partizip mit dem Satzsubjekt (vgl. 12.12):

**Llegada era la hora.**
*Die Stunde war gekommen.*

### 16.2 Eingeschobenes Wort zwischen HABER und Partizip
In der Fügung **HABER** + **Partizip**, also bei den zusammengesetzten Zeiten steht das Partizip grundsätzlich nach dem Hilfsverb. Zwischen Hilfsverb und Partizip kann allerdings das Satzsubjekt oder ein Adverb erscheinen, allerdings nur bei folgenden Tempora: **PLUSCUAMPERFECTO DE INDICATIVO**, **CONDICIONAL COMPUESTO**, **FUTURO PERFECTO** (im Ausdruck der Vermutung, vgl. 18.77 und 18.94) sowie beim **PLUSCUAMPERFECTO DE SUBJUNTIVO**:

**¿Se hubiera usted sentido obligado a nada?**
*Hätten Sie sich zu etwas verpflichtet gefühlt?*

**No se había ni siquiera lavado los dientes.**
*Er hatte sich nicht einmal die Zähne geputzt.*

### 16.3 Literarische Variante des PRETÉRITO ANTERIOR
Die Sequenz **unveränderliches Partizip** + **QUE** + **INDEFINIDO** von **HABER** stellt eine literarisch-archaisierende Spaltung des **PRETÉRITO ANTERIOR** (vgl. 18.50) dar:

**cenado que hubieron** (= cuando hubieron cenado) *sobald sie gegessen hatten*
**oído que hubo aquello** (= cuando hubo oído aquello) *als sie das gehört hatte*

### 16.4 Veränderliches Partizip
Das Partizip ist in adjektivischer und substantivischer Verwendung mehrendig wie ein Adjektiv auf –O / –A (vgl. 3.1):

**el dinero gastado** *das ausgegebene Geld*
**una región despoblada** *eine entvölkerte Gegend*
**días contados** *gezählte Tage*
**muchas casas destruidas** *viele zerstörte Häuser*
**la engañada** *die Betrogene*
**ellas, las divorciadas** *sie, die geschiedenen Frauen*
**lo perdido** *das Verlorene*

**16. Das Partizip**

### 16.5 Form des Partizips bei anderen Hilfsverben und Fügungen

Das Partizip kongruiert mit seinem Bezugssubstantiv oder -pronomen, wenn es andere Verben als HABER ergänzt, vgl. Kapitel 17 und Kapitel 16, Teil B:

**Las cartas han sido enviadas hoy.**
*Die Briefe sind heute abgeschickt worden.*

**Llevaba puestos unos pendientes enormes.**
*Er trug riesengroße Ohrringe.*

**Dio por concluida la reunión.**
*Er erklärte die Versammlung für beendet.*

### 16.6 Zur Stellung des Partizips in Partizipialfügungen

Bei einigen Äquivalenten von Partizipialfügungen kann das Partizip im Vorfeld erscheinen, es ergibt sich die Sequenz **veränderliches Partizip + QUE + INDEFINIDO des Hilfsverbs**. Die Spaltung kommt am häufigsten mit den Hilfsverben ESTAR, TENER, SER und VERSE vor:

**concluida que tuvieron la obra / concluida que estuvo la obra** *sobald die Arbeiten fertig waren*
**separados que fueron los adversarios / separados que se vieron los adversarios** *sobald die Gegner getrennt worden waren*

### 16.7 Partizipformen als Adjektive

Das Lexikon führt alle Partizipformen an, die als echte Adjektive verwendet werden können. Eine sehr kleine Auswahl:

**agradecido,–a** *dankbar*
**atrevido,–a** *verwegen*
**callado,–a** *schweigsam*
**confiado,–a** *arglos*
**desconfiado,–a** *mißtrauisch*
**divertido,–a** *lustig*
**entretenido,–a** *unterhaltsam*
**leído,–a** *belesen*

**pesado,–a** *lästig*
**parecido,–a** *ähnlich*
**porfiado,–a** *trotzig*
**presumido,–a** *hochnäsig*
**sufrido,–a** *leidgeprüft*
**opuesto,–a** *gegnerisch*
**satisfecho,–a** *zufrieden*
**reducido,–a** *knapp*

• Zur Alternative zwischen Sätzen wie ESTÁ DIVERTIDO und ES DIVERTIDO vgl. 19.71, 19.82.

### 16.8 Partizip + Umstandsergänzungen

Vor allem in der geschriebenen Sprache ist die adjektivische Verwendung des Partizips mit seinen eigenen, ihm immer nachgestellten Zeit-, Raum- oder sonstigen Ergänzungen gang und gäbe:

**tres cartas selladas el 6 de abril** *drei am 6. April abgestempelte Briefe*
**los millones escondidos bajo el colchón** *die unter der Matratze versteckten Millionen*
**una camisa cosida a mano** *ein handgenähtes Hemd*
**las islas del Caribe descubiertas por Colón en su primer viaje** *die von Kolumbus auf seiner ersten Reise entdeckten Karibik–Inseln / die Karibik–Inseln, die ...*

### 16.9 RECIÉN in Partizipialphrasen

RECIÉN (vgl. 26.87) steht immer vor dem Partizip:

**la nacionalidad recién adquirida** *die gerade erworbene Staatsbürgerschaft*
**los recién llegados de París** *die soeben aus Paris Eingetroffenen*
**una pareja recién casada** *ein frisch verheiratetes Paar*

# 16. Das Partizip

## 16.10 Das Partizip als Prädikativum
Das Partizip (oder eine Partizipialkonstruktion) erscheint sehr häufig als notwendige Umstandsangabe zu einem Verb, dessen Subjekt auch das des Partizips ist:

**Van a todas partes perseguidos por sus forofos.**
*Überall wo sie hingehen, werden sie von ihren Fans verfolgt.*

**Me miraban complacidos.**
*Sie sahen mich vergnügt an.*

**Morían devorados por las fieras.**
*Sie wurden von den Tieren gefressen.*

## 16.11 Partizipialangabe statt Nebensatz
Mit einer Partizipialangabe, deren Subjekt entweder das des Obersatzes oder ein partizipeigenes ist, kann eine nebensatzwertige Angabe gemacht werden:

**Volvimos a casa pasada la medianoche.**
*Wir kehrten nach Mitternacht heim.*

**Aturdida, no supe qué decir.**
*In meiner Verwirrung wußte ich nichts zu sagen.*

**Los dos rusos, acostumbrados al frío, andaban día y noche ligerísimos de ropa.**
*Die zwei Russen, an Kälte gewöhnt, liefen Tag und Nacht leichtbekleidet herum.*

**Pagadas las deudas, no hacía falta que ella siguiera trabajando.**
*Nachdem die Schulden bezahlt waren, brauchte sie nicht weiter zu arbeiten.*

## 16.12 Alternative Satzstellung in nebensatzwertigen Partizipialangaben
Bei der Charakterisierung von Körperteilen und Kleidungsstücken durch Partizipialangabe kann das Beschriebene dem Partizip vorausgehen:

**Lloraba el hombre, la cabeza hundida entre sus manos.**
*Der Mann weinte, den Kopf in die Hände gestützt.*

## 16.13 Adverbialbestimmung vor nebensatzwertigen Partizipialangaben
Vor einer temporalen Partizipialangabe steht sehr häufig zusätzlich LUEGO DE, DESPUÉS DE, APENAS, RECIÉN, noch häufiger YA oder UNA VEZ, oder der Konstrukt A + bestimmter Artikel + Zeitraumangabe + DE:

**luego de / después de concluidas las presentaciones** *nach den Vorstellungen*
**apenas llegado al poder** *gleich nach seiner Machtübernahme*
**recién llegados los niños del colegio** *gleich nachdem die Kinder von der Schule gekommen waren*
**ya izadas las banderas** *als die Flaggen schon gehißt waren*
**una vez rodeada la casa** *als das Haus umzingelt war*
**a los veinte años de casados** *nach zwanzig Jahren Ehe*

## 16.14 Zur deutschen Übersetzung von Partizipialangaben
Manchmal entspricht eine spanische Partizipialkonstruktion einer deutschen Angabe mit dem Partizip I:

**arrodillada ante la cruz** *vor dem Kreuz kniend*
**dormidos en sus asientos** *auf ihren Sitzen schlafend / eingeschlafen*

# 16. Das Partizip

**echado en el sofá** *auf dem Sofa liegend*
**sentada en un banco** *auf einer Bank sitzend*
**tumbados al sol** *in der Sonne liegend*

## 16.15 Feststehende Partizipialangaben

Auswahl aus der Reihe stereotyper Partizipialangaben, von denen einige regelrechte Präpositionen bzw. Konjunktionen geworden sind:

**debido a su edad** *aufgrund seines Alters*
**debido a que lo maltrataban** *deshalb, weil man ihn schlecht behandelte*
**bien mirado** *bei Lichte besehen*
**dicho de otra manera** *anders gesagt*
**dicho sea de paso** *nebenbei gesagt*
**habida cuenta de las notas obtenidas** *in Anbetracht der erhaltenen Noten*
**habida cuenta de que bebe poco** *angesichts dessen, daß er wenig trinkt*
**excepción hecha de Andalucía** *mit der Ausnahme Andalusiens*
**supuesto que se quede** *vorausgesetzt, er bleibt* (vgl. 35.98B)

**A** ▶ Beispiele mit den Kausalausdrücken DADO,–A und DADO QUE:

**dadas tales condiciones** *angesichts solcher Bedingungen*
**dado que el agua iba escaseando** *da das Wasser knapp wurde* (vgl. 35.51A)

**B** ▶ Beispiele mit PUESTOS A + Infinitiv:

**puestos a contar tristezas...** *wenn wir schon dabei sind, traurige Dinge zu erzählen...*
**puestos a elegir lo mejor...** *wenn wir das Beste aussuchen sollen...*

## B. Aktivische Fügungen mit dem Partizip

## 16.16 TENER + Partizip bei Verben der Redeeinleitung und Wahrnehmung

TENER + Partizip, bei dem das Partizip unveränderlich und von dem Hilfsverb nicht zu spalten ist, wird statt des entsprechenden Tempus mit HABER verwendet, um die Gegenwartsgeltung (z.B. früher einmal oder öfter gemachter Aussagen) nachdrücklich hervorzuheben. Die Fügung ist beschränkt auf Verben der Redeeinleitung und der Wahrnehmung und erscheint meistens vor einem QUE-Nebensatz, mit einer Infinitivergänzung oder mit dem Pronomen LO:

**Le tengo dicho que no coma la fruta sin lavar.**
*Ich habe ihm sehr oft gesagt, er soll kein ungewaschenes Obst essen.*

**Tengo oído que se va a Australia.**
*Ich habe gehört, daß er nach Australien geht.*

**No ha venido porque se lo tienen prohibido.**
*Er ist nicht gekommen, weil man ihm das verboten hat.*

**A** ▶ Die Fügung wird auch passivisch verwendet. Man vergleiche folgende Sätze mit TENER PROHIBIDO:

**Les tengo prohibido salir solas.**
*Ich habe ihnen verboten, allein auszugehen.*

**Tengo prohibido salir sola.**
*Sie haben mir verboten, allein auszugehen.*

## 16.17 TENER + Partizip im Ausdruck des Zustands

Mit Hilfe der resultativen Fügung TENER + Partizip, bei der das Partizip mit dem Akkusativobjekt kongruiert und auf das Hilfsverb nicht unbedingt folgen muß, drückt man eine gegenwärtige Sachlage aus bzw. man beschreibt sie beim Bezug auf einmal in der (nahen oder fernen) Vergangenheit Erfolgtes:

**Tenme informada, le había dicho Silvia.**
*Halte mich auf dem laufenden, hatte ihm Silvia gesagt.*

**Tengo anotadas tres acotaciones en mi agenda.**
*Ich habe mir drei Bemerkungen in meinem Kalender notiert.*

**Nos tenía fascinados a todos.**
*Wir alle waren von ihr fasziniert.*

**A ▶** Die Fügung wird auch sehr häufig passivisch verwendet:

**Mi hijo tiene diagnosticada una úlcera.**
*Man hat bei meinem Sohn ein Geschwür festgestellt.*

**Cuando regresé a casa, tenía la cocina inundada.**
*Als ich zu Hause war, war die Küche überschwemmt.*

**B ▶** Nichtkongruenz des Partizips mit TENER kommt in nichtstandardsprachlichen Varianten vor:

**Tenía leído libros santos, dos.**
*Er hatte heilige Bücher gelesen, ganze zwei.*

## 16.18 TRAER + Partizip

TRAER + Partizip beschreibt eine Sachlage im Sinne vom resultativen TENER + Partizip (vgl. 16.17), betont jedoch, daß der Zustand seit langem besteht und als Last empfunden wird (spontane Bildungen mit dieser Fügung sind im übrigen kaum möglich):

**Me trae preocupada eso.**
*Das macht mir seit langem zu schaffen.*

**Nos traía fritos con lo del tenis.**
*Er ging uns auf die Nerven mit seinem Tennis.*

## 16.19 LLEVAR + Partizip im Ausdruck des Zustands

Mit der akkumulativen Fügung LLEVAR + Partizip drückt man den gegenwärtigen Stand einer Tätigkeit aus, die in einer bestimmten Anzahl identischer Schritte besteht. Das Partizip kongruiert mit dem Akkusativobjekt. Fragliche Tempora für diese Fügung sind das PRESENTE DE INDICATIVO und das IMPERFECTO DE INDICATIVO bzw. ihre Subjuntivo-Entsprechungen:

**Ya llevo firmadas cuarenta cartas.**
*Ich habe schon vierzig Briefe unterschrieben.*

**El Gobierno llevaba gastados siete mil millones de euros en la obra.**
*Bis dahin hatte die Regierung sieben Milliarden Euro für den Bau ausgegeben.*

## 16.20 LLEVAR + Partizip in Beschreibung von Aussehen

LLEVAR + Partizip wird häufig in Beschreibungen vom Aussehen von Körperteilen und Kleidungsstücken bei einer bestimmten Gelegenheit verwendet. Fragliche Tempora für diese Fügung sind das PRESENTE DE INDICATIVO und das IMPERFECTO DE INDICATIVO bzw. ihre Subjuntivo-Entsprechungen:

**Llevaba las cejas teñidas de rubio.**
*Ihre Augenbrauen waren blond gefärbt.*

### 16. Das Partizip

**Llevaba los brazos caídos.**
*Seine Arme hingen herab.*

**A** ▶ Beispiel mit LLEVAR PUESTO in der Bedeutung *'(Kleidungsstücke) tragen'*:
**Llevaba puestos los pantalones de su hermano.**
*Sie hatte die Hosen ihres Bruders an.*

#### 16.21 DEJAR + Partizip

Mit DEJAR + Partizip wird das Zurücklassen in einem relativ lang andauernden Zustand ausgedrückt, gemeint ist der Beginn desselben (mehr dazu vgl. 21.5):
**Su actitud nos dejó preocupados.**
*Wir waren wegen seiner Haltung besorgt.*

- Die Passiv-Entsprechung zu DEJAR + Partizip ist QUEDAR(SE) + Partizip, vgl. 17.21.

#### 16.22 DEJAR + Partizip mit Verben des Benachrichtigens

Mit Verben des Benachrichtigens hat DEJAR + Partizip den Sinn von *'mündlich oder schriftlich mitteilen, eine Nachricht hinterlassen'*, DEJAR ESCRITO und DEJAR DICHO sind dabei häufig verwendete Ausdrücke:
**Ha dejado dicho que no viene.**
*Er läßt ausrichten, daß er nicht komme.*

**Dejó escrito que le fuéramos a ver al hospital.**
*Er hinterließ einen Zettel mit der Nachricht, wir sollen ihn im Krankenhaus besuchen.*

#### 16.23 DAR POR + Partizip

Die attributiv-prädikative Fügung DAR POR + Partizip wird mit einigen Verben des Beurteilens und Bezeichnens bzw. in feststehenden Wendungen verwendet:
**El presidente dio por terminada la sesión**
*Der Präsident erklärte die Sitzung für beendet.*

**Dieron por muertos a los seis montañistas.**
*Die sechs Bergwanderer wurden für tot erklärt.*

**Me doy por vencido.**
*Ich gebe auf.*

**No se daban por enteradas.**
*Sie stellten sich dumm.*

# 17. Das Passiv

## A. Das Vorgangspassiv

### 17.1 'werden' + Partizip = SER + veränderliches Partizip

Das Vorgangspassiv, d.h. die Darstellung eines Vorgangs mit dem "Vorgangserleidenden" als Satzsubjekt wird gebildet mit SER und dem Partizip, das mit dem Satzsubjekt kongruiert, also mit ihm in Zahl und Geschlecht übereinstimmt und von SER grundsätzlich nicht getrennt wird:

**Los ladrones fueron capturados a las pocas horas.**
*Die Diebe wurden nach wenigen Stunden gefaßt.*

**La novela tuvo que ser retirada de las librerías.**
*Der Roman mußte aus den Buchhandlungen zurückgezogen werden.*

**A ▸** In den zusammengesetzten Formen und Zeiten ist SIDO unveränderlich:

**Estaban orgullosos de haber sido elegidos para la peligrosa misión.**
*Sie waren stolz, für den gefährlichen Auftrag ausgewählt worden zu sein.*

**Vi ciudades que habían sido bombardeadas sin motivo alguno.**
*Ich sah Städte, die grundlos bombardiert worden waren.*

### 17.2 Formale Variante des SER-Passivs im INDEFINIDO

Die archaisierende Formel **Partizip + QUE + INDEFINIDO** von SER drückt unmittelbare Vorvergangenheit aus:

**separados que fueron los adversarios** *gleich nachdem die Gegner getrennt worden waren*
**divulgada que fue la noticia** *kaum war die Nachricht verbreitet worden*

### 17.3 POR + Handlungsurheber im SER-Passiv

Der Handlungsurheber wird mit POR eingeführt (deutsch *'von'* oder *'durch'*):

**La manifestación es organizada por un sindicato ilegal.**
*Die Demonstration wird von einer illegalen Gewerkschaft organisiert.*

**Hemos sido sorprendidos por los delincuentes.**
*Wir sind von den Verbrechern überrascht worden.*

**A ▸** Einem Satz wie *'Feuerwehrleute retteten das Kind'* kann in der Regel nicht mit einem spanischen aktivischen Satz entsprochen werden, da im Spanischen eine substantivische Pluralbenennung ohne begleitende oder näher bestimmende Elemente als Satzsubjekt tunlichst vermieden wird. Die Lösung solcher Fälle ist ein SER-Passivsatz mit Nennung des Handlungsurhebers:

**El niño fue rescatado por bomberos.**
*Der kleine Junge wurde von Feuerwehrmännern gerettet.*

### 17.4 Dativobjekt in SER-Passivsätzen

Zu einem spanischen Passiv kann ein Personalpronomen im Dativ hinzukommen, solche Konstruktionen gelten jedoch als holpriger Stil (vgl. 23.3):

**Nos fueron robadas dos maletas.**
*Uns wurden zwei Koffer gestohlen.*

**17. Das Passiv**

### 17.5 Übliche und nicht übliche Zeiten des SER-Passivs

Beim SER-Passiv wird SER in allen Formen und Zeiten gebraucht, am häufigsten und natürlichsten jedoch mit dem einfachen Infinitiv und mit folgenden Zeiten des Indikativs: INDEFINIDO, FUTURO, PERFECTO, PLUSCUAMPERFECTO. IMPERFECTO DE INDICATIVO erscheint nicht selten in der nicht literarischen Schriftsprache als Ersatz des INDEFINIDO (vgl. 18.26). Beispiel mit letzterem Tempus:

**Poco después, las dominicanas eran devueltas a su país.**
*Kurz danach wurden die Dominikanerinnen in ihre Heimat zurückgeschickt.*

**A** ▸ Das SER-Passiv erscheint auch in Gerundio-Strukturen. Beispiel mit ESTAR SIENDO + Partizip:

**La opinión pública está siendo engañada de una manera descarada.**
*Gegenwärtig wird die Öffentlichkeit dreist getäuscht.*

### 17.6 Pronominalisierung des Partizips durch LO

Das Partizip des SER-Passivs wird durch LO vertreten, die Regeln der Satzstellung sind die der verbundenen Personalpronomen (vgl. Kapitel 11, Teil J):

**¿Fueron asesinadas las enfermeras por motivos religiosos? Yo creo que lo fueron por motivos políticos.**
*Wurden die Krankenschwestern aus religiösen Gründen ermordet? Ich glaube, sie wurden es aus politischen Gründen.*

### 17.7 Variante von SER + Partizip: VERSE + Partizip

In der nicht literarischen Schriftsprache wird das SER-Passiv häufig von VERSE + Partizip ersetzt:

**Así va a verse mermada la soberanía nacional.**
*So wird die nationale Souveränität geschmälert werden.*

**El asalto se vio frustrado por la presencia de unas monjas.**
*Der Überfall wurde durch die Anwesenheit einiger Nonnen vereitelt.*

### 17.8 Variante von SER + Partizip: VENIR + Partizip

Manchmal wird SER durch VENIR in Passivsätzen ersetzt:

**Los complementos de causa vienen introducidos por diversas preposiciones.**
*Kausale Angaben werden durch verschiedene Präpositionen eingeleitet.*

**Su tenacidad venía determinada únicamente por la ambición de poder.**
*Seine Beharrlichkeit wurde allein durch den Machthunger bestimmt.*

### 17.9 Voranstellung des Akkusativobjekts als Ersatz für das Passiv

Bei Wegfall des Handlungsurhebers wird das Passiv, vor allem in der gesprochenen Sprache, oft gemieden. Das Akkusativobjekt wird vor das Verb gestellt (und durch redundantes Pronomen wiederaufgenommen, vgl. Kapitel 11, Teil I):

**La novela la va a traducir un equipo de traductores.**
*Der Roman wird von einem Team übersetzt werden.*

**Esta fortaleza la construyeron los españoles.**
*Diese Festung wurde von den Spaniern errichtet.*

## 17. Das Passiv

### 17.10 Sätze in der dritten Person Plural als Ersatz für das Passiv

Die dritte Person Plural als indefinites Subjekt (vgl. Kapitel 23, Teil A) kann oft passivisch übersetzt werden:

**Cuentan que en Nueva York trabajó de limpiabotas.**
*Es wird erzählt, er habe in New York als Schuhputzer gearbeitet.*

**¿Por qué lo acusaban de un crimen que no podía haber cometido?**
*Warum wurde er eines Verbrechens bezichtigt, das er nicht begangen haben konnte?*

**Quiero que me entierren en mi pueblo.**
*Ich möchte in meiner Heimat begraben werden.*

### 17.11 Passivische SE-Sätze

Die handlichste Ersatzmöglichkeit für Passivsätze mit SER sind immer SE-Sätze (vgl. Kapitel 23, Teil B):

**Se cumplieron todos los objetivos fijados.**
*Alle festgelegten Ziele wurden erreicht.*

**Esa asignatura no se enseña en ninguna escuela.**
*Dieses Fach wird in keiner Schule gelehrt.*

**Se bailó hasta el amanecer.**
*Es wurde bis zum Morgengrauen getanzt.*

**A los bebés se les envolvía en pañales de cáñamo.**
*Die Säuglinge wurden in Windeln aus Hanf gewickelt.*

### 17.12 Passivische SE-Sätze mit Handlungsurheber

Sätze wie die folgenden, in denen der Handlungsurheber genannt und mit POR eingeführt wird, gelten als inkorrekt:

**Estos usos se censuran por los gramáticos.**
*Diese Verwendungsweisen werden von den Grammatikern kritisiert.*

**Las salidas laterales se cierran con llave por unas imponentes celadoras.**
*Die Seitenausgänge werden von furchterregenden Aufseherinnen abgeschlossen.*

## B. Das Zustandspassiv

Da die Grenzen zwischen dem Zustandspassiv und der allgemeinen Zustandsform im Spanischen recht fließend sind, sei hier auf Kapitel 19, Teil D verwiesen, wo ESTAR und sonstige Verben der Zustandsfeststellung dargestellt werden.

### 17.13 'sein' + Partizip = ESTAR + Partizip

Der vorliegende Zustand als Ergebnis einer vorausgegangenen Handlung wird ausgedrückt mit ESTAR + Partizip, im Deutschen 'sein' + Partizip:

**El techo de mi habitación está pintado de blanco.**
*Die Decke in meinem Zimmer ist weiß gestrichen.*

**Ya están puestas las notas.**
*Die Noten sind schon vergeben.*

**La decisión estaba tomada.**
*Die Entscheidung war gefallen.*

## 17. Das Passiv

**A ▶** Wie im Deutschen drückt das Zustandspassiv in den imperfektiven Zeiten denselben Sachverhalt aus wie das Vorgangspassiv in den perfektiven Zeiten:

**La iglesia ha sido ocupada** → **la iglesia está ocupada.**
*Die Kirche ist besetzt worden* → *die Kirche ist besetzt.*

**La iglesia había sido ocupada** → **la iglesia estaba ocupada.**
*Die Kirche war besetzt worden* → *die Kirche war besetzt.*

### 17.14 INDEFINIDO im passivischen ESTAR + Partizip

Beispiele mit dem INDEFINIDO von ESTAR, bei denen ein Zustand innerhalb eines abgeschlossenen Zeitraums gemeint ist (vgl. 18.37):

**Los edificios estuvieron ocupados tres años.**
*Die Gebäude waren drei Jahre lang besetzt.*

**Estuve amenazada durante algún tiempo.**
*Ich war eine Zeitlang bedroht.*

### 17.15 Handlungsurheber beim Zustandspassiv

Die Angabe des Handlungsurhebers bei ESTAR + Partizip erfolgt in der Regel mit POR:

**La entrada estaba vigilada por dos policías.**
*Der Eingang wurde von zwei Polizisten bewacht.*

**Los documentos estaban firmados por un tal Meléndez.**
*Die Unterlagen waren von einem gewissen Meléndez unterschrieben.*

**A ▶** Bei einer Reihe von mehr oder weniger feststehenden Wendungen wird der Urheber durch DE eingeführt:

**acompañada de su padre** *von ihrem Vater begleitet*
**seguidas de otra palabra** *gefolgt von einem anderen Wort*

### 17.16 Pronominalisierung des Partizips durch LO

Das Partizip des ESTAR-Passivs wird durch LO vertreten, die Regeln der Satzstellung sind die der verbundenen Personalpronomen (vgl. Kapitel 11, Teil J):

**Estos países deberían estar unidos desde hace mucho, y nos preocupa que aún no lo estén.**
*Diese Länder sollten seit langem vereinigt sein, und uns bereitet Sorgen, daß sie es noch nicht sind.*

### 17.17 Vorgangspassiv oder Zustandspassiv?

Bei Lagebeschreibungen mit Verben, die sonst Handlungen oder Tätigkeiten bezeichnen, bevorzugt das Spanische ESTAR + Partizip:

**La ciudad está rodeada por altas montañas.**
*Die Stadt ist / wird von hohen Bergen umgeben.*

**Los hoteles están situados en las afueras de la ciudad.**
*Die Hotels liegen am Stadtrand.*

### 17.18 Zustandsreflexiv

Das Zustandsreflexiv ist eine Abart des Zustandspassivs, es bezeichnet den vorliegenden Zustand als Ergebnis einer vorausgegangenen rückbezüglichen Handlung oder eines spontanen

Geschehens (das in der Regel mit einem reflexiven Verb benannt wird). Das Zustandsreflexiv wird ausgedrückt mit ESTAR + Partizip (im Deutschen 'sein' + Partizip):

**Estábamos bien preparados.**
*Wir waren gut vorbereitet.*

**Es feliz porque está enamorada.**
*Sie ist glücklich, weil sie verliebt ist.*

**Siempre he estado convencida de eso.**
*Ich war schon immer davon überzeugt.*

**Me impresionó de veras el que estuviéramos tan relajadas.**
*Es hat mich wirklich gewundert, daß wir so entspannt waren.*

### 17.19 SEGUIR + Partizip

SEGUIR + Partizip ist eine kontinuative Fügung, sie bezeichnet das Weiterbestehen eines Zustands:

**Los aparatos seguían estropeados.**
*Die Geräte waren immer noch kaputt.*

**Las calles seguían cubiertas de nieve.**
*Die Straßen waren noch von Schnee bedeckt.*

### 17.20 LLEVAR + Partizip

LLEVAR hat in seiner Kopulafunktion den Sinn von *'sich während eines bestimmten zurückliegenden Zeitraums in einem Zustand befinden'* und ersetzt in dieser Funktion ESTAR:

**Llevaban tres días encerradas en la casa.**
*Sie waren seit drei Tagen in dem Haus eingeschlossen.*

**Lleva ya días extraviada esa media.**
*Der Strumpf ist schon seit Tagen unauffindbar.*

### 17.21 QUEDAR(SE) + Partizip

Mit QUEDAR(SE) + Partizip wird der Anfang eines Zustands bezeichnet, in dem das Satzsubjekt lange zurückgelassen wird. QUEDARSE wird haupsächlich für das Eintreten von Gemütszuständen verwendet:

**¿Quedan perdonados mis pecados?**
*Sind meine Sünden jetzt vergeben?*

**Nos habíamos quedado encerrados.**
*Nun waren wir eingeschlossen.*

**España quedó dividida en dos partes.**
*Spanien war in zwei Teile geteilt.*

**Me quedé horrorizada.**
*Ich war zu Tode erschrocken.*

**A ▶** Die aktivische Entsprechung von QUEDARSE + Partizip ist DEJAR + Partizip (vgl. 16.21). Nachstehend die aktivische Fassung vom letzten Beispiel in 17.21:

**Lo que oí me dejó horrorizada.**
*Was ich hörte, erschreckte mich zu Tode.*

**17. Das Passiv**

### 17.22 QUEDAR(SE) + Partizip als Vorgangspassiv

Der Anfang eines Zustands fällt zusammen mit der Einwirkung eines Vorgangs, daher entsprechen manche Konstruktionen mit QUEDAR + Partizip eher 'werden'+ Partizip oder einer eigenen lexikalischen Einheit:

**quedarse embarazada** *schwanger werden*
**quedarse dormido,-a** *einschlafen*
**quedarse callado,-a** *schweigen*
**quedarse parado,-a** *stehenbleiben*

### 17.23 IR + Partizip

IR + Partizip ist die passivische Version von LLEVAR + Partizip (vgl. 16.19 und 17.24):

**Van jugadas tres vueltas.**
*Es sind drei Runden ausgetragen worden.*

**Ya van selladas cuarenta cartas.**
*Es sind schon vierzig Briefe gestempelt worden.*

### 17.24 Verb der Bewegung + Partizip

Statt ESTAR werden häufig die Verben der Bewegung, in der Regel IR und VENIR verwendet, wenn das Partizip eine Umstandsergänzung aufweist und das Satzsubjekt die entsprechenden Bewegungen ausführt:

**¿Por qué iban armados los labradores?**
*Warum waren die Bauern bewaffnet?*

**A ver cómo vas a venir mañana vestida y peinada.**
*Ich bin gespannt, mit welcher Kleidung und Frisur du morgen kommst.*

**A ▶** Für Bewegungen im übertragenen Sinne wird sehr oft IR gebraucht (viel weniger, und vielleicht fehlerhaft, VENIR, vgl. auch 17.8):

**El verbo va precedido de un pronombre inacentuado.**
*Dem Verb geht ein unbetontes Pronomen voraus.*

**Todo cambio de las costumbres viene vinculado a un cambio económico.**
*Jeder Wandel in den Verhaltensformen ist mit einem Wandel im Wirtschaftlichen verbunden.*

### 17.25 ANDAR + Partizip

ANDAR + Partizip wird statt ESTAR + Partizip gebraucht, um anzugeben, daß das Subjekt in dem gemeinten Zustand oft, intensiv und an verschiedenen Orten gesehen worden ist:

**Anda enamorado.**
*Er ist verliebt.*

**Andas equivocada en casi todo.**
*Du hast in fast allem Unrecht.*

# 18. Die Verwendung der Zeiten des Indikativs

In diesem Kapitel wird jedes Tempus des Indikativs behandelt; es werden die spanischen Bezeichnungen gebraucht, der Zusatz DE INDICATIVO fällt in der Regel weg.

## A. PRESENTE

### 18.1 Punktuelles, habituelles, atemporales Präsens

Wie das deutsche Präsens drückt das PRESENTE einen gegenwärtigen Sachverhalt aus, einen regelmäßig wiederholten, die Gegenwart umfassenden Vorgang, schließlich Behauptungen mit allgemeiner bzw. zeitloser, häufig normativer Gültigkeit:

**No tengo nada, es que son las seis y tengo que irme.**
*Mir fehlt nichts, nur: es ist sechs, und ich muß gehen.*

**Yo me tomo un vaso de leche cuando no me puedo dormir.**
*Ich trinke ein Glas Milch, wenn ich nicht einschlafen kann.*

**En España se come mucho pescado.**
*In Spanien ißt man viel Fisch.*

**Todos los idiomas tienen el fonema a.**
*Alle Sprachen haben das Phonem a.*

**Cuando hablan los mayores, los niños se callan.**
*Wenn die Erwachsenen reden, sind die Kinder still.*

• Für im Gang befindliche Handlungen, Tätigkeiten und Prozesse wird die Fügung ESTAR + Gerundio verwendet, vgl. 15.25.

**A ▶** Das Verb SOLER wird sehr häufig im PRESENTE gebraucht zum Ausdruck regelmäßiger Wiederholung (vgl. 14.92):

**Suele venir sin dinero.**
*Er kommt meistens ohne Geld.*

**No suelo soñar.**
*Ich träume kaum.*

**B ▶** In gewissen Textsorten, z. B. Regieanweisungen, wird das PRESENTE auch zur Wiedergabe von Ereignisketten verwendet:

**En ese momento María repara en Jaime, mira en su entorno, se dirige a él y le tiende un papel.**
*In dem Augenblick merkt Maria, daß Jaime da ist, sie schaut sich um, geht auf ihn zu und reicht ihm einen Zettel.*

### 18.2 PRESENTE nach DESDE

Nach DESDE und DESDE HACE (vgl. 26.32) steht in der Regel das PRESENTE, wenn eher von Situationen oder Zuständen als von gezählten Vorgängen die Rede ist (theoretisch wäre hier das PERFECTO korrekt):

**No nos vemos desde hace meses.**
*Wir sehen uns seit Monaten nicht mehr.*

**Están de novios desde mayo.**
*Sie sind seit Mai verlobt.*

## 18. Die Verwendung der Zeiten des Indikativs

### 18.3 'soll ich'-Fragen

Fragen an den Gesprächspartner danach, ob der Sprecher eine bestimmte Handlung ausführen soll oder nicht, im Deutschen gebildet mit *'sollen'*, stehen im Spanischen im PRESENTE (vgl. 14.630):

**¿Cierro la ventana?**
*Soll ich das Fenster zumachen?*

### 18.4 Bezeichnung zukünftiger Sachverhalte

Wie das deutsche Präsens kann das PRESENTE die Zukunft bezeichnen:

**Mañana es domingo.**
*Morgen ist Sonntag.*

**¿A qué hora vienes por mí?**
*Wann holst du mich ab?*

**Se casan el año que viene.**
*Sie heiraten nächstes Jahr.*

**Si te esperas cinco minutos, me voy contigo.**
*Wenn du fünf Minuten wartest, komme ich mit.*

- Das PRESENTE ist nach hypothetischem SI obligatorisch, vgl. 35.84A.
- Bevorstehendes wird durch die Fügung IR + Infinitiv ausgedrückt, vgl. 14.46.

### 18.5 Imperativisches Präsens

Mit PRESENTE kann Auftrag, Anweisung, Aufforderung und Befehl, oft im brüsken Ton, erteilt werden, wobei die Nennung des Subjektpronomens die Anweisung in einen etwas schroffen, herausfordernden Befehl verwandelt:

**Si Juan no está, le tocas la puerta a la señora Rosita y le das el paquete a ella.**
*Falls Juan nicht da ist, klopfst du bei Frau Rosita und gibst ihr das Paket.*

**Sigue usted todo derecho y al llegar al cruce gira a la derecha.**
*Sie fahren gerade aus und biegen an der Kreuzung nach rechts.*

**¡Tú te callas!**
*Du bist ruhig!*

### 18.6 Historisches Präsens

Das historische Präsens gibt es, wie im Deutschen, nicht nur für die geschriebene Sprache, sondern auch für das lebendige Erzählen. Das letzte Beispiel ist eine Schlagzeile in einer Tageszeitung:

**Todo el mundo está callado, se levanta el telón y a éste le da un ataque de tos.**
*Alles ist still, der Vorhang geht auf, und da kriegt er einen Hustenanfall.*

**Colón descubre América en 1492.**
*Im Jahre 1492 entdeckt Kolumbus Amerika.*

**Dos cazas españoles chocan en vuelo**
*Zwei spanische Jagdbomber stoßen im Flug zusammen.*

## 18.7 Irreale Vergangenheit nach Adverbien und in Konditionalsätzen

Bei belebter Erzählung vor allem in Verbindung mit POR POCO und CASI sowie in Konditionalsätzen im Haupt- und Nebensatz drückt das PRESENTE das, was hätte passieren können, aus. Im Deutschen steht in allen Fällen Plusquamperfekt Konjunktiv (vgl. Kapitel 18, Teile E und K):

**Por poco le pego.**
*Ich hätte ihn beinah verprügelt.*

**Casi me caigo.**
*Ich wäre beinah hingefallen.*

**Si lo sé, no vengo.**
*Wenn ich es gewußt hätte, wäre ich nicht gekommen.*

## 18.8 Irrealität der Vergangenheit mit LLEGAR A + Infinitiv

Die Fügung LLEGAR A + Infinitiv – mit LLEGAR im PRESENTE – verwendet man alltagssprachlich für die Bildung irrealer, mit SI eingeleiteter Hypothesen der Vergangenheit (vgl. 35.85); der dazugehörige Hauptsatz steht ebenfalls häufig im PRESENTE:

**Si llego a apostar, gano.**
*Wenn ich gewettet hätte, hätte ich gewonnen.*

**Si llega a haber tiros, se hubieran producido víctimas.**
*Wenn es Schüsse gegeben hätte, hätte es Opfer gegeben.*

# B. PERFECTO

Alle Verwendungsweisen des spanischen Perfekts lassen sich mit dem Begriff der Gegenwartsbezogenheit erklären, der in 18.9 erläutert wird. Es sei nachdrücklich darauf hingewiesen, daß die im folgenden dargestellten Regeln für den Gebrauch des PERFECTO die standardsprachliche Norm beschreiben. Das PERFECTO wird in einigen Teilen Spaniens sowie generell im amerikanischen Spanisch weitgehend durch das INDEFINIDO ersetzt; die Ersetzung des INDEFINIDO durch das PERFECTO ist in der gesamten spanischsprachigen Welt auch nicht unbekannt.

## 18.9 Enger Gegenwartsbezug des Geschehens

Ein Geschehen oder ein Zustand der Vergangenheit wird im PERFECTO ausgedrückt, wenn davon die gegenwärtige Situation des Sprechers oder die gegenwärtigen Wirklichkeitsumstände unmittelbar betroffen sind:

–Las calles están mojadas.
–Sí, ha llovido toda la noche.

*"Die Straßen sind naß."*
*"Ja, es hat die ganze Nacht geregnet."*

–¿Dónde está la novela de Cela?
–Perdona, no la he traído, es que todavía no la he terminado.

*"Wo ist der Roman von Cela?"*
*"Ach, den habe ich nicht mitgebracht, den habe ich noch nicht ausgelesen."*

–Se ve que estáis con hambre.
–Sí, y eso que ya hemos comido.

*"Ihr habt offenbar großen Hunger."*
*"Ja, dabei haben wir schon gegessen."*

–¡Qué cara tenéis! ¿Estáis cansados?
–Sí, el viaje ha sido horrible.

*"Wie ihr ausseht! Seid ihr müde?*
*"Ja, die Fahrt war furchtbar."*

–Sois muy puntuales.
–Sí, hemos tenido suerte con el tráfico.

*"Ihr seid aber pünktlich."*
*"Ja, wir hatten Glück mit dem Verkehr."*

–¿Qué te ha parecido el discurso?
–Muy bueno, y tú lo has leído con mucha emoción.

*"Wie hat dir die Rede gefallen?"*
*"Sehr gut, und du hast sie mit großem Engagement vorgetragen."*

## 18. Die Verwendung der Zeiten des Indikativs

### 18.10 Das soeben Passierte

Was in unmittelbarer Nähe zur Gegenwart geschehen ist, steht logischerweise im PERFECTO:

| | |
|---|---|
| –¿Has dicho algo? | "Hast du etwas gesagt?" |
| –No, no he dicho nada. | "Nein, ich habe nichts gesagt?" |
| –¿Se ha caído el jarrón? | "Ist die Vase heruntergefallen?" |
| –Sí, pero no se ha roto. | "Ja, aber sie ist nicht zerbrochen." |
| –¿Está Pepe? | "Ist Pepe da?" |
| –No, ahora mismo ha salido para la oficina. | "Nein, er ist gerade jetzt ins Büro gefahren." |

• Eine Sachlage mit Bezug auf ein gerade stattgefundenes Ereignis wird normalerweise mit ACABAR DE + Infinitiv ausgedrückt, vgl. 14.72.
• Zum IMPERFECTO in gegenwartsbezogenen Aussagen über Geglaubtes und Gewußtes (CREÍA statt HE CREÍDO), vgl. 18.18.

### 18.11 Vergangenes Geschehen mit Gegenwartsangabe

Vorgänge, Tätigkeiten, Zustände und Prozeße der Vergangenheit, seien sie einzeln oder wiederholt, stehen im PERFECTO, wenn sie in einen Zeitabschnitt eingebettet werden, der die Gegenwart einschließt:

| | |
|---|---|
| –¿Funciona la máquina? | "Funktioniert der Apparat?" |
| –Sí, hasta ahora ha funcionado bien. | "Ja, bis jetzt hat er gut funktioniert." |
| –¿Le has devuelto ya sus papeles? | "Hast du ihr ihre Papiere schon zurückgegeben?" |
| –No, todavía no los he leído. | "Nein, ich habe sie noch nicht gelesen." |
| –Antes vivías en otro barrio, ¿no? | "Früher hast du in einem anderen Stadtteil gewohnt, nicht wahr?" |
| –No, siempre he vivido aquí. | "Nein, ich habe immer hier gewohnt." |
| –¿Cómo te sientes? | "Wie fühlst du dich?" |
| –Mal, muy mal, nunca me he sentido tan mal. | "Schlecht, sehr schlecht, ich habe mich noch nie so schlecht gefühlt." |
| –Parece que tienes mucha hambre. | "Du hast wohl großen Hunger." |
| –Claro, como que no he comido casi nada en todo el día. | "Klar, ich habe ja auch den ganzen Tag fast nichts gegessen." |
| –Voy a hacernos un café. | "Ich mache uns einen Kaffee." |
| –Para mí no, hoy he bebido demasiado café en la oficina. | "Für mich nicht, ich habe heute zuviel Kaffee im Büro getrunken." |
| –¿Llueve mucho en esta zona? | "Regnet es oft in dieser Gegend?" |
| –Muy poco, pero esta semana ha llovido cuatro veces. | "Ganz selten. Aber diese Woche hat es viermal geregnet." |
| –Está aumentando el turismo aquí, ¿verdad? | "Hier nimmt der Tourismus zu, nicht wahr?" |
| –Sí, este año han venido el doble de turistas que el año pasado. | "Ja, dieses Jahr sind doppelt soviele Touristen wie im letzten Jahr gekommen." |
| –¿Cuántas guerras civiles ha habido en España en este siglo? | "Wieviele Bürgerkriege hat es in diesem Jahrhundert in Spanien gegeben?" |
| –En este siglo no ha habido aún ninguna. | "In diesem Jahrhundert hat es noch keinen gegeben." |

## 18. Die Verwendung der Zeiten des Indikativs

### 18.12 Implizite Einbeziehung der Gegenwart

Der bloße Gebrauch des PERFECTO macht die Einbettung eines Geschehens in einen Gegenwartskontext deutlich:

**Le he dicho mil veces que no fume cuando hay visita.**
*Ich habe ihm tausendmal gesagt, er soll nicht rauchen, wenn Besuch da ist.*

**Habrá escrito unos veinte cuentos, pero sólo ha publicado uno.**
*Er wird an die zwanzig Erzählungen geschrieben haben, hat aber nur eine veröffentlicht.*

- In den vorangegangenen Beispielen könnten die Fügungen TENER + Partizip und LLEVAR + Partizip (vgl. 16.16 und 16.19) als Äquivalente des PERFECTO verwendet werden: LE TENGO DICHO..., LLEVA PUBLICADO... .

**A ▶** Das PERFECTO von PODER und DEBER kann ausdrücken, was (nicht) hätte sein können oder sollen (vgl. 18.46 und 18.47):

**Hemos podido morir en este follón.**
*Wir hätten in diesem Chaos sterben können.*

**No has debido decir eso.**
*Du hättest das nicht sagen sollen.*

### 18.13 PERFECTO nach DESDE (HACE)

Nach DESDE (HACE) ist der Gebrauch des PERFECTO nur zwingend, wenn von einmaligen oder sonstwie gezählten Vorgängen die Rede ist (ansonsten steht nach diesen Ausdrücken meistens PRESENTE, vgl. 18.13):

**Ha venido una sola vez por aquí desde lo del premio.**
*Seit er den Preis bekam, hat er sich hier nur ein einziges Mal sehen lassen.*

### 18.14 Vorgang in unbestimmter Vergangenheit

Ein Vorgang, der sich irgendwann in der Vergangenheit zugetragen hat, steht im PERFECTO, wenn es auf eine zeitliche Einordnung nicht ankommt:

| | |
|---|---|
| –¿Has viajado mucho tú?<br>–Pues, he viajado algo por Francia. | *"Hast du viele Reisen gemacht?"*<br>*"Nun ja... ich bin ein wenig in Frankreich herumgekommen."* |
| –En este bosque hay venados.<br>–Es cierto. Yo también he visto algunos. | *"In diesem Wald gibt es Hirsche."*<br>*"Das stimmt. Ich habe auch schon mal welche gesehen."* |
| –¿Cómo es que Jorge habla tan bien alemán?<br>–Ha vivido en Alemania. Lo que no sé es cuándo ni cuánto tiempo. | *"Wieso spricht Jorge so gut Deutsch?"*<br>*"Er hat in Deutschland gelebt. Ich weiß nur nicht, wann und wie lange."* |

## C. IMPERFECTO

Das spanische Imperfekt ist das Tempus mit dem vielfältigsten Gebrauch, denn es kann praktisch jede andere Zeit ersetzen. Die Hauptverwendungsweisen des IMPERFECTO sind dargestellt in 18.15 bis 18.18.

18. Die Verwendung der Zeiten des Indikativs

### 18.15 Gewohnheiten der Vergangenheit

Vorgänge, die sich im fraglichen Zeitabschnitt der Vergangenheit (vor fünf Jahren, in der Schulzeit, während der letzten Ferien usw., aber auch einfach früher) gewohnheitsmäßig wiederholten, stehen im IMPERFECTO:

**Hace un año yo me fumaba treinta cigarrillos diarios.**
*Vor einem Jahr rauchte ich dreißig Zigaretten täglich.*

**Antes no veíamos tanta televisión.**
*Früher haben wir nicht so oft ferngesehen.*

**En esa época yo iba mucho a la biblioteca.**
*Damals bin ich oft in die Bibliothek gegangen.*

**El año pasado en Mallorca pasábamos todo el día en la playa.**
*Letztes Jahr in Mallorca verbrachten wir den ganzen Tag am Strand.*

**A ▶** Im folgenden Beispiel geht es um eine gewohnheitsmäßig wiederholte Vorgangskette:

**Mi vida en Madrid era una monotonía. Tampoco pasaban muchas cosas. Me levantaba a mediodía, me tomaba un café en algún bar, me iba al Prado y me quedaba allí hasta que me echaban. Comía algo camino de Puerta del Sol y me sentaba allí a ver pasar la gente. Volvía a casa pasada la medianoche.**
*Mein Leben in Madrid war recht eintönig. Es war auch nicht viel los. Ich stand mittags auf, trank irgendwo einen Kaffee, ging in den Prado und blieb dort, bis man mich hinauswarf. Ich aß etwas auf dem Weg zur Puerta del Sol und setzte mich dort hin, um den Passanten zuzuschauen. Nach Mitternacht kehrte ich heim.*

**B ▶** Gewohnheitsmäßige Wiederholung in der Vergangenheit wird sehr häufig mit dem IMPERFECTO von SOLER ausgedrückt (vgl. 14.92):

**Antes solían ser más fríos los inviernos.**
*Früher waren die Winter kälter.*

**Yo solía llegar antes que ella.**
*Ich war gewöhnlich vor ihr da.*

### 18.16 Ein nicht abgeschlossener Vorgang der Vergangenheit

Ein Vorgang, der zum fraglichen Zeitpunkt der Vergangenheit bereits begonnen hatte und noch nicht abgeschlossen war, steht im IMPERFECTO, oft in der Fügung ESTAR + Gerundio:

**Ayer a las ocho de la mañana estaba durmiendo.**
*Gestern um acht Uhr früh habe ich noch geschlafen.*

**A mi llegada a París estaba nevando.**
*Bei meiner Ankunft in Paris schneite es.*

**¿Dónde está? Hace un minuto estaba telefoneando.**
*Wo ist er jetzt? Vor einer Minute hat er noch telefoniert.*

### 18.17 Die Beschaffenheit der Welt in der Vergangenheit

Die Identifizierung und Klassifizierung von Personen und Sachen sowie die Charakterisierung ihrer Eigenschaften und Zustände zu einem fraglichen Zeitabschnitt oder Zeitpunkt der Vergangenheit steht im IMPERFECTO:

**Tocaron suavemente la puerta. Era Asun.**
*An der Tür klopfte es sanft. Es war Asun.*

**Hace quince años esto era un desierto.**
*Vor fünfzehn Jahren war dies eine Wüste.*

**De niño era muy amable.**
*Als kleiner Junge war er sehr höflich.*

**A las ocho de la noche el bar estaba vacío.**
*Um acht Uhr abends war die Bar leer.*

## 18.18 Meinungsberichtigung im IMPERFECTO

Mit CREER, SABER, PENSAR, PARECER und anderen Verben, die Gewißheit oder Meinung ausdrükken, wird das IMPERFECTO für eine gerade stattgefundene Meinungsberichtigung verwendet (vgl. 37.4):

**¿Es francesa? Yo pensaba que era alemana.**
*Sie ist Französin? Ich habe gedacht, sie ist Deutsche.*

**Perdona, no sabía que estabas aquí.**
*Entschuldigung, ich wußte nicht, daß du hier bist.*

**Yo te hacía en Australia.**
*Ich habe gedacht, du seist in Australien.*

## 18.19 Zustand und Gewohnheit mit Gegenwartsangabe im IMPERFECTO

Mit Zeitangaben wie HASTA HOY und HASTA AHORA kann eine Zustandsbeschreibung im IMPERFECTO stehen in der Absicht, die Gründlichkeit jüngst erfolgter Veränderung hervorzuheben. Sätze mit AHORA QUE heben eine unangenehme Entwicklung hervor:

**Este servicio lo tenía hasta hoy sólo Japón.**
*Diesen Service gab es bis heute nur in Japan.*

**Hasta ahora me subía a un avión sin miedo alguno.**
*Bis jetzt habe ich ohne jede Angst ein Flugzeug bestiegen.*

**Ahora que las cosas mejoraban, ocurre lo de la abuela.**
*Jetzt, wo alles besser ging, passiert das mit der Großmutter.*

## 18.20 IMPERFECTO in irrealen Bedingungssätzen

Das IMPERFECTO wird oft als eher lässiger, umgangssprachlicher Ersatz für den CONDICIONAL SIMPLE im *'dann'*-Teil irreal-hypothetischer Konstruktionen gebraucht; in ebensolchen Konstruktionen steht es auch, wenn auch nicht so oft, statt dem CONDICIONAL COMPUESTO sowie gelegentlich auch im *'wenn'*-Teil statt dem IMPERFECTO DE SUBJUNTIVO:

**¿Le vendes el coche? Yo que tú no se lo vendía (= ...vendería).**
*Du verkaufst ihm deinen Wagen? Ich an deiner Stelle würde ihm den nicht verkaufen.*

**Si por mí fuera, me quedaba (= ...me quedaría).**
*Wenn es nach mir ginge, würde ich bleiben.*

**Menos mal que no me vieron, que si no, me pegaban (= ...me habrían pegado).**
*Ein Glück, daß sie mich nicht gesehen haben, sonst hätten sie mich verprügelt.*

**Si me pagaban bien, me quedaba (= Si me pagaran / pagasen bien, me quedaría).**
*Wenn man mich besser bezahlen würde, würde ich bleiben.*

• Zu den standardsprachlichen Regeln der Zeitverwendung in irrealen Bedingungssätzen vgl. 35.85.

## 18. Die Verwendung der Zeiten des Indikativs

### 18.21 IMPERFECTO der Modalverben als Ersatz von CONDICIONAL

Das IMPERFECTO von Modalausdrücken wie PODER, DEBER, TENER QUE und anderen ersetzt im umgangssprachlichen Gebrauch den CONDICIONAL SIMPLE, selten den CONDICIONAL COMPUESTO dieser Verben im irreal-hypothetischen Zusammenhang:

**Debían (= deberían) prohibir esas cosas.**
*Man sollte solche Dinge verbieten.*

**Podíamos (= podríamos) probar.**
*Wir könnten es versuchen.*

**Tenías (= tendrías) que estudiar un poco más.**
*Du müßtest ein wenig mehr lernen.*

**Aquí hacía (= haría) falta un hombre de verdad.**
*Hier wäre ein richtiger Mann nötig.*

### 18.22 IMPERFECTO + zusammgesetzter Infinitiv als Ersatz von CONDICIONAL

Im Ausdruck von Vorwurf und Tadel ersetzt das IMPERFECTO von DEBER, PODER und TENER QUE zuzüglich dem zusammengesetzten Infinitiv den CONDICIONAL COMPUESTO dieser Verben:

**Podías haber dicho (= habrías podido decir) algo.**
*Du hättest etwas sagen können.*

**Debíamos habernos informado (= habríamos debido informarnos) antes.**
*Wir hätten uns vorher informieren sollen.*

**Tenía que haber sido un gol ese tiro.**
*Dieser Schuß hätte ein Tor sein müssen.*

• Weitere Ausdrucksmöglichkeiten für das, was der Fall hätte sein können bzw. sollen oder müssen vgl. 18.12A, 18.35 und vor allem 18.46, 18.47.

### 18.23 IMPERFECTO der Höflichkeit

Durch Gebrauch des IMPERFECTO kann eine Mitteilung, die sonst im PRESENTE oder PERFECTO stehen würde, abgemildert werden. Dies ist u.a. der Fall bei QUERER und DESEAR in manchen feststehenden höflichen Wunschäußerungen (im zweiten Beispiel fragt ein Verkäufer einen Kunden, im dritten äußert ein Kunde einen Wunsch):

**Venía a entregar esto.**
*Ich komme, um dies abzugeben.*

**¿Qué deseaba usted?**
*Sie wünschen?*

**Quería una cartera de cuero.**
*Ich möchte eine Ledertasche.*

### 18.24 IMPERFECTO der Bitte um Wiederholung bereits gegebener Auskunft

In der Konversation stehen Fragen bei Verben des Sagens wie LLAMARSE, DECIR, PREGUNTAR im IMPERFECTO statt im PRESENTE, wenn der Sprecher eine Wiederholung bereits gegebener Information wünscht:

**Perdona, ¿cómo te llamabas?**
*Verzeih, wie heißt du?*

**¿Decía usted?**
*Sie wollten sagen.....*

¿Qué me preguntabas?
*Was hattest du mich gefragt?*

## 18.25 IMPERFECTO der Unentschiedenheit
Bei einigen Verben der Absichtsmitteilung wird IMPERFECTO statt PRESENTE gebraucht, um mitzuteilen, daß die Absichtsrealisierung anders verlaufen kann oder wird:

    –¿Qué planes tenéis para hoy?      *"Was habt ihr für heute vor?"*
    –Pensábamos ir al cine.      *"Wir wollten ins Kino gehen."*
    –¿Y vais o no vais?      *"Und geht ihr oder nicht?"*
    –Pues, si termino este trabajo, sí.      *"Nun, wenn ich mit dieser Arbeit fertig werde, ja."*

## 18.26 IMPERFECTO statt INDEFINIDO im Ausdruck eines Kulminationspunkts
Im anspruchsvollen journalistischen bzw. historiographischen Stil wird bei einem Ereignis, das als entscheidend oder nachhaltig anzusehen ist, das IMPERFECTO statt dem INDEFINIDO verwendet; damit wird der Eindruck einer Horizonteröffnung vermittelt:

**El 19 de noviembre de 1975 moría Franco.**
*Am 19. November 1975 starb Franco.*

**A los pocos meses se rendía Francia.**
*Wenige Monate später kapitulierte Frankreich.*

**A ▶** Das sog. IMPERFECTO NARRATIVO wird auch in der gesprochenen Sprache verwendet, was nicht nachahmenswert ist. Im folgenden Beispiel spricht eine Filmschauspielerin:

**Lax vino a Madrid, comimos y al día siguiente me daba el papel.**
*Lax kam nach Madrid, wir aßen zusammen zu Mittag und am Tag darauf hat er mir die Rolle gegeben.*

## 18.27 IMPERFECTO statt INDEFINIDO bei Verben des Berichtens
Bei der expliziten oder impliziten Erwähnung einmaliger Behauptungen stehen redeeinleitende Verben wie ANUNCIAR, COMENTAR, CONTAR, DECIR, DECLARAR, INFORMAR, RESPONDER, SEÑALAR ebenso wie PUBLICAR u.ä. sehr häufig im IMPERFECTO:

**"No dimito" declaraba rotundamente la ministra en la conferencia de prensa de ayer.**
*"Ich trete nicht zurück", erklärte die Ministerin kategorisch auf der gestrigen Pressekonferenz.*

**Como informábamos en nuestra edición del pasado domingo...**
*Wie wir in der Ausgabe vom vergangenen Sonntag berichteten...*

## 18.28 Inhalt vergangener Wahrnehmungen und Mitteilungen
Gedanken und Aussagen, die zu einem Zeitpunkt der Vergangenheit vorliegende Sachverhalte erfassen, stehen im IMPERFECTO:

**Antonio probó la sopa. Estaba sosa.**
*Antonio kostete die Suppe. Sie war fade.*

**Sintió una rabia infinita. Ser azafata, definitivamente, no era lo suyo.**
*Sie empfand einen unendlichen Zorn. Stewardeß sein, das war endgültig nicht, was ihr lag.*

**Dijo que tenía fiebre.**
*Er sagte, er habe Fieber.*

• Die hier dargestellte Regel ist der Gesichtspunkt für die Verwendung des IMPERFECTO in der indirekten Rede (vgl. Kapitel 37) und in der erlebten Rede (vgl. auch 18.62).

## 18. Die Verwendung der Zeiten des Indikativs

### 18.29 Zukunft in der Vergangenheit

So wie das PRESENTE Zukünftiges hinsichtlich des gegenwärtigen Jetzt bezeichnen kann (vgl. 18.4), so kann das IMPERFECTO Zukünftiges hinsichtlich eines ehemaligen Jetzt bezeichnen:

**Eran las cinco y media y el tren llegaba a las seis, de modo que no había razón para inquietarse.**
*Es war halb sechs und der Zug sollte um sechs ankommen, zur Nervosität bestand also kein Anlaß.*

**Me sentía adulto porque cumplía los quince cuatro meses después.**
*Ich fühlte mich als Erwachsener, denn vier Monate später würde ich fünfzehn werden.*

- Gemäß der hier dargestellten Regel stellt das IMPERFECTO eine Alternative zum CONDICIONAL (vgl. 18.84) bzw. der Fügung IR A + Infinitiv (vgl. 14.64) bei der Bezeichnung eines prospektiven Geschehens dar. Bei der Bildung von Hypothesen mit SI ist das IMPERFECTO obligatorisch, vgl. 35.84A.

### 18.30 Bezeichnung anstehender Vorgänge

Als Alternative zum PRESENTE wird das IMPERFECTO gebraucht für Vorgänge, die noch stattfinden sollen; da es sich hier um eine Bezugnahme auf früher Geplantes bzw. Gesagtes handelt (vgl. 18.28), legt der Sprecher damit eine gewisse Distanzierung an den Tag:

**Ya son las once, ¿a qué hora llamaba Cristina?**
*Es ist schon elf, wann wollte Cristina anrufen?*

**Oye, ¿se giraba aquí o en el siguiente cruce?**
*Hör mal, mußte man hier oder an der nächsten Kreuzung abbiegen?*

**Para hoy teníamos la lección diez, ¿verdad?**
*Heute war die Lektion zehn dran, nicht wahr?*

### 18.31 Erzählen und Nacherzählen fiktiver Handlungsabläufe

Träume werden im Spanischen gewöhnlich im IMPERFECTO wiedergegeben, ebenso können im selben Tempus Romane, Filme u.ä. nacherzählt werden; im IMPERFECTO geben Kinder auch die Anweisungen, wenn sie Märchen oder sonstige fingierte Handlungsabläufe im Spiel nachmachen:

**Soñé que estaba en París y que iba a un concierto.**
*Ich habe geträumt, ich bin in Paris und gehe in ein Konzert.*

**Es la historia de un hombre que iba al servicio y desaparecía por completo.**
*Es ist Geschichte eines Mannes, der auf die Toilette geht und völlig verschwindet.*

**Tú decías: "¡Pero qué orejas tan grandes tienes, abuela!"**
*Du mußt sagen: "Großmutter, was hast du für große Ohren!"*

## D. PLUSCUAMPERFECTO

### 18.32 Vorvergangenes Geschehen mit Auswirkung auf die Vergangenheit

Das PLUSCUAMPERFECTO stellt gewissermaßen das PERFECTO der Vergangenheit dar, denn es bezeichnet einen Vorgang, der eine unmittelbare Auswirkung auf eine Sachlage oder einen Zustand der Vergangenheit hat:

–**¿Por qué estaba cortada la calle?**     *"Wieso war die Straße gesperrt?"*
–**Porque habían asaltado el banco.**     *"Die Bank war überfallen worden."*

| | |
|---|---|
| –¿Cuál de vosotros cerró la puerta?<br>–Ninguno. Ya la había cerrado Ana. | "Wer von euch hat die Tür zugemacht?"<br>"Niemand, die hatte Ana schon zugemacht." |
| –¿De verdad que estaba borracho?<br>–Claro, te habías bebido solo una botella de vino. | "War ich wirklich betrunken?"<br>"Natürlich, du hattest eine Flasche Wein allein getrunken." |
| –Todos se lo quedaron mirando.<br>–Lógico, como que nadie sabía que había vuelto. | "Alle starrten ihn an."<br>"Klar, denn keiner wußte ja, daß er zurückgekommen war." |
| –Llegaron nerviosos y pálidos.<br>–Sí, se notaba a las claras que habían reñido. | "Sie kamen nervös und blaß an."<br>"Ja, man merkte ganz deutlich, daß sie sich gestritten hatten." |

• Die Bezeichnung einer vergangenen Sachlage mit Bezug auf ein gerade stattgefundenes Ereignis wird mit IMPERFECTO von ACABAR + Infinitiv ausgedrückt, vgl. 14.72. Zur unmittelbaren Vorvergangenheit vgl. 18.50 und 14.104. Zum IMPERFECTO DE SUBJUNTIVO statt PLUSCUAMPERFECTO vgl. 18.63. Zum INDEFINIDO als Wiedergabe des deutschen Plusquamperfekts vgl. 18.39.

### 18.33 Vorgänge vor vergangenen Äußerungen und Wahrnehmungen

Vorgänge, die zeitlich vor der vergangenen Äußerung oder Wahrnehmung liegen, die sie in einem QUE-Satz bekanntmacht, stehen im PLUSCUAMPERFECTO. Die Äußerung oder Wahrnehmung selbst stehen in der Regel im INDEFINIDO oder IMPERFECTO:

**Le dije que ya había desayunado.**
*Ich sagte ihr, ich hätte schon gefrühstückt.*

**Me escribía en su postal que el viaje había tardado 20 horas.**
*Sie schrieb mir in ihrer Ansichtskarte, die Reise habe 20 Stunden gedauert.*

**Me di cuenta de que no había traído el dinero.**
*Ich merkte, daß er das Geld nicht mitgebracht hatte.*

**Creía que se había marchado.**
*Ich war der Meinung, sie sei weggegangen.*

• Die oben angegebene Regel liegt dem Gebrauch des PLUSCUAMPERFECTO in der indirekten Rede zugrunde, vgl. 37.57.

### 18.34 Vollendete Zukunft in der Vergangenheit

Das PLUSCUAMPERFECTO kann das CONDICIONAL COMPUESTO ersetzen im Ausdruck abgeschlossener Vorgänge von der vergangenen Wahrnehmungsperspektive aus (vgl. 18.92), die Ersetzung ist bei der Bildung von Eventualhypothesen nach SI obligatorisch (vgl. 35.84A):

**Se imaginó que al día siguiente ya había terminado todo.**
*Sie stellte sich vor, daß am nächsten Tag alles beendet sein würde.*

**¿Qué pasaría si hasta el fin de semana no se había tomado una decisión?**
*Was würde passieren, falls man bis zum Wochenende keine Entscheidung getroffen haben sollte?*

### 18.35 Modalverben

In der Alltagssprache wird gelegentlich das CONDICIONAL COMPUESTO von PODER, DEBER und TENER QUE durch das PLUSCUAMPERFECTO dieser Verben ersetzt:

**Había podido fregar los cacharros.**
*Sie hätte das Geschirr abwaschen können.*

**18. Die Verwendung der Zeiten des Indikativs**

No habías debido agobiarte.
*Du hättest dich nicht verausgaben sollen.*

Habías tenido que esperar hasta que yo volviera.
*Du hättest warten müssen bis ich zurück war.*

## E. INDEFINIDO

Alle Verwendungsweisen des INDEFINIDO leiten sich aus der Regel in 18.36 und den anschließenden Erläuterungen ab. Die dort gegebene Erläuterung des Begriffs "abgeschlossene Vergangenheit" liegt allen weiteren Regeln zugrunde. Es sei nachdrücklich darauf hingewiesen, daß die in diesem Teil des Kapitels dargestellten Regeln für den Gebrauch des INDEFINIDO die standardsprachliche Norm beschreiben. Das INDEFINIDO ersetzt im amerikanischen Spanisch weitgehend das PERFECTO; umgekehrt ist die Ersetzung des INDEFINIDO durch das PERFECTO im europäischen wie im amerikanischen Spanisch auch nicht unbekannt.

### 18.36 Abgeschlossenes Geschehen in abgeschlossener Vergangenheit

Im INDEFINIDO steht ein Geschehen, das in der Vergangenheit eingetreten (und abgeschlossen) ist, und zwar zu einem Zeitpunkt oder in einem Zeitraum, der die Gegenwart ausschließt:

—¿Por qué no viniste ayer? ¿Qué pasó?
—No pasó nada. Es que me encontré con Pedro y nos fuimos a tomar algo a un bar.

*"Warum bist du gestern nicht gekommen? Was ist passiert?"*
*"Es ist nichts passiert. Ich habe nur Pedro getroffen und wir sind in eine Bar gegangen um etwas zu essen."*

—¿Dónde cenasteis anoche?
—Donde Pedro. Fuimos a recoger unos libros y su madre nos invitó a cenar.

*"Wo habt ihr gestern abend gegessen?"*
*"Bei Pedro. Wir haben dort Bücher abgeholt und seine Mutter hat uns zum Essen eingeladen."*

—¿Qué día llegó el señor Lau?
—A ver... llegó anteayer.

*"Wann ist Herr Lau eingetroffen?"*
*"Mal sehen... vorgestern."*

—En 1968 ocurrieron cosas importantes en Europa.
—Sí, y además, aquel año se casaron mis padres.

*"Im Jahre 1968 sind in Europa wichtige Dinge geschehen."*
*"Ja, und außerdem haben meine Eltern in jenem Jahr geheiratet."*

—¿Te acuerdas del primer día de clases?
—Claro. Tú llegaste tarde y el profesor te puso en ridículo delante de todos.

*"Erinnerst du dich noch an den ersten Unterrichtstag?"*
*"Sehr gut. Du kamst zu spät, und der Lehrer stellte dich vor allen bloß."*

—En Chile hay terremotos con frecuencia.
—Sí, la semana pasada hubo uno muy fuerte en el norte.

*"In Chile gibt es oft Erdbeben."*
*"Ja, letzte Woche hat es ein ganz starkes im Norden gegeben."*

—¿Quién hace la compra en tu casa?
—Mi madre, pero el domingo la hice yo porque ella estaba mala.

*"Wer kauft bei euch ein?"*
*"Meine Mutter, aber am Sonntag habe ich eingekauft, sie war nämlich krank."*

—Tú llevas años aprendiendo ruso.
—Bueno, hace tres años empecé a ir a un curso, pero lo dejé al mes. No me daba tiempo a aprenderme el vocabulario.

*"Du lernst seit Jahren Russisch."*
*"Nun, vor drei Jahren habe ich einen Kurs angefangen, ihn aber nach einem Monat aufgegeben. Ich hatte keine Zeit zum Vokabellernen."*

## 18. Die Verwendung der Zeiten des Indikativs

| | |
|---|---|
| –¿Desde cuándo existe la Guardia Civil? | "Seit wann gibt es die Guardia Civil?" |
| –Desde hace más de cien años. Se creó a mediados del siglo diecinueve. | "Seit über hundert Jahren. Sie wurde Mitte des 19. Jahrhunderts gegründet." |
| –En Córcega suceden cosas increíbles. | "Auf Korsika passieren unglaubliche Dinge." |
| –Sí, a nosotros, por ejemplo, nos robaron el coche en una gasolinera. | "Ja, uns zum Beispiel wurde der Wagen an einer Tankstelle gestohlen." |
| –En los Estados Unidos, la ropa buena es carísima. | "In Amerika ist gute Kleidung sündhaft teuer." |
| –Depende. Esta bufanda me la vendió un negro en Nueva York por cincuenta centavos de dólar. | "Das kommt darauf an. Diesen Schal hat mir ein Schwarzer in New York für fünfzig Cents verkauft." |
| –¿En qué momento empezó la crisis de la Segunda República? | "Wann begann die Krise der zweiten Spanischen Republik?" |
| –Yo creo que empezó con su misma fundación. | "Ich glaube, sie begann im Augenblick ihrer Gründung." |
| –De pronto apareció en la puerta un enmascarado. | "Plötzlich erschien an der Tür ein maskierter Mann." |
| –¿Y qué pasó entonces? | "Und was ist daraufhin geschehen?" |
| –Se oyó un disparo. | "Man hörte einen Schuß." |
| –¿Y después? | "Und dann?" |
| –Todos nos tiramos al suelo. | "Wir haben uns alle zu Boden geworfen." |

**A** ▶ Die ersten neun Beispiele enthalten Angaben abgeschlossener Vergangenheit: AYER, ANOCHE, ANTEAYER, EN 1956, AQUEL AÑO, EL PRIMER DÍA DE CLASE, LA SEMANA PASADA, EL DOMINGO, HACE TRES AÑOS, EN EL SIGLO DIECINUEVE.

**B** ▶ Der Bezug auf die abgeschlossene Vergangenheit kann auch ohne ausdrückliche Angabe erfolgen; dann nämlich, wenn dem Sprechenden bewußt ist, daß der Vorgang seine gegenwärtige Situation nicht betrifft, wie im viert- und drittletzten Beispiel. Zu Sätzen des Typus NACÍ EN 1960 vgl. 18.54.

**C** ▶ Wenn das Subjekt des Geschehens nicht mehr existiert (wie im vorletzten Beispiel), dann ist der Bezug auf abgeschlossene Vergangenheit zwingend.

**D** ▶ Die Glieder einer Ereigniskette, wie im letzten Beispiel, müssen im INDEFINIDO stehen, vgl. 18.62.

**E** ▶ Die deutsche Wiedergabe des INDEFINIDO ist immer eine ad hoc-Wiedergabe mit einer der – weitgehend austauschbaren – Vergangenheitszeiten.

### 18.37 Vorgang von bekannter Gesamtdauer

Im INDEFINIDO steht ein mehr oder weniger lang andauernder Vorgang, dessen Dauer angegeben wird:

| | |
|---|---|
| –¿No saliste de casa ayer? | "Bist du gestern nicht aus dem Haus gegangen?" |
| –Ni una sola vez. Trabajé todo el día. | "Nicht ein einziges Mal. Ich habe den ganzen Tag gearbeitet." |
| –¿Cuántos años vivió Bea en América? | "Wie viele Jahre hat Bea in Amerika gelebt?" |
| –Muchos. En Perú vivió cuatro años. | "Viele. In Peru hat sie vier Jahre gelebt." |
| –¿Por qué tardasteis veinte horas de París a Bruselas? | "Warum habt ihr von Paris nach Brüssel zwanzig Stunden gebraucht?" |
| –Porque no paró de nevar durante todo el viaje. | "Weil es während der ganzen Fahrt ununterbrochen schneite." |

## 18. Die Verwendung der Zeiten des Indikativs

| | |
|---|---|
| –¿Qué hiciste tú entre las dos conferencias? | *"Was hast du zwischen den zwei Vorträgen gemacht?"* |
| –Me fui a casa, dormí una hora y volví a las tres. | *"Ich bin nach Hause gegangen, habe eine Stunde geschlafen und bin um drei zurückgekehrt."* |
| –Dime lo que hiciste ayer. | *"Sag mir, was du gestern gemacht hast."* |
| –Por la mañana estuve escuchando discos, por la tarde jugué al tenis con Óscar y por la noche miré unos vídeos. | *"Vormittags habe ich Platten gehört, am Nachmittag habe ich mit Óscar Tennis gespielt und abends habe ich mir Videos angeschaut."* |
| –¿Te quedaste hasta el final de la reunión? | *"Bist du bis zum Ende der Veranstaltung geblieben?"* |
| –Sí, después nos fuimos a un bar y estuvimos discutiendo hasta que nos echaron. | *"Ja, anschließend gingen wir in ein Lokal und diskutierten, bis sie uns hinausgeworfen haben."* |
| –¿Cuánto tardaron las cartas? | *"Wie lange haben die Briefe gebraucht?"* |
| –La primera llegó rápido, pero la última tardó varios días. | *"Der erste kam schnell an, aber der letzte hat mehrere Tage gebraucht."* |

**A ▶** Angabe der Gesamtdauer sind: TODO EL DÍA, CUATRO AÑOS, UNA HORA. Zeitlich ganz erfaßt wird ein Geschehen darüber hinaus durch Erwähnung oder bloß gedankliche Berücksichtigung eines vorausliegenden bzw. nachfolgenden Geschehens.

**B ▶** Auch bei nicht genauen oder ungefähren Angaben der Dauer wie im letzten Beispiel muß das INDEFINIDO gebraucht werden, sofern eine Gesamtdauer ins Auge gefaßt wird.

### 18.38 Ein nicht gewohnheitsmäßig wiederholter Vorgang

Ein wiederholter Vorgang steht im INDEFINIDO, wenn es sich um eine begrenzte, nicht unendliche Wiederholung handelt. Dies ist immer der Fall bei Angabe der Gesamthäufigkeit oder der bloß gedanklichen Berücksichtigung einer solchen:

| | |
|---|---|
| –¿Cuántas veces llamó Jorge ayer? | *"Wie oft hat Jorge gestern angerufen?."* |
| –No sé, el teléfono sonó tres veces, pero no me puse. | *"Ich weiß nicht, das Telefon hat dreimal geklingelt, aber ich bin nicht hingegangen."* |
| –¿Visitasteis muchos museos en Viena? | *"Habt ihr viele Museen in Wien besucht?"* |
| –Sí, y en el camino recorrimos muchas iglesias y conventos. | *"Ja, und auf dem Weg dorthin haben wir viele Kirchen und Klöster besichtigt."* |
| –¿Viaja mucho la tía Tula? | *"Verreist Tante Tula oft?"* |
| –Sí, el año pasado hizo cuatro viajes. | *"Ja, letztes Jahr verreiste sie viermal."* |

### 18.39 Die unmittelbare Vorvergangenheit

Nach den Temporalkonjunktionen wie **cuando** *als,* **tan pronto** *sobald,* (und deren Synonymen, vgl. 35.21) sowie **después de que** *nachdem* steht das INDEFINIDO zur Bezeichnung der unmittelbaren Vorvergangenheit (im Deutschen steht hier oft das Plusquamperfekt):

| | |
|---|---|
| –¿Cogiste el Metro? | *"Bist du mit der Metro gefahren?"* |
| –No, cuando me di cuenta de la hora, llamé un taxi. | *"Nein, als ich merkte, wie spät es war, habe ich ein Taxi genommen."* |
| –¿Sabe ya lo de la carta? | *"Weiß er schon von dem Brief?"* |
| –Sí, se la enseñé tan pronto me llegó. | *"Ja, den habe ich ihm gezeigt, sobald ich den in Händen hatte."* |

### 18. Die Verwendung der Zeiten des Indikativs

–¿Hubo debate?  
–No, tan pronto acabó la conferencia Luis se levantó y se fue.

*"Gab es eine Diskussion?"*  
*"Nein, kaum war der Vortrag zu Ende, stand Luis auf und ging."*

–¿A qué hora salisteis?  
–Después de que acabó de nevar.

*"Wann seid ihr abgefahren?"*  
*"Nachdem es zu schneien aufgehört hatte."*

**A** ▶ Bei der Wiedergabe der unmittelbaren Vorvergangenheit ersetzt INDEFINIDO das veraltete PRETÉRITO ANTERIOR, vgl. 18.50, 14.104.

● Zu DESPUÉS DE QUE + PRETÉRITO IMPERFECTO DE SUBJUNTIVO vgl. 18.63.

### 18.40  INDEFINIDO bei Charakterisierung und Standortangaben

Mit Verben wie SER, ESTAR, TENER und HABER und deren Synonymen, die zur Wiedergabe von Eigenschaften, Merkmalen und Zuständen dienen, wird das INDEFINIDO verwendet, wenn eine Gesamtdauer angegeben oder an eine solche gedacht wird:

**Yo nunca fui feliz en mi infancia.**  
*In meiner Kindheit bin ich nie glücklich gewesen.*

**Ayer estuve en Toledo todo el día.**  
*Gestern bin ich den ganzen Tag in Toledo gewesen.*

**Los chicos estuvieron muy tranquilos, y eso que fueron veinte horas de vuelo.**  
*Die Kinder waren sehr ruhig, und dabei sind wir zwanzig Stunden geflogen.*

**Aquella gripe fue espantosa. Tuve fiebre una semana entera.**  
*Die Grippe damals war schrecklich. Ich hatte eine ganze Woche lang Fieber.*

**Alguna vez hubo aquí una iglesia.**  
*Irgendwann hat hier eine Kirche gestanden.*

### 18.41  INDEFINIDO von TENER bei einem Einzelereignis: Zustandsbeginn

Bei einem Einzelreignis meint das INDEFINIDO von TENER den Beginn des Habens (*'bekommen'*):

–¿Se puso a llorar entonces?  
–Sí, y yo tuve ganas de pegarle.

*"Hat er dann zu heulen angefangen?"*  
*"Ja, und ich hatte Lust, ihn zu schlagen."*

–¿Conque se casó a los diecisiete?  
–Sí, y el primer hijo lo tuvo a los veinte.

*"Sie hat also mit siebzehn geheiratet?"*  
*"Ja, und sie bekam das erste Kind mit zwanzig.*

### 18.42  INDEFINIDO von SER und ESTAR im Ausdruck des Beginns

Gelegentlich wird das INDEFINIDO von SER und ESTAR zur Bezeichnung eines Beginns verwendet:

**Desde aquel día fue mi mejor amigo.**  
*Seit jenem Tag war er mein bester Freund.*

**Me lo dijo en cuanto estuvimos solos.**  
*Er sagte es mir, sobald wir allein waren.*

### 18.43  INDEFINIDO im Ausdruck des Beginns geistig-seelischer Tätigkeit

Beispiele mit dem INDEFINIDO von Verben der geistigen Tätigkeit, das zur Bezeichnung des Eintretens des geistigen Inhalts oder bei Angabe der Gesamtdauer gebraucht wird:

–¿Qué tal la clase de Física?  
–Buena, y eso que sólo entendí la mitad.

*"Wie war die Physikstunde?"*  
*"Gut, auch wenn ich nur die Hälfte verstanden habe."*

## 18. Die Verwendung der Zeiten des Indikativs

–¿Por qué mandaste llamar a la policía?  
–Porque en ese momento juzgué que era lo mejor.
"Wieso hast du die Polizei kommen lassen?"  
"Weil mir das in dem Augenblick als das Beste erschien."

–No saludaste al doctor Lastra.  
–¿Estaba allí? No me di cuenta.
"Du hast Doktor Lastra nicht begrüßt"  
"War er da? Ich habe es nicht bemerkt."

–¿Te dijo lo mismo a ti también?  
–Sí, y yo no supe qué contestar.
"Hat sie dir auch dasselbe gesagt?"  
"Ja, und ich wußte nicht, was ich antworten sollte."

–Las pruebas eran concluyentes.  
–Cierto, pero ella creyó en su inocencia hasta el día de su muerte.
"Die Beweise waren eindeutig."  
"Gewiß, aber sie hat bis zu seinem Tod an seine Unschuld geglaubt."

**A ▶** Beispiele mit dem INDEFINIDO von SABER und CONOCER zur Bezeichnung des Beginns des Wissens (*'erfahren'*) und Kennens (*'kennenlernen'*):

–¿Sabías que Pedro tuvo un accidente viajando en coche?  
–Lo supe ayer. Lo vamos a ir a ver mañana por la tarde.
"Wußtest du, daß Pedro einen Autounfall gehabt hat?"  
"Ich habe es gestern erfahren. Wir besuchen ihn morgen nachmittag."

–¿Os conocisteis en la universidad?  
–No, nos conocimos en Cuba.
"Habt ihr euch auf der Universität kennengelernt?"  
"Nein, wir lernten uns auf Kuba kennen."

• Synonym von SABER in der Bedeutung *'erfahren'* ist ENTERARSE DE.

### 18.44 INDEFINIDO von Verben der Emotionen

Das INDEFINIDO von Verben, die einen psychischen Vorgang beschreiben, dient in der Regel zur Bezeichnung des Beginns der Empfindung oder der Gesamtdauer:

–¿Cómo reaccionaron?  
–Se alegraron una barbaridad.
"Wie haben sie reagiert?"  
"Sie haben sich riesig gefreut."

–¿Por qué no se lo dijiste en ese mismo momento?  
–Temí herirla y preferí callármelo.
"Warum hast du es ihr nicht gleich gesagt?"  
"Ich hatte Angst, sie zu verletzen und sagte ihr lieber nichts."

–¿No aprendiste ni una palabra de japonés en dos años?  
–No, es que nunca me interesó tener trato con japoneses.
"In zwei Jahren hast du kein Wort Japanisch gelernt?"  
"Nein, es hat mich nie interessiert, Kontakt mit Japanern zu haben."

### 18.45 INDEFINIDO von QUERER

**A ▶** Das INDEFINIDO von QUERER bezeichnet den Beginn des Wunsches und hat somit die Bedeutung: *'den Wunsch verspüren'*:

**En ese momento quise morirme.**  
*In dem Augenblick wollte ich sterben.*

**B ▶** Im INDEFINIDO hat QUERER die Bedeutung *'den Versuch unternehmen'*; bei wiederholten Ereignissen *'versuchen'*. Beispiele:

**Entonces quisimos entrar por la ventana.**  
*Dann haben wir versucht, durchs Fenster hineinzukommen.*

## 18. Die Verwendung der Zeiten des Indikativs

**Quise escribirle dos veces, pero no lo hice.**
*Ich habe zweimal versucht, ihr zu schreiben, aber ich habe es doch nicht getan.*

**C ▶** In der negativen Form hat QUERER im INDEFINIDO den Sinn von *'sich weigern'*. Beispiel:

**No quiso decirme lo que sabía.**
*Sie hat mir nicht sagen wollen, was sie wußte.*

### 18.46 INDEFINIDO von PODER

**A ▶** PODER im INDEFINIDO drückt das Gelingen oder Mißlingen eines Unterfangens aus und hat somit den Sinn von *'erreichen'*. PODER ist hier Synonym von CONSEGUIR, LOGRAR und LLEGAR A (vgl. 14.93):

**¿Pudiste convencerlo?**
*Hast du ihn überzeugen können?*

**No pude acabarlo en el plazo previsto.**
*Ich habe es in der vorgesehenen Frist nicht fertigmachen können.*

**B ▶** Die Verbindung INDEFINIDO von PODER + einfacher oder zusammengesetzter Infinitiv muß sehr häufig mit *'hätte...können'* oder *'könnte ... haben'* übersetzt werden:

**La guerra pudo evitarse, opina la mayoría.**
*Der Krieg hätte vermieden werden können, meint die Mehrheit.*

**Un crimen así pudo haber ocurrido en cualquier gran ciudad.**
*Ein solches Verbrechen hätte in jeder Großstadt passieren können.*

**Su conversión pudo empezar entonces.**
*Seine Bekehrung könnte damals angefangen haben.*

**Esa pudo haber sido la causa.**
*Das könnte die Ursache gewesen sein.*

### 18.47 INDEFINIDO von DEBER

**A ▶** Am häufigsten wird das INDEFINIDO von DEBER, gefolgt vom einfachen Infinitiv, zum Ausdruck von Vorwurf und Bedauern über das verwendet, was hätte passieren sollen:

**Debiste preguntármelo a mí.**
*Du hättest mich fragen sollen.*

**Nunca debió irse de su tierra.**
*Er hätte seine Heimat nie verlassen dürfen.*

**B ▶** Beim Ausdruck der Vermutung wird DE häufig ausgelassen, vgl. 14.58A):

**Debió salir por la puerta trasera.**
*Er ist wohl durch die Hintertür hinausgelangt.*

**C ▶** Gelegentlich steht das INDEFINIDO von DEBER statt dem INDEFINIDO von TENER QUE:

**Debió agacharse para escuchar lo que decía el otro.**
*Er mußte sich bücken, um dem anderen zuzuhören.*

### 18.48 INDEFINIDO von TENER QUE, HABER DE und HABER QUE

Das INDEFINIDO der Ausdrücke der Notwendigkeit hat logischerweise den Sinn *'es ergab sich auf einmal die Notwendigkeit'* oder *'während einer begrenzten Zeit bestand die Notwendigkeit'*. Andere Bezeichnungen der Notwendigkeit wie SER PRECISO, SER NECESARIO, HACER FALTA folgen derselben Regel:

## 18. Die Verwendung der Zeiten des Indikativs

**Me dijo que no pasaba, por lo que tuve que decírselo en la puerta.**
*Sie sagte, sie würde nicht hereinkommen, weshalb ich es ihr an der Tür sagen mußte.*

**Hubimos de viajar una semana entera en tren.**
*Wir mußten eine ganze Woche lang mit dem Zug fahren.*

**Hubo que operarlo inmediatamente.**
*Man mußte ihn sofort operieren.*

**Fue preciso bloquear la calle durante tres días.**
*Drei Tage lang mußte die Straße gesperrt werden.*

### 18.49 INDEFINIDO in Ausrufen

**A ▶** Das INDEFINIDO wird – statt wohl des PERFECTO – in Ausrufen mit starker emotionaler Beteiligung zur Bezeichnung dessen was gerade passiert ist:

**¡Te pillé!**
*Ich hab' dich erwischt!*

**B ▶** In der Alltagssprache wird manchmal das INDEFINIDO in Ausrufen der Warnung zur Bezeichnung eines bevorstehenden Geschehens gebraucht:

**¡Te caíste!**
*Paß auf, du fällst ja noch hin!*

## F. PRETÉRITO ANTERIOR

### 18.50 Unmittelbare Vorvergangenheit

Das PRETÉRITO ANTERIOR bezeichnet die unmittelbare Vorvergangenheit. Es wird nur in Nebensätzen verwendet, und zwar nach den Konjunktionen der unmittelbaren Aufeinanderfolge (vgl. 35.21) sowie nach CUANDO und DESPUÉS DE QUE:

**Tan pronto hubieron terminado los aplausos, pidió la palabra uno de los asistentes.**
*Sobald der Beifall aufgehört hatte, meldete sich einer der Anwesenden zu Wort.*

**Cuando se hubo apeado el último, la maestra gritó que nos colocáramos en fila.**
*Als der letzte ausgestiegen war, rief die Lehrerin, wir sollten uns in einer Reihe aufstellen.*

**A ▶** Das PRETÉRITO ANTERIOR kommt nur gelegentlich in der Schriftsprache vor, in der gesprochenen Sprache ist es ganz ungebräuchlich. Generell wird dieses altertümelnd wirkende Tempus durch das INDEFINIDO ersetzt, vgl. 18.39.

• Zur Verkürzung von Sätzen der unmittelbaren Vorvergangenheit vgl. 14.104.

### 18.51 Formenspaltung des PRETÉRITO ANTERIOR

CUANDO + pretérito anterior besitzt ein Äquivalent (vgl. 16.3), das heute nur noch in archaisierender Absicht gebraucht wird:

**Empezado que hubieron los festejos, se precipitó una tormenta.**
*Kaum hatte die Feier begonnen, ging ein Gewitter nieder.*

## 18. Die Verwendung der Zeiten des Indikativs

## G. Ergänzungen zum Gebrauch der Vergangenheitszeiten

### 18.52 PERFECTO und INDEFINIDO: "Subjektives" und "objektives" Präteritum

Folgende Beispielpaare zeigen den Unterschied zwischen Vorgängen der unabgeschlossenen, für die Gegenwart belangvollen, "subjektiven" Vergangenheit, die das PERFECTO wiedergibt, und Vorgängen der abgeschlossenen, gegenwartsfernen, "objektiven" Vergangenheit, die das INDEFINIDO bezeichnet:

**Los Estados Unidos se han convertido en el país más poderoso de la Tierra.**
*Die Vereinigten Staaten sind das mächtigste Land der Erde geworden.*

**Tras el descubrimiento de América, España se convirtió en el país más poderoso de la Tierra.**
*Nach der Entdeckung Amerikas wurde Spanien das mächtigste Land der Erde.*

**Hemos llegado a la frontera, pero no podemos pasar porque no tenemos visado.**
*Wir sind an der Grenze angekommen, aber wir können nicht weiter, weil wir kein Visum haben.*

**En México hicimos muchos viajes. Incluso llegamos un día hasta la frontera con los Estados Unidos.**
*In Mexiko haben wir viele Reisen unternommen. Einmal sind wir sogar bis zur amerikanischen Grenze gekommen.*

**Mira, le siguen aplaudiendo porque ha sido el orador más brillante, incluso el Rey se ha puesto de pie para aplaudirle.**
*Schau, man applaudiert ihm immer noch, weil er der glänzendste Redner gewesen ist, sogar der König ist aufgestanden, um ihm zu applaudieren.*

**En aquella ocasión fue el orador más brillante y hasta el Rey se puso de pie para aplaudirle.**
*Damals war er der glänzendste Redner, und sogar der König war aufgestanden, um ihm zu applaudieren.*

**No habla ni una palabra de español, y eso que ha estado dos veces en Argentina.**
*Er spricht kein Wort Spanisch, und dabei ist er zweimal in Argentinien gewesen.*

**El año pasado estuvo dos veces en Argentina y allí aprendió a decir algunas cosas en español.**
*Letztes Jahr war er zweimal in Argentinien, und dort hat er ein paar spanische Sätze gelernt.*

### 18.53 Ereigniskette im PERFECTO

In der Alltagssprache sind Ereignisketten im PERFECTO nicht unbekannt; der Bezug zur Gegenwart ist im folgenden Beispiel dadurch gegeben, daß sich alles am heutigen Tag abgespielt hat:

**He ido a verla esta mañana. Se ha pasado una hora poniéndome verde, cosa que la ha hecho infinitamente feliz, y al final me ha soltado esta porquería de cheque...**
*Ich habe sie heute morgen besucht. Eine Stunde lang hat sie mich abgekanzelt, was sie wahnsinnig glücklich gemacht hat, am Ende hat sie mich doch mit diesem mickerigen Scheck abgespeist...*

### 18.54 Abgeschlossene Vergangenheit mit Gegenwartsfolgen

Im Spanischen wird INDEFINIDO auch dann verwendet, wenn Auswirkungen eines eindeutig der abgeschlossenen Vergangenheit zugehörigen Ereignisses vorliegen:

**Firmé donde no debía y hasta ahora tengo líos por ello.**
*Ich unterschrieb an der falschen Stelle, und ich habe immer noch Probleme dadurch.*

## 18. Die Verwendung der Zeiten des Indikativs

**Creo ser hombre de suerte porque nací un domingo.**
*Ich glaube, ich bin ein Glückspilz, weil ich an einem Sonntag geboren wurde.*

**A ▶** In den folgenden Beispielen meint das PERFECTO von NACER nicht das konkrete Ereignis der Geburt, sondern etwa die Zugehörigkeit zu einer mehr oder weniger großen Gemeinschaft:

**Para los que hemos nacido allí, Pamplona lo es todo.**
*Pamplona bedeutet alles für uns, die wir dort geboren sind.*

**Nadie ha nacido para esclavo.**
*Niemand ist zum Sklaven geboren.*

### 18.55 Meinungsberichtigung durch INDEFINIDO

Mit CREER und anderen Verben der Meinungsäußerung wird das INDEFINIDO, und nicht das PERFECTO gebraucht, wenn eine soeben gemachte punktuelle Wahrnehmung korrigiert wird:

–¿Qué pasa? ¿Por qué no sigues?  "Was ist los, warum machst du nicht weiter?"
–Perdona, es que creí que sonó el móvil.  "Entschuldige, ich dachte, das Handy hätte geklingelt."

### 18.56 IMPERFECTO: Gewohnheitsmäßigkeit, INDEFINIDO: Einmaligkeit

Folgende Beispielspaare zeigen den Unterschied zwischen gewohnheitsmäßig wiederholten Vorgängen (IMPERFECTO) und Vorgängen, die einmalig, von einer bestimmten Dauer oder nicht gewohnheitsmäßig aufgetreten sind (INDEFINIDO):

**Hace tres años íbamos al cine todos los días.**
*Vor drei Jahren sind wir jeden Tag ins Kino gegangen.*

**El año pasado fuimos una sola vez al cine.**
*Letztes Jahr sind wir ein einziges Mal ins Kino gegangen.*

**Antes fumaba más que ahora.**
*Früher habe ich mehr geraucht als jetzt.*

**Ayer me fumé sesenta cigarrillos.**
*Gestern habe ich sechzig Zigaretten geraucht.*

**En esos dos años me pasaba el día entero leyendo.**
*In jenen zwei Jahren las ich den ganzen Tag.*

**El domingo me pasé el día entero leyendo.**
*Letzten Sonntag habe ich den ganzen Tag gelesen.*

**Antes de casarse, la llamaba por lo menos tres veces al día.**
*Vor der Heirat rief er sie mindestens dreimal am Tag an.*

**El día de la boda la llamó tres veces.**
*Am Hochzeitstag rief er sie dreimal an.*

• Zur Bezeichnung einmaliger Ereignisse durch das IMPERFECTO vgl. 18.26.

### 18.57 IMPERFECTO: Fortdauer, INDEFINIDO: Abgeschlossenheit

Folgende Beispielspaare stehen für den Unterschied zwischen einem Vorgang, der sich zum genannten oder angedeuteten Zeitpunkt (noch) im Vollzug befindet (IMPERFECTO) und einem Vorgang, der im genannten oder angedeuteten Zeitraum Anfang und Ende hat (INDEFINIDO).

**¿Llamaste a las seis? Yo me estaba bañando.**
*Hast du um sechs angerufen? Da habe ich gerade gebadet.*

## 18. Die Verwendung der Zeiten des Indikativs

**Tú llamaste a las seis, y entre las seis y cuarto y las siete tomé un baño.**
*Du hast um sechs angerufen, und zwischen Viertel nach sechs und sieben habe ich gebadet.*

**En el cruce, unos chavales tiraban piedras a los policías, por lo que decidimos coger por otra calle.**
*Auf der Kreuzung haben Jugendliche die Polizisten mit Steinen beworfen, weshalb wir beschlossen, durch eine andere Straße zu fahren.*

**En el cruce, unos muchachos les tiraron piedras a unos guardias y desaparecieron enseguida. Nosotros continuamos el viaje temblando de miedo.**
*Auf der Kreuzung haben ein paar Jugendliche Polizisten mit Steinen beworfen und sind sofort verschwunden. Zitternd vor Angst sind wir weitergefahren.*

**Cuando salía del museo, vi a Jorge mirando posters.**
*Beim Verlassen des Museums habe ich Jorge gesehen, wie er sich Poster anschaute.*

**Cuando salí del museo, vi a Pío subiendo a un taxi.**
*Als ich das Museum verlassen hatte, habe ich Pío gesehen, wie er in ein Taxi stieg.*

### 18.58 | IMPERFECTO und INDEFINIDO bei Beschreibungsverben

Folgende Beispielpaare stehen für den Unterschied zwischen dem IMPERFECTO und dem INDEFINIDO bei den Verben der statischen Wirklichkeitsbeschreibung wie SER, ESTAR, TENER und HABER. Das IMPERFECTO wird dabei verwendet, wenn es um Angaben darüber geht, wie die Wirklichkeit zu einem bestimmten Zeitpunkt der Vergangenheit (oder in der Wahrnehmung eines damaligen Beobachters) beschaffen war. Das INDEFINIDO steht hingegen, wenn man angibt, wie lange bzw. wie oft ein Sachverhalt in abgeschlossener Vergangenheit bestanden hat:

**A comienzos del siglo XVI, España era el país más poderoso del mundo.**
*Anfang des 16. Jahrunderts war Spanien das mächtigste Land der Welt.*

**España fue el país más poderoso del mundo durante cincuenta años.**
*Spanien war fünfzig Jahre lang das mächtigste Land der Welt.*

**Cuando conocí a Pedro, todavía era socio de la Cruz Roja.**
*Als ich Pedro kennenlernte, war er noch Mitglied des Roten Kreuzes.*

**Pedro fue sólo dos años socio de la Cruz Roja.**
*Pedro ist nur zwei Jahre Mitglied des Roten Kreuzes gewesen.*

**La gente pasaba hambre en aquella época, pero yo era feliz porque tenía un piano.**
*Damals haben die Leute gehungert, aber ich war glücklich, weil ich ein Klavier besaß.*

**Yo fui feliz un solo día de mi infacia: el día en que me regalaron el piano.**
*In meiner Kindheit bin ich ein einziges Mal glücklich gewesen, das war der Tag, an dem man mir das Klavier schenkte.*

**Ayer a las once de la noche todavía estábamos en Toledo.**
*Gestern abend um elf waren wir noch in Toledo.*

**Ayer estuve todo el día en Toledo.**
*Gestern war ich den ganzen Tag in Toledo.*

**Me puse a mirar. La puerta del comedor estaba abierta.**
*Ich schaute mich um. Die Eßzimmertür war offen.*

**La ventana del comedor estuvo abierta toda la noche.**
*Das Eßzimmerfenster ist die ganze Nacht offen gewesen.*

## 18. Die Verwendung der Zeiten des Indikativs

**Cuando mi primo Jaime se casó, tenía dos coches.**
*Als mein Vetter Jaime heiratete, besaß er zwei Autos.*

**Mi primo Jaime tuvo una vez dos coches en un mes.**
*Mein Vetter Jaime hatte einmal zwei Autos in einem Monat.*

**Cuando mi padre iba a la universidad, había aquí un cine que sólo daba películas mexicanas.**
*Als mein Vater studierte, gab es hier ein Kino, das nur mexikanische Filme zeigte.*

**Alguna vez hubo aquí un cine.**
*Irgendwann einmal war hier ein Kino.*

**Me puse a mirar lo que pasaba. La fiesta era muy divertida. Pedro estaba imitando a Chaplin. Estaba genial.**
*Ich beobachtete, was vorging. Das Fest war sehr lustig. Pedro imitierte gerade Chaplin. Er war einfach genial.*

**La fiesta de anoche fue muy divertida. Pedro estuvo genial, y nos reímos mucho con sus imitaciones.**
*Die Party gestern abend war sehr lustig. Pedro war genial, und wir haben über seine Imitationen viel gelacht.*

### 18.59 ME GUSTÓ oder ME GUSTABA?

Wenn das Satzsubjekt ein Ereignissubstantiv ist (wie im letzten der Beispielspaare in 18.58), dann steht eine Charakterisierung oder Bewertung des Ereignisses als Ganzes im INDEFINIDO, deshalb sagt man für *'es hat mir sehr gut gefallen'*: ME GUSTÓ MUCHO (und nicht ME GUSTABA MUCHO) wenn man etwa gefragt wird, wie die Spanienreise gewesen sei. Weitere Beispiele:

–¿Hubo reunión el viernes?   *"Warst du auf dem Treffen am Freitag?"*
–Sí, fue un caos.   *"Ja, es war ein Chaos."*

–Nosotros vinimos en coche.   *"Wir sind mit dem Auto gekommen."*
–Yo también. Resultó aburrido porque vine solo.   *"Ich auch. Es war langweilig, ich bin allein gefahren."*

### 18.60 Erkennungsmerkmale im IMPERFECTO

Ausdrücke, die typische (nicht einmalige) Erkennungsmerkmale nicht mehr existenter Personen und Sachen im Rückblick beschreiben, stehen in der Regel im IMPERFECTO:

**García Lorca tocaba muy bien el piano.**
*Der Dichter Federico García Lorca spielte sehr gut Klavier.*

**Mi abuelo medía un metro ochenta.**
*Mein Großvater war ein Meter achtzig groß.*

**La bandera de la Unión Soviética era roja.**
*Die Flagge der Sowjetunion war rot.*

### 18.61 IMPERFECTO und INDEFINIDO bei IR A / ACABAR DE + Infinitiv

Zusätzlich zu den Erläuterungen und Beispielen in 14.66 und 14.73 zwei Beispielpaare für den Bedeutungsunterschied beim Verwenden von IMPERFECTO und INDEFINIDO mit den Infinitivfügungen zum Ausdruck naher Zukunft (IR A + Infinitiv) und naher Vergangenheit (ACABAR DE + Infinitiv):

**Iba a abrir la puerta cuando se oyeron dos disparos.**
*Ich wollte gerade die Tür aufmachen, als man zwei Schüsse hörte.*

## 18. Die Verwendung der Zeiten des Indikativs

**Fui a abrir la puerta.**
*Ich ging die Tür aufmachen.*

**Cuando me lo encontré, acababa de leer tu carta.**
*Als ich ihn traf, hatte ich gerade deinen Brief gelesen.*

**Acabé de leer tu carta en el parque.**
*Ich las deinen Brief im Park zu Ende.*

### 18.62 Erzählbericht in der Vergangenheitsform

**A ▶** Die Vordergrundereignisse, d.h. die Vorgänge, mit denen die Erzählung fortschreitet, also gewissermaßen die Glieder der Haupthandlungskette, stehen im INDEFINIDO:

Esteban se despertó con una sacudida, encendió la lámpara de noche, miró el despertador, se levantó, se dirigió a la ventana y la abrió.
*Esteban schreckte aus dem Schlaf auf, machte die Bettlampe an, schaute nach dem Wecker, stand auf, ging ans Fenster und machte es auf.*

**B ▶** Die Hintergrundtatsachen stehen im IMPERFECTO (und falls es sich um Vorvergangenes handelt, im PLUSCUAMPERFECTO). Gemeint ist hier die Beschreibung der Situation, die der Haupthandlung zugrundeliegt, und der Sachverhalte, die gewissermaßen um die Vordergrundereignisse herum gegeben sind: Angaben örtlicher, zeitlicher, psychisch-geistiger Umstände (die auch als erlebte Rede gemacht werden können, vgl. 18.28) sowie der gleichzeitig verlaufenden, sich im Hintergrund ohne Bewußtsein von Anfang und Ende wiederholenden Vorgänge:

Reinaba un silencio total en casa de los Acebo. Todos dormían apaciblemente; **todos, menos Esteban, que se despertó con una sacudida.** Estaba bañado en sudor. **Encendió la lámpara de noche** que estaba sobre la cabecera de la cama **y miró el despertador.** Eran las seis de la mañana. **Se levantó.** Le dolían los huesos y se sentía como mareado. La noche anterior, unos amigos lo habían llevado a ... ¿Adónde lo habían llevado? **Pesadamente se dirigió a la ventana y la abrió.** Era una mañana de fines de noviembre. Cantaban a lo lejos unas gaviotas. Soplaba un viento suave y fresco. Una pareja corría jugueteando a orillas del mar.
*Vollkommene Stille herrschte im Hause der Familie Acebo. Alle schliefen ruhig - bis auf einen: Esteban, der plötzlich aus dem Schlaf aufschreckte. Er war schweißgebadet. Er machte die Nachtlampe an, die sich an der Wand über dem Kopfende des Bettes befand, und schaute auf den Wecker. Es war sechs Uhr morgens. Er stand auf. Die Knochen taten ihm weh, und er fühlte sich wie benommen. Die Nacht davor hatten ihn einige Freunde mitgenommen nach ... wohin hatten sie ihn mitgenommen? Schweren Schrittes ging er ans Fenster und öffnete es. Es war ein gewöhnlicher Morgen Ende November. In der Ferne kreischten ein paar Möwen. Es wehte ein leichter, frischer Wind. Ein Mann und eine Frau tummelten sich am Meeresufer.*

**C ▶** Es hängt vom Erzählstil ab, ob die Erzählung mit Hintergrundinformation: REINABA UN SILENCIO TOTAL, oder mit der Haupthandlung: ESTEBAN SE DESPERTÓ CON UNA SACUDIDA beginnt.

**D ▶** Natürlich kann eine Erzählung andere Tempora enthalten, wie z.B das CONDICIONAL, sowie Tempora, in denen die Einschübe des Erzählers stehen. Die vorige Erzählung könnte folgendermaßen weitergehen:

Era una de esas mañanas en que ocurren los crímenes más espantosos. El que se cometería ahora habría de cambiar por completo la vida de Esteban.
*Es war einer jener Morgen, an denen die furchtbarsten Verbrechen geschehen. Dasjenige, das jetzt begangen werden sollte, sollte das Leben von Esteban von Grund auf ändern.*

## 18. Die Verwendung der Zeiten des Indikativs

### 18.63 IMPERFECTO DE SUBJUNTIVO statt Vergangenheitszeit im Indikativ

In der Schriftsprache steht das IMPERFECTO DE SUBJUNTIVO auf -RA (weniger das auf -SE) sehr oft als absolutes Präteritum nach den Temporalkonjunktionen DESPUÉS DE QUE und DESDE QUE sowie gelegentlich nach COMO und in Relativsätzen:

**después de que se acostaran** *nachdem sie zu Bett gegangen waren*
**desde que renegara de sus orígenes** *seitdem er seine Herkunft verleugnete*
**como observara Ortega** *wie der Philosoph Ortega bemerkt hat*
**el proceso que se interrumpiera en 1989** *der Prozeß, der 1989 unterbrochen wurde*
**el que fuera Generalísimo de España** *der ehemalige Generalissimus von Spanien*

## H. FUTURO

### 18.64 Bezeichnung jeder Zukunft

Das FUTURO drückt ein zukünftiges Geschehen oder eine zukünftige Sachlage im Sinne einer Voraussage oder eines Versprechens aus. (Vor allem im geschriebenen Spanisch wird das FUTURO viel häufiger verwendet als im Deutschen 'werden' + Infinitiv):

**Dentro de algunos minutos serán las doce.**
*In einigen Minuten wird es zwölf Uhr sein.*

**Los resultados se publicarán sólo la próxima semana.**
*Die Ergebnisse werden erst nächste Woche bekanntgegeben werden.*

**Yo nunca viajaré a Turquía.**
*Ich werde nie in die Türkei fahren.*

**No se lo diremos a nadie, lo prometemos.**
*Wir werden es niemandem sagen, wir versprechen es.*

**A ▶** Zukünftiges kann außer mit dem FUTURO mit dem PRESENTE (vgl. 18.4) und mit den Fügungen IR A + Infinitiv und HABER DE + Infinitiv ausgedrückt werden, vgl. 14.64 und 14.63M.

**B ▶** Das FUTURO darf nicht verwendet werden nach konditionalen und temporalen Konjunktionen. Vgl. 35.84 und 35.19, 35.19B.

### 18.65 Befehlsmäßige Verwendung des FUTURO

Zum Ausdruck dezidierter Aufforderung sowie in einigen wenigen feststehenden Wendungen hat das FUTURO die Funktion eines Imperativs, meistens mit Bezug auf die nicht nahe Zukunft:

**Esta vez le dirás la verdad.**
*Diesmal sagst du ihr die Wahrheit.*

**No matarás.**
*Du sollst nicht töten.*

**Tú harás lo que yo te diga.**
*Du wirst tun, was ich dir sage.*

### 18.66 Synonym des imperativischen FUTURO: HABER DE + Infinitiv

Beispiele mit HABER DE + Infinitiv als normative futurische Wendung:

**Has de callar.**
*Du wirst / sollst / mußt schweigen.*

**Habéis de obedecer cuanto diga yo.**
*Ihr werdet allem zu gehorchen haben, was ich sage.*

### 18.67 FUTURO in vorschreibenden Texten

Das normativische FUTURO ist das übliche Tempus in Gesetzes- und ähnlichen Texten:

**Los Agentes de las Fuerzas y Cuerpos de Seguridad sólo podrán entrar en el domicilio en los casos permitidos por la Constitución y las leyes.**
*Die Sicherheitsbeamten dürfen eine Privatwohnung lediglich in den Fällen betreten, die die Verfassung und die Gesetze erlauben.*

### 18.68 Sinn des FUTURO von VER in der Konversation

Die Formen des FUTURO von VER wird vom Sprechenden häufig als ritualisierte Formel verwendet, um auf seine Aussage, normalerweise eine Erklärung, aufmerksam zu machen. VEREMOS – normalerweise mit YA – wird andererseits verwendet, um in einer Erwiderung Skepsis über das vom Gesprächspartner gerade Mitgeteilte anzumelden:

| | |
|---|---|
| –¿Le pasa algo a su amiga? | *"Ist etwas mit Ihrer Freundin los?"* |
| –¡No no! Verá, es que ayer... | *"Nein! Sehen Sie, gestern..."* |
| –Lo único que te pedí es que hablases con el director por lo del domingo. | *"Ich wollte ja nur, daß du mit dem Direktor wegen Sonntag sprichst."* |
| –Verás, Leonor, yo no soy de los que se acobardan por memeces... | *"Schau Leonor, ich bin nicht der Typ, der wegen Kleinigkeiten den Mut verliert..."* |
| –Hablaré con Jorge mañana. | *"Ich rede morgen mit Jorge"* |
| –Ya veremos. | *"Na, wir werden sehen."* |

### 18.69 Sinn des FUTURO von DECIR in der Konversation

Die entsprechenden Formen des FUTURO von DECIR werden als Formel zur Aufforderung an den Gesprächspartner, sein Anliegen vorzutragen:

| | |
|---|---|
| –Quería preguntarle una cosa. | *"Ich wollte Sie etwas fragen."* |
| –Usted dirá. | *"Bitte."* |

### 18.70 Ungewißheit gegenüber Sachverhalten der Gegenwart

Das FUTURO wird in vom Sprecher häufig an sich selbst gerichteten und nicht eindeutig zu beantwortenden Fragen verwendet, um Zweifel, Verwunderung und Argwohn hinsichtlich gegenwärtiger Sachverhalte verstärkt zum Ausdruck zu bringen (vgl. 18.73, 35.81):

**¿Será ese tío el mismo que llamó ayer?**
*Ob dieser Mann derselbe ist, der gestern angerufen hat?*

**¿Estaremos locos todos?**
*Sind wir etwa alle verrückt?*

**¿Entenderán lo que les estamos diciendo?**
*Ob sie verstehen, was wir ihnen sagen?*

**¿Tendré fiebre?**
*Habe ich vielleicht Fieber?*

## 18. Die Verwendung der Zeiten des Indikativs

**A** ▶ Beispiele mit Fragewörtern:
**¿Qué será esto?**
*Was mag dieses Ding hier wohl sein?*

**¿Cómo le irá a Pedro ahora en Alemania?**
*Wie wird es jetzt wohl Pedro in Deutschland gehen?*

### 18.71 Vermutung hinsichtlich der Gegenwart

Mit dem FUTURO werden Vermutungen und ungefähre Einschätzungen in bezug auf die Gegenwart ausgedrückt:

–**¿Quién será la mujer que está en el coche del señor Tola?**
–**Ni idea. Será su mujer.**
*"Wer mag die Frau sein, die im Auto von Herrn Tola sitzt?"*
*"Keine Ahnung. Es ist wohl seine Frau."*

–**¿No te preocupa que vaya sola?**
–**No. Ella sabrá lo que hace.**
*"Macht es dir nichts aus, daß sie alleine hingeht?"*
*"Nein, sie wird wissen, was sie tut."*

–**¿Cuánto pesará esto?**
– **No lo sé. Pesará diez kilos.**
*"Wie schwer wird das sein?"*
*"Ich weiß es nicht. Zehn Kilo, schätze ich."*

### 18.72 SERÁ QUE / PORQUE

Die dritte Person Singular des FUTURO von SER, gefolgt von QUE oder PORQUE, wird in Vermutungen gebraucht (zum Modusgebrauch vgl. 34.59):

**Será que no tiene ganas.**
*Er hat wohl keine Lust.*

**Será porque no le escribes.**
*Das ist vielleicht deshalb so, weil du ihr nicht schreibst.*

### 18.73 SI + FUTURO: Zweifel und Tadel

Der Ausdruck des Zweifels durch das FUTURO (vgl. 18.70) wird gelegentlich durch SI eingeleitet. In Ausrufen mit dem FUTURO, zuweilen durch SI (vgl. auch 35.81) eingeleitet, werden schroffe Verurteilungen ausgedrückt:

**Si será verdad todo eso...**
*Ob das alles stimmt...*

**¡(Si) serán tontos!**
*Die sind vielleicht dumm!*

### 18.74 Virtualisierung von Sachverhalten

In einer Argumentation steht im FUTURO die Behauptung eines Dritten, die der Sprecher als ungeprüft hinstellt, um seinerseits, mit PERO als Einleitung, etwas anderes zu behaupten:

**En Alemania serán seguros los parques, pero en España no lo son.**
*Es mag sein, daß in Deutschland die Parkanlagen sicher sind, in Spanien sind sie es nicht.*

• Mit der Formel FUTURO von IR + Infinitiv wird die Meinung des Gesprächspartners vorweggenommen, wenn man widersprechen will, vgl. 14.69.

## 18. Die Verwendung der Zeiten des Indikativs

# I. FUTURO PERFECTO

### 18.75 Ein in der Zukunft abgeschlossener Vorgang

Mit dem FUTURO PERFECTO wird etwas vorausgesagt oder versprochen, das vor einem in der Zukunft liegenden Zeitpunkt Wirklichkeit werden wird:

**A finales del año habrán ocurrido en esta carretera diez mil accidentes.**
*Bis zum Jahresende werden sich auf dieser Straße zehntausend Unfälle ereignet haben.*

**En los diez días anteriores a la próxima cumbre, el ministro de asuntos exteriores se habrá entrevistado con diez de sus homólogos europeos.**
*In den zehn Tagen vor dem nächsten Gipfeltreffen wird der Außenminister mit zehn seiner europäischen Kollegen Gespräche geführt haben.*

**A ▶** Das FUTURO PERFECTO wird gern durch das PERFECTO ersetzt, wenn der Bezug auf die Zukunft eindeutig ist:

**Como el martes ya se ha marchado, no hay problema en que vengas el miércoles.**
*Da sie am Dienstag schon abgereist sein wird, kannst du ohne Probleme am Mittwoch kommen.*

**B ▶** Das FUTURO PERFECTO darf nicht verwendet werden nach konditionalen und temporalen Konjunktionen. Vgl. 35.84 und 35.19, 35.19B.

### 18.76 Ungewißheit gegenüber der nicht abgeschlossenen Vergangenheit

Das FUTURO PERFECTO wird in Fragen verwendet, die der Sprecher häufig an sich selbst richtet und nicht eindeutig beantworten kann; damit bringt er Zweifel, Verwunderung und Argwohn hinsichtlich von Sachverhalten der nicht abgeschlossenen Vergangenheit verstärkt zum Ausdruck:

**¿Habrá llamado Jaime?**
*Ob Jaime angerufen hat?*

**¿Nos habremos equivocado?**
*Haben wir uns etwa geirrt?*

**¿Cuánto habrán gastado en hacer esta porquería?**
*Wieviel werden sie für diesen Mist ausgegeben haben?*

**¿Quién habrá sido?**
*Wer mag es gewesen sein?*

### 18.77 Vermutung über die nicht abgeschlossene Vergangenheit

Mit dem FUTURO PERFECTO werden Vermutungen und ungefähre Einschätzungen hinsichtlich der nicht abgeschlossenen, oft aber auch der abgeschlossenen Vergangenheit (vgl. 18.78) ausgedrückt:

**Pues nos habremos equivocado.**
*Wir werden uns wohl geirrt haben.*

**El piso les habrá costado una fortuna.**
*Die Wohnung wird sie ein Vermögen gekostet haben.*

### 18.78 FUTURO PERFECTO statt CONDICIONAL SIMPLE in Vermutungen

Im folgenden Beispiel steht das FUTURO PERFECTO für eine Vermutung hinsichtlich der eindeutig abgeschlossenen Vergangenheit, was wohl nicht korrekt ist, denn hier wäre das CONDICIONAL SIMPLE (vgl. 18.86) am Platze:

—Estuvimos toda la tarde juntos, pero no me comentó lo del contrato.
"Wir waren den ganzen Nachmittag zusammen, aber er hat nichts von dem Vertrag gesagt."

—No habrá tenido ganas de hablar de cosas tristes.
"Er hatte wohl keine Lust, mit dir über traurige Dinge zu reden."

### 18.79 Virtualisierung von Sachverhalten

Beispiel für die Virtualisierung von fremden Behauptungen in Argumentationen durch FUTURO PERFECTO:

**Habrá sufrido mucho, pero no es el caso.**
*Es mag sein, daß er viel gelitten hat, aber das interessiert jetzt nicht.*

## J. CONDICIONAL SIMPLE

### 18.80 Hypothetische Sachverhalte der Gegenwart

Das CONDICIONAL SIMPLE drückt eine Hypothese in bezug auf etwas aus, das abhängig ist von der Erfüllung von Bedingungen, die im Augenblick oder auch früher nicht gegeben sind bzw. waren. Es geht also um den *'dann'*-Teil von irrealen Bedingungssätzen. hinsichtlich der Gegenwart und Zukunft. Das CONDICIONAL SIMPLE entspricht im Deutschen dem Konjunktiv II (*'wäre'*, *'hätte'*) oder dessen Ersetzungen mit der Fügung **'würde' + Infinitiv**:

—¿Te gusta coser?
"Nähst du gern?"

—Mucho. Si por mí fuera, cosería el día entero.
"Sehr. Wenn es nach mir ginge, würde ich den ganzen Tag nähen."

—¡Cuánto echo de menos a Laura!
"Wie ich Laura vermisse!"

—Yo también la echo de menos. Con ella, el viaje sería mucho más agradable.
"Ich vermisse sie auch. Mit ihr wäre die Reise viel angenehmer."

—Estoy decidido a decirle que lo mejor es que rompamos.
"Ich habe fest vor, ihr zu sagen, wir machen besser Schluß."

—Ya era hora. Ahora que yo no se lo diría así.
"Es war höchste Zeit. Ich würde es ihr aber nicht so sagen."

—¿Me puedes llevar a la estación mañana?
"Kannst du mich morgen zum Bahnhof bringen?"

—Lo haría con mucho gusto, pero mañana no estaré aquí.
"Ich würde es gern tun, aber morgen bin ich gar nicht da."

**A** ▶ Statt des CONDICIONAL SIMPLE steht im umgangssprachlichen Gebrauch oft das IMPERFECTO im irreal-hypothetischen Kontext, vgl. 18.20.

**B** ▶ Der *'wenn'*-Teil irrealer Bedingungssätze, der sich auf Gegenwart und Zukunft bezieht, wird gebildet im PRETÉRITO IMPERFECTO DE SUBJUNTIVO, vgl. 35.85. Der Gebrauch des CONDICIONAL SIMPLE nach SI im irreal-hypothetischen Kontext ist gelegentlich anzutreffen, stellt aber einen groben Schnitzer dar.

### 18.81 Abmilderung von Äußerungen durch CONDICIONAL SIMPLE

Durch den Gebrauch des CONDICIONAL SIMPLE wird die Bestimmtheit des PRESENTE bei Meinungs- und Wunschäußerungen abgemildert:

**Yo diría que él tiene razón.**
*Ich würde sagen, er hat recht.*

## 18. Die Verwendung der Zeiten des Indikativs

**Deberías ser más amable con tus alumnos.**
*Du solltest zu deinen Studenten freundlicher sein.*

**¿Podría usted cambiarme mil pesetas?**
*Könnten Sie mir tausend Peseten wechseln?*

**¿Sería usted tan amable de decirme lo que pone aquí?**
*Wären Sie so liebenswürdig, mir zu sagen, was hier steht?*

- Das CONDICIONAL SIMPLE wird hier manchmal durch das IMPERFECTO ersetzt, vgl. 18.23.

**A** ▸ Man beachte die feststehende Wendung **diríase** *man könnte meinen*.

### 18.82 Ersetzung von QUERRÍA und PODRÍA durch QUISIERA und PUDIERA

Im Ausdruck des Hypothetischen bzw. der abgemilderten Wunschäußerung wird gewöhnlich die Form QUERRÍA von QUERER durch QUISIERA, also eine Form des PRETÉRITO IMPERFECTO DE SUBJUNTIVO ersetzt. Weniger häufig ist im Ausdruck des Irreal-Hypothetischen die Ersetzung derselben Tempora von PODER (PUDIERA statt PODRÍA):

**Quisiera ser tan seguro como mi padre.**
*Ich möchte so selbstsicher wie mein Vater sein / Ich wäre gern...*

**Pudiera ser que nos equivocáramos los dos.**
*Es könnte sein, daß wir beide irren.*

### 18.83 CONDICIONAL SIMPLE + zusammengetzter Infinitiv der Modalverben

Beispiele mit dem CONDICIONAL SIMPLE von PODER, DEBER, TENER QUE und QUERER gefolgt vom zusammgesetzten Infinitv des Hauptverbs:

**También podríamos haber elegido a otro candidato.**
*Wir hätten auch einen anderen Kandidaten wählen können.*

**Deberíamos haber sido más honestos.**
*Wir hätten ehrlicher sein sollen.*

**Se nos tendría que haber ocurrido antes.**
*Das hätte uns früher einfallen müssen.*

**Querría haber hecho más viajes en mi juventud.**
*Ich hätte in meiner Jugend gern mehr Reisen unternommen.*

### 18.84 Zukunft in der Vergangenheit

Der CONDICIONAL SIMPLE drückt Nachzeitiges bezüglich eines Zeitpunkts der Vergangenheit aus; es geht hier meist um QUE-Sätze mit Verben des Sagens und Meinens (vgl. 37.3):

**Ramón se sentó al borde de la cama. Se marcharía ese mismo día.**
*Ramón setzte sich auf die Bettkante. Er würde noch am selben Tag abreisen.*

**Repitió que se iría.**
*Er sagte noch einmal, daß er gehen würde / werde.*

**Todos contábamos con que vendrías.**
*Wir rechneten alle damit, daß du kommen würdest.*

**Creí que me contestarías inmediatamente.**
*Ich glaubte, du würdest mir sofort antworten.*

**Habíamos leído que harían una huelga.**
*Wir hatten gelesen, sie würden streiken.*

## 18. Die Verwendung der Zeiten des Indikativs

**A** ▶ Das CONDICIONAL SIMPLE darf nicht verwendet werden nach konditionalen und temporalen Konjunktionen. Vgl. 35.84 und 35.19.

**B** ▶ Nachzeitigkeit in der Vergangenheit wird auch ausgedrückt durch die Infinitivfügungen IR + Infinitiv (vgl. 14.66) und HABER + Infinitiv (vgl. 14.63M) sowie durch das IMPERFECTO DE INDICATIVO, vgl. 18.29.

### 18.85 Ungewißheit und Vermutung in nicht direkter Rede

In erlebter und indirekter Rede drückt das CONDICIONAL SIMPLE im Kontext der Vergangenheit das aus, was das FUTURO im Kontext der Gegenwart ausdrücken kann: Ungewißheit und Vermutung (vgl. 18.70, 18.71):

**Vio una huella. ¿Sería la de Patricio?**
*Er sah einen Fußabdruck. War es vielleicht der von Patricio?*

**Se limitó a decir que la maleta pesaría unos veinte kilos.**
*Er sagte lediglich, der Koffer wiege vielleicht zwanzig Kilo.*

### 18.86 Vermutung im Hinblick auf die Vergangenheit

Das CONDICIONAL SIMPLE wird verwendet bei vom gegenwärtigen Standpunkt aus gemachten Vermutungen über Tatbestände und Ereignisse der abgeschlossenen Vergangenheit. Im Deutschen steht dafür Perfekt oder Präteritum mit einer Partikel wie *'vielleicht'*, *'wohl'* oder die entsprechende Form eines Modalverbs:

–El conductor se puso a cantar.    *"Der Fahrer fing an zu singen."*
–Estaría borracho.    *"Er war vielleicht betrunken."*

–Estaba temblando.    *"Er zitterte."*
–Sentiría miedo de ti.    *"Er hatte wohl Angst vor dir."*

–Tocaron el timbre a las cuatro de la madrugada, pero no abrimos.    *"Um vier Uhr morgens klingelte es an der Tür, aber wie haben nicht aufgemacht."*
–¿Quién sería?    *"Wer mag es gewesen sein?"*

**A** ▶ Im Ausdruck der Vermutung bezüglich abgeschlossener Vergangenheit steht sehr häufig das CONDICIONAL SIMPLE in einem QUE-Nebensatz, im Hauptsatz steht ein Verb des Meinens, vornehmlich SUPONER oder IMAGINARSE. Der Satz aus dem ersten Beispiel oben heißt demnach: SUPONGO QUE ESTARÍA BORRACHO.

• Vgl. 18.78 zur Ersetzung des CONDICIONAL SIMPLE durch FUTURO PERFECTO.

### 18.87 Virtualisierung von Behauptungen durch CONDICIONAL SIMPLE

In einer Argumentation steht im CONDICIONAL SIMPLE die Behauptung eines Dritten hinsichtlich der abgeschlossenen Vergangenheit, die der Sprecher als ungeprüft hinstellt, um seinerseits, mit PERO als Einleitung, etwas anderes zu behaupten:

**Estaría borracho, pero eso no le disculpa ni mucho menos.**
*Es mag sein, daß er betrunken war, aber das entschuldigt ihn mitnichten.*

• Hier steht manchmal - wohl unkorrekt - FUTURO PERFECTO statt CONDICIONAL SIMPLE.

### 18.88 Meinungswiedergabe durch CONDICIONAL SIMPLE

Das CONDICIONAL SIMPLE wird für die Wiedergabe von Ansichten Dritter recht häufig gebraucht; damit wird deutlich gemacht, daß es sich nicht um Aussagen des Sprechers bzw. Schreibers handelt. Das CONDICIONAL SIMPLE drückt hier Gleichzeitigkeit aus, ist also als Ersatz von PRESENTE bzw.

## 18. Die Verwendung der Zeiten des Indikativs

IMPERFECTO anzusehen (vgl. 37.3). In dieser Verwendungsweise, die nicht ganz unumstritten ist, erscheint das CONDICIONAL SIMPLE häufig in erläuternden Hauptsätzen sowie in Relativsätzen:

**El jefe de Gobierno habla de peligros y amenazas. Y de que no existiría alternativa a la guerra.**
*Der Regierungschef spricht von Gefahren und Drohungen. Und davon, daß es keine Alternative zum Krieg gebe.*

**El discurso fue sobre de la pobreza, cuyas causas estarían en la crisis espiritual del presente.**
*Es ging in der Rede um die Armut, deren Ursachen in der geistigen Krise der Gegenwart lägen.*

## K. CONDICIONAL COMPUESTO

### 18.89 Hypothetische Sachverhalte der Vergangenheit

Das CONDICIONAL COMPUESTO drückt eine Hypothese in bezug auf etwas Vergangenes, das abhängig war von der Erfüllung gewisser Bedingungen, die zum damaligen bzw. jetzigen Zeitpunkt nicht gegeben waren bzw. immer noch nicht sind. Es geht also um den *'dann'*-Teil von irrealen Bedingungssätzen hinsichtlich jeglicher Vergangenheit. Das CONDICIONAL COMPUESTO entspricht im Deutschen dem Plusquamperfekt Konjunktiv (*'hätte gehabt', 'wäre gewesen'*):

| | |
|---|---|
| –¿Por qué no invitasteis a Irene? | *"Warum habt ihr Irene nicht eingeladen?"* |
| –Yo la habría invitado, pero es que Marta no quiso. | *"Ich hätte sie eingeladen, aber Marta wollte nicht."* |
| –¿Qué tal el vuelo? | *"Wie war der Flug?"* |
| –Habría sido ideal si hubiéramos tenido buen tiempo. | *"Er wäre ideal gewesen, wenn wir gutes Wetter gehabt hätten."* |
| –Se molestó porque le dije aquello. | *"Sie ärgerte sich, weil ich ihr das sagte."* |
| –Yo en tu lugar me lo habría callado. | *"Ich an deiner Stelle hätte geschwiegen."* |

**A ▶** Der *'wenn'*-Teil irrealer Bedingungssätze, der sich auf die Vergangenheit bezieht, wird gebildet mit dem PRETÉRITO PLUSCUAMPERFECTO DE SUBJUNTIVO, vgl. 35.85. Der Gebrauch des CONDICIONAL COMPUESTO nach SI im irreal-hypothetischen Kontext ist gelegentlich anzutreffen, stellt aber einen groben Schnitzer dar.

### 18.90 Ersatz des CONDICIONAL COMPUESTO in irrealen Bedingungssätzen

Im irreal-hypothetischen Kontext kann das CONDICIONAL COMPUESTO durch das PRETÉRITO PLUSCUAMPERFECTO DE SUBJUNTIVO ersetzt werden, was auch sehr häufig der Fall ist:

**Me hubiera / hubiese ( = habría) quedado si me lo hubieras / hubieses pedido.**
*Ich wäre geblieben, wenn du mich darum gebeten hättest.*

### 18.91 CONDICIONAL COMPUESTO von PODER und DEBER

Die Ersatzformen des CONDICIONAL COMPUESTO von PODER und DEBER (vgl. 18.12A, 18.22, 18.46B, 18.47A), werden vor allem zum Ausdruck von Vorwurf und Tadel viel häufiger gebraucht als das eigentliche Tempus:

**Habría podido resbalarse / Podía [Pudo] haberse resbalado / Se pudo resbalar.**
*Sie hätte ausrutschen können.*

**Habríamos debido preguntar / Debíamos [Debimos] haber preguntado / Debimos preguntar.**
*Wir hätten fragen sollen.*

**No habrías debido responderle / No habías debido responderle / No debiste responderle.**
*Du hättest ihm nicht antworten dürfen.*

### 18.92 Abgeschlossene Zukunft in der Vergangenheit

Das CONDICIONAL COMPUESTO bezeichnet einen Vorgang der Vergangenheit, der in bezug auf einen übergeordneten Zeitpunkt sowohl nachzeitig als auch abgeschlossen ist; es geht hier meist um QUE-Sätze mit Verben des Sagens und Meinens (vgl. 37.3):

**Lea encendió un cigarrillo. A las tres habría acabado el infierno.**
*Lea zündete eine Zigarette an. Um drei würde die Hölle vorbei sein.*

**Todos creían que a fines del año pasado se habría firmado el tratado de paz.**
*Alle glaubten, Ende letzten Jahres würde der Friedensvertrag unterschrieben worden sein.*

**Les aseguró que en dos años habrían alcanzado el nivel de vida occidental.**
*Er versicherte ihnen, daß sie in zwei Jahren den westlichen Lebensstandard erreicht haben würden.*

**A ▶** Das CONDICIONAL COMPUESTO darf nicht verwendet werden nach konditionalen und temporalen Konjunktionen, vgl. 35.84 und 35.19.

**B ▶** Im Ausdruck der abgeschlossenen Zukunft aus Sicht der Vergangenheit wird der CONDICIONAL COMPUESTO häufig durch das PLUSCUAMPERFECTO ersetzt.

### 18.93 Ungewißheit und Vermutung in nicht direkter Rede

In erlebter und indirekter Rede drückt das CONDICIONAL COMPUESTO im Kontext der Vergangenheit das aus, was das FUTURO PERFECTO im Kontext der Gegenwart ausdrücken kann: Ungewißheit und Vermutung (vgl. 18.76, 18.77):

**El hombre no se movió. ¿Les habría entendido?**
*Der Mann regte sich nicht. Hatte er sie vielleicht nicht verstanden?*

**Dijo con ironía que habría llovido, pues el patio estaba mojado.**
*Er sagte ironisch, es habe wohl geregnet, denn der Hof sei naß.*

### 18.94 Vermutung über die Vorvergangeheit

Das CONDICIONAL COMPUESTO wird verwendet bei vom gegenwärtigen Standpunkt aus gemachten Vermutungen über Tatbestände und Ereignisse der Vorvergangenheit. Im Deutschen steht dafür Plusquamperfekt mit einer Modalpartikel wie *'vielleicht', 'wohl'* oder die entsprechende Form eines Modalverbs:

**–Estabas de muy mal humor esa mañana. No lo entiendo.**
**–Yo tampoco. Habría dormido mal. Es que cuando he dormido mal, soy insoportable.**

*"Du hattest an dem Morgen sehr schlechte Laune. Ich verstehe das nicht."*
*"Ich auch nicht. Ich hatte wohl schlecht geschlafen. Wenn ich schlecht geschlafen habe, bin ich nämlich unausstehlich."*

### 18.95 Virtualisierung von Behauptungen durch CONDICIONAL COMPUESTO

In einer Argumentation steht im CONDICIONAL COMPUESTO die Behauptung eines Dritten hinsichtlich der Vorvergangenheit, die der Sprecher als ungeprüft hinstellt, um seinerseits, mit PERO als Einleitung, etwas anderes zu behaupten:

**La puerta la habría cerrado la criada, pero el que apagó las luces fuiste tú.**
*Die Tür mag das Dienstmädchen zugemacht haben, aber du hast die Lichter ausgeschaltet.*

## 18. Die Verwendung der Zeiten des Indikativs

### 18.96 Meinungswiedergabe durch CONDICIONAL COMPUESTO

Das CONDICIONAL COMPUESTO wird für die Wiedergabe von Ansichten Dritter recht häufig gebraucht; damit wird deutlich gemacht, daß es sich nicht um Aussagen des Sprechers bzw. Schreibers handelt. Der CONDICIONAL SIMPLE drückt hier Vorzeitigkeit aus, ist also als Ersatz von PERFECTO, IMPERFECTO, INDEFINIDO bzw. PLUSCUAMPERFECTO anzusehen (vgl. 37.3). In dieser Verwendungsweise, die nicht unumstritten ist, erscheint der CONDICIONAL COMPUESTO häufig in erläuternden Hauptsätzen sowie in Relativsätzen:

**Es conocida su antipatía hacia el presidente francés, quien habría sido el verdadero culpable de la guerra.**
*Es ist bekannt, wie unsympathisch er den französischen Präsidenten findet, der seiner Meinung nach der eigentliche Schuldige am Kriegsausbruch gewesen ist.*

**Según la revista, hizo el viaje por Andalucía sola. En Sevilla habría decidido pedir el divorcio.**
*Nach Angaben dieser Zeitschrift hat sie die Andalusien-Reise allein unternommen. In Sevilla habe sie sich dazu entschlossen, die Scheidung einrureichen.*

# 19. SER, ESTAR, HABER

Zu SER und ESTAR in Passivsätzen vgl. Kapitel 16. Zu ESTAR + Gerundio vgl. 15.25. Zu den weiteren Verben mit Prädikatsnomen vgl. Kapitel 20.

## A. SER beim Klassifizieren, Quantifizieren und Identifizieren

### 19.1 Klassifizierung: SER+ (unbestimmter Artikel) + Substantiv

SER wird verwendet bei der Angabe der Zugehörigkeit von etwas oder jemandem zu einer Klasse von Gegenständen oder Lebewesen. Das Prädikatsnomen ist dabei gewöhnlich ein artikelloses Substantiv oder ein Substantiv, dem der unbestimmte Artikel vorausgeht:

**Sus dos hijas son enfermeras.**
*Seine beiden Töchter sind Krankenschwestern.*

**José Zorrilla es un amigo mío.**
*J.Z. ist einer meiner Freunde.*

**Esto puede ser sangre.**
*Dies kann Blut sein.*

**Eso es una mancha de aceite.**
*Das ist ein Ölfleck.*

**A ▶** Klassifizierungen können nur zeitweilig gelten (zu Konstruktionen wie ESTUVE DE ASISTENTE vgl. 19.39, zu Konstruktionen wie ESTUVO MUY TORERO vgl. 19.73):

**Fui animadora durante un año.**
*Ich war ein Jahr lang Animateurin.*

**B ▶** In folgenden Beispielen geht es um Wertungen durch Einordnung des Satzsubjekts in eine Klasse:

**Esta guerra es un desastre para todos.**
*Dieser Krieg ist für alle eine Katastrophe.*

**Eres un gandul.**
*Du bist ein Faulpelz.*

### 19.2 QUÉ + SER

Die Kopula in Fragen nach einer Begriffsbestimmung (¿QUÉ?-Frage) ist SER:

**¿Qué es esto?**
*Was ist das hier?*

**¿Qué es un reloj de arena?**
*Was ist eine Sanduhr?*

### 19.3 Charakterisierung mit SER DE

SER wird verwendet für die Zuordnung von Merkmalen, die etwas oder jemand als zu einer Unterklasse zugehörig ausweisen, entweder in rein beschreibender oder in wertender Absicht. Das Prädikatsnomen ist dabei ein Gefüge bestehend aus der Präposition DE (vgl. Kapitel 38, Teil A) und der entsprechenden Ergänzung:

**Mi familia es del norte.**
*Meine Familie ist aus dem Norden.*

**Los pendientes eran de oro.**
*Die Ohrringe waren aus Gold.*

**Este periódico no es de hoy.**
*Diese Zeitung ist nicht von heute.*

**El piso es de mis padres.**
*Die Wohnung gehört meinen Eltern.*

**Pablo no es de hablar mucho.**
*Pablo ist nicht sehr gesprächig.*

**Ella es de las que nunca faltan.**
*Sie ist eine von denen, die niemals fehlen.*

**El líquido era de un color indefinible.**
*Die Flüssigkeit hatte eine undefinierbare Farbe.*

**Este paisaje es de maravilla.**
*Diese Landschaft ist wunderbar.*

**Invertir es de sabios.**
*Kluge Menschen investieren.*

**El equipo francés era de temer.**
*Die französische Mannschaft war zum Fürchten.*

### 19.4 Charakterisierung mit anderen Präpositionen als DE

Merkmalszuordnung mit SER in der Absicht der Klassifizierung ist auch mit sonstigen dazu geeigneten Präpositionen möglich:

**La blusa es con mangas muy anchas.**
*Die Bluse hat sehr breite Ärmel.*

**La sopa es sin ajo.**
*Die Suppe wird ohne Knoblauch zubereitet.*

**El pijama es a rayas.**
*Es ist ein gestreifter Schlafanzug.*

**Este chisme no es para abrir latas como ésa.**
*Mit diesem Ding kann man Dosen wie diese nicht öffnen.*

### 19.5 SER + Vollform des Possessivpronomens

Die Vollform des Possessivpronomens tritt zur Bezeichnung des Besitzes als Prädikatsnomen auf:

**Esto no es mío.**
*Das gehört mir nicht.*

### 19.6 Klassifizierung durch Adjektiv

SER wird für die Zuordnung von Merkmalen durch Adjektiv verwendet, um etwas oder jemand in rein beschreibender oder bewertender Absicht als zu einer Unterklasse zugehörig auszuweisen:

**—¿Por qué no te gusta mi coche?**    *"Warum gefällt dir mein Wagen nicht?"*
**—Porque es verde. Yo odio lo verde.**    *"Weil er grün ist. Ich hasse grüne Sachen."*

**—La pelota del fútbol americano tiene esta forma.**    *"Der Ball im American Football hat diese Form."*
**—Ah, entonces no es redonda.**    *"Ach so, dann ist er nicht rund."*

# 19. SER, ESTAR, HABER

–La casa tenía una terraza enorme.    *"Das Haus hatte eine riesengroße Terrasse."*
–Bueno, pero el jardín era diminuto.    *"Schon, aber der Garten war winzig."*

–¿Qué edad tiene ella?    *"Wie alt ist sie?"*
–Es bastante joven. Acaba de cumplir los 16.    *"Sie ist ziemlich jung. Sie ist gerade 16 geworden."*

–El nuevo empleado es muy trabajador.    *"Der neue Angestellte ist sehr fleißig."*
–Sí, y además es inteligente.    *"Ja, und außerdem ist er intelligent."*

### 19.7 Pronominalisierung des Prädikatsnomens von SER durch LO

LO dient als verbundenes, unbetontes Pronomen für die Nominativergänzung (Substantiv oder Adjektiv) von SER:

**Soy mujer, y estoy orgullosa de serlo.**
*Ich bin eine Frau, und ich bin stolz, es zu sein.*

**Es alta, como lo son hoy por hoy las buenas jugadoras de tenis.**
*Sie ist groß, wie es heutzutage die guten Tennisspielerinnen sind.*

### 19.8 SER COMO und SER ASÍ

COMO und ASÍ ergänzen SER, wenn eine Wesensart, eine Beschaffenheit (*'so und nicht anders sein'*) gemeint ist:

**Esta ciudad es un poco como mi pueblo.**
*Diese Stadt ist ein wenig so wie mein Heimatort.*

**Yo soy así porque soy acuario.**
*Ich bin so, weil ich Wassermann bin.*

**A ▶** Die Synonyme oder Quasi-Synonyme von COMO, darunter auch Adjektive (vgl. 3.62, 3.63), werden nach demselben Kriterium in SER-Sätzen verwendet:

**El chico es igual a su padre.**
*Der Junge ist ganz sein Vater.*

**Las hermanas son idénticas.**
*Die Schwestern gleichen sich wie ein Ei dem anderen.*

### 19.9 Angabe der Menge durch Zahlen

Bei der Angabe der Anzahl von Dingen oder Personen wird als Kopula SER verwendet (vgl. aber 19.95):

**Las virtudes teologales son tres: fe, esperanza y caridad.**
*Es gibt drei theologische Tugenden: Glaube, Liebe, Hoffnung.*

**En casa somos nueve.**
*Zu Hause sind wir neun.*

### 19.10 Angabe der Menge durch Indefinitpronomen

SER steht als Kopula vor Indefinitpronomen, wenn es um die Charakterisierung einer Gesamtmenge geht:

**Diez mil pesetas no es mucho.**
*Zehntausend Peseten ist nicht viel.*

**Somos pocos en la clase de húngaro.**
*Im Ungarischunterricht sind wir nicht viele.*

**Eso es todo.**
*Das ist alles.*

### 19.11 Angabe der Häufigkeit
Bei Adjektiven, die Häufigkeit angeben, wird SER als Kopula verwendet:

**Las lluvias son escasas aquí.**
*Es regnet hier nicht oft.*

**Este uso es raro.**
*Dieser Gebrauch ist selten.*

### 19.12 Angabe des Ausmaßes und des Preises mit SER
Mit SER DE + **Maßangabe** werden Meßwerte, mit SER DE + **Betragangabe** werden Preise angegeben:

**La altura es de veinte metros.**
*Die Höhe beträgt zwanzig Meter.*

**El precio sería de veinte millones.**
*Der Preis würde sich auf zwanzig Millionen belaufen.*

### 19.13 SER im Ausdruck von Identitätsbeziehung
Bei der Gleichsetzung des Satzsubjekts mit etwas oder jemand wird SER als Kopula verwendet:

**Yo soy el padre de la niña.**
*Ich bin der Vater des Mädchens.*

**Mi teléfono es el 9173390.**
*Meine Telefonnummer ist 9173390.*

**Eso sería lo más cómodo.**
*Das wäre das Bequemste.*

**Ese es Federico.**
*Das ist Federico.*

**Nuestras maletas son éstas.**
*Unsere Koffer sind diese hier.*

**Felipe es él, Ramón es el que acaba de sentarse al piano.**
*Er ist Felipe, Ramón ist der, der sich gerade ans Klavier gesetzt hat.*

**Siempre he querido ser el mejor.**
*Ich habe immer der Beste sein wollen.*

**Partir es morir un poco, dicen los franceses.**
*Weggehen heißt ein wenig sterben, sagen die Franzosen.*

**Lo que pretendían era que nos dividiéramos.**
*Sie hatten sich zum Ziel gesetzt, uns zu spalten.*

**A ▶** Das Prädikatsnomen beim Identifizieren kann sein:
- **bestimmter Artikel + Substantiv / Adjektiv / Zahl**
- **LO + Adjektiv**
- **ein Demonstrativpronomen**

- ein Relativpronomen
- ein Infinitiv
- ein QUE-Satz

• Zu SER im Kontext von Standortfestellung vgl. 19.60.

### 19.14 CUÁL / QUIÉN + SER

SER ist die Kopula in Fragen nach der Identifizierung von Sachen und Personen (CUÁL- und QUIÉN-Fragen):

¿Cuál de las dos es la maleta rota?
*Welcher von den beiden ist der beschädigte Kofffer?*

¿Quién es usted?
*Wer sind Sie?*

### 19.15 SER in Hervorhebungssätzen

In relativischen Konstrukten zur Hervorhebung von Satzteilen wird SER als Kopulaverb zum gespaltenen Satzteil verwendet (vgl. Kapitel 30, Teil F):

Son estos los pantalones que hay que lavar.
*Die Hosen hier muß man waschen.*

Es aquí donde vive.
*Hier wohnt sie.*

### 19.16 SER bezeichnet das Gleichheitszeichen

In der Mathematik wird das Zeichen = mit SER, nämlich ES oder SON gelesen:

Dos más / y dos son cuatro.
*Zwei plus / und zwei macht / ist vier.*

### 19.17 ESTO ES, O SEA, COMO SER

Feststehende Ausdrücke mit SER im Ausdruck von Identität:

entre nosotros, esto es, en esta ciudad *unter uns, das heißt, in dieser Stadt*
o sea que no quiere *das heißt also, er will nicht*
monarquías arraigadas, como ser Suecia y Holanda *verwurzelte Monarchien wie Schweden und Holland*

### 19.18 Angabe der Uhrzeit, Wochentag und Datum mit SER

SER ist das Kopulaverb von Uhrzeit-, Wochentags- und Datumsangaben (vgl. 19.37):

¿Qué hora es?
*Wie spät ist es?*

Deben de ser las diez ya.
*Es dürfte schon zehn Uhr sein.*

¿Qué día es hoy? ¿Jueves o viernes?
*Was für ein Tag ist heute? Donnerstag oder Freitag?*

Mañana es Navidad.
*Morgen ist Weihnachten.*

**Anteayer no hubo clase porque era festivo.**
*Vorgestern war kein Unterricht, denn es war Feiertag.*

### 19.19 Jahreszeit-, Monat-, Tageszeitenangaben mit SER

SER ist das Kopulaverb in Angaben der Jahreszeit, des Monats und der Tageszeiten:

**Ahora es verano por allá.**
*Jetzt ist dort Sommer.*

**Como es agosto, se ven muchos turistas por las calles.**
*Da es August ist, sieht man viele Touristen in den Straßen.*

**¿Es de día todavía o es de noche ya?**
*Ist es noch hell, oder ist es schon dunkel?*

### 19.20 SER mit Zeitadverbien

SER ist das Kopulaverb bei der Gleichsetzung eines Zeitpunkts mit PRONTO / TEMPRANO oder TARDE. Ein weiteres Zeitadverb wie YA, TODAVÍA, AHORA, SIEMPRE, NUNCA tritt gewöhnlich hinzu, häufig an die Satzsubjektstelle:

**A las seis es decididamente muy pronto / temprano.**
*Um sechs ist es entschieden zu früh.*

**Vámonos, que ya es tarde.**
*Gehen wir, es ist schon zu spät.*

### 19.21 SER in Angaben mit VEZ

SER ist das Kopulaverb in Angaben mit VEZ:

**Hoy es la primera vez.**
*Heute ist das erste Mal.*

**Es la última vez que te lo digo.**
*Es ist das letzte Mal, daß ich dir das sage.*

### 19.22 ES HORA DE QUE, ES EL MOMENTO DE

SER HORA DE und SER EL MOMENTO DE sind Ausdrücke der Notwendigkeit oder Zweckmäßigkeit (vgl. 34.47, 34.48):

**Es hora de poner las cartas sobre la mesa.**
*Es ist höchste Zeit, die Karten auf den Tisch zu legen.*

**No es el momento de fomentar divisiones.**
*Es ist nicht der Augenblick, Spaltungen Vorschub zu leisten.*

## B. SER als Geschehensbezeichnung

### 19.23 "Absolute" Verwendungsweise von SER

SER wird in der "absoluten" Bedeutung des reinen Seins oder Geschehens, und das nicht nur im philosophischen Sinne, sondern auch im gewöhnlichen Sprachgebrauch:

**Antes es la obligación que la devoción.**
*(Erst kommt die Pflicht, dann erst die Frömmigkeit =) Pflicht geht über alles.*

## 19. SER, ESTAR, HABER

**El hombre no es, el hombre se va haciendo.**
*Der Mensch ist nicht, der Mensch wird.*

**¿Que nos han cerrado la puerta? ¡No puede ser!**
*Man hat die Tür zugeschlossen? Das kann nicht sein!*

**Es como si habláramos lenguajes distintos.**
*Es ist, als sprächen wir verschiedene Sprachen.*

**¿Que no los despertaron? Pues eso será.**
*Sie wurden nicht aufgeweckt? Das wird es also gewesen sein.*

- Zu SER QUE vgl. 19.26-29. Zu SER PARA vgl. 19.32, 19.86.

### 19.24 ¿QUÉ ES DE?

Mit QUÉ + dritte Person Singular von SER + DE fragt man nach dem Schicksal von etwas oder jemandem:

**Me preguntó qué había sido de nuestro proyecto.**
*Er fragte mich, was aus unserem Projekt geworden sei.*

**¿Qué es de tu amigo alemán?**
*Wie geht es deinem deutschen Freund, was macht er?*

### 19.25 Feststehende Wendungen mit SER

SER erscheint in zahlreichen feststehenden Wendungen, die teilweise echte Konjunktionen geworden sind. Auswahl aus dem Lexikon:

**a ser posible hoy** *wenn möglich, heute noch*
**a no ser por / si no fuera por Laura** *wäre da nicht Laura*
**a no ser que dimita** *es sei denn, er tritt zurück* (vgl.35.94A)
**así sea** *Amen*
**no vaya a ser / no sea que se rompa** *es könnte ja kaputtgehen* (vgl. 35.13)
**ello es que** *die Sache ist die, daß*
**es más** *dazu kommt noch, daß*
**érase una vez / érase que se era** *es war einmal* (in Märchen)
**tanto es así que lo capturaron** *kurz und gut, er wurde verhaftet*
**lo que es yo** *was mich betrifft* (vgl. 10.99, 30.51)
**como no sea yo** *außer mir; es sei denn, ich*
**será que se le extravió** *er hatte es wohl verlegt* (vgl. 18.72)
**sea por el calor, sea porque se aburría** *sei es wegen der Hitze, sei es aus Langeweile*

### 19.26 Emotionale Verstärkung durch ES QUE

SER QUE (ES QUE), oft in den Satz eingebettet oder am Satzanfang durch SI eingeleitet, dient zur emotionalen Verstärkung einer Behauptung:

**Levántate ya. Si es que eres un vago.**
*Steh endlich auf! Du bist mir wirklich ein Faulpelz.*

**Yo a ti es que quisiera ayudarte.**
*Ich will dir wirklich helfen.*

**Tu marido es que se lo cree todo.**
*Dein Mann ist aber ziemlich leichtgläubig.*

## 19.27 Explikatives ES QUE

Am häufigsten wird ES QUE zur Einführung von Erklärungen, Rechtfertigungen und Entschuldigungen verwendet. Mit einleitendem, zögerlich ausgesprochenem ES QUE signalisiert der Sprecher auch Verunsicherung hinsichtlich der Triftigkeit der eigenen Aussage oder ihrer Wirkung beim Gesprächspartner. Oft bleibt die Spreaeraussage auch weg:

| | |
|---|---|
| –¿Qué te dijeron en el banco? | "Was haben sie dir in der Bank gesagt?" |
| –No he ido. Es que con este manuscrito no me queda tiempo para nada. | "Ich war nicht dort. Wegen des Manuskripts komme ich zu nichts." |
| –¿No salías hoy para París? | "Wolltest du nicht heute nach Paris fliegen?" |
| –Salgo mañana. Es que antes tengo que hablar contigo. | "Ich fliege morgen. Zuvor muß ich nämlich mit dir reden." |
| –Tú sabías que la conferencia era hoy. | "Du wußtest, daß der Vortrag heute ist." |
| –Es que... se me olvidó. | "Ja, ich... ich habe es vergessen." |

**A ▶** Explikatives ES QUE kann auch zur Einleitung einer Zurückweisung verwendet werden:

| | |
|---|---|
| –Y como este fin de semana tienes invitados... | "Und da du dieses Wochenende Gäste hast..." |
| –Es que no tengo invitados. | "Ich habe aber gar keine Gäste." |

## 19.28 NO ES QUE ... ES QUE

ES QUE und NO ES QUE treten häufig in erklärenden Aussagen zusammen auf; mit NO ES QUE wird eine Behauptung zurückgewiesen (vgl. 34.67), mit ES QUE wird der zutreffende Sachverhalt dargestellt (vor ES QUE erscheint oft LO QUE PASA / OCURRE / SUCEDE):

**No es que no me gusten tus poemas, (lo que ocurre) es que no he tenido tiempo de leerlos.**
*Nicht, daß mir deine Gedichte nicht gefallen, ich habe nur keine Zeit gehabt, sie zu lesen.*

## 19.29 ES QUE in Fragen

In Fragen, die mit ES QUE eigeleitet sind, geht der Sprecher davon aus, daß das Gegenteil seiner Frage zutrifft oder zutreffen sollte. Solche Fragen sind oft mit Empörung, Ungeduld, Verdruß, Furcht und Kummer verbunden (vgl. 28.55):

**Tengo que decírselo. ¿Es que no comprendes?**
*Ich muß es ihr sagen. Verstehst du es etwa nicht?*

**No te sorprende verme. ¿Es que sabías que venía?**
*Du bist gar nicht überrascht, mich zu sehen. Wußtest du etwa, daß ich kommen würde?*

## 19.30 SER = 'stattfinden'

SER ist Synonym eines Verbs mit der Bedeutung *'stattfinden'*, wie zum Beispiel CELEBRARSE, REALIZARSE oder TENER LUGAR:

**La boda podría ser en primavera.**
*Die Hochzeit könnte im Frühling sein.*

**El concierto fue en el gimnasio del colegio.**
*Das Konzert fand in der Schulsporthalle statt.*

**Esta manifestación es por la liberación de los detenidos.**
*Hier wird für die Freilassung der Gefangenen demonstriert.*

## 19. SER, ESTAR, HABER

### 19.31 SER + Zeit-, Orts-, oder Modalergänzung

Zur weiteren Angabe von Zeit-, Ort- oder Modalergänzungen wird mit SER ein Satz wiederaufgenommen, der ein Ereignis, ein Geschehen oder eine Tätigkeit bezeichnet:

–Ayer se llevaron un millón del banco.    "Sie haben gestern eine Million aus der Bank gestohlen."
–Eso fue anteayer.    "Das war vorgestern."

–¿Hubo alguna protesta?    "Gab es irgendeinen Protest?"
–Sí, un manifestante le escupió en la cara. Fue camino a la ópera.    "Ja, ein Demonstrant hat ihm ins Gesicht gespuckt. Es war auf dem Weg zur Oper."

–Ese día no cogió el metro, sino el autobús, ¿fue por casualidad?    "An dem Tag sind Sie nicht mit der U-Bahn gefahren, sondern mit dem Bus. War es Zufall?
–No, fue intencionadamente.    "Nein, es war Absicht."

### 19.32 SER PARA (QUE)

Beispiele für die Verbindung SER PARA (QUE):

**El mensaje no era para mí.**
*Die Nachricht war nicht für mich. (= Ich war nicht als Empfänger vorgesehen)*

**Esa señal es para advertirnos de algún peligro.**
*Mit dem Signal da werden wir vor einer Gefahr gewarnt.*

**Esta carta es para que sepas que no estás sola.**
*Diesen Brief schreibe ich, damit du weißt, daß du nicht allein bist.*

## C. ESTAR bei der Standortangabe

### 19.33 ESTAR = 'sich befinden'

Der Standort von Sachen und Personen wird mit ESTAR angegeben:

**¿Dónde está vuestro padre?**
*Wo ist euer Vater?*

**Tus gafas estaban en la cocina.**
*Deine Brille war in der Küche.*

**Estaré allí dos días como mucho.**
*Ich werde dort höchstens zwei Tage bleiben.*

**¿Sabe usted dónde está Albania?**
*Wissen Sie, wo Albanien liegt?*

**Lima está a 150 Metros sobre el nivel del mar.**
*Lima liegt 150 Meter über dem Meeresspiegel.*

**Eso está en la Biblia.**
*Das steht in der Bibel.*

### 19.34 Andere Ausdrücke der Standortsangabe

Synonyme von ESTAR in der Bedeutung *'sich befinden'* sind ENCONTRARSE und HALLARSE. Die Lage unbeweglicher Dinge kann man auch mit QUEDAR angeben. In Fachtexten wird zur Lageangabe oft das Gefüge ESTAR / HALLARSE / ENCONTRARSE SITUADO gebraucht:

**Ese lugar queda lejos de aquí.**
*Dieser Ort ist weit weg von hier.*

**La mayor parte de Europa se encuentra situada en la zona templada.**
*Der größte Teil Europas liegt in der gemäßigten Klimazone.*

**A ▶** Umgangssprachlich sind CAER und PILLAR sehr verbreitet:

**¿Por dónde cae el bar ese?**
*Wo ist diese Bar?*

**La academia de flamenco me pilla muy lejos.**
*Die Flamenco-Schule liegt sehr weit weg von meiner Wohnung.*

### 19.35 Lageangaben mit ESTAR im übertragenen Sinn
ESTAR drückt ein Sichbefinden im mehr oder minder übertragenem Sinne aus:

**Las dos familias están en guerra.**
*Beide Familien stehen miteinander auf Kriegsfuß.*

**Ortiz está entre los mejores.**
*Ortiz ist unter den Besten.*

**Sus papeles no están en orden.**
*Ihre Papiere sind nicht in Ordnung.*

**El sistema está bajo la mayor amenaza en sus quince años de historia.**
*Das System steht unter der schwersten Drohung seiner fünfzehnjährigen Geschichte.*

**La educación superior está al alcance de la mayoría.**
*Ein Hochschulstudium ist für die Mehrheit erreichbar.*

**Eso está más allá de mis fuerzas.**
*Das geht über meine Kräfte.*

**El problema está en su falta de experiencia.**
*Das Problem liegt an ihrem Mangel an Erfahrung.*

**A ▶** Beispiele mit der überaus häufigen Wendung ESTAR A PUNTO DE (vgl. 19.50B):

**Estuve a punto de caerme.**
*Ich wäre fast hingefallen.*

**Yo estaba a punto de irme.**
*Ich wollte gerade gehen.*

**B ▶** Beispiele mit ESTAR EN ELLO und ESTAR EN LO QUE:

**¿Que si ya he hecho la traducción? Estoy en ello.**
*Ob ich die Übersetzung schon gemacht habe? Ich bin noch dabei.*

**No estás en lo que haces.**
*Du bist nicht bei der Sache.*

**No estás en lo que estoy diciendo.**
*Du hörst mir nicht zu!*

### 19.36 ESTAR A zur Angabe von Preisen
In der Alltagssprache, aber nicht nur dort, werden Angaben von Preisen, die häufig schwanken können, mit ESTAR A konstruiert:

**Las naranjas están a dos euros el kilo.**
*Die Orangen kommen auf zwei Euro das Kilo.*

## 19. SER, ESTAR, HABER

Adivina a cuánto está el dólar.
*Rate mal, wie hoch der Dollar steht.*

### 19.37 Angabe von Datum und Wochentag mit ESTAR
Mit den Personen des Plurals (am häufigsten mit der 1. Person Plural) wird durch ESTAR A das Datum und der Wochentag angegeben:

¿A cuántos estamos?
*Den wievielten haben wir heute?*

Hoy estamos a catorce.
*Heute haben wir den Vierzehnten.*

Mañana estamos a quince ya.
*Morgen haben wir schon den Fünfzehnten.*

### 19.38 Angabe der Temperatur mit ESTAR A
Mit den Personen des Plurals (am häufigsten mit der 1. Person Plural) wird durch ESTAR A die Temperatur angegeben:

Ellos se asaban en Madrid, en la sierra estábamos a veintidós.
*In Madrid war eine Affenhitze, in den Bergen hatten wir 22 Grad.*

Me han dicho que estáis a catorce bajo cero.
*Man hat mir gesagt, ihr habt vierzehn Grad unter Null.*

### 19.39 Angabe des Berufs mit ESTAR DE
Mit ESTAR DE wird der Beruf oder die Tätigkeit angegeben, die man – eher vorläufig – ausübt (vgl. 38.6A):

Estoy de vendedora en una joyería.
*Ich arbeite zur Zeit als Verkäuferin in einem Juwelierladen.*

Mi abuelo estuvo de soldado en Rusia.
*Mein Großvater war als Soldat in Rußland.*

### 19.40 Angabe des Aussehens mit ESTAR DE
Mit ESTAR DE wird angegeben, als was jemand verkleidet ist (38.6G):

En una de las fotos estaba de arlequín.
*Auf einem der Bilder trug er ein Harlekinkostüm.*

### 19.41 ESTAR DE zum Ausdruck der Tätigkeit
Mit ESTAR DE + Verbalsubstantiv wird angegeben, in was für eine Handlung oder Tätigkeit das Satzsubjekt gerade verwickelt ist. Die Sequenz wird auch gern und häufig für spontane Konstruktionen verwendet (vgl. 38.6C):

Estuvieron de luna de miel en Chile.
*Sie verbrachten ihre Flitterwochen in Chile.*

Están de bautizo.
*Sie feiern gerade eine Taufe.*

**A** ▶ Einige häufige Ausdrücke mit ESTAR DE:

**estar de fiesta** *(groß) feiern*

## 19. SER, ESTAR, HABER

estar de paso *auf der Durchreise sein*
estar de vacaciones *auf Urlaub sein*
estar de visita *zu Besuch sein*
estar de vuelta *zurück sein*

### 19.42 ESTAR + Adjektiv des Standorts
Konkrete und figurative Standortangaben werden mit ESTAR + **Adjektiv des Standorts** gemacht:

**El bar está bastante próximo a una entrada de la autopista.**
*Das Lokal liegt ziemlich in der Nähe einer Autobahnauffahrt.*

**Sus casas están muy alejadas de donde trabajan.**
*Sie wohnen sehr weit weg von ihren Arbeitsstätten.*

**Los ánimos no estaban muy altos.**
*Es herrschte keine sehr große Stimmung.*

### 19.43 ESTAR + Ordinalzahl zur Angabe des Standorts
Mit ESTAR + bestimmter Artikel + Ordinalzahl wird die Position in einer Reihenfolge angegeben:

**Yo estaba el último de la fila.**
*Ich war der letzte in der Schlange.*

### 19.44 ESTAR in der Bedeutung 'da sein'
ESTAR bedeutet *'anwesend sein'*, das Satzsubjekt kann auch ein mehr oder weniger abstraktes Ding sein:

–¿Está Andrés?  "*Ist Andrés da?*
–No, no está.  *Nein, er ist nicht da.*"

–Es Fernando.  "*Es ist Fernando*"
–No estoy para nadie, ¿vale?  "*Ich bin für niemanden da, verstanden?*"

–Sobre esto no hay más que decir.  "*Darüber gibt es nichts mehr zu sagen.*"
–Sí, pero luego está el problema de los residuos nucleares.  "*Schon, aber da ist auch noch das Problem der nuklearen Abfälle.*"

### 19.45 Feststehende Wendungen mit dem Vollverb ESTAR

**A** ▶ Beispiel mit ESTAR in der Bedeutung *'fertig, bereit sein'*:

–¿Estás ya?  "*Bist du schon fertig?*"
–No, no estoy todavía.  "*Nein, ich bin noch nicht fertig.*"

**B** ▶ Die Frage ¿estamos? *einverstanden?* hat meist einen bloß rhetorischen Sinn:

**A ti te tocan diez mil, ¿estamos?**
*Du bekommst zehntausend, einverstanden?*

**C** ▶ Beispiele für die Verwendung von ¡YA ESTÁ!:

**¡Ya está! Le regalamos un dinosaurio.**
*Ich habe es! Wir schenken ihr einen Dinosaurier.*

**Ya está, Pepe, calla de una vez.**
*Ist schon gut, Pepe, hör endlich auf!*

# 19. SER, ESTAR, HABER

## D. ESTAR bei der Zustandsangabe

### 19.46 ESTAR + Zustandsadjektiv

ESTAR wird als Kopula verwendet, wenn anzugeben ist, daß das Satzsubjekt sich in einem Zustand befindet oder in einen solchen geraten oder versetzt worden ist. Man kann fünf Gruppen von Zuständen in diesem weiteren Sinn unterscheiden (die Gruppen lassen sich manchmal nicht scharf voneinander trennen).

**A** ▶ ESTAR wird als Kopula verwendet mit Adjektiven, die Gemütslagen bezeichnen. Dazu gehören z.B. **nervioso,-a** *nervös*, **alegre** *fröhlich*, **molesto,-a** *ärgerlich*, **tenso,-a** *aufgeregt*, **contento,-a** *zufrieden*, **descontento,-a** *unzufrieden*, **absorto,-a** *hingerissen*, **quieto, -a** *ruhig*, **celoso,-a** *eifersüchtig*, **triste** *traurig*. Beispiele:

**Estábamos nerviosísimas.**
*Wir waren äußerst nervös.*

**No sé por qué estoy triste.**
*Ich weiß nicht, warum ich traurig bin.*

**B** ▶ ESTAR wird als Kopula verwendet mit Adjektiven, die körperliches Befinden bezeichnen: **enfermo,-a / malo,-a** *krank*, **sano,-a** *gesund*. Beispiele:

**Yo nunca he estado de verdad enfermo.**
*Ich bin nie richtig krank gewesen.*

**Todavía no estoy del todo sana.**
*Ich bin noch nicht ganz gesund.*

**C** ▶ ESTAR wird als Kopula verwendet mit Adjektiven, die das Stadium eines Prozesses bezeichnen. Dazu gehören z.B.: **frío,-a** *kalt*, **tibio,-a** *lauwarm*, **caliente** *heiß*, **verde** *unreif*, **maduro,-a** *reif*, **crudo,-a** *roh*, **ronco,-a** *heiser*, **rancio,-a** *ranzig*, **húmedo,-a** *feucht*, **seco,-a** *trocken*, **vivo,-a** *lebend*, **muerto,-a** *tot*, **marchito,-a** *welk*, **sobrio,-a** *nüchtern*, **borracho,-a** *betrunken*. Beispiele:

**Esta leche está rancia.**
*Diese Milch ist sauer.*

**Cuidado con la sopa, que está caliente.**
*Vorsicht mit der Suppe, sie ist heiß.*

**D** ▶ ESTAR wird als Kopula verwendet mit Adjektiven, die eine Verfassung bezüglich eines bestimmten Geschehens oder eines bestimmten vorliegenden Sachverhalts bezeichnen. Diese Adjektive verlangen meistens eine Präpositionalergänzung. Dazu gehören u.a.: **seguro,-a** *sicher*, **listo,-a** *bereit*, **indeciso,-a** *unentschlossen*, **conforme** *einverstanden*, **dispuesto,-a** *bereit*, **atento,-a** *aufmerksam*. Beispiele:

**Es la letra de la vecina, estoy más que segura.**
*Das ist die Schrift der Nachbarin, ich bin mir da ganz sicher.*

**Todo el mundo estaba atento a sus palabras.**
*Alle waren auf seine Worte gespannt.*

**E** ▶ ESTAR wird als Kopula verwendet mit Adjektiven, die eine umstandsabhängige Erscheinungsweise bezeichnen. Dazu gehören etwa: **lleno,-a** *voll*, **vacío,-a** *leer*, **sucio,-a** *schmutzig*, **limpio,-a** *sauber*, **turbio,-a** *trübe*, **claro,-a** *klar*, **desnudo, -a** *nackt*, **descalzo,-a** *barfuß*, **presente** *anwesend*, **ausente** *abwesend*, **completo,-a / entero,-a** *ganz*, **incompleto,-a** *unvollständig*, **solo,-a** *allein*, **intacto,-a** *unversehrt*, **libre** *frei*. Beispiele:

**La catedral estaba llena de escolares.**
*Der Dom war voll von Schülern.*

**Esos platos están sucios.**
*Diese Teller sind schmutzig.*

# 19. SER, ESTAR, HABER

## 19.47 ESTAR + Adjektiv zur Bezeichnung des Besonderen

Adjektive, die sonst zur Klasseneinordnung dienen, können vom Sprecher mit ESTAR verwendet werden, wenn er sich etwas Ungewöhnlichem, Unerwartetem, Überraschendem gegenüber sieht und dies auf einen bestimmten Umstand zurückführt. Man kann drei Adjektivgruppen unterscheiden.

**A ▸** Wenn es um ein ungewohnt günstiges oder ungünstiges Aussehen geht, wird ESTAR als Kopula verwendet. Zu diesen Adjektiven gehören: **guapo,-a** *hübsch*, **feo,-a** *häßlich*. Beispiele:

**Estaba guapísima con el pelo corto.**
*Sie war sehr hübsch mit ihrem kurzen Haar.*

**¡Qué feos estamos en esta foto!**
*Wie häßlich sehen wir auf diesem Bild aus!*

**B ▸** Wenn es um eine einmalige Verhaltensweise geht, wird ESTAR als Kopula verwendet. Zu diesen Adjektiven gehören alle Adjektive zur Beschreibung und Beurteilung von Verhalten, Benehmen und Leistung, wie z.B. **amable** *höflich*, **simpático,-a** *nett*, **despistado,-a** *zerstreut*. Beispiele:

**¿Qué tendrán los chicos que están tan quietos?**
*Was ist bloß mit den Kindern los? Sie sind ja so ruhig!*

**Estuvieron simpatiquísimos tus amigos.**
*Deine Freunde waren diesmal sehr nett.*

**C ▸** ESTAR als Kopula verwendet, wenn es um das ganz persönliche, häufig sinnliche Erleben einer unerwarteten oder in außergewöhnlichem Maße vorhandene Eigenart geht. Zu diesen Adjektiven gehören u.a.: **rico,-a** *schmackhaft*, **dulce** *süß*, **amargo,-a** *bitter*. Beispiele:

**La sopa está riquísima.**
*Die Suppe schmeckt sehr gut.*

**Estaba tan dulce el café que no pude tomarlo.**
*Der Kaffee war so süß, daß ich ihn nicht trinken konnte.*

## 19.48 ESTAR+ Präpositionalfügung: Lexikalische Eintragungen

Sehr viele feststehende Wendungen zum Ausdruck des Zustands bestehen aus Präpositionalgefügen. Eine Auswahl aus dem Lexikon:

**estar a gusto** *sich wohl fühlen*
**estar a solas** *ganz allein sein*
**estar a salvo** *gerettet sein*
**estar de acuerdo** *einverstanden sein*
**estar en guardia** *auf der Hut sein*
**estar en Babia** *mit den Gedanken ganz woanders sein*
**estar de guasa** *aufgekratzt sein*
**estar de mal genio** *schlecht aufgelegt sein*
**estar de buen / mal humor** *gut- / schlechtgelaunt sein*
**estar de luto** *Trauer tragen*
**estar de más** *überflüssig sein*
**estar hasta las narices** *die Nase voll haben*
**estar hasta la coronilla** *es satt haben*

## 19.49 ESTAR CON und ESTAR SIN

Zustand kann auch mit ESTAR CON und ESTAR SIN ausgedrückt werden, darunter sind auch einige feststehende Ausdrücke:

**estar con catarro** *eine Erkältung haben*

## 19. SER, ESTAR, HABER

**estar con gripe** *Grippe haben*
**estar con el pensamiento fijo en algo** *auf etwas konzentriert sein*
**estar sin un centavo** *blank sein*
**estar con el alma en la boca** *Todesangst haben*
**estar con el agua al cuello** *bedrängt sein*

### 19.50 ESTAR PARA

**A** ▶ ESTAR PARA hat den Sinn von *'die Bereitschaft zu etwas haben'*:
**no estar para bromas** *nicht zu Späßen aufgelegt sein*
**no estar para peleas** *keine Lust zum Streit haben*

• Beispiel mit dem sehr häufigen Ausdruck NO ESTÁ (ESTABA...) EL HORNO PARA BOLLOS:
**Vente mejor mañana, hoy no está el horno para bollos.**
*Komm lieber morgen, heute paßt es nicht.*

**B** ▶ ESTAR PARA + Infinitiv hat auch den Sinn *'gleich etwas ausführen wollen'*, es ist also ein Synonym von ESTAR A PUNTO DE + Infinitiv (vgl. 19.35A). Diese Verwendungsweise von ESTAR kommt in der sehr häufigen Redewendung ESTAR AL CAER zum Tragen:
**Ángela no ha llegado aún, pero está al caer.**
*Ángela ist noch nicht da, aber kommt jeden Augenblick.*

• Zu Sätzen wie ESTE ABRIGO ESTÁ PARA TIRARLO und ESTA CALLE ESTÁ PARA QUE LA LIMPIEN vgl. 14.16 bzw. 19.87.

### 19.51 ESTAR POR

**A** ▶ ESTAR POR + Infinitiv hat den Sinn, *'versucht sein, etwas zu tun'*:
**Estuve por irme.**
*Ich wäre beinah weggegangen.*

**B** ▶ ESTAR POR + Substantiv / Pronomen hat den Sinn *'jemandem oder etwas den Vorzug geben'*. Das Gegenteil davon ist ESTAR CONTRA / EN CONTRA DE + Substantiv / Pronomen. Beispiel:
**El que no está por mí, está contra mí.**
*Wer nicht für mich ist, der ist gegen mich.*

### 19.52 Lageangabe als Zustandsangabe

Viele Wendungen der Lageangabe können als Zustandsangabe eingesetzt werden, sowohl als spontane Schöpfungen wie auch als eingespielte Formeln. Einige Beispiele aus letzterer Gruppe:
**estar en la luna** *zerstreut sein*
**estar sobre ascuas** *ungeduldig sein*
**estar en la gloria** *sehr glücklich sein*
**estar al abrigo de un ángel** *von einem Engel geschützt sein = einen Schutzengel haben*

### 19.53 ESTAR + Adjektiv mit Partizipform

Die Grenzen zwischen dem Zustandspassiv (vgl. 17.13), dem Zustandsreflexiv (vgl. 17.18) und der allgemeinen Zustandsform (19.46 ff) mit ESTAR sind sehr fließend. Anschließend einige Beispiele mit Partizipformen, die sich von ihrem jeweiligen Infinitiv bedeutungsmäßig entfernt haben oder aus nicht vorhandenen Infinitiven gebildet worden sind:

**estar abstraído,-a** *in Gedanken versunken sein*

estar acabado,-a *kraftlos sein*
estar perdido por una mujer *in eine Frau verschossen sein*
estar alicaído,-a *niedergeschlagen sein*
estar cariacontecido,-a *sorgenvoll aussehen*
estar quemado,-a *ausgebrannt sein*
estar cargado,-a. *angetrunken sein*

## 19.54 ESTAR HECHO im Ausdruck des Zustands

Umstandsabhängige Erscheinungsformen und einmaliges Aussehen werden sehr oft durch ESTAR HECHO,-A + unbestimmter Artikel + Substantiv ausgedrückt, häufig in metaphorischer Absicht. Einige Beispiele:

estar hecho,-a un asco *sehr schlecht aussehen*
estar hecho,-a una desdicha *erbärmlich aussehen*
estar hecho,-a un esqueleto *nur noch Haut und Knochen sein*
estar hecho,-a una furia *wütend sein*
estar hecho,-a un mamarracho *lächerlich aufgedonnert aussehen*

## 19.55 ESTAR QUE + Verb

Mit ESTAR QUE + finite Verbform wird ein Zustand in metaphorischer Absicht ausgedrückt; die Formel ist wohl die verkürzte Fassung einer konsekutiven Konstruktion (*'ich bin in einem solchen Zustand, daß ich ...'*). Es handelt sich im übrigen meistens um Wendungen aus der gesprochenen Sprache:

**Estoy que no puedo más.**
*Ich bin erledigt (erschöpft)!*

**El profesor está que arde.**
*Der Lehrer kocht vor Wut.*

## 19.56 ESTAR BIEN und ESTAR MAL

Mit den Adverbien BIEN und MAL und deren Steigerungsformen, die zur Beurteilung von Erscheinungsweisen, Aussehen und Benehmen verwendet werden, wird als Kopula ESTAR verwendet:

**Así está bien el escaparate.**
*So sieht das Schaufenster gut aus.*

**Hoy estamos peor que ayer.**
*Uns geht es heute schlechter als gestern.*

**Al final es que estuviste muy bien.**
*Am Ende warst du wirklich sehr gut.*

## 19.57 ESTAR COMO und ESTAR ASÍ

Wenn von einem Zustand (bzw. Aussehen oder Verfassung) die Rede ist, der sich verändern kann, wird zu COMO und ASÍ (und dessen Synonymen) ESTAR als Kopula verwendet:

**Todo está como lo dejaste.**
*Alles ist so geblieben, wie du es zurückgelassen hast.*

**Está en exámenes, por eso está así.**
*Er ist mitten in den Prüfungen, deshalb benimmt er sich so.*

**El país está igual que hace tres años.**
*Das Land hat sich seit drei Jahren nicht verändert.*

## 19. SER, ESTAR, HABER

**A ▶** Das Lexikon verzeichnet die zahlreichen Wendungen mit ESTAR COMO:
**estar como un guante** *zahm und fügsam (geworden) sein*
**estar como un gerifalte** *sich herrisch aufführen*

### 19.58 CÓMO + ESTAR

Mit der Frage ¿CÓMO + ESTAR...? erkundigt man sich nach dem Befinden, dem augenblicklichen Aussehen oder dem einmaligen Verhalten. COMO wird dabei sehr oft durch QUÉ TAL (vgl. 28.19) ersetzt:

**¿Cómo estás?**
*Wie geht es dir?*

**¿Qué tal estuve?**
*Wie war ich?*

### 19.59 Pronominalisierung von ESTAR-Ergänzungen durch LO

LO dient als verbundenes, unbetontes Pronomen von ESTAR für die (adjektivische) Nominativergänzung ebenso wie für die Ergänzung mit Lageangabe:

**Quería parecer tranquila, precisamente porque no lo estaba.**
*Sie wollte sich ruhig geben, gerade weil sie das nicht war.*

**Ese día estabas tú, como yo lo estoy ahora mismo, en una terraza en Roma.**
*An jenem Tag warst du, wie ich es auch gerade bin, auf einem Straßencafé in Rom.*

## E. SER oder ESTAR?

### 19.60 SER als Hinweis auf den Standort

SER + Ortsangabe ergibt sich sehr oft aus dem Weglassen des Relativsatzes in Hervorhebungsstrukturen für Ortsangaben (vgl. 30.65):

| | |
|---|---|
| –Me han dicho que por aquí están los libros de equitación. | "Hier irgendwo sollen die Bücher über Reitsport stehen." |
| –¿Equitación? Ah sí, es en el segundo piso (donde están). | "Reitsport? Ja, das ist im zweiten Stock." |
| –¿Es cierto que torturaban a mujeres? –Sí, y era aquí precisamente. | "Haben sie wirklich Frauen gefoltert?" "Ja, und das war genau hier." |

### 19.61 SER DONDE in Äquivalenzsätzen

SER kann mit pronominal gebrauchtem DONDE ergänzt werden:

**Europa es donde no hay ya pena de muerte.**
*Europa ist dort, wo es keine Todesstrafe mehr gibt.*

### 19.62 SER = 'an der Reihe sein'

SER kann den Sinn von *'dran sein, an der Reihe sein'* haben:

| | |
|---|---|
| –¿Cuándo es mi coche? | "Wann ist mein Wagen dran?" |
| –Será dentro de media hora. | "In einer halben Stunde." |

**19. SER, ESTAR, HABER**

| | |
|---|---|
| –¿Quién es ahora? | *"Wer ist jetzt dran?"* |
| –Ahora eres tú. | *"Jetzt bist du dran."* |

**A** ▶ Im zweiten der vorigen Beispiele kann TOCAR statt SER verwendet werden: ¿A QUIÉN LE TOCA..? bzw. TE TOCA A TI.

### 19.63 SER mit den pronominalen Ortsadverbien

Mit AQUÍ, AHÍ und ALLÍ verwendet man SER beim Hindeuten auf Unbewegliches. Die Verbindung kommt sehr häufig vor im Hinweis auf Orte, die man sucht:

| | |
|---|---|
| –¿Dónde me puedo lavar las manos? | *"Wo kann ich mir die Hände waschen?"* |
| –En el lavabo. Es ahí, la puerta blanca. | *"In der Toilette. Es ist dort, die weiße Tür."* |
| –Oiga, Correos está a la vuelta de la esquina, ¿no? | *"Entschuldigung, die Post ist um die Ecke, nicht wahr?"* |
| –Sí, allí es. | *"Ja, dort ist sie."* |
| –¿Es aquí la notaría Blanch? | *"Ist hier das Notariatsbüro Blanch?"* |
| –Sí, es aquí, pero ya no atendemos. | *"Ja, das ist hier, aber wir haben schon zu."* |

### 19.64 SER mit POR DÓNDE und POR AQUÍ

POR DÓNDE und POR AQUÍ werden formelhaft verwendet, wenn dem Gesprächspartner der Weg gezeigt wird:

| | |
|---|---|
| –No encuentro la taquilla doce, señorita, ¿por dónde es? | *"Ich finde Schalter zwölf nicht, wie komme ich bitte dorthin?"* |
| –Venga conmigo, es por aquí. | *"Kommen Sie mit, es geht hier entlang."* |

### 19.65 SER im Kontext von Standortbestimmung und Platzanweisung

Mit SER wird ein Ort mit einem anderen gleichgesetzt (vgl. 19.13). Nach diesem Grundsatz wird SER zur Angabe des einzunehmenden Platzes verwendet:

| | |
|---|---|
| –¿Dónde es este cuadro? | *"Wohin mit diesem Bild?"* |
| –No lo sé todavía. Colócalo por de pronto en ese rincón. | *"Ich weiß es noch nicht. Stelle es vorläufig in die Ecke."* |
| –¿Dónde soy yo? | *"Wo soll ich mich hinsetzen?"* |
| –Aquí, y yo soy entre tú y tía Cora. | *"Hierhin, und ich setze mich zwischen dich und Tante Cora."* |

### 19.66 'stattfinden' oder 'sich befinden'?

Bei manchen Substantiven muß dem Sprecher klar sein, ob ein Ereignis oder ein Gegenstand im jeweiligen Zusammenhang gemeint ist:

**La manifestación era en la Plaza de Oriente.**
*Die Demonstration sollte an der Plaza de Oriente stattfinden.*

**La manifestación estaba por la Plaza de Oriente.**
*Der Demonstrationszug befand sich in der Nähe der Plaza de Oriente.*

## 19. SER, ESTAR, HABER

### 19.67 Unpersönliche Konstruktionen grundsätzlich mit SER

Unpersönliche adjektivische Konstruktionen mit einer Infinitivergänzung oder einer QUE-Ergänzung sind in der Regel mit SER zu konstruieren:

**Era difícil convencerla.**
*Es war schwierig, sie zu überzeugen.*

**Ahora es posible que no venga.**
*Jetzt ist es möglich, daß er nicht kommt.*

### 19.68 Unpersönliche Konstruktionen mit ESTAR

Mit ganz wenigen Adjektiven wird ESTAR in unpersönlichen Konstruktionen gebraucht (einige davon sind feststehende Wendungen):

**Claro está que ahora no podemos arriesgar nada.**
*Es ist klar, daß wir jetzt nichts riskieren können.*

**Está visto que la moda esclaviza a los jóvenes.**
*Es ist offensichtlich, daß die Mode die Jugend versklavt.*

**Estaba previsto que los candidatos se sentaran uno enfrente del otro.**
*Es war vorgesehen, daß die Kandidaten einander gegenüber sitzen sollten.*

**A ▶ Feststehende Wendungen:**

**estaría bueno** *das wäre ja gelacht!*
**estaría gracioso** *das wäre ja noch schöner!*

### 19.69 ESTAR BIEN und ESTAR MAL

In unpersönlichen Konstruktionen mit BIEN und MAL wird ESTAR benutzt:

**Está bien que tengamos una policía.**
*Es ist gut, daß wir eine Polizei haben.*

**No está nada mal que nos venga a ver.**
*Es ist gar nicht schlecht, daß er uns besuchen kommt.*

### 19.70 Kopulaverb nach der Natur des Satzsubjekts

Im Sinne der in 19.46 gegebenen Präzisierungen zum Zustandsbegriff kommt für ESTAR + **Adjektiv / Präpositionalgefüge** allein Konkretes in Frage, also raumeinnehmende Dinge und Lebewesen. Für Nichtkonkretes ist SER als Kopulaverb zu verwenden, wenn das Prädikatsnomen ein Adjektiv oder ein Präpositionalgefüge ist:

**La crisis es ahora evidente.**
*Die Krise ist jetzt offensichtlich.*

**La concentración ha de ser máxima.**
*Es muß die höchstmögliche Konzentration sein.*

**No hubo heridos, y eso que el choque fue violento.**
*Es gab keine Verletzten, dabei war der Zusammenstoß gewaltig.*

### 19.71 ESTAR bei Bewertung von Ereignissen und Situationen

Bei erlebten Ereignissen und durchlittenen Situationen kann (nicht muß!) ESTAR + **Adjektiv / Präpositionalgefüge** verwendet werden (im Sinne von 19.47):

**Las cosas están difíciles.**
*Die Dinge stehen schlecht.*

**Estos dibujos están de verdad divertidos.**
*Diese Zeichnungen sind wirklich lustig.*

**Su actuación estuvo fatal.**
*Ihre Vorstellung war peinlich.*

**Vengo del fútbol. El partido estuvo aburridísimo: cero a cero.**
*Ich komme vom Fußball. Das Spiel war furchtbar langweilig: Null zu Null.*

### 19.72 ESTAR + Substantiv als Zustandsbezeichnung

In der Umgangssprache existieren feste Wendungen bestehend aus ESTAR + Substantiv, bei denen das Substantiv einen Zustand oder noch häufiger eine einmalige Verhaltensweise metaphorisch charakterisiert. In solchen Wendungen erscheint das Substantiv immer artikellos und immer im Singular. Einige Beispiele:

**estar cañón** *bombig sein*
**estar mosca** *eingeschnappt sein*
**estar pez** *keinen blassen Schimmer haben*
**estar trompa** *betrunken sein*

### 19.73 Stilistischer Gebrauch von ESTAR + Substantiv

Sprachgewandte sind immer in der Lage, ein Substantiv zur Zustandsbezeichnung umzufunktionieren; dieses gewagte Stilmittel soll Muttersprachlern überlassen bleiben:

**N.N. estuvo muy torero.**
*N.N. kämpfte großartig in der Arena.*

**Franco ya estaba cadáver.**
*Franco war schon tot.*

### 19.74 ESTAR + adjektivische Maßbezeichnungen

Um anzugeben, daß einem ein Kleidungsstück zu kurz, zu lang, zu eng usw. sitzt, wird ESTAR mit ANCHO, LARGO, CORTO usw. und einem Dativ des Interesses verwendet:

**Estos pantalones me están anchos.**
*Diese Hose ist zu weit für mich.*

**Las mangas le están cortas ya.**
*Die Ärmel sind ihm schon zu kurz.*

### 19.75 Zustandsadjektive als Klassifizierungsadjektive

Adjektive, die einen Zustand im Sinne von 19.46 bezeichnen, können als Klassifizierungswörter fungieren:

**–¿Vas a dedicarte a la música?**  *"Wirst du Berufsmusikerin werden?"*
**–No, yo soy muy nerviosa para dar conciertos.**  *"Nein, ich bin ein viel zu nervöser Mensch, um in Konzerten aufzutreten."*

**–Eso es moho, ¿no?**  *"Das ist Schimmel, nicht wahr?"*
**–Sí, este piso es muy húmedo.**  *"Ja, diese Wohnung ist sehr feucht."*

• Im ersten Beispiel zählt sich die Sprecherin zu den nervösen Menschen, sie ist wohl von Natur aus ein nervöser Mensch; im zweiten Beispiel reiht der Sprecher die Wohnung unter die wohl aufgrund schlechter Bauweise feuchten Wohnungen ein.

# 19. SER, ESTAR, HABER

## 19.76 Klassifizierungsadjektive als Zustandsadjektive

Es gibt eine Reihe von Adjektiven, die von Haus aus klassifizierend sind, z.B. **marxista** *marxistisch*, die aber mit ESTAR zur Bezeichnung ungewöhnlichen Verhaltens durchaus verwendet werden können:

–El ser determina la conciencia.    *"Das Sein bestimmt das Bewußtsein."*
–¡Pero qué marxista estás esta noche, Joselito!    *"Du bist aber heute abend ganz Marxist, Joselito!"*

## 19.77 SER SIEMPRE + Adjektiv?

Der Gebrauch von Adverbien wie SIEMPRE hat keineswegs den Gebrauch von SER zur Folge, sondern ganz im Gegenteil eher den von ESTAR, insbesondere beim Bezug auf Zustandsadjektive, wie sie in 19.46 präzisiert sind. SIEMPRE bedeutet nämlich, daß der gemeinte Zustand immer wieder anzutreffen ist:

**Este bar siempre está lleno.**
*Dieses Lokal ist immer voll.*

## 19.78 RICO und GORDO immer mit ESTAR?

Im Widerspruch zu den Grundsatzregeln wird bei bestimmten Adjektiven in bestimmten Kontexten ESTAR verwendet, wenn es eindeutig um Klassifizierungen geht, z.B. bei RICO und BUENO in der Bedeutung *'schmackhaft'* ebenso wie bei GORDO und DELGADO und deren Synonymen:

–¿Qué tal las frutas mexicanas?    *"Wie war denn das Obst in Mexiko?"*
–No me entusiasman, pero las naranjas están ricas, vamos.    *"Für meinen Geschmack nicht begeisternd, aber die Orangen sind schon gut."*

–¿Conociste a la novia de Julio?    *"Hast du die Freundin von Julio kennengelernt?"*
–Sí, es tinerfeña, y está rellenita.    *"Ja, sie ist aus Teneriffa und etwas mollig."*

## 19.79 Der Sonderfall der Verhaltensadjektive

Wie in 19.47 erläutert, geht es bei verhaltensbezeichnenden Adjektiven mit ESTAR um einmaliges, ungewohntes <u>und</u> erlebtes Verhalten. In den ersten zwei der folgenden Beispiele ist das Verhalten einmalig und ungewohnt, aber nicht erlebt; im dritten Beispiel ist das Verhalten ungewohnt und erlebt, aber nicht einmalig. Aus diesen Gründen wird in allen drei Fällen SER als Kopula verwendet:

–¿A ti también te parece idiota que les haya dejado mis muebles?    *"Findest du es auch dumm, daß ich ihnen meine Möbel überlassen habe?"*
–No, has sido generoso, que es raro que lo seas. Ahora que ellos no se lo merecían.    *"Nein, du warst großzügig, du bist es ja auch selten genug. Nun, verdient haben sie es nicht."*

–Mamá se queja de que no eres muy atento con tu tía.    *"Mama sagt, daß du nicht sehr nett zu deiner Tante bist."*
–Pues esta vez lo seré, te lo prometo.    *"Diesmal werde ich es sein, ich verspreche es dir."*

–Dicen que en la escuela eres exigente. ¿Es cierto?    *"Du sollst in der Schule streng sein. Stimmt das?"*
–Sí y no. Lo soy con ciertos alumnos. Con ellos tú también lo serías.    *"Ja und nein. Zu gewissen Schülern bin ich streng. Auch du würdest es zu ihnen sein."*

# 19. SER, ESTAR, HABER

## 19.80 Zulässige Zeiten bei ESTAR mit Verhaltensadjektiven

Beim Bezug auf einmaliges, nicht erlebtes Verhalten können die Zeiten von ESTAR, die Habituelles und Zukünftiges meinen, logischerweise nicht verwendet werden, wie z.B. das IMPERFECTO DE INDICATIVO, das FUTURO und das FUTURO COMPUESTO. Auch der Imperativ ist aus diesem Grunde ausgeschlossen. Wichtige Ausnahmen sind die sehr häufig gebrauchten Adjektive QUIETO, TRANQUILO und ATENTO:

¡Estate quieta!
*Sei ruhig!*

¡Estaos atentas!
*Paßt auf!*

## 19.81 Semantische Gesichtspunkte bei SER / ESTAR + Adjektiv

Kaum ein spanisches Adjektiv hat nur eine Bedeutung, und auch bei scheinbar gleichbleibender Bedeutung kann es Sinnverschiebungen geben, je nachdem, ob das Satzsubjekt ein Ding, ein Ereignis oder ein Lebewesen ist. Beispiele mit **listo,-a** *bereit; klug* und **escaso,-a** *knapp*:

–Tenemos que salir ahora mismo.  *"Wir müssen sofort gehen."*
–Perdona, pero no estoy listo.  *"Entschuldige, aber ich bin noch nicht fertig."*

–Estupenda idea lo de fotocopiar el pasaporte.  *"Großartige Idee, den Paß zu fotokopieren."*
–A veces soy listo, no creas.  *"Manchmal habe ich kluge Ideen, so ist das nicht."*

–Cada subida a la red fue un tanto.  *"Jeder Netzangriff brachte einen Punkt ein."*
–Vale, pero fueron escasos, cuatro como mucho.  *"Schon, aber es waren derer nicht viele, vier höchstens."*

–Se te ve poco por aquí últimamente.  *"Man sieht dich selten hier in letzter Zeit."*
–Es que estoy escaso de dinero y de tiempo.  *"Na ja, momentan habe ich wenig Geld und Zeit."*

## 19.82 SER + Partizipform in klassifizierendem Sinn

Viele echte und scheinbare Partizipformen (vgl. 16.7) sind Adjektive der Klassifizierung und bilden mit SER klassifizierende, nicht passivische Aussagen. Auswahl aus dem Lexikon:

**Esa palabra es desconocida en México.**
*Dieses Wort ist in Mexiko unbekannt.*

**Yo he salido adelante porque soy disciplinada.**
*Ich habe es weit gebracht, weil ich eine Frau mit Disziplin bin.*

**Los últimos tres errores fueron intencionados.**
*Die letzten drei Fehler habe ich mit Absicht gemacht.*

## 19.83 Festgelegter Gebrauch bei Adjektiven

Einige Adjektive werden nur mit SER gebraucht: CAPAZ, NECESARIO, ANORMAL. Ein gutes Wörterbuch führt dies an. Einige Adjektive werden nur mit ESTAR gebraucht: VACÍO, CONTENTO, HARTO, DESCALZO, DESNUDO, FALTO. Dies gibt ebenfalls ein gutes Wörterbuch an.

**A ▶** LLENO wird nur im Ave Maria mit SER gebraucht:

**...llena eres de gracia** *...voller Gnaden*

## 19. SER, ESTAR, HABER

### 19.84 SER / ESTAR FELIZ

FELIZ nimmt eine Sonderstellung unter den Zustandsadjektiven ein. Es wird mit ESTAR in der Bedeutung *'froh, zufrieden'* verwendet, und nur dann, wenn es sich um den anzutreffenden Zustand zu einem bestimmten Zeitpunkt infolge eines bestimmten Anlasses handelt (daher wird es weder mit dem INDEFINIDO, noch mit den zusammengesetzten Zeiten verwendet). Beispiel:

–La chica que iba sentada a tu lado riéndose todo el tiempo, ¿era Roxana?
–Sí, y estaba feliz porque le acababan de entregar su pasaporte español.

*"Das Mädchen, das neben dir saß und die ganze Zeit lachte, war es Roxana? "*
*"Ja, und sie war glücklich, sie hatte gerade ihren spanischen Paß bekommen."*

**A ▶** In folgenden Beispielen geht es nicht um eine konkrete Situation, sondern um Verallgemeinerungen, daher ist SER am Platze:

–¿Siempre es tan cínico?
–Sí, es feliz cuando ve sufrir a los demás.

*"Ist er immer so zynisch?"*
*"Ja, er ist glücklich, wenn er die anderen leiden sieht."*

### 19.85 SER und ESTAR bei sinnverwandten Ausdrücken

Es kommt vor, daß ein feststehender Ausdruck mit SER als Kopula sinnverwandt ist mit einem Ausdruck, der nur mit ESTAR verwendet werden darf. Dies erfährt man aus einem guten Lexikon. Beispiele:

**Esas palabras son superfluas / están de más.**
*Diese Worte sind überflüssig.*

**En esto soy de la misma opinión que tú / estoy de acuerdo contigo.**
*Hier bin ich mit dir einer Meinung.*

### 19.86 SER PARA (QUE) mit modaler Bedeutung

SER wird verwendet in passivischen Sätzen, die ein allgemein verbindliches Sollen ausdrücken, und zwar meist als Kommentar zu einer gerade erfolgten Aussage des Gesprächspartners (vgl. 14.16). Nach PARA kann ein Substantiv, ein Infinitv oder eine QUE-Ergänzung stehen. Beispiele mit SER PARA QUE:

**Los animales no son para que se les abandone.**
*Man setzt keine Tiere aus.*

**Yo no soy para que se me ande engañando.**
*Mich darf man nicht ständig betrügen wollen.*

**A ▶** Die Konstruktion kommt auch in der unpersönlichen Konstruktion **(NO) ES PARA QUE** + Subjuntivo vor:

**No es para que te pongas así.**
*Du sollst dich nicht so anstellen, so schlimm ist das nicht!*

**Es para que hubieran venido más, ¿no te parece?**
*Es hätten mehr kommen sollen / können, findest du nicht?*

**B ▶** Man beachte die überaus häufige Wendung NO SER PARA TANTO:

–Sois una familia perfecta.
–Vamos, mujer, que no es para tanto.

*"Ihr seid die perfekte Familie."*
*"Komm, halb so wild!"*

## 19. SER, ESTAR, HABER

### 19.87 ESTAR PARA QUE
Modale Konstruktionen mit Kopula und PARA QUE kommen auch mit ESTAR vor (vgl. 19.86):

**Las mujeres no estamos para que los hombres nos tratéis así.**
*Wir Frauen sind nicht dafür da, daß ihr Männer uns so behandelt.*

## F. HABER im unpersönlichen Gebrauch
Für den unpersönlichen Gebrauch von HABER kommt allein die dritte Person Singular in Frage. Im PRESENTE DE INDICATIVO wird dabei die Sonderform HAY verwendet. Der nicht seltene, in der gesamten spanischsprechenden Welt verbreitete Gebrauch der dritten Person Plural – der im PRESENTE DE INDICATIVO allerdings nie vorkommt, der Satz HAY MUCHOS INVITADOS heißt etwa im INDEFINIDO HUBIERON MUCHOS INVITADOS und im FUTURO HABRÁN MUCHOS INVITADOS – stellt einen schweren Verstoß gegen die standardsprachliche Grammatik dar.

### 19.88 Angabe der Existenz unidentifizierter Sachen und Personen
HABER dient zur Angabe des Vorhandenseins von Sachen und Personen, die nicht näher bestimmt sind, und zwar an einem genannten oder ungenannten Ort; HABER entspricht einem deutschen Verb des Standorts (*'sein'*, *'liegen' 'stehen'*) oder unpersönlichen Konstruktionen mit *'geben'*:

**¿Hay un estanco por aquí?**
*Ist hier in der Nähe ein Tabakladen?*

**Había unas monedas encima de la mesa.**
*Auf dem Tisch waren einige Geldstücke.*

**Aquí no hay nada.**
*Hier ist nichts.*

**No hay nadie que pueda ayudarme.**
*Es gibt niemanden, der mir helfen könnte.*

**Todavía hay esclavos en este mundo.**
*Es gibt noch Sklaven auf dieser Welt.*

**Había una sola pareja bailando.**
*Ein einziges Paar tanzte.*

### 19.89 HABER mit bereits Bekanntem
Näher bestimmte Dinge und Personen werden gelegentlich mit HABER eingeführt; die Korrektheit solcher Konstruktionen ist umstritten:

**Debajo de la cama había esto.**
*Unter dem Bett war das hier.*

**Hay la salida de hacerse narcotraficante.**
*Es gibt den Ausweg, Drogenhändler zu werden.*

**En la modesta vivienda hay los muebles imprescindibles.**
*In der bescheidenen Wohnung stehen die notwendigsten Möbel.*

**A ▶** In den letzten zwei Beispielen könnte HABER durch EXISTIR (EXISTE LA SALIDA...) bzw. TENER (LA MODESTA VIVIENDA TIENE...) ersetzt werden.

**19. SER, ESTAR, HABER**

## 19.90 Angabe des Eintretens unidentifizierter Ereignisse

HABER dient zur Angabe des Eintretens von Ereignissen, die nicht näher bestimmt sind, und zwar an einem genannten oder ungenannten Ort. HABER entspricht hier *'stattfinden'* oder unpersönlichen Konstruktionen mit *'geben'*:

**En la televisión hay fútbol todos los días.**
*Im Fernsehen gibt es jeden Tag Fußball.*

**Hubo dos explosiones en una sola mañana.**
*An einem einzigen Morgen gab es zwei Explosionen.*

**A** ▸ Beispiele mit den HABER-Partizipialgefügen HABIDO und HABIDA CUENTA DE:
**los seis muertos habidos en la contienda** *die sechs im Kampf Getöteten*
**un acuerdo habido el 6 de mayo** *ein am 6. Mai zustandegekommenes Abkommen*
**habida cuenta de su incapacidad** *wenn man seine Inkompetenz bedenkt* (vgl. 16.15)

## 19.91 Pronominalisierung des Objekts von HABER

Die akkusativischen verbundenen Personalpronomen (vgl. Kapitel 11, Teil H) vertreten die mit HABER eingeführten Substantive, wenn indefinite Mengenangaben ausbleiben:

**Ahí venden bicicletas y las hay de diferentes precios.**
*Dort werden Fahrräder verkauft, und es gibt sie zu verschiedenen Preisen.*

**Hubo manifestaciones antirracistas en Barcelona. También las hubo en Madrid y Vitoria.**
*Es gab Demonstrationen gegen den Rassenhaß in Barcelona, weitere fanden auch in Madrid und Vitoria statt.*

**No hay papel verde, pero lo hay blanco.**
*Es gibt kein grünes Papier, aber weißes schon.*

**A** ▸ LO / LA/ LOS/ LAS findet man zuweilen an HAY angehängt vor, und zwar beim Thematisierung des Objekts (vgl. 11.78):
**Excepciones, haylas.**
*Ausnahmen gibt es durchaus.*

## 19.92 Eigenschaftsverstärkung durch HABER

Mit der angehängten feststehenden Wendung SI + LOS / LAS + HAY (HABÍA, HUBO) wird umgangssprachlich auf eine Einzigartigkeit hingewiesen:

**Es un escritor irónico si los hay.**
*Er ist ein echt ironischer Schriftsteller.*

**Era un político corrupto si los hay.**
*Er war ein korrupter Politiker, wie er im Buche steht.*

## 19.93 HABER oder ESTAR?

HABER ist ein präsentatives Verb, es benennt das Vorkommen nicht identifizierter Personen und Sachen; mit ESTAR gibt man hingegen den Standort bereits identifizierter Sachen und Personen an:

**Había un ramo de flores encima de la mesa.**
*Ein Blumenstrauß lag auf dem Tisch.*

**El ramo de flores estaba encima de la mesa.**
*Der Blumenstrauß lag auf dem Tisch.*

# 19. SER, ESTAR, HABER

## 19.94 HABER und ESTAR bei der Beschreibung unbestimmter Substantive

Beginnt eine Beschreibung mit einem nicht näher bestimmten Substantiv, so kann (besonders wenn es sich um Personen handelt oder eine präzisierende Angabe mit Gerundio oder Partizip folgt) ESTAR statt HABER stehen, dabei schwingt das präsentative Moment bei HABER immer mit:

**Dos hombres estaban en lo alto de la galería filmando lo que pasaba debajo.**
*Zwei Männer standen hoch auf der Galerie und filmten die Ereignisse unten.*

**Una niña estaba subida sobre los hombros de una mujer.**
*Ein kleines Mädchen saß auf den Schultern einer Frau.*

**En el kilómetro 98 hay un coche volcado en mitad de la carretera.**
*Bei Kilometer 98 liegt mitten auf der Straße ein umgekippter Wagen.*

**Afuera hay un policía poniendo multas.**
*Draußen ist ein Polizist, der stellt Strafzettel aus.*

## 19.95 HABER und ESTAR bei der Angabe von Anwesenden

Bei der Angabe von Anwesenden bezieht sich HABER auf Unbekannte, ESTAR auf Bekannte. Darüber hinaus gibt man mit HABER bloß die Menge oder Anzahl der Angetroffenen an, ESTAR bezieht sich hingegen auf die erwartete Gesamtzahl:

–¿**Hay aquí alguien que conozcas?** *"Ist jemand da, den du kennst?"*
–**Pues... está un amigo alemán de Luis** *"Ein deutscher Freund von Luis ist da, der ist*
**que es pintor.** *Maler."*

–**Parece que casi nadie tuvo ganas de ir** *"Anscheinend hatte kaum einer Lust, in das Kon-*
**al concierto.** *zert zu gehen."*
–**Es cierto, había poco público, pero de** *"Stimmt, es waren wenig Leute da, aber von unse-*
**la clase estuvimos todos menos tú.** *rer Klasse waren außer dir alle da."*

• Zum Unterschied zwischen SER, ESTAR und HABER vgl. 19.98.

## 19.96 HABER oder SER?

Mit HABER gibt man das Vorkommen nicht näher bestimmter Ereignisse an, mit SER macht man Angaben über das Stattfinden bestimmter Ereignisse:

**Va a haber una manifestación en la Plaza de la Independencia.**
*Auf der Plaza de la Independencia wird eine Demonstration stattfinden.*

**La manifestación va a ser en la Plaza de la Independencia.**
*Die Demonstration findet auf der Plaza de la Independencia statt.*

## 19.97 HABER und SER bei zahlenmäßigen Angaben

Mit SER wird eine Gesamtzahl oder eine Gesamtmenge angegeben, während mit HABER eine zu einem bestimmten Zeitpunkt anzutreffende Anzahl oder Menge präsentiert wird:

**En el curso de informática somos cuarenta.**
*Im Informatikkurs sind wir vierzig.*

**Ya eran las las ocho y no había más que seis espectadores.**
*Es war schon acht Uhr und es waren nur sechs Zuschauer da.*

## 19. SER, ESTAR, HABER

### 19.98 HABER, ESTAR und SER bei Angabe von Anwesenden

Beispiel mit SER, ESTAR und HABER bei der Angabe von Anwesenden:

—Nos quedamos perplejos porque en tu clase había a lo sumo diez personas.
—Entonces sólo estaban la mitad.
—¿Tan pocos sois?

*"Wir waren sehr überrascht, denn in deinem Unterrichtsraum waren höchstens zehn Leute."*
*"Dann war nur die Hälfte da."*
*"So wenig seid ihr?"*

### 19.99 Feststehende Wendungen mit HABER

**¿qué hay?** *wie geht's?*
**dificultades habidas y por haber** *alle möglichen Schwierigkeiten*
**aquí hay algo** *hier stimmt was nicht*
**no hay tal** *ganz falsch!*
**y no hay más** *keine Widerrede!*
**un saque que no hay más que pedir** *ein unglaublich guter Aufschlag*

**A** ▶ Eine literarische Variante zu HACE (vgl. 22.28) in Zeitpunktangaben ist nachgestelltes HA:

**años ha** *vor Jahren*
**pocos días ha** *vor wenigen Tagen*

### 19.100 Andere Verben zum Ausdruck des Vorhandenseins

**A** ▶ Beispiele mit QUEDAR (im letzten Beispiel kann FALTAR verwendet werden, vgl. 26.28):

**¿Queda harina?**
*Ist noch Mehl da?*

**Me ha quedado algo de dinero.**
*Etwas Geld ist mir übriggeblieben.*

**De la casa sólo quedaron los fundamentos.**
*Von dem Haus blieben nur die Fundamente übrig.*

**Hasta Praga quedan 120 kilómetros.**
*Bis Prag sind es noch 120 Kilometer.*

**Quedan dos semanas para tu santo.**
*Bis zu deinem Namenstag sind noch zwei Wochen.*

**B** ▶ Beispiele mit SOBRAR und sein Gegenteil FALTAR:

**Mira cuánta tela ha sobrado.**
*Schau, wieviel Stoff übriggeblieben ist.*

**Sobran palabras.**
*Worte sind überflüssig.*

**Sobran enfermos y faltan médicos.**
*Es gibt zu viele Patienten und zu wenig Ärzte.*

### 19.101 HABER im persönlichem Gebrauch

Im modernen Spanisch überlebt HABER mit dem Sinn *'haben, besitzen'* in einigen feststehenden Ausdrücken, die das Lexikon anführt (zu **HABER DE + Infinitiv** vgl. 14.61):

**el haber** *das Haben* (Banksprache)
**los haberes** *die Vergütung*
**habérselas con alguien** *sich mit jemandem anlegen*

# 20. Verben mit Nominativergänzung

Im ersten Teil dieses Kapitels werden Verben vorgestellt, die wie SER und ESTAR mit Prädikatsnomen ergänzt werden können. Im zweiten Teil werden die spanischen Entsprechungen des deutschen Vollverbs *'werden'* behandelt.

## A. Ersatzverben für SER und ESTAR

### 20.1 ANDAR

In einigen Gebrauchsweisen von ANDAR als Ersatz für SER und ESTAR erscheint es nicht selten in der reflexiven Form.

**A** ▶ ANDAR + Adjektiv / Adverb der Art und Weise im Ausdruck von Zustand und Befinden:

**Anda intratable estos días.**
*Sie ist in diesen Tagen unausstehlich.*

**No sé por qué anda usted tan seguro.**
*Ich weiß nicht, wieso Sie sich so sicher sind.*

**Andaba de malas últimamente.**
*In der letzten Zeit war er vom Pech verfolgt.*

**No te andes con remilgos y bébete la leche.**
*Sei nicht so heikel und trink die Milch aus!*

**B** ▶ ANDAR + Lageangabe im Ausdruck des konkreten oder figurativen Sichbefindens:

**Los papeles andan por el suelo.**
*Die Zettel liegen auf dem Fußboden herum.*

**¿Por dónde andará Andrés a estas horas?**
*Wo mag sich Andrés zu dieser Zeit herumtreiben?*

**Don Amancio andaría ya por los 70.**
*Don Amancio war wohl schon in den siebzigern.*

**C** ▶ Beispiel mit EN ESO ANDO:

—**¿Por qué no tratas de averiguar su número de móvil?**
—**En eso ando.**

*"Versuch doch, seine Handy-Nummer herauszubekommen!"*
*"Ich bin doch schon dabei!"*

• Zu ANDAR + Partizip vgl. 17.25. Zu ANDAR + Gerundio vgl. 15.41.

### 20.2 IR

**A** ▶ IR + prädikatives Adjektiv / Adverb der Art und Weise:

**A tus hijos les gusta ir despeinados.**
*Deine Kinder kämmen sich nicht gern.*

**¿Iba en serio lo de las vacaciones en Sicilia?**
*Das mit den Ferien auf Sizilien war ernst gemeint?*

**B** ▶ IR + DE + Adjektiv (+ POR LA VIDA):

**Los alemanes van de puntuales por la vida.**
*Die Deutschen gelten als pünktlich.*

## 20. Verben mit Nominativergänzung

**C ▶ IR + DE + S**UBSTANTIV:

**Están hartos de ir de padres comprensivos.**
*Sie haben es satt, die Rolle der verständnisvollen Eltern zu spielen.*

**D ▶** Ausdruck des Befindens und Sichbefindens:

**¿Cómo / Qué tal te va? / ¿Cómo / Qué tal vas?**
*Wie geht es dir?*

**Los clíticos pueden ir antes o después de una forma verbal.**
*Die verbundenen Personalpronomen können vor oder nach einer Verbform stehen.*

**En la solapa del libro van su biografía y una foto.**
*Auf der inneren Umschlagseite befinden sich seine Biographie und ein Lichtbild.*

**E ▶** Ausdruck des Passens:

**¿Sabes portugués? Eso te irá bien en Madeira.**
*Du kannst Portugiesisch? Das wird in Madeira von Vorteil für dich sein.*

**La Universidad no va a / con su manera de ser.**
*Die Universität paßt nicht zu seinem Charakter.*

**F ▶ IR CON / CONTRA** im Ausdruck von Einverständnis und Widerspruch:

**En lo de la censura voy contigo.**
*Was die Frage der Zensur betrifft, bin ich mit dir einer Meinung.*

**Todo aquello iba contra sus principios.**
*Das alles war gegen seine Prinzipien.*

● Zu **IR +** Gerundio vgl. 15.33. Zu **IR +** Partizip vgl. 17.23, 17.24.

### 20.3 VENIR

**A ▶** Ausdruck des Erscheinens und Sichbefindens:

**En el periódico viene un artículo sobre el tango finlandés.**
*In der Zeitung ist ein Artikel über den finnischen Tango.*

**En la lista de asistencia vengo yo después de ella.**
*Auf der Anwesenheitsliste stehe ich vor ihr.*

**B ▶** Ausdruck des Passens (vgl. 19.74):

**El horario me viene muy bien.**
*Der Stundenplan paßt mir sehr gut.*

**El pantalón le viene ancho.**
*Die Hose ist ihm zu groß.*

● Zu **VENIR +** Gerundio vgl. 15.38. Zu **VENIR +** Partizip vgl. 17.8, 17.24.

### 20.4 SEGUIR

SEGUIR bezeichnet das Weiterbestehen eines Zustands, einer Lage oder Situation:

**La costa occidental de la isla sigue intacta.**
*Die Westküste der Insel ist immer noch unberührt.*

**Seguían con gripe.**
*Sie hatten immer noch Grippe.*

**Se fue a Estados Unidos en 1990 y allí sigue.**
*1990 ging er nach Amerika und ist immer noch dort.*

## 20. Verben mit Nominativergänzung

Seguía de cónsul en Hamburgo.
*Er war immer noch Konsul in Hamburg.*

• Zu SEGUIR + Gerundio vgl. 15.36. Zu SEGUIR + Partizip vgl. 17.19. Zu SEGUIR SIN + Infinitiv vgl. 14.121.

### 20.5 Weitere Verben des Weiterbestehens

**A** ▶ Synonyme von SEGUIR sind CONTINUAR und PERMANECER:
La situación continuaba tan tensa como el día anterior.
*Die Lage war immer noch so gespannt wie am Tag zuvor.*

Las ventanas permanecían abiertas.
*Die Fenster standen immer noch offen.*

**B** ▶ Beispiele mit MANTENERSE und CONSERVARSE:
Nos mantenemos jóvenes haciendo yoga.
*Wir halten uns mit Yoga jung.*

Se conservaban llenos de vida.
*Sie waren noch voller Leben.*

### 20.6 ACABAR

ACABAR wird als Kopula bei einer Zustandsangabe gebraucht, wenn man mitangeben will, daß der fragliche Sachverhalt als bemerkenswerter Schlußpunkt eines Prozeßes anzusehen ist:

Acabamos con la ropa hecha una desdicha.
*Am Ende sahen unsere Kleider ganz erbärmlich aus.*

Acabaron llenos de barro.
*Am Ende waren sie voller Schlamm.*

Eran de partidos distintos. Y acabaron de novios.
*Sie gehörten verschiedenen Parteien an. Am Ende waren sie ein Liebespaar.*

• Zu ACABAR + Gerundio vgl. 15.42. Zu ACABAR POR + Infinitiv vgl. 14.75. Zu ACABAR DE + Infinitiv vgl. 14.72.

### 20.7 RESULTAR

**A** ▶ RESULTAR wird statt SER gebraucht, wenn man den Sachverhalt als Ergebnis vorausgegangener Erfahrungen oder Überlegungen hinstellen möchte. Nach RESULTAR erscheint oft SER:

Las camas resultaron demasiado blandas.
*Die Betten waren viel zu weich.*

La casa resultó ser un cuchitril.
*Das Haus war nichts als ein elendes Loch.*

El hombre de la mesa de al lado resultó ser un físico belga.
*Der Mann am Nachbartisch war, wie sich später herausstellte, ein belgischer Physiker.*

**B** ▶ RESULTAR ersetzt sehr häufig SER in unpersönlichen Konstruktionen mit Infinitiv- oder QUE-Satz-Ergänzung, es handelt sich meistens um Bewertungen aufgrund gemachter Erfahrungen (mit BUENO / BIEN und MALO / MAL wird RESULTAR allerdings selten gebraucht). Ein Dativ des Interesses, der die bewertende Person vertritt, kommt zu RESULTAR sehr häufig hinzu:

Puede resultar peligroso viajar en tren de noche.
*Es kann gefährlich sein, mit dem Nachtzug zu reisen.*

## 20. Verben mit Nominativergänzung

**No me resultó fácil orientarme.**
*Die Orientierung fiel mir nicht leicht.*

**Le resulta aburrido hacer lo mismo todos los días.**
*Es langweilt sie, jeden Tag dasselbe zu tun.*

**C ▶** Mit RESULTA QUE leitet man die Darlegung eines Sachverhalts ein, der als Beweggrund oder als Folge des vom Sprecher selbst oder von einem anderen zuvor Gesagten angesehen werden soll. Mit RESULTA QUE leitet man ebenso Erklärungen ein, die man angesichts der Reaktion des Gesprächspartners für angebracht hält:

–¿Y qué le regalasteis por fin?
–Una muñeca. Resulta que ese mismo día me encontré con Teo y él me comentó que a ella le había dado por coleccionar muñecas.

*"Und was habt ihr schließlich geschenkt?"*
*"Eine Puppe. Es war so, daß ich am selben Tag Teo traf, und er erzählte mir, sie hätte angefangen, Puppen zu sammeln."*

–Odio las golosinas.
–Vaya, ahora resulta que las odias.

*"Ich hasse Süßigkeiten."*
*"So, jetzt haßt du sie also."*

–¿Cuándo te dan el visado?
–Cualquiera sabe. Ahora resulta que debo presentar un certificado de buena conducta.

*"Wann bekommst du das Visum?"*
*"Wer weiß. Jetzt heißt es auf einmal, ich muß noch ein Führungszeugnis vorlegen."*

### 20.8 QUEDAR(SE)

**A ▶** QUEDAR(SE) wird zum Ausdruck des Aussehens und der Beschaffenheit als Folge eines Ereignisses oder Tätigkeit gebraucht:

**La terraza ha quedado preciosa.**
*Die Terrasse sieht jetzt wunderschön aus.*

**Uno de los accidentados quedará paralítico.**
*Eines der Unfallopfer wird gelähmt bleiben.*

**¿Por qué dices que la ecología se ha quedado obsoleta?**
*Warum sagst du, daß der Ökologiegedanke veraltet ist?*

**B ▶** QUEDAR(SE) wird als Kopula mit Adjektiven verwendet, wenn es um einen Zustand geht, in den eine Person als Reaktion auf ein Ereignis gerät und in dem sie dann verhältnismäßig lange verbleibt. QUEDAR(SE) bezeichnet den Eintritt in einen solchen Zustand, die Nuance ist im Deutschen häufig schwer wiederzugeben:

**Me quedé triste y pensativo.**
*Ich saß (stand) traurig und nachdenklich da.*

**Se quedaron perplejos: nunca habían visto una foto como aquella.**
*Sie waren perplex, sie hatten noch nie ein Foto wie dieses gesehen.*

**C ▶** QUEDAR, sehr häufig in den Verbindungen QUEDAR POR und QUEDAR COMO drückt aus, daß eine Person nach einem Ereignis oder einer Tätigkeit als etwas angesehen wird oder gilt:

**Si lo haces, quedarás por tonta.**
*Wenn du das tust, stehst du dumm da.*

**Al final quedaste como el roñoso que eres.**
*Am Ende warst du für alle der Geizhals, der du auch bist.*

**D ▶** QUEDAR wird sehr häufig in Beurteilungen verwendet:

**¿Queda muy cursi decirlo así?**
*Ist es zu albern, es so zu sagen?*

**Llamarse a sí mismo pragmático queda hoy muy bien.**
*Sich pragmatisch zu nennen macht sich heute sehr gut.*

**E** ▶ QUEDAR(SE) + **Prädikatsnomen** entspricht im Deutschen oft einem eigenen Verb. Beispiele aus dem Lexikon:

**quedarse ciego,-a** *erblinden*
**quedarse calvo,-a** *eine Glatze bekommen*
**quedar en ridículo** *sich blamieren*
**quedar encinta** *schwanger werden*
**quedar(se) viudo,-a** *verwitwen*

• Zu QUEDAR POR + Infinitiv vgl. 14.12. Zu QUEDAR SIN + Infinitiv vgl. 14.13. Zu QUEDAR + Gerundio vgl. 15.44. Zu QUEDAR + Partizip vgl. 17.21. Zu QUEDAR als Verb der Standortsangabe vgl. 19.34. Zu QUEDAR als Verb des Vorhandenseins vgl. 19.100A. Zu QUEDAR(SE) als Verb der Zustandsveränderung vgl. 20.23.

## 20.9 SALIR

**A** ▶ Mit SALIR, das mit RESULTAR sinnverwandt ist, gibt man an, daß sich eine Eigenschaft oder eine Wesensart als etwas mehr oder weniger Unvermutetes oder Unvorhergesehenes herausgestellt hat:

**La hija menor les salió muy morena.**
*Die jüngste Tochter ist (überraschenderweise) ein ganz dunkler Typ.*

**Los ejercicios han salido muy difíciles.**
*Die Übungen sind sehr schwierig geraten.*

**B** ▶ Mit SALIR gibt man Ähnlichkeiten im Aussehen und Wesen mit älteren Verwandten an:
**Yo he salido más bien a mi madre.**
*Ich sehe eher wie meine Mutter aus.*

**C** ▶ Mit SALIR gibt man den Zustand an, in dem sich etwas oder jemand beim Ausgang aus einer problematischen Lage befindet:
**Los secuestradores salieron impunes.**
*Die Entführer sind straffrei ausgegangen.*

**D** ▶ Beispiele mit SALIR BIEN und SALIR MAL:
**Me ha salido mal la ensalada.**
*Der Salat ist mir mißlungen.*

**Creo que he salido bien en los exámenes.**
*Ich glaube, ich habe in den Prüfungen gut abgeschnitten.*

**E** ▶ Weitere Beispiele mit den vielfältigen Verwendungsweisen von SALIR:
**salirle rana a alguien** *jemanden enttäuschen*
**salir el sol** *(von der Sonne) aufgehen*
**salir una ocasión** *(von einer Gelegenheit) sich ergeben*
**salir una cuenta** *(von einer Rechnung) aufgehen*
**salir a treinta marcos la hora** *auf dreißig Mark die Stunde kommen*
**salir por treinta centavos de dólar** *für dreißig Cents erhältlich sein*
**salir caro** *teuer kommen*
**salir en defensa de alguien / salir por alguien** *jemanden in Schutz nehmen*

• Zu SALIR GANANDO / PERDIENDO, vgl. 15.43.

## 20. Verben mit Nominativergänzung

### 20.10 LLEVAR

LLEVAR ersetzt sehr oft ESTAR, wenn der Zeitraum angegeben wird, der zwischen dem Beginn und dem Jetzt eines bestehenden Zustands oder Aufenthalts zurückliegt. LLEVAR-Konstruktionen werden häufig mit YA ergänzt und entsprechen deutschen *'seit'*-Angaben (vgl. 26.34):

**Lleva cinco años de cónsul en Caracas.**
*Er ist seit fünf Jahren Konsul in Caracas.*

**Llevaba ya un año en esa remota aldea.**
*Er lebte schon ein Jahr in diesem entlegenen Dorf.*

• Zu LLEVAR + Gerundio vgl. 15.39. Zu LLEVAR + Partizip vgl. 16.19, 16.20. Zu LLEVAR SIN + Infinitiv vgl. 26.34.

### 20.11 PARECER

**A** ▶ PARECER dient zur Wiedergabe von Eindrücken jeder Art. PARECER kann auch eine Infinitivergänzung erhalten. Die Nominativergänzung von PARECER wird durch (unbetontes) LO pronominal vertreten:

**Esta cocina parece un campo de batalla.**
*Diese Küche sieht wie ein Schlachtfeld aus.*

**Parece como si te hubieran pegado.**
*Es sieht so aus, als seiest du verprügelt worden.*

**No pareces valorar lo que te digo.**
*Du scheinst nicht den Wert dessen zu würdigen, was ich dir sage.*

**Pareces un viejo de ochenta años hablando así.**
*Du hörst dich an wie ein achtzigjähriger Mann, wenn du so redest.*

**Se refugiaron en una casa que parecía abandonada.**
*Sie suchten in einem Haus Zuflucht, das wie verlassen aussah.*

**Los chiquillos parecían sordomudos.**
*Man hatte den Eindruck, die kleinen Jungen seien taubstumm.*

**Son alemanes, pero hacen lo posible por no parecerlo.**
*Sie sind Deutsche, aber wollen partout nicht den Eindruck vermitteln, daß sie es sind.*

**B** ▶ Mit unpersönlichem PARECER QUE deutet man an, daß es mehr oder minder konkrete Anhaltspunkte für eine nicht ganz abgesicherte Behauptung gibt (zum Modus des QUE-Satzes nach PARECER vgl. 14.52 und 34.103 ff):

**Parece que hoy va a hacer sol.**
*Heute sieht es nach sonnigem Wetter aus.*

**Parece que se conocieron en Nueva York.**
*Sie haben sich anscheinend in New York kennengelernt.*

**C** ▶ In unpersönlichen Ausdrücken wird PARECER sehr häufig mit Adjektiven und sonstigen adjektivischen Ausdrücken gebraucht, wenn es um eine Wertung geht, zu der man nach verhältnismäßig langer Befassung mit einem Sachverhalt gekommen ist. Die Nuance ist im Deutschen schwer wiederzugeben:

**Parece razonable que España fortalezca sus lazos culturales con América.**
*Es ist durchaus vernünftig, daß Spanien seine kulturellen Bindungen mit Amerika verstärkt.*

**No parecía lógico dimitir en ese momento.**
*Es war nicht logisch, zu diesem Zeitpunkt zurückzutreten.*

## 20. Verben mit Nominativergänzung

**D** ▶ Wenn PARECER von einem Dativ des Interesses begleitet ist, handelt es sich um Meinung, Eindruck oder Wertung desjenigen, den der Dativ vertritt. Die Ergänzung von PARECER ist häufig ein kongruierendes Adjektiv. Die Frage nach der Meinung wird sehr häufig in der Form QUÉ + **Dativ des Interesses** + PARECE / PARECEN gestellt. (zum Modus des QUE-Satzes nach PARECER vgl. 34.103 ff):

**Me parece que esto no tiene solución.**
*Das halte ich für unlösbar.*

**A nadie le pareció bien que os abstuvierais.**
*Niemand fand es in Ordnung, daß ihr euch der Stimme enthalten habt.*

**Tus dudas me parecen injustificadas.**
*Deine Zweifel finde ich nicht gerechtfertigt.*

**¿Qué te parecen sus pinturas?**
*Wie findest du seine Bilder?*

**E** ▶ Feststehender Ausdruck: **al parecer / a lo que parece / según parece** *dem Anschein nach*

### 20.12 Synonyme von PARECER

**A** ▶ SEMEJAR ist ein eher literarisches Synonym von PARECER:
**Sus gritos semejaban las quejas de un hombre ahogándose.**
*Sein Schreien glich dem eines Ertrinkenden.*

**B** ▶ Der geschriebenen Sprache eigen sind zahlreiche intransitive Verben zur Wiedergabe subjektiver Eindrücke, von denen die meisten einen Dativ des Interesses erhalten. Beispiele mit ANTOJARSE und APARECERSE:

**Su sonrisa se me antojó más sarcástica que nunca.**
*Sein Lächeln schien mir sarkastischer als je zuvor.*

**Ese marxismo se nos aparece forzado y de segunda mano.**
*Ein solcher Marxismus erscheint uns hergesucht und überlebt.*

**C** ▶ Beispiele mit PORTARSE, MOSTRARSE und MANIFESTARSE:
**No es la hora de portarse católicos.**
*Es ist nicht die Zeit, fromm zu tun.*

**Ese día se mostraron respetuosas.**
*An dem Tag zeigten sie sich respektvoll.*

**Se manifestó contraria a la participación de Martínez.**
*Sie sprach sich gegen die Teilnahme von Martínez aus.*

**D** ▶ Beispiele mit Verben des Vortäuschens von Verhalten (interessant ist darunter HACERSE + bestimmter Artikel + Zustandsangabe):
**Me fingí inquieto.**
*Ich tat so, als wäre ich beunruhigt.*

**Se hacían las dormidas.**
*Sie taten so, als würden sie schlafen.*

**E** ▶ Beispiele mit HACER + bestimmter Artikel + Substantiv:
**No he venido aquí a hacer el payaso.**
*Ich bin nicht hierher gekommen, um den Clown zu geben.*

## 20. Verben mit Nominativergänzung

### 20.13 Verben des Befindens

U.a. sind folgende Verben synonym zu ESTAR bei Zustandsergänzungen: SENTIRSE, ENCONTRARSE, HALLARSE und VERSE (zum Vorgangspassiv mit VERSE vgl. 17.7):

**Me siento con el alma en un hilo.**
*Ich bin wahnsinnig aufgeregt.*

**Los directores se encuentran enfermos.**
*Die Direktoren sind krank.*

**Se hallaron faltos de recursos.**
*Plötzlich standen sie mittellos da.*

**Me vi enfrentado a un nuevo peligro.**
*Ich sah mich mit einer neuen Gefahr konfrontiert.*

### 20.14 Verben mit dem Sinn 'bedeuten'

Beispiele mit den häufigen SER-Ersetzungen CONSTITUIR, SUPONER, REPRESENTAR und SIGNIFICAR (zu VENIR A SER vgl. 14.85):

**El descubrimiento constituye el acontecimiento clave de la época.**
*Die Entdeckung stellt das Schlüsselereignis der Epoche dar.*

**El acuerdo podría suponer el fin de las hostilidades.**
*Das Abkommen könnte das Ende der Feindseligkeiten bedeuten.*

**Su negativa representaba una ofensa personal.**
*Seine Weigerung kam einer persönlichen Beleidigung gleich.*

**Marcharse significaba darle la razón.**
*Weggehen hieß, ihm rechtzugeben.*

## B. Verben der Zustands- und Wesensveränderung

### 20.15 HACERSE

HACERSE bezeichnet ein langsames und, falls das Satzsubjekt ein Lebewesen ist, freiwilliges Werden:

**¡Hazte azafata!**
*Werde Stewardeß!*

**El hacerse americana no representaba ningún problema legal.**
*Amerikanerin zu werden, stellte kein rechtliches Problem dar.*

**Se hizo difícil localizarlo.**
*Es wurde schwierig, ihn zu erreichen.*

**Se iba haciendo tarde.**
*Es wurde langsam spät.*

**A ▶** Das Ergebnis einer Wesensänderung im Sinne von HACERSE ist eine Angabe mit SER: NOS HEMOS HECHO SOCIOS → SOMOS SOCIOS, SE HA HECHO DE DÍA → ES DE DÍA.

• Zu Sätzen wie ESTOY HECHO UNOS ZORROS vgl. 19.54. Zu Sätzen WIE ANA SE PUSO HECHA UNA FURIA vgl. 20.17B

## 20.16 VOLVERSE

VOLVERSE bezeichnet oft eine heftige, unerwartete, nicht selten unumkehrbare, immer eine tiefgreifende Veränderung im Wesen:

**Era huraña, pero se volvió muy sociable después de casarse.**
*Sie war ein menschenscheues Mädchen, aber nach der Heirat wurde sie sehr gesellig.*

**Todos nos hemos vuelto demócratas.**
*Wir sind alle Demokraten geworden.*

**Estamos a punto de volvernos locos.**
*Wir sind im Begriff, verrückt zu werden.*

**A ▶** Das Ergebnis einer Wesensänderung im Sinne von VOLVERSE ist eine Eigenschaftsangabe mit SER: NOS HEMOS VUELTO DEMÓCRATAS → SOMOS DEMÓCRATAS. Eine bemerkenswerte Ausnahme ist LOCO: SE HAN VUELTO LOCOS → ESTÁN LOCOS. Vgl. ferner 20.18E und 20.18F.

## 20.17 PONERSE

PONERSE bezeichnet das Geraten oder Sichversetzen in einen vorübergehenden Zustand. Die Ergänzung von PONERSE sind Adjektive oder adjektivische Konstruktionen, niemals Substantive:

**Los insomnes suelen ponerse metafísicos.**
*Die nicht schlafen können, werden oft grüblerisch.*

**La perra se ha puesto muy inquieta.**
*Die Hündin ist sehr unruhig geworden.*

**Todos se pusieron colorados.**
*Alle wurden rot.*

**Sigo sin entender por qué te pusiste así.**
*Ich verstehe immer noch nicht, warum du dich so angestellt hast.*

**A ▶** Das Ergebnis einer Zustandsänderung im Sinne von PONERSE ist eine Zustandsangabe mit ESTAR: ME HE PUESTO COLORADO → ESTOY COLORADO.

**B ▶** Mit **PONERSE HECHO,-A + unbestimmter Artikel + Substantiv** werden metaphorische Umschreibungen für das Geraten in Zustände ausgedrückt:

**El hombre se puso hecho una fiera.**
*Der Mann kochte vor Wut.*

## 20.18 CONVERTIRSE EN

CONVERTIRSE EN wird vornehmlich mit Substantiven verwendet. Es bezeichnet einen tiefgreifenden, entscheidenden Wesenswandel:

**Se convirtió en su mano derecha.**
*Er wurde seine rechte Hand.*

**Madrid se ha convertido en la ciudad más animada de Europa.**
*Madrid ist die munterste Stadt Europas geworden.*

**Su alegría se convirtió en una profunda tristeza.**
*Seine Freude schlug in tiefe Trauer um.*

**Así me he convertido en lo que soy.**
*So bin ich geworden, was ich bin.*

## 20. Verben mit Nominativergänzung

**A** ▶ Während HACERSE den (langsamen) Prozeß des Werdens betont, bezeichnet CONVERTIRSE EN eher das Ergebnis eines Identitätswechsels. VOLVERSE wiederum betont das Tiefgreifende des Wandels.

**B** ▶ Synonyme von CONVERTIRSE EN sind PASAR A (SER) und TRANSFORMARSE EN. Eher zur literarischen Sprache gehören CAMBIARSE EN und TROCARSE EN:

**dictaduras que se han transformado en democracias** *Diktaturen, die Demokratien geworden sind*
**pasar a ser país receptor de turismo** *Reiseland werden*
**una ironía que se ha cambiado en cinismo** *eine Ironie, die in Zynismus umgeschlagen ist*
**parques trocados en mercadillos de la droga** *zu Drogenmärkten gewordene Parks*

**C** ▶ METERSE A wird in ironisch-vorwurfsvoller Absicht verwendet:
**Ahora hasta los actores se meten a políticos.**
*Sogar Filmschauspieler werden jetzt Politiker.*

**D** ▶ Beispiele mit CONSTITUIRSE EN und ERIGIRSE EN:
**Se ha constituido en manager de su hija.**
*Sie hat sich zum Manager seiner Tochter gemacht.*

**Se erigió en portavoz de los débiles.**
*Er spielte sich als Sprecher der Schwachen auf.*

**E** ▶ Auf das Wesensveränderungsverb TORNARSE, die für eine gehobene Ausdrucksweise typisch ist, folgen Adjektive und Substantive; im letzteren Fall schiebt sich EN vor das Substantiv:
**La situación se iba tornando insoportable.**
*Die Lage wurde langsam unerträglich.*

**Las críticas se tornaron en elogios.**
*Die Vorhaltungen wurden zu Beifallsbezeigungen.*

**F** ▶ DEVENIR gehört dem gehobenen Stil an. Auf DEVENIR folgen Adjektive und Substantive; im letzteren Fall wird die Ergänzung durch EN eingeleitet. Partipizialangaben mit DEVENIR kommen häufig vor:
**Los aeropuertos han devenido en lugares peligrosísimos.**
*Die Flughäfen sind hochgefährliche Orte geworden.*

**Tales medidas devienen imprescindibles.**
*Maßnahmen dieser Art werden unerläßlich.*

**Era una socióloga devenida en actriz.**
*Sie war eine Soziologin, die Schauspielerin geworden war.*

• Beispiele für das Substantiv DEVENIR:
**un devenir constante** *ein ständiges Werden*
**el devenir de la música moderna** *der Entwicklungsprozeß der modernen Musik*

### 20.19 LLEGAR (A SER)

LLEGAR A SER wird vornehmlich mit Substantiven, weniger oft mit Adjektiven gebraucht. LLEGAR A SER betont häufig das Erreichen wichtiger Positionen oder den Erwerb sehr positiver oder negativer Eigenschaften. LLEGAR A SER wird oft zu bloßem LLEGAR A verkürzt; das Substantiv wird dabei ohne Artikel verwendet:

**Su hijo llegó a ser obispo.**
*Ihr Sohn wurde Bischof.*

**Si se esfuerza, puede llegar a ser una gran actriz.**
*Wenn sie sich anstrengt, kann sie eine große Schauspielerin werden.*

La pequeña localidad llegó a ser agobiante.
*Der kleine Ort wurde belastend.*

Llegará a ministro.
*Er wird es bis zum Minister bringen.*

### 20.20 Eigenes Verb für den Ausdruck von Zustandsveränderung

'werden' + Adjektiv entspricht sehr oft einem spanischen Einzelverb. Auswahl aus dem Lexikon:

**adelgazar** *schlank werden, abnehmen*  
**mejorar** *besser werden*  
**engordar** *dick werden, zunehmen*  
**enloquecer** *wahnsinnig werden*  
**enrojecer** *rot werden, erröten*  

**amanecer** *Tag werden*  
**anochecer** *Nacht werden*  
**enfermar** *krank werden, erkranken*  
**aumentar** *mehr werden*  
**disminuir** *weniger werden*  

### 20.21 SER in der Bedeutung 'werden'

In einigen perfektiven Verwendungsweisen, vornehmlich im INDEFINIDO, kann SER ein Werden bezeichnen:

Con el correr de los años, su actuación fue muy importante.
*Im Laufe der Zeit wurde seine Tätigkeit sehr wichtig.*

En junio será padre por segunda vez.
*Im Juni wird er zum zweiten Mal Vater.*

**A ▶** IR SIENDO kann verwendet werden für die Angabe des Werdens in der Zeit:

Va siendo otoño.
*Es wird langsam Herbst.*

Va siendo hora de que tomes una decisión.
*Es wird langsam Zeit, daß du eine Entscheidung triffst.*

**B ▶** Berufsvorstellungen für die Zukunft werden mit QUERER SER gebildet:

¿Qué quieres ser cuando seas grande?
*Was möchtest du werden, wenn du groß bist?*

De niña quería ser monja.
*Als kleines Mädchen wollte sie Nonne werden.*

• Zu Sätzen wie ¿QUÉ ES DE JUAN? vgl. 19.24.

### 20.22 ESTAR in der Bedeutung 'werden'

ESTAR CADA VEZ MÁS / MENOS entspricht oft *'werden'*:

Los políticos están cada vez más tontos.
*Die Politiker werden immer dümmer.*

Las cosas estaban cada vez más caras.
*Die Sachen wurden immer teurer.*

### 20.23 QUEDAR(SE) in der Bedeutung 'werden'

Zahlreiche lexikalisch gefestigte Konstruktionen mit QUEDAR(SE) (vgl. 20.8) entsprechen Konstruktionen mit *'werden'*:

**quedar embarazada** *schwanger werden*  
**quedarse sin empleo** *arbeitslos werden*

# 21. Verben mit Objektsprädikativ

## A. Kausative Verben

Unter kausativen Verben versteht man in der Regel solche, die einen Zustand (in dieser praktischen Grammatik: eine Veränderung) bewirken, der dem Objekt zugesprochen wird. Es handelt sich generell um Verben mit der Bedeutung *'machen'*, also um die aktivischen Gegenstücke der Verben mit der Bedeutung *'werden'*, die im Teil B vom Kapitel 20 dargestellt sind.

### 21.1 HACER

Das Bewirken einer neuen Identität wird mit HACER ausgedrückt:

**Las guerras hacen ricos a los que las ganan.**
*Kriege machen diejenigen reich, die sie gewinnen.*

**El dinero no hace feliz a nadie.**
*Geld macht niemanden glücklich.*

**Le hacían la vida imposible.**
*Sie machten ihm das Leben unmöglich.*

**Se casó con ella y la hizo su asistente.**
*Er heiratete sie und machte sie zu seiner Assistentin.*

### 21.2 CONVERTIR EN

CONVERTIR EN drückt auch einen Identitätswechsel aus, es wird hauptsächlich mit Substantiven verwendet:

**La pobreza los ha convertido en racistas.**
*Die Armut hat sie in Rassisten verwandelt.*

**Su postura puede convertir la cuestión en espinosa.**
*Durch ihre Haltung kann die Angelegenheit heikel werden.*

### 21.3 VOLVER

VOLVER wird hauptsächlich mit Adjektiven gebraucht. Es drückt einen heftigen, unerwarteten, oft unumkehrbaren Wesenswandel aus:

**Este trabajo me está volviendo viejo.**
*Diese Arbeit läßt mich altern.*

**El servicio militar los volvió razonables.**
*Der Wehrdienst machte sie vernünftig.*

**A ▶** Beispiel mit VOLVER LOCO:

**Aquel amor prohibido la volvería loca.**
*Diese verbotene Liebe sollte sie in den Wahnsinn treiben.*

### 21.4 PONER

PONER wird mit Adjektiven und Präpositionalgefügen (also nicht mit Substantiven) verwendet. Es drückt das Versetzen in einen vorübergehenden physischen oder psychischen Zustand aus:

**Lo que dijo me puso negra.**
*Was er sagte, machte mich wütend.*

**Me puso en ridículo delante de todos.**
*Er hat mich vor allen blamiert.*

**No quiere ponerme de mal humor, pero siempre lo logra.**
*Er will mich nicht ärgern, aber er schafft es immer.*

### 21.5 DEJAR

DEJAR bezeichnet das Herbeiführen eines Zustands, in dem die betroffene Person oder Sache voraussichtlich oder mit Sicherheit verbleibt. DEJAR ist ein perfektives Verb, es bezeichnet also den Beginn des neuen Zustands und ist somit das aktivische Pendant zu QUEDAR(SE), vgl. 20.8:

**He dejado olvidadas las llaves en la oficina.**
*Ich habe die Schlüssel im Büro vergessen.*

**Nos dejó algo inquietos su silencio.**
*Sein Schweigen machte uns etwas unruhig.*

**La noticia nos dejó con más preocupación que alivio.**
*Wir waren wegen der Nachricht eher besorgt als beruhigt.*

• Zu DEJAR + Partizip, vgl. 16.21. Zu DEJAR + Gerundio, vgl. 15.6A.

### 21.6 Weitere Verben mit kausativer Bedeutung

Das spanische Lexikon führt alle kausativen Verben an. Einige Beispiele daraus:

**abaratar** *billiger machen, verbilligen*
**alargar** *länger machen*
**cansar** *ermüden*
**endulzar** *süß machen, versüßen*

**A** ▶ Einige Verben sind sowohl kausativ als auch resultativ:

**aumentar** *größer machen; größer werden*
**disminuir** *kleiner machen; kleiner werden*
**enfermar** *krank machen; erkranken*
**engordar** *dick machen; dick werden*
**empeorar** *verschlimmern; schlimmer werden*

## B. Weitere Verben mit Objektsprädikativ

### 21.7 TENER

TENER wird sehr häufig verwendet zur Zustands- und Lageangabe. (Zur Verwendung von akkusativischem A bei TENER vgl. 24.3, 24.9, vgl. auch 5.64):

**Tenía las manos frías.**
*Er hatte kalte Hände.*

**Tiene la nariz larga.**
*Er hat eine lange Nase.*

**El hombre tenía la vista fija en mí.**
*Der Mann starrte mich an.*

**Tengo a mi madre enferma.**
*Meine Mutter ist krank.*

## 21. Verben mit Objektsprädikativ

**Tenía frente a sí al hijo del alcalde.**
*Er hatte den Sohn des Bürgermeisters vor sich.*

**Las piscinas que tenemos más cercanas son muy caras.**
*Die Schwimmbäder, die von uns am nächsten sind, sind sehr teuer.*

- Zu TENER + Partizip vgl. 16.16, 16.17.

### 21.8 MANTENER

Beispiele mit MANTENER in de Bedeutung *'halten'*:

**Manténganos al corriente de todo.**
*Halten Sie uns auf dem laufenden!*

**Había que mantener en secreto los planes.**
*Man mußte die Pläne geheimhalten.*

**Su tarea consistiría en mantener inalterable el régimen político.**
*Seine Aufgabe würde darin bestehen, das politische System unveränderbar zu halten.*

### 21.9 LLEVAR

LLEVAR wird hauptsächlich bei der Beschreibung des Aussehens von Körperteilen und Kleidungsstücken verwendet (vgl. 5.64 und 16.20):

**Llevaba los zapatos sucios.**
*Seine Schuhe waren schmutzig.*

**Solía llevar el pecho repleto de condecoraciones.**
*Meistens war seine Brust voller Auszeichnungen.*

- Zu LLEVAR + Partizip vgl. 16.19.

### 21.10 TRAER

TRAER ist eine Variante von LLEVAR bei der Beschreibung von Körperteilen und Kleidungsstükken. Mit TRAER verbunden ist die Vorstellung der konkreten Annäherung an den Ort, an dem sich der Sprecher befindet:

**Traía la cabeza baja.**
*Er hielt den Kopf gesenkt.*

### 21.11 Verben der Wahrnehmung

Die Verben der Wahrnehmung werden sehr oft zur Beurteilung verwendet, gehören also teilweise zu den Verben des Dafürhaltens, vgl. 21.13. Zur Verwendung des Gerundio mit Verben der Wahrnehmung vgl. 15.4.

**A** ▶ Beispiele mit SENTIR:

**Sentía la cabeza llena de arena.**
*Er fühlte, daß sein Haar voller Sand war.*

**No nos sentimos capaces de hacerlo.**
*Wir fühlen uns nicht in der Lage, es zu tun.*

**B** ▶ Beispiele mit VER:

**Veo la situación imposible de resolver.**
*Meiner Ansicht nach ist die Lage nicht zu verbessern.*

**Hemos visto nuestros nombres tachados.**
*Wie haben unsere Namen durchgestrichen gesehen.*

**No me veía con las fuerzas necesarias.**
*Ich sah mich nicht im Besitz der notwendigen Kräfte.*

**C ▶** Beispiel mit NOTAR:

**Te noto molesta.**
*Ich merke, du bist verärgert.*

**D ▶** Beispiele mit ENCONTRAR (ENCONTRAR hat in den perfektiven Zeiten den Sinn von *'jemanden / etwas plötzlich in einer bestimmten Lage wahrnehmen'*):

**Encontré a María lista para salir.**
*Ich fand Maria reisefertig.*

**Ella encuentra ridículas nuestras objeciones.**
*Sie findet unsere Einwände lächerlich.*

**Me encontré sin tener qué hacer.**
*Plötzlich hatte ich nichts zu tun.*

**E ▶** HALLAR ist ein Synonym von ENCONTRAR, wird aber selten mit Objektsprädikativ oder Zustandsprädikativ verwendet:

**Hallaron la pistola oculta en el jardín.**
*Sie fanden die Pistole im Garten versteckt.*

**F ▶** Beispiel mit ADIVINAR:

**Adivinaban el futuro inquietante.**
*Sie sahen eine beunruhigende Zukunft voraus.*

**G ▶** Beispiel mit RECORDAR:

**La recuerdo tímida.**
*Ich erinnere mich, daß sie schüchtern war.*

## 21.12  Verben der Wahrnehmung mit possessivem Dativ

Der possessive Dativ wird im Spanischen sehr häufig mit Verben der sinnlichen oder geistigen Wahrnehmung (VER, CONOCER, ENCONTRAR, NOTAR) angewandt. Dabei kann der possessive Dativ sowohl Personen als auch Sachen vertreten. Die deutsche Übersetzung muß immer ad hoc vorgenommen werden:

**No te conocía esa chaqueta.**
*Die Jacke hast du noch nie angehabt.*

**A la niña yo le encuentro carácter.**
*Das Mädchen hat meiner Meinung nach einen starken Charakter.*

**Le noté los ojos enrojecidos por el llanto.**
*Ich merkte, daß ihre Augen rot vom Weinen waren.*

## 21.13  Verben des Dafürhaltens

Zu dieser Gruppe von Verben gehören vornehmlich:

| | | | |
|---|---|---|---|
| CREER | ESTIMAR | PENSAR | SUPONER |
| CONTAR | IMAGINAR | REPUTAR | TENER POR |
| CONSIDERAR (COMO) | HACER | SABER | TOMAR POR |
| DAR POR (vgl. 16.23) | JUZGAR | | |

## 21. Verben mit Objektsprädikativ

Beispiele:

**Los creían de izquierdas.**
*Man glaubte, sie seien politisch links.*

**Te consideraba amiga mía.**
*Ich habe dich zu meinen Freunden gerechnet.*

**Se la considera como más independiente políticamente.**
*Sie wird als politisch unabhängiger angesehen.*

**Cuento a esta jugadora entre las mejores del mundo.**
*Ich zähle diese Spielerin zu den besten der Welt.*

**Daban por muertos a los montañistas.**
*Die Bergwanderer wurden für tot gehalten.*

**Os hacía en Nueva York.**
*Ich glaubte, ihr wäret in New York.*

**La sé dispuesta a todo.**
*Ich weiß, daß sie zu allem bereit ist.*

**Tengo a esta chica por la más lista de la clase.**
*Ich halte dieses Mädchen für das klügste in der Klasse.*

**Seguro que me tomaron por alocada.**
*Sie hielten mich sicherlich für nicht ganz bei Trost.*

### 21.14 Verben des Benennens

Zu dieser Sorte von Verben gehören:

| | | | |
|---|---|---|---|
| ACUSAR DE | DECIR(SE) | ELEGIR | PROCLAMAR |
| CALIFICAR DE | DECLARAR | NOMBRAR | TACHAR DE |
| CONFESARSE | DESCRIBIR DE | LLAMAR (vgl. 16.23) | TILDAR DE |
| CULPAR DE | | | |

Beispiele:

**Me acusan de traidor.**
*Sie beschuldigen mich des Verrats.*

**Los resultados fueron calificados de excelentes.**
*Die Ergebnisse wurden als ausgezeichnet eingestuft.*

**Se confesó padre de varios hijos.**
*Er bekannte, er sei Vater mehrerer Kinder.*

**Se proclamó vencedora de las elecciones.**
*Sie rief sich als Siegerin der Wahlen aus.*

**Tachaban sus ideas de insensatas.**
*Sie bezeichneten seine Ideen als verrückt.*

**Los tildaron de agentes del imperialismo.**
*Sie wurden als Agenten des Imperialismus tituliert.*

# 22. Subjekt und Prädikat

## A. Besonderheiten in der Kongruenz
In diesem Teil werden einige Erläuterungen zu der Grundregel der Kongruenz gegeben, welche lautet: Die finite Form des Verbs entspricht dem Subjekt in Person und Numerus. Zu den Personalpronomen als Satzsubjekt vgl. 11.10.

### 22.1 Viele Einzelsubjekte koordiniert durch Konjunktionen
Wenn im Subjekt verschiedene Personen durch koordinierende Konjunktionen (auch O) miteinander verbunden erscheinen, steht das Prädikat im Plural:

**El hombre y el niño sentado a su lado comían hamburguesas.**
*Der Mann und der kleine Junge neben ihm aßen Hamburger.*

**Tanto la piscina como la terraza se encuentran en terreno público.**
*Sowohl das Swimmigpool als auch die Terrasse befinden sich auf öffentlichem Grund.*

**Ni Francia ni España se mostraron partidarias de la neutralidad.**
*Weder Frankreich noch Spanien stimmten für die Neutralität.*

**Beatriz o Lucrecia acompañarán a Sebastián.**
*Beatriz oder Lucrecia werden Sebastian begleiten.*

### 22.2 Kongruenz bei SER
SER steht in der 3. Person Plural, wenn bei Gleichsetzung einer der beiden Nominative (das Subjekt oder das Prädikatsnomen) im Plural steht:

**Eso son mentiras.**
*Das sind Lügen.*

**Aquellas palabras fueron su salvación.**
*Jene Worte waren ihre Rettung.*

**Lo que más nos gustaba eran las fiestas.**
*Was uns am besten gefiel, waren die Feste.*

**A ▶** Sehr häufig stehen Kopula und Prädikatsnomen zu TODO im Plural:

**Qué asunto este el de la beca... todo son complicaciones.**
*Was für eine vertrackte Sache, das mit dem Stipendium... nichts als Komplikationen.*

**¿Que los alemanes son racistas, musicales y puntuales? Todo son fábulas.**
*Die Deutschen sollen Rassisten, musikalisch und pünktlich sein? Alles nur Märchen!*

### 22.3 Prädikat im Singular bei mehreren koordinierten Substantiven
Wenn das Satzsubjekt aus koordinierten Substantiven besteht, die jedoch eine Sinneinheit bilden, steht das Prädikat im Singular:

**Le fascinaba el ir y venir de la muchedumbre.**
*Das Kommen und Gehen der Leute faszinierte ihn.*

**Crecer y multiplicarse no es mandato para estos tiempos.**
*Fruchtbar sein und sich vermehren ist nicht das Gebot dieser Zeit.*

## 22. Subjekt und Prädikat

### 22.4 Prädikat im Singular bei Voranstellung
Das vorangestellte Prädikat eines Satzsubjekts, das aus mit Y, O oder NI koordinierten Substantiven besteht, kann im Singular stehen:

**No me gustó ni la primera ni la última escena.**
*Mir gefiel weder die erste noch die letzte Szene.*

**Proseguía el saqueo y la matanza.**
*Das Plündern und das Morden gingen weiter.*

### 22.5 Kollektivbezeichnung + DE + Plural + Verb in der 3. Person Plural
Bei singularischen Mengenbezeichnungen, die gewöhnlich von DE und einem Substantiv im Plural gefolgt sind, auf die sich das Prädikat eigentlich bezieht, steht das Prädikat in der Regel im Plural (was jedoch vielerorts als Fehler angesehen wird):

**La mayoría de los enfermeros hacen jornadas de doce horas o más.**
*Die meisten Krankenpfleger haben einen Arbeitstag von zwölf oder mehr Stunden.*

**Han sido entrevistados un total de 65 guardias civiles.**
*Es wurden insgesamt 65 Angehörige der Guardia Civil befragt.*

**El 85% de las aves permanecieron en los terrenos protegidos.**
*85% der Vögel blieben in den geschützten Gebieten.*

### 22.6 Verb im Plural bei alleinstehenden Kollektivbezeichnungen
Auch bei Wegfall des Präpositionalgefüges steht das Verb im Plural:

**Algo más de la mitad fueron devueltos a sus países de origen.**
*Etwas mehr als die Hälfte wurden in ihre Heimatländer zurückgeschickt.*

**Un centenar se habían encaramado en el muro.**
*Etwa hundert waren auf die Mauer geklettert.*

### 22.7 TIPO, CLASE
Bei Wörtern wie TIPO und CLASE erfolgt die bedeutungsmäßige Übereinstimmung zwischen dem pluralischen Substantiv im Präpositionalgefüge und dem Prädikat:

**Ese tipo de ruidos no eran frecuentes allí.**
*Geräusche dieser Art waren dort nicht üblich.*

**¿Qué clase de personas tienden a la violencia?**
*Welche Menschen neigen zur Gewalt?*

### 22.8 GENTE
Beim Wort GENTE steht das Verb in der dritten Person Singular; bleibt jedoch GENTE in weiterführenden Aussagen Satzsubjekt, dann kann das Verb in der dritten Person Plural stehen:

**La gente lee cada vez menos.**
*Die Leute lesen immer weniger.*

**Había mucha gente reunida en la plaza. Portaban pancartas y coreaban consignas contra el paro.**
*Viele Leute hatten sich auf dem Platz versammelt. Sie trugen Transparente und skandierten Losungen gegen die Arbeitslosigkeit.*

**A** ▶ Die Personalpronomen und Prädikatsnomen, die sich in einem weiterführenden Satz auf GENTE beziehen, stehen normalerweise im Plural:

**La gente no apoyará el cambio a no ser que ellos mismos sean los protagonistas.**
*Die Leute werden den Wandel nicht mittragen, wenn sie dabei nicht selbst die Hauptrolle spielen.*

**La gente pasea por las avenidas y no parece que les preocupe nada.**
*Die Leute flanieren auf den Boulevards und es sieht nicht so aus, als wären sie von Sorgen geplagt.*

### 22.9 Pluralischer Eigenname mit Verb in der 3. Person Singular

Bei einem pluralischen Eigennamen steht das Verb im Singular, wenn damit ein handelndes Subjekt gemeint ist. Dazu gehören typischerweise großgeschriebene Namen von Institutionen (dann meistens ohne Artikel, oft als Abkürzung mit verdoppelten Buchstaben). Die Singularisierung betrifft auch die Pronomen:

**Asuntos Exteriores rechaza las acusaciones marroquíes.**
*Das Auswärtige Amt weist die marokkanischen Anschuldigungen zurück.*

**CC OO (= Comisiones Obreras) se declara a favor de la huelga.**
*Die Gewerkschaft Comisiones Obreras ist streikbereit.*

**Naciones Unidas critica a los que la tachan de antiamericana.**
*Die UNO kritisiert diejenigen, die sie als antiamerikanisch brandmarken.*

**A** ▶ Beispiele mit CORREOS:

**Correos está a la vuelta de la esquina.**
*Die Post ist um die Ecke.*

**Oiga, por favor, ¿hay un Correos por aquí?**
*Entschuldigen Sie bitte, ist ein Postamt in der Nähe?*

### 22.10 Singularisierung pluralischer geographischer Eigennamen

Bei geographischen pluralischen Bezeichnungen hat sich eingebürgert, bei Verwendung von LOS / LAS Pluralisierung (vgl. auch 22.5), bei Wegfall von LOS / LAS Singularisierung walten zu lassen:

**Las Canarias están más cerca de África que de Europa.**
*Die Kanarischen Inseln liegen näher an Afrika als an Europa.*

**Canarias reclama ayuda por la inmigración ilegal.**
*Die Kanarischen Inseln bitten um Hilfe wegen der illegalen Einwanderung.*

**A** ▶ Beispiele mit ESTADOS UNIDOS, welches artikellos häufig in der Form EE UU erscheint:

**Los Estados Unidos se juegan ahora su credibilidad.**
*Die Glaubwürdigkeit der USA steht jetzt auf dem Spiel.*

**Estados Unidos / EE UU reafirma la unión atlántica.**
*Die USA bekräftigen das atlantische Bündnis.*

### 22.11 Inklusion der ersten Person Singular oder Plural in ein Kollektiv

Das Verb steht in der 1. Person Plural, wenn ein Subjekt der 1. und ein Subjekt der 2. oder 3. Person durch koordinierende Konjunktionen miteinander verbunden sind:

**Sólo sabemos la verdad tú y yo.**
*Nur du und ich kennen die Wahrheit.*

**Ni vosotros ni nosotras podemos hacer nada.**
*Weder ihr noch wir können irgendetwas tun.*

## 22. Subjekt und Prädikat

**Nos presentamos María y yo.**
*Maria und ich haben uns vorgestellt.*

**Somos testigos las dos dependientas y yo.**
*Die zwei Verkäuferinnen und ich sind Zeugen.*

### 22.12 Implizite Inklusion der ersten Person Singular
Folgt auf ein Substantiv im Plural ein Verb in der ersten Person Plural, dann versteht sich, daß der Sprecher sich in das fragliche Kollektiv einschließt:

**Los españoles conocemos eso de sobra.**
*Wir Spanier kennen das zur Genüge.*

### 22.13 Verb in der 1. Person Plural bei indefiniten Relativpronomen
Wenn der Sprecher sich in das fragliche Kollektiv einschließt, steht das Verb der verallgemeinernden Relativpronomen LOS QUE / LAS QUE und QUIENES in der ersten Person Plural:

**los que sabemos la verdad** *die wir die Wahrheit wissen*
**quienes vivimos la Transición** *wir, die wir den Übergang zur Demokratie in Spanien erlebten.*

### 22.14 Verb in der 1. Person Plural bei Mengenausdrücken im Singular
Schließt sich die Person YO in ein Kollektiv ein, das ausgedrückt wird durch eine singularische Bezeichnung, so steht das Verb in der 1. Person Plural:

**La mayoría percibimos una pensión de miseria.**
*Die meisten von uns bekommen eine lächerlich kleine Rente.*

**El grupo tuvimos que regresar andando.**
*Unsere Gruppe mußte zu Fuß zurückgehen.*

### 22.15 Verb in der 1. Person Plural bei Indefinitpronomen
Die 1. Person Plural erscheint auch als Prädikat zu einem Kollektiv, zu dem sich die Person YO rechnet, das aber durch einen Einzahlausdruck bezeichnet wird:

**Ninguno queríamos el golpe.**
*Keiner von uns wollte den Putsch.*

**Cualquiera podemos coger el sida.**
*Jeder von uns kann Aids bekommen.*

### 22.16 Inklusion der zweiten Person Singular oder Plural in ein Kollektiv
Das Verb steht in der 2. Person Plural, wenn ein Subjekt der 2. und ein Subjekt der 3. Person durch koordinierende Konjunktionen miteinander verbunden sind:

**Tú y tu amigo alemán podéis ir conmigo.**
*Du und dein deutscher Freund, ihr könnt mit mir fahren.*

**Sois culpables tú y las circunstancias.**
*Schuld sind du und die Umstände.*

**Ni vosotras ni mi madre debéis salir de casa.**
*Weder ihr noch meine Mutter dürfen außer Haus gehen.*

## 22.17 Implizite Inklusion der zweiten Person Singular

Folgt auf ein Substantiv im Plural ein Verb in der zweiten Person Plural, dann versteht sich, daß der Sprecher den Gesprächspartner in das fragliche Kollektiv einschließt (vgl. 5.62):

**Los alemanes podéis estar orgullosos de eso.**
*Ihr Deutschen könnt darauf stolz sein.*

## 22.18 Verb in der 2. Person Plural bei indefiniten Relativpronomen

Wenn der Gesprächspartner in das fragliche Kollektiv eingeschlossen wird, steht das Verb der verallgemeinernden Relativpronomen LOS QUE / LAS QUE und QUIENES in der zweiten Person Plural:

**las que habéis tenido mellizos** *ihr, die Zwillinge geboren habt*
**quienes teníais un billete de ida y vuelta** *ihr, die eine Rückfahrtkarte hattet*

## 22.19 Verb in der 2. Person Plural bei Mengenausdrücken im Singular

Schließt sich die Person TÚ in ein Kollektiv ein, das ausgedrückt wird durch eine singularische Bezeichnung, so steht das Verb in der 2. Person Plural:

**La mitad tendréis que quedaros aquí.**
*Die Hälfte von euch wird hier bleiben müssen.*

**El resto viajaréis conmigo.**
*Der Rest von euch fährt mit mir.*

## 22.20 Verb in der 2. Person Plural bei Indefinitpronomen

Die 2. Person Plural erscheint auch als Prädikat zu einem Kollektiv, zu dem der Gesprächspartner gerechnet wird, das aber durch einen Einzahlausdruck bezeichnet wird:

**Ninguno lo adivinasteis.**
*Keiner von euch ist dahintergekommen.*

**Cualquiera me podéis preguntar.**
*Jeder von euch kann mich fragen.*

## 22.21 Kongruenz in Hervorhebungen mit gespaltenem Relativsatz

Bei der Hervorhebung der 1. oder 2. Person als Satzsubjekt durch Relativpronomen (vgl. 30.72) kann das gespaltene Prädikat in der 1. oder 2. Person stehen:

**Fui yo el que lo hice.**
*Ich war es, der es getan hat.*

**Sois vosotras quienes debéis pedir disculpas.**
*Ihr müßt euch entschuldigen.*

## 22.22 Kongruenz bei UNO DE LOS QUE

Im Gefüge UNO(A) DE LOS (LAS) QUE + Verb steht das Verb in der Regel im Singular (stimmt also sinngemäß mit UNO / UNA überein):

**Uno de los que vino dijo que la playa estaba llena de algas.**
*Einer von denen, die kamen, sagte, der Strand sei voller Algen.*

**Una de las que más protestó fue Rosa.**
*Eine derjenigen, die am meisten protestierten, war Rosa.*

## 22. Subjekt und Prädikat

### 22.23 Singular statt Plural bei pluralischem Relativsatz
In Beispielen wie dem folgenden, typisch für die gesprochene Sprache, kongruiert der Relativsatz mit dem Hauptsatzsubjekt, nicht mit dem Beziehungswort:

**Eras de los pocos toreros que no tenías miedo al toro.**
*Du gehörtest zu den wenigen Stierkämpfern, die keine Angst vor dem Stier hatten.*

## B. Sätze mit Nullsubjekt

### 22.24 Verben zum Ausdruck von Naturerscheinungen
Verben, die Naturerscheinungen bezeichnen, verwendet man allein in der 3. Person Singular, ein Pronomen ist im Satz nicht einsetzbar:

**Llovió primero y nevó después.**
*Zuerst regnete es, dann schneite es.*

**Había amanecido sin que nos diéramos cuenta.**
*Es war Tag geworden, ohne daß wir es bemerkt hatten.*

### 22.25 Uneigentlicher Gebrauch der Verben der Naturphänomene
Wie im Deutschen werden einige Verben, die Naturerscheinungen bezeichnen, uneigentlicherweise mit Subjekt verwendet:

**Me han llovido críticas infundadas.**
*Unbegründete Kritiken sind auf mich niedergeprasselt.*

**Le relampagueaban los ojos.**
*Ihre Augen blitzten.*

### 22.26 Das Subjekt von Verben der Geräuschebezeichnung
Das deutsche Pronomen 'es' als formales Subjekt von Verben, die Geräusche bezeichnen, hat im Spanischen keine Entsprechung (meist ist diese Entsprechung eine feststehende Wendung, die das Lexikon angibt):

**Tocaban el timbre.**
*Es läutete an der Tür.*

### 22.27 HACER bei Wetterangaben
Das Verb HACER wird in der 3. Person Singular in Angaben über das Wetter und über die Temperatur verwendet:

**Hizo calor ese día.**
*Es war warm an dem Tag.*

**Hoy hace bueno.**
*Heute ist es schön.*

**Cuando llegamos, no hacía ni diez grados.**
*Als wir ankamen, waren es nicht einmal zehn Grad.*

## 22.28 HACER in Zeitangaben

Das Verb HACER wird in der 3. Person Singular in Angaben über zurückliegenden Zeitraum verwendet (vgl. Näheres 26.66):

**Salieron hace tres días.**
*Sie sind vor drei Tagen abgefahren.*

**Habían desaparecido hacía mes y medio.**
*Sie waren eineinhalb Monate zuvor verschwunden.*

**Mañana hará tres años que no nos vemos.**
*Morgen wird es drei Jahre her sein, daß wir uns nicht gesehen haben.*

• Zu HA als Variante von HACE vgl. 19.99A.

## 22.29 Subjektlose Sätze im Ausdruck der Zeit

Beispiele subjektloser Sätze im Ausdruck der Zeit (vgl. 19.18-22, 20.15, 20.21A):

**Es tarde.**
*Es ist spät.*

**Estaba un día maravilloso.**
*Das Wetter war wunderschön.*

**Se hizo de noche.**
*Es wurde Nacht.*

## 22.30 Feststehende Ausdrücke

Beispiele mit feststehenden Ausdrücken, die als subjektlose Sätze aufgefaßt werden können:

**Le va muy bien.**
*Es geht ihr sehr gut.*

**No me dará tiempo a hacer eso.**
*Mir wird dafür die Zeit nicht ausreichen.*

## 23. Das indefinite Subjekt

In diesem Kapitel werden die syntaktischen Möglichkeiten behandelt, über die das Spanische verfügt, um das Satzsubjekt allgemein, anonym, abstrahierend oder nur indirekt bestimmbar erscheinen zu lassen. Es sind Übersetzungsmöglichkeiten für das deutsche Indefinitpronomen *'man'*, zu dem es im spanischen Lexikon kein Pendant gibt, ebenso wie Ersatzalternativen zum Passiv.

### A. Die dritte Person Plural des Verbs

In der Funktion eines indefiniten Subjekts steht die 3. Person Plural immer an unbetonter Stelle, d.h. ein explizites Pronomen wie ELLOS / ELLAS kann eigentlich nicht eingesetzt werden.

#### 23.1 Urheber einer Einzelhandlung

Die dritte Person Plural des Verbs steht an der Subjektstelle, wenn es um eine Einzelhandlung geht, deren Urheber unbekannt ist oder unbekannt bleiben soll:

**Han colgado cuando me he puesto.**
*Als ich mich gemeldet habe, wurde aufgelegt.*

**Llamaron del bufete Lavalle.**
*Es kam ein Anruf aus der Anwaltskanzlei Lavalle.*

**¡A mí no me llevan al hospital!**
*Mich bringt man nicht ins Krankenhaus!*

**A ▶** Beispiele mit feststehenden Wendungen mit der 3. Person Plural:

**¿No oyes que están tocando el timbre / llamando a la puerta?**
*Hörst du nicht, daß es an der Tür klingelt / klopft?*

**¿Echan / dan algo interesante en el cine?**
*Läuft etwas Interessantes im Kino?*

#### 23.2 Gepflogenheiten eines Kollektivs

Die 3. Person Plural des Verbs steht an der Subjektstelle, wenn es um das Verhalten der Menschen (ihre Sitten, ihr Gerede) an einem mehr oder weniger großen Ort geht:

**Cuentan que en América fue guardaespaldas de un dictador.**
*Man sagt, in Südamerika sei er Leibwächter eines Diktators gewesen.*

**En los hospitales cocinan mejor que en muchos hoteles caros.**
*In den Krankenhäusern wird besser gekocht als in vielen teuren Hotels.*

**El año pasado nos atendieron mejor aquí.**
*Letztes Jahr hat man uns hier besser bedient.*

**En ese país queman a las viudas.**
*In dem Land werden die Witwen verbrannt.*

#### 23.3 Dritte Person Plural des Verbs + unbetontes Personalpronomen

Durch den Gebrauch der 3. Person Plural schließt sich der Sprecher von der Urheberschaft bzw. Trägerschaft von Handlungen oder Verhaltensweisen aus. Es ist daher das logisch adäquate Mittel, den Agens einer Handlung zu bezeichnen, die der Sprecher erleidet. Es ist darüber hinaus die syntaktisch und klanglich geeignetere *'man'*- Entsprechung, wenn unbetonte Pronomen im Satz erscheinen:

### 23. Das indefinite Subjekt

**Me robaron la radio del coche.**
*Man hat mir das Autoradio gestohlen.*

**Le diagnosticaron un tumor maligno.**
*Man stellte bei ihm einen bösartigen Tumor fest.*

**Los papeles me los entregaron sólo después de tres horas de espera.**
*Die Papiere hat man mir erst nach drei Stunden Wartezeit ausgehändigt.*

## B. Sätze mit indefinitem SE
Zur Stellung von SE im Satz vgl. 11.119. Zur Mehrdeutigkeit von SE vgl. 11.40.

### 23.4 SE + 3. Person Singular
Mit Kopulaverben, intransitiven Verben und transitiven Verben mit QUE-Ergänzung wird ein indefinites Subjekt *('man')* durch SE ausgedrückt, das Verb steht in der 3. Person Singular:

**Se está muy bien aquí.**
*Hier fühlt man sich sehr wohl.*

**¿Se puede ser feliz en un mundo plagado de guerras?**
*Kann man glücklich sein in einer Welt voller Kriege?*

**Si se busca, se encuentra.**
*Wenn man sucht, findet man auch.*

**Se creyó que los secuestradores huirían en helicóptero.**
*Man glaubte, die Entführer würden mit einem Hubschrauber fliehen.*

### 23.5 Indefinite SE-Sätze mit neutralen Pronomen
In SE-Konstruktionen mit neutralen Pronomen hat SE eindeutig den Wert eines Indefinitpronomens, das Verb steht in der 3. Person Singular:

**¿Cómo se dice eso en español?**
*Wie sagt man das auf spanisch?*

**Esto se hace así.**
*Das macht man so.*

**No se podía ver nada.**
*Man konnte nichts sehen.*

### 23.6 Kongruenz des Prädikats in indefiniten SE-Sätzen
Wie in den deutschen passivischen Konstruktionen mit *'sich'* (*'das Buch liest sich leicht'*, *'die Bücher lesen sich leicht'*) muß das Prädikat in SE-Konstruktionen mit dem (grammatischen) Subjekt im Numerus kongruieren:

**Se veía un solo coche / Se veían unos coches grandes.**
*Man sah einen einzigen Wagen / Man sah ein paar große Wagen.*

**Se edificó una barricada / Se edificaron barricadas.**
*Eine Barrikade wurde errichtet / Barrikaden wurden errichtet.*

**No se podía resolver el problema / No se podían resolver los problemas.**
*Man konnte das Problem nicht lösen / Man konnte die Probleme nicht lösen.*

**No se oyó ningún grito más / No se oyeron más gritos.**
*Man hörte keinen Schrei mehr / Man hörte keine Schreie mehr.*

## 23. Das indefinite Subjekt

**Se necesitaba un camarero / Se necesitaban camareros.**
*Ein Kellner wurde gesucht / Kellner wurden gesucht.*

### 23.7 Verb im Singular statt im Plural in indefiniten SE-Sätzen

Die in Spanien gelegentlich, im lateinamerikanischen Spanisch oft vorkommende Nichtkongruenz in SE-Konstruktionen wird vielerorts als Fehler angesehen. In folgenden Beispielen müßte die Verbform OFRECEN bzw. VENDEN heißen:

**Cuando se le ofrece a la gente cosas buenas la respuesta no se hace esperar.**
*Wenn man den Leuten gute Waren anbietet, folgt eine Reaktion auf dem Fuße.*

**Aquí se vende libros de viejo.**
*Hier werden antiquarische Bücher verkauft.*

### 23.8 Verb im Plural statt im Singular in indefiniten SE-Sätzen

Das konjugierte Verb in Infinitivfügungen, die vor dem Infinitiv eine Präposition verlangen, wird häufig mit dem pluralischen Objekt des Infinitivs kongruent gemacht. Dies wird als Fehler angesehen. In folgenden Beispielen müßte die Verbform EMPIEZA bzw. TERMINÓ heißen:

**Se empiezan a reconocer los derechos de los no fumadores.**
*Man beginnt, die Rechte der Nichtraucher anzuerkennen.*

**Se terminaron por hacer concesiones.**
*Am Ende wurden Konzessionen gemacht.*

### 23.9 Akkusativisches A in indefiniten SE-Sätzen

SE wird zum genuinen indefiniten Subjekt in Sätzen, die einen mit A eingeführten Akkusativobjekt verlangen, das Verb steht deshalb in der 3. Person Singular:

**Esta es el arma con que se mató a Victoriano Aramayo.**
*Das ist die Waffe, mit der V.A. getötet wurde.*

**Se castigará debidamente a los culpables.**
*Die Schuldigen werden gebührend bestraft werden.*

**Se oyó cantar a un ruiseñor.**
*Man hörte eine Nachtigall singen.*

### 23.10 Verb im Plural statt im Singular in SE-Sätzen mit akkusativischem A

Nicht selten wird das Verb in die dritte Person Plural gesetzt, wenn auf das akkusativische A ein Plural folgt. Dies ist Verstoß gegen die Standardgrammatik. Im folgenden Beispiel muß die Verbform VIO heißen:

**Aquel día se vieron a las primeras mujeres policías por las calles de Barcelona.**
*An dem Tag sah man die ersten Polizistinnen in den Straßen von Barcelona.*

### 23.11 Dativobjekt in indefiniten SE-Sätzen

Beispiele von unpersönlichen SE-Sätzen mit einem Dativobjekt:

**Se vendió el piso a unos daneses.**
*Die Wohnung wurde an Dänen verkauft.*

**Se llevaron medicinas a los heridos.**
*Den Verletzten wurden Medikamente gebracht.*

**Al que fuma hasta se le pondrán multas.**
*Dem Raucher werden sogar Geldbußen auferlegt werden.*

**A** ▶ Beispiele mit possessivem Dativ:
**Al padrastro nunca se le vio la cara.**
*Das Gesicht des Stiefvaters sah man nie.*

**No se le conocen aficiones artísticas.**
*Man hat keine künstlerischen Neigungen bei ihm / ihr festgestellt.*

### 23.12 Bedeutung der indefiniten SE-Sätze mit ME, TE, NOS, OS
In Verbindung mit ME, TE, OS, NOS steht SE in der 3. Person Singular. Gegenüber der 3. Person Plural (vgl. 23.3) stellt SE ein ganz neutrales Indefinitum dar, das ebensogut völlige Unbestimmtheit wie eine verkappte *'wir'*-Form bezeichnen kann:

**Se me estima por razones de todos conocidas.**
*Man schätzt mich aus Gründen, die alle kennen.*

**Si quieres que se te respete, tienes que cambiar tu manera de vestir.**
*Wenn du willst, daß man dich respektiert, mußt du dich anders anziehen.*

**Se nos tenía por turistas franceses.**
*Man hielt uns für französische Touristen.*

**Se os avisará por escrito.**
*Ihr werdet schriftlich benachrichtigt.*

### 23.13 Indefinites SE+ verbundenes L-Pronomen zu USTED / USTEDES
Beispiele von unpersönlichen SE-Sätzen mit den verbundenen Pronomen zu USTED und USTEDES:

**Se le / lo trasladará a otra habitación, señor Lange.**
*Sie werden in ein anderes Zimmer gebracht, Herr Lange.*

**A ustedes se les / los asocia con lo ocurrido en Hendaya.**
*Sie werden mit dem Vorfall in Hendaya in Verbindung gebracht.*

**Aquí siempre se le / la ha atendido como es debido, señora.**
*Hier hat man Sie immer bedient, wie es sich gehört, gnädige Frau.*

**Se les / las mantendrá al corriente, señoras.**
*Sie werden auf dem laufenden gehalten, meine Damen.*

• Im europäischen Spanisch werden die LEÍSMO-Varianten den LOÍSMO-Optionen vorgezogen, letztere sogar als fehlerhaft – insbesondere bei Anrede männlicher Personen – angesehen, vgl. 11.49.

### 23.14 Verb beim indefinites SE + akkusativisches L-Pronomen
In Verbindung mit den Akkusativformen LO / LA / LOS / LAS bzw. LE / LES steht das Prädikat eines Satzes mit indefinitem SE als Subjekt in der 3. Person Singular:

**Fueron célebres en su tiempo, pero hoy se las lee poco.**
*Sie waren zu ihrer Zeit berühmt, aber heute werden sie wenig gelesen.*

### 23.15 Indefinites SE + akkusativisches L-Pronomen von Sachen
In Vertretung von Sachen ergeben sich die Verbindungen SE LO / SE LA / SE LOS / SE LAS:

**El mundo es bonito cuando se lo contempla desde la cama de un hospital.**
*Die Welt ist schön, wenn man sie vom Krankenhausbett aus betrachtet.*

## 23. Das indefinite Subjekt

**España era de los españoles; ahora se la vende porque vender es moderno.**
*Spanien gehörte den Spaniern; jetzt verkauft man es, denn Verkaufen ist modern.*

**Estos pendientes son de lujo, mientras no se los compare con los tuyos.**
*Diese Ohrringe sind luxuriös, solange man sie nicht mit deinen vergleicht.*

**Hay instrucciones que no se entienden aunque se las lea mil veces.**
*Manche Gebrauchsanweisungen versteht man nicht, auch wenn man sie tausendmal liest.*

**A ▶** LEÍSMO-Varianten (also die Formen SE LE und SE LES) kommen hier nicht selten zum Tragen, was nicht nachgeahmt werden sollte; demnach lauten die Formen der vorangegangenen Beispiele:

... ES BONITO CUANDO SE LE CONTEMPLA...
... AHORA SE LE VENDE...
... SE LES COMPARA...
... AUNQUE SE LES LEA ...

### 23.16 Indefinites SE + akkusativisches L-Pronomen von Personen

Bei der Vertretung von Personen durch L-Pronomen in Sätzen mit indefinitem SE-Subjekt werden die LEÍSMO-Varianten allgemein bevorzugt und oft als die korrekten angesehen:

**El profesor hablaba fuerte, pero atrás no se le (lo) oía.**
*Der Lehrer sprach laut, aber hinten hörte man ihn nicht.*

**Si una obrera quedaba embarazada, se le (la) despedía inmediatamente.**
*Wenn eine Arbeiterin schwanger wurde, wurde sie sofort entlassen.*

**A los anarquistas se les (los) temía más que a cualquier otro grupo.**
*Die Anarchisten wurden mehr als jede andere Gruppierung gefürchtet.*

**Las esposas de los managers estaban indignadas porque se les (las) había ignorado.**
*Die Ehefrauen der Manager waren empört, weil man sie übergangen hatte.*

**A ▶** Durch die konsequente Verwendung von LEÍSMO-Varianten nimmt man gelegentlich Zweideutigkeiten in Kauf; im letzten Beispiel müßte zur Verdeutlichung der Zusatz A ELLOS bzw. A ELLAS hinzugenommen werden.

### 23.17 Wegfall des akkusativischen L-Pronomens mit indefinitem SE

In unpersönlichen SE-Konstruktionen ist ein akkusativisches L-Pronomen nicht nötig bzw. nicht üblich, wenn das grammatische Satzsubjekt Unbelebtes bezeichnet und das SE-Verb weder Rückbezüglichkeit noch Gegenseitigkeit, noch ein spontanes Geschehen im Satzsubjekt bedeuten kann:

**Esto es horrible y se sabe en todo el mundo.**
*Dies ist furchtbar, und man weiß es in der ganzen Welt.*

**La ropa de lana debe lavarse en agua fría.**
*Wollene Wäsche soll man in kaltem Wasser waschen.*

**Los idiomas se olvidan cuando no se practican.**
*Man vergißt die Sprachen, wenn man sie nicht praktiziert.*

**Estas expresiones son conocidas, pero se usan poco.**
*Diese Ausdrücke sind bekannt, aber sie werden selten gebraucht.*

## 23.18 Zum Gebrauch von akkusativischem L-Pronomen mit indefinitem SE

Hält man die Mitteilung für angebracht, daß irgend jemand die fragliche Handlung in einem unpersönlichen SE-Satz vollführt, dann wird SE zum indefiniten Subjekt, und ein akkusativisches L-Pronomen kann angewandt werden; dies gilt auch dann, wenn der SE-Satz als zu unbestimmt aufgefaßt werden könnte:

**Era imposible mirar las pruebas; se las había guardado en una caja fuerte.**
*Einsicht in die Prüfungen war unmöglich, man hatte sie in einem Safe deponiert.*

**A** ▶ In Lateinamerika ist die Tendenz zur Verwendung akkusativischer L-Pronomen in SE-Konstruktionen sehr stark; das dritte der Beispiele in 23.17 würde dort lauten: LOS IDIOMAS SE OLVIDAN SI NO SE LOS PRACTICA.

## 23.19 SE + dativisches L-Pronomen ohne akkusativisches L-Pronomen

Ein akkusativisches L-Pronomen fällt weg, wenn ein dativisches unbetontes Pronomen im Satz erscheint:

−¿Ya se le ha enviado el dinero a Lucía?   *"Hat man Lucía schon das Geld geschickt?"*
− Sí, se le envió por correo certificado.   *"Ja, man hat es ihr per Einschreiben geschickt."*

−¿Se me perdonará este pecado?   *"Wird man mir diese Sünde vergeben?"*
−Claro que se te perdonará, no te preocupes.   *"Natürlich wird man sie dir vergeben, keine Sorge."*

## 23.20 Zusätzliches zu indefinitem SE

**A** ▶ In einem einfachen Satz kann ein indefinites SE mit einem reflexiven SE nicht zusammen auftreten (für *'man kämmt sich'* etwa: SE SE PEINA); das indefinite Subjekt muß dann ersetzt werden, z.B. durch UNO / UNA (vgl. 23.21). In komplexeren Konstruktionen treten jedoch manchmal mehrere SE-Formen auf, was als unkorrekt angesehen wird (eine korrekte Fassung des folgenden Beispiels wäre etwa: (ESTÁ) PROHIBIDO TUMBARSE EN EL CÉSPED):

**Se prohíbe tumbarse en el césped.**
*Liegen auf dem Rasen untersagt!*

**B** ▶ Indefinites SE muß im weiterführenden Satz wiederholt werden:

**Se es viejo ya, pero se sigue buscando una fuente de vida eterna.**
*Man ist schon alt, sucht aber weiterhin eine Quelle ewigen Lebens.*

## C. Andere Formen des indefiniten Subjekts

### 23.21 UNO / UNA als indefinites Satzsubjekt

Vor allem in der gesprochenen Sprache wird UNO (bzw. UNA beim Bezug auf eine weibliche Person) als indefinites Pronomen verwendet, und zwar immer mit der Absicht der Verallgemeinerung einer persönlichen Erfahrung des Sprechers:

**Me calificaron de traidor. ¿Puede uno perdonar tal ofensa?**
*Sie nannten mich einen Verräter. Kann man eine solche Beleidigung verzeihen?*

**Hay poco de qué reír cuando una es madre, trabaja y tiene hijos.**
*Es gibt wenig zu lachen, wenn man eine berufstätige Mutter mit Kindern ist.*

## 23. Das indefinite Subjekt

**A** ▶ UNO kann auch geschlechtsneutral verwendet werden:

**Se me ha llamado mala madre. ¿Por qué va uno a soportar insultos así?**
*Man hat mich eine schlechte Mutter genannt. Wieso soll man derartige Beleidigungen ertragen?*

**B** ▶ UNO bzw. UNA muß als Satzsubjekt im weiterführenden Satz nicht wiederholt werden:

**Uno lee el reportaje sobre la escuela y siente vergüenza ajena.**
*Man liest die Reportage über die Schule und schämt sich.*

### 23.22 UNO / UNA als indefinites Satzsubjekt reflexiver Verben

Wie in 23.20A dargelegt, verbietet sich der Gebrauch von SE als Satzsubjekt reflexiver Verben; eine Ersatzmöglichkeit bietet sich durch den Einsatz von UNO / UNA (aber dies nur dann, wenn es sich um die Verallgemeinerung des Einzelfalls handelt):

**Nunca debe uno fiarse de las promesas de un político.**
*Man darf sich nie auf die Versprechungen eines Politikers verlassen.*

**Nuestra relación no es ideal, pero es estable. Una acaba por acostumbrarse a todo.**
*Unsere Beziehung ist nicht ideal, aber stabil. Man gewöhnt sich eben an alles.*

**En tales situaciones se olvida uno hasta de sí mismo.**
*In solchen Situationen vergißt man sogar sich selbst.*

**Cuando uno se entera de una cosa así, se me llama en ese instante, ¿te enteras?**
*Wenn jemand so etwas erfährt, möchte ich auf der Stelle angerufen werden, ist das klar?*

### 23.23 UNO / UNA obligatorisch bei Verwendung von MISMO

Das durch MISMO (vgl. 9.6) verstärkte indefinite Satzsubjekt kann nur UNO / UNA lauten:

**El piso lo tenía que limpiar uno mismo.**
*Die Wohnung mußte man selbst sauber machen.*

### 23.24 UNO / UNA obligatorisch als indefinites Akkusativ- oder Dativobjekt

Indefinites Satzobjekt (deutsch *'einen'*, *'einem'*) lautet: A UNO / UNA, redundantes LO(LE) / LA muß immer dabei erscheinen:

**Esta vieja la mira a una de un modo...**
*Diese alte Frau schaut einen derart komisch an...*

**No se deben tomar helados cuando a uno le duelen las muelas.**
*Man darf kein Eis essen, wenn einem die Zähne wehtun.*

### 23.25 UNO / UNA obligatorisch als indefinites Präpositionalobjekt

UNO / UNA steht obligatorisch als indefinite Präpositionalergänzung:

**Yo creo que ni Dios puede hacer nada por uno.**
*Ich glaube, nicht einmal Gott kann für einen irgend etwas tun.*

### 23.26 UNO / UNA: Indefinites Subjekt bei Gebrauch von Possessivpronomen

Wenn im Satz das Possessivpronomen des indefiniten Satzsubjekts erscheint (SU / SUS), wird als Indefinitpronomen meistens UNO / UNA verwendet:

**Uno ya no puede confiar ni en su propia familia.**
*Man kann nicht einmal seiner eigenen Familie vertrauen.*

## 23.27 Die 2. Person Singular TÚ als indefinites Satzsubjekt

In der gesprochenen, familiären Sprache wird immer mehr die 2. Person Singular des Verbs sowie das Pronomen TE und das Possessivpronomen TU / TUS zum Ausdruck einer Verallgemeinerung der Sprechererfahrung, also als Ersatz zu UNO / UNA verwendet:

**Cuando vas a reclamar, te tratan como a lo peor.**
*Wenn du reklamierst, behandelt man dich wie den letzten Dreck.*

**En situaciones tales tu mejor amigo se puede convertir en tu peor enemigo.**
*In solchen Situationen kann dein bester Freund dein ärgster Feind werden.*

**A ▶** Das indefinite TÚ kann nur in den perfektiven Tempora vorkommen. Es kommt daher nie im INDEFINIDO vor.

**B ▶** Das betonte Pronomen TÚ kann durchaus als indefinites Pronomen verwendet werden, ebenso die betonte Form der Präpositionalergänzung TI:

**El servicio era peculiar, ya que tú mismo tenías que prepararte el desayuno.**
*Der Service war eigenartig, du mußtest dir das Frühstück nämlich selbst machen.*

**Como nadie se ocupaba de ti, podías hacer lo que te viniera en gana.**
*Da niemand sich um dich kümmerte, konntest du machen, was du wolltest.*

# 24. Das Akkusativ- und Dativobjekt

Von einem Akkusativ- oder Dativobjekt im deklinationslosen Spanisch zu reden, ist eigentlich unzulässig; in dieser praktischen Grammatik werden aber Wort und Begriff verwendet, da sie dem deutschen Benutzer von der deutschen Syntax her vertraut sind. Vor dem Hintergrund anderer moderner, deklinationsloser Sprachen interessiert an dieser Stelle der spanische Akkusativ (spanisch: OBJETO DIRECTO) wegen der teilweisen Verwendung der Präposition A zur Kenntlichmachung desselben: ¿Conoces esta canción? *Kennst du dieses Lied?*, aber ¿Conoces a Carlos? *Kennst du Carlos?* Das Dativobjekt (spanisch: OBJETO INDIRECTO) wird auch mit A eingeführt, in vielen Fällen ist somit der Unterschied zwischen Akkusativ und Dativ verwischt. Die Unterschiede, die in diesem Kapitel herausgearbeitet werden, basieren auf der Möglichkeit der LOÍSMO-Pronominalisierung (vgl. 11.51 ff).

## A. Akkusativobjekt mit A eingeführt

Ist das Handeln, Fühlen oder Wahrnehmen eines Lebewesens auf ein anderes Lebewesen gerichtet, so wird dieses Verhältnis im Spanischen markiert durch die Verwendung der Präposition A (fortan: akkusativisches A). Im folgenden wird diese Grundregel eher vom formalen Aspekt aus erläutert und präzisiert.

### 24.1 Akkusativisches A vor Menschen- und Tierbezeichnungen

Akkusativisches A steht vor näher bestimmten Menschen- oder Tierbezeichnungen.

**A** ▶ Beispiele von akkusativischem A vor Eigennamen:

**Yo estaba buscando a Vanessa.**
*Ich suchte Vanessa.*

**¿Quién mató a J.F. Kennedy?**
*Wer hat J.F. Kennedy getötet?.*

**B** ▶ Beispiele von akkusativischem A vor dem bestimmten Artikel:

**No suele saludar a la secretaria.**
*Gewöhnlich grüßt er die Sekretärin nicht.*

**El torero miró al toro.**
*Der Stierkämpfer sah den Stier an.*

**Había que convencer a los escépticos.**
*Man mußte die Skeptiker überzeugen.*

**A los heridos los colocaron en sendas camillas.**
*Die Verletzten legte man auf je eine Tragbahre.*

**C** ▶ Beispiele von akkusativischem A vor pronominal gebrauchten Artikelwörtern:

**No conozco al de gafas.**
*Ich kenne den mit der Brille nicht.*

**Yo respeto mucho a los que se rebelan contra dictaduras.**
*Ich achte diejenigen sehr, die gegen Diktaturen rebellieren.*

**D** ▶ Beispiele von akkusativischem A vor Possessiv-, Demonstrativ-, Interrogativ- sowie betonten Personalpronomen. Im dritten Beispiel erscheint ¿A QUIÉN?, die *'wen?'* entsprechende Frage:

**El recluso abrazó a su madre.**
*Der Gefangene umarmte seine Mutter.*

**No entiendo por qué has invitado a ésos.**
*Ich verstehe nicht, warum du diese Leute eingeladen hast.*

¿A quién acabas de saludar?
*Wen hast du gerade gegrüßt?*

No recuerdo a cuál de los dos llamé primero.
*Ich weiß nicht mehr, welchen von den beiden ich zuerst anrief.*

A quien mandaron por los libros fue a mí.
*Mich hat man geschickt, die Bücher abzuholen.*

**E ▶** Beispiele von akkusativischem A vor Relativpronomen (vgl. 10.36, 10.37):

Es un hombre a quien admiramos y envidiamos.
*Er ist ein Mann, den wir bewundern und beneiden.*

Comprendo a quienes me critican.
*Ich verstehe diejenigen, die mich kritisieren.*

## 24.2 Akkusativisches A vor Werkbenennung durch Personennamen

Wenn das Werk eines Schriftstellers oder Komponisten durch dessen Namen benannt wird, so steht in der Regel davor das akkusativische A:

Alguna vez estuvo de moda citar a Ortega.
*Irgendwann war es Mode, den Philosophen Ortega y Gasset zu zitieren.*

¿Por qué resulta tan complicado tocar a Mozart?
*Warum ist es so schwer, Mozart zu spielen?*

## 24.3 TENER mit akkusativischem A

Wenn als Objekt von TENER ein bestimmtes Substantiv oder ein Eigenname zulässig ist, muß davor A stehen; andererseits gibt es TENER-Bedeutungen jenseits des bloßen Besitzens und Verfügens (vgl. 21.7 und 24.21), die die Einsetzung von akkusativischem A zwingend machen:

Yo no estoy solo porque te tengo a ti.
*Ich bin nicht allein, denn ich habe dich.*

¿Tienes a un tal Moreno Cabanillas en tu lista?
*Hast du einen gewissen Moreno Cabanillas auf deiner Liste?*

Quisiera tener a Margarita sentada a mi lado.
*Ich wünschte, Margarita säße neben mir.*

Tiene por vecino a un diplomático peruano.
*Er hat einen peruanischen Diplomaten als Nachbar.*

**A ▶** In allen vorangegangenen Beispielen ist die Frage nach dem Objekt ¿A QUIÉN?:

¿A quién tiene por vecino?
*Wen hat er als Nachbar?*

**B ▶** Bei folgender Bedeutung von TENER ist der Gebrauch von A außer bei Eigennamen und der Frage ¿A QUIÉN?, bei denen A obligatorisch ist, schwankend:

Tuvo (a) su primer hijo a los 38 años.
*Sie bekam ihr erstes Kind mit 38 Jahren.*

## 24.4 Allgemein gehaltene Lebewesenbezeichnung mit akkusativischem A

Das Vorkommen eines bestimmten Artikels zieht die Verwendung von akkusativischem A nach sich, auch wenn der Bezug auf Menschen und Tiere eher allgemein-unbestimmter Art ist:

A ver si encuentras al idealista que no cobre por trabajar.
*Ich bin gespannt, ob du den Idealisten findest, der umsonst arbeitet.*

## 24. Das Akkusativ- und Dativobjekt

**¡Salvad a los delfines!**
*Rettet die Delphine!*

### 24.5 Akkusativisches A vor Bezeichnungen nicht lebender Lebewesen
Vor MUERTO und DIFUNTO steht bei bestimmter Benennung akkusativisches A, vor CADÁVER aber nicht:

**Ni siquiera podemos enterrar a nuestros muertos.**
*Wir können nicht einmal unsere Toten begraben.*

**Iban colocando los cadáveres en fila.**
*Sie legten die Leichen in eine Reihe.*

### 24.6 Akkusativisches A vor Zahlen und Indefinitpronomen
Akkusativisches A steht vor einer Zahl oder einem Indefinitpronomen, wenn damit ein Teil oder Teile einer wohlbestimmten Menge von Lebewesen bezeichnet werden. Dies gilt auch für negierte Indefinitpronomen und für NINGUNO:

–El doctor Ruiz tiene mucha confianza con sus alumnas. Las tutea a todas. ¿Tuteas tú a alguna de las tuyas?
–No a todas, ¿y tú?
–A ninguna, bueno sí, desde hoy a una.

*"Doktor Ruiz hat ein vertrautes Verhältnis zu seinen Schülerinnen, er duzt sie alle. Duzt du irgendeine deiner Schülerinnen?"*
*"Nicht alle. Und du?"*
*"Keine. Doch, eine, seit heute."*

–¿A cuántos ladrones cogieron en la redada?
–A unos treinta.

*"Wie viele Diebe hat man bei der Razzia festgenommen?"*
*"Etwa dreißig."*

–Espero que no hayas invitado a tantos pelmas como la última vez.
–Pues he invitado a más.

*"Hoffentlich hast du nicht so viele Quälgeister wie letztes Mal eingeladen."*
*"Nun, ich habe noch mehr eingeladen."*

### 24.7 Akkusativisches A vor ALGUIEN und NADIE
Akkusativisches A steht immer vor ALGUIEN und NADIE:

**Tenemos que incluir a alguien de influencia.**
*Wir müssen jemanden mit Einfluß miteinbeziehen.*

**Espero no haber ofendido a nadie.**
*Ich hoffe, ich habe niemanden beleidigt.*

### 24.8 Akkusativisches A vor Kollektivbezeichnungen
Akkusativisches A steht vor Kollektivbezeichnungen, sofern sie sich auf näher bestimmte Lebewesen beziehen:

**Sorprendió a todo el mundo con la noticia de su boda.**
*Sie überraschte alle mit der Nachricht ihrer Hochzeit.*

**Parecía que saludaba a un público invisible.**
*Er schien ein unsichtbares Publikum zu begrüßen.*

**Vimos a un grupo de muchachos haciendo música a la entrada del museo.**
*Wir sahen eine Gruppe von jungen Leuten am Museumseingang musizieren.*

**No se puede engañar a la gente cien años seguidos.**
*Man kann die Leute nicht hundert Jahre lang ununterbrochen betrügen.*

## 24.9 Akkusativisches A vor dem unbestimmten Artikel

Akkusativisches A steht vor der mit unbestimmtem Artikel begleiteten Bezeichnung eines Lebewesens, über das man zusätzliche – erwähnte oder nicht erwähnte – Informationen verfügt:

**Dos policías tenían cogido por la nuca a un manifestante que sangraba.**
*Zwei Polizisten hatten einen Demonstranten, der blutete, am Nacken gepackt.*

**Oímos decir a unos vecinos que había habido muertos.**
*Wir hörten Nachbarn sagen, es habe Tote gegeben.*

• Zu Sätzen TIENE UN AMIGO QUE SE LLAMA PAUL vgl. aber 24.21.

## 24.10 Akkusativisches A in Infinitivkonstruktionen

Akkusativisches A steht vor einem eindeutig Mensch oder Tier bezeichnenden Substantivwort, das gleichzeitig Akkusativobjekt des Obersatzes und Subjekt der zu diesem gehörigen Infinitivergänzung ist (vgl. 14.42 und 14.46); in der Regel steht die A-Fügung hinter dem Infinitiv:

**Hemos visto morir a muchos pájaros.**
*Wir haben viele Vögel sterben sehen.*

**No dejaba entrar a los que volvían de madrugada.**
*Er ließ diejenigen nicht herein, die frühmorgens zurückkamen.*

**A** ▶ Bei unpersönlichen Infinitivergänzungen können sich Zweideutigkeiten ergeben, wenn der Infinitiv der Infinitivergänzung ein transitives Verb ist:

**Vimos disparar a los hombres.**
*Wir sahen die Männer schießen. Oder: Wir sahen, daß auf die Männer geschossen wurde.*

## 24.11 Akkusativisches A bei Beseelung von Dingen

Akkusativisches A steht in der Regel vor Sachbezeichnungen, wenn den damit benannten Dingen die Eigenschaften von Lebewesen zugesprochen werden. Dies ist oft der Fall bei Bezeichnungen, mit denen man eigentlich Menschen oder Tiere zusammenfaßt und bei Verben, die Beziehungen zwischen Lebewesen benennen:

**El hombre medio suele amar a su patria.**
*Der durchschnittliche Mensch liebt gewöhnlich seine Heimat.*

**El Papa bendecirá al continente.**
*Der Papst wird den Kontinent segnen.*

**Deberían disolver a la Policía.**
*Man sollte die Institution Polizei abschaffen.*

**Llevará décadas vencer al sida.**
*Es wird Jahrzehnte dauern, bis Aids besiegt ist.*

## 24.12 Akkusativisches A bei Interaktion zwischen Dingen

In der Regel kommt akkusativisches A zum Einsatz, wenn ein Ding (das Satzsubjekt) auf ein anderes (das Akkusativobjekt) so einwirkt, wie ein Lebewesen auf ein anderes einwirken würde:

**Una moto adelantó al Mercedes.**
*Ein Motorrad überholte den Mercedes.*

**La CE frena a Francia.**
*Die EG bremst Frankreich.*

**Dos instituciones habían ahogado a la sociedad liberal: el Ejército y la Iglesia.**
*Zwei Institutionen hatten die liberale Gesellschaft vernichtet: die Armee und die Kirche.*

## 24. Das Akkusativ- und Dativobjekt

**A** ▶ Bei AFECTAR wird immer akkusativisches A verwendet:
**Las nuevas medidas no afectan a los planes de pensiones.**
*Die neuen Maßnahmen betreffen die Rentenpläne nicht.*

### 24.13 Akkusativisches A vor geographischen Namen

Akkusativisches A war in früheren Stadien der Sprachentwicklung vor geographischen Namen immer zu verwenden; diese Regel trifft für das moderne Spanisch nicht mehr zu (es sei denn, es treten Umstände ein wie in 24.11 und 24.12 beschrieben):

**abandonar (a) Toledo** *Toledo verlassen*
**visitar (a) Nuremberga** *Nürnberg besuchen*
**recordar (a) La Habana** *Havanna in Erinnerung behalten*
**contemplar (a) Chile desde las alturas andinas** *Chile von den Anden herab betrachten*

**A** ▶ Mit Verben, die Erschließung, Eroberung und Besiedlung von Gebieten bedeuten, ist akkusativisches A in der Regel nicht verwendet worden:

**descubrir América** *Amerika entdecken*
**colonizar La Florida** *Florida besiedeln*
**tomar Granada** *Granada einnehmen*
**conquistar el Perú** *Peru erobern*

### 24.14 Substantiv + akkusativisches A + Substantiv

Die substantivische Ergänzung eines handlungsbezeichnenden Substantivs erfolgt durch A, wenn bei einer satzmäßigen Transformation akkusativisches A vor dem zweiten Substantiv zu stehen kommen würde:

**el amor a la patria** *die Vaterlandsliebe*
**el odio a los conquistadores** *der Haß auf die Eroberer*
**el respeto a los padres** *die Achtung vor den Eltern*
**el temor a lo incierto** *die Furcht vor dem Ungewissen*

**A** ▶ Bei VISITA mit geographischer Ergänzung steht in der Regel A:
**la visita de los Reyes a Bilbao** *der Besuch des Königspaars in Bilbao*

### 24.15 COMO + akkusativisches A

Nach COMO erscheint akkusativisches A, um das Akkusativobjekt eindeutig zu kennzeichnen:
**Basilia quería a Renata como a su propia madre.**
*Basilia liebte Renata wie ihre eigene Mutter.*

**Me miró como a un insecto venenoso.**
*Sie schaute mich an, als sei ich ein giftiges Insekt.*

### 24.16 Akkusativisches A bei Verben des Nennens

**A** ▶ Beim Verb LLAMAR steht immer akkusativisches A vor dem, was benannt wird:
**¿Como llamas tú a esto?**
*Wie nennst du das hier?*

**B** ▶ Bei anderen Verben und Ausdrücken des Nennens wie CALIFICAR, CITAR und DENOMINAR ist der Gebrauch von akkusativischem A schwankend. Bei folgendem Beispiel ist A zwingend:
**Se conoce con el nombre de oligarquía al gobierno de unos pocos.**
*Unter dem Namen Oligarchie versteht man die Herrschaft einer kleinen Gruppe.*

### 24.17 Akkusativisches A bei Verben des Ersetzens
Bei SUSTITUIR und sinnverwandten Verben wie DESPLAZAR, REEMPLAZAR und SUCEDER steht A vor jedem Akkusativobjekt:

**La televisión ha sustituido al cine.**
*Das Fernsehen hat das Kino ersetzt.*

**Al socialismo lo ha sucedido el nihilismo.**
*An die Stelle des Sozialismus ist der Nihilismus getreten.*

### 24.18 Akkusativisches A bei Verben der Position
Bei Verben, die den relativen Standort bezeichnen, steht A vor jedem Akkusativobjekt. Dazu gehören: ACOMPAÑAR, ANTECEDER, AVENTAJAR, EXCEDER, PRECEDER, RODEAR, SEGUIR, SOBREPASAR, SUPERAR. Beispiele:

**El hartazgo precede a la abstención.**
*Das Sattsein geht der Enthaltsamkeit voraus.*

**El ocio sigue al trabajo, y no al revés.**
*Die Freizeit kommt nach der Arbeit, und nicht umgekehrt.*

## B. Wegfall von A beim Akkusativobjekt

### 24.19 Keine Akkusativmarke vor Sachbezeichnungen
Bei Sachbezeichnungen ist das Akkusativobjekt nicht markiert, es sei denn, es treten die oben beschriebenen Fälle ein (vgl. 24.11):

**empujar la puerta** *die Tür aufstoßen*
**cumplir una promesa** *ein Versprechen halten*
**grabar "La Valquiria"** *"Die Walküre" aufnehmen*
**recordar nombres** *sich an Namen erinnern*
**esperar el tren** *auf den Zug warten*

### 24.20 Menschen- und Tierbezeichnungen ohne akkusativisches A
Kein akkusativisches A steht vor Substantiven und Substantivwörtern, wenn damit Lebewesen in ganz unbestimmter Weise benannt werden (mit dem Akkusativobjekt wird nicht auf die Frage ¿a quién? wen? geantwortet):

**Buscan un intérprete para el interrogatorio.**
*Sie suchen einen Dolmetscher für das Verhör.*

**Enviarán tropas en misión humanitaria.**
*Sie werden Truppen mit humanitärem Auftrag schicken.*

### 24.21 Wegfall von akkusativischem A bei TENER
Beim Verb TENER steht kein akkusativisches A, wenn es den bloßen Besitz ausdrückt, mit den "gehabten" Personen also nicht auf die Frage ¿a quién? wen? geantwortet werden kann:

**Tiene mujer e hijos.**
*Er hat Frau und Kinder.*

**Tenéis el padre más cariñoso del mundo.**
*Ihr habt den liebevollsten Vater der Welt.*

## 24. Das Akkusativ- und Dativobjekt

Dijo que tenía un amigo periodista que se apellidaba Schwartz.
*Er sagte, er habe einen Journalistenfreund mit Nachnamen Schwartz.*

**A** ▸ Wenn mit dem Akkusativobjekt von TENER auf die Frage ¿a quién? wen? geantwortet werden kann, steht davor akkusativisches A, vgl. 24.3.

### 24.22 Wegfall von akkusativischem A bei Verben des Besitzes

Die Regel für TENER (vgl. 24.21) trifft in der Regel auch für andere Verben zum Ausdruck des Besitzes:

**querer un varón** *sich einen Jungen wünschen*
**encontrar novia** *eine Freundin finden*
**necesitar personal** *Personal brauchen*
**merecerse un marido más considerado** *einen rücksichtsvolleren Mann verdienen*
**buscar un mecenas** *einen Mäzen suchen*

### 24.23 Wegfall von akkusativischem A bei Verben des Benennens

Bei den Verben des Benennens mit Objektsprädikativ (vgl. 21.14) steht vor dem Akkusativobjekt kein A (vor dem Objektsprädikativ aber schon):

**Eligieron presidente a Norberto Navas.**
*Sie wählten N.N. zum Präsidenten.*

**Declararon hijo predilecto del pueblo a un terrorista.**
*Sie ernannten einen Terroristen zum Ehrenbürger des Dorfes.*

### 24.24 Wegfall von akkusativischem A bei Verben des Dafürhaltens

Bei Verben, die ausdrücken, daß jemand als etwas angesehen wird, steht vor der fraglichen Bezeichnung kein A (auch dann nicht, wenn COMO oder ein anderer Ausdruck davor steht):

**Considera a su ex marido su mejor amigo.**
*Sie sieht in ihrem Ex-Mann ihren besten Freund.*

### 24.25 Verdinglichung von Lebewesen

Mit Verben, die meistens eine Sachbezeichnung als Akkusativobjekt haben, entfällt das akkusativische A vor einer Lebewesenbezeichnung; dies fällt meistens mit dem Umstand zusammen, daß der Lebewesencharakter ganz ausgeblendet wird:

**Ya he vendido tres cachorros.**
*Ich habe schon drei Junge verkauft.*

**La explosión causó cinco muertos.**
*Die Explosion hatte fünf Tote zur Folge.*

**Cervantes inventó un personaje inolvidable: El Quijote.**
*Cervantes erfand eine unvergeßliche Gestalt: den Don Quijote.*

### 24.26 Wegfall von akkusativischem A bei substantivischem Dativobjekt

Akkusativisches A fällt weg, wenn ein substantivisches Dativobjekt im Satz vorhanden ist:

**Mostró el recién nacido a su padre.**
*Er zeigte dem Vater den Neugeborenen.*

**Presentó la nueva secretaria a la chica de la centralita.**
*Er stellte dem Mädchen in der Telefonzentrale die neue Sekretärin vor.*

**Prefiero Cornelia a Valeriana.**
*Ich ziehe Valeriana Cornelia vor.*

**A ▶** Akkusativisches A erscheint bei Pronominalisierung des Dativobjekts, wobei Zweideutigkeiten nicht ganz zu vermeiden sind (vgl. 11.95):

**Voy a presentarles a mi novia.**
*Ich werde ihnen meine Freundin vorstellen.*

**Preséntame a esos señores.**
*Stelle mich diesen Herren vor!* oder: *Stelle mir diese Herren vor!*

**B ▶** Zweifaches A wie in folgenden authentischen Beispielen wird als Fehler angesehen:

**Los padres no entregarán a Noriega a la policía.**
*Die Pater werden Noriega der Polizei nicht übergeben.*

**La Guardia Civil arrebata a una familia a sus hijos.**
*Die Guardia Civil entreißt einer Familie ihre Kinder.*

• Die obigen Sätze klingen und lesen sich holprig; auf jeden Fall wären Passivkonstruktionen vorzuziehen, für den ersten Satz etwa: NORIEGA NO SERÁ ENTREGADO A LA POLICÍA POR LOS PADRES.

## C. Dativobjekt

### 24.27 Dativobjekt durch A eingeführt

Das Dativobjekt (spanisch: OBJETO INDIRECTO) wird durch die Präposition A eingeführt. Der deutsche Dativ und das spanische OBJETO INDIRECTO haben zum größten Teil dieselben Funktionen. Beispiele mit Verben des Gebens, Bringens und Zeigens (zum redundanten Pronomen vgl. Kapitel 11, Teil I):

**Le cedió el asiento a una anciana.**
*Er überließ einer alten Frau den Sitzplatz.*

**Le llevaré esto a Rosa para que lo mire.**
*Ich bringe dies zu Rosa, damit sie es sich anschaut.*

**Quiero enseñarle a usted los destrozos.**
*Ich möchte Ihnen die Verwüstungen zeigen.*

**A ▶** Beispiel mit ¿A QUIÉN?, der *'wem?'* entsprechenden Frage:

**¿A quién le vas a mostrar la foto?**
*Wem wirst du das Foto zeigen?*

### 24.28 PREFERIR

Beispiele mit PREFERIR (vgl. 24.26):

**Preferí el vino a la cerveza.**
*Ich zog dem Bier den Wein vor.*

**Prefiero que no digas nada a que digas lo que no debes.**
*Es ist mir lieber, wenn du nichts sagst, als wenn du sagst, was du nicht sollst.*

## 24. Das Akkusativ- und Dativobjekt

### 24.29 Weitere Dativobjekttypen

Beim DATIVUS COMMODI (Dativ des begünstigten Akteurs), beim DATIVUS INCOMMODI (Dativ des vom Unglück Betroffenen), beim Pertinenzdativ (Dativ des Besitzes) und beim Dativ des Zustandsträgers ist die Redundanz mit LE und LES obligatorisch:

**Le voy a comprar un diccionario a mi hermanita.**
*Ich will meiner Schwester ein Wörterbuch kaufen.*

**El chico le llevaba la cesta a su madre.**
*Der Junge trug seiner Mutter den Einkaufskorb.*

**Se le cayeron las monedas a la cajera.**
*Der Kassiererin fielen die Münzen herunter.*

**Se les ocurre cada cosa a estas niñas...**
*Komische Sachen fallen diesen Mädchen ein...*

**No le era fiel a su mujer.**
*Er war seiner Frau nicht treu.*

**Ella le corta el pelo a su hermano.**
*Sie schneidet ihrem Bruder die Haare.*

**Le arrancaron una hoja al libro.**
*Sie rissen aus dem Buch eine Seite heraus.*

**Se les notaban las intenciones a los dos sudamericanos.**
*Man merkte den beiden Südamerikanern ihre Absichten an.*

**No les quedó más remedio a las hermanas.**
*Den Schwestern blieb nichts anderes übrig.*

**Hoy le es imposible ir a Rosa.**
*Heute ist es Rosa unmöglich hinzugehen.*

**A todos les resulta pedante eso.**
*Allen kommt das hochnäsig vor.*

### 24.30 Dativobjekt bei Verben des Sprechens: Die Regel

Bei allen Verben, die ein Sagen (Bitten, Empfehlen, Fragen, Antworten, etc.) ausdrücken, ist der Empfänger des Gesagten ein Dativobjekt (im Deutschen ist der Empfänger des Gesagten oft Akkusativobjekt):

**Dile a tu hermana que venga.**
*Sag deiner Schwester, sie soll kommen.*

**Les pedimos un favor a las monjitas.**
*Wir baten die Nonnen um einen Gefallen.*

**Le pregunté a la dependienta si allí se podían cambiar dólares.**
*Ich fragte die Verkäuferin, ob man dort Dollars wechseln könne.*

**A ▶** Bei einigen Verben wird der Inhalt der Mitteilung mit DE eingeführt:

**El profesor les informó de ciertos peligros.**
*Der Lehrer informierte sie über manche Gefahren.*

### 24.31 Verb des Sagens mit Inhaltsobjekt durch DE eingeführt

Bei einigen Verben wie z.B. ADVERTIR, AVISAR, INFORMAR, von denen bei einigen das Mitgeteilte durch DE eingeführt wird, sind Konstruktionen mit dem Zustandspassiv (ESTAR + Partizip, vgl. 17.13), in denen das aktivische Dativ zum Satzsubjekt wird, üblich:

**No estamos informados de absolutamente nada.**
*Wir sind über gar nichts informiert.*

**Las mujeres estamos advertidas.**
*Wir Frauen sind gewarnt.*

**A ▶** Vorgangspassivkonstruktionen des Typs **la ministra fue preguntada si...** *die Ministerin wurde gefragt, ob...* kommen nicht selten vor, sind gleichwohl nicht ganz korrekt; die korrektere, aber schwerfällig wirkende Version dieses Satzes wäre: A LA MINISTRA LE FUE PREGUNTADO SI.... Der spanischen Syntax und dem Wohlklang angemessen wäre: A LA MINISTRA LE PREGUNTARON SI... oder: A LA MINISTRA SE LE PREGUNTÓ SI...

## 24.32 Substantiv + dativisches A + Substantiv

Die substantivische Ergänzung eines handlungsbezeichnenden Substantivs erfolgt durch A, wenn bei einer satzmäßigen Transformation dativisches A vor dem zweiten Substantiv zu stehen kommen würde:

**la pregunta a la profesora** *die Frage an die Lehrerin*
**la entrega a Martínez de la medalla de oro** *die Übergabe der Goldmedaille an Martínez*
**una respuesta a Marx** *eine Antwort an Marx*

## 24.33 Dativobjekt bei transitiven Verben des Gemütszustands

Bei Verben, die das Geraten in einen Gemütszustand bezeichnen, steht die betroffene Person im Dativ, wenn der Auslöser des Gemütszustands (das Satzsubjekt) ein Sachverhalt ist, welcher entweder durch Indefinitpronomen, Infinitivergänzung oder einen QUE-Satz ausgedrückt ist:

**A los abuelos ya no les impresiona nada.**
*Die Großeltern wundert schon nichts mehr.*

**A Miss Shannon no le sorprendió vernos.**
*Miss Shannon war nicht überrascht, uns zu sehen.*

**Sólo a una persona le entristeció que se cancelara la función.**
*Nur einen Menschen machte es traurig, daß die Vorstellung ausfiel.*

**A ▶** Bei den Verben **interesar** *interessieren* und **costar** *kosten* ist die vom Sachverhalt betroffene Person ein Dativobjekt:

**Mis méritos no le interesaban a mi madre.**
*Meine Verdienste interessierten meine Mutter nicht.*

**Esto le va a costar una fortuna a mi familia.**
*Dies wird meine Familie ein Vermögen kosten.*

• Näheres zu Dativ und Akkusativ bei Verben der Emotionen vgl. 11.60.

## 24.34 Vergleich mit deutschen Verben mit Dativobjekt

Kein spanisches Verb hat eine notwendige Dativergänzung. Dies muß beachtet werden bei manchen häufigen Verben wie AYUDAR, DAÑAR, SEGUIR, OBEDECER, deren deutsche Entsprechungen den Dativ regieren:

**Yo a mis amigas las ayudo siempre.**
*Ich helfe meinen Freundinnen immer.*

**Fumando te dañas los pulmones.**
*Durch Rauchen schadest du deinen Lungen.*

**Voy a seguir tu consejo.**
*Ich werde deinem Rat folgen.*

## 24. Das Akkusativ- und Dativobjekt

**No se debe obedecer siempre lo que mandan los instintos.**
*Man darf nicht immer dem gehorchen, was die Instinkte befehlen.*

- Zur Verwendung von A bei SEGUIR vgl. 24.34.
- Näheres zu Dativ und Akkusativ bei anderen Verben vgl. 11.63.

**A ▶** In folgenden Beispielen mit AYUDAR und DAÑAR handelt es sich um Personifizierungen (vgl. 24.11):

**El Gobierno no ayuda al libro.**
*Die Regierung hilft dem Buch(wesen) nicht.*

**El parque de automóviles daña a nuestros parques.**
*Die Masse der Kraftfahrzeuge schadet unseren Parkanlagen.*

### 24.35 Präpositionalergänzung als Dativ pronominalisiert

Bei einigen Verben, wie zum Beispiel PARECERSE und DIRIGIRSE ist das dazugehörige A eine notwendige Präpositionalergänzung, die aber auch manchmal als Dativ aufgefaßt wird (vgl. 11.39); beim Einsatz der Präposition fällt das redundante Pronomen weg:

**El niño se parece a ella → El niño se le parece.**
*Der Junge ähnelt ihr.*

**Me dirigí al hombre de la cámara → Me le dirigí.**
*Ich sprach den Mann mit der Kamera an → Ich sprach ihn an.*

### 24.36 MIRAR A und SEÑALAR A

Bei einigen Verben wie MIRAR und SEÑALAR ist das manchmal dazu auftretende A eine Zielergänzung:

**Miré al reloj.**
*Ich schaute auf die Uhr.*

**Señalé a la puerta.**
*Ich zeigte auf die Tür.*

# 25. Ortsbestimmungen

## A. Lokaladverbien

### 25.1 DONDE

DONDE bedeutet 'wo' und trägt in abhängigen und unabhängigen Fragen den Akzent. In Fragen ist auch üblich EN DONDE. (EN) DONDE steht oft als Relativum von Ortsbezeichnungen. Präpositionen gehen DONDE voraus. Als Nebensatzeinleitung erscheint DONDE oft ohne Beziehungswort:

**¿Dónde / En dónde estamos?**
*Wo sind wir?*

**Esa es la casa en donde pasó sus últimos años.**
*Das ist das Haus, in dem er seine letzten Jahre verbrachte.*

**¿Por dónde quedará eso?**
*Wo könnte das sein?*

**Vivo donde siempre he vivido.**
*Ich wohne dort, wo ich immer gewohnt habe.*

### 25.2 DÓNDE als Frage nach dem Hin

DONDE wird auch als Frage nach dem Ziel einer Bewegung verwendet (vgl. aber 25.48):

**¿Dónde vas con esa cara?**
*Wo gehst du hin mit so einem Gesicht?*

### 25.3 DONDE präpositional

DONDE wird auch als umgangssprachliche Präposition gebraucht, es bezeichnet den Ort, an dem jemand lebt, arbeitet oder sich befindet:

**Nos fuimos a celebrarlo donde Mario.**
*Wir sind zu Mario gefahren, um es zu feiern.*

**He comprado esto donde Don Agusto.**
*Ich habe dies bei Don Agusto gekauft.*

### 25.4 AQUÍ

AQUÍ bezeichnet den Ort, an dem sich der Sprecher befindet; es wird mit Verben der Ruhelage ebenso wie mit Verben der Bewegung verwendet. AQUÍ kann verstärkt werden durch MISMO:

**Si estuvieras aquí conmigo, no tendría tanto miedo.**
*Wenn du hier bei mir wärest, würde ich nicht so viel Angst haben.*

**Ven aquí un momento.**
*Komm einen Augenblick hierher.*

**Nos encontramos aquí mismo.**
*Wie trafen uns genau hier.*

• Zu Sätzen wie HE AQUÍ LOS LIBROS vgl. 25.11.

**A ▶** Feststehende Wendungen mit AQUÍ:

**de aquí para allí** *hin und her*
**de aquí que no viniera nadie** *daher ist niemand gekommen* (vgl. 35.59)

## 25. Ortsbestimmungen

### 25.5 ACÁ

ACÁ bezeichnet den Sprecherstandort auf unbestimmte Weise. ACÁ ist graduierbar:

**Tienes que venir acá para ver mejor la cumbre.**
*Du mußt hierher kommen, um den Gipfel besser zu sehen.*

**Acá en Europa hay una sensación de decadencia.**
*Hier in Europa breitet sich ein Gefühl des Verfalls aus.*

**Ponte un poco más acá.**
*Stelle dich etwas näher hierher.*

• ACÁ wird in Zeitbestimmungen verwendet, vgl. 26.39.

**A** ▸ In vielen Gegenden Lateinamerikas wird AQUÍ vollends durch ACÁ ersetzt.

**B** ▸ Häufige Wendung: **de acá para allá** *hin und her*

### 25.6 AQUENDE

AQUENDE ist eine in altertümelnder Ausdrucksweise gebrauchte Präposition mit demselben Sinn von MÁS ACÁ DE:

**aquende los Pirineos** *diesseits der Pyrenäen*
**aquende la Muralla China** *diesseits der Chinesischen Mauer*

### 25.7 AHÍ

Mit AHÍ bezeichnet der Sprecher den Bereich nahe seinem eigenen Standort bzw. den Standort des Angesprochenen. AHÍ wird mit Verben der Ruhelage ebenso wie mit Verben der Bewegung verwendet. AHÍ kann verstärkt werden durch MISMO. Mit AHÍ zeigt man schließlich auf Herannahendes (zu HE AHÍ vgl. 25.11):

**El paraguas está ahí, junto a la puerta.**
*Der Regenschirm ist da neben der Tür.*

**Ahí va la pelota, cógela.**
*Da kommt der Ball, fang ihn!*

**Correos está ahí mismo.**
*Die Post ist gleich hier in der Nähe.*

**Ahí viene el autobús.**
*Da kommt der Bus.*

**A** ▸ Feste Wendungen mit AHÍ:

**¡ahí es nada!** *was du nicht sagst!*
**¡ahí está! / ahí le duele** *genau so ist es!*
**ahí está la madre del cordero / ahí está el busilis** *da liegt der Hase im Pfeffer*
**de ahí su sed de venganza** *daher sein Rachebedürfnis*
**de ahí puede deducirse que...** *daraus kann man schließen, daß...*
**pero de ahí a que yo sea socialista...** *das heißt jedoch keineswegs, daß ich Sozialist bin*
**de ahí que no viniera nadie** *aus dem Grunde ist niemand gekommen* (vgl. 35.59)
**dar una vuelta por ahí** *sich kurz die Füße vertreten*
**un millón o por ahí** *eine Million oder ungefähr soviel*

## 25.8 ALLÍ

Mit ALLÍ bezeichnet der Sprecher den Bereich, der von seinem eigenen Standort weit entfernt bzw. bei einem Dritten liegt. ALLÍ wird mit Verben der Ruhelage ebenso wie mit Verben der Bewegung verwendet:

**¿Ves aquellas casas pequeñitas que están allí?**
*Siehst du die kleinen Häuser dort?*

**Santiago era su obsesión y soñaba con ir allí antes de morir.**
*Santiago war seine fixe Idee, und er träumte davon, vor seinem Tod dorthin zu kommen.*

- Zu HE ALLÍ vgl. 25.11.

**A ▶** Feste Wendung mit ALLÍ:
**allí donde aparece este chico...** *wo dieser Junge auch immer auftaucht...*

## 25.9 ALLÁ

ALLÁ bezeichnet einen entfernten Bereich auf unbestimmte Weise, es steht oft vor EN oder POR und der Bezeichnung eines sehr weit gelegenen Ortes. ALLÁ ist graduierbar:

**Las duchas están allá.**
*Die Duschen sind da drüben.*

**Allá por Australia reinará la paz.**
*Dort in Australien herrscht vielleicht Frieden.*

**Córrase un poco más allá, por favor.**
*Rücken Sie bitte ein wenig weiter!*

**A ▶** In vielen Gegenden Lateinamerikas wird ALLÍ vollends durch ALLÁ ersetzt.

**B ▶** Festehende Wendungen mit ALLÁ:
**allá tú** *dein Bier!*
**más allá de Madrid** *jenseits von Madrid*
**el más allá** *das Jenseits*

## 25.10 ACULLÁ und ALLENDE

**A ▶** ACULLÁ ist ein selten gebrauchtes, veraltendes Synonym von ALLÁ. Es ist gebräuchlich in der festen Wendung **acá y acullá** *hier und da*.

**B ▶** ALLENDE ist eine in altertümelnder Ausdrucksweise gebrauchte Präposition mit demselben Sinn wie MÁS ALLÁ DE:

**allende los mares** *jenseits der Meere*
**allende el Cabo de Buena Esperanza** *jenseits vom Kap der Guten Hoffnung*

## 25.11 Das Adverb HE

**A ▶** Mit dem antiquiert klingenden Demonstrativum HE verweist man auf Personen oder Sachen. Es erscheint gegebenenfalls vor einem unbetonten Personalpronomen, mit dem es ein Wort bildet, und / oder gefolgt von AQUÍ, AHÍ, ALLÍ:

**Henos aquí alimentando ilusiones.**
*Hier sind wir und nähren unsere Illusionen.*

**He ahí la insensatez de lo moderno.**
*Da liegt die Unsinnigkeit des Modernen.*

## 25. Ortsbestimmungen

**He allí la tierra prometida.**
*Dort ist das gelobte Land.*

**B ▸** In Erzählungen wird HE(ME) AQUÍ QUE bzw. HE(TE) AQUÍ QUE zur Einleitung einer plötzlichen, entscheidenden Begebenheit verwendet:

**Pero he aquí que de pronto se nos cruza un policía...**
*Aber sieh da, plötzlich läuft uns ein Polizist über den Weg.*

**Me levanto, y hete aquí que en torno mío todos duermen...**
*Ich stehe auf und sieh da, um mich herum schlafen alle.*

**C ▸** In der konjunktionalen Verwendung von HE AQUÍ haben ME und TE die Funktion eines **DATIVUS ETHICUS** (vgl. 11.38) daher sind Verbindungen wie HÉTELOS, HÉMELAS möglich und auch relativ gebräuchlich.

### 25.12 Liste der Präpositivadverbien

| | |
|---|---|
| ENCIMA / ARRIBA | DETRÁS / ATRÁS |
| DEBAJO / ABAJO | FUERA / AFUERA |
| DELANTE / ADELANTE | DENTRO / ADENTRO |

### 25.13 Präpositivadverbien der Ruhelage

ENCIMA, DEBAJO, DELANTE, DETRÁS, FUERA und DENTRO dienen vor allem zum Ausdruck von Positionsbeziehungen zwischen den zu beschreibenden Gegenständen oder Personen:

**el libro que está encima / debajo** *das Buch oben / unten*
**los que se sientan delante / detrás** *die vorne / hinten sitzen*
**tender la ropa fuera / dentro** *die Wäsche draußen / drinnen aufhängen*

**A ▸** ENCIMA, DEBAJO, DELANTE, DETRÁS, FUERA und DENTRO sind nicht graduierbar (vgl. 25.14). Zu vorgelagertem POR vgl. 25.36, 25.44 ff.

**B ▸** Durch Hinzufügung von DE bilden ENCIMA, DEBAJO, DELANTE, DETRÁS, FUERA und DENTRO entsprechende Präpositionen:

**encima del armario** *oben auf den / dem Schrank*
**debajo de la cama** *unter das / dem Bett*
**delante de los estudiantes** *vor die / den Studenten*
**detrás de esos árboles** *hinter die Bäume / den Bäumen*
**fuera de la ciudad** *außerhalb der Stadt*
**dentro de la casa** *innerhalb des Hauses*

**C ▸** Häufige Synonyme von DELANTE DE sind FRENTE A und (DE) CARA A:

**estar sentado frente al ordenador** *vor dem Computer sitzen*
**estar de pie de cara a la pared** *vor der Wand stehen*
**trabajar cara al público** *vor den Kunden arbeiten*

**D ▸** Beispiele mit DENTRO DE im nicht konkreten Gebrauch:

**dentro de mi alma** *in meiner Seele*
**dentro de lo posible** *im Bereich des Möglichen*

• DENTRO DE wird in Zeitbestimmungen zur Bezeichnung der Frist gebraucht, vgl. 26.40.

**E ▸** Beispiele mit FUERA DE im nicht konkreten Gebrauch:

**fuera de mis planes** *außerhalb meiner Pläne*
**fuera de tiempo** *frühzeitig*

**fuera de uso** *außer Gebrauch*
**fuera de tono** *taktlos*
**fuera de eso** *das ausgenommen*

• Beispiele für den weiteren Gebrauch von FUERA (vgl. ferner 35.39):

**ser de fuera** *Fremder sein*
**estar fuera** *nicht zu Hause sein*
**irse fuera** *ins Ausland gehen*
**echarse fuera** *sich abwenden*
**¡fuera parquímetros de nuestro barrio!** *weg mit den Parkuhren in unserem Viertel!*

### 25.14 Präpositivadverbien bei Verben der Bewegung

ARRIBA, ABAJO, ADELANTE, ATRÁS, AFUERA und ADENTRO sind sprecherbezogene Adverbien; sie werden vor allem zur Angabe der Richtung verwendet, was häufig mit Hilfe von PARA oder HACIA verstärkt wird:

**estar arriba / abajo** *oben / unten sein*
**con los hombros vueltos hacia adelante / atrás** *mit den Schultern nach vorne / hinten*
**arrojarse afuera / adentro** *hinaus- / hereinstürzen*

**A ▶** ARRIBA, ABAJO, ADELANTE, ATRÁS, AFUERA und ADENTRO sind graduierbar:

**estar sentado muy adelante / atrás** *zu weit vorne / hinten sitzen*
**no poner las cosas tan arriba / abajo** *die Sachen nicht so weit oben / unten hinstellen*
**colocarse más afuera / adentro** *sich weiter hinaus- / hereinstellen*

**B ▶** Feststehende Wendungen mit den Präpositivadverbien:

**¡arriba los ánimos!** *Kopf hoch!*
**no tener arriba de veinte años** *nicht über zwanzig sein*
**¡abajo el tirano!** *nieder mit dem Tyrannen!*
**¡adelante!** *herein!*
**de ahora en adelante** *von jetzt an*
**de hoy en adelante** *von heute an*
**¡afuera!** *hinaus!*
**¡fuera de aquí!** *raus hier!*

### 25.15 Nachstellung der Präpositivadverbien

Zur Angabe der Richtung werden ARRIBA, ABAJO, ADELANTE, ATRÁS, AFUERA und ADENTRO einem Substantiv nachgestellt:

**río arriba** *flußaufwärts*
**escaleras abajo** *die Treppen hinunter*
**mar adentro** *seewärts*

### 25.16 CERCA

Beispiele für den Gebrauch von **cerca** *nah, in der Nähe* (CERCA kann auch in Zeitbestimmungen verwendet werden, vgl. 26.91). CERCA ist graduierbar und wird zu einer Präposition durch Hinzufügung von DE:

**no estar cerca** *nicht in der Nähe sein*
**mirar los Pirineos de cerca** *die Pyrenäen aus der Nähe sehen*
**ponerse más cerca** *sich näher dran stellen*
**quedar cerca de Almería** *in der Nähe von Almeria liegen*

• CERCA DE wird in ungefähren Angaben mit Zahlen verwendet, vgl. 4.36A.

## 25. Ortsbestimmungen

### 25.17 APARTE

Beispiele für den Gebrauch von **aparte** *beiseite, seitwärts*. APARTE wird zu einer Präposition durch Hinzufügung von DE:

**poner un libro aparte** *ein Buch beiseite legen*
**escribirle aparte a Rosa** *Rosa gesondert schreiben*
**aparte de ti** *von dir abgesehen*
**aparte de eso** *außerdem*
**aparte de su afición a la música** *außer seiner Musikbegeisterung*

### 25.18 LEJOS

Beispiele für den Gebrauch von **lejos** *weit weg* (LEJOS DE kann eine Infinitivergänzung erhalten, vgl. 14.122A). LEJOS ist graduierbar und wird zu einer Präposition durch Hinzufügung von DE:

**quedar muy lejos** *weit weg liegen*
**parecer un castillo de lejos** *aus der Ferne wie ein Schloß aussehen*
**colocarse un poquito más lejos** *sich ein bißchen weiter weg hinstellen*
**no haber ocurrido lejos de aquí** *nicht weit von hier passiert sein*
**lejos de alegrarme** *weit davon entfernt, mich zu freuen*

**A ▶** Eine sehr häufige Wendung mit LEJOS ist A LO LEJOS:

**A lo lejos se veían unos árboles.**
*In der Ferne sah man Bäume.*

### 25.19 ENFRENTE

Beispiele für den Gebrauch von **enfrente** *gegenüber*: ENFRENTE wird zu einer Präposition durch Hinzufügung von DE:

**quedar enfrente** *gegenüber liegen*
**enfrente del bar** *der Bar gegenüber*

### 25.20 EN MEDIO

Beispiele für den Gebrauch von **enmedio (en medio)** *in der Mitte*. EN MEDIO wird zu einer Präposition durch Hinzufügung von DE:

**estar enmedio** *in der Mitte sein, mittendrin sein*
**en medio de la carretera** *mitten auf der Straße*
**en medio de tantas dificultades** *bei so vielen Schwierigkeiten*
**en medio de tanta gente** *unter so vielen Leuten*
**en medio de todo** *trotz allem*

### 25.21 ALREDEDOR

Beispiele für den Gebrauch von **alrededor** *ringsum*. ALREDEDOR wird zu einer Präposition durch Hinzufügung von DE (zu ALREDEDOR DE in ungefähren Angaben vgl. 4.36, 26.91):

**las casas de alrededor** *die umliegenden Häuser*
**alrededor de la casa** *um das Haus herum*

**A ▶** Synonyme von ALREDEDOR sind EN TORNO (A) und EN DERREDOR (DE). EN TORNO A wird auch im figurativen Sinn verwendet (Zu EN TORNO A in ungefähren Angaben vgl. 4.36A):

**reunidos en torno a la mesa** *um den Tisch herum versammelt*
**charlas en torno a Juan Carlos Onetti** *Vorträge über den uruguayischen Dichter J.C.O.*
**mirar en derredor** *sich umsehen*

**B** ▶ Beispiele für die Substantive ALREDEDORES und ENTORNO:
**unas fotos de los alrededores de Bilbao** *Bilder der Umgebung Bilbaos*
**el cuidado del entorno natural y cultural** *die Pflege der natürlichen und kulturellen Umwelt*

## B. Präpositionalgefüge zur Positionsbestimmung
Der Begriff der Position umfaßt in dieser praktischen Grammatik sowohl die Ruhelage als auch Handlungen, deren Sinn das Versetzen in eine bestimmte Lage ist: Setzen, Stellen, Legen, Hängen u.ä. Im Deutschen werden letztere als eine weitere Sorte von Bewegungen aufgefaßt, die entsprechenden Verben regieren den Akkusativ.

### 25.22 Positionsbestimmung mit EN
EN dient zur absoluten Positionsangabe im Raum; es führt den Bereich (Raum oder Fläche) ein, in dem Personen oder Sachen sich befinden oder Ereignisse sich abspielen:

**estar en España** *in Spanien sein*
**haber nacido en Múnich** *in München geboren sein*
**vivir en Valencia** *in Valencia wohnen*
**estudiar en un colegio particular** *in eine Privatschule gehen*
**jugar al vóleibol en la playa** *Volleyball am Strand spielen*
**esperar en la estación** *am (im) Bahnhof warten*
**trabajar en "El Corte Inglés"** *bei "El Corte Inglés" arbeiten*
**quedarse en casa** *zu Hause bleiben*
**dormir en una cama de madera** *auf einem Holzbett schlafen*
**sentirse como pez en el agua** *sich wie ein Fisch im Wasser fühlen*
**cosas que sólo suceden en este país** *Dinge, die nur in diesem Land passieren*

**A** ▶ Beispiele mit weniger konkreten Bereichen:

**estar en crisis** *in einer Krise sein*
**estar en coma** *im Koma liegen*
**estar en estado de emergencia** *sich im Notstand befinden*
**encontrarse en una situación difícil** *sich in einer schwierigen Lage befinden*
**vivir en la miseria** *im Elend leben*
**métodos estadísticos en sociología** *statistische Methoden in der Soziologie*
**la teoría de la dictadura en Donoso Cortés** *die Theorie der Diktatur bei Donoso Cortés*

### 25.23 EN mit Verben des Positionierens
Beispiele von EN mit Verben des Versetzens in eine Lage:

**poner la maleta en el suelo** *den Koffer auf den Fußboden stellen*
**colocar los libros en su sitio** *die Bücher an ihren Platz stellen*
**sentarse en una silla** *sich auf einen Stuhl setzen*
**tumbarse en la arena** *sich in den Sand legen*
**colgar el crucifijo en la pared** *das Kruzifix an die Wand hängen*
**pegar los sellos en el sobre** *die Briefmarken auf den Umschlag kleben*
**escribir la fórmula en el pizarrón** *die Formel an die Tafel schreiben*
**dejar el coche en la esquina** *den Wagen an der Ecke stehenlassen*
**dejar a la familia en la miseria** *die Familie im Elend zurücklassen*

### 25.24 EN bei allgemeinen Angaben des Bereichs
EN wird zur Angabe des umfassenden Bereichs eingesetzt (Näheres zu EN / A LA MESA vgl. 25.25):

## 25. Ortsbestimmungen

**En la mesa próxima al servicio se discutía de fútbol.**
*Am Tisch nahe an der Toilette wurde über Fußball diskutiert.*

**Estoy en la ducha.**
*Ich stehe unter der Dusche. Oder: Ich bin im Duschraum.*

### 25.25 Positionsbestimmung durch A

Die Verwendung von A in Standortsbestimmungen ist größtenteils eine Sache lexikalischer Korrektheit. Eine echte Alternative zu EN ist A nur dann, wenn die Angabe eines seitlichen Kontakts inhaltlich relevant ist:

**estar sentado al piano** *am Klavier sitzen*
**estar sentado en el piano** *auf dem Klavier sitzen*
**secar algo al fuego** *etwas am Feuer trocknen*
**cocer algo en el fuego** *etwas über dem Feuer kochen*

### 25.26 A bei Angabe der Entfernung

Mit A wird die Entfernung ausgedrückt (der Ausgangspunkt der Messung wird mit DE eingeleitet):

**a cien kilómetros de aquí** *hundert Kilometer von hier entfernt*
**a un salto de África** *einen Sprung weit weg von Afrika*

**A ▶** Im folgenden Beispiel wird die Entfernung in Flugminuten angegeben:

**La ciudad de México está a dos horas quince minutos de vuelo de La Habana.**
*Mexiko-Stadt liegt zwei Flugstunden und fünfzehn Minuten von Havanna entfernt.*

### 25.27 A bei Angabe von Meßwerten

Mit A führt man auch Meßwerte bezüglich Höhe, Temperatur, Breitengrade u.ä., ebenso schwankende Preislagen ein:

**a cuatro mil metros de altura** *auf viertausend Meter Höhe*
**a catorce grados bajo cero** *bei vierzehn Grad minus*
**a treinta grados de latitud este** *auf dem dreißigsten Grad östlicher Breite*
**a setenta euros** *im Wert von siebzig Euro*

### 25.28 AL + Bezeichnung einer Himmelsrichtung

Mit den Bezeichnungen der Himmelsrichtungen: NORTE, SUR, ESTE, OESTE und deren jeweiligen Komposita führt AL den Bereich jenseits der jeweiligen Bezeichnung ein:

**al norte de Madrid** *nördlich von Madrid*
**al suroeste de Buenos Aires** *südwestlich von Buenos Aires*

**A ▶** Mit AL NORTE, AL SUR usw. drückt man häufig absolute Lageangaben aus, bei denen die Ergänzung mit DE ausbleibt; es ist ein sehr häufiger Fehler, den Bereich selbst – und nicht die Entfernung jenseits davon – mit A statt mit EN einzuleiten:

**Eso queda al sur de Argentina.**
*Das liegt südlich von Argentinien. Oder inkorrekt gebildet: Das liegt im Süden Argentiniens.*

### 25.29 A in festen adverbiellen Fügungen

Viele adverbielle Angaben mit Bezeichnungen von Körperteilen und atmosphärischen Zuständen beginnen mit A. Zwischen A und der jeweiligen Bezeichnung steht der bestimmte Artikel. Das Lexikon gibt an, wann diese Wendungen mit instrumentalem Sinn gebraucht werden:

## 25. Ortsbestimmungen

al aire libre *im Freien*
a la cabeza *an der Spitze*
a la cintura *an der Hüfte*
al calor *in der Hitze*
al cuello *um den Hals*
al fuego *am Feuer*

a la intemperie *unter freiem Himmel*
al hombro *auf der Schulter*
a la oreja / al oído *am Ohr*
al sol *in der Sonne*
a la sombra *im Schatten*
al viento *im Wind*

Beispiele:

**jugar al aire libre** *im Freien spielen*
**ponerse un collar al cuello** *sich eine Kette um den Hals hängen*
**secar la ropa al viento** *die Wäsche im Wind trocknen lassen*
**llevar un revólver a la cintura** *einen Revolver an der Hüfte tragen*

### 25.30 A in festen präpositionalen Fügungen

Zahlreiche präpositionale Wendungen zur Bezeichnnung des relativen Standorts bestehen aus **A** + (bestimmter Artikel) + Substantiv + **DE** + Substantiv, wobei der Ausdruck bei Weglassung der DE-Ergänzung adverbialen Charakter hat:

al alcance *in Reichweite*
a la altura *auf der Höhe*
a lo ancho *in der Breite*
al borde *am Ufer*
a bordo *an Bord*
al bordo *an der Schiffsseite*
al comienzo *am Anfang*
a la derecha *rechts*
a la entrada *am Eingang*
a la espalda *auf / hinter dem Rücken*
al fondo *hinten; unten*
al final *am Ende*
al frente *an der Spitze*
a la izquierda *links*

al lado *daneben*
a lo largo *entlang, längs*
a lo lejos *in der Ferne*
al margen *am Rande*
a nivel *waagerecht*
al nivel *auf der Höhe*
a medio camino *auf halbem Wege*
a mitad *mitten*
al otro lado *auf der anderen Seite*
a la luz *im Lichte*
al pie *am Fuße*
a la puerta *an der Tür*
a ras del suelo *dicht am Boden*
a la salida *am Ausgang*

• Näheres zu AL LADO vgl. 25.67D.

**A** ▸ **al fondo** *hinten* darf nicht verwechselt werden mit **en el fondo** *eigentlich, im Grunde*

### 25.31 A in der Ergänzung lokativer Adjektive

A führt die Ergänzung von Adjektiven ein, die Kontakt oder Nähe bezeichnen:

**un pueblo vecino al mío** *ein Dorf nahe dem meinen*
**una zona cercana al mar** *eine Gegend in Meeresnähe*
**el aparcamiento próximo a la comisaría** *der Parkplatz nahe dem Polizeirevier*
**la habitación contigua al salón** *das Zimmer neben dem Salon*

### 25.32 A in der Ergänzung von Verben des Kontakts

A leitet die Ergänzung von Verben und Substantiven der Annäherung ein; die Partizipien solcher Verben werden sehr oft in Positionsbestimmungen verwendet:

**sillas arrimadas a la pared** *an der Wand aufgereihte Stühle*
**los anuncios pegados al tablón** *die am Brett angebrachten Bekanntmachungen*

## 25. Ortsbestimmungen

### 25.33 DAR A

DAR A dient zum Ausdruck der Gerichtetheit von Zimmern, Türen, Fenstern u.ä.:

**Mi ventana da a la calle.**
*Mein Fenster geht auf die Straße.*

**Una de las puertas daba a la plaza de Toledo.**
*Eine der Türen ging auf den Toledo-Platz.*

### 25.34 Ungefähre Positionsbestimmung durch POR

POR dient zur ungefähren Ortsbestimmung, auch im übertragenen Sinn:

**por el kilómetro 36** *ungefähr bei Kilometer 36*
**ir por los cincuenta años** *um die fünfzig sein*
**estar por Marsella** *in der Nähe von Marseille sein*
**andar por el sur de Francia** *sich irgendwo in Südfrankreich aufhalten*
**vivir por aquí** *hier in der Nähe wohnen*

### 25.35 Angabe der Fläche durch POR statt durch EN

POR wird sehr häufig statt EN bei der Angabe der Fläche verwendet; damit deutet man an, daß die Gegenstände oder Personen darauf sich in zufälliger Anordnung befinden:

**Había prendas de vestir por el suelo.**
*Kleidungsstücke lagen auf dem Fußboden herum.*

**Había vino desparramado por la mesa.**
*Wein war auf dem Tisch verschüttet.*

### 25.36 POR + Präpositivadverb bei Angabe der Seite

POR erscheint sehr oft vor einem Präpositivadverb, in der Regel zur Bezeichnung der eindeutig festgelegten Seiten von Gegenständen (vgl. ferner 25.44 ff):

**por detrás de la casa** *(in der Gegend) hinter dem Haus*
**una puerta cerrada por fuera** *eine von außen geschlossene Tür*
**conocer España por dentro** *Spanien von innen kennen*
**un armario sin barnizar por detrás** *ein auf der Rückseite nicht lackierter Schrank*

**A ▶** Beispiel mit LLEVARSE POR DELANTE:

**El camión descontrolado se llevó por delante un quiosco de periódicos.**
*Der unkontrollierte Lastwagen warf einen Zeitungsstand um.*

### 25.37 POR zur Bezeichnung der Kontaktstelle

POR verwendet man mit Verben des Greifens und Anfassens zur Bezeichnung der Kontaktstelle. Auf POR folgt ein Substantiv, welches die berührte Stelle bezeichnet, oder ein Präpositivadverb:

**coger la silla por la pata** *den Stuhl am Bein anfassen*
**abrir la caja por arriba** *den Karton von oben aufmachen*
**coger la mesa por abajo** *den Tisch unten anfassen*

### 25.38 SOBRE

Beispiele für den Gebrauch von SOBRE:

**sobre nosotros, el cielo** *über uns: der Himmel*

**25. Ortsbestimmungen**

**sobre la ciudad** *über der Stadt*
**sobre la cama** *über dem Bett; auf das / dem Bett*

• Zum Unterschied zwischen SOBRE, ENCIMA DE und EN vgl. 25.39. Zu SOBRE vgl. ferner 25.44.

## 25.39 SOBRE, EN oder ENCIMA DE?

Der Kontakt mit einer Fläche kann ausgedrückt werden mit EN, ENCIMA DE und SOBRE; EN wird für Flächen bevorzugt, die nah am Boden sind; ENCIMA DE ist eher geeignet für Flächen, die relativ hoch stehen; SOBRE kann für jede Fläche verwendet werden:

**en el suelo** *auf den / dem Fußboden*
**encima del armario** *auf den / dem Schrank*
**sobre la mesa** *auf den / dem Tisch*

## 25.40 ENTRE

Beispiele mit ENTRE:

**entre Zaragoza y Teruel** *zwischen Saragossa und Teruel*
**entre tú y yo** *zwischen dir und mir*
**entre los árabes** *unter / bei den Arabern*
**entre los diez primeros** *unter den ersten zehn*
**entre la arena** *im Sand*

• Weitere Ausführungen zu ENTRE vgl. Kapitel 40, Teil C.

## 25.41 HACIA

HACIA bezeichnet die ungefähre Position von markierten Punkten und die Himmelsrichtung:

**hacia el kilómetro treinta** *ungefähr bei Kilometer 30*
**estar situado hacia el sur** *zum Süden hin gelegen sein*

## 25.42 DESDE

DESDE bezeichnet den Ort, von dem aus ein mehr oder weniger entfernter Gegenstand wahrgenommen wird (DESDE darf hier nicht durch DE ersetzt werden, was allerdings häufig vorkommt):

**mirar desde el balcón** *vom Balkon aus zusehen*
**ver la cumbre desde aquí** *von hier aus den Gipfel sehen*
**oír un ruido desde la cocina** *von der Küche her ein Geräusch hören*

## 25.43 DE

DE erscheint in Positionsangaben in zahlreichen feststehenden Wendungen, beispielsweise mit Bezeichnungen von Körperteilen (vgl. 25.30). DE steht häufiger als POR vor solchen Wörtern zur Bezeichnung der Kontaktstelle bei Verben des Greifens:

**de pie** *im Stehen*
**ponerse de pie** *sich erheben, aufstehen*
**de cabeza** *mit dem Kopf voran*
**de espaldas a la pared** *mit dem Rücken zur Wand*
**de rodillas** *auf die Knie / den Knien*
**coger de la mano** *an die Hand nehmen*
**agarrar del brazo** *am Arm packen*

**A** ▶ Man sagt PONERSE DE PIE oder PONERSE EN PIE für *'sich erheben, aufstehen'.'*

## 25. Ortsbestimmungen

### 25.44 SOBRE, ENCIMA DE, POR ENCIMA DE

**A** ▶ SOBRE und ENCIMA DE haben die Bedeutung *'über'*. Allein SOBRE kann im figurativen Sinn und zur Angabe des Themas verwendet werden (Näheres zu diesen Präpositionen vgl. 25.38):

**Se adivinaba una tristeza infinita sobre el silencio de la noche.**
*Über der Stille der Nacht erahnte man eine unendliche Trauer.*

**Reflexionaba sobre su situación en España.**
*Sie dachte über ihre Situation in Spanien nach.*

**B** ▶ POR ENCIMA DE wird zum Ausdruck von Überlegenheit verwendet:

**Por encima del Papa está sólo Dios.**
*Über dem Papst ist Gott allein.*

**Está por encima de lo que piensan sobre él.**
*Er ist erhaben über die Meinung, die andere von ihm haben.*

### 25.45 BAJO, DEBAJO DE, POR DEBAJO DE

**A** ▶ BAJO und DEBAJO DE haben die Bedeutung *'unter'*. Allein BAJO kann im nicht konkreten, übertragenen Sinne gebraucht werden:

**Durmieron bajo / debajo de un árbol frondoso.**
*Sie schliefen unter einem dicht belaubten Baum.*

**El país agoniza bajo las botas de la dictadura.**
*Das Land siecht unter den Stiefeln der Diktatur dahin.*

**B** ▶ POR DEBAJO DE wird zum Ausdruck figurativer Unterlegenheit und Unterschreitung von statistischen Werten verwendet:

**Un 20% de americanos viven por debajo del umbral de la pobreza.**
*Etwa 20% der US-Amerikaner leben unter der Armutsschwelle.*

**El número de desempleados se sitúa ahora por debajo de los cuatro millones.**
*Die Arbeitslosenzahl beträgt jetzt unter vier Millionen.*

### 25.46 TRAS (DE), DETRÁS DE, POR DETRÁS DE, DESPUÉS DE

**A** ▶ TRAS und DETRÁS DE haben die Bedeutung *'hinter'*. TRAS wird in Ausdrücken im nicht konkreten, übertragenen Sinne bevorzugt:

**¿Qué habría tras / detrás de la puerta?**
*Was könnte hinter der Tür sein?*

**Tras esa sonrisa simplona se esconde un taimado como hay pocos.**
*Hinter diesem einfältigen Lächeln versteckt sich ein ganz gewiefter Schlaukopf.*

**B** ▶ POR DETRÁS DE bezeichnet die Position in Rangordnungen und Reihenfolgen (sein Synonym ist POR DEBAJO DE, sein Antonym POR ENCIMA DE bzw. POR DELANTE DE):

**En cuanto a natalidad, España ya figura por detrás de Alemania.**
*Was die Geburtenrate betrifft, so kommt Spanien bereits nach Deutschland.*

**C** ▶ DESPUÉS DE und LUEGO DE haben die Bedeutung *'nach'* und können zur Standortbestimmung nach Maßgabe der Aufeinanderfolge gebraucht werden:

**El banco viene después de / luego de la comisaría.**
*Die Bank kommt nach dem Polizeirevier.*

**D** ▶ Beispiel mit TRAS DE:
**Esta forma no se usa tras de preposición.**
*Diese Form wird nicht nach einer Präposition verwendet.*

## 25.47 ANTE, DELANTE DE, POR DELANTE DE, ANTES DE

**A** ▶ ANTE und DELANTE DE haben die Bedeutung *'vor'*. Allein ANTE kann im nicht konkreten, übertragenen Sinne gebraucht werden:
**Se detuvieron delante de / ante la imponente escalinata.**
*Sie hielten vor der imposanten Treppe.*
**Ante la ley todos deberíamos ser iguales.**
*Vor dem Gesetz sollten wir alle gleich sein.*

**B** ▶ POR DELANTE DE bezeichnet die vordere Position in Reihenfolgen und Rangordnungen:
**En gastos por alumno, España sólo estaba en la UE por delante de Irlanda y Grecia.**
*In Ausgaben pro Schüler stand Spanien unter den EU-Ländern allein vor Irland und Griechenland.*

**C** ▶ Das Zeitadverb ANTES bzw. die Präposition ANTES DE, beide mit der Bedeutung *'vor'*, werden zur Standortbestimmung nach Maßgabe der Aufeinanderfolge verwendet (vgl. 26.64B):
**¿La Escala viene antes o después de Gerona?**
*Kommt La Escala vor oder nach Gerona?*

## C. Präpositionalgefüge bei Fortbewegungen

### 25.48 Endpunkt einer Fortbewegung: A

Mit A wird das Ziel, der Endpunkt einer konkreten oder mehr oder weniger figurativen Bewegung eingeführt:

**viajar a España** *nach Spanien fahren*
**irse a casa** *nach Hause gehen*
**ir al cine** *ins Kino gehen*
**volver a su país** *in seine Heimat zurückkehren*
**dirigirse a la estación** *zum Bahnhof gehen*
**salir a la calle** *auf die Straße gehen*
**subir a su habitación** *auf sein Zimmer gehen*
**llevar a los niños a la escuela** *die Kinder zur Schule bringen*
**bajar las maletas al sótano** *die Koffer in den Keller hinuntertragen*
**dejarse caer al suelo** *sich auf den Boden fallen lassen*
**acercarse a la ventana** *zum Fenster gehen*
**traducir del español al inglés** *vom Spanischen ins Englische übersetzen*
**apuntar al centro** *in die Mitte zielen*

• Zu Sätzen wie ¿CUÁNDO TE VIENES POR CASA? vgl. 25.55.

**A** ▶ A führt die Direktivangabe von ASISTIR, FALTAR, LLAMAR und LLEGAR ein:

**asistir a un congreso** *an einem Kongreß teilnehmen (zu einem Kongreß gehen)*
**faltar a la reunión** *auf der Versammlung fehlen*
**llamar a casa** *zu Hause anrufen*
**llegar a Barcelona** *in Barcelona ankommen*

## 25. Ortsbestimmungen

**B ▶** Bei einigen Verben wie MIRAR und SEÑALAR erscheint A zur Bezeichnung der Richtung:
**mirar a la ventana iluminada** *auf das beleuchtete Fenster blicken*
**señalar a un cartel** *auf ein Hinweisschild deuten*

### 25.49 ADÓNDE und A DONDE bzw. ADONDE
Die Frage nach dem Ziel einer Bewegung lautet in der Regel: ¿ADÓNDE? (vgl. 25.2). Das Relativum besteht aus zwei akzentlosen Wörtern oder eine ebenfalls akzentlose Zusammensetzung:
**¿adónde ir?** *wo soll man hingehen?*
**el lugar a donde / adonde nos llevaron** *der Ort, wohin sie uns brachten*

### 25.50 Zweimal A in Infinitivergänzungen von Verben der Bewegung
Die Infinitivergänzung eines Verbs der Bewegung wird spontan durch A eingeführt; vgl. 14.114) Sehr häufig erscheint im Satz die Bezeichnung des Ortes, an dem die Infinitivhandlung zur Ausführung kommen soll, nach dem Infinitiv; A erscheint auch – vielleicht unlogischerweise – davor:
**irse a comer a un bar** *in eine Bar essen gehen*
**marcharse a dormir a casa** *nach Hause schlafen gehen*
**salir a comprar el periódico a un quiosco** *die Zeitung in einem Kiosk kaufen gehen*
**acudir a rezar a las mezquitas** *zum Beten in die Moscheen hingehen*

### 25.51 A im Ausdruck zurückgelegter Strecke
Mit der Formel **A + bestimmter Artikel + Mengenausdruck** wird die zurückgelegte Strecke bezeichnet:
**pararse al kilómetro** *nach einem Kilometer stehenbleiben*
**dar la vuelta a los pocos metros** *nach wenigen Metern kehrtmachen*

### 25.52 Ausgangspunkt einer Fortbewegung: DE
**volver del cine** *vom Kino zurückkommen*
**salir del teatro** *aus dem Theater kommen*
**venir de casa** *von zu Hause kommen*
**caerse de la bicicleta** *vom Rad stürzen*

● Weitere Beispiele zu DE zum Ausgangspunkt von Bewegungen vgl. 38.1. Zum Unterschied zu DESDE vgl. 25.42.

**A ▶** Beispiele mit DE...A:
**de Madrid a Barcelona** *von Madrid nach Barcelona*
**de mi casa a la tuya** *von meiner Wohnung zu deiner*
**de pies a cabeza** *(von den Füßen zum Kopf) von Kopf bis Fuß*

### 25.53 DE ... EN
In vielen mehr oder weniger festen Wendungen erscheint DE mit EN:
**de día en día** *jeden Tag, von Tag zu Tag*
**de puerta en puerta** *von Tür zu Tür*
**de boca en boca** *von Mund zu Mund*
**de ahora en adelante** *von jetzt an*
**de hoy en adelante** *von heute an*
**de mal en peor** *immer schlimmer*

## 25. Ortsbestimmungen

### 25.54 Passierter Raum: POR

POR führt den Ort ein, der sozusagen mitten in einer konkreten oder figurativen Fortbewegung berührt wird:

**salir por la puerta** *durch die Tür hinausgehen*
**entrar por la ventana** *durch das Fenster hineinkommen*
**venir por el parque** *durch den Park kommen*
**volver por Aranjuez** *über Aranjuez zurückfahren*
**ir por la lección diez** *in der Lektion zehn sein*

### 25.55 POR vor Zielergänzungen

Mit den Verben IR, PASAR, VENIR und VOLVER – und deren Reflexivfassungen – führt POR häufig den für einen kurzen Aufenthalt aufgesuchten Ort ein:

**De vuelta me paso por el banco.**
*Auf dem Rückweg gehe ich auf die Bank.*

**Vente por casa y cenamos juntos.**
*Komm doch vorbei, und wir essen zusammen Abendbrot.*

**Tengo miedo de ir por el billar, no vaya a ser que se aparezca El Chato.**
*Ich habe Angst, beim Billard vorbeizuschauen, El Chato könnte nämlich dort auftauchen.*

### 25.56 Bereich einer Fortbewegung: POR

POR führt den Bereich einer Fortbewegung ein:

**ir por la calle** *auf der Straße gehen*
**avanzar por el pasillo** *im Flur gehen / durch den Flur gehen*
**venir por la autopista** *auf der Autobahn fahren*
**navegar por el mar** *auf dem Meer fahren*

**A ▶** Beispiel für den Gebrauch von **coger (tomar) por** *eine Richtung einschlagen*:

–¿Por dónde cogisteis?  "Wie seid ihr gefahren?"
–Cogimos por la autopista de Burgos.  "Wir sind die Autobahn Richtung Burgos gefahren."

### 25.57 POR in Angaben von ziellosen Bewegungen

POR führt den Bereich von Bewegungen ohne festes Ziel:

**pasearse por el centro** *im Zentrum herumspazieren*
**corretear por el jardín** *im Garten hin und her rennen*
**un viaje por Baviera** *eine Bayernreise*

### 25.58 POR vor Präpositionen und Adverbien des Ortes

Zur präziseren Angabe eines tatsächlichen oder nur vorgestellten Bewegungsverlaufs steht POR oft vor anderen Präpositionen oder Adverbien des Ortes:

**pasar por delante de la casa** *an dem Haus vorbeigehen*
**meter algo por debajo de la puerta** *etwas unter der Tür hindurchschieben*
**avanzar por entre la muchedumbre** *sich durch die Menge hindurchzwängen*
**asomarse por entre las ramas** *durch den Zweigen hervorkommen*
**mirar algo por encima de las cabezas de los asistentes** *etwas über die Köpfe der Anwesenden hinweg sehen*

## 25. Ortsbestimmungen

### 25.59 Betretener Raum: EN

EN bezeichnet die konkrete oder gleichsam ideelle Bewegung in einen Raum hinein:

**entrar en la casa** *das Haus betreten*
**meter los pies en el agua** *die Füße in das Wasser stecken*
**clavar un clavo en la pared** *einen Nagel in die Wand schlagen*
**hundir el hacha en la tierra** *die Axt in die Erde versenken*
**refugiarse en sus libros** *Zuflucht bei seinen Büchern suchen*

**A** ▶ ENTRAR wird im amerikanischen Spanisch generell mit A verwendet: ENTRAR A LA CASA. Im Gebrauch mit einer Infinitivergänzung in der Bedeutung *'beginnen'* steht davor immer A:
**Entró luego a analizar las razones de la crisis.**
*Danach ging er dazu über, die Gründe für die Krise zu analysieren.*

### 25.60 A oder EN bei gewissen Verben der Bewegung

Bei Bewegungen, die an einer passierbaren Fläche enden, wird diese mit EN oder mit A eingeleitet:

**El avión se cayó en el / al mar.**
*Das Flugzeug stürzte ins Meer.*

### 25.61 EN bei Verben des Schlagens

Die Fläche oder der Punkt, auf den ein (auch nur gedachter) Schlag trifft, wird bei Substantiven meistens mit EN eingeleitet, mit Verben ist EN alternativ zu CONTRA:

**dar en el blanco** *ins Schwarze treffen*
**un golpe en la cabeza** *ein Schlag auf den Kopf*

### 25.62 PARA

PARA gibt die Richtung bei einem festgelegten Ziel an; es wird nie mit Lebewesen oder beweglichen Gegenständen verwendet. PARA ist die gewöhnliche Direktivergänzung von SALIR und sonstigen Verben, die den Ausgangspunkt bezeichnen. Es hat sich auch eingebürgert, PARA mit Fahrzeugbezeichnungen zum Ausdruck der Richtung zu verwenden:

**salir para Barcelona** *nach Barcelona aufbrechen*
**volverse para casa** *nach Hause zurückgehen*
**el tren para Sevilla** *der Zug nach Sevilla*
**el barco para Alicante** *das Schiff nach Alicante*

### 25.63 HACIA

HACIA gibt die Richtung an, gewöhnlich bei Verben, die eine Bewegung im Verlauf bezeichnen; HACIA wird mit Lebewesen und beweglichen Gegenständen verwendet:

**cabalgar hacia el pueblo** *zum Dorf hin reiten*
**arrastrarse hacia la salida** *zum Ausgang hin kriechen*
**navegar hacia el sur** *Richtung Süden fahren*
**volverse hacia mí** *sich mir zuwenden*

**A** ▶ Ein Synonym von HACIA in gewissen Wendungen ist CARA A bzw. DE CARA A. Dieser Ausdruck wird auch häufig verwendet mit der Bedeutung *'im Hinblick auf'*
**llorar de emoción, cara a la lejana cruz** *vor Rührung beim Anblick des fernen Kreuzes weinen*

**las propuestas más eficaces de cara a la paz** *die wirksamsten Vorschläge zur Herbeiführung des Friedens*

**B** ▶ Mit Verben der Richtungsänderung wie DOBLAR, GIRAR und TORCER konkurrieren A, PARA und HACIA:

**doblar (girar, torcer) a / para / hacia la derecha** *rechts abbiegen*

**C** ▶ HACIA konkurriert mit POR und PARA CON (statt A) in der Ergänzung von Substantiven, die Affekte bezeichnen (vgl. 39.10, 39.43):

**no sentir ninguna compasión hacia ellos** *kein Mitleid mit ihnen empfinden*
**lleno de un odio feroz hacia los ricos** *voll von wildem Haß auf die Reichen*

## 25.64 DESDE

DESDE bezeichnet bzw. betont den Ausgangspunkt auf halber (tatsächlich oder gedanklich) zurückzulegender Strecke:

**viajar solo desde Zaragoza** *von Saragossa ab allein fahren*
**tender el cable desde aquí** *das Kabel ab hier verlegen*
**empezar desde cero** *von Null anfangen*

## 25.65 HASTA

Beispiele mit HASTA:

**ir sólo hasta Sevilla** *nur bis Sevilla fahren*
**acompañarme hasta la esquina** *mich bis zur Ecke begleiten*
**llegar hasta la orilla** *bis an das Ufer kommen*

**A** ▶ DESDE und HASTA ergänzen sich normalerweise; aber die – vielleicht unlogischen – Ersetzungen von DESDE durch DE und von HASTA durch A kommen recht häufig vor:

**correr desde aquí hasta el árbol** *von hier bis zum Baum rennen*
**ir a pie desde (de) la casa hasta el (al) centro** *von zu Hause bis zum Zentrum zu Fuß gehen*

## D. Ergänzungen zu den Ortsbestimmungen

In diesem Teil werden häufige Ortsangaben angeführt, die die allgemeine ortsbezeichnende Substantive LADO, LUGAR, PARTE und SITIO enthalten.

## 25.66 Präposition + LADO / PARTE / SITIO

Sehr wichtige adverbielle Angaben bestehen aus einer der wichtigsten Präpositionen der Ortsbestimmung: EN, A, DE, POR, einem Indefinitpronomen: TODOS, ALGUNO, NINGUNO, CUALQUIERA und den allgemeinen Ortsbezeichnungen LADO, PARTE und SITIO. Anschließend Beispiele mit PARTE:

**en todas partes** *überall*
**de todas partes** *von überall*
**por todas partes** *überall herum; von überall her*
**en cualquier / alguna parte** *irgendwo*
**en ninguna parte** *nirgendwo*
**a ninguna parte** *nirgendwohin*

## 25. Ortsbestimmungen

### 25.67 Angaben mit LADO

**A** ▶ Es gibt die Tendenz, DE vor LADO zu verwenden. Einige Beispiele aus dem Lexikon:

**llevar el sombrero de lado / de medio lado** *den Hut seitlich verschoben tragen*
**estar de nuestro lado** *auf unserer Seite stehen*
**estar del lado de los insurrectos** *auf der Seite der Aufständischen stehen*
**del lado de acá / del lado de allá** *diesseits / jenseits*
**dejar de lado** *auslassen, nicht erwähnen*
**mirar de lado** *scheel anblicken*
**volverse de lado** *sich auf die Seite wenden*

**B** ▶ Ausdrücke zur Positionsbestimmung, die vorwiegend mit A verwendet werden (vgl. 25.30):

**al otro lado** *auf der anderen Seite*
**a ambos lados de la carretera** *zu beiden Seiten der Straße*
**a un lado de la calle** *auf einer Seite der Straße*

**C** ▶ AL OTRO LADO wird nur in rein geographischem Sinne verwendet; in Argumentationen (*'andererseits'*) wird POR OTRO LADO oder – weniger häufig – DE OTRO LADO gebraucht.

**Una ley parece imprescindible. Me parece, por otro lado, que promulgar leyes no es la panacea.**
*Ein Gesetz muß wohl her. Andererseits bin ich der Meinung, daß das Verabschieden von Gesetzen nicht das Allheilmittel ist.*

**Debemos felicitarnos, de un lado, por la victoria, y de otro, por el aumento de popularidad de este deporte.**
*Wie sollten uns beglückwünschen sowohl zu unserem Sieg als auch zur zunehmenden Beliebtheit unseres Sports.*

**D** ▶ Beispiele für den Gebrauch von **al lado** *nebenan* und **al lado de** *neben*. Synonym von AL LADO DE ist JUNTO A:

**vivir al lado** *nebenan wohnen*
**aprender al lado de un Premio Nobel** *bei einem Nobelpreisträger lernen*
**estar ahí al lado** *da, gleich nebenan sein*
**al lado del libro rojo** *neben das / dem roten Buch*
**viajar en el avión junto al doctor Mas** *neben Doktor Mas im Flugzeug sitzen*

• Beim Bezug auf Personen wird AL meistens durch A + **Possessivpronomen** ersetzt:

**Me senté a su lado.**
*Ich setzte mich neben ihn / sie.*

• AL LADO und dessen Varianten mit Possessivpronomen werden in Vergleichen verwendet:

**A su lado el embajador no era más que un recadero.**
*Verglichen mit ihm war der Botschafter nichts als ein Laufbursche.*

**E** ▶ Weitere Ausdrücke mit LADO:

**de un lado para otro** *hin und her*
**por cualquier lado que se mire** *wie man es auch immer betrachtet*
**por el lado materno** *mütterlicherseits*
**por este lado** *in dieser Hinsicht*

## 25. Ortsbestimmungen

### 25.68 Angaben mit PARTE

**A** ▶ DE PARTE DE bzw. DE MI / TU / SU /NUESTRA / VUESTRA PARTE wird sehr häufig in Wendungen des Ausrichtens verwendet:

¿de parte de quién? (am Telefon:) *wen soll ich melden?*
recuerdos a Carlos de mi parte *einen schönen Gruß von mir an Carlos*

**B** ▶ PARTE und LADO sind in einigen Wendungen synonym (vgl. 25.67A):

estar de parte de los sublevados *auf der Seite der Aufständischen stehen*
estar de nuestra parte *auf unserer Seite stehen*

**C** ▶ Beispiele aus: **Präposition + OTRA PARTE**:

en otra parte *anderswo*
de otra parte *von anderswoher*

**D** ▶ Häufige Wendungen mit PARTE:

un primo mío por parte de padre *ein Vetter von mir väterlicherseits*
en parte por orgullo, en parte por decencia *teils aus Stolz, teils aus Anstand*
no llevar a ninguna parte *nirgends hinführen, zwecklos sein*
por [de] una parte ... por [de] otra (parte) *einerseits ... andererseits*
¡vamos por partes! *der Reihe nach!*

• PARTE erscheint in feststehenden Wendungen zur Zeitbestimmung, vgl. 26.30.

### 25.69 Angaben mit LUGAR

**A** ▶ EN + **Ordinalzahl** + LUGAR dient zum Ausdruck der Aufeinanderfolge in Raum oder Zeit, vor allem aber zur Einordnung von Tatsachen hinsichtlich ihrer Bedeutsamkeit:

En primer lugar, hay que tener en cuenta la infancia del acusado.
*Zuerst / Erstens muß man die Kindheit des Angeklagten in Betracht ziehen.*

**B** ▶ Beispiele mit EN LUGAR DE, DAR LUGAR A und TENER LUGAR:

en lugar de mi hermana *anstelle meiner Schwester*
en lugar de trabajar *statt zu arbeiten*
dar lugar a absurdos debates *absurde Diskussionen auslösen*
dar lugar a que se le critique *Anlaß dazu geben, daß man ihn kritisiert*
donde tuvo lugar el encuentro *wo das Treffen stattfand*

# 26. Zeitbestimmungen

A. Zeitangaben mit und ohne Präposition

### 26.1 Situierung in der Zeit mit EN
EN dient zur allgemeinen Situierung von Tatsachen innerhalb einer Zeitspanne, die mit einem näher bestimmten Substantiv bezeichnet ist:

en la tarde del 19 de octubre de 1978 *am Nachmittag des 19. Oktober 1978*
en el día de la independencia *am Unabhängigkeitstag*
en los dos días siguientes *an den beiden darauffolgenden Tagen*
en la semana más loca de mi vida *in der verrücktesten Woche meines Lebens*
en la primavera de 1968 *im Frühjahr 1968*
en aquellos meses *in jenen Monaten*
en el año de los Juegos Olímpicos *im Jahr der Olympischen Spiele*
en la Edad Media *im Mittelalter*
en el siglo XXI *im 21. Jahrhundert*
en nuestra época *in unserer Epoche*
en la primera década de este siglo *im ersten Jahrzehnt dieses Jahrhunderts*
en mi juventud *in meiner Jugend*
en la Primera Guerra Mundial *im Ersten Weltkrieg*
en mis tiempos de estudiante *in meiner Schülerzeit*
en el momento de la explosión *im Augenblick der Explosion*
en el minuto 79 *in der 79. Minute*
en el primer tiempo *in der ersten Halbzeit*

- Zum Wegfall von EN vgl. 26.4, 26.5, 26.6.
- Mit COMIENZOS, MEDIADOS, FINALES und deren Synonymen ebenso wie mit MEDIANOCHE und MEDIODÍA wird A gebraucht, vgl. 26.19.
- Zu den allgemeinen Bezeichnungen der Tageszeiten mit POR vgl. 26.7.

### 26.2 DURANTE ersetzt EN
DURANTE kann EN ersetzen, wenn Anfang und Ende der Zeitspanne in Betracht gezogen werden müssen oder sollen, ebenso in verneinten Sätzen (Näheres zu DURANTE vgl. 26.49):

**Durante los dos días siguientes no ocurrió nada extraordinario.**
*Während der beiden darauffolgenden Tage passierte nichts Außergewöhnliches.*

### 26.3 EN in Ausdrücken bezügich des laufenden Jahres
Feststehende Wendungen in bezug auf das laufende Jahr: EN LO QUE VA DE(L) AÑO und EN LO QUE QUEDA DE(L) AÑO:

**Se han registrado 4000 muertos por cólera en lo que va de año.**
*4000 Choleratote sind bisher in diesem Jahr gezählt worden.*

**No habrá nuevos descensos del precio del dinero en lo que queda del año.**
*Bis Jahresende wird es keine neuen Senkungen im Preis des Geldes geben.*

## 26.4 Wegfall von EN vor EL DÍA, LA SEMANA, EL AÑO und EL MES

Beim Bezug auf eine bestimmte Zeiteinheit (bestimmter Artikel!) fällt EN, vor allem in der gesprochenen Sprache, sehr häufig weg vor DÍA, SEMANA, AÑO und MES. Auf diese Ausdrücke folgt eine nähere Bestimmung oder ein Relativsatz:

**Nació el año que su padre fue ascendido a general.**
*Er wurde in dem Jahr geboren, in dem sein Vater zum General befördert wurde.*

**Eso ocurrió la semana pasada.**
*Das passierte letzte Woche.*

**El día de su boda yo me encontraba viajando a Portugal.**
*Am Tage seiner Heirat war ich unterwegs nach Portugal.*

## 26.5 Wegfall von EN vor den Bezeichnungen der Jahreszeiten

EN fällt sehr häufig vor PRIMAVERA, VERANO, OTOÑO und INVIERNO weg, wenn diese Wörter eine bestimmte Jahreszeit meinen - und der bestimmte Artikel verwendet wird - und eine nähere Bestimmung oder einen Relativsatz erhalten:

**Las elecciones serán el próximo otoño.**
*Die Wahlen finden nächsten Herbst statt.*

**Nos conocimos en México el verano de 1999.**
*Wir haben uns im Sommer 1999 in Mexiko kennengelernt.*

• EN fällt vor TODOS LOS / TODAS LAS weg, vgl. 26.45.

## 26.6 Wegfall von EN vor Demostrativpronomen + Zeitausdruck

Vor einem Demostrativpronomen im Singular, das MAÑANA, TARDE, NOCHE, MADRUGADA, DÍA, PRIMAVERA, VERANO, OTOÑO, INVIERNO, AÑO und andere näher bestimmt (vgl. 7.27A), steht keine Präposition. EN fällt ebenso beim Einsetzen von präzisierendem MISMO weg:

**esta mañana** *heute morgen*
**esta tarde** *heute nachmittag*
**esta noche** *heute abend*
**este mediodía** *heute Mittag*
**ese día** *an diesem Tag*
**aquel día** *an jenem Tag*
**este verano** *in diesem Sommer*
**este año** *in diesem Jahr*
**aquella misma mañana** *am selben Morgen*
**ese mismo día** *noch am selben Tag*

## 26.7 Angabe der Tageszeiten: POR

Zur bloßen Angabe der Tageszeiten müssen mit MAÑANA, TARDE und NOCHE der Artikel und eine Präposition gebraucht werden. Letztere ist in der Regel POR:

**por la mañana** *morgens, am Morgen, vormittags, am Vormittag*
**por la tarde** *nachmittags, am Nachmittag*
**por la noche** *abends, am Abend, nachts, in der Nacht*

**A ▶** Zum Ausdruck von Wiederholung steht MAÑANAS, TARDES und NOCHES mit dem Artikel LAS; diese Ausdrücke sind im übrigen Konstruktionen mit TODO oder CADA vorzuziehen (vgl. 26.45):

**hacer sus visitas por las mañanas** *seine Besuche morgens erledigen*
**entrenar por las tardes** *nachmittags trainieren*

## 26. Zeitbestimmungen

**B ▶** Im lateinamerikanischen Spanisch wird mit MAÑANA, TARDE und NOCHE nicht POR, sondern EN oder A verwendet: A LA MAÑANA sagt man in Argentinien für *morgens*, EN LA TARDE sagt in Peru für *am Nachmittag*.

### 26.8 Weitere Präpositionen vor POR LA MAÑANA / TARDE / NOCHE

DESDE, HASTA und PARA können vor POR LA MAÑANA, POR LA TARDE und POR LA NOCHE erscheinen:

**desde por la mañana** *seit dem Vormittag*
**hasta por la tarde** *bis heute nachmittag*
**para por la noche** *für den Abend*

### 26.9 EN bei Angaben mit den Tageszeiten

Erhält die Benennung der Tageszeit eine nähere Bestimmung, so kommt die Hauptregel der Situierung in der Zeit mit EN (vgl. 26.1) zum Tragen:

**En la noche del martes se oyeron tiros.**
*In der Nacht zum Dienstag hörte man Schüsse.*

### 26.10 Präposition bei MADRUGADA

Bei MADRUGADA wird als allgemeine bzw. nicht näher bestimmte Angabe DE ohne den Artikel LA, ansonsten EN mit dem Artikel LA verwendet:

**Sus mejores artículos los escribía de madrugada.**
*Seine besten Artikel schrieb er nach Mitternacht.*

**El robo ocurrió en la madrugada del jueves.**
*Der Diebstahl ereignete sich am frühen Donnerstagmorgen.*

### 26.11 Die Präposition A bei TARDE, MAÑANA und NOCHE

Mit TARDE und NOCHE wird A zum Ausdruck des Beginns in Angaben bezüglich der Zukunft verwendet; A erscheint ebenfalls vor MEDIA MAÑANA und MEDIA TARDE:

**venir a la tarde** *am frühen Nachmittag kommen*
**acostarse a media mañana** *sich mitten am Vormittag hinlegen*

### 26.12 Gebrauch von EN vor TODO + Zeitausdruck in verneinten Sätzen

Bei DÍA, SEMANA, AÑO, MES, PRIMAVERA, VERANO, OTOÑO, INVIERNO, MAÑANA, TARDE und NOCHE ist EN obligatorisch vor TODO EL / TODA LA in verneinten Sätzen:

**No he hecho nada en todo el día.**
*Ich habe den ganzen Tag nichts getan.*

**No se ha aparecido en toda la mañana.**
*Er ist den ganzen Morgen nicht aufgetaucht.*

### 26.13 DE DÍA und DE NOCHE

DE erscheint in den artikellosen festen Wendungen DE NOCHE und DE DÍA:

**Estudia de noche y duerme de día.**
*Er lernt nachts und tagsüber schläft er.*

## 26.14 A bei der Bezeichnung eines punktuellen Geschehens

Mit AL / A LA + Substantiv des Ereignisses gibt man den Zeitpunkt an, an dem etwas geschieht:

**Al primer brindis me acordé de Engracia.**
*Beim ersten Toast fiel mir Engracia ein.*

**A la llegada del equipo campeón la estación se encontraba a rebosar.**
*Bei der Ankunft der Meistermannschaft war der Bahnhof dichtgedrängt voll.*

- AL + Infinitiv vgl. 14.96.
- A mit den Tageszeiten vgl. 26.7B.
- A in Uhrzeitangaben vgl. 26.90D.
- A in Datumsangaben vgl. 26.96C.

## 26.15 A in Ausdrücken mit HORA

Vor den zahlreichen feststehenden Zeitangaben mit dem Substantiv HORA steht meistens A:

**empezar a la hora de siempre** *zur üblichen Uhrzeit anfangen*
**a primera hora** *ganz in der Frühe*
**a primeras horas de la mañana** *in den frühen Morgenstunden*
**a última hora de ayer** *gestern gerade noch*
**hacer algo a última hora** *etwas in letzter Minute erledigen*
**a estas horas** *jetzt*
**a la hora de comer** *zur Mittagessenszeit*
**a altas horas de la noche** *in der späten Nacht*

- Zu A LA HORA DE + Infinitiv vgl. 14.99.

## 26.16 MEDIODÍA und MEDIANOCHE

Vor MEDIODÍA und MEDIANOCHE steht A, dabei ist A MEDIODÍA genauso häufig wie AL MEDIODÍA, während A MEDIANOCHE häufiger ist als A LA MEDIANOCHE:

**Ayer a(l) mediodía vino mi hijo del colegio sangrando.**
*Gestern mittag kam mein Sohn von der Schule und blutete.*

**La sesión terminó a medianoche.**
*Die Sitzung endete um Mitternacht.*

## 26.17 Bezeichnungen von Anfang und Ende mit AL

Vor den Bezeichnungen von Anfang (COMIENZO, PRINCIPIO) und Ende (FIN, FINAL) steht AL; diese Ausdrücke können eine Ergänzung mit DE annehmen:

**Al comienzo / al final hubo protestas.**
*Am Anfang / am Ende gab es Proteste.*

**Al fin de la jornada se sentían exhaustos.**
*Am Ende des Arbeitstages fühlten sie sich erschöpft.*

**A ▶** Man beachte die unterschiedliche Bedeutung häufiger Ausdrücke mit PRINCIPIO und mit FIN:

**al principio** *am Anfang*
**en principio** *im Prinzip*
**¡al fin / por fin!** *na endlich!*
**en fin** *zusammenfassend; nun ja*

## 26. Zeitbestimmungen

### 26.18 Altersangabe als Zeitpunkt mit A

Gefolgt vom bestimmten Artikel und einer Altersbezeichnung wird A zur Angabe des Alters als Bezugspunkt eines lebensgeschichtlichen Ereignisses verwendet:

**Se fue a Cuba a los diecisiete años.**
*Mit siebzehn Jahren ging er nach Kuba.*

**Escribía poemas a la edad en que otros tienen su primera novia.**
*Er schrieb Gedichte in dem Alter, in dem andere die erste Freundin haben.*

**A ▸** Die Ersetzung von AL bzw. A LOS durch CON kommt immer häufiger vor; so würde das erste Beispiel lauten: SE FUE A CUBA CON DIECISIETE AÑOS. Dies sollte nicht nachgeahmt werden.

**B ▸** Beispiele mit A LA EDAD DE und ¿A QUÉ EDAD?:

**Dio su primer concierto a la edad de cinco años.**
*Er gab sein erstes Konzert im Alter von fünf Jahren.*

**¿A qué edad murió García Lorca?**
*In welchem Alter starb der Dichter Federico García Lorca?*

### 26.19 Angabe des Drittels einer Zeiteinheit mit A

Für die Drittel von Monaten, Jahren und Jahrhunderten werden jeweils verwendet: A COMIENZOS / PRINCIPIOS (für das erste Monatsdrittel auch: A PRIMEROS), A MEDIADOS und A FINALES / FINES (für das letzte Monatsdrittel auch: A ÚLTIMOS):

**a comienzos de 1989** *Anfang 1989*
**a mediados de abril** *Mitte April*
**a fines del siglo XIX** *Ende des 19. Jahrhunderts*
**a primeros de septiembre** *Anfang September*
**a últimos del próximo mes** *Ende nächsten Monats*

• Mit der entsprechenden Bedeutungsverschiebung kann A durch DESDE, HASTA oder PARA ersetzt werden, vgl. 26.29B, 26.36A, 26.25A

### 26.20 Ausdruck abgelaufener Zeit mit A

Die Formel **A + bestimmter Artikel + Mengenausdruck + Zeiteinheit** dient zum Ausdruck abgelaufener Zeit. Die Formel kann, mit DE angeschlossen, in Präpositionalgefügen mit Infinitiven und Verbalsubstantiven verwendet werden:

**Salió a los dos minutos**
*Sie kam nach zwei Minuten heraus.*

**Se casaron al año de conocerse.**
*Sie heirateten ein Jahr nachdem sie sich kennengelernt hatten.*

**Falleció a los dos días del accidente.**
*Sie starb zwei Tage nach dem Unfall.*

**A ▸** Beispiele mit feststehenden Ausdrücken: AL (POCO) RATO, AL POCO TIEMPO und AL CABO DE sowie mit der infinitivischen Formel: A POCO DE + Infinitiv:

**Se marchó a mediodía y al poco rato llegué yo.**
*Sie ging mittags weg und kurz danach kam ich an.*

**Se sacaron la lotería y al poco tiempo se mudaron a otra casa.**
*Sie gewannen in der Lotterie und bald darauf zogen sie um.*

**Al cabo de veinte años me escribe una carta pidiéndome perdón.**
*Zwanzig Jahre später schreibt er mir einen Brief und bittet mich um Verzeihung.*

**A poco de empezar el partido se puso a nevar.**
*Kurz nach Beginn des Spiels begann es zu schneien.*

### 26.21 Ausdruck abgelaufener Zeit mit A in Zurückrechnungen

Die Formel A + Mengenausdruck + Zeiteinheit + DE + Substantiv des Ereignisses wird zum Ausdruck abgelaufener Zeit verwendet, wenn –meistens von der Sprechergegenwart aus– zurückgerechnet wird:

**A 20 años del golpe siguen las heridas a flor de piel.**
*20 Jahre nach dem Putsch sind die Wunden immer noch nicht geheilt.*

### 26.22 Ausdruck anstehender Zeitspanne mit A

Die Formel A + Mengenausdruck + Zeiteinheit + DE + Substantiv/Infinitiv wird – vielleicht inkorrekterweise – vor Infinitiven und Verbalsubstantiven zum Ausdruck von Vorzeitigkeit verwendet:

**a dos días de concluir los juegos** *zwei Tage vor Beendigung der Spiele*
**a una semana de las elecciones** *eine Woche vor der Wahl*

### 26.23 A mit OTRO und SIGUIENTE

Mit (nachgestelltem) SIGUIENTE und OTRO, häufig in der Formel A + bestimmter Artikel + Zeitausdruck + DE + Substantiv ist A obligatorisch:

**a la mañana siguiente** *am nächsten (darauffolgenden) Tag*
**al otro día** *am nächsten Tag*
**al día siguiente de la explosión** *am Tag nach der Explosion*

### 26.24 Häufige Zeitadverbien mit A

Häufige feststehende Zeitadverbien mit A:

**a estas alturas** *soweit, bis zum jetzigen Zeitpunkt, jetzt, nun*
**a estas fechas** *gegenwärtig*
**a cada instante** *ständig*
**a intervalos** *bisweilen*
**a momentos** *ab und zu*
**a ratos** *ab und zu*
**a temporadas** *in unregelmäßigen Abständen*
**a tiempo** *rechtzeitig*
**al mismo tiempo / a un tiempo** *gleichzeitig*
**a veces** *manchmal*
**a la vez** *auf einmal*

### 26.25 Angabe des vorgesehenen Zeitpunkts durch PARA

Mit Verben des Festlegens und Aufschiebens leitet PARA den vorgesehenen Zeitpunkt ein:

**He fijado mi vuelta para el 15 de octubre.**
*Ich habe meine Rückkehr auf den 15. Oktober festgelegt.*

**El resto lo hemos dejado para mañana.**
*Den Rest haben wir für morgen gelassen.*

**¿Para cuándo han postergado la conferencia?**
*Auf wann hat man den Vortrag verschoben?*

## 26. Zeitbestimmungen

**A** ▸ PARA geht den Ausdrücken des Drittels einer Zeiteinheit (vgl. 26.19) voraus. Mitunter wird die Sequenz für eine ungefähre Zeitangabe verwendet:

**para comienzos del próximo año** *bis / für Mitte des nächsten Jahres*
**para finales de este siglo** *bis / gegen Ende dieses Jahrhunderts*

- Zu IR PARA + Zeitraum vgl. 26.35. Zu IR PARA LARGO und HABER PARA RATO vgl. 26.52A.
- PARA in ungefähren Angaben vgl. 26.58.

### 26.26 Angabe des Endes eines zukünftigen Zeitraums durch PARA

Der Zeitpunkt in der Zukunft, an dem man etwas vollendet haben möchte, wird meistens durch PARA eingeleitet:

**A ver si tengo listo esto para el martes.**
*Hoffentlich habe ich dies bis (zum) Dienstag fertig.*

### 26.27 Angaben des Zeitraums in der Zukunft: POR oder PARA?

Mit perfektiven Verben leitet POR Angaben der Dauer, also Angaben in mengenmäßig dargestellten Zeiteinheiten ein, vgl. 26.51. PARA steht hingegen in einer Zeitpunktangabe. Im folgenden Beispiel mit PARA ist der genannte Zeitraum keine Temporalangabe, sondern die Bezugsgröße der ausreichenden Menge (die etwa durch TRES PERSONAS ersetzt werden könnte, vgl. 39.30):

**La comida no iba a alcanzar ni para tres días.**
*Das Essen würde nicht einmal für drei Tage reichen.*

### 26.28 FALTAR PARA / PARA QUE in Zeitangaben

Der Zeitraum von der Gegenwart bis zu einem festgelegten Zeitpunkt in der Zukunft wird sehr häufig angegeben mit dem Verb FALTAR und PARA (vgl. 26.36) bzw. PARA QUE (vgl. 35.11):

**Faltan cinco minutos para las doce.**
*Es sind noch fünf Minuten bis zwölf.*

**Faltaban algo más de cinco meses para que se celebrara el congreso.**
*Bis zum Beginn des Kongresses waren es noch etwas mehr als fünf Monate.*

### 26.29 DESDE: Ausgangszeitpunkt von der Gegenwart aus

DESDE bezeichnet einen Zeitpunkt mit Richtung auf die Zukunft, häufig ergänzt mit EN ADELANTE:

**desde ahora** *ab jetzt*
**desde mañana** *ab morgen*
**desde el próximo 1 de noviembre** *ab dem kommenden 1. November*
**desde hoy en adelante** *von heute an*
**desde las tres en adelante** *von drei Uhr an*

**A** ▸ Ein überaus häufiges Synonym von DESDE ist A PARTIR DE, vgl. 26.30:

**a partir de hoy** *ab heute*
**a partir del capítulo cuarto** *vom vierten Kapitel an*
**a partir de noviembre** *ab November*

**B** ▸ DESDE steht vor den Bezeichnungen des Drittels einer Zeiteinheit:

**desde comienzos de mayo** *seit / ab Anfang Mai*
**desde mediados del siglo XX** *ab Mitte des 20. Jahrhunderts*

- Zu DESDE ... HASTA / A (vgl. 26.37)

## 26.30 DESDE: Ausgangszeitpunkt von der Vergangenheit aus

DESDE bezeichnet einen Zeitpunkt der Vergangenheit mit Richtung auf die Gegenwart *('seit')*. Der Zeitpunkt kann auch durch ein ereignisbezeichnendes Substantiv ausgedrückt sein. Der gegenwärtige Zeitpunkt wird häufig durch (PARA) ACÁ oder ESTA PARTE bezeichnet:

**estar aquí desde ayer** *seit gestern hier sein*
**no haberse visto desde el domingo** *sich seit Sonntag nicht gesehen haben*
**desde el referéndum** *seit dem Referendum*
**desde la caída del Muro para acá** *seit dem Fall der Mauer bis heute*
**desde algún tiempo a esta parte** *schon seit einiger Zeit*

**A** ▶ Beispiel mit DESDE ENTONCES:
**Formuló en 1949 la ley que desde entonces lleva su nombre.**
*1949 formulierte er das Gesetz, das seitdem seinen Namen trägt.*

**B** ▶ Es ist zu beachten, daß der Kontext entscheiden muß, ob ein Gefüge wie DESDE NOVIEMBRE den Sinn von *'seit November'* oder *'ab November'* hat. Für Fälle wie den letzteren sind allerdings Konstruktionen mit A PARTIR DE häufiger.

• Zu der Konjunktion DESDE QUE vgl. 35.30.
• Zu DE in der Bedeutung *'seit'* vgl. 26.39.

## 26.31 DESDE bei Altersangaben

Auf DESDE kann auch ein Adjektiv oder ein Substantiv zur Bezeichnung des Lebensalters folgen:

**desde pequeña** *seit sie ein kleines Mädchen war, seit ihrer Kindheit*
**desde niñas** *seit sie kleine Mädchen waren, seit ihrer Kindheit*

**A** ▶ Sehr häufig folgt auf DESDE eine präzise Altersangabe:
**Nació en Bolivia, pero vive en Alemania desde los 15 años.**
*Er wurde in Bolivien geboren, lebt aber in Deutschland seit seinem 15. Lebensjahr.*

## 26.32 DESDE HACE und DESDE HACÍA

Wenn mit DESDE eine Zeitspanne eingeführt wird, dann muß auf DESDE eine Form der 3. Person Singular von HACER folgen. Die Zeitspanne wird dabei ausgedrückt in zählbaren oder häufbaren Zeiteinheiten wie Sekunden, Minuten, Stunden, Tagen, Monaten, Jahren usw. oder mit TIEMPO, RATO usw. Ist die obere Grenze der Zeitspanne die Gegenwart, dann steht DESDE HACE; ist die Grenze der Zeitspanne ein Moment der Vergangenheit, dann steht DESDE HACÍA:

**Estoy lento porque no juego desde hace varias semanas.**
*Ich bin so langsam, weil ich seit mehreren Wochen nicht mehr spiele.*
**Me quedé como de piedra. No la veía desde hacía meses.**
*Ich war wie versteinert. Ich hatte sie seit Monaten nicht mehr gesehen.*

**A** ▶ Der in lässigem Reden und Schreiben recht häufig vorkommende Wegfall von DESDE in Konstruktionen zur Angabe des Zeitraums (im ersten der vorigen Beispiele: ...HACE VARIAS SEMANAS) darf nicht nachgeahmt werden.

## 26.33 HACER QUE als Alternative zu DESDE HACE und DESDE HACÍA

Die Dauer von einem Moment der Vergangenheit bzw. Vorvergangenheit ab kann auch bei imperfektiven Verben mit HACER...QUE ausgedrückt werden:

**Hace media hora que espero.**
*Ich warte seit einer halben Stunde.*

## 26. Zeitbestimmungen

¿Hacía tantos años que no jugabas?
*Seit so vielen Jahren hattest du nicht mehr gespielt?*

### 26.34 LLEVAR im Ausdruck zurückliegender Zeitspanne

Beispiele mit LLEVAR und LLEVAR SIN im Bezug auf eine zurückliegende Zeitspanne (vgl. 20.10):

**Ya llevo veinte años de profesor.**
*Ich bin schon seit zwanzig Jahren Lehrer.*

**Llevaba media hora tratando de inventar una excusa.**
*Er versuchte seit einer halben Stunde, sich eine Entschuldigung auszudenken.*

**Llevamos años sin vernos.**
*Wir haben uns seit Jahren nicht mehr gesehen.*

### 26.35 PARA im Ausdruck zurückliegender Zeitspanne

Die Formel 3. **Person Singular von** IR + PARA + **zählbare Zeiteinheit (+** QUE**)** drückt die baldige Vollendung des damit beschriebenen Zeitraums (vgl. 26.66) aus. IR erscheint dabei allein in den Formen VA und IBA:

**¿Que cuándo fue? Va para un año ya.**
*Wann das war? Bald wird es ein Jahr her sein.*

**Cuando emprendió su primer viaje a Moscú, iba para cinco años que había acabado la guerra fría.**
*Als er seine erste Reise nach Moskau unternahm, war es fast fünf Jahre her, daß der Kalte Krieg zu Ende war.*

**Ya va para rato que cayó el Muro.**
*Es ist bereits eine Weile her, daß die Mauer fiel.*

**A ▸** Das dritte Beispiel ist eine Verwendungsweise der Wendung IR PARA RATO. Es sei betont, daß RATO keine zählbare Zeiteinheit ist. Im übrigen beziehen sich VA PARA RATO und IBA PARA RATO vorwiegend auf zukünftige Dauer. Vgl. 26.52A.

### 26.36 HASTA in Zeitangaben

Beispiele für den Gebrauch von HASTA in Zeitangaben (Zur Konjunktion HASTA QUE vgl. 35.22, zu HASTA + **Infinitiv** vgl. 14.101):

**hasta ahora** *bis jetzt*
**hasta octubre** *bis Oktober*
**hasta el sábado** *bis Samstag*
**no empezar hasta noviembre** *nicht vor November anfangen*

**A ▸** HASTA geht den Ausdrücken des Drittels einer Zeiteinheit (vgl. 26.19) voraus:

**hasta últimos de septiembre** *bis Ende September*
**hasta mediados de mes** *bis Mitte des Monats*

**B ▸** Beispiel mit FALTAR ... HASTA (in dieser Wendung kann HASTA durch PARA ersetzt werden, vgl. 26.28):

**Faltan cinco minutos hasta las doce.**
*Bis zwölf Uhr sind es noch fünf Minuten.*

**C ▸** Die Frage ¿HASTA CUÁNDO? kann sich auch auf einen Zeitraum in der Zukunft beziehen:

**¿Hasta cuándo te lo vas a pensar?**
*Wie lange willst du es dir noch überlegen?*

## 26.37 Korrelation von DE, DESDE, A und HASTA

Für den Beginn einer Zeitspanne, deren Ende mitangegeben wird, wird DE oder DESDE ('von'), für das Ende A oder HASTA ('bis') verwendet. Logischerweise sollten allein die Verbindungen DE...A oder DESDE...HASTA vorkommen, dies ist aber nicht der Fall:

**de martes a viernes** *dienstags bis freitags*
**de 6 a 8** *von 6 bis 8*
**de octubre a junio** *vom Oktober bis Juni*
**del primer al tercer año de vida** *vom 1. bis zum 3. Lebensjahr*
**desde el martes 22 hasta el viernes 25** *von Dienstag, dem 22. bis Freitag, dem 25.*
**dormir desde las ocho hasta las ocho** *von acht bis acht schlafen*
**desde el amanecer al mediodía** *vom Sonnenaufgang bis Mittag*
**del dos hasta Navidades** *vom 2. bis Weihnachten*

## 26.38 AQUÍ in Angaben von Zeitraumgrenzen

AQUÍ, vornehmlich in der Formel DE AQUÍ A dient zur Bezeichnung des gegenwärtigen Zeitpunktes im Hinblick auf die Zukunft:

**de aquí a las tres** *von jetzt bis 3 Uhr*
**de aquí a cien años** *in hundert Jahren*

## 26.39 DE statt DESDE in 'seit'-Angaben

DE kann statt DESDE in Verbindung mit (PARA) ACÁ, EN ADELANTE und A ESTA PARTE erscheinen:

**de ahora / aquí en adelante** *hinfort*
**de Reyes acá** *seit Dreikönig*
**de un tiempo a esta parte** *seit einiger Zeit*

## 26.40 Angabe der Frist mit DENTRO DE

Der Zeitraum, der bis zum Anfang oder Beginn einer neuen Handlung abläuft, wird mit DENTRO DE eingeleitet:

**Las elecciones serán dentro de un año.**
*Die Wahlen finden in einem Jahr statt.*

**Empezamos dentro de cinco minutos.**
*Wir fangen in fünf Minuten an.*

**A ▶** Um den Zeitpunkt zu präzisieren steht PARA vor DENTRO DE:

**Lo tendremos listo para dentro de una semana.**
*Wir haben es in einer Woche fertig.*

## 26.41 Angabe der Häufigkeit: VEZ ohne Präposition

Die Angabe der Häufigkeit durch VEZ mit Zahlen, einem indefinitem Begleiter oder konventionell festgelegten, vorausgehenden Adjektiven wird ohne Präposition angeführt:

**Ha ganado el torneo ya tres veces.**
*Sie hat das Turnier schon dreimal gewonnen.*

**Lo intenté sin éxito varias veces.**
*Ich versuchte es mehrmals vergebens.*

**Las dirigentes han sido amenazadas repetidas veces.**
*Die Anführerinnen sind wiederholt bedroht worden.*

## 26. Zeitbestimmungen

**No he utilizado este aparato ni una sola vez.**
*Ich habe dieses Gerät nicht ein einziges Mal benutzt.*

**Dímelo otra vez.**
*Sage es mir noch einmal!*

**A ▶** Eine spanische Entsprechung für die Frage *wie oft?* ist ¿CUÁNTAS VECES?:

**¿Cuántas veces lo intentaste?**
*Wie oft hast du das versucht?*

### 26.42 Angabe der Häufigkeit mit VEZ und POR

Der bestimmte Artikel fällt in Ausdrücken mit POR, einer Ordinalzahl und VEZ weg. Gebräuchlich sind dabei die Ordinalzahlen PRIMERO bis DÉCIMO sowie ENÉSIMO und ÚLTIMO. PRIMERA wird häufig nachgestellt:

**por vez primera / por primera vez** *zum ersten Mal*
**por enésima vez** *zum x-ten Mal*
**por última vez** *zum letzten Mal*

**A ▶** Beispiele mit POR UNA VEZ und POR ESTA VEZ:

**Por una vez estoy de acuerdo con el Gobierno.**
*Für dieses eine Mal bin ich ausnahmsweise mit der Regierung einverstanden.*

**Por una vez quiero ser puntual.**
*Einmal mindestens möchte ich pünktlich sein.*

**Reconozco que por esta vez me he equivocado.**
*Ich gebe zu, daß ich mich dieses eine Mal geirrt habe.*

### 26.43 Angabe der Häufigkeit mit CONSECUTIVO

Die Sequenz POR + Ordinalzahl + VEZ / Zeitausdruck im Singular + CONSECUTIVO dient zum Ausdruck in regelmäßigen Abständen sich wiederholender Ereignisse. Zum Ausdruck des gleichen Sachverhalts wird CONSECUTIVO auch mit Zeitausdrücken im Plural gebildet, dann ohne POR:

**Fue elegido presidente del club por sexta vez consecutiva.**
*Er wurde zum sechsten Mal in Folge zum Vereinsvorsitzenden gewählt.*

**Ganó el Tour cinco años consecutivos.**
*Er gewann die Tour de France fünf Jahre nacheinander.*

### 26.44 Angabe der Häufigkeit mit OCASIÓN

Angaben der Häufigkeit mit OCASIÓN erfolgen mit EN:

**en una sola ocasión** *ein einziges Mal*
**sólo en tres ocasiones** *nur dreimal*

### 26.45 Angabe regelmäßiger Wiederholung

Angaben regelmäßiger Wiederholung zu bestimmten Zeitpunkten ('jede / jeden / jedes' + Temporalausdruck) erfolgen mit CADA und einem präpositionslosen, artikellosen Substantiv oder mit ebenfalls präpositionslosem TODOS LOS. Ist eine Hervorhebung jedes einzelnen Males nicht relevant, so werden Angaben mit TODOS LOS bevorzugt:

**Me levanto cada día con una nueva idea acerca de lo que haré.**
*Ich wache jeden Tag auf mit einer neuen Idee bezüglich meiner Zukunft.*

**Yo me acuesto todos los días a la misma hora.**
*Ich gehe jeden Tag zur gleichen Uhrzeit schlafen.*

**A ▶** Um regelmäßige Wiederholung mit den Wochentagsnamen und den Tageszeitenbezeichnungen auszudrücken, stehen die Wendungen mit den Pluralformen dieser Wörter (vgl. 26.7) zur Verfügung; diese Ausdrucksweisen sind denjenigen mit CADA bzw. TODOS LOS vorzuziehen, wenn kein besonderer Nachdruck auf die Wiederholung gelegt werden soll:

**Los domingos suelo desayunar en la cama.**
*Sonntags frühstücke ich meistens im Bett.*

**Por las mañanas dábamos una caminata por el bosque.**
*Morgens machten wir einen Waldspaziergang.*

## 26.46 CADA in Angaben regelmäßiger Wiederholung

Wiederkehr von Ereignissen in regelmäßigen zeitlichen Abständen wird ausgedrückt mit CADA, gefolgt von einer Kardinalzahl und einem Substantiv im Plural bzw. einer Bruchzahl:

**cada tres meses** *alle drei Monate, jeden dritten Monat*
**cada media hora** *jede halbe Stunde*

**A ▶** Eine spanische Entsprechung für die Frage *wie oft?* ist ¿CADA CUÁNTO?:

**¿Cada cuánto pasa este metro?**
*Wie oft fährt diese U-Bahnlinie?*

## 26.47 Adverbien der Häufigkeit

Einige Adverbien der Häufigkeit aus dem Lexikon:

**anualmente** *jährlich*
**de continuo** *ununterbrochen*
**constantemente** *ständig*
**de cuando en cuando** *ab und an*
**diariamente** *täglich*
**cada dos por tres** *sehr oft*
**frecuentemente** *oft*
**a todas horas** *ständig*
**a cada instante** *immer wieder*
**mensualmente** *monatlich*
**a menudo** *oft*

**de nuevo** *noch einmal*
**nuevamente** *noch einmal*
**ocasionalmente** *gelegentlich*
**raramente** *selten*
**a cada rato** *ständig*
**a ratos** *zeitweise*
**repetidamente** *wiederholt*
**semanalmente** *wöchentlich*
**a veces** *manchmal*
**de vez en cuando** *ab und zu*
**rara vez** *selten einmal*

## 26.48 Angabe der Dauer ohne Präposition

Die Angabe der Dauer erfolgt in der Regel präpositionslos:

**La operación duró veinte horas.**
*Die Operation dauerte zwanzig Stunden.*

**Tuvimos que esperar más de un mes.**
*Wir mußten über einen Monat warten.*

**No me voy a quedar más que un rato.**
*Ich werde nur kurz da bleiben.*

**A ▶** Die Frage nach der Dauer *(wie lange?)* lautet: ¿CUÁNTO? oder ¿CUÁNTO TIEMPO?. Eine umgangssprachliche Variante lautet: ¿CUÁNTO RATO? Beispiele:

## 26. Zeitbestimmungen

¿Cuánto va a durar esto?
*Wie lange wird das dauern?*

¿Cuánto tiempo vivió Plácido Domingo en Méjico?
*Wie lange hat P. D. in Mexiko gelebt?.*

¿Cuánto rato has estado esperando?
*Wie lange hast du gewartet?*

### 26.49 Gebrauch von DURANTE und sinnverwandten Ausdrücken

**A** ▸ Beispiele für den Gebrauch von **durante** *während*:
**durante la guerra** *während des Krieges*
**durante la campaña electoral** *während des Wahlkampfes*

**B** ▸ Zur Betonung einer Zeitspanne, die als beträchtlich angesehen werden soll, oder zur Betonung von Anfang und Ende wird die Präposition DURANTE (oder immer häufiger: A LO LARGO DE) oder das nachgestellte Adjektiv SEGUIDO gebraucht:

**Los reclusos exhibieron durante cinco horas pancartas de protesta.**
*Fünf Stunden lang zeigten die Gefangenen Protestplakate.*

**Hubo rumores de todo calibre a lo largo de todo el día de ayer.**
*Gestern gab es während des ganzen Tages Gerüchte jeden Kalibers.*

**Estuvieron hablando tres horas seguidas.**
*Sie haben drei Stunden lang miteinander geredet.*

• Die Präposition DURANTE darf nicht verwechselt werden mit dem Adverb oder Konjunktion MIENTRAS, vgl. 26.88 und 35.26.

### 26.50 PASARSE + Gerundio

Zur Betonung langer Dauer und intensiver Beschäftigung während einer Zeit wird PASARSE + Gerundio verwendet. In übertriebener Absicht steht als Zeitdauer häufig LA VIDA:

**Me he pasado veinte años levantándome a las seis de la mañana.**
*Zwanzig Jahre lang bin ich um sechs Uhr morgens aufgestanden.*

**En el colegio se pasaba la vida molestando.**
*In der Schule hat er dauernd gestört.*

### 26.51 POR im Ausdruck der Dauer

POR steht normalerweise statt DURANTE, wenn es sich um kurze Zeitspannen handelt:

**Por un momento creí que todo era mentira.**
*Einen Augenblick lang glaubte ich, alles sei gelogen.*

### 26.52 POR und PARA im Ausdruck zukünftiger Dauer

POR (aber auch PARA, insbesondere mit IR und anderen Verben der Bewegung) wird bei perfektiven Verben zur Bezeichnung des Anfangs einer voraussichtlichen Gesamtdauer gebraucht:

**Se va por / para tres meses.**
*Er geht für drei Monate weg.*

**Te dejo mi libro por dos días.**
*Ich leihe dir für zwei Tage mein Buch.*

**Suspendieron al jugador por dos semanas.**
*Der Spieler wurde für zwei Wochen gesperrt.*

**A ▶** Für die Verwendung von POR zur Angabe der Dauer richte man sich generell nach dem deutschen Gebrauch von *'für'*; zum Vergleich mit PARA vgl. 26.26 und 26.58.

## 26.53 Angaben unbestimmter Dauer

Einige Angaben mehr oder weniger unbestimmter Dauer:

**para / por siempre** *für immer*
**a la larga** *auf die Dauer*
**(más) tarde o (más) temprano** *über kurz oder lang*
**a corto / medio / largo plazo** *kurz-, / mittel-, / langfristig*

**A ▶** PARA LARGO und PARA RATO bedeuten *'sehr lange'*. Sie treten häufig mit den Verben IR und HABER zum Ausdruck zukünftiger unbestimmter Dauer auf:

**Tendremos terrorismo para rato.**
*Der Terrorismus wird uns sehr lange begleiten.*

**Eso va para largo.**
*Das wird sehr lange dauern.*

**No sigo, porque habría para rato.**
*Ich höre auf, sonst würde ich mich noch sehr lange dabei aufhalten.*

## 26.54 Angabe benötigten Zeitraums: EN

Der Zeitraum, der für die Erledigung von etwas benötigt wird, wird mit EN eingeführt:

**La tesina calculo que la escribiré en medio año.**
*Ich schätze, für die Magisterarbeit werde ich ein halbes Jahr brauchen.*

**A ▶** EN wird – vielleicht inkorrekterweise – zum Ausdruck von Fristen (vgl. 26.40) verwendet. Gelegentlich entstehen Zweideutigkeiten; LO HARÉ EN DOS DÍAS kann entweder bedeuten: **empezaré dentro de dos días** *ich fange in zwei Tagen an* oder **lo habré acabado dentro de dos días** *ich werde es in zwei Tagen beendet haben.*

## 26.55 Die Verben TARDAR und LLEVAR

**A ▶** Beispiele mit dem sehr häufigen Verb TARDAR. TARDAR hat als Ergänzung eine zahlenmäßige Angabe oder einen Quantifikator wie MUCHO, BASTANTE oder TANTO. Die Infinitivergänzung von TARDAR wird mit EN eingeleitet:

–**Yo tardé dos horas en resolver el crucigrama. ¿Cuánto tardaste tú?**
–**Tres horas. No suelo tardar tanto, pero es que era de verdad muy difícil.**

*"Ich habe zwei Stunden für das Kreuzworträtsel gebraucht. Wie lange hast du gebraucht?"*
*"Drei Stunden. Normalerweise brauche ich nicht so lange, aber es war wirklich sehr schwer."*

**B ▶** Beispiel mit LLEVAR + Zeitausdruck + Infinitiv:
**Llevará años reconstruir el país.**
*Man wird Jahre brauchen, um das Land wiederaufzubauen.*

**C ▶** LLEVAR wird in Angaben von Altersunterschied gebraucht:
**¿Cuántos años le llevaba a su esposa?**
*Um wieviele Jahre war er älter als seine Frau?*

## 26. Zeitbestimmungen

### 26.56 Ungefähre Zeitangaben mit POR

POR wird in ungefähren Zeitangaben benützt, um Zeitspannen von mehr als einem Tag zu beschreiben:

**Eso debe de haber sucedido por los años del estraperlo.**
*Das dürfte in den Jahren des Schwarzmarkts geschehen sein.*

**Por mayo empezaron las lluvias.**
*Irgendwann im Mai begannen die Regenfälle.*

**A ▶** Im folgenden Beispiel leitet POR keine Temporalangabe, sondern den Grund (vgl. 39.1) ein, der hier eine Ereignisbezeichnung ist:

**Mis hijos me regalaron por mi santo un videojuego.**
*Meine Kinder haben mir zum Namenstag ein Videospiel geschenkt.*

• Angaben mit Bezug auf das Drittel eines Zeitraums vgl. 26.19.

### 26.57 Ungefähre Zeitangaben mit HACIA und SOBRE

Für ungefähre Zeitangaben mit Ausdrücken, die einen Zeitraum von einem Tag oder kürzer beschreiben, wird HACIA (oder SOBRE) verwendet:

**hacia [sobre] el 30 de octubre** *um den 30. Oktober herum*
**hacia [sobre] el mediodía** *gegen Mittag*
**hacia [sobre] el anochecer** *gegen Abend*

• Ungefähre Uhrzeitangaben vgl. 26.91.

### 26.58 Ungefähre Zeitangaben mit PARA

Gelegentlich wird auch PARA für ungefähre Zeitangaben verwendet, insbesondere mit Zeitpunkten, die mit Eigennamen bezeichnet sind:

**Para Navidad se llenan de luces las calles.**
*In der Weihnachtszeit füllen sich die Straßen mit Lichtern.*

### 26.59 Distributive Angaben mit Zeiteinheiten: POR oder A

Distributive Zeitangaben, die Häufigkeitsangaben oft ergänzen, werden gebildet mit der Präposition POR oder mit A; auf POR folgt das entsprechende Bezugswort (DÍA, SEMANA, MES, AÑO), bei A muß vor diesen Wörtern der bestimmte Artikel stehen:

**dos veces al día** *zweimal am Tag*
**una vez por semana** *einmal in der Woche*
**tres veces por año** *dreimal im Jahr*

### 26.60 Distributive Adjektive

Distributive Adjektive der Zeitbezeichnung sind: DIARIO, SEMANAL, MENSUAL, ANUAL. Beispiele:

**tres comidas diarias** *drei Mahlzeiten täglich*
**dos clases semanales** *zwei Unterrichtsstunden in der Woche*
**en cuotas mensuales** *in monatlichen Raten*
**las lluvias anuales** *die jährlichen Regenfälle*

**A ▶** Aus den temporal-distributiven Adjektiven werden Adverbien auf -MENTE gebildet, vgl. 26.47. Ein sehr häufiges Synonym von DIARIAMENTE ist A DIARIO:

**Yo me ducho a diario.**
*Ich dusche täglich.*

## 26. Zeitbestimmungen

### 26.61 Angabe unbestimmter Zeitpunkte ohne Präposition

Zeitpunktangaben im Singular mit dem unbestimmten Artikel oder Indefinitpronomen stehen in der Regel ohne Präposition, sofern es sich um eine Zeitspanne von einem Tag oder eine noch kürzere Zeiteinheit handelt:

**Lo de su embarazo se lo dijo un domingo.**
*Das mit ihrer Schwangerschaft sagte sie ihm an einem Sonntag.*

**Todo empezó una tibia noche de otoño.**
*Alles begann an einem lauen Herbstabend.*

**Pásate por aquí cualquier tarde.**
*Komm doch an irgendeinem Nachmittag vorbei!*

**A** ▶ Eine feststehende Wendung für den Märchenanfang ist **érase una vez** *es war einmal*.

### 26.62 Angabe unbestimmter Zeitpunkte mit EN

EN steht vor einer indefiniten Zeitpunktbezeichnung, wenn weitere, charakterisierende Bestimmungen hinzutreten sowie bei pluralischem Zeitpunktbezug:

**No puedo dejar de escribirte en un día como éste.**
*An einem Tag wie diesem kann ich es nicht unterlassen, dir zu schreiben.*

**¡Cuántas cosas pueden pasar en una sola hora!**
*Wie viele Dinge können in einer einzigen Stunde geschehen!*

**En épocas de crisis florece el nacionalismo.**
*In Krisenzeiten blüht der Nationalismus.*

**En noches como esta la tuve entre mis brazos.**
*In Nächten wie dieser hielt ich sie in meinen Armen.*

### 26.63 Angabe unbestimmter Zeitpunkte mit DÍA

Häufige Angaben unbestimmter Zeitpunkte enthalten das Wort DÍA. Auswahl aus dem Lexikon:

**un día** *eines Tages, eines schönen Tages*
**en su día** *zu gegebener Zeit; seinerzeit*
**otro día** *ein andermal*
**el otro día** *neulich*
**algún día** *irgendwann einmal*
**cualquier día de éstos** *irgendwann bald*

## B. Die Adverbien der relativen Zeitangabe

### 26.64 ANTES

**A** ▶ Beispiele mit ANTES als Adverb:

**haber llamado antes** *vorhin angerufen haben*
**un amigo que antes vivía aquí** *ein Freund, der früher hier gewohnt hat*
**la moda de antes** *die Mode von früher*
**ni durante la comida ni antes** *weder während des Essens noch davor*

**B** ▶ Beispiele mit ANTES als Präposition. Im ersten Beispiel kann ANTES nur nachgestellt werden, es ist eine Alternative zu HACIA (vgl. 26.66) und kann mit ATRÁS ersetzt werden (vgl. 26.68):

## 26. Zeitbestimmungen

**tres días antes** *drei Tage zuvor*
**llegar antes de mí** *vor mir eintreffen*
**llegar antes que yo** *früher als ich eintreffen*
**antes del último examen** *vor der letzten Prüfung*
**no antes de octubre** *nicht vor Oktober*
**antes de que amanezca** *bevor es Tag wird*
**antes de irme a dormir** *bevor ich schlafen gehe*

• Näheres zu ANTES DE vgl. 25.47C und 26.65. Zu **ANTES DE** + Infinitiv vgl. 14.100. Zur Konjunktion ANTES (DE) QUE vgl. 35.15.

**C ▶** ANTES (...) QUE kann in Komparativsätzen (häufig mit PREFERIR) verwendet werden:

**La frase aquella dice: antes morir de pie que vivir de rodillas.**
*Der Satz lautet: Lieber aufrecht sterben als auf Knien leben.*

**Preferían el dinero antes que el honor.**
*Sie setzten das Geld vor die Ehre.*

**D ▶** Feste Wendungen mit ANTES:

**antes bien / antes al contrario** *im Gegenteil*
**antes de nada / antes que nada** *vor allem*
**cuanto antes** *so bald wie möglich*

### 26.65 Näheres zu ANTES DE

Die temporale Präposition **antes de** *vor* wird, anders als die deutsche Präposition *'vor'* nur vor der Bezeichnung eines Zeitpunktes (der auch ein Ereignis sein kann) verwendet:

**antes del jueves** *vor Donnerstag*
**antes de las dos** *vor zwei Uhr*
**antes de ayer** *vorgestern*
**antes de Semana Santa** *vor der Woche*
**antes del partido con el Bayern** *vor dem Spiel mit Bayern München*

### 26.66 Ausdruck zurückliegender Zeitspanne mit HACER

Für eine zurückliegende Zeitspanne, die in mengenmäßig ausdrückbaren Zeiteinheiten wie Minuten, Stunden, Monaten, Jahren usw. oder TIEMPO, RATO benannt wird, muß die dritte Person Singular von HACER in einem subjektlosen Satz verwendet werden. Die Form HACE erscheint, wenn von der Sprechergegenwart, die häufig mit AHORA bezeichnet wird, zurückgerechnet wird. HACÍA kommt zur Anwendung, wenn von einem Zeitpunkt der Vergangenheit zurückgerechnet wird. HARÁ (oder: VA A HACER), wenn von einem Zeitpunkt der Zukunft zurückgerechnet wird. Dem Zeitausdruck kann auch QUE angeschlossen werden; wenn das Hauptverb, wie im vorletzten und vor allem im letzten der folgenden Beispiele, eine zurückliegende Dauer bezeichnet, handelt es sich dann um eine *'seit'*-Angabe (vgl. 26.32):

—¿**Cuándo se fue Pedro?** *"Wann ist Pedro abgereist?"*
—**Ahora hace ya un año.** *"Heute vor einem Jahr schon."*

—¿**Le llegaste a hablar?** *"Hast du mit ihm sprechen können?"*
—**No, fui a verle el jueves, pero el portero me dijo que se había marchado hacía cuatro días, lo que es raro, pues el domingo por la noche estuvimos telefoneando largo rato.** *"Nein, ich ging am Donnerstag zu ihm, doch der Portier sagte, er sei vor vier Tagen abgereist, was komisch ist, denn am Sonntag abend haben wir lange miteinander telefoniert."*

| | |
|---|---|
| –¿Cuándo murió el abuelo? | *"Wann starb der Großvater?"* |
| –Mañana hará veinte años. | *"Morgen ist es zwanzig Jahre her."* |
| –¿Ya estás de vuelta? | *"Du bist schon zurück?"* |
| –Sí, hace tres días que llegué. | *"Ja, ich bin vor drei Tagen angekommen."* |
| –¿Qué es de Pedro? | *"Wie geht es Pedro?"* |
| –Ni idea. Hace tiempo que no le escribe a nadie. | *"Keine Ahnung, er hat seit langem niemandem mehr geschrieben."* |

**A ▸** Synonym vom HACER-Satz im letzten Beispiel ist: LLEVA TIEMPO SIN ESCRIBIR vgl. 26.34.

**B ▸** Beispiele von HACER-Sätzen mit MUCHO und POCO:

**porque hace mucho que no nos vemos** *denn wir haben uns lange nicht mehr gesehen*
**aunque se habían casado hacía poco** *obwohl sie kurz zuvor geheiratet hatten*

• Zur Verwendung von ATRÁS und ANTES in Alternativen zu HACER-Sätzen vgl. 26.68.

### 26.67 Zeiten des HACER-Satzes

In HACER-Sätzen sind alle Zeiten dieses Verbs möglich. Beispiele mit HARÁ und HARÍA statt HACE bzw. HACÍA in Einschätzungen:

**Hará medio año que no viene por aquí.**
*Es dürfte ein Jahr her sein, daß er sich hier nicht hat sehen lassen.*

**Haría cinco minutos que se había desmayado.**
*Wohl fünf Minuten zuvor war er ohnmächtig geworden.*

### 26.68 ATRÁS und ANTES statt HACER-Angabe

HACER-Sätze der Vergangenheit können ersetzt werden durch Konstruktionen mit ATRÁS oder ANTES. ANTES-Konstruktionen sind nur zulässig als Ersatz für HACÍA-Gefüge, während ATRÁS für HACE- und HACÍA-Sätze verwendet wird. ATRÁS und ANTES werden in dieser Funktion dem Substantiv nachgestellt:

**Un año atrás la fábrica producía el doble que ahora.**
*Vor einem Jahr produzierte die Fabrik doppelt soviel wie jetzt.*

**Días atrás me había llamado desde Bayona.**
*Tage zuvor hatte er mich aus Bayonne angerufen.*

**Habían llegado dos horas antes.**
*Sie waren zwei Stunden früher angekommen.*

**A ▸** Manchmal wird redundanterweise atrás einem hacer-Satz nachgestellt: HACE DÍAS ATRÁS. Dieser Gebrauch sollte nicht nachgeahmt werden.

### 26.69 Adjektive des vorzeitigen Zeitpunktes

Häufige Adjektive zur Bezeichnung des vorgelagerten Zeitpunktes sind ANTERIOR, ANTIGUO (immer vorangestellt), PRECEDENTE und PREVIO:

**la noche anterior** *die Nacht davor*
**la antigua secretaria** *die ehemalige Sekretärin*
**las acotaciones precedentes** *die vorhergehenden Bemerkungen*
**previa consulta** *nach vorheriger Absprache*

• Aus diesen Adjektiven sind zum Teil sehr gebräuchliche Adverbien auf -MENTE gebildet: ANTERIORMENTE, ANTIGUAMENTE, PRECEDENTEMENTE, PREVIAMENTE. Vgl. 26.70.

## 26. Zeitbestimmungen

### 26.70 Ausdrücke der Vorzeitigkeit

Häufige Adverbien und Präpositionen des früheren Zeitpunktes oder Zeitraums (vgl. 26.80C):

**pagar por adelantado** *im voraus zahlen*
**con cinco días de antelación** *fünf Tage im voraus*
**agradecer de antemano** *sich im voraus bedanken*
**votar por anticipado** *seine Stimme im voraus abgeben*
**anunciar previamente** *vorankündigen*
**noticias publicadas anteriormente** *früher veröffentlichte Nachrichten*
**fijar con anterioridad el precio** *den Preis im voraus festlegen*
**con anterioridad al 1 de enero de 2006** *vor dem 1. Januar 2006*
**primero el deber y luego el placer** *erst die Pflicht, dann das Vergnügen*
**antiguamente** *in früheren Zeiten, früher*
**el Madrid de antaño** *das alte Madrid*
**el otrora perseguido idioma catalán** *die ehedem verfolgte katalanische Sprache*
**alguna vez** *irgendwann, jemals*
**el otro día** *neulich*

### 26.71 DESPUÉS und DESPUÉS DE

**A** ▶ Beispiele mit dem Adverb DESPUÉS:

**llegar después** *später eintreffen*
**dejar el asunto para después** *die Angelegenheit für später lassen*
**no antes, sino después** *nicht davor, sondern danach*
**primero tú y después yo** *zuerst du und dann ich*

**B** ▶ Beispiele mit der Präposition DESPUÉS DE. Man beachte die Nachstellung von DESPUÉS in Zeitangaben als satzadverbielles Gefüge (letztes Beispiel):

**después de la guerra** *nach dem Kriege*
**después de ti** *nach dir*
**después que tú** *später als du*
**pocos meses después** *wenige Monate später*

• Zu DESPUÉS in Positionsangaben vgl. 25.46C. Zu DESPUÉS DE + Infinitiv vgl. 14.103. Zur Konjunktion DESPUÉS (DE) QUE vgl. 35.24 ff. Zu A als Ersatz von DESPUÉS DE vgl. 26.20.

**C** ▶ Beispiel mit der konjunktionalen Wendung DESPUÉS DE TODO:

**Claro que nos hemos amistado, después de todo, somos paisanos.**
*Natürlich vertragen wir uns wieder; schließlich sind wir Landsleute.*

• Synonyme von DESPUÉS DE TODO: (AL FIN Y) AL CABO und A(L) FIN DE CUENTAS.

### 26.72 TRAS

Beispiele mit **tras** *nach, unmittelbar nach*:
**tras muchos sufrimientos** *nach vielen Leiden*
**tras el fin de la Guerra Fría** *nach dem Ende des Kalten Krieges.*

### 26.73 Ausdrücke zum Ausdruck der Nachzeitigkeit

**A** ▶ Der Relativsatz QUE VIENE bezeichnet den kommenden Zeitpunkt (Tag, Monat, Jahr usw.):
**el sábado que viene** *nächsten Samstag*

## 26. Zeitbestimmungen

**el año que viene** *nächstes Jahr*

• Zu PRÓXIMO und SIGUIENTE vgl. 26.23, 26.92.

**B ▶ Häufige Adverbien des Nachzeitigen:**

**acto seguido (continuo)** *sodann*
**a renglón seguido** *daraufhin*
**a continuación** *sodann*
**en adelante** *hinfort*
**en lo sucesivo** *zukünftig*
**posteriormente** *später*
**próximamente** *bald*
**andando el tiempo** *im Laufe der Zeit*

### 26.74 LUEGO und LUEGO DE

**ir luego** *bald kommen*
**venir muy luego** *sehr bald kommen*
**luego del baño nocturno** *nach dem abendlichen Bad*

• LUEGO ist auch eine konsekutive Konjunktion, vgl. 33.19. Zu LUEGO DE + Infinitiv vgl. 14.103

**A ▶** In der Bedeutung *'dann, später'* bedeuten LUEGO und LUEGO DE genaugenommen nicht dasselbe wie DESPUÉS bzw. DESPUÉS DE. LUEGO meint eine relativ kürzere Zeitspanne.

**B ▶** Beispiele für die Wendungen HASTA LUEGO, DESDE LUEGO und Y LUEGO:

| | |
|---|---|
| –¿Vienes al cine con nosotros? | "Kommst du mit ins Kino?" |
| –No, no me apetece. | "Nein, ich habe keine Lust." |
| –Pues nada, hasta luego. | "Also dann, auf Wiedersehen!" |
| –Hasta luego. | "Auf Wiedersehen!" |
| –Hemos quedado para esta tarde, ¿no? | "Wir sehen uns heute nachmittag, nicht wahr?" |
| –Sí. | "Ja." |
| –Pues hasta luego. | "Also bis dann." |
| –Eso significa la guerra. | "Das bedeutet Krieg." |
| –Desde luego. | "Zweifellos." |
| –¿Me ayudaría usted? | "Würden Sie mir helfen?" |
| –Desde luego, señora. | "Selbstverständlich." |
| –Me gustaría irme a trotar mundos un rato. | "Ich würde gern noch ein Weilchen in der Weltgeschichte herumreisen." |
| –Oye, desde luego, tú sigues siendo un adolescente. | "Also nein, du bist wirklich immer noch ein Teenager." |
| –La impresora la arregló ella solita. | "Den Drucker reparierte sie ganz allein." |
| –Vaya, y luego dicen que las mujeres son tontas manejando aparatos. | "Ach, und sonst heißt es, Frauen haben beim Umgang mit Geräten zwei linke Hände." |

## C. Sonstige Zeitadverbien

• Zu NUNCA vgl. 29.31, 29.49, zu SÓLO vgl. 27.54.

### 26.75 AHORA

Beispiele mit AHORA in der Bedeutung *'jetzt, nun'*:

## 26. Zeitbestimmungen

**Ahora no tengo tiempo.**
*Ich habe jetzt keine Zeit.*

**Ahora gozamos de más libertad que antes.**
*Wir genießen jetzt mehr Freiheit als früher.*

**Ahora te toca a ti.**
*Nun bist du an der Reihe.*

**A ▶** AHORA MISMO ist eine Verstärkung von AHORA, meint aber auch die unmittelbare Vergangenheit oder Zukunft:

**Ahora mismo no puedo.**
*Jetzt gerade kann ich nicht.*

**Se han marchado ahora mismo.**
*Sie sind gerade weggegangen.*

**Se lo voy a decir ahora mismo.**
*Ich sage es ihm sofort.*

**B ▶** AHORITA ist eine Verstärkung von AHORA, gebräuchlich vor allem im amerikanischen Spanisch.

**C ▶** Beispiele für die Wendungen HASTA AHORA, POR AHORA und AHORA QUE. Im letzten Beispiel kann AHORA QUE durch AHORA BIEN ersetzt werden:

–Vente luego a mi casa a que lo veamos entre los dos.
–Vale. Hasta ahora.
"Komm doch nachher zu mir, und wir schauen es uns gemeinsam an."
"In Ordnung. Bis gleich."

–Yo que tú iba a su casa y se lo explicaba todo.
–No por Dios, lo mejor es que por ahora no haga nada.
"An deiner Stelle würde ich zu ihm gehen und ihm alles erklären."
"Nein, um Gottes willen, am besten tue ich vorerst nichts."

–Se ha perdido el calendario.
–¡Qué mala pata! Ahora que más falta nos hace, desaparece.
"Der Kalender ist verlorengegangen."
"Was für ein Pech! Jetzt, da wir ihn am meisten brauchen, verschwindet er."

–Extraño que no haya llamado.
–Ahora que me acuerdo: al entrar yo, sonaba el teléfono. Igual era él.
"Seltsam, daß er nicht angerufen hat."
"Jetzt fällt mir ein: als ich hereinkam, klingelte gerade das Telefon. Vielleicht war er es."

–Les robaron a seis turistas en una noche.
–Fueron más. Ahora que ninguno tomó las precauciones debidas.
"In einer einzigen Nacht wurden sechs Touristen ausgeraubt."
"Es waren mehr. Nur hatte keiner die nötigen Vorsichtsmaßnahmen getroffen."

### 26.76 Ausdrücke zur Bezeichnung der Gegenwart

Weitere Ausdrücke zur Bezeichnung des gegenwärtigen Zeitpunkts oder -raums (vgl. 26.78, 26.76):

**hogaño** *diesjährig*
**en la actualidad** *zurzeit*
**actualmente** *gegenwärtig*
**a estas alturas** *soweit, bis zum jetzigen Zeitpunkt, jetzt, nun*
**a estas horas** *jetzt*
**de momento** *im Augenblick*
**por el momento** *vorläufig, vorerst*

## 26. Zeitbestimmungen

### 26.77 AYER und ANOCHE

Beispiele für den Gebrauch von AYER und ANOCHE:

**haber llegado ayer** *gestern eingetroffen sein*
**haber llamado anoche** *gestern abend angerufen haben*
**el ayer** *(das Gestern =) die Vergangenheit*

**A** ▶ Der relativ verbreitete Gebrauch von AYER NOCHE für ANOCHE wird als unschön angesehen.

**B** ▶ Vorangestelltes EL DÍA DE und nachgestelltes MISMO dienen zur Betonung von AYER:

**el día de ayer** *am gestrigen Tag, gestern*
**ayer mismo** *gestern noch*

**C** ▶ Man beachte: **anteayer** *vorgestern*, **anteanoche** *vorgestern abend*. Die Wörter **anteanteayer** *vorvorgestern* und **anteanteanoche** *vorvorgestern abend* sind vergleichsweise selten. Man verwendet ansonsten umständlichere Ausdrücke wie LA NOCHE ANTERIOR A ANOCHE usw.

### 26.78 HOY

Vorangestelltes EL DÍA DE und nachgestelltes MISMO dienen zur Betonung von **hoy** *heute*. Die Wendung A DÍA DE HOY wird als überflüssig und inkorrekt angesehen. Beispiele des Gebrauchs:

**no sentirse bien hoy** *sich heute nicht wohl fühlen*
**vivir hoy mejor que antes** *heute besser als früher leben*
**hasta el día de hoy / a día de hoy** *bis heute, bis zum heutigen Tage*
**marcharse hoy mismo** *heute noch abreisen*

**A** ▶ Feststehende Wendungen mit HOY:

**hoy (en) día / hoy por hoy** *heutzutage*
**por hoy** *für heute, vorläufig*

### 26.79 MAÑANA

Vorangestelltes EL DÍA DE und nachgestelltes MISMO dienen zur Betonung von **mañana** *morgen*. Beispiele des Gebrauchs:

**marcharse mañana** *morgen abreisen*
**llegar pasado mañana** *übermorgen ankommen*
**el día de mañana** *morgen, der morgige Tag*
**mañana mismo** *morgen noch*
**el mañana** *(das Morgen =) die Zukunft*

### 26.80 ENTONCES und sinnverwandte Ausdrücke

**A** ▶ Beispiele für den Gebrauch von **entonces** *dann; damals*:

**Vi al policía y sólo entonces me di cuenta de que no llevaba el DNI.**
*Ich sah den Polizisten, und erst dann merkte ich, daß ich den Personalausweis nicht dabei hatte.*

**He visto algunas fotos del año 1998. ¡Qué distintos éramos entonces todos!**
*Ich habe einige Bilder aus dem Jahre 1998 gesehen. Wie anders waren wir alle damals!*

**B** ▶ Häufige Ausdrücke zur Bezeichnung eines damaligen Augenblicks: ALLÍ, EN ESO, EN ESTO. Die beiden letzten Ausdrücke werden eher in erzählenden, lebhaften Berichten verwendet:

**Había acostado a la chica y en esto se fue la luz.**
*Ich hatte die Kleine ins Bett gelegt, und da blieb der Strom weg.*

**C** ▶ Folgende Ausdrücke für *'damals'* bezeichnen einen sehr weit zurückliegenden Zeitraum: EN AQUEL ENTONCES, POR AQUEL ENTONCES, POR ENTONCES, A LA SAZÓN.

- Zu ENTONCES als konsekutives Adverb vgl. 33.19.

### 26.81 TARDE

Man beachte in den beiden letzten Beispielen Ausdrucksformen für *'zu spät'* (die Verwendung von DEMASIADO würde eine in der Regel unnötige Verstärkung bedeuten):

**comer tarde** *spät essen*
**por la mañana, pero ya tarde** *am späten Morgen*
**empezar más tarde de lo previsto** *später als vorgesehen anfangen*
**ser un poco tarde** *etwas spät sein*
**no ser tan tarde** *nicht so spät sein*
**llegar tarde** *zu spät kommen*
**ser muy tarde para ver los vídeos** *zu spät sein, um die Videos anzuschauen*

### 26.82 TEMPRANO

Beispiele für den Gebrauch von TEMPRANO in der Bedeutung *'früh, frühzeitig'*:

**para encontrarnos mañana temprano** *um uns morgen früh zu treffen*
**no tan temprano como hoy** *nicht so früh wie heute*
**acostarse bien temprano** *sehr früh ins Bett gehen*

- Synonym von TEMPRANO ist PRONTO (vgl. 26.83A)

### 26.83 PRONTO

**A** ▶ Beispiel für den Gebrauch von PRONTO in der Bedeutung *'früh, frühzeitig'* (Synonym von TEMPRANO, vgl. 26.82):

**Es muy pronto como para saber algo concreto.**
*Es ist noch zu früh, um etwas Konkretes zu erfahren.*

**B** ▶ Beispiel für den Gebrauch von PRONTO in der Bedeutung *'bald'*:

**El trabajo lo tendré listo muy pronto.**
*Die Arbeit werde ich sehr bald fertig haben.*

**C** ▶ Beispiele für einige feste Wendungen mit PRONTO:

**aparecer de pronto** *plötzlich erscheinen*
**no decir nada por de pronto / por lo pronto** *vorerst nichts sagen*
**tan pronto (como) me vieron** *sobald sie mich gesehen hatten* (vgl. 35.21, 18.50)

**D** ▶ Häufige Ausdrücke mit der Bedeutung *'sogleich, sofort'*: INMEDIATAMENTE, DE INMEDIATO, AL INSTANTE, ENSEGUIDA (EN SEGUIDA)

### 26.84 SIEMPRE

**A** ▶ Beispiele für den Gebrauch von SIEMPRE in der Bedeutung *'immer'*:

**Siempre ha habido vencedores y vencidos.**
*Es hat immer Sieger und Besiegte gegeben.*

**¿Has de estar siempre de mal humor?**
*Mußt du immer schlechter Laune sein?*

**Nuestra relación se ha malogrado para siempre.**
*Unsere Beziehung ist für immer ruiniert.*

**B ▶** DE SIEMPRE ist ein Attribut ebenso wie – auch in der Fassung DESDE SIEMPRE – adverbielle Angabe:

**la monserga de siempre** *die übliche Moralpredigt*
**lo de siempre** *das Übliche*
**tocar la guitarra de (desde) siempre** *schon immer Gitarre spielen*

**C ▶** Konjunktionale Wendungen mit SIEMPRE. SIEMPRE QUE hat einen temporalen (vgl. 35.20) und einen konditionalen Sinn (vgl. 35.97):

**siempre que viene Lola** *jedesmal, wenn Lola kommt*
**siempre que / siempre y cuando venga Lola** *vorausgesetzt, Lola kommt*

## 26.85 TODAVÍA und AÚN

TODAVÍA und AÚN sind synonym und praktisch austauschbar, in den folgenden Beispielen kann TODAVÍA durch AÚN ohne Nuancenverlust ersetzt werden. Man beachte im übrigen die möglichen Satzstellungen von TODAVÍA bzw. AÚN (vgl. 29.12):

–¿Ya le has dicho que nos mudamos?　"Hast du ihr schon gesagt, daß wir umziehen?"
–Todavía no.　"Noch nicht."

–¿Están ya todos?　"Sind schon alle da?"
–No, Juanjo todavía debe de estar durmiendo.　"Nein, Juanjo muß noch im Bett sein."

–Leonor es una chica muy capaz.　"Leonor ist ein sehr fähiges Mädchen."
–Pues su hermana es todavía más lista: se ha casado con un millonario.　"Ihre Schwester ist aber noch gescheiter, sie hat sich mit einem Millionär verheiratet."

• TODAVÍA-Sätze werden sehr häufig mit SEGUIR bzw. **SEGUIR + Gerundio** ausgedrückt, vgl. 15.36.

## 26.86 YA

**A ▶** Beispiele für den Gebrauch von YA in der Bedeutung *'schon, bereits'*:

**Ya eres mayor de edad.**
*Du bist schon erwachsen.*

**No tienes por qué decírselo, que ya lo sabe.**
*Du brauchst ihm das nicht zu sagen, er weiß es bereits.*

**Cuando llegué, ya habían comido.**
*Als ich kam, hatten sie schon gegessen.*

**B ▶** In Verbindung mit NO hat YA die Bedeutung *'nicht mehr'*. Es nimmt meistens die Form YA NO ein (vgl. 29.13):

**Hay cosas que ya no puedo hacer.**
*Es gibt Dinge, die ich nicht mehr tun kann.*

• Zu NO YA mit der Bedeutung *'nicht nur'* vgl. 29.26.

**C ▶** Weitere Beispiele für den Gebrauch von YA. Im vorletzten Beispiel signalisiert der Sprecher, daß er die Auskunft des Gesprächspartners zur Kenntnis nimmt. Im letzten Beispiel signalisiert der Sprecher Ungläubigkeit:

–¿Quiénes suspendieron?　"Wer ist durchgefallen?"
–Ya te enterarás.　"Du wirst es schon erfahren."

## 26. Zeitbestimmungen

| | |
|---|---|
| –Ya está la comida. | "Das Essen ist fertig!" |
| –¡Ya voy! | "Ich komme schon!" |
| –Voy a esperar a que bajen los precios. | "Ich will abwarten, bis die Preise fallen." |
| –Ya. | "Aha." |
| –No pude ir porque me dolía la cabeza. | "Ich konnte nicht kommen, ich hatte Kopfweh." |
| –Ya ya... | "So so." |

• Weitere Verwendungsweisen von YA in Verbindung mit ESTAR vgl. 19.45C.

**D** ▶ Wendungen mit YA: YA ... YA, YA QUE (NO):

**Ya por el tiempo, ya por el trabajo, siempre se le nota cansado.**
*Sei es wegen des Wetters, sei es wegen der Arbeit, er sieht immer müde aus.*

**No nos vemos mucho, ya que trabajamos en secciones distintas.**
*Wir sehen uns nicht oft, denn wir arbeiten in verschiedenen Abteilungen.*

**Ya que no escribes tú, te escribo yo.**
*Da du nicht schreibst, schreibe ich dir.*

### 26.87 RECIÉN und sinnverwandte Ausdrücke

**A** ▶ RECIÉN ist eine Verkürzung des Adverbs **recientemente** *kürzlich*. RECIÉN ist eine nähere Bestimmung von Partizipformen (vgl. 16.9):

**una película recién estrenada** *ein gerade angelaufener Film*
**recién inaugurada la exposición** *kurz nachdem die Ausstellung eröffnet worden war*
**los recién casados** *die Jungvermählten*

• Die nahe Vergangenheit wird meistens ausgedrückt durch **ACABAR DE + Infinitiv**, vgl. 14.72.

**B** ▶ RECIÉN ersetzt im amerikanischen Spanisch **sólo** *erst* sowie **ahora mismo** *gerade eben*:

**Voy a verlo mañana recién.**
*Ich besuche ihn erst morgen.*

**Recién salió al mercado.**
*Er ist gerade auf den Markt gegangen.*

**C** ▶ Adverbien der nahen Vergangenheit:

**el otro día** *neulich*
**hace poco** *vor kurzem*
**últimamente** *zuletzt, in letzter Zeit*

### 26.88 MIENTRAS

Das Adverb MIENTRAS hat die Bedeutung *'währenddessen'*. Das zweite Beispiel steht für den rein kontrastiven Sinn von MIENTRAS:

| | |
|---|---|
| –Voy a darme una vuelta por ahí. | "Ich gehe ein Stück spazieren." |
| –Vale. Mientras, yo me pongo a hacer este crucigrama. | "In Ordnung. Ich werde unterdessen dieses Kreuzworträtsel in Angriff nehmen." |
| –Se trata de que la democracia se estabilice. | "Es geht um die Stabilisierung der Demokratie." |
| –Y mientras, la gente tiene cada vez menos que comer. | "So, und währenddessen haben die Leute immer weniger zu essen." |

## 26. Zeitbestimmungen

- Zur Präposition **durante** *während* vgl. 26.2, 26.50. Zu der Konjunktion MIENTRAS (QUE) vgl. 35.26, 35.27, 35.28, 35.37A.

**A** ▶ Synonyme des Adverbs MIENTRAS sind: MIENTRAS TANTO, ENTRETANTO und EN TANTO.

### 26.89 CUANDO

**A** ▶ Vor CUANDO als Adverb erscheinen oft die Präpositionen DESDE, HASTA und PARA. Als abhängiges oder unabhängiges Frage- und Ausrufewort erhält CUANDO den Akzent:

**¿Cuándo nació Cervantes?**
*Wann wurde Cervantes geboren?*

**¿Desde cuándo estás aquí?**
*Seit wann bist du hier?*

**¿Hasta cuándo te quedas?**
*Bis wann bleibst du?*

**¿Hasta cuándo vamos a tener que esperar?**
*Wie lange müssen wir noch warten?*

**No dijo para cuándo lo tendría listo.**
*Er sagte nicht, wann er es fertig haben würde.*

**¡Cuándo llegará ese día!**
*Wann wird dieser Tag endlich kommen!*

- Die Frage nach der Uhrzeit erfolgt im Spanischen in der Regel mit der Wendung ¿A QUÉ HORA? (vgl. 26.90D).

**B** ▶ Beispiele mit CUANDO als kontrastives Adverb:

**más ricas, cuando no más listas** *reicher, wenn nicht sogar klüger*
**sarcasmos, cuando no insultos** *Verhöhnungen, wenn nicht sogar Beleidigungen*

**C** ▶ Beispiele mit CUANDO als Relativum (kein Akzent!):

**¿Te acuerdas de cuando no teníamos ordenador?**
*Erinnerst du dich an die Zeit, als wir keinen Computer hatten?*

**Estaré a su disposición para cuando usted me necesite.**
*Ich werde Ihnen zu dem Zeitpunkt, an dem Sie mich brauchen, zur Verfügung stehen.*

**D** ▶ Beispiele mit CUANDO als Präposition:

**Mis abuelos se conocieron cuando la guerra.**
*Meine Großeltern lernten sich während des Krieges kennen.*

**Cuando niño jamás me interesé por el fútbol.**
*Als Kind habe ich mich nie für Fußball interessiert.*

**E** ▶ Wendungen mit CUANDO. Das CUANDO des ersten Beispiels kann auch CUÁNDO geschrieben werden:

**cuando en silencio, cuando de viva voz** *bald im Stillen, bald laut*
**cuando más / mucho, una semana** *höchstens eine Woche*
**cuando menos / poco, un millón** *mindestens eine Million*
**¿de cuándo acá?** *seit wann?* (Ausdruck der Empörung)

- Vgl. 26.47 für Häufigkeitsangaben mit CUANDO.
- Zur akzentlosen Konjunktion CUANDO vgl. 35.17, 35.18, 35.19.

## 26. Zeitbestimmungen

## D. Konventionelle Zeitangaben

### 26.90 Angabe der Uhrzeit

Sowohl bei der offiziellen wie bei der umgangssprachlichen Angabe der Uhrzeit muß der bestimmte Artikel verwendet werden: LA bzw. LAS. Folgendes Schema verdeutlicht die dabei vorgenommene Einteilung der Uhr in der Umgangssprache.

|       | offiziell | Umgangssprache |
|-------|-----------|----------------|
| 1.00  | la una    | la una         |
| 4.00  | las cuatro | las cuatro    |
| 8.05  | las ocho y cinco | las ocho y cinco |
| 8.12  | las ocho y doce | las ocho y doce |
| 8.15  | las ocho y quince | las ocho Y CUARTO |
| 8.19  | las ocho y diecinueve | las ocho y diecinueve |
| 8.25  | las ocho y veinticinco | las ocho y veinticinco |
| 8.30  | las ocho y treinta | las ocho Y MEDIA |
| 8.35  | las ocho y treinta y cinco | las nueve MENOS VEINTICINCO |
| 8.40  | las ocho y cuarenta | las nueve MENOS VEINTE |
| 8.43  | las ocho y cuarenta y tres | las nueve MENOS DIECISIETE |
| 8.45  | las ocho y cuarenta y cinco | las nueve MENOS CUARTO |
| 8.50  | las ocho y cincuenta | las nueve MENOS DIEZ |
| 8.52  | las ocho y cincuenta y dos | las nueve MENOS OCHO |
| 9.00  | las nueve | las nueve |
| 13.00 | las trece | LA UNA |
| 13.15 | las trece y quince | LA UNA Y CUARTO |
| 13.30 | las trece y treinta | LA UNA Y MEDIA |
| 13.45 | las trece y cuarenta y cinco | LAS DOS MENOS CUARTO |
| 14.00 | las catorce | LAS DOS |
| 23.59 | las veintitrés y cincuenta y nueve | LAS DOCE MENOS UNO |
| 24.00 | las cero | LAS DOCE |

**A ▸** Bei der nicht offiziellen Uhrzeitangabe wird zur Verdeutlichung der Tageszeit DE LA + Tageszeitbezeichnung. Zu den Tageszeiten wird auch LA MADRUGADA gerechnet. Zur Verdeutlichung der vollen Stunde wird EN PUNTO hinzugefügt:

4.30 = **las cuatro y media de la mañana**
15.30 = **las tres y media de la tarde**
23.00 = **las once en punto de la noche**
2.20 = **las dos y veinte de la madrugada**

**B ▸** Die Angabe, wieviel Uhr es ist, wird mit SER gebildet, mit der dritten Person Singular bei 1 Uhr, sonst mit der dritten Person Plural. Die Frage nach der Uhrzeit lautet: ¿QUÉ HORA ES?:

**¿Qué hora será ahora en Tokio?**
*Wieviel Uhr mag es jetzt in Tokio sein?*

**¿Es la una ya?**
*Ist es schon eins?*

**Eran las cinco en punto de la tarde.**
*Es war genau fünf Uhr Nachmittag.*

**C ▸** In Lateinamerika fragt man häufig: ¿QUÉ HORA(S) SON? Diese Verwendung der dritten Person Plural von SER bei der Frage sollte nicht nachgeahmt werden.

**D ▸** Bei der Angabe, um wieviel Uhr genau etwas stattfindet, geht der Uhrzeitangabe A voraus:

**¿A qué hora empezamos?**
*Um wieviel Uhr fangen wir an?*

**Mi avión sale a las ocho de la mañana.**
*Meine Maschine fliegt um acht Uhr morgens.*

**E** ▶ Beispiele mit anderen Präpositionen. Zu HACIA und SOBRE vgl. 26.91:

**antes de la una** *vor ein Uhr*
**después de las seis** *nach sechs Uhr*
**desde las seis de la tarde** *seit / ab sechs Uhr abends*
**hasta las tres de la mañana** *bis drei Uhr morgens*
**tener el coche listo para las nueve** *den Wagen um neun Uhr fertig haben*

**F** ▶ Die Stundenangabe wird häufig weggelassen:

**Ya es menos cuarto, date prisa.**
*Es ist schon Viertel vor, beeile dich!*

**Se suele empezar a y cuarto.**
*Man beginnt meistens um Viertel nach.*

**G** ▶ Der Artikel fällt in der Regel bei Angaben zweier eng zusammenhängender Uhrzeiten weg:

**Esto cierra de doce a cuatro.**
*Dies hat von zwölf bis vier zu.*

**Entre once y una no viene casi nadie por aquí.**
*Zwischen elf und eins verirrt sich kaum einer hierher.*

**H** ▶ Häufige Verben zum Ausdruck von Uhrzeitbestimmungen sind DAR und MARCAR:

**Acaban de dar las once.**
*Es hat gerade elf Uhr geschlagen.*

**Hacía años que el reloj de la iglesia marcaba las doce menos cuarto.**
*Seit Jahren zeigte die Kirchenuhr Viertel vor zwölf.*

## 26.91 Ungefähre Uhrzeitangaben

Ungefähre Uhrzeitangaben werden am häufigsten ausgedrückt durch HACIA, SOBRE, ALREDEDOR DE sowie A ESO DE; weniger häufig treten dabei CERCA DE, EN TORNO A und APROXIMADAMENTE auf:

**llegar hacia las nueve** *gegen neun Uhr eintreffen*
**ser sobre las ocho** *ungefähr acht Uhr sein*
**alrededor de las once** *um elf Uhr herum*
**aparecerse a eso de las seis** *so um sechs Uhr auftauchen*

**A** ▶ Beispiel mit A LAS TANTAS zum Ausdruck einer unbestimmten, als übertrieben spät angesehenen Uhrzeit:

**volver a las tantas de la noche** *spät in der Nacht zurückkommen*

## 26.92 Angaben des Wochentages

'am' + **Tagesname** entspricht EL + **Tagesname**; der Artikel steht auch bei den Präpositionen DESDE, HASTA, ANTES DE, DESPUÉS DE, PARA sowie bei DE .. .A. Die häufigen Bestimmungen PASADO, SIGUIENTE und PRÓXIMO werden in der Regel nachgestellt (PASADO wird jedoch sehr häufig vorangestellt):

**llegar el lunes** *am Montag eintreffen*
**haber empezado el martes por la noche** *am Dienstag abend angefangen haben*
**¡hasta el miércoles!** *bis Mittwoch!*
**desde el jueves pasado** *seit letztem Donnerstag*
**acabarlo para el viernes siguiente** *es am darauffolgenden Freitag fertig haben*

## 26. Zeitbestimmungen

**no antes del próximo sábado** *nicht vor nächstem Samstag*
**después del domingo** *nach dem Sonntag*
**del domingo que viene al martes siguiente** *vom nächsten Sonntag bis zum Dienstag darauf*

• Bei Feiertagsangaben kann der Artikel wegfallen, vgl. 5.70.

**A** ▶ Bei der Apposition mit HOY, AYER und MAÑANA fällt der Artikel weg:
**hoy domingo** *heute am Sonntag*
**mañana sábado** *morgen am Samstag*

**B** ▶ Zum Ausdruck regelmäßiger Wiederholung wird die Mehrzahl der Tagesnamen mit dem bestimmten Artikel im Plural verwendet:
**Nos vemos los domingos en el tenis.**
*Wir sehen uns gewöhnlich sonntags beim Tennis.*

**C** ▶ Bei DE ... A im Ausdruck regelmäßiger Wiederholung wird häufig der Singular verwendet, der bestimmte Artikel fällt weg:
**De jueves a domingo era imposible localizarlos.**
*Von Donnerstag bis Sonntag war es unmöglich, sie zu erreichen.*

**D** ▶ Nach EN steht der Tagesname ohne Artikel. EN kommt nur in der Verbindung CAER EN + Tagesname sowie in feststehenden Wendungen vor:
**Mi cumpleaños cae este año en domingo.**
*Mein Geburtstag fällt dieses Jahr auf einen Sonntag.*

**En martes, no te cases ni te embarques.**
*An einem Dienstag sollst du weder heiraten noch dich einschiffen.*

**E** ▶ Beispiele mit anderen Begleitern zum Ausdruck näherer Bestimmung:
**este domingo** *am kommenden Sonntag*
**aquel viernes nefasto** *an jenem verhängnisvollen Freitag*
**todos los domingos** *jeden Sonntag*
**cada primer jueves** *an jedem ersten Donnerstag*
**cualquier martes o viernes** *an jedem beliebigen Dienstag oder Freitag*

### 26.93 Angaben des Monats

'im' + Monatsname entspricht EN + Monatsname. Auch in Verbindungen mit anderen Präpositionen und adjektivischen Begleitern steht im Spanischen kein Artikel:

**en agosto** *im August*
**en mayo de 1968** *im Mai 1968*
**en enero de este año** *im Januar dieses Jahres*
**de octubre a marzo** *von Oktober bis März*
**a partir de noviembre** *vom November an*
**desde abril del 92 hasta agosto pasado** *von April 92 bis letzten August*

**A** ▶ Beim Zusatz QUE VIENE (vgl. 26.73) muß vor dem Monatsnamen EL stehen; ebenso steht EL zum Ausdruck des Superlativs:
**el agosto que viene** *kommenden August*
**el julio más lluvioso del siglo** *der regenreichste Juli des Jahrhunderts*

**B** ▶ MES DE steht sehr oft vor der Bezeichnung eines bestimmten Monatsnamens. Davor steht ein definiter oder indefiniter Begleiter und gegebenenfalls eine Präposition:
**aquel mes de mayo** *jener Monat Mai*
**en el mes de septiembre** *im Monat September*

## 26. Zeitbestimmungen

### 26.94 Angabe der Jahreszeiten
'im' + Jahreszeitenbezeichnung entspricht EN + Jahreszeitenbezeichnung. Bei näherer Bestimmung fällt sehr häufig EN weg, dafür wird oft der bestimmte Artikel eingesetzt:

**Nunca he salido de viaje en otoño.**
*Ich bin nie im Herbst weggefahren.*

**Los efectos de la crisis actual los sentiremos (en) el verano próximo.**
*Die Folgen der gegenwärtigen Krise werden wir im nächsten Sommer spüren.*

### 26.95 Angaben der Jahreszahl
Die Angabe, in welchem Jahr etwas geschieht, geschah oder geschehen wird, erfolgt mit der Präposition EN und ohne bestimmten Artikel. Auch mit anderen Präpositionen erscheint vor einer vollen Jahreszahl kein Artikel. Die volle Jahreszahl ist als Tausender zu lesen, im ersten Beispiel also MIL NOVECIENTOS CINCUENTA Y CUATRO:

**en 1954** *(im Jahre) 1954*
**de 876 a 1492** *von 876 bis 1492*
**hasta 1999** *bis 1999*

**A ▶** Für das Jahr 2000 ff. wird sehr häufig der Artikel EL verwendet:

**Se ha previsto que el aeropuerto absorberá las necesidades hasta el 2010.**
*Man hat vorgesehen, daß der Flughafen die Bedürfnisse bis zum Jahre 2010 decken wird.*

**El artículo trata sobre cómo viviremos en el 2050.**
*Der Artikel handelt davon, wie wir im Jahre 2050 leben werden.*

**B ▶** Bei der sehr häufigen Bezeichnung eines bestimmten Jahres mit den letzten beiden Ziffern steht immer der Artikel, die Präposition EN fällt häufig weg:

**En el 53 se firmaron los acuerdos con Estados Unidos.**
*Im Jahre '53 wurden die Abkommen mit den USA unterzeichnet.*

**C ▶** Für *'die zwanziger, dreißiger, usw. Jahre'* steht die Formel LOS (AÑOS) + Kardinalzahl:

**como en los años veinte del siglo pasado** *wie in den zwanziger Jahren des vorigen Jahrhunderts*
**el rock de los noventa** *der Rock der Neunziger*

**D ▶** Ungefähre Jahreszahlangaben können mit Hilfe von zur Zehnerbezeichnung hinzugefügtem Y TANTOS gemacht werden:

**en mil novecientos cuarenta y tantos** *irgendwann in den vierziger Jahren*

### 26.96 Datumsangaben
Vor der Nennung eines Kalendertages steht der bestimmte Artikel EL, dazwischen kommt nicht selten DÍA zu stehen. Außer beim Monatsersten (der allerdings auch EL UNO genannt werden kann) liest man Kardinalzahlen (also keinen Punkt anschließen!). Vor dem Monatsnamen steht DE, vor der Jahreszahl ebenfalls:

**salir el 1** oder: **salir el 1º** *am 1. abreisen*
**llegar el 18** *am 18. ankommen*
**tener previsto el concierto para el día 26** *das Konzert für den 26. vorgesehen haben*
**tener lugar el 15 de julio** *am 15. Juli stattfinden*
**estar en Viena los días 21 y 22 de mayo de 1992** *am 21. und 22. Mai 1992 in Wien sein*
**reunirse el próximo 12 de septiembre** *sich am kommenden 12. September treffen*
**del 6 al 10 de octubre** *vom 6. bis 10. Oktober*
**desembarcar el 12 de octubre de 1492** *am 12. Oktober 1492 an Land gehen*

## 26. Zeitbestimmungen

**los que se rebelaron el 23 de febrero de 1981** *die sich am 23. Februar 1981 aufgelehnt haben*

• Umgangssprachliche Angabe des Datums vgl. 19.37.

**A** ▶ Der Artikel fällt weg, wenn das Datum als Apposition zum Namen eines Tages steht:

**Hoy es domingo, 29 de septiembre de 1986.**
*Heute ist Sonntag, der 29. September 1986.*

**B** ▶ Beim Lesen des Datums im Briefkopf entfällt ebenfalls der Artikel. Die Ziffern zur Abkürzung werden dabei mit einem Bindestrich getrennt, die Zahl für den Monat steht üblicherweise in römischen Ziffern:

**Madrid, 12-VII-1998** (zu lesen: MADRID, DOCE DE JULIO DE MIL NOVECIENTOS NOVENTA Y OCHO)

**C** ▶ Das Datum in Schriftstücken wie Urkunden und Richtersprüchen – aber auch in Briefen – kann durch A und ohne Artikel eingeleitet werden (aus dem familiären Schriftverkehr ist diese Formulierung allerdings weitgehend verschwunden). A erscheint auch in feststehenden Wendungen mit dem Wort FECHA:

**Al final del poema pone: Santiago, a 14 de septiembre de 1914.**
*Am Ende des Gedichts steht: Santiago, 14. September 1914.*

**A fecha de hoy no conocemos la proposición del Gobierno.**
*Bis zum heutigen Datum kennen wir den Vorschlag der Regierung nicht.*

**A estas fechas estará acabando la tesis.**
*Jetzt dürfte er seine Doktorarbeit abschließen.*

**D** ▶ Ein bereits eingebürgertes Kürzel für wichtige, allgemein bekannte Daten enthält eine Kardinalzahl für den Kalendertag, einen Bindestrich und einen Buchstaben zur Abkürzung des Monats:

**el 23-F** (Putschversuch am 23. Februar 1981)
**el 11-S** (Anschlag in New York am 11. September 2001)

### 26.97 Angabe des Jahrhunderts

Für die Schreibung von Jahrhunderten verwendet man in der Regel römische Zahlen (ohne Punkt!); gesprochen werden dabei meistens Kardinalzahlen, jedoch auch Ordinalzahlen bis DÉCIMO. In bloßen Zeitangaben steht davor EN, ansonsten HASTA, DESDE, etc. Die Jahrhunderte werden mit dem bestimmten Artikel genannt, zur Spezifizierung fügt man A. C. **(antes de Cristo** *vor Christi Geburt)* bzw. D. C. **(después de Cristo** *nach Christi Geburt)* hinzu:

**las revoluciones del siglo XX (veinte)** *die Revolutionen des 20. Jahrhunderts*
**la Península Ibérica en el siglo I (uno / primero) a. C.** *die Iberische Halbinsel im 1. Jahrhundert v. Chr.*
**hasta el siglo VI (seis / sexto) d. C.** *bis zum 6. Jahrhundert n. Chr.*

# 27. Die Adverbien

In diesem Kapitel geht es um die Graduierung des Adverbs sowie vor allem um die sogenannten Adverbien der Art und Weise, die in der traditionellen Grammatik Wörter mit der unterschiedlichsten Leistung umfassen. Zu den Ortsadverbien vgl. Kapitel 25, zu den Zeitadverbien vgl. Kapitel 26.

## A. Vergleich und Steigerung des Adverbs

Das Adverb wird wie das Adjektiv graduiert, also mit Hilfe der Pronomen TANTO, MÁS und MENOS (vgl. 9.143, 9.151, 9.152), Sonderformen des Komparativs gibt es für die Adverbien BIEN und MAL.

### 27.1 Ausdruck der gleichen Stufe

Wie bei Adjektiven (vgl. 3.59) verwendet man für *'so'* und *'wie'* TAN bzw. COMO:

**¿Por qué se hacen las reformas tan despacio?**
*Warum gehen die Reformen so langsam voran?*

**Ella piensa tan deprisa como él habla.**
*Sie denkt so schnell wie er spricht.*

• Bei Wegfall von COMO kann tan durch ASÍ DE ersetzt werden, vgl. 27.11.

### 27.2 Ergänzung von LO MISMO und IGUAL

Die Ergänzung von LO MISMO und IGUAL ist QUE:

**Aquel día llovió lo mismo que el día anterior.**
*Es regnete an dem Tag genauso viel wie am Tag zuvor.*

**Se mueve igual que su padre.**
*Er bewegt sich genauso wie sein Vater.*

**A** ▶ Beispiel mit der Gradpartikel IGUAL DE:

**Son igual de coquetas que sus madres.**
*Sie sind ebenso kokett wie ihre Mütter.*

### 27.3 Ausdruck des höheren Grades

Für den Ausdruck des höheren Grades wird MÁS verwendet (Ausnahmen sind die Steigerungsformen von BIEN und MAL, vgl. 27.5. Die Komparativergänzungen werden eingeleitet durch QUE bzw. DE LO QUE (vgl. 9.152, 9.154, 9.156, 9.157):

**Ellas avanzaban más deprisa que nosotros.**
*Sie kamen schneller voran als wir.*

**Ciertos niños aprenden más deprisa de lo que suponen sus padres.**
*Manche Kinder lernen schneller, als ihre Eltern vermuten.*

### 27.4 Ausdruck des niedrigeren Grades

Beispiele mit MENOS QUE und MENOS DE LO QUE zum Ausdruck des niedrigeren Grades:

**Ellas avanzaban menos deprisa que nosotros.**
*Sie kamen weniger schnell voran als wir.*

**Ciertos niños aprenden menos deprisa de lo que esperan sus padres.**
*Manche Kinder lernen weniger schnell, als ihre Eltern erwarten.*

## 27. Die Adverbien

### 27.5 Steigerung von BIEN und MAL

Der höhere Grad zu BIEN heißt MEJOR, der höhere Grad zu MAL heißt PEOR:

**No habían jugado ni mejor ni peor que en otras ocasiones.**
*Sie hatten weder besser noch schlechter als sonst gespielt.*

**Las niñas cantaban mejor de lo que esperábamos.**
*Die Mädchen sangen besser, als wir erwarteten.*

- Zu MÁS BIEN vgl. 27.23.

### 27.6 Ausdruck des höchsten Grades

Der relativ höchste Grad in der Charakterisierung von Vorgängen wird häufig ausgedrückt mit Hilfe eines gespaltenen Relativsatzes (vgl. 37.73):

**Cora era la que más a menudo se equivocaba.**
*Cora machte am häufigsten Fehler.*

**Los niños fueron quienes mejor contaron lo sucedido.**
*Die Kinder erzählten den Vorfall am besten.*

**Aquello era lo que menos nos gustaba de ella.**
*Das gefiel uns am wenigsten an ihr.*

### 27.7 Ausdruck des höchsten Grades mit LO MÁS POSIBLE

Eine Form des Ausdrucks des höchsten Grades von Adverbien wird mit der Formel LO MÁS + Adverb + POSIBLE bezeichnet:

**lo más despacio posible** *so langsam wie möglich / möglichst langsam*
**lo más cautelosamente posible** *so vorsichtig wie möglich / möglichst vorsichtig*

**A** ▶ Häufig wird POSIBLE durch das Relativpronomen QUE ersetzt, gefolgt von einer Form von PODER:

**lo más despacio que puedas** *so langsam du kannst*
**lo más cautelosamente que pudimos** *so vorsichtig wir konnten*

## B. Adverbien der Art und Weise

### 27.8 Das Adverb ASÍ

Beispiele der Verwendung von ASÍ in der Bedeutung *'so, auf diese Weise'*:

**Se hace así, fíjate.**
*So macht man es, paß auf!*

**Como las cosas sigan así, va a haber un problema.**
*Wenn es so weitergeht, wird es ein Problem geben.*

**He bajado las persianas porque así se mantienen frías las habitaciones.**
*Ich habe die Jalousien heruntergelassen, so halten sich die Zimmer kühl.*

**Se ha vuelto peleona. Antes no era así.**
*Sie ist streitsüchtig geworden, sie war früher nicht so.*

**Fue así como perdió lo ganado.**
*So verlor er das Gewonnene.*

## 27. Die Adverbien

**A** ▶ Beispiel mit dem Zustimmungs- und Bestätigungsausdruck ASÍ ES:

–O sea que ha estudiado una carrera.     *"Sie hat also studiert."*
–Así es.     *"So ist es."*

### 27.9 ASÍ nachgestellt

Beispiele der Verwendung von adjektivischem nachgestelltem ASÍ in der Bedeutung *'solch'*:

**Una ocasión así no se presenta dos veces.**
*So eine Chance gibt es nicht zweimal.*

**Con alumnos así se desespera cualquier profesor.**
*Mit solchen Schülern verzweifelt jeder Lehrer.*

### 27.10 ASÍ in Verbindungen mit COMO

Beispiele mit ASÍ in Verbindungen mit COMO. Die beiden letzten Beispiele illustrieren die feststehende Wendung ASÍ COMO ASÍ (vgl. ferner 27.16A):

**Como tú te portes, así se portarán contigo.**
*So wie du dich verhältst, so wird man sich dir gegenüber verhalten.*

**Así podíamos morir nosotros como sobrevivir ellos.**
*Ebenso konnten wir sterben, wie sie überleben konnten.*

**Así como tú no quieres ruidos en tu casa, yo tampoco los quiero en la mía.**
*So wie du keinen Lärm bei dir zu Hause wünschst, so wünsche ich bei mir auch keinen.*

**Así como están las cosas, sería una locura renunciar a ese dinero.**
*So wie die Dinge liegen, wäre es verrückt, auf dieses Geld zu verzichten.*

**Acudieron vecinos y curiosos, así como dos perros callejeros.**
*Nachbarn und Schaulustige eilten herbei, sowie zwei Hunde von der Straße.*

**Si así como fue al cine se hubiera quedado en casa...**
*Wenn sie, statt ins Kino zu gehen, zu Hause geblieben wäre...*

**Se las veía pálidas, así como deprimidas.**
*Sie sahen blaß, irgendwie deprimiert aus.*

**Me dijo así como así que abandonaba la universidad.**
*Er sagte mir so ohne weiteres, daß er das Studium aufgebe.*

**Esas cosas no se hacen así como así.**
*Solche Sachen tut man nicht einfach so.*

### 27.11 ASÍ DE + Adjektiv / Adverb / Substantiv

ASÍ DE ersetzt gewöhnlich betontes TAN:

**Yo he perdido las llaves y ella el DNI. Así de confusos estamos los dos.**
*Ich habe die Schlüssel verloren und sie ihren Personalausweis. So verwirrt sind wir beide.*

**Estuvimos allí en una hora. Así de rápido es capaz de conducir ella.**
*Wir waren dort in einer Stunde. So schnell kann sie fahren.*

**A** ▶ Beispiel mit der kommentierenden Wendung ASÍ DE FÁCIL (bei der Wendung kann FÁCIL durch Synonyme wie CLARO, ELEMENTAL oder SENCILLO ersetzt werden):

–¿Y si me pregunta por el dinero?     *"Und wenn er mich nach dem Geld fragt?"*
–Le dices que no tienes ni idea, así de fácil.     *"Du sagst ihm, das du von gar nichts weißt, ganz einfach."*

## 27. Die Adverbien

**B** ▸ In Beispielen wie dem folgenden hat ASÍ DE den Sinn einer großen Menge:

—¿Qué tal el concierto?     *"Wie war das Konzert?"*
—Uff, había así de gente.     *"Puh, eine Menge Leute war da."*

### 27.12 ASÍ in umgangssprachlichen Wendungen

Beispiele für umgangssprachliche Wendungen mit ASÍ. Im dritten Beispiel kann ASÁ durch ASAO oder ASADO ersetzt werden:

—¿Cómo te encuentras?     *"Wie geht es dir?"*
—Así. Ayer tuve algo de fiebre.     *"So lala. Gestern hatte ich etwas Fieber."*
—No entiendo por qué no vas a un especialista.     *"Ich verstehe nicht, warum du nicht zu einem Facharzt gehst."*

—¿Qué te dijo?     *"Was hat er zu dir gesagt?"*
—Que tenía un problema con el banco y que lo iba a resolver así y asá.     *"Daß er ein Problem mit seiner Bank hat und daß er es so und so lösen will."*

—¿Entiendes su poema?     *"Verstehst du sein Gedicht?"*
—Sí y no, tú sabes, un poema se puede entender así o asá.     *"Ja und nein, du weißt, ein Gedicht kann man so oder so verstehen."*

—¿Es grande el terreno que ha heredado?     *"Ist das Gründstück groß, das er geerbt hat?"*
—Pues, tiene unos quinientos metros cuadrados o así.     *"Naja, es ist etwa fünfhundert Quadratmeter groß oder so."*

—¿Conociste a la novia de Rodrigo? ¿Es guapa?     *"Hast du die Freundin von Rodrigo kennengelernt? Ist sie hübsch?"*
—Sí, pero no habla mucho, es muy así, muy intelectual.     *"Ja, aber sie redet nicht viel, sie ist sehr... wie soll ich sagen... sehr intellektuell."*

—A mí me interesó la política desde los 12 años.     *"Mich hat die Politik seit meinem zwölften Lebensjahr."*
—¿Sí? Pues yo a esa edad tenía otras aficiones: el rock, el tenis, el cine y así.     *"Ja? In dem Alter habe ich mich für etwas anderes interessiert: Rockmusik, Tennis, Kino und so."*

### 27.13 ASÍ als Konjunktion

Zusammenfassung der Verwendungsweisen von ASÍ als adverbielle Konjunktion bzw. in konjunktionalen Wendungen:

¡Así se rompa una pierna! (vgl. 32.9)
*Hoffentlich bricht er sich ein Bein!*

El edificio cuenta, asimismo (así mismo), con aire acondicionado. (vgl. 33.5)
*Das Gebäude verfügt ferner über eine Klimaanlage.*

La música está a todo volumen; tan es así que es imposible conversar. (vgl. 35.61)
*Die Musik läuft mit voller Lautstärke; so ist es unmöglich, sich zu unterhalten.*

Sabíamos lo que nos importaba, así que el resto nos daba igual. (vgl. 35.62)
*Wir wußten, was uns wichtig war, also haben wir uns für den Rest nicht interessiert.*

Nada le ataba al país donde había nacido; así (pues), decidió nacionalizarse.
*Er hatte keine Bindungen mehr zu seiner Heimat, so beschloß er, sich einzubürgern.*

Así que pare de nevar nos ponemos en marcha. (vgl. 35.21)
*Sobald es aufhört zu schneien, brechen wir auf.*

# 27. Die Adverbien

**En este país hace mal tiempo todo el año; así y todo, me gusta vivir aquí.**
*In diesem Land ist das ganze Jahr über schlechtes Wetter; trotzdem lebe ich gern hier.*

**Aun así vas a hacer una ganancia considerable.**
*Auch dann machst du einen beträchtlichen Gewinn.*

**Ni aun así estarían dispuestos a ayudarnos.**
*Nicht einmal dann wären sie bereit, uns zu helfen.*

## 27.14 Das Adverb COMO

COMO entspricht generell *'wie'*. In Fragen und Ausrufen erhält es den Akzent:

**¿Cómo se hace esto?**
*Wie macht man das?*

**¡Cómo se enfadó!**
*Wie er sich geärgert hat!*

**Me saludó como de costumbre.**
*Er grüßte mich wie immer.*

**Es como si todos estuviéramos locos.**
*Es ist, als wären wir alle verrückt.*

**En una ciudad como ésta ocurren las cosas más absurdas.**
*In einer Stadt wie dieser passieren die absurdesten Dinge.*

**Te lo cuento como me lo han contado a mí.**
*Ich erzähle es dir so, wie man es mir erzählt hat.*

- Zu den Verbindungen mit ASÍ vgl. 27.10.
- In Fragen nach dem Zustand wird ¿CÓMO? häufig ersetzt von ¿QUÉ TAL?, vgl. 28.19.

**A** ▶ Synonyme von COMO im letzten Beispiel sind TAL (Y) COMO, TAL CUAL, IGUAL QUE und SEGÚN.

**B** ▶ Ein eher literarisches Synonym von COMO ist CUAL:

**Se quedó inmóvil cual estatua de piedra.**
*Sie war unbeweglich wie eine Statue aus Stein.*

**C** ▶ Beispiele mit der Frageformel CÓMO DE + Adjektiv / Adverb:

**¿Cómo de serios eran sus enfrentamientos?**
*Wie ernst waren ihre Auseinandersetzungen?*

**¿Cómo de cerca estaba usted de esa organización?**
*Wie nah standen Sie dieser Organisation?*

- Die hier vorgestellte Struktur kommt nicht so häufig vor wie die synonymen mit QUÉ + **Substantiv**, vgl. 28.18. Vgl. auch 28.47.

**D** ▶ Man beachte die umgangssprachliche Frage nach dem Preis ¿A CÓMO...? (vgl. 19.36 und 38.13B):

**¿A cómo están las gambas?**
*Wie teuer sind die Krabben?*

## 27.15 Identifikatives COMO

Beispiele für den Gebrauch von COMO in der identifikativen Bedeutung *'als'* (im ersten Beispiel kann COMO mit A MANERA / A MODO DE ersetzt werden, vgl. 27.30; im zweiten Beispiel hat COMO eine begründende Bedeutung; zum Unterschied mit DE vgl. 38.6A):

## 27. Die Adverbien

**Llevaba un pendiente como único adorno.**
*Sie trug einen Ohrring als einzigen Schmuck.*

**Yo, como miembro del jurado, me abstuve de hacer comentario alguno.**
*Als Jurymitglied enthielt ich mich jeglichen Kommentars.*

### 27.16 COMO in ungefähren Angaben

Beispiele für COMO in ungefähren Angaben:

**El cielo tenía un color como de albaricoque maduro.**
*Der Himmel hatte die Farbe einer reifen Aprikose.*

**Hace como 12 años que se mudó a Madrid.**
*Vor etwa 12 Jahren ist er nach Madrid umgezogen.*

**Tenía una cara como de no haber dormido días.** (vgl. 35.111)
*Sie sah aus, als hätte sie tagelang nicht geschlafen.*

**La azafata estaba como fuera de sí.**
*Die Stewardeß war wie außer sich.*

**Eso sería como matarla.** (vgl. 35.111)
*Das wäre, wie wenn man sie töten würde.*

**Claro que son unos insolentes, pero yo hago como que no existen.** (vgl. 35.112)
*Natürlich sind sie unverschämt, aber ich tue so, als wären sie nicht vorhanden.*

**Tengo un catarro como para meterme en la cama.** (vgl. 39.42A)
*Ich habe eine solche Erkältung, daß ich mich ins Bett legen sollte.*

**Me miraban como reprochándome el que me estuviera riendo.** (vgl. 15.24)
*Sie sahen mich an, als würden sie mir vorwerfen, daß ich lache.*

**A ▶** Varianten von COMO in ungefähren Mengenangaben: (ALGO) ASÍ COMO oder COMO COSA DE:

**Va a heredar algo así como dos mil millones de dólares.**
*Sie wird so um die zwei Milliarden Dollar erben.*

**Íbamos como cosa de veinte en el tranvía.**
*Wir waren so etwa zwanzig in der Straßenbahn.*

### 27.17 Kausales COMO

Beispiele von kausalem COMO (Näheres dazu vgl. 35.57):

**Enfermas como estaban, les resultaba imposible asistir a clase.**
*Da sie so krank waren, konnten sie unmöglich am Unterricht teilnehmen.*

**Asustada como quedé, no me atreví a hacer más preguntas.**
*Da ich so erschrocken war, habe ich nicht gewagt, weitere Fragen zu stellen.*

**Como político que es, trató de convertirse en líder de la asociación de vecinos.**
*Als waschechter Politiker versuchte er, die Führung der Bürgerinitiative an sich zu reißen.*

**Como no teníamos azúcar, desistimos de hacer el pastel.**
*Da wir keinen Zucker hatten, haben wir darauf verzichtet, den Kuchen zu backen.*

• Zum konditional-hypothetischen Gebrauch von COMO vgl. 35.102.

## 27. Die Adverbien

### 27.18 COMO QUE

Beispiele mit der überaus häufigen alltagssprachlichen Wendung COMO QUE:

—¿Se ha vuelto a estropear el vídeo?  *"Ist der Videorecorder wieder kaputt?"*
—Sí, como que lo voy a tirar.  *"Ja, den werfe ich jetzt weg."*

—Parece que estás cansado.  *"Du siehst müde aus."*
—Claro, ¡como que no he dormido!  *"Ich habe ja auch gar nicht geschlafen."*

### 27.19 COMO in umgangssprachlichen Wendungen

Weitere Beispiele des alltagssprachlichen Gebrauchs von COMO.:

—Oiga, ¿dónde están los Picassos?  *"Entschuldigung, wo hängen die Picassos?"*
—¿Cómo?  *"Wie bitte?"*

—Me voy a mudar de casa.  *"Ich ziehe um."*
—¡¿Cómo?!  *"Was?!"*

—No debemos ser tan buenos.  *"Wir dürfen nicht so gut sein."*
—¿Cómo es eso?  *"Wie denn das?"*

—¿Puede esperar un momento?  *"Können Sie einen Moment warten?"*
—¿Cómo no?  *"Selbstverständlich!"*

—¿Le gusta jugar con ordenadores a la chica?  *"Spielt deine Tochter gern mit dem Computer?"*
—¡Pero cómo! / ¡Y cómo!  *"Und wie!"*

**A ▶** Im vierten Beispiel kann der Ausdruck, der ohnehin nie eine Frageintonation hat, auch als Ausruf: ¡CÓMO NO!

### 27.20 Das Adverb BIEN

Beispiele der Verwendung von BIEN:

**Nosotros estamos bien, gracias a Dios.**
*Uns geht es, Gott sei Dank, gut.*

**Por ahora estoy bien de lectura.**
*Vorerst habe ich genug zu lesen.*

**Lo hiciste muy bien.**
*Du hast es sehr gut gemacht.*

**La pregunta no está bien hecha.**
*Die Frage ist nicht gut gestellt.*

**Bien podías haberlo hecho tú solo.**
*Du hättest es ja allein machen können.*

**Podemos muy bien hacer 50 kilómetros más.**
*Wir können gut und gern noch 50 Kilometer fahren.*

**A ▶** Beispiele mit dem Substantiv EL BIEN:

**el bien de la patria** *das Wohl des Vaterlandes*
**por tu bien** *deinetwegen, dir zuliebe*
**hacer (el) bien** *Gutes tun*
**hacer bien en no decir nada** *gut daran tun, nichts zu sagen*
**bienes y servicios** *Güter und Dienstleistungen*

## 27. Die Adverbien

**hombre de bien** *gütiger Mann*
**tener a bien** *die Liebenswürdigkeit haben*

### 27.21 Synonyme von BIEN und MUY BIEN

Einige synonyme Ausdrücke von BIEN bzw. MUY BIEN als positive Beurteilung von Handlungen, Verhaltensweisen und Zuständen:

**comer de aupa / de aúpa** *essen wie Gott in Frankreich*
**cantar bárbaro / bárbaramente** *fantastisch singen*
**hacer algo como Dios quiere y manda** *etwas so tun wie es sich gehört*
**jugar fenomenal / fenomenalmente** *traumhaft gut spielen*
**pasarlo a las mil maravillas** *es sich großartig gehen lassen*
**de perilla(s)** *ganz prima*
**de perlas** *toll!*
**de primera** *erstklassig*
**requetebién** *ausgezeichnet* (vgl. 41.4)

### 27.22 BIEN als Steigerungsadverb

BIEN dient zur absoluten Steigerung von Adjektiven und Adverbien; BIEN DE dient als Intensitätsausdruck vor Substantiven:

**una cerveza bien fría** *ein gut gekühltes Bier*
**colocarse bien al fondo** *sich ziemlich weit hinten hinstellen*
**soportar bien de ruidos** *viel Lärm ertragen*
**bien de veces** *sehr oft*

• Die Steigerung von BIEN ist MEJOR, vgl. 27.5. Zu MÁS BIEN vgl. 27.23.

### 27.23 MÁS BIEN

Beispiele mit der Wendung MÁS BIEN:

**La conferencia fue más bien propagandística.**
*Der Vortrag war eher propagandistisch.*

**Yo pienso más bien que se aburre.**
*Ich bin eher der Meinung, daß sie sich langweilt.*

### 27.24 BIEN in Konjunktionen

Beispiele für konjunktionale Wendungen mit BIEN:

**Desechó la oferta, bien por voluntad propia, bien por consejo de ella.** (vgl. 33.18)
*Er lehnte das Angebot ab, sei es aus freien Stücken, sei es auf ihr Betreiben.*

**O bien nos rebelamos o bien nos callamos.** (vgl. 33.11)
*Entweder wir lehnen uns auf, oder wir schweigen.*

**No bien dieron las cuatro, se apagaron las luces.** (vgl. 35.21)
*Kaum schlug es vier Uhr, gingen die Lichter aus.*

**Bien que podía ayudarnos, no nos ayudó.** (vgl. 35.45)
*Obwohl er uns hätte helfen können, hat er uns nicht geholfen.*

**Si bien nuestra pronunciación no es buena, nos hacemos entender.** (vgl. 35.48)
*Obwohl unsere Aussprache nicht gut ist, machen wir uns verständlich.*

## 27. Die Adverbien

Son unos chicos listísimos, si bien es verdad que odian el colegio.
*Sie sind äußerst intelligent, allerdings hassen sie die Schule.*

Son alemanes, si bien es cierto que no nacieron en Alemania.
*Sie sind Deutsche, allerdings sind sie nicht in Deutschland geboren.*

**A ▶** Einige häufige, besonders in der Konversation vorkommende Satzadverbien mit BIEN, alle mit der Bedeutung *'richtig besehen'*, sind: SI SE CONSIDERA BIEN, SI BIEN SE MIRA, BIEN CONSIDERADO / MIRADO, CONSIDERÁNDOLO / MIRÁNDOLO / PENSÁNDOLO BIEN. Beispiel:

–Ha decidido estudiar pintura.     "Sie hat beschlossen, Malerei zu studieren."
–Pensándolo bien, hace lo debido.     "Sie tut eigentlich das Richtige."

### 27.25 ESTAR BIEN

Beispiele für die verschiedenen Einsatzmöglichkeiten von ESTAR BIEN:

–Las eché de la clase.     "Ich habe sie aus dem Unterricht hinausgeworfen."
–Está bien.     "Ganz richtig!"

–El resto te lo devuelvo otro día.     "Den Rest gebe ich dir ein andermal zurück."
–Está bien.     "Einverstanden."

–Además podría nevar.     "Es könnte außerdem schneien."
–Está bien, iremos en tren.     "Also gut, wir fahren mit dem Zug."

–Se perdieron todas las cartas.     "Alle Briefe sind verlorengegangen."
–¡Estamos bien!     "Eine schöne Bescherung!"

–Hasta piensan privatizar los cementerios.     "Sie wollen sogar die Friedhöfe privatisieren."
–¡Estaría bien!     "Auch das noch!"

### 27.26 Das Adverb MAL

Beispiele der Verwendung von MAL:

**He jugado mal, rematadamente mal.**
*Ich habe schlecht, ganz schlecht gespielt.*

**Su padre está muy mal.**
*Seinem Vater geht es sehr schlecht.*

**Esto va de mal en peor.**
*Das wird immer schlimmer.*

**La conferencia estaba mal estructurada.**
*Der Vortrag war schlecht aufgebaut.*

**Mal se puede haber olvidado de tu cumpleaños.**
*Er kann schwerlich deinen Geburtstag vergessen haben.*

• Die Steigerung von MAL ist PEOR, vgl. 27.5.

**A ▶** Beispiele mit MAL als Substantiv:

**no hay mal que dure cien años** *kein Übel währt hundert Jahre*
**desearle mal a alguien** *jemandem etwas Böses wollen*
**la omnipresencia del mal** *die Allgegenwart des Bösen*
**un chico que hace mal en quejarse** *ein Junge, der einen Fehler macht, indem er klagt*
**tomar a mal** *übelnehmen*

## 27. Die Adverbien

**el mal de Parkinson** *die Parkinsonsche Krankheit*
**¡menos mal!** *Gott sei Dank!* (vgl. 32.18)

### 27.27 Synonyme von MAL

Einige synonyme Ausdrücke von MAL bzw. MUY MAL als negative Beurteilung von Handlungen, Verhaltensweisen und Zuständen:

**ser una calamidad** *eine Null sein*
**espantoso / espantosamente** *entsetzlich*
**ser un desastre** *eine Katastrophe sein*
**fatal** *schlimm*
**a la ligera** *leichtfertig*
**de cualquier manera** *schlecht, irgendwie* (vgl. 27.34)
**pésimo / pésimamente** *miserabel*

### 27.28 Wendungen mit MAL

Weitere feste Wendungen mit MAL:

**Mal que bien aprobé los exámenes.**
*Ich habe die Prüfungen mehr schlecht als recht bestanden.*

**Tienes que ir con corbata, mal que no quieras.** (vgl. 35.47)
*Du mußt eine Krawatte tragen, auch wenn du nicht willst.*

### 27.29 Weitere Adverbien der Art und Weise

Von den Adverbien auf -MENTE (vgl. Kapitel 27, Teil C) und den Adverb-Adjektiven (vgl. Kapitel 27, Teil D) abgesehen gibt es im Spanischen ganz wenige Adverbien, die aus einem Wort bestehen. Hingegen enthält das Lexikon eine überaus große Anzahl von adverbiellen Ausdrücken, die aus Präpositionalgefügen bestehen. Nachstehend eine Auswahl gebräuchlicher Adverbien (für weitere Beispiele vgl. u.a. auch Kapitel 9, Teil B, Kapitel 27. Teil E, sowie Kapitel 38, 39, 40):

**adrede** *absichtlich*
**al azar** *aufs Geratewohl*
**de balde** *kostenlos*
**en balde** *umsonst*
**a ciegas** *blindlings*
**por completo** *vollständig*
**de costumbre** *gewöhnlich*
**deprisa / de prisa** *schnell*
**despacio** *langsam*
**a escondidas** *verstohlen*
**por escrito** *schriftlich*
**de mala gana** *ungern*
**a fondo** *gründlich*
**de golpe** *plötzlich*
**gratis** *kostenlos*
**en general** *allgemein*
**por lo general** *für gewöhnlich*
**de improviso** *unerwartet*
**a la ligera** *oberflächlich*

**de memoria** *auswendig*
**de nuevo** *noch einmal*
**de ordinario** *normalerweise*
**en parte** *teilweise*
**(como) de pasada** *beiläufig*
**de pasada** *im Vorbeigehen*
**a regañadientes** *zähneknirschend*
**de repente** *plötzlich*
**al revés** *umgekehrt*
**a salvo** *unbeschadet*
**en secreto** *heimlich*
**sobre seguro** *abgesichert*
**en serio** *im Ernst*
**a solas** *allein*
**de sopetón** *mir nichts, dir nichts*
**a tontas y a locas** *kopflos*
**en vano** *vergeblich*
**viceversa** *umgekehrt*
**de viva voz** *mündlich*

## 27. Die Adverbien

**A** ▶ Beispiele für Graduierungen und sonstige nähere Bestimmungen adverbieller Angaben:

**tan de improviso** *so plötzlich*
**muy de pasada** *ganz beiläufig*
**más en serio** *ernsthafter*
**cada vez más a regañadientes** *immer mehr zähneknirschend*
**¡lo en vano que esperaban!** *vergebens warteten sie!*

**B** ▶ Das Lexikon führt auch diejenigen adverbiellen Angaben an, die sich nur mit einem oder einer ganz beschränkten Anzahl von Verben verwenden lassen. Einige Beispiele:

**abrir la puerta de par en par** *die Tür weit öffnen*
**vender / pagar / comprar al contado** *in bar verkaufen / zahlen / kaufen*
**conocer algo de oídas** *etwas vom Hörensagen kennen*
**leer de un tirón** *in einem Zug lesen*
**leer de cabo a rabo** *von der ersten bis zur letzten Seite lesen*
**jurar en falso** *Meineid leisten*
**negarse en redondo** *rundheraus ablehnen*
**lavar en seco** *trocken reinigen*
**reírse a mandíbula batiente** *über das ganze Gesicht lachen*
**frenar en seco** *scharf bremsen*

### 27.30 Das Substantiv MANERA in Angaben der Art und Weise

Modaladverbien können mit **DE + MANERA + Adjektiv in der femininen Form** spontan gebildet werden:

**de manera disimulada** *verstohlen, auf verstohlene Art und Weise*
**de manera discreta** *diskret, auf diskrete Art und Weise*
**de manera vergonzosa** *beschämend, auf beschämende Art und Weise*

• Zum Konsekutivausdruck DE MANERA QUE vgl. 35.62.

### 27.31 Zulässigkeit von UNA bei MANERA

Der unbestimmte Artikel UNA vor MANERA kann nur bei einer nachdrücklichen Behauptung von Einzigartigkeit verwendet werden (vgl. 6.29), was bei einer näheren Bestimmung des Adjektivs fast immer der Fall ist:

**¿Por qué no me lo explicas de una manera más lógica?**
*¿Warum erklärst du es mir nicht auf eine logischere Art und Weise?*

**A** ▶ In den folgenden Beispielen mit DE UNA MANERA ohne Adjektiv in Ausrufen kommt der Einzigartigkeitsaspekt vollends zum Zuge:

**¡Gritaba de una manera...!**
*Er schrie dermaßen ...!*

**¡Me respondió de una manera...!**
*Er hat mich richtig angemotzt!*

**B** ▶ Das Adjektiv zu MANERA kann weitere Bestimmungen erhalten, somit kann das unzulässige Zusammentreffen zweier Adverbien auf -MENTE vermieden werden:

**de una manera bastante casual** *recht zufällig*
**de una manera absolutamente inadmisible** *absolut unzumutbar*

## 27. Die Adverbien

### 27.32 | MANERA mit anderen Determinanten als UNA

**A** ▶ Beispiel mit ¿DE QUÉ MANERA?, was ein sehr häufiges Synonym von CÓMO ist:

**¿De qué manera se reproducen las mariposas?**
*Wie vermehren sich Schmetterlinge?*

**B** ▶ LA MANERA DE tritt beim u.a. Superlativ des Adverbs und beim Ausdruck DE LA MISMA MANERA auf:

**Lo dijo de la manera más cínica que te puedas imaginar.**
*Er sagte das auf die zynischste Art und Weise, die du dir vorstellen kannst.*

**Me lo contó de la misma manera que a ti.**
*Er erzählte mir das genauso wie dir.*

**C** ▶ Beispiele mit DE ESTA / ESA MANERA, die sehr häufige Synonyme von ASÍ sind:

**No vuelvas a responder de esa manera.**
*Antworte nie wieder so.*

**De esta manera nunca saldremos de este atolladero.**
*So kommen wir nie aus dem Schlamassel heraus.*

**D** ▶ Beispiele mit DE OTRA MANERA in der Bedeutungen *'anders'* und *'sonst'*:

–Al final han dimitido todos.     "Am Ende sind alle zurückgetreten"
–Es que no podía ser de otra manera.     "Anders konnte es ja nicht gehen."

–¿Invitaste a Emilio también?     "Hast du Emilio auch eingeladen?"
–Sí, tuve que hacerlo porque de otra manera no viene Rosalía.     "Ja, ich mußte es, sonst kommt Rosalía nicht."

### 27.33 | Weitere Verwendungsweisen von MANERA

**A** ▶ Mit **Determinant + MANERA DE + Infinitiv** wird die Bedeutung von Verben substantivisch wiedergegeben:

**esa manera de comportarse** *diese Art, sich zu verhalten; dieses Verhalten*
**su manera de ver las cosas** *seine Art, die Dinge zu sehen; seine Sichtweise*
**la manera de ser de la población campesina** *die Eigenart der Landbevölkerung*

**B** ▶ Mit der Ausrufestruktur **QUÉ MANERA DE + Infinitiv** wird Verwunderung oder Fassungslosigkeit ausgedrückt. Die Wendung entspricht Ausrufen mit CÓMO (vgl. 27.14) oder CUÁNTO (vgl. 28.49):

**Qué manera de comer la de esta gente.**
*Wie diese Leute essen!*

**Estuve dos días en Santiago. ¡Qué manera de llover!**
*Ich war zwei Tage in Santiago de Compostela. Wie es geregnet hat!*

**C** ▶ Beispiele mit dem sehr häufigen Negationsausdruck NO HAY / HUBO... MANERA, welcher sehr häufig allein verwendet wird:

–¿Y los chicos qué tal?     "Und wie geht es den Kindern?"
–Mal. No hay manera de calmarlos.     "Schlecht, man kann sie überhaupt nicht beruhigen."

–¿Conseguiste entradas?     "Hast du Karten bekommen?"
–No, no hubo manera.     "Nein, es war völlig unmöglich."

## 27. Die Adverbien

### 27.34 Feststehende Wendungen mit MANERA
Beispiele für MANERA in feststehenden Wendungen:

**una ensaladera que era una manera de copa** *eine Salatschüssel, die eine Art Pokal war*
**usar unas tijeras a manera de destornillador** *eine Schere als Schraubenzieher benutzen*
**a la manera de los pianistas de jazz** *nach Art der Jazzpianisten*
**de igual manera** *ebenso*
**acabar de mala manera** *schlimm enden*
**traducir de cualquier manera** *irgendwie (= schlecht) übersetzen*
**hablar con él de todas maneras** *trotzdem mit ihm reden*
**¡de ninguna manera!** *keineswegs!* (vgl. 29.28, 29.59)
**en gran manera** *viel, stark*
**agradar sobre manera (sobremanera)** *sehr gut gefallen*

### 27.35 Relativpronomen zu MANERA
Das Relativpronomen für MANERA ist COMO, genauso häufig aber auch EN QUE:

**la manera como se hizo católico** *die Art und Weise, wie er Katholik wurde*
**la manera en que hoy por hoy se traduce** *die Art und Weise, wie man heute übersetzt*

**A ▸** Bei Verben wie QUERER, PREFERIR und GUSTAR erscheint bloßes QUE als Relativpronomen von MANERA:

**de la manera que quiso** *wie er wollte*
**de la manera que prefieras** *wie es dir lieber ist*
**de la manera que me gusta** *wie es mir gefällt*

### 27.36 Das Substantiv MODO
MODO ist ein Synonym von MANERA. Außer in der Wendung **a manera de** *eine Art* sowie in den intensitätsbezeichnenden Wendungen **en gran manera** *viel* und **sobremanera** *viel* kann MANERA durch MODO in allen Verwendungsweisen, die in 27.30 bis 27.35 dargestellt sind, ersetzt werden. MODO kommt genauso häufig vor wie MANERA (und ebenso wie MANERA ist MODO Teil konsekutiver Konjunktionen, vgl. 35.58):

**de modo disimulado** *auf verstohlene Art und Weise, verstohlen*
**su modo de ver las cosas** *seine Sichtweise*
**usar unas tijeras a modo de destornillador** *eine Schere als Schraubenzieher benutzen*
**¡de ningún modo!** *keineswegs* (vgl. 29.59)

### 27.37 Das Substantiv FORMA
Das Substantiv FORMA wird auch als Synonym für MANERA (vgl. 37.30 bis 37.35) und MODO (vgl. 27.36) vor allem in folgenden Fällen gebraucht. Bei ad hoc-Bildungen (erstes Beispiel) kann man vor FORMA EN oder DE verwenden, EN ist häufiger:

**en [de] forma disimulada** *auf verstohlene Art und Weise*
**dicho de otra forma** *anders gesagt*
**de la misma forma** *genauso, ebenso*
**de esta forma** *auf diese Weise, so*
**su forma de ver las cosas** *seine Sichtweise*
**hablar con él de todas formas** *trotzdem mit ihm reden*

• Zu der konsekutiven Konjunktion DE FORMA QUE vgl. 35.58.

## 27. Die Adverbien

### 27.38 Die Formel A LA + Adjektiv

Adverbien, die typische Sitten und Gebräuche zum Ausdruck bringen, können mit **A LA + Adjektiv in der femininen Form** gebildet werden; spontane Bildungen kommen vor allem mit Herkunftsbezeichnungen vor, ansonsten handelt es sich um feststehende Prägungen, die das Lexikon verzeichnet:

**educar a la antigua** *(auf althergebrachte Art und Weise =) altmodisch erziehen*
**desayunar a la inglesa** *englisch (auf englische Art und Weise) frühstücken*
**divorciarse a la italiana** *sich auf italienisch scheiden lassen*

**A** ▶ **A LA + Adjektiv in der femininen Form** kann auch als charakterisierendes Beiwort verwendet werden:

**un saludo a la francesa** *eine Begrüßung à la française*
**tortilla a la española** *Omelett auf spanische Art*

### 27.39 Die Formel A LO + Substantiv / Adjektiv

Adverbien, die das typische Verhalten von Personengruppen oder Einzelpersonen zum Ausdruck bringen, können mit **A LO + Substantiv / Adjektiv** spontan gebildet werden, wobei Substantive und substantivierte Ausdrücke viel häufiger als Adjektive vorkommen; das Lexikon enthält andererseits wenige Wendungen mit dieser Formel. Beispiele mit spontanen und lexikalisierten Prägungen:

**gastar cartera a lo manager** *eine Aktentasche wie ein Manager besitzen*
**divertirse a lo grande** *sich großartig amüsieren*
**vivir a lo trotamundos** *leben auf Weltenbummler-Art*
**un viaje a lo Indiana Jones** *eine Reise in der Art des Indiana Jones (Filmgestalt)*
**con el pelo planchado a lo Gardel** *mit sehr glatt gekämmtem Haar, wie es Gardel trug*

## C. Adverbien auf -MENTE

Die Adverbien auf -MENTE sind vom Ursprung her modalen Charakters. Jedoch dienen viele Adverbien auf -MENTE als Zeitbestimmungen (vgl. Kapitel 26) sowie als Rangier- und Graduierungswörter. Der Einheitlichkeit halber werden diese Unterschiede hier nicht beachtet (vgl. aber 27.42).

### 27.40 Bildung von Adverbien auf -MENTE

Die Adverbien auf -MENTE werden aus der weiblichen Form von Adjektiven und Partizipien abgeleitet:

**rápido / rápida → rápidamente** *schnell*
**amenazador / amenazadora → amenazadoramente** *drohend*
**alegre → alegremente** *heiter*
**sutil → sutilmente** *subtil*

### 27.41 Betonung, Akzent und Verkürzung der Adverbien auf -MENTE

**A** ▶ Die Adverbien auf -MENTE sind doppelt betonte Wörter, es werden sowohl die tontragende Silbe des Stammwortes als auch die Endung -MENTE betont. Daher wird der Akzent des Stammwortes beibehalten:

**fácilmente** *leicht*
**comúnmente** *gewöhnlich*
**únicamente** *lediglich*

**B ▶** Folgen mehrere Adverbien auf -MENTE durch Konjunktion verbunden aufeinander, so erscheint im Normalfall die Endung nur bei dem letzten:

**teórica y prácticamente imposible** *theoretisch und praktisch unmöglich*
**aceptarlo callada, orgullosa y solemnemente** *es still, stolz und feierlich hinnehmen*
**ni geográfica ni históricamente** *weder geographisch noch historisch*

## 27.42  Leistung der Adverbien auf -MENTE

**A ▶** Näherbestimmung eines Adjektivs oder Pronomens:

**absolutamente solos** *absolut allein*
**perfectamente comprensible** *vollkommen verständlich*
**prácticamente nada** *praktisch nichts*

**B ▶** Näherbestimmung eines Verbs:

**Rápidamente cayó la noche.**
*Es wurde schnell Nacht.*

**Llovía insistentemente.**
*Es regnete unaufhörlich.*

**C ▶** Nähere Bestimmung des gesamten Aussagesinns durch Benennung eines Bereichs:

**Estilísticamente no se trata de una obra maestra.**
*Stilistisch gesehen, handelt es sich nicht um ein Meisterwerk.*

**Científicamente no hay verdades eternas.**
*Wissenschaftlich gesehen, gibt es keine ewigen Wahrheiten.*

**Éticamente no hemos hecho progreso alguno en dos mil años.**
*Im ethischen Bereich haben wir in zweitausend Jahren keinerlei Fortschritte gemacht.*

## 27.43  Umschreibung der Adverbien auf -MENTE

**A ▶** Die Adverbien auf -MENTE werden gern durch adverbielle Angaben, wie beispielsweise in 27.29 angeführt, ersetzt:

**nuevamente** → **de nuevo** *erneut*
**generalmente** → **en general** *allgemein*
**disimuladamente** → **a hurtadillas** *heimlich*

**B ▶** Mit einer Nominalgruppe, häufig bestehend aus **Präposition + Substantiv**, kann eine Modalangabe gemacht werden; die dabei meistens gebrauchte, am häufigsten spontane Prägungen ermöglichende Präposition ist CON:

**en confianza** *vertraulich*
**con naturalidad** *mit Natürlichkeit*
**con gran rapidez** *(mit großer Geschwindigkeit =) ganz schnell*
**con cierta tristeza** *etwas traurig*

## 27.44  Nähere Bestimmung eines Adverbs auf -MENTE

Ein Adverb auf -MENTE kann weitere adverbielle Bestimmungen erhalten:

**más fácilmente** *leichter*
**tan rápidamente como yo** *so schnell wie ich*
**lo más discretamente posible** *möglichst diskret*
**muy precipitadamente** *sehr überstürzt*
**por lo general harto sumisamente** *für gewöhnlich ziemlich liebedienerisch*

## 27. Die Adverbien

**A** ▶ Zwei Adverbien auf -MENTE, bei denen das erste das zweite näher bestimmen würde, dürfen nicht aufeinander folgen; dies wird vermieden durch Umwandlung des Adverbs in ein Präpositionalgefüge (vgl. 27.43B) oder in eine Konstruktion mit MANERA, MODO oder FORMA (vgl. 27.30 ff):

**con pasmosa naturalidad** *erstaunlich natürlich*
**con plena libertad** *ganz frei*
**de manera absolutamente normal** *absolut normal*
**de modo decididamente ridículo** *entschieden lächerlich*

## D. Das Adjektiv als Bestimmung der Art und Weise

### 27.45 Unveränderliches Adjektiv maskulin statt Adverb auf -MENTE

Das Lexikon führt diejenigen maskulinen Singularformen von Adjektiven an, die als nähere Bestimmung des Verbs fungieren:

**Andar más rápido, por favor.**
*Geht bitte schneller!*

**Dijeron que seguro volverían.**
*Sie sagten, sie kommen mit Sicherheit zurück.*

**La sauna se hallaba justo enfrente de un cine.**
*Die Sauna befand sich genau gegenüber einem Kino.*

**A** ▶ Weitere Beispiele feststehender Verbindungen:

**andar largo** *lange gehen*
**costar caro / salir caro** *teuer sein / teuer kommen*
**hablar claro / alto / bajo / quedo** *klar / laut / leise / ganz leise sprechen*
**jugar limpio / sucio** *fair / unfair spielen*
**pisar firme** *entschlossen auftreten*
**pegar fuerte** *hart einschlagen*
**trabajar duro** *hart arbeiten*
**respirar hondo** *tief durchatmen*
**mirar fijo** *fest anblicken, anstarren*
**sonar raro** *seltsam klingen*
**ver doble** *doppelt sehen*

### 27.46 Das unveränderliche Adverb MEDIO

Beispiele mit dem Adverb MEDIO (manchmal läßt man, fehlerhaft, MEDIO mit dem darauffolgenden Adjektiv kongruieren):

**unos hombres medio locos** *halbverrückte Männer*
**una mujer medio desnuda** *eine halbnackte Frau*

• Zu A MEDIO + Infinitiv vgl. 14.14.

### 27.47 Veränderliches Adjektiv als modale Bestimmung

Falls angegeben werden soll oder muß, in welchem Zustand sich das Satzsubjekt bei einem Geschehen (am häufigsten mit einem Verb der Bewegung) befindet, wird ein mit dem Satzsubjekt kongruierendes Adjektiv oder Partizip als Modalbestimmung verwendet:

**Mis padres nacieron y murieron pobres.**
*Meine Eltern wurden arm geboren, und so starben sie auch.*

**Las francesitas se marcharon enfadadísimas.**
*Die kleinen Französinnen gingen äußerst verärgert weg.*

**Mi madre vivió feliz aquellos años.**
*Meine Mutter lebte jene Jahre glücklich.*

## 27.48 SOLO und JUNTOS

Beispiele mit den Adjektiven SOLO und JUNTOS (zu SOLAMENTE vgl. 27.53A, JUNTAMENTE ist kaum gebräuchlich):

**Ella asiste sola a esas reuniones.**
*Sie geht allein zu diesen Treffen.*

**A las hermanas nunca se las vio juntas.**
*Die Schwestern sah man nie zusammen.*

## 27.49 Prädikatives Adjektiv oder Adverb der Art und Weise?

In manchen Fällen kann man je nach Blickwinkel ein prädikatives, also kongruierendes Adjektiv oder ein Adverb der Art und Weise wählen:

**Los camiones pasaban velozmente / veloces.**
*Die Lastwagen fuhren schnell vorbei.*

**La madre recogía los platos silenciosa / silenciosamente / en silencio.**
*Still deckte die Mutter den Tisch ab.*

## E. Sonstige Adverbien

Zum Adverb NO und zu den sonstigen Adverbien in Negativangaben vgl. Kapitel 29.

## 27.50 Das Satzäquivalent SÍ

Beispiele für die Verwendung von SÍ. Im vierten Beispiel kann die Erwiderung heißen SÍ ME GUSTÓ oder SÍ QUE ME GUSTÓ:

–¿Es usted de aquí?  *"Sind Sie von hier?"*
–Sí.  *"Ja."*

–Tú no lo sabes.  *"Du weißt es nicht!"*
–Claro que sí.  *"Aber ja doch!"*

–Ese señor no es de aquí.  *"Dieser Herr ist nicht von hier."*
–Sí.  *"Doch."*

–Pues yo no lo creo.  *"Ich glaube es aber nicht."*
–¡Que sí!  *"Er ist es aber!"*

–No te gustó mi regalo.  *"Mein Geschenk hat dir nicht gefallen."*
–Sí que me gustó.  *"Aber ja doch!"*

–No entiendo lo que dice.  *"Ich verstehe nicht, was er sagt."*
–Yo sí.  *"Ich schon."*

–Nunca te ríes.  *"Du lachst nie."*
–En el trabajo sí.  *"Bei der Arbeit aber schon."*

## 27. Die Adverbien

### 27.51 SÍ in Verbindung mit QUE

**A** ▶ Beispiel mit der Zustimmung erheischenden Wendung A QUE SÍ:

**La sopa está muy buena, ¿a que sí?**
*Die Suppe schmeckt gut, nicht wahr?*

**B** ▶ SÍ bzw. SÍ QUE wird zur Betonung von Satzteilen verwendet, häufig nach einem Demonstrativpronomen (zu ESO SÍ QUE NO vgl. 29.59):

**Tú sí que sabes contar chistes.**
*Du kannst aber gut Witze erzählen!*

**Eso sí que es complicado.**
*Das ist wirklich kompliziert.*

### 27.52 Weitere Ausdrücke der Bejahung und Zustimmung

**A** ▶ Alphabetische Liste häufiger Ausdrücke der Bejahung und Zustimmung:

AHÍ ESTÁ (vgl. 25.7A)
AHÍ ESTÁ LA MADRE DEL CORDERO (vgl. 25.7A)
AHÍ ESTÁ EL BUSILIS (vgl. 25.7A)
AHÍ LE DUELE (vgl. 25.7A)
ASÍ ES (vgl. 27.8A)
DE ACUERDO (vgl. 27.52B)
(ESTÁ) BIEN (vgl. 27.25)
BUENO (vgl. 27.52B)
CLARO (vgl. 27.52B)
CLARO QUE SÍ (vgl. 27.50)
CÓMO NO (vgl. 27.19)
CONFORME (vgl. 27.52B)
YA LO CREO (vgl. 27.52B)
¿QUÉ DUDA CABE? (vgl. 27.52B)
NO CABE DUDA (vgl. 27.52B)
SIN DUDA (ALGUNA) (vgl. 27.52B)
¿A MÍ ME LO VAS A DECIR? (vgl. 27.52B)
¡NI QUE DECIR TIENE! (vgl. 27.52B)
¡ME LO VAS A DECIR A MÍ! (vgl. 27.52B)
¡DI QUE SÍ! (vgl. 31.41)

¡DIGA USTED QUE SÍ! (vgl. 31.41)
¡Y QUE LO DIGA USTED! (vgl. 32.31A)
¡Y QUE LO DIGAS! (vgl. 32.31A)
EFECTIVAMENTE (vgl. 27.52B)
EN EFECTO (vgl. 27E.52B)
¡ESO! (vgl. 7.42I)
¡ESO ES! (vgl. 7.42E)
¡ESO SÍ! (vgl. 7.42.F)
¡POR ESO! (vgl. 7.42G)
EXACTAMENTE (vgl. 27.52B)
¡NO FALTABA MÁS! (vgl. 27.52B)
¡NO FALTARÍA MÁS! (vgl. 27.52B)
CON MUCHO GUSTO (vgl. 27.52B)
Y A MUCHA HONRA (vgl. 27.52B)
LÓGICO (vgl. 27.52B)
DESDE LUEGO (vgl. 26.74B)
(ASÍ) COMO LO / ME OYES (vgl. 27.52B)
POR SUPUESTO (vgl. 27.52B)
VALE (vgl. 27.52B)
YA (vgl. 26.86C)

**B** ▶ Beispiele mit einigen häufigen Ausdrücken von Zustimmung und Einverständnis:

–Paso por ti sobre las seis.
–De acuerdo / vale / conforme.
*"Ich hole dich gegen sechs Uhr ab."*
*"In Ordnung."*

–¿Quiere que le traiga un periódico?
–Bueno.
*"Soll ich Ihnen eine Zeitung bringen?"*
*"Ja, bitte."*

–Eso nos traerá muchas pérdidas.
–Claro / Ya lo creo.
*"Das bedeutet eine Menge Verluste für uns."*
*"Klar."*

–¡Son más tontas las preguntas que hace este hombre!
–¿A mí me lo vas a decir?
*"Dumme Fragen stellt dieser Mann!"*
*"Wem sagst du das?"*

–Se aprovechan de esta pobre gente.
–¡Me lo vas a decir a mí!
*"Sie nutzen diese armen Menschen aus."*
*"Wem sagst du das?"*

**27. Die Adverbien**

–O sea que perdiste el avión.  
–Ni que decir tiene.

"Du hast also die Maschine verpaßt."  
"Natürlich."

–¿Sabrán que estamos aquí?  
–Sin duda alguna / No cabe duda.

"Ob sie wissen, daß wir hier sind?"  
"Ganz sicher."

–Te habrían echado de todos modos.  
–¿Qué duda cabe?

"Sie hätten dich sowieso hinausgeworfen."  
"Keine Frage!"

–¿Se escribe con dos zetas?  
–Exactamente.

"Schreibt man das mit zwei z?"  
"Genau."

–Me dicen que le han negado a usted el visado.  
–Efectivamente / En efecto / Así es.

"Man soll Ihnen das Visum verweigert haben."  
"So ist es."

–¿Podría hacerlo usted?  
–No faltaba más.

"Könnten Sie es tun?"  
"Selbstverständlich!"

–¿Le apetece un vino?  
–Con mucho gusto.

"Mögen Sie einen Wein?"  
"Gern."

–¿Es usted miembro de este club?  
–Y a mucha honra.

"Sie sind Mitglied dieses Vereins?"  
"Jawohl, und sehr gern sogar!"

–Se han acatarrado todos.  
–Lógico, con el frío que hace.

"Sie sind alle erkältet."  
"Klar, bei der Kälte."

–¿Crees que nos vaya a ayudar?  
–Seguro.

"Glaubst du, er hilft uns?"  
"Sicher."

–¿Deja la universidad?  
–Así como lo oyes.

"Geht er von der Universität weg?"  
"Ganz genau!"

–¿Me lo puede confirmar por escrito?  
–Por supuesto.

"Können Sie mir es schriftlich bestätigen?"  
"Selbstverständlich."

**C** ▶ Beispiele mit CLARO QUE:

–María no está enterada.  
–Claro que está enterada.

"Maria weiß nichts davon."  
"Natürlich weiß sie davon."

–¿Te parece que lo hicieron adrede?  
–Claro que lo hicieron adrede.

"Glaubst du, sie haben es absichtlich getan?"  
"Natürlich haben sie es absichtlich getan."

## 27.53 Graduierende Adverbien

Liste der Adverbien, mit denen der Sprechende seine Einstellung hinsichtlich der Erwartbarkeit und Rangordnung von Eigenschaften und Sachverhalten zum Ausdruck bringt:

**apenas** *kaum; gerade noch* (vgl. ferner 29.37, 35.21, 35.71)
**aún** *noch* (vgl. 26.85)
**bastante** *ziemlich* (vgl. 9.63)
**bien** *recht, ziemlich* (vgl. 27.22)
**casi / por poco** *beinah, fast* (POR POCO steht nur beim Verb, vgl. auch 18.7).
**demasiado** *zu, allzu* (vgl. 9.72)
**incluso / aun / hasta** *sogar, auch, selbst*
**justo / precisamente** *gerade*
**más** *mehr* (vgl. 9.148 ff)
**más bien** *eher* (vgl. 27.23)

## 27. Die Adverbien

**menos** *weniger* (vgl. 9.171)
**mucho** *viel* (vgl. 9.36 ff)
**muy** *sehr* (vgl. 9.45)
**ni / ni siquiera** *nicht einmal* (vgl. 29.31, 29.58, 29.52, zu NI TAN SIQUIERA vgl. 9.140)
**poco** *wenig* (vgl. 9.56)
**siquiera** *mindestens*
**sobre todo / en especial / especialmente** / *vor allem, besonders*
**solamente / sólo** *nur, lediglich; erst* (vgl. 27.54, zu TAN SÓLO vgl. 9.140)
**también** *auch, ebenfalls*
**tampoco** *auch nicht* (vgl. 29.31, 29.50)
**tan** *so* (vgl. 9.139, 9.140)
**todavía** *noch* (vgl. 26.85)
**ya** *schon, bereits* (vgl. 26.81)

**A** ▶ Beispiele für die Stellung graduierender Adverbien zu ihrer Bezugsgröße:
**sólo / solamente María** *nur Maria* (vgl. 42.25F)
**incluso España** *sogar Spanien*
**apenas veinte** *gerade noch zwanzig*
**justo enfrente** *genau gegenüber*
**precisamente ahora** *ausgerechnet jetzt*
**nosotros también** *wir auch*

### 27.54 Das graduierende Adverb SÓLO

**A** ▶ Beispiele mit SÓLO in der Bedeutung *'erst'* (man beachte die variable Stellung von SÓLO im Satz):

**Abren sólo a las tres.**
*Sie machen erst um drei wieder auf.*

**Sólo nos atenderán a partir del quince de agosto.**
*Sie werden uns erst nach dem 15. August bedienen.*

• Zu Sätzen wie RECIÉN AYER LLEGÓ vgl. 26.87B.
• Zum Akzent vgl. 42.25F.

**B** ▶ Synonyme Konstruktionen sind solche mit negiertem HASTA: NO ABREN HASTA LAS TRES. Vgl. auch 29.27.

**C** ▶ Beispiel mit SÓLO QUE:

**Las cosas estaban gracias a Dios intactas, sólo que en completo desorden.**
*Die Sachen waren, Gott sei dank, heil, nur waren sie völlig durcheinander.*

### 27.55 Modaladverbien

Mit den Modaladverbien bringt der Sprecher seine subjektive Einstellung zur Wahrheit und Wirklichkeit des Gesagten zum Ausdruck. Einige der gebräuchlicheren Modalpartikel:

**afortunadamente / por suerte** *glücklicherweise*
**aparentemente** *anscheinend*
**bien** *wohl* (vgl. 27.20)
**cierto** *sicherlich*
**evidentemente** *zweifellos, offensichtlich*
**de hecho / en efecto** *tatsächlich*
**lamentablemente / por desgracia** *leider*
**desde luego / por supuesto** *selbstredend*

**menos mal** *glücklicherwiese* (vgl. 27.56)
**de alguna manera / de algún modo** *irgendwie, in gewisser Weise*
**naturalmente** *natürlich*
**ojalá** *hoffentlich* (vgl. 27.54, 32.8, 32.10)
**indudablemente** *zweifellos*
**al parecer / a lo que parece / por lo visto** *angeblich, augenscheinlich, offenbar*
**probablemente** *wahrscheinlich* (vgl. 32.15)
**posiblemente** *möglich* (vgl. 32.15)
**quizá (quizás) / tal vez / acaso / a lo mejor / lo mismo / igual** *vielleicht, womöglich* (vgl. 32.15, 32.17)
**seguro / de seguro / seguramente** *sicher, bestimmt, gewiß* (vgl. 27.56)
**de verdad / de veras** *wirklich*

**A ▶** Die meisten der Modalausdrücke haben als häufige Synonyme Präpositionalgefüge, die das Lexikon anführt: SIN DUDA (= INDUDABLEMENTE), CON CERTEZA (= CIERTAMENTE).

## 27.56 QUE nach Modaladverbien

Bei einigen der Modalausdrücke wird, in manchen Fällen vielleicht inkorrekterweise, QUE angehängt, wenn sie am Satzanfang stehen; damit erhalten sie einen konjunktionalen Charakter. Dazu gehören vornehmlich POR SUPUESTO, OJALÁ, MENOS MAL und SEGURO (vgl. auch POR CIERTO 27.58):

**Nosotros por supuesto que nos mudamos.**
*Wir ziehen natürlich um.*

**Ojalá que no se les olvide.**
*Hoffentlich vergessen sie es nicht.*

**Menos mal que llevaba paraguas.**
*Zum Glück hatte ich meinen Schirm dabei.*

**Seguro que sus padres ya lo saben.**
*Ihre Eltern wissen es bestimmt.*

## 27.57 Modale Adverbien der Umgangssprache

Beispiele mit einigen häufigen modalen Ausdrücken der Alltagssprache:

–**¿De verdad que tienen un avión?**          *"Haben sie wirklich ein Privatflugzeug?"*
–**Como lo oyes.**                             *"Ganz genau."*

–**¿Conque no sabías que se han separado?**   *"Du wußtest also nicht, daß sie sich getrennt haben."*
–**No lo sabía, palabra.**                     *"Ich wußte es nicht, wirklich."*

–**A ver qué ponen en...**                     *"Was läuft denn im...?"*
–**¡Apaga de una vez ese maldito aparato!**   *"Mach endlich den blöden Apparat aus!"*

–**No entlendo lo del GATT.**                  *"Das mit dem GATT verstehe ich nicht."*
–**La verdad, yo tampoco.**                    *"Ich eigentlich auch nicht."*

–**Lo pasarías fatal.**                        *"Das war bestimmt ganz furchtbar für dich."*
–**Fue divertido, no creas.**                  *"Ach, es war eigentlich ganz lustig."*

## 27. Die Adverbien

### 27.58 Konjunktionale Modaladverbien

Folgende Ausdrücke, die an der Schwelle zwischen Adverb und Konjunktion stehen, werden häufig als Einleitung einer Äußerung oder als Anknüpfung an Gesagtes mit der Absicht verwendet, das Verständnis des Sprechers in eine bestimmte Richtung zu lenken:

**en cualquier caso** *auf alle Fälle*
**en todo caso** *jedenfalls*
**por cierto** *übrigens*
**a fin de cuentas** *schließlich*
**en definitiva** *letzten Endes*
**a mi entender** *so wie ich es verstehe*
**en el fondo** *im Grunde*
**de cualquier forma / de cualquier manera** *wie dem auch sei*
**en cierta manera** *irgendwie*
**de todos modos / de todas maneras / de todas formas** *wie dem auch sei*
**a mi parecer** *meiner Meinung nach*
**en principio** *im Prinzip*
**a propósito** *apropos*
**hasta cierto punto** *bis zu einem gewissen Grad*
**en realidad** *in Wirklichkeit, eigentlich*
**en resumen / en suma** *zusammenfassend*
**en rigor** *eigentlich*
**después de todo** *schließlich*
**total** *alles in allem, schließlich*

**A** ▶ Beispiele mit einigen in der Umgangssprache häufig vorkommenden adverbial-konjunktionalen Modalausdrücken.

–Esa música es de locos.     *"Diese Musik ist für Verrückte."*
–Puede ser. Es, en todo caso, la que o-     *"Das kann sein. Es ist jedenfalls die Musik, die die*
yen los críos todo el santo día.     *Kinder den ganzen Tag hören."*

–Le dan un premio por año.     *"Er bekommt jedes Jahr einen Preis."*
–Sí, es un escándalo. Por cierto, ¿qué     *"Ja, es ist ein Skandal. Übrigens, welchen hat er*
premio le han dado ahora?     *diesmal bekommen?"*

–Acabo de cruzarme con Pablo.     *"Ich habe gerade Pablo getroffen."*
–¿Pablo? Por cierto que tengo que     *"Pablo? Mir fällt gerade ein, ich muß ihm etwas*
decirle una cosa.     *sagen."*

–La vida se va haciendo más difícil en     *"Das Leben wird immer schwieriger bei uns."*
este país.     *"Ja. Übrigens, was macht dein Stipendium?"*
–Ya. A todo esto, ¿qué es de tu beca?

–¿Os quedasteis con el piso pequeñito o     *"Habt ihr die kleine Wohnung genommen oder*
no?     *nicht?"*
–Se lo consulté a un amigo abogado y...     *"Ich habe mich von einem befreundeten Anwalt*
en fin, que lo dejamos.     *beraten lassen und, na ja, wir lassen es bleiben."*

–Voy a regalarle un gorro de dormir.     *"Ich will ihm eine Schlafmütze schenken."*
–¡Qué cursi! Pero, en fin...     *"Wie albern. Aber, na ja..."*

–¿Que dejó de ir a tu curso?     *"Sie ist nicht mehr in deinen Kurs gegangen?"*
–Sí. En el fondo no le interesaba.     *"Das stimmt, im Grunde hat der sie nicht interessiert."*

–No suele leer cartas de desconocidos.     *"Er liest keine Briefe von Unbekannten."*
–De todos modos, le voy a escribir.     *"Ich werde ihm trotzdem schreiben."*

| | |
|---|---|
| –Pudiste mandarme un emilio.<br>–Puede ser. De cualquier modo, la cosa no tiene remedio. | *"Du hättest mir eine Mail schicken können."*<br>*"Sicher. Wie dem auch sei, die Sache ist gelaufen."* |
| –Debes de sentirte por los suelos.<br>–No es para tanto. En cierta manera, ha sido un alivio el separarnos. | *"Du bist bestimmt am Boden zerstört."*<br>*"Halb so wild. Irgendwie ist diese Trennung eine Erleichterung."* |
| –Me parece que debo hablar con ella.<br>–Sí; de otro modo, no sabrás por qué se molestó de esa manera. | *"Ich glaube, ich muß mit ihr reden."*<br>*"Ja, sonst wirst du nie wissen, warum sie sich so geärgert hat."* |
| –¿O sea que condujiste tú?<br>–Sí, después de todo, era yo el que menos había bebido. | *"Du warst also am Steuer?"*<br>*"Ja, schließlich hatte ich am wenigsten getrunken."* |
| –Será un buen médico, pero, como persona, es insoportable.<br>–Vale, hombre, total, te curó, ¿no? | *"Er mag ein guter Arzt sein, aber als Mensch ist er unausstehlich."*<br>*"Schon gut, schließlich hat er dich gesund gemacht, oder?"* |

## 28. Frage- und Ausrufewörter

In diesem Kapitel wird in der Hauptsache die Leistung der (akzentuierten) Frage- und Ausrufewörter QUÉ, QUIÉN, CUÁL und CUÁNTO sowie deren Varianten dargestellt. Es wird außerdem auf einige Grundtatsachen der gesprochenen Sprache eingegangen, die Fragen und Ausrufe betreffen. Eine eingehendere bzw. vollständige Auskunft über das so vielfältige und auch grammatisch interessante Gebiet der spanischen Umgangssprache findet man in Spezialuntersuchungen bzw. Lexika.

• Zu CUÁNDO vgl. 26.89. Zu DÓNDE vgl. 25.1 und 25.2. Zu CÓMO vgl. 27.14 und 28.19. Zur Wortfolge in Fragesätzen vgl. 30.28 ff.

### A. Gebrauch von QUÉ

#### 28.1 Alleinstehendes QUÉ als Frage

Beispiele für die Verwendung von ¿QUÉ? in der Bedeutung *'was?'* in direkten und indirekten Fragen:

**¿Qué es un genoma?**
*Was ist ein Genom?*

**Me preguntaron qué estaba haciendo allí.**
*Sie fragten mich, was ich da machte.*

**¿Qué es usted?**
*Was sind Sie vom Beruf?*

• In der familiären indirekten Rede steht regelmäßig QUE vor QUÉ, vgl. 34.11.

**A** ▶ Beispiele mit darauf folgendem Infinitiv:

**¿Qué hacer? Yo tampoco sé qué decirle.**
*Was tun? Ich weiß auch nicht, was ich ihr sagen soll.*

#### 28.2 QUÉ bei PARECER

Beispiele für die häufige Formel für Fragen nach der Ansicht des Gesprächspartners ¿QUÉ? + Dativ des Interesses + 3. Person Singular oder Plural von PARECER:

**Se casan, ¿qué te parece?**
*Sie heiraten, wie findest du das?*

**¿Qué os parecieron los partidos?**
*Wie fandet ihr die Spiele?*

#### 28.3 QUÉ ES LO QUE

Eine eindringliche, auf genaue Identifizierung zielende Fassung der Frage ¿QUÉ? ist ¿QUÉ ES LO QUE?:

**¿Qué es lo que te parece de mal tono?**
*Was findest du denn so taktlos?*

**¿Qué es lo que estabas comiendo?**
*Was hast du gegessen?*

• Vgl. auch 28.17 zu Sätzen wie ¿QUÉ CLASE DE...?

## 28.4 QUÉ + Verben des Meinens

Beispiele für die Formel QUÉ + Verb des Meinens + QUE + Verb:

¿Qué crees que me dijo?
*Was meinst du, was er mir gesagt hat?*

¿Qué supones que es esto?
*Was meinst du, was das ist?*

## 28.5 EL QUÉ statt QUÉ

Im Bezug auf etwas vorher Gesagtes oder nur Angedeutetes wird ¿QUÉ? sehr häufig durch ¿EL QUÉ? (im südamerikanischen Spanisch auch ¿LO QUÉ?) ersetzt. Diese vornehmlich in der Umgangssprache vorkommende Frage hat in der Regel die Nuance der Überraschung oder des Erstaunens:

–¿No parece una cabeza de dinosaurio?    *"Sieht das nicht wie ein Dinosaurierkopf aus?"*
–¿El qué?    *"Was (sieht wie ein Dinosaurierkopf aus?)"*

–Eso será lo mejor para ti.    *"Das wird das Beste für dich sein."*
–¿El qué?    *"Was (wird das Beste für mich sein?)"*

## 28.6 QUÉ statt POR QUÉ

Mit der Formel ¿QUÉ? + Verb + QUE + NO + Verb wird Ungeduld und Überdruß bei der Frage nach dem Grund ausgedrückt. In der Regel folgt auf QUÉ eine Form von HACER oder PASAR:

¿Qué pasa que no empezáis?
*Wieso fangt ihr nicht an?*

¿Qué hacen que no acaban de irse?
*Wieso gehen sie nicht endlich?*

## 28.7 Charakteristische Verwendungsweisen von QUÉ im Gespräch

Beispiele der Verwendung von ¿QUÉ? im familiären Gespräch (der Ausdruck Y A MÍ QUÉ kann als eine Kurzfassung von ¿A MÍ QUÉ ME IMPORTA? aufgefaßt werden):

–¿Estamos ya en Valencia?    *"Sind wir schon in Valencia?"*
–¿Qué? Habla más alto.    *"Was? Sprich lauter!"*

–Me han echado.    *"Man hat mich hinausgeworfen."*
–¡¿Qué?!    *"Was?!"*

–Va a misa todos los días.    *"Er geht täglich in die Kirche."*
–¿Y qué?    *"Na und?"*

–Ese tío anda detrás de ti.    *"Der Kerl ist hinter dir her."*
–¿Y a mí qué?    *"Na und?"*

## 28.8 QUÉ als Zeichen von Erwartung und Ungeduld

**A** ▶ QUÉ geht häufig der eigentlichen Frage als Ausdruck der Erwartung voraus:

Qué, ¿te dan el visado o no?
*Und? Geben sie dir das Visum oder nicht?*

Qué, ¿aprobaste?
*Und? Hast du die Prüfung bestanden?*

**B** ▸ Ungeduld und Ärger können durch Hinzufügung eines stereotypen, häufig vulgär klingenden Ausdrucks ausgedrückt werden:

**¿Qué demonios querías que hiciera?**
*Was zum Teufel hätte ich denn tun sollen?*

- Für weitere Verwendung von QUÉ in stereotypen Formeln der gesprochenen Sprache vgl. u.a. 9.151, 19.99, 32.26A.

## 28.9 QUÉ statt CUÁNTO

QUÉ ist sehr häufig ein Ersatz von CUÁNTO in Fragen nach der Menge und nach dem Preis:

**¿Qué se resta de cinco para sacar cero?**
*Wieviel muß man von fünf abziehen, um Null zu erhalten?*

**¿Qué vale esto?**
*Was kostet das?*

## 28.10 Präposition + QUÉ in Fragen

Beispiele für **Präposition + substantivisches QUÉ** in direkten und indirekten Fragen:

**¿Por qué hago esto?**
*Warum tue ich das?*

**No sé en qué estarías pensando tú.**
*Ich weiß nicht, wo du in Gedanken warst.*

**Ahora dime de qué os estabais riendo.**
*Jetzt sag mir, worüber ihr gelacht habt.*

**¿Para qué necesitas tanto dinero?**
*Wozu brauchst du soviel Geld?*

**¿A qué has venido?**
*Weshalb bist du gekommen?*

## 28.11 A QUÉ in Verbindung mit VENIR

Beispiele mit SIN VENIR A QUÉ und A QUÉ VIENE; letzteres ist eine emotionsgeladene Frage nach dem Grund:

**Se reían sin venir a qué.**
*Sie lachten ohne Grund.*

**¿A qué viene tanto alboroto?**
*Was soll der Lärm?*

## 28.12 Stereotype Zusätze in emotionalen Fragen nach dem Grund

Ungeduld und Ärger können durch stereotype, häufig derb klingende Wendungen ausgedrückt werden. Beispiele mit den relativ milden Ausdrücken ¿POR QUÉ REGLA DE TRES? und ¿A SANTO DE QUÉ?:

**¿Por qué regla de tres va a querer mudarse?**
*Warum in aller Welt soll er umziehen wollen?*

**¿A santo de qué nos quieren hacer firmar?**
*Wieso wollen sie uns eigentlich zum Unterschreiben zwingen?*

## 28.13 Typische Verwendungsweisen von POR QUÉ

**A** ▶ POR QUÉ NO-Fragen werden sehr häufig als Aufforderungen verwendet:

**¿Por qué no miramos las fotos ahora?**
*Warum schauen wir uns die Bilder jetzt nicht an? (Schauen wir uns die Bilder jetzt an!)*

**B** ▶ Beispiele mit der sehr üblichen Formel NO TENER POR QUÉ / NO HABER POR QUÉ + Infinitiv:

**No tienes por qué justificar nada.**
*Du mußt dich nicht rechtfertigen.*

**No hay por qué dejar de vivir como vivimos.**
*Wir müssen unsere Lebensweise nicht aufgeben.*

**C** ▶ POR QUÉ wird in einem Wort substantiviert: PORQUÉ; es hat die Bedeutung *'Grund, Ursache'* und wird meistens mit dem Artikel EL verwendet:

**Intentamos analizar el porqué del último crimen.**
*Wir versuchen, das Motiv des letzten Verbrechens zu analysieren.*

## 28.14 TENER in Verbindung mit QUÉ und dem Infinitiv

Beispiele mit TENER + Präposition + QUÉ + Infinitiv:

**¿Tiene con qué tomar nota?**
*Haben Sie etwas zum Schreiben?*

**No tenemos de qué hablar.**
*Wir haben über nichts zu reden.*

## 28.15 Determinatives QUÉ in Fragen

Beispiele mit ¿QUÉ? in der Bedeutung *'was für ein(-e), welche(-r, -s)?'* in direkten und indirekten Fragen:

**¿Qué número tenemos?**
*Welche Nummer haben wir?*

**¿Qué letra es ésta?**
*Was für ein Buchstabe ist das?*

**¿Qué hora es? ¿A qué hora empieza el partido?**
*Wie spät ist es? Um wieviel Uhr beginnt das Spiel?*

**¿Hasta qué punto te importa?**
*Wie wichtig ist das für dich?*

**Dime de qué lado estáis vosotros.**
*Sag mir, auf welcher Seite ihr steht.*

**Al final no supimos en qué museos estuvieron.**
*Am Ende haben wir nicht erfahren, in welchen Museen sie waren.*

**¿Qué más te dijo?**
*Was hat er dir noch gesagt?*

## 28.16 QUÉ COSA statt QUÉ

QUÉ wird häufig ersetzt durch QUÉ COSA und QUÉ COSAS (letzteres meist für die nicht vorhandene Mehrzahl von QUÉ):

**¿Qué cosa estás leyendo?**
*Was liest du?*

### 28. Frage- und Ausrufewörter

¿Qué cosas le estará contando?
*Was wird er ihr erzählen?*

### 28.17 QUÉ CLASE, QUÉ TIPO

Die Frage nach Art und Beschaffenheit kann präziser gestellt werden mit ¿QUÉ CLASE DE?, ¿QUÉ TIPO DE? oder ähnlichen Konstruktionen:

¿Qué clase de relaciones tenéis?
*Welcher Art sind eure Beziehungen?*
¿Qué tipo de libros te gusta leer?
*Was für Bücher liest du denn gern?*

- Bei QUÉ + Substantiv kann es sich um eine emotional verstärkte ¿QUÉ?-Frage handeln, vgl. 28.8.

### 28.18 Fragen nach der Quantität mit QUÉ

Die Frage nach einer Quantitätsangabe erfolgt in der Regel mit ¿(Präposition +) QUÉ + Substantiv?:

¿qué altura? / ¿a qué altura? *wie hoch?*
¿qué ancho / anchura? *wie breit?*
¿qué edad? / ¿qué antigüedad? *wie alt?*
¿qué largo / longitud? *wie lang?*
¿qué profundidad? *wie tief?*
¿de qué tamaño? *wie groß?*
¿qué tiempo? *wie lange?*

- Zu Fragesätzen wie ¿CÓMO DE GRANDE ES? vgl. 27.14. Zu Fragen mit CUÁN vgl. 28.47.

**A ▶** Im amerikanischen Spanisch verbreitet sich immer mehr der Gebrauch der Formel QUÉ TAN + Adjektiv in Fragen nach Quantitätsangaben, etwa ¿QUÉ TAN IMPORTANTE ES? statt ¿QUÉ IMPORTANCIA TIENE?

### 28.19 Verwendungsweisen von QUÉ TAL

Beispiele mit der umgangssprachlich überaus häufigen Frage QUÉ TAL:

–Hola, ¿qué tal? "*Hallo!*"
–Hola, ¿qué tal estás? "*Hallo, wie geht es?*"

–¿Qué tal el fin de semana? "*Wie war das Wochenende?*"
–Bárbaro. ¿Qué tal tiempo hizo aquí? "*Toll. Wie war das Wetter hier?*"

### 28.20 LO QUE-Satz statt abhängiger QUÉ-Frage

¿QUÉ? wird sehr häufig durch LO QUE in abhängigen Fragen ersetzt, die Ersetzung wird besonders gern und oft vor Präpositionen vorgenommen sowie nach SABER:

¿Y sabes lo que me dijo?
*Und weißt du, was er sagte?*
¿Te das cuenta de lo que significa esto?
*Begreifst du, was das bedeutet?*

## 28. Frage- und Ausrufewörter

### 28.21 Relativsatz statt abhängiger QUÉ + Substantiv-Frage
QUÉ + Substantiv wird häufig durch den entsprechenden Relativsatz ersetzt:

**Nadie se acordaba de la dirección que tomaron.**
*Niemand wußte mehr, in welche Richtung sie gefahren sind.*

**Casi adiviné la hora exacta que era.**
*Ich erriet fast, wie spät es genau war.*

### 28.22 Determinatives QUÉ in Ausrufen
In Ausrufen steht QUÉ vor Substantiven, Adjektiven und Adverbien:

**¡qué música!** *was für eine Musik!*
**¡qué hermosas!** *wie schön!*
**¡qué bien!** *wie gut!*

- Beispiele für die Struktur QUÉ + Substantiv + NI QUÉ + Substantiv vgl. 29.57.
- In der familiären indirekten Rede steht regelmäßig QUE vor QUÉ, vgl. 34.11.

### 28.23 Festgelegte Bedeutung bestimmter QUÉ + Substantiv-Ausrufe
Viele feststehende Wendungen der gefühlsmäßigen Sprecherreaktion bestehen aus QUÉ + Substantiv. Einige Beispiele (vgl. auch 27.33B):

**¡qué barbaridad!** *ist das die Möglichkeit!*
**¡qué disparate!** *so ein Unsinn!*
**¡qué espanto!** *wie schrecklich!*
**¡qué lata!** *so etwas Dummes!*
**¡qué maravilla!** *wunderbar!*

### 28.24 QUÉ mit Substantiv und Adjektiv
QUÉ steht in Ausrufen vor **Adjektiv + Substantiv**, wobei die Reihenfolge durchaus umgekehrt werden kann; im letzteren Fall wird jedoch meistens eine Steigerungspartikel wie TAN, noch häufiger MÁS zwischen Substantiv und Adjektiv gestellt:

**¡qué buena idea!** *was für eine gute Idee!*
**¡qué hermosas flores!** *was für schöne Blumen!*
**¡qué música tan aburrida!** *was für eine langweilige Musik!*
**¡qué paisajes más hermosos!** *was für schöne Landschaften!*

### 28.25 Wegfall von QUÉ in Ausrufen mit MÁS
QUÉ wird in Ausrufen mit Adjektiv und Substantiv oft weggelassen, so daß die Struktur **Substantiv + MÁS + Adjektiv** bzw. **MÁS + Adjektiv** übrigbleibt:

**¡gente más maja!** *prima Menschen!*
**¡cosa más difícil!** *so eine schwierige Sache!*
**¡más complicada!** *sehr kompliziert!*

### 28.26 QUÉ-Ausrufe mit Relativsatz
Auf QUÉ + Substantiv / Adjektiv / Adverb kann relativisch-konjunktionales QUE folgen:

**¡qué sombrero que se había puesto!** *einen Hut hatte er sich aufgesetzt!*
**¡qué tontas que fuimos!** *wie dumm wir waren!*
**¡qué despacio que veníamos!** *wie langsam wir gefahren sind!*

## 28. Frage- und Ausrufewörter

### 28.27 QUÉ-Ausrufe mit identifikativem DE-Gefüge

Häufige Ausrufestruktur: QUÉ + Substantiv + DE + Substantiv (vgl. 38.9):

¡qué porquería de comida! *was für ein Fraß!*
¡qué maravilla de estilo! *was für ein wunderbarer Stil!*
¡qué rollo de película! *was für ein langweiliger Film!*

### 28.28 Ersatz von QUÉ in Ausrufen

**A** ▶ QUÉ + Substantiv kann durch VAYA (+ unbestimmter Artikel) + Substantiv ersetzt werden:

¡vaya sorpresa! *was für eine Überraschung!*
¡vaya una juventud! *so eine Jugend!*
¡vaya una pregunta más tonta! *was für eine dumme Frage!*
¡vaya palabras que sabe! *Wörter kennt er!*

**B** ▶ QUÉ + Adjektiv + Verb kann ersetzt werden durch CÓMO + Verb + DE + Adjektiv:

¡Cómo quedaron de pálidas!
*Wie blaß sie waren!*

¡Cómo me puse de furiosa cuando me enteré!
*Wie wütend wurde ich, als ich davon erfuhr!*

**C** ▶ QUÉ kann ersetzt werden durch ein positiv besetztes Adjektiv wie BONITO, MENUDO, LINDO und VALIENTE. Es handelt sich dabei meistens um sarkastische Bemerkungen:

¡bonita escena! *eine hübsche Szene!*
¡menudo jaleo! *eine schöne Bescherung!*
¡valiente novio! *das ist mir aber ein Bräutigam!*

### 28.29 LO + Adjektiv / Adverb + QUE

Nicht selten in unabhängigen, regelmäßig jedoch in abhängigen Ausrufen bzw. in der abhängigen absoluten Steigerung von Adjektiven und Adverbien steht die Formel **LO + kongruierendes Adjektiv / Adverb + QUE + Verb**, wobei es sich bei Adjektiven in der Regel um die Kopulaverben SER und ESTAR handelt (vgl. 28.47):

¡Lo furiosas que estaban las cajeras!
*Wie wütend waren die Kassiererinnen!*

¡Lo mal que me porté con ellos!
*Wie schlecht habe ich mich ihnen gegenüber benommen!*

No imaginas lo agresivas que están las niñas hoy.
*Du kannst dir nicht vorstellen, wie aggressiv die Mädchen heute sind.*

Se tapó los ojos para no ver lo tarde que era.
*Sie bedeckte die Augen, um nicht zu sehen, wie spät es war.*

**A** ▶ Sätze wie der folgende, in dem ein adjektiviertes Substantiv wie ein charakterisierendes Adjektiv angesehen wird, können nicht spontan gebildet werden:

Se reprochaba en silencio lo mala hija que era.
*Im Stillen warf sie sich vor, was für eine schlechte Tochter sie war.*

### 28.30 LO MUCHO QUE und LO POCO QUE

LO MUCHO / POCO QUE + Verb kommt vor allem in abhängigen Sätzen vor (vgl. 9.41, 9.57):

Habló de lo mucho que nos quiere.
*Er sprach davon, wie sehr er uns liebt.*

**Le han reñido por lo poco que estudia.**
*Sie haben ihn gerügt, weil er so wenig lernt.*

### 28.31 TODO LO + Adjektiv / Adverb + QUE
Die superlativische Formel TODO LO + kongruierendes Adjektiv / Adverb + QUE + Verb kommt meistens in verneinten und einräumenden Sätzen vor:

**Esta central nuclear no es todo lo segura que debería ser.**
*Dieses Kernkraftwerk ist nicht ganz so sicher, wie es sein sollte.*

**Quizá estas obras no sean todo lo valiosas que se quiere hacer ver.**
*Vielleicht sind diese Werke nicht ganz so wertvoll, wie man uns glauben machen will.*

**Cocinará todo lo bien que quieras, pero es que una mujer ha de saber algo más que eso.**
*Sie kocht wohl so phantastisch wie du meinst, aber eine Frau muß doch etwas mehr als das können.*

### 28.32 LA QUE in Ausrufen
LA QUE wird (wohl LA COSA QUE abkürzend) meist in unabhängigen und abhängigen Ausrufen des Erstaunens und der Betroffenheit gebraucht; die Konstruktion kommt mit einer beschränkten Anzahl von Verben wie ARMARSE, LIARSE, VENIR und CAER (um heftigen Niederschlag zu signalisieren) vor:

**¡la que se armó!** *ein Durcheinander war das am Ende!*
**¡la que se nos viene!** *eine schöne Bescherung kommt auf uns zu!*
**¡la que está cayendo!** *so ein Gewitter!*

### 28.33 EL / LA / LOS / LAS + Substantiv + QUE statt QUÉ + Substantiv
Relativsätze, die der Konstruktion QUÉ + Substantiv entsprechen, treten oft anstelle eines unabhängigen oder abhängigen Ausrufs:

**¡Las cosas que dices!**
*Was du aber auch sagst!*

**No sabes el susto que me llevé al verlo sin barba.**
*Du kannst dir nicht vorstellen, wie ich erschrak, als ich ihn ohne Bart sah.*

## B. Gebrauch von QUIÉN
Zu Sätzen mit QUIÉN als indefinitem Ich-Bezug in Sätzen wie QUIÉN LO SUPIERA vgl. 32.12.

### 28.34 Allgemeines zu QUIÉN / QUIÉNES
Die Pluralform QUIÉNES wird in der Frage verwendet, wenn bei der Antwort eine Mehrzahl erwartet wird:

**¿Quién está engañando a quién?**
*Wer betrügt wen?*

**¿De quién es esto?**
*Wem gehört das hier?*

**No sé quiénes son ustedes, señores, lo siento.**
*Ich weiß nicht, wer Sie sind, meine Herren, es tut mir leid.*

**A ver a quiénes conoces.**
*Ich bin gespannt, wen du alles kennst.*

### 28. Frage- und Ausrufewörter

¿A quién le vas a dedicar tu obra?
*Wem willst du dein Werk widmen?*

**A** ▶ QUIÉN wird auch - inkorrekterweise - statt QUIÉNES verwendet:

**Saben perfectamente quién son los culpables.**
*Sie wissen genau, wer die Schuldigen sind.*

**B** ▶ In altertümelnder Ausdrucksweise wird zuweilen CÚYO statt DE QUIÉN verwendet:

**¿Cúyas eran estas manos de piedra milenaria?**
*Wem gehörten diese Hände aus tausendjährigem Stein?*

#### 28.35 Feststehende Wendungen mit QUIÉN

**A** ▶ In der gesprochenen Sprache werden QUIÉN TE DICE und QUIÉN SABE als Ausdruck der Ungewißheit des Sprechenden verwendet:

–¿Habrá perdido el tren?     *"Ob er den Zug verpaßt hat?"*
–Quién te dice... También puede que     *"Wer weiß. Es kann auch sein, daß er mit dem*
haya cogido el coche.     *Wagen gefahren ist."*

–Las elecciones las ganará Pérez.     *"Die Wahlen wird Pérez gewinnen."*
–Quién sabe si habrá elecciones.     *"Wer weiß, ob es überhaupt Wahlen geben wird."*

**B** ▶ Betontes QUIÉN erscheint in der distributiv-indefiniten Formel QUIÉN... QUIÉN:

**Quién regaba las flores, quién cortaba el césped...**
*Der eine goß die Blumen, der andere mähte den Rasen...*

**C** ▶ Der feststehende Ausdruck QUIÉN MÁS, QUIÉN MENOS geht einer Feststellung mit TODOS oder einem seiner Synonyme voraus, gelegentlich wird er ihr nachgestellt:

**Quién más, quién menos, todos amamos el ocio.**
*Wir alle lieben das Nichtstun, die einen mehr, die anderen weniger.*

#### 28.36 Ablehnung und Zurückweisung mit QUIÉN

Mit den Wendungen NO SER QUIÉN PARA + Infinitiv bzw., als Frage, QUIÉN SER PARA + Infinitiv wird die Berechtigung oder Eignung von Personen bestritten:

**No soy yo quién para meterme en la vida de los demás.**
*Ich bin nicht einer, der sich in das Leben anderer Leute einmischt.*

**¿Quién eres tú para regañarme?**
*Wie kommst du dazu, mich zu rügen?*

## C. Gebrauch von CUÁL

#### 28.37 Grundsätzliches zum Pronomen CUÁL

CUÁL / CUÁLES wird vorwiegend als Pronomen verwendet. Es wird damit nach einem oder mehreren identifizierbaren Elementen aus einer angedeuteten Mehrheit gefragt, es ist also obligatorisch, wenn eine Antwort mit einer wohlbestimmten Größe erwartet wird: ein Eigenname, ein Pronomen oder ein mit bestimmtem Artikel, Possessiv- oder Demonstrativpronomen versehenes Substantiv:

**¿Cuál es Pedro?**
*Welcher / Wer ist hier Pedro?*

### 28. Frage- und Ausrufewörter

**¿Cuál es tu raqueta?**
*Welcher ist dein Schläger?*

**¿Cuáles son las monarquías más antiguas de Europa?**
*Welches sind die ältesten Monarchien Europas?*

**A** ▶ In der populären, nicht nachahmenswerten Umgangssprache sind die Varianten CUÁLO (maskulin Singular) und CUÁLA (feminin Singular) vorhanden.

### 28.38 CUÁL DE

Beispiele mit der häufigen Struktur CUÁL / CUÁLES DE:

**¿Cuál de ellas es abogada?**
*Welche von ihnen ist Rechtsanwältin?*

**No sabía cuáles de los presentes hablaban español.**
*Ich wußte nicht, welche der Anwesenden Spanisch sprachen.*

### 28.39 CUÁL und seine Entsprechung im Deutschen

Im Deutschen wird meistens *was* bzw. *wer* bei der Frage nach der Identifizierung aus alternativen Optionen verwendet, im Spanischen muß dabei CUÁL / CUÁLES verwendet werden. Man beachte dies u.a. im Hinblick auf die Fragen nach dem Unterschied:

**¿Cuál es la diferencia entre "morir" y "morirse"?**
*Was ist der Unterschied zwischen "morir" und "morirse"?*

**¿Cuál de los hermanos es médico?**
*Wer von den Geschwistern ist Arzt?*

### 28.40 Adjektivischer Gebrauch von CUÁL

QUÉ + Substantiv (vgl. 28.15) kann ersetzt werden durch CUÁL + Substantiv, die Ersetzung kommt im amerikanischen Spanisch besonders häufig vor:

**Decide tú por cuál puerta salimos.**
*Entscheide du, durch welche Tür wir hinausgehen.*

### 28.41 Die Wendung CUÁL ... CUÁL

Beispiel mit der distributiv-indefiniten Wendung CUÁL ... CUÁL (auch CUÁLES ... CUÁLES):

**Cuál se comía las uñas, cuál bostezaba desvergonzadamente.**
*Der eine kaute an den Fingernägeln, der andere gähnte auf unverschämte Weise.*

### 28.42 CUÁL in Verbindung mit SORPRESA

CUÁL wird gelegentlich in Ausrufesätzen mit einer meist verneinten Form von SER als Vorkommentar eines Temporalsatzes mit CUANDO verwendet. So wird in Erzählungen eine unerwartete, entscheidende Wende der Ereignisse gern durch CUÁL + (NO) + Form von SER + MI SORPRESA eingeführt, dabei sind FUE, SERÁ, HABRÁ SIDO und SERÍA die häufigsten Formen von SER:

**...por fin llegamos al hospital, y cuál no sería mi sorpresa cuando veo que las puertas estaban cerradas.**
*... endlich kamen wir im Krankenhaus an, und wer beschreibt mein Erstaunen, als ich sah, daß die Türen geschlossen waren.*

## 28. Frage- und Ausrufewörter

## D. Gebrauch von CUÁNTO

### 28.43 Das unveränderliche Fragewort CUÁNTO
CUÁNTO bezieht sich auf Menge bzw. Intensität jeder Art:

**¿Cuánto vale?**
*Wieviel kostet das?*

**¿Cuánto mide la habitación?**
*Wie groß ist das Zimmer?*

**No ha dicho cuánto va a tardar.**
*Er hat nicht gesagt, wie lange er wegbleibt.*

**¿Hace cuánto que esperas?**
*Wie lange wartest du schon?*

- In gewissen formelhaften Wendungen wird CUÁNTO durch QUÉ ersetzt, vgl. 28.9.

### 28.44 A CUÁNTO in Fragen nach dem Preis
Mit A CUÁNTO wird umgangssprachlich nach dem Preis gefragt:

**¿A cuánto está el dólar?**
*Wie steht der Dollarkurs?*

**¿A cuánto está el kilo de gambas?**
*Was kostet ein Kilo Krabben?*

### 28.45 Das unveränderliche Ausrufewort CUÁNTO
Sätze mit dem Ausrufewort CUÁNTO entsprechen Behauptungssätzen mit dem Intensitätsadverb MUCHO:

**¡Cuánto comes!**
*Du ißt aber viel!*

**¡Cuánto sabes!**
*Du weißt eine ganze Menge!*

**¡Cuánto corre este chico!**
*Wie schnell dieser Junge rennen kann!*

**¡Cuánto has dormido!**
*Du hast aber sehr lange geschlafen!*

- Ausrufe mit CUÁNTO entsprechen sehr oft Ausrufen mit CÓMO, vgl. 27.14.
- Zu QUÉ MANERA DE als Synonym von CUÁNTO in Ausrufen vgl. 27.33B.

### 28.46 LO QUE als Ersatz des Ausrufeworts CUÁNTO
LO QUE kann CUÁNTO ersetzen, vor allem in abhängigen Ausrufen bzw. abhängigen absoluten Steigerungen:

**¡Lo que hemos sufrido!**
*Was wir gelitten haben!*

**¡Lo que debe de cobrar!**
*Was muß er verdienen!*

### 28. Frage- und Ausrufewörter

**Yo he visto lo que corre este chico.**
*Ich habe gesehen, wie schnell dieser Junge laufen kann.*

- Zum CUÁNTO-Äquivalent LO MUCHO QUE vgl. 28.30, 9.41.

## 28.47 CUÁN + Adjektiv / Adverb

Die Form CUÁN, eine Verkürzung von CUÁNTO, steht zuweilen im literarischen Stil (oder dessen Imitationen) statt QUÉ bzw. LO ... QUE (vgl. 28.22, 28.29) in abhängigen und unabhängigen Ausrufen:

**¡Cuán blancas eran sus manos!**
*Wie weiß ihre Hände waren!*

**¡Cuán dulcemente acariciaban las melodías!**
*Wie sanft schmeichelten die Melodien!*

**Recuerdo cuán orgullosos eran.**
*Ich erinnere mich, wie stolz sie waren.*

**A ▶** Die Vollform CUÁNTO steht nicht vor Adjektiven oder Adverbien. Ausnahme ist die feststehende Redewendung **¡cuánto bueno por aquí!** *wie nett dich (Sie, euch) zu sehen!*

## 28.48 Das veränderliche Fragewort CUÁNTO

Beispiele mit adjektivischem und pronominalem CUÁNTO:

**¿cuánto papel?** *wieviel Papier?*
**¿cuánta gasolina?** *wieviel Benzin?*
**¿cuántos hombres?** *wie viele Männer?*
**¿cuántas mujeres?** *wie viele Frauen?*
**muchos errores, pero, ¿cuántos exactamente?** *viele Fehler, aber wie viele genau?*
**demasiadas preguntas para recordar cuántas** *zuviele Fragen, um noch zu wissen, wie viele*

**A ▶** In der feststehenden Wendung für die Frage nach dem Datum kann CUÁNTOS von QUÉ ersetzt werden:

**¿A cuántos / qué estamos (hoy)?**
*Den wievielten haben wir heute?*

## 28.49 Das veränderliche Ausrufewort CUÁNTO

Mit CUÁNTO kann sich der Sprecher auf Intensität oder Menge jeder Art beziehen:

**¡cuánta luz!** *soviel Licht!*
**¡cuánto miedo!** *soviel Angst!*
**¡cuántos libros!** *so viele Bücher!*
**¡cuántas abejas!** *so viele Bienen!*

## 28.50 Singular für Plural bei CUÁNTO

Die Singularform CUÁNTO bezeichnet sehr oft die Mehrzahl:

**¡cuánto genio desconocido!** *so viele unbekannte Genies!*
**¡cuánta azafata triste!** *so viele traurige Stewardessen!*

## 28. Frage- und Ausrufewörter

### 28.51 LA DE statt CUÁNTO
Adjektivisches CUÁNTO kann ersetzt werden durch LA DE + Substantiv + QUE + Verb:

¡La de libros que me han dado a leer!
*Eine Menge Bücher, die man mir zum Lesen aufgegeben hat!*

¡La de intoxicados que hubo!
*Ganz schön viele Leute haben sich damals vergiftet.*

### 28.52 QUÉ DE statt CUÁNTO
Adjektivisches CUÁNTO kann ersetzt werden durch QUÉ DE + Substantiv:

¡qué de colores! *so viele Farben!*
¡qué de tonterías! *so ein Gequatsche!*
¡qué de ruido! *so ein Krach!*

## E. Sprecherstellungnahmen in Frageform

### 28.53 Höflichkeitsrituale in Frageform
Beispiele der zahlreichen Formeln des höflichen Benehmens in Frageform:

¿Se puede?
*Darf ich reinkommen? (vorm Betreten eines Raumes)*

¿Me permite?
*Sie erlauben? (z.B. wenn man einer Dame bei der Garderobe behilflich ist)*

¿Me pone un café, por favor?
*Ich möchte bitte einen Kaffee.*

- Höfliche Bitten werden häufig in Frageform ausgesprochen, besonders häufig wird dabei das Verb QUERER im **PRESENTE DE INDICATIVO** verwendet (vgl. 14.56B).

### 28.54 Zustimmung erheischende Fragen
Folgende Formeln haben alle den Sinn von angehängtem *'nicht wahr?'*:

¿NO ES VERDAD? (vgl. 29.7)    ¿EH?
¿VERDAD?    ¿NO ES ESO? (vgl. 7.42P)
¿VERDAD QUE....?    ¿NO ES ASÍ?
¿NO? (vgl. 29.7)    ¿A QUE SÍ? (vgl. 27.51A)

Beispiele:

**Esto no ha sido caro, ¿verdad?**
*Das war nicht teuer, nicht wahr?*

**¿Verdad que no te importa?**
*Das stört dich nicht, oder?*

**No está mal, ¿eh?**
*Nicht schlecht, was?*

**Tú tiraste la piedra, ¿no es así?**
*Du hast den Stein geworfen, habe ich recht?*

## 28. Frage- und Ausrufewörter

### 28.55 Verwundert-suggestives Fragen mit ES QUE und ACASO

Mit ES QUE oder ACASO, die auch zusammen auftreten können, werden Fragen eingeleitet in der Erwartung oder Überzeugung, daß das Gegenteil des angesprochenen Sachverhaltes zutrifft:

¿Es que tú eres vegetariana?
*Bist du etwa Vegetarierin?*

¿Es que acaso no vais a cenar?
*Ihr wollt doch zu Abend essen, oder?*

¿Acaso se ha dado cuenta?
*Meinst du, sie hat es gemerkt?*

### 28.56 Suggestives Fragen mit A QUE

Mit der überaus häufigen Formel ¿A QUE...? (auch in ausrufeartiger Sprech- und Schreibweise) wird vor allem die Sprecherüberzeugung bekräftigt. Der entprechende Satz ist häufig verneint. Mit der Formel wird gelegentlich auch Furcht und Drohung ausgedrückt:

—He invitado a Reinaldo también.
—¿A que no viene?
*"Ich habe auch Reinaldo eingeladen."*
*"Wetten, daß er nicht kommt?"*

—¿Los bocadillos los has preparado tú?
—Claro, ¿a que están buenos?
*"Die Brote hast du selbst gemacht?"*
*"Ja sicher, sind sie nicht lecker?"*

—¿Qué tal el examen?
—Difícil, ¿a que he suspendido?
*"Wie war die Prüfung?"*
*"Schwer, vielleicht bin ich durchgefallen."*

—Tú es que eres un gallina.
—¡A que te pego una bofetada!
*"Du bist ein Schlappschwanz."*
*"Paß auf, ich verpasse dir eine!"*

### 28.57 Bekräftigung der eigenen Meinung

Mit folgenden angehängten Fragen bekräftigt der Sprecher die gerade geäußerte Meinung und schließt Widerrede aus:

¿ESTAMOS? (vgl. 19.45B)    ¿LO OYE(S)?    ¿ENTIENDE(S)?
¿ME OYE(S)?                ¿TE ENTERAS?

Beispiele:

Yo me quedo y tú te vas, ¿me oyes?
*Ich bleibe, und du gehst, verstanden?*

El coche no es nuestro, ¿te enteras?
*Der Wagen gehört uns nicht, hast du verstanden?*

## F. Weitere Ausrufewörter und -strukturen

Zu den formelhaften Ausrufen der Mißbilligung und Empörung vgl. 29.60.

### 28.58 Vokative

Vokative spielen in der spanischen Umgangssprache eine große Rolle. Mit HOMBRE, MUJER, HIJO, HIJA, CHICO, CHICA, MUCHACHO, MUCHACHA, CHAVAL, JOVEN (-CITO,-A) wird der Gesprächspartner vertraulich angeredet. Diese Vokative, die keineswegs immer wörtlich gebraucht werden (eine Tochter kann beispielsweise die eigene Mutter mit HIJA anreden), hat im Deutschen meistens keine Entsprechung. Die Vokative dienen darüber hinaus auch zum Ausdruck der verschiedensten gefühlsmäßigen Reaktionen: Überraschung, Freude, Empörung, Einspruch, Bekräftigung

## 28. Frage- und Ausrufewörter

oder Zögern. Verwandtschaftsbezeichnungen sowie Formen wie NIÑO, NIÑA, PAPÁ, MAMÁ (MAMI) werden hingegen wörtlich verwendet mit der Ausnahme der Wörter TÍO und TÍA (vgl. 28.60). Letztere werden auch für Unbekannte verwendet, ihnen ist dann ein frech-anzüglicher Beiklang eigen. Zutraulich ist auch die Anredeform MACHO.

### 28.59 Die Partikel HOMBRE
Beispiele mit dem sehr häufigen Ausdruck HOMBRE (im Ausdruck von Protest und Vorwurf auf einen männlichen Gesprächspartner ist üblich die Anrede HOMBRE DE DIOS):

–¿Me puedes hacer un favor?  "Kannst du mir einen Gefallen tun?"
–Sí, hombre.  "Ja, klar."

–¡Hola, Laura!  "Hallo, Laura!"
–¡Hombre! ¡Maribel! ¡Cuánto tiempo!  "Mensch, Maribel, du altes Haus!"

–Está mosqueadísima porque no le respondes los mails.  "Sie ist sehr verärgert, weil du ihre Mails nicht beantwortest."
–Hombre, es que no tengo tiempo ni para afeitarme.  "Nun ja, ich habe nicht mal zum Rasieren Zeit."

–¿A que viste la pelea por la tele?  "Du hast bestimmt den Kampf im Fernsehen gesehen."
–Hombre... ¿A que tú también?  "Nun ja... du etwa nicht?"

–Es fácil llegar allí en coche, ¿no?  "Man kommt leicht mit dem Auto dorthin, oder?"
–Hombre, depende del coche.  "Na ja, es kommt auf das Auto an."

### 28.60 TÍO und TÍA
Beispiele mit TÍO und TÍA im Gespräch zweier junger Menschen:

–Dijo que está por la pena de muerte.  "Er sagte, er ist für die Todesstrafe."
–Jo, tío, qué fuerte.  "Mensch, ist das ein starkes Stück."

–Nos vamos a la disco con el rubio.  "Wir gehen mit dem Blonden in die Disko."
–Tía, piénsatelo antes...  "Du... überlege es dir noch."

### 28.61 SEÑOR und andere Titel
Mit SEÑOR, SEÑORA, SEÑORITA und Titeln wie PROFESOR, DOCTOR, INGENIERO wird respektvoll angeredet (vgl. 31.38). Die ersten drei Wörter dienen aber auch als eindringlicher Appell, werden auch an SÍ und NO angehängt und werden darüber hinaus zum Ausdruck von Gemütszuständen gegenüber der betreffenden Person verwendet. In Beispielen wie dem folgenden wird trotz des geschriebenen Kommas keine Pause zwischen SEÑOR und dem Wort davor eingelegt:

–¿Aprobó con matrícula de honor?  "Hat sie mit ausgezeichnet bestanden?"
–Sí, señor.  "Gewiß"

### 28.62 Anredewörter für geliebte Menschen
Häufige Anredewörter für geliebte Menschen (häufig ironisch, also gerade für nicht geliebte Menschen verwendet):

MI VIDA / VIDA MÍA            CARIÑO
MI AMOR / AMOR (MÍO)          CIELO / CIELITO (MÍO)
TESORO                        CORAZÓN

## 28.63 Abwertende Benennungen

Einige häufige abwertende Benennungen:

| | |
|---|---|
| ANIMAL | TONTO |
| BESTIA | IMBÉCIL |
| DESGRACIADO | SINVERGÜENZA |
| GILIPOLLAS | PELMA |
| IDIOTA | |

**A** ▶ Im lebendigen Gespräch im Freundes- oder Familienkreis wird der Gesprächspartner häufig mit (gewöhnlich an die Aussage angehängten) Bezeichnungen tadelnd angeredet, die in einem anderen Milieu oder bei anderen Gesprächspartnern echte Beleidigungen darstellen würden. Dazu gehören beispielsweise PESADO, INÚTIL, CARADURA, BURRO und andere.

**B** ▶ All diese Bezeichnungen treten sehr oft in den Strukturen QUÉ + Substantiv (vgl. 28.15), **bestimmter Artikel + Substantiv + DE + Substantiv** (vgl. 38.9A) und **bestimmter Artikel + MUY + Substantiv** (vgl. 9.49) auf. Beispiele:

¡**qué bestia!** *wie bescheuert!*
**el idiota del abogado** *der Anwalt, dieser Idiot*
**el muy sinvergüenza** *der unverschämte Kerl*

## 28.64 Gute Wünsche und Beileidsbekundungen

**A** ▶ Einige häufige Ausdrücke für gute Wünsche:

| | |
|---|---|
| QUE TE DIVIERTAS (vgl. 32.6) | FELICES PASCUAS |
| QUE TE VAYA BIEN (vgl. 32.6) | FELIZ (Y PRÓSPERO) AÑO NUEVO |
| QUE DESCANSES (vgl. 32.6) | FELIZ CUMPLEAÑOS |
| QUE TE MEJORES (vgl. 32.6) | MUCHAS FELICIDADES |
| ENHORABUENA! | QUE APROVECHE (vgl. 32.6A) |
| ¡FELICITACIONES! | BUEN PROVECHO |
| FELIZ NAVIDAD | |

**B** ▶ Beileidsbekundungen:

LE / LA ACOMPAÑO EN EL SENTIMIENTO
RECIBA USTED MI MÁS SENTIDO PÉSAME.

## 28.65 Ausrufe der Höflichkeitsakte

**A** ▶ **gracias** *danke*; Steigerungen:

MUCHAS GRACIAS
MIL GRACIAS
GRACIAS, MUY AMABLE

• Man bedankt sich auch mit der geschlechtsbezogenen Formel MUY AGRADECIDO (vgl. auch 32.7).

**B** ▶ Höfliche Erwiderungen auf GRACIAS:

DE NADA
NO HAY DE QUÉ
NADA, HOMBRE; NO FALTABA MÁS.

**C** ▶ Höfliche Erwiderungen auf gute Wünsche:

GRACIAS, IGUALMENTE
LO MISMO LE DIGO.

## 28. Frage- und Ausrufewörter

**D** ▶ Durch den Einfluß ausländischer Formeln wird **por favor** *bitte*, das einen sehr eindringlichen Charakter hatte, zunehmend in höflichen Bitten verwendet. Populäre Form von POR FAVOR: PORFA. Vgl. 28.53, 18.81.

**E** ▶ Höfliche Billigung:

          CON MUCHO GUSTO
          NO FALTABA MÁS
          NO FALTARÍA MÁS
          CÓMO NO
          DE MIL AMORES.

• Vgl. 27.52.

**F** ▶ Entschuldigungsformeln (vgl. 31.44):

          PERDÓN
          DISCULPA, DISCULPE USTED, usw.

• CON (SU) PERMISO wird verwendet beim vorübergehenden Verlassen einer Gesellschaft oder beim Stören anderer Leute durch Aufstehen und Gehen.

### 28.66 Interjektionen

Liste der häufigsten Interjektionen:

| | | |
|---|---|---|
| ¡AH! | ¡CHITÓN! | ¡JO! |
| ¡AJÁ! | ¡EA! | ¡OLÉ! |
| ¡AY! | ¡GUAY! | ¡OH! |
| ¡BAH! | ¡HALA! / ¡ALA! | ¡OSTRAS! |
| ¡BRAVO! | ¡HALE! / ¡ALE! | ¡MECACHIS! |
| ¡CARAMBA! | ¡HOSTIAS! | ¡PCHS! / ¡PSCH (E)! / ¡PSE! |
| ¡CARAY! | ¡HUY! / ¡UY! | ¡UF! / ¡UFF! |
| ¡CHIST! | | |

**A** ▶ CARAY kann mit CON kombiniert werden:

**¡caray contigo!** *du bist mir aber auch einer!*

**B** ▶ Die Interjektionen JO, HOSTIAS und OSTRAS werden oft ohne Ausrufeintonation am Satzanfang oder -ende oder in der Satzmitte gesagt, als bloße Selbstbekräftigung des Sprechenden. Diese Funktion erfüllen auch andere, derbere Interjektionen, die das Lexikon verzeichnet.

**C** ▶ Vor allem in Erzählungen werden folgende Interjektionen zur Einleitung plötzlicher Begebenheiten verwendet:

          ¡CATAPLUM!      ¡PUM!
          ¡CATAPÚN!       ¡ZAS!
          ¡PAF!

### 28.67 Ausrufe mit christlichem Bezug

Zahlreiche Ausrufe, die fast jede Art von Gemütsbewegung ausdrücken können, haben einen christlichen Bezug:

          ¡POR DIOS!          ¡SEÑOR!
          ¡DIOS MÍO!         ¡JESÚS!
          ¡VÁLGAME DIOS!    ¡VIRGEN SANTA!
          ¡BENDITO SEA DIOS! ¡AVE MARÍA PURÍSIMA!

**A** ▶ ¡JESÚS! ruft man aus, wenn geniest wird.

## 28. Frage- und Ausrufewörter

### 28.68 Ausrufestruktur mit AY und DE

Die Struktur ¡AY / **Adjektiv** + DE + **Pronomen / Substantiv**! wird hauptsächlich in Wehklagen und Drohungen verwendet:

**¡ay de los que copian!** *wehe denen, die abschreiben!*
**¡miserable de mí!** *ich elender Schuft!*

### 28.69 Ausrufe des Erstaunens

Liste von Ausrufen, mit denen Überraschung ausgedrückt wird (und die vervollständigt werden mag mit vulgäreren und obszöneren, im Lexikon angeführten Wendungen):

¡QUÉ BARBARIDAD!  
¡QUÉ BÁRBARO!  
¡FÍJATE! / ¡FÍJESE! (vgl. 31.48)  
¡FIGÚRATE! / ¡FIGÚRESE! (vgl. 31.48)  
¡MADRE MÍA!  
¡MI MADRE!  
¡MIRA POR DÓNDE! (vgl. 31.36)  
¡MIRE USTED POR DÓNDE! (vgl. 31.36)  
¡HAY QUE VER! (vgl. 31.49A)  

¡NO VEAS! (vgl. 31.49)  
¡PARA QUE VEAS! (vgl. 35.12B)  
¡QUÉ COSAS!  
¡LO QUE SON LAS COSAS!  
¡LAS COSAS CÓMO SON!  
¡AHÍ VA!  
¡AHÍ ES NADA!  
¡TÚ TE CREES!  

• Die Imperativformen ANDA / ANDE, VAYA, VENGA und VAMOS werden in 31B1, 31B2 und 31B3 ausführlicher dargestellt.

**A ▶** Der Ausdruck LO QUE SON LAS COSAS tritt im lebendigen Erzählen häufig als kommentierender Ausdruck zur Einleitung einer überraschenden Begebenheit auf:

**Había soñado con él y, lo que son las cosas, ese día me llama desde Tokio.**
*Ich hatte von ihm geträumt, und ausgerechnet an dem Tag ruft er aus Tokio.*

### 28.70 Ausrufe der Resignation und Gleichgültigkeit

In der folgenden Liste drücken die Wendungen der rechten Spalte eher eine ziemlich schnodderige Gleichgültigkeit aus.

QUÉ IMPORTA  
DA / ES IGUAL  
DA LO MISMO  
QUÉ MÁS DA  
QUÉ LE VAMOS A HACER  
¡QUE SE FASTIDIE!  

¡CON SU PAN SE LO COMA!  
¡AHÍ ME LAS DEN TODAS!  
¡ALLÁ SE LAS COMPONGA!  
¡TAL DÍA HARÁ EN UN AÑO!  
LO QUE ES POR MÍ...  

### 28.71 Verwünschungen

Folgende Ausdrücke der Verwünschungen, von denen der letzte als vulgär gilt, mögen erweitert werden durch die reichlich vorhandene Menge noch vulgärerer Formeln:

¡MALDITO ( A) SEA! (vgl. 32.31A)  
¡QUE LO PARTA UN RAYO! (vgl. 32.31A)  
¡MAL RAYO LO PARTA! (vgl. 32.31A)  
¡LA MADRE QUE LE PARIÓ!

# 29. Negationen

## A. Das Negationswort NO

### 29.1 Verneinung und Absprechen mit NO

NO wird verwendet zum Verneinen eines Sachverhalts bzw. zum Absprechen von Beschaffenheiten, Eigenschaften und Zuständen. NO steht vor dem Verb des zu negierenden Sachverhalts bzw. vor dem Kopulaverb:

**No entendí la última parte.**
*Ich habe den letzten Teil nicht verstanden.*

**A veces no puedo dormir.**
*Manchmal kann ich nicht schlafen.*

**El mundo no es el paraíso.**
*Die Welt ist nicht das Paradies.*

**No molestes al señor.**
*Stör den Herrn nicht!*

**No somos sordos.**
*Wir sind nicht taub.*

**No estoy triste.**
*Ich bin nicht traurig.*

### 29.2 NO entspricht 'kein'

Beispiele mit NO als Entsprechung von *'kein'*:

**El hombre no llevaba dinero consigo.**
*Der Mann hatte kein Geld bei sich.*

**En la mesa no hay formularios.**
*Auf dem Tisch liegen keine Formulare.*

**Yo no como carne.**
*Ich esse kein Fleisch.*

### 29.3 NO bei einschränkenden Adverbien

NO steht vor dem Verb auch bei Adverbien, die die Verneinung auf einen Satzteil beschränken:

**No trabajaba sólo por el dinero.**
*Sie arbeitete nicht nur wegen des Geldes.*

**No estoy de acuerdo al menos con uno de sus argumentos.**
*Ich bin mit mindestens einem seiner Argumente nicht einverstanden.*

### 29.4 NO vor unbetonten Pronomen

NO steht vor den betonten Pronomen, die vor einer konjugierten Verbform stehen. Zu diesen Pronomen gehört unpersönliches SE:

**Les pedí tu dirección, pero no me la dieron.**
*Ich bat sie um deine Adresse, aber sie haben sie mir nicht gegeben.*

**29. Negationen**

**El amor no se mide por palabras.**
*Die Liebe bemißt sich nicht nach Worten.*

### 29.5 NO in der Verneinung eines infinitivischen Ergänzungssatzes
In folgenden Beispielen wird eine Infinitivergänzung negiert:

**Preferí no moverme de donde estaba.**
*Ich zog es vor, mich nicht von der Stelle zu bewegen.*

**Incluso estoy dispuesto a no firmar.**
*Ich bin sogar bereit, nicht zu unterschreiben.*

**La mayoría lucha por no caer en tentación.**
*Die meisten kämpfen darum, nicht in Versuchung zu geraten.*

### 29.6 Betontes NO
Während in den Beispielen von 29.5 bis 29.4 NO schwachtonig ist, ist es in folgenden ein betontes Wort:

**¿Es así o no?**
*Ist es so oder nicht?*

**Trabajaba los domingos, pero los sábados no.**
*Sie arbeitete sonntags, samstags aber nicht.*

**Voy si tengo tiempo, si no, no.**
*Ich gehe hin, wenn ich Zeit habe, sonst nicht.*

• Näheres zu SI NO vgl. 35.68E.

**A** ▶ Beispiel mit der häufigen Wendung PORQUE NO:

—¿Por qué no le has mandado un emilio o lo has llamado?
—Porque no.

*"Warum hast du ihm nicht eine Mail geschickt oder hast ihn angerufen?"*
*"Darum nicht."*

### 29.7 NO in angehängten Fragen
Schwachtoniges und betontes NO erscheint in Anhängselfragen der Zustimmungserheischung (vgl. 28.54):

**Tú también vienes, ¿no?**
*Du kommst auch, nicht?*

**Fue una mañana en que hacía calor, ¿no es verdad?**
*Es war an einem warmen Morgen, nicht wahr?*

### 29.8 Anhängsel-NO im mündlichen Bericht
Betontes angehängtes NO in Frageintonation erscheint sehr häufig in mündlichen Mitteilungen (Erzählung, Darlegung, usw.) bei Teilen, die dem Sprecher wichtig erscheinen:

**Ella me había llevado un pastel, ¿no?, y como era mi santo, pues...**
*Sie hatte mir einen Kuchen mitgebracht, nicht? und weil es mein Namenstag war...*

**Ortega es un filósofo de la vida, ¿no? y según él la masa impide vivir, ¿no?...**
*Ortega ist ein Philosoph des Lebens, nicht? und für ihn ist die Masse ein Hindernis für das Leben, nicht?*

## 29. Negationen

### 29.9 Redundantes NO nach QUE in Vergleichssätzen

Redundantes NO erscheint manchmal in Vergleichssätzen nach QUE. Ist die Vergleichsergänzung ein QUE-Satz, dann ist das Einsetzen von NO, um zweimal QUE nacheinander zu vermeiden, obligatorisch:

**Todo es muy caro, pero prefiero vivir en una ciudad así que no en un pueblito.**
*Alles ist sehr teuer, aber ich wohne lieber in so einer Stadt als in einem kleinen Dorf.*

**Más vale que aprendan algo que no que consuman droga.**
*Es ist besser, daß sie etwas lernen als daß sie Drogen nehmen*

**A** ▶ Als eine Art Redundanz kann die Verwendung von NO mit den Negationswörtern NADA, NADIE, usw. aufgefaßt werden, vgl. 29.36. Zu redundantem NO bei HASTA vgl. 35.23.

### 29.10 Redundantes NO nach Verben des Fürchtens

Redundantes NO erscheint manchmal nach Verben des Fürchtens und Hoffens, vor allem bei Weglassen von QUE (vgl. 34.63, 34.66):

**Temo no vayas a suspender esta vez.**
*Ich fürchte, du wirst diesmal durchfallen.*

### 29.11 Redundantes NO nach POR POCO

Redundantes NO erscheint manchmal nach POR POCO:

**Fue a estrellarse contra un árbol y por poco no se mata.**
*Sie fuhr schließlich gegen einen Baum und wäre beinah ums Leben gekommen.*

### 29.12 'noch nicht': TODAVÍA NO

Die Entsprechung von *'noch nicht'* ist TODAVÍA NO. Die Bestandteile von TODAVÍA NO können getrennt auftreten, und zwar in der Reihenfolge NO ... TODAVÍA; außerdem wird TODAVÍA sehr oft von seinem Synonym AÚN ersetzt:

**Todavía no me he vestido.**
*Ich habe mich noch nicht angezogen.*

**¿No te han devuelto los papeles todavía?**
*Hat man dir deine Papiere noch nicht zurückgegeben?*

**Aún no había empezado el debate.**
*Die Diskussion hatte noch nicht angefangen.*:

• Zu den äquivalenten Konstruktionen für TODAVÍA und TODAVÍA NO vgl. 14.74, 15.36.

### 29.13 'nicht mehr': YA NO

Die Entsprechung von *'nicht mehr'* ist YA NO. Die Bestandteile von YA NO können getrennt auftreten, so daß sich die Reihenfolge NO ... YA ergibt. (Zu der ausnehmenden Wendung NO YA vgl. 29.26):

**Ya no tengo ganas.**
*Ich habe keine Lust mehr.*

**No tengo ya esperanzas.**
*Ich habe keine Hoffnungen mehr.*

## 29.14 YA NO in Verbindung mit MÁS

YA NO kann mit MÁS verstärkt werden. Bei Einsetzung von MÁS kann sich die Trennung NO ... YA MÁS ergeben (vgl. 29.16):

**Ya no hay más paraísos.**
*Es gibt keine Paradiese mehr.*

**Ya no tienes que fingir más.**
*Du brauchst dich nicht länger zu verstellen.*

**No queremos hacer ya más pérdidas.**
*Wir wollen keine Verluste mehr machen.*

- Zur weiteren Verwendung von YA in Negationen vgl. 29.34; zu den äquivalenten Konstruktionen für YA NO vgl. 14.88.
- Zu der ausnehmenden Wendung NO YA vgl. 29.26.

## 29.15 NO in Verbindung mit MÁS

Beispiel für die wörtliche Verwendung von MÁS in Verbindung mit NO:

**Eso es suficiente, más no me hace falta.**
*Das reicht, mehr brauche ich nicht.*

**No le des más caramelos al chico.**
*Gib dem Jungen keine Bonbons mehr.*

## 29.16 NO MÁS statt YA NO?

NO ... MÁS wird manchmal anstelle von YA NO verwendet, dieser Gebrauch ist nicht nachzuahmen:

**Es mejor que no nos veamos más.**
*Wir sehen uns besser nicht mehr wieder.*

## 29.17 NO MÁS QUE

NO ... MÁS QUE dient zur starken Einschränkung, also zu Konstruktionen, die synonym sind mit Sätzen, die mit dem Adverb SÓLO graduiert sind:

**No esperaba más que a él.**
*Ich habe nur auf ihn gewartet.*

**No hay más que alargar la mano.**
*Man braucht nur die Hand auszustrecken.*

**A** ▶ Eine Wendung mit gleicher Bedeutung ist NO ... SINO, vgl. 29.27.

## 29.18 NO HACER MÁS QUE

Intensität von Geschehen und Zustand wird häufig ausgedrückt mit NO HACER MÁS QUE (vgl. 9.153):

**Después no hizo más que insultarnos.**
*Danach hat er uns nur noch beleidigt.*

**Las cosas no hacen más que empeorar.**
*Die Lage wird nur noch schlimmer.*

## 29. Negationen

### 29.19 Ausnehmen von Satzteilen mit NO
Mit NO wird ein Satzglied eingeschränkt:

**No todo está perdido.**
*Es ist nicht alles verloren.*

**No siempre se ha portado de esa manera.**
*Nicht immer hat er sich so verhalten.*

**Surgieron no pocos problemas.**
*Nicht wenige Probleme sind aufgetaucht.*

**La Iglesia se ha hecho para ti, no tú para ella.**
*Die Kirche ist für dich geschaffen worden, nicht du für sie.*

**Lo dijo no sin cierta ironía.**
*Er sagte das nicht ohne eine gewisse Ironie.*

**Nos alojamos en un hotel que está no muy lejos de la playa.**
*Wir wohnen in einem Hotel, das unweit vom Strand liegt.*

**A** ▶ Die spanische Fassung eines deutschen Satzes wie *'der Sturm hat nicht zwei Gebäude zerstört...'* kann durchaus lauten LA TORMENTA DESTRUYÓ NO DOS EDIFICIOS...; aber dieser Konstruktion ist mindestens selten. Häufiger sind Konstruktionen mit NO YA (vgl. 29.26) bzw. die Abspaltung der Elemente, die ausgenommen werden sollen (vgl. 29.20).

### 29.20 Ausnehmen von Satzteilen durch abgespaltenen Relativsatz
Einschränkungen erfolgen im Spanischen sehr oft durch Satzabspaltung. Die auszunehmenden Elemente erscheinen dabei in einem verneinten Hauptsatz, an den der Rest des ursprünglichen Satzes als Relativsatz angeschlossen wird (vgl. Kapitel 30, Teil F):

**No fue el libro de Matemáticas el que se perdió.**
*Es ist nicht das Mathematikbuch, das verloren gegangen ist.*

**No eres tú quien se ha hecho para la Iglesia.**
*Nicht du bist für die Kirche geschaffen worden.*

### 29.21 Ausnehmendes NO in Nominalphrasen
Beispiele mit NO + Substantiv / Adjektiv (diese Möglichkeit wird in schöpferischer Textherstellung gern und häufig verwendet, bisweilen wird ein Bindestrich nach NO geschrieben):

**la no ratificación** *die Nichtratifizierung*
**los no votantes** *die Nichtwähler*
**los no residentes** *die nicht als Einwohner Registrierten*
**una ciudad que consideraba un no lugar** *eine Stadt, die für mich ein Nirgendwo war*
**un no-partido** *eine Nicht-Partei*

**A** ▶ Bei Vorhandensein von Adjektiven und Partizipien wird gern NO nach dem Substantiv plaziert:

**una fortuna de verdad no inmensa** *ein wirklich nicht üppiges Vermögen*
**los crímenes no purgados entonces** *die damals nicht gesühnten Verbrechen*

### 29.22 Ausnehmen mit QUE NO
Das Ausnehmen mit QUE NO signalisiert, daß eine Erwartung nicht erfüllt wird:

**Su ideal de caballero es Sancho Panza, que no Don Quijote.**
*Sein Ideal eines Kavaliers ist Sancho Panza, nicht etwa Don Quichotte.*

## 29. Negationen

**Ha ganado su primer torneo sobre hierba, que no sobre tierra.**
*Sie hat ihr erstes Turnier auf Gras gewonnen, eben nicht auf Sand.*

### 29.23 'sondern': SINO

Die spanische Entsprechung von *'sondern'* heißt SINO:

**Aquel año no lo pasó en Berlín, sino en París.**
*Jenes Jahr verbrachte er nicht in Berlin, sondern in Paris.*

**Lo contrario del amor no es el odio, sino la indiferencia.**
*Das Gegenteil von Liebe ist nicht der Haß, sondern die Gleichgültigkeit.*

**A** ▶ Die "logischeren" Konstruktionen der vorangegangenen Sätze wären ...NO EN BERLÍN, SINO... bzw. NO EL ODIO, SINO...; solche Konstruktionen sind möglich und kommen immer häufiger vor (vgl. 29.19). Die Kommasetzung vor NO wie im folgenden Beispiel, obwohl vom Sprechfluß geboten, ist nicht üblich:

**Desde entonces, en el país impera, no la ley, sino la fuerza.**
*Seitdem herrscht in dem Land nicht das Gesetz, sondern die Gewalt.*

### 29.24 'sondern': SINO QUE

Folgt auf SINO eine finite Verbform, so heißt die Konjunktion SINO QUE:

**No me atacaron, sino que me caí.**
*Ich wurde nicht angegriffen, sondern ich bin hingefallen.*

**A** ▶ Beispiel mit Abspaltung des ersten Satzes:

**No es que yo desconfíe de ustedes, sino que pienso que lo mejor es que nos vayamos.**
*Nicht etwa, daß ich Ihnen mißtraue, ich denke vielmehr, es ist besser, wenn wir gehen.*

### 29.25 NO SÓLO ... SINO TAMBIÉN

Die spanische Entsprechung von *'nicht nur ... sondern auch'* ist NO SÓLO ... SINO TAMBIÉN:

**no sólo Rusia, sino también China** *nicht nur Rußland, sondern auch China*
**no sólo ahora, sino también en el futuro** *nicht nur jetzt, sondern auch in Zukunft*

### 29.26 NO YA ... SINO

NO YA ... SINO entspricht *'nicht etwa ... sondern'* oder *'nicht nur ... sondern auch'*. Die Bestandteile von NO YA in dieser Verwendungsweise werden nicht getrennt:

**Esta historia es no ya insustancial, sino peligrosamente propagandística.**
*Diese Geschichte ist nicht etwa oberflächlich, sondern gefährlich propagandistisch.*

**Espero de vosotros no ya promesas, sino hechos.**
*Ich erwarte von euch nicht nur Versprechungen, sondern auch Taten.*

### 29.27 Einschränkung durch NO SINO

NO ... SINO (QUE) ist eine einschränkende Wendung, Synonym von SÓLO und NO ... MÁS:

**Eso no es sino un signo de mal gusto.**
*Das ist nichts als ein Zeichen schlechten Geschmacks.*

**En este asunto no puedo sino apoyarte.**
*In dieser Angelegenheit kann ich dich nur unterstützen.*

## 29. Negationen

No tienes sino que marcar este número.
*Du brauchst nur diese Nummer zu wählen.*

### 29.28 Verstärkte Verneinung von NO durch Adverbien

Die Verneinung mit NO kann verstärkt werden mit Adverbien (zur doppelten Verneinung vgl. 29.34) wie (PARA) NADA, DE NINGUNA MANERA, EN ABSOLUTO usw., welche selbst als Widerspruchswörter verwendet werden können (vgl. 29.31, 9.79, 29.54B, 29.56D). Beispiele mit LO MÁS MÍNIMO:

**La noticia no me ha sorprendido lo más mínimo.**
*Die Nachricht hat mich nicht im geringsten überrascht.*

### 29.29 Verstärkte Verneinung mit IMPORTAR

Das Verb IMPORTAR wird sehr oft verstärkt verneint mit Ausdrücken wie UN BLEDO, UNA HIGA, UN PIMIENTO, UN PITO, TRES PITOS, UN RÁBANO, UNA TORTA und anderen, teilweise gröberen und vulgäreren; NO kann dabei auftreten oder wegfallen. Beispiele:

**Lo que digan (no) me importa un rábano.**
*Ihr Gerede interessiert mich einen Dreck.*

**Lo demás (no) importaba un pimiento.**
*Der Rest war piepegal.*

### 29.30 MALDITO in verstärkten Verneinungen

Folgende Formeln mit MALDITO werden für gefühlsbeladene, saloppe Verneinungen verwendet: **kongruierendes** MALDITO + bestimmter Artikel + Substantiv, MALDITO LO QUE + Verb und MALDITO SI + Verb. Beispiele:

**Maldita la alegría que me dio.**
*Ich war überhaupt nicht froh.*

**Maldito lo que me gusta su comida.**
*Ihr Fraß schmeckt mir ganz und gar nicht.*

**Maldito si me parecía lindo aquello.**
*Ganz schrecklich fand ich das.*

## B. Andere Negationswörter

Zu den weiteren Leistungen der Wörter NADIE, NADA und NINGUNO vgl. 9.76, 9.78, 9.93.

### 29.31 Liste der Negationswörter

**nada** *nichts* (vgl. 9.78)
**nadie** *niemand* (vgl. 9.76)
**ninguno** *keiner* (vgl. 9.93)
**nunca / jamás** *nie* (vgl. 29.49)
**ni** *und nicht; und auch nicht; nicht ein; noch; nicht einmal* (vgl. 29.51, 29.52)
**ni ... ni** *weder ... noch* (vgl. 29.53)
**ni siquiera** *nicht einmal* (vgl. 29.58)
**tampoco** *auch nicht* (vgl. 29.50)
**apenas** *kaum* (vgl. 29.37)
**en absoluto** *keineswegs* (vgl. 29.37)

## 29.32 Negationswörter bei Partizipien und Adjektiven

Vor allem NUNCA, JAMÁS, APENAS und EN ABSOLUTO werden attributiv zu Partizipien und Adjektiven gebraucht:

**lo nunca visto** *das noch nie Gesehene*
**una marca mundial jamás superada** *ein nie wieder eingestellter Weltrekord*
**con esos chavales apenas preparados para nada** *mit diesen Kindern, die auf kaum etwas vorbereitet sind*
**dos pisos en absoluto baratos** *zwei keineswegs preiswerte Wohnungen*

## 29.33 Negationswörter in verblosen Äußerungen

Beispiele mit den Negationswörtern in nicht satzförmigen Äußerungen (die satzförmigen Fassungen mit redundantem NO sind in 29.36 zu finden. Das NO im zweiten Beispiel ist nicht Verneinungs-, sondern (betonte) Widerspruchspartikel):

–¿En qué estabas pensando?   *"Woran hattest du gerade gedacht?"*
–En nada.   *"An nichts."*

–¿Llamó alguien?   *"Hat jemand angerufen?"*
–No, nadie.   *"Nein, niemand."*

–¿Cuál es Pedro?   *"Welcher ist Pedro?"*
–Ninguno de ellos.   *"Keiner von ihnen."*

–¿Viene a verte todos los días?   *"Besucht er dich jeden Tag?"*
–Sí, pero nunca por las mañanas.   *"Ja, aber nie am Morgen."*

–¿Cuántos ejemplares te quedan?   *"Wie viele Exemplare hast du übrig?"*
–Ni uno solo.   *"Nicht ein einziges."*

–¿Dejó nombre y dirección?   *"Hat er Namen und Adresse hinterlassen?"*
–Ni nombre ni dirección.   *"Weder Namen noch Adresse."*

–¿Sabe lo que es el embrague?   *"Weiß er, was die Kupplung ist?"*
–No, ni siquiera eso.   *"Nein, nicht einmal das."*

–No lo he entendido.   *"Ich habe es nicht verstanden."*
–Yo tampoco.   *"Ich auch nicht."*

## 29.34 YA in Verbindung mit Negationswörtern

YA erscheint sehr häufig als Bekräftigung der Verneinung, dabei kann YA entweder dem Negationswort oder NO vorausgehen oder von diesen abgespalten erscheinen. Oft erscheint YA am Satzende und wird dann stark betont, vgl. 29.13 (auch MÁS kann dazukommen, vgl. ebenda, zur doppelten Verneinung vgl. 29.36):

**Ya no siento nada.**
*Ich fühle nichts mehr.*

**Ya nadie quiere ser un alma buena.**
*Niemand will mehr ein guter Mensch sein.*

**Ni viajar va a poder una ya.**
*Nicht einmal das Reisen kann man sich mehr leisten.*

**Con ninguno de ellos he vuelto ya a jugar.**
*Mit keinem von ihnen habe ich je wieder gespielt.*

**Ya no volverá nunca más.**
*Er kommt nie wieder.*

## 29. Negationen

### 29.35 Negierendes YA in rhetorischen Fragen

In Beispielen wie dem folgenden übernimmt der Sprecher das YA der gemeinten Aussage, nämlich YA NADIE SE ACUERDA DE ESO, in eine rethorische Frage:

–Voy a escribir un artículo sobre la movida madrileña de los setenta. *"Ich werde einen Artikel über die Madrider Szene der Siebziger schreiben."*
–Por Dios, ¿quién se acuerda ya de eso? *"Mein Gott, wer erinnert sich noch daran?"*

### 29.36 NO + Verb + Negationswort

Stehen die negativen Adverbien und Pronomen nach der Form des Verbs, zu dem sie Subjekt, Objekt oder sonstige Ergänzung sind, dann muß redundantes NO vor der Verbform stehen:

**No estaba pensando en nada.**
*Ich habe an nichts gedacht.*

**No llamó nadie.**
*Es hat niemand angerufen.*

**Pedro no es ninguno de ellos.**
*Pedro ist keiner von ihnen.*

**Por las mañanas no viene a verme nunca.**
*Am Morgen besucht er mich nie.*

**No me queda ni un solo ejemplar.**
*Ich habe nicht ein einziges Exemplar übrig.*

**No dejó ni nombre ni dirección.**
*Er hat weder Namen noch Adresse hinterlassen.*

**No sabe ni siquiera lo que es el embrague.**
*Er weiß nicht einmal, was die Kupplung ist.*

**Yo no lo he entendido tampoco.**
*Ich habe es auch nicht verstanden.*

### 29.37 NO bei APENAS und EN ABSOLUTO

Redundantes NO erscheint bei APENAS und EN ABSOLUTO, wobei bei APENAS die Stellung nach dem Verb ungewohnt, bei EN ABSOLUTO hingegen regelmäßig ist:

**No me miraron apenas.**
*Sie haben mich kaum angeschaut.*

**No me has comprendido en absoluto.**
*Du hast mich überhaupt nicht verstanden.*

### 29.38 Negationswort ohne redundantes NO

In Beispielen wie den folgenden kann ein redundantes NO nicht auftreten, da es sich dabei nicht um eine Verneinung des Hauptverbs handelt:

**Con la inflación, sus ahorros se convirtieron en nada.**
*Mit der Inflation wurde ihr Erspartes wertlos.*

**Lo hizo a cambio de casi nada.**
*Er tat es für fast nichts.*

**Algo es algo, peor es nada.**
*Etwas ist besser als gar nichts.*

Me he pasado la vida viajando a ningún sitio.
*Ich bin mein Leben lang nach Nirgendwo gefahren.*

## 29.39 Wegfall von NO bei den Negationswörtern
Stehen die negativen Pronomen und Adverbien vor dem Prädikat, so fällt NO weg:

**Nada puede compararse con esto.**
*Nichts kann damit verglichen werden.*

**Nadie es perfecto.**
*Niemand ist vollkommen.*

**Yo nunca he dicho semejante idiotez.**
*Ich habe nie einen solchen Blödsinn gesagt.*

**Ningún país de Europa queda libre de crítica.**
*Kein europäisches Land bleibt von Kritik verschont.*

**Ni una sola vez volvió a llamar.**
*Nicht ein einziges Mal hat er wieder angerufen.*

**Ni siquiera sería preciso que se fuera.**
*Sie brauchte nicht einmal wegzugehen.*

**Cheques tampoco aceptan.**
*Schecks nehmen sie auch nicht an.*

## 29.40 Wegfall von NO bei Zeitangaben
NO fällt in der Regel weg bei den Zeitangaben, die mit EN anfangen (EN MI VIDA, EN TODO EL DÍA, EN TODA LA TARDE), wenn sie dem Verb vorausgehen; darüber hinaus werden in solchen Konstruktionen bevorzugt positive Pronomen und Adverbien verwendet (statt negativer, vgl. 29.41). Beispiele mit EN MI VIDA und EN SU VIDA:

**En mi vida he oído una voz como la suya.**
*Noch nie in meinem Leben habe ich eine Stimme wie ihre gehört.*

**En su vida había trabajado tanto.**
*In seinem ganzen Leben hatte er nicht so viel gearbeitet.*

## 29.41 Negationswörter in der mehrfachen Verneinung
In einem einfach negierten Satz verwendet man die Negationswörter statt ihrer positiven Entprechungen, wobei redundantes NO vor dem Prädikat erscheinen muß, wenn kein Negationswort davor auftritt. Die Umwandlungen werden an folgenden Parallelbeispielen veranschaulicht (zur Stellung mehrerer Verneinungswörter vgl. auch 30.48):

**Alguien dice algo → Nadie dice nada.**
*Jemand sagt etwas → Niemand sagt etwas.*

**Siempre pasa algo → Nunca pasa nada.**
*Immer passiert etwas → Nie passiert etwas*

**Tengo algo que hacer en algún sitio → No tengo nada que hacer en ningún sitio.**
*Ich habe irgendwo etwas zu tun → Ich habe nirgends etwas zu tun.*

**Siempre hablan de algo con alguien → Nunca hablan de nada con nadie.**
*Sie reden immer mit jemand über etwas → Sie reden nie mit jemand über etwas.*

**Yo me voy y mi hijo también → Yo no me voy ni mi hijo tampoco.**
*Ich gehe, und mein Sohn auch → Ich gehe nicht, und mein Sohn auch nicht.*

## 29. Negationen

**A** ▶Beispiel mit ALGUNO in negativer Bedeutung (vgl. 9.88):
**No cabe duda alguna.**
*Daran besteht kein Zweifel.*

**B** ▶Vor TAMPOCO steht sehr häufig Y statt NI:
**No hay esperanzas, y tampoco hay quien nos las dé.**
*Es gibt keine Hoffnungen, und es gibt auch niemanden, der sie uns gäbe.*

### 29.42 Negationswörter nach SIN

Nach SIN und SIN QUE erscheinen in der Regel Negationswörter statt ihrer positiven Entsprechungen:
**Le oía sin enterarme de nada.**
*Ich hörte ihm zu, ohne etwas zu verstehen.*
**La clase acabó sin que nadie hiciera ninguna pregunta.**
*Die Stunde ging zu Ende, ohne daß jemand eine Frage stellte.*

**A** ▶In Beispielen wie dem letzten kann nachgestelltes ALGUNO statt NINGUNO stehen: SIN QUE NADIE HICIERA PREGUNTA ALGUNA.

**B** ▶Beispiele mit der nicht seltenen Verbindung SIN APENAS:
**sin apenas dignarse a mirarme** *beinahe ohne mich eines Blickes zu würdigen*
**sin apenas bienes de fortuna** *mit ganz wenigen Vermögenswerten*

### 29.43 Negationswörter bei übergeordneter Negation

In QUE-Nebensätzen erscheinen in der Regel die Negationswörter NADA, NADIE, NUNCA und NINGUNO statt ihrer positiven Entsprechungen, wenn der Hauptsatz eine negative Bedeutung hat: Zweifel, Ungläubigkeit, Verhinderung, Zurückweisung usw.; dies ist auch der Fall bei Infinitivergänzungen ausnehmender Ausdrücke wie IMPOSIBLE oder INCAPAZ. In allen diesen Konstruktionen fällt redundantes NO weg:
**No creo que diga nada.**
*Ich glaube nicht, daß er irgend etwas sagt.*
**Negué que hubiera estado allí nunca.**
*Ich verneinte, jemals dort gewesen zu sein.*
**Soy incapaz de perjudicar a nadie.**
*Ich bin unfähig, jemandem zu schaden.*
**No tengo ganas de hablar con ningún periodista.**
*Ich habe keine Lust, mit irgendeinem Journalisten zu sprechen.*

### 29.44 Negationswörter bei Emotionsausdrücken und Wertungen

In QUE-Nebensätzen und Infinitivergänzungen können die Negationswörter NADA, NADIE, NUNCA und NINGUNO statt ihrer positiven Entsprechungen erscheinen, wenn der übergeordnete Satzteil implizit negative Emotionen und Wertungen beinhaltet. In diesen Konstruktionen fällt redundantes NO weg:
**Tenía miedo de mirar a nadie.**
*Ich hatte Angst, irgendjemanden anzusehen.*

**A** ▶Der Satz ESPERO QUE NADIE ESTÉ EN CASA kann bedeuten: *'ich hoffe, niemand ist zu Hause'* oder *'Ich hoffe, jemand ist zu Hause'*. In der Regel handelt es sich um die negative Bedeutung.

# 29. Negationen

## 29.45 Negationswörter in Fragen

In Fragen, die verkappte Zurückweisungen darstellen (vgl. etwa 14.62, 14.70), können Negationswörter, insbesondere NADA, NADIE, NUNCA und NINGUNO statt ihrer positiven Entsprechungen erscheinen. Redundantes NO fällt dabei weg:

**¿Para qué iba a intentar nada?**
*Wozu sollte er etwas unternehmen?*

**¿A qué meterse en los asuntos de nadie?**
*Wozu sich in irgendjemandes Angelegenheiten mischen?*

**¿Alguno de vosotros ha estado nunca en Miami?**
*Ist einer von euch jemals in Miami gewesen?*

## 29.46 Negationswörter in Vergleichssätzen nach QUE

NADA, NADIE, NINGUNO und NUNCA erscheinen statt ihrer positiven Entsprechungen in Steigerungssätzen nach QUE, es handelt sich dabei um Ausdrücke des relativen Superlativs:

**ser más caro que nada** *teurer als sonst etwas sein*
**quejarse más que nadie** *mehr als jemand sonst klagen*
**extraer más petróleo que ningún país** *mehr Öl fördern als sonst irgendein anderes Land*
**estar más solo que nunca** *einsamer sein denn je*

**A ▶** Redundantes NO fällt weg:
**Te quiero más que a nadie en el mundo.**
*Ich liebe dich mehr als jemanden sonst in der Welt.*

## 29.47 Negationswörter nach graduierenden Zeitangaben

**A ▶** Nach ANTES QUE stehen Negationswörter statt ihrer positiven Entsprechungen:
**Yo me voy a casar antes que ninguno de vosotros.**
*Ich werde vor jedem von euch heiraten.*

**B ▶** Nach übergeordneten Adverbien der relativen Zeitangabe wie TARDE und PRONTO stehen in der Regel Negationswörter mit affirmativem Sinn. Gleiches gilt für sinnverwandte Konstruktionen im Hauptsatz. Beispiel mit PRONTO:
**Es pronto para decir nada.**
*Es ist noch zu früh, um irgendetwas zu sagen.*

## 29.48 Negationswörter in Vergleichssätzen nach COMO

Beispiel für Verneinungswörter nach COMO bei Wegfall von redundantem NO:
**Estos chicos ayudan como nadie.**
*Diese Jungen helfen wie sonst niemand.*

**Había trabajado como nunca.**
*Er hatte wie noch nie gearbeitet.*

## 29.49 JAMÁS

**A ▶** JAMÁS ist ein eher schriftsprachliches Synonym von NUNCA in echten Verneinungen und in rhetorischen Fragen. In der Umgangssprache kommt es eher in der Form EN JAMÁS vor:
**Jamás se ha visto un político tan corrupto.**
*Noch nie hat man einen so korrupten Politiker gesehen.*

**29. Negationen**

¿Acaso había estado él jamás en Roma?
*War er etwa jemals in Rom gewesen?*

En jamás me habría atrevido.
*Nie hätte ich das gewagt.*

**B** ▶NUNCA JAMÁS ist eine eher pathetische Verstärkung von bloßem NUNCA Hingegen gehört (EN) JAMÁS DE LOS JAMASES zum umgangssprachlichen Register:

| | |
|---|---|
| –Yo no salgo nunca. | *"Ich gehe nie aus."* |
| –¿Nunca nunca? | *"Wirklich nie?"* |
| –Nunca jamás. | *"Niemals."* |

–Y ahora sólo falta que firmes, aquí.    *"Und jetzt muß du nur noch unterschreiben. Hier bitte."*
–¿Firmar? Jamás de los jamases voy a firmar yo una cosa así.    *"Unterschreiben? Nie und nimmer werde ich so etwas unterschreiben."*

**C** ▶Beispiel mit POR SIEMPRE JAMÁS (das auch die Form PARA SIEMPRE JAMÁS haben kann):
Me ha dicho que me querrá por siempre jamás.
*Sie hat mir gesagt, sie wird mich ewig lieben.*

### 29.50 Ergänzendes zu TAMPOCO

In Beispielen wie dem folgenden dient einleitendes TAMPOCO zur Angabe der ausgeschlossenen Folge einer vorausgegangenen Handlung:

–¿Hicisteis entonces las paces?    *"Habt ihr euch dann wieder vertragen?"*
–Sí. Tampoco nos íbamos a pasar la vida dándonos la lata.    *"Ja. Es hatte keinen Zweck, sich ständig in die Wolle zu kriegen."*

• Zur Verbindung von TAMPOCO mit NI und Y vgl. 29.42B und 29.51.

### 29.51 Die Konjunktion NI

NI ist die negative Entsprechung der Konjunktion Y, es ist also synonym mit TAMPOCO, dem seinerseits NI oder Y vorausgehen können. Vor alleinstehendem TAMPOCO entsteht eine Pause, die in der Schrift deutlich gemacht wird:

No alabo ni critico. / No alabo, tampoco critico. / No alabo ni (y) tampoco critico.
*Ich lobe weder, noch kritisiere ich.*

Yo no tenía mechero ni cerillas.
*Ich hatte kein Feuerzeug, und Zündhölzer auch nicht.*

### 29.52 NI als graduierendes Adverb: 'nicht einmal'

NI ist sehr häufig, vor allem in der gesprochenen Sprache die Entsprechung von *'nicht einmal'*:

Esto no lo entendía ni Einstein.
*Das würde nicht einmal Einstein verstehen.*

No leen ni por casualidad.
*Nicht einmal zufällig lesen sie.*

## 29. Negationen

### 29.53 NI ... NI

NI ... NI ist die Entsprechung von *'weder ... noch'*:

**No nos oponemos ni al amor ni a la alegría.**
*Wir sind weder gegen die Liebe noch gegen die Freude.*

**Ni en mi familia ni en la de ella ha habido nunca artistas.**
*Weder in meiner noch in ihrer Familie hat es je Künstler gegeben.*

### 29.54 NI vor dem unbestimmten Artikel

NI UN (-O, -A) hat den Sinn von *'nicht ein'*, ist also weitgehend Synonym von NINGUNO (vgl. 9.93) und wird oft verstärkt durch SOLO:

**ni una palabra** *kein Wort*
**ni un segundo más** *nicht eine Sekunde länger*
**ni una sola vez** *kein einziges Mal*

**A** ▶ Das Weglassen von NI beinhaltet eine Verstärkung der Negation:

**No pudieron vender un piso.**
*Sie konnten keine einzige Wohnung verkaufen.*

**B** ▶ Beispiel mit dem häufigen Verstärkungsausdruck (NI) UN ÁPICE:

**No ha perdido (ni) un ápice de su encanto.**
*Sie hat nichts von ihrem Charme verloren.*

### 29.55 NI als Negationsverstärkung

NI ist eine sehr häufige verstärkte Negation:

**Ni se te ocurra hacerlo.**
*Tue es ja nicht!*

**Te di un pellizco y tú ni te diste cuenta.**
*Ich habe dich gezwickt und du hast es gar nicht bemerkt.*

### 29.56 Feststehende Wendungen mit NI

**A** ▶ Beispiele für häufige feststehende Wendungen mit NI:

**hacer algo sin ton ni son** *etwas ohne jeden Grund tun*
**ni idea** *keine Ahnung!*
**ni que decir tiene** *das versteht sich von selbst*
**ni (aun) con eso** *trotzdem*

**B** ▶ Zahlreiche Ausdrücke mit NI am Anfang dienen sowohl der Bekräftigung von Satzverneinungen als auch der Ablehnung: *'keineswegs, überhaupt nicht'* (vgl. 29.59B). Dazu gehören u.a.: NI A TIROS, NI REMOTAMENTE, NI POR ASOMO, NI POR ESAS, NI DE COÑA. Beispiel mit NI DE LEJOS:

**No ha cumplido ni de lejos ninguna de sus promesas.**
*Er hat nicht annähernd irgendeines seiner Versprechen eingelöst.*

**C** ▶ Der Ausdruck NI NADA erscheint vor allem in der Umgangssprache als Bekräftigung am Ende einer Reihe von Verneinungen, oft in der Form NI NADA DE NADA:

**Resulta que el hotel no tenía ni bar, ni piscina, ni playa, ni nada de nada.**
*Das Hotel hatte keine Bar, keinen Swimmingpool, keinen Strand, rein gar nichts.*

**Se fue sin disculparse ni nada.**
*Er ging, ohne sich nicht einmal zu entschuldigen.*

## 29. Negationen

**D** ▶ NI CASO wird gebraucht, um das Ausbleiben erwünschter Aufmerksamkeit mitzuteilen. NI CASO steht immer am Satzende:

**Me puse a gritar, pero ellos ni caso.**
*Ich fing an zu schreien, aber die reagierten überhaupt nicht.*

**E** ▶ NI POR ESAS wird gebraucht, um das Scheitern einer Bemühung mitzuteilen. NI POR ESAS steht sehr häufig am Satzende angehängt:

**Lo mandamos por correo certificado, y ni por esas.**
*Wie haben es per Einschreiben geschickt, aber auch das hat gar nichts geholfen.*

### 29.57 Ablehnungsformeln mit NI

Im folgenden einige Beispiele mit den Ablehnungsformeln mit NI. Bei der im schnoddrigen Ton gesprochenen Formel ¡QUÉ + Substantiv + NI QUÉ + Substantiv! wird dasselbe Substantiv zweimal gesagt, oder anstelle der Wiederholung kann eine sinnlose, feststehende Wendung wie OCHO CUARTOS oder NIÑO MUERTO stehen. Die Wendung NI MUCHO MENOS kann auch als Adverb verwendet werden:

–Ven conmigo a la ópera.
–Ni hablar, corazón.
*"Komm mit in die Oper!"*
*"Kommt nicht in Frage, Schatz."*

–¿Terminas de pagar este año el piso?
–Ni soñarlo / ni pensarlo.
*"Zahlst du dieses Jahr die letzte Rate für die Wohnung aus?"*
*"Keine Rede!"*

–Dime tú lo que debo hacer.
–Hombre, ni que yo fuera tu confesor.
*"Sag du mir, was ich machen sollte."*
*"Du meine Güte, ich bin doch nicht dein Beichtvater!"*

–Novelas es lo que debías leer.
–¡Qué novelas ni qué novelas!
*"Romane solltest du lesen."*
*"Ach was, Romane!"*

–¿Estás cansada?
–¡Ni mucho menos!
*"Bist du müde?"*
*"Ganz und gar nicht!"*

–¿Qué te parece él?
–Mira, no es un genio ni mucho menos.
*"Wie findest du ihn?"*
*"Na ja, er ist alles andere als ein Genie."*

• Zu NI QUE in Sätzen wie NI QUE ME LLAMARA MILAGROS vgl. 32.14.

### 29.58 NI SIQUIERA

NI SIQUIERA hat die Bedeutung *'nicht einmal'*, ist also mit NI bedeutungsgleich. Eine häufige Verstärkungsform ist NI TAN SIQUIERA. Die Bestandteile von NI SIQUIERA können auch getrennt auftreten, nicht selten fällt NI weg. Bloßes SIQUIERA erscheint auch nach SIN:

**Ni siquiera a su mujer se lo dijo.**
*Nicht einmal seiner Frau hat er es gesagt.*

**No le quedaban ni diez céntimos siquiera.**
*Er hatte nicht einmal zehn Cent übrig.*

**No habla siquiera de los niños.**
*Sie spricht nicht einmal von den Kindern.*

**Se marchó sin siquiera despedirse.**
*Er ging weg und sagte nicht einmal auf Wiedersehen.*

## C. Widerspruch und Zurückweisung

Außer den in diesem Teil dargestellten Verwendungsweisen von NO gibt es im gesprochenen Spanisch viele Möglichkeiten der Zurückweisung und des Widerspruchs als Reaktion auf eine vorhergehende Äußerung. Vgl. u.a. 26.74B (Y LUEGO DICEN), 34.14 (CÓMO QUE), 35.109 (COMO SI), 35.81 (SI + futuro / condicional), 31.35A (MIRA QUE), 33.20B (PUES SÍ), 14.62 (HABER DE), 14.70 (IR A).

### 29.59 Verwendung von NO

Zu den sehr häufigen Bekräftigungen von NO in der Bedeutung *'nein'* durch vorangestelltes PUES und QUE vgl. 33.20A, 34.9. CLARO QUE NO und ESO SÍ QUE NO sind Bekräftigungen von no. Das konventionelle Komma bei nachgestelltem SEÑOR oder SEÑORA bzw. SEÑORITA spiegelt keine Pause im Redefluß wider:

–¿Me equivoco?     *"Irre ich mich?"*
–No no, no se equivoca.     *"Nein nein, Sie irren sich nicht."*

–¿No se llamaba Chantal?     *"Hieß sie nicht Chantal?"*
–No.     *"Nein."*

–Ella era huérfana.     *"Sie war ein Waisenkind."*
–No.     *"Nein."*

–Ven aquí un momento.     *"Komm einen Augenblick her."*
–No.     *"Nein."*

–¿Vendes la moto?     *"Verkaufst du das Motorrad?"*
–Pues no.     *"Nein."*

–¿Estás contento con el sueldo?     *"Bist du mit dem Gehalt zufrieden?"*
–Claro que no.     *"Natürlich nicht."*

–Total, ¿te mudas a su casa?     *"Nun, ziehst du zu ihm?"*
–Que no.     *"Aber nein doch.."*

–¿Cambian dólares aquí?     *"Kann man hier Dollars wechseln?"*
–No, señor.     *"Nein."*

–También voy a invitar a Rosa.     *"Ich werde auch Rosa einladen."*
–Eso sí que no.     *"Das wirst du nicht!"*

**A** ▶ Beispiele mit NO als Substantiv und in Losungen:

**el sí y el no** *das Ja und das Nein*
**un no que parecía un quizá sí** *ein "Nein", das wie ein "Vielleicht ja" klang*
**¡no a la guerra!** *Nein zum Krieg!*
**autonomía sí, terrorismo no** *Autonomie ja, Terrorismus nein*

**B** ▶ EN ABSOLUTO und DE NINGÚN MODO bzw. DE NINGUNA MANERA sind Bekräftigungen von NO und dienen ohne NO auch sehr oft als Erwiderungen:

–¿Le molesta que fume?     *"Stört es Sie, wenn ich rauche?"*
–**En absoluto.**     *"Überhaupt nicht."*

–¿Te has quedado triste por eso?     *"Bist du deshalb traurig?"*
–**De ningún modo / De ninguna manera.**     *"Keineswegs."*

## 29. Negationen

### 29.60 Ausrufemäßige Varianten für NO

In der folgenden Liste handelt es sich bei dem dritt- und viertletzten Ausdruck um heftig-grobe Zurückweisungen. Das sind zwei Beispiele aus einer langen Reihe noch gröberer und vulgärerer Wendungen aus dem Lexikon.

NADA (vgl. 9.79)
NADA DE ESO (vgl. 29.60A)
NADA QUE VER (vgl. 29.60B)
DE ESO, NADA (vgl. 29.60A)
PARA NADA (vgl. 29.60C)
NI MUCHO MENOS (vgl. 29.57)
¡CA!
¡QUIA! / ¡QUIÁ!
¡NARICES!
¡NI HABLAR! (vgl. 29.57)
¡NI SOÑARLO! (vgl. 29.57)
¡NI IDEA! (vgl. 29.56A)
¡QUÉ VA! (vgl. 29.60A)

¡DIOS ME LIBRE! (vgl. 32.7)
¡(VAMOS) ANDA/ANDE (YA)! (vgl. 31.18)
¡FALTARÍA OTRA COSA! (vgl. 29.60A)
¡NO FALTABA MÁS! (vgl. 29.60A)
¡QUITA (ALLÁ / DE ALLÍ) (vgl. 31.47)
¡QUITE USTED (ALLÁ / DE ALLÍ) (vgl. 31.47)
¡QUÉ TE CREES TÚ ESO! (vgl. 29.60A)
¡NO TE LO CREES NI TÚ! (vgl. 29.60A)
NO CREA(S) (vgl. 31.46)
¡ESO SE LO CONTARÁS A TU ABUELA!
¡A OTRO PERRO CON ESE HUESO!
¡ESTÁ(S) LISTO! (vgl. 29.60A)
¡ESTARÍA BUENO! (vgl. 29.60A)

**A** ▶ Beispiele mit Ausdrücken aus der vorigen Liste:

–¿Te pareció fácil el examen?
–¡Qué va!

"Fandest du die Prüfung leicht?"
"Von wegen!"

–Nos va a mandar una carta.
–¡Faltaría otra cosa!

"Er will uns einen Brief schicken."
"Das ist ja wirklich die Höhe!"

–La cuenta la pago yo.
–No faltaba más.

"Ich zahle die Rechnung."
"Kommt nicht in Frage."

–Es una gran oportunidad.
–¡Qué te crees tú eso!

"Es ist eine große Chance."
"Das glaubst du doch selber nicht!"

–Los empresarios están para crear empleo.
–¡No te lo crees ni tú!

"Unternehmer sind dazu da, Arbeitsplätze zu schaffen."
"Das glaubst du doch selber nicht!"

–Creo que es un buen negocio.
–¡Estás listo!

"Ich glaube, es ist ein gutes Geschäft."
"Denkst du!"

–¿Le damos los mil euros?
–¡Estaría bueno!

"Geben wir ihm die tausend Euro?"
"Das wäre ja noch schöner!"

–Entonces se dedica usted a la política.
–No, de eso nada.

"Dann sind Sie also Politiker."
"O nein!"

–La huelga tendrá buenos efectos.
–¡Nada de eso!

"Der Streik wird sich positiv auswirken."
"Aber nicht im geringsten!"

**B** ▶ NADA QUE VER ist eine Kurzfassung der Redewendung: NO TENER NADA QUE VER. Beispiele mit der Lang- und Kurzfassung:

El asunto de los contenedores no tiene nada que ver con nosotros.
*Die Sache mit den Containern hat mit uns nichts zu tun.*

–¿Lloraba por lo del gatito atropellado?
–Nada que ver.

"Weinte sie wegen des überfahrenen Kätzchens?"
"Überhaupt nicht!"

**C** ▸ PARA NADA übernimmt immer mehr, sowohl in der geschriebenen wie in der gesprochenen Sprache, die Funktion von EN ABSOLUTO und dessen Synonymen (vgl. 29.28 und 29.59B):

**España no es para nada un país racista.**
*Spanien ist überhaupt kein rassistisches Land.*

–Seguro que tienes hambre.      *"Du hast bestimmt Hunger."*
–No, no, para nada.      *"Nein, nein, überhaupt nicht."*

## 29.61  Wendungen der Zurückweisung mit SABER

Beispiele für die feststehenden Wendungen zum emotionsbeladenen Ausdruck des Nichtwissens des Sprechers (vgl. auch 9.121A):

–¿Por qué no llamó?      *"Warum hat er nicht angerufen?"*
–¡Qué sé yo!      *"Was weiß ich?"*

–¿El padre es argentino?      *"Der Vater ist Argentinier?"*
–¡Y yo qué sé!      *"Frag mich doch nicht!"*

–La criminalidad aumenta que da miedo.      *"Die Kriminalität steigt beängstigend."*
–Sí, y vete a saber por qué.      *"Ja, und weiß der Kuckuck, warum."*

–¿Y de verdad le dio una bofetada al fotógrafo?      *"Und sie hat wirklich dem Fotografen eine Ohrfeige verpaßt?"*
–Como lo oyes. Vete a saber las cosas que le diría el tío.      *"Genau. Weiß der Kuckuck, was der Kerl ihr gesagt hat."*

–¿Por qué no hay taxis?      *"Warum gibt es keine Taxis?"*
–¡Váyase usted a saberlo!      *"Weiß der Teufel."*

# 30. Die Stellung der Satzglieder

In diesem Kapitel werden in der Hauptsache die Besonderheiten der Stellung von Subjekt (S), Verb (V), Satzergänzung (E) und Satzangaben (A) im Satz erörtert. Unter "Verb" wird hier der Verbalkomplex insgesamt verstanden, der die mit der jeweiligen Verbform verbundenen Personalpronomen sowie die Negation NO umfassen kann. "Satzergänzung" oder "Ergänzung" wird hier das nicht pronominalisierte Prädikatsnomen bzw. Objekt bezeichnet; "Satzangaben" oder "Angaben" sind die jedem Verb frei hinzufügbaren Bestimmungen, also "adverbielle Bestimmungen" im weitesten Sinne: Temporal-, Lokal-, Modalangaben. Im Schlußteil werden die Formeln zur expliziten Hervorhebung von Satzteilen oder ganzen Sätzen dargestellt.

## A. Besonderheiten in der Stellung der Satzglieder

In diesem Teil wird zuerst die Grundregel der Satzgliedstellung dargelegt. Die linguistischen Bezeichnungen sind Thema (der bekanntere Satzteil) und Rhema (der inhaltlich vorrangige Satzteil). Alle anschließenden Erörterungen, auch in den folgenden Teilen, knüpfen an diese Grundregel an bzw. erläutern sie. Es erübrigt fast zu sagen, daß die Satzstellung in Gedichten und sonstigen aus Originalitätsbedürfnis geschriebenen Texten den folgenden Darlegungen leicht bis gründlich zuwiderlaufen können.

### 30.1 Die Grundregel für die Satzteilstellung

Der Satz beginnt mit dem bekannteren Element (dem Thema) und endet mit dem inhaltlich vorrangigen Element (dem Rhema). Dies wird verdeutlicht in folgenden dialogischen Beispielen, in denen, wohl unnötigerweise, zuvor Erwähntes teilweise wiederholt wird:

| | |
|---|---|
| –¿Quién hizo las maletas? | "Wer hat die Koffer gepackt?" |
| –Las maletas las hice yo. | "Die Koffer habe ich gepackt." |
| –¿Qué es Lola? | "Was ist Lola?" |
| –Lola es entrenadora de tenis. | "Lola ist Tennistrainerin." |
| –¿A quién conociste en el congreso? | "Wen hast du auf dem Kongreß kennengelernt?" |
| –En el congreso conocí a un químico suizo. | "Auf dem Kongreß habe ich einen Schweizer Chemiker kennengelernt." |
| –¿A quién le entregó usted el paquete? | "Wem haben Sie das Paket gegeben?" |
| –El paquete se lo entregué al portero. | "Das Paket habe ich dem Portier gegeben." |
| –¿Cuándo se fundó Lima? | "Wann wurde Lima gegründet?" |
| –Lima se fundó en 1535. | "Lima wurde 1535 gegründet." |
| –¿Dónde estaban las medias? | "Wo waren die Strümpfe?" |
| –Las medias estaban encima del armario. | "Die Strümpfe waren oben auf dem Schrank." |
| –¿Cómo se portaron los policías? | "Wie verhielten sich die Polizisten?" |
| –Los policías se portaron como héroes. | "Die Polizisten verhielten sich wie Helden." |

### 30.2 Die neutrale Satzgliedfolge S - V - E

In folgenden Beispielen von Sätzen mit explizitem Subjekt und ohne adverbielle Angaben steht eine gewissermaßen neutrale Satzteilfolge. Sie beantwortet gleichsam eine sehr allgemeine Frage wie *was ist der Fall?*:

**España es una monarquía parlamentaria.**
*Spanien ist eine parlamentarische Monarchie.*

**Victoria me ha vendido su ordenador.**
*Victoria hat mir ihren Computer verkauft.*

**La verdad no depende de quien la dice.**
*Die Wahrheit hängt nicht von dem ab, der sie sagt.*

**Esta política nos conduce al caos.**
*Diese Politik führt uns zum Chaos.*

**La última sesión duró doce horas.**
*Die letzte Sitzung dauerte zwölf Stunden.*

**A** ▶ Nach diesem Modell:
- steht das Subjekt am Satzanfang;
- folgt auf das Subjekt das Verb (welches von einem Personalpronomen und/oder der Negation NO begleitet sein kann);
- auf das Verb folgt die (nicht durch Personalpronomen vertretene) Satzergänzung.

### 30.3 Mehrere Satzergänzungen
Bei mehreren Satzergänzungen steht die Direktivergänzung nach dem Akkusativobjekt, das Dativobjekt gegebenenfalls jedoch an letzter Stelle:

**El hijo mayor traducía versos del ruso al catalán.**
*Der älteste Sohn übersetzte Gedichte vom Russischen ins Katalanische.*

**El Gobierno ha dado luz verde a la extensión de la línea.**
*Die Regierung hat für die Linienausweitung grünes Licht gegeben.*

**Alguien le había puesto un cigarrillo en la boca a la estatua de Gardel.**
*Jemand hatte dem Gardel-Denkmal eine Zigarette in den Mund gesteckt.*

**A** ▶ Das Objektsprädikativ steht vor dem Akkusativobjekt:

**Las guerras hacen ricos a quienes las ganan.**
*Die Kriege machen diejenigen reich, die sie gewinnen.*

**Mis amigos calificaron de ingenuas mis objeciones.**
*Meine Freunde bezeichneten meine Einwände als naiv.*

- Wenn die Subjektstelle von einem Personal-, Demonstrativ- oder Indefinitpronomen besetzt ist, dann handelt es sich um eine (auch mit der Stimme vollzogene) Hervorhebung (vgl. aber 11.11).

### 30.4 Satzgliedfolge in Nebensätzen: S - V - E
Die Bemerkungen in 30.2 und 30.3 gelten auch für Nebensätze:

**El hecho de que España sea una monarquía parlamentaria...** *Die Tatsache, daß Spanien eine parlamentarische Monarchie ist...*
**Cuando Catalina me vendió su ordenador...** *Als Catalina mir ihren Computer verkaufte...*
**Si la verdad depende de quien la dice...** *Wenn die Wahrheit von dem abhängt, der sie sagt...*

**A** ▶ Die Folge S-V-E wird auch beibehalten, wenn die Subjektstelle von einem nominativischen Relativpronomen besetzt ist:

**una política que conduce al caos** *eine Politik, die zum Chaos führt*
**Pere, que traducía versos del ruso al checo...** *Pere, der Verse aus dem Russischen ins Tschechische übersetzte...*

## 30. Die Stellung der Satzglieder

### 30.5 Die Satzgliedfolge V (-E)

Im Teil J vom Kapitel 11 und in 29.4 wird dargelegt, daß die unbetonten Personalpronomen und das Negationswort NO immer mit dem Verb verbunden sind und somit eine feste Satzstellung haben; beim üblichen Wegfall des Subjektpronomens kann somit eine Äußerung im Spanischen aus einer einzigen Verbform bestehen, die negiert und / oder von einem oder mehreren unbetonten Pronomen begleitet sein kann:

**Voy.**
*Ich gehe hin.*

**Lo sabía.**
*Er/Sie/Es/Ich wußte es.*

**No me las habían traído.**
*Sie hatten sie mir nicht mitgebracht.*

**A ▶** Beispiele mit der Satzteilfolge V - E:

**Tengo miedo.**
*Ich habe Angst.*

**No se acuerda de nada.**
*Er/Sie/Es erinnert sich an nichts.*

**Me lo pusieron en la cabeza.**
*Sie setzten es mir auf den Kopf.*

**Las cortó con un cuchillo.**
*Er/Sie/Es schnitt es mit einem Messer.*

### 30.6 Die Satzgliedfolge S - V

Die Folge S - V kommt meistens als Antwort auf die Frage *was tut S?* bzw. *was ist mit S los?* Demgemäß kommt diese Folge normalerweise bei bereits bestimmtem, meist belebtem Subjekt vor:

**El presidente fumaba.**
*Der Präsident rauchte.*

**Los hombres no lloran.**
*Männer weinen nicht.*

**A ▶** Beispiele mit unbelebtem Subjekt (weitere Erläuterungen und Beispiele vgl. 30.11):

**Esta máquina funciona.**
*Diese Maschine funktioniert.*

**Bilbao cayó.**
*Bilbao fiel.*

### 30.7 Die Satzgliedfolge S - V bei emphatischem Subjekt

Die Folge S - V kommt ebenfalls, wenn auch recht selten, bei emphatischer, mit stärkerer Stimmanhebung vollzogener Hervorhebung des Subjekts vor:

**Yo lo hice.**
*Ich habe es getan.*

**La abuela misma las subió.**
*Die Großmutter trug sie selbst hinauf.*

## 30. Die Stellung der Satzglieder

### 30.8 Abspaltung zusammenhängender Elemente

Im Spanischen kommt die Abspaltung lexikalisch und syntaktisch eng zusammengehörender Elemente recht häufig vor. Dies geschieht in der Regel aufgrund des Anschlusses an vorangegangenen Text sowie durch die Zwischenschaltung von inhaltlich unwichtigeren Satzteilen. Abspaltungen dieser Art sind für die gesprochene sowie für die stilbewußte Schriftsprache typisch.

**A** ▶ Beispiele mit Abspaltung feststehender Wendungen:

**De aquel error no me daría cuenta hasta pasado un año.**
*Den Fehler sollte ich erst nach einem Jahr merken.*

**A punto estuve yo de pegarle a él.**
*Beinahe verprügelt hätte ich ihn.*

**La declaración no ha dado, en fin, pábulo a más comentarios.**
*Die Erklärung hat schließlich keinen Grund zu weiteren Kommentaren gegeben.*

**B** ▶ Beispiele mit abgespaltenen Verbalperiphrasen:

**Esperándole estábamos todos.**
*Wir haben alle auf ihn gewartet.*

**Ayudarte no puedo.**
*Helfen kann ich dir nicht.*

**Tuvimos, en consecuencia, que optar por la medida más severa.**
*Wir mußten uns infolgedessen für die strengste Maßnahme entscheiden.*

**C** ▶ Beispiele mit abgespaltenem Adjektiv:

**Quejas no tengo ninguna.**
*Beschwerden habe ich keine.*

**Dinero quedaba poco.**
*Geld war nur noch wenig da.*

## B. Subjekt nach dem Verb

Die Stellung des Satzsubjekts nach dem Verb ist ein charakteristischer Zug in der spanischen Satzgliedfolge. Er kommt zwar wohl häufiger in älteren Texten vor, ist aber ein immer noch lebendiges Phänomen. Die Subjektnachstellung hat teils semantische, teils stilistische Gründe. Zur Stellung des Subjekts nach dem Verb in Fragen vgl. 30.28 ff.

### 30.9 Das Subjekt als inhaltlich vorrangiger Satzteil

Gemäß der Grundregel des Textanschlusses (vgl. 30.1) erscheint das Satzsubjekt sehr oft nach dem Verb und auch nach Satzergänzung und adverbieller Angabe, wenn es der inhaltlich vorrangige Satzteil ist:

**Eso lo divulgaron las dos francesitas.**
*Das haben die beiden kleinen Französinnen ausgeplaudert.*

**Nos equivocamos nosotros.**
*Wir haben uns geirrt.*

**También resultó levemente herida su madre.**
*Auch ihre Mutter wurde leicht verletzt.*

**¿Que yo dije eso? Me entendería mal el entrevistador.**
*Ich soll das gesagt haben? Da hat mich wohl der Interviewer mißverstanden.*

## 30. Die Stellung der Satzglieder

- Zur Verdeutlichung der inhaltlichen Vorrangigkeit des Subjekts gebraucht man häufig die explizite Hervorhebungsformel (vgl. 30.58), weniger häufig, weil emotional sehr emphatisch wirkend, die Stellung am Satzanfang mit entsprechender Stimmanhebung (vgl. 30.6A).

**A ▶** Beispiel für eine sehr sorgfältig konstruierte Satzgliedfolge, bei der es auf das Satzsubjekt ankommt:

**Armó gran revuelo entre los televidentes catalanes un programa dedicado a la desunión de las parejas.**
*Einen großen Wirbel unter den katalanischen Fersehzuschauern verursachte eine Sendung über das Auseinanderleben von Ehepaaren.*

### 30.10 Nachgestelltes Subjekt bei Vorgangsverben

Das unbelebte Subjekt intransitiver Verben, die Vorgänge oder Ereignisse bezeichnen, wird in der Regel nachgestellt; damit wird ein Geschehen als solches präsentiert (und nicht das Augenmerk auf das Tun eines Handelnden gelenkt, vgl. 30.14). Diese Subjektnachstellung erfolgt insbesondere bei satzeinleitenden Angaben:

**Se puso el sol.**
*Die Sonne ging unter.*

**Ya se acabó la aventura.**
*Das Abenteuer ist schon zu Ende.*

**Al día siguiente desaparecieron los síntomas.**
*Am Tag darauf verschwanden die Symptome.*

**A ▶** Zwingend ist das Nachstellen des Subjekts insbesondere bei unbestimmtem Subjekt:

**Según Marina, me estaba saliendo sangre de la nariz.**
*Marina zufolge blutete meine Nase.*

**Pasaron cinco minutos.**
*Es vergingen fünf Minuten.*

**No había ocurrido nada.**
*Nichts war geschehen.*

**Entonces empezaron a quebrarse piezas.**
*Dann fingen Teile an zu zerbrechen.*

**B ▶** Beispiele mit Vorgangsverben mit einem (pronominalisierten) Dativ des Interesses:

**Me duele la garganta.**
*Ich habe Halsweh (= mir tut der Hals weh).*

**Se me había dormido la pierna izquierda.**
*Mein linkes Bein war eingeschlafen.*

### 30.11 Nachgestelltes Subjekt bei Verben psychischen Zustands

Beispiele mit Verben, deren Subjekt Auslöser psychischer Zustände bei einem Lebewesen ist (allerdings kommt die umgekehrte Satzteilfolge recht häufig, vor allem bei Negation, vor):

**Nos preocupaba el posible fracaso.**
*Das mögliche Scheitern bereitete uns Sorgen.*

**No me entusiasman tus planes.**
*Deine Pläne begeistern mich nicht.*

## 30. Die Stellung der Satzglieder

### 30.12 Nachgestelltes belebtes Subjekt bei Vorgangsverben
Beispiele mit Verben, deren Subjekt zwar ein belebtes, aber nicht ein handelndes Wesen ist:

**Perecieron carbonizadas 31 personas.**
*31 Menschen verbrannten.*

**Ha nacido una estrella.**
*Ein Star ist geboren.*

### 30.13 Nachgestellte Ergänzung beim Vorgangsverb HABER
Bei HABER als ereignisvorstellendes Verb wird das inhaltliche Subjekt auch bei anschließender adverbieller Angabe dem Verb nachgestellt:

**Hubo varias explosiones.**
*Es gab mehrere Explosionen.*

**Ha habido rumores de golpe en los últimos días.**
*Es hat in den letzten Tagen Putschgerüchte gegeben.*

### 30.14 Vorangestelltes unbelebtes Subjekt bei Vorgangsverben
In der nicht selten vorkommenden Folge S - V bei unbelebtem Subjekt intransitiver Vorgangsverben wird das Subjekt – auch mit der Stimme – hervorgehoben, und das Dargestellte verliert den Charakter eines bloßen Ereignisses (vgl. 30.6 für weitere Beispiele):

**El suelo se abría.**
*Der Boden riß auf.*

**Los tiempos cambian.**
*Die Zeiten ändern sich.*

**El carácter de la viejecita no se ablandó.**
*Der Charakter der kleinen alten Frau wurde nicht weich.*

**A ▶** Die Folge S - V kommt relativ häufig vor, wenn die Aussage mit einem inhaltlich vorrangigen Adverb abschließt (bei HABER ist dies jedoch unzulässig, vgl. 30.13):

**Algo se ha roto definitivamente.**
*Etwas ist endgültig zusammengebrochen.*

**Medio año transcurrió sin saberse nada de Ramoncito.**
*Ein halbes Jahr verging ohne Nachrichten von Ramoncito.*

### 30.15 Nachgestelltes Subjekt bei Existenzverben
Das belebte oder unbelebte Subjekt eines Verbs des Vorhandenseins (FALTAR, QUEDAR, SOBRAR, auch EXISTIR und ESTAR) wird in der Regel nachgestellt, insbesondere ist dies bei einem satzeinleitenden Adverb zwingend:

**Sobran palabras.**
*Worte sind überflüssig.*

**Sólo quedamos tú y yo.**
*Nur du und ich bleiben übrig.*

**Ahí está Julio con su madre.**
*Da sind Julio und seine Mutter.*

**Ahora no cabe otra posibilidad.**
*Eine andere Möglichkeit ist jetzt ausgeschlossen.*

## 30. Die Stellung der Satzglieder

**Eso ocurre porque está el problema de que no existen órdenes escritas.**
*Das passiert, weil es das Problem gibt, daß keine schriftlichen Befehle existieren.*

### 30.16 Nachgestellte Ergänzung beim Existenzverb HABER

Bei unpersönlichem HABER als präsentatives Verb von Personen und Gegenständen steht die Ergänzung, die inhaltliches Subjekt ist, nach dem Prädikat:

**No hay nadie.**
*Niemand ist da.*

**En el edificio no hay salidas subterráneas.**
*In dem Gebäude gibt es keine unterirdischen Ausgänge.*

### 30.17 Voranstellen des Subjekts bei Existenzverben

Das Voranstellen des Subjekts von Existenzverben ist entweder durch Textanschluß oder durch die Absicht einer emphatischen Hervorhebung bedingt (weitere Beispiele vgl. 30.38):

**Jamón no queda.**
*Schinken ist nicht mehr da.*

**Nada se produce de golpe.**
*Nichts geschieht unvermittelt.*

### 30.18 Stellung des grammatischen Subjekts in unpersönlichen SE-Sätzen

In der Regel wird das unbelebte grammatische Subjekt in unpersönlichen SE-Konstruktionen (vgl. Kapitel 23, Teil B) nachgestellt:

**Se amplió la red de ferrocarriles.**
*Das Eisenbahnnetz wurde erweitert.*

**Se buscaban soluciones a problemas imaginarios.**
*Es wurden Lösungen für eingebildete Probleme gesucht.*

### 30.19 Infinitiv und QUE-Satz in unpersönlichen Konstruktionen

In unpersönlichen Konstruktionen werden Infinitiv- und QUE-Ergänzungen als grammatisches Subjekt nachgestellt.

**A** ▶ Beispiele mit Infinitivergänzungen:

**Resulta difícil no indignarse.**
*Es fällt schwer, sich nicht zu empören.*

**Te convendría hacer más ejercicio.**
*Es wäre für dich besser, du würdest mehr Sport treiben.*

**B** ▶ Beispiele mit QUE-Sätzen:

**¿Os molesta que fume?**
*Stört es euch, wenn ich rauche?*

**Es una barbaridad que tengamos que esperar.**
*Es ist allerhand, daß wir warten müssen.*

## 30.20 Stellung des Subjekts in Relativsätzen
In der Regel wird das Subjekt eines Relativsatzes nachgestellt, wenn das Relativpronomen Akkusativobjekt ist:

**el discurso que pronunció la diputada Elizondo** *die Rede, die die Abgeordnete Elizondo hielt*
**las cosas que me dijo Blanca** *die Dinge, die mir Blanca sagte*
**algo que sospechábamos todos** *etwas, das wir alle vermuteten*

## 30.21 Abschwächung des Subjektcharakters durch Nachstellung
In stilistisch anspruchsvollen Texten sowie in altertümelnder Ausdrucksweise mit Verben des Sagens und Meinens wird das belebte Satzsubjekt gern nachgestellt:

**Estaba el león durmiendo la siesta...**
*Der Löwe hatte sich hingelegt und schlief...*

**Está sentada Carmen con la espalda muy recta en un nido de cojines de colores.**
*Da sitzt Carmen mit sehr aufrechtem Rücken in einem Nest aus bunten Kissen.*

**Puede estar satisfecha Belén Hernández de haber iniciado su labor de lingüista con esta obra ejemplar.**
*Belén Hernández kann zufrieden sein, ihre Arbeit als Linguistin mit diesem vorbildlichen Werk begonnen zu haben.*

**Refiere Ortega en "El hombre y la gente" un viaje por barco.**
*In "Der Mensch und die Leute" berichtet Ortega von einer Schiffsreise.*

**Hizo muy bien en decir Goethe...**
*Goethe sagte mit gutem Recht...*

## 30.22 Nachstellung von unbetontem USTED / USTEDES
Unbetontes USTED/USTEDES wird sehr oft nachgestellt:

**Tiene usted ya 46 años.**
*Sie sind schon 46 Jahre alt.*

**No parecen tener ustedes una gran fe en el género humano.**
*Sie scheinen kein großes Vertrauen in das Menschengeschlecht zu haben.*

## 30.23 Nachstellung des Subjekts bei vorausgehender einfacher Angabe
Beginnt der Satz mit einer einteiligen adverbiellen Angabe, dann wird das Satzsubjekt meist nachgestellt, auch bei vorhandener expliziter Ergänzung (wobei das Subjekt auch hinter diese plaziert werden kann):

**Siempre me sorprende lo que dice.**
*Mich überrascht immer wieder, was er sagt.*

**Allí celebraba la secta sus sangrientos rituales.**
*Dort feierte die Sekte ihre blutigen Rituale.*

## 30.24 Nachstellung des Subjekts bei vorausgehender mehrteiliger Angabe
Beginnt der Satz mit einer mehrteiligen adverbiellen Angabe, so kann auf diese das Verb und anschließend das Subjekt folgen:

**En la colonia donde vivo empiezan a cantar los mirlos a las seis de la mañana.**
*In der Siedlung, in der ich wohne, beginnen die Amseln ihren Gesang um sechs Uhr morgens.*

## 30. Die Stellung der Satzglieder

### 30.25 Subjekt vor dem Prädikat bei Satzadverbien
Die Reihenfolge S - V - E wird beibehalten, wenn die adverbielle Angabe als rahmenbildend hingestellt wird (und vom folgenden Text gern durch Komma getrennt wird):

**En 1939, Alemania parecía el país más poderoso de Europa.**
*1939 schien Deutschland das mächtigste Land Europas.*

**Desde un punto de vista estrictamente militar, la campaña ha sido un éxito cabal.**
*Von einem strikt militärischen Standpunkt aus betrachtet, war der Feldzug ein voller Erfolg.*

### 30.26 Nachstellung des Subjekts bei vorausgehender Ergänzung
Beginnt der Satz mit dem Akkusativ-, Dativ- oder Präpositionalobjekt (vgl. 30.34), dann folgt darauf das Verb, anschließend das Subjekt (auf das ein weiterer, inhaltlich vorrangiger Satzteil folgen kann):

**Esto lo compró María en Córcega.**
*Das hat Maria in Korsika gekauft.*

**A nosotros no nos mandasteis vosotros ni una sola línea.**
*Uns habt ihr keine einzige Zeile geschickt.*

**A mi desgracia contribuyó la suya.**
*Zu meinem Unglück trug das ihre bei.*

### 30.27 Nachstellung des Subjekts bei Zitaten
Bei wörtlichen Zitaten kommt das Subjekt in der Regel ans Satzende:

**—No quiero— repuso Lidia.**
*"Ich will nicht", erwiderte Lidia.*

**—¿Le pasa algo?— preguntó a Fátima la enfermera gorda.**
*"Fehlt Ihnen etwas?" fragte die dicke Krankenschwester Fátima.*

### 30.28 Stellung des Subjekts in Fragesätzen mit Fragewort
Wird eine Frage mit einem Fragewort eingeleitet, so folgt darauf in der Regel das Verb, dann das grammatische oder inhaltliche Subjekt (wobei bei weiteren Satzteilen die Grundregel der inhaltlichen Vorrangigkeit zum Tragen kommt, vgl. auch 30.29). Beispiele mit QUÉ und A QUIÉN:

**¿Qué dijo el mecánico?**
*Was hat der Mechaniker gesagt?*

**¿A quién vio la criada primero?**
*Wen hat das Dienstmädchen zuerst gesehen?*

**¿A quién mostró Armando las fotos de Guatemala?**
*Wem hat Armando die Guatemala-Bilder gezeigt?*

**A ▶** Die Reihenfolge **Fragewort + Prädikat** ist obligatorisch bei DÓNDE, CUÁNDO, CÓMO und sonstigen Ausdrücken in Fragen nach dem Wo, Wann und Wie:

**¿Dónde vive Ana?**
*Wo wohnt Ana?*

**¿A qué hora echó la carta Pedro?**
*Wann hat Pedro den Brief eingeworfen?*

**¿De qué manera cambió Darwin nuestra visión del mundo?**
*Wie hat Darwin unsere Wahrnehmung der Welt verändert?*

## 30.29 Näheres zur Stellung des Subjekts in ¿POR QUÉ?-Sätzen

Bei POR QUÉ kommt häufig das Satzsubjekt nach dem Fragewort, wenn der Satz mehrere Ergänzungen enthält:

**¿Por qué se retiraron entonces las tropas?**
*Warum haben sich die Truppen dann zurückgezogen?*

**¿Por qué los pobres se quedan siempre con lo peor?**
*Warum bekommen die Armen immer das Schlechteste?*

## 30.30 Stellung des Subjekts in Fragesätzen ohne Fragewort

In Entscheidungs- oder Alternativfragen steht das Subjekt nach dem Verb, welches an erster Stelle steht:

**¿Se llama Jorge o Jaime?**
*Heißt er Jorge oder Jaime?*

**¿Son ésos sus papeles?**
*Sind das Ihre Papiere?*

**A ▶** Das Subjekt steht sehr häufig nach einer Ergänzung:

**¿Sigue con fiebre la niña?**
*Hat das Mädchen immer noch Fieber?*

**¿Son canadienses esos señores?**
*Sind diese Herren Kanadier?*

**¿Necesita ayuda usted?**
*Brauchen Sie Hilfe?*

## 30.31 Fragesätze mit Infinitivkonstruktion als Satzsubjekt

In Infinitivkonstruktionen steht das Subjekt nach dem Infinitiv, wenn keine Ergänzungen oder Adverbien folgen. Im letzteren Fall kann es auch nach der konjugierten Form stehen:

**¿Puede venir tu profesor?**
*Kann dein Lehrer kommen?*

**¿Deben obedecer los soldados cualquier orden?**
*Sollen die Soldaten jeglichem Befehl folgen?*

**¿Temen los funcionarios quedar en paro?**
*Fürchten die Beamten, arbeitslos zu werden?*

## 30.32 Stellung des Satzsubjekts in Fragen mit mehrteiligem Verb

Bei lexikalisch eng zusammenhängenden Elementen steht das Subjekt nach diesen, allerdings kann es auch dazwischen stehen (die Entscheidung wird meistens aus dem subjektiven Gefühl für den Wohlklang heraus getroffen):

**¿Echaba de menos Esteban la puntualidad alemana?**
*Vermißte Esteban die deutsche Pünktlichkeit?*

**¿Pasaría el funcionario por alto las irregularidades?**
*Hat der Beamte vielleicht über die Unregelmäßigkeiten hinweggesehen?*

### 30. Die Stellung der Satzglieder

#### 30.33 Nachgestelltes Subjekt indefiniter Verbformen
In Infinitiv-, Gerundio- und Partizipangaben wird das Subjekt derselben obligatorisch nachgestellt:
**Al acabar la guerra...** *Als der Krieg zu Ende war, ...*
**...estando tu ropa en el lavabo.** *...wenn deine Wäsche im Waschbecken ist.*
**Concluidas las negociaciones...** *Als die Verhandlungen abgeschlossen waren, ...*

## C. Ergänzung vor dem Verb

#### 30.34 Bestimmtes Akkusativobjekt als Thema
Zusätzlich zum ersten Beispiel in 30.1 einige Beispielsätze, in denen das Akkusativobjekt etwas bereits Bekanntes ist und daher am Satzanfang steht:

**Las bebidas ponerlas en esa mesita.**
*Die Getränke stellt bitte auf den kleinen Tisch da.*

**Esta bufanda me la vendió un negro en Nueva York por diez dólares.**
*Diesen Schal hat mir ein Schwarzer in New York für zehn Dollar verkauft.*

**A los mellizos los tacharon de cobardes.**
*Die Zwillinge nannten sie Feiglinge.*

**A** ▶ Beispiele mit betontem Personalpronomen:

**A él lo reconoció Paulita.**
*Ihn erkannte Paulita.* (d.h. die anderen nicht)

**A ellas quiero llevarlas yo.**
*Sie will ich mitnehmen.* (d.h. die anderen Personen oder Dinge nicht)

**B** ▶ Beispiele mit Objektsätzen als thematischer Satzteil:

**Que el gran arte ha muerto lo vienen sosteniendo los propios críticos de arte.**
*Daß die große Kunst tot ist, das behaupten die Kunstkritiker selbst.*

**Lo que no sabía él lo sabía todo el mundo.**
*Was er nicht wußte, das wußten alle.*

**El que viviera de planchar ropa ajena no lo tenía ella por vergonzoso.**
*Daß sie davon lebte, fremder Leute Wäsche zu bügeln, hielt sie nicht für eine Schande.*

#### 30.35 Dativobjekt vor dem Verb
Beispiele mit dem Dativobjekt am Satzanfang als hervorgehobenes thematisches Satzglied:

**A Jorge no le he escrito desde hace meses.**
*Jorge habe ich seit Monaten nicht mehr geschrieben.*

**A la estatua de Gardel le habían colocado los chicos un cigarrillo en la boca.**
*Dem Denkmal von Gardel hatten die Jungen eine Zigarette in den Mund gesteckt.*

#### 30.36 Dativobjekt bei Existenz- und Vorgangsverben
Die Dativergänzung bei Existenz- und Vorgangsverben steht in der Regel am Satzanfang:

**A este libro le faltan la mitad de las páginas.**
*Diesem Buch fehlt die Hälfte der Seiten.*

**A la abuela le encanta ver tenis en la televisión.**
*Der Großmutter gefällt es sehr, Tennis im Fernsehen anzuschauen.*

## 30. Die Stellung der Satzglieder

**A** ▶ Beispiele mit betontem Personalpronomen:

**A mí no me gusta el jazz.**
*Ich mag Jazz nicht.*

**A nosotros no nos basta con protestar.**
*Protestieren reicht uns nicht.*

**B** ▶ Relativ häufig kommt am Satzanfang ein emphatisch hervorgehobenes Dativobjekt, insbesondere ein Personalpronomen, bei Wegfall des Subjekts vor:

**A Juan no le interesa.**
*Juan interessiert es nicht.*

**A ella no le apetece.**
*Ihr ist nicht danach.*

### 30.37 Präpositionalobjekt am Satzanfang

In der gesprochenen Sprache sowie in sorgfältig konstruierten Texten kommt relativ häufig die Präpositionalergänzung als stark hervorgehobener thematischer Satzteil einleitend vor:

**En el sentido de la vida no suelo pensar los viernes por la tarde.**
*An den Sinn des Lebens denke ich am Freitag abend normalerweise nicht.*

**De ese tipo de promesas yo también desconfiaría.**
*Versprechungen dieser Art würde ich auch mißtrauen.*

**A vuestro alcance están ahora los medios de pacificación.**
*Die Mittel zur Aussöhnung sind jetzt für euch erreichbar.*

**Por todo el país se extendió el descontento.**
*Über das ganze Land breitete sich Unzufriedenheit aus.*

### 30.38 Emphatische Voranstellung unbestimmter Satzergänzung

Bei der Voranstellung eines unbestimmten bzw. mit einem bewertenden oder mengenbezeichnenden Adjektiv versehenen Substantivs oder eines Indefinit- oder Demonstrativpronomens handelt es sich um emphatische, mit deutlicher Stimmanhebung produzierte Hervorhebungen des wichtigsten Aussageteils, weshalb im übrigen das redundante Pronomen entfällt, vgl. 11.89. Diese Satzgliedstellung kommt sehr häufig in der gesprochenen Sprache vor:

**Mala suerte hemos tenido.**
*Pech haben wir gehabt.*

**Años llevaba esperando.**
*Jahre wartete sie schon.*

**Nada quisieron decirme.**
*Nichts haben sie mir sagen wollen.*

**Eso dicen.**
*Das sagt man.*

**A** ▶ Vor dem Verb stehendes TODO verlangt meistens wiederaufnehmendes LO:

**Todo lo sabes, nada dices.**
*Alles weißt du, nichts sagst du.*

## 30. Die Stellung der Satzglieder

### 30.39 Emphatische Voranstellung des Prädikatsnomens
Das Prädikatsnomen steht sehr häufig – nachdrücklich hervorgehoben – am Satzanfang:

¿Tantos son?
*So viele sind es?*

Coloradas se habían puesto.
*Rot waren sie geworden.*

Cansada no estoy, sino aburrida.
*Müde bin ich nicht, aber gelangweilt.*

### 30.40 Nichtemphatische Voranstellung von Ergänzungen
In sorgfältig konstruierten Texten erfolgt häufig eine Hervorhebung des unbestimmten Akkusativobjekts bzw. des Prädikatsnomens durch ihre Stellung vor dem Verb, wobei aber andere, ans Satzende gestellte Satzteile inhaltlichen Vorrang haben:

Al menos 60 muertos y decenas de heridos causó ayer en el mercado central de Sarajevo la explosión de una sola granada de artillería.
*Mindestens 60 Tote und Dutzende von Verletzten verursachte gestern auf dem Hauptmarkt von Sarajevo die Explosion einer einzigen Artilleriegranate.*

Igualmente conmovedoras fueron la entrega y la generosidad de muchos hombres y mujeres comunistas.
*Ebenso bewegend waren die Hingabe und Großzügigkeit vieler Kommunisten und Kommunistinnen.*

## D. Stellung von adverbiellen Angaben

### 30.41 Satzeinleitende Angaben
Am Satzanfang stehen meist Adverbien, die an den vorausgehenden Text kontrastierend anschließen, sowie Adverbien, die den Geltungsbereich der Gesamtaussage abstecken:

Ahora me lo planteo todo de otro modo.
*Jetzt sehe ich alles anders.*

En los primeros meses de 2003 hubo 1888 alarmas de bomba.
*In den ersten Monaten des Jahres 2003 gab es 1888mal Bombenalarm.*

En el cine no hay nada real.
*Im Kino ist nichts wirklich.*

En la actual situación, la seguridad está por encima de todo.
*In der gegenwärtigen Situation geht Sicherheit über alles.*

A pesar de todo, yo no estaba convencido.
*Trotz allem war ich nicht überzeugt.*

En teoría, los trenes no podían ponerse en marcha.
*Theoretisch konnten sich die Züge nicht in Bewegung setzen.*

### 30.42 Satzeinleitende Modaladverbien
Modaladverbien stehen oft satzeinleitend, die Folge (S) - V - E wird dann in der Regel beibehalten:

Ojalá no te retrases.
*Hoffentlich verspätest du dich nicht.*

Tal vez se cansó de esperar.
*Vielleicht ist sie des Wartens müde geworden.*

## 30. Die Stellung der Satzglieder

Quizás la policía no contara con los medios necesarios.
*Vielleicht verfügte die Polizei nicht über die nötigen Mittel.*

### 30.43 Stellung graduierender Adverbien

Graduierende Adverbien (u.a. SÓLO / SOLAMENTE, INCLUSO, CASI, TODAVÍA / AÚN, YA, TAMBIÉN, TAMPOCO) stehen sehr oft zwischen Subjekt und Verb, wenn sie satzbezogen sind (vgl. 27.53A):

**Esto sólo ocurre en las películas.**
*Das passiert nur im Film.*

**Tomás incluso creyó reconocer la voz de Ernesto.**
*Tomás glaubte sogar, Ernestos Stimme wiederzuerkennen.*

**La novia todavía está joven.**
*Die Braut ist noch jung.*

**Aurora también vivía sola.**
*Aurora lebte auch allein.*

**A** ▶ Beispiele für den Einschub graduierender Adverbien bei satzeinleitendem Objekt:

**A Federico incluso le robaron la boina.**
*Federico haben sie sogar die Baskenmütze gestohlen.*

**La iluminación también se la encomendamos al italiano.**
*Auch mit der Beleuchtung haben wir den Italiener beauftragt.*

### 30.44 Stellung von NUNCA und SIEMPRE

Die Zeitadverbien NUNCA und SIEMPRE kommen oft zwischen Subjekt und Verb vor:

**Renata nunca ha sido feliz.**
*Renata ist nie glücklich gewesen.*

**Este hombre siempre anda merodeando por las iglesias.**
*Dieser Mann treibt sich immer in den Kirchen herum.*

### 30.45 Variable Satzstellung von Adverbien

Sonstige Angaben dürfen immer vor dem Verb und nach dem einleitenden Satzteil erscheinen, dies kommt jedoch eher in geschriebenen Texten vor (vgl. Näheres 33.19A, 42.28C):

**Ella, por lo demás, ignoraba el paradero de aquellas cartas.**
*Im übrigen kannte sie den Verbleib jener Briefe nicht.*

**Aquella tarea, en efecto, era más penosa que todas las demás.**
*Jene Arbeit war tatsächlich schwerer als alle anderen.*

### 30.46 Stellung von Adverbien der Art und Weise des Geschehens

Angaben, die Art und Weise des Geschehens bezeichnen, kommen immer nach dem Verb (bzw. nach dem Objekt, falls sie inhaltlich Vorrang vor diesem haben):

**Arturo se pasó disimuladamente la mano por el pelo.**
*Arturo fuhr sich verstohlen mit der Hand durch das Haar.*

**He leído con gusto tu excelente artículo.**
*Ich habe mit Vergnügen deinen hervorragenden Aufsatz gelesen.*

**El conferenciante interrumpió de pronto la lectura.**
*Der Vortragende unterbrach plötzlich die Lesung.*

## 30. Die Stellung der Satzglieder

**Aceptó gentilmente mis disculpas.**
*Er nahm liebenswürdig meine Entschuldigungen entgegen.*

**A** ▶ Sonstige Angaben können immer nach dem Verb auftreten:
**La niña salió milagrosamente ilesa.**
*Wunderbarerweise blieb das kleine Mädchen unverletzt.*

**El dormitorio es, de toda la casa, la habitación con más luz.**
*Das Schlafzimmer ist das hellste Zimmer im ganzen Haus.*

### 30.47 Satzstellung von Häufigskeitsangaben
Beispiele mit den in dieser Position oft auftretenden Häufigkeitsangaben:
**Se os reprocha continuamente salir de noche hasta muy tarde.**
*Immer wieder wirft man euch vor, bis spät abends auszugehen.*

**Hablé dos veces con ella.**
*Ich sprach zweimal mit ihr.*

**Las crisis son a menudo menos dramáticas de lo que parecen.**
*Krisen sind oft weniger dramatisch als sie scheinen.*

**Hablaba muy rara vez de su familia.**
*Er sprach sehr selten von seiner Familie.*

### 30.48 Angaben zwischen Ergänzungen?
Angaben, ob sie aus einem Wort oder mehreren Wörtern bestehen, erscheinen höchst selten zwischen Dativ- und Akkusativobjekt bzw. zwischen Objektsprädikativ und Akkusativobjekt, falls diese aufeinanderfolgen (man beachte im zweiten Beispiel für die Stellung von NUNCA vor anderen Negationswörtern, vgl. 29.41):
**Por eso le envió una invitación a su enemiga.**
*Sie schickte ihrer Feindin deshalb eine Einladung.*

**No ha pedido nunca nada a nadie / No ha pedido nada a nadie nunca.**
*Er hat nie etwas von jemandem verlangt.*

### 30.49 Verteilung mehrerer Angaben
An folgenden Beispielen kann die Stellung der adverbiellen Angaben studiert werden.
**La postura del autor en este problema, pues, no está con frecuencia muy clara.**
*Die Position des Verfassers ist also bei diesem Problem oft nicht ganz klar.*

**En la práctica, López mezcla arbitrariamente ambos tipos de nociones.**
*In der Praxis vermengt López willkürlich beide Arten von Begriffen.*

**María le mandó un mail por UTS a su abuelo desde Australia por sus 70 años un día antes del cumpleaños.**
*Einen Tag vor seinem 70. Geburtstag schickte Maria ihrem Großvater eine e-mail aus Australien über UTS.*

**A principios de los años noventa supuestamente empleó la candidata en su casa como asistenta durante dos años a una inmigrante ilegal guatemalteca.**
*Vermutlich beschäftigte die Kandidatin Anfang der neunziger Jahre zwei Jahre lang eine illegale Immigrantin aus Guatemala als Putzfrau.*

# E. Thematisierung

## 30.50 Thematisierungsformeln
Mit folgenden Ausdrücken, alle mit der generellen Bedeutung *'was ... betrifft'*, wird das Thema einer Aussage herausgestellt:

| | |
|---|---|
| POR LO QUE ATAÑE A | REFERENTE A |
| EN LO CONCERNIENTE A | EN / POR LO QUE SE REFIERE A |
| EN / POR LO QUE CONCIERNE A | CON RELACIÓN A |
| EN CONSIDERACIÓN A | EN RELACIÓN CON |
| EN CUANTO A | EN LO QUE SE RELACIONA CON |
| EN / POR LO QUE HACE A | EN LO RELATIVO A |
| EN / POR LO QUE MIRA A | EN / POR LO QUE RESPECTA A |
| EN ORDEN A | CON RESPECTO A |
| EN LO PERTINENTE A | EN / POR LO QUE TOCA A |
| A PROPÓSITO DE | (EN LO) TOCANTE A |
| CON REFERENCIA A | |

**A** ▸ Beispiele mit A PROPÓSITO und A PROPÓSITO DE:

**A propósito, el dólar ya está a un euro veinte.**
*Übrigens: ein Dollar kostet schon einen Euro zwanzig.*

**A propósito de Picasso: ¿en qué año murió?**
*Apropos Picasso: wann ist er gestorben?*

**B** ▸ Die bloße Benennung eines unbestimmten Substantivs kann als Thematisierung dienen; da sich der darauffolgende Satz nach einer merklichen Pause anschließt, wird ein Komma geschrieben (vgl. 11.79):

**Faldas, tiene una.**
*Sie hat einen Rock.( = was Röcke betrifft: Sie hat einen)*

## 30.51 LO QUE ES und TANTO COMO als Thematisierungsformeln
LO QUE ES und TANTO COMO sind umgangssprachliche Weisen der Thematisierung, wobei mit TANTO COMO vorher Geäußertes wiederaufgenommen wird:

**Lo que es yo, el porvenir lo veo muy negro.**
*Ich meinerseits sehe die Zukunft ganz schwarz.*

**Tanto como suspenderla, yo no diría.**
*Sie durchfallen lassen, so weit würde ich doch nicht gehen.*

## 30.52 Thematisierung des Infinitivs mit COMO und LO QUE SE DICE
Umgangssprachlich wird das Prädikat durch Voranstellung des Infinitivs thematisiert (zuweilen mit vorausgehendem COMO), es kann hervorgehoben werden durch LO QUE SE DICE:

**Como cantar, no ha cantado nunca.**
*Singen, das hat er nie getan.*

**Llorar, lo que se dice llorar, no lloró.**
*Richtig geweint hat sie eigentlich nicht.*

## 30. Die Stellung der Satzglieder

### 30.53 Nebensatzelement als Thema

Das Subjekt eines Nebensatzes wird im spontanen Reden oft als Thema der Gesamtaussage an den Satzanfang gestellt; im Hauptsatz wird dabei meistens eine Vermutung, Erwartung, Hoffnung ausgedrückt, häufig wird auch eine Zeitangabe mit einleitendem HACER eingeschoben (Für Beispiele mit dazwischengeschaltetem ES QUE vgl. 19.26):

**Ignacio creo que ha suspendido.**
*Ignacio, glaube ich, ist durchgefallen.*

**Ese libro puede decirse que es la Biblia de su generación.**
*Dieses Buch ist vermutlich die Bibel seiner Generation.*

**Ese artículo espero que no sea el último que escribes al respecto.**
*Ich hoffe, dieser Artikel ist nicht der letzte, den du über das Thema schreibst.*

**Tu amigo alemán hace tiempo que no viene por aquí.**
*Dein deutscher Freund hat sich hier lange nicht sehen lassen.*

**A ▶** Beispiele mit thematisiertem Objekt des Nebensatzes:

**Ese vídeo creo que se lo he prestado a Hortensia.**
*Das Video, glaube ich, habe ich Hortensia geliehen.*

**A tu madre es seguro que no le va a gustar.**
*Deiner Mutter wird das sicher nicht gefallen.*

**En casa me parece que no iba a dormir esta noche.**
*Ich glaube, er wollte heute nacht nicht zu Hause schlafen.*

### 30.54 Vorangestelltes Thema in Fragen

Das Subjekt eines Fragesatzes wird an die erste Stelle gesetzt, um auf den Kern der Frage aufmerksam zu machen. Die Frageintonation setzt nach dem Thema ein, was sich in der Orthographie widerspiegelt. Solche Konstruktionen kommen häufig mit dem Subjekt als Thema vor:

**Los señores del Volvo negro, ¿son colombianos?**
*Die Herren in dem schwarzen Volvo, sind sie Kolumbianer?*

**Después del torneo, ¿te sentías igual que antes?**
*Fühltest du dich nach dem Turnier genauso wie davor?*

**En Alemania, ¿os controlaron los pasaportes?**
*Hat man eure Pässe in Deutschland kontrolliert?*

### 30.55 Ein anderes Element vor dem Fragewort

Die in der Umgangssprache häufige vorangestellte Einbeziehung des Themas in eine Sachfrage verleiht dem Ganzen die Nuance der Heftigkeit und Herausforderung, insbesondere bei Verwendung eines Partnerpronomens:

**¿Tú por qué te dedicas a eso?**
*Warum machst du eigentlich so etwas?*

**¿Y eso qué tiene que ver conmigo?**
*Und was hat das mit mir zu tun?*

### 30.56 Keine Inversion in Fragesätzen

Die Beibehaltung der Wortfolge einer Feststellung in einer Frage (vgl. 30.2 ff) bedeutet sehr häufig eine zustimmungsheischende Erkundigung (um Eindeutigkeit zu schaffen, steht häufig QUE, vgl. 34.11):

¿María no ha firmado?
*Maria hat nicht unterschrieben?*

¿Que ha habido un terremoto en Chile?
*In Chile soll es ein Erdbeben gegeben haben?*

## F. Hervorhebung durch Satzspaltung

Ein Satzteil kann dadurch hervorgehoben werden, daß er herausgenommen und als Subjekt eines Kopulasatzes (mit SER) wiedergegeben wird; der Rest des urprünglichen Satzes erscheint dann als Relativsatz. Diese Art der Hervorhebung wird im Spanischen häufiger angewandt als im Deutschen und betrifft auch Fälle, für die im Deutschen allein eine Hervorhebung mit der Stimme möglich ist. Auch aus diesem Grund wird im folgenden weitgehend auf eine syntaktisch gleichartige Übersetzung verzichtet. Vgl. 29.20, 35.74.

### 30.57 Welches Relativpronomen?

Als Relativpronomen sind zu verwenden:
- bei unbestimmtem Bezugswort und Satzinhalten: LO QUE
- bei bestimmtem Bezugswort: EL QUE / LA QUE / LOS QUE /LAS QUE bzw. QUIEN / QUIENES (meist bei belebtem Bezugswort)
- bei Lokalergänzungen: DONDE
- bei Temporalergänzungen: CUANDO
- bei Modalergänzungen: COMO

• Zum Unterschied zwischen Sätzen wie ES EL ALCALDE QUE DIMITE und ES EL ALCALDE EL QUE DIMITE vgl. 10.87.

### 30.58 Hervorhebung von Subjekt und Objekt durch Satzspaltung

**A** ▶ Beispiele mit hervorgehobenem Satzsubjekt:

**Se derrumbó la casa del tejado rojo → Fue la casa del tejado rojo la que se derrumbó.**
*Es war das Haus mit dem roten Dach, das einstürzte.*

**Hacía falta gasolina → Era gasolina lo que hacía falta.**
*Benzin war nötig.*

**Siempre llega primero Concha → Es Concha quien / la que siempre llega primero.**
*Es ist immer Concha, die zuerst ankommt.*

**B** ▶ Beispiele mit hervorgehobenem Akkusativobjekt:

**Pintaron una pared de la cocina →Fue una pared de la cocina lo que pintaron.**
*Eine Küchenwand haben sie streichen lassen.*

**Se dejaron el disco de Chavela Vargas → Fue el disco de Chavela Vargas el que se dejaron.**
*Die Chavela Vargas-Platte haben sie liegenlassen.*

### 30.59 Neutrales oder kongruentes Relativpronomen?

Im ersten Beispiel in 30.58 ist ein kongruentes Relativpronomen verwendet worden, weil dort Bezug genommen wird auf einen Gegenstand unter mehreren gleichartigen; im zweiten Fall hingegen wird neutrales LO QUE verwendet, weil man sich entweder auf einen einzigen Gegenstand

## 30. Die Stellung der Satzglieder

oder auf einen unter mehreren nicht gleichartigen bezieht. Diese Regel wird jedoch häufig nicht beachtet:

**Es la falda la que hay que tirar.**
*Den Rock muß man wegwerfen.*

**Es el mundo el que está en peligro.**
*Die Welt ist in Gefahr.*

### 30.60 QUIEN im Verweis auf Sachen

QUIEN / QUIENES wird vor allem in der Schriftsprache auch mit Bezug auf Sachen verwendet, dabei ist Personifizierung meistens intendiert:

**Es el nacionalismo quien crea la nación, y no al contrario.**
*Es ist der Nationalismus, der die Nation erschafft, und nicht umgekehrt.*

### 30.61 Wiederholung von dativischem und akkusativischem A

Akkusativisches bzw. dativisches A erscheint sowohl beim Kopulasatz als auch vor dem Relativpronomen:

**Iñaki conocía a Carmen desde niña → Era a Carmen a la que / a quien Iñaki conocía desde niña.**
*Iñaki kannte Carmen, seit sie ein kleines Mädchen war.*

**Le informé de esto a la profesora → Fue a la profesora a la que / a quien informé de esto.**
*Der Lehrerin habe ich davon berichtet.*

**A ▶** Beispiele mit hervorgehobenen Personalpronomen:

**Me están buscando a mí → Es a mí a quien / al que están buscando.**
*Ich werde gesucht.*

**Se lo dijimos primero a ella → Fue a ella a quien / a la que se lo dijimos primero.**
*Wir haben es ihr zuerst gesagt.*

### 30.62 Einleitendes LO QUE in Hervorhebungsformeln

Mit einleitendem LO QUE wird das Verb hervorgehoben:

**Lo que combatimos es la pobreza.**
*Es ist die Armut, die / was wir bekämpfen.*

**Lo que importaba eran los detalles.**
*Die Einzelheiten waren wichtig.*

### 30.63 Einleitendes LO + Adjektiv zur Hervorhebung

**A ▶** Beispiele mit LO + Adjektiv + 3. Person von SER + Prädikatsnomen / QUE-Satz:

**Lo interesante son sus ojos.**
*Interessant sind ihre Augen.*

**Lo gracioso fue que las medias eran de distinto color.**
*Komischerweise hatten die Strümpfe jeder eine andere Farbe.*

**B ▶** Beispiele mit LO + Adjektiv + QUE-Satz + 3. Person von SER + Infinitivsatz / QUE-Satz:

**Lo primero que hay que hacer es ventilar esto.**
*Als erstes muß man dies lüften.*

## 30. Die Stellung der Satzglieder

**Lo peor que puede pasar es que no te abran.**
*Schlimmstenfalls machen sie dir nicht auf.*

### 30.64 Präpositionswiederholung bei hervorgehobener Präpositivergänzung

Wird eine Präpositivergänzung hervorgehoben, so erscheint die jeweilige Präposition zweimal: einmal im Kopulasatz, einmal einleitend im Relativsatz:

**Es en el purgatorio en lo que no creen.**
*An das Fegefeuer glauben sie nicht.*

**Era a las cartas a lo que solían jugar.**
*Meistens haben sie Karten gespielt.*

### 30.65 Hervorhebung des Wann, Wo und Wie durch Satzspaltung

Der entsprechende Relativsatz für eine hervorgehobene Zeitangabe wird eingeleitet durch CUANDO, für Ortsangaben durch DONDE und für Modalangaben durch COMO:

**El crimen ocurrió aquí → Fue aquí donde ocurrió el crimen.**
*Das Verbrechen geschah hier.*

**Eso se decidió en 1978 → Fue en 1978 cuando se decidió eso.**
*Das wurde 1978 beschlossen.*

**Hay que jugar con la cabeza → Es con la cabeza como hay que jugar.**
*Mit dem Kopf muß man spielen.*

### 30.66 Hervorhebung der modalen Gerundio-Angabe

Eine modale Gerundio-Angabe wird durch COMO als Relativum im gespaltenen Satz verwendet.

**Enseñando se aprende → Es enseñando como se aprende.**
*Durch Lehren lernt man.*

**Sólo ganaremos combatiendo → Es combatiendo como ganaremos.**
*Wir werden siegen, wenn wir kämpfen.*

### 30.67 QUE als Pronomen des Wann, Wo und Wie in der Satzspaltung

In folgenden Beispielen wird QUE statt der Pronominaladverbien in der Hervorhebung durch Satzspaltung verwendet. Dieser nicht seltene Gebrauch stellt einen Fehler dar:

**Es a escala europea que hay que defender el Estado de bienestar.**
*Der Wohlfahrtsstaat muß im gesamteuropäischen Kontext verteidigt werden.*

**Fue a finales de año que empezó a sentirse mejor.**
*Ende des Jahres begann er, sich besser zu fühlen.*

### 30.68 Obligatorische Präpositionswiederholung in der Direktivergänzung

Erscheinen die Präpositionen A, DE, DESDE, PARA und HACIA in einer hervorzuhebenden Ortsangabe, so erscheinen sie im Kopulasatz und im Relativsatz:

**Se dirigían a París → Era a París a donde se dirigían.**
*Sie fuhren nach Paris.*

**El telegrama procedía del sur → Era del sur de donde procedía el telegrama.**
*Das Telegramm kam aus dem Süden.*

### 30. Die Stellung der Satzglieder

El ruido venía desde la cocina → Era desde la cocina desde donde venía el ruido.
*Aus der Küche kam das Geräusch.*

Salieron para la fábrica → Fue para la fábrica para donde salieron.
*Sie gingen zur Fabrik.*

Nos encaminamos hacia el caos → Es hacia el caos hacia donde nos encaminamos.
*Wir befinden uns auf dem Weg zum Chaos.*

#### 30.69 Hervorhebung von Kausal- und Finalangaben

Der entsprechende Relativsatz zu einer hervorgehobenen Kausalangabe wird eingeleitet durch POR LO QUE, zu einer hervorgehobenen Finalangabe durch PARA LO QUE:

Le amonestaron por conducir ebrio → Fue por conducir ebrio por lo que le amonestaron.
*Wegen Trunkenheit am Steuer wurde er verwarnt.*

Te llamo para confirmar la cita → Es para confirmar la cita para lo que te llamo.
*Ich rufe dich an, um die Verabredung zu bestätigen.*

**A ▶** Der immer mehr verbreitete Wegfall von POR LO als Relativsatzeinleitung bei der Hervorhebung von Kausalangaben stellt einen Fehler dar:

**Es por eso que te escribo.** (statt: **Es por eso por lo que te escribo**)
*Deshalb schreibe ich dir.*

#### 30.70 Tempus bei den Hervorhebungsformeln

In der Regel sind das Tempus des Relativsatzes und das des Kopulasatzes identisch (vgl. alle Beispiele zwischen 30.58 und 30.69). Bei FUTURO (bzw. CONDICIONAL) im Kopulasatz steht jedoch häufig PRESENTE DE SUBJUNTIVO (bzw. IMPERFECTO DE SUBJUNTIVO) im Relativsatz:

Ha de ser un hombre de temple el que consiga sacarnos de este embrollo.
*Ein Mann mit Schneid wird uns aus dieser verfahrenen Situation heraus helfen.*

Habría de ser un hombre de temple el que nos sacara del embrollo.
*Ein Mann mit Schneid sollte uns aus der verfahrenen Situation helfen.*

**A ▶** In folgenden Beispielen steht FUTURO bzw. CONDICIONAL im Kopulasatz in der Bedeutung einer Vermutung:

¿Será María la que se lo ha dicho?
*Ob es María ist, die es ihnen gesagt hat?*

¿Sería María la que se lo había dicho?
*Ob es María war, die es ihnen gesagt hatte?*

#### 30.71 Universaltempus bei den Hervorhebungsformeln

Bei der Hervorhebung von Satzteilen durch Satzspaltung ist im Kopulasatz PRESENTE DE INDICATIVO von SER immer einsetzbar (was jedoch selten praktiziert wird):

Es en París donde se conocieron.
*In Paris haben sie sich kennengelernt.*

Es con la invención de la imprenta como concluyó en verdad la Edad Media.
*Mit der Erfindung der Druckkunst endet in Wahrheit das Mittelalter.*

## 30. Die Stellung der Satzglieder

### 30.72 Kongruenzalternativen bei der Hervorhebung

Steht ein Pronomen der 1. oder 2. Person im Kopulasatz, so kongruiert die jeweilige Form von SER entsprechend. Das Verb des Relativsatzes kann entweder in der dritten Person Singular bzw. Plural stehen oder mit dem hervorgehobenen Pronomen übereinstimmen:

**Me voy yo → Soy yo el que se va / me voy.**
*Ich bin es, der geht.*

**Te casas tú → Eres tú la que se casa / te casas.**
*Du bist es, die heiratet.*

**Esto lo hicisteis vosotros → Fuisteis vosotros quienes hicieron / hicisteis esto.**
*Ihr habt das getan.*

### 30.73 Alternative Reihenfolgen bei der der Satzabspaltung

Die zum Zweck der Hervorhebung gebrauchte Satzfolge kann mit der jeweiligen Form von SER beginnen (vgl. die meisten Beispiele von 30.58 bis 30.72). Varianten sind jedoch möglich.

**A** ▶ Am Satzanfang (bei starker Stimmanhebung) steht das hervorzuhebende Element:

**La casa fue la que se derrumbó.**
*Das Haus stürzte ein.*

**Yo soy el que se va.**
*Ich bin es, der geht.*

**B** ▶ Am Satzanfang steht der Relativsatz (vgl. 30.62), wobei die Verbform im SER-Satz mit dessen Satzsubjekt übereinstimmen muß:

**Lo que se derrumbó fue la casa.**
*Das Haus stürzte ein.*

**El que se va soy yo.**
*Ich bin es, der geht.*

### 30.74 Hervorhebung von Satzinhalten mit HACER

Mit LO QUE + HACER + 3. Person Singular von SER wird auf eine Handlung aufmerksam gemacht, HACER (oder gegebenfalls ein Modalverb) und SER stehen im gleichen Tempus:

**Abrí la boca → Lo que hice fue abrir la boca.**
*Ich machte den Mund auf.*

**Solía encerrarse en el desván → Lo que solía hacer era encerrarse en el desván.**
*Sie schloß sich für gewöhnlich im Dachboden ein.*

**Liquidaría en realidad un imperio decadente → Lo que haría en realidad sería liquidar un imperio decadente.**
*In Wirklichkeit sollte er ein verfallendes Imperium auflösen.*

• Zu NO HACER MÁS QUE vgl. 9.153 und 29.18.

### 30.75 Hervorhebung von Satzinhalten mit Verben des Geschehens

Mit Hilfe von OCURRIR, PASAR oder SUCEDER, vornehmlich im PRESENTE DE INDICATIVO, wird auf eine Tatsache hingewiesen mit der Absicht der Klärung, der Korrektur, des Widerspruchs usw.:

**Lo que pasa es que no sabe su apellido.**
*Sie weiß nämlich seinen Familiennamen nicht.*

**Lo que ocurre es que la fecha no quedó fija.**
*Das Datum wurde einfach nicht festgelegt.*

## 30. Die Stellung der Satzglieder

### 30.76 Hervorhebung von Infinitiv- und Nebensatz

Mit LO QUE + Verb + 3. Person Singular von SER + Infinitivsatz / QUE-Satz wird der Hauptsatz einer komplexen Satzkonstruktion hervorgehoben:

**Consiguió arruinar los ferrocariles → Lo que consiguió fue arruinar los ferrocarriles.**
*Sie schaffte es, die Eisenbahn zu ruinieren.*

**Quiero irme → Lo que quiero es irme.**
*Ich will gehen.*

**Me hace gracia que se disminuya la edad → Lo que me hace gracia es que se disminuya la edad.**
*Was ich lustig finde, ist, daß sie sich jünger macht.*

# 31. Der Imperativ

In diesem Kapitel wird auf die Ausdrucksformen von expliziter Aufforderung und explizitem Befehl eingegangen, also auf den Imperativ und seine Ersatzformen sowie auf die zahlreichen, im gesprochenen Spanisch so gebräuchlichen feststehenden Imperativformen.

## A. Der Imperativ und seine Ersatzformen

Zum Paradigma des Imperativs vgl. 12.36, 12.37, 32.1. Zur Stellung des Personalpronomens beim Imperativ vgl. 11.102, aber auch 31.4.

### 31.1 Ausrufezeichen beim Imperativ

Im Spanischen ist der Gebrauch von Ausrufezeichen beim Imperativ nur erforderlich, wenn aus akustischen Gründen oder aufgrund starker emotionaler Anteilnahme eine tatsächliche Stimmanhebung signalisiert werden muß:

**Perdona, pero tengo que gritar. Luis, ¡despiértate!**
*Entschuldige, aber ich muß schreien. Luis, wach auf!*

**¡Si la chica no os ha hecho nada! ¡Soltadla!**
*Das Mädchen hat euch doch nichts getan! Laßt sie los!*

### 31.2 Wegfall von S bei Imperativ auf –MOS + SE

Wenn an den Imperativ der ersten Person Plural das Pronomen SE in der Bedeutung 'nichtreflexiver Dativ', also als Ersatz von LE/LES (vgl. 11.65) angehängt wird, wird nur ein S geschrieben (im Beispiel also statt EXPLIQUÉMOSSELAS):

**¿No entienden ellas las instrucciones? Pues expliquémoselas.**
*Sie verstehen die Anweisungen nicht? Also erklären wir sie ihnen!*

### 31.3 Kein angehängtes Pronomen beim Imperativ mit QUE

In der Alltagssprache wird oft QUE vor den partnerbezogenen Imperativ plaziert, der dann als PRESENTE DE SUBJUNTIVO erscheinen muß (vgl. 32.4, dort weitere Beispiele); die Anhängungsregel beim bejahenden Imperativ trifft nicht mehr zu:

**Que apee usted el "Don", Doña Clara, que me llame Ramiro.**
*Lassen Sie doch diese förmliche Anrede, Doña Clara, nennen Sie mich einfach Ramiro!*

### 31.4 Verstoß gegen die Anhängungsregel beim bejahenden Imperativ

In der saloppen Umgangssprache wird gegen die standardsprachliche Regel der Anhängung des betonten Pronomens an den bejahenden Imperativ verstoßen:

**Me traiga un vino.**
*Bringen Sie mir einen Wein.*

### 31.5 Bejahender Imperativ von IR(SE) + Gerundio

Der Imperativ von IR(SE) + Gerundio (vgl. 15.33, 15.35) wird sehr häufig als Aufforderung verwendet, mit der Erledigung einer voraussichtlich langen Tätigkeit zu beginnen, die oft als Parallelgeschehen und / oder als Folge identischer Handlungsschritte erfolgen soll:

**Yo voy a abrir las ventanas, tú ve deshaciendo las maletas.**
*Ich mache die Fenster auf, pack du inzwischen aus.*

## 31. Der Imperativ

**Id poniendo la mesa.**
*Fangt allmählich mit dem Tischdecken an!*

**Vaya llenando este formulario.**
*Füllen Sie inzwischen dieses Formular aus!*

**Vete preparando los bocadillos.**
*Mach die Sandwiches fertig!*

### 31.6 VAMOS A + Infinitiv als Imperativ

VAMOS A + Infinitiv ersetzt im gesprochenen Spanisch oft den bejahenden Imperativ der 1. Person Plural:

**Vamos a brindar.**
*Laßt uns anstoßen!*

**Vamos a leer la carta juntos.**
*Lesen wir den Brief gemeinsam!*

### 31.7 Unpersönlicher SE-Imperativ

Der unpersönliche Imperativ *('man nehme...')* wird mit den dritten Personen des PRESENTE DE SUBJUNTIVO und der Partikel SE ausgedrückt, die im Satz nach den Stellungsregeln in 11.102 gestellt wird:

**Entiéndaseme bien.**
*Man verstehe mich richtig.*

**No se piense que aquí acaba el relato.**
*Man soll nicht denken, hier ende die Erzählung.*

**A ▶** Beispiele für den unpersönlichen SE-Imperativ in feststehenden allgemeinen Anweisungen:

**agítese antes de usar** *vor Gebrauch schütteln!*
**véase página 54** *siehe Seite 54*
**consérvese en sitio fresco y seco** *kühl und trocken lagern!*

### 31.8 Obligative Fügungen

Außer den Fügungen, die in 14.57 bis 14.62 dargestellt werden, verfügt das Spanische über zahlreiche Wendungen zum Ausdruck von auf den Gesprächspartner bezogenem Müssen und Sollen (vgl. 34.47, 34.48):

**Es preciso / necesario / menester que nos diga usted todo lo que sabe al respecto.**
*Sie müssen uns alles sagen, was Sie darüber wissen.*

**No hace falta que te levantes.**
*Du brauchst nicht aufzustehen.*

**Te convendría esperar.**
*Du solltest besser warten.*

### 31.9 Infinitiv statt der Imperativformen auf –AD, -ED, -ID

Der Infinitiv ersetzt in der Alltagssprache die Imperativformen auf -AD, -ED, -ID (und wird von manchen Sprechern als unfein angesehen und daher gemieden):

**Sentaros y beber lo que queráis.**
*Setzt euch und trinkt, was ihr wollt!*

**Ir vosotros en vuestro coche.**
*Fahrt ihr mit eurem Wagen!*

## 31.10 Übliche Fehler beim Imperativ der Person VOSOTROS

Der recht verbreitete Gebrauch von NO + Infinitiv bzw. NO + Imperativform auf -AD/-ED/-ID als verneinender Imperativ für die Person VOSOTROS / VOSOTRAS gilt als indiskutabel:

**No imaginaros tales chorradas.** (statt **no os imaginéis...**)
*Stellt euch solchen Unsinn nicht vor!*

**No tocad al niño.** (statt **no toquéis...**)
*Faßt das Kind nicht an!*

## 31.11 Infinitiv als allgemeiner Imperativ

Der Infinitiv wird als unpersönliche, allgemeine Gebots- und Verbotsform in Gebrauchsanweisungen, Kochrezepten, Bekanntmachungen usw. benutzt:

**empujar / tirar** *drücken / ziehen (an Türen)*
**cocer a fuego lento** *langsam kochen*
**no tocar** *nicht berühren!*
**dirigir las solicitudes por correo certificado** *die Bewerbungen per Einschreiben schicken*

## 31.12 A + Infinitiv als Imperativersatz

A + Infinitiv dient zum Ausdruck von Befehl und Aufforderung:

**¡a dormir!** *schlafen!*
**¡a trabajar!** *an die Arbeit!*
**¡a ocupar sus asientos!** *jetzt bitte jeder Platz nehmen!*

## 31.13 Imperativische negative Wendungen mit dem Infinitiv

Der negative Imperativ kann ersetzt werden durch NI / NADA DE / SIN + Infinitiv sowie, zur dringenden Warnung, durch OJO / CUIDADO CON + Infinitiv:

**por mí, ni preocuparte** *mach dir um mich wirklich keine Sorgen*
**nada de gritar** *hört auf zu schreien!*
**sin despeinarme, ¿eh?** *bring meine Frisur ja nicht durcheinander!*
**¡cuidado con dejar puestas las luces!** *laß(t) die Lichter ja nicht an!*
**¡ojo con beber de más!** *trinke nur nicht zuviel!*

## 31.14 Imperativische Einzelwörter

Nachstehend eine Liste gebräuchlicher Wörter zum Ausdruck von Befehl und Aufforderung:

**¡silencio!** *Ruhe!*
**¡cuidado! / ¡ojo!** *Vorsicht!*
**¡ánimo! / ¡arriba!** *Kopf hoch!*
**¡adelante!** *herein! / leg los!*
**¡fuera! / ¡largo de aquí!** *raus hier!*

## 31. Der Imperativ

### 31.15 Imperativische Wendungen ohne Verbform

Die meisten der nachstehend angeführten Formeln sind im Lexikon eingetragen., ihre Anwendung ist nicht unbegrenzt übertragbar.

**A** ▶ Beispiele mit **A + Artikel + Substantiv:**

¡a la cama! *ins Bett mit euch!*
¡a la mesa! *zu Tisch!*

**B** ▶ Beispiele mit **MÁS + Substantiv:**

**más respeto, señor** *nicht so frech!*
**más atención, por favor** *Ruhe bitte!*

**C** ▶ Beispiele mit **NADA DE + Substantiv:**

**nada de ruido** *macht keinen Lärm!*
**nada de melindres, ¿eh?** *keine Ziererei, einverstanden?*
**nada de cachondeo ahora** *keinen Unsinn jetzt*

**D** ▶ Beispiele mit **NI + Substantiv** (Näheres zu NI CASO vgl. 29.56D):

**ni una palabra de eso** *kein Wort darüber!*
**a sus piropos, ¡ni caso!** *hör nicht auf seine Schmeicheleien!*

**E** ▶ Mit **CUIDADO / OJO CON + Substantiv** werden Warnungen zur Vorsicht gegeben:

¡cuidado con la planta! *paß auf die Pflanze auf!*
¡mucho cuidado, que está hirviendo! *ganz vorsichtig, es ist heiß!*
¡ojo con los rateros! *paßt auf die Taschendiebe auf!*

## B. Feststehende Imperativformen

### 31.16 ANDA im Ausdruck von Überraschung

ANDA wird zum Ausdruck von Überraschung oder Erschrecken (ANDA wird dann häufig zu ANDÁAA):

–Rebeca y el alemán viven juntos.  "Rebeca und der Deutsche leben zusammen."
–¡Anda!  "Waaas?!"

–Incluso llamaron a la policía.  "Man hat sogar die Polizei angerufen."
–¡Anda!  "Ach du liebe Zeit!"

### 31.17 Imperativ von ANDAR als Ermunterung

ANDA (auch ANDE/ANDEN) wird als dringliche Ermunterung zum Handeln, sehr oft vor oder nach einem Imperativ verwendet:

**Lleva eso, anda.**
*Komm, nimm das.*

**Anda, dejadme ver.**
*Komm, laßt mich sehen.*

**Ande, sélleme el papel, que se me va el avión.**
*Bitte, stempeln Sie mir doch das Papier, ich verpasse sonst meine Maschine.*

# 31. Der Imperativ

## 31.18 Imperativ von ANDAR in Zurückweisungen

ANDA (auch ANDE / ANDEN), häufig mit angehängtem YA, wird bei nachdrücklichen, aber auch ungläubigen Zurückweisungen verwendet:

| | |
|---|---|
| –¿Sabes el título del libro que dices que estás leyendo? | *"Weißt du, wie das Buch heißt, das du angeblich liest?"* |
| –Anda, iros a las narices. | *"Schert euch zum Teufel!"* |
| –Se viene el fin del mundo. | *"Das Ende der Welt naht."* |
| –Anda ya. | *"Blödsinn, hör auf damit!"* |

## 31.19 Verstärkung mit ANDA

Beispiel mit der zustimmend-verstärkenden Formel **ANDA (QUE) SI + Verb** (vgl. 35.76):

| | |
|---|---|
| –Esto es una cursilería. | *"Das ist ein furchtbarer Kitsch."* |
| –Anda que si lo es. | *"Ist es auch, jawohl."* |

## 31.20 VAYA im Ausdruck von Überraschung

VAYA, ähnlich wie ANDA, drückt als Ausruf Überraschung, Bedauern, Überdruß aus, es ist aber auch eine automatische unbeteiligte Antwort. Eine Verstärkung von VAYA zum Ausdruck der genannten Emotionen ist ¡VAYA POR DIOS!. Beispiele:

| | |
|---|---|
| –Dejé las ventanas abiertas. | *"Ich habe die Fenster offengelassen."* |
| –Vaya. | *"Ach ja?"* |
| –Era Marcos. Que ha llegado bien. | *"Das war Marcos. Er ist gut angekommen."* |
| –Vaya. Menos mal. | *"Na schön, Gott sei Dank."* |
| –Dice que no quiere verte nunca más. | *"Er sagt, er will dich nie wieder sehen."* |
| –Vaya por Dios. | *"O Gott!"* |

## 31.21 VAYA in Zustimmungsformeln

Beispiele mit der zustimmend-verstärkenden Formel **VAYA (QUE) SI + Verb** (vgl. 35.76):

| | |
|---|---|
| –Porque tú sabes lo de Alejandro. | *"Denn du weißt ja über Alejandro Bescheid."* |
| –Vaya si lo sé. | *"Und ob ich das weiß."* |
| –Dicen que fuiste punki. | *"Es heißt, du warst mal Punker."* |
| –Vaya que si lo fui. | *"Und ob ich das war."* |

## 31.22 VAYA als Ersetzung von QUÉ

VAYA ersetzt oft QUÉ in Ausrufen (vgl. 28.28A) und kommt sehr häufig in Verbindung mit CON vor:

¡vaya con los inquilinos! *das sind mir aber Mieter!*
¡vaya con tus secretos! *du hast aber Geheimnisse!*

## 31.23 VAMOS in Verbindung mit einer Imperativform

VAMOS wird verwendet, um den Gesprächspartner zum Handeln zu ermuntern oder ihn zu beruhigen, oft vor oder nach einem Imperativ:

| | |
|---|---|
| –Espere un segundo. | *"Warten Sie eine Sekunde!"* |
| –Vamos, dése prisa. | *"Schnell, machen Sie endlich!"* |

## 31. Der Imperativ

–¡Fue horrible, horrible!     *"Es war schrecklich, ganz schrecklich!"*
–Vamos, mujer, que no ha pasado nada.     *"Na komm schon, es ist doch nichts passiert!"*

### 31.24 VAMOS in Zurückweisungen

VAMOS wird verwendet als Ausdruck der Empörung und Zurückweisung:

–Privatizarán los cementerios.     *"Sie werden die Friedhöfe privatisieren."*
–¡Vamos! Eso sí que es el colmo.     *"Mein Gott! Das ist nun wirklich der Gipfel!"*

–Europa con su patrimonio humanista...     *"Europa mit seinem humanistischen Erbe..."*
–¡Humanista! ¡Vamos!     *"Humanistisch! Daß ich nicht lache!"*

### 31.25 VAMOS in Präzisierungen

Mit VAMOS präzisiert der Sprecher das gerade Gesagte. VAMOS steht dabei einleitend oder angehängt:

–Esto no le gusta a nadie.     *"Das gefällt doch niemandem!"*
–A mí sí. Vamos, no es exactamente que me guste...     *"Mir schon. Na ja, richtig gefallen eigentlich nicht..."*

–¿Se conocen Laura y Sacramento?     *"Kennen sich Laura und Sacramento?"*
–Sí, son muy amigas, uña y carne, vamos.     *"Ja, sind gute Freundinnen, sowas wie ein Herz und eine Seele."*

### 31.26 VAMOS A VER als Antwort

Beispiel mit VAMOS A VER als eher skeptische Antwort in bezug auf die Zukunft:

–¿Irás a mi concierto?     *"Kommst du zu meinem Konzert?"*
–Vamos a ver.     *"Vielleicht, wir werden sehen."*

### 31.27 VAMOS A VER in der Einleitung einer Äußerung

Mit VAMOS A VER wird eine klärende oder belehrende Erläuterung eingeleitet, in der Regel als Reaktion auf das angeblich verwirrende Reden des Gesprächspartners:

**Vamos a ver, ¿tomó usted la medicina o no?**
*So, haben Sie das Medikament eingenommen oder nicht?*

**Bueno, vamos a ver, América existe desde el siglo XVI...**
*Also nun, Amerika existiert seit dem 16. Jahrhundert...*

### 31.28 Imperativformen von Wendungen mit IRSE

Das Verb IRSE in der generellen Bedeutung *'aus sein, enden'* hat zahlreiche, zum Teil deftig-vulgär gefärbte Varianten, die konstruiert sind aus IRSE A + **(bestimmter Artikel) + Substantiv** bzw. IRSE A + **Infinitivsatz**. Beispiele davon sind IRSE AL GARETE, IRSE A LA PORRA, IRSE A PASEO, IRSE A HACER GÁRGARAS, IRSE A FREÍR ESPÁRRAGOS. Die direkten und indirekten Imperativformen dieser Ausdrücke dienen sehr häufig zur heftigen Zurückweisung. (vgl. 29.61). Beispiel mit IRSE A LA PORRA:

–¿Por qué no te pones una ropa más decente?     *"Zieh doch was Anständigeres an!"*
–Vete a la porra, ¿oyes?     *"Scher dich zum Teufel, hörst du?"*

### 31.29 VENGA als Ermunterung

VENGA wird verwendet zum Ausdruck von Ermunterung (oft als Zeichen einer gewissen Ungeduld):

**Venga, juega.**
*Komm, du bist dran.*

**Venga, vámonos.**
*Komm, wir gehen.*

**Venga, niños, que está el desayuno.**
*Los, Kinder, das Frühstück ist fertig.*

### 31.30 VENGA vor Abschiedsformeln

VENGA wird gern vor oder nach einer Abschiedsformel, insbesondere nach einer mehr oder weniger langen Unterhaltung:

**venga, adiós / adiós, venga** *tschüß!*

### 31.31 VENGA als Aufforderung zum Zeigen und Sagen

VENGA (auch VENGAN) wird verwendet zur Aufforderung, eine Erklärung anzufangen oder etwas herüberzureichen oder zu zeigen:

–**Lo de mi garganta no te interesa, ya lo veo.**
–**Que sí, venga, cuéntamelo.**
*"Was mit meinem Hals los ist, interessiert dich nicht, ich sehe es schon."*
*"Doch, erzähl mal."*

–**Estas son las hierbas para la sopa.**
–**Venga(n).**
*"Das sind die Kräuter für die Suppe."*
*"Gib sie her."*

### 31.32 VENGA / VENGAN in Erzählungen

Die folgenden Verwendungsweisen von VENGA / VENGAN gehören dem umgangsprachlichen Erzähl- und Berichtstil an.

**A ▶ VENGA A + Infinitiv** wird in der Alltagssprache verwendet zur Betonung einer fortgesetzten Handlung:

**Nosotros nos moríamos de vergüenza y la chiquilla venga a mirarnos.**
*Wir starben geradezu vor Scham, und das kleine Mädchen starrte uns unentwegt an.*

**B ▶** Mit **VENGA(N) + Substantiv** wird emotional auf große, meist wachsende Mengen hingewiesen:

**Hace todo tipo de cirugía estética, y vengan millones por el servicio.**
*Er macht jede Art von Schönheitschirurgie und scheffelt dabei Millionen.*

### 31.33 DALE

DALE drückt Überdruß aus.

**A ▶** Mit DALE, meist mit vorausgehendem Y, wird Überdruß und Verärgerung wegen der wiederholten Aussage des Gesprächspartners ausgedrückt, oft in der Formel **Y DALE CON + Substantiv**:

–**Como a ti no te interesan mis cosas...**
–**¡Y dale!**
*"Meine Sachen interessieren dich ja nicht."*
*"Schon wieder!"*

–**Porque a mí la fidelidad...**
–**¡Y dale con lo de la fidelidad!**
*"Weil für mich die Treue..."*
*"Schon wieder die alte Leier mit der Treue!"*

## 31. Der Imperativ

**B ▶** DALE QUE DALE dient zur Unterstreichung einer lang andauernden Verhaltensweise:

–¿Y vosotras?      *"Und ihr?"*
–Riéndonos dale que dale.      *"Wir haben gelacht, noch und noch."*

### 31.34 Imperativformen von MIRAR

Mit den Imperativformen von MIRAR (MIRA, MIRE, MIREN) wird die Aufmerksamkeit des Gesprächspartners auf die eigene Aussage gelenkt. Auf MIRA, MIREN usw. kann auch ein Ausruf folgen:

**Mira, si no te gusta, lo dejas.**
*Hör zu, wenn es dir nicht zusagt, läßt du es bleiben.*

**Mira qué horas.**
*Schau bloß, wie spät es schon ist!*

### 31.35 MIRA und MIRE in Kommentaren

Bei den folgenden Verwendungsweisen wird MIRA oft ungeachtet der sonst verwendeten Anrede gebraucht.

**A ▶** Mit MIRA (MIRE [USTED]) QUE + Verb wird ausrufemäßig auf einen vorliegenden oder möglichen Sachverhalt hingewiesen (die Form MIRA wird oft ungeachtet der sonstigen Anrede verwendet):

–Nos quedamos encerrados en la discoteca.      *"Wir waren in der Disco eingeschlossen."*
–Mira que os metéis en unos líos.      *"Ihr macht aber auch Sachen!"*

–Yo les alquilaría el piso.      *"Ich würde ihnen die Wohnung vermieten."*
–Yo no. Mira que si resultaran ser ilegales.      *"Ich nicht. Stell dir vor, das wären Illegale."*

–¿Arancha? ¿Y ésa quién es?      *"Arancha? Wer ist denn das?"*
–Mira que no saber quién es Arancha.      *"Er kennt Arancha nicht!"*

**B ▶** Beispiel mit MIRA SI + Verb (vgl. 35.81):

–¿Llevaba un periódico bajo el brazo?      *"Hatte er eine Zeitung unter dem Arm?"*
–Mira si estaré despistado que no me acuerdo.      *"Ich bin im Augenblick so abgelenkt, ich erinnere mich nicht mehr."*

**C ▶** Y MIRA QUE hat oft die Bedeutung von Y ESO QUE (vgl. 35.48):

–La verdad es que se hace querer.      *"Er ist wirklich ein lieber Kerl."*
–Sí, y mira que contigo se pone a veces inaguantable.      *"Ja, und dabei ist er zu dir manchmal unausstehlich!"*

### 31.36 MIRA und MIRE in feststehenden Wendungen

Feststehende Formeln zum Ausdruck der Verwunderung und Überraschung mit den Imperativformen von MIRAR:

–Entonces él tiene doble nacionalidad.      *"Dann hat er eine doppelte Staatsangehörigkeit."*
–Sí, mira tú por dónde.      *"Ja, wer hätte es gedacht, was?"*

–Mi hija practica el patinaje sobre hielo.      *"Meine Tochter betreibt Eiskunstlauf."*
–¡Mire usted por dónde! La mía también.      *"Wirklich? Meine auch."*

## 31. Der Imperativ

### 31.37 OYE beim Ansprechen des Gesprächspartners

Mit OYE wird die Aufmerksamkeit des familiär angeredeten Gesprächspartners auf die darauf folgende eigene Äußerung gelenkt:

**Oye Carlos, no voy a tener listas las fotos hasta el martes.**
*Du Carlos, die Fotos habe ich nicht vor Dienstag fertig.*

**Óyeme, todo esto es una locura, una absoluta locura.**
*Du hör mal, das alles ist verrückt, vollkommen verrückt.*

### 31.38 OIGA beim Ansprechen eines Unbekannten

Mit den Formen OIGA / OIGAN lenkt der Sprechende die Aufmerksamkeit von Fremden (Passanten, Kellnern, Taxifahrern usw.) auf sich:

**Oiga, señora, ¿tiene cambio?**
*Entschuldigung, können Sie wechseln?*

**Oiga por favor, la cuenta.**
*Herr Ober, wir möchten zahlen.*

### 31.39 Imperativformen von TOMAR beim Überreichen

Beim Überreichen *('bitte')* wird der Imperativ von TOMAR (auch von TENER) verwendet:

–¿Me pasas la sal?              *"Kann ich bitte das Salz haben?"*
– Claro, toma / ten.            *"Natürlich, bitte."*

–¿Valen algo los folletos?      *"Kosten die Prospekte etwas?"*
–No valen nada. Tome / Tenga.   *"Sie kosten nichts. Bitte."*

### 31.40 TOMA im Ausdruck der Verwunderung

TOMA ist ein Ausdruck der Verwunderung:

–¿Qué es de Raquel Velázquez?   *"Wie geht's Raquel Velázquez?"*
–¡Toma! ¿No lo sabe aún usted?  *"Was?! Sie wissen es noch nicht?"*

### 31.41 Imperativformen von DECIR in Zustimmungen

Mit der Formel **Imperativform von** DECIR + QUE SÍ werden engagierte Zustimmungen ausgesprochen:

–Una noche así lo compensa todo.   *"So eine Nacht läßt alles vergessen."*
–Di que sí.                         *"Du sagst es."*

–Todos los políticos son corruptos. *"Alle Politiker sind korrupt."*
–¡Diga usted que sí!                *"Jawohl, so ist es!"*

### 31.42 DIGAMOS

Mit Y / O (NO) DIGAMOS wird in der gesprochenen wie in der geschriebenen Sprache eine Präzisierung des gerade Mitgeteilten vorgenommen:

**Tocaba muy bien el violín, o digamos la viola.**
*Er spielte sehr gut Geige, oder vielmehr Bratsche.*

**La televisión ha desplazado a otras artes, y no digamos a la lectura.**
*Das Fernsehen hat andere Künste zurückgedrängt, nicht zu reden vom Lesen.*

### 31. Der Imperativ

#### 31.43 NO ME DIGAS und NO ME DIGA

NO ME DIGA(S) drückt in Antworten Verwunderung und Ungläubigkeit aus:

–Resulta que su madre no me aguanta.    "Seine Mutter kann mich nicht ausstehen."
–¡No me digas!    "Sieh mal an!"

#### 31.44 Imperativformen von PERDONAR und DISCULPAR

Der Imperativ von PERDONAR und DISCULPAR wird zur Entschuldigung verwendet:

**Perdóname, María.**
*Verzeih mir, Maria!*

**Disculpen ustedes, pero tengo que irme.**
*Entschuldigen Sie, ich muß gehen.*

#### 31.45 Imperativformen von HACER EL FAVOR

Mit der Formel **Imperativ von** HACER + EL FAVOR DE + **Infinitiv** werden Bitten, oft dringliche Bitten ausgesprochen:

**Haz el favor de no molestarme.**
*Tu mir bitte den Gefallen und stör mich nicht!*

**Haga el favor de apagar la luz, señor.**
*Seien Sie bitte so nett und schalten das Licht aus!*

#### 31.46 NO CREA und NO CREAS

NO CREA(S) dient der Bekräftigung von Zustimmungen und Verneinungen:

–Debe de ser aburrido vivir en el campo.    "Das Landleben muß langweilig sein."
–Tiene su atractivo, no crea.    "Es hat seine Reize, so ist das nicht."

–Tu familia es perfecta.    "Ihr seid die vollkommene Familie."
–No creas, regular nada más.    "Ach was, reiner Durchschnitt."

#### 31.47 Imperativformen von QUITAR

Mit der Formel **Imperativform von** QUITAR (+ ALLÁ / DE ALLÍ) werden heftige Ablehnungen ausgesprochen:

–Me voy a estudiar a Bélgica.    "Ich gehe zum Studium nach Belgien."
–¡Quita de allí!    "Das glaubst du doch selbst nicht!"

–Oiga, yo estaba antes que usted en la fila.    "Hören Sie mal, ich war vor Ihnen in der Schlange."
–¡Quite usted!    "Kann ja jeder sagen!"

#### 31.48 Imperativformen von FIJARSE und FIGURARSE

Mit den Imperativformen von FIJARSE und FIGURARSE drückt man Verwunderung aus:

–Ese señor era Don Raúl, el dueño de todo esto.    "Das war Don Raúl, der Besitzer von all dem hier."
–Uy, fíjate, ni se me pasó por la cabeza que pudiera ser él.    "Was du nicht sagst, ich konnte mir überhaupt nicht vorstellen, daß er es sein könnte."

## 31. Der Imperativ

–Ocurrió cuando yo vivía en Río.  "Das war, als ich in Rio lebte."
–Figúrate los años que hace ya.  "Mensch, so lange ist das her!"

### 31.49 NO VEAS

NO VEAS kann als eine Variante von CUÁNTO (vgl. 28.45, 28.46, 28.47) aufgefaßt werden. NO VEAS wird sehr nachgestellt und attributiv gebraucht in der Form QUE NO VEAS:

**No veas la de versos que se sabe.**
*Der kann aber eine Menge Verse auswendig!*

**No veas cómo se puso a gritar.**
*Geschrieen hat er, du glaubst es nicht.*

**Los domingos esto se llena de gente que no veas.**
*Sonntags wird das hier proppenvoll.*

**A ▶** HAY QUE VER ist ein sehr oft gebrauchtes Synonym von NO VEAS. Es wird in der Regel entweder vor einem relativischen Elativ (vgl. 28. 29 und 28.46) oder in kommentierender Absicht als Ausdruck von Erstaunen oder Empörung alleinstehend verwendet:

**Hay que ver lo bien que nos ha salido la conferencia.**
*Wie hervorragend ist uns doch die Konferenz gelungen!*

**Hay que ver los disgustos que me ha costado educar a este chaval.**
*Eine Menge Ärger hat mich die Erziehung dieses Jungen gekostet.*

–Y encima la calefacción de la biblioteca lleva semanas sin funcionar.  "Und obendrein geht die Heizung in der Bibliothek seit Wochen nicht."
–Hay que ver.  "Unglaublich."

### 31.50 PARA / PARE

Y PARA / PARE USTED DE CONTAR wird am häufigsten verwendet, um mitzuteilen, daß eine Angelegenheit frühzeitig erledigt wird:

**Me lo presentaron, le di la mano, y pare usted de contar.**
*Man hat ihn mir vorgestellt, ich habe ihm die Hand gegeben, und damit hatte es sich.*

# 32. Der Subjuntivo im einfachen Satz

In diesem Kapitel werden die Verwendungsweisen des Subjuntivo in syntaktisch unabhängigen Sätzen dargestellt; zu letzteren werden hier auch einige Typen von Sätzen gezählt, die mit der Partikel QUE eingeleitet werden (zu diesem Wort vgl. Kapitel 34, Teil A).

## A. Subjuntivo in Aufforderungen

### 32.1 PRESENTE DE SUBJUNTIVO als Imperativ

Nachstehend, am Beispiel von TOMAR, eine Übersicht über die Formen des PRESENTE DE SUBJUNTIVO, die zum Imperativparadigma gehören.

- 2. Person Singular:
    - verneinender Imperativ der Person TÚ: NO TOMES
- 3. Person Singular:
    - bejahender Imperativ der Person USTED: TOME
    - verneinender Imperativ der Person USTED: NO TOME
    - unpersönlicher bejahender Imperativ im Singular: TÓMESE
    - unpersönlicher verneinender Imperativ im Singular: NO SE TOME
- 1. Person Plural:
    - bejahender Imperativ der Person NOSOTROS/NOSOTRAS: TOMEMOS
    - verneinender Imperativ der Person NOSOTROS/NOSOTRAS: NO TOMEMOS
- 2. Person Plural:
    - verneinender Imperativ der Person VOSOTROS/VOSOTRAS: NO TOMÉIS
- 3. Person Plural:
    - bejahender Imperativ der Person USTEDES: TOMEN
    - verneinender Imperativ der Person USTEDES: NO TOMEN
    - unpersönlicher Imperativ im Plural: TÓMENSE
    - unpersönlicher verneinender Imperativ im Plural: NO SE TOMEN

### 32.2 Aufforderungen an Dritte

Für Aufforderungen an Dritte steht QUE + 3. Person Singular / Plural des PRESENTE DE SUBJUNTIVO:

**Que pase el señor García.**
*Herr García soll hereinkommen.*

**Que se levanten los chicos ya.**
*Die Kinder sollen schon aufstehen.*

**A ▶** QUE-Sätze mit Subjuntivo kommen sehr häufig als das weitere Glied von Bedingungssätzen mit SI vor:

**Si tiene pruebas, que las presente.**
*Falls er Beweise hat, soll er sie vorlegen.*

### 32.3 Bekräftigung einer Aufforderung

Die Bekräftigung, vornehmlich die nachdrückliche Wiederholung einer persönlichen Aufforderung erfolgt durch QUE + PRESENTE DE SUBJUNTIVO:

**¡Que te vayas!**
*Geh endlich!*

**¡Que nos dejéis solos!**
*Laßt uns allein!*

## B. Subjuntivo in Äußerungen erfüllbarer Wünsche

### 32.4 Ausdruck erfüllbarer Wünsche im PRESENTE DE SUBJUNTIVO
In der Alltagssprache wird oft QUE vor den partnerbezogenen Imperativ plaziert, der dann als PRESENTE DE SUBJUNTIVO erscheinen muß; dieselbe Formel gilt auch für den Ausdruck bloßer Wünsche an den Gesprächs- oder Schreibpartner:

**Hala, hasta Madrid, que tengáis buen viaje.**
*Also, auf Wiedersehen in Madrid, und habt eine gute Reise!*

**Que nos casemos pronto.**
*Laß uns doch bald heiraten!*

**Que me escribas.**
*Schreib mir doch!*

### 32.5 Indirekter Imperativ ohne QUE
Im nicht partnerbezogenen Gebrauch des Imperativs in Aufforderungen an Dritte kann QUE entfallen:

**(Que) queden flotando estas interrogantes.**
*Diese Fragen mögen vorläufig in der Schwebe bleiben.*

**Sea suficiente con señalar esta dificultad.**
*Es mag mit dem Hinweis auf diese Schwierigkeit sein Bewenden haben.*

**A ▶** Beispiel des Gebrauchs der sehr häufigen Wendung (Y) QUE CONSTE QUE:

**Y que conste que yo no hablo ni una palabra de húngaro.**
*Und wohlgemerkt: Ich kann nicht ein Wort Ungarisch.*

### 32.6 Feststehende Ausdrücke für gute Wünsche
Es gibt im Spanischen eine Anzahl feststehender Wendungen für den Ausdruck guter Wünsche an den Gesprächspartner, sie werden alle mit QUE eingeleitet. Nachstehend einige der häufigsten Wendungen. Die Beispiele sind an die Person TÚ gerichtet, davor in eckigen Klammern der dazugehörige Infinitiv.

[MEJORARSE] **que te mejores** *gute Besserung!*
[DIVERTIRSE] **que te diviertas** *viel Vergnügen!*
[IR BIEN] **que te vaya bien** *laß es dir gut gehen!*
[DESCANSAR] **que descanses** *angenehme Ruhe!*
[PASARLO BIEN / PASÁRSELO BIEN] **que (te) lo pases bien** *viel Vergnügen!*

**A ▶** Weitere gebräuchliche Redewendung:

[APROVECHAR] **que aproveche** *guten Appetit!*

### 32.7 Wünsche an Dritte in feststehenden Wendungen
Nachstehend eine Auswahl aus der großen Anzahl feststehender Formeln im PRESENTE DE SUBJUNTIVO, die zum Ausdruck von Hoffnung, Empörung, Furcht und sonstigen Gemütszuständen dienen und von denen zahlreiche einen christlichen Bezug haben (weitere Beispiele vgl. 32.31).

**¡Dios nos coja confesados!** *Gott sei uns gnädig!*
**¡Dios te bendiga!** *Gott segne dich!*
**¡Dios me libre!** *Gott behüte!*
**¡Dios se lo pague!** *Gott vergelt's!* (Dankwort eines Bettlers)

## 32. Der Subjuntivo im einfachen Satz

**Descanse en paz** *er ruhe sanft*
**¡Muera el tirano!** *nieder mit dem Tyrannen!*
**¡Válgame Dios! / ¡Bendito sea Dios!** *um Gottes willen!*
**¡Viva la República!** *es lebe die Republik!*
**Séale la tierra leve** *er ruhe in Frieden*

### 32.8 Ausdruck erfüllbarer Wünsche mit OJALÁ

Das in der Regel satzeinleitend stehende Modaladverb OJALÁ (von QUE nicht selten gefolgt) verlangt immer den Gebrauch des Subjuntivo im einfachen Satz. Der Tempusgebrauch richtet sich nach 37.24 (in der Praxis kommen meistens **PRESENTE DE SUBJUNTIVO** und **PERFECTO DE SUBJUNTIVO** vor):

**Ojalá que no te equivoques.**
*Hoffentlich irrst du dich nicht.*

**Ojalá no le haya pasado nada.**
*Hoffentlich ist ihm nichts passiert.*

**A ▶** In folgenden Beispielen erlebter Rede mit einem Zeitpunkt der Vergangenheit als Bezugszeitpunkt handelt es sich nicht um unerfüllbare, sondern um erfüllbare Wünsche:

**Juan iba a llegar a las doce. Ojalá no trajera retraso el tren.**
*Juan sollte um zwölf ankommen. Hoffentlich hatte der Zug nicht Verspätung.*

**María no llegaba. Ojalá no le hubiera pasado nada.**
*María kam nicht an. Hoffentlich war ihr nichts passiert.*

### 32.9 Ausdruck erfüllbarer Wünsche mit ASÍ

Satzeinleitendes ASÍ wird in ausrufartigen Wunschäußerungen im Subjuntivo verwendet; es handelt sich dabei immer um "böse Wünsche" (hinsichtlich der Zeitenverwendung gelten die Regeln zu OJALÁ, vgl. 37.24C, 37.24D):

**¡Así se rompa una pierna!**
*Hoffentlich bricht er sich ein Bein!*

**¡Así los haya aplastado un camión!**
*Hoffentlich sind sie von einem Lastwagen plattgewalzt worden!*

## C. Ausdruck der Unwirklichkeit im einfachen Satz

Die einzigen Tempora des Subjuntivo, die im Ausdruck des Irrealen und Unerfüllbaren im einfachen Satz vorkommen, sind gemäß 37B4 das **IMPERFECTO DE SUBJUNTIVO**, wenn das Gesagte die Gegenwart oder die Zukunft betrifft, und das **PLUSCUAMPERFECTO DE SUBJUNTIVO**, wenn die Äußerung Vergangenem gilt.

### 32.10 Ausdruck unerfüllbarer Wünsche mit OJALÁ

Der Redende kann seinen unerfüllbaren Wunsch, Vorhandenes wäre doch nicht vorhanden bzw. Geschehenes wäre doch nicht geschehen, in einem Satz zum Ausdruck bringen, der mit OJALÁ eingeleitet ist (die Zeitenverwendung richtet sich nach dem Entsprechungsschema in 37.19):

**Ojalá fuera domingo hoy.**
*Wäre heute doch Sonntag!*

**Ojalá te hubieras quedado callada.**
*Hättest du doch nichts gesagt!*

## 32. Der Subjuntivo im einfachen Satz

### 32.11 Ausdruck unerfüllbarer Wünsche mit ASÍ
ASÍ wird in emotional geladenen Wunschäußerungen zum Ausdruck unerfüllbarer "böser Wünsche" verwendet (zur Zeitenverwendung vgl. 37.16). ASÍ steht immer am Satzanfang:

¡Así se quedara viudo en este momento!
*Würde er doch jetzt Witwer!*

¡Así se les hubiera caído la casa!
*Wäre denen das Haus doch eingestürzt!*

### 32.12 Ausdruck unerfüllbarer Wünsche mit QUIÉN
In den ausrufartigen Äußerungen über Unerfülltes und Unmögliches mit QUIÉN meint der Sprechende meistens sich selbst und seine Einstellung zur Gegenwart:

¡Quién supiera escribir versos!
*Könnte ich Verse schreiben!*

¡Quién fuera organista!
*Ich wäre so gern Orgelspieler!*

### 32.13 Vorwürfe hinsichtlich vergangener Handlungen
Vorwürfe wegen etwas, das was hätte passieren können bzw. sollen, können in ausrufeartigen einfachen Sätzen mit dem Verb im PLUSCUAMPERFECTO DE SUBJUNTIVO, vornehmlich in der -RA-Variante, ausgedrückt werden:

¡Hubieras llamado ayer!
*Du hättest gestern anrufen sollen.*

Hubiéramos echado la carta mañana.
*Wir hätten den Brief besser morgen einwerfen sollen.*

### 32.14 Irreale Vergleiche als heftige Verneinung
Durch ausrufartige Sätze mit der Formel NI QUE (...) + IMPERFECTO DE SUBJUNTIVO / PLUSCUAMPERFECTO DE SUBJUNTIVO wird Widerspruch ausgedrückt in Form eines irrealen, übertriebenen Vergleichs:

¡Ni que yo fuera Drácula!
*Ich bin doch nicht Dracula!*

¡Ni que hubierais visto al lobo feroz!
*Ihr habt doch nicht den bösen Wolf gesehen!*

## D. Sonstiges zum Gebrauch des Subjuntivo im einfachen Satz

### 32.15 Subjuntivo nach Modaladverbien
Möchte der Sprechende im einfachen Satz seine Unsicherheit gegenüber einem nicht feststehende Sachverhalt zum Ausdruck bringen, so kann er dies tun durch die Verwendung des Subjuntivo nach (niemals vor) den Modaladverbien QUIZÁ(S), TAL VEZ, ACASO, auch nach POSIBLEMENTE und PROBABLEMENTE (zum Tempusgebrauch vgl. 37.24):

Quizá no vivamos en el mejor de los mundos.
*Vielleicht leben wir nicht in der besten aller Welten.*

Posiblemente haya confundido las direcciones.
*Möglicherweise hat er die Adressen verwechselt.*

## 32. Der Subjuntivo im einfachen Satz

**Tal vez fuera eso a lo que temía ella.**
*Vielleicht war es das, wovor sie Angst hatte.*

**Acaso no se hubiese enterado nadie aún.**
*Vielleicht hatte es noch niemand erfahren.*

**A** ▶ Beispiele wie das folgende, in dem ein Modaladverb der Gewißheit wie SEGURAMENTE durch den Gebrauch des Subjuntivo zu einem des Zweifels wird, kommen in der geschriebenen Sprache nicht selten vor:

**Este hombre de 87 años seguramente sea el testigo más creíble.**
*Dieser 87jährige Mann ist wohl der glaubwürdigste Zeuge.*

**B** ▶ Beispiel mit der sehr häufigen satzadverbiellen Wendung POR SI ACASO:

**Por si acaso, te anotas el teléfono.**
*Du schreibst dir die Telefonnummer für alle Fälle auf.*

### 32.16 PUEDE QUE

Nach dem beinah zum Adverb gewordenen, überaus häufig gebrauchten Ausdruck PUEDE QUE steht immer Subjuntivo (zum Tempusgebrauch vgl. 37.24):

**Puede que no se acuerde usted de mí.**
*Vielleicht erinnern Sie sich nicht an mich.*

**Su hermana puede que haya perdido el tren.**
*Seine Schwester könnte den Zug verpaßt haben.*

### 32.17 Indikativ nach Modaladverbien der Wahrscheinlichkeit

Nach A LO MEJOR, IGUAL und LO MISMO wird nur Indikativ gebraucht:

**A lo mejor no vivimos en el mejor de los mundos.**
*Vielleicht leben wir nicht in der besten aller Welten.*

**Igual no existe la propiedad privada.**
*Womöglich existiert das Privateigentum nicht.*

**Lo mismo se ha quedado mosqueada y no viene.**
*Kann sein, sie ist sauer und kommt nicht.*

### 32.18 Indikativ nach MENOS MAL und GRACIAS A DIOS

Nach MENOS MAL (QUE) und GRACIAS A DIOS / A DIOS GRACIAS wird nur Indikativ gebraucht:

**Menos mal que llevas paraguas tú.**
*Gott sei dank hast du einen Schirm dabei.*

**Gracias a Dios, la gasolinera aceptaba cheques.**
*Gott sei dank nahm die Tankstelle Schecks an.*

### 32.19 Subjuntivo in Verknüpfungen mit der Konjunktion O

Der Gebrauch des Subjuntivo macht eine disjunktive Verbindung von Sätzen mit O zu einer konzessiven, d.h. es wird eine Art Gleichgültigkeit gegenüber den Sachverhalten in der O-Verbindung ausgedrückt. Der Tempusgebrauch hier richtet sich nach den Regeln in 37.24.

**A** ▶ Beispiele mit **Verb (+ Ergänzung) + O NO (+ Verb)** mit ein und demselben Verb. SEA-Konstruktionen kommen dabei häufig vor:

**Tendrás que pagar, quieras o no quieras.**
*Du wirst zahlen müssen, ob du willst oder nicht.*

**No pienso recibirlos, se hayan disculpado o no.**
*Ich möchte sie nicht empfangen, egal, ob sie sich entschuldigt haben oder nicht.*

**Hubiera fútbol o no, se pasaba la vida pegado al televisor.**
*Egal, ob Fußball lief oder nicht, saß er ständig vor dem Fernseher.*

**A cualquier niño, sea francés o chino, le encantan los dinosaurios.**
*Jedes Kind, ob Franzose oder Chinese, liebt die Dinosaurier.*

**B** ▶ Beispiele mit **Verb + O + Verb** mit verschiedenen Verben:

**Tomaremos parte, ganemos o perdamos.**
*Wir nehmen daran teil, ob wir gewinnen oder verlieren.*

**Te vayas o te quedes, no te libras de ellos.**
*Ob du gehst oder bleibst, du wirst sie nicht los.*

**C** ▶ Beispiele Mit **Verb + Ergänzung + O (+ Verb ) + Ergänzung** mit demselben Verb oder mit verschiedenen Verben:

**Odio la lluvia, llueva mucho o llueva poco.**
*Ich hasse den Regen, egal ob es viel regnet oder wenig.*

**Su lenguaje es reducido, se manden mails o conversen por móvil.**
*Ihre Sprache ist begrenzt, gleich ob sie sich Mails schicken oder ob sie sich per Handy unterhalten.*

### 32.20 Personalpronomen in disjunktiven Konstruktionen mit Subjuntivo

Bei den disjunktiven Konstruktionen mit Subjuntivo (vgl. 32.19) werden gelegentlich die verbundenen Pronomen (vornehmlich unpersönliches SE) an die konjugierte Verbform angehängt:

**Condeno a los que ponen bombas, llámenseles terroristas o libertadores.**
*Ich verurteile die Bombenleger, mag man sie Terroristen oder Befreier nennen.*

### 32.21 YA in disjunktiven Konstruktionen mit Subjuntivo

Vor das erste Element der disjunktiven Konstruktionen mit Subjuntivo kann YA plaziert werden, (bisweilen wird es vor beide gestellt, vgl. 33.18):

**Las consecuencias serán importantes, ya decidan permanecer o retirarse.**
*Die Folgen werden schwerwiegend sein, ob sie sich nun für das Verbleiben oder den Rückzug entscheiden.*

### 32.22 Beigeordnete Finalkonstruktionen

Mit den folgenden Formeln wird auf die unerwünschte Folge beim Unterlassen des im vorausgehenden Satz Gesagten hingewiesen. Zur Zeitenfolge vgl. 37.24; vgl. auch 35.13.

**A** ▶ Beispiele mit **NO + Subjuntivo von IR + A + Infinitiv**:

**Mira otra vez el plano, no vayamos a equivocarnos de calle.**
*Schau in dem Plan noch einmal nach, daß wir uns ja nicht verfahren.*

**Me retiré, no fueran a tildarme de indiscreto.**
*Ich zog mich zurück, damit man mich nicht als indiskret bezeichnete.*

**B** ▶ Die Formel **NO + Verb im Subjuntivo + QUE + Verb im Indikativ** betrifft nur vereinzelte Verben nach NO wie CREER, PENSAR, DECIR:

**Sonreíd, no crean que estamos enfadados.**
*Lächelt, sonst glauben sie, wir sind verärgert.*

**Le pedí disculpas, no pensara que éramos unos maleducados.**
*Ich entschuldigte mich bei ihr, damit sie nicht dachte, wir hätten schlechte Manieren.*

## 32. Der Subjuntivo im einfachen Satz

### 32.23 DEBIERA statt DEBERÍA

Im geschriebenen, aber auch im gesprochenen Spanisch wird die -RA-Variante des PRETÉRITO IMPERFECTO DE SUBJUNTIVO von DEBER statt DEM CONDICIONAL SIMPLE verwendet:

**Debieran prohibirse las huelgas.**
*Streiks sollten verboten werden.*

● Die Ersetzung erfolgt auch in Relativsätzen, vgl. 36.11.

### 32.24 PUDIERA statt PODRÍA

Vor allem im geschriebenen Spanisch ersetzt die -RA-Variante des PRETÉRITO IMPERFECTO DE SUBJUNTIVO von PODER, vornehmlich im unpersönlichen Gebrauch, den CONDICIONAL SIMPLE:

**Pudiera ser verdad.**
*Das könnte wahr sein.*

● Die Ersetzung erfolgt auch in Relativsätzen, vgl. 36.11.

### 32.25 PUEDA SER statt PUEDE SER

In Antworten mit dem Sinn *'das mag stimmen'* bzw. *'das mag sein'* kommt auch PUEDA SER neben PUDIERA SER vor:

**¿Que si voy? Pueda ser.**
*Ob ich gehe? Kann sein.*

### 32.26 QUISIERA statt QUERRÍA und QUIERO

Die -RA-Variante des PRETÉRITO IMPERFECTO DE SUBJUNTIVO von QUERER ersetzt weitgehend den CONDICIONAL SIMPLE. Auch das PRESENTE DE INDICATIVO von QUERER kann mit dem gleichen Tempus ersetzt werden:

**Quisiera ser tan alto como la luna.**
*Ich möchte so groß wie der Mond sein.*

**¡Cuánto quisiera que se acabara todo esto!**
*Nichts wünsche ich sehnlicher, als daß dies alles zu Ende wäre.*

**Ya quisiera tener yo tus problemas.**
*Deine Probleme möchte ich haben!.*

● Die Ersetzung erfolgt auch in Relativsätzen, vgl. 36.11.

**A** ▶ Eine feststehende Wendung des Bedauerns als implizite Verneinung ist QUÉ MÁS QUISIERA (YO), oft zu MÁS QUISIERA verkürzt:

**–Y como tú tienes una salud de hierro...**  *"Und da du ja eine eiserne Gesundheit hast..."*
**–¿Hierro? ¡Qué más quisiera!**  *"Eisern? Schön wär's"*

### 32.27 PRETÉRITO IMPERFECTO DE SUBJUNTIVO von CREER, DECIR und PARECER

In der Schriftsprache tritt nicht selten die -RA-Variante des PRETÉRITO IMPERFECTO DE SUBJUNTIVO von CREER, DECIR (dann in den reflexiven Formen CREYÉRASE bzw. DIJÉRASE) sowie von PARECER statt dem CONDICIONAL SIMPLE bzw. CONDICIONAL COMPUESTO auf; es handelt sich um den unpersönlichen, einen Nebensatz einleitenden Gebrauch dieser Verben:

**Creyérase que han pasado cien años.**
*Man könnte glauben, es seien hundert Jahre vergangen.*

## 32. Der Subjuntivo im einfachen Satz

**Dijérase que estábamos locos todos.**
*Man hätte meinen können, wir wären alle verrückt.*

**Pareciera que las paredes oyen.**
*Es ist, als könnten die Wände hören.*

### 32.28 PLUSCUAMPERFECTO DE SUBJUNTIVO statt CONDICIONAL COMPUESTO

Im irreal-hypothetischen Kontext steht das PLUSCUAMPERFECTO DE SUBJUNTIVO sehr oft anstelle des CONDICIONAL COMPUESTO (in den folgenden Beispielen werden HABRÍA CANTADO und TE LO HABRÍA DICHO ersetzt):

**Si supiera cantar, claro que hubiera cantado.**
*Wenn ich singen könnte, hätte ich natürlich gesungen.*

**Te lo hubiera dicho si me lo hubieras preguntado.**
*Ich hätte es dir gesagt, wenn du mich gefragt hättest.*

- Die Ersetzung erfolgt auch in Relativsätzen, vgl. 36.8.

### 32.29 Einschränkende Ausdrücke mit Verben des Wissens

Behauptungen können eingeschränkt werden durch vorangestellte, eingeschobene oder angehängte Sätze, die sich auf das Wissen des Subjekts – in der Regel implizites oder explizites YO oder NOSOTROS, aber auch unpersönlichen SE – beziehen. In der Regel handelt es sich um die Verben RECORDAR und SABER, gelegentlich werden andere Ausdrücke verwendet. Das Verb steht in Subjuntivo unter Beachtung der Zeitenfolgeregeln in 37.24, davor steht QUE:

**Que yo recuerde, su cumpleaños es en julio.**
*Soweit ich mich erinnern kann, hat er im Juli Geburtstag.*

**Nació en La Habana, que se sepa.**
*Sie ist in Havanna geboren, soweit man weiß.*

**La familia, que supiéramos, había vivido en Tenerife.**
*Soweit wir damals wußten, hatte die Familie auf Teneriffa gewohnt.*

**Que tengamos constancia, ese país no tiene petróleo.**
*Soweit wir unterrichtet sind, besitzt dieses Land kein Erdöl.*

### 32.30 QUE DIGAMOS

QUE DIGAMOS wird zur Bekräftigung von Verneinungen absoluter Superlative – häufig mit MUY, MUCHO und DEMASIADO – an den Satz angehängt verwendet. Die Formel kann nach den Zeitenfolgeregeln in 37.24 die Form QUE DIJÉRAMOS einnehmen:

**Esta música no es muy cantable que digamos.**
*Diese Musik ist sozusagen nicht sehr sangbar.*

**Mis padres nunca han sido demasiado liberales que digamos.**
*Zu liberal sind meine Eltern eigentlich nie gewesen.*

**Ella a mi perro no le tenía mucho afecto que dijéramos.**
*Sie war im Grunde genommen nicht sehr lieb zu meinem Hund.*

## 32. Der Subjuntivo im einfachen Satz

### 32.31 Feststehende Wendungen mit Subjuntivo im einfachen Satz

Das Lexikon verzeichnet zahlreiche Wendungen mit Subjuntivo im einfachen Satz, von denen hier eine kleine Liste gegeben wird.

**A** ▶ Feststehende Wendungen im PRESENTE DE SUBJUNTIVO:

**o sea** *das heißt*
**dicho sea de paso** *nebenbei gesagt, übrigens*
**¡vaya sorpresa!** *was für eine Überraschung!* (vgl. 28.28A, 31.22)
**don Pablo, que en paz descanse / que en gloria esté** *Don Pablo, Gott habe ihn selig*
**¡y que lo digas!** *was du nicht sagst!*
**¡y que lo diga usted!** *was Sie nicht sagen!*
**¡que se fastidie!** *selber schuld!*
**¡con su pan se lo coma!** *selber schuld!*
**¡ahí me las den todas!** *was geht mich das an?*
**¡allá se las haya / componga!** *na schön!, um so schlimmer für ihn!*
**¡maldita sea!** *verdammt noch mal!*
**¡que lo parta un rayo! / ¡mal rayo lo parta!** *der Teufel soll ihn holen!*

**B** ▶ Beispiele mit ACABÁRAMOS:

–Nació en París, y por eso habla francés como un francés.
–¿Nació en París? ¡Acabáramos!
   *"Er ist in Paris geboren, deshalb spricht er Französisch wie ein Franzose."*
   *"In Paris geboren? Das ist es also!"*

–La verdad es que no te llamo porque me sale muy caro llamarte.
–¡Acabáramos!
   *"Es ist mir zu teuer, deshalb eigentlich rufe ich dich nicht an."*
   *"So ist es also!"*

# 33. Die Konjunktionen der Beiordnung

In diesem Kapitel werden die Konjunktionen der Koordinierung von Sätzen und Satzteilen dargestellt. Darüber hinaus werden die am häufigsten gebrauchten Konjunktionaladverbien ebenso aufgelistet wie die am häufigsten vorkommenden Ausdrücke, die im gesprochenen Spanisch als Verbindung zwischen zwei Äußerungen fungieren.

## A. Kopulative Verbindung

### 33.1 Die Konjunktion Y

Beispiele für den Gebrauch von Y:

**un cuaderno y un libro** *ein Heft und ein Buch*
**Barcelona y Valencia** *Barcelona und Valencia*
**leones y hienas** *Löwen und Hyänen*
**siglos y siglos** *über Jahrhunderte hinweg*
**aprender reglas y reglas y reglas** *jede Menge Regeln lernen*
**una situación absurda y delicada** *eine absurde, delikate Situation*
**el ir y venir** *das (Gehen und Kommen =) Kommen und Gehen*

**A ▶** Beispiele der Verbindung von Sätzen (weitere Beispiele von konditionalen Satzverbindungen mit Y vgl. 35.103):

**Me miró y se echó a reír.**
*Er schaute mich an und fing an zu lachen.*

**Dime con quién andas y te diré quién eres.**
*Sag mir, mit wem du Umgang hast, und ich sage dir, wer du bist.*

**Una pregunta más y me da un ataque de nervios.**
*Noch eine Frage, und ich hätte einen Nervenzusammenbruch bekommen.*

### 33.2 Die Konjunktion Y in umgangsprachlichen Formeln

Y ist fester Bestandteil zahlreicher umgangssprachlicher Formeln, vgl. u.a. 27.52, 28.7, 31.33, 31.35C, 32.5A, 31.42. Das vorletzte der nachstehenden Beispiele drückt Zustimmung aus.

| | |
|---|---|
| –¿Cómo te sientes? | "Wie fühlst du dich?" |
| –¿Y tú me lo preguntas? | "Und das fragst du mich?" |
| –¿Es posible? | "Ist das möglich?" |
| –Y tan posible. | "Und ob das möglich ist!" |
| –Es un genio de las Matemáticas. | "Er ist ein mathematisches Genie." |
| –Di que sí, y que sea tan pobre. | "Wohl wahr, und daß er so arm ist!" |

### 33.3 E statt Y

Vor silbenbildendem I (graphisch auch HI-) wird Y zu E:

**Francia e Inglaterra** *Frankreich und England*
**hijos e hijas** *Söhne und Töchter*

**A ▶** Vor –HIE und –YA, –YE, –YI, –YO, –YU schreibt man Y:

**leones y hienas** *Löwen und Hyänen*
**pies y yardas** *Füße und Yards*

### 33. Die Konjunktionen der Beiordnung

**clara y yema** *Eiweiß und Eigelb*
**tú y yo** *du und ich*

**B** ▶ E als Ersatz für die Konjunktion Y erscheint nur, wenn danach keine Pause eintritt. Sonst kommt Y wieder zum Tragen; ebenso tritt Y auf bei Fragen, die ein Gespanntsein oder Verwunderung ausdrücken:

**Alemania, Francia y .... Irlanda** *Deutschland, Frankreich und ... Irland*
**oye, ¿y Ignacio?** *Du, wo bleibst denn Ignacio?*

#### 33.4 NI und NI ... NI

Beispiele mit NI und NI ... NI (Näheres zu NI vgl. 29.31, 29.53):

**Nunca he visto por aquí motos ni bicicletas.**
*Noch nie habe ich hier Motorräder und Fahrräder gesehen.*

**No ha querido hablar con ella ni conmigo.**
*Sie hat mit ihr nicht reden wollen und auch nicht mit mir.*

**Aquello no le iba a gustar ni a mí ni a ellos.**
*Das sollte weder mir noch ihnen gefallen.*

#### 33.5 Kopulative Adverbien

Folgende Ausdrücke dienen der Verbindung von Sätzen und Satzteilen:

**así como** *sowie*
**además** *außerdem*
**asimismo / así mismo** *ebenfalls*
**aparte de eso** *darüber hinaus*
**encima** *obendrein*
**otrosí** *ferner*
**por [de] otro lado / por [de] otra parte** *andererseits*
**también** *auch*
**tampoco** *auch nicht*


## B. Disjunktive Verbindung

#### 33.6 Die Konjunktion O

Beispiele der Verwendung von O (bei den nachfolgenden Beispielen hat O in den zwei letzten einen explikativen, nicht einen disjunktiven Sinn; im letzten wäre es mit Y austauschbar):

**Barcelona o Madrid** *Barcelona oder Madrid*
**la bolsa o la vida** *Geld oder Leben*
**casadas o solteras** *verheiratet oder ledig*
**tú, yo o él** *du, ich oder er*
**la desnutrición o la falta de vitaminas** *die Unterernährung oder der Vitaminmangel*
**Don Juan o el burlador de Sevilla** *Don Juan oder der Frauenverführer von Sevilla*
**aplicable a coches o bicicletas** *für PKW bzw. Fahrräder geeignet*

**A** ▶ Beispiele der Verbindung von Sätzen (zu weiteren Beispielen von konditionalen O-Satzverbindungen vgl. 35.103):

**¿Te quedas o te vas?**
*Bleibst du oder gehst du?*

**Cállate o te doy un golpe.**
*Sei still, oder ich schlage dich!*

## 33.7 O BIEN

O BIEN ist eine verstärkende Variante von O:

**Estaba con jaqueca, o bien no quería venir.**
*Er hatte Kopfweh, oder er wollte einfach nicht kommen.*

**Los originales se perdieron, o bien me los extraviaron.**
*Die Originale sind verloren gegangen, oder man hat sie verlegt.*

## 33.8 Ó statt O

Zwischen und nach Ziffern muß O mit Akzent geschrieben werden:

**12 ó 13** *12 oder 13*
**2 500 000 ó más** *2 500 000 oder mehr*

## 33.9 U statt O

Vor O- oder HO- wird vor O zu U:

**este u otro cualquiera** *dieses oder irgendein anderes*
**visto u oído** *gesehen oder gehört*
**Alemania u Holanda** *Deutschland oder Holland*
**ayer u hoy** *gestern oder heute*

**A ▶** U wird statt O nur dann verwendet, wenn danach keine Pause eintritt. Sonst verwendet man O:

**Alemania, Francia o .... Holanda.**
*Deutschland, Frankreich oder ... Holland*

## 33.10 O ... O

O ... O entspricht *'entweder ... oder'* (das letzte Beispiel hat einen konditionalen Sinn, vgl. 35.103):

**O lo dices ahora o te lo callas para siempre.**
*Entweder du sagst es jetzt, oder du schweigst für immer.*

**O trabajamos en serio o lo dejamos.**
*Entweder wir arbeiten ernsthaft, oder wir lassen es bleiben.*

**O apagas eso o no sigo.**
*Entweder du schaltest das aus, oder ich höre auf.*

**A ▶** Anders als bei *'entweder ... oder'* können die Bestandteile von O... O nicht aufeinander folgen, man muß sich anderer Mittel bedienen, wie in dem Beispiel:

**No puedes estudiar y escuchar esa música a la vez. O lo uno o lo otro.**
*Du kannst nicht gleichzeitig lernen und diese Musik hören. Entweder – oder*

## 33.11 O BIEN ... O BIEN

O BIEN ... O BIEN ist eine eher schriftsprachliche Variante von O... O:

**O bien hace cada cual lo que quiere o bien hay que cambiar las leyes.**
*Entweder macht jeder, was er will, oder man muß die Gesetze ändern.*

## 33. Die Konjunktionen der Beiordnung

### 33.12 Disjunktive Adverbien

**de otro modo** *andernfalls* (synonyme Ausdrücke vgl. 27.34)
**de lo contrario** *sonst* (vgl. 35.87)

## C. Adversative Verbindung

Zu den adversativen Konjunktionen wird gewöhnlich SINO gerechnet, vgl. 29.23.

### 33.13 PERO

Beispiele der Verwendung von PERO:

**pobre, pero decente** *arm, aber rechtschaffen*
**en Benidorm, pero en una pensión barata** *in Benidorm, doch in einer billigen Pension*
**no muy alta, pero bastante guapa** *nicht sehr groß, aber recht hübsch*

**A** ▶ Beispiele der Verbindung von Sätzen:

**Ella también estaba allí, pero yo no la vi.**
*Sie war auch dort, aber ich habe sie nicht gesehen.*

**La universidad no queda lejos, pero andando tardas veinte minutos.**
*Die Universität ist nicht weit entfernt, aber zu Fuß brauchst du zwanzig Minuten.*

### 33.14 Verwendung von PERO als Partikel im Alltagsgespräch

Wie das deutsche *'aber'* spielt PERO eine sehr große Rolle in der Alltagssprache. Einige Beispiele:

–Esto son los Alpes.
–Pero ¡qué maravilla!

*"Das sind die Alpen."*
*"Wunderschön!"*

–Todavía no estoy listo.
–Pero ¿cuándo vas a terminar?

*"Ich bin noch nicht fertig."*
*"Wann hörst du denn endlich auf?"*

–Se me han quitado las ganas de ir.
–Pero bueno, ¿a quién se le ocurrió que fuéramos?

*"Ich habe keine Lust mehr, hinzugehen."*
*"Also, wie ist das nun, wer hatte die Idee, hinzugehen?"*

–Ponte el abrigo.
–¡Pero si lo que tengo es calor!

*"Zieh den Mantel an!"*
*"Aber es ist mir warm!"*

–¿Vinieron muchos al mitin ese?
–Miles, pero miles.

*"Kamen viele zu dieser Demonstration?"*
*"Tausende und Abertausende."*

–¿Qué tal tocó Rosita?
–Muy, pero que muy bien.

*"Wie hat Rosita gespielt?"*
*"Wirklich, ganz ausgezeichnet."*

–¿Estás contenta con tu nota?
–Ni mucho menos. Pero, en fin...

*"Bist du mit deiner Note zufrieden?"*
*"Ganz und gar nicht. Aber naja..."*

### 33.15 MAS

(Akzentloses) MAS ist ein Synonym von PERO, gehört aber der gehobenen Schriftsprache an:

**Si estuviese en su mano huiría antes de cruzar el umbral de aquella casa de locos. Mas ya no era posible huir...**
*Wenn es in ihrer Macht wäre, würde sie fliehen, bevor sie die Schwelle jenes Irrenhauses überschritte. Fliehen indes war nicht mehr möglich...*

## 33.16 AUNQUE

**un hombre soltero, aunque no solitario** *ein lediger, doch kein einsamer Mann*
**muchos, aunque no tantos como ayer** *viele, wenn auch nicht so viele wie gestern*

• Zu AUNQUE als Konjunktion vgl. 35.42, 35.43.


## 33.17 Adversative Adverbien

**empero** *trotzdem*
**sin embargo** *trotzdem*
**aun así** *selbst dann* (vgl. 27.13)
**ni aun así** *selbst dann nicht* (vgl. 27.13)
**(ni) aun con eso** *trotzdem*
**de todas maneras** *trotzdem* (vgl. 27.34, 27.58)
**al menos / a lo menos / por lo menos** *immerhin*
**pese a ello / a pesar de ello** *trotzdem*
**más bien** *vielmehr*
**no obstante** *trotzdem*
**con todo** *trotzdem*
**con todo y con eso** *trotz alledem*
**así y todo** *trotzdem* (vgl. 27.13)
**antes bien** *vielmehr*
**al contrario / por el contrario** *im Gegenteil*


# D. Sonstige Verbindungen

## 33.18 Distributive Verbindung

Folgende Ausdrücke haben den Sinn von **'bald ... bald'** bzw. **'sei es ... sei es'** (vgl. 32.21):

**ora el vídeo, ora el cine** *bald Video, bald Kino*
**bien en su casa, bien en la mía** *bald bei ihm zu Hause, bald bei mir*
**ya en primavera, ya en otoño** *bald im Frühling, bald im Herbst*

**A ▶** Beispiel mit SEA ... SEA (das zweite SEA kann durch BIEN oder O ersetzt werden):

**Se pueden hacer excursiones, sea en coche todoterrenos, sea en camello.**
*Man kann Ausflüge unternehmen, sei es im Geländewagen, sei es auf einem Kamel.*

**La Administración, sea la del Estado o la autonómica, debe ocuparse de este asunto.**
*Die Administration, entweder die gesamtstaatliche oder die der autonomen Regierung, muß sich dieser Angelegenheit annehmen.*


## 33.19 Konsekutive Verbindung

**por eso** *deshalb*
**por eso mismo** *eben deswegen*
**en definitiva** *alles in allem*
**después de todo** *schließlich und endlich*
**así pues** *also*
**luego** *also*
**pues** *also*

## 33. Die Konjunktionen der Beiordnung

**por consiguiente** *infolgedessen*
**por ende** *folglich*
**por (lo) tanto** *folglich*
**entonces** *so, dann*
**en suma** *alles in allem*
**en resumen** *zusammenfassend*
**a fin de cuentas** *zusammenfassend*

**A ▶** PUES als konsekutives Konjunktionaladverb darf niemals satzeinleitend stehen (sonst wäre es die kausale Konjunktion PUES, vgl. 35.52):

**No quedaba, pues, otro remedio.**
*Es blieb also nichts anderes übrig.*

### 33.20 Der alltagssprachliche Verbindungsausdruck PUES

PUES ist eines der häufigsten Wörter des gesprochenen Spanisch (in einigen Ländern Lateinamerikas in der Funktion einer umgangssprachlichen Konjunktion jedoch selten). Es deckt sich in seinem Gebrauch teilweise mit BUENO (vgl. 33.20) und tritt mit diesem oft zusammen auf.

**A ▶** PUES dient zur Verstärkung einer Entgegnung auf das vom Gesprächspartner Gesagte:

| | |
|---|---|
| –¿Tienes hambre? | *"Hast du Hunger?"* |
| –Pues sí. | *"Ja klar."* |
| –Es una vieja tacaña. | *"Sie ist eine knauserige Alte."* |
| –Pues esta manta nos la dio ella. | *"Diese Decke aber hat sie uns geschenkt."* |
| –Es raro que no lo supieras. | *"Komisch, daß du es nicht wußtest."* |
| –Pues te repito que no lo sabía. | *"Ich sage es dir doch, ich wußte es nicht."* |
| –¿Le vas a pedir que te pague? | *"Wirst du eine Bezahlung von ihm verlangen?"* |
| –Pues claro, no faltaría más. | *"Aber klar, das wäre ja noch schöner!"* |
| –No quiero ir. | *"Ich will nicht hingehen."* |
| –Pues no vayas. | *"Dann geh eben nicht hin."* |
| –¿Y si son extranjeros? | *"Und wenn sie Ausländer sind?"* |
| –Pues se pide más renta. | *"Dann wird die Miete eben erhöht."* |

**B ▶** Mit PUES (häufig in der Fassung PUES SÍ QUE) werden ironische Entgegnungen eingeleitet, ein sehr häufig anzutreffender Zug der spanischen Alltagssprache:

| | |
|---|---|
| –Yo lo que quiero es un trabajo. | *"Ich will eine Arbeitsstelle, das ist alles."* |
| –Un trabajo... ¡Pues sí que no está ahora difícil! | *"Eine Arbeitsstelle... als ob das das Leichteste der Welt wäre!"* |
| –Para mí estuvo divertido. | *"Ich fand das ganz amüsant."* |
| –¡Pues sí que lo estuvo! Por Dios... | *"Ganz schön amüsant war das! O Gott..."* |

**C ▶** PUES (normalerweise in der Verbindung BUENO PUES) dient zum Anknüpfen an zuvor Erzähltes:

**¿Te acuerdas de Rita? Bueno pues, ella tocaba el clarinete...**
*Erinnerst du dich an Rita? Nun, sie spielte Klarinette...*

**D ▶** PUES verstärkt den Hauptsatz nach einem von kausalem COMO (vgl. 27.17, 35.57) eingeleiteten Nebensatz:

**Como no me avisaste, pues pensé que no ibas.**
*Da du nichts gesagt hast, habe ich gedacht, du kommst nicht.*

## 33. Die Konjunktionen der Beiordnung

**E** ▶ Mit PUES signalisiert der Sprechende Zögern oder Unsicherheit beim Antworten. In dieser Funktion ist PUES sehr oft eine Floskel, die gewissermaßen als Lückenfüller dient:

–¿Vienes mañana o no?  "Kommst du morgen oder nicht?"
–Pues... creo que no.  "Nun... ich glaube nicht."

–¿Usted de dónde es?  "Wo kommen Sie her?"
–¿Yo? Pues de aquí.  "Ich? Ich bin von hier."

–¿Qué te parece este sillón?  "Wie findest du diesen Sessel?"
–Pues no está mal.  "Nicht schlecht..."

### 33.21 Der alltagssprachliche Verbindungsausdruck BUENO

**A** ▶ Mit BUENO, häufig in Verbindung mit PUES, schließt der Sprechende ein Gespräch ab oder setzt zu einer Erläuterung des Gesagten oder zur Andeutung einer Wende in einer Erzählung an:

–Mira, si quieres más información...  "Wenn du mehr Information möchtest..."
–No, no hace falta. Bueno, pues nada, José, hasta luego y gracias por todo.  "Nein, ist nicht nötig. Also, José, vielen Dank für alles und auf Wiedersehen."

–Dice que sigue con dolor de muela.  "Er sagt, er hat immer noch Zahnschmerzen."
–Bueno, pues entonces me voy.  "Ach so, dann gehe ich."

–A lo mejor no me dejan ir mis padres.  "Kann sein, daß meine Eltern mich nicht gehen lassen."
–Pero bueno, ¿tú cuántos años tienes?  "Also sag mal, wie alt bist du eigentlich?"

–Eso del carrito es increíble.  "Das mit dem Wägelchen ist unglaublich."
–Yo lo puse en su sitio y, bueno, ella se fue a quejar a caja.  "Ich stellte es zurück und, nun ja, sie ging zur Kasse und beschwerte sich."

**B** ▶ Mit BUENO leitet der Sprechende eine Korrektur oder Spezifizierung des Gesagten ein:

–¿Y no hablaste con nadie?  "Und du hast mit niemandem gesprochen?"
–Con nadie. Bueno, con la portera por lo del fontanero...  "Mit niemandem. Nun ja, mit der Pförtnerin wegen der Sache mit dem Klempner."

–¿Qué te pasó?  "Was ist passiert?"
–Me caí. Bueno, me empujaron y me caí.  "Ich bin hingefallen. Na ja, man hat mich geschubst, und ich bin hingefallen."

**C** ▶ Ähnlich wie mit PUES signalisiert der Sprecher Zögern und Unsicherheit bei der Antwort:

–¿Qué tal juega él? ¿Bien?  "Wie spielt er? Gut?"
–Bueno, tú y yo no jugamos peor.  "Nun, du und ich, wir spielen nicht schlechter."

–Yo ya me he acostumbrado a vivir solo, ¿tú no?  "Ich habe mich schon daran gewöhnt, allein zu leben, du nicht?"
–Bueno, yo he vivido toda mi vida con seis personas y un perro...  "Nun ja, ich habe mein Leben lang mit sechs Menschen und einem Hund gelebt..."

### 33.22 Der Verbindungsausdruck A VER (SI)

**A** ▶ Beispiele mit A VER als Aufforderung zum Handeln (Sprechen, Zeigen, Überreichen):

–Quique ya se sabe la lección.  "Quique hat schon die Lektion gelernt."
–A ver, Quique, ¿con qué países limita Suiza?  "So, Quique, mal sehen, an welche Länder grenzt die Schweiz an?"

## 33. Die Konjunktionen der Beiordnung

–Mira lo que me ha regalado Clara.  
–A ver... ¡pero qué mono!

*"Schau was mir Clara geschenkt hat."*  
*"Laß sehen... wie hübsch!"*

**B** ▶ Mit einleitendem A VER SI bringt der Sprechende zum Ausdruck, daß etwas sein oder geschehen könnte, in der Regel als Befürchtung, Hoffnung oder Annahme. Auf A VER kann auch ein Fragewort folgen:

–Queda por hacer todo esto.  
–A ver si acabamos hoy.

*"Das alles ist noch zu erledigen."*  
*"Mal sehen, ob wir heute fertig werden."*

–En la carta se lo digo todo.  
–A ver si te contesta.

*"In dem Brief erkläre ich ihr alles."*  
*"Ich bin gespannt, ob sie dir anwortet."*

–Tampoco se puede salir por esta puerta.  
–¡A ver si nos quedamos encerrados!

*"Durch diese Tür auch kann man nicht hinausgehen."*  
*"Daß wir ja nicht eingeschlossen bleiben!"*

–No hay luz en la casa, raro, ¿no?  
–A ver si se han olvidado de que veníamos.

*"Es ist dunkel in dem Haus, komisch, nicht wahr?"*  
*"Hoffentlich haben sie nicht vergessen, daß wir kommen."*

–¿Qué querrán esos guardias?  
–Ni idea. A ver si vienen aquí y nos piden los papeles.

*"Was wollen wohl diese Polizisten da?"*  
*"Keine Ahnung. Ich hoffe, sie kommen nicht hierher und fragen nach den Papieren."*

–Me veo esta noche con Charo.  
–Ya. A ver qué cuenta de Perú.

*"Ich treffe mich heute abend mit Charo."*  
*"So. Ich bin gespannt, was sie von Peru erzählt."*

• Beispiel mit A VER SI in seiner wörtlichen Bedeutung:

–Aquí están las pelotas de tenis.  
–A ver si están completas.

*"Hier sind die Tennisbälle."*  
*"Mal sehen, ob sie vollständig sind."*

**C** ▶ A VER SI wird oft als Aufforderungsformel verwendet:

–Pues nada, Jorge, hasta luego.  
–Hasta luego. A ver si llamas uno de estos días.

*"Also, Jorge, auf Wiedersehen!"*  
*"Auf Wiedersehen, und melde dich in den nächsten Tagen!"*

–Me ha dado una patada aquí.  
–¡A ver si dejáis de molestar de una vez!

*"Sie hat mich hierhin getreten."*  
*"Hört endlich auf, mich zu belästigen!"*

### 33.23 Die Verbindungsausdrücke EN FIN und TOTAL

Mit EN FIN und TOTAL, häufig gefolgt von QUE, leitet man das Ergebnis einer verhältnismäßig langen Ereigniskette oder auch die Begründung einer Verhaltensweise ein:

–¡Qué rollo eso de las referencias!  
–Eso. En fin, que no me presenté.

*"So ein Quatsch, das mit den Referenzen!"*  
*"Genau. Ich habe mich schließlich doch nicht beworben."*

–¿Por qué no podemos hacer ruido?  
–Por mi madre. Total, es su casa, ¿no?

*"Wieso dürfen wir keinen Lärm machen?"*  
*"Wegen meiner Mutter. Schließlich ist das ihr Haus, nicht?"*

# 34. Gebrauch der Modi in Subjekt- und Objektsätzen

In diesem Kapitel wird die Modusverwendung in Subjekt- und Objektsätzen behandelt, also in Nebensätzen, die im unabhängigen Satz die Stelle des Subjekts, des Objekts bzw. des Präpositionalobjekts besetzen können, die aber auch Ergänzung von Verbalsubstantiven und Adjektiven sein können. Zuerst jedoch werden die vielfältigen Verwendungsweisen der Partikel QUE dargestellt, der Konjunktion, die in diesem Zusammenhang am meisten anzutreffen ist.

## A. Übersicht über die Verwendungsweisen von QUE

Im folgenden werden der standardsprachliche Gebrauch der Konjunktion QUE vorgestellt sowie die am häufigsten, vor allem im gesprochenen Spanisch vorkommenden Gebrauchsweisen von QUE ohne einleitendes Hauptsatzverb. Syntaktisch unabhängige QUE-Sätze im Subjuntivo werden im Kapitel 32 erörtert. Zum konsekutivischen Gebrauch von QUE vgl. 19.55 sowie Kapitel 35, Teil F. Zum Gebrauch von QUE in Bedingungssätzen vgl. 35.104, 35.105. Zum finalen Gebrauch vgl. 35.4. Zu QUE in Intensitätsausdrücken vgl. 28.6, 31.33B, 31.35A, 31.35C, 31.19, 31.21. QUE ist auch Bestandteil vieler anderer Konjunktionen, vgl. Kapitel 35.

### 34.1 QUE leitet einen Nebensatz ein

Ein Subjekt- oder Objektsatz (der auch präpositional sein kann) wird mit der Konjunktion QUE eingeleitet. Zwischen der übergeordneten Verbform und QUE steht niemals ein Komma:

**Me dijo que no fumaba.**
*Er sagte zu mir, er rauche nicht.*

**Les pedí que fueran discretos.**
*Ich bat sie darum, diskret zu sein.*

**Es cierto que él no sabía nada.**
*Es stimmt, daß er nichts wußte.*

**Me he enterado de que es divorciada.**
*Ich habe erfahren, daß sie geschieden ist.*

**Confío en que no pasará nada.**
*Ich vertraue darauf, daß nichts passieren wird.*

### 34.2 QUEÍSMO und DEQUEÍSMO

Bei häufigen Verben wie zum Beispiel ENTERARSE wird das DE vor QUE sehr oft weggelassen: ME HE ENTERADO QUE ES DIVORCIADA. Diese Tendenz wird **QUEÍSMO** genannt und wird kritisiert. Umgekehrt nimmt die Tendenz zu, nach Verben wie DECIR, IMAGINAR, PEDIR und PROPONER ein DE vor das QUE einzuschieben: ME DIJO DE QUE NO IBA. Diese Tendenz wird **DEQUEÍSMO** genannt, ist in der gesamten spanischsprechenden Welt zu Hause und wird von den Sprachbewußten als indiskutabel angesehen.

### 34.3 Substantivierung des QUE-Nebensatzes

Ein Subjekt- oder Objektsatz wird mit dem Artikel EL substantiviert, sofern dem Nebensatz keine Präposition vorausgeht. EL QUE-Sätze kommen überaus häufig vor, besonders am Anfang des Satzgefüges:

**Tomé como una anécdota simpática el que me confundiera contigo.**
*Für mich war es eine nette Anekdote, daß er mich mit dir verwechselte.*

**El que no vaya no quiere decir que no tenga ganas.**
*Daß ich nicht hingehe, bedeutet nicht, daß ich keine Lust dazu habe.*

## 34. Gebrauch der Modi in Subjekt- und Objektsätzen

### 34.4 Präposition + QUE-Satz bei Adjektiven und Substantiven

Beispiele mit QUE-Sätzen als Ergänzungen von Substantiven und Adjektiven, in denen immer eine Präposition, in der Regel DE, vor QUE steht:

**la esperanza de que venga** *die Hoffnung, daß er kommt*
**la alegría de que llegue la primavera** *die Freude darüber, daß der Frühling kommt*
**seguros de que lo encontrarían** *dessen sicher, sie würden ihn finden*
**ansiosas de que amaneciera** *ängstlich hoffend, die Nacht möge enden*

**A ▶** Bei häufigen Adjektiven wie zum Beispiel SEGURO und bei anderen häufigen Verbindungen wie DARSE CUENTA wird das DE vor QUE sehr oft weggelassen, ebenso bei EL HECHO (vgl. 34.92): ESTOY SEGURO QUE LO ENCONTRARÁN, SE DIO CUENTA QUE NO LLEVABA LA LLAVE, EL HECHO QUE ESTEMOS AQUÍ ..., usw. Diese Fälle von QUEÍSMO (vgl. 34.2) sind Unkorrektheiten.

### 34.5 QUE vor Adverbien

Als nebensatzeinleitende Partikel kann QUE im Prinzip nicht wegfallen, während *'daß'* sehr häufig wegfällt; im Gespräch folgt auf QUE häufig ein Adverb bei Weglassung des zuvor erwähnten Verbs:

–¿Son rusas las traductoras?   *"Sind die Übersetzerinnen Russinnen?"*
–Creo que sí.   *"Ich glaube, ja."*

–¿Dónde lo puso?   *"Wo hat er es hingelegt?"*
–Me parece que arriba.   *"Ich glaube, oben."*

• Zum Wegfall von QUE vor einem Nebensatz vgl. 34.19, 34.33, 34.38, 34.44, 34.63, 34.66, 34.80A.

### 34.6 Konstruktionen mit QUE-Nebensatz

Nachstehend eine Übersicht über die häufigsten Strukturen mit QUE-Nebensatz. QUE-Nebensätze entsprechen oft deutschen *'wenn'*-Nebensätzen und nicht selten *'ob'*-Nebensätzen.

**A ▶** QUE-Nebensatz als Akkusativobjekt: **Verbform + QUE-Nebensatz**

**creo que** *ich glaube, (daß)*
**eso supone que** *das bedeutet, daß*
**nunca me imaginé que** *ich habe mir nie vorstellen können, (daß)*
**estos hechos motivaron que** *diese Ereignisse hatten zur Folge, daß*
**debo advertirle que** *ich muß Sie darauf hinweisen, daß*
**nadie ha podido demostrar que** *niemand hat beweisen können, daß*
**la decisión de prohibir que** *die Entscheidung zu verbieten, daß*
**la idea era exigir que** *die Idee war zu verlangen, daß*
**lo dijo temiendo o deseando que** *er sagte es und fürchtete oder wünschte dabei,(daß)*
**aun admitiendo que** *selbst wenn man annimmt, daß*

**B ▶** QUE-Nebensatz als Präpositionalobjekt: **Verbform + Präposition + QUE-Nebensatz** (vgl. 34.2):

**me alegro de que** *ich freue mich (darüber), daß*
**se oponen a que** *sie sind dagegen, daß*
**conformándonos con que** *wobei wir uns damit zufriedengaben, daß*
**no quiero ni pensar en que** *ich will nicht einmal daran denken, daß*

• In diesen Strukturen kommt QUEÍSMO (vgl. 34.2) häufig vor.

**C ▶** Der QUE-Nebensatz ist Ergänzung eines Substantivs: **(Determinativ) + Substantiv + DE + QUE-Nebensatz**

**abrigar el deseo de que** *den Wunsch hegen, daß*

## 34. Gebrauch der Modi in Subjekt-und Objektsätzen

**rechazamos la hipótesis de que** *wir weisen die Hypothese zurück, (daß)*
**para no correr el riesgo de que** *um nicht das Risiko einzugehen, (daß)*
**actuar tomando en cuenta el hecho de que** *handeln mit Rücksicht auf die Tatsache, daß*
**está el problema de que** *wir haben mit dem Problem zu tun, daß*
**cabe la posibilidad de que** *es besteht die Möglichkeit, daß*
**el acuerdo tomado hace 50 años de que** *die vor 50 Jahren getroffene Vereinbarung, (daß)*

• In diesen Strukturen kommt QUEÍSMO (vgl. 34.2) sehr häufig vor.

**D ▸** QUE-Nebensatz als Adjektivergänzung: **Adjektiv / Partizip + Präposition + QUE-Nebensatz:**
**estamos acostumbrados a que** *wir sind daran gewöhnt, daß*
**¿estás seguro de que ...?** *bist du sicher, daß ...?*
**soy consciente de que** *ich bin mir dessen bewußt, daß*
**una mujer convencida de que** *eine Frau, die davon überzeugt ist (war), daß*

• In diesen Strukturen kommt QUEÍSMO (vgl. 34.2) sehr häufig vor.

**E ▸** QUE-Nebensatz als nachgestelltes Satzsubjekt: **Verbform (in der 3. Person Singular) + QUE-Nebensatz**
**basta que** *es genügt, wenn / daß*
**ocurre que** *es ist so, daß*
**me alegra que** *es freut mich, daß / wenn*
**y le entristecía profundamente que** *und es stimmte ihn tieftraurig, wenn*
**no te habrá de importar que** *es wird dir wohl nichts ausmachen, daß / wenn*
**dependiendo de ti que** *wobei es von dir abhängt, daß / ob*
**le da miedo que** *es macht ihr Angst, daß / wenn*
**me deja frío que** *es läßt mich kalt, daß / wenn*
**¿a quién se le ocurrió que...?** *wem ist es eingefallen, daß...?*
**¡qué más da que...!** *ist doch gleich, ob...!*

• Zu ES QUE vgl. 19.26 ff.
• Inhaltlich gesehen sind das dritte Beispiel hier und das erste Beispiel in 34.6B gleich, strukturell nicht. Diese alternativen Konstruktionen sind mit einigen wenigen Verben des psychischen Befindens wie ALEGRAR(SE) möglich und üblich.

**F ▸** QUE-Nebensatz als nachgestelltes Subjekt: **Kopulaverb in der 3. Person Singular + Substantiv / Adjektiv / Adverb / nominativische Präpositionalergänzung + QUE-Nebensatz**
**es una pena que** *es ist ein Jammer, daß*
**es un hecho que** *es ist (eine) Tatsache, daß*
**sería una gran lástima que** *es wäre sehr schade, wenn*
**se nos antojó un milagro que** *es kam uns wie ein Wunder vor, daß*
**me parece un error que** *ich halte es für einen Fehler, daß*
**es natural que** *es ist nur natürlich, daß*
**no está bien que** *es ist nicht gut, daß / wenn*
**era sintomático que** *es war symptomatisch, daß*
**sería muy positivo que** *es wäre sehr positiv, wenn*
**no deja de ser curioso que** *es ist durchaus bemerkenswert, daß*
**resultará inevitable que** *es wird sich nicht vermeiden lassen, daß*
**me parece increíble que** *ich finde es einfach unglaublich, daß / wenn*
**era de temer que** *es war zu befürchten, daß*
**es simplemente de locos que** *es ist einfach verrückt, daß / wenn*

**G ▸** QUE-Nebensatz als Objektsprädikativ: **Verbform + Substantiv / Adjektiv / Adverb / akkusativische Präpositionalergänzung + QUE-Nebensatz:**
**yo creo lícito que** *ich halte es für gerechtfertigt, daß / wenn*
**doy por sabido que** *ich setze als bekannt voraus, daß*

## 34. Gebrauch der Modi in Subjekt-und Objektsätzen

tenían por seguro que *sie hielten es für gesichert, daß*
¿por qué considerar irreversible que...? *warum soll man es für unumkehrbar halten, daß...?*
han juzgado deseable que *sie haben es als wünschenswert bezeichnet, daß*

**H** ▶ QUE-Nebensatz als Prädikatsnomen: **bestimmter Artikel + Substantiv + Kopulaverb + QUE-Nebensatz:**

el problema era que *das Problem war doch, daß*
la idea es que *es geht darum, (daß)*
el hecho es que *Tatsache ist, daß*
el caso fue que *es war so, daß*

**I** ▶ QUE-Nebensatz als Situativergänzung von Verben wie ESTAR, CONSISTIR, RADICAR EN steht vor QUE:

el obstáculo está en que *das Hindernis liegt darin, daß*
la diferencia consiste en que *der Unterschied besteht darin, daß*
la ventaja radica en que *der Vorteil besteht darin, daß*

**J** ▶ QUE-Nebensatz in Ausrufen: **QUÉ + Substantiv / Adjektiv / BIEN / MAL + QUE-Nebensatz**

¡qué bobada que...! *wie dumm, daß ...!*
¡qué ridículo que ...! *wie lächerlich, daß ...!*
¡qué bien que ...! *wie gut, daß ...!*

**K** ▶ QUE-Nebensatz bei hervorgehobenem Prädikatsnomen: **LO + Adjektiv + Kopulaverb in der 3. Person Singular + QUE-Nebensatz** (vgl. 30.63 und 34.96):

lo extraño es que *das Merkwürdige ist, daß*
lo normal parece ser que *das Übliche scheint zu sein, daß*
lo más grave sería que *das Schlimmste wäre, wenn*
lo único que pido es que *das einzige, was ich verlange, ist, daß*

• Zur Thematisierung durch UNA COSA ES QUE..., Y OTRA (MUY DISTINTA) QUE vgl. 34.102.

**L** ▶ QUE-Nebensatz bei hervorgehobenem Prädikat: **LO QUE + Verb + SER + QUE-Nebensatz** (vgl. 30.62 und 34.96):

lo que no me gusta es que *was mir nicht gefällt, ist, daß*
lo que siempre he deseado es que *was ich mir immer gewünscht habe, ist, daß*
lo que se persigue es que *was man beabsichtigt, ist, daß*
lo que me molestaba era que *was mich störte, war, daß*

**M** ▶ Die Äußerung beginnt mit dem QUE-Nebensatz, gewöhnlich das Satzsubjekt: **QUE-Nebensatz + Kopulaverb / Verb** (vgl. 34.95):

Que también cante zarzuelas... *Daß sie auch Zarzuelas singt...*
Que somos productos del azar... *Daß wir Zufallsprodukte sind...*

**N** ▶ Die Äußerung beginnt mit dem substantivierten QUE-Nebensatz, gewöhnlich das Satzsubjekt **EL QUE-Nebensatz + Verb** (vgl. 34.94):

El que se abra camino una nueva política... *Daß sich eine neue Politik Bahn bricht...*
El que un niño no juegue con nadie... *Daß ein Kind mit niemandem spielt...*

**O** ▶ Nach Weglassung eines Substantivs gemäß 5.12 ergibt sich die Struktur: **EL / LA / LOS/ LAS+ DE + QUE-Nebensatz** (vgl. 5.12A):

el absurdo en el que nos encontramos es el de que *die Absurdität, in der wir uns befinden, ist die, daß*
la gran experiencia es la de que *die große Erfahrung ist die, daß*

**P ▸** Hervorhebung des QUE-Nebensatzes durch EL HECHO DE: **EL HECHO DE + QUE-Nebensatz** (vgl. 34.92):

El hecho de que el candidato mintiera... *Die Tatsache, daß der Kandidat log...*
El hecho de que sintamos compasión... *Die Tatsache, daß wir Mitleid empfinden...*

- In dieser Struktur kommt QUEÍSMO (vgl. 34.2) sehr häufig vor: EL HECHO QUE.

**Q ▸** Thematisierung durch LO DE: **LO DE + QUE-Nebensatz** (vgl. 34.99):

Lo de que es mejor prevenir que curar... *Daß Vorbeugen besser sei als Heilen...*
Lo de que el dinero domina el mundo... *Daß das Geld die Welt regiert...*

**R ▸** Thematisierung durch ESTO DE, ESO DE bzw. AQUELLO DE: **Neutrales Demonstrativpronomen + DE + QUE-Nebensatz** (vgl. 34.99):

Esto de que somos europeos... *Daß wir Europäer sind...*
Eso de que el rock te mantiene joven... *Die Vorstellung, die Rockmusik halte jung...*
Aquello de que los milicianos comían niños... *Daß die Milizsoldaten kleine Kinder aßen...*

## 34.7 QUE-Satz im Subjuntivo ohne explizit einleitendes Verb

Ausrufeartige QUE-Sätze ohne Hauptsatz, häufig mit vorausgehendem Y versehen, werden in dem entsprechenden Subjuntivo-Tempus (vgl. 37.16) zum Ausdruck von Überraschung und Empörung verwendet:

**¡Que se tengan que leer estas cosas!**
*Daß man so etwas lesen muß!*

**¡Y que me viniera a pedir dinero a mí!**
*Daß er ausgerechnet mich um Geld gebeten hat!*

- Im Kapitel 32 werden zahlreiche QUE-Sätze zum Ausdruck von Wünschen angeführt, bei denen man ein weggelassenes regierendes Verb des Wünschens annehmen darf.

## 34.8 QUE-Satz im Indikativ als Zusicherung

QUE-Sätze ohne Hauptsatz im **FUTURO DE INDICATIVO** mit einem meist vorausgehenden POR-Gefüge deuten darauf hin, daß es sich um Versprechen oder Schwüre handelt:

**Por Dios que hará bueno.**
*Es wird schönes Wetter sein, das schwöre ich.*

## 34.9 QUE in Beteuerungen

QUE wird im Gespräch verwendet bei der nachdrücklichen Wiederholung von Behauptungen und Aufforderungen, häufig aber auch beim Hinweis auf Tatsachen, die der Gesprächspartner unbedingt bedenken muß (das vierte und fünfte Beispiel haben den Sinn von Warnungen):

–Ahí vienen.              *"Da kommen sie."*
–¿Qué dices?              *"Was meinst du?"*
–Que ahí vienen.          *"Da kommen sie!"*

–Siéntate.                *"Setz dich hin."*
–¿Cómo?                   *"Wie bitte?"*
–Que te sientes.          *"Du sollst dich hinsetzen!"*

–¿Y si lo sabe?           *"Und wenn er das weiß?"*
–¡Que no lo sabe!         *"Er weiß es nicht!"*

| | |
|---|---|
| –No voy a llevar abrigo. | "Ich nehme keinen Mantel mit." |
| –Oye, que puede cambiar el tiempo. | "Du, das Wetter kann sich ändern." |
| –¿Qué pasa? | "Was ist denn los?" |
| –¡Que te quemas! | "Du verbrennst dich!" |
| –No es argentina. | "Sie ist nicht Argentinierin." |
| –Claro que es argentina. | "Natürlich ist sie das." |
| –Que no. | "Ist sie nicht!" |
| –¡Que sí! | "Ist sie doch!" |

### 34.10 QUE als Zeichen indirekter Mitteilung

Im gesprochenen Spanisch fällt sehr oft das Hauptsatzverb DECIR in indirekten Mitteilungen weg; und letztere bestehen sehr oft aus nicht verbalen Elementen:

| | |
|---|---|
| –¿Quién era? | "Wer war das?" |
| –Rosaura, que le ha llegado el libro y que muchas gracias. | "Rosaura, sie hat das Buch bekommen und sie bedankt sich sehr." |
| –¿Dejó dicho algo Federico? | "Hat Federico etwas ausgerichtet?" |
| –Sí, que no le vayas a buscar hasta que no llame. | "Ja, du sollst ihn nicht abholen, bevor er angerufen hat." |

### 34.11 QUE vor Frage- und Ausrufewörtern

In emphatischer Wiederholung soeben gestellter Fragen erscheint QUE vor Fragewörtern. Ebenso wird QUE gebraucht bei der Wiederholung von Ausrufen, die man soeben getan hat:

| | |
|---|---|
| –¿Qué hora es? | "Wie spät ist es?" |
| –¿Qué dices? | "Was sagst du?" |
| –Que qué hora es. | "Wie spät es ist." |
| –¿Has preguntado algo? | "Hast du etwas gefragt?" |
| –Que cómo se llama esta ciudad. | "Ja, wie diese Stadt heißt." |
| –¡Cuánto sabes! | "Du weißt so viel!" |
| –¿Qué? | "Wie bitte?" |
| –Que cuánto sabes. | "Daß du so viel weißt!" |

### 34.12 QUE SI

QUE SI kommt häufig vor bei ausrufartiger Wiederholung von soeben Gehörtem zum Zweck engagierter Zustimmung ebenso wie bei der Wiederholung von Fragen:

| | |
|---|---|
| –¿Está usted seguro de lo que dice? | "Sind Sie sich dessen sicher, was Sie sagen?" |
| –¡Que si estoy seguro! | "Und ob ich das bin!" |
| –¿Vienes con nosotros? | "Kommst du mit uns?" |
| –¿Cómo? | "Wie bitte?" |
| –Que si vienes con nosotros. | "Ob du mit uns kommst." |

### 34.13 QUE SI in der Wiedergabe von Behauptungen

Mit QUE SI werden Aussagen, sehr oft aber auch bloße Aussagenelemente, eines Dritten aufgezählt mit der Absicht, sie als litaneiartiges, lästiges Geplapper hinzustellen:

**34. Gebrauch der Modi in Subjekt-und Objektsätzen**

Hablamos otra vez de lo nuestro. Que si la autenticidad, que si la felicidad, que si la profesión nos colma y tal. Después miramos un vídeo de tenis.
*Wir haben wieder mal über unsere Beziehung gesprochen. Über Echtheit und Glück und Erfüllung im Beruf, und sofort... Danach sahen wir uns eine Tennisaufzeichnung an.*

**A ▶** Feststehende familiäre Formeln zur Bezeichnung litaneiartiger Aufzählungen: QUE SI TAL Y QUE SI CUAL und QUE SI PATATÍ, QUE SI PATATÁN.

## 34.14 CÓMO QUE

Mit CÓMO QUE wird der Inhalt einer soeben gestellten Frage angezweifelt mit dem Zweck des Widerspruchs oder der Korrektur:

–¿Te gusta mi idea?   *"Gefällt dir meine Idee?"*
–¿Cómo que si me gusta? Me encanta.   *"Gefallen? Ich finde sie wunderbar!"*

–Estos billetes son falsos.   *"Diese Scheine sind gefälscht."*
–¿Cómo que falsos?   *"Wieso gefälscht?"*

## 34.15 QUE-Intensitätsformeln

**A ▶** Um die Dauer und Intensität einer Handlung oder eines Vorgangs hervorzuheben, wird in der gesprochenen familiären Sprache der Imperativ der Person TÚ (also CORRE) verwendet, darauf folgt QUE und dieselbe Form noch einmal oder die zweite Person Singular vom FUTURO desselben Verbs, also CORRE QUE CORRE bzw. CORRE QUE CORRERÁS. Gelegentlich tritt TE oder LE zur zweiten Verbform hinzu, also CORRE QUE TE / LE CORRE bzw. CORRE QUE TE / LE CORRERÁS. Die Wendung kommt häufig in elliptischen Sätzen vor. Beispiele:

Dos alumnas estaban sentadas al fondo, habla que te habla.
*Zwei Mädchen saßen ganz hinten und plauderten unentwegt.*

Yo contemplando el paisaje, ella duerme que le dormirás.
*Ich betrachtete die Landschaft, sie hingegen schlief und schlief.*

**B ▶** Beispiel mit der feststehenden, häufig in elliptischen Sätzen vorkommenden Wendung ERRE QUE ERRE, die Hartnäckigkeit oder lästige Wiederholung ausdrückt:

Le he dicho mil veces que no haga el viaje, pero él erre que erre.
*Ich habe ihm tausendmal gesagt, er soll die Reise nicht machen, aber er besteht unbedingt darauf.*

... y tu hermana erre que erre con sus cromos.
*... und deine Schwester beschäftigt sich nur noch mir ihren Sammelbildchen.*

## 34.16 Konjunktionales QUE nach adverbiellen Angaben

Nach den Modaladverbien erscheint häufig QUE (vgl. 27.56). QUE ist fester Bestandteil vieler Konjunktionen der adverbialen Unterordnung, vgl. Kapitel 35.

**A ▶** Vor einigen Substantiven erscheint QUE (wohl nach Weglassung eines Kopulaverbs):

Lástima que no pudieras hablar con él.
*Schade, daß du nicht mit ihm sprechen konntest.*

Suerte que se te ocurriera llevar la brújula.
*Ein Glück, daß du an den Kompaß gedacht hast.*

**B ▶** Der Gebrauch von QUE in Beteuerungen, der in 34.9 erörtert wird, ist üblich nach den konsekutiven Adverbien:

### 34. Gebrauch der Modi in Subjekt-und Objektsätzen

**Total, que nos quedamos fuera.**
*Kurzum, wir sind draußen geblieben.*

**O sea que no vienes.**
*Mit anderen Worten, du kommst nicht.*

#### 34.17 QUE statt COMO
In der Formel QUE + dritte Person von DECIR, mit der in einem etwas geschraubten Stil meistens auf berühmte Worte hingewiesen wird, ist QUE eine Ersetzung von COMO:

**La mano invisible, que dicen los economistas, es una mano inteligente.**
*Die unsichtbare Hand, wie das die Ökonomen nennen, ist eine intelligente Hand.*

**La vida es sueño, que decía Calderón.**
*Das Leben ist ein Traum, wie Calderón sagte.*

## B. Subjekt- und Objektsätze im Indikativ: Benennung von Tatsachen

#### 34.18 QUE-Satz mit Ausdrücken des Wissens
Bei übergeordneten Wortgruppen des Wissens steht im QUE-Nebensatz der Indikativ:

**Yo sé que ella lo sabe.**
*Ich weiß, daß sie es weiß.*

**Me consta que se desmayó.**
*Ich weiß sicher, daß er ohnmächtig geworden ist.*

#### 34.19 Wegfall von QUE im abhängigen Nebensatz von SABER
Bei der zweifachen Unterordnung kann der abhängige Nebensatz von SABER uneingeleitet stehen:

**Está invirtiendo en cosas que sabe tendrán éxito.**
*Gegenwärtig investiert er in Sachen, von denen er weiß, daß sie Erfolg haben werden.*

#### 34.20 Beteuerung von Tatsächlichkeit in unpersönlichen Wendungen
Bei übergeordneten Wortgruppen, die einen Sachverhalt als wahr, gewiß oder zutreffend hinstellen, steht im QUE-Nebensatz der Indikativ:

**Está probado que tiene un piso en Barcelona.**
*Es steht fest, daß sie eine Wohnung in Barcelona hat.*

**Es verdad que no me gustan los toros.**
*Es stimmt, daß ich den Stierkampf nicht mag.*

**Lo cierto es que no vendrá.**
*Fest steht, daß er nicht kommen wird.*

• Die Ausdrücke der Betonung von Tatsächlichkeit werden oft in einräumender Argumentation verwendet (ein zweiter Hauptsatz wird dann beispielsweise mit PERO eingeleitet):

**Es cierto que sólo llama cada quince días, pero son unas conversaciones muy amenas.**
*Er ruft zwar nur alle zwei Wochen an, doch die Gespräche sind sehr unterhaltsam.*

## 34. Gebrauch der Modi in Subjekt-und Objektsätzen

- Folgende Wendungen mit HECHO dürfen nicht verwechselt werden mit der Wortgruppe EL HECHO DE QUE (die meist für Tatsachenbewertungen und daher mit dem Subjuntivo verwendet wird, vgl. 34.92):

**Es un hecho que la televisión nos vuelve imbéciles.**
*Es ist eine Tatsache, daß das Fernsehen uns verblödet.*

**El hecho es que hemos perdido las elecciones.**
*Tatsache ist, daß wir die Wahlen verloren haben.*

**A** ▶ Beispiele mit Substantiven der Gewißheit (vgl. aber 34.107; zu EL HECHO DE QUE vgl. 34.92):
**la certeza de que la Tierra es redonda** *die Gewißheit, daß die Erde rund ist.*
**la seguridad de que habrá un chubasco** *die Sicherheit, daß es einen Platzregen geben wird*
**el convencimiento de que me odian** *die Gewißheit, daß sie mich hassen*

### 34.21 Ausdruck von Unzweifelhaftigkeit
Im QUE-Nebensatz steht in der Regel der Indikativ, wenn im Hauptsatz (sehr häufig mit verneinten Ausdrücken des Zweifels) darauf hingewiesen wird, daß ein Sachverhalt unzweifelhaft vorliegt:

**Era seguro que tenían fiebre.**
*Es war sicher, daß sie Fieber hatten.*

**Es indudable que se han vuelto demócratas.**
*Es ist unzweifelhaft, daß sie Demokraten geworden sind.*

**No cabe duda de que los pobres se empobrecen aún más.**
*Es steht außer Zweifel, daß die Armen noch ärmer werden.*

### 34.22 Beteuerung von Evidenz
Wenn die übergeordnete Wortgruppe Evidenz und Klarheit ausdrückt, was als Tatsachenbewertung (vgl. Kapitel 34, Teil C) aufgefaßt werden könnte, steht im QUE-Satz der Indikativ:

**Es evidente que ha mentido.**
*Es ist offensichtlich, daß sie gelogen hat.*

**Claro está que es su mejor libro.**
*Es ist klar, daß es sein bestes Buch ist.*

### 34.23 Ausdruck von Überzeugung
Wenn mit der übergeordneten Wortgruppe ein persönliches Überzeugtsein ausgedrückt wird, was als Tatsachenbewertung (vgl. Kapitel 34, Teil C) aufgefaßt werden könnte, steht im QUE-Satz der Indikativ:

**Estoy seguro de que habrá problemas.**
*Ich bin sicher, daß es Probleme geben wird.*

**Estaban convencidos de que la tierra era plana.**
*Sie waren überzeugt, die Erde sei eine Scheibe.*

### 34.24 Wendungen für den Verweis auf das Vorliegen von Tatbeständen
Es gibt eine Reihe von übergeordneten "unpersönlichen" Wendungen, mit denen in Darlegungen, Erklärungen und Erzählungen auf das Vorliegen interessanter Tatbestände hingewiesen wird. Dazu zählen:

| | | |
|---|---|---|
| RESULTA QUE | LA COSA ES QUE | LO QUE PASA / OCURRE/ SUCEDE ES QUE |
| OCURRE QUE | SUCEDE QUE | ES QUE (vgl. 19.28) |
| EL CASO ES QUE | PASA QUE | |

## 34. Gebrauch der Modi in Subjekt- und Objektsätzen

**A ▸** Diese überaus häufigen Wendungen, die vornehmlich im PRESENTE DE INDICATIVO vorkommen, können etwa mit dem nicht so häufig gebrauchten Ausdruck *'es ist so, daß'* umschrieben werden. Beispiele mit EL CASO ES QUE und LA COSA ES QUE:

–¿Te gusta el reloj? *"Gefällt dir die Uhr?"*
–Mucho, la cosa es que no llevo dinero. *"Sehr, nur: ich habe kein Geld dabei."*

–No tuvo muchos fallos. *"Er hat nicht viele Fehler gemacht."*
–Cierto. El caso es que los críticos lo *"Das stimmt, aber die Kritiker fanden alles kata-*
encontraron todo desastroso. *strophal."*

### 34.25 Tatsache als näher bezeichneter Umstand

Wenn mit Ausdrücken wie EL PROBLEMA ES QUE / ESTÁ EN QUE auf eine Tatsache aufmerksam gemacht wird, steht im QUE-Satz Indikativ (vgl. zur Modusverwendung mit sehr allgemeinen abstrakten Bezeichnungen 34.106 und 34.107):

**El problema está en que no nos dejan pasar.**
*Das Problem ist, daß sie uns nicht hineingehen lassen.*

**La diferencia radica en que la rana tiene la sangre fría.**
*Der Unterschied besteht darin, daß Frösche kaltes Blut haben.*

### 34.26 Verben des Versprechens und Wettens

Verben wie PROMETER und APOSTAR schließen eine Nachprüfung durch die Beteiligten im Augenblick der Äußerung aus; aber der Bedeutung nach – *'versprechen'* bzw. *'wetten'* – drücken diese Verben Sicherheit aus, und daher steht der entsprechende QUE-Satz im Indikativ:

**Te prometo que vendré solo.**
*Ich verspreche dir, ich komme allein.*

**Apuesto a que escribió mal el nombre.**
*Ich wette, er hat den Namen falsch geschrieben.*

### 34.27 Verben des Zeigens und Lehrens

Das QUE-Satzobjekt von Verben des Zeigens und Lehrens steht im Indikativ, auch wenn es sich um noch in der Schwebe befindliche Sachverhalte handelt:

**Pudieron probar que habían dormido en casa.**
*Sie konnten beweisen, daß sie zu Hause geschlafen hatten.*

**Les iba a demostrar que sabía nadar.**
*Er wollte ihnen beweisen, daß er schwimmen konnte.*

**La vida me ha enseñado que los hombres no son iguales.**
*Das Leben hat mich gelehrt, daß die Menschen nicht gleich sind.*

### 34.28 Verben des Vergessens

Der QUE-Nebensatz von [NO] OLVIDAR(SE) steht immer im Indikativ:

**Olvidaste que te estaba esperando.**
*Du hast vergessen, daß ich auf dich gewartet habe.*

**A veces me olvido de que eres alemana.**
*Manchmal vergesse ich, daß du Deutsche bist.*

**Que no se te olvide que hemos quedado para el domingo.**
*Vergiß ja nicht, daß wir uns am Sonntag treffen.*

## 34.29 Etwas wird erfahren

Bei übergeordneten Wortgruppen, die einen Sachverhalt als erkannt oder wahrgenommen, und somit als etwas Wahres hinstellen, steht im QUE-Nebensatz der Indikativ:

**Me he enterado de que su hermana vive en Francia.**
*Ich habe erfahren, daß ihre Schwester in Frankreich lebt.*

**Sólo entonces me di cuenta de que no llevaba dinero.**
*Erst jetzt bemerkte ich, daß ich kein Geld dabei hatte.*

**Hemos averiguado que su segundo nombre es Pío.**
*Wir haben herausgefunden, daß sein zweiter Vorname Pío ist.*

**Comprendí que el peor enemigo del hombre es el hombre.**
*Ich begriff, daß der ärgste Feind des Menschen der Mensch selbst ist.*

**Veo que te gusta el chucrú.**
*Ich sehe, du magst Sauerkraut.*

**Lo que yo oí era que se mudaba en febrero.**
*Was ich hörte war, daß sie im Februar umziehen würde.*

- Einige Verben des Erkennens wie COMPRENDER sind auch Verben der Gefühlsmitteilung, ihr QUE-Ergänzungssatz steht also in der Regel im Subjuntivo, vgl. 34.106B; andere, wie z.B. ADVERTIR sind auch Verben der Willensmitteilung, ihre QUE-Ergänzung steht also auch im Subjuntivo, vgl. 34.106A.

## 34.30 Schußfolgern und Bedeuten

Bei übergeordneten Wortgruppen des Schlußfolgerns sowie bei solchen des Bedeutens steht im QUE-Satz Indikativ:

**De ello deduzco que son inocentes.**
*Daraus schließe ich, daß sie unschuldig sind.*

**He llegado a la conclusión de que me engañan.**
*Ich bin zu dem Schluß gekommen, daß man mich betrügt.*

**Eso significa que el Diablo existe.**
*Das bedeutet, daß es den Teufel gibt.*

## 34.31 Glauben, Vermuten, Meinen

Bei übergeordneten Wortgruppen, die einen Sachverhalt als subjektiv wahr hinstellen, steht im QUE-Nebensatz Indikativ. Es gehören hierzu Ausdrücke des Glaubens, Vermutens und Meinens ebenso wie Ausdrücke des Denkens und Vorstellens:

**Yo creo que el alma es inmortal.**
*Ich glaube, daß die Seele unsterblich ist.*

**Ella sospechaba que él la engañaba.**
*Sie glaubte, er betrüge sie.*

**El cónsul opinaba que la situación mejoraría.**
*Der Konsul war der Meinung, die Situation werde besser werden.*

**Yo llegué tarde, y supongo que por eso se molestó.**
*Ich habe mich verspätet, und ich vermute, daß sie sich deshalb geärgert hat.*

**Me parece que has engordado.**
*Mir scheint, du bist dicker geworden.*

**Me figuro que se lo ha dicho.**
*Ich vermute, er hat es ihr gesagt.*

## 34. Gebrauch der Modi in Subjekt-und Objektsätzen

**Sólo recuerdo que me puse colorada.**
*Ich erinnere mich nur daran, daß ich rot wurde.*

- Näheres zu PARECER vgl. 34.103. Zum Gebrauch des Subjuntivo nach CREER vgl. 34.57. Zum Gebrauch des Subjuntivo nach ADMITIR und SUPONER vgl. 34.57A und 34.58.
- Zu den Wendungen mit LO DE QUE bzw. ESTO / ESO / AQUELLO DE QUE vgl. 34.99.

**A** ▶ Beispiele mit dem QUE-Satz als Substantivergänzung (die ersten drei sind mit den ersten drei der Beispiele in 34.31 inhaltlich gleichwertig; man beachte, daß man im Deutschen durchwegs den Konjunktiv einsetzen kann, vgl. 34.107):

**la creencia de que el alma es inmortal** *der Glaube, die Seele sei unsterblich*
**la sospecha de que la engañaba** *der Verdacht, er betrüge sie*
**la opinión de que la situación mejoraría** *die Meinung, daß sich die Lage bessern werde*
**la rara sensación de que me perseguían** *das seltsame Gefühl, ich würde verfolgt*
**la impresión de que no les importa** *der Eindruck, das mache ihnen nichts aus*
**la ilusión de que no lo hacen por dinero** *die Illusion, sie täten es nicht des Geldes wegen*
**indicios de que hay gato encerrado** *Anzeichen, daß nicht alles in Ordnung sei*

**B** ▶ Mit dem Substantiv IDEA können geistige Inhalte jeder Art zusammengefaßt werden (vgl. 34.107). Hier ein Beispiel mit dem Indikativ:

**El autor analiza la idea de que la Historia ha tocado a su fin.**
*Der Verfasser analysiert den Gedanken, die Weltgeschichte sei an ihrem Ende angelangt.*

### 34.32 NO CREER + Indikativ

Vor allem in der verneinten Form, sowie in tendenziösen Fragen wird bei den übergeordneten Wortgruppen des Denkens und Vorstellens der Subjuntivo im QUE-Satz verwendet, vgl. 34.74. Beim verneinten Imperativ steht jedoch in der Regel der Indikativ:

**No creas que soy tan ingenua.**
*Glaube ja nicht, ich sei so naiv!*

**Ni por un momento piense usted que me afectó aquello.**
*Denken Sie nur nicht, das hätte mich beunruhigt.*

- Zum QUE-Satz im Subjuntivo bei Verben des Meinens und Vorstellens in der nicht verneinten Form vgl. 34.57, 34.58.

### 34.33 Wegfall von QUE bei Ausdrücken des Meinens und Vermutens

Nach CREER (auch nach PARECER und anderen Ausdrücken des Meinens) kann der Nebensatz uneingeleitet bleiben, jedoch nur dann, wenn er ein explizites Subjekt hat. Häufig entfällt QUE bei zweifacher Unterordnung:

**Creo sería una desdicha para todos el que no se cumpliera lo acordado.**
*Es wäre, glaube ich, für alle ein Unglück, wenn das Ausgemachte nicht eingehalten würde.*

**Nos hablará de ese asunto que parece le preocupa tanto.**
*Er wird mit uns von dieser Angelegenheit sprechen, die ihn offenbar sehr beschäftigt.*

**Llegó en compañía de un señor que supongo sería su abogado.**
*Er kam in Begleitung eines Herrn, von dem ich vermute, daß es sein Anwalt war.*

### 34.34 Infinitivstaz statt QUE-Satz bei CREER

Bei CREER und anderen Verben des Vorstellens kann der Infinitiv statt eines QUE-Nebensatzes bei identischem Subjekt gebraucht werden (vgl. 14.51). Durch die Infinitivkonstruktion wird der Vorstellungscharakter betont:

**Cree saber más que yo.**
*Er glaubt, mehr zu wissen als ich.*

## 34.35 Das Verb SOÑAR

Der QUE-Nebensatz zu SOÑAR steht im Indikativ:

**¿Has soñado alguna vez que eras otra?**
*Hast du jemals geträumt, du seiest eine andere?*

**Soñé que me ahogaba.**
*Ich habe geträumt, ich ertrinke.*

- Zum Gebrauch von IMPERFECTO DE INDICATIVO beim Erzählen von Träumen vgl. 18.31.

**A** ▶ Mit SOÑAR können lebhafte Wünsche ausgedrückt werden, in der substantivischen Unterordnung jedoch nur bei gleichem Subjekt im Haupt- und Nebensatz, was einen infinitivischen Nebensatz erfordert:

**Sueña con ser la número uno del tenis.**
*Sie träumt davon, die Nummer 1 im Tennis zu sein.*

## 34.36 Verben des Vortäuschens

Ist die Ergänzung eines Verbs des Vortäuschens ein QUE-Satz, so steht dieser im Indikativ. Beispiele mit FINGIR:

**Fingió que cojeaba.**
*Er gab vor zu hinken.*

**Fingen que creen en el más allá.**
*Sie tun so, als würden sie an das Jenseits glauben.*

- Vgl. 35.109, 35.112.

## 34.37 Eine Behauptung wird indirekt wiedergegeben

Nach übergeordneten Wortgruppen, die in geschriebenen oder gesprochenen Texten enthaltene Behauptungen indirekt wiedergeben, steht im QUE-Satz der Indikativ:

**Me dijo que te vio en el cine.**
*Er hat mir gesagt, er habe dich im Kino gesehen.*

**El autor sostiene que el socialismo resucitará muy pronto.**
*Der Verfasser behauptet, der Sozialismus werde bald wieder auferstehen.*

**Le hemos prometido que esta vez seremos puntuales.**
*Wir haben ihr versprochen, diesmal pünktlich zu sein.*

**Volvió a decir aquello de que las mujeres son seres sin lógica.**
*Er wiederholte die alte Leier, Frauen seien unlogische Wesen.*

**Escribe que os echa mucho de menos.**
*Er schreibt, er vermisse euch sehr.*

**He leído en alguna parte que Madrid es la ciudad más sucia de Europa.**
*Ich habe irgendwo gelesen, daß Madrid die schmutzigste Stadt Europas sei.*

**A** ▶ Beispiele mit dem QUE-Satz als Substantivergänzung (man beachte, daß man im Deutschen hier, wie auch in den vorangegangenen Beispielen, durchwegs den Konjunktiv einsetzen kann):

**la noticia de que ganó las elecciones** *die Nachricht, er habe die Wahl gewonnen*
**su afirmación de que la ONU es impotente** *seine Behauptung, die UNO sei machtlos*

## 34. Gebrauch der Modi in Subjekt-und Objektsätzen

el rumor de que dimitirá *das Gerücht, er werde zurücktreten*

**B** ▶ Wenn mit Verben wie ESCONDER und OCULTAR Behauptungen aufgestellt oder Tatsachen mitgeteilt werden, steht der entsprechende QUE-Nebensatz im Indikativ. Die Ausdrücke kommen häufig in der verneinten Form vor:

**Me ocultó que se había encontrado con Ana.**
*Er verheimlichte mir, daß er sich mit Ana getroffen hatte.*

**A nadie se le oculta que se trata de un simulacro de democracia.**
*Niemandem bleibt es verborgen, daß es sich um eine Scheindemokratie handelt.*

- Näheres zur indirekten Rede vgl. Kapitel 37; zum Gebrauch von CONDICIONAL in der indirekten Rede vgl. 18.88, 18.96.
- Mit manchen Verben des Mitteilens kann der Infinitiv statt eines QUE-Nebensatz stehen, wenn der Nebensatz gleiches Subjekt wie das Hauptsatzverb hat. Vgl. 14.41.
- Zu den Wendungen mit LO DE QUE bzw. ESTO / ESO / AQUELLO DE QUE vgl. 34.99.

### 34.38 Wegfall von QUE im Nebensatz von Verben des Mitteilens

Bei zweifacher Unterordnung kann der Nebensatz von Verben des Sagens, vor allem wenn sie in im PRESENTE DE INDICATIVO stehen, uneingeleitet bleiben:

**Se ocupa del caso de los niños que dicen asesinaron por influencia de un videojuego.**
*Er beschäftigt sich mit dem Fall der Kinder, die nach eigener Aussage unter dem Einfluß eines Videospiels einen Mord begingen..*

### 34.39 Der QUE-Satz beim Imperativ verneinter Mitteilungsverben

Vor allem in der verneinten Form wird mit den Ausdrücken der Textwiedergabe der Subjuntivo gebraucht (vgl. 34.75). Beim verneinten Imperativ steht jedoch der Indikativ, wenn auf eine Tatsache, aber auch auf einen zukünftigen Sachverhalt hingewiesen wird:

**No le digas a ella que estoy aquí.**
*Sag ihr nicht, daß ich hier bin.*

**No le menciones en la carta que me voy de viaje.**
*Schreib ihr nicht, daß ich verreise.*

### 34.40 Der Nebensatz bei der indirekten Wiedergabe von Fragen

QUE steht häufig vor einem Fragewort bei der indirekten Wiedergabe bzw. bei nachdrücklicher Wiederholung von Fragen; der entsprechende Nebensatz steht im Indikativ:

**Me preguntó que cuándo partíamos.**
*Er fragte mich, wann wir abreisen würden.*

**Te preguntará que cómo te llamas.**
*Er wird dich fragen, wie du heißt.*

## C. Subjuntivo: Abhängigkeit von einem Willen oder einem Geschehen

In diesem Teil wird der Modusgebrauch in QUE-Nebensätzen behandelt, die Sachverhalte beschreiben, welche als abhängig von anderen Sachverhalten dargestellt werden: es sind entweder Sachverhalte, die erst herbeigeführt werden sollen, oder Tatsachen, die aufgrund einer anderen entstanden sind. In solchen Nebensätzen steht der Subjuntivo uneingeschränkt.

## 34. Gebrauch der Modi in Subjekt- und Objektsätzen

### 34.41 Man will, daß etwas der Fall ist

Nach übergeordneten Wortgruppen des Wollens und Wünschens steht im QUE-Nebensatz der Subjuntivo:

**Quiero que me quieras.**
*Ich will, daß du mich liebst.*

**No pretendo que me entiendan mis enemigos.**
*Es liegt mir nicht daran, daß meine Feinde mich verstehen.*

**¡Cuánto estoy deseando que sea verano ya!**
*Ich wünsche mir so sehr, daß es endlich Sommer wird!*

**Sus padres se oponían a que estudiara Filosofía.**
*Ihre Eltern waren dagegen, daß sie Philosophie studierte.*

● Das Verb PRETENDER ist auch ein Verb der Mitteilung, vgl. 14.63L.

**A** ▶ Beispiele mit dem QUE-Satz als Adjektiv- und Substantivergänzung:

**ansiosa de que su ídolo la mire** *begierig danach, daß ihr Idol sie anschaut*
**deseosos de que se supiera todo** *heftig wünschend, man möge alles erfahren*
**decidido a que me oyesen** *dazu entschlossen, daß sie mich hörten*
**¿un deseo? ¡que desaparezca la pobreza!** *einen Wunsch? die Armut soll verschwinden!*
**el derecho a que se me tome en serio** *das Recht darauf, daß man mich ernst nimmt*
**el anhelo de que le contestara** *die Sehnsucht danach, daß er ihr antwortete*
**el interés de que Pérez sea detenido** *das Interesse daran, daß Pérez verhaftet wird*
**con la intención de que surjan desavenencias** *mit der Absicht, daß Konflikte entstehen*

**B** ▶ Die Frage *'soll ich ...?'*, die das Verhalten des Sprechers vom Willen des Gesprächspartners abhängig macht, entspricht einerseits der Formel, die in 18.3 erläutert wird, andererseits einer Konstruktion mit QUERER QUE:

**¿Quieres que abra las ventanas?**
*Soll ich die Fenster aufmachen?*

**¿Queréis que os acompañe?**
*Soll ich euch begleiten?*

### 34.42 Etwas wird erlaubt oder verboten

Bei übergeordneten Wortgruppen des Erlaubens und Verbietens steht im QUE-Nebensatz der Subjuntivo:

**¿Por qué no dejas que te ayudemos?**
*Warum läßt du nicht zu, daß wir dir helfen?*

**No podemos prohibir que la gente grite contra el Rey.**
*Wir können nicht verbieten, daß die Leute gegen den König schreien.*

**Permítame que le dé un consejo.**
*Erlauben sie mir, Ihnen einen Ratschlag zu geben.*

● Zu ADMITIR vgl. 34.67A.
● Statt einem QUE-Nebensatz kann wie im Deutschen Infinitiv stehen, vgl. Näheres 14.49, 14.50.

### 34.43 Differenzierte Aufforderungsweisen

Nach übergeordneten Wortgruppen, die explizit das Ziel zum Ausdruck bringen, den Partner zu einem bestimmten Verhalten zu veranlassen, steht im QUE-Satz der Subjuntivo; es geht um Ausdrücke des Bittens, Ratens, Empfehlens, Warnens, Vorschlagens, Anflehens usw.:

## 34. Gebrauch der Modi in Subjekt-und Objektsätzen

**Le he pedido que se marche.**
*Ich habe ihn gebeten, abzureisen.*

**Os advierto que no os acerquéis a la cueva.**
*Ich warne euch davor, euch der Höhle zu nähern.*

**Le he aconsejado que renuncie.**
*Ich habe ihr geraten, zu kündigen.*

**Sugiero que vayamos a comer primero.**
*Ich schlage vor, wir gehen zuerst essen.*

• Zu ADVERTIR vgl. 34.106A.

**A** ▶ Mit Verben der expliziten Aufforderung steht im Deutschen normalerweise eine Infinitivergänzung anstelle eines *'daß'*-Satzes. Infinitivkonstruktionen nach diesen Ausdrücken sind im Spanischen nicht unbekannt, jedoch nicht üblich, vgl. Näheres 14.43 ff.

**B** ▶ Beispiele mit QUE-Sätzen als Substantivattribute:

**tu consejo de que me case** *dein Ratschlag, ich solle heiraten*
**la orden del Supremo de que se disuelva ese partido** *die Verfügung des Obersten Gerichts, diese Partei habe sich aufzulösen*
**el ruego de que esta carta sea publicada** *die Bitte, diesen Brief zu veröffentlichen*
**la demanda de que el ministro renuncie** *die Forderung, der Minister solle zurücktreten*
**la petición al árbitro de que sea imparcial** *die Bitte an den Schiedsrichter, er möge unparteisch sein*
**su advertencia de que no entráramos** *seine Warnung, wir sollten nicht hineinkommen*
**la sugerencia de que nos retiremos** *der Vorschlag, wir sollten uns zurückziehen*

• Häufig wird die satzmäßige Ergänzung von Substantiven der Aufforderung durch PARA QUE eingeleitet, vgl. 35.7.

### 34.44 Wegfall von QUE bei Verben der Willensäußerung

In gewissen Textarten, und dann nur bei bestimmten Verben, z.B. ROGAR, kann der Nebensatz nach Verben der expliziten Aufforderung uneingeleitet bleiben:

**Les rogamos envíen la correspondencia a nuestra nueva dirección.**
*Senden Sie bitte Ihre Post an unsere neue Anschrift!*

**En su día pidieron se divulgase esta noticia.**
*Seinerzeit verlangten sie, daß diese Nachricht verbreitet werden sollte.*

### 34.45 Mitteilungsverb als Verb der Willensäußerung

Wenn mit Verben des Sagens eine Willensbekundung mitgeteilt wird, steht im entsprechenden QUE-Nebensatz Subjuntivo:

**Un día me planteó que nos casáramos.**
*Eines Tages trug er mir vor, wir sollten heiraten.*

**Insistió en que le dijera mi fecha de nacimiento.**
*Er bestand darauf, ich solle ihm mein Geburtsdatum sagen.*

• Beispiele mit DECIR vgl. 34.46.

## 34. Gebrauch der Modi in Subjekt- und Objektsätzen

### 34.46 Indirekte Wiedergabe des Imperativs

Nach den Verben der indirekten Textwiedergabe (DECIR, ESCRIBIR usw., vgl. Kapitel 37) wird der Imperativ, also die Aufforderung oder das Verbot, durch einen QUE-Nebensatz im Subjuntivo indirekt wiedergegeben. Im Deutschen steht dafür ein Nebensatz mit *'sollen'*, *'mögen'* usw.:

**Me dijo: "Quédate un rato más"** → **Me dijo que me quedara un rato más.**
*Sie sagte mir: "Bleibe noch eine Weile!"* → *Sie sagte mir, ich solle noch eine Weile bleiben.*

**Nos dicen: "Váyanse"** → **Dicen que nos vayamos.**
*Sie sagen uns: "Gehen Sie!"* → *Sie sagen uns, wir sollen gehen.*

**Silvia me ha dicho: "Haz un pastel"** → **Silvia me ha dicho que haga un pastel.**
*Silvia hat mir gesagt: "Back einen Kuchen!"* → *Silvia hat mir gesagt, ich solle einen Kuchen backen.*

- Eine andere Fassung des Imperativs in der indirekten Rede gibt es im Spanischen nicht. Es sei außerdem daran erinnert, daß im Spanischen Behauptungen und Fragen in indirekter Redewiedergabe immer durch QUE eingeleitete Nebensätze im Indikativ erfordern, vgl. 34.37 ff.

**A** ▶ Wenn man sich bei der Wiedergabe von Aufforderung und Befehl für eine obligative Verbfügung beispielsweise mit DEBER entschieden hat – was keine glückliche Wahl ist –, dann steht das Verb nach QUE nicht im Subjuntivo; für das zweite der obigen Beispiele muß es dann heißen: DICEN QUE DEBEMOS IRNOS.

### 34.47 Ein Sachverhalt wird als notwendig angesehen

Nach übergeordneten Wortgruppen, die einen noch nicht geschehenen Sachverhalt als notwendig, dringend oder entscheidend (oder als nicht notwendig, nicht dringend oder nicht entscheidend) hinstellen, steht im QUE-Nebensatz der Subjuntivo:

**Es absolutamente necesario que respondáis por escrito.**
*Es ist absolut notwendig, daß ihr schriftlich antwortet.*

**Era preciso que funcionara el sistema.**
*Das System mußte funktionieren.*

**Urge que vengas.**
*Es ist dringend notwendig, daß du kommst.*

**No necesito que me empujen.**
*Man braucht mich nicht zu schubsen.*

**Es hora de que nos organicemos.**
*Es ist höchste Zeit, daß wir uns organisieren.*

**Lo importante es que permanezcas tranquilo.**
*Hauptsache, du bleibst ruhig.*

**A** ▶ Beispiele mit FALTAR und HACER FALTA:

**Qué aprovechón, sólo falta que le laves la ropa.**
*So ein Nassauer! Es fehlt nur noch, daß du seine Wäsche wäschst.*

**No hace falta que lleves el carné.**
*Du brauchst den Ausweis nicht mitzunehmen.*

**B** ▶ Beispiele mit QUE-Sätzen als Nomenergänzungen:

**la necesidad de que meditemos** die Notwendigkeit, daß wir nachdenken
**la urgencia de que nos curaran** die Dringlichkeit unserer Behandlung

## 34. Gebrauch der Modi in Subjekt-und Objektsätzen

### 34.48 Etwas hat der Fall zu sein, weil es zweckmäßig ist

Nach den meist unpersönlichen übergeordneten Wortgruppen, die einen in der Zukunft liegenden Sachverhalt als wünschenswert und zweckmäßig (oder nicht wünschenswert und nicht zweckmäßig) hinstellen, steht im QUE-Nebensatz der Subjuntivo:

**Es mejor que nos callemos.**
*Es ist besser, wir sind still.*

**No conviene que sepa con quién te juntas.**
*Er soll lieber nicht erfahren, mit wem du zusammenkommst.*

**Creo que no vale la pena que vayas.**
*Ich glaube, es lohnt sich nicht, daß du hingehst.*

**No servirá de nada que le volvamos a escribir.**
*Es hat überhaupt keinen Zweck, daß wir ihm noch einmal schreiben.*

**A ▶** Beispiele mit QUE-Sätzen als Adjektiv- und Substantivergänzung:

**Éramos partidarios de que lo hicieras tú.**
*Wir waren dafür, daß du es machen solltest.*

**No veo la conveniencia de que le escribas.**
*Ich kann keinen Nutzen darin sehen, daß du ihm schreibst.*

**B ▶** Viele der Wendungen der Tatsachenbewertung (vgl. 34.80, 34.82) können auch zum Ausdruck der Zweckmäßigkeit oder Unzweckmäßigkeit herbeizuführender Sachverhalte verwendet werden. Sehr häufig sind dabei Konstruktionen im irrealen Kontext:

**Me gustaría que fueras más amable con ellos.**
*Ich sähe es gern, wenn du freundlicher zu ihnen wärest.*

**Sería una pena que se metiera en política.**
*Es wäre schade, wenn er in die Politik ginge.*

• Während bei einer Zweckmäßigkeitsabwägung zukünftiger oder nicht vorliegender Sachverhalte der Subjuntivo im QUE-Nebensatz konkurrenzlos ist, ist bei der Bewertung geschehener Handlungen der Indikativ durchaus möglich. Vgl. 34.96, 34.97.

### 34.49 Bewirken, Besorgen, Verursachen

Nach übergeordneten Wortgruppen des Bewirkens, Besorgens und Verursachens steht im QUE-Nebensatz der Subjuntivo:

**Ha conseguido que su hijo piense como él.**
*Er hat erreicht, daß sein Sohn wie er denkt.*

**Lograron que se aplazaran las elecciones.**
*Sie erreichten, daß die Wahlen verschoben wurden.*

**Yo cuidaré de que nadie te moleste.**
*Ich werde dafür sorgen, daß dich niemand stört.*

**Y el tiempo hace que nos sintamos más tristes todavía.**
*Und das Wetter bewirkt, daß wir uns noch trauriger fühlen.*

**A ▶** Beispiele mit QUE-Sätzen als Substantivergänzungen:

**Esa puede ser la razón de que no quiera recibirnos.**
*Das kann der Grund dafür sein, daß er uns nicht empfangen will.*

**¿Quién tuvo la culpa de que tardásemos tanto?**
*Wer war schuld daran, daß wir uns so verspätet haben?*

## 34. Gebrauch der Modi in Subjekt- und Objektsätzen

**B** ▶ Der QUE-Satz von DEBERSE steht bei Fragen gewöhnlich im Subjuntivo, bei Antworten im Indikativ:

**¿A qué se debe que se retrasen con tanta frecuencia?**
*Woran liegt es, daß sie sich so oft verspäten?*

**Que no entiendan lo que leen se debe a que leen muy poco.**
*Daß sie nicht verstehen, was sie lesen, liegt daran, daß sie zu wenig lesen.*

### 34.50 Verben des Überredens

Mit Ausdrücken der Überredens steht Subjuntivo im QUE-Nebensatz:

**Le hemos animado a que asista a ese curso.**
*Wir haben ihn dazu ermuntert, an diesem Kurs teilzunehmen.*

**No han podido convencerle de que juegue.**
*Sie haben ihn nicht zur Teilnahme am Spiel überreden können.*

• Zu CONVENCER mit Indikativ vgl. 34.106D.

**A** ▶ Die Nebensatzergänzung von Verben des Überredens werden sehr häufig mit PARA QUE eingeleitet (vgl. 35.7):

**La persuadí para que estudiara ruso.**
*Ich überredete sie dazu, Russisch zu lernen.*

### 34.51 Verben des Bedingens

Bei Verben, die Bedingungen ausdrücken, steht der dazugehörige QUE-Satz im Subjuntivo:

**Basta (con) que firmes una sola vez.**
*Es genügt, wenn du nur einmal unterschreibst.*

**De ti depende que mañana juguemos mejor.**
*Von dir hängt es ab, daß wir morgen besser spielen.*

**Condicionan el levantamiento del embargo a que se celebren elecciones libres.**
*Für die Aufhebung des Embargos machen sie zur Bedingung, daß freie Wahlen durchgeführt werden.*

• Näheres zum Modusgebrauch bei DEPENDER DE in 34.101.

### 34.52 Verben des Gewöhnens

Bei Verben, die ein Gewöhnen, viel häufiger ein Gewöhntsein, ausdrücken, steht der dazugehörige QUE-Satz im Subjuntivo:

**Estaban acostumbrados a que la empresa les proporcionara la vivienda.**
*Sie waren es gewohnt, daß die Firma ihnen die Wohnung zur Verfügung stellte.*

### 34.53 Ausdrücke des Aufpassens

Bei Ausdrucken des Aufpassens und Kontrollierens steht der dazugehörige QUE-Satz im Subjuntivo:

**Ellos controlan que la ley se cumpla.**
*Sie passen darauf auf, daß das Gesetz eingehalten wird.*

**Estate atento a que todos tengan una copia.**
*Paß auf, daß alle ein Exemplar haben.*

## 34. Gebrauch der Modi in Subjekt-und Objektsätzen

### 34.54 Ausdrücke des Verhinderns

Nach übergeordneten Wortgruppen des Verhinderns (und deren Verneinungen) steht im QUE-Nebensatz Subjuntivo:

**El control evita que se perpetúe la corrupción.**
*Die Kontrolle verhindert, daß die Korruption sich verewigt.*

**No podremos impedir que haya pérdidas.**
*Wir werden nicht verhindern können, daß Verluste entstehen.*

• Zu den Ausdrücken des Verhinderns mit PARA QUE vgl. 35.7.

**A** ▶ QUITAR in der Bedeutung *'hindern'* wird in der Regel in verneinten Sätzen gebraucht. Beispiel mit ESO NO QUITA QUE:

**No entiendo esa música, pero eso no quita que me guste.**
*Ich verstehe diese Musik nicht, trotzdem gefällt sie mir.*

## D. Subjuntivo: Wahrscheinlichkeitsbezug

In diesem Teil geht es um Sachverhalte, deren Eintreten aus subjektiven Gründen nicht ganz sicher feststeht. Der entsprechende QUE-Satz steht hier meistens im Subjuntivo, der Indikativ kommt jedoch – nicht selten – vor.

### 34.55 Ein Sachverhalt wird als nur möglich hingestellt

Nach den unpersönlichen Ausdrücken, die einen Sachverhalt als denkbar, möglich oder wahrscheinlich bzw. nicht denkbar und nicht wahrscheinlich hinstellen, steht im QUE-Nebensatz Subjuntivo:

**Es muy posible que no esté aquí.**
*Es ist sehr wohl möglich, daß er nicht hier ist.*

**Puede que hayan llamado.**
*Es kann sein, daß man angerufen hat.*

**Es difícil que apruebe el examen.**
*Es ist kaum denkbar, daß er die Prüfung besteht.*

**Es muy improbable que te haya visto.**
*Es ist sehr unwahrscheinlich, daß sie dich gesehen hat.*

• Zu PARECER vgl. 34.103.

### 34.56 Wahrscheinlichkeit und Vorsehbarkeit

Auch dann, wenn Gewißheit über das Eintreten von Sachverhalten überwiegt, wird bei den persönlichen und unpersönlichen Wendungen der Wahrscheinlichkeit und Vorhersehbarkeit der Subjuntivo gebraucht:

**Lo más probable es que nos quedemos.**
*Am wahrscheinlichsten ist es, daß wir bleiben.*

**En este caso es mucho mayor la probabilidad de que un avión se caiga.**
*In diesem Fall ist die Wahrscheinlichkeit viel größer, daß ein Flugzeug abstürzt.*

**Los sociólogos prevén que la cifra de extranjeros supere los 4 millones en 2010.**
*Die Soziologen sehen für das Jahr 2010 voraus, daß die Zahl der Ausländer vier Millionen übersteigt.*

**Está previsto que se elija presidente.**
*Es ist vorgesehen, einen Vorsitzenden zu wählen.*

## 34. Gebrauch der Modi in Subjekt-und Objektsätzen

**A ▶** Konstruktionen mit ES SEGURO kommen nicht selten mit dem Subjuntivo im Nebensatz vor, meistens im Bezug auf die Zukunft. Dann haben wir mit einer Verschiebung der Bedeutung des Adjektivs zu tun:

**Es muy seguro que un apagón suponga una anarquía pasajera.**
*Es steht mit Sicherheit fest, daß ein Stromausfall eine vorübergehende Anarchie bedeuten wird / könnte.*

### 34.57 CREO QUE mit Subjuntivo

Eine inhaltliche Übereinstimmung zwischen den Verben des Meinens und den unpersönlichen Ausdrücken der Möglichkeit und Wahrscheinlichkeit ist wohl vorhanden; aber es sei nachdrücklich darauf hingewiesen, daß CREER, PENSAR usw. standardsprachlich den Indikativ im QUE-Satz verlangen. In stilbewußten Texten sowie im gesprochenen Spanisch ist allerdings der Gebrauch des Subjuntivo im entsprechenden QUE-Satz bei unverneintem CREER und anderen Verben des Meinens nicht unbekannt; in solchen Konstruktionen ist eine Komponente der Ungewißheit im Spiel:

**Esa creo que sea la mejor solución.**
*Das ist meiner Meinung nach die vielleicht beste Lösung.*

**Se sospecha que haya podido estar en Mérida.**
*Man meint, er könnte sich in Mérida aufgehalten haben.*

**A ▶** Der QUE-Nebensatz zu ADMITIR steht häufig im Subjuntivo zum Ausdruck von Skepsis:

**Admito que sea así.**
*Das könnte so sein.*

### 34.58 Subjuntivo mit Imperativ und Gerundio von Verben des Vorstellens

Insbesondere nach dem Imperativ und dem konditionalen oder konzessiven Gerundio von Verben der Hypothesenbildung wie ADMITIR, SUPONERSE und IMAGINARSE kann im QUE-Satz der Subjuntivo stehen (zum Tempus vgl. Kapitel 37):

**Supongamos que venga / viniera antes que tú.**
*Nehmen wir an, er kommt / komme / käme früher als du.*

**Imagínate que yo sea / fuera Don Juan.**
*Stelle dir mal vor, ich bin / sei / wäre Don Juan.*

**Aun admitiendo que se hayan equivocado / se hubieran equivocado.**
*Selbst wenn man annimmt, sie haben / hätten sich geirrt.*

### 34.59 Indikativ nach SERÁ QUE

Nach der im gesprochenen Spanisch sehr häufigen Wendung SERÁ QUE (vgl. 18.72) steht der Indikativ:

**Será que no entienden el español.**
*Es ist vielleicht so, daß sie kein Spanisch verstehen.*

### 34.60 Bewertung einer Möglichkeit als Gefahr

Nach übergeordneten Wortgruppen, die einen (noch ungeschehenen) Sachverhalt als gefährlich (oder nicht gefährlich) hinstellen, steht im QUE-Nebensatz der Subjuntivo:

**Uno de los peligros es que nos convirtamos en meros espectadores de circo.**
*Eine Gefahr ist die, daß wir zu bloßen Zirkuszuschauern werden könnten.*

**Nos exponemos a que nos critiquen.**
*Wir riskieren, daß man uns kritisiert.*

### 34. Gebrauch der Modi in Subjekt-und Objektsätzen

**Corremos el riesgo de que él no nos entienda.**
*Wir laufen Gefahr, daß er uns nicht versteht.*

### 34.61 Subjuntivo nach Ausdrücken der Erwartung und Hoffnung

Nach übergeordneten Wortgruppen des Hoffens und Erwartens steht im QUE-Nebensatz der Subjuntivo, wenn beim Sprechenden (oder beim Subjekt des Obersatzverbs) völlige Ungewißheit herrscht oder von ihm Unwahrscheinlichkeit angedeutet werden soll:

**Esperemos que el Gobierno haga algo.**
*Hoffen wir, daß die Regierung etwas tut.*

**No confían en que el juez sea imparcial.**
*Sie vertrauen nicht darauf, daß der Richter unbefangen ist.*

**No tengo muchas esperanzas de que ganemos.**
*Ich habe wenig Hoffnung, daß wir gewinnen könnten.*

### 34.62 Indikativ nach ESPERAR und sinnverwandten Ausdrücken

Der Indikativ (dann in der Regel in einer zukunftsbezogenen Verbform) steht nach den Wortgruppen des Hoffens und Erwartens, wenn der Sprechende eher Zuversicht zum Ausdruck bringen möchte:

**Yo cuento con que vendrá.**
*Ich rechne damit, daß er kommt.*

**Confiábamos en que no diría nada.**
*Wir vertrauten darauf, daß er nichts sagen würde.*

### 34.63 Wegfall von QUE im Nebensatz von ESPERAR

QUE kann vor dem Nebensatz nach ESPERAR wegfallen, und zwar dann, wenn das Nebensatzsubjekt nicht explizit erwähnt wird. Der Subjuntivo ist dann obligatorisch:

**Esta carta espero no olvides echarla.**
*Diesen Brief, hoffe ich, vergißt du nicht einzuwerfen.*

### 34.64 Ausdruck von Furcht und Angst

Nach übergeordneten Ausdrücken des Fürchtens steht im QUE-Satz der Subjuntivo, wenn der (in der Regel nicht eingetretene) Sachverhalt als angsteinflößend empfunden wird:

**¿Le da miedo que conduzca una mujer?**
*Haben Sie Angst, daß eine Frau am Steuer sitzt?*

**Temían que los guardias les pidiesen la documentación.**
*Sie hatten Angst, die Polizisten könnten sie nach ihren Papieren fragen.*

• Zur Möglichkeit einer Infinitivergänzung bei TEMER vgl. 14.51.

### 34.65 TEMERSE mit Nebensatz im Indikativ

Sehr häufig wird TEMERSE (ähnlich wie *'fürchten'*) zur Mitteilung einer Tatsache verwendet, und dann steht im QUE-Nebensatz der Indikativ:

**Me temo que no he entendido.**
*Ich fürchte, ich habe nicht verstanden.*

## 34. Gebrauch der Modi in Subjekt-und Objektsätzen

### 34.66 Wegfall von QUE im Nebensatz von TEMER

QUE kann vor dem Nebensatz nach TEMER wegfallen, und zwar dann, wenn das Nebensatzsubjekt nicht explizit erwähnt wird. Der Subjuntivo ist dann obligatorisch:

**Entre los perdedores temo te encuentres tú.**
*Ich fürchte, daß du dich unter den Verlierern befindest.*

## E. Subjuntivo: Widerspruch und Infragestellung

In diesem Teil geht es hauptsächlich um den Modus im QUE-Satz nach verneinten Verben bzw. Ausdrücken, die eine Negation beinhalten, und zwar als Verneinung der im Teil A erläuterten Wortgruppen. In der Regel steht dabei der Subjuntivo im QUE-Satz.

### 34.67 Eine Behauptung wird zurückgewiesen

Bei unpersönlichen übergeordneten Wortgruppen, mit denen der Sprechende einen Sachverhalt als unzutreffend hinstellt, der explizit oder implizit von anderen als Faktum behauptet oder unterstellt wird, steht im QUE-Nebensatz der Subjuntivo:

**Es falso que haya tenido un accidente.**
*Es stimmt nicht, daß er einen Unfall gehabt hat.*

**Es completamente imposible que él sea el asesino.**
*Es ist gänzlich unmöglich, daß er der Mörder ist.*

**Eso no significa que tengas razón.**
*Das bedeutet nicht, daß du recht hast.*

**No es verdad que no haya pobreza en el socialismo.**
*Es stimmt nicht, daß es im Sozialismus keine Armut gibt.*

**No sólo es que no me moleste vivir aquí, es que me encanta.**
*Nicht nur, daß es mich überhaupt nicht stört, hier zu leben, es entzückt mich vielmehr.*

• Weiteres zu NO ES QUE vgl. 19.27.
• Vermeintliche Schlußfolgerungen werden häufig mit EL HECHO DE QUE und SIGNIFICAR und deren Synonymen zurückgewiesen, vgl. 34.92.
• Zum Indikativ bei Ausdrücken der Negation vgl. unten 34.98.

### 34.68 Ein Sachverhalt steht nicht eindeutig fest

Mit übergeordneten Ausdrücken der Unsicherheit darüber, ob ein Sachverhalt zutrifft oder nicht, steht im QUE-Nebensatz der Subjuntivo:

**No estoy seguro de que no me haya visto.**
*Ich bin mir nicht sicher, daß er mich nicht gesehen hat.*

**No está demostrado que la hipótesis sea falsa.**
*Es ist nicht bewiesen, daß die Hypothese falsch ist.*

**No es seguro que te haya entendido.**
*Es ist nicht sicher, daß er dich verstanden hat.*

**No está comprobado de ningún modo que ella no pueda hacer eso.**
*Es steht keineswegs fest, daß sie das nicht machen kann.*

**No puedo acordarme de que me haya dicho tal cosa.**
*Ich kann mich nicht erinnern, daß sie so etwas gesagt hat.*

## 34. Gebrauch der Modi in Subjekt-und Objektsätzen

### 34.69 Subjuntivo nach NO SABER QUE

Mit NO SABER QUE kann der Subjuntivo stehen, wenn ein Vorbehalt gegenüber einem vermeintlich vorliegenden Sachverhalt zum Ausdruck gebracht werden soll (zu NO SABER SI vgl. 35.80A):

**No sabía que fuera tan rico.**
*Ich wußte nicht, daß er so reich ist* (auch: *war*).

**Tampoco se sabe que haya estado o no en África.**
*Es steht auch nicht fest, ob er in Afrika war oder nicht.*

**A ▶** Im gehobenen Sprech- und Schreibstil wird nach NO SABER QUE häufig Subjuntivo rein konventionell verwendet.

### 34.70 Fragen in Subjuntivo als implizite Bestreitung

In Fragen mit den Wortgruppen, die zur Mitteilung von Tatsachen verwendet werden (vgl. 34.18 ff), kann der Sprechende seine Unsicherheit hinsichtlich des im QUE-Nebensatz benannten Sachverhalts durch Verwendung des Subjuntivo zum Ausdruck bringen. Solche Fragen enthalten häufig das Adverb ACASO im Hauptsatz:

**¿Estamos seguros de que voten como piensan?**
*Können wir sicher sein, daß sie wählen, wie sie denken?*

**¿Acaso está comprobado que te haya entendido?**
*Steht etwa fest, daß sie dich verstanden hat?*

### 34.71 Ein Sachverhalt wird angezweifelt

Nach übergeordneten Wortgruppen, die einen Sachverhalt als zweifelhaft hinstellen, steht im QUE-Nebensatz der Subjuntivo:

**No creo que sea peligroso nadar aquí.**
*Ich glaube nicht, daß es gefährlich ist, hier zu schwimmen.*

**Dudo que el embargo acabe con la dictadura.**
*Ich zweifle daran, daß das Embargo die Diktatur zum Einsturz bringt / bringen könnte.*

**No me parece que esté en su mejor forma.**
*Ich habe nicht den Eindruck, daß es in bester Form ist.*

**No puedo ver que eso sea un argumento en contra.**
*Ich kann nicht sehen, daß das ein Argument dagegen ist.*

**Nunca me imaginé que la anorexia fuera una enfermedad tan horrible.**
*Ich habe es mir nie vorstellen können, daß die Magersucht eine so schreckliche Krankheit ist.*

**No recuerdo que en la escuela jugara nunca al fútbol.**
*Ich kann mich nicht daran erinnern, daß er jemals in der Schule Fußball gespielt hat / hätte.*

### 34.72 NO DUDAR mit Subjuntivo

Obwohl mit NO DUDAR und gleichwertigen Ausdrücken wie NO CABE DUDA ein Sachverhalt als Faktum bestätigt wird, wird oft der Subjuntivo im entsprechenden QUE-Satz verwendet:

**No dudo de que se llegue a descubrir a los autores del crimen.**
*Ich zweifele nicht daran, daß die Täter entdeckt werden.*

**De lo que no cabe la menor duda es que el virus destruya el disco duro.**
*Es besteht nicht der geringste Zweifel, daß der Virus die Festplatte zerstört.*

## 34. Gebrauch der Modi in Subjekt-und Objektsätzen

### 34.73 Das Wissen des Sprechers als Kriterium für den Modusgebrauch

Der Sprechende zweifelt einen nicht als Tatsache ausgewiesenen Sachverhalt durch die Verwendung von NO CREO, DUDO, NO ME PARECE, NO VEO und anderen meist negierten Verben des Erkennens, Meinens und Vorstellens (vgl. 34.29 und 34.31) in der ersten Person Singular des PRESENTE DE INDICATIVO (vgl. aber 34.98) an. Was den Modusgebrauch im QUE-Nebensatz mit anderen Tempora und anderen Personen bei diesen Ausdrücken betrifft, ist das Wissen des Sprechers maßgebend, ob ein Sachverhalt zutrifft oder nicht; im ersten der folgenden Beispiele weiß der Sprechende, daß Maria die Mathematikprüfung bestanden hat, im zweiten weiß er jetzt, wie lange der Krieg tatsächlich gedauert hat. Das Tatsachenwissen spiegelt sich im Gebrauch des Indikativs wider.

**Pedro no cree que María ha aprobado el examen de Matemáticas.**
*Pedro glaubt nicht, daß Maria die Mathematikprüfung bestanden hat.*

**Entonces yo no creía que la guerra iba a durar tanto tiempo.**
*Damals habe ich nicht geglaubt, daß der Krieg so lange dauern würde.*

**A ▶** Eine rein konventionelle Verwendung des Subjuntivo nach NO CREER und synonymen Ausdrücken ist sehr häufig anzutreffen. Bei den vorangegangenen Beispielen hieße es dann ... NO CREE QUE MARÍA HAYA APROBADO... und ...NO CREÍA QUE LA GUERRA FUERA....

### 34.74 Fragen im Subjuntivo als implizites Anzweifeln

Das Anzweifeln eines Sachverhalts durch die Verwendung des Subjuntivo im QUE-Nebensatz kann der Sprechende auch beim Gebrauch der Wortgruppen subjektiver Wahrheit (vgl. 34.31) und Wahrnehmung (vgl. 34.29) in der Frageform zum Ausdruck bringen (der QUE-Satz im Indikativ würde entweder eine neutrale Frage oder eine Tatsachengewißheit seitens des Fragenden beinhalten):

**¿Crees que esto del paro tenga solución?**
*Glaubst du vielleicht, daß das mit der Arbeitslosigkeit irgendeine Lösung hat?*

**¿Has notado que haya mejorado su situación?**
*Hast du etwa gemerkt, daß seine Lage sich verbessert hat?*

### 34.75 Bestreiten durch Verneinung eines Mitteilungsverbs

Mit den verneinten übergeordneten Wortgruppen der Wiedergabe von Behauptungen (vgl. 34.37) wird der Subjuntivo im QUE-Nebensatz verwendet, wenn der Sprechende eine (häufig ihm zugesprochene oder unterstellte) Behauptung in Frage stellt oder zurückweist:

**Yo no digo que tenga razón al afirmar eso.**
*Ich sage nicht, daß sie recht hat, wenn sie so etwas behauptet.*

**Nunca he afirmado que sea un gran escritor.**
*Ich habe nie behauptet, er sei ein großer Schriftsteller.*

**No han escrito que se estén muriendo de hambre.**
*Sie haben nicht geschrieben, daß sie vor Hunger sterben.*

**No he leído en ninguna parte que él se solidarice con vosotros.**
*Ich habe nirgends gelesen, daß er sich mit euch solidarisiert.*

### 34.76 NEGAR und NO NEGAR

Nach den Regeln in 34.67 steht im QUE-Nebensatz von NEGAR der Subjuntivo. Obwohl mit NO NEGAR ein Sachverhalt als Faktum bestätigt wird, wird oft rein konventionell der Subjuntivo im entsprechenden QUE-Satz verwendet:

**Niega que su dimisión esté relacionada con los últimos escándalos.**
*Er weist zurück, daß sein Rücktritt im Zusammenhang mit den letzten Skandalen stehe.*

### 34. Gebrauch der Modi in Subjekt-und Objektsätzen

**Niega que encargara espiar a Camacho.**
*Er bestreitet, den Auftrag zur Bespitzelung von Camacho erteilt zu haben.*

**No niego que pasáramos la noche en Nueva York.**
*Ich bestreite nicht, daß wir in New York übernachtet haben.*

- Mit NEGAR sind auch Infinitivkonstruktionen bei Gleichheit des Subjekts im Haupt- und Nebensatz möglich, vgl. 14.38.

### 34.77 Rhetorische Fragen im Subjuntivo mit Mitteilungsverben

Das Anzweifeln eines Sachverhalts kann auch durch die Verwendung des Subjuntivo im QUE-Nebensatz mit den Wortgruppen der Textwiedergabe in Frageform zum Ausdruck gebracht werden:

**¿Han dicho alguna vez que sean felices?**
*Haben sie etwa je gesagt, daß sie glücklich seien?*

### 34.78 Verneintes Verb der Textwiedergabe mit Indikativ im QUE-Nebensatz

Wenn mit NO DECIR, NO ESCRIBIR usw. darauf hingewiesen wird, daß eine Tatsache verschwiegen wird, dann muß im QUE-Nebensatz Indikativ stehen:

**No le he dicho a nadie que estoy aquí.**
*Ich habe niemandem gesagt, daß ich hier bin.*

- Zu Sätzen wie NO SE ME ESCONDE QUE MIENTE vgl. 34.37B.

### 34.79 Verneintes Verb der Textwiedergabe in metalinguistischer Absicht

Im QUE-Nebensatz eines verneinten Verbs der Textwiedergabe muß Indikativ stehen, wenn es um die bloße Berichtigung eines Wortlauts geht:

**No he dicho que viajo en avión, sino en tren.**
*Ich habe nicht gesagt, daß ich fliege, sondern, daß ich mit der Bahn fahre.*

**A ▶** Selbst bei der bloßen Berichtigung des Wortlauts ist eine rein konventionelle Verwendung des Subjuntivo festzustellen, für das vorige Beispiel etwa: NO HE DICHO QUE VIAJE... .

## F. Subjekt- und Objektsätze: Bewertung von Tatsachen

In diesem Teil werden Konstruktionen behandelt, bei denen im regierenden Satz die Bewertung einer Tatsache zum Ausdruck gebracht wird, die im QUE-Satz beschrieben ist. Man kann Tatsachen in diesem Sinne in drei Arten teilen: Einzeltatsachen, die bekannt sind und feststehen, wie zum Beispiel: **Lima fue fundada en 1535** *Lima wurde 1535 gegründet*; ferner mehr oder weniger verallgemeinerbare Gewohnheitstatsachen wie zum Beispiel: **El ruido produce estrés** *Lärm löst Streß aus*; schließlich Sachverhalte, deren Eintreten in der Zukunft mehr oder weniger objektiv feststeht oder gesichert ist, wie der in dem Satz, den ein Ehepaar äußert, das Tickets für einen Weihnachtsurlaub auf Teneriffa gebucht hat: **Las Navidades las pasaremos en Tenerife** *Weihnachten verbringen wir auf Teneriffa*. Normalerweise steht eine im QUE-Satz bewertete Tatsache im Subjuntivo, kann aber auch im Indikativ stehen. Im übrigen werden entsprechende Konstruktionen im Deutschen häufig durch *'wenn'* eingeleitet.

### 34.80 Positive Haltung

Der QUE-Nebensatz steht im Subjuntivo, wenn es sich dabei um eine bekannte oder feststehende Tatsache handelt, der im regierenden Satz eine positive Empfindung oder Bewertung zuteil wird.

### 34. Gebrauch der Modi in Subjekt-und Objektsätzen

Es geht um den (häufig "unpersönlichen") Ausdruck von Freude, Zufriedenheit, Wohlgefallen, Zustimmung, Anerkennung, Dank:

**Le gusta que hables inglés con él.**
*Ihm gefällt es, daß du Englisch mit ihm sprichst.*

**Me alegra que te sientas bien aquí.**
*Es freut mich, daß du dich hier wohl fühlst.*

**Me alegro de que le haya gustado.**
*Ich freue mich, daß es Ihnen gefallen hat.*

**Es una bendición de Dios que estén empezando las lluvias.**
*Es ist eine großartige Sache, daß die Regenzeit beginnt.*

**Estoy de acuerdo con que reciba el diez por ciento.**
*Ich bin damit einverstanden, daß er 10 % bekommt.*

**Saludó que el líder de la oposición condenara la violencia callejera.**
*Er begrüßte, daß der Oppositionsführer die Gewalt auf der Straße verurteilte.*

**Me parece bien que os caséis.**
*Ich finde es gut, daß ihr heiratet.*

**Le agradezco a mi padre que me haya inculcado unos valores.**
*Ich danke meinem Vater dafür, daß er mir Werte vermittelt hat.*

**Suerte que hayas traído el paraguas.**
*Ein Glück, daß du den Regenschirm mitgebracht hast.*

- Nach MENOS MAL QUE steht immer Indikativ, vgl. 32.18.
- Zur Verwendung des Indikativs in gewissen Fällen vgl. 32.18, 34.96, 34.97.

**A** ▶ Bei AGRADECER kann in bestimmten Textsorten QUE wegfallen:

**Les agradeceré publiquen esta carta en su periódico.**
*Ich wäre ihnen dankbar, wenn Sie diesen Brief in Ihrer Zeitung veröffentlichen.*

### 34.81 Subjuntivo nach PERDONAR

Mit Ausdrücken des Verzeihens und Enschuldigens wird im QUE-Nebensatz der Subjuntivo verwendet:

**Perdóname que te interrumpa.**
*Entschuldige, daß ich dich unterbreche.*

**¿Me perdonas que haya cogido el coche?**
*Verzeihst du mir, daß ich den Wagen genommen habe?*

**Nunca le perdonó que ese día le hubiera dado un plantón.**
*Sie verzieh ihm nie, daß er sie an dem Tag versetzt hatte.*

### 34.82 Negative Haltung

Der Subjuntivo steht im QUE-Nebensatz, wenn es sich dabei um eine bekannte oder feststehende Tatsache handelt, der im Hauptsatz eine negative Empfindung oder Bewertung zuteil wird. Es geht um den (häufig unpersönlichen) Ausdruck von Ärger, Bedauern, Mißfallen, Ablehnung, Kritik, Vorwurf usw.:

**No me gusta que trates así a Cora.**
*Ich mag es nicht, wenn du so mit Cora umgehst.*

**El verdadero escándalo está en que el Gobierno haya ocultado los riesgos.**
*Der wahre Skandal liegt darin, daß die Regierung die Risiken verheimlicht hat.*

## 34. Gebrauch der Modi in Subjekt-und Objektsätzen

**Le enfada que él no lleve corbata.**
*Es ärgert sie, daß er keine Krawatte trägt.*

**Está mal que tengamos que esperar.**
*Es ist schlecht, daß wir warten müssen.*

**Siento que no se lo hayamos dicho.**
*Ich bedauere, daß wir es ihr nicht gesagt haben.*

**Me pone enfermo que diga tales cosas.**
*Es macht mich krank, daß er solche Dinge sagt.*

**¡Qué pena que Cervantes no pueda leer esto!**
*Wie schade, daß Cervantes dies nicht lesen kann!*

• Zur Verwendung des Indikativs in gewissen Fällen vgl. 34.96, 34.97.

### 34.83 Ausdruck von Gleichgültigkeit

Der Subjuntivo steht im QUE-Nebensatz, wenn es sich dabei um eine bekannte oder feststehende Tatsache handelt, die im Obersatz als gleichgültig oder unwichtig empfunden oder bewertet wird:

**A mí me da igual que sea protestante.**
*Mich kümmert es nicht, daß er Protestant ist.*

**No es ni bueno ni malo que los socialistas hayan ganado las elecciones.**
*Es ist weder gut noch schlecht, daß die Sozialisten die Wahlen gewonnen haben.*

**¿A quién le interesa que tenga el título de doctor?**
*Wen interessiert es schon, daß er den Doktortitel hat?*

**¿Qué importa que la blusa sea blanca o azul?**
*Was macht es schon aus, daß die Bluse weiß oder blau ist?*

### 34.84 Erstaunen

Der Subjuntivo steht im QUE-Nebensatz, wenn es sich dabei um eine bekannte oder feststehende Tatsache handelt, die im Hauptsatz als erstaunlich, überraschend, merkwürdig, bemerkenswert usw. empfunden oder bewertet wird:

**Me sorprende que los conocedores no lo sepan.**
*Mich überrascht es, daß die Kenner es nicht wissen.*

**A mí me parece interesante que él diga ahora que no.**
*Ich finde es interessant, daß er jetzt nein sagt.*

**Lo que me asombra es que se quede tan tranquila.**
*Was mich wundert, ist, daß sie so ruhig bleibt.*

**Es raro que las luces sigan encendidas.**
*Seltsam, daß die Lichter noch eingeschaltet sind.*

**¿Cómo se explica que se retrasara tanto?**
*Wie ist es zu erklären, daß er sich so verspätet hat?*

**Es increíble que nadie proteste.**
*Es ist einfach unglaublich, daß niemand protestiert.*

**Parece mentira que un hombre así sea fiscal.**
*Kaum zu glauben, daß so ein Mann Staatsanwalt ist.*

## 34. Gebrauch der Modi in Subjekt-und Objektsätzen

### 34.85 Rechtfertigung und Verständnis

Der Subjuntivo steht im QUE-Nebensatz, wenn es sich dabei um eine bekannte oder feststehende Tatsache handelt, die im Hauptsatz als erklärlich, folgerichtig, verständlich, gerechtfertigt (oder als unerklärlich, unverständlich usw.) empfunden oder bewertet wird:

**Yo comprendo que ella no quiera venir.**
*Ich verstehe schon, daß sie nicht kommen will.*

**A nadie le ha sorprendido que quieran casarse.**
*Niemanden hat es überrascht, daß sie heiraten wollen.*

**Es natural que ahora reine el caos.**
*Es ist nur natürlich, daß jetzt Chaos herrscht.*

**Es muy normal que ahora no se sienta bien.**
*Es ist ganz normal, daß sie sich jetzt nicht wohlfühlt.*

- Wenn der Nebensatz zu EXPLICAR und COMPRENDER mit POR QUÉ eingeleitet ist, steht er gewöhnlich im Indikativ, vgl. 34.100.
- Näheres zu COMPRENDER vgl. 34.106B.

### 34.86 JUSTIFICAR

Mit JUSTIFICAR wird immer der Subjuntivo verwendet (vgl. 34.92):

**Eso (no) justifica que se haya marchado.**
*Dadurch ist seine Abreise (nicht) gerechtfertigt.*

### 34.87 Beurteilung eines Sachverhalts als üblich

Die Beurteilung einer Tatsache als üblich oder gewohnheitsmäßig (oder als nicht üblich oder nicht gewohnheitsmäßig) erfordert ausnahmslos den Subjuntivo im QUE-Nebensatz:

**En este país es costumbre que los hombres se besen al saludarse.**
*In diesem Land ist es üblich, daß Männer sich zur Begrüßung küssen.*

**No era frecuente que trajera regalos.**
*Es kam nicht häufig vor, daß er Geschenke mitbrachte.*

## G. Zusätzliches zum Modusgebrauch in Subjekt- und Objektsätzen

### 34.88 QUE-Nebensatz oder Infinitivkonstruktion?

Außer bei den übergeordneten Wortgruppen des Erlaubens und Verbietens sowie der expliziten Aufforderung (vgl. 34.42 und 34.43) wird im Spanischen eine Infinitivkonstruktion (und nicht ein QUE-Nebensatz) als Ergänzung eines Verbs, eines Substantivs oder Adjektivs in der Regel wie im Deutschen verwendet:

**Yo quiero quedarme aquí.**
*Ich will hier bleiben.*

**Le considero capaz de matarse.**
*Ich halte ihn für fähig, sich umzubringen.*

**Te convendría dormir más.**
*Es würde dir guttun, länger zu schlafen.*

**A ella no le gusta esperar.**
*Ihr macht es keinen Spaß zu warten.*

## 34. Gebrauch der Modi in Subjekt-und Objektsätzen

**No me es posible corresponder a su invitación.**
*Es ist mir nicht möglich, ihrer Einladung Folge zu leisten.*

**Su deseo de ser libre era más fuerte que todo.**
*Ihr Wunsch, frei zu sein, war stärker als alles andere.*

### 34.89 Infinitivergänzung von Substantiven

Bei einigen Infinitivergänzungen von Substantiven ist im Deutschen nicht immer eine Parallelkonstruktion angezeigt. Beispiel mit EL HECHO:

**El hecho de ser extranjeros marca su existencia toda.**
*Die Tatsache, daß sie Ausländer sind, bestimmt ihre ganze Existenz.*

### 34.90 PORQUE / POR QUE + Subjuntivo in Objektergänzungen

Bei Objektergänzungen ist die Stelle von **Präposition** + **QUE** + **Nebensatz** durch **PORQUE / POR QUE** + **Subjuntivo** besetzt. Es handelt sich meistens um die Kausativergänzung von Substantiven, Adjektiven aber auch Verben des Gefühls (Zufriedenheit, Empörung, Überraschung, Freude):

**Expresa su satisfacción porque le hayan concedido el premio.**
*Er drückt seine Zufriedenheit darüber aus, daß man ihm den Preis zuerkannt hat.*

**Me puse muy contento porque hubiese ganado un compatriota.**
*Ich war sehr glücklich darüber, daß ein Landsmann gewonnen hatte.*

**Todos nos indignamos porque se esté atacando a los jueces.**
*Wir alle sind darüber empört, daß die Richter angegriffen werden.*

**A ▶** PORQUE + **Subjuntivo** bzw. POR QUE + **Subjuntivo** kommt auch vor bei Ausdrücken des Dafürsorgens (vgl. 34.49). Beispiel mit PREOCUPARSE:

**Cada vez más padres españoles se preocupan por que sus hijos aprendan idiomas.**
*Immer mehr spanische Eltern sorgen dafür, daß ihre Kinder Fremdsprachen lernen.*

### 34.91 Subjuntivo im QUE-Nebensatz in Äquivalenzsätzen

Ist die Stelle des Prädikatsnomens in einem Äquivalenz-Satz mit SER ein QUE-Nebensatz, so steht er im Subjuntivo, wenn damit eine Norm, eine Gewohnheit wiedergegeben wird:

**Democracia es que haya cambio de Gobierno sin violencia.**
*Demokratie heißt, daß ein Regierungswechsel ohne Gewalt stattfindet.*

**Asistir a un estreno es que aplaudas como loco aunque la película no te haya gustado.**
*Einer Uraufführung beiwohnen heißt, du klatschst wie verrückt, auch wenn dir der Film nicht gefallen hat.*

**A ▶** Andere Verben zum Ausdruck der Äquivalenz im hier angesprochenen Sinn sind CONSISTIR EN und ESTRIBAR EN. Beispiel mit CONSISTIR:

**Mi papel consiste en que me pase una hora sin decir palabra.**
*Meine Rolle besteht darin, eine Stunde lang still zu sein.*

### 34.92 EL HECHO DE QUE + Subjuntivo

Nach EL HECHO DE QUE (in ungeschliffener Ausdrucksweise auch EL HECHO QUE) steht der Subjuntivo, wenn damit Tatsachen (selten auch wahrscheinliche Sachverhalte) eingeführt werden, zu denen bewertende Kommentare im Hauptsatz zum Ausdruck kommen. EL HECHO DE QUE kommt in dieser Verwendungsweise, und zwar in der Regel satzeinleitend, am häufigsten vor (zur Zeitenverwendung nach EL HECHO DE QUE vgl. 37.16):

## 34. Gebrauch der Modi in Subjekt-und Objektsätzen

**El hecho de que yo asista no tiene por qué importarle a Rosario.**
*Die Tatsache, daß ich komme, braucht Rosario nicht zu beunruhigen.*

**El hecho de que la indultaran ha llegado a ser un escándalo.**
*Die Tatsache, daß sie freigesprochen wurde, ist zu einem Skandal geworden.*

**El hecho de que escribiera versos hacía sospechosa a Lidia.**
*Daß sie Verse schrieb, machte Lidia verdächtig.*

**A ▶ EL HECHO DE QUE + Subjuntivo** gebraucht man sehr oft als Satzsubjekt von Verben des Bedeutens und Rechtfertigens mit der Absicht, Korrekturen vorzunehmen. Der QUE-Satz des negierten Prädikats steht auch im Subjuntivo:

**El hecho de que en este país haya unos cuantos nazis no significa que todo el mundo lo sea.**
*Die Tatsache, daß es in diesem Land ein paar Nazis gibt, heißt nicht, daß alle es sind.*

**El hecho de que la insultaran no justifica lo que ella hizo.**
*Daß man sie beleidigt hatte, rechtfertigt nicht, was sie getan hat.*

### 34.93 EL HECHO DE QUE + Indikativ

Wenn mit EL HECHO DE QUE Tatsachen erst bekanntgegeben werden, was meistens nach Präpositionen oder bei einer Adjektivierung von EL HECHO der Fall ist, steht im Ergänzungssatz der Indikativ:

**Le interesaba hablar más sobre el hecho de que no hay libertad en su país.**
*Es interessierte sie eher, darüber zu reden, daß es in ihrem Land keine Freiheit gibt.*

**Menciono el hecho indiscutible de que somos un país pobre.**
*Ich weise auf die unumstrittene Tatsache hin, daß wir ein armes Land sind.*

### 34.94 Nebensatzergänzung durch EL QUE eingeleitet

Ein QUE-Satz kann durch EL substantiviert werden. EL QUE leitet häufig die Wiedererwähnung einer bekannten Tatsache ein, der gegenüber Beurteilungen und Einstellung im Hauptsatz zur Sprache kommen (EL QUE kommt in dieser Funktion häufiger als EL HECHO DE QUE vor):

**El que haya hablado de ello contigo me hace dudar de su honestidad.**
*Daß er mit dir darüber gesprochen hat, läßt mich an seiner Ehrlichkeit zweifeln.*

**Pero el que le tenga miedo a los gatos, eso sí que no lo entiendo.**
*Aber daß er sich vor Katzen fürchtet, das verstehe ich nun wirklich nicht.*

**A ▶ EL QUE** wird recht häufig anstelle des bloßen QUE als Einleitung eines Objektsatzes verwendet:

**¿Quién pone hoy en duda el que la tierra gira alrededor del sol?**
*Wer zweifelt heutzutage noch daran, daß die Erde sich um die Sonne dreht?*

### 34.95 QUE-Nebensatz als hervorgehobenes Thema

Häufig beginnt der Sprechende die Aussage mit dem QUE-Nebensatz:

**Que todos somos productos del azar es cosa sabida.**
*Daß wir alle Ergebnisse des Zufalls sind, das ist bekannt.*

**Que no me saludaran era algo que me esperaba.**
*Daß sie mich nicht grüßen würden, damit habe ich schon gerechnet.*

**Que no coincidamos no es razón para descalificarlos.**
*Daß wir nicht der gleichen Meinung sind, ist kein Grund, sie zu disqualifizieren.*

## 34. Gebrauch der Modi in Subjekt- und Objektsätzen

### 34.96 Hervorhebungsstrukturen mit LO und LO QUE

Es geht hier um die Strukturen LO + **Adjektiv** + Kopula + QUE (LO IMPORTANTE ES QUE...) und LO QUE + **Verb** + Kopula + QUE (LO QUE IMPORTA ES QUE...).

**A** ▶ Wenn der QUE-Nebensatz einen erst zu verwirklichenden, für notwendig oder wünschenswert erachteten Sachverhalt beinhaltet, wird der Subjuntivo verwendet:

**Lo importante es que el televisor funcione.**
*Wichtig ist, daß der Fernseher funktioniert.*

**Lo que queremos es que nos deje en paz.**
*Was wir wollen ist, daß er uns in Ruhe läßt.*

• Der Subjuntivo steht natürlich auch im QUE-Satz nach Ausdrücken des Bewirkens und der Möglichkeit bzw. Unmöglichkeit (vgl. 34.49, 34.55), überhaupt nach den Regeln, die in den Teilen C, D und E dieses Kapitels erläutert werden. Hier ein Beispiel mit CONSEGUIR:

**Lo que consiguió fue que nos avergonzáramos.**
*Was er erreichte war, daß wir uns schämten.*

**B** ▶ Wenn Empfindungen und Einstellungen (im Hauptsatz) angesichts von bekannten Tatsachen (im QUE-Nebensatz) im Vordergrund stehen, wird im QUE-Nebensatz der Subjuntivo verwendet:

**Lo que no me parece escandaloso es que tuviera amantes.**
*Was ich nicht für skandalös halte ist, daß sie Liebhaber hatte.*

**Lo normal es que uno se quiera ir de casa cuanto antes.**
*Normal ist, daß man so schnell wie möglich von zu Hause weggehen will.*

**Lo que a uno le asombra es que la conquista fuera tan rápida.**
*Was einen erstaunt ist, daß die Eroberung so schnell erfolgte.*

**C** ▶ Die oben genannten Hervorhebungsstrukturen werden sehr häufig in informierender Absicht gebraucht, also dafür, Tatsachen erst einmal bekanntzugeben. Dann steht im QUE-Nebensatz der Indikativ (weiteres dazu vgl. 34.97):

**Pero lo importante es que no hemos perdido nada.**
*Aber wichtig ist, daß wir nichts verloren haben.*

**Lo curioso es que nadie se quejó.**
*Das Merkwürdige ist, daß niemand protestierte.*

**Lo malo fue que empezó a llover.**
*Unglücklicherweise fing es zu regnen an.*

**Lo que más nos interesa es que ha vivido en México.**
*Am meisten interessiert uns, daß er in Mexiko gelebt hat.*

### 34.97 Indikativ bei Vorrang der Mitteilungsabsicht

Im Spanischen kommt es nicht selten vor, daß der primäre Hinweis auf eine Tatsache mit ihrer Bewertung einhergeht; dann steht der QUE-Satz im Indikativ.

**A** ▶ Die Mitteilungsabsicht hat regelmäßig Vorrang bei QUEJARSE DE:

**Se ha quejado de que siempre le esconden la llave.**
*Er hat sich darüber beklagt, daß man ihm ständig den Schlüssel versteckt.*

**B** ▶ Bei den Substantiven VENTAJA, PRIVILEGIO und dgl. steht ebenfalls die Mitteilungsabsicht in der Regel im Vordergrund:

**La ciudad tiene la ventaja de que su sistema de transportes está privatizado.**
*Die Stadt hat den Vorteil, daß ihr Verkehrssystem privatisiert ist.*

**C ▶** Besonders im Kontext von Erzählungen steht bei ausrufeartigen Bewertungen mit SUERTE und LÁSTIMA der Indikativ im QUE-Nebensatz (vgl. 34.96C):

**Lástima que no llamaste.** (statt LLAMARAS / LLAMASES)
*Schade, daß du nicht angerufen hast!*

**Suerte que no me vieron.** (statt VIERAN / VIESES)
*Ein Glück, daß sie mich nicht gesehen haben!*

### 34.98 Vorrang des Wortlauts

Das gelegentliche Auftreten des Indikativs im QUE-Nebensatz nach einleitenden Wortgruppen des Zweifels und Zurückweisens kann man wohl so erklären, daß der Sprechende den fraglichen Sachverhalt in seiner ursprünglichen, erst von ihm bekanntgegebenen Formulierung benennen möchte (vgl. 34.99B):

**Yo no creo que Franco ha muerto.**
*Ich glaube nicht, daß Franco tot ist.*

**Es falso que sin libertad no hay arte.**
*Es stimmt nicht, daß es ohne Freiheit keine Kunst gibt.*

### 34.99 Einleitendes LO / ESTO / ESO / AQUELLO DE QUE

**A ▶** Mit LO / ESTO / ESO / AQUELLO DE QUE wird häufig an feststehende Tatsachen erinnert, zu denen Stellung genommen wird; dann steht das Verb normalerweise im Subjuntivo:

**Lo de que la Tierra girase alrededor del sol me resultaba difícil de creer.**
*Daß die Erde sich um die Sonne drehen sollte, war für mich schwer zu glauben.*

**Esto de que nos reunamos a tomar café los lunes fue idea del doctor Pla.**
*Daß wir jeden Montag zum Kaffeetrinken zusammenkommen, war ein Einfall von Doktor Pla.*

**B ▶** Häufig werden mit LO / ESTO / ESO / AQUELLO DE QUE Ansichten, Gerüchte, Nachrichten, unbewiesene Allerweltsweisheiten usw. zitiert; dann steht das Verb in der Regel im Indikativ:

**Eso de que los militares están descontentos lo he leído en un periódico francés.**
*Daß das Militär unzufrieden ist, das habe ich in einer französischen Zeitung gelesen.*

**Aquello de que la música endulza la vida no puede comprobarlo nadie.**
*Den Spruch, Musik versüße das Leben, kann niemand bestätigen.*

### 34.100 Modus von abhängigen Interrogativsätzen

Bezieht sich die abhängige Frage auf Ungewisses, vornehmlich in der Zukunft Liegendes, so steht sie im Subjuntivo, wenn damit Gleichgültigkeit zum Ausdruck kommen soll, ansonsten steht der Indikativ:

**Me interesan más las pensiones que quién salga de presidente.**
*Mich interessieren mehr die Renten als die Frage, wer als Präsident gewählt wird.*

**¿Qué más da dónde viva?**
*Was macht es schon, wo er wohnt?*

**No comprendo por qué lo hiciste.**
*Ich verstehe nicht, warum du es getan hast.*

**No le puedo decir cuándo empieza la Fiesta de la Cerveza.**
*Ich kann Ihnen nicht sagen, wann das Oktoberfest beginnt.*

**¿Sabe usted qué dirección tiene ahora?**
*Wissen Sie, welche Adresse er jetzt hat?*

• Zu den mit SI eingeleiteten abhängigen Interrogativsätzen vgl. 35.77.

## 34. Gebrauch der Modi in Subjekt- und Objektsätzen

**A** ▶ In stilbewußt konstruierten Texten begegnet man oft einer nicht obligatorischen Verwendung des Subjuntivo im abhängigen Fragesatz bei Ausdrücken des Nichtwissens, nicht selten auch bei Ausdrücken der Bewertung und der emotionalen Einstellung. Die Verwendung ist besonders häufig bei Vorfeldstellung des Fragesatzes:

**Desconocemos cuál pueda ser la vía menos peligrosa.**
*Wir wissen nicht, welches der ungefährlichste Weg sein kann / könnte.*

**Definir qué sea la conciencia de clase no es empresa fácil.**
*Anzugeben, was das Klassenbewußtsein sei, ist kein leichtes Unterfangen.*

**B** ▶ Die folgende umgangssprachliche feststehende Wendung ist eine Variante des Satzes NO SÉ QUÉ DECIRTE:

**No sé qué te diga.**
*Ich weiß nicht, was ich dir sagen soll.*

### 34.101 Interrogativsätze nach DEPENDER

Nach DEPENDER DE + **Fragewort** kann der Subjuntivo stehen, wenn zugleich auf die eigene Ungewißheit hingewiesen werden soll. Die Regel gilt auch für Fragen, die als Relativsatz formuliert werden (Beispiel mit SEGÚN vgl. 36.22B):

**Eso depende de dónde esté alojado.**
*Das hängt davon ab, wo er wohnt.*

**Todo depende de la celeridad con que se haga.**
*Alles hängt davon ab, wie schnell man das macht.*

### 34.102 Die Wendung UNA COSA ES QUE

Nach der kontrastbetonenden Wendung UNA COSA ES QUE ... Y OTRA (MUY DISTINTA) QUE... steht der Subjuntivo in beiden Nebensätzen (vgl. verwandte Konstruktionen mit PORQUE 35.55B):

**Una cosa es que se sea libre de hacerlo y otra que se esté obligado a ello.**
*Eines ist, daß man frei ist, es zu tun, und ein anderes, daß man es tun muß.*

**A** ▶ OTRA COSA ES QUE erscheint bisweilen allein, immer mit Subjuntivo:

**La ley en estos casos no deja lugar a dudas. Otra cosa es que se pretendan hacer interpretaciones oportunistas.**
*In diesen Fällen ist das Gesetz ganz eindeutig. Eine ganz andere Sache ist es aber, wenn man sich in opportunistischen Auslegungen versucht.*

### 34.103 Modusgebrauch nach PARECER im Ausdruck von Vermutung

Wenn Vermutung und Meinung ausgedrückt wird (zu PARECER tritt dann gewöhnlich ein Dativ des Interesses hinzu), steht im QUE-Satz der Indikativ, der Subjuntivo ist jedoch nicht selten anzutreffen (vgl. 34.57). Bei der feststehenden Wendung im zweiten Beispiel ist der Subjuntivo zwingend:

**Me parece que el ruido viene del jardín.**
*Mir scheint, das Geräusch kommt aus dem Garten.*

**¿Te parece que vayamos al cine?**
*Wie wär's, wenn wir ins Kino gingen?*

**A** ▶ PARECE QUE wird sehr häufig verwendet für die Wiedergabe einer Information, die man nicht selbst nachgeprüft hat. Der QUE-Satz steht im Indikativ:

**Parece que se torció un tobillo y que por eso abandonó.**
*Es heißt, er hat sich den Knöchel verstaucht und hat deshalb aufgegeben.*

### 34. Gebrauch der Modi in Subjekt- und Objektsätzen

**Parece que en el sur del Perú ha habido un terremoto.**
*Im Süden Perus soll es ein Erdbeben gegeben haben.*

**B** ▶ Wenn eine Behauptung, Vermutung usw. zurückgewiesen wird, steht im QUE-Satz der Subjuntivo gemäß den Regeln in 34.71:

**No me parece que este ordenador sea más rápido.**
*Ich finde nicht, daß dieser Computer schneller arbeitet.*

### 34.104 Modusgebrauch nach PARECER bei Tatsachenbewertungen

Wenn eine Tatsachenbewertung vorgenommen wird (auf PARECER folgt notwendigerweise der eigentlich bewertende Ausdruck), dann steht im QUE-Satz der Subjuntivo:

**Me parece muy mal que te invites tú mismo.**
*Ich finde es überhaupt nicht in Ordnung, daß du dich selbst einlädst.*

### 34.105 Modusgebrauch nach PARECER im Ausdruck der Unwirklichkeit

Wenn PARECER die Bedeutung *'aussehen als ob, scheinen als ob'* hat, dann steht im QUE-Nebensatz meistens Subjuntivo. Beim Bezug auf Unwirklichkeit im irrealen Vergleich ist QUE eine Ersatzform für COMO SI (vgl. 35.109):

**Parece que tenga 19 años y tiene 29.**
*Sie sieht wie 19 aus, dabei ist sie schon 29.*

**Parece que estuvieras hablando con tu confesor.**
*Es scheint, als ob du mit deinem Beichtvater sprichst.*

### 34.106 Homonymie und Modusverwendung

Die Kenntnis der verschiedenen Bedeutungen eines Verbs oder eines Ausdrucks ist oft Voraussetzung für die richtige Moduswahl im entsprechenden QUE-Satz. Dies ist prototypisch der Fall bei ADVERTIR, COMPRENDER, SENTIR, CONVENCER und DECIDIR. Auch bei TRATARSE DE und anderen Ausdrücken zur Feststellung von Tatsachen gehen Bedeutungsverschiebung und Moduswechsel Hand in Hand.

**A** ▶ Als Verb der Wahrnehmung (erstes Beispiel) folgt ADVERTIR den Regeln in 34.29; als Verb des Tatsachenhinweises (zweites Beispiel) folgt es den Regeln in 34.18; und als Verb der expliziten Aufforderung (drittes Beispiel) folgt es den Regeln in 34.43:

**Advertí que había luz en la capilla.**
*Ich merkte, daß in der Kapelle Licht brannte.*

**Te advierto que soy acuario.**
*Ich weise dich darauf hin, daß ich Wassermann bin.*

**El policía nos advirtió que no entráramos en la cueva.**
*Der Polizist warnte uns davor, in die Höhle hineinzugehen.*

• Als explizite Aufforderung folgt auf ADVERTIR häufig PARA QUE statt eines bloßen QUE.

**B** ▶ Als Verb der Wahrnehmung (erstes Beispiel) folgt COMPRENDER den Regeln in 34.29, als Verb der Tatsachenbewertung (zweites Beispiel) folgt es den Regeln in 34.85:

**Comprendí que habíamos dejado de querernos.**
*Mir wurde klar, daß wir uns nicht mehr liebten.*

**Comprendo que te sientas deprimida.**
*Ich verstehe, daß du deprimiert bist.*

## 34. Gebrauch der Modi in Subjekt- und Objektsätzen

**C ▶** Als Verb der Wahrnehmung oder Vermutung (erstes Beispiel) folgt SENTIR den Regeln in 34.29; als Verb der Tatsachenbewertung (zweites Beispiel) folgt es den Regeln in 34.82:

**Siento que se acerca una desgracia.**
*Ich ahne, daß eine Katastrophe naht.*

**Sentí mucho que no pudieras ir.**
*Ich habe sehr bedauert, daß du nicht kommen konntest.*

**D ▶** CONVENCER folgt als Verb der verbalen Beeinflussung (erstes Beispiel) den Regeln in 34.50; als Verb der Wahrnehmug folgt es den Regeln in 34.29 (zweites Beispiel):

**Logré convencerla de que se quedara.**
*Ich konnte sie zum Bleiben überreden.*

**Me convencí de que todo era inútil.**
*Ich kam zu der Überzeugung, daß alles sinnlos war.*

**E ▶** DECIDIR ist einerseits ein Verb der Willensäußerung (erstes Beispiel) und folgt deshalb den Regeln in 34.41, es ist aber andererseits ein Verb des Einsehens (zweites Beispiel), folgt dann den Regeln in 34.29:

**Decidimos que lo hiciera ella.**
*Wir beschlossen, daß sie es tun sollte.*

**Decidimos que nuestro fin no justificaba esos medios.**
*Wir kamen zu dem Schluß, daß unser Zweck diese Mittel nicht heiligte.*

**F ▶** Einige Wortgruppen, die geistige Inhalte jeder Art ausdrücken können, werden sowohl zum Ausdruck dessen verwendet, was der Fall ist (dann wird der Indikativ gebraucht, vgl. 34.18) als auch zum Ausdruck dessen, was der Fall sein soll (dann wird der Subjuntivo gebraucht, vgl. 34.47, 34.48). Häufig ist dabei die Wendung TRATARSE DE. Man vergleiche die Beispielpaare:

**El caso es que no te ven. - El caso es que no te vean.**
*Tatsache ist, sie sehen dich nicht. - Es ist wichtig, daß sie dich nicht sehen.*

**Se trata de que la vida es eterna. - Se trata de que la vida sea eterna.**
*Es geht darum, daß das Leben ewig ist. - Es geht darum, daß das Leben ewig sein soll.*

### 34.107 Die Umgebung von Substantiv + DE QUE

In zahlreichen Fällen, zumal bei Substantiven mit sehr unspezifischer Bedeutung wie LA IDEA (zu EL HECHO vgl. 34.92) ist der Kontext der Gesamtaussage ebenso wie die Absicht des Sprechenden maßgebend für die Modusverwendung im QUE-Ergänzungssatz des betreffenden Substantivs:

**Me parece loca la idea de que así se supera / supere la crisis.**
*Ich finde den Gedanken verrückt, daß man so die Krise überwindet / überwinden soll.*

**Explicó su tesis de que los agujeros proceden de disparos de revólver.**
*Er erläuterte seine These, nach der die Löcher von Schüssen aus einem Revolver stammen sollten.*

**Yo tengo la sospecha de que en el lago habita un monstruo antediluviano.**
*Ich habe den Verdacht, in dem See lebt ein vorsintflutliches Ungeheuer.*

**Se rechazó la hipótesis de que los huesos encontrados fueran / eran humanos.**
*Die Hypothese, bei dem Fund handele es sich um menschliche Gebeine, wurde zurückgewiesen.*

# 35. Gebrauch der Modi in Adverbialsätzen

In diesem Kapitel wird die Modusverwendung in der sogenannten adverbialen Unterordnung behandelt, d.h. in Nebensätzen, die eingeleitet werden von Konjunktionen der Zeit, der Bedingung, des Zwecks, des Grundes usw. Diese Nebensätze nehmen die Stelle von adverbiellen Angaben im unabhängigen Satz ein. Bei der Darstellung werden die jeweils üblichen Konjunktionen und konjunktional gebrauchten Wendungen vorgestellt. Nicht berücksichtigt sind in diesem Kapitel Angabesätze des Ortes, also Sätze, die mit DONDE eingeleitet sind, sowie teilweise Angaben der Art und Weise, die mit COMO eingeleitet sind. Der Modusgebrauch in solchen situativen bzw. modifikativen Adverbialsätzen wird im Kapitel 36 behandelt. Adverbialsätze werden im Spanischen sehr häufig verkürzt, ein Überblick über die Verkürzungsalternativen wird im letzten Teil dargeboten.

## A. Finalsätze

### 35.1 Liste der finalen Konjunktionen

A QUE (vgl. 35.3)
A FIN DE QUE (vgl. 35.2)
CON EL FIN DE QUE (vgl. 35.2)
CON (EL) OBJETO DE QUE (vgl. 35.2)
PARA QUE (vgl. 35.7 ff)

POR QUE / PORQUE (vgl. 35.5)
CON EL PROPÓSITO DE QUE (vgl. 35.2)
QUE (vgl. 35.5)
NO SEA / FUERA QUE (vgl. 35.13)
NO VAYA / FUERA A SER QUE (vgl. 35.13)

• In der Liste erscheinen nicht die konsekutiven Konjunktionen, die Nebensätze im Subjuntivo einleiten, wenn sie finalen Sinn haben, vgl. 35.64.

### 35.2 Modus der Finalsätze: Subjuntivo

Ein Finalsatz enthält immer ein Begehren, daher steht nach den finalen Konjunktionen und Wendungen mit der Bedeutung *'damit'*, *'zu dem Zweck'* usw. immer Subjuntivo (zum Tempusgebrauch vgl. 37.41A):

**Grito para que me oigan.**
*Ich schreie, damit sie mich hören.*

**Le di a leer el contrato a fin de que lo juzgara ella misma.**
*Ich gab ihr den Vertrag zu lesen, damit sie ihn selbst beurteilte.*

**Hice aquello con el propósito de que no molestaran más a Rebeca.**
*Ich tat das mit der Absicht, daß sie Rebeca nicht länger störten.*

### 35.3 A QUE als Finalkonjunktion

Mit Verben der Bewegung kann PARA QUE durch A QUE ersetzt werden:

**Vengo a que me diga la nota.**
*Ich komme, um von Ihnen die Note zu erfahren.*

### 35.4 QUE mit finalem Sinn

In der Umgangsssprache leitet bloßes QUE Finalsätze ein:

**Ponte aquí que no te vean.**
*Stell dich hierhin, daß sie dich nicht sehen.*

**Baja el volumen, que no se despierte la abuela.**
*Stell den Apparat leiser, daß die Großmutter nicht aufwacht.*

## 35. Gebrauch der Modi in Adverbialsätzen

### 35.5 POR QUE und PORQUE als Finalkonjunktionen

POR QUE bzw. PORQUE erscheint recht häufig als Finalkonjunktion (vgl. 14.116):

**Yo lucho por que nadie padezca hambre.**
*Ich kämpfe darum, daß niemand hungert.*

**Recemos porque se capture a los autores del crimen.**
*Beten wir, daß man die Täter faßt.*

### 35.6 PARA + Infinitiv statt PARA QUE-Nebensatz?

Statt PARA QUE steht manchmal **PARA + Infinitiv**; dieser Gebrauch kommt nicht selten in der Alltagssprache vor und wird vielfach als fehlerhaft angesehen:

**Hazte a un lado para mirar yo.**
*Geh zur Seite, damit ich auch sehen kann.*

### 35.7 PARA QUE-Finalsatz statt QUE-Ergänzungssatz

PARA QUE leitet manchmal (statt bloßem QUE) die Nebensatzergänzung einiger Ausdrücke der Willensäußerung sowie des Bewirkens und Verhinderns ein (vgl. 34.43B, 34.50A):

**advertirles para que estén atentas** *sie darauf hinweisen, daß sie aufpassen sollen*
**insistirles para que cedan** *auf sie einreden, damit sie nachgeben*
**una petición al Papa para que interceda** *eine Bitte an den Papst, er möge vermitteln*
**una campaña para que renuncie a la reelección** *eine Kampagne mit dem Zweck, daß sie sich nicht zur Wiederwahl stellt*
**la señal para que saliéramos** *das Zeichen, daß wir den Ort verlassen sollten*
**un obstáculo para que acudamos** *etwas, das uns hindert, hinzugehen*

**A ▶** Beispiele mit NO SER ÓBICE PARA QUE und NO QUITAR PARA QUE:

**Eso no es óbice para que yo solicite la beca.**
*Das hindert mich nicht daran, mich um das Stipendium zu bewerben.*

**Eso no quita para que yo te ayude.**
*Trotzdem werde ich dir helfen.*

### 35.8 Konditionaler Sinn von PARA QUE

In Konstruktionen wie den folgenden, in denen der finale Sinn mehr oder weniger ausgeblendet ist, hat PARA QUE eine eher konditionale Färbung:

**Para que nos atiendan así, es mejor que nos vayamos.**
*Wenn sie uns so behandeln, dann gehen wir lieber!*

**Para que yo me enamore de ese, me tendría que hacer un lavado de cerebro.**
*Damit ich mich in den verliebe, müßte ich mich einer Gehirnwäsche unterziehen.*

**A ▶** Besonders häufig kommt im Hauptsatz eine Vermutung vor:

**Algo ha debido pasar para que se retrase tanto.**
*Etwas muß geschehen sein, sonst würde er sich nicht so verspäten.*

**Muy dulce tiene que ser el poder para que gente sensata haga el payaso por un voto.**
*Die Macht muß etwas sehr Süßes sein, sonst würden vernünftige Leute nicht wegen einer Stimme den Clown spielen.*

## 35.9 Konsekutiver Sinn von PARA QUE

PARA QUE (häufig mit vorausgehendem COMO) leitet einen konsekutivischen Nebensatz ein, der Hauptsatz enthält dabei einen Intensitätsausdruck:

**Con 49 años no soy tan mayor como para que me coloquen en un consejo de ancianos.**
*Mit 49 Jahren bin ich nicht so alt, als daß man mich in einen Ältestenrat wählen könnte.*

**Fuimos lo bastante listos como para que se nos creyera.**
*Wir waren schlau genug, daß man uns geglaubt hat.*

**Esto es demasiado sabido para que haya que recalcarlo más.**
*Das ist allzu bekannt, als daß man es weiter betonen müßte.*

## 35.10 Konzessiver Sinn von PARA QUE-Nebensätzen

PARA QUE-Nebensätze haben nicht selten einen konzessiven Sinn (vgl. 39.36A):

**Para que sea de un teólogo del siglo XXI, esta teoría es bastante burda.**
*Dafür, daß sie von einem Theologen des 21. Jahrhunderts stammt, ist diese Theorie recht ungeschliffen.*

## 35.11 PARA QUE in Zeitraumangaben

Mit FALTAR / QUEDAR + Zeitraumangabe + PARA QUE + Subjuntivo gibt man den Zeitraum bis zu einem zukünftigen Zeitpunkt an:

**Faltan 26 minutos para que se acabe el mundo.**
*Es sind noch 26 Minuten bis zum Weltuntergang.*

**Quedaban dos semanas para que empezaran los juegos.**
*Es waren noch zwei Wochen bis zum Beginn der Spiele.*

## 35.12 PARA QUE-Sätze im Ausdruck von Emotionen

Mit SER PARA QUE-Sätzen werden Kommentare über das Richtige oder Unrichtige gemacht (vgl. 19.86, Beispiele dort). Ebenso erscheint PARA QUE in Kommentaren des Ärgers und der Empörung mit der Absicht, vor einem Verhalten zu warnen. Mit PARA QUE LUEGO DIGAN, sinnverwandt mit Y LUEGO DICEN QUE (vgl. 26.74B) wird in etwas zynischem Ton auf die Falschheit von Annahmen hingewiesen:

–Son unos aprovechones.
–Eso. **Para que sintamos compasión por ellos.**
"Diese Leute nützen uns aus."
"Genau. Man sollte ja kein Mitleid mit ihnen haben."

–Me echó.
–**Para que veas que aún hay caballeros en este país.**
"Er hat mich hinausgeworfen."
"So, es gibt also noch Kavaliere in diesem Land, heißt es?"

–Lars le dejó de escribir de buenas a primeras.
–Por Dios. **Para que luego digan que los escandinavos son formales.**
"Wie aus heiterem Himmel hat Lars ihr nicht mehr geschrieben."
"Na sowas. Man soll mir ja nicht damit kommen, die Skandinavier seien zuverlässig."

**A ▶** Folgende Wendung mit PARA QUE wird in etwas barschem Ton an eine Äußerung angehängt, um Widerspruch seitens des Gesprächspartners vorzubeugen, dabei wird nach PARA QUE die partnerkonforme Form von SABER oder ENTERARSE verwendet:

–¿Y os llamáis?
–A diario, **para que te enteres.**
"Und telefoniert ihr miteinander?"
"Täglich. Zufrieden?"

## 35. Gebrauch der Modi in Adverbialsätzen

**B** ▶ Im folgenden Ausdruck der Überraschung bzw. Empörung wird die Form von VER verwendet, die der Anrede des Gesprächspartners entspricht:

–Se caía de borracha.  *"Sie war völlig betrunken."*
–Para que veas.  *"Was du nicht sagst."*

### 35.13 Finale Wendungen mit negiertem SER

Mit den beigeordneten Strukturen NO SEA / FUERA QUE bzw. NO VAYA / FUERA A SER QUE wird auf einen Sachverhalt hingewiesen, dem vorgebeugt werden kann, wenn der Sachverhalt im vorausgehenden Hauptsatz eintritt:

**Habla más bajo, no sea que se despierten los chicos.**
*Sprich leiser, die Kinder könnten sonst aufwachen!*

**Carguemos gasolina ahora, no vaya a ser que nos paremos a medio camino.**
*Tanken wir jetzt, damit wir nicht auf halbem Wege stehenbleiben.*

**Le llevé un regalo a él también, no fuera que se sintiera ofendido.**
*Ich nahm auch ein Geschenk für ihn mit, damit er sich nicht beleidigt fühlte.*

## B. Temporalsätze

### 35.14 Liste der temporalen Konjunktionen

A LA QUE (vgl. 35.21A)
A LO QUE (35.21A)
ANTES (DE) QUE (vgl. 35.15)
APENAS (vgl. 35.21A)
ASÍ QUE (vgl. 35.21)
NO BIEN (vgl. 35.21)
CONFORME (vgl. 35.29)
CUANDO (vgl. 35.17 ff)
DESDE QUE (vgl. 35.30)
DESPUÉS (DE) QUE (vgl. 35.24, 35.25)
EN CUANTO (QUE) (vgl. 35.21A)
HASTA QUE (vgl. 35.22, 35.23)
LUEGO QUE (vgl. 35.24A)
A MEDIDA QUE (vgl. 35.29A)
MIENTRAS (vgl. 35.26, 35.27)
A NADA QUE (vgl. 35.21A)

NADA MÁS QUE (vgl. 35.21A)
AL PAR QUE (vgl. 35.26B)
A LA PAR QUE (vgl. 35.26B)
AL PASO QUE (vgl. 35.26B)
A POCO QUE (vgl. 35.99)
TAN PRONTO (COMO) (vgl. 35.21A)
EN SEGUIDA DE QUE (vgl. 35.21A)
SEGÚN (35.21A, 35.21B, 35.26B, 35.29A)
SIEMPRE QUE (vgl. 35.20)
EN TANTO (QUE) (vgl. 35.22A, 35.26B, 35.28A)
A(L) TIEMPO QUE (vgl. 35.26B)
TRAS DE QUE (vgl. 35.24A)
A LA VEZ QUE (vgl. 35.26B)
CADA VEZ QUE (vgl. 35.20)
UNA VEZ (QUE) (vgl. 35.21)

### 35.15 Der Subjuntivo nach ANTES (DE) QUE

Nach ANTES (DE) QUE steht immer der Subjuntivo:

**Vámonos antes de que nos echen.**
*Gehen wir, bevor man uns hinauswirft!*

**Solían vender acciones de su empresa antes de que perdieran valor.**
*Sie pflegten Aktien ihres Unternehmens zu verkaufen, bevor sie an Wert verloren.*

**Teníamos que estar allí una hora antes de que saliera el avión.**
*Wir mußten uns dort eine Stunde vor dem Abflug einfinden.*

## 35. Gebrauch der Modi in Adverbialsätzen

**A ▶** ANTES DE + Infinitiv muß statt ANTES DE QUE + Nebensatz (vgl. 14.100) bei Gleichheit von grammatischem (oder auch psychologischem Subjekt) im Haupt und Nebensatz stehen:

**Antes de empezar, les voy a decir una cosa importante.**
*Bevor ich anfange, werde ich ihnen etwas Wichtiges mitteilen.*

**B ▶** In der familiären Umgangssprache erscheint manchmal ANTES DE + Infinitiv, wo ANTES DE QUE + Nebensatz korrekt wäre:

**No quiero que salgas antes de estar listo yo.**
*Ich will nicht, daß du hinausgehst, bevor ich fertig bin.*

### 35.16 Subjuntivo nach ESPERAR A QUE und A LA ESPERA DE QUE

Nach ESPERAR A QUE und dessen substantivischer Fassung A LA ESPERA DE QUE steht immer Subjuntivo:

**Esperemos a que acabe el juego.**
*Warten wir das Ende des Spiels ab!*

**No voy a empezar todavía. Esperaré a que estén todos.**
*Ich fange noch nicht an. Ich warte, bis alle da sind.*

**Estaba en casa a la espera de que sonara el teléfono.**
*Sie war zu Hause und wartete darauf, daß das Telefon klingelte.*

**A ▶** Wie mit ESPERAR A QUE bzw. A LA ESPERA DE QUE verhält es sich mit ihren Synonymen AGUARDAR, AGUARDANDO, usw. In der familiären Alltagssprache fällt das A vor QUE häufig weg.

### 35.17 CUANDO-Satz mit dem Indikativ

Nach CUANDO steht Indikativ, wenn es um einmalige Ereignisse der Vergangenheit oder um Gewohnheiten der Vergangenheit oder Gegenwart geht. CUANDO entspricht *'wenn'* und *'als'* (zum Tempusgebrauch vgl. Kapitel 18 Teile C, E und F):

**Cuando está triste, se pone a oír música.**
*Wenn er traurig ist, hört er Musik.*

**Cuando tenía dolor de cabeza, tomaba una aspirina.**
*Wenn er Kopfschmerzen hatte, hat er ein Aspirin genommen.*

**Estábamos camino a la disco cuando empezó la gran nevada.**
*Wir waren unterwegs zur Disco, als der große Schneefall einsetzte.*

**Cuando estaba telefoneando ayer contigo, tocaron el timbre.**
*Als ich gestern mit dir telefonierte, hat es geklingelt.*

**Cuando acabó el curso, hicimos una fiesta.**
*Als der Kurs zu Ende ging, haben wir ein Fest gemacht.*

• Mit AL + Infinitiv kann jeder CUANDO-Satz (auch solche, die in 35.19 behandelt sind) verkürzt werden, vgl. 14.96 ff.
• Zu adversativem CUANDO vgl. 35.18.

### 35.18 Adversatives CUANDO

Nachgestellte CUANDO-Sätze im Indikativ werden oft gebraucht, um eine bedeutende Kontrastierung, recht häufig eine Richtigstellung, zum Ausdruck zu bringen. Im Hauptsatz wird zuweilen auch Vermutung und Verwunderung ausgedrückt:

**El tren circulaba a 137 kilómetros por hora cuando debía ir a 30.**
*Der Zug fuhr mit 137 Kilometer in der Stunde, dabei durfte er nur 30 fahren.*

## 35. Gebrauch der Modi in Adverbialsätzen

**Nos pagan menos sueldo cuando nosotros trabajamos igual que los fijos.**
*Sie zahlen uns weniger Lohn, wo wir doch genauso viel arbeiten wie die Festangestellten.*

**No debe de ser imposible esa política en este país cuando en Chile ha tenido éxito.**
*Diese Politik dürfte in diesem Land nicht unmöglich sein, war sie doch in Chile erfolgreich.*

### 35.19 CUANDO-Satz im Subjuntivo

Nach CUANDO steht der Subjuntivo, wenn die Vorgänge im Haupt- und Nebensatz noch nicht eingetreten sind bzw. im Hinblick auf einen übergeordneten Zeitpunkt in der Vergangenheit noch nicht eingetreten waren (zum Tempusgebrauch vgl. 37.47):

**Cuando ya no tenga nada que decir, no diré nada.**
*Wenn ich nichts mehr zu sagen habe, werde ich schweigen.*

**Miramos las fotos cuando las haya revelado todas.**
*Wir schauen uns die Fotos an, wenn ich sie alle entwickelt habe.*

**Le dije que se lo diría cuando fuera mayor de edad.**
*Ich sagte ihm, ich würde es ihm sagen, wenn er erwachsen sei.*

**Le pedí que me avisara cuando hubiese analizado las huellas.**
*Ich bat ihn, mir Bescheid zu geben, wenn er die Spuren untersucht haben würde.*

**Sonreíd cuando yo levante la mano.**
*Lächelt, wenn ich die Hand hebe!*

**A ▶** Der Subjuntivo steht ebenfalls nach CUANDO, wenn der Bezug auf einen Zeitpunkt der Zukunft ganz eindeutig ist:

**cuando el 2 de abril empiece el torneo...** *wenn am 2. April das Turnier beginnt...*
**cuando la Noche Vieja meditemos...** *wenn wir an Silvester nachdenken werden...*

**B ▶** Die Verwendung einer indikativischen Form – FUTURO bzw. FUTURO PERFECTO – nach zukunftsbezogenem CUANDO, wenn auch unter Muttersprachlern nicht unbekannt, stellt einen groben Fehler gegen die Standardgrammatik dar. Wenn CUANDO jedoch als Apposition zu einer feststehenden Zeitbezeichnung der Zukunft gebraucht wird, kann (nicht muß!) eine futurische Form des Indikativs eingesetzt werden:

**Vendrá el miércoles dos, cuando ya habrá empezado la feria.**
*Er kommt am Mittwoch, dem 2., wenn die Messe schon angefangen haben wird.*

### 35.20 Synonyme von CUANDO

Für die Wendungen mit der Bedeutung *'jedesmal, wenn'* gelten die Regel wie für CUANDO (vgl. 35.17, 35.19):

**siempre que la veo** *jedesmal, wenn ich sie sehe*
**cada vez que sientas hambre** *jedesmal, wenn du Hunger haben solltest*

• SIEMPRE QUE ist auch eine konditionale Konjunktion, vgl. 35.97C.

### 35.21 Die Konjunktionen der unmittelbaren Aufeinanderfolge

Nach den Konjunktionen, die allgemein den Sinn von *'sobald'* haben, gelten die Regeln der Modusverwendung nach CUANDO (vgl. 35.17, 35.19): Der Subjuntivo steht demnach im Nebensatz, wenn die Vorgänge im Haupt- und Nebensatz noch nicht eingetreten sind oder im Hinblick auf einen übergeordneten Zeitpunkt in der Vergangenheit noch nicht eingetreten waren. Der Indikativ wird hingegen verwendet, wenn es um Ereignisse der Vergangenheit oder um Gewohnheiten in der Vergangenheit oder Gegenwart geht:

## 35. Gebrauch der Modi in Adverbialsätzen

**Llámale en cuanto vuelvas de París. - Le llamé en cuanto volví de París.**
*Rufe ihn an, sobald du aus Paris zurück bist! - Ich rief ihn an, sobald ich aus Paris zurück war.*

**Lo haré una vez que me haya afeitado. - Lo hice una vez que me hube afeitado.**
*Ich tue es, sobald ich mich rasiert habe. - Ich tat es, sobald ich mich rasiert hatte.*

**Lloraría no bien se hubiese marchado. - Lloraba no bien se había marchado.**
*Sie würde weinen, kaum daß er gegangen sein würde. - Sie weinte, kaum daß er gegangen war.*

**Así que la viera se pondría nervioso. - Así que la ve se pone nervioso.**
*Sobald er sie sehen sollte, würde er nervös werden. - Sobald er sie sieht, wird er nervös.*

- Zur Verkürzung von Nebensätzen der unmittelbaren Vorvergangenheit mit NADA MÁS / SÓLO + Infinitiv vgl. 14.104. Zum PRETÉRITO ANTERIOR vgl. Kapitel 18, Teil F.

**A ▶** Beispiele mit weiteren Ausdrücken der unmittelbaren Aufeinanderfolge (die beiden letzten Konjunktionen gehören der familiären Sprache an):

**...apenas hayas resuelto tu problema** *...wenn du dein Problem gelöst haben wirst*
**tan pronto (como) haga bueno...** *sobald schönes Wetter ist...*
**en seguida de que se lo dijo...** *gleich nachdem er es ihr gesagt hatte...*
**...según te bajas del avión** *...kaum bist du aus dem Flugzeug ausgestiegen*
**a nada que remita el entusiasmo...** *sobald sich die Begeisterung gelegt hat...*
**...nada más que me ve** *...kaum daß sie mich sieht / gesehen hat*
**a lo que salió el tren...** *sobald er es ihr gesagt hatte...*
**a la que te descuidas...** *sobald deine Aufmerksamkeit nachläßt...*

- Zur temporal-konditionalen Konjunktion A POCO QUE vgl. 35.99.

**B ▶** SEGÚN wird sehr häufig in Angaben des Weges verwendet:
**Sigue usted todo recto y según se tuerce, ahí es.**
*Sie fahren geradeaus und gleich nach der Abbiegung, da ist es.*

### 35.22 Indikativ und Subjuntivo nach HASTA QUE

Nach HASTA QUE steht der Subjuntivo, wenn die Vorgänge im Haupt- und Nebensatz noch nicht eingetreten sind oder im Hinblick auf einen übergeordneten Zeitpunkt in der Vergangenheit noch nicht eingetreten sein konnten. Nach HASTA QUE steht der Indikativ, wenn es um Ereignisse in der Vergangenheit oder um Gewohnheiten der Vergangenheit oder Gegenwart geht:

**Gritemos hasta que nos abran. - Solemos gritar hasta que nos abren.**
*Schreien wir (so lange), bis sie uns aufmachen! - Wir schreien immer (so lange), bis sie uns aufmachen.*

**Se durmió hasta que sonó el timbre. - Decidió dormir hasta que sonara el timbre.**
*Er schlief, bis es an der Tür klingelte. - Er beschloß, zu schlafen, bis es an der Tür klingelte.*

- Zur Verkürzung von *'bis'*-Nebensätzen mit HASTA + Infinitiv vgl. 14.101.

**A ▶** EN TANTO, Synonym von HASTA, wird meistens mit Bezug auf die Zukunft und in der verneinten Fassung verwendet:

**En tanto no encuentres la llave, sigo trabajando.**
*Bis du den Schlüssel gefunden hast, arbeite ich weiter.*

### 35.23 Redundante Negation bei HASTA QUE

Redundantes NO erscheint sehr häufig in HASTA QUE-Sätzen; auch andere Negationswörter im positiven Sinn sind hier gebräuchlich:

**No me iré hasta que no me atienda usted.**
*Ich werde nicht eher gehen, als bis Sie mich abfertigen.*

## 35. Gebrauch der Modi in Adverbialsätzen

Pondré en duda su formalidad hasta que nadie me convenza de lo contrario.
*Ich werde an seiner Zuverlässigkeit zweifeln, bis jemand mich vom Gegenteil überzeugt hat.*

### 35.24 Modusgebrauch bei DESPUÉS DE QUE

DESPUÉS (DE) QUE und andere Konjunktionen mit der Bedeutung *'nachdem'* folgen den Regeln wie CUANDO (vgl. 35.17, 35.19):

¿Qué haces después de que me voy?. - ¿Qué harás después de que me vaya?
*Was tust du, nachdem ich weggangen bin? - Was wirst du tun, nachdem ich weggegangen sein werde?*

Lo hice después de que te dormiste. – Le dije que lo haría después de que te durmieses.
*Ich tat es, nachdem du eingeschlafen warst. – Ich sagte ihm, ich werde es tun, nachdem du eingeschlafen seiest.*

**A ▸** Beispiele mit weiteren Ausdrücken der Nachzeitigkeit:

...luego que aprendas a conducir ...*nachdem du fahren gelernt haben wirst*
tras de que no encontraron arsenal alguno... *nachdem sie überhaupt kein Waffenlager gefunden hatten...*

**B ▸** Für die Formel **A + Artikel + Zeitausdruck** gelten die Regeln wie für DESPUÉS DE QUE:

Suelo empezar a las dos horas de que te vas. - Empezaré a las dos horas de que te hayas ido.
*Gewöhnlich fange ich an, zwei Stunden nachdem du weggegangen bist. - Ich werde anfangen zwei Stunden nachdem du weggegangen bist.*

### 35.25 DESPUÉS DE QUE immer mit Subjuntivo?

**A ▸** Es hat sich in der Schriftsprache eingebürgert, nach DESPUÉS (DE) QUE das IMPERFECTO DE SUBJUNTIVO (vornehmlich das auf -RA-) als absolutes Präteritum zu verwenden, also statt PRETÉRITO INDEFINIDO, PRETÉRITO ANTERIOR oder PRETÉRITO PLUSCUAMPERFECTO:

Después de que mencionara lo de los impuestos, las caras se pusieron largas.
*Nachdem er die Steuern erwähnt hatte, wurden die Gesichter länger.*

El bote se hundió después de que se rescatara a las víctimas.
*Das Boot ging unter, nachdem man die Opfer gerettet hatte.*

**B ▸** Wohl als Pendant zu ANTES DE QUE (vgl. 35.15) wird es immer üblicher, den Subjuntivo immer nach DESPUÉS (DE) QUE zu verwenden. Dies ist standardsprachlich nicht korrekt:

Después de que se haya prohibido el paso de coches, la calle se ha vuelto habitable.
*Nachdem man den Autoverkehr verboten hat, ist die Straße bewohnbar geworden.*

### 35.26 Modus- und Tempusgebrauch bei imperfektivem MIENTRAS

In der Bedeutung *'während'* wird nach MIENTRAS sowie nach seinen Synonymen nur Indikativ verwendet, also auch mit Bezug auf die Zukunft (was im übrigen höchst selten vorkommt):

Suelo leer mientras él se baña - Yo leeré mientras él se baña.
*Gewöhnlich lese ich, während er badet. - Ich werde lesen, während er badet.*

Yo leía mientras él se bañaba. - Iba a leer mientras él se bañaba.
*Ich las, während er badete. - Ich wollte lesen, während er badete.*

## 35. Gebrauch der Modi in Adverbialsätzen

**A ▶** Nach MIENTRAS und seinen Synonymen dürfen die futurischen Tempora, nämlich FUTURO, FUTURO COMPUESTO, CONDICIONAL SIMPLE und CONDICIONAL COMPUESTO nicht verwendet werden.

**B ▶** Beispiele mit weiteren Ausdrücken mit der generellen Bedeutung *'während'* (AL PASO QUE und EN TANTO QUE können auch adversativ gebraucht werden, vgl. 35.37A):

...**al par que paseaba** ...*während er spazieren ging*
...**a la par que impartirá lecciones** ... *er wird gleichzeitig Unterricht erteilen*
...**al paso que lo curaban del catarro** ...*während man seinen Katarrh behandelte*
...**según recogía la habitación de la abuela** ...*während ich Großmutters Zimmer aufräumte*
...**en tanto Marta preparaba la ensalada** ...*während Marta den Salat zubereitete*
...**en tanto que iba sacando las tazas...** *während sie die Tassen herausholte...*
...**al tiempo que aumentaba su poder** ...*während seine Macht stärker wurde*
a **la vez que te ayudo con los niños...** *während ich dir bei den Kindern helfe...*

• Zu MIENTRAS QUE, das nicht selten im temporalen Sinn gebraucht wird vgl. 35.37A.

### 35.27 Modus- und Tempusgebrauch bei perfektivem MIENTRAS

In der Bedeutung *'solange'* wird nach MIENTRAS Indikativ oder Subjuntivo verwendet, und zwar steht der Indikativ, wenn von einmalig oder gewohnheitsmäßig eingetretenen Sachverhalten die Rede ist; der Subjuntivo steht hingegen, wenn von der Zukunft die Rede ist und somit der Endpunkt des beschriebenen Geschehens offen ist:

**Guardé cama mientras duró la fiebre. - Guardaré cama mientras dure la fiebre.**
*Ich blieb im Bett, solange das Fieber anhielt. - Ich werde im Bett bleiben, solange das Fieber anhält.*

**Nos quedábamos en la terraza mientras hacía sol. - Decidimos quedarnos en la terraza mientras hiciera sol.**
*Wir blieben auf der Terrasse, solange die Sonne schien. - Wir beschlossen, auf der Terrasse zu bleiben, solange die Sonne schien.*

### 35.28 Konditionale Bedeutung von perfektivem MIENTRAS

MIENTRAS in der Bedeutung *'solange'* hat sehr oft eine überwiegend konditionale Bedeutung (wie *'solange'* im Deutschen auch). In dieser Verwendungsweise ist MIENTRAS immer mit Subjuntivo zu verwenden:

**Mientras no hayas acabado de comer, no puedes levantarte de la mesa.**
*Solange du nicht aufgegessen hast, darfst du nicht vom Tisch aufstehen.*

**Mientras no llueva lo suficiente, ahorre agua.**
*Solange es nicht ausreichend regnet, sparen Sie Wasser!*

**A ▶** EN TANTO, Synonym von MIENTRAS, wird auch mit konditionaler Färbung verwendet:

**Seguiremos en el negocio en tanto nos convenga.**
*Wir machen in dem Geschäft weiter, solange es uns Vorteile bringt.*

### 35.29 Modusgebrauch nach Konjunktionen des Parallelgeschehens

Alle Konjunktionen, die zeitgleiches bzw. parallel fortschreitendes Geschehen bezeichnen, folgen für den Modusgebrauch den für CUANDO gültigen Regeln (vgl. 35.17, 35.19; vgl. ferner 15.33A mit weiteren Beispielen):

**Les daré la hoja conforme vayan entrando. - Les daba la hoja conforme iban entrando.**
*Ich gebe ihnen das Blatt beim Eintreten. - Ich gab ihnen das Blatt beim Eintreten.*

## 35. Gebrauch der Modi in Adverbialsätzen

**A** ▶ Beispiele mit weiteren Ausdrücken des Paralellgeschehens:

**...a medida que se van conociendo los detalles** *...so wie die Details bekannt werden*
**según iban llegando los invitados...** *so wie die Gäste ankamen*

### 35.30 Modusgebrauch bei DESDE QUE

Nach DESDE QUE steht nur Indikativ:

**desde que se casaron** *seit sie heirateten*
**desde que tiene ordenador** *seitdem er einen Computer hat*

**A** ▶ Im geschriebenen Spanisch ist es üblich geworden, beim Bezug auf einen Zeitpunkt der Vergangenheit PRETÉRITO IMPERFECTO DE SUBJUNTIVO auf DESDE QUE folgen zu lassen:

**desde que realizara su primer filme** *seit er seinen ersten Film drehte*
**desde que se cayera de la bicicleta** *seit er vom Fahrrad gestürzt ist*

### C. Komitativsätze

Mit dem Begriff "Komitativsätze" werden hier Nebensätze bezeichnet, die den (tatsächlichen oder fehlenden) begleitenden Umstand zum Geschehen bezeichnen, das im Hauptsatz angeführt ist. Diese Zusatzangaben haben meistens eine zuweilen entscheidende Nebenbedeutung: präzisierend, adversativ, substitutiv, usw.

### 35.31 Konjunktionen des begleitenden / fehlenden Umstands

ADEMÁS DE QUE (vgl. 35.39)    AL MARGEN DE QUE (vgl. 35.35)
AHORA QUE (vgl. 26.75C)       MIENTRAS QUE (vgl. 35.37)
AMÉN DE QUE (vgl. 35.39A)     SALVO QUE (vgl. 35.38)
APARTE DE QUE (vgl. 35.39)    SEGÚN (vgl. 35.40)
COMO (vgl. 35.40, 35.40A)     A NO SER QUE (vgl. 35.38A)
ENCIMA DE QUE (vgl. 35.39)    SIN QUE (vgl. 35.32)
EXCEPTO QUE (vgl. 35.38)      SINO QUE (vgl. 35.37B)
A FALTA DE QUE (vgl. 35.33)   SOBRE QUE (vgl. 35.39A)
FUERA DE QUE (vgl. 35.39A)    SÓLO QUE (vgl. 35.38)
LEJOS DE QUE (vgl. 35.34)     TRAS DE QUE (vgl. 35.39A)
EN LUGAR DE QUE (vgl. 35.36)  EN VEZ DE QUE (vgl. 35.36, 35.38B)

### 35.32 Subjuntivo nach SIN QUE

Der von SIN QUE eingeleitete Nebensatz, der ja Ungeschehenes beschreibt, steht im Subjuntivo:

**Responde sin que le pregunten.**
*Er antwortet, ohne daß man ihn fragt.*

**Llevo tres días sin que me ocurra nada malo.**
*Seit drei Tagen ist mir nichts Böses passiert.*

**El hombre se ha ido sin que nos hayamos dado cuenta.**
*Der Mann ist verschwunden, ohne daß wir es gemerkt haben.*

**No me iba a ir sin que me dijeran qué pasaba.**
*Ich wollte nicht weggehen, ohne daß sie mir sagten, was los war.*

## 35. Gebrauch der Modi in Adverbialsätzen

**A ▶ SIN + Infinitiv** (vgl. 14.121) ist bei Gleichheit des Subjekts im Haupt- und Nebensatz zu verwenden; die Infinitivergänzung tritt in der Alltagssprache oft in Fällen auf, in denen SIN QUE + Nebensatz logischer wäre:

¡Que te vieras con él sin yo saberlo!
*Daß du dich mit ihm trafst, ohne daß ich es gewußt habe!*

### 35.33 A FALTA DE QUE + Subjuntivo

A FALTA DE QUE ist eine zeitliche Konjunktion des fehlenden Umstands mit konditionaler oder kausaler Färbung und wird meistens in bezug auf Zukünftiges verwendet. Nach A FALTA DE QUE steht immer der Subjuntivo:

A falta de que ella lo confirme o desmienta, yo sigo pensando que Iris sale con Ricardo.
*Bis sie es bestätigt oder dementiert, glaube ich weiterhin, daß Iris mit Ricardo ausgeht.*

### 35.34 LEJOS DE QUE + Subjuntivo

Nach LEJOS DE QUE steht der Subjuntivo (zu LEJOS DE + Infinitiv vgl. 14.122):

Lejos de que se le hubiera quitado la fiebre, el enfermo se quejaba de sordera parcial.
*Das Fieber war nicht zurückgegangen, vielmehr klagte der Patient über teilweise Gehörlosigkeit.*

### 35.35 AL MARGEN DE QUE + Subjuntivo

Nach AL MARGEN DE QUE, das am häufigsten eine konzessive Bedeutung hat, steht der Subjuntivo. Bei nicht strikt konzessiver Verwendung kann der Indikativ stehen:

Este propósito no es factible, al margen de que sea bueno o malo.
*Ganz von der Frage abgesehen, ob es gut oder schlecht ist: dieses Vorhaben ist nicht durchführbar.*

Al margen de que supone estrés, un viaje a Bulgaria en autocar no sale tan barato como dicen.
*Eine Fahrt nach Bulgarien im Bus ist nicht nur mit Streß verbunden, sie ist auch nicht so preiswert, wie man sagt.*

### 35.36 Modusgebrauch in Substitutivsätzen

Nach EN VEZ DE QUE und EN LUGAR DE QUE steht der Subjuntivo, wenn damit das Ausbleiben eines meistens erwarteten Sachverhalts erwähnt wird:

En vez / lugar de que Jon analizase la actualidad política, celebramos una fiesta.
*Anstatt daß Jon die aktuellen Ereignisse der Politik analysierte, feierten wir eine Party.*

• Zu den entsprechenden Formeln EN VEZ (LUGAR) DE + Infinitiv vgl. 14.122.

### 35.37 Die adversativen Konjunktionen MIENTRAS QUE und SINO QUE

**A ▶** Mit der adversativen Konjunktion MIENTRAS QUE wird immer Indikativ gebraucht:

En Matemáticas era un desastre, mientras que en Historia sacaba las mejores notas.
*In Mathematik war ich eine Null, während ich in Geschichte die besten Noten hatte.*

Él se pasa el día durmiendo, mientras que ella trabaja dieciocho horas diarias.
*Er schläft den ganzen Tag, während sie achtzehn Stunden täglich arbeitet.*

## 35. Gebrauch der Modi in Adverbialsätzen

**B ▶** Nach SINO QUE wird immer Indikativ verwendet:

**No me enteré por los periódicos, sino que Juan me llamó inmediatamente.**
*Ich habe es nicht aus der Zeitung erfahren, sondern Juan rief mich sofort an.*

**No llamaron a la policía, sino que se pusieron a examinar la casa.**
*Sie riefen nicht die Polizei an, sondern sie untersuchten das Haus.*

### 35.38 Modusgebrauch in spezifizierenden Komitativsätzen

Nebensätze, die den Geltungsbereich des Hauptsatzgeschehens durch Erwähnung eines Umstands einschränken, stehen im Indikativ:

**Es liberal ciento por ciento, sólo que la moda no le dice nada.**
*Er ist ein hundertprozentiger Liberaler, für Mode allerdings hat er nichts übrig.*

**No ocurrió nada, excepto que aquella noche tuve insomnio.**
*Es passierte nichts, außer daß ich in jener Nacht nicht schlafen konnte.*

**Sé muy poco de ella, salvo que era bellísima.**
*Ich weiß sehr wenig über sie, außer daß sie wunderschön war.*

- Beispiele mit AHORA QUE vgl. 26.75C.

**A ▶** Die Konjunktionen A NO SER QUE, EXCEPTO QUE und SALVO QUE gehören vornehmlich zu den konditionalen Konjunktionen und werden dann mit Subjuntivo verwendet, vgl. 35.94A, 35.95.

**B ▶** Die Konjunktionen EN VEZ DE QUE und EN LUGAR DE QUE können theoretisch auch zu Präzisierungen hinsichtlich Wortlaut oder Geschehensablauf, also zur Mitteilung von Tatsachen verwendet werden; dann steht der Nebensatz im Indikativ. Vgl. hingegen 35.36.

### 35.39 Modusgebrauch in additiven Nebensätzen

Es gibt im Spanischen zahlreiche Wendungen, die Nebensätze einleiten, welche eine zusätzliche Information zu dem im Hauptsatz beschriebenen Sachverhalt liefern. Diese Konjunktionen, die allesamt von entsprechenden Infinitivkonstruktionen ersetzt werden können (vgl. 14.123) leiten Nebensätze im Indikativ ein:

**Aparte de que no podrían hacerlo, tampoco lo intentan.**
*Abgesehen davon, daß sie es nicht tun könnten, versuchen sie es auch nicht.*

**Encima de que tuvimos un pinchazo, nos llovió.**
*Uns ist ein Reifen geplatzt und obendrein hat es noch geregnet.*

**Además de que los precios son prohibitivos, la isla es fea que no veas.**
*Nicht nur sind die Preise unverschämt hoch, die Insel selbst ist überhaupt nicht schön.*

**A ▶** Synonym der Konjunktion im ersten Beispiel ist FUERA DE QUE; im zweiten: SOBRE QUE bzw. TRAS QUE; im dritten: AMÉN DE QUE.

### 35.40 Modusgebrauch in Referenzsätzen

Durch COMO und SEGÚN werden Nebensätze im Indikativ eingeleitet, die die Wahrnehmungsperspektive bzw. die Informationsquelle des im Hauptsatz beschriebenen Sachverhalts angeben:

**Como dijo Unamuno, venceréis, pero no convenceréis.**
*Wie Unamuno sagte, ihr werdet siegen, aber ihr werdet nicht überzeugen.*

**Según veremos, eso no es verdad.**
*Wie wir sehen werden, stimmt das nicht.*

- Zu den feststehenden, mit QUE eingeleiteten Verweissätzen vgl. 32.29.

## 35. Gebrauch der Modi in Adverbialsätzen

• Zu Referenzsätzen mit LO QUE vgl. 30.51. Zu QUE statt COMO vgl. 34.17.

**A** ▶ In der Schriftsprache erscheint nicht selten PRETÉRITO IMPERFECTO DE SUBJUNTIVO (vornehmlich die -RA-Variante) als absolutes Präteritum nach den Verweiskonjunktionen:

**como declarara el policía** *wie der Polizist mitteilte*
**como ya señalara Unamuno** *wie schon Unamuno bemerkte*


## D. Konzessivsätze

### 35.41 Liste der konzessiven Konjunktionen

ASÍ (vgl. 35.44B)
AUN CUANDO (vgl. 35.45)
AUNQUE (vgl. 35.42, 35.43)
BIEN QUE (vgl. 35.45)
CON (vgl. 35.49)
Y ESO QUE (vgl. 35.48)
NO OBSTANTE QUE (vgl. 35.45)
POR MÁS / MUCHO (...) QUE (vgl. 35.46A)
POR (MUY / MÁS) ... QUE (vgl. 35.46B)
MAL QUE (vgl. 35.47)

SIN PERJUICIO DE QUE (vgl. 35.44A)
A PESAR DE QUE (vgl. 35.45)
POR POCO (...) QUE (vgl. 35.46C)
NI AUNQUE (vgl. 35.44B)
NI QUE (vgl. 32.14, 35.44B)
PESE A QUE (vgl. 35.45)
(AUN) A RIESGO DE QUE (vgl. 35.44A)
A SABIENDAS DE QUE (vgl. 35.48)
SI BIEN (vgl. 35.48)
SIQUIERA (vgl. 35.44A)


### 35.42 AUNQUE + Indikativ

Nach AUNQUE steht der Indikativ, wenn der Sachverhalt im Nebensatz eine Erstinformation darstellt, in der Regel einen einmaligen vorliegenden Umstand angibt. AUNQUE deckt sich hier generell mit **'obwohl, obgleich'** und deren Synonymen (zum Tempusgebrauch vgl. Kapitel 18 passim):

**Aunque me caigo de sueño, seguiré trabajando.**
*Obwohl ich todmüde bin, werde ich weiterarbeiten.*

**Aunque soplaba un viento frío, decidieron desayunar en la terraza.**
*Obwohl ein kalter Wind wehte, beschlossen sie, auf der Terrasse zu frühstücken.*


### 35.43 AUNQUE + Subjuntivo

Nach AUNQUE steht der Subjuntivo, wenn der unwirksame Grund entweder eine bereits feststehende, meist gewohnheitsmäßige Tatsache oder aber ein nur eventuell bzw. unmöglich eintretender Sachverhalt ist. AUNQUE deckt sich hier generell mit **'auch wenn'** oder **'selbst wenn'**.

**A** ▶ Beispiele mit dem Hinweis auf feststehende Tatsachen (zum Tempusgebrauch vgl. 37.48):

**Suele dormirse en los conciertos aunque toquen su música preferida.**
*In Konzerten schläft er ein, auch wenn seine Lieblingsmusik gespielt wird.*

**Se bañaba con agua fría aunque estuviera enfermo.**
*Er badete in kaltem Wasser, auch wenn er krank war.*

**B** ▶ Beispiele mit dem Hinweis auf bloß mögliche, ungewisse Sachverhalte der Zukunft (zum Tempusgebrauch vgl. 37.16):

**Intentarán llegar hasta la tribuna aunque tengan lío con la policía.**
*Sie werden versuchen, bis zur Tribüne vorzudringen, auch wenn sie Probleme mit der Polizei bekommen.*

**Yo no me podía creer eso aunque lo hubiera contado el propio Toribio.**
*Ich konnte das nicht glauben, auch wenn Toribio selbst es erzählt haben sollte.*

## 35. Gebrauch der Modi in Adverbialsätzen

**C ▶** Beispiele mit dem Hinweis auf Sachverhalte, die kaum oder gar nicht eintreten können (zum Tempusgebrauch vgl. 37.49):

**Sonia no está, pero aunque estuviera, no veo la razón de hablar susurrando.**
*Sonia ist nicht da, aber selbst wenn sie da wäre, sehe ich nicht ein, warum man im Flüsterton reden sollte.*

**No era rico ni mucho menos, pero ella no se habría casado con él aunque hubiese poseído millones.**
*Er war alles andere als ein reicher Mann, aber sie hätte ihn nicht geheiratet, selbst wenn er Millionen besessen hätte.*

**D ▶** Beispiele mit dem feststehenden Ausdruck AUNQUE SEA / FUESE:

**Felicítalo aunque sea por cortesía.**
*Du sollst ihn mindestens aus Höflichkeit beglückwünschen.*

**No podían ver luz alguna, aunque fuese la de la cruz sobre el cerro.**
*Sie konnten kein einziges Licht sehen, nicht einmal das des Kreuzes auf der Anhöhe.*

• Zu den disjunktiven und relativischen Konzessivformeln, die Bildungen mit AUNQUE + Subjuntivo entsprechen, vgl. 32.19 bzw. 36.16.

### 35.44 Konzessive Konjunktionen mit nur Subjuntivo

Einige konzessive Konjunktionen leiten ausschließlich Nebensätze im Subjuntivo ein.

**A ▶** Beispiele mit den Wendungen SIN PERJUICIO DE QUE und AUN A RIESGO DE QUE:

**Allí eres funcionario sin perjuicio de que puedas trabajar por libre.**
*Auch wenn du Beamter bist, kannst du dort privat arbeiten.*

**Asistirá a la entrega de premios aun a riesgo de que la prensa lo haga añicos.**
*Er wird an der Preisverleihung teilnehmen, selbst auf die Gefahr hin, daß die Presse ihn verreißt.*

**B ▶** Konzessives ASÍ wird häufig im Gespräch verwendet. SIQUIERA kommt meistens in der Wendung SIQUIERA SEA(N) vor. Im gesprochenen Spanisch erscheint NI vor AUNQUE. Wie im letzten der folgenden Beispiele verdeutlicht, fallen Konjunktion und Kopulaverb einer NI QUE-Konstruktion sehr oft weg (vgl. 32.14):

–Mira el frío que hace.  "Mensch ist das kalt!"
–Pues yo voy al concierto así llueva.  "Ich gehe aber auch bei Regen ins Konzert."

–Bueno, me voy.  "Ich gehe."
–Quédate siquiera sea sólo una horita.  "Bleib doch, und sei es nur für ein Stündchen!"

–¿No me lo crees?  "Glaubst du es mir nicht?"
–No, ni aunque me lo jurases.  "Nein, und wenn du es mir auch schwören würdest."

–Quiero que me cuentes la historia de tu vida.  "Ich möchte, daß du mir die Geschichte deines Lebens erzählst."
–¡Qué cursi! Ni borracha la contaría.  "Hör doch auf mit der Schnulze! Selbst betrunken würde ich das nicht erzählen."

**C ▶** Beispiel mit dem feststehenden Ausdruck NI LOCO:

**Ni loca vuelvo yo a esa discoteca.**
*Ich gehe garantiert nie wieder in diese Diskothek.*

## 35. Gebrauch der Modi in Adverbialsätzen

### 35.45 Konjunktionen mit AUNQUE-Modusgebrauch

Andere häufige konzessive Konjunktionen, die wie AUNQUE teils mit Indikativ, teils mit Subjuntivo verwendet werden, sind: AUN CUANDO, NO OBSTANTE QUE, A PESAR DE QUE und PESE A QUE. Für sie gelten die Regeln in 35.42 und 35.43:

**bien que podía ayudarnos...** *obwohl er uns hätte helfen können...*
**aun cuando sea amigo tuyo...** *auch wenn er dein Freund ist...*
**no obstante que fuesen nombramientos a dedo...** *auch wenn es Ernennungen per Fingerzeig waren...*
**a pesar de que llovía a cántaros...** *obwohl es richtig gegossen hat...*
**pese a que no existen pruebas...** *obwohl es keine Beweise gibt...*

### 35.46 Konzessive POR-Konjunktionen

Hier wird nicht weiter darauf eingegangen, daß das QUE der konzessiven POR-Gruppen auch als Relativpronomen aufgefaßt werden kann.

**A ▶** Die konzessiv-intensive Wortgruppe POR MÁS (MUCHO) (+ Substantiv) QUE + Verb folgt den Regeln der Modusverwendung für AUNQUE:

**Por más que nos amenazó, no lo tomamos en serio.**
*So sehr er uns auch gedroht hat, wir haben ihn nicht ernstgenommen.*

**Por más que lo lea, no lo entiendo.**
*Sooft ich das auch lese, ich verstehe es einfach nicht.*

**Sabía que por mucho que corriese me detendrían.**
*Ich wußte, daß sie mich festnehmen würden, mochte ich auch noch so schell laufen.*

**Por mucho que me lo suplicasen, no se lo perdonaría.**
*Und würden sie mich auch noch so sehr anflehen, ich würde es ihnen nicht vergeben.*

● Beispiele mit Substantiven vor QUE:

**por muchas ganas que tenga** *soviel Lust ich auch habe*
**por más países que conozca** *mag er auch noch so viele Länder kennen*

**B ▶** Die konzessive POR-Formel für Adjektive lautet: POR MÁS (MUY) + Adjektiv / Adverb + QUE; das Intensitätspronomen MÁS bzw. MUY kann dabei wegfallen. Der Subjuntivo in diesen Nebensätzen ist obligatorisch:

**por más cansadas que estéis** *und wenn ihr auch noch so müde seid*
**por muy elegante que se presentara** *so elegant er auch erscheinen mochte*
**por cautelosas que sean** *und seien sie auch noch so vorsichtig*

**C ▶** Beispiele mit konzessivem POR POCO:

**por poco que se maquillara** *so wenig sie sich auch schminkte*
**por pocos fallos que tengas** *und hättest du auch noch so wenige Fehler*

### 35.47 Konzessive MAL QUE-Wendungen

Mit MAL QUE verbinden sich Subjuntivo-Formen von PESAR und QUERER zu mehr oder minder feststehenden Wendungen mit ähnlicher Bedeutung wie POR-Verbindungen:

**Mal que os pese, sois españoles.**
*Auch wenn es euch gar nicht paßt, ihr seid Spanier.*

## 35. Gebrauch der Modi in Adverbialsätzen

### 35.48 Konzessive Konjunktionen nur mit Indikativ

Von den konzessiven Konjunktionen, die ausschließlich mit Indikativ verwendet werden, sind am häufigsten (AUN) A SABIENDAS DE QUE, SI BIEN (vgl. 27.24) und (Y) ESO QUE. Letztere Konjunktion kommt in der gesprochenen Sprache sehr häufig vor:

**Sigue sin saberse mi número y eso que nos llamamos casi todos los días.**
*Sie kann meine Telefonnummer immer noch nicht auswendig, dabei telefonieren wir fast jeden Tag.*

**Los ayudó a sabiendas de que no le pagarían**
*Er half ihnen, obwohl er wußte, daß sie ihn nicht bezahlen würden.*

**Si bien los idiomas no son lo mío, algo de inglés sí que entiendo.**
*Auch wenn Fremdsprachen nicht mein Ding sind, etwas Englisch verstehe ich schon.*

### 35.49 CON-Verbindungen mit konzessivem Sinn

Bei den konzessiven Formeln CON + LO + Adjektiv / Adverb + QUE + Verb und CON + bestimmter Artikel + Substantiv + QUE + Verb, deren QUE wohl relativisch zu begreifen ist, steht das Verb immer im Indikativ:

**Con lo bajita que es, quiere dedicarse al tenis.**
*Obwohl sie so klein ist, will sie Tennisspielerin werden.*

**Abandonó los estudios con lo bien que le iba.**
*Sie gab das Studium auf, dabei lief es bei ihr so gut.*

**Con las recomendaciones que tenía, ni siquiera la citaron para una entrevista.**
*Sie wurde nicht einmal zu einem Gespräch eingeladen, dabei hatte sie so gute Referenzen.*

## E. Kausalsätze

### 35.50 Liste der kausalen Konjunktionen

| | |
|---|---|
| COMO (vgl. 35.57) | PUES (vgl. 35.52) |
| COMO QUE (vgl. 27.18) | PUES QUE (vgl. 35.52) |
| COMO QUIERA (COMOQUIERA) QUE (vgl. 35.57A) | PUESTO QUE (vgl. 35.52) |
| DEBIDO A QUE (vgl. 35.52) | QUE (vgl. 35.56) |
| DADO QUE (vgl. 35.51A, 35.52) | A RAÍZ DE QUE (vgl. 35.57B) |
| GRACIAS A QUE (vgl. 35.52) | TANTO MÁS / MENOS CUANTO QUE (vgl. 35.53) |
| MERCED A QUE (vgl. 35.52) | TODA VEZ QUE (vgl. 35.52) |
| PORQUE (vgl. 35.51, 35.54, 35.55) | EN VISTA DE QUE (vgl. 35.52) |
| POR CUANTO (QUE) (vgl. 35.52) | VISTO QUE (vgl. 35.52) |
| SO PRETEXTO DE QUE (vgl. 35.52) | YA QUE (vgl. 35.52) |

### 35.51 PORQUE + Indikativ

Kausalsätze mit PORQUE werden in der Regel dem Hauptsatz nachgestellt, da sie auf eine neue vorliegende Tatsache hinweisen. Nach kausalem PORQUE steht der Indikativ:

**No voy porque no tengo ganas.**
*Ich gehe nicht hin, weil ich keine Lust habe.*

**A ▶** Soll die Satzverbuindung mit dem Kausalsatz beginnen, so kommt dafür nicht ein PORQUE-Satz in Frage, sondern ein Satz mit COMO (vgl. 35.57) oder einer anderen Konjunktion, die die Beschreibung von Bekanntem oder Vorausgesetztem einleitet. Beispiel mit DADO QUE:

**Dado que ya son las dos, deberíamos buscarnos un restaurante para comer.**
*Da es schon zwei Uhr ist, sollten wir uns ein Restaurant zum Mittagessen aussuchen.*

## 35. Gebrauch der Modi in Adverbialsätzen

### 35.52 Modus der kausalen Konjunktionen

Auf alle Kausalkonjunktionen, ob dem Hauptsatz vor- oder nachgestellt, folgt der Indikativ. In der folgenden Liste sind die Konjunktionen, die vorangestellte Kausalsätze einleiten, mit *'da'* übersetzt:

...**debido a que** las lluvias no habían cesado *weil die Regenfälle nicht aufgehört hatten*
...**gracias a que** en España ese día es laborable *dank der Tatsache, daß dieser Tag in Spanien ein Werktag ist*
**merced a que** la biblioteca estaba abierta *dank der Tatsache, daß die Bibliothek geöffnet hatte*
**por cuanto que** no hubo testigos *insofern als es keine Zeugen gab*
**so pretexto de que** se dejó una llave *unter dem Vorwand, er habe einen Schlüssel vergessen*
...**pues** él entendía ruso *...denn er verstand Russisch*
**pues que** ahora los días son más largos... *da jetzt die Tage länger sind...*
**puesto que** yo no llevaba disfraz ... *da ich ja nicht verkleidet war*
**toda vez que** Alemania e Italia sí intervinieron ... *da ja Deutschland und Italien schon intervenierten*
**en vista de que** se ha hecho de noche ... *da es dunkel geworden ist...*
**visto que** sois unos tacaños... *da ihr solche Geizhälse seid...*
**ya que** somos extranjeros... *da wir Ausländer sind...*

• Zu PUES vgl. 33.20. Zu weiteren Kausalkonstruktionen mit den Partizipformen DADO und PUESTO vgl. 16.15A bzw. 16.15B. Zu konditionalem DADO QUE vgl. 35.98B. Zu konditionalem YA QUE vgl. 35.98B.

### 35.53 TANTO MÁS CUANTO QUE

TANTO MÁS (...) CUANTO QUE (manchmal reduziert zu TANTO MÁS QUE) entspricht *'um so ... als'* und leitet ein Satzgefüge im Indikativ ein:

**Su victoria es tanto más significativa cuanto que la ha logrado fuera de España.**
*Sein Sieg ist um so bedeutender, als er ihn außerhalb Spaniens errungen hat.*

**Debes aceptarle su invitación de acompañarle a París. Tanto más que tú nunca has estado en París.**
*Du sollst seine Einladung, ihn nach Paris zu begleiten, annehmen. Um so mehr, als du noch nie in Paris warst.*

**A ▶** Beispiel mit TANTO MENOS CUANTO QUE:

**No le creemos nada, tanto menos cuanto nos ha mentido más de una vez.**
*Wir glauben ihm nichts, das um so weniger, als er uns mehr als einmal angelogen hat.*

### 35.54 PORQUE + Subjuntivo bei verneinter Kausalität

Wenn mit NO PORQUE bzw. NO ... PORQUE eine vermeintliche Ursache als unzutreffend hingestellt wird, steht im Nebensatz Subjuntivo (zum Tempusgebrauch vgl. 37.50):

**No voy porque me guste, sino porque me obligan.**
*Ich gehe nicht hin, weil es mir gefällt, sondern weil man mich zwingt.*

**No porque seas inteligente eres un buen pensador.**
*Du bist nicht schon deshalb ein guter Denker, weil du intelligent bist.*

**A ▶** In Fragesätzen sowie bei impliziter Negation kann eine vermeintliche Ursache abgestritten werden:

**¿Acaso va a conciertos porque le interese la música?**
*Geht er etwa in Konzerte, weil ihn die Musik interessiert?*

## 35. Gebrauch der Modi in Adverbialsätzen

**Es un error pensar que todo cambiará porque haya cambiado el Gobierno.**
*Es ist ein Irrtum zu denken, daß alles sich ändern wird, bloß weil die Regierung gewechselt hat.*

- Zu finalem PORQUE vgl. 35.5. Zu PORQUE als Objektergänzung vgl. 34.90.

### 35.55 PORQUE + Subjuntivo bei eventueller Kausalität

Häufig wird nach PORQUE der Subjuntivo verwendet, wenn es um einen Grund oder eine Ursache geht, die zum Zeitpunkt der Äußerung noch keine feststehende Realität geworden ist (und deshalb Anlaß zum Vorbehalt gibt). PORQUE hat hier einen starken konditionalen Sinn:

**Si la economía puede relanzarse porque bajen los impuestos, ¿a qué esperamos?.**
*Wenn die Wirtschaft wieder belebt werden kann, wenn die Steuern gesenkt werden, worauf warten wir noch?*

**Horas de trabajo pueden quedar en nada porque hayas incumplido alguna directiva.**
*Ganze Stunden Arbeit können wertlos werden, weil du irgendeine Norm nicht befolgt hast.*

**A ▶ PORQUE + Subjuntivo** erscheint auch in den disjunktiven, in sorgfältig aufgebauten Texten anzutreffenden Strukturen O / YA / BIEN / SEA PORQUE ...., O / YA / BIEN / SEA PORQUE ...:

**Sea porque tenga otras cosas que hacer, sea porque simplemente no se lleve, la cosa es que ha dejado de frecuentar las terrazas.**
*Sei es, weil er etwas anderes zu tun hat, sei es, weil es aus der Mode gekommen ist, Tatsache ist, er verkehrt nicht mehr in den Straßencafés.*

- Zu finalem PORQUE vgl. 35.5. Zu PORQUE als Objektergänzung vgl. 34.90.

### 35.56 Begründendes QUE

Begründendes QUE. gehört der gesprochenen Sprache an, es wird mit dem Indikativ gebraucht.

**A ▶** Mit QUE werden eine explizit oder implizit imperativische Äußerung, überhaupt Willensäußerungen und –handlungen vielfältigster Art begründet:

**Date prisa, que ya son las once y media.**
*Beeile dich, es ist schon halb zwei.*

**Hablad más alto que, si no, me duermo.**
*Sprecht lauter, sonst schlafe ich ein.*

**¿Quiere cerrar la ventana, que hace frío?**
*Würden Sie das Fenster schließen? Hier ist kalt.*

**No debes faltar hoy, que se molestará la señorita.**
*Du darfst heute nicht fehlen, sonst ärgert sich die Lehrerin.*

**Que llueva, que ya no soportamos este calor.**
*Regnen soll es, wir halten diese Hitze nicht aus.*

**Que me denuncie, que no le tengo miedo.**
*Er soll mich anzeigen, ich habe keine Angst vor ihm.*

**Me voy, que se me hace tarde.**
*Ich gehe, sonst wird es mir zu spät.*

- Die Wendung im zweiten Beispiel kann auch ohne das Komma nach QUE geschrieben werden: QUE SI NO.

**B ▶** Beispiele mit eingeschobenem QUE-Satz zur Betonung eines nach Meinung des Sprechers zu berücksichtigenden Faktums:

**Cuando caiga el régimen, que caerá, ajustaremos cuentas.**
*Wenn das Regime fällt, und es wird fallen, rechnen wir ab.*

Si llama Olivia, que puede llamar, le dices que salí para la facultad.
*Falls Olivia anruft, sie kann nämlich anrufen, sagst du ihr, ich bin zur Uni gefahren.*

### 35.57 Modusgebrauch nach kausalem COMO

Kausalsätze mit COMO werden dem Hauptsatz immer vorangestellt, und sie stehen im Indikativ:

**Como ella no sabe español, nos escribimos en inglés.**
*Da sie kein Spanisch kann, schreiben wir uns auf englisch.*

**Como el limón estaba pasado, tuve que sazonar la ensalada con vinagre.**
*Da die Zitrone verfault war, mußte ich den Salat mit Essig würzen.*

• COMO wird im gesprochenen Spanisch häufig zu COMO QUE, vgl. 27.18.

**A ▶** Eine Variante von COMO ist COMO QUIERA (COMOQUIERA) QUE:

**Como quiera que no tenían Fords, tuvimos que alquilar un Skoda.**
*Da sie keine Fords hatten, mußten wir einen Skoda mieten.*

**B ▶** In schriftlichen Texten erscheint nach kausalem COMO (und auch nach COMO QUIERA (COMOQUIERA) QUE sowie nach A RAÍZ DE QUE) nicht selten das **PRETÉRITO IMPERFECTO DE SUBJUNTIVO** (die -RA- oder -SE-Variante) statt eines indikativischen Vergangenheitstempus:

**y como Miss Ryle se negara a subir...** *und weil Miss Ryle sich ja weigerte, hinaufzugehen ...*
**comoquiera que Alejandra se sintiera indispuesta...** *da Alejandra unwohl war...*
**...a raíz de que el vuelo se cancelase** *...dadurch, daß der Flug gestrichen worden war.*

## F. Konsekutivsätze

### 35.58 Liste der konsekutiven Konjunktionen

DE ALLÍ QUE (vgl. 35.59)
DE AHÍ QUE (vgl. 35.59)
DE AQUÍ QUE vgl. 35.59)
ASÍ QUE (vgl. 35.60, 35.62)
COMO QUE (vgl. 35.60)
CONQUE (vgl. 35.62)
DE (TAL) FORMA QUE (vgl. 35.60, 35.64)
DE (TAL) MANERA QUE (vgl. 35.60, 35.64)

DE (TAL) MODO QUE (vgl. 35.60, 35.64)
QUE (vgl. 35.60A)
DE SUERTE QUE (vgl. 35.60, 35.64)
TAN ... QUE (vgl. 35.60, 35.64)
TAN / TANTO ES ASÍ QUE (vgl. 35.61)
TAL ... QUE (vgl. 35.60, 35.64)
TANTO ... QUE (vgl. 35.60, 35.64)

### 35.59 DE AHÍ QUE + Subjuntivo

Nach DE AHÍ QUE -und den sinnverwandten DE AQUÍ QUE und DE ALLÍ QUE- steht der Subjuntivo (das gelegentliche Auftreten des Indikativs nach DE AHÍ QUE stellt einen Fehler dar):

**No se dispone de más detalles, de ahí que sea imposible hacer pronósticos.**
*Man verfügt über keine weiteren Details, daher kann man keine Prognosen aufstellen.*

### 35.60 Konsekutivsätze im Indikativ

Auf die konsekutiven Wendungen, die dem Sinn der Konjunktion *'sodaß'* (bzw. des deutschen Konjunktionaladverbs *'also'*) generell entsprechen, folgt immer Indikativ:

## 35. Gebrauch der Modi in Adverbialsätzen

No tenía dinero, así que / de modo que / de manera / de suerte que se quedó en casa.
*Er hatte kein Geld, so daß er zu Hause blieb.*

Estoy cansado. Como que me voy a acostar.
*Ich bin müde, also gehe ich schlafen.*

**A ▶** In folgenden Beispielen mit bloßem QUE ist das vorgängige Steigerungswort nur implizit enthalten (vgl. auch 19.55, 35.81A):

Tengo un calor que me desmayo.
*Mir ist so heiß, ich werde ohnmächtig.*

Cómo estarán las cosas en su país que prefieren la aventura de la ilegalidad antes que seguir allí.
*Wie muß die Lage in ihrem Land sein, daß sie lieber das Abenteuer der Illegalität wagen als dort zu bleiben.*

### 35.61 TANTO ES ASÍ QUE

TANTO ES ASÍ QUE und sein Synonym TAN ES ASÍ QUE haben den Sinn von *'das ist so sehr der Fall, daß'* und leiten ein selbständiges Satzgefüge ein:

Sufre de insomnios y depresiones. Tanto es así que ha decidido ir al psiquiatra.
*Sie leidet so stark unter Schlaflosigkeit und Depressionen, daß sie jetzt beschlossen hat, einen Psychiater aufzusuchen.*

Me gustan mucho los números. Tan es así que hasta en la autopista me puedes ver resolviendo problemas.
*Ich mag Zahlen so sehr, daß du mich sogar auf der Autobahn mit Rechenaufgaben beschäftigt sehen kannst.*

**A ▶** Die Wendung HASTA TAL PUNTO meint dasselbe wie TANTO ES ASÍ bzw. TAN ES ASÍ von der umgekehrten Perspektive aus:

Hizo un testamento, hasta tal punto lo obsesionaba la muerte.
*Er setzte ein Testament auf, so sehr war er vom Gedanken an den Tod besessen.*

### 35.62 Verwendung der konsekutiven Ausdrücke im Gespräch

Im Gespräch werden die konsekutiven Wendungen sehr häufig satzeinleitend und meistens eine nicht immer explizite Vorinformation wiederaufnehmend verwendet, um ein Gespräch anzufangen oder fortzusetzen, häufig auch, um sich fragend dem Gesprächspartner zuzuwenden. Es handelt sich um die Ausdrücke in folgenden Beispielen:

–Conque todo era una mentira.     *"Es war also alles eine Lüge."*
–Sí, papá.     *"Ja, Vater."*

–¿De manera que es usted violinista?     *"Sie sind also Geiger?"*
–¿Y usted cómo se ha enterado?     *"Woher wissen Sie das?"*

–De modo que lo perdisteis todo.     *"Ihr habt also alles verloren."*
–Eso dice Maruja.     *"Das meint Maruja."*

–Volvió a darme una diarrea.     *"Ich habe wieder Durchfall bekommen."*
–¿Así que a ti te da una diarrea cada vez que comes pescado?     *"Du bekommst anscheinend immer Durchfall, wenn du Fisch ißt?"*

## 35. Gebrauch der Modi in Adverbialsätzen

### 35.63 Verkürzung von Konsekutivsätzen mit COMO PARA
Einen indikativischen Konsekutivsatz kann man mit COMO PARA + Infinitiv verkürzen:

**Tengo tal catarro que debería meterme en la cama. → Tengo un catarro como para meterme en la cama.**
*Ich habe einen solchen Schnupfen, daß ich mich ins Bett legen sollte.*

### 35.64 Subjuntivo in Konsekutivsätzen mit finalem Sinn
Ein Konsekutivsatz steht im Subjuntivo, wenn er einen Zweck angibt, der erreicht werden soll:

**Explícaselo de forma que lo entiendan inmediatamente.**
*Erkläre es ihnen so, daß sie es gleich verstehen!*

**Tienes que atar el tiesto de modo que el viento no lo tumbe.**
*Du mußt den Blumentopf so anbinden, daß ihn der Wind nicht umstoßen kann.*

**Se lo diría de tal manera que todo quedase en claro.**
*Ich wollte es ihm so sagen, daß alles geklärt werden sollte.*

### 35.65 Zum Unterschied zwischen Konsekutivsätzen

**A ▶** In finalen Konsekutivkonstruktionen wird im Hauptsatz eine Absicht beschrieben, im Nebensatz steht der zu erzielende Sachverhalt. Im folgenden Beispielpaar steht im Nebensatz zuerst Indikativ, weil es sich um die Wiedergabe aufeinanderfolgender Tatsachen handelt; im Parallelbeispiel steht im Nebensatz Subjuntivo, weil dieser die bloß beabsichtigte Folge angibt:

**Gritó de tal modo que todos se despertaron - Gritó de tal modo que todos se despertaran.**
*Er brüllte so, daß alle aufwachten. - Er brüllte so, damit alle aufwachten.*

**B ▶** Die konsekutiven Verbindungsformeln, die für einen Nebensatz im Subjuntivo in Frage kommen, sind diejenigen, die im Hauptsatz explizit oder implizit einen graduierenden Bestandteil wie TAL (das ein Substantiv der Art und Weise wie MODO, MANERA, FORMA bestimmt), TAN oder TANTO enthalten. Diese Formeln entsprechen dem deutschen *'so daß'*, bei dem *'so'* im Hauptsatz erscheinen kann (*'so, daß'* bzw. *'so ..., daß'*). Im Spanischen steht hier zwischen Haupt- und Nebensatz kein Komma, während bei Verwendung des Indikativs (vgl. 35.60), die im Redefluß auftretende Pause durch Komma, Semikolon oder Punkt wiedergegeben wird: NO TENÍA DINERO, ASÍ QUE NO FUI AL CINE.

### 35.66 Subjuntivo in verneinten Konsekutivkonstruktionen
Wird in Konsekutivkonstruktionen die Eigenart der Handlung oder der Grad einer Eigenschaft verneint, so steht der Nebensatz im Subjuntivo:

**No describiste la calle de modo que yo pudiera encontrarla rápido.**
*Du hast die Straße nicht so beschrieben, daß ich sie schnell hätte finden können.*

**No son tan tontos que no se den cuenta de que te burlas de ellos.**
*Sie sind nicht so dumm, daß sie nicht merken, daß du dich über sie lustig machst.*

**A ▶** Zum Vergleich ein Parallelbeispiel zum ersten; hier wird der Satz (also die Handlung und nicht deren Eigenart) verneint:

**No describiste la calle, de modo que no pude encontrarla.**
*Du hast die Straße nicht beschrieben, so daß ich sie nicht finden konnte.*

## 35. Gebrauch der Modi in Adverbialsätzen

### 35.67 Subjuntivo im Folgesatz zum Ausdruck von Ungewißheit

Vor allem in Fragesätzen, nicht selten auch bei Verwendung eines Modaladverbs wie QUIZÁ oder ACASO, wird der Subjuntivo im Konsekutivsatz verwendet, um die Skepsis darüber auszudrücken, ob der Sachverhalt die tatsächliche Folge des Sachverhalts im Hauptsatz ist:

**¿Tenía tan poca vergüenza que hablara de eso contigo?**
*Hatte er so wenig Schamgefühl, daß er mit dir darüber redete?*

**Acaso supiera tanto que le envidiaran.**
*Vielleicht wußte er so viel, daß man neidisch auf ihn war.*

## G. Konditionalsätze

Die konditionalen Konjunktionen teilen sich in zwei Gruppen: SI einerseits und die restlichen Konjunktionen der Bedingung andererseits. In diesem Teil werden zuerst (35G1 bis 35G10) der Modusgebrauch nach SI sowie die verschiedenen Verwendungsweisen von (nicht nur konditionalem) SI behandelt. Ab 35.92 wird auf die restlichen Ausdrücke eingegangen.

### 35.68 SI + Indikativ

Wenn der SI-Satz einen Sachverhalt beschreibt, der durchaus zutreffen kann oder tatsächlich zutrifft, steht er im Indikativ. In der Regel geht es um die Begründung von Voraussagen, Versprechen oder Aufforderungen, sowie um den Ausgangspunkt von Schlußfolgerungen.

**A ▸** Beispiele mit dem SI-Satz als Begründung von Voraussagen, Versprechen oder Aufforderungen:

**Te lo digo si me das cien euros.**
*Ich sage es dir, wenn du mir hundert Euro gibst.*

**Si tu madre se entera, se morirá.**
*Wenn deine Mutter das erfährt, fällt sie tot um.*

**Si no he vuelto hasta las tres, llamas a la policía.**
*Falls ich bis drei nicht zurück bin, rufst du die Polizei an!*

**B ▸** Beispiele mit dem SI-Satz als Ausgangspunkt für Schlußfolgerungen:

**Si vive en Locarno, entonces es millonario.**
*Wenn er in Locarno lebt, dann ist er Millionär.*

**¿Por qué le voy a decir que me gusta si no me gusta?**
*Warum soll ich ihm sagen, daß es mir gefällt, wenn es mir doch nicht gefällt?*

**Si eso no es una ofensa, entonces yo no sé lo que es una ofensa.**
*Wenn das keine Beleidigung sein soll, dann weiß ich nicht, was eine Beleidigung ist.*

**Tienes que ir si se lo has prometido.**
*Du mußt hingehen, wenn du es ihm versprochen hast.*

**Si nació en Francia, entonces es francesa.**
*Wenn sie in Frankreich geboren ist, dann ist sie Französin.*

**C ▸** Beispiele mit dem Obersatzverb in einem vergangenheitsbezogenen Tempus (zur Zeitenverwendung vgl. 35.84):

**¿Cómo te diste cuenta si no veías nada?**
*Wie hast du es bemerkt, wenn du nichts gesehen hast?*

**Le dije que se lo diría si me daba mil euros.**
*Ich sagte ihm, ich werde es ihm sagen, falls er mir tausend Euro gebe.*

## 35. Gebrauch der Modi in Adverbialsätzen

Yo sabía que si mi madre se enteraba, se moriría.
*Ich wußte, daß meine Mutter tot umfallen würde, falls sie es erfahren sollte.*

Le pedí que llamara a la policía si yo no había vuelto hasta las tres.
*Ich bat ihn, die Polizei zu benachrichtigen, falls ich bis drei nicht zurückgekehrt sei.*

**D** ▸ Beispiele mit SI-Sätzen ohne expliziten Obersatz (im gesprochenen Spanisch durchaus üblich). MIRA QUE (vgl. 31.35A) im zweiten Beispiel dient zur Unterstreichung der Vorsicht:

–¿La llevas al aeropuerto?   *"Bringst du sie zum Flughafen?"*
–Si me lo pide ella misma, sí.   *"Wenn sie mich selbst darum bittet, schon."*

–Y entonces ella dijo...   *"Daraufhin sagte sie..."*
–Más bajo, mira que si nos oye Don Esteban ...   *"Leiser! Nicht auszudenken, wenn Don Esteban uns hören sollte!"*

**E** ▸ Beispiele mit SI NO bzw. QUE SI NO:

Tengo que acabar esto. Si no, no te puedo acompañar.
*Ich muß das hier fertigmachen, sonst kann ich nicht mit dir mitkommen.*

Date prisa, que si no, se nos va el avión.
*Beeile dich, sonst verpassen wir die Maschine.*

### 35.69 SI-Satz im Ausdruck nicht punktuellen Geschehens

SI-Sätze im Indikativ können durchaus gewohnheitsmäßiges Geschehen ausdrücken, der konditionale Sinn muß allerdings ganz eindeutig erkennbar sein (sonst ist CUANDO am Platze). Habituelle SI-Sätze kommen vorwiegend im PRETÉRITO IMPERFECTO vor. Im ersten der folgenden Beispiele kann CUANDO durchaus anstelle von SI treten:

Si en el flujo del habla no se hace pausa, se omite la coma.
*Wenn im Redefluß keine Pause eintritt, fällt das Komma weg.*

Me apeaba una parada antes, ya que si mi tío me veía, era capaz de pegarme.
*Ich stieg immer eine Haltestelle früher aus, denn, sollte mich mein Onkel sehen, war er imstande, mich zu verprügeln.*

### 35.70 Kontrastierende SI-Sätze

SI-Sätze im Indikativ kommen sehr häufig auch in kontrastierenden Konstruktionen vor, die weder Bedingungen noch Schlußfolgerungen beinhalten, sondern Tatsachen vergleichend in Beziehung setzen:

Si el futuro de la industria es negro, el del campo no es mucho mejor.
*Ist die Zukunft der Industrie schwarz, so ist die der Landwirtschaft nicht viel heller.*

Si en 1987 el metro cuadrado costaba unos 1700 euros, hoy el precio ha ascendido hasta los 2800.
*Kostete 1987 der Quadratmeter um die 1700 Euro, so ist der Preis heute bis auf 2800 angestiegen.*

• Zur Intensitätswendung SI LOS / LAS HAY vgl. 19.92.
• CUANDO wird recht häufig statt SI in Sätzen mit einem adversativen Sinn verwendet, vgl. 35.18.

### 35.71 APENAS SI

Bei der Wendung APENAS SI, in der SI keine erkennbare konditionale Bedeutung hat, steht das Verb im Indikativ:

Apenas si se habían visto un par de veces.
*Sie hatten sich gerade ein paarmal gesehen.*

## 35. Gebrauch der Modi in Adverbialsätzen

### 35.72 Wendungen mit SI + Indikativ
Häufig auftretende Wendungen mit SI und dem Indikativ:

**si bien se mira...** *eigentlich ...*
**si he de serle franco / sincero ...** *ehrlich gesagt,...*
**si mal no recuerdo / no recuerdo mal ...** *wenn ich mich recht erinnere...*

### 35.73 Die Skepsisformel SI ES QUE
Das Einschieben von ES QUE zwischen SI und den darauffolgenden Satz verstärkt die Eventualität des virtuellen Sachverhalts:

**Avísame inmediatamente si es que te decides a ir.**
*Sag mir sofort Bescheid, falls du dich entschließen solltest, mitzukommen.*

**A lo más se compadecerá de ti, si es que llega a hacerte algún caso.**
*Sie wird dich höchstens bedauern, falls sie dir überhaupt zuhört.*

- Synonym der skepsisausdrückenden Formel SI ES QUE ist SI ACASO.
- SI ES QUE in Beteuerungen vgl. 35.76.

### 35.74 Hervorhebungen mit hypothetischem SI
Satzteile können mit Hilfe von SI-Sätzen und dem Kopulaverb SER hervorgehoben werden. (Diese Wendungen konkurrieren mit der Hervorhebung durch Relativsatz-Anschluß, vgl. Kapitel 30, Teil F und 35.75):

**Si algo me gusta de este país, es su limpieza.**
*Wenn mir etwas an diesem Land gefällt, dann (ist es) die Sauberkeit.*

**Si se fue a algún sitio fue a su casa.**
*Falls er überhaupt irgendwohin gefahren ist, dann nach Hause.*

**Si hay alguien a quien tengo que agradecer, esa eres tú.**
*Wenn ich jemandem danken muß, dann bist du das.*

### 35.75 Hervorhebung von Kausalangaben mit hypothetischem SI
Recht häufig werden Kausativergänzungen mit POR oder PORQUE hervorgehoben nach der Formel SI ... + 3. Person Singular von SER + POR / PORQUE hervorgehoben:

**Si no voy, es por las serpientes.**
*Wenn ich nicht hingehe, dann wegen der Schlangen.*

**Si te lo digo es porque me parece necesario.**
*Wenn ich dir das sage, dann deshalb, weil ich es für notwendig halte.*

- Die kausalen Hervorhebungsformeln kommen auch im Ausdruck der Irrealität vor, vgl. 35.88.

### 35.76 SI in Beteuerungen
Im gesprochenen Spanisch wird SI sehr häufig in widersprechenden Entgegnungen auf Aussagen des Gesprächspartners verwendet. SI steht auch als Verstärkung von ES QUE (vgl. 19.26):

–Calienta la sopa, por favor.     *"Mach bitte die Suppe warm!"*
–¡Si está caliente!     *"Die ist doch warm!"*

–Estoy nerviosísima.     *"Ich bin sehr nervös."*
–Pero si no ha pasado nada.     *"Aber es ist doch nichts passiert!"*

## 35. Gebrauch der Modi in Adverbialsätzen

–¿Tuviste que decírselo?     *"Mußtest du es ihr sagen?"*
–¡Pero si no se lo dije!     *"Aber ich habe es ihr doch nicht gesagt!"*

–Conseguí que me lo dieran gratis.     *"Ich habe es umsonst gekriegt."*
–Si es que eres un pícaro.     *"Du bist aber auch ein Schlitzohr!"*

**A ▶** Diesem Gebrauch von SI liegt ein Schlußfolgerungsschema zugrunde, für das erste Beispiel etwa: ¿POR QUÉ VOY A CALENTAR LA SOPA SI ESTÁ CALIENTE? Bei dieser Verwendungsweise wird nach SI nur Indikativ gebraucht.

• Zu ANDA QUE SI und VAYA QUE SI vgl. 31.19, 31.21.

### 35.77 SI bei der Einleitung von abhängigen Fragen

SI entspricht *'ob'* bei der Einleitung abhängiger Entscheidungsfragen. Nach SI steht in der Regel der Indikativ (vgl. 35.80):

**Dime si vendrás esta noche.**
*Sag mir, ob du heute abend kommst.*

**El policía nos preguntó (que) si íbamos para Santiago.**
*Der Polizist fragte uns, ob wir nach Santiago führen.*

**Todavía no sé si iré o no.**
*Ich weiß noch nicht, ob ich hingehen werde oder nicht.*

• Zu QUE SI vgl. 34.12.

**A ▶** Beispiele mit übergeordneten Substantiven und Adjektiven (man beachte die Sequenz DE SI nach PREGUNTA und DUDA):

**tu pregunta de si me quedo** *deine Frage, ob ich bleibe*
**la duda de si he aprobado** *der Zweifel, ob ich bestanden habe*
**escépticos sobre si había que actuar** *skeptisch, ob man handeln sollte*

### 35.78 SI bei der Ergänzung von DUDA und DUDAR

Die Ergänzung von DUDAR und (LA) DUDA DE mit SI drückt Unentschlossenheit aus (während die Ergänzung mit QUE – vgl. 34.71 – Anzweifeln zum Ausdruck bringt); auf SI kann dann der einfache Infinitiv folgen:

**Duda si acepta la invitación.**
*Sie zögert mit der Entscheidung, ob sie die Einladung annimmt.*

**Dudaba si llamarla o escribirle.**
*Er konnte sich nicht entscheiden, ob er sie anrufen oder ihr schreiben sollte.*

**Estoy en duda de si he cerrado el coche.**
*Ich bin mir nicht sicher, ob ich den Wagen abgeschlossen habe.*

### 35.79 SI bei der Ergänzung von DEPENDER

Während nach DEPENDER DE QUE der Subjuntivo stehen muß, steht nach DEPENDER DE SI in der Regel der Indikativ:

**Que se casen depende de si le dan la beca.**
*Daß sie heiraten hängt davon ab, ob er das Stipendium bekommt.*

## 35. Gebrauch der Modi in Adverbialsätzen

### 35.80 SI bei der Ergänzung von NO SABER

Nach NO SABER SI steht normalerweise der Indikativ, es kann aber auch bei identischem Subjekt im Haupt- und Nebensatz und zur Betonung von Unentschlossenheit der entsprechende Infinitiv stehen, insbesondere nach NO SÉ SI:

**No sé si irme o quedarme.**
*Ich weiß nicht, ob ich gehen oder bleiben soll.*

**A ▶** Nach NO SÉ SI steht vielfach der Subjuntivo statt des Infinitivs, dieser Gebrauch gilt aber nicht überall als akzeptabel:

**No sé si vaya (= No sé si ir).**
*Ich weiß nicht, ob ich hingehen soll.*

### 35.81 SI vor FUTURO und CONDICIONAL

In Ausrufen, die Überraschung, Empörung oder Vorwurf ausdrücken, steht nicht selten SI vor dem dabei verwendeten FUTURO, FUTURO PERFECTO, CONDICIONAL und CONDICIONAL COMPUESTO (vgl. 18.73, 18.79, 18.93). Diese Ausrufe können verstärkt werden durch FÍJESE / FÍJATE bzw. MIRA / MIRE (QUE), vgl. 31.48, 31.35A:

–Entonces dijo eso de las hembras.   *"Dann sagte er das über die Weiber."*
–¡Si será imbécil!   *"Ist der Mann ein Idiot!"*

–Ella no ha debido enterarse.   *"Sie hätte das nicht erfahren sollen."*
–¡Mira que si habré metido la pata!   *"Mensch, habe ich was Dummes gemacht!"*

–Se lo dijo a todos.   *"Er hat es allen gesagt."*
–¡Si sería impertinente!   *"Der ist aber impertinent!"*

–¿Conque se te cayeron las copas?   *"Du hast also die Gläser fallen lassen?"*
–Sí, fíjate que si estaría nervioso.   *"Ja, so nervös war ich."*

**A ▶** Die Verstärkungsstrukturen mit SI werden zuweilen auch in konsekutiven Konstruktionen gebraucht. Folgende Beispiele sind Abwandlungen der letzten zwei im vorigen Abschnitt:

**Si sería impertinente que se lo dijo a todos.**
*Er war derart impertinent, er hat es allen erzählt.*

**Fíjate que si estaría nervioso que se me cayeron las copas.**
*Mein Gott, ich war dermaßen nervös, daß mir die Gläser heruntergefallen sind.*

### 35.82 SI vor FUTURO und CONDICIONAL in Fragen der Ungewißheit

Fragen der Ungewißheit im FUTURO, FUTURO PERFECTO, CONDICIONAL und CONDICIONAL COMPUESTO (vgl. 18.70, 18.76, 18.86, 18.93) werden gelegentlich durch SI eingeleitet:

**¿Si será verdad que es cazador?**
*Stimmt es denn, daß er Jäger ist?*

**¿Si lo diría por llevarnos la contra?**
*Ob er es vielleicht nur deshalb sagte, um uns zu necken?*

### 35.83 SI vor FUTURO und CONDICIONAL in Wendungen der Zustimmung

Beispiele für die Zustimmungsformeln mit ausrufemäßigem SI:

–Divorciarse es una desdicha.   *"Scheidung ist ein Unglück."*
–Si lo sabré yo.   *"Wem sagst du das!"*

–Marta nunca quiso a Ramón.  "Marta hat Ramón nie geliebt."
–¡Si lo sabría él!  "Ja (und er hat es sehr wohl gewußt)."

## 35.84 Zusammenfasssung der Indikativzeiten nach SI

**A ▶** Im Ausdruck von Hypothesen und Schlußfolgerungen (vgl. 35.68) im virtuellen Kontext sind folgende Tempora des Indikativs ausgeschlossen: FUTURO, FUTURO PERFECTO, CONDICIONAL und CONDICIONAL COMPUESTO. Diese Tempora werden ersetzt vom PRESENTE, PERFECTO COMPUESTO, IMPERFECTO bzw. PLUSCUAMPERFECTO. Beispiele:

–Te llamaré el lunes o el martes.  "Ich rufe Montag oder Dienstag an."
–Vale, si llamas el lunes, que sea por la noche, ¿ya?  "Schön, wenn du am Montag anrufst, bitte am Abend, ja?"

–Cuentan con que lo habrán pagado todo para fin de año.  "Sie rechnen damit, daß sie zum Jahresende alles gezahlt haben werden."
–¿Y qué hará el banco si sólo han pagado la mitad?  "Und was wird die Bank tun, falls sie nur die Hälfte bezahlt haben?"

–¿Por qué dijiste que me llamarías de la oficina?  "Warum sagtest du, du würdest vom Büro aus anrufen?"
–Porque si te llamaba de casa, iba a tener problemas.  "Weil ich, wenn ich dich von zu Hause anrufen wollte, Probleme haben würde."

–Contaban con que lo habrían pagado todo para fin de año.  "Sie rechneten damit, daß sie bis zum Jahresende alles gezahlt haben würden."
–¿Y que haría el banco si sólo habían pagado la mitad?  "Und was würde die Bank tun, wenn sie nur die Hälfte bezahlt haben sollten?"

**B ▶** In widersprechenden Entgegnungen kann jedes Tempus des Indikativs eingesetzt werden. Vgl. 35.76, Beispiele dort. Hier Beispiele mit dem FUTURO:

–Como suspenderé...  "Da ich durchfallen werde..."
–¡Pero si no suspenderás!  "Aber du wirst doch nicht durchfallen!"

–Y es que tú no conoces a Mario.  "Du kennst Mario überhaupt nicht."
–Si lo conoceré: lo conozco desde niño.  "Und ob ich ihn kenne, ich kenne ihn seitdem er ein kleines Kind war."

**C ▶** In kontrastierenden SI-Sätzen (vgl. 35.70) kommt jede Indikativzeit in Frage. Hier ein Beispiel im FUTURO:

Si Alemania tendrá 75 millones de habitantes dentro de 50 años, dentro de 200 su población quedará por debajo de los 50 millones.
*Wenn Deutschland in 50 Jahren 75 Millionen Einwohner haben wird, so wird seine Einwohnerzahl in 200 Jahren auf unter 50 Millionen gefallen sein.*

**D ▶** In abhängigen Entscheidungsfragen kann jede Indikativzeit erscheinen, vgl. 35.77, Beispiele dort. Hier ein Beispiel im CONDICIONAL:

Le preguntaron si dimitiría.
*Er wurde gefragt, ob er zurücktreten werde.*

**E ▶** Verwendet man SI in Ausrufen oder ausrufeartigen Ausdrücken der Verwunderung, der Empörung usw. und in den feststehenden Wendungen der Zustimmung, dann sind nur FUTURO, FUTURO PERFECTO, CONDICIONAL und CONDICIONAL COMPUESTO zulässig. (vgl. 35.81, Beispiele dort). Hier ein Beispiel im FUTURO PERFECTO:

¿Si lo habrá dicho por molestarnos?
*Ob er es gesagt hat, nur um uns zu ärgern?*

## 35. Gebrauch der Modi in Adverbialsätzen

### 35.85 SI + Subjuntivo: irreale Bedingungssätze

Wenn zur Begründung nicht gegebener Sachverhalte von Voraussetzungen ausgegangen wird, die den Tatsachen widersprechen, dann steht im SI-Satz (= die unwirkliche Voraussetzung) der Subjuntivo, und zwar allein PRETÉRITO IMPERFECTO DE SUBJUNTIVO oder PRETÉRITO PLUSCUAMPERFECTO DE SUBJUNTIVO:

**Si tuviera / tuviese tiempo, me quedaría.**
*Wenn ich Zeit hätte, würde ich bleiben.*

**Si mañana fuera / fuese domingo, tendríamos que ir a misa.**
*Wenn morgen Sonntag wäre, müßten wir in die Kirche gehen.*

**Si yo supiera / supiese cantar, habría cantado ayer.**
*Wenn ich singen könnte, hätte ich gestern gesungen.*

**Si ayer no hubiera / hubiese llovido, la fiesta habría tenido lugar en el jardín.**
*Wenn es gestern nicht geregnet hätte, hätte das Fest im Garten stattgefunden.*

**Si hubiera / hubiese tenido bastante dinero, hubiera / hubiese hecho el viaje.**
*Wenn ich genügend Geld gehabt hätte, hätte ich die Reise gemacht.*

**Si tú no hubieras / hubieses dicho eso ayer, yo no estaría tan nerviosa hoy.**
*Wenn du das gestern nicht gesagt hättest, wäre ich heute nicht so nervös.*

**A ▶** Zusammenfassend und vergleichend steht nach dem SI-Satz der Irrealität:

- PRETÉRITO IMPERFECTO DE SUBJUNTIVO, wenn es um einen Sachverhalt geht, der gegenwärtig oder zukünftig unmöglich zutreffen kann. Im Deutschen steht in diesem *'wenn'*-Teil der irrealen Konstruktionen in der Regel Konjunktiv Imperfekt (oder dessen Umschreibung mit *'würde'*).

- PRETÉRITO PLUSCUAMPERFECTO DE SUBJUNTIVO, wenn es um Sachverhalte geht, die nicht eingetreten sind. Im Deutschen steht in diesem *'wenn'*-Teil der irrealen Konstruktionen in der Regel Konjunktiv Plusquamperfekt.

**B ▶** Je nach Aussagesinn steht normalerweise im *'dann'*-Teil der irrealen Konstruktionen CONDICIONAL SIMPLE (vgl. 18.80) oder CONDICIONAL COMPUESTO bzw. PRETÉRITO PLUSCUAMPERFECTO DE SUBJUNTIVO (vgl. 18.89, 18.90). Andere Zeiten des Indikativs sind ebenfalls möglich.

- Es muß ausdrücklich betont werden, daß in hypothetischen SI-Sätzen niemals PRESENTE DE SUBJUNTIVO oder PERFECTO COMPUESTO DE SUBJUNTIVO stehen können.
- Weitere Ausdrucksweisen irreal-hypothetischer Zusammenhänge vgl. 18.7, 18.8, 18.20, 14.30, sowie Kapitel 32, Teil C.

### 35.86 SI-irreale Bedingungssätze im Ausdruck unerfüllbarer Wünsche

SI-Sätze im Subjuntivo der Irrealität werden in Ausrufen nicht selten zum Ausdruck schwer erfüllbarer Wünsche gebraucht (mitunter fällt SI weg):

**¡Si yo tuviera veinte años!**
*Wäre ich doch zwanzig!*

**¡La hubieras visto!**
*Du hättest sie sehen sollen!*

### 35.87 Feststehende Wendungen im Ausdruck der Irrealität

Feststehende Ausdrücke im Kontext irrealer Bedingungen:

**(que) si no** *(denn) sonst* (vgl. 35.68E)
**de otro modo** *sonst*
**de lo contrario** *sonst*

**yo que tú** *ich an deiner Stelle*
**yo de usted** *ich an Ihrer Stelle*

**A ▶** (SI) VIERAS wird auch mit Bezug auf Vergangenes verwendet:
**Si vieras los ojos que puso cuando entró por primera vez aquí.**
*Du hättest seine Augen sehen sollen, als er zum ersten Mal hier hereinkam.*

### 35.88 Hervorhebung irrealer Kausalität mit SI-Satz

Die sehr häufige Formel SI + (NO) + dritte Person Singular von SER im Irrealis + POR dient zur Begründung nicht gegebener bzw. nicht eingetretener Sachverhalte, fast immer mit verneinter Form von SER:

**Si por mí fuera, me lo pasaría durmiendo.**
*Wenn es nach mir ginge, würde ich immerzu schlafen.*

**Si no hubiera sido por el Rey, el golpe habría tenido éxito.**
*Hätte es den König nicht gegeben, wäre der Putsch erfolgreich gewesen.*

**Si no fuera por el tiempo, este país sería un paraíso.**
*Gäbe es dieses Wetter nicht, wäre dieses Land ein Paradies.*

### 35.89 SI + Subjuntivo als Ausdruck der Eventualität

Der zukunftsbezogene SI-Satz als Ausgangspunkt für Voraussagen, Versprechen und Aufforderungen, der normalerweise im PRESENTE DE INDICATIVO bzw. PERFECTO DE INDICATIVO steht, kann zur Betonung von Eventualität im PRETÉRITO IMPERFECTO DE SUBJUNTIVO bzw. PRETÉRITO PLUSCUAMPERFECTO DE SUBJUNTIVO stehen; dieser Gebrauch des Subjuntivo entspricht im Deutschen der Verwendung des Konjunktiv Imperfekts von *'sollen'* und dem Infinitiv:

**Si le vieras, pregúntale su número de teléfono.**
*Falls du ihn sehen solltest, frage ihn nach seiner Telefonnummer!*

**Si ya se hubiese ido, le dejaré un recado.**
*Falls er schon weggegangen sein sollte, werde ich ihm eine Nachricht hinterlassen.*

**Si no pudiera hacer el trabajo solo, le echaré una mano.**
*Falls er die Arbeit nicht allein schaffen sollte, werde ich ihm helfen.*

### 35.90 SI + FUTURO DE SUBJUNTIVO

Die Eventualität der Zukunft wird zuweilen in archaisierendem literarischem Stil sowie regelmäßig in gesetzlichen oder quasi-gesetzlichen Texten durch FUTURO DE SUBJUNTIVO oder FUTURO PERFECTO DE SUBJUNTIVO ausgedrückt (welches anstelle des PRESENTE DE INDICATIVO bzw. PRETÉRITO PERFECTO DE INDICATIVO tritt):

**si así fuere...** *falls es so sein sollte...*
**si me dijere un marinero...** *sollte mir ein Matrose sagen...*
**si no se hubieren presentado testigos...** *wenn keine Zeugen aufgetreten sein sollten...*
**si se hubieren de separar las sílabas...** *falls die Silben getrennt werden sollten...*

### 35.91 POR SI + Indikativ / Subjuntivo

Mit POR SI führt der Sprechende einen Umstand ein, dem durch die Handlung im Hauptsatz vorgebeugt werden soll. In dieser sehr häufigen Konstruktion steht nach POR SI zur Betonung der Eventualität PRETÉRITO IMPERFECTO DE SUBJUNTIVO bzw. PRETÉRITO PLUSCUAMPERFECTO DE SUBJUNTIVO, und zwar als Ersatz der entsprechenden Indikativzeiten (vgl. 37.16):

**Lleva la bufanda por si hace / hiciera frío.**
*Nimm den Schal mit, falls es kalt wird / werden sollte.*

## 35. Gebrauch der Modi in Adverbialsätzen

**Te doy la llave por si yo no he / hubiera vuelto todavía.**
*Ich gebe dir den Schlüssel, falls ich noch nicht zurück bin / sein sollte.*

**Apúntate mi número por si hay / hubiese problemas.**
*Schreibe meine Telefonnummer auf für den Fall, daß es Probleme gibt / geben sollte.*

### 35.92 Konditionale Konjunktionen außer SI

A CAMBIO DE QUE (vgl. 35.97B)
A CONDICIÓN DE QUE (vgl. 35.97B)
CASO QUE (vgl. 35.98)
EN (EL) CASO (DE) QUE (vgl. 35.98)
COMO (vgl. 35.102)
CON (SÓLO) QUE (vgl. 35,97B, 35.100)
DADO QUE (vgl. 35.98B)
EXCEPTO QUE (vgl. 35.95)
EN LA MEDIDA EN QUE (vgl. 35.97D)
MIENTRAS (vgl. 35.28)
A(L) MENOS QUE (vgl. 35.94)
SO PENA DE QUE (vgl. 35.94A)
A POCO QUE (vgl. 35.99)
EN PREVISIÓN DE QUE (vgl. 35.98B)

QUE (vgl. 35.104, 35.105)
A RESERVA DE QUE (vgl. 35.97B)
SALVO QUE (vgl.35.95)
A NO SER QUE (vgl. 35.94A)
SEGÚN (Y COMO) (vgl. 35.101)
SIEMPRE QUE (vgl. 35.97C)
SIEMPRE Y CUANDO (vgl. 35.97C)
SUPUESTO (CASO) QUE (vgl. 35.98B)
EN EL SUPUESTO DE QUE (vgl. 35.98B)
CON TAL (DE) QUE (vgl. 35.97)
EN TANTO EN CUANTO (vgl. 35.97D)
EN TANTO QUE (vgl. 35.28A)
YA QUE (vgl. 35.98B)

### 35.93 Modus nach den konditionalen Konjunktionen: Subjuntivo

Nach allen konditionalen Konjunktionen außer SI wird der Subjuntivo verwendet. Welches Tempus dabei in Frage kommt, richtet sich einerseits nach dem Schema im Ausdruck der Eventualität in 37.16, andererseits nach dem Schema im Ausdruck der Irrealität in 37.16. Nachstehend eine Gegenüberstellung in der Zeitenverwendung von SI und seinem Synonym EN CASO QUE.

**A ▶** Im Ausdruck eventueller Sachverhalte:

- SI LO DICES → EN CASO QUE LO DIGAS
- SI LO HAS DICHO → EN CASO QUE LO HAYAS DICHO
- SI LO DIJISTE / DECÍAS → EN CASO QUE LO DIJERAS / DIJESES
- SI LO HABÍAS DICHO → EN CASO QUE LO HUBIERAS / HUBIESES DICHO

**B ▶** Im Ausdruck unmöglich vorliegender oder unmöglich eingetretener Sachverhalte gelten die Regeln für SI (vgl. 35.85):

- SI FUÉRAMOS / FUÉSEMOS INOCENTES → EN CASO QUE FUÉRAMOS / FUÉSEMOS INOCENTES
- SI TE HUBIERAS / HUBIESES PARADO → EN CASO QUE TE HUBIERAS / HUBIESES PARADO

### 35.94 A MENOS QUE + Subjuntivo

Nach A(L) MENOS QUE steht immer Subjuntivo:
**No iré a menos que vayas tú también.**
*Ich gehe nicht, außer du gehst auch.*

- Alle Konjunktionen, die generell *'außer wenn, es sei denn'* bedeuten, richten sich in der Zeitenverwendung nach der Regel in 35.93.

**A ▶** Beispiele mit A NO SER QUE und SO PENA DE QUE:
**Una mujer no podía salir de casa a no ser que estuviera acompañada de un hombre.**
*Eine Frau durfte das Haus nicht verlassen, außer sie war von einem Mann begleitet.*

## 35. Gebrauch der Modi in Adverbialsätzen

**No los íbamos a dejar salir so pena de que aceptaran nuestras condiciones.**
*Wir wollten sie nicht hinauslassen, es sei denn, sie stimmten unseren Bedingungen zu.*

### 35.95 EXCEPTO SI / QUE und SALVO SI / QUE

EXCEPTO SI und SALVO SI richten sich im Tempusgebrauch nach SI (vgl. 35.84A und 35.85), deren Synonyme EXCEPTO QUE bzw. SALVO QUE folgen den Regeln der Subjuntivotempora bei EN CASO DE QUE (vgl. 35.93):

**excepto si me aburro** (= excepto que me aburra) *außer ich langweile mich*
**salvo si se retrasaba** (= salvo que se retrasara) *außer er verspätete sich*

### 35.96 COMO NO SEA / FUERA

Beispiele für den Gebrauch der ausschließenden Wendung COMO NO + Subjuntivo von SER:

**El presidente no se debería ir, como no sea en unas elecciones.**
*Der Präsident sollte nicht gehen, es sei denn durch Wahlen.*

**No se aparecía por la oficina como no fuera para pegarnos un sablazo.**
*Er tauchte im Büro nicht auf, außer um uns anzupumpen.*

### 35.97 CON TAL (DE) QUE + Subjuntivo

Nach CON TAL (DE) QUE steht immer der Subjuntivo,:

**Con tal que te portes bien, puedes hacer lo que te apetezca.**
*Vorausgesetzt, du bist artig, kannst du machen, was du willst.*

**Se me permitía jugar en el salón con tal que no hiciera ruido.**
*Ich durfte im Wohnzimmer spielen, vorausgesetzt, ich machte keinen Lärm.*

• Alle Konjunktionen, die generell *'vorausgesetzt'* bedeuten, richten sich bei der Zeitverwendung nach der Regel in 35.93.

**A** ▶ CON TAL (DE) QUE-Sätze können durch CON TAL DE + Infinitiv verkürzt werden:

**con tal de divertirnos...** *sofern wir uns gut unterhalten...*
**con tal de no molestarte...** *sofern ich (er, wir etc.) dich nicht störe (stört, stören etc.)*

**B** ▶ Beispiele mit anderen Konjunktionen mit dem generellen Sinn *'vorausgesetzt, unter der Bedingung, daß'*:

**con sólo que ellos renunciaran a la herencia...** *nur dann, wenn sie auf das Erbe verzichteten...*
**...a reserva de que tratemos los pormenores más tarde** *...vorbehaltlich einer späteren Behandlung der Einzelheiten durch uns*
**a cambio de que derribaran el muro...** *unter der Bedingung, daß sie den Zaun niederrissen...*
**...a condición de que traduzcas tú la última parte** *... unter der Bedingung, daß du den letzten Teil übersetzst*

**C** ▶ Beispiele mit SIEMPRE QUE (vgl. 35.20) und SIEMPRE Y CUANDO:

**Estamos dispuestos a hacerlo, siempre que con ello no se ponga en peligro la vida de nadie.**
*Wir sind bereit, das zu tun, aber nur soll damit kein Leben in Gefahr gebracht werden.*

**Tenía permitido tocar por la noche, siempre y cuando no molestase a los vecinos.**
*Er durfte nachts spielen, nur sollte er die Nachbarn nicht stören.*

## 35. Gebrauch der Modi in Adverbialsätzen

**D ▶** Bei EN LA MEDIDA EN QUE in der Bedeutung *'sofern, insofern'* gelten die Modusgebrauchsregeln von CUANDO (vgl. 35.17, 35.19):

**No creen en la democracia sino en la medida en que les supone beneficios.**
*Sie glauben an die Demokratie nur insofern, als sie ihnen Vorteile bringt.*

**No habrá más huelgas en la medida en que el Gobierno acepte dialogar.**
*Es wird keine Streiks mehr geben, sofern die Regierung den Dialogvorschlag annimmt.*

• Synonym von EN LA MEDIDA EN QUE ist EN TANTO EN CUANTO.

### 35.98 EN CASO (DE) QUE + Subjuntivo

Nach EN CASO (DE) QUE steht immer der Subjuntivo (zur Zeitenverwendung vgl. 35.93):

**En caso de que no me localices, hablas con Andrea.**
*Falls du mich nicht erreichst, sprichst du mit Andrea.*

**Le pedí que hablara con Andrea en caso de que no me localizara.**
*Ich bat ihn, mit Andrea zu sprechen, falls er mich nicht errreichen sollte.*

• Alle Konjunktionen, die generell *'falls'* bedeuten (natürlich nicht SI!), richten sich in der Zeitenverwendung nach der Regeln in 35.93.

**A ▶** EN CASO (DE) QUE-Sätze können durch EN CASO DE + Infinitiv verkürzt werden, auch wenn das Subjekt im Haupt- und Nebensatz verschieden ist:

**en caso de reunir los requisitos** *falls ich (er etc.) die Voraussetzungen erfülle (erfüllt etc.)*
**en caso de no entenderse las preguntas** *falls die Fragen nicht verstanden werden*

**B ▶** Beispiele mit anderen Konjunktionen mit dem Sinn *'falls', 'für den Fall, daß'*:

**dado que Iberia vuele a Australia...** *falls Iberia nach Australien fliegt...*
**...en previsión de que estuvieran controlando a la salida** *...für den Fall, daß der Ausgang kontrolliert würde*
**en el supuesto de que esta vez no mienta...** *in der Annahme, daß Sie diesmal nicht lügen...*
**supuesto que este sea el mejor de los mundos...** *angenommen, dies sei die beste aller Welten...*
**ya que vayas sola...** *wenn du schon allein hingehen mußt...*

### 35.99 Die Konjunktion A POCO QUE

Beispiele mit der temporal-konditionalen Konjunktion A POCO QUE, die in der gesprochenen Sprache sehr häufig vorkommt und immer den Subjuntivo verlangt:

**A poco que hables con ella, la comprenderás.**
*Du brauchst nur mit ihr zu sprechen, dann wirst du sie verstehen.*

**En ese sitio te birlan todo lo que llevas a poco que te descuides.**
*In dem Ort stehlen sie dir alles, was du dabei hast, sobald du nicht aufpaßt,.*

### 35.100 Konditionales CON QUE

Mit CON QUE (auch in der Fassung CON SÓLO QUE) wird eine ausreichende oder ausschließliche Bedingung genannt; die Konjunktion erscheint sehr häufig als Ergänzung eines Ausdrucks der Zustimmung oder Ablehnung:

**Con sólo que le escribas te ahorras mil problemas.**
*Du brauchst ihr nur zu schreiben, dann sparst du dir tausend Probleme.*

**Con que se disculpara quedaríamos contentos todos.**
*Wir wären alle zufrieden, wenn er sich entschuldigen würde.*

## 35. Gebrauch der Modi in Adverbialsätzen

### 35.101 Konditionales SEGÚN

Als konditionale Konjunktion mit obligatorischem Subjuntivo hat SEGÚN (auch in den Fassungen SEGÚN Y COMO und SEGÚN QUE) den Sinn von *'je nachdem'*:

**Según estuviera el tiempo, hacían caminatas o se quedaban en la cabaña leyendo.**
*Je nach Wetter unternahmen sie Wanderungen oder blieben in der Hütte und lasen.*

**Me elogian o me critican según que sigan o no su dictado.**
*Sie loben oder kritisieren mich, je nachdem, ob sie seinem Befehl folgen oder nicht.*

### 35.102 Konditionales COMO

Als konditionale Konjunktion mit obligatorischem Subjuntivo erscheint COMO im Vorfeld; es wird sehr häufig in Warnungen und Drohungen verwendet:

**Como esto siga así, no sé qué va a ser de nosotros.**
*Wenn das so weitergeht, weiß ich nicht, was aus uns werden wird.*

**Como te vea con un porro, te mato.**
*Wenn ich dich bei einem Joint erwische, bringe ich dich um.*

### 35.103 Nebengeordnete Sätze mit konditionalem Sinn

Beispiele für kopulative, disjunktive und konsekutive Sequenzen mit konditionalem Sinn:

**Ven y te divertirás.**
*Komm, und du wirst Spaß haben.*

**Lo ves y no lo crees.**
*Du siehst es und du glaubst es nicht / Wenn du es gesehen hättest, hättest du es nicht geglaubt.*

**Una palabra más y yo me largo.**
*Noch so ein Wort, und ich gehe.*

**Ponte algo o te pescarás un catarro.**
*Zieh dir was an, oder du erkältest dich.*

**O te portas bien o no vas al cine.**
*Entweder du bist artig, oder du gehst nicht ins Kino.*

**Te acuerdas del número, entonces estamos salvados.**
*Fällt dir die Nummer ein, sind wir gerettet.*

### 35.104 Konditionales QUE

In kopulativen konditionalen Konstruktionen wird der erste Satz nicht selten von QUE eingeleitet; das Tempus richtet sich nach den Regeln in 35.93):

**Que falte uno y la reunión se cancela.**
*Falls ein einziger fehlt, fällt die Sitzung aus.*

**Que diga algo y le daremos su merecido.**
*Sagt er etwas, werden wir ihm es tüchtig heimzahlen.*

### 35.105 QUE in Fragen als Bedingungsatzteil

Beispiele für Schlußfolgerungen aus einem explizit oder implizit zitierenden, mit redewiedergebendem QUE (vgl. 34.10) eingeleiteten Satz:

**¿Que quiere irse? Pues que se vaya.**
*Er will also gehen? Soll er doch!*

**Yo no soy de salir mucho. ¿Que llueve? Pues me quedo en casa.**
*Ich gehe nicht gern aus. Regnet es, bleibe ich einfach zu Haus.*

**Era una buena profesora. ¿Que un chaval hacía un buen trabajo? Pues se deshacía en elogios.**
*Sie war eine gute Lehrerin. Wenn ein Schüler eine gute Arbeit machte, überhäufte sie ihn mit Lob.*

## H. Komparativsätze

### 35.106 Verbindungsausdrücke in Komparativsätzen

ASÍ (COMO) (vgl. 27.10)
COMO (vgl. 27.10)
COMO QUE (vgl. 35.112)
COMO SI (vgl. 35.109, 35.110)
CUAL (vgl. 27.14B)
CUAL SI (vgl. 35.109)
CUANTO MÁS (MAYOR) ... (vgl. 9.165)
CUANTO MENOS (MENOR)... (vgl. 9.171)
IGUAL QUE (vgl. 27.14A)
IGUAL QUE SI (vgl. 35.109)
MÁS (...) QUE (vgl. 9.158)
MÁS (...) DE (vgl. 9.159)

MENOS (...) QUE (vgl. 9.171)
MENOS (...) DE (vgl. 9.171)
MIENTRAS MÁS (MENOS) ... (vgl. 9.166)
LO MISMO QUE (vgl. 27.14A)
LO MISMO QUE SI (vgl. 35.109)
SEGÚN (vgl. 35.101)
TAL (...) CUAL (vgl. 9.28C)
TAL (...) COMO (vgl. 9.28B)
TAN ... COMO (vgl. 9.143)
TANTO (...) COMO (vgl. 9.143)
TANTO MÁS ... CUANTO QUE (vgl. 35.53)

**A ▶** Bis auf die Ausdrücke des irrealen Vergleichs gelten hier die Regeln für den Modusgebrauch in Relativsätzen, die im Kapitel 36 behandelt werden, und die hier mit Beispielen nach den Komparativausdrücken verdeutlicht werden.

### 35.107 Spezifischer Bezug: Indikativ

Der Indikativ wird im komparativen Nebensatz verwendet, wenn dieser einen tatsächlich eingetretenen oder eindeutig zu beschreibenden Sachverhalt beschreibt:

**Lo encontré tal cual lo había dejado.**
*Ich fand es so, wie ich es hinterlassen hatte.*

**La crisis podría ser más grave de lo que es ahora.**
*Die Krise könnte schlimmer sein, als sie jetzt ist.*

**Cuantas más cosas sabemos de un hombre, más enigmático nos parece.**
*Je mehr Dinge wir von einem Menschen wissen, desto rätselhafter erscheint er uns.*

**Mientras más lo estudio, menos lo entiendo.**
*Je mehr ich mich damit befasse, desto weniger verstehe ich es.*

• Beispiele mit ASÍ (COMO)- und COMO-Sätzen vgl. 27.10, 27.14.

**A ▶** In folgenden Beispielen ist der Nebensatz der *'wenn'*-Teil eines ihm übergeordneten Satzes:
**... lo mismo que lo harías tú (si...)** *wie du es machen würdest (wenn...)*
**... más de lo que habríamos ganado (si...)** *mehr als wir verdient hätten (wenn...)*

### 35.108 Nichtspezifischer Bezug: Subjuntivo

Der Subjuntivo, und zwar nach den Regeln in 37.16, steht im komparativen Nebensatz, wenn dieser einen Sachverhalt einführt, dessen genaue Beschreibung unmöglich ist. Der Hauptsatz liegt in solchen Fällen gewöhnlich in der Zukunft:

**Lo encontrarás tal cual lo hayas dejado.**
*Du wirst es so finden, wie du es hinterlassen hast.*

**Te ofrecerá más de lo que pueda pagar.**
*Er wird dir mehr anbieten, als er zahlen kann.*

**Cuantas más cosas sepas de Sara, más enigmática te parecerá.**
*Je mehr Dinge du über Sara erfährst, desto rätselhafter wird sie dir erscheinen.*

**Comprendí que mientras más lo estudiara menos lo entendería.**
*Mir wurde klar, daß je mehr ich mich damit befassen würde, ich es umso weniger verstehen würde.*

## 35.109 Subjuntivo nach COMO SI und Synonymen

In Vergleichen mit bloß eingebildeten, den Tatsachen widersprechenden Sachverhalten steht nach COMO SI, IGUAL QUE SI, LO MISMO QUE SI und CUAL SI immer Subjuntivo, und zwar allein die Tempora der Irrealität PRETÉRITO IMPERFECTO DE SUBJUNTIVO oder PRETÉRITO PLUSCUAMPERFECTO DE SUBJUNTIVO:

**¡Como si yo no tuviese otra cosa que hacer!**
*Als ob ich nichts Besseres zu tun hätte!*

**Hacía como si lo supiera todo.**
*Er tat so, als ob er alles wüßte.*

**Me siento igual que si me hubiesen pegado.**
*Ich fühle mich genauso, als ob man mich verprügelt hätte.*

**A ▶ Häufige COMO SI-Wendungen:**

**Diez cartas le llevo escribiendo, pero ella como si nada.**
*Zehn Briefe habe ich ihr schon geschrieben, aber sie reagiert überhaupt nicht.*

**Gana premios como si tal cosa.**
*Sie gewinnt Preise, als wäre es nichts.*

## 35.110 Indikativ nach COMO SI

In der lässigen Umgangssprache ist es üblich, den Indikativ, und zwar meistens PRESENTE DE INDICATIVO auf COMO SI folgen zu lassen:

**Así no tiene gracia, es como si a una peli de piratas le quitas el malo.**
*So ist das nicht mehr lustig, es ist, wie wenn du einem Piratenfilm den Bösen wegnimmst.*

**Es algo así como si en lugar de utilizar el transporte público utilizas el coche.**
*Es ist etwa so, wie wenn du statt den öffentlichen Verkehrsmitteln den Wagen benutzt.*

## 35.111 Verkürzung von irrealen Vergleichssätzen mit COMO + Infinitiv

Irreale Vergleichssätze können mit COMO (DE) + Infinitiv verkürzt werden:

**Llegó con una cara como de no haber dormido días.**
*Er kam mit einem Gesicht an, als hätte er tagelang nicht geschlafen.*

**Eso sería como matarla.**
*Das käme ihrer Ermordung gleich.*

• Zu COMO + Gerundio vgl. 15.24.

## 35. Gebrauch der Modi in Adverbialsätzen

### 35.112 Indikativ nach COMO QUE
Nach der umgangssprachlich sehr häufigen Wendung COMO QUE, Synonym von COMO SI, steht in der Regel Indikativ. COMO QUE wird am häufigsten nach HACER verwendet:

**Haz como que estás enfadado.**
*Tu mal so, als wärest du verärgert.*

**Hacía como que no entendía las preguntas.**
*Er tat so, als verstünde er die Fragen nicht.*

## I. Äquivalente von Adverbialsätzen
In diesem Teil werden in der Hauptsache Nominalgruppen vorgestellt, die Adverbialsätzen entsprechen. Äquivalente von Adverbialsätzen sind natürlich in erster Linie Infinitivsätze (vgl. insbesondere Kapitel 14, Teil E), Gerundio-Gefüge (vgl. vor allem Kapitel 15, Teil A) und Partizipialkonstruktionen (vgl. u.a. 16.11). In 35.103 wird ferner auf die koordinierten Konstruktionen mit konditionalem Sinn eingegangen.

### 35.113 Gerundio-Gefüge mit instrumentalem Sinn
Nachstehend weitere Beispiele für Gerundio-Gefüge, die deutschen *'indem'*-Sätzen entsprechen:

**Montó una torre colocando las piezas una sobre otra.**
*Er baute einen Turm, indem er die Teile aufeinanderlegte.*

**Salió de dudas preguntándole la edad.**
*Er beseitigte seine Zweifel, indem er ihn nach seinem Alter fragte.*

**Ahorra mucho dinero haciendo una parte del trabajo él mismo.**
*Er spart viel Geld, indem er einen Teil der Arbeit selbst macht.*

### 35.114 Nominalgefüge statt Nebensatz
In sorgfältig aufgebauten geschriebenen Texten kann ein zusätzlich erläuterndes, meist vorangestelltes Nominalgefüge, bei dem das Substantiv stets artikellos erscheint, an die Stelle eines Nebensatzes treten:

**Madre de seis hijos, jamás le dio por la política.**
*Als Mutter von sechs Kindern hat sie sich nie für Politik interessiert.*

**Fumadora, no voy a abogar por mi discriminación.**
*Als Raucherin werde ich mich nicht für meine eigene Diskriminierung einsetzen.*

**Poeta de la soledad, no era un hombre solitario.**
*Obwohl er ein Dichter der Einsamkeit war, war er kein einsamer Mensch.*

### 35.115 Adjektiv statt Nebensatz
Ein nicht seltenes Stilmittel des geschriebenen Spanisch ist die Verwendung von meist vorangestellten, häufig auch näher bestimmten Adjektiven, anstelle eines Adverbialsatzes:

**Consciente de todo ello, he preferido no alterar el texto.**
*Da ich mir all dessen bewußt bin, habe ich es vorgezogen, den Text nicht zu ändern.*

**Aparentemente inocuas, las palabras de la madrina le causaron profunda pesadumbre.**
*Obwohl sie anscheinend harmlos waren, bereiteten ihm die Worte der Patin tiefen Kummer.*

## 35. Gebrauch der Modi in Adverbialsätzen

**A** ▶ Beispiel für adverbial verwendete Adjektive mit eigenem Subjekt, das dem Adjektiv immer nachzustellen ist:

**Sincera ella, continuaría fingiendo él.**
*Da sie nun zur Ehrlichkeit entschlossen war, würde er weiterhin so tun als ob.*

### 35.116 Präpositionalgefüge statt Nebensatz

Beim Wegfall des entsprechenden Verbs fungieren sehr oft Präpositionalgefüge, vor allem solche des Ortes, als verkürzte Adverbialsätze, meistens mit temporalem Sinn:

**De vuelta del entierro, haríamos un ajuste de cuentas.**
*Von der Beerdigung zurückgekehrt, würden wir miteinander abrechnen.*

**Ya en casa, nos pusimos a analizar la situación.**
*Als wir zu Hause waren, machten wir uns daran, die Lage zu analysieren.*

**A** ▶ Beispiel mit dem häufig vorkommenden UNA VEZ vor dem Präpositionalgefüge:

**Una vez en la catedral, tendrán que callarse.**
*Sobald sie in der Kathedrale sind, werden sie still sein müssen.*

**B** ▶ Beispiel mit einem Präpositionalgefüge, das ein eigenes, nachgestelltes Subjekt aufweist:

**Una vez entre rejas sus cómplices, no tendrá más remedio que entregarse.**
*Sobald seine Komplizen hinter Gittern sind, wird er nicht umhin können, sich zu stellen.*

**C** ▶ Beispiele mit den Präpositionen CUANDO, DE und DESDE:

**cuando niño** *als Kind*
**de estudiante** *als Schüler, während der Schulzeit*
**desde niña** *seit sie ein Mädchen ist / war*

# 36. Gebrauch der Modi in Relativsätzen

Welcher Modus in Relativsätzen zu gebrauchen ist, ist nur bei restriktiven Relativsätzen (vgl. 10.1) relevant. Im folgenden wird auf den Zusatz "restriktiv" weitgehend verzichtet. In diesem Kapitel wird im übrigen nicht nur der Modusgebrauch nach Relativpronomen (vgl. 10.5), sondern auch nach den Adverbien COMO und DONDE behandelt. Zum Modusgebrauch bei CUANDO vgl. 35.17, 35.19, zu den konzessiven Konstruktionen mit POR bzw. CON und relativisch-konjunktionalem QUE vgl. 35.36 bzw. 40.8.

## A. Relativsätze im Indikativ

### 36.1 Nicht restriktive Relativsätze immer im Indikativ

In Relativsätzen, die zwischen Kommata gesetzt werden müssen, weil das, was das Bezugswort bezeichnet, bereits identifiziert bzw. irgendwie identifizierbar ist (vgl. 10.2), steht nur der Indikativ:

**El autor de estos ensayos, que será entrevistado en la televisión mañana, es completamente desconocido entre nosotros.**
*Der Verfasser dieser Essays, der morgen im Fernsehen interviewt werden wird, ist bei uns völlig unbekannt.*

A ▶ In folgenden Beispielen steht der Subjuntivo im nicht restriktiven Relativsatz wegen QUIZÁ bzw. PROBABLEMENTE (vgl. 32.15):

**Eso lo dijo Juan, que quizá exagerase un poco.**
*Das sagte Juan, der damit vielleicht etwas übertrieb.*

**Ahora debo pagar una multa, lo que probablemente no sea tan fácil de solucionar.**
*Jetzt muß ich eine Geldstrafe zahlen, was wahrscheinlich nicht leicht zu lösen ist.*

### 36.2 Erfahrungstatsachen im Indikativ

Wenn der Relativsatz eine Erfahrungstatsache beschreibt, also eine wahre Aussage darstellt, steht er im Indikativ:

**En la estación vimos a un joven que estaba borracho.**
*Am Bahnhof sahen wir einen jungen Mann, der betrunken war.*

**Te voy a presentar al pianista que conocí en París.**
*Ich werde dir den Pianisten vorstellen, den ich in Paris kennengelernt habe.*

**Por fin podía ver las películas de que tanto habían hablado mis padres.**
*Endlich durfte ich die Filme sehen, von denen meine Eltern so oft gesprochen hatten.*

A ▶ In folgenden Beispielen mit den generalisierenden Relativpronomen und -adverbien wird der Indikativ verwendet, weil die damit gemeinten Sachen und Personen auch auf andere Weise identifizierbar sind:

**Me hace falta lo que llevas en la mano.**
*Mir fehlt, was du in der Hand hast.*

**Les devolvieron el dinero a los que reclamaron.**
*Man gab das Geld denjenigen zurück, die sich beschwert hatten.*

**Aparcamos donde solemos aparcar.**
*Wir haben geparkt, wo wir immer parken.*

**Rellené el formulario como lo explicaban las instrucciones.**
*Ich habe das Formular genau nach den Anweisungen ausgefüllt.*

## 36. Gebrauch der Modi in Relativsätzen

### 36.3 Indikativ nach Verallgemeinerungen
Bei objektiv oder subjektiv begründeten Begriffsbestimmungen werden Erfahrungstatsachen verallgemeinert, daher steht in entsprechenden Relativsätzen der Indikativ:

**Un español es una persona que trata de aprender inglés durante toda su vida.**
*Ein Spanier ist ein Mensch, der sein Leben lang versucht, Englisch zu lernen.*

**El amor es algo que no se puede definir.**
*Liebe ist etwas, das man nicht definieren kann.*

**A** ▶ Beispiele aus Wörterbuchdefinitionen:

PELUSA: **conglomerado de briznas de polvo que se forma en las habitaciones.**
*Staubflusen: Ansammlung von Staubteilchen, die sich in Wohnräumen bildet.*

DELEZNABLE: **que merece desprecio.**
*Verächtlich: etwas, das Verachtung verdient.*

### 36.4 Indikativ nach COMO in Vergleichssätzen
Nach COMO in vergleichenden Sätzen steht Indikativ, wenn der entsprechende Sachverhalt als jederzeit nachvollziehbar hingestellt wird:

**Yo estaba allí como un actor que ha olvidado la primera palabra de su discurso.**
*Ich stand da wie ein Schauspieler, der das erste Wort seines Parts vergessen hat.*

**A** ▶ Beispiele mit der in gesprochenen und geschriebenen Texten häufig vorkommenden Wendung COMO QUIEN:

**como quien oye llover** *wie jemand, der so tut, als ginge ihn das nichts an*
**como quien tiene fiebre** *wie einer, der Fieber hat*
**como quien espera el alba** *wie ein Mensch, der auf den Tagesanbruch wartet*

### 36.5 Indikativ im Formulieren von Regeln
Weil in Weisheiten und Sprichwörtern ebenso wie in Regeln und Vorschriften aller Art Erfahrungstatsachen verallgemeinert werden, steht in den entsprechenden Relativsätzen auch sehr häufig der Indikativ (vgl. aber 36.38C):

**Quien mal anda, mal acaba.**
*Wer einen schlechten Lebenswandel hat, endet auch so.*

**Lo que poco cuesta, poco se precia.**
*Was wenig kostet, schätzt man wenig.*

**No dejan entrar a los que no llevan identificación.**
*Sie lassen diejenigen, die keine Papiere bei sich haben, nicht herein.*

### 36.6 FUTURO und FUTURO PERFECTO im Relativsatz in bezug auf die Zukunft
Beim Bezug auf die Zukunft kann der Indikativ nur dann verwendet werden, wenn die Bezugsgröße etwas darstellt, das dem Sprechenden direkt oder indirekt schon bekannt ist:

**Poseemos una copia del discurso que pronunciará el Rey en Bruselas.**
*Wir besitzen eine Kopie der Rede, die der König in Brüssel halten wird.*

**Y no hablemos de los daños que se habrán producido hasta fin de año.**
*Und reden wir nicht über die Schäden, die bis Jahresende entstanden sein werden.*

• Zu Sätzen wie SERÁ PEDRO QUIEN VIAJE vgl. 36.23.

## 36. Gebrauch der Modi in Relativsätzen

### 36.7 FUTURO und FUTURO PERFECTO im Relativsatz: Ausdruck der Vermutung

In folgenden Beispielen enthält der Relativsatz Vermutungen über Personen und Gegenstände, die direkt oder indirekt identifiziert werden können:

**Avanza entre los dos una señora que será la intérprete.**
*Zwischen ihnen geht eine Dame, die die Dolmetscherin sein dürfte.*

**Sobre la mesa hay un gramófono que habrá comprado en el Rastro.**
*Auf dem Tisch steht ein Grammophon, das er auf dem Flohmarkt gekauft haben dürfte.*

### 36.8 CONDICIONAL-Zeiten im Relativsatz: irreale Hypothesen

Im CONDICIONAL SIMPLE bzw. CONDICIONAL COMPUESTO (oder im dessen häufigen Ersatztempus PLUSCUAMPERFECTO DE SUBJUNTIVO) steht ein Relativsatz, wenn er den *'dann'*-Teil einer irrealen Hypothese über direkt oder indirekt identifizierbare Personen und Dinge darstellt (der *'wenn'*-Teil fällt häufig weg):

**Estoy hablando del viaje que haría si fuera rico.**
*Ich rede von der Reise, die ich machen würde, wenn ich reich wäre.*

**No vale la pena hablar de lo que habría / hubiera / hubiese pasado.**
*Es lohnt sich nicht, von dem zu reden, was geschehen wäre.*

### 36.9 CONDICIONAL-Zeiten im Relativsatz: Zukunft in der Vergangenheit

Im CONDICIONAL SIMPLE bzw. CONDICIONAL COMPUESTO steht ein Relativsatz, wenn darin zur Charakterisierung von direkt oder indirekt identifizierbaren Personen oder Dingen Sachverhalte genannt werden, die aus der Gegenwartsperspektive vergangen, aus der eingenommenen Vergangenheitsperspektive aber zukünftig sind:

**Aquel día nació el hombre que nos gobernaría durante 45 años.**
*An jenem Tag wurde der Mann geboren, der uns 45 Jahre lang regieren sollte.*

**Así hablaron quienes en menos de un año habrían pacificado el país entero.**
*So sprachen die, die in weniger als einem Jahr das ganze Land befriedet haben sollten.*

### 36.10 CONDICIONAL-Zeiten im Relativsatz: Vermutungen über Vergangenes

Im CONDICIONAL SIMPLE bzw. CONDICIONAL COMPUESTO steht ein Relativsatz, wenn er eine Vermutung aus der gegenwärtigen Sicht des Sprechenden (vgl. 18.86) über direkt oder indirekt identifizierbare Personen oder Sachen darstellt:

**Se nos acercó un hombre que tendría mucho frío, pues llevaba abrigo y una bufanda gruesa.**
*Es näherte sich uns ein Mann, der offenbar sehr fror, denn er trug einen Mantel und einen dicken Schal.*

**Apareció una muchacha que habría bebido demasiado, pues apenas podía tenerse en pie.**
*Es tauchte ein Mädchen auf, das offenbar zuviel getrunken hatte, denn es konnte kaum stehen.*

### 36.11 IMPERFECTO DE SUBJUNTIVO statt CONDICIONAL SIMPLE im Relativsatz

In Relativsätzen wird sehr häufig der CONDICIONAL von QUERER, DEBER und PODER durch die entsprechenden Formen auf -RA des IMPERFECTO DE SUBJUNTIVO dieser Verben ersetzt (vgl. 32.23, 32.24, 32.26):

**palabras que no quisiera volver a oír** *Worte, die ich nicht wieder hören möchte*
**alumnos que debieran estudiar más** *Studenten, die mehr lernen sollten*
**una voz que pudiera ser la de Ana** *eine Stimme, die Anas sein könnte*

## 36. Gebrauch der Modi in Relativsätzen

**A ▶** In Beispielen wie dem folgenden ist PUEDA eine Variante von PODRÍA (vgl. 32.25):

**Sólo hay dos hombres que puedan resolver esto: tú y yo.**
*Es gibt nur zwei Männer, die das erledigen könnten: das sind du und ich.*

### B. Relativsätze im Subjuntivo

Der Subjuntivo wird in einem restriktiven Relativsatz (vgl. 10,1) verwendet, wenn der Relativsatz keine wahre Aussage sein kann, weil das, worauf sich der Relativsatz bezieht, überhaupt nicht bzw. nicht eindeutig identifizierbar ist: man kann weder darauf deuten, noch verfügt man über sonstige Informationen darüber. Dieser Bezug auf bloß Virtuelles liegt allen Verwendungsweisen des Subjuntivo zugrunde. Zu den Strukturen mit konzessivem POR und CON, in denen QUE als Relativpronomen aufgefaßt werden kann vgl. 35.46 und 35.39. Zum IMPERFECTO DE SUBJUNTIVO als Ersatz des CONDICIONAL SIMPLE von DEBER, QUERER und PODER vgl. 36.11. Zum PLUSCUAMPERFECTO DE SUBJUNTIVO als Ersatz des CONDICIONAL COMPUESTO vgl. 36.8.

### 36.12 Negationswort + Relativpronomen + Subjuntivo

Im Subjuntivo steht ein Relativsatz, dessen Bezugswort ein Negationswort ist: NADA, NADIE (bzw. QUIEN in verneinten Sätzen), NINGUNO (bzw. dessen Äquivalent NO + Verb + artikelloser Singular / Plural) und nachgestelltes ALGUNO:

**No hay nada que me moleste más que eso.**
*Es gibt nichts, was mich mehr ärgert, als das.*

**Entonces no tenía a nadie que me ayudara.**
*Damals hatte ich niemanden, der mir geholfen hätte.*

**No hay quien aguante esta ciudad.**
*Niemand kann es in dieser Stadt aushalten.*

**El ponente no trató ningún tema que no hubiese tratado ya el doctor López.**
*Der Vortragende behandelte kein Thema, das nicht bereits Doktor López behandelt hatte.*

**Este escritor no crea artificio alguno que filtre su pensamiento.**
*Dieser Schriftsteller schafft keine Fiktion, durch die sein Denken durchscheinen könnte.*

**No hay mal que dure cien años.**
*Kein Übel währt hundert Jahre.*

**No hay palabras que puedan describir lo que vimos.**
*Es gibt keine Worte, die schildern können / könnten, was wir gesehen haben.*

**A ▶** In allen vorangegangenen Sätzen geht es um das Abstreiten des Vorhandenseins, wofür das unbestimmte Objekt von HABER oder TENER verneint wird. In Sätzen wie dem folgenden steht der Relativsatz im Indikativ, weil dort zwar eine Existenz bestritten wird, eine gesicherte Information über das (daher bestimmte) Bezugswort jedoch zur Verfügung steht, dieses also etwas Bekanntes darstellt:

**No existe en este mundo la región donde ocurren sus novelas.**
*Es gibt in dieser Welt die Region nicht, in der seine Romane spielen.*

### 36.13 Subjuntivo im Bezugswort nach SIN

Nach SIN und einem substantivischen Bezugswort steht immer der Subjuntivo:

**Sin intérprete que les explicara la situación, desesperaban.**
*Da kein Dolmetscher da war, der ihnen die Lage erklärte, verzweifelten sie.*

## 36. Gebrauch der Modi in Relativsätzen

### 36.14 Subjuntivo im Relativsatz bei implizit negiertem Bezugswort

Bei einem implizit negierten Bezugswort steht auch in der Regel der Subjuntivo:

**¿Qué tendrá esa que no tenga yo?**
*Was hat die, was ich nicht habe / hätte?*

**¿Hay algo que rompa la armonía?**
*Gibt es etwas, das die Harmonie stört / stören würde?*

### 36.15 Subjuntivo im Relativsatz nach POCO und APENAS

**A ▶** Nach nicht näher bestimmtem POCO und bei Ungewißheit seitens des Sprechenden wird meistens der Subjuntivo im Relativsatz verwendet:

**Hay pocos que puedan afirmar eso.**
*Es gibt wenige, die das behaupten können.*

**B ▶** Nach APENAS bzw. APENAS SI wird meistens der Subjuntivo im Relativsatz verwendet:

**Apenas dijo cosas que nos sirvieran de ayuda.**
*Er hat kaum etwas gesagt, das uns geholfen hätte.*

### 36.16 Konzessive Strukturen mit wiederholtem Verb

Die Verbform der konzessiven Strukturen mit Wiederholung desselben Verbs und einem Relativpronomen oder -adverb steht obligatorisch im Subjuntivo. Die Zeitenverwendung ist die nach AUNQUE, vgl. 37.48.

**A ▶** Beispiele mit den verallgemeinernden Pronomen QUIEN, CUANDO, COMO, DONDE und LO QUE:

**venga quien venga** *wer auch immer kommen mag*
**sean cuando sean las elecciones** *wann immer die Wahlen stattfinden*
**sea como sea** *wie dem auch sei*
**estuvieran donde estuvieran los amigos** *wo auch immer sich die Freunde aufhalten mochten*
**se mire por donde se mire** *wie man es auch immer betrachtet*
**vayas a donde vayas** *wo auch immer du hingehst*
**pasara lo que pasara** *was auch immer geschehen sollte / mochte*

**B ▶** Bei den Bildungen mit den generalisierenden Pronomen werden bisweilen die verbundenen Pronomen an die erste Verbform angehängt:

**Dígase lo que se diga, esta guerra resultará beneficiosa.**
*Was man auch immer sagen mag, dieser Krieg wird Gewinne bringen.*

**Suscríbalo quien lo suscriba, se trata de un proyecto impío.**
*Wer es auch immer zu verantworten hat, wir haben hier mit einem frevelhaften Projekt zu tun.*

**C ▶** Beispiele mit **Verb ( + Präposition) + Substantiv + Personalpronomen + Verb**:

**Tenga el régimen que tenga, es mi país.**
*Egal, welches Regime es hat, es ist mein Land.*

**Las leyes iban a ser las mismas para todos, creyeran en el dios que creyeran.**
*Die Gesetze sollten für alle gelten, an welchen Gott sie auch immer glauben mochten.*

**D ▶** Man beachte die Bildungen mit CUAL und SER (nicht selten erscheint dabei dieses Verb im FUTURO DE SUBJUNTIVO):

**Sean cuales sean sus razones, yo no le perdonaré nada.**
*Welche Gründe er auch haben mag, ich werde ihm nichts verzeihen.*

**Sufrirá como cualquier hijo de vecino, sea cual fuere su cargo.**
*Er wird wie jedermann leiden, welches Amt er auch immer bekleiden mag.*

## 36. Gebrauch der Modi in Relativsätzen

### 36.17 Subjuntivo im finalen Relativsatz

Ein Relativsatz steht im Subjuntivo, wenn das Bezugswort etwas Gewünschtes darstellt, also etwas bezeichnet, das so beschaffen sein soll, wie der Relativsatz es beschreibt:

**Necesitamos un gobierno que funcione.**
*Wir brauchen eine Regierung, die funktioniert.*

**Buscaban españoles que hubiesen vivido en Australia.**
*Sie suchten Spanier, die in Australien gelebt hatten.*

**Cuéntanos un chiste que no conozcamos todavía.**
*Erzähle uns einen Witz, den wir noch nicht kennen!*

**A ver si encuentras a alguien que te traduzca esto.**
*Mal sehen, ob du jemanden findest, der dir das übersetzt.*

• Anstelle eines finalen Relativsatzes kann ein Infinitivsatz stehen, vgl. 14.26.

**A ▶** Im folgenden Beispiel mit BUSCAR werden die Eigenschaften bekannter Person beschrieben, daher wird der Indikativ im Relativsatz verwendet:

**El Gobierno para su política cultural busca personas que no están preparadas, y cuyo talento es mínimo.**
*Für seine Kulturpolitik sucht die Regierung Menschen, die nicht qualifiziert sind und deren Begabung äußerst gering ist.*

### 36.18 Subjuntivo beim Antizipieren einer konkreten Gesamtheit

Ein Relativsatz steht im Subjuntivo, wenn er Dinge, Lebewesen oder Ereignisse aus einer konkreten Gesamtheit beschreibt, deren Umfang man zum Zeitpunkt der Äußerung noch nicht kennt:

**Subrayen las palabras que no conozcan.**
*Unterstreichen Sie die Wörter, die Sie nicht kennen!*

**Voy a retirar sólo la ropa que ya esté seca.**
*Ich werde nur die Wäsche abnehmen, die schon trocken ist.*

**Anota el nombre de los clientes que hoy paguen con tarjeta de crédito.**
*Schreib die Namen der Kunden auf, die heute mit Kreditkarte zahlen.*

**Tendría una respuesta a todas las preguntas que le hicieran esa noche.**
*Er würde eine Antwort auf alle Fragen haben, die man ihm an jenem Abend stellen mochte.*

**Las industrias que contaminen el medio ambiente serán multadas hasta con 500 millones de euros.**
*Die Industriezweige, die die Umwelt vergiften, werden mit Geldstrafen bis zu 500 Millionen Euro belegt werden.*

**Me dijo que podía quedarme con todo el dinero que sobrara después de hacer las cuentas.**
*Er sagte, ich dürfe das ganze Geld behalten, das nach der Abrechnung übrigbleiben sollte.*

• Die Relativsätze in den vorangegangenen Beispielsätzen stellen die einzigen möglichen Antworten auf die Fragen *'welche (-r), (-s)?'* dar, d.h. es sind keine anderen Informationen über die damit gemeinten Kunden, Fragen, Unternehmen oder die Geldsumme verfügbar, noch kann man auf sie deuten.

**A ▶** Der Relativsatz zu ALGUNO und ALGUIEN in Fragen nach dem Vorhandensein mit HABER steht im Subjuntivo:

**¿Hay algún libro que explique bien esto?**
*Gibt es irgendein Buch, das dies gut erklärt?*

**¿Hay alguien aquí que viaje este verano a Finlandia?**
*Ist hier jemand, der im Sommer nach Finnland fährt?*

## 36. Gebrauch der Modi in Relativsätzen

**B** ▸ Beispiele mit EL DÍA QUE:

**Me iré el día que me lo pidan.**
*Ich werde an dem Tag gehen, an dem man mich darum bittet.*

**¿Cuánto dinero voy a necesitar el día que me jubile?**
*Wieviel Geld werde ich brauchen, wenn ich mal in Rente gehe?*

**C** ▸ Beispiele mit generalisierenden Relativpronomen:

**Quien gane, ganará por puntos.**
*Wer auch immer gewinnt, es wird ein Punktsieg sein.*

**Le deseo más suerte a la que me suceda.**
*Ich wünsche meiner Nachfolgerin mehr Glück.*

**Ellos harían lo que se les mandara.**
*Sie würden tun, was man ihnen befehlen würde.*

**Matarán a todo el que se quede en el país.**
*Sie werden jeden töten, der im Lande bleibt.*

**Los que no acudieran serían amonestados.**
*Diejenigen, die nicht erschienen, würden ermahnt werden.*

**D** ▸ Beispiele mit COMO, CUANTO und DONDE:

**Como tú te portes, así se portarán contigo.**
*Wie du dich verhältst, so werden sie sich zu dir verhalten.*

**Te quitarán cuanto lleves en la mochila.**
*Man wird dir alles wegnehmen, was du im Rucksack hast.*

**Les iba a hacer la vida imposible allí donde estuvieran.**
*Er wollte ihnen das Leben unmöglich machen, wo sie sich auch aufhalten sollten.*

### 36.19 Das Kriterium des Sprecherwissens bei der Moduswahl

Im folgenden Sätzevergleich steht im ersten Relativsatz der Indikativ, weil feststeht, daß eine bestimmte bekannte Summe eingezogen werden wird; hingegen steht im zweiten Beispiel der Subjuntivo, weil die Summe nicht bekannt, oder das Einziehen des Geldes nicht feststeht:

**Se comprará el Ferrari con el dinero que cobrará por su última victoria.**
*Er wird den Ferrari mit dem Geld bezahlen, das er für seinen letzten Sieg bekommen wird.*

**Le ha prometido darle el dinero que gane.**
*Er hat ihr versprochen, ihr das Geld zu geben, das er eventuell verdienen wird / verdienen könnte.*

**A** ▸ Im folgenden Relativsatz steht der Indikativ, weil er sich auf eine zwar nicht konkrete, aber doch wohldefinierte Gesamtheit bezieht:

**Este es un trabajo sobre clientes que pagan con tarjeta de crédito.**
*Dies ist eine Arbeit über Kunden, die mit Kreditkarten zahlen.*

### 36.20 Subjuntivo im Relativsatz bei DEPENDER und verwandten Ausdrücken

Relativsätze treten oft an die Stelle von Fragewörtern (vgl. 28.20, 28.21); wenn sie in dieser Funktion in bezug auf Zukünftiges gebraucht werden, gelten die in 36.18 gegebenen Regeln. Dies ist insbesondere der Fall beim Verb DEPENDER DE sowie bei den Wendungen INDEPENDIENTEMENTE DE und CON INDEPENDENCIA DE:

**Todo depende del rumbo que tomemos.**
*Alles hängt davon ab, welchen Kurs wir einschlagen werden.*

## 36. Gebrauch der Modi in Relativsätzen

De lo que dijéramos nosotros dependía la suerte de muchas personas.
*Von dem, was wir sagen würden, hing das Schicksal vieler Menschen ab.*

Esto se hará así, independientemente de / con independencia de lo que ocurra hoy.
*Das wird so gemacht, unabhängig davon, was heute noch passiert.*

### 36.21 Vorrang der Eventualität der Zukunft in Angaben von Regeln

Durch Rückgriff auf eine vorhandene Regel oder Vorschrift kann sich der Sprecher (meistens im PRESENTE DE INDICATIVO) auf eine konkrete Zukunft beziehen (vgl. 36.5). In vielen Fällen kann man also auf dieselbe Situation durch zweierlei Bezug hinweisen; im Spanischen wird jedoch überaus häufig auf die prinzipielle Ungewißheit der Zukunft Bezug genommen und daher der Relativsatz in den Subjuntivo gesetzt:

Los que no figuran / figuren en la lista no toman / tomarán parte en el examen.
*Diejenigen, die nicht auf der Liste stehen, nehmen an der Prüfung nicht teil.*

### 36.22 Zukünftiges Geschehen abhängig vom Wollen und Können

Wenn der Gegenstand eines zukünftigen Tuns sowie das Wie, Wo und Wann eines zukünftigen Geschehens vom persönlichen Belieben oder der Macht einer Person abhängig gemacht wird, steht der Relativsatz im Subjuntivo.

**A** ▶ Beispiele mit indefiniten Pronomen:

Dile lo que quieras.
*Sag ihm, was du willst (egal was).*

Haré lo que pueda.
*Ich werde tun, was ich kann.*

Nos prometió que haría cuanto estuviera en su poder.
*Er versprach uns, alles zu tun, was in seiner Macht war.*

Le gritaban que se casase con quien quisiese.
*Sie schrieen ihm zu, er solle heiraten, wen er will.*

**B** ▶ Beispiele mit Pronominaladverbien:

Te dije que vinieras cuando pudieras.
*Ich sagte dir, du sollst kommen, wann du kannst.*

Envuélvalo como mejor le parezca.
*Wickeln Sie es ein, wie es Ihnen am besten gefällt.*

Decidimos que planearíamos la jornada según lo decidiera él.
*Wir beschlossen, uns in der Tagesgestaltung nach seiner Entscheidung zu richten.*

Colócalo donde te dé la gana.
*Stell das hin, wohin du willst.*

**C** ▶ Beispiele mit einem Substantiv als Bezugswort:

Pon la música que prefieras tú.
*Mach die Musik an, die dir lieber ist.*

Cómprate los vaqueros que más te gusten.
*Kauf dir die Jeans, die dir am besten gefallen.*

Podrás volar el día que quieras.
*Du wirst an einem beliebigen Tag fliegen können.*

## 36. Gebrauch der Modi in Relativsätzen

**D** ▶ Der Unterschied zwischen Sätzen wie TRABAJA EN LO QUE TE GUSTE und TRABAJA EN LO QUE TE GUSTA besteht im unterschiedlichen Wissen desjenigen, der den Satz sagt. TRABAJA EN LO QUE GUSTE wird gesagt, wenn der Sprecher nicht weiß, welchen Beruf der Angesprochene ergreifen will, wichtig ist nur, daß jener einer seiner Vorlieben nachgeht. Beim Satz TRABAJA EN LO QUE GUSTA steht ein Berufswunsch fest (Fotograf zum Beispiel), der erfüllt werden soll. Weiteres Beispielpaar:

**La reacción de Ricardo me trae al pairo, llámalo y dile lo que quieras.**
*Wie Ricardo reagieren wird, ist mir piepegal, ruf ihn an und sag ihm, was du willst.*

**Pedro entenderá tu problema mejor que yo, llámalo y dile lo que quieres.**
*Pedro wird dein Problem besser als ich vestehen, ruf ihn an, und trag ihm dein Anliegen vor.*

### 36.23 Subjuntivo im abgespaltenen Relativsatz

Wenn in Hervorhebungsstrukturen mit Relativsatz (vgl. Kapitel 30, Teil F) die Form von SER in einem futurischen Tempus steht, erscheint im Relativsatz gewöhnlich der Subjuntivo, vornehmlich nach QUIEN bzw. EL QUE:

**Serás tú quien lo haga.**
*Du wirst es tun.*

**No seré yo quien caiga en esta simplificación.**
*Ich werde mich dieser Vereinfachung nicht schuldig machen.*

**No serían los mellizos los que empezaran, sino yo.**
*Nicht die Zwillinge sollten anfangen, sondern ich.*

### 36.24 Subjuntivo beim Bezug auf Ordinalzahlen

Nach den Ordinalbezeichnungen (PRIMERO, SEGUNDO, ÚLTIMO usw.) sowie nach PRÓXIMO wird beim Bezug auf die Zukunft der Subjuntivo gebraucht:

**Decidimos darle el dinero al primer mendigo que viésemos.**
*Wir beschlossen, das Geld dem erstbesten Bettler zu geben, dem wir begegneten.*

**Doble a la derecha en el segundo semáforo que vea.**
*Bei der zweiten Ampel biegen Sie nach rechts ab.*

**Que apague la luz el último que salga.**
*Wer zuletzt hinausgeht, soll das Licht ausmachen.*

**A** ▶ Steht im Hauptsatz das FUTURO, dann steht der Relativsatz, dessen Bezugswort eine Ordinalzahl vorangeht, meist im Subjuntivo, auch wenn Gegenwärtiges oder Gesichertes gemeint ist:

**Este será el último año en que el Ayuntamiento financie nuestro proyecto.**
*Dies ist das letzte Jahr, in dem die Stadt unser Projekt finanziert.*

### 36.25 Relativsatz im irrealen Kontext

Werden Sachverhalte bezeichnet, die ein Bezugswort näher kennzeichnen, das in einem irreal-hypothetischen Kontext steht, so steht der entsprechende Relativsatz in einem Subjuntivo-Tempus der Irrealität:

**Jamás me haría miembro de un club que admitiera a alguien como yo.**
*Ich würde niemals Mitglied eines Vereins werden, der jemanden wie mich aufnähme.*

**Lo lógico sería que hubiese un autobús que llevase a todos los niños de la zona.**
*Logisch wäre es, wenn es einen Bus gäbe, der alle Kinder der Umgebung mitnimmt.*

## 36. Gebrauch der Modi in Relativsätzen

### 36.26 Benennung von Sachverhalten der Gegenwart und Vergangenheit
Der Subjuntivo wird in einem Relativsatz verwendet, wenn der Sprecher nicht weiß, auf welches Ding, Lebewesen oder Ereignis ein nur eventuell vorliegender Sachverhalt – eben der im Relativsatz erwähnte – zutreffen könnte:

**Quedan excluidos los alumnos que se hayan matriculado antes del 1 de septiembre.**
*Es werden die Schüler ausgenommen, die sich vor dem 1. September eingeschrieben haben.*

**A ▶** Der Subjuntivo wird hier sehr häufig mit generalisierenden Pronomen verwendet, insbesondere, wenn es um Elemente aus einer konkreten Gesamtheit geht:

**El que no esté conmigo, está contra mí.**
*Wer nicht für mich ist, ist gegen mich.*

**Quien afirme eso, no tiene ni idea de lo que está hablando.**
*Wer das behauptet, hat keine Ahnung, wovon er redet.*

**Dijo que podía irse el que ya hubiera terminado.**
*Er sagte, wer bereits fertig sei, könne gehen.*

**Voy a resumir para quienes no hayan estado al comienzo.**
*Ich fasse zusammen für diejenigen, die den Anfang verpaßt haben.*

**Puede haber alguien que atribuya esto a la Providencia.**
*Es gibt möglicherweise jemanden, der dies der Vorsehung zuschreibt.*

### 36.27 Subjuntivo im Relativsatz im Ausdruck von Beliebigkeit
Der Subjuntivo steht in einem Relativsatz, der uneingeschränkte Präferenz ausdrückt und dessen Bezugswort, in der Regel ein generalisierendes Pronomen oder Adverb, in eine Aussage eingebettet ist, die die gewohnheitsmäßige Gegenwart betrifft:

**En este país tienes derecho a escribir lo que quieras.**
*In diesem Land darfst du schreiben, was du willst.*

**La libertad es tomar café donde uno desee.**
*Freiheit heißt, ein Kaffee einnehmen zu können, wo man will.*

### 36.28 Subjuntivo im Relativsatz bei Ausdruck der Indifferenz im Hauptsatz
Wenn das Bezugswort eines Relativsatzes in einem Ausdruck der Gleichgültigkeit eingebettet ist, dann steht der Relativsatz meistens im Subjuntivo (häufig kann der Relativsatz als abhängiger Fragesatz aufgefaßt werden, vgl. 28.20, 28.21, 36.20):

**No me importan las marcas que lleven.**
*Es macht mir nichts aus, was für Marken sie tragen.*

**Me da igual la enfermedad que tenga.**
*Es ist mir egal, welche Krankheit er hat.*

**Lo que sean ustedes no me interesa.**
*Was Sie sind, will ich gar nicht wissen.*

### 36.29 Angefügter Relativsatz zur Korrektur von Identitätsangaben
Ein hinzugefügter Relativsatz mit einem indefiniten Bezugswort und der disjunktiven Konjunktion O davor dient häufig zur Angabe, daß man sich der Identität des soeben Genannten nicht ganz sicher ist (und dies auch unwichtig findet). Am häufigsten kommen dabei COMO sowie die Verben LLAMARSE und DECIR vor:

## 36. Gebrauch der Modi in Relativsätzen

**Llamó Luzmila, o como se llame.**
*Es kam ein Anruf von Luzmila, oder wie sie heißt.*

**La calle estaba llena de paparazos, o como se diga en plural.**
*Die Straße war voller Paparazzos, oder wie man das im Plural sagt.*

**A ▶** Beispiele mit O LO QUE SEA, das häufig in Aufzählungen vorkommt:

**No pienso tener pudor, o lo que sea que nos exijan.**
*Ich denke nicht daran, ein Schamgefühl zu haben, oder was auch immer das ist, was sie von uns verlangen.*

**Pop, rock, rap, new wave, hip hop o lo que sea que esté de moda, son más que términos musicales, maneras de vivir.**
*Pop, Rock, Rap, New Wave, Hip Hop oder was gerade Mode ist, sind eher Lebensweisen als Wörter der Musik-Szene.*

### 36.30 LO QUE SEA als Synonym von CUALQUIER COSA

LO QUE SEA wird sehr häufig in der Bedeutung *'irgendetwas beliebiges'* verwendet:

**Te debían poner una ensalada, y te ponen lo que sea.**
*Sie sollten dir einen Salat dazu servieren, und sie setzen dir irgendwas vor.*

**Si llama, le dices lo que sea y cuelgas.**
*Falls er anruft, sagst du ihm irgendwas und legst auf.*

### 36.31 Subjuntivo im Relativsatz bei unbestimmtem Bezugswort

Wenn das unbestimmte Subjekt einer mehr oder weniger allgemeinen Aussage durch einen Relativsatz näher bestimmt wird, kann (nicht muß!) dieser im Subjuntivo stehen; damit geht eine bestimmte subjektive Stellungnahme einher, meist Distanzierung und Ablehnung:

**Una teoría que no se pueda explicar en cinco minutos como máximo es un disparate.**
*Eine Theorie, die man nicht in maximal fünf Minuten erklären kann, ist ein Unsinn.*

**Un periodista que delate a su informante se merece el desprecio general.**
*Ein Journalist, der seinen Informanten verrät, verdient die Verachtung aller.*

### 36.32 Subjuntivo im Relativsatz beim Ausdruck von Gefühlen im Hauptsatz

In folgenden Beispielen, in denen auch der Indikativ möglich ist, steht der Subjuntivo im Relativsatz zum Ausdruck subjektiver Stellungnahmen:

**Les preocupa la suerte que hayan podido correr los demás viajeros.**
*Sie sind besorgt um das Schicksal, das die anderen Reisenden ereilt haben könnte.*

**¿Por qué voy a ser responsable de lo que publiquen mis hijos?**
*Warum soll ich für das verantwortlich sein, was meine Kinder veröffentlichen?*

**Casos de mujeres que peguen a sus compañeros o maridos son muy raros.**
*Fälle von Frauen, die ihre Lebensgefährten oder Ehemänner schlagen, sind äußerst selten.*

**A ▶** Die sehr häufige Verwendung des Subjuntivo in einem Relativsatz zur Bezeichnung eines unsicher vorliegenden Sachverhalts geht nicht selten auf die Absicht des Sprechers zurück, nicht erkennen zu lassen, daß er sehr wohl weiß, auf welches Ding, Lebewesen oder Ereignis ein sicher vorliegender Sachverhalt zutrifft:

**El que haya roto esto, tiene que pagarlo, ¿me has oído Concha?**
*Wer dies zerbrochen hat, muß es bezahlen, hast du gehört, Concha?*

## 36. Gebrauch der Modi in Relativsätzen

### 36.33 Subjuntivo statt Indikativ nach LO + Ordinalausdruck + QUE
Bei den Ordinalzahlen (PRIMERO, ÚLTIMO aber auch ÚNICO) in der Formel **dritte Person Singular von** SER + LO + **Ordinalausdruck** + QUE steht sehr häufig der Subjuntivo, wenn SER in einer futurischen Form steht:

**Lavar el coche será lo primero que haga mañana.**
*Autowaschen wird das erste sein, was ich morgen tun werde.*

**Te prometo que esto va a ser lo único que tome.**
*Ich verspreche dir, das ist das einzige, was ich essen werde.*

### 36.34 Subjuntivo nach TENER QUIEN
Nach TENER QUIEN steht in der Regel der Subjuntivo:

**Tengo quien me defienda.**
*Ich habe schon jemand, der mich verteidigt.*

**Por fin tienen quien les escuche.**
*Endlich ist jemand da, der ihnen zuhört.*

### 36.35 Subjuntivo nach dem Bezugswort CUALQUIERA
Wenn CUALQUIERA das Bezugswort ist, steht in der Regel der Subjuntivo im Relativsatz:

**Es una revelación para cualquiera que lo vea.**
*Es ist eine Offenbarung für jeden, der es sieht.*

**Le dije que no se pusiera nerviosa por cualquier ruido que oyese.**
*Ich sagte ihr, sie solle nicht nervös werden wegen jedes Geräusches, das sie hören sollte.*

**A ▶** Der Subjuntivo steht immer nach den CUALQUIERA-ähnlichen Ausdrücken QUIENQUIERA, COMOQUIERA und DONDEQUIERA:

**quienquiera que se te acerque** *wer dir auch immer in die Nähe kommt*
**dondequiera que viva** *wo er auch immer wohnt*
**comoquiera que sea** *wie es auch immer sein mag*

• Näheres zu COMOQUIERA QUE als kausale Konjunktion vgl. 35.57A, 35.57B.

### 36.36 Imaginäre Vergleiche im Relativsatz
IMPERFECTO DE SUBJUNTIVO und PLUSCUAMPERFECTO DE SUJUNTIVO werden in Relativsätzen verwendet, die einen Vergleich mit imaginären Gegebenheiten oder Begebenheiten beinhalten:

**Tu voz es para mí como música que viniese del paraíso.**
*Deine Stimme ist für mich wie Musik, die aus dem Paradies kommt.*

**Se me antojaba un hombre que hubiera venido de otro planeta.**
*Er kam mir vor wie ein Mann von einem anderen Planeten.*

### 36.37 Subjuntivo in Superlativ + Relativsatz
In stilistisch anspruchsvollen Texten steht manchmal nach einem Superlativ der dazugehörige Relativsatz im Subjuntivo:

**Es la música más graciosa que se haya compuesto.**
*Es ist die witzigste Musik, die je komponiert wurde.*

**Son las manos más grandes que jamás haya visto.**
*Es sind die größten Hände, die ich jemals gesehen habe.*

## 36. Gebrauch der Modi in Relativsätzen

### 36.38 Die Futurformen des Subjuntivo im Relativsatz

**A** ▶ FUTURO DE SUBJUNTIVO erscheint noch im altertümelnden Stil nach dem Relativum – aber auch nicht selten im Hauptsatz – in konzessiven Strukturen mit wiederholtem Verb (vgl. 36.16), meistens beim Bezug auf die Sprechergegenwart:

**sea como fuere** *wie dem auch sei*
**viva donde viviere** *wo sie auch immer wohnen mag*
**viniere quien viniere** *wer auch immer kommen mag*
**fueren cuales fueren los motivos** *welche die Gründe auch immer sein mögen*
**comieres lo que comieres** *was du auch immer ißt*

**B** ▶ In regelnden Texten (Verträgen, Satzungen, Vorschriften, Gesetzen, Verfügungen u.ä.) wird im Spanischen sehr häufig FUTURO DE INDICATIVO verwendet (vgl. 18.67); Relativsätze in Texten dieser Art, welche ein Merkmal vorwegnehmen, erscheinen sehr oft im FUTURO DE SUBJUNTIVO bzw. FUTURO PERFECTO DE SUBJUNTIVO (statt PRESENTE DE SUBJUNTIVO oder PRETÉRITO IMPERFECTO DE SUBJUNTIVO bzw. PERFECTO DE SUBJUNTIVO oder PRETÉRITO PLUSCUAMPERFECTO DE SUBJUNTIVO):

**las razones que adujeren las partes** *die Gründe, die die vertragsschließenden Parteien vortragen*
**la puntuación que la cláusula necesitare** *die im Satz erforderliche Interpunktion*
**las personas que desobedecieren órdenes** *Personen, die den Befehlen nicht Folge leisten*
**quien hubiere presenciado los hechos** *wer bei der Tat zugegen gewesen sein mag*

**C** ▶ In feststehenden Ausdrücken erscheint FUTURO DE SUBJUNTIVO beim unbestimmten Bezug:

**Donde fueres, haz lo que vieres.**
*Wo du auch hingehst, tue, was du dort siehst. ( = Man passe sich den Gebräuchen einer fremden Umgebung immer an!)*

### 36.39 IMPERFECTO DE SUBJUNTIVO als absolutes Präteritum in Relativsätzen

Die Verwendung des PRETÉRITO IMPERFECTO DE SUBJUNTIVO (vornehmlich die RA-Form) als absolutes Präteritum in Relativsätzen ist, obwohl als prätentiös getadelt, im journalistischen und historiographischen Schrifttum recht verbreitet:

**el que fuera príncipe de Asturias** *der ehemalige Prinz von Asturien*
**aquellas odas que le dedicara a Stalin** *die Oden, die er Stalin widmete*
**la entrevista que publicáramos el pasado domingo en primera página** *das Interview, das wir letzten Sonntag auf Seite 1 veröffentlichten*

**A** ▶ Im ersten Beispiel kommt eine Struktur zum Tragen, die als feststehende Formel gelten kann: EL / LA / LOS / LAS QUE + PRETÉRITO IMPERFECTO DE SUBJUNTIVO von SER + **Substantiv**.

# 37. Zeitenfolge und indirekte Rede

In diesem Kapitel wird darauf eingegangen, welches Tempus des Indikativs oder des Subjuntivo in einem Nebensatz zu verwenden ist, insbesondere in Subjekt- und Objektsätzen. Eine Anwendung der Regeln hierzu betrifft das Objekt textwiedergebender Verben, also die "indirekte Rede", die wegen ihrer Charakteristik im Deutschen, zumal hinsichtlich des Konjunktivgebrauchs, besondere Beachtung verdient.

## A. Tempus des Subjekt-Objektsatzes im Indikativ

Im folgenden werden die Regeln der Zeitenverwendung in einem QUE-Nebensatz im Indikativ angegeben, und zwar bei (Hauptsatz-)Verben der geistigen Tätigkeit im weiteren Sinne, also nach Verben und Ausdrücken des Wissens, des Wahrnehmens und Erkennens, des Denkens und Meinens sowie des Bedeutens. Dabei ist der Unterschied zwischen gegenwartsbezogenem und vergangenheitsbezogenem Tempus entscheidend. Zum Wegfall von QUE in bestimmten Fällen vgl. 34.19, 34.33, 34.38, 34.44, 34.63, 34.66, 34.80A.. Zum Tempus des QUE-Satzes nach Verben des Sagens vgl. Teil F dieses Kapitels.

### 37.1 Gegenwartsbezogenes und vergangenheitsbezogenes Tempus

Welches Tempus im indikativischen QUE-Nebensatz zu verwenden ist, hängt davon ab, ob im Hauptsatz ein gegenwartsbezogenes oder ein vergangenheitsbezogenes Tempus steht.

- Gegenwartsbezogene Tempora des Indikativs sind:
    - PRESENTE
    - PERFECTO COMPUESTO
    - FUTURO
    - FUTURO PERFECTO
- Vergangenheitsbezogene Tempora des Indikativs sind:
    - IMPERFECTO
    - INDEFINIDO
    - PLUSCUAMPERFECTO
- Der Imperativ gehört zu den gegenwartsbezogenen Tempora.
- FUTURO und FUTURO PERFECTO gehören in allen Verwendungsweisen zu den gegenwartsbezogenen Tempora.
- Zu CONDICIONAL SIMPLE und CONDICIONAL COMPUESTO im Hauptsatz vgl. 37.13 und 37.14.
- Im folgenden wird "gegenwartsbezogenes Tempus" mit G-Tempus, "vergangenheitsbezogenes Tempus" mit V-Tempus abgekürzt.

**A ▶** In vielen Teilen der spanischsprachenden Welt wird das PERFECTO COMPUESTO durch das INDEFINIDO ersetzt, somit zählt dort dieses Tempus zu den gegenwartsbezogenen Zeiten.

### 37.2 G-Tempus im Hauptsatz

Wenn im Hauptsatz ein Verb geistiger Tätigkeit in einem G-Tempus steht, dann richtet sich das Tempus des QUE-Nebensatzes nach der Sprechergegenwart, d.h. es gelten die im Kapitel 18 angegebenen Regeln für den Gebrauch der Indikativzeiten:

**Me parece que ese hombre nos está haciendo señas.**
*Ich glaube, der Mann winkt uns.*

**Ellos creen que no ha pasado nada.**
*Sie glauben, es sei nichts passiert.*

**Me he enterado de que no vendrás.**
*Ich habe erfahren, daß du nicht kommen wirst.*

## 37. Zeitenfolge und indirekte Rede

**Supongo que en diciembre se habrá doctorado.**
*Ich vermute, im Dezember wird er seinen Doktor gemacht haben.*

**Hemos averiguado que nació en Roma.**
*Wir haben herausgefunden, daß er in Rom geboren wurde.*

**Pensarás que estaba durmiendo cuando pasó aquello.**
*Du denkst wohl, ich hätte geschlafen, als das passierte.*

**Se habrán cerciorado de que yo ya me había ido cuando llamaste.**
*Sie werden sich davon überzeugt haben, daß ich schon weggegangen war, als du anriefst.*

**A ▶** Beispiele mit dem QUE-Satz als Ergänzung von Substantiven der geistigen Tätigkeit:
**Tengo la sensación de que me engañan.**
*Ich habe das Gefühl, sie betrügen mich.*

**Los americanos viven en la creencia de que Kennedy fue un gran hombre.**
*Die Amerikaner leben in dem Glauben, Kennedy sei ein großer Mensch gewesen.*

**B ▶** Beispiel mit einem Verb des Bedeutens:
**Eso significa que se equivocó.**
*Das bedeutet, daß er sich geirrt hat.*

### 37.3 V-Tempus im Hauptsatz

Wenn das Verb im Hauptsatz ein Verb geistiger Tätigkeit ist und in einem V-Tempus steht, dann steht das Verb im QUE-Satz:

- im **IMPERFECTO**, wenn der Vorgang im QUE-Nebensatz mit dem Vorgang im Hauptsatz gleichzeitig ist;
- im **PLUSCUAMPERFECTO**, wenn der Vorgang im QUE-Nebensatz dem Vorgang im Hauptsatz vorzeitig ist;
- im **CONDICIONAL SIMPLE**, wenn der Vorgang im QUE-Nebensatz dem Vorgang im Hauptsatz nachzeitig ist;
- im **CONDICIONAL COMPUESTO**, wenn der Vorgang im QUE-Nebensatz dem Vorgang im Hauptsatz nachzeitig und zugleich abgeschlossen ist.

Beispiele:

**Por un momento pensé que el hombre nos hacía señas.**
*Für einen Augenblick dachte ich, der Mann winkte uns zu.*

**El director creía que no había pasado nada.**
*Der Direktor glaubte, es sei nichts passiert.*

**Me había enterado de que no vendrías.**
*Ich hatte erfahren, daß du nicht kommen würdest.*

**Yo suponía que en diciembre se habría doctorado.**
*Ich vermutete, im Dezember würde er seinen Doktor gemacht haben.*

**Se había comprobado que había nacido en Roma.**
*Man hatte nachgewiesen, daß er in Rom geboren worden war.*

**A ▶** Beispiele mit dem QUE-Satz als Ergänzung von Substantiven der geistigen Tätigkeit:
**Tenía la sensación de que me engañaban.**
*Ich hatte das Gefühl, sie betrügen mich.*

**La invadió el presentimiento de que Alicia había tratado de envenenarla.**
*Es überkam sie die Ahnung, Alicia habe sie vergiften wollen.*

**B** ▶ Beispiel mit einem Verb des Bedeutens:

**Aquello suponía que lo despedirían.**
*Das bedeutete, daß man ihn entlassen würde.*

## 37.4 Berichtigung einer Meinung mit Gegenwartsbezug

Nach Wendungen, mit denen die Berichtigung einer für die Gegenwart gültigen Meinung zum Ausdruck gebracht wird, wie CREER und NO SABER, die normalerweise im IMPERFECTO stehen (vgl. 18.18), kommen gewöhnlich die obigen Regeln zur Anwendung:

**¿Qué tal? Creía que estabas en la facultad.**
*Wie geht es dir? Ich glaubte, du bist / seiest / wärest in der Universität.*

**¡Qué bien nadan! No sabía que nadaban / nadaran tan bien.**
*Wie gut sie schwimmen! Ich habe nicht gewußt, daß sie so gut schwimmen.*

● Zum Subjuntivo nach NO SABÍA QUE vgl. 34.69.

## 37.5 PRESENTE im QUE-Nebensatz bei V-Tempus im Hauptsatz

Beschreibt der QUE-Satz einen Sachverhalt, der zeitlos oder für die Gegenwart des Sprechers noch gültig ist, dann kann im QUE-Satz PRESENTE stehen:

**Descubrió que la Tierra se mueve alrededor del sol.**
*Er entdeckte, daß die Erde sich um die Sonne dreht.*

**Caí en la cuenta de que no todos los israelíes son judíos.**
*Mir wurde klar, daß nicht alle Israelis Juden sind.*

● Vgl. 37.4.

**A** ▶ Beispiel mit dem QUE-Satz als Ergänzung eines Substantivs der geistigen Tätigkeit:

**Por entonces nació la idea de que todos los hombres son iguales.**
*Damals kam die Idee auf, daß alle Menschen gleich sind.*

## 37.6 CONDICIONAL-Zeiten im QUE-Nebensatz

**A** ▶ Beispiele mit CONDICIONAL SIMPLE und CONDICIONAL COMPUESTO als Ausdruck nachzeitigen Geschehens (vgl. 37.3):

**Estábamos seguros de que después de la operación trabajarías menos.**
*Wir waren sicher, daß du nach der Operation weniger arbeiten würdest.*

**Todos sabían que a final de año habrían ocurrido más de mil accidentes.**
*Alle wußten, daß sich am Jahresende mehr als tausend Unfälle ereignet haben würden.*

**B** ▶ In folgenden Beispielen werden CONDICIONAL SIMPLE und CONDICIONAL COMPUESTO als Ausdruck der Vermutung über etwas, das dem Geschehen im Hauptsatz gleichzeitig gegeben ist, verwendet:

**Pensé que querrías trabajar menos por aquello de la operación.**
*Ich dachte damals, du würdest wegen dieser Operationsgeschichte weniger arbeiten wollen.*

**Pensé que te habrías retrasado por culpa del atasco.**
*Ich dachte in dem Moment, du habest / hättest dich vielleicht wegen des Staus verspätet.*

## 37. Zeitenfolge und indirekte Rede

### 37.7 Zeitenfolge für irreal-hypothetische Sachverhalte im QUE-Satz

Irreal-hypothetische Sachverhalte sind von den Zeitenfolgeregeln nicht betroffen, der Unterschied zwischen G-Tempus und V-Tempus ist also für den *'dann'*-Teil "irrealer Bedingungssätze" wie im Deutschen irrelevant:

**Yo también pienso / pensé que en otro país trabajaría menos.**
*Ich denke / dachte auch, daß ich in einem anderen Land weniger arbeiten würde.*

**Él sabe / sabía que yo en tu lugar no habría dicho nada.**
*Er weiß / wußte, daß ich an deiner Stelle nichts gesagt hätte.*

### 37.8 CONDICIONAL-Zeiten im QUE-Satz bei Meinungswiedergabe

In den beiden letzten Beispielen in 37.7 stehen CONDICIONAL SIMPLE und CONDICIONAL COMPUESTO im Kontext irrealer Hypothesen, und zwar als deren *'dann'*-Teil; im journalistischen Gebrauch ist nicht selten eine nicht ganz unumstrittene Verwendungsweise dieser Tempora anzutreffen, und zwar als Hinweis fremder Gedankengänge. In den folgenden Beispielen müßte nach Meinung zahlreicher Sprachpfleger TRABAJAN statt TRABAJARÍAN bzw. FALSIFICARON oder HAN FALSIFICADO oder HABÍAN FALSIFICADO statt HABRÍA FALSIFICADO stehen (vgl. 18.88, 18.96):

**El ministro cree que los españoles trabajarían menos.**
*Der Minister ist der Meinung, die Spanier arbeiteten weniger.*

**Se ha llegado a pensar que el ministerio habría falsificado estadísticas.**
*Es ist sogar die Meinung vertreten worden, das Ministerium habe Statistiken gefälscht.*

### 37.9 Futurisches IMPERFECTO im QUE-Satz bei V-Tempus im Hauptsatz

Bei einem V-Tempus im Hauptsatz kann ein nachzeitiger Sachverhalt statt im CONDICIONAL auch im IMPERFECTO stehen oder mit Hilfe von IMPERFECTO von IR + Infinitiv beschrieben werden:

**Pensé que ya no venías.**
*Ich dachte, du kämest nicht mehr.*

**Estábamos seguros de que no ibas a hacerlo.**
*Wir waren sicher, du würdest es nicht tun.*

**A ▶** Der futurische Wert des IMPERFECTO DE INDICATIVO ist unbedingt zu beachten im Hinblick auf Verständnis und Übersetzung konditionaler SI-Sätze, vgl. 35.84. Hier noch ein Beispiel:

**Creía que si salía de noche le podía pasar algo.**
*Er glaubte, wenn er nachts ausgehe, könne ihm etwas zustoßen.*

### 37.10 Habituelles IMPERFECTO im QUE-Satz bei V-Tempus im Hauptsatz

Das IMPERFECTO steht im QUE-Nebensatz als Ausdruck gewohnheitsmäßig wiederholter Vorgänge und Eigenschaften in ferner Vergangenheit:

**Se demostró que los mayas usaban una escritura jeroglífica.**
*Es wurde nachgewiesen, daß die Mayas eine Hieroglyphen-Schrift benutzten.*

**Hizo hincapié en el hecho de que los pedagogos griegos eran esclavos.**
*Er unterstrich die Tatsache, daß die griechischen Lehrer Sklaven waren / gewesen waren.*

### 37.11 IMPERFECTO der Nichtabgeschlossenheit im QUE-Satz

Das IMPERFECTO steht im QUE-Nebensatz zum Ausdruck eines nicht abgeschlossenen Vorgangs oder eines gegebenen Zustands zu einem bestimmten Zeitpunkt der Vergangenheit (vgl. 18.16 und Kapitel 18, Teil E):

**Pensé que cuando lo de las bombas estabas en París.**
*Ich dachte, du warst in Paris (gewesen), als das mit den Bomben geschah.*

**Demostraron que estaban durmiendo cuando murió Franco.**
*Sie wiesen nach, daß sie schliefen, als Franco starb.*

**A ▶** Das IMPERFECTO wird in der Regel zum Ausdruck einer Meinungberichtigung verwendet (vgl. 37.4). Man beachte also den Kontext bei Sätzen wie den folgenden:

**Conque vivimos en el mismo edificio, y yo creía que vivías en Malasaña.**
*Wir wohnen also im selben Haus, und ich dachte, du wohnst in Malasaña.*

**Durante años creí que vivías en Malasaña.**
*Jahrelang glaubte ich, du wohntest in Malasaña.*

## 37.12 INDEFINIDO im QUE-Nebensatz bei V- im Hauptsatz

Das INDEFINIDO wird sehr häufig, als Variante der Regel in 37.3, zum Ausdruck der Vorvergangenheit verwendet, und zwar vor allem bei Verben des Wahrnehmens und Erkennens:

**Yo vi que ella salió la primera.**
*Ich sah, daß sie zuerst herauskam.*

**El jueves se supo que la policía detuvo el miércoles a seis sospechosos.**
*Am Donnerstag wurde bekannt, daß die Polizei am Mittwoch sechs Verdächtige festgenommen hatte.*

## 37.13 CONDICIONAL SIMPLE im Hauptsatz

**A ▶** Der CONDICIONAL SIMPLE ist ein G-Tempus, wenn er zum Ausdruck hypothetischer Sachverhalte hinsichtlich der Gegenwart dient (vgl. 18.80):

**Cualquiera pensaría que Don Alfonso está enfermo.**
*Jeder würde denken, Don Alfonso sei krank.*

**B ▶** Der CONDICIONAL SIMPLE ist ein V-Tempus, wenn er zum Ausdruck von Vermutungen hinsichtlich abgeschlossener Vergangenheit dient (vgl. 18.86):

**El hombre pensaría que Don Alfonso estaba enfermo.**
*Der Mann mag gedacht haben, Don Alfonso sei krank.*

## 37.14 CONDICIONAL COMPUESTO im Hauptsatz

**A ▶** Der CONDICIONAL COMPUESTO kann ein G-Tempus sein, wenn er zum Ausdruck von Hypothesen im irrealen Kontext hinsichtlich der vollendeten Gegenwart dient (vgl. 18.89):

**Si estuvieran aquí, ya se habrían enterado de que tienes fiebre.**
*Wenn sie hier wären, hätten sie schon erfahren, daß du Fieber hast.*

**B ▶** Der CONDICIONAL COMPUESTO ist ein V-Tempus, wenn er zum Ausdruck von Hypothesen im irrealen Kontext hinsichtlich abgeschlossener Vergangenheit dient (vgl. 18.89):

**Si te hubieran visto, se habrían enterado de que tenías fiebre.**
*Wenn sie dich gesehen hätten, hätten sie erfahren, daß du Fieber hattest.*

**C ▶** Der CONDICIONAL COMPUESTO ist ein V-Tempus, wenn es zum Ausdruck von Vermutungen hinsichtlich der Vorvergangenheit dient (vgl. 18.94):

**Se habrían enterado de que tenías fiebre.**
*Sie hatten wohl erfahren, daß du Fieber hattest.*

## 37. Zeitenfolge und indirekte Rede

## B. Der Zeitabschnittbezug der Zeiten des Subjuntivo

In diesem Kapitelteil wird anhand von Korrespondenzschemata festzulegen versucht, auf welchen Zeitabschnitt die vier im modernen Spanisch geläufigen Tempora des Subjuntivo: PRESENTE, PERFECTO COMPUESTO, IMPERFECTO und PLUSCUAMPERFECTO, bezogen sind, je nach ihrer Einbettung in einen virtuellen oder einen irrealen Kontext. Zur Verwendung von FUTURO DE SUBJUNTIVO und FUTURO PERFECTO DE SUBJUNTIVO vgl. 35.90 und 36.38.

### 37.15 Virtueller und irrealer Kontext beim Gebrauch des Subjuntivo

Die Kontexte der Verwendung des Subjuntivo kann man wie folgt charakterisieren:

- Im *finalen* Kontext werden Sachverhalte beschrieben, die herbeigeführt werden sollen oder herbeigeführt sind (vgl. Kapitel 35, Teil C).
- Im *eventualen* Kontext werden Sachverhalte als möglich hingestellt (vgl. Kapitel 35, Teil D).
- Im *negatorischen* Kontext werden Sachverhalte benannt, deren Wahrheit in Frage gestellt wird (vgl. Kapitel 35, Teil E).
- Im *judikativen* Kontext werden Bewertungen zu Tatsachen vorgenommen (vgl. Kapitel 35, Teil F).
- Im *kontrafaktischen* Kontext werden Sachverhalte beschrieben, die den Tatsachen der wirklichen Welt widersprechen (vgl. Kapitel 32, Teil C; ferner 35.85 und 35.43).
- Im folgenden werden der finale, der eventuale, der negatorische und der judikative Kontext *virtueller Kontext*, der kontrafaktische Kontext wird *irrealer Kontext* genannt.

### 37.16 Die Zeiten des Indikativs und des Subjuntivo im virtuellen Kontext

Im folgenden Schema werden als Veranschaulichung die entsprechenden Formen der ersten Person Singular von CANTAR angeführt.

| Zeiten des Indikativs | Zeiten des Subjuntivo |
|---|---|
| PRESENTE: CANTO<br>FUTURO: CANTARÉ | PRESENTE: CANTE |
| PERFECTO COMPUESTO: HE CANTADO<br>FUTURO PERFECTO: HABRÉ CANTADO | PERFECTO: HAYA CANTADO |
| IMPERFECTO: CANTABA<br>INDEFINIDO: CANTÉ<br>CONDICIONAL SIMPLE: CANTARÍA | IMPERFECTO: CANTARA / CANTASE |
| PLUSCUAMPERFECTO: HABÍA CANTADO<br>CONDICIONAL COMPUESTO: HABRÍA CANTADO | PLUSCUAMPERFECTO: HUBIERA / HUBIESE CANTADO |

**A** ▶ Anhand der Entsprechungen der Zeiten des Indikativs und des Subjuntivo können die Subjuntivo-Zeiten bei der Verwendung im virtuellen Kontext folgendermaßen charakterisiert werden (der Zeitraumbezug ist die Sprechergegenwart):

- PRESENTE DE SUBJUNTIVO meint Gegenwart und Zukunft.
- PERFECTO DE SUBJUNTIVO meint vollendete Gegenwart und vollendete Zukunft.
- IMPERFECTO DE SUBJUNTIVO meint Vergangenheit und Zukunft in der Vergangenheit.
- PLUSCUAMPERFECTO DE SUBJUNTIVO meint Vorvergangenheit und vollendete Zukunft in der Vergangenheit.

**B** ▶ Es ist sehr wichtig, festzuhalten, daß im obigen Entsprechungsschema CONDICIONAL SIMPLE und CONDICIONAL COMPUESTO in ihrer Bedeutung als "Zukunft in der Vergangenheit" bzw. "vollendete Zukunft in der Vergangenheit" erscheinen, nicht als Mittel der Rede über Irreales.

## 37.17 Zeitenentsprechung von der Sprechergegenwart aus

Bei folgenden Beispielpaaren steht zunächst in Klammern die indikativische Version dessen, was dann durch die Verwendung des Subjuntivo virtualisiert wird; übersetzt wird nur der zusammengesetzte Satz.

(...son alemanes...) → **No creo que sean alemanes.**
*Ich glaube nicht, daß sie Deutsche sind.*

(...harán la paz...) → **El hecho de que hagan la paz no quiere decir nada.**
*Die Tatsache, daß sie Frieden schließen werden, hat nichts zu bedeuten.*

(...me han suspendido...) → **Qué más da que me hayan suspendido.**
*Was macht es schon, daß sie mich haben durchfallen lassen.*

(...a las cuatro ya habrá cerrado la tienda...) → **Puede que a las cuatro ya haya cerrado la tienda.**
*Möglich, daß der Laden um vier schon geschlossen hat.*

(...estaban durmiendo...) → **No es cierto que estuvieran durmiendo cuando llegó la policía.**
*Es stimmt nicht, daß sie schliefen, als die Polizei eintraf.*

(...antes veraneaban en la Costa Brava...) → **Nadie está convencido de que antes veraneasen en la Costa Brava.**
*Niemand ist davon überzeugt, daß sie früher die Sommerferien immer an der Costa Brava verbrachten.*

(...ella se cayó de la bicicleta...) → **Que ella se cayera de la bicicleta es incomprensible.**
*Daß sie vom Fahrrad stürzte, ist unbegreiflich.*

(...se casarían al año siguiente...) → **Me parece lógico que se casaran al año siguiente.**
*Ich finde es logisch, daß sie im Jahr darauf heiraten wollten.*

(...a las tres ya habían vuelto...) → **Es imposible que a las tres ya hubieran vuelto.**
*Es ist unmöglich, daß sie um drei bereits zurückgekehrt waren.*

(...para mayo ya habrían pagado el apartamento...) → **Lo de que para mayo ya hubieran pagado el apartamento lo creo ahora menos que nunca.**
*Daß sie im Mai das Apartment bezahlt haben würden, glaube ich heute weniger denn je.*

## 37.18 Verdeutlichung der Zukunftsbedeutung durch IR A + Infinitiv

Zur Verdeutlichung futurischen Bezugs bei gewissen Zeiten des Subjuntivo wird **IR A + Infinitiv** eingesetzt:

( ... subirán los impuestos...) → **¿A quién sorprende el hecho de que vayan a subir los impuestos?**
*Wen überrascht die Tatsache, daß man die Steuern erhöhen wird?.*

( ... se casarían al año siguiente...) → **Era imposible que se fueran a casar al año siguiente.**
*Es konnte überhaupt nicht stimmen, daß sie am darauffolgenden Jahr heiraten sollten.*

## 37. Zeitenfolge und indirekte Rede

### 37.19 Die Tempora des Indikativs und des Subjuntivo im irrealen Kontext

Im folgenden Schema werden zur Veranschaulichung die entsprechenden Formen der ersten Person Singular von CANTAR angeführt.

| Zeiten des Indikativs | Zeiten des Subjuntivo |
|---|---|
| PRESENTE: CANTO<br>FUTURO: CANTARÉ | IMPERFECTO: CANTARA / CANTASE |
| PERFECTO COMPUESTO: HE CANTADO<br>FUTURO PERFECTO: HABRÉ CANTADO<br>IMPERFECTO: CANTABA<br>INDEFINIDO: CANTÉ<br>CONDICIONAL SIMPLE: CANTARÍA<br>PLUSCUAMPERFECTO: HABÍA CANTADO<br>CONDICIONAL COMPUESTO: HABRÍA CANTADO | PLUSCUAMPERFECTO: HUBIERA / HUBIESE CANTADO |

**A ▶** Nach obigem Entsprechungsschema können die Zeiten des Subjuntivo bei der Verwendung im irrealen Kontext folgendermaßen charakterisiert werden (der Zeitraumbezug ist die Sprechergegenwart):

● **IMPERFECTO DE SUBJUNTIVO** meint Irrealität der Gegenwart und Zukunft, entspricht also weitgehend *'wenn ich singen würde / sänge'*.

● **PLUSCUAMPERFECTO DE SUBJUNTIVO** meint Irrealität der vollendeten Zukunft, der Vergangenheit, der vollendeten Zukunft in der Vergangenheit und der Vorvergangenheit, entspricht also weitgehend *'wenn ich gesungen hätte'*.

**B ▶** Es ist unbedingt zu beachten, daß im obigen Schema PRESENTE DE SUBJUNTIVO und PERFECTO DE SUBJUNTIVO nicht erscheinen. Diese Tempora können also die Irrealität nicht ausdrücken.

**C ▶** Wichtig: Im obigen Entsprechungsschema erscheinen CONDICIONAL SIMPLE und CONDICIONAL COMPUESTO in ihrer Bedeutung als "Zukunft in der Vergangenheit" bzw. "vollendete Zukunft in der Vergangenheit", nicht als Mittel der Rede über Irreales.

### 37.20 Zeitenentsprechung von der Sprechergegenwart aus

Bei folgenden Beispielpaaren steht zunächst in Klammern der faktische Sachverhalt und nach dem Pfeil seine Negation als kontrafaktische Bedingung; übersetzt wird nur der SI-Satz.

(...son alemanes...) → **Si no fueran / fuesen alemanes...**
*Wenn sie keine Deutschen wären...*

(...harán la paz...) → **Si no hicieran / hiciesen la paz...**
*Wenn sie nicht Frieden schließen würden...*

(...me han suspendido...) → **Si no me hubieran / hubiesen suspendido...**
*Wenn sie mich nicht hätten durchfallen lassen...*

(...a la una ya habrán cerrado...) → **Si a la una aún no hubieran / hubiesen cerrado...**
*Wenn sie um eins noch nicht geschlossen haben würden...*

(...estaban durmiendo...) → **Si no hubieran / hubiesen estado durmiendo...**
*Wenn sie nicht geschlafen hätten...*

(...ella se cayó de la bicicleta...) → **Si ella no se hubiera / hubiese caído de la bicicleta...**
*Wenn sie nicht vom Fahrrad gestürzt wäre...*

(...saldrían dos días después...) → **Si no se hubieran / hubiesen salido dos días después...**
*Wenn sie nicht zwei Tage später abgereist wären...*

## 37. Zeitenfolge und indirekte Rede

(...a la una ya habían vuelto...) → Si a la una aún no hubieran / hubiesen vuelto...
*Wenn sie um eins noch nicht zurückgekehrt wären...*

(...en mayo ya habrían pagado el apartamento...) → Si en mayo aún no hubieran / hubiesen pagado el apartamento...
*Wenn sie im Mai das Apartment schon bezahlt hätten...*

### 37.21 Subjuntivo-Zeiten vom Gegenwartsstandpunkt aus: Zusammenfassung

Anhand der jeweiligen ersten Person Singular von CANTAR zeigt nachstehendes Schema, welche Zeiten des Subjuntivo vom Sprecherstandpunkt aus zu verwenden sind, wenn man von der Gegenwart aus auf einen bestimmten Abschnitt der Zeit Bezug nimmt, sei es zum Ausdruck virtueller Sachverhalte, sei es zum Ausdruck irrealer Sachverhalte.

| Zeitabschnitt | Zeiten des Subjuntivo für Virtuelles | Zeiten des Subjuntivo für das Irreale |
|---|---|---|
| Gegenwart | CANTE | CANTARA / CANTASE |
| Zukunft | | |
| vollendete Gegenwart | HAYA CANTADO | HUBIERA / HUBIESE CANTADO |
| vollendete Zukunft | | |
| Vergangenheit | CANTARA / CANTASE | |
| Zukunft in der Vergangenheit | | |
| Vorvergangenheit | HUBIERA / HUBIESE CANTADO | |
| vollendete Zukunft in der Vergangenheit | | |

Beispiele:

**No creo que vengan. Si vinieran / viniesen...**
*Ich glaube nicht, daß sie kommen. Wenn sie kämen...*

**Espero que no se hayan equivocado. Si se hubieran equivocado...**
*Ich hoffe, sie haben sich nicht geirrt. Wenn sie sich geirrt hätten...*

**Comprendo que reaccionaran así. Si no hubieran reaccionado así...**
*Ich verstehe, daß sie so reagiert haben. Wenn sie nicht so reagiert hätten...*

**Es injustificable que ya se hubieran marchado. Si no se hubieran marchado...**
*Es ist nicht zu rechtfertigen, daß sie schon gegangen waren. Wenn sie nicht gegangen wären...*

• Vgl. 35.90, 36.38. Zur Verwendung der Zeiten des Subjuntivo zum Ausdruck der Eventualität im SI-Satz vgl. 35.89, 35.91.

### 37.22 Die Zeiten des Subjuntivo im virtuellen Kontext: Vergangenheitsperspektive

Die Verwendung der Zeiten des Subjuntivo im virtuellen Kontext aus der Vergangenheitsperspektive richtet sich danach, ob der Sachverhalt im Subjuntivo dem eingenommenen Zeitpunkt der Vergangenheit, also dem Zeitpunkt des übergeordneten Ausdrucks gleich-, vor- oder nachzeitig ist. Demnach steht:

- bei Gleichzeitigkeit des Sachverhalts im Subjuntivo-Satz: IMPERFECTO DE SUBJUNTIVO;
- bei Nachzeitigkeit des Sachverhalts im Subjuntivo-Satz: IMPERFECTO DE SUBJUNTIVO;
- bei Vorzeitigkeit des Sachverhalts im Subjuntivo-Satz: PLUSCUAMPERFECTO DE SUBJUNTIVO;
- bei vollendeter Nachzeitigkeit des Sachverhalts im Subjuntivo-Satz: PLUSCUAMPERFECTO DE SUBJUNTIVO.

## 37. Zeitenfolge und indirekte Rede

Beispiele:

**Mi madre quería que yo estudiara Medicina.**
*Meine Mutter wollte, daß ich Medizin studierte.*

**Dudó de que le estuvieran diciendo la verdad.**
*Er zweifelte daran, daß sie ihm die Wahrheit sagten.*

**No me sorprendió que ya se hubiesen marchado todos.**
*Es überraschte mich nicht, daß alle schon gegangen waren.*

**Había conseguido que todos pensaran mal de mí.**
*Sie hatte erreicht, daß alle schlecht über mich dachten.*

**No me había asombrado que ninguno hubiera sobrevivido.**
*Es hatte mich nicht überrascht, daß keiner überlebt hatte.*

**Era muy improbable que lo hubiesen preparado todo para el día siguiente.**
*Es war sehr unwahrscheinlich, daß sie für den nächsten Tag alles vorbereitet haben würden.*

**Pensé que le pedirías que nos dejara solos.**
*Ich dachte, du würdest ihn bitten, uns allein zu lassen.*

**Suponíamos que antes de mayo les habrían comunicado que desalojaran el piso.**
*Wir vermuteten, daß man ihnen vor Mai mitgeteilt haben würde, daß sie die Wohnung räumen sollten.*

### 37.23 Die Zeiten des Subjuntivo im irrealen Kontext: Vergangenheitsperspektive

Wird ein irrealer Sachverhalt im Subjuntivo aus der Vergangenheitsperspektive dargestellt, so steht:
- bei Gleichzeitigkeit zum eingenommenen Standpunkt: IMPERFECTO DE SUBJUNTIVO;
- bei Nachzeitigkeit zum eingenommenen Standpunkt: IMPERFECTO DE SUBJUNTIVO;
- bei Vorzeitigkeit zum eingenommenen Standpunkt: PLUSCUAMPERFECTO DE SUBJUNTIVO;
- bei vollendeter Nachzeitigkeit zum eingenommenen Standpunkt: PLUSCUAMPERFECTO DE SUBJUNTIVO.

Beispiele:

**En ese momento pensé que haría un viaje si tuviera dinero.**
*In jenem Augenblick dachte ich, daß ich eine Reise machen würde, wenn ich Geld hätte.*

**Todos pensaban que el tío Pío habría llegado a mucho si hubiese estudiado.**
*Alle dachten, daß Onkel Pío es weit gebracht hätte, wenn er studiert hätte.*

**Había hablado como si hubiese estado enterado de todo.**
*Er hatte gesprochen, als ob er über alles unterrichtet gewesen wäre.*

**Trató de imaginarse lo imposible: lo que haría al día siguiente si los dolores hubiesen desaparecido durante la noche.**
*Er versuchte, sich das Unmögliche vorzustellen: was er am nächsten Tag tun würde, wenn während der Nacht die Schmerzen aufgehört hätten.*

### 37.24 Tempus des Subjuntivo in Hauptsätzen

Wird der Subjuntivo in einem syntaktisch unabhängigen Satz verwendet (vgl. Kapitel 32), so kommt es darauf an, ob der Sachverhalt als virtuell oder irreal bzw. vom Gegenwarts- oder vom Vergangenheitsstandpunkt aus dargestellt wird. Es gelten dann die Regeln in 37.16 bzw. 37.22 oder 37.19 bzw. 37.23. Dies wird nachstehend am Beispiel von Sätzen mit QUIZÁ und OJALÁ veranschaulicht.

**A ▶** Beispiele für den virtuellen Kontext vom Gegenwartsstandpunkt aus:

**Quizá vengan hoy o mañana.**
*Vielleicht kommen sie heute oder morgen.*

**A las nueve quizá no me haya marchado todavía.**
*Um neun Uhr werde ich vielleicht noch nicht weggegangen sein.*

**Quizá hayan suspendido y por eso están así.**
*Vielleicht sind sie durchgefallen, und sie führen sich deshalb so auf.*

**Quizá eso fuese posible en 1950.**
*Vielleicht war das im Jahre 1950 möglich.*

**Quizá lo hubiesen descubierto y no lo sabían.**
*Vielleicht hatten sie es entdeckt und wußten es nur nicht.*

**B** ▶ Beispiele für den virtuellen Kontext vom Vergangenheitsstandpunkt aus:

**Quizá eso fuese lo mejor. Esa era mi opinión.**
*Das war vielleicht das Beste. Das war meine Meinung.*

**¿Que por qué lloraba? Quizá hubiese suspendido.**
*Warum sie weinte? Vielleicht war sie durchgefallen.*

**C** ▶ Beispiele für den irrealen Kontext vom Gegenwartsstandpunkt aus:

**Ojalá fuera domingo hoy, pero como es sábado...**
*Wäre heute doch Sonntag, aber da es Samstag ist...*

**Ojalá no hubiésemos emigrado nunca.**
*Wären wir nie ausgewandert!*

**D** ▶ Beispiele für den irrealen Kontext vom Vergangenheitsstandpunkt aus:

**Era sábado. Ojalá fuera domingo, pensé.**
*Es war Samstag. Wäre es doch Sonntag, dachte ich.*

**No podía dejar de pensar en él. Ojalá no nos hubiéramos conocido, pensó ella.**
*Sie konnte nicht aufhören, an ihn zu denken. Wenn wir uns bloß nicht kennengelernt hätten, dachte sie.*

## C. Tempus des Subjekt-Objektsatzes im Subjuntivo

In diesem Kapitelteil werden die Regeln in 37.21, 37.22 und 37.23 auf die diversen Typen von QUE-Sätzen angewandt, und zwar jeweils für die in 37.15 angeführten Kontexten: final, eventual, negatorisch, judikativ und kontrafaktisch, wobei dann zwischen dem reinen und dem virtuell-irrealen Kontext unterschieden wird. Für den rein virtuellen Kontext werden die Tempora des QUE-Satzes vorgestellt, je nachdem der Hauptsatz in einem G-Tempus oder in einem V-Tempus steht.

### 37.25 Hauptsatz im G-Tempus im rein finalen Kontext

Wenn ein übergeordneter Ausdruck der beabsichtigten oder erfolgten Herbeiführung von Sachverhalten (vgl. Kapitel 34, Teil C) im PRESENTE, PERFECTO, FUTURO oder FUTURO PERFECTO steht, dann steht der QUE-Nebensatz im PRESENTE DE SUBJUNTIVO oder aber, zum Ausdruck vollendeter Zukunft, im PERFECTO DE SUBJUNTIVO.

**A** ▶ Beispiele mit Ausdrücken der Willensäußerung:

**Sólo quiero que te sientas bien.**
*Ich will nur, daß du dich wohl fühlst.*

**Siempre he deseado que se casen.**
*Ich habe mir immer gewünscht, daß sie heiraten.*

**Siempre abrigaré el deseo de que me perdonen.**
*Ich werde immer den Wunsch hegen, daß sie mir verzeihen.*

**Quiero que mañana a las seis ya te hayas marchado.**
*Ich will, daß du morgen um sechs schon abgereist bist.*

### 37. Zeitenfolge und indirekte Rede

**B** ▶ Beispiele mit Ausdrücken des Bewirkens und Verursachens:

**Procura que se tranquilicen.**
*Sorge dafür, daß sie sich beruhigen!*

**Nunca lograrás que le pida perdón.**
*Du wirst nie erreichen, daß ich sie um Verzeihung bitte.*

**Para diciembre habré conseguido que se mude.**
*Im Dezember werde ich durchgesetzt haben, daß er auszieht.*

**C** ▶ Bei Substantiven wie CAUSA, MOTIVO oder RAZÓN können logischerweise auch IMPERFECTO DE SUBJUNTIVO und PLUSCUAMPERFECTO DE SUBJUNTIVO auftreten (vgl. 37.16):

**Esa puede ser la verdadera razón de que dimitiera tan de golpe.**
*Das kann der wahre Grund dafür sein, daß er so plötzlich zurücktrat.*

### 37.26 Hauptsatz im V-Tempus im rein finalen Kontext

Wenn ein übergeordneter Ausdruck der beabsichtigten oder erfolgten Herbeiführung von Sachverhalten (vgl. Kapitel 34, Teil C) im IMPERFECTO, INDEFINIDO, PLUSCUAMPERFECTO, CONDICIONAL SIMPLE (in seiner Bedeutung "Zukunft in der Vergangenheit") oder CONDICIONAL COMPUESTO (in seiner Bedeutung "vollendete Zukunft in der Vergangenheit") steht, dann steht der QUE-Nebensatz im IMPERFECTO DE SUBJUNTIVO. Das PLUSCUAMPERFECTO DE SUBJUNTIVO zum Ausdruck vollendeter Nachzeitigkeit ist jedoch auch möglich.

**A** ▶ Beispiele mit Ausdrücken der Willensäußerung:

**Sólo quería que te sintieras bien.**
*Ich wollte nur, daß du dich wohl fühltest.*

**¿Por qué no le escribiste que viniese el lunes?**
*Warum hast du ihm nicht geschrieben, er solle am Montag kommen?*

**No veía la necesidad de que pasara nada.**
*Ich sah nicht die Notwendigkeit, daß etwas geschehen sollte.*

**Pretendía que al día siguiente a las seis ya me hubiera ido.**
*Er wollte, daß ich am nächsten Tag um sechs schon abgereist sein sollte.*

**B** ▶ Beispiele mit Ausdrücken des Bewirkens und Verursachens:

**La llegada de la policía impidió que nos pegaran.**
*Die Ankunft der Polizei verhinderte, daß man uns verprügelte.*

**Le aseguré que en diciembre habría conseguido que se mudara.**
*Ich sicherte ihm zu, daß ich im Dezember erreicht haben würde, daß er auszieht.*

**C** ▶ Die Regel gilt auch dann, wenn CONDICIONAL SIMPLE eine Vermutung über die Vergangenheit (vgl. 18.86) und CONDICIONAL COMPUESTO eine Vermutung über Vorvergangenheit bedeutet (vgl. 18.94):

**El tío le diría que saliera.**
*Der Kerl sagte ihm vielleicht, er solle herauskommen.*

**La mujer le habría dicho que no molestase.**
*Die Frau hatte ihm wohl gesagt, er solle nicht stören.*

### 37.27 PRESENTE DE SUBJUNTIVO im finalen QUE Satz bei V-Tempus im Hauptsatz

Wenn bei einem Tempus der Vergangenheit im Hauptsatz der Sachverhalt im finalen QUE-Nebensatz in der Zukunft des Sprechers liegt oder für die Gegenwart gültig ist, dann kann (nicht muß!) im QUE-Nebensatz PRESENTE DE SUBJUNTIVO stehen:

**Consiguió que en España no se castigue el consumo de drogas.**
*Er erreichte, daß der Drogenkonsum in Spanien nicht bestraft wird.*

**Ya el lunes me pidió que le acompañe mañana al hospital.**
*Er hat mich bereits letzten Montag gebeten, ihn morgen ins Krankenhaus zu begleiten.*

## 37.28 Subjuntivo-Tempus im final-irrealen Kontext

Wenn ein Hauptsatz, der einen Ausdruck des Willens oder Bewirkens (vgl. Kapitel 34, Teil C) beinhaltet, im CONDICIONAL SIMPLE oder CONDICIONAL COMPUESTO als Ausdruck des nicht Gegebenen bzw. des nicht Geschehenen steht (vgl. 18.80, 18.89), dann steht im QUE-Nebensatz, der oft einem deutschen *'wenn'*-Satz entspricht, IMPERFECTO DE SUBJUNTIVO:

**Me gustaría que vinieras más seguido.**
*Mir würde es gefallen, wenn du häufiger kommen würdest.*

**Sería conveniente que no dijeras nada.**
*Es wäre gut, wenn du nichts sagen würdest.*

**Yo nunca habría logrado que desalojasen la casa.**
*Ich hätte nie erreicht, daß sie die Wohnung räumen.*

**Yo que tú le diría que no viajase sola.**
*An deiner Stelle würde ich ihr sagen, sie solle nicht allein verreisen.*

**Nadie habría evitado que se matara.**
*Niemand hätte verhindert, daß sie sich das Leben nimmt.*

## 37.29 PRESENTE DE SUBJUNTIVO im QUE-Satz im final-irrealen Kontext

Bei eindeutigem Bezug auf die Gegenwart oder Zukunft des Sprechenden kann im QUE-Nebensatz PRESENTE DE SUBJUNTIVO stehen, wenn der regierende Satz im CONDICIONAL SIMPLE (oder aber auch im CONDICIONAL COMPUESTO, vgl. 37.14A) steht. Diese Ersetzung kommt in der Alltagssprache häufig – namentlich nach GUSTARÍA und QUISIERA (= QUERRÍA) – und im lateinamerikanischen Spanisch regelmäßig vor:

**Yo sí habría logrado que parta mañana.**
*Ich hätte schon erreicht, daß er morgen abreist.*

**Me gustaría que vengas mañana.**
*Ich hätte es gern, wenn du morgen kommst.*

**Quisiera que se lo digas tú.**
*Ich möchte gern, daß du es ihnen sagst.*

## 37.30 Hauptsatz im G-Tempus im eventualen Kontext

Wenn ein Hauptsatz, der einen Ausdruck der Möglichkeit (vgl. Kapitel 34, Teil D) beinhaltet, im PRESENTE, PERFECTO, FUTURO oder FUTURO PERFECTO steht, dann steht der QUE-Nebensatz in einem Tempus des Subjuntivo gemäß dem Schema in 37.16:

**Puede que estén en casa ahora.**
*Schon möglich, daß sie jetzt zu Hause sind.*

**Es muy posible que olvidaran la cita.**
*Es ist sehr wohl möglich, daß sie die Verabredung vergessen haben.*

## 37. Zeitenfolge und indirekte Rede

### 37.31 Hauptsatz im V-Tempus im eventualen Kontext

Wenn ein übergeordneter Ausdruck der Möglichkeit (vgl. kapitel 34, Teil D) im IMPERFECTO, INDEFINIDO, PLUSCUAMPERFECTO, CONDICIONAL SIMPLE ("Zukunft in der Vergangenheit") oder CONDICIONAL COMPUESTO ("vollendete Zukunft in der Vergangenheit") steht, dann steht der QUE-Nebensatz in einem Tempus des Subjuntivo gemäß 37.22:

**Se arriesgaban a que los catalanes se abstuvieran.**
*Sie gingen das Risiko ein, daß die Katalanen sich der Stimme enthalten würden.*

**Lo más probable era que nadie hubiera visto nada.**
*Am wahrscheinlichsten war es, daß niemand etwas gesehen hatte.*

### 37.32 Tempus des Subjuntivo im eventual-irrealen Kontext

Wenn ein übergeordneter Ausdruck der Möglichkeit (vgl. Kapitel 34, Teil D) im CONDICIONAL SIMPLE oder CONDICIONAL COMPUESTO als Ausdruck des nicht Gegebenen bzw. des nicht Geschehenen (vgl. 18.80, 18.89) steht, dann steht im entsprechenden QUE-Nebensatz, welcher oft einem deutschen *'wenn'*-Satz entspricht, ein Subjuntivo-Tempus nach dem Schema in 37.19, also entweder IMPERFECTO DE SUBJUNTIVO oder PLUSCUAMPERFECTO DE SUBJUNTIVO:

**De otro modo correríamos el riesgo de que se abstuvieran.**
*Sonst würden wir Gefahr laufen, daß sie sich der Stimme enthalten.*

**También cabría la posibilidad de que se hubieran suicidado.**
*Es wäre aber auch möglich, daß sie Selbstmord begangen haben.*

### 37.33 PRESENTE und PERFECTO DE SUBJUNTIVO im eventual-irrealen Kontext

Wenn eher die Eventualität als die Irrealität gemeint ist, dann steht häufig im QUE-Satz, wenn der Bezug auf die Gegenwart oder Zukunft des Sprechenden eindeutig ist, PRESENTE DE SUBJUNTIVO statt IMPERFECTO DE SUBJUNTIVO (und auch PERFECTO DE SUBJUNTIVO statt PLUSCUAMPERFECTO DE SUBJUNTIVO):

**Correríamos el riesgo de que se abstengan en la votación de mañana.**
*Wir würden riskieren, daß sie sich in der morgigen Abstimmung der Stimme enthalten.*

**Habría que contemplar la posibilidad de que se hayan suicidado.**
*Man müßte die Möglichkeit in Betracht ziehen, daß sie Selbstmord begangen haben.*

### 37.34 Hauptsatz im G-Tempus beim negatorischen Kontext

Wenn ein Hauptsatz, der einen Ausdruck des Zweifels und Bestreitens (vgl. Kapitel 34, Teil E) beinhaltet, im PRESENTE, PERFECTO, FUTURO oder FUTURO PERFECTO steht, dann steht der QUE-Nebensatz in einem Tempus des Subjuntivo gemäß dem Schema in 37.16:

**No creo que vengan mañana.**
*Ich glaube nicht, daß sie morgen kommen.*

**Yo siempre he dudado de que murieran en Rusia.**
*Ich habe immer daran gezweifelt, daß sie in Rußland gestorben sind.*

**No es verdad que hubieran olvidado la cita.**
*Es stimmt nicht, daß sie die Verabredung vergessen hatten.*

### 37.35 Hauptsatz im V-Tempus beim negatorischen Kontext

Wenn ein übergeordneter Ausdruck des Zweifels und Bestreitens (vgl. kapitel 34, Teil E) im IMPERFECTO, INDEFINIDO, PLUSCUAMPERFECTO, CONDICIONAL SIMPLE (in seiner Bedeutung "Zukunft in der Vergangenheit") oder CONDICIONAL COMPUESTO (in seiner Bedeutung "vollendete Zukunft in der

Vergangenheit") steht, dann steht der QUE-Nebensatz in einem Tempus des Subjuntivo gemäß dem Schema in 37.22:

**No era verdad que tuviera un complejo de inferioridad.**
*Es stimmte nicht, daß er einen Minderwertigkeitskomplex hatte.*

**Dudé de que me hubieran dicho todo lo que sabían.**
*Ich bezweifelte, daß sie mir alles gesagt hatten, was sie wußten.*

## 37.36 Kein Subjuntivo im QUE-Satz im negatorisch-irrealen Kontext

Wenn im Hauptsatz ein bejahender oder negierter Ausdruck des Zweifels oder Bestreitens (vgl. Kapitel 34, Teil E) im CONDICIONAL SIMPLE oder CONDICIONAL COMPUESTO zum Ausdruck des Irreal-Hypothetischen (vgl. 18.80, 18.89) verwendet wird, dann wird im QUE-Satz entweder eine Tatsache wiedergegeben oder eine Meinung zitiert. In beiden Fällen steht im QUE-Satz der Indikativ, und zwar nach den Regeln der Zeitenfolge in 37.2 und 37.3:

**Cualquiera creería que Paco es comunista si no se supiera que es católico creyente.**
*Jeder würde glauben, daß Paco Kommunist ist, wenn man nicht wüßte, daß er gläubiger Katholik ist.*

**Yo no creería que María ya tiene treinta años si ella misma no me lo hubiera dicho.**
*Ich würde nicht glauben, daß Maria schon dreißig Jahre alt ist, wenn sie es mir nicht selbst gesagt hätte.*

## 37.37 Kein Subjuntivo im QUE-Satz im irreal-hypothetischen Kontext

Dieselben Regeln der Zeitenfolge gelten für den *'wenn'*-Teil im irreal-hypothetischen Kontext mit Verben geistiger Tätigkeit im Hauptsatz:

**Si no hubiese sabido que estaban contando un chiste, habría pensado que me querían ofender.**
*Wenn ich nicht gewußt hätte, daß die gerade einen Witz erzählten, hätte ich gedacht, daß sie mich beleidigen wollten.*

**Si no estuviese convencido de que conduce bien, pensaría que anoche estaba borracho.**
*Wenn ich nicht davon überzeugt wäre, daß er gut fahren kann, würde ich denken, daß er gestern betrunken war.*

**Si yo creyera que tienes razón, pensaría desde luego que soy yo el que me he equivocado.**
*Wenn ich glauben würde, daß du recht hast, würde ich natürlich denken, daß ich es war, der sich geirrt hat.*

## 37.38 Hauptsatz im G-Tempus im judikativen Kontext

Wenn ein Hauptsatz, der einen Ausdruck der Bewertung von Tatsachen (vgl. Kapitel 34, Teil F) beinhaltet, im PRESENTE, PERFECTO, FUTURO ODER FUTURO PERFECTO (hier meistens in der Bedeutung: "Vermutung über vollendete Gegenwart", vgl. 18.77) steht, dann steht der QUE-Nebensatz in einem Tempus des Subjuntivo gemäß dem Schema in 37.16:

**Me parece una barbaridad que se hayan ido sin despedirse.**
*Ich finde es unmöglich, daß sie weggegangen sind, ohne auf Wiedersehen zu sagen.*

**Les alegrará que vengas mañana.**
*Es wird sie freuen, daß du morgen kommst.*

**Es natural que no tuvieran ganas.**
*Es ist nur natürlich, daß sie keine Lust hatten.*

**No es indiferente el hecho de que nadie se hubiese marchado.**
*Die Tatsache, daß niemand abgereist war, ist nicht gleichgültig.*

¿Les habrá sorprendido que yo esté aquí?
*Ob es sie überrascht hat, daß ich hier bin?*

### 37.39 Hauptsatz im V-Tempus bei judikativem Kontext

Wenn der Hauptsatz einen übergeordneten Ausdruck der Bewertung von Tatsachen (vgl. Kapitel 34, Teil F) im IMPERFECTO, INDEFINIDO, PLUSCUAMPERFECTO, CONDICIONAL SIMPLE (in seiner Bedeutung "Zukunft in der Vergangenheit") oder CONDICIONAL COMPUESTO (in seiner Bedeutung "vollendete Zukunft in der Vergangenheit") enthält, dann steht der QUE-Nebensatz in einem Tempus des Subjuntivo gemäß dem Schema in 37.19:

Francamente no me alegró que estuviera en casa.
*Es hat mich ehrlich gesagt nicht gefreut, daß sie zu Hause war.*

Me parecía increíble que se hubiesen abofeteado.
*Es kam mir unglaublich vor, daß sie sich gegenseitig geohrfeigt hatten.*

**A ▶** Die Zeitenfolgeregeln in 37.19 gelten auch, wenn im übergeordneten Ausdruck CONDICIONAL SIMPLE als Ausdruck der Vermutung über Vergangenheit (vgl. 18.86) und CONDICIONAL COMPUESTO als Ausdruck der Vermutung über die Vorvergangenheit (vgl. 18.94) verwendet werden:

La señora López estaría enfadada de que estuvieras fumando.
*Frau López war wohl darüber verärgert, daß du rauchtest.*

Les habría sorprendido que lo hubieras repetido tal cual lo habían dicho.
*Es hatte sie vielleicht überrascht, daß du es genauso wiederholt hattest, wie sie es gesagt hatten.*

### 37.40 Subjuntivo-Tempus im judikativ-irrealen Kontext

Wenn der Hauptsatz einen übergeordneten Ausdruck der Bewertung von Tatsachen (vgl. Kapitel 34, Teil F) im CONDICIONAL SIMPLE oder CONDICIONAL COMPUESTO als Ausdruck des nicht Gegebenen bzw. des nicht Geschehenen enthält, dann steht im entsprechenden QUE-Nebensatz, welcher oft einem deutschen *'wenn'*-Satz entspricht, ein Subjuntivo-Tempus nach dem Schema in 37.19, also entweder IMPERFECTO DE SUBJUNTIVO oder PLUSCUAMPERFECTO DE SUBJUNTIVO (der Kontext selber wird dabei meist ein finaler, da es sich um den Ausdruck des Wünschenswerten oder nicht Wünschenswerten handelt):

Me sorprendería que ya estuvieran en casa.
*Es würde mich überraschen, wenn sie schon zu Hause wären.*

No me importaría que hubiese hablado de mi premio.
*Es würde mir nichts ausmachen, wenn er von meinem Preis erzählt hätte.*

Me habría alegrado mucho que me hubieses ido a ver al hospital.
*Es hätte mich sehr gefreut, wenn du mich im Krankenhaus besucht hättest.*

**A ▶** In der Alltagssprache – aber sonst auch – kommen oft die Regeln in 37.16 zum Tragen, wenn sich der Sachverhalt auf die Gegenwart und auf die Zukunft bezieht:

No estaría mal que se lo digas esta noche.
*Es wäre nicht schlecht, wenn du es ihnen heute abend sagst.*

# D. Tempus des Subjuntivo in Adverbialsätzen

## 37.41 Tempus des Subjuntivo in Finalsätzen

**A ▶** Handelt es sich um einen virtuellen Kontext, so steht in Finalsätzen nach einem G-Tempus im Hauptsatz PRESENTE DE SUBJUNTIVO aber auch PERFECTO DE SUBJUNTIVO zum Ausdruck vollendeter Zukunft:

**Te doy el contrato para que lo leas.**
*Ich gebe dir den Vertrag, damit du ihn liest.*

**Se lo he dicho para que se tranquilice.**
*Ich habe es ihm gesagt, damit er sich beruhigt.*

**Cerraré la puerta para que nadie oiga la conversación.**
*Ich werde die Türe schließen, damit niemand das Gespräch hört.*

**Habrá escrito la carta en alemán para que nadie pueda leerla.**
*Er wird den Brief auf deutsch geschrieben haben, damit niemand ihn lesen kann.*

**Díselo ahora para que se haya tranquilizado antes de que venga Rosalía.**
*Sag es ihr jetzt, damit sie sich beruhigt hat, bevor Rosalia kommt.*

**B ▶** Bei virtuellem Kontext steht in Finalsätzen nach einem V-Tempus im Hauptsatz IMPERFECTO DE SUBJUNTIVO, aber auch PLUSCUAMPERFECTO DE SUBJUNTIVO zum Ausdruck vollendeter Zukunft in der Vergangenheit:

**La llamaba todos los días para que estuviese convencida de su amor.**
*Er rief sie jeden Tag an, damit sie von seiner Liebe überzeugt war.*

**Te di el contrato para que lo leyeras.**
*Ich habe dir den Vertrag gegeben, damit du ihn liest.*

**Se lo había dicho para que se tranquilizase.**
*Ich hatte es ihm gesagt, damit er sich beruhigte.*

**Le dije que cerraría la puerta para que nadie nos oyera.**
*Ich sagte ihm, ich würde die Tür schließen, damit uns niemand hört(e).*

**C ▶** Nach einem V-Tempus kann auch PRESENTE DE SUBJUNTIVO stehen, wenn sich der Sachverhalt des Finalsatzes auf die Zukunft des Sprechers bezieht:

**Le di los documentos hace un mes para que esté bien preparada mañana.**
*Ich habe ihr die Unterlagen vor einem Monat gegeben, damit sie morgen gut vorbereitet ist.*

**D ▶** Im irrealen Kontext gelten die Regeln in 37.19:

**Si tuviera el contrato a la mano, te lo daría para que lo leyeras.**
*Wenn ich den Vertrag zur Hand hätte, würde ich ihn dir geben, damit du ihn liest.*

**Si me hubiera parecido necesario, te habría dado el contrato para que lo leyeras.**
*Wenn ich es für nötig gehalten hätte, hätte ich dir den Vertrag gegeben, damit du ihn liest.*

**E ▶** Die nicht selten anzutreffende Verwendung von PRESENTE DE SUBJUNTIVO im irrealen Kontext (im ersten der vorigen Beispiele LEAS statt LEYERAS) kann als inkorrekt gelten.

## 37.42 Tempus des Subjuntivo in finalen Konsekutivsätzen

Die Zeitenfolgeregeln für Finalsätze gelten auch für finale Konsekutivsätze, vgl. 35.64. Beispiele:

**Debemos diseñar los transportes públicos de tal modo que nadie eche en falta el coche.**
*Wir müssen die öffentlichen Verkehrsmittel so gestalten, daß niemand den Wagen vermißt.*

### 37. Zeitenfolge und indirekte Rede

**Se lo iba decir de tal manera que no pensara en Ernesto.**
*Ich wollte es ihr so sagen, daß sie nicht an Ernesto denken sollte.*

## 37.43 Subjuntivo-Tempus nach SIN QUE

SIN QUE-Sätze haben von Haus aus einen finalen, konditionalen oder temporalen Sinn, die Regeln der Zeitenfolge dazu werden nachstehend angegeben. Die Regeln für Subjuntivo-Zeiten bei der oft anzutreffenden Verwendung von SIN QUE-Sätzen als stilistische Variante für nebengeordnete Sätze werden in 37.45 genannt.

**A ▶** Bei einem G-Tempus im Hauptsatz steht nach SIN QUE **PRESENTE DE SUBJUNTIVO**, zum Ausdruck eines abgeschlossenen Vorgangs auch **PERFECTO DE SUBJUNTIVO**:

**Sal sin que te vean.**
*Gehe hinaus, ohne daß sie dich sehen.*

**No se puede hablar contigo sin que te enfades.**
*Man kann mit dir nicht reden, ohne daß du dich ärgerst.*

**Nos abandonará sin que hayamos acabado el trabajo.**
*Er wird uns verlassen, bevor wir die Arbeit beendet haben.*

**Se ha vaciado el local sin que nos hayamos dado cuenta.**
*Das Lokal hat sich geleert, ohne daß wir es bemerkt haben.*

**B ▶** Bei einem V-Tempus im Hauptsatz steht nach SIN QUE **IMPERFECTO DE SUBJUNTIVO**, zum Ausdruck eines abgeschlossenen Vorgangs aber auch **PLUSCUAMPERFECTO DE SUBJUNTIVO**:

**Salimos sin que nos vieran.**
*Wir gingen hinaus, ohne daß sie uns sahen.*

**Uno no podía decirle nada sin que se enfadase.**
*Man konnte ihm nichts sagen, ohne daß er sich ärgerte.*

**El local se había ido vaciando sin que nadie se hubiese dado cuenta.**
*Das Lokal hatte sich nach und nach geleert, ohne daß jemand es gemerkt hatte.*

**¿Y si nos abandonaba sin que hubiésemos acabado el trabajo?**
*Und wenn er uns verließ, bevor wir die Arbeit beendet hatten?*

**C ▶** Für den irrealen Kontext gelten die Regel in 37.19:

**Si pudiera, saldría sin que me vieran.**
*Wenn ich könnte, würde ich hinausgehen, ohne daß sie mich sehen.*

**De otro modo lo habrían hecho sin que se lo hubieran pedido.**
*Sonst hätten sie es getan, ohne daß man sie darum gebeten hätte.*

**D ▶** Die nicht selten anzutreffende Verwendung von **PRESENTE DE SUBJUNTIVO** im irrealen Kontext (im ersten der vorigen Beispiele VEAN statt VIERAS) darf als inkorrekt gelten.

## 37.44 Subjuntivo-Tempus nach LEJOS DE QUE und EN VEZ DE QUE

Für LEJOS DE QUE- und EN VEZ DE QUE-Sätze (vgl. 35.34, 35.36) gelten die Zeitenfolgeregeln für SIN QUE-Sätze (vgl. 37.43):

**En vez de que hable Inés sobre lo de siempre, mostrarás tú tus diapositivas.**
*Anstatt daß Inés über das Übliche spricht, wirst du deine Dias zeigen.*

**Lejos de que las tropas fueran recibidas con júbilo, se empezó a organizar la resistencia.**
*Nicht nur wurden die Truppen alles andere als freudig empfangen, vielmehr fing der Widerstand an, sich zu organisieren.*

## 37. Zeitenfolge und indirekte Rede

### 37.45 Tempora des Subjuntivo bei SIN QUE in der Quasi-Nebenordnung

Wenn ein SIN QUE-Satz als Variante eines bloß nebengeordneten, etwa durch Y NO koordinierten Satzes fungiert, gilt das Entsprechungsschema in 37.16:

**Desapareció hace un año (y hasta ahora no se conoce su paradero =) sin que hasta ahora se conozca su paradero.**
*Sie verschwand vor einem Jahr, ihr Verbleib ist bis heute unbekannt.*

### 37.46 Subjuntivo-Tempus nach ANTES (DE) QUE

**A ▶** Bei einem gegenwartsbezogenen Tempus im Hauptsatz steht nach ANTES (DE) QUE PRESENTE DE SUBJUNTIVO, zum Ausdruck eines abgeschlossenen Vorgangs aber auch PERFECTO DE SUBJUNTIVO:

**Vámonos antes de que cierren esto.**
*Gehen wir, bevor sie hier zumachen.*

**Nos iremos antes de que vengan los demás.**
*Wir werden gehen, bevor die anderen kommen.*

**No dejo que te vayas antes de que hayas firmado.**
*Ich lasse dich nicht gehen, bevor du unterschrieben hast.*

**B ▶** Bei einem V-Tempus im Hauptsatz steht nach ANTES (DE) QUE IMPERFECTO DE SUBJUNTIVO, zum Ausdruck eines abgeschlossenen Vorgangs aber auch PLUSCUAMPERFECTO DE SUBJUNTIVO:

**Nos fuimos antes de que cerraran la biblioteca.**
*Wir sind weggegangen, bevor sie die Bibliothek schlossen.*

**Le aseguré que nos iríamos antes de que llegasen los demás.**
*Ich versicherte ihm, daß wir gehen würden, bevor die anderen kämen.*

**Nunca llegaba antes de que hubieran llegado todos los demás.**
*Sie kam nie an, bevor alle anderen eingetroffen waren.*

**C ▶** Für den irrealen Kontext gelten die Regeln in 37.19:

**Si pudiera, me marcharía antes de que llegaran los otros.**
*Wenn ich könnte, würde ich gehen, bevor die anderen kommen.*

**Habría sido conveniente llegar antes de que empezara la reunión.**
*Es wäre besser gewesen, vor dem Beginn der Versammlung anzukommen.*

**D ▶** Die nicht selten anzutreffende Verwendung von PRESENTE DE SUBJUNTIVO im irrealen Kontext (im ersten der vorigen Beispiele LLEGUEN statt LLEGARAN) muß als inkorrekt gelten.

### 37.47 Subjuntivo-Tempus nach CUANDO

**A ▶** Bei einem G-Tempus im Hauptsatz steht nach zukunftsgerichtetem CUANDO (vgl. 35.19) PRESENTE DE SUBJUNTIVO, zum Ausdruck vollendeter Zukunft jedoch auch PERFECTO DE SUBJUNTIVO:

**Sonreíd cuando yo levante la mano.**
*Lächelt, wenn ich die Hand hebe.*

**Le diré la verdad cuando tenga veinte años.**
*Ich werde ihm die Wahrheit sagen, wenn er zwanzig ist.*

**Apagaré la luz cuando el niño se haya dormido.**
*Ich werde das Licht ausschalten, wenn das Kind eingeschlafen ist.*

## 37. Zeitenfolge und indirekte Rede

**B ▶** Bei einem V-Tempus im Hauptsatz steht nach zukunftsgerichtetem CUANDO IMPERFECTO DE SUBJUNTIVO, zum Ausdruck vollendeter Zukunft in der Vergangenheit aber auch PLUSCUAMPERFECTO DE SUBJUNTIVO:

**Sabía que sonreirían cuando yo levantara la mano.**
*Ich wußte, daß sie lächeln würden, wenn / sobald ich die Hand heben würde.*

**Les prometí que les diría toda la verdad cuando hubiesen cumplido los veinte.**
*Ich versprach ihnen, die ganze Wahrheit zu sagen, wenn sie zwanzig geworden wären.*

**Creía que apagarías la luz cuando el niño se hubiese dormido.**
*Ich glaubte, du würdest das Licht ausschalten, wenn das Kind eingeschlafen sein würde.*

**C ▶** Für den irrealen Kontext gelten die Regeln in 37.19:

**Si estuviera aquí Juan, todos se pondrían a trabajar cuando apareciera.**
*Wenn Juan hier wäre, würden sich alle an die Arbeit machen, sobald er sich zeigen würde.*

**Habría sido mejor hablar de ello cuando se hubieran marchado todos.**
*Es wäre besser gewesen, davon zu reden, nachdem alle weggegangen gewesen wären.*

**D ▶** Die Zeitenfolgeregeln für CUANDO-Sätze im Subjuntivo gelten auch für alle Temporalkonjunktionen, die auf die Zukunft gerichtet werden können und bei denen der Gebrauch des Subjuntivo dann obligatorisch ist, vgl. 35.16, 35.21 ff. Zu IMPERFECTO DE SUBJUNTIVO als absolutes Präteritum nach DESPUÉS DE QUE und DESDE QUE vgl. 35.25 und 35.30A.

## 37.48 Die Zeiten des Subjuntivo in virtuell-konzessiven Nebensätzen

**A ▶** Sofern es sich um den Ausdruck virtueller Sachverhalte (vgl. 35.43) handelt, stehen im Nebensatz bei einem G-Tempus im Hauptsatz die Subjuntivo-Zeiten nach AUNQUE und dessen Synonymen gemäß dem Schema in 37.16:

**Me meteré en el agua aunque esté fría.**
*Ich werde ins Wasser gehen, auch wenn dieses kalt ist.*

**La gorra la lleva siempre, aunque haga 50 grados a la sombra.**
*Die Mütze hat er immer auf, selbst bei 50 Grad im Schatten.*

**No salgas aunque haya parado ya de llover.**
*Gehe nicht hinaus, auch wenn es aufgehört hat zu regnen.*

**Creen en ello, aunque se demostrara lo contrario hace más de cien años.**
*Sie glauben daran, obwohl das Gegenteil vor mehr als hundert Jahren bewiesen wurde.*

**Toca mal, por mucho que hubiera estudiado en Alemania antes de la guerra.**
*Er spielt schlecht, auch wenn er vor dem Krieg in Deutschland studiert haben mag.*

**B ▶** Sofern es sich um den Ausdruck virtueller Sachverhalte handelt (vgl. 35.43), stehen bei einem V-Tempus im Hauptsatz nach AUNQUE und dessen Synonymen die Subjuntivo-Zeiten gemäß dem Schema in 37.16:

**Había resuelto meterme en el agua aunque estuviera fría.**
*Ich hatte beschlossen, ins Wasser zu gehen, auch wenn dieses kalt wäre.*

**El jersey lo llevaba puesto siempre, aunque hiciera 50 grados a la sombra.**
*Den Pullover hatte er immer an, selbst bei 50 Grad im Schatten.*

**No lo creía aunque lo hubiera dicho Pedro.**
*Ich glaubte es nicht, auch wenn es Pedro gesagt haben mochte.*

## 37.49 Die Zeiten des Subjuntivo in irreal-konzessiven Nebensätzen

Nach AUNQUE und dessen Synonymen im Ausdruck imaginärer unwirksamer Gründe (vgl. 35.43C) gelten die Regeln der Zeitenfolge in 37.19:

**No son muy inteligentes, pero aunque lo fueran, ¿qué más da?**
*Sie sind nicht sehr intelligent, aber selbst wenn sie es wären, was macht es schon?*

**Pagué yo, pero aunque no hubiera pagado, no habría protestado nadie.**
*Ich bezahlte, aber selbst wenn ich nicht bezahlt hätte, hätte niemand protestiert.*

## 37.50 Die Zeiten des Subjuntivo nach PORQUE

Wird PORQUE mit Subjuntivo verwendet, so richtet sich das Tempus nach dem Sprecherstandpunkt, d.h. gemäß dem Entsprechungsschema in 37.16, unabhängig vom Tempus des Hauptsatzes:

**Los hombres son asesinos, pero no porque Dios los creara así, sino por razones materiales.**
*Menschen sind Mörder, aber nicht weil Gott sie so schuf, sondern aus materiellen Gründen.*

**¿Vas a dejar de estudiar porque te falte el dinero necesario?**
*Wirst du das Studium aufgeben, weil dir das nötige Geld fehlt?*

**No fui porque me gustara, sino porque me lo habían pedido.**
*Ich bin nicht hingegangen, weil es mir gefiel, sondern weil man mich darum gebeten hatte.*

## 37.51 Die Zeiten des Subjuntivo in Konditionalsätzen (außer SI-Sätzen)

Wie in 35.93 dargelegt, wird der Subjuntivo nach allen konditionalen Konjunktionen außer SI verwendet. Zur Zeitenverwendung nach SI vgl. 35.85 und 37.59C.

**A ▶** Die Verwendung der Subjuntivo-Zeiten in konditionalen Nebensätzen, die nicht durch SI eingeleitet werden, richtet sich nach dem Schema in 37.16, sofern im Hauptsatz ein G-Tempus steht:

**Nos llevará siempre que le paguemos la gasolina.**
*Er wird uns mitnehmen, sofern wir für das Benzin aufkommen.*

**Puedes venir siempre y cuando te lo hayas comido todo.**
*Du kannst kommen, aber nur unter der Bedingung, daß du alles aufgegessen hast.*

**En caso de que se acabe el agua, llamas a Don Blas.**
*Falls das Wasser ausgeht, rufst du Don Blas an.*

**B ▶** Vom Vergangenheitsstandpunkt aus werden die Regeln in 37.22 angewandt:

**Era seguro que nos llevaría siempre y cuando le pagáramos la gasolina.**
*Es stand fest, daß er uns mitnimmt, sofern wir für das Benzin aufkommen.*

**Podía ir, siempre y cuando me hubiese tomado la sopa.**
*Ich durfte hingehen, aber nur unter der Bedingung daß ich die Suppe aufgegessen hatte.*

**Decidimos que llamaríamos a Don Blas en caso de que se acabase el agua.**
*Wir beschlossen, Don Blas anzurufen im Falle, daß das Wasser ausgehen sollte.*

**C ▶** Für den irrealen Kontext gelten die Regeln in 37.19:

**Yo sería feliz siempre y cuando tú también lo fueras.**
*Ich wäre glücklich, sofern du es auch wärest.*

**No se habrían ido a menos que se lo hubieses pedido tú.**
*Sie wären nicht weggegangen, es sei denn, du hättest sie darum gebeten.*

## 37. Zeitenfolge und indirekte Rede

## E. Zeitenfolgeregeln für Relativsätze

### 37.52 Relativsätze im Indikativ

In Relativsätzen richtet sich die Verwendung der Zeiten des Indikativs nach den Intentionen des Sprechers (und den Regeln der Verständlichkeit und des gesunden Menschenverstandes), es gelten also die Regeln für die Verwendung der Zeiten des Indikativs, die im Kapitel 18 dargelegt sind. Beispiele:

**Mañana nos vendrá a ver un señor que vivió veinte años en Australia.**
*Morgen wird uns ein Herr besuchen, der zwanzig Jahre in Australien gelebt hat.*

**El domingo comimos lo que comeremos el domingo que viene.**
*Am Sonntag haben wir gegessen, was wir nächsten Sonntag essen werden.*

- Vgl. 36.39.

### 37.53 Zeiten des Subjuntivo in Relativsätzen

Bei Verwendung des Subjuntivo in Relativsätzen (vgl. Kapitel 36, Teil B) richtet sich die Verwendung der Zeiten des Subjuntivo nach den Intentionen des Sprechers, es gelten also die temporalen Bedeutungen der Zeiten des Subjuntivo, die in den Entsprechungsschemata in 37.16 und 37.19 herausgearbeitet sind.

- Zu PRETÉRITO IMPERFECTO DE SUBJUNTIVO als absolutes Präteritum in Relativsätzen vgl. 36.39.
- Zu FUTURO DE SUBJUNTIVO und FUTURO PERFECTO DE SUBJUNTIVO in Relativsätzen vgl. 36.38.

**A** ▶ Beispiele mit dem Hauptsatz im G-Tempus beim virtuellen Kontext:

**Necesitamos una secretaria que sepa inglés.**
*Wir brauchen eine Sekretärin, die Englisch kann.*

**No hay nada que me haya dolido más en mi vida.**
*Es gibt nichts, was mich in meinem Leben mehr geschmerzt hat / hätte.*

**Apenas vive ya gente que sobreviviera los bombardeos de Hamburgo.**
*Es leben kaum noch Leute, die die Bombardierungen Hamburgs überlebten.*

**Buscamos un español que hubiera vivido en Cuba antes de que Castro llegase al poder.**
*Wir suchen einen Spanier, der in Kuba gelebt hatte, bevor Castro an die Macht kam.*

**B** ▶ Beispiele mit dem Hauptsatz in einem V-Tempus beim virtuellen Kontext:

**Nos hacía falta una copiadora que rindiera lo mismo que la robada.**
*Wir brauchten einen Kopierer, der genau soviel leisten sollte wie der gestohlene.*

**El profesor iba a preguntarles a los que hubieran faltado.**
*Der Lehrer wollte diejenigen fragen, die gefehlt hatten.*

**Les pedimos que nos contaran cuanto hubieran visto.**
*Wir baten sie, uns alles zu erzählen, was sie gesehen hatten.*

**C** ▶ Beispiele mit dem Hauptsatz im CONDICIONAL SIMPLE und CONDICIONAL COMPUESTO im irrealen Kontext:

**Mereceríamos un gobierno que funcionara / funcionase.**
*Wir verdienten eine Regierung, die funktionierte.*

**De otro modo jamás habría buscado una mujer que lo hiciera feliz.**
*Sonst hätte er nie eine Frau gesucht, die ihn glücklich machen sollte.*

**Sería ciego el que no lo viera así.**
*Blind müßte der sein, der es nicht so sähe.*

## 37. Zeitenfolge und indirekte Rede

**Una ciudad donde los niños no salieran a jugar sería un cementerio.**
*Eine Stadt, in der Kinder nicht auf der Straße spielen könnten, wäre ein Friedhof.*

### 37.54 PRESENTE DE SUBJUNTIVO im Relativsatz der Irrealität

In Relativsätzen der Irrealität wird sehr oft PRESENTE DE SUBJUNTIVO statt IMPERFECTO DE SUBJUNTIVO verwendet, wenn der Blick nicht so sehr auf die Unwirklichkeit des Gegebenen, sondern auf die Eventualität des Zukünftigen gerichtet ist. (Dieser Gebrauch wird nicht als ganz korrekt angesehen):

**Le gustaría enamorarse de un hombre que la invite al cine de vez en cuando.**
*Sie würde sich gern in einen Mann verlieben, der sie gelegentlich zu einem Kinobesuch einlädt.*

**Pagaría un millón por un ordenador que funcione mejor que el que tengo.**
*Ich würde eine Million zahlen für einen Computer, der besser funktioniert als mein jetziger.*

## F. Indirekte Rede

Gesprochene und geschriebene Texte werden in Nebensätzen textwiedergebender Verben indirekt wiedergegeben. Redeeinführende Verben sind außer DECIR und PREGUNTAR: ASEGURAR, DECLARAR, INSISTIR, REPETIR ebenso wie ESCRIBIR, LEER usw. Behauptungen und Aufforderungen werden im QUE-Nebensatz (vgl. aber 14.41), ja-nein-Fragen im SI-Nebensatz indirekt wiedergegeben (vgl. 35.77), wobei QUE vor SI und vor allem vor Fragewörtern erscheinen kann (vgl. 34.11, 34.12).

### 37.55 Allgemeines zur indirekten Rede im Deutschen und Spanischen

**A ▶** Der textwiedergebende Satz ist im Deutschen sehr oft ein uneingeleiteter Nebensatz. Im Spanischen ist der textwiedergebende Satz ein durch QUE oder SI eingeleiteter Nebensatz, mitunter auch ein Infinitivsatz (vgl. 14.41).

**B ▶** Der deutsche Konjunktiv (oder dessen 'würde'-Umschreibung) dient sehr oft zur Wiedergabe von Äußerungen, er ist also ein Index der indirekten Textwiedergabe und stilistisch gesehen ein Mittel der Distanzierung. Das Spanische verfügt über keinen Index der indirekten Textwiedergabe, wie es der Konjunktiv ist. Der spanische Subjuntivo ist lediglich für die indirekte Wiedergabe von Aufforderungssätzen, also des Imperativs zuständig und für die Wiedergabe von Äußerungen, die in der Primäräußerung eine Form des Subjuntivo bereits enthalten.

**C ▶** Das Tempus des textwiedergebenden Satzes im Deutschen ist unabhängig vom Tempus des regierenden Verbs. Im Spanischen richtet sich in der Regel das Tempus des textwiedergebenden Nebensatzes nach dem Tempus des Hauptsatzverbs.

**D ▶** Aus dem zuvor Gesagten folgt für die Indirekte Rede im Spanischen, daß es sich hierbei lediglich um die Anwendung der Zeitenfolgeregeln im Kapitel 37, Teil A, sowie 37.25 und 37.26 handelt. Logischerweise finden im Spanischen darüber hinaus – wie im Deutschen – Pronominalverschiebungen und ein Wechsel der zeiträumlichen Adverbialbestimmungen statt, die den Redesituationen entsprechen.

• Dies alles sei verdeutlicht anhand folgender Beispiele:

**Pedro me ha dicho que no viene a la sesión.**
*Pedro hat mir gesagt, er komme nicht zu der Sitzung.*

**Nos aseguró que nos llamaría aquí.**
*Er versicherte uns, er werde / würde uns hier anrufen.*

**Le preguntó si era casada.**
*Er fragte sie, ob sie verheiratet sei / wäre.*

## 37. Zeitenfolge und indirekte Rede

**Dijo no conocer a los alemanes.**
*Er behauptete, er kenne die Deutschen nicht.*

**Me preguntó (que) si le podía dar fuego.**
*Er fragte mich, ob ich ihm Feuer geben könne.*

**Me preguntó (que) cuándo viajaba al Perú.**
*Er fragte mich, wann ich nach Peru führe / fahren würde.*

### 37.56 Tempus des Nebensatzes bei G-Tempus im Hauptsatz

Das Tempus der Originaläußerung, sei es im Indikativ oder im Subjuntivo, wird beibehalten, wenn das Hauptsatzverb in einem gegenwartsbezogenen Tempus steht (in folgenden Beispielen wird nur der Satz mit der indirekten Textwiedergabe übersetzt).

**A** ▶ Beispiele mit dem regierenden Satz im Indikativ.

**Ana dice / ha dicho: "Tengo hambre." →**
**Ana dice / ha dicho que tiene hambre.**
*Ana sagt / hat gesagt, sie habe Hunger.*

**Ana me dice / ha dicho: "Has engordado." →**
**Ana me dice / ha dicho que he engordado.**
*Ana sagt mir/ hat mir gesagt, ich sei dicker geworden.*

**Ana dice / ha dicho: "En el examen se me olvidó todo." →**
**Ana dice / ha dicho que en el examen se le olvidó todo.**
*Ana sagt / hat gesagt, ihr sei in der Prüfung alles entfallen.*

**Ana dice / ha dicho: "Me dolía la cabeza al despertarme." →**
**Ana dice / ha dicho que le dolía la cabeza al despertarse.**
*Ana sagt / hat gesagt, sie habe beim Aufwachen Kopfweh gehabt.*

**Ana dice / ha dicho: "Ya se habían ido todos cuando llegué." →**
**Ana dice / ha dicho que ya se habían ido todos cuando llegó.**
*Ana sagt / hat gesagt, alle seien schon weggegangen gewesen, als sie angekommen sei.*

**Ana dice / ha dicho: "No volveré hasta el lunes." →**
**Ana dice / ha dicho que no volverá hasta el lunes.**
*Ana sagt / hat gesagt, sie werde erst am Montag zurückkommen.*

**Ana dice / ha dicho: "En mayo ya me habré doctorado." →**
**Ana dice / ha dicho que en mayo ya se habrá doctorado.**
*Ana sagt / hat gesagt, im Mai werde sie schon ihren Doktor gemacht haben.*

**Ana me dice / me ha dicho: "Yo nunca haría un viaje contigo." →**
**Ana dice / ha dicho que ella nunca haría un viaje conmigo.**
*Ana sagt mir / hat mir gesagt, sie würde nie eine Reise mit mir machen.*

**Ana dice / ha dicho: "Yo en tu lugar no habría dicho nada." →**
**Ana dice / ha dicho que ella en mi lugar no habría dicho nada.**
*Ana sagt / hat gesagt, sie hätte an meiner Stelle nichts gesagt.*

**B** ▶ Beispiele mit Subjuntivo-Äquivalenten von gegenwartsbezogenen Tempora des Indikativs im Hauptsatz (vgl. 37.16).

**Quiero que le digas: "No tengo tiempo." →**
**Quiero que le digas que no tienes tiempo.**
*Ich will, daß du ihm sagst, daß du keine Zeit hast.*

**No es necesario que me repitas: "El dinero nunca me ha importado." →**
**No es necesario que me repitas que el dinero nunca te ha importado.**
*Es ist nicht nötig, daß du mir immer wieder sagst, Geld sei dir immer egal gewesen.*

## 37. Zeitenfolge und indirekte Rede

Se pondrá a llorar cuando le anuncies: "Me voy." →
Se pondrá a llorar cuando le anuncies que te vas.
*Sie wird zu weinen anfangen, wenn du ihr ankündigen wirst, du gehest.*

La harías feliz si le dijeras: "Te quiero." →
La harías feliz si le dijeras que la quieres.
*Du würdest sie glücklich machen, wenn du ihr sagen würdest, du liebtest sie.*

Si le hubieras dicho: "Lo siento", no se habría puesto así. →
Si le hubieras dicho que lo sientes no se habría puesto así.
*Wenn du ihr gesagt hättest, es tue dir leid, würde sie sich jetzt nicht so aufgeführt haben.*

**C** ▶ Beispiel mit dem QUE-Satz als Substantivergänzung:

Siempre sale con el argumento: "Los políticos son personas comunes y corrientes." →
Siempre sale con el argumento de que los políticos son personas comunes y corrientes.
*Er kommt immer mit dem Argument, Politiker seien Menschen wie du und ich.*

**D** ▶ Beispiele mit Fragesätzen:

Me ha preguntado varias veces: "¿Tienes novio?" →
Me ha preguntado varias veces si tengo novio.
*Er hat mich mehrmals gefragt, ob ich einen Freund hätte.*

Este señor pregunta: "¿A qué hora cierran ustedes?" →
Este señor pregunta que a qué hora cerramos.
*Dieser Herr fragt, wann wir zumachen würden.*

**E** ▶ Beispiele mit Satzgruppen nach QUE:

Mi madre se pasa repitiendo: "Quiero que mis hijos sean buenos cristianos." →
Mi madre se pasa repitiendo que quiere que sus hijos sean buenos cristianos.
*Meine Mutter wiederholt ständig, sie wolle, daß ihre Kinder gute Christen seien.*

Ana me ha dicho: "Puedes irte si quieres." →
Ana me ha dicho que puedo irme si quiero.
*Ana hat mir gesagt, ich könne weggehen, wenn ich wolle.*

El médico ha dicho: "Podrá usted levantarse cuando se sienta mejor." →
El médico ha dicho que podré levantarme cuando me sienta mejor.
*Der Arzt hat mir gesagt, ich würde aufstehen können, wenn ich mich wohler fühlte.*

El ministro ha señalado: "Soy consciente de que la crisis que atravesamos es general." →
El ministro ha señalado que es consciente de que la crisis que atravesamos es general.
*Der Minister hat erklärt, er sei sich dessen bewußt, daß die Krise, die wir durchmachten, allgemein sei.*

Me escriben: "Buscamos gente que sepa explicarnos el Linux." →
Me escriben que buscan gente que sepa explicarles el Linux.
*Sie schreiben mir, daß sie Leute suchen, die ihnen das Linux-System erklären.*

Rosalía nos ha confesado: "Si pudiera, dejaría esta empresa mañana mismo." →
Rosalía nos ha confesado que si pudiera, dejaría su empresa mañana mismo.
*Rosalía hat uns gebeichtet, daß sie ihre Firma sofort verlassen würde, wenn sie könnte,.*

Luis ha confirmado: "Si lo hubiera sabido no habría venido." →
Luis me ha confirmado que si lo hubiera sabido no habría venido.
*Luis hat mir bestätigt, daß, wenn er es gewußt hätte, er nicht gekommen wäre.*

## 37. Zeitenfolge und indirekte Rede

### 37.57 Tempus des Nebensatzes bei V-Tempus im Hauptsatz

Wenn das Verb im regierenden Satz in einem vergangenheitsbezogenen Tempus steht, dann ändert sich teilweise das Tempus der Originaläußerung in der indirekten Fassung.

**A** ▶ Für den Indikativ:
- PRESENTE wird zu IMPERFECTO.
- PERFECTO wird zu PLUSCUAMPERFECTO.
- FUTURO wird zu CONDICIONAL SIMPLE.
- FUTURO PERFECTO wird zu CONDICIONAL COMPUESTO.
- Alle übrigen Zeiten bleiben unverändert.

**B** ▶ Für den Subjuntivo im virtuellen Kontext:
- PRESENTE DE SUBJUNTIVO wird zu IMPERFECTO DE SUBJUNTIVO.
- PERFECTO DE SUBJUNTIVO wird zu PLUSCUAMPERFECTO DE SUBJUNTIVO.
- Alle übrigen Zeiten bleiben unverändert.

**C** ▶ Für den Subjuntivo im irrealen Kontext erfolgt keine Veränderung der Originaläußerung.

### 37.58 Indirekte Rede mit einem V-Tempus im Hauptsatz: eine Illustrierung

Bei folgenden Beispielen, in denen nur die Fassung mit indirekter Rede übersetzt wird, handelt es sich teilweise um die Vergangenheitsversion der Beispiele in 37.56.

**A** ▶ Beispiele mit Hauptsätzen im Indikativ:

Ana dijo / decía / había dicho: "Tengo hambre." →
Ana dijo / decía / había dicho que tenía hambre.
*Ana sagte [hat gesagt] / hatte gesagt, sie habe Hunger.*

Ana me dijo / decía / había dicho: "Has engordado." →
Ana me dijo / decía / había dicho que había engordado.
*Ana sagt mir [hat mir gesagt] / hatte mir gesagt, ich sei dicker geworden.*

Ana dijo / decía / había dicho: "En el examen se me olvidó todo." →
Ana dijo / decía / había dicho que en el examen se le olvidó todo.
*Ana sagte [hat gesagt] / hatte gesagt, ihr sei in der Prüfung alles entfallen.*

Ana me dijo / decía / había dicho: "Me dolía la cabeza al despertarme." →
Ana me dijo / decía / había dicho que le dolía la cabeza al despertarse.
*Ana sagte mir [hat mir gesagt] / hatte mir gesagt, sie habe beim Aufwachen Kopfweh gehabt.*

Ana dijo / decía / había dicho: "Ya se habían ido todos cuando llegué." →
Ana dijo / decía / había dicho que ya se habían todos cuando llegó.
*Ana sagte [hat gesagt] / hatte gesagt, alle seien schon weggegangen gewesen, als sie angekommen sei.*

Ana dijo / decía / había dicho: "No volveré hasta el lunes." →
Ana dijo / decía / había dicho que no volvería hasta el lunes.
*Ana sagte [hat gesagt] / hatte gesagt, sie werde erst am Montag zurückkommen.*

Ana dijo / decía / había dicho: "En mayo ya me habré doctorado." →
Ana dijo / decía / había dicho que en mayo ya se habría doctorado.
*Ana sagte [hat gesagt] / hatte gesagt, im Mai werde sie schon ihren Doktor gemacht haben.*

Ana me dijo / decía / me había dicho: "Yo nunca haría un viaje contigo." →
Ana dijo / decía / había dicho que ella nunca haría un viaje conmigo.
*Ana sagte mir [hat mir gesagt] / hat mir gesagt, sie würde nie eine Reise mit mir machen.*

Ana dijo / decía / había dicho: "Yo en tu lugar no habría dicho nada." →
Ana dijo / decía / había dicho que ella en mi lugar no habría dicho nada.
*Ana sagte [hat gesagt] / hatte gesagt, sie hätte an meiner Stelle nichts gesagt.*

## 37. Zeitenfolge und indirekte Rede

**B** ▶ Beispiele mit Subjuntivo-Äquivalenten von Tempora des Indikativs im Hauptsatz:

Quería que le dijeras: "No tengo tiempo." →
Quería que le dijeras que no tenías tiempo.
*Ich wollte, daß du ihm sagst, daß du keine Zeit hattest.*

No era necesario que me repitieras: "El dinero nunca me ha importado". →
No era necesario que me repitieras que el dinero nunca te había importado.
*Es war nicht nötig, daß du mir immer wieder sagtest, Geld sei dir immer egal gewesen.*

Yo estaba seguro de que se pondría a llorar cuando le anunciaras: "Me voy". →
Yo estaba seguro de que se pondría a llorar cuando le anunciaras que te ibas.
*Ich war mir sicher, daß sie zu weinen anfangen würde, wenn du ihr ankündigen würdest, du gehest.*

Se me ocurrió que la podrías hacer feliz si le dijeras: "Te quiero". →
Se me ocurrió que la podrías hacer feliz si le dijeras que la querías.
*Ich hatte den plötzlichen Einfall, du könntest sie glücklich machen, wenn du ihr sagtest, du liebest sie.*

Es evidente que si le hubieras dicho: "Lo siento", no se habría puesto como se puso. →
Es evidente que si le hubieras dicho que lo sentías, no se habría puesto como se puso.
*Es ist ganz klar, daß, wenn du ihr gesagt hättest, es tue dir leid, sie sich nicht so aufgeführt hätte.*

**C** ▶ Beispiel mit dem QUE-Satz als Substantivergänzung:

Siempre salía con el argumento: "Los políticos son personas comunes y corrientes." →
Siempre salía con el argumento de que los políticos eran personas comunes y corrientes.
*Er kam immer mit dem Argument, Politiker seien Menschen wie du und ich.*

**D** ▶ Beispiele mit Fragesätzen:

Mi prima me había preguntado varias veces: "¿Tienes novio?" →
Mi prima me había preguntado varias veces (que) si tenía novio.
*Meine Kusine hatte mich mehrmals gefragt, ob ich einen Freund hätte.*

Aquel señor preguntó: "¿A qué hora cierran ustedes?" →
Aquel señor preguntó (que) a qué hora cerrábamos.
*Der Herr fragte, wann wir zumachen würden.*

**E** ▶ Beispiele mit Satzgruppen nach QUE.

Mi madre se pasaba repitiendo: "Quiero que mis hijos sean buenos cristianos." →
Mi madre se pasaba repitiendo que quería que sus hijos fueran buenos cristianos.
*Meine Mutter wiederholte ständig, sie wolle, daß ihre Kinder gute Christen sind.*

Ana me había dicho: "Puedes irte si quieres." →
Ana me había dicho que podía irme si quería.
*Ana hatte mir gesagt, ich könne weggehen, wenn ich wolle.*

El médico había dicho: "Podrá usted levantarse cuando se sienta mejor." →
El médico había dicho que podría levantarme cuando me sintiera mejor.
*Der Arzt hatte mir gesagt, ich würde aufstehen können, wenn ich mich wohler fühlte.*

El ministro señaló: "Soy consciente de que la crisis que atravesamos es general." →
El ministro señaló que era consciente de que la crisis que atravesábamos era general.
*Der Minister erklärte, er sei sich dessen bewußt, daß die Krise, die wir durchmachten, allgemein sei.*

## 37. Zeitenfolge und indirekte Rede

Me escribieron: "Buscamos gente que sepa explicarnos el Linux." →
Me escribieron que buscaban gente que supiera explicarles el Linux.
*Sie schrieben mir, sie suchten Leute, die ihnen das Linux-System erklären könnten*

Rosalía nos confesó: "Si pudiera, dejaría esta empresa mañana mismo." →
Rosalía nos confesó que si pudiera, dejaría su empresa mañana mismo.
*Rosalía hatte uns gebeichtet, daß sie, wenn sie könnte, ihre Firma sofort verlassen würde.*

Manu me había confirmado: "Si lo hubiera sabido no habría venido." →
Manu me había confirmado que si lo hubiera sabido no habría venido.
*Manu hatte mir bestätigt, daß er, hätte er es gewußt, nicht gekommen wäre.*

### 37.59 G-Tempus im QUE-Satz bei V-Tempus im Hauptsatz

Falls die Originaläußerung zeitlose Gültigkeit bzw. Gültigkeit für die Gegenwart desjenigen, der den Text wiedergibt, beanspruchen kann, kann das Tempus des Originals unverändert bleiben:

¿Quién fue el primero en decir: "El hombre es libre"? →
¿Quién fue el primero en decir que el hombre es libre?
*Wer sagte [hat gesagt] als erster, der Mensch sei frei?*

El ministro explicó: "Vivo en un piso alquilado." →
El ministro explicó que vive en un piso alquilado.
*Der Minister erklärte, daß er in einer Mietwohnung wohne.*

Jorge telefoneó hace unos días para decir: "En marzo me iré a trabajar a Berlín". →
Jorge telefoneó hace unos días para decir que en marzo se irá a trabajar a Berlín.
*Jorge telefonierte neulich, um mitzuteilen, daß er im März zum Arbeiten nach Berlin führe.*

Al ser detenidos, los manifestantes declararon: "Nuestro objetivo es que cambie el mundo." →
Al ser detenidos, los manifestantes declararon que su objetivo es que cambie el mundo.
*Bei ihrer Festnahme erklärten die Demonstranten, ihr Ziel sei die Veränderung der Welt.*

**A** ▶ Beispiel mit dem QUE-Satz als Ergänzung eines Substantivs:

Entonces se propagó la noticia: "Los habitantes de América son seres humanos." →
Entonces se propagó la noticia de que los habitantes de América son seres humanos.
*Damals verbreitete sich die Nachricht, daß die Bewohner Amerikas Menschen seien.*

### 37.60 PLUSCUAMPERFECTO ersetzt INDEFINIDO in der indirekten Rede

In der Regel wird INDEFINIDO zu PLUSCUAMPERFECTO bei Benennung eines Zeitpunktes, der im Verhältnis zur Sprechergegenwart zu einem vorvergangenem Zeitpunkt wird:

Ana dijo: "Ayer estuve en Toledo." →
Ana dijo que el día anterior había estado en Toledo.
*Ana sagte [hat gesagt], sie sei am Tag zuvor in Toledo gewesen.*

### 37.61 Möglichkeiten der Nachzeitigkeit bei V-Tempus im Hauptsatz

Die Nachzeitigkeit, die mit dem CONDICIONAL SIMPLE ausgedrückt wird, kann auch mit IMPERFECTO und mit IMPERFECTO DE INDICATIVO von IR + A + INFINITIV beschrieben werden:

Ana dijo: "Salgo a las seis." →
Ana dijo que salía a las seis.
*Ana sagte [hat gesagt], sie fahre um sechs ab.*

### 37. Zeitenfolge und indirekte Rede

Ana me dijo: "Voy a fotocopiar la carta ahora mismo." →
Ana me dijo que iba a fotocopiar la carta en ese mismo momento.
*Ana sagte [hat gesagt], sie werde / wolle gleich den Brief fotokopieren.*

### 37.62 Nachzeitigkeit im virtualen SI-Satz bei V-Tempus im Hauptsatz

Wie in 35.84 dargelegt, dürfen nach virtuell-hypothetischem SI weder FUTURO noch FUTURO PERFECTO erscheinen, sie werden durch PRESENTE und PERFECTO COMPUESTO ersetzt. In der indirekten Textwiedergabe mit einem Hauptsatz im V-Tempus muß dem Rechnung getragen werden durch Verwandlung von PRESENTE in IMPERFECTO DE INDICATIVO bzw. PERFECTO COMPUESTO in PLUSCAMPERFECTO DE INDICATIVO. In folgenden Beispielen mit dem Hauptsatz im V-Tempus eines textwiedergebenden Verbs erscheinen in diesem die drei möglichen Ausdrucksmittel für Zukünftiges, also FUTURO, PRESENTE und IR A + Infinitiv, die in der Vergangenheitsperspektive zu CONDICIONAL, IMPERFECTO DE INDICATIVO bzw. IMPERFECTO DE INDICATIVO von IR + A + Infinitiv werden:

Ana me dijo: "Si voy, te llamaré / te llamo / te voy a llamar antes." →
Ana me dijo que si iba me llamaría / me llamaba / me iba a llamar antes.
*Ana sagte mir, falls sie gehe, werde sie mich vorher anrufen / rufe sie mich vorher an.*

El ministro declaró: "Si no he dimitido en mayo, no dimitiré / no dimito / no voy a dimitir jamás." →
El ministro declaró que si no había dimitido en mayo no dimitiría / no dimitía / no iba a dimitir jamás.
*Der Minister erklärte, falls er nicht im Mai zurückgetreten sein werde, trete er niemals zurück / werde er niemals zurücktreten.*

### 37.63 Vergleich mit deutschen Vergangenheitszeiten

Da das deutsche Perfekt und das deutsche Imperfekt weitgehend miteinander austauschbar sind, können Sätze wie *'er hat gesagt, er habe Kopfweh'* oder *'er sagte, er habe Fieber'* jeweils zwei verschiedene spanische Fassungen haben, und zwar je nachdem, ob *'er hat gesagt'* bzw. *'er sagte'* mit HA DICHO, DIJO oder DECÍA wiederzugeben ist, also:

> *'Er hat gesagt, er habe Kopfweh.'* entspricht:
> HA DICHO QUE LE DUELE LA CABEZA.
> DIJO / DECÍA QUE LE DOLÍA LA CABEZA.

> *'Er sagte, er habe Fieber.'* entspricht:
> HA DICHO QUE TIENE FIEBRE.
> DIJO / DECÍA QUE TENÍA FIEBRE.

### 37.64 Der Imperativ in der indirekten Rede

In der indirekten Rede werden Sätze im Imperativ immer im Subjuntivo wiedergegeben (vgl. 34.46), und zwar:

- im PRESENTE DE SUBJUNTIVO, wenn das Verb im Hauptsatz in einem G-Tempus steht;
- im IMPERFECTO DE SUBJUNTIVO, wenn das Verb im Hauptsatz in einem V-Tempus steht.

**A ▸** Beispiele mit dem Hauptsatzverb im G-Tempus:

Siempre me dice: "Lávate las manos antes de comer." →
Siempre me dice que me lave las manos antes de comer.
*Sie sagt mir immer, ich solle mir vor dem Essen die Hände waschen.*

Hoy me ha vuelto a decir: "Escríbele a tu madre." →
Hoy me ha vuelto a decir que le escriba a mi madre.
*Heute hat er mir wieder gesagt, ich solle meiner Mutter schreiben.*

## 37. Zeitenfolge und indirekte Rede

**B** ▶ Beispiele mit dem Hauptsatzverb im V-Tempus:

**Siempre me decía: "Lávate las manos antes de comer." →**
**Siempre me decía que me lavara / lavase las manos antes de comer.**
*Sie sagte mir immer, ich solle mir vor dem Essen die Hände waschen.*

**El anciano nos gritó: "¡No crucéis el puente!." →**
**El anciano nos gritó que no cruzáramos / cruzásemos el puente.**
*Der alte Mann rief uns zu, wir sollten die Brücke nicht überqueren.*

**La víspera me había vuelto a decir: "Escríbele a tu madre." →**
**La víspera me había vuelto a decir que le escribiera / escribiese a mi madre.**
*Am Vortag hatte sie mir wieder gesagt, ich solle meiner Mutter schreiben.*

**C** ▶ Eine grob fehlerhafte Art der indirekten Wiedergabe des Imperativs findet man gelegentlich als DE-Infinitvergänzung vor: ME DIJO DE IR JUNTOS A LA FIESTA. Dies darf auf keinen Fall nachgeahmt werden.

# 38. Die Präpositionen DE, A und EN

Auf den Gebrauch der Präpositionen DE, A und EN wird vielfach in anderen Kapiteln eingegangen. Hinweise darauf finden sich im folgenden am Anfang des jeweiligen Teiles.

## A. Die Präposition DE

Der Gebrauch von DE wird im folgenden in neun Abschnitten dargelegt. Es kann durchaus sein, daß manche Festlegung hier mit guten Gründen auch einem anderen Bereich zugeschrieben werden kann. Dies wäre unter anderem dem Umstand geschuldet, daß die Präposition DE teilweise keine klare Bedeutung hat und somit als spanische Universalpräposition anzusehen ist.
- Zu DE + EL = DEL vgl. 5.6.
- Zu LO DE vgl. 5.18.
- Zu DE in Komparativsätzen vgl. 9.154 ff.
- **DE + Infinitiv** kommt sehr häufig vor, vgl. u.a. 14.8 (unpersönliche Konstruktionen), 14.31 (nach einem Substantiv), 14.33 (nach einem Adjektiv), 14.38 (nach einem Verb), 14.106 (Verkürzung von Kausalsätzen), 14.107 (Verkürzung von Konditionalsätzen).

### 38.1 Bezeichnung des Ausgangspunkts, der Entfernung

**A ▶** Die folgenden Gebrauchsweisen von DE leiten sich von der konkreten Bedeutung von DE zur Bezeichnung des Ausgangspunkts einer Bewegung ab, vgl. 25.52 und 26.37. Beispiele mit DE in der Bedeutung *'von, aus'*:

**apartarse de la ventana** *sich vom Fenster abwenden*
**las lenguas derivadas del latín** *die vom Lateinischen abgeleiteten Sprachen*
**borrar su imagen de la memoria** *sein Bild aus dem Gedächtnis löschen*
**desaparecer de su domicilio** *aus seiner Wohnung verschwinden*
**dimitir de un cargo** *von einem Amt zurücktreten*
**distinguir lo bueno de lo malo** *das Gute vom Schlechten unterscheiden*
**excluir de la lista** *aus der Liste streichen*
**heredar una casa de los abuelos** *von den Großeltern ein Haus erben*
**mejorar de sus heridas** *sich von seinen Verletzungen erholen*
**reponerse de la impresión** *sich von dem Schock erholen*
**dejarse de cosas** *mit dem Unsinn aufhören*
**sacar algo del cajón** *etwas aus der Schublade hervorholen*
**traducir del alemán** *aus dem Deutschen übersetzen*
**desinteresarse de algo** *das Interesse an etwas verlieren*
**faltar de la caja** *in der Kasse fehlen*

**B ▶** Einige Ausdrücke des Wechselns und Überschreitens enthalten DE:

**exceder del millón de euros** *eine Million Euro übersteigen*
**cambiar de tema** *das Thema wechseln*
**mudarse de casa** *umziehen*
**trasladar de cárcel** *in ein anderes Gefängnis verlegen*
**pasar de los 40 años** *über vierzig Jahre alt sein*
**pasar de largo** *vorübergehen; außer acht lassen*

**C ▶** Beispiele mit PASAR DE und **PASARSE** + kongruierendes Adjektiv:

**Paso de sus berrinches.**
*Mich interessieren ihre Wutanfälle nicht.*

**Estos señores se pasaron de listos.**
*Diese Herren wollten zu schlau sein.*

**Creo que te pasas de prudente.**
*Ich glaube, du bist da übervorsichtig.*

**D** ▶ DE führt das Objekt von Verben des Befreiens, Entziehens und Entledigens ein:

**absolver de los pecados** *die Sünden vergeben*
**librar de una carga** *von einer Last befreien*
**despojarse de sus ropas** *sich entkleiden*
**privar de libertad** *der Freiheit berauben*
**desembarazarse de algo** *sich einer Sache entledigen*

● Beispiele mit Adjektiven:

**palabras desprovistas de sentido** *sinnentleerte Worte*
**falto de apoyo** *ohne Unterstützung*
**carente de documentos** *ohne Ausweispapiere*
**libre de presiones** *frei von Druck*
**abandonado de la mano de Dios** *gottverlassen*

**E** ▶ DE bezeichnet die berührte Stelle bei Verben des Greifens; hier kann DE mit POR (vgl. 25.37) konkurrieren, mitunter handelt es sich jedoch um feststehende Wendungen:

**ir de la mano de su madre** *an der Hand seiner Mutter gehen*
**tirar de la puerta** *die Tür zuziehen*
**agarrarse de la baranda** *sich am Geländer festhalten*
**pasearse cogidos de la mano** *Hand in Hand spazierengehen*
**atar de pies y manos** *an Händen und Füssen binden*

**F** ▶ Beispiele mit Verben des (Ab-)Hängens:

**colgar del techo** *an der Decke hängen*
**depender de las circunstancias** *von den Umständen abhängen*

**G** ▶ DE entspricht *'vor'* bei Verben des Abwehrens:

**defenderse de los ataques** *die Angriffe abwehren*
**proteger del frío** *vor der Kälte schützen*

## 38.2 Bezeichnung der Zugehörigkeit

**A** ▶ Beispiele mit SER DE und SER + **Possessivpronomen** (vgl. 19.3 und 19.5):

**La calle es de todos.**
*Die Straße gehört allen.*

**No sé de quién será esto que está aquí. Mío no es.**
*Ich weiß nicht, wem das hier gehört. Mir gehört es nicht.*

**B** ▶ Beispiele mit durch DE verbundenen Substantiven bzw. substantivischen Wörtern zum Ausdruck diverser Sorten der Zugehörigkeit, die im Deutschen mit Genitiv- oder *'von'*-Verbindungen konstruiert werden:

**la hija de un industrial** *die Tochter eines Industriellen*
**el brazo derecho del Rey** *die rechte Hand des Königs*
**el destino de los dinosaurios** *das Schicksal der Dinosaurier*
**el origen de la vida** *der Ursprung des Lebens*
**una radiografía de lo que somos** *eine Röntgenaufnahme dessen, was wir sind*
**el último viaje del Papa** *die letzte Reise des Papstes*
**una buena impresión de mí** *ein guter Eindruck von mir*
**el club de los gordos** *der Klub der Dicken*
**elogio de la duda** *Lob des Zweifels*

## 38. Die Präpositionen DE, A und EN

**la estética de lo invisible** *die Ästhetik des Unsichtbaren*
**el principio del fin** *der Anfang vom Ende*
**el mito de Orfeo** *die Orpheussage*
**el aeropuerto de Sevilla** *der Flughafen von Sevilla*
**la economía de España** *Spaniens Wirtschaft*
**el periódico de ayer** *die Zeitung von gestern*
**la sombra del cuerpo del cochero** *der Schatten des Körpers des Kutschers*
**el discurso del director del colegio** *die Rede des Schuldirektors*
**la necesidad de una subida de impuestos** *die Notwendigkeit einer Steuererhöhung*

• In den ersten drei der folgenden Beispiele führt DE den Ausführenden einer Handlung, in den letzten drei den "Erleidenden" (zur Verdeutlichung durch A-Konstruktionen vgl. 38.10):

**los reproches de su marido** *die Vorwürfe ihres Mannes*
**una exigencia de Pablo Escobar** *eine Forderung von P.E.*
**la represión del Gobierno** *die Repression durch die Regierung*
**el descubrimiento de América** *die Entdeckung Amerikas*
**el asesinato de una joven** *der Mord an einer jungen Frau*
**la cogida de Rincón** *die Tatsache, daß der Torero R. vom Stier auf die Hörner genommen wurde*

**C ▶** Beispiele begrifflicher DE-Verbindungen, von denen einige im Lexikon als feste Begriffe verzeichnet sind, andere spontane Bildungen darstellen. Man beachte, daß das zweite Element in allen Beispielen artikellos erscheint:

**salto de alegría** *Freudensprung*
**calidad de vida** *Lebensqualität*
**pena de muerte** *Todesstrafe*
**universidad de verano** *Sommeruniversität*
**aprendiz de yuppie** *Yuppie-Lehrling*
**cáncer de mama** *Brustkrebs*
**caza de brujas** *Hexenjagd*
**pozo de petróleo** *Ölquelle*
**oferta de empleo** *Stellenangebot*
**nombre de pila** *Vorname*
**transplante de corazón** *Herzverpflanzung*
**condición de exiliado** *Flüchtlingsdasein*
**regalo de despedida** *Abschiedsgeschenk*
**billete de tren** *Eisenbahnfahrkarte*
**vagón de equipajes** *Gepäckwagen*
**estado de salud** *Gesundheitszustand*
**crisis de liderazgo** *Führungskrise*
**baño de sangre** *Blutbad*
**libertad de opinión** *Meinungsfreiheit*
**carrera de fondo** *Langstreckenlauf*
**música de locura** *Wahnsinnsmusik*
**una mayoría de tres quintos** *eine Dreifünftel-Mehrheit*

**D ▶** Zur Bildung begrifflicher DE-Verbindungen kann auch ein Infinitiv erscheinen, häufig mit passivischem Sinn. In Verbindungen dieser Art stellt DE sehr häufig einen Ersatz für PARA dar (vgl. 14.1b, 39.29):

**máquina de escribir** *Schreibmaschine*
**gorro de dormir** *Schlafhaube*
**fiesta de guardar** *gebotener Feiertag*
**una película de reír** *ein lustiger Film*
**una escritora de entretener** *eine Unterhaltungsschriftstellerin*
**unos zapatos de andar por casa** *ein Paar Hausschuhe*
**un regalo de comer** *ein Geschenk, das man essen kann*

### 38. Die Präpositionen DE, A und EN

**gente de fiar** *vertrauenswürdige Leute*
**el arte de iluminar** *die Beleuchtungskunst*

**E ▶** Das Element, das in begrifflichen Verbindungen nach DE kommt, kann grundsätzlich jeder Wortart oder -gruppe angehören, es kann sogar ein Satz sein:

**un ser humano de a pie** *ein Durchschnittsmensch*
**los empresarios de coge el dinero y corre** *die Nimm-das-Geld-und-renn-weg-Unternehmer*

**F ▶** Das zweite Element in den begrifflichen DE-Verbindungen kann in der Regel als Prädikatsnomen in einer SER-Konstruktion auftreten:

**La pena fue de muerte**
*Es war ein Todesurteil.*

**La crisis es de liderazgo.**
*Es ist eine Führungskrise.*

**Uno de los billetes era de tren.**
*Eine Karte war ein Eisenbahnbillett.*

**Tu regalo, ¿es de comer o de ponerse?**
*Ist dein Geschenk zum Essen oder zum Anziehen?*

### 38.3 DE bei der Einleitung einer Merkmalsangabe

DE wird jeder anderen Präposition vorgezogen, wenn es um identifizierende Merkmalsangaben geht:

–¿Quién es Lola?  *"Wer ist Lola?"*
–La rubia de falda gris.  *"Die Blonde mit dem grauen Rock."*

–¿Qué van a edificar aquí?  *"Was wird hier gebaut?"*
–Un edificio de veinte pisos.  *"Ein zwanzigstöckiges Hochhaus."*

–¿Qué coche tienes ahora?  *"Was für einen Wagen hast du jetzt?"*
–Uno de cuatro puertas.  *"Einen viertürigen."*

–¿Dónde fue el accidente?  *"Wo war der Diebstahl?"*
–En la carretera de Burgos.  *"Auf der Straße nach Burgos."*

–Dime qué te parece Genaro.  *"Sag mal, wie findest du Genaro?"*
–Bueno, para su edad, es un chico de mucho carácter.  *"Nun, für sein Alter ist er ein Junge mit einem starken Charakter."*

**A ▶** Die Charakterisierung von Personen und Gegenständen durch einen "unveräußerlichen" Bestandteil derselben kann immer mit DE (plus einem artikellosen Substantiv) erfolgen (vgl. das zweite, dritte und das letzte der vorigen Beispiele), man kann also auch sagen: UNA MUJER DE PELO CORTO oder UN LIBRO DE PASTAS AZULES. Bei Angaben von Merkmalen, die eher zufälliger Art sind, konkurriert DE mit CON: bei Verwendung des unbestimmten Artikels bei der zu charakterisierenden Sache oder Person oder bei Artikellosigkeit wird in der Regel CON verwendet, sonst DE:

**Se distinguía entre las casas una con una bandera ondeando en el tejado.**
*Unter den Häusern stach eines mit einer Flagge auf dem Dach hervor.*

**Nos dirigimos a la casa de la bandera.**
*Wir fuhren zu dem Haus mit der Flagge.*

● Die immer häufigere Verwendung von CON statt DE in Sätzen wie dem letzten stellt wohl einen Fehler dar. Bei Wegfall des Substantivs darf man allein DE gebrauchen (vgl. 5.12).

**B ▶** Die nähere Bestimmung mit durch DE eingeführten Ortsbezeichnungen (inklusive Eigennamen) ist im Spanischen gang und gäbe:

**38. Die Präpositionen DE, A und EN**

los papeles de aquí *die Zettel hier*
la cafetería de frente al ministerio *das Café gegenüber dem Ministerium*
una tienda de por aquí *ein Laden in der Nähe*
encontrarse en un bar de la Plaza Mayor *sich in einer Bar an der Plaza Mayor befinden*

**C** ▶ Würde im letzten Beispiel DE durch EN ersetzt, so würde es sich nach spanischem Sprachgefühl um eine Apposition handeln, es würde eine Pause im Redefluß entstehen, und es müßte deshalb ein Komma davor gesetzt werden: ESTAMOS EN UN BAR, EN LA PLAZA MAYOR. Weiteres Beispiel:

**Comimos en un restaurante del Mercado del Pescado.**
*Wir aßen in einem Restaurant im Fischmarkt.*

### 38.4 Bereich des Inhalts

**A** ▶ Beispiele mit DE als Einführung des Materials und des Teils (vgl. 38.20B):

pendientes de oro *Ohrringe aus Gold*
espadas de madera *Holzschwerter*
telón de acero *eiserner Vorhang*
vivir de lo que gana el marido *von dem leben, was der Ehemann verdient*
componerse de tres partes *aus drei Teilen bestehen*

**B** ▶ Beispiele mit DE TODO:

**En esta tienda hay de todo.**
*In diesem Laden gibt es praktisch alles.*

**Me dijeron de todo.**
*Sie sagten mir alles mögliche.*

**C** ▶ Beispiele für den obligatorischen Gebrauch von DE zur Einführung des Inhalts eines Gefäßes und der durch genaue oder ungefähre Messung ausgedrückten Menge (vgl. auch 4.30 ff):

un vaso de agua *ein Glas Wasser*
una lata de cerveza *eine Dose Bier*
300 toneladas de basura *300 Tonnen Müll*
diez minutos de retraso *zehn Minuten Verspätung*
dos trozos de pan *zwei Stücke Brot*
un grupo de manifestantes *eine Gruppe Demonstranten*
una serie de equívocos *eine Reihe von Mißverständnissen*
un poco de sal *ein wenig Salz*
un montón de guardias *eine Menge Polizisten*
un rebaño de ovejas *eine Schafherde*

**D** ▶ Beispiele für den obligatorischen Gebrauch von DE zwischen einer gemessenen Menge und der dadurch ausgedrückten Größe:

tres metros de ancho *drei Meter breit*
dos mil metros de altura *dreitausend Meter Höhe*

**E** ▶ Beispiele für die sehr gebräuchliche Formel SER + DE LOS / LAS + Adjektiv (QUE + Verb) (vgl. 10.75):

**Rosario era de las angustiadas.**
*Rosario gehörte zu den Ängstlichen.*

**Soy de los que se duermen ante el televisor.**
*Ich bin einer von denen, die vor dem Fernseher einschlafen.*

## 38. Die Präpositionen DE, A und EN

**F ▶** Einige Verben, deren Objekt mit DE verbunden wird:

| | | |
|---|---|---|
| ABOMINAR | CARECER | NECESITAR |
| ABUSAR | CUIDAR | OCUPARSE |
| ACORDARSE | CUIDARSE | OLVIDARSE |
| ADUEÑARSE | DESCONFIAR | OPERARSE |
| ADVERTIR | DESISTIR | PADECER |
| APODERARSE | DISFRUTAR | PARTICIPAR |
| APROPIARSE | DOLERSE | PECAR |
| APROVECHARSE | ENAMORARSE | PERCATARSE |
| ARREPENTIRSE | ENCARGARSE | PRECISAR |
| ASEGURARSE | ENTERARSE | PRESCINDIR |
| AVERGONZARSE | EQUIVOCARSE | PROTESTAR |
| BASTAR | FIARSE | QUEJARSE |
| BENEFICIARSE | GOZAR | REÍRSE |
| BURLARSE | GUSTAR | RENEGAR |
| CONVENCER(SE) | INCAUTARSE | RESPONSABILIZARSE |
| CONTAGIAR | INFORMAR | |

● Man beachte (vgl. aber 38.23):
**subir / bajar de precio** *teurer / billiger werden*
**participar de los beneficios** *an den Gewinnen teilhaben*

**G ▶** Die Verbindung DAR DE + **Substantiv im Plural**, bei der das Substantiv eine Schlaghandlung ausdrückt, wird verwendet, um eine schnelle, gewaltsame Wiederholung auszudrücken:
**darse de bofetadas** *sich Ohrfeigen verpassen*
**dar de patadas a la puerta** *heftig gegen die Tür treten*

● Vgl. auch Ausdrücke wie den folgenden:
**clavar de banderillazos** *Banderillas setzen*

**H ▶** Beispiele für häufige Wendungen mit DE BEBER / COMER:
**dar algo de comer a los niños** *den Kindern etwas zu essen geben*
**dar de beber al sediento** *dem Durstenden zu trinken geben*
**tener algo de beber** *etwas zu trinken da haben*
**no tener nada de comer** *nichts zu essen haben*
**porque no había nada de beber** *denn es war nichts zu trinken da*

**I ▶** DE führt das behandelte Thema in Konkurrenz mit SOBRE ein (vgl. 40.25). Mit SABER und CONTAR ist DE kaum ersetzbar:
**saber de armonía** *von Harmonie eine Ahnung haben*
**hablar del tiempo** *vom Wetter reden*
**contar de sus viajes** *von seinen Reisen erzählen*

**J ▶** Beispiel mit DE beim Fragen nach dem Ergehen (vgl. 19.24):
**¿Qué se hizo de tus planes de poner una boutique?**
*Was ist aus deinen Plänen geworden, eine Boutique aufzumachen?*

**K ▶** Beispiele mit dem Verb TRATAR(SE):
**¿De qué trata la película?**
*Worum geht es in dem Film?*
**La novela trata de los amoríos de un guardaespaldas.**
*Der Roman handelt von den Liebschaften eines Leibwächters.*
**Se trata de ti.**
*Es geht um dich.*

**Se trata de una obra secular.**
*Wir haben es mit einem Jahrhundertwerk zu tun.*

**El ponente trató el problema del agujero de ozono.**
*Der Vortragende behandelte das Problem des Ozonlochs.*

**L** ▶ Einige Adjektive mit DE-Ergänzung:

| | | |
|---|---|---|
| CELOSO | PARTÍCIPE | RESPONSABLE |
| CULPABLE | PARTIDARIO | SEGURO |
| NECESITADO | PENDIENTE | SOSPECHOSO |
| ORGULLOSO | PROPIO | |

• Beispiele mit DE QUE-Ergänzungen von Adjektiven (vgl. 34.4, 34.6D):

**Él es el responsable de que no hayamos acabado aún.**
*Er ist dafür verantwortlich, daß wir noch nicht fertig sind.*

**Soy partidario de que nos quedemos.**
*Ich bin dafür, daß wir bleiben.*

**M** ▶ Beispiele für Adjektive, die den Aspekt abgrenzen:

**estar escaso de dinero** *knapp bei Kasse sein*
**ser ancho de espaldas** *breitschultrig sein*
**ser guapo de cara** *ein hübsches Gesicht haben*

## 38.5 Appositionen mit DE

**A** ▶ DE führt die Spezifizierung ein, dabei bezeichnet das erste Element die Gattung, das zweite das Einzelexemplar (in der Regel ein Eigenname). Bei nachstehenden Beispielen handelt es sich um noch gültige DE-Konstruktionen:

**la ciudad de Lima** *die Stadt Lima*
**la provincia de Ávila** *die Provinz Avila*
**el mes de marzo** *der Monat März*
**el año de 1987** *das Jahr 1987*
**la calle de Alcalá** *die Alcalá-Straße*
**el papel de Hamlet** *die Rolle des Hamlet*
**el nombre de Ana** *der Name Ana*
**la universidad de Hamburgo** *die Universität Hamburg*
**la estación de Chamartín** *der Bahnhof Chamartín*
**la bahía de Cochinos** *die Schweinebucht*
**la isla de Cuba** *die Insel Kuba*

• In vielen Fällen kann eine deutsche Apposition nicht mit der Formel **Substantiv + DE + Substantiv** wiedergegeben werden. Für Bildungen wie *'das Gut Freiheit'* muß man sich anderer syntaktischer Mittel bedienen: EL BIEN QUE ES LA LIBERTAD oder anderer Umschreibungen.

**B** ▶ Bei Konstruktionen wie den folgenden sind spontane Bildungen jederzeit möglich:

**el grito de "no pasarán"** *der Ruf "no pasarán"*
**los carteles de "se busca"** *die "se busca"-Schilder*

**C** ▶ DE führt in der Regel die Ergänzung abstrakter Nomen, nämlich eines Infinitivs, eines QUE-, oder eines SI-Satzes (vgl. 14.31, 34.4, 34.6C, ferner 38.10, 39.8 und 39.29) ein:

**ganas de reírse** *Lust zu lachen*
**hora de irse** *Zeit zu gehen*
**ni tiempo de peinarme** *überhaupt keine Zeit, mich zu kämmen*
**el intento de zafarse** *der Versuch, sich zu befreien*

## 38. Die Präpositionen DE, A und EN

**la mentira de que la alternativa es la dictadura** *die Lüge, die Alternative sei die Diktatur*
**el tema de si la dimisión es inminente** *der Streit darüber, ob der Rücktritt bevorsteht*

- Einige Nomen mit DE-Objektseinleitung:

| | | |
|---|---|---|
| CONCIENCIA | FORMA | NECESIDAD |
| CONVENIENCIA | GANA(S) | ORDEN |
| DECISIÓN | HECHO | POSIBILIDAD |
| DESEO | HORA | PROMESA |
| DESVENTAJA | IDEA | SOSPECHA |
| ESPERANZA | MANERA | VENTAJA |
| FAVOR | MODO | VOLUNTAD |

**D** ▶ Die Adjektive CAPAZ und INCAPAZ führen die Ergänzung mit DE ein:
**capaz de todo** *zu allem fähig*
**incapaz de reconocer errores** *unfähig, Fehler zuzugeben*

### 38.6 Bereich der Beschaffenheit

- Es gibt sehr viele Wendungen mit DE zum Ausdruck der Art und Weise, vgl. z.B. 27.29.
- DE steht auch vor den allgemeinen modalen Wörtern MODO und MANERA, vgl. 27.30.

**A** ▶ Beispiele für DE in der Bedeutung *'als'*. DE ersetzt dabei COMO:
**Esta flor puede ir de adorno.**
*Diese Blume kann als Schmuck dienen.*
**¿Qué hay de postre?**
*Was gibt es als Nachtisch?*
**De equipaje no llevo más que esto.**
*Als Gepäck nehme ich nur das hier.*

**B** ▶ Beispiele für DE in der Bedeutung *'als'* zur Einführung von Funktionsbezeichnungen:
**ejercer de abogado** *als Anwalt tätig sein*
**servir de traductor** *als Übersetzer dienen*
**trabajar de secretaria** *als Sekretärin arbeiten*
**estar de albañil** *als Maurer arbeiten*
**estar aquí de invitado** *als Gast hier sein*
**hacer de Tosca** *die (Rolle der) Tosca spielen*

**C** ▶ Beispiele für DE in der Bedeutung *'als'* zur Bezeichnung eines meist vorübergehend ausgeübten Berufs oder Tätigkeit (vgl. 19.39):
**Tuve que hacer de jardinero y no lo hice nada mal.**
*Ich mußte mich als Gärtner betätigen und ich habe es gar nicht schlecht gemacht.*
**¿De qué está ahora Elena en el bufete ese?**
*Was für eine Stelle hat jetzt Elena in dieser Anwaltskanzlei?*

**D** ▶ Man beachte:
**tratar de tú / usted** *mit du / Sie anreden*
**llevar tres años de novios / casados** *schon drei Jahre verlobt / verheiratet sein*
**tener fama de limpio / colérico** *als reinlich / jähzornig gelten*
**hacer las veces de traductor** *als Dolmetscher dienen*

**E** ▶ Weitere Beispiele mit SERVIR (vgl. 39.41B):
**servir de mucho** *sehr nützlich sein*
**servir de algo** *etwas taugen*

**no servir de nada** *zu nichts gut sein*
**servir de poco** *wenig nützen*
**servir de residencia a los obreros** *den Arbeitern als Wohnstätte dienen*

**F** ▶ DE kann COMO nicht ersetzen, wenn die kausale Bedeutung von COMO mit im Spiel ist. Man vergleiche:

**Como alcalde, no puedo ir.**
*Als Bürgermeister (= da ich Bürgermeister bin) kann ich nicht hingehen.*

**De alcalde no puedo ir.**
*Als Bürgermeister (angezogen, verkleidet, usw.) kann ich nicht hingehen.*

**G** ▶ DE führt das Aussehen hinsichtlich der Kleidung mit den Verben DISFRAZAR(SE), VESTIR(SE), PONER(SE), ESTAR (und dessen Synonymen, vgl. 20.1 ff):

**disfrazarse de sirena** *sich als Nixe verkleiden*
**vestir de luto** *Trauer tragen*
**vestidos de marineros** *als Matrosen gekleidet sein*
**ponerse de negro** *sich schwarz kleiden*
**estar / ir de blanco** *in Weiß gekleidet sein*

**H** ▶ Die Formel **Verb + DE + artikelloses Substantiv der Tätigkeit** (vgl. 5.77) dient zur Bezeichnung der gerade verlaufenden oder bevorstehenden Tätigkeit. Im ersten Falle steht ESTAR als Verb (dann sind spontane Bildungen üblich), im zweiten Falle stehen Verben der Bewegung wie IR, VENIR, SALIR:

**estar de paso** *unterwegs sein*
**estar de visita en casa de Concha** *zu Besuch bei Concha sein*
**estar de bautizo** *eine Tauffeier begehen*
**ir de visita** *besuchen gehen*
**irse a París de trabajo** *nach Paris berufsbedingt hinfahren*
**salir de viaje** *verreisen*
**salir de vacaciones** *in die Ferien fahren*

**I** ▶ Das Substantiv bezeichnet oft nur den Ort, an dem sich die entsprechende Tätigkeit abspielt, oder den Gegenstand der Tätigkeit:

**ir de tiendas** *einen Einkaufsbummel machen*
**ir de bares** *in verschiedene Bars gehen*
**ir de tapas** *durch verschiedene Bars gehen und dort Kleinigkeiten essen*

**J** ▶ Verben des Benennens, deren prädikativer Akkusativ mit DE eingeführt (vgl. 21.14) wird:

**tratar de imbécil** *einen Idioten nennen*
**calificar de genial** *als genial bezeichnen*
**tachar de criminales sus actividades** *seine Aktivitäten als kriminell bezeichnen*

**K** ▶ Häufig auftretende DE-Gefüge:

**echar de menos** *vermissen*
**poner de manifiesto** *aufzeigen*
**ponerse de moda** *modisch werden*

## 38.7 Bereich der Kausalität

**A** ▶ DE führt in der Regel das Substantiv psychischen Zustands ein, das den Auslöser einer Handlung benennt; vor dem Substantiv steht oft ein Intensitätsausdruck wie TANTO oder PURO:

**saltar de alegría** *vor Freude springen*
**callarse de pura vergüenza** *vor lauter Scham schweigen*

## 38. Die Präpositionen DE, A und EN

**B ▶** Die Ursache eines physischen oder psychischen Zustands, sehr häufig durch Infinitiv, aber auch durch QUE-Satz ausgedrückt, wird in der Regel durch DE eingeführt:

**Ella se extrañó de verme.**
*Sie war überrascht, mich zu sehen.*

**Tengo úlceras de aguantarte.**
*Dich zu ertragen hat mir Magengeschwüre eingebracht.*

**Se alegraron de que me fuera.**
*Sie freuten sich darüber, daß ich ging.*

**C ▶** Zu den Verben des Gemütszustandes mit DE-Gefüge als Ursachenangabe gehören:

| ABURRIRSE | CANSARSE | ENFADARSE |
| ALEGRARSE | CONFUNDIRSE | EXTRAÑARSE |
| ASOMBRARSE | DESILUSIONARSE | HARTARSE |
| ASUSTARSE | DISGUSTARSE | SORPRENDERSE |
| AVERGONZARSE | | |

• Beispiele mit Partizipformen oben angeführter Verben:

**Estaban cansados del viaje.**
*Sie waren von der Reise müde.*

**Se quedaron sorprendidísimos de verme.**
*Sie waren sehr erstaunt, mich zu sehen.*

**D ▶** Weitere Ausdrücke, deren kausale Ergänzung mit DE eingeführt wird:

**harto de esperar** *des Wartens überdrüssig*
**encantada de conocerle** *es freut mich sehr, Sie kennenzulernen*
**enfermo de amor** *liebeskrank*
**amenazado de extinción** *vom Aussterben bedroht*
**feliz de saberlo** *glücklich darüber, es zu wissen*
**alegre de que sea cierto** *darüber froh, daß das wahr ist*
**contento de estar aquí** *darüber froh, hier zu sein*
**presumir de culto** *sich als Gebildeten ausgeben; sich viel auf seine Bildung einbilden*
**presumir de conocer a gente importante** *sich rühmen, namhafte Leute zu kennen*
**morir de cáncer** *an Krebs sterben*
**morirse de amor** *vor Liebe sterben*

**E ▶** Beispiele für die kausative Formel: DE (+ TAN / PURO) + Adjektiv (+ QUE + Kopula), bei der PURO unveränderlich ist:

**Ella no lo hizo de puro tonta.**
*Sie tat es nicht, so dumm war sie.*

**De nerviosa que estaba se me cayeron las gafas.**
*Ich war so nervös, daß mir die Brille herunterfiel.*

**Los bichos no se podían ver de tan pequeños.**
*Die Viecher konnte man nicht sehen, so klein waren die.*

• Das zweite Beispiel kann auch lauten: DE TAN NERVIOSA COMO ESTABA...

**F ▶** DE ersetzt POR in einigen feststehenden passivischen Wendungen (vgl. 17.3):

**acompañados de sus hijos** *von ihren Kindern begleitet*
**una artimaña de todos conocida** *ein allbekannter Trick*
**guiados de la mano de Dios** *von der Hand Gottes geführt*
**seguidos de una coma** *von einem Komma gefolgt*

## 38.8 Instrumentaler Bereich

**A** ▶ Bei einigen Verben des Ausstattens und Versorgens wird das Mittel mit DE eingeführt (insbesondere ist dies der Fall bei den Partizipformen). Dazu gehören folgende Verben:

| ADORNAR | RODEAR | LLENAR |
|---|---|---|
| ARMAR | PROVEER | ALIMENTAR(SE) |
| DOTAR | CARGAR | NUTRIR(SE) |

• Beispiele mit den Partizipformen oben angeführter Verben und mit LLENO:

**armado de paciencia** *mit Geduld gewappnet*
**cargado de peligro** *voller Gefahr*
**provisto de lápices** *mit Bleistiften versorgt*
**provisto de billete** *mit Fahrkarte*
**lleno de agua** *voll Wasser*
**rodeado de árboles** *von Bäumen umgeben*
**rodeado de tristeza** *von Traurigkeit umgeben*

**B** ▶ Bei einigen Verben des Bedeckens wird das Mittel mit DE eingeführt. Dazu gehören:

| CUBRIR | MANCHAR | PINTAR |
|---|---|---|
| SEMBRAR | TEÑIR | REVESTIR |

• Beispiele mit den Partizipformen voriger Verben:

**cubierto de nubes** *wolkenbedeckt*
**pintado de verde** *grün gestrichen*
**manchado de vino** *weinbefleckt*
**teñido de negro** *schwarz gefärbt*

**C** ▶ Mit Substantiven, die eine heftige Bewegung oder einen Schlag bezeichnen, tritt DE in der Regel anstelle von CON (vgl. 38.14C):

**abrir la puerta de un tirón** *die Tür heftig aufmachen*
**matar a la mosca de un manotazo** *die Fliege mit einem Handschlag töten*

• Man beachte auch:

**asesinar de un tiro** *mit einem Schuß ermorden, erschießen*
**matar de cinco tiros** *mit fünf Schüssen erschießen*

## 38.9 Identifikative Verstärkungsstrukturen mit DE

**A** ▶ Beispiele für die Formel **substantiviertes Adjektiv + DE + Substantiv**:

**el tonto de su marido** *ihr Mann, der Dumme*
**la vergonzosa de Lidia** *die so schamhafte Lidia*

**B** ▶ Beispiele für die Ausrufstruktur **Adjektiv + DE + Pronomen**:

**¡pobre de mí!** *ich Ärmster!*
**¡mísera de ella!** *sie Elende!*

**C** ▶ Beispiele für die Struktur **Artikel / Determinativ + Substantiv + DE + Substantiv**:

**un espanto de edificio** *eine Scheußlichkeit von einem Gebäude*
**esta porquería de vida** *dieser Dreck von einem Leben*

**D** ▶ Beispiele für die Struktur **Kopulaverb + DE + UN + Adjektiv maskulin Singular**:

**porque el hombre era de un cínico** *denn der Mann war derart zynisch*
**unos versos que eran de un cursi** *Verse, die unsäglich kitschig waren*

### 38. Die Präpositionen DE, A und EN

## B. Die Präposition A

- Zu A + EL = AL vgl. 5.6.
- Zu A in Orts- und Zeitbestimmungen vgl. vor allem 25.25 (in Positionsbestimmungen) und 25.50 (nach Verben der Fortbewegung), 2614 ff (Zeitbestimmungen).
- Zu A + Infinitiv vgl. vor allem 14.11 (unpersönliche Konstruktionen), 14.45 (nach Verben wie INVITAR), 14.47 (nach Verben wie OBLIGAR) 14.64 (nach IR), 14.76, 14.78 ff (nach Verben wie EMPEZAR), 14.85 (nach VENIR), 14.91 (nach VOLVER), 14.114 (nach Verben der Bewegung)
- Zu AL + Infinitiv vgl. 14.96 ff.
- Zum akkusativischen und dativischen A vgl. Kapitel 24.

### 38.10 Substantivergänzung durch akkusativisches und dativisches A

Durch **Substantiv + A** kann der "Erleider" einer Handlung präziser als mit DE vorgestellt werden (da DE auch den Urheber bezeichnen kann); vielfach handelt es sich um Fälle der Durchsetzung von akkusativischem bzw. dativischem A:

**el odio al judío** *der Judenhaß*
**el desprecio al extranjero** *die Ausländerverachtung*
**la entrevista al canciller** *das Kanzlerinterview*
**un desplante a los reformistas** *eine Absage an die Reformer*

**A** ▶ Bei folgenden Beispielen ist die Ergänzung nach A eine Sachbezeichnung:

**la ayuda a Rusia** *die Rußlandhilfe*
**el respeto al árbol** *die Achtung vor dem Baum*
**el rechazo a la mili** *die Ablehnung des Kriegsdienstes*
**el amor al trabajo** *die Liebe zur Arbeit*
**la crítica a los partidos** *die Parteienkritik*
**el miedo a perderse** *die Angst, sich zu verirren*
**el asedio a la fortaleza** *die Belagerung der Festung*
**la sentencia a los pleitos** *die Prozeßurteile*
**el boicoteo francés a las fresas españolas** *der französische Boykott spanischer Erdbeeren*
**la visita de los peregrinos a Jerusalén** *der Pilgerbesuch in Jerusalem*

### 38.11 Substantivergänzung durch A in Entsprechung von Verbergänzung

Die substantivische Entsprechung eines Verbs mit A-Ergänzung (vgl. 38.18) führt ihre Ergänzung, die auch ein Infinitiv sein kann, in der Regel ebenfalls mit A ein:

**una alusión al mar** *eine Anspielung auf das Meer*
**la aspiración a la felicidad** *das Glücksstreben*
**candidato a la presidencia** *Präsidentschaftskandidat*
**la condena a muerte** *die Verurteilung zum Tode*
**llamamiento a la solidaridad** *Aufruf zur Solidarität*
**su negativa a ceder** *seine Weigerung, nachzugeben*
**la referencia a su pasado comunista** *die Erwähnung seiner kommunistischen Vergangenheit*
**la renuncia a continuar** *die Weigerung, fortzufahren*
**cierto sabor a pescado** *ein gewisser Fischgeschmack*
**tendencia a la incredulidad** *Hang zur Ungläubigkeit*

### 38.12 Begriffliche Substantivverbindung durch A

In einigen feststehenden Begriffsverbindungen erscheint A statt DE (vgl. 38.2C):

**alergia al polen** *Pollenallergie*
**camisa a rayas** *gestreiftes Hemd*

**38. Die Präpositionen DE, A und EN**

**mando a distancia** *Fernbedienung*
**pantalón a cuadros** *karierte Hose*
**pistolero a sueldo** *bezahlter Mörder*
**robo a mano armada** *bewaffneter Raubüberfall*

### 38.13 | A im Ausdruck von Preis und Verteilung

- Zur Verwendung von A mit DÍA, MES, SEMANA, AÑO vgl. 26.59.

A steht vor dem Ausdruck eines Preisbetrags in Konkurrenz mit POR. Dies wird verdeutlicht in folgenden Beispielen, bei denen zuerst die synonyme Version mit POR steht (in den Konstruktionen mit A kann A von A RAZÓN DE ersetzt werden):

**pagar veinte mil por cuadro** →
**pagar los cuadros a veinte mil cada uno** *je zwanzigtausend für die Bilder zahlen*

**cobrar veinte dólares por pieza** →
**cobrar a (razón de ) veinte dólares la pieza** *zwanzig Dollar pro Stück verlangen*

- COSTAR und VALER werden ohne Präpositionen gebraucht.

**A** ▶ Man beachte die häufigen Bildungen mit SALIR:
**El alquiler sale a mil por metro cuadrado.**
*Die Miete kommt auf tausend pro Quadratmeter.*

**¿A cuánto os salió el coche?**
*Wie teuer ist euch der Wagen zu stehen gekommen?*

**B** ▶ Man beachte die häufigen Konstruktionen mit SER / ESTAR:
**¿A cómo son las gambas?**
*Wie teuer sind die Krabben?*

**¿A cuánto está la corona sueca?**
*Wie steht die schwedische Krone?*

**C** ▶ In feststehenden Wendungen steht A vor (EL) PRECIO (vgl. 39.11A):
**a buen precio** *zu niedrigen Preisen; zu einem hohen Preis*
**a cualquier precio** *um jeden Preis*
**a mitad de precio** *zu halbem Preis*
**al precio de diez millones** *zum Preis von zehn Millionen*

### 38.14 | A in modal-instrumentalen Wendungen

Das Lexikon gibt die zahlreichen Wendungen mit A an, die auf die Frage *'wie?'* antworten (vgl. u.a. 27.29, 27.38, 27.39). In folgenden Gebrauchsweisen ist A eine konventionelle Ersetzung von CON:

**hablar a gritos** *sich kreischend unterhalten*
**ir a gran velocidad** *mit hoher Geschwindigkeit fahren*
**ir a caballo** *reiten*
**decirlo a media voz** *es halblaut sagen*
**beber a pequeños sorbos** *kurz schlürfend trinken*

**A** ▶ Beispiele mit A + bestimmter Artikel + Substantiv im Namen von Speisen:
**merluza a la sidra** *Seehecht in Apfelweinsoße*
**muslitos de codorniz a las especies** *Wachtelschenkel mit Kräutern*

**B** ▶ Beispiele mit A + bestimmter Artikel + Bezeichnung eines Musikinstruments:
**tocar al piano una pieza de Albéniz** *ein Stück von Albéniz am Klavier spielen*
**acompañada a la guitarra por Narciso Yépez** *auf der Gitarre begleitet von N.Y.*

## 38. Die Präpositionen DE, A und EN

**C** ▶ Beispiele mit Schlagbezeichnungen im Plural (vgl. 38.8C):

**matar a tiros** *erschießen*
**abrir la puerta a patadas** *die Tür mit Tritten aufmachen*
**abrirse paso a empujones** *sich durchboxen*
**reducir al ladrón a cabezazos** *den Dieb durch Schläge auf den Kopf kampfunfähig machen*

### 38.15 A in präpositiven Verbindungen

**A** ▶ Beispiele für konventionelle Verbindungen, bestehend aus **A + (bestimmter Artikel) + Substantiv + DE** (vgl. 27.34 und 25.67B, 25.67.D):

**al alcance de los niños** *den Kindern zugänglich, in Reichweite der Kinder*
**a cambio de clases de español** *gegen Spanischstunden*
**a causa del tiempo** *wegen des Wetters*
**a consecuencia de las revelaciones** *als Folge der Enthüllungen*
**a diferencia del francés** *im Unterschied zum Französischen*
**a excepción de mí** *mit Ausnahme von mir*
**a favor de él** *auf seiner Seite*
**al filo de la quiebra** *kurz vor dem Bankrott*
**a juicio del abogado** *nach der Meinung des Anwalts*
**a la luz de esta teoría** *im Lichte dieser Theorie*
**a merced de la caballería** *der Kavallerie ausgeliefert*
**a propuesta del tesorero** *auf Vorschlag des Schatzmeisters*
**a raíz de aquello** *aufgrund dessen*
**a ritmo de tango** *im Tango-Rhythmus*
**a(l) rebufo de la apertura de los mercados** *im Zuge der Öffnung der Märkte*
**a resultas de aquello** *als Ergebnis davon*
**a tenor de cómo habló** *nach dem zu urteilen, wie er sprach*

**B** ▶ Ausdrücke wie AL COMPÁS, AL PASO und AL RITMO präzisieren die Art und Weise eines fortschreitenden Geschehens:

**al compás de los avances tecnológicos** *im Zuge des technologischen Fortschritts*
**al paso (en) que va cambiando el clima** *bei der Geschwindigkeit des Klimawandels*
**al ritmo que va la devaluación** *bei der Art und Weise, wie die Abwertung fortschreitet*

**C** ▶ Beispiele mit A FUERZA DE, das die modale Bedeutung einer Gerundio-Konstruktion hat (vgl. 15.12):

**Se les hizo callar a fuerza de gritos.**
*Man brachte sie durch Brüllen zum Schweigen.*

**Perdió el juicio a fuerza de leer.**
*Er verlor den Verstand über das viele Lesen.*

**D** ▶ Häufige zurückverweisende Ausdrücke sind AL EFECTO und AL RESPECTO:

**las mentiras inventadas al efecto** *die zu diesem Zweck erfundenen Lügen*
**lo que ella declaró al respecto** *was sie darüber sagte*

**E** ▶ Beispiele für andere präpositive Ausdrücke, die A enthalten:

**pese a todo** *trotz allem*
**de cara al examen** *im Hinblick auf die Prüfung*
**gracias a su intervención** *dank seines Einsatzes*
**merced al general** *dank des Generals*
**al pie de la letra** *buchstäblich*

# 38. Die Präpositionen DE, A und EN

## 38.16 A im Ausdruck der Wiederholung des Gleichen

In mehr oder weniger feststehenden ebenso wie in spontanen Ausdrücken der Aufzählung von nacheinander folgenden, identischen Elementen konkurriert A mit POR und TRAS (in folgenden Beispielen steht die übliche Alternative in eckigen Klammern):

**día a [tras] día** *Tag für Tag*
**edición a edición** *Auflage um Auflage*
**hora a [tras] hora** *Stunde um Stunde*
**línea a [por] línea** *Zeile für Zeile*
**palmo a palmo** *Handbreit um Handbreit*
**paso a paso** *Schritt für Schritt*
**pieza a [por] pieza** *Teil für Teil*
**tacita a tacita** *Tässchen um Tässchen*

## 38.17 A in Wendungen der Korrespondenz

**A ▸** In Sprichwörtern und sprichwortähnlichen Bildungen erscheint oft A:

**a rey muerto, rey puesto** *der König ist tot, es lebe der König*
**a mal tiempo, buena cara** *gute Miene zum bösen Spiel*
**a grandes males, grandes remedios** *große Übel erfordern außergewöhnliche Maßnahmen*

**B ▸** A erscheint in der verblosen komparativen Wendung mit der Bedeutung *'je... desto'*:

**a más amigos, más risas** *je mehr Freunde, desto mehr Lacher*
**a menos impuestos, menos piscinas** *je weniger Steuern, desto weniger Schwimmbäder*

**C ▸** A wird in einer Vergleichsart verwendet, die folgendes Beispiel illustriert:

**La superstición es a la religión lo que la astrología es a la astronomía.**
*Der Aberglaube verhält sich zur Religion wie die Astrologie zur Astronomie.*

## 38.18 Verben mit A-Ergänzung

Verben mit A-Ergänzung, auf die auch ein Substantiv folgen kann (vgl. 14.38):

| | | |
|---|---|---|
| ABONARSE | CEÑIRSE | LIMITARSE |
| ACCEDER | CONDENAR | OLER |
| ACOSTUMBRAR(SE) | CONTESTAR | OPONERSE |
| AFECTAR | CONVERTIRSE | REFERIRSE |
| AJUSTARSE | DEDICARSE | RENUNCIAR |
| ALUDIR | DECIDIRSE | RESIGNARSE |
| AMPLIARSE | ENFRENTARSE | RESISTIR |
| APELAR | EXTENDERSE | RESPONDER |
| ASENTIR | FALTAR | SOBREVIVIR |
| ASPIRAR | INCORPORARSE | SONAR |
| ATENDER | INVITAR | SUSTITUIR |
| ATENERSE | JUGAR | TENDER |

**A ▸** Die Ergänzung von CONTESTAR und sein Synonym RESPONDER in der Bedeutung *'antworten, beantworten'* kann ebenso ohne A gebildet werden:

**No han contestado (a) ningún mail.**
*Sie haben keine Mails beantwortet.*

**B ▸** Beispiel mit CONVERTIRSE A (zu CONVERTIRSE EN vgl. 20.18):

**Se convirtieron al cristianismo para escapar de discriminaciones y persecuciones.**
*Sie konvertierten zum Christentum, um Diskriminierung und Verfolgung zu entkommen.*

## 38. Die Präpositionen DE, A und EN

### 38.19 Adjektive mit A-Ergänzung

Adjektive, deren Ergänzung mit A eingeführt wird (vgl. auch 3.63, 3.78):

| | | |
|---|---|---|
| ADICTO | DECIDIDO | OPUESTO |
| ADVERSO | DECIDIDO | PROCLIVE |
| AFÍN | DIFERENTE | REACIO |
| AJENO | DISTINTO | REFERENTE |
| ALTERNATIVO | EXTRAPOLABLE | RESIGNADO |
| ATENTO | FAVORABLE | RESISTENTE |
| CONTRARIO | FIEL | SIMILAR |
| DADO | FIRME | |

## C. Die Präposition EN

• Zu EN in Orts- und Zeitbestimmungen vgl. 25.22 und 26.93, 26.94, 26.95 sowie 26.1 ff.

### 38.20 EN in der Bezeichnung des Bereichs

In folgenden Beispielen steht EN zur Bezeichnung eines nicht konkreten Ortes:

**gastos en comida** *Ausgaben für Lebensmittel*
**expedir un cheque en dólares** *einen Scheck in Dollar ausstellen*
**los países en desarrollo** *die Entwicklungsländer*
**especialista en electrónica** *Elektronikfachmann*
**las mujeres en Cervantes** *die Frauen bei Cervantes*

**A ▶** EN erscheint oft vor der Bezeichnung einer Bekleidung, die ein Hineinschlüpfen voraussetzt:
**Se acercó en bata.**
*Er näherte sich im Morgenmantel.*

**B ▶** In einigen wenigen Fällen erscheint EN statt DE zur Bezeichnung des Materials:
**camisas en algodón** *Baumwollhemden*
**chaqueta en piel de ante** *Wildlederjacke*

### 38.21 EN zur Bezeichnung der Beschaffenheit und des Mittels

In einigen feststehenden Wendungen erscheint EN zur Bezeichnung der Beschaffenheit und des Mittels:

**leche en polvo** *Milchpulver*
**mirar como en llamada de ayuda** *anschauen, als ob man um Hilfe bitten würde*
**acercarse muy en amiga** *sich ganz als Freundin nähern*
**en represalia a la matanza de Hebrón** *als Vergeltung für das Gemetzel in Hebron*
**comandante en jefe** *oberster Chef*

**A ▶** EN PLAN (DE) ist ein sehr häufiger, populärer Ausdruck zur Bezeichnung der Art und Weise einer Handlung oder Tätigkeit:
**Han venido en plan conquistador.**
*Sie sind zur Eroberung / als Eroberer gekommen.*

### 38.22 EN in Schätzungen

Mit Verben des Schätzens leitet EN die geschätzte Menge ein:
**cifrar en 400 millones** *auf 400 Millionen schätzen*

## 38. Die Präpositionen DE, A und EN

valorar los cuadros en 400 millones *den Wert der Bilder auf 400 Millionen schätzen*
fijar el aumento en uno por ciento *die Erhöhung auf ein Prozent festlegen*

### 38.23 EN bei Verben des Verringerns und Zunehmens

EN entspricht *'um'* bei Verben des Verringerns und Zunehmens:

incrementarse en 3000 pesetas *um 3000 Peseten steigen*
disminuir en 3 puntos *um 3 Punkte weniger werden*
cortar los gastos en mil millones *die Ausgaben um eine Milliarde kürzen*

**A** ▶ Beispiele wie das folgende, bei dem es...EN 10 PUNTOS heißen müßte, kommen immer häufiger vor. Es sei dahingestellt, ob dabei ein Grammatikfehler vorliegt:
**La percepción positiva de la gestión de García cae 10 puntos.**
*Die positive Wahrnehmung von Garcías Regierungsarbeit fällt um 10 Punkte.*

### 38.24 Verbergänzungen mit EN

Folgende häufige Verben haben eine Ergänzung mit EN:

| | | |
|---|---|---|
| ABSORBERSE | CULMINAR | OCUPARSE |
| ACABAR | DUDAR | PARTICIPAR |
| ACERTAR | EMPEÑARSE | PENSAR |
| BASARSE | EXTRALIMITARSE | QUEDAR |
| CENTRAR | FIJARSE | REFLEJARSE |
| CENTRARSE | INCIDIR | TARDAR |
| COINCIDIR | INCURRIR | TERMINAR |
| CONFIAR | INSISTIR | TRADUCIR(SE) |
| CONSISTIR | INSPIRARSE | TRANSMUTARSE |
| CONVERTIRSE | INVERTIR | VACILAR |
| CREER | | |

**A** ▶ Beispiele mit DUDAR EN, PARTICIPAR EN und TRADUCIRSE EN:
**No dudó en sacrificar su vida por la literatura.**
*Er zögerte nicht, sein Leben für die Literatur zu opfern.*

**Participará en la reunión de ministros de asuntos exteriores.**
*Er wird an dem Treffen der Außenminister teilnehmen.*

**Aquella humillación se tradujo en una obsesión por ser el mejor en todo.**
*Jene Demütigung verwandelte sich in die Besessenheit, überall der Beste zu sein.*

**B** ▶ Beispiele mit CREER EN, CONFIAR EN und PENSAR EN:
**creer en Dios** *an Gott glauben*
**confiar en los médicos** *den Ärzten vertrauen*
**pensar en la despedida** *an den Abschied denken*

**C** ▶ Man beachte folgende häufige Infinitivergänzungen mit EN:
**Fue el único en no condenar el atentado.**
*Er war der einzige, der das Attentat nicht verurteilt hat.*

**Has hecho bien en no ir.**
*Du hast gut daran getan, nicht hinzugehen.*

**Tardé dos años en acabar la tesis.**
*Ich brauchte zwei Jahre, die Doktorarbeit fertig zu stellen.*

### 38. Die Präpositionen DE, A und EN

#### 38.25 Adjektivergänzungen mit EN

Beispiele mit CREYENTE, ABUNDANTE und RICO:

**personas creyentes en la democracia** *Menschen, die an die Demokratie glauben*
**una zona abundante en salmones** *eine Gegend mit reichem Lachsvorkommen*
**dietas ricas en carbohidratos** *kohlehydratreiche Diäten*

#### 38.26 Adverbial- und Präpositivangaben mit EN

**A** ▶ Einige Adverbien der Art und Weise mit EN (vgl. 27.29)

**en mi opinión** *meiner Meinung nach*
**en especial** *insbesondere*
**en precario** *auf dürftige Weise*
**en solitario** *allein*
**en particular** *konkret, insbesondere*
**en general** *im allgemeinen*
**en concreto** *konkret*
**en absoluto** *keineswegs*
**en serio** *im Ernst*
**pagar con dinero en efectivo** *bar zahlen*
**caer en picado** *senkrecht stürzen*
**producción en serie** *Serienproduktion*
**con las yemas de los dedos en carne viva** *mit wunden Fingerkuppen*
**en principio** *im Prinzip*
**en cueros** *nackt*
**una película en blanco y negro** *ein Schwarzweißfilm*
**diamante en bruto** *Rohdiamant*
**trasmisión en vivo** *Liveübertragung*
**explicar en detalle** *ausführlich erklären*
**en realidad** *in Wirklichkeit*
**en cuerpo y alma** *mit Leib und Seele*
**en el fondo** *im Grunde*

**B** ▶ Einige mehr oder weniger feste adverbial-präpositive Formeln **EN .... (DE / CON / A)**. Diese Struktur kann in kreativem Schreibstil spontan eingesetzt werden:

**en presencia de** *in Anwesenheit von*
**en compañía de** *begleitet von*
**en ejercicio de sus funciones** *in Ausübung seines Amtes*
**en cuestión de una hora** *binnen einer Stunde*
**en cosa de una hora** *binnen etwa einer Stunde*
**el problema en cuestión** *das fragliche Problem*
**en vista de lo ocurrido** *angesichts des Geschehenen*
**en vista de que me oyeron** *angesichts dessen, daß sie mich hörten*
**en poder de la policía** *in der Gewalt der Polizei*
**en contraste con** *im Kontrast zu*
**en nombre de la libertad** *im Namen der Freiheit*
**en aras de la libertad** *im Namen der Freiheit*
**en pos del sol** *der Sonne entgegen*
**en virtud de sus años** *wegen ihres Alters*
**la lucha en favor del empleo** *der Kampf um den Arbeitsplatz*
**en ayuda de los necesitados** *den Bedürftigen zu Hilfe*
**en resumen** *zusammenfassend*

## 38. Die Präpositionen DE, A und EN

en comparación con *im Vergleich zu*
en contradicción con *im Widerspruch mit*
en beneficio de la familia *zugunsten der Familie*
en beneficio propio *zum eigenen Vorteil*
en dirección a *in Richtung*
en apoyo a González *González unterstützend*
en torno a Marx *über Marx*

**C ▸** Es gibt zahlreiche adverbielle Bestimmungen und feststehende Wendungen in Übertragung der verschiedenen Bedeutungen von EN. Einige Beispiele:

en un gesto de liberación *mit einer Geste der Befreiung*
en un arranque *plötzlich*
tener en común con *gemeinsam haben*
en buena parte *zu einem guten Teil*
votar en masa *massenhaft wählen*
terminar en consonante *auf einen Konsonanten ausgehen*
hacer hincapié en una cosa *eine Sache hervorheben*
salir en defensa de alguien *sich vor jemanden stellen*
en caso de no entender las preguntas *für den Fall, daß Sie die Fragen nicht verstehen*
en cuanto a la fecha *was den Termin betrifft*
de punta en blanco *verärgert*
en eso *da, auf einmal* (beim lebendigen Erzählen)
en lo relativo a los giros *was die Überweisungen betrifft*
preocupar en exceso *übermäßig kümmern*
vivir en paz *im Frieden leben*
en lo sucesivo *von jetzt an*

**D ▸** Einige der zahlreichen feststehenden Wendungen mit PONER, DEJAR und anderen Verben:

poner / dejar en libertad *freilassen*
poner / dejar en ridículo *blamieren*
poner en evidencia *bloßstellen*
poner en entredicho / cuestión *in Frage stellen*
poner en la picota *an den Pranger stellen*
dejar en la calle *auf die Straße setzen*
dejar en paz *in Ruhe lassen*
entrar en vigor *in Kraft treten*
poner en suspenso *außer Kraft setzen*
poner en venta *zum Verkauf anbieten*
poner en práctica *in die Praxis umsetzen*
poner en entredicho *in Zweifel ziehen*
echar en falta *vermissen*
coger en falta *bei einem Fehler ertappen*
echar en cara *vorwerfen*
tener en cuenta *in Betracht ziehen*
caer en la cuenta de algo *sich klar werden über etwas*
declararse en quiebra *Bankrott erklären*
entrar / estar en contacto con *in Kontakt treten / sein mit*

# 39. Die Präpositionen POR und PARA

In diesem Kapitel wird auf die Präpositionen POR und PARA eingegangen, sofern sie nicht zur Lokalisierung in Raum und Zeit verwendet werden. Hinweise auf diesbezügliche und sonstige wichtige Verwendungsweisen von POR und PARA, die hier nicht behandelt werden, finden sich im folgenden am Anfang des jeweiligen Abschnittes.

## A. Die Präposition POR

- Zu POR + Infinitiv vgl. 14.12 (unpersönliche Konstruktionen), 14.105 (kausale Fügung), 14.116 (finale Fügung).
- Zu POR in Orts- und Zeitbestimmungen vgl. vor allem 25.34 ff, 25.54 sowie 26.51, 26.52.

### 39.1 POR als Ausdruck von Ursache und Grund

- Zu POR SI vgl. 35.91.
- Zu SI NO FUERA POR(QUE) vgl. 35.88.
- Zu Hervorhebungen von POR-Fügungen mit Hilfe von SI-Sätzen vgl. 35.75.
- Beispiele für kausale Formeln und Ausdrücke, die anderweitig (vgl. 28.10, 28.12, 28.13, 14.105, 35.51, 35.55, 5.21) erörtert werden:

**¿Por qué lo hiciste? ¿Porque estabas harta?**
*Warum hast du das getan? Weil du es satt hattest?*

**Me caí por no fijarme.**
*Ich bin gestürzt, weil ich nicht aufgepaßt habe.*

**Retiraron las tablas por peligrosas.**
*Die Bretter wurden entfernt, weil sie gefährlich waren.*

**Las chicas fascinaban por lo corteses (que eran).**
*Die Mädchen faszinierten, weil sie so höflich waren.*

**A ▶** ¿POR QUÉ? lautet in familiärer Ausdrucksweise ¿POR?:

**–¿Fernando viene por aquí los sábados?**
**–No, los sábados no, ¿por?**
*"Läßt sich Fernando hier samstags blicken?"*
*"Nein, samstags nicht, warum?"*

**B ▶** In allen Verwendungsweisen mit kausalem POR kann das entsprechende Verb durch das entsprechende Substantiv ersetzt werden, so daß die Formel entsteht: **Substantiv + 3. Person Singular von SER + POR:**

**El juicio será por varios delitos.**
*Es wird wegen zahlreicher Verbrechen zu Gericht gesessen werden.*

**Mi vergüenza es por estos políticos.**
*Ich schäme mich für diese Politiker.*

**El brindis fue por los huéspedes.**
*Es wurde ein Toast auf die Gäste ausgebracht.*

### 39.2 POR drückt Ursache und Grund aus: 'wegen'

POR entspricht der Präposition *'wegen'*:

**juzgar por varios delitos** *wegen zahlreicher Verbrechen den Prozeß machen*
**todo por este imbécil** *alles wegen dieses Idioten*
**retrasarse por mí** *sich meinetwegen verspäten*
**cerrado por vacaciones** *wegen Urlaubs geschlossen*

### 39. Die Präpositionen POR und PARA

**por falta de pruebas** *mangels Beweise*
**una sociedad angustiada por la crisis** *eine wegen der Krise verängstigte Gesellschaft*

**A ▶** Begriffliche Verbindungen aus **Substantiv + POR + Substantiv**:
**muerte por asfixia** *Erstickungstod*
**envenamiento por plomo** *Bleivergiftung*
**permiso por maternidad** *Mutterschaftsurlaub*

**B ▶** Häufige Synonyme von POR:
**en virtud de su cargo** *aufgrund seines Amtes*
**debido a las multas** *wegen der Strafen* (vgl. 35.50)
**a (por) causa de la crisis** *wegen der Krise*
**a fuerza de ruegos** *mit dringlichen Bitten* (vgl. 14.105B, 38.15C)
**a raíz de las protestas** *wegen der Proteste* (vgl. 14.105B, 35.50)
**por mor de su figura** *wegen ihrer Figur* (vgl. 14.105B)

#### 39.3 POR drückt Ursache und Grund aus: 'aus'

POR entspricht der Präposition *'aus'*:
**malos por naturaleza** *von Natur aus böse*
**hacer algo por envidia** *etwas aus Neid tun*
**firmar por error en la línea equivocada** *aus Versehen in der falschen Zeile unterschreiben*

#### 39.4 POR drückt Ursache und Grund aus: 'für', 'zu'

POR entspricht der Präposition *'für'* (oder auch *'zu'*):
**sentir vergüenza por estos políticos** *sich für diese Politiker schämen*
**alegrarse por ellos** *sich für sie freuen*
**temer por ti** *sich für dich fürchten*
**felicitar por el triunfo** *zum Sieg beglückwünschen*
**gracias por llamar** *danke für den Anruf*

#### 39.5 POR drückt gleichzeitig Ziel und Beweggrund aus

POR entspricht *'für'*, wenn dieses das Zusammenfallen von Ziel und Beweggrund meint und somit ersetzt werden kann durch *'um ... willen'*, *'zuliebe'*, *'pro'* oder Ausdrücke wie *'im Namen'*, *'zugunsten'* zu Synonymen hat. Beispiele:

**jugar por dinero** *um Geld spielen*
**preocuparse por Sarita** *sich um Sarita Sorgen machen*
**trabajar por la familia** *für die Familie arbeiten*
**morir por la patria** *für das Vaterland sterben*
**rezar por la salvación de Cuba** *für die Rettung Kubas beten*
**manifestarse por la paz** *für den Frieden demonstrieren*
**sacrificarme por vosotros** *mich für euch opfern*
**brindar por los huéspedes** *auf die Gäste trinken*
**pronunciarse por el derecho a la vida** *sich für das Recht auf Leben aussprechen*
**los caídos por Dios y por España** *die für Gott und Spanien Gefallenen*
**una apuesta por el futuro** *ein Einsatz für die Zukunft*
**¡por el progreso!** *für den Fortschritt!*
**por una pizca de sol** *für (eine Prise Sonne =) ein paar Sonnenstrahlen*
**por el bien de Europa** *für das Wohl Europas*
**por nada del mundo** *um nichts auf der Welt*

### 39. Die Präpositionen POR und PARA

• Zum Vergleich HACER ALGO POR und HACER ALGO PARA vgl. 39.24.

**A** ▶ Beispiele mit (recht häufig anzutreffendem) Infinitiv und QUE-Ergänzungen (im letzten Fall findet sich meistens die vielleicht nicht korrekte Schreibweise PORQUE):

**No lo hizo por no perjudicarte.**
*Er tat es nicht, (weil er dir nicht schaden wollte=) um dir nicht zu schaden.*

**Le vendió el coche a mi cuñado por fastidiarme.**
*Er verkaufte den Wagen meinem Schwager, um mir ein Schnippchen zu schlagen.*

**Oremos por que no mueran.**
*Laßt uns (darum beten, daß sie nicht sterben =) für ihr Weiterleben beten.*

**B** ▶ Beispiele für die fast mit jedem Verb zu verwendende Formel mit Verdoppelung desselben Verbs **Verb + POR + Infinitiv** (die man sich aus der Weglassung einer Wortgruppe wie **...el placer de** *...der Lust zu* nach POR entstanden denken kann):

**Yo no trabajo por trabajar, yo trabajo por dinero.**
*Ich arbeite nicht um der Arbeit willen, ich arbeite für Geld.*

**Leer por leer debe de ser muy duro.**
*Lesen um des Lesens willen muß sehr hart sein.*

### 39.6 POR: Ergänzung von Ausdrücken der Wahl und Entscheidung

POR führt die Ergänzung von Verben und Substantiven, die Wahl und Entscheidung bedeuten:

**estar por la dimisión** *für den Rücktritt sein*
**estar por el equipo cubano** *für die kubanische Mannschaft sein*
**apostar por El Gato** *auf El Gato setzen*
**la apuesta por el cambio** *das Setzen auf den Wechsel*
**inclinarse por la primera solución** *zur ersten Lösung neigen*
**decidirse por Butragueño** *sich für Butragueño entscheiden*
**optar por la conversación** *für den Dialog optieren*
**votar por la continuidad** *für die Kontinuität stimmen*
**el voto por la continuidad** *das Stimmen zugunsten der Kontinuität*

**A** ▶ Beispiele mit ESTAR POR (Synonym von POR ist hier A FAVOR DE):

**Todos están por la dimisión del tesorero.**
*Alle sind für den Rücktritt des Schatzmeisters.*

**Yo estoy por el equipo español.**
*Ich bin für das spanische Team.*

**B** ▶ Beispiel mit DAR POR (vgl. 14.53C):

**Les ha dado por la limpieza.**
*Sie sind neuerdings aufs Putzen versessen.*

**Les ha dado por escribirse en inglés.**
*Sie schreiben sich jetzt auf englisch.*

### 39.7 POR führt den Urheber einer Handlung ein

POR führt den Urheber einer Handlung ein, vgl. 17.3. Hier Beispiele mit Nominalgruppen:

**el salvamento de una niña por un perro** *die Rettung eines Mädchens durch einen Hund*
**el asesinato de un terrorista por la policía** *der Mord an einem Terroristen durch die Polizei*
**la tenencia de dólares por los cubanos** *der Besitz von Dollars durch die Kubaner*

## 39. Die Präpositionen POR und PARA

### 39.8 POR + Objekt von Neigung, Streben, Kampf

Das, worum es in Handlungen geht, die ein heftiges Wünschen, eine Anstrengung, einen Kampf beinhalten, wird mit POR eingeführt:

**el afán por la novedad** *der Wunsch nach dem Neuen*
**la fiebre por el sol** *das Fiebern nach der Sonne*
**la pasión por la lectura** *die Leseleidenschaft*
**la lucha por la vida** *der Kampf ums Dasein*
**mi obsesión por los toros** *meine Vernarrtheit in den Stierkampf*
**la carrera por la hegemonía** *der Wettlauf um die Vorherrschaft*
**la batalla por la sucesión** *die Schlacht um die Nachfolge*
**locos por el rock** *verrückt nach der Rockmusik*
**preguntar por Julio** *sich nach Julio erkundigen*
**interesarse por nosotros** *sich für uns interessieren*
**abogar por los necesitados** *sich für die Interessen der Bedürftigen einsetzen*
**velar por el cumplimiento del acuerdo** *die Einhaltung des Abkommens überwachen*
**luchar por mis derechos** *für meine Rechte kämpfen*

**A ▶** Die Infinitivergänzung von Substantiven, Adjektiven und Verben, die Anstrengung und Ringen bezeichnen, wird ebenfalls mit POR eingeführt (da es sich aber um eine Zielsetzung handelt, ist PARA meistens ebenfalls korrekt, Muttersprachler verwenden spontan POR). Beispiele:

**el esfuerzo por alcanzar la cumbre** *die Anstrengung, den Gipfel zu erreichen*
**la prisa por salir** *die Eile, hinauszugehen*
**intentos por hacer duradera la paz** *Versuche, den Frieden dauerhaft zu machen*
**ansioso por conocer la verdad** *begierig, die Wahrheit zu kennen*
**esforzarse por entendernos** *sich anstrengen, um uns zu verstehen*
**pugnar por hablar** *für das Sprechen kämpfen*
**combatir por tomar la ciudad** *darum kämpfen, die Stadt einzunehmen*
**luchar por ganar una medalla** *kämpfen, um eine Medaille zu gewinnen*
**rivalizar por ser el mejor** *sich darum streiten, der Beste zu sein*
**morirse por volver** *heftigst die Rückkehr wünschen*

### 39.9 POR und A POR zum Ausdruck der Verfolgung eines Ziels

POR (bzw. A POR) steht vor einem substantivischen Wort zur konkreten Bezeichnung des Verfolgens mit dem Zweck des konkreten oder figurativen Ergreifens. Explizit oder implizit folgt POR (bzw. A POR) in der Regel auf ein Verb der Bewegung wie IR, PASAR, VENIR, VOLVER aber auch andere:

**¿Que la vida hay que disfrutarla? ¡Pues a por ello!**
*Das Leben soll man genießen? Nur zu!*

**¡Vienen a por mí, a por mí!**
*Sie kommen mich abholen! Mich!*

**Hay gente que sale a la calle a por venganza.**
*Manche Leute gehen mit Rachegelüsten auf die Straße.*

### 39.10 POR neben anderen Präpositionen im Ausdruck von Gefühlen

Bei den meisten Substantiven, die eine positive oder negative Empfindung bezeichnen, wird das Objekt der Empfindung durch POR eingeführt, das allerdings durch HACIA oder seltener durch A und DE ersetzt werden kann. In den folgenden Beispielen mit häufigen Substantiven wird in Klammern die sonst übliche Ersetzung genannt:

**tu afición por (a) la polémica** *deine Lust an der Polemik*
**su admiración por (hacia) los alemanes** *seine Bewunderung den Deutschen gegenüber*

## 39. Die Präpositionen POR und PARA

mi interés **por** saberlo *mein Interesse, es zu erfahren*
sin el menor respeto **por** (hacia) mí *ohne die geringste Achtung vor mir*
una expresión de lástima **por** ella *ein Ausdruck des Bedauerns ihr gegenüber*

**A** ▶ Bei Verwendung der Verben SENTIR und MOSTRAR vor dem Substantiv bevorzugen Muttersprachler POR:

**Sentía admiración por su suegra.**
*Sie empfand eine große Bewunderung gegenüber ihrer Schwiegermutter.*

**Mostró interés por saberlo.**
*Er zeigte sich interessiert, das zu wissen.*

**B** ▶ Auf die entsprechenden Verben und Adjektive bzw. Partizipformen der oben angeführten Substantive folgt in der Regel eine andere Präposition als POR (man schlage im Lexikon nach). Beispiele:

**aficionados a las películas del oeste** *Western-Liebhaber*
**interesado en que aprendamos** *daran interessiert, daß wir lernen*

### 39.11 POR beim Ausdruck des Tauschens

Im Kontext des Tauschens hat POR die Bedeutung *'für'* (bzw. *'gegen'*):

**cambiar la máquina por un poco de agua** *den Fotoapparat gegen etwas Wasser tauschen*
**ofrecer su voto por un puesto de trabajo** *seine Stimme für einen Arbeitsplatz anbieten*
**ojo por ojo, diente por diente** *Auge um Auge, Zahn um Zahn*
**mi reino por un caballo** *mein Königreich für ein Pferd*
**ni un duro por este partido** *kein Pfennig für diese Partei*

• Zur konzessiven Verwendung von POR vgl. 35.46.

**A** ▶ Im Kontext von Kaufen und Verkaufen führt POR sowohl den verhandelten Gegenstand als auch die entrichtete Summe ein; es erscheint auch in der feststehenden Wendung POR EL PRECIO DE (vgl. aber 38.13):

**pagar un millón por la casa** *eine Million für das Haus zahlen*
**cobrar 14 euros por un servicio** *14 Euro für eine Dienstleistung verlangen*
**alquilar la casa por mil euros al mes** *das Haus für tausend Euro im Monat vermieten*
**comprar un cuadro de Miró por 20 millones** *ein Miró-Bild für 20 Millionen kaufen*
**una mansión por el precio de una choza** *eine Villa für den Preis einer Bruchbude*

• Beispiel mit SALIR (POR kann hier durch A ersetzt werden):

**Disponer de un coche durante una semana sale por 199 euros.**
*Ein Mietwagen für eine Woche kostet 199 Euro.*

**B** ▶ Beispiele mit Infinitivergänzungen:

**Cobran un dólar por recoger la basura.**
*Sie bekommen einen Dollar für die Müllbeseitigung.*

**Pide mil euros por volver a contar lo mismo.**
*Er verlangt tausend Euro dafür, daß er dasselbe nochmal erzählt.*

### 39.12 DAR POR und PAGAR POR beim Ausdruck des Tauschens

Mit den Verben DAR und PAGAR können Infinitivergänzungen mit POR eingeführt werden, dann überwiegt die Vorstellung des Tausches über die der Zweckangabe, wofür PARA zuständig wäre (was hier durchaus richtig wäre, Muttersprachlern jedoch seltsam vorkäme):

**Daría cualquier cosa por su rescate → Daría cualquier cosa por rescatarlo.**
*Ich gäbe alles her für seine Rettung → Ich gäbe alles dafür, ihn zu retten.*

### 39. Die Präpositionen POR und PARA

**Pagamos dinero por una visita al teatro** → **Pagamos dinero por ir al teatro.**
*Wir zahlen Geld für einen Theaterbesuch* → *Wir zahlen Geld dafür, daß wir ins Theater gehen.*

### 39.13 POR in Ausdrücken des Ersetzens

POR entspricht *'für'* im Sinne von *'anstelle'*, *'statt'* im Ausdruck des Ersetzens und Stellvertretens. Beispiele:

**¿sustituir la Ñ por GN?** *das ñ durch gn ersetzen?*
**firmar por mí** *an meiner Stelle unterschreiben*
**responder por los niños** *für die Kinder haften*
**la lista del PP por Madrid** *die Kandidatenliste des Partido Popular für Madrid*
**diputado por Murcia** *Abgeordneter für Murcia*
**candidato por el PSOE** *Kandidat für die PSOE*

**A** ▶ Im Ausdruck von Ersetzen und Stellvertretung können statt POR die Wendungen EN SUSTITUCIÓN DE und EN REPRESENTACIÓN DE stehen.

### 39.14 POR in identifikativen Wendungen

**A** ▶ In folgenden Beispielen mit häufigen typischen Verben hat POR den Sinn von *'unter'*:

**Se le conoce por "Chocolate".**
*Er ist unter dem Namen "Chocolate" bekannt.*

**¿Qué entendemos nosotros por "economía social de mercado"?**
*Was verstehen wir unter "sozialer Marktwirtschaft"?*

**B** ▶ POR tritt zur Einführung eines Objektsprädikativs auf, oft in Verbindung mit PASAR, TENER oder DAR (vgl. 21.13):

**decir no por toda respuesta** *Nein sagen als einzige Antwort*
**poner por ejemplo** *zum Beispiel*
**tomar / poner por caso** *als Beispiel anführen*
**tener por móvil la envidia** *als Beweggrund den Neid haben*
**tener por costumbre leer en la cama** *gewohnt sein, im Bett zu lesen*
**dar por zanjada la situación** *die Lage für überwunden erklären*
**pasar por expertos** *als Experte gelten*
**pasar por santo** *als Heiliger gelten*

### 39.15 POR als Ausdruck des Maßstabs

**A** ▶ POR führt den Umstand ein, nach dem ein anderer Sachverhalt beurteilt wird:

**Por las preguntas, me parece que la cuestión tiene su importancia.**
*Den Fragen nach zu urteilen scheint mir, daß die Sache nicht unwichtig ist.*

**Por lo que dijo y por la manera como lo dijo, es una mujer resentida.**
*Nach dem, was und wie sie es sagte, ist sie eine Frau voller Ressentiments.*

• Zum Unterschied zu PARA vgl. 39.36.

**B** ▶ Ein Synonym von POR in Beispielen wie den vorangegangenen ist die häufige Wendung A JUZGAR POR.

**C** ▶ Beispiel mit dem häufigen Ausdruck von Gleichgültigkeit POR MÍ:

**Por mí, que se divorcien.**
*Meinetwegen sollen sie sich scheiden lassen.*

### 39. Die Präpositionen POR und PARA

**D** ▶ POR führt den Rahmen für den Sinn einer Aussage oder den Gesichtspunkt für ein Tun ein:

**tercero por ganancias** *an dritter Stelle in bezug auf die Gewinne*
**la mejor por voz** *die Beste in bezug auf die Stimme*
**vender los huevos por docenas** *die Eier in Dutzenden verkaufen*
**determinación del género por la forma** *Bestimmung des Geschlechts nach der Form*
**clasificar las telas por el color** *die Stoffe nach der Farbe einteilen*
**ordenar por orden alfabético** *nach dem Alphabet einordnen*
**designar por sorteo** *per Auslosung nominieren*
**trabajar por parejas** *zu zweit arbeiten*
**jurar por Dios** *bei Gott schwören*

**E** ▶ POR kann in der Regel durch SEGÚN oder CON RESPECTO A ersetzt werden, wenn es um das Kriterium geht; bei Spezifizierung des Verfahrensmodus (dritt- und zweitletztes Beispiel in 39.15D) jedoch nicht. Bei Schwurhandlungen (letztes Beispiel in 39.15D) ist POR unersetzbar. Weiteres Beispiel für einen Schwurkontext:

**Por mis abuelos que en paz descansen, que lo haré.**
*Ich schwöre es bei meinen Großeltern selig, ich werde es tun.*

**F** ▶ Mit einem POR-Gefüge wird die Menge oder Intensität bezeichnet, die den Vorsprung bei Erreichen eines Ziels oder einer Leistung angibt:

**aprobar la medida por 17 votos a favor** *mit 17 Ja-Stimmen die Maßnahme billigen*
**rey de la velocidad por una undécima de segundo** *Sprintkönig mit einer Elftelsekunde Vorsprung*
**ganar por goleada** *mit einem Torregen gewinnen*
**resultar elegido por amplia mayoría** *mit einer breiten Mehrheit gewählt sein*
**librarse por los pelos** *um ein Haar davonkommen*

#### 39.16 POR in Ausdrücken des Teilens

POR entspricht *'für'* im Sinne von *'pro'* im Ausdruck von Verteilung (vgl. 26.59):

**dos chicos por pupitre** *jeweils zwei Kinder an einem Pult*
**30 casos de anorexia por 100 000 habitantes** *30 Fälle von Magersucht pro 100 000 Einwohner*
**50 euros por metro cuadrado** *50 Euro pro Quadratmeter*
**90 céntimos por litro** *90 Cent je Liter*
**doscientos kilómetros por hora** *zweihundert Kilometer in der Stunde*
**setenta pulsaciones por minuto** *siebzig Schläge in der Minute*

**A** ▶ Beispiele mit Prozentangaben (vgl. 5.74):

**el tanto por ciento** *das Prozent*
**¿qué tanto por ciento?** *wieviel Prozent?*
**el 20,8 % (veinte coma ocho por ciento) de los entrevistados** *20,8% der Befragten*

**B** ▶ POR entspricht *'für'* in der Verbindung zweier gleicher Substantive zum Ausdruck einer ununterbrochenen Aufeinanderfolge (vgl. 38.16):

**traducir palabra por palabra** *Wort für Wort übersetzen*
**analizar caso por caso** *Fall für Fall analysieren*

**C** ▶ Für *'einzeln'* steht der Ausdruck UNO POR UNO zur Verfügung:

**entrar uno por uno** *einzeln hineinkommen*
**examinar las firmas una por una** *jede einzelne Unterschrift prüfen*

## 39.17 POR drückt Vermittlung aus

POR steht vor einem Substantiv zur Bezeichnung des Mittels oder der Vermittlung. POR steht hier in Konkurrenz mit CON und kann ersetzt werden durch MEDIANTE, A TRAVÉS DE oder POR MEDIO DE. Beispiele:

**por avión** *mit Luftpost*
**por barco** *auf dem Seeweg*
**por tierra** *auf dem Landweg*
**por cable** *über Kabel*
**por fax** *per Fax*
**por correo certificado** *per Einschreiben*
**por correo electrónico** *per E-Mail*
**invitación por carta** *briefliche Einladung*
**por vía pacífica** *auf friedlichem Wege*
**el voto por carta** *die Briefwahl*
**guateques por encargo** *Partys auf Bestellung*
**unidos por la radio** *durch das Radio verbunden*
**salir por la televisión** *im Fernsehen auftreten*
**encargar por correo** *mit der Post bestellen*
**hablar por teléfono** *telefonieren*
**enterarse de los resultados por los alumnos** *von den Ergebnissen durch die Schüler erfahren*
**un ultimátum transmitido por satélite** *ein per Satellit übertragenes Ultimatum*

**A ▶** Im letzten Beispiel kann POR ersetzt werden durch das präpositional gebrauchte Substantiv VÍA: UN ULTIMÁTUM TRANSMITIDO VÍA SATÉLITE. Vgl. 40.26.

## 39.18 POR im Kontext des Rechnens und Messens

POR erscheint beim Multiplizieren und Dividieren sowie zwischen zwei Zahlen in der Angabe von Maßen (beim Dividieren kann POR durch ENTRE ersetzt werden):

**tres por tres** *drei mal drei*
**multiplicar por tres** *mit drei multiplizieren*
**dividido por tres** *geteilt durch drei*
**medir cinco metros por tres** *fünf mal drei Meter groß sein*

## 39.19 POR bei Verben des Greifens

Mit Verben des Greifens bezeichnet POR (in Konkurrenz mit DE, vgl. 25.37, 381E) die Stelle des Kontakts:

**La llevaban cogida por los hombros.**
*Sie hatten sie an den Schultern gepackt und schleppten sie nun fort.*

**La levantó por la cintura.**
*Er packte sie bei der Hüfte und hob sie auf.*

## 39.20 POR bei Verben des Beginnens und Beendens

POR hat den Sinn von *'mit'* in Verbindung mit den Verben des Beginnens und Beendens (EMPEZAR, TERMINAR und ihren Synonymen, vgl. 14.75, 14.77):

**Su apellido empieza por ele.**
*Sein Name fängt mit L an.*

**La película empieza por el final y termina por el principio.**
*Der Film beginnt mit dem Ende und endet mit dem Anfang.*

### 39. Die Präpositionen POR und PARA

#### 39.21 POR beim Anstimmen eines Flamenco-Gesangs

POR führt den Namen eines Flamenco-Gesangs im Plural ein, den man zu singen beginnt. Der Name des Gesangs steht meist im Plural (SEVILLANAS, BULERÍAS), das typische Verb dabei ist ARRANCARSE:

**A cada gol de su equipo se arranca por bulerías.**
*Bei jedem Tor seiner Mannschaft legt er Bulerías hin.*

#### 39.22 POR in adverbiellen Ausdrücken

Häufige adverbielle Ausdrücke mit POR aus dem Lexikon:

**por supuesto** *natürlich, selbstverständlich*
**por descontado** *selbstredend*
**por todo lo alto** *im großen Stil*
**por mayor** *im großen*; **comerciante al por mayor** *Großhändler*
**por menor** *im kleinen*; **comercio al por menor** *Einzelhandelsgeschäft*
**ni por esas** *nicht einmal im Traum*
**por sí solo** *ganz allein*
**por excepción** *ausnahmsweise*
**por lo general** *im allgemeinen*
**por regla general** *gewöhnlich*
**por escrito** *schriftlich*
**juntos o por separado** *zusammen oder getrennt*
**por cuenta y riesgo** *auf eigene Gefahr*
**pasar por alto** *übersehen*
**por desgracia** *unglücklicherweise*
**por lo demás** *im übrigen*
**por cierto** *übrigens, nebenbei gesagt*
**hacer algo por su cuenta** *etwas auf eigene Rechnung, allein tun*

## B. Die Präposition PARA

- Im schnellen und lässigen Sprechen wird PARA zu PA. Man beachte die gewöhnliche Schreibweise: PA' LA CASA, PA' COMER, PA' QUE TE ENTERES.
- Zu PARA + Infinitiv vgl. u.a. 14.15 (Substantivergänzung), 14.113 (Angabe des Zwecks), 19.86 (unpersönliche Konstruktionen mit SER und ESTAR).
- Zu PARA in Orts- und Zeitbestimmungen vgl. 25.62 und 26.25, 26.26, 26.27, 26.28.

#### 39.23 PARA führt den Empfänger ein

Im Ausdruck vom Geben und Zuteilen mehr oder weniger konkreter Gegenstände (aber auch Tiere und Personen) führt PARA den Empfänger ein:

**cargada de caramelos para todos los niños** *mit Bonbons für alle Kinder beladen*
**comida para el canario** *Futter für den Kanarienvogel*
**escoger un collar para Rosa** *eine Halskette für Rosa aussuchen*
**darle un paquete a Mario para Laura** *Mario ein Paket für Laura geben*
**un té de hierbas para ella** *einen Kräutertee für sie*
**edificar residencias para mayores** *Wohnheime für ältere Menschen bauen*
**un vale para tres personas** *eine Freikarte für drei Personen*
**querer ser un Rey para todos** *ein König für alle sein wollen*
**jefes para un millón de soldados** *Chefs für eine Million Soldaten*

### 39. Die Präpositionen POR und PARA

**A** ▶ Würde in den vorigen Beispielen POR statt PARA stehen, dann handelte es sich nicht um ein Geben oder Zuteilen, sondern um irgendein Handeln mit einem Gegenstand im Namen, auf Wunsch oder in Vertretung vom jemandem. Man vergleiche:

**He escogido este collar para Rosa.**
*Ich habe diese Halskette (als Gabe) für Rosa ausgesucht.*

**He escogido este collar por Rosa.**
*Ich habe diese Halskette Rosa zuliebe ausgesucht.* oder: *...auf Rosas Wunsch, an Rosas Stelle, in Vertretung Rosas usw.*

### 39.24 HACER POR und HACER PARA

Wird das sehr allgemeine Verb HACER im Zusammenhang mit PARA verwendet, dann handelt es sich stets um ein Herstellen von Gegenständen, die eine Person empfangen soll; im Zusammenhang mit POR bedeutet HACER ein Leisten, ein Handeln einer Person oder Sache zuliebe. Man vergleiche:

**¿La escultura? La estoy haciendo para los niños.**
*Diese Skulptur? Ich mache sie für die Kinder.*

**Nos mudamos de casa. Lo hacemos por los niños.**
*Wir ziehen um. Wir tun es für die Kinder*

**A** ▶ Beispiele für häufige Verwendungsweisen von HACER POR:

**¿Qué puedo hacer por usted?**
*Was kann ich für Sie tun?*

**Este hombre ha hecho mucho por España.**
*Dieser Mann hat viel für Spanien getan.*

### 39.25 DAR POR und DAR PARA

Das Verb DAR wird sehr oft nicht im Sinne konkreten Gebens von etwas an eine Person, wofür PARA zuständig wäre, verwendet, sondern im Zusammenhang der Sorge um eine Person, die mit POR eingeführt wird (vgl. auch 39.12). Man vergleiche:

**Te doy esto para Miguel.**
*Ich gebe dir das für Miguel.*

**Yo no doy nada por Miguel.**
*Ich gebe nichts für Miguel. (= Ich halte nichts von Miguel)*

### 39.26 PARA führt den Bestimmungsort ein

Im Ausdruck von Geben und Zuteilen mehr oder weniger konkreter Gegenstände (aber auch Personen) führt PARA den Bestimmungsort oder die Sache ein, deren Teilstück der Gegenstand (oder die Person) werden soll:

**un cenicero de plata para el salón** *ein silberner Aschenbecher für das Wohnzimmer*
**el prefacio para el libro de un amigo** *das Vorwort für das Buch eines Freundes*
**remedios para un mundo enfermo** *Heilmittel für eine kranke Welt*
**los neumáticos para mi bicicleta** *die Schläuche für mein Fahrrad*
**un local para el congreso** *ein Lokal für den Kongreß*
**la busca de un zar para Rusia** *die Suche nach einem Zaren für Rußland*

**A** ▶ Mit Ausdrücken des Unterstützens und Helfens gibt PARA den jeweiligen Empfänger an:

**ayuda para Rumanía** *Hilfe für Rumänien*
**pedir apoyo para la música española** *um Unterstützung für die spanische Musik bitten*

### 39. Die Präpositionen POR und PARA

#### 39.27 PARA führt den Redeempfänger ein

PARA bezeichnet die Person oder Institution, an die Worte gerichtet werden:

**hablar para los creyentes** *für die Gläubigen sprechen*
**escribir para convencidos** *für Überzeugte schreiben*
**unas palabras para Radio Nacional** *einige Worte für Radio Nacional*

#### 39.28 PARA führt den Betroffenen ein

PARA führt die Person, Sache oder Institution ein, die den unmittelbaren Nutzen oder Schaden von Handlungen und Handlungsergebnissen hat:

**los beneficios para los investigadores españoles** *die Vorteile für die spanischen Forscher*
**trabajar para el empresario** *für den Unternehmer arbeiten*
**22 años para el juez asesino** *22 Jahre (Gefängnis) für den Richter, der einen Mord beging*
**un plan de salvación para los astilleros** *ein Rettungsplan für die Werften*
**doble nacionalidad para los extranjeros** *doppelte Staatsangehörigkeit für Ausländer*
**vida para tu piel** *Leben für deine Haut*
**recaudar fondos para un dispensario** *Gelder sammeln für eine Poliklinik*

#### 39.29 PARA führt die Zweckbestimmung ein

PARA steht vor einem Substantiv, das die Handlung oder den Zustand bezeichnet, für deren Ausführung bzw. Herbeiführung eine Sache, Person oder Institution vorgesehen ist:

**dinero para un viaje** *Geld für eine Reise*
**jóvenes fuertes para faenas imposibles** *starke junge Männer für unmögliche Jobs*
**el sitio ideal para mi descanso** *der ideale Ort, um mich auszuruhen*
**los papeles para el divorcio** *die Papiere für die Scheidung*
**escenarios para una invasión** *Szenarien für eine Invasion*
**ley de plazos para el aborto** *Fristenlösung für die Abtreibung*
**clasificarse para octavos de final** *sich für das Achtelfinale qualifizieren*
**quedarse el tiempo justo para la foto** *genau solange wie nötig für das Foto dableiben*
**prepararse para el examen** *sich auf die Prüfung vorbereiten*

**A ▶** Wenn in den vorangegangenen Beispielen, übrigens befremdlich genug, POR statt PARA stehen würde, handelte es sich nicht mehr um das Bestimmen von etwas zu einem Zweck, sondern um ein Handeln im Namen einer Sache. Man vergleiche:

**Fundaron un comité para la solidaridad con Tibet.**
*Sie gründeten ein Komitee für die Solidarität mit Tibet. (das Komitee hat sich diesen Zweck gesetzt)*

**Fundaron un comité por solidaridad con Tibet.**
*Sie gründeten ein Komitee aus Solidarität mit Tibet.*

**B ▶** Beispiele für **Substantiv + PARA + Infinitiv** (vgl. 14.15):

**dinero para viajar** *Geld zum Reisen*
**un sitio para descansar** *ein Ort zum Ausruhen*

#### 39.30 PARA führt den Verwendungszweck ein

Wenn etwas bereitgestellt oder vereinbart wird, um es in irgendeiner Hinsicht in Verbindung mit einer Sache oder mit einem Lebewesen zu benutzen, so wird letzteres durch PARA eingeführt:

**un armario para zapatos** *ein Schrank für Schuhe* (d.h. auch: *ein Schuhschrank*)
**cocina con plancha para tostadas** *Herd mit Toastplatte*
**camisa para hombre** *Herrenhemd*

**una jaula para el canario** *ein Käfig für den Kanarienvogel*
**bocadillos para la cena** *belegte Brötchen für das Abendessen*
**argumentos para la defensa** *Argumente für die Verteidigung*
**apuntes para mi novela** *Notizen für meinen Roman*
**construidas sólo para cierto tipo de carreteras** *nur für einen gewissen Straßentyp gebaut*
**paso prohibido para camiones** *Durchfahrt für Lastwagen verboten*
**reservar hora para el médico** *einen Arzttermin vereinbaren*
- Begriffliche Verbindungen der Zweckbestimmung werden auch mit DE gebildet, vgl. 38.2D.

### 39.31 PARA führt das Fassungsvermögen ein

Mit PARA wird das Fassungsvermögen eingeführt:

**un tanque para 50 litros** *ein Tank für 50 Liter*
**un hospital para 500 enfermos** *ein Krankenhaus für 500 Patienten*

### 39.32 PARA führt das angestrebte Amt oder die angestrebte Funktion ein

Die mit PARA eingeführte Zweckbestimmung ist nicht selten eine Personenbezeichnung als Bezeichnung für ein Amt, eine Funktion:

**Pérez para presidente** *(wir sind für) Pérez als Präsident*
**su candidatura para defensor del pueblo** *seine Kandidatur für den Posten eines Ombudsmannes*
**comprarse una joven para esposa** *sich eine junge Frau kaufen, um sie zu seiner Ehefrau zu machen*

### 39.33 ESTAR PARA

Mit ESTAR PARA, sehr häufig in der negativen Form, wird die körperliche oder seelische Bereitschaft einer Person ausgedrückt:

**Estoy aquí para eso.**
*Dafür bin ich da.*

**No estoy para nada.**
*Ich habe zu nichts Lust.*

### 39.34 Bewertungen hinsichtlich jemand oder etwas

PARA enstpricht *'für'*, wenn etwas oder jemand als positiver oder negativer Umstand dargestellt wird:

**bueno para nosotros, malo para ellos** *gut für uns, schlecht für sie*
**saludable para todos** *gesund für alle*
**normal para un peruano** *normal für einen Peruaner*
**perjudicial para la vista** *schädlich für das Auge*
**un obstáculo para la modernización** *ein Hindernis für die Modernisierung*
**un susto para los grandes** *ein Schreck für die Großen*
**una vergüenza para nuestro país** *eine Schande für unser Land*

### 39.35 PARA nach Ausdrücken benötigter Eigenschaft und Menge

PARA entspricht *'für'* bei der Angabe oder Andeutung, daß etwas nötig oder ausreichend für etwas oder jemanden ist, bzw. bei der Angabe oder Andeutung einer benötigten oder ausreichenden Menge:

### 39. Die Präpositionen POR und PARA

**necesario para España** *notwendig für Spanien*
**la experiencia suficiente para proyectos más grandes** *genug Erfahrung für größere Projekte*
**insuficiente para el crecimiento deseado** *für das erwünschte Wachstum nicht ausreichend*
**dos años para cada novela** *zwei Jahre für jeden Roman*
**no dar para más** *keine Kraft mehr haben*
**sin dinero para diversiones** *kein Geld für Vergnügungen*
**no tener para vacunas** *nicht genug (Geld) für Impfungen haben*

#### 39.36 PARA im Vergleichen mit einer Norm

PARA entspricht *'für'* bei der Angabe des Über- oder Unterschreitens einer Norm oder einer Erwartung:

**Para su edad, están muy desarrolladas.**
*Für ihr Alter sind sie sehr entwickelt.*

**A ▶** Auf PARA kann hier nicht nur ein Substantiv, sondern auch ein Infinitiv oder ein Nebensatz folgen (vgl. 35.10):

**Para ser de una mujer, es un estilo brutal.**
*Dafür, daß es von einer Frau stammt, ist es ein grober Stil.*

**Para aburrirnos, nos podíamos haber quedado en casa.**
*Um uns zu langweilen, hätten wir genausogut zu Hause bleiben können.*

**Para que le haya pegado a su hijo ha debido de hacer algo muy grave.**
*Dafür, daß sie ihren Sohn geschlagen hat, muß dieser etwas Schlimmes angerichtet haben.*

**Para los años que lleva aquí, su español es pésimo.**
*Für die vielen Jahre, die er hier lebt, ist sein Spanisch miserabel.*

**B ▶** Anders als PARA beinhaltet POR im Ausdruck des Maßstabs (vgl. 39.15) keine Angabe der Normenverletzung. Man vergleiche:

**para las respuestas que dio** *dafür, daß er solche Antworten gab*
**por las respuestas que dio** *wegen der Antworten, die er gab*

#### 39.37 PARA in der Bezeichnung der Folge eines Geschehens

PARA entspricht *'zu'* bei der (artikellosen) Benennung der eingetretenen (selten der erwünschten) Folge des anschließend beschriebenen Sachverhalts:

**Para sorpresa de los asistentes, el discurso lo pronunció en inglés.**
*Zur Überraschung der Anwesenden hielt er die Rede auf englisch.*

**A ▶** Weitere Beispiele von PARA + (artikelloses) Substantiv:

**para decepción de todos** *zur Enttäuschung aller*
**para mayor problema** *um die Sache noch komplizierter zu machen*
**para mayor seguridad** *zur größeren Sicherheit*
**para colmo** *zu allem Überfluß*

#### 39.38 Superlativausdruck durch PARA-Gefüge

PARA führt die Gattung ein, zu der anschließend das hervorstechende Einzelexemplar angeführt wird. Diese verblose superlativische Struktur hat im Deutschen keine Entsprechung:

**para paellas, la de mi madre** *(was Paella angeht, schmeckt die von meiner Mutter am besten)*
**para matrimonios aburridos, el nuestro** *(unsere Ehe ist einmalig unter den langweiligen Ehen)*
**para procesiones, Polonia** *(nach Polen, um echte Prozessionen zu erleben)*

**para torturas, el infierno** *(nirgends wird schlimmer gefoltert als in der Hölle)*
**para héroes, los policías municipales** *(das beste Beispiel für Heldentum: die Stadtpolizisten)*

## 39.39 PARA führt eine Bezugnahme ein

PARA entspricht *'für'*, wenn zu den Elementen einer Aufstellung vergleichende Aussagen gemacht werden:

**Las cifras para Colombia son aún más escalofriantes.**
*Die Zahlen für Kolumbien sind noch haarsträubender.*

**Para la totalidad de hospitales se obtienen los niveles óptimos de actividad.**
*Für alle Krankenhäuser erhält man die höchsten Belastungsniveaus.*

## 39.40 PARA im Ausdruck von Meinung

PARA entspricht *'für'* bei den meist satzeinleitenden Angaben des Standpunkts:

**Para mí, la corrupción es inevitable en política.**
*Für mich ist die Korruption in der Politik unvermeidlich.*

**Para nuestro autor, la hispanidad es un laberinto.**
*Für unseren Autor ist das Spanischsein ein Labyrinth.*

- PARA kann hier vielfach von SEGÚN ersetzt werden, vgl. 40.20.
- Die satzeinleitende Angabe POR MÍ drückt Gleichgültigkeit aus, vgl. 39.15C.

**A ▶** Nach PARA MÍ erscheint sehr oft QUE:

**Para mí que mintió.**
*Meiner Meinung nach hat er gelogen.*

## 39.41 PARA im Ausdruck von Eignung

PARA + Substantiv / Infinitiv folgt auf Substantive und Adjektive zum Ausdruck der Eignung:

**olfato para el delito** *eine gute Nase für das Verbrechen*
**capacidad para la innovación** *Innovationsfähigkeit*
**incapacidad para el trabajo** *Arbeitsunfähigkeit*
**facilidad para los idiomas** *Sprachbegabung*
**habilidad para el trabajo manual** *Geschick für Handarbeit*
**hábil para el engaño** *begabt für das Betrügen*
**apto para el baño** *zum Baden geeignet*

- SER / ESTAR PARA + Infinitiv drückt Eignung aus, vgl. 19.86.

**A ▶** Die Ergänzung von CAPAZ und INCAPAZ wird mit DE eingeführt, vgl. 38.5D, die Ergänzung von CAPACIDAD und INCAPACIDAD jedoch mit PARA. Beispiele mit Infinitivergänzungen:

**Ya ha demostrado su capacidad para reconocer errores.**
*Sie hat bereits ihre Fähigkeit, Fehler zuzugeben, unter Beweis gestellt.*

**La culpa la tiene esa incapacidad tuya para recordar nombres y caras.**
*Schuld daran ist dein Unvermögen, dir Namen und Gesichter zu merken.*

**B ▶** Beispiele mit SERVIR:

**Para algo ha de servir esto.**
*Für irgend etwas muß das gut sein.*

**Esto no sirve para nada.**
*Das taugt für nichts.*

## 39. Die Präpositionen POR und PARA

### 39.42 PARA im Ausdruck des angestrebten Ziels

In Anlehnung an die konkrete Bedeutung des Hinneigens (vgl. 25.62) erscheint PARA vor Substantiven und anderen Wortarten zum Ausdruck der Zielverfolgung bzw. Tendenz. Beispiele mit der häufigen Formel **PARA + Berufsbezeichnung:**

**estudiar para dentista** *Zahnmedizin studieren*
**nacido para crítico literario** *zum Literaturkritiker geboren sein*

**A** ▶ Beispiele mit IR PARA:

**Esto va para drama.**
*Dies wird sich noch zu einem echten Drama entwickeln.*

**Con el cambio, todo irá para mejor.**
*Mit dem Wechsel wird sich alles zum Besseren wenden.*

**B** ▶ Sätze wie der folgende mit COMO PARA + Infinitiv haben einen konsekutiv-modalen Sinn:

**Has hecho un trabajo como para darte un premio.**
*Du hast eine so gute Arbeit geleistet, du solltest eine Auszeichnung bekommen.*

### 39.43 PARA und PARA CON im Ausdruck von Haltung und Einstellung

PARA - oft gefolgt von CON - entspricht *'zu'* oder *'gegenüber'* im Ausdruck von Haltungen und Einstellungen zu einer Person (oder Sache); es handelt sich um einen Ersatz von CON (vgl. 40.9) bzw. POR (vgl. 39.10) oder HACIA (vgl. 25.63C):

**su actitud para con los invasores** *ihre Haltung gegenüber den Invasoren*
**amable para con las visitas** *liebenswürdig zu den Besuchern*

# 40. Weitere Präpositionen

In diesem Kapitel wird in der Hauptsache der im allgemeinen recht unproblematische Gebrauch der Präpositionen CON, CONTRA, ENTRE, SEGÚN und SIN dargestellt. Im letzten Teil wird auf einige Besonderheiten im Gebrauch der Präpositionen sowie auf die restlichen Präpositionen eingegangen.

## A. Gebrauch von CON

- Zu CONTIGO, CONMIGO und CONSIGO vgl. 11.21, 11.33
- Zu CON + Infinitiv in konditionaler Bedeutung vgl. 14.109, 14.53B, in konzessiver Bedeutung vgl. 14.111. Konjunktionen mit CON vgl. 35.58, 35.97, 35.100.

### 40.1 CON entspricht 'mit'

**ir al fútbol con Pastora** *mit Pastora zum Fußball gehen*
**para estar con vosotros** *um mit euch zusammen zu sein*
**hablar contigo** *mit dir reden*
**mezclar peras con manzanas** *Birnen mit Äpfeln vermengen*
**trato con extranjeros** *Umgang mit Ausländern*
**un pacto con el Diablo** *ein Pakt mit dem Teufel*
**identificarse con el candidato** *sich mit dem Kandidaten identifizieren*
**jugar con Ferrero por el campeonato** *mit (= gegen) Ferrero um die Meisterschaft spielen*
**coincidir con Ana a este respecto** *mit Ana in dieser Hinsicht einer Meinung sein*
**estar de acuerdo con Ana** *mit Ana einverstanden sein*
**camareros muy acordes con el ambiente** *Kellner, die sehr gut in ihre Umgebung passen*
**en contradicción con su propia teoría** *im Widerspruch zu seiner eigenen Theorie*
**vincularla con el robo** *sie mit dem Diebstahl in Verbindung setzen*
**no contar con nadie** *mit niemandem rechnen, sich auf niemanden verlassen*
**una casita con jardín** *ein Häuschen mit Garten*
**zapatos con suela de cuero** *Schuhe mit Ledersohle*
**un hombre con aspecto de boxeador** *ein Mann mit dem Aussehen eines Boxers*
**filete con pimientos** *Filet mit Paprika*
**con sabor a fresa** *mit Erdbeergeschmack*
**acercarse con una bandeja** *sich mit einem Tablett nähern*
**despedirse con una palmada cariñosa** *sich mit einem liebevollen Klaps verabschieden*
**contemplar con tristeza** *mit Trauer betrachten*
**agredir con bate de béisbol** *mit einem Baseballschläger angreifen*
**convencer con argumentos** *mit Argumenten überzeugen*

**A ▶** Zu den nicht seltenen, unkorrekten CON-Verbindungen wie CON CINCO AÑOS, VENIR CON EL COCHE und LA CHICA CON FALDA ROJA vgl. 26.18A, 5.76B bzw. 38.3A.

**B ▶** Beispiele für CON mit der Bedeutung *'bei'*:
**vivir con sus padres** *bei den Eltern wohnen*
**viajar con niebla** *bei Nebel fahren*

**C ▶** Die Ausdrücke des Zufriedenseins haben eine CON-Ergänzung (vgl. aber 38.7B):
**conformarse / contentarse con poco** *sich mit wenig zufrieden geben*
**contentas / satisfechas con los resultados** *mit den Ergebnissen zufrieden*

- Beispiel mit CON QUE (vgl. 35.100):
**Me contento con que me paguen lo convenido.**
*Ich gebe mich mit dem vereinbarten Entgelt zufrieden.*

## 40. Weitere Präpositionen

**D** ▶ Beispiele für CON mit Verben des Erlebens:

**lo que pasó con Julio** *was mit Julio geschah*
**lo que me pasó con el jefe** *meine Auseinandersetzung mit dem Chef*

**E** ▶ In Beispielen wie den folgenden ist CON ein – nicht häufiger – Ersatz für PARA (vgl. 39.37):

**imitar al jefe con el regocijo general** *zum allgemeinen Vergnügen den Chef imitieren*
**marcharse con gran extrañeza de algunos** *zur Überraschung einiger weggehen*

**F** ▶ In Beispielen wie dem folgenden, das einen Vergleich einschließt, hat CON die Bedeutung von *'im Hinblick auf'*:

**Jorge no tiene nada que hacer con Antonio.**
*Jorge kann Antonio nicht das Wasser reichen.*

### 40.2 CON oder DE?

• Im instrumentalen Gebrauch konkurriert CON mit DE (vgl. 38.8) und A (vgl. 38.14).

**A** ▶ Mit den Verben des Bedeckens wird bei Bezeichnung des Mittels DE weitgehend konventionell verwendet, vgl. 38.8A. Ansonsten sind DE und CON einsetzbar, obwohl DE die richtigere Alternative zu sein scheint bei metaphorischer Verwendung, zumal mit Partizipformen:

**sembrado de / con minas** *mit Minen übersät*
**retocado de / con dulzura** *einfühlsam nachgearbeitet*

**B** ▶ Zur Bezeichnung des Inhalts eines Behältnisses konkurriert CON mit DE; die Verwendung von CON impliziert meistens, daß es sich um einen zufälligen oder unerwarteten Inhalt handelt:

**una cartera con cáscaras de plátano** *eine Aktentasche mit Bananenschalen*
**macetas con agua** *Blumentöpfe mit Wasser*

### 40.3 ESTAR CON

**A** ▶ Beispiele mit ESTAR CON zum Ausdruck des Zustands (vgl. 19.49):

**estar con fiebre** *Fieber haben*
**estar con sueño** *müde sein*
**estar con problemas** *Probleme haben*

**B** ▶ ESTAR CON hat die Bedeutung *'einverstanden sein mit'*:

**Yo no estoy con Darwin.**
*Ich bin mit Darwin nicht einverstanden.*

**Ella no siempre ha estado con el progreso de la mujer.**
*Sie war nicht immer für den Fortschritt der Frau.*

### 40.4 CON bei Verben des Zusammenstoßes

**A** ▶ Beispiele mit den Verben des Zusammenstoßes CHOCAR, TOPAR und TROPEZAR, die häufig auch im figurativen Sinne gebraucht werden:

**chocar con un camión** *mit einem Lastwagen zusammenstoßen*
**chocar con los colegas** *mit den Kollegen in Konflikt geraten*
**topar con un mueble** *gegen ein Möbel stoßen*
**toparse / tropezarse con Bea a la salida del cine** *beim Verlassen des Kinos zufällig Bea begegnen*
**tropezar con una piedra** *über einen Stein stolpern*
**tropezar con obstáculos** *auf Hindernisse stoßen*

**B** ▶ Beispiel mit DAR(SE) CON:

**El niño tropezó y se dio con el borde de la mesa.**
*Der kleine Junge stolperte und schlug gegen die Tischkante.*

**Di con ellos a los pocos días.**
*Ich fand sie nach einigen Tagen.*

**No doy con el nombre del otro jugador.**
*Mir fällt der Name des anderen Spielers nicht ein.*

## 40.5 CON führt die Ursache ein

**A** ▶ Beispiele für CON mit der kausalen Bedeutung von *'mit'* oder *'bei'* (vgl. auch 40.8):

**Con este frío es mejor que nos quedemos en casa.**
*Bei der Kälte bleiben wir besser zu Hause.*

**Con esa letra no te va a entender nadie.**
*Wenn du so schreibst, wird dich kein Mensch verstehen.*

**B** ▶ In passivischen Konstruktionen führt CON häufig den auslösenden Umstand ein, es ist dabei eine – oft notwendige – Ersetzung von DE (vgl. 38.7A) oder POR (vgl. 39.1):

**disfrutar mucho con su triunfo** *sich über seinen Sieg sehr freuen*
**aturdirse con el ruido** *sich vom Lärm stören lassen*
**ponerse enfermo con el sol** *von der Sonne krank werden*

## 40.6 Konzessiver Gebrauch von CON

**A** ▶ CON hat die konzessive Bedeutung von *'mit'* oder *'bei'* (vgl. auch 40.8). Häufig sind dabei die Konstruktionen mit CON TANTO ... COMO:

**Con toda su fortuna es incapaz de ser feliz.**
*Bei all seinem Geld ist er nicht in der Lage, glücklich zu sein.*

**Con tres hijos y quieren tener otro.**
*Sie haben schon drei Kinder und wollen trotzdem noch eines.*

**Con tanto dolor como hay en la vida, y todavía hay gente empeñada en aumentarlo.**
*Es gibt so viel Leiden im Leben, und trotzdem gibt es Leute, die es unbedingt vermehren wollen.*

**B** ▶ Zusätzlich zu der Konstruktion CON + Infinitiv (vgl. 14.111) merke man sich folgende Wendungen:

**con todo** *trotzdem*
**con todo y con eso** *trotz alledem*

## 40.7 CON vor Adjektiv-, Partizip- und Gerundio-Angaben

CON erscheint vor Adjektiv-, Partizip- und Gerundio-Konstruktionen mit eigenem Subjekt zur Angabe des begleitenden Umstands. Die eigentliche Bedeutung solcher Angaben (konditional, kausal oder konzessiv) muß dem Gesamtkontext entnommen werden:

**Con el tirano vivo cualquier posibilidad de democratizar el país es sólo un sueño.**
*Solange der Tyrann am Leben ist, bleibt jede Option der Demokratisierung im Lande ein Traum.*

**Con Madrid tomada por los rebeldes, la guerra parecía del todo decidida.**
*Nach der Einnahme von Madrid durch die Aufständischen schien der Krieg endgültig entschieden.*

**40. Weitere Präpositionen**

¿Cómo va a recuperarse la economía con las empresas abandonando el país?
*Wie soll sich die Wirtschaft erholen, wo die Unternehmen doch außer Landes gehen?*

### 40.8 Intensitätsformeln mit CON

In der Alltagssprache – aber nicht nur dort – kommen häufig CON-Formeln vor, hauptsächlich zum Ausdruck von Bedauern und Überraschung. Diese kausal oder (meist) konzessiv gemeinten Formeln sind:

- CON + EL / LA/ LOS / LAS + Substantiv + QUE + Verb
- CON LO + Adjektiv / Adverb + QUE + Verb
- CON LA DE + Substantiv + QUE + Verb
- CON LO QUE + Verb

Beispiele:

–¿Y no le discutiste?
–¿Cómo le iba a discutir con la cara que puso?
*"Und du hast ihm nicht widersprochen?"*
*"Wie denn nur? Bei dem Gesicht, das er machte..."*

–Se van a divorciar.
–Vaya, con lo enamorados que parecían.
*"Sie lassen sich scheiden."*
*"So was, dabei schienen sie so verliebt zu sein."*

–No me han dado el empleo.
–Increíble, con lo bien que te habías preparado.
*"Ich habe die Stelle nicht bekommen."*
*"Unglaublich, und du hattest dich doch so gut vorbereitet!"*

–¿Va a aprobar?
–Con la de fallos que tiene, ni hablar.
*"Wird sie die Prüfung bestehen?"*
*"Bei der Menge Fehler, ausgeschlossen."*

–Se van a burlar de ti.
–¡Con lo que me importa!
*"Sie werden sich über dich lustig machen."*
*"Das ist mir doch so egal!"*

### 40.9 CON in der Kennzeichnung psychischer Beziehungen

CON entspricht *'mit'* oder *'gegenüber'* oder *'zu'* bei der Bezeichnung des Verhaltens gegenüber Lebewesen oder auch Sachen:

**la crueldad con las mujeres** *die Grausamkeit den Frauen gegenüber*
**piedad con Cuba** *Mitleid mit Kuba*
**buena conmigo** *gut zu mir*
**cariñoso con los animales** *tierlieb*
**tolerante con la corrupción** *nachsichtig der Korruption gegenüber*
**duro con los débiles** *hart zu den Schwachen*
**ya que se portaron mal contigo** *da sie sich dir gegenüber schlecht verhalten haben*

**A ▶** CON konkurriert hier mit POR (vgl. 39.10) und HACIA (vgl. 25.63C). Vor CON erscheint häufig PARA (vgl. 39.43):

**su devoción para con los poderosos** *seine Ergebenheit gegenüber den Mächtigen*
**tu actitud hostil para con ella** *deine feindselige Haltung ihr gegenüber*

### 40.10 Verben und Ausdrücke mit CON

Beispiele häufiger Verben und Ausdrücke mit CON-Objekt (vgl. 40.1C und 40.4):

**soñar contigo** *von dir träumen*
**cumplir con su deber** *seine Pflicht erfüllen*
**amenazar con matarse** *mit seinem Selbstmord drohen*

## 40. Weitere Präpositionen

**coincidir con Gloria en Barcelona** *zur gleichen Zeit wie Gloria in Barcelona sein*
**romper con Sara** *seine Beziehung mit Sara beenden*
**no dar pie con bola** *sich ständig blamieren*
**quedar con Jaime en un bar** *sich mit Jaime in einer Bar treffen*
**quedarse con los millones** *die Millionen behalten, nicht hergeben*
**quedarse con los zapatos** *die Schuhe nehmen (d.h. in den Kauf einwilligen)*
**andar a vueltas con la beca** *mit dem Stipendium befaßt sein*
**andar a vueltas con el móvil** *ständig am Handy herumspielen*

**A** ▶ Weitere Beispiele:

**No sé cómo puede con todo.**
*Ich weiß nicht, wie sie das alles schafft.*

**La crisis no puede con las vacaciones.**
*Die Krise tut der Ferienlust keinen Abbruch.*

**Me encontré / di con que las plantas se estaban muriendo.**
*Ich mußte zu meiner Überraschung feststellen, daß die Pflanzen verdorrten.*

### 40.11 CON in Ausrufen

Beispiele mit CON in Ausrufen (vgl. 31.22, 31.13):
**¡vaya con la niña!** *so ein unartiges Mädchen!*
**¡cuidado con las bicicletas!** *auf die Räder aufpassen!*

### 40.12 Präpositive Ausdrücke mit CON

Häufige präpositive Ausdrücke mit CON:
**nada nuevo con respecto a la invasión** *nichts Neues bezüglich der Invasion* (vgl. 30.50)
**la situación de España con respecto a Europa** *die Lage Spaniens Europa gegenüber*
**con arreglo a las exigencias** *den Forderungen gemäß* (vgl. 40.20)
**con el fin de fastidiarnos** *mit dem Zweck, uns zu belästigen* (vgl. 14.113B)

## B. Gebrauch von CONTRA

• Zu CONTRA als Präfix vgl. 41.7.

### 40.13 CONTRA entspricht 'gegen'

**apoyado contra la mesa** *gegen den Tisch gelehnt*
**dar contra una piedra** *gegen einen Stein stoßen*
**arremeter contra todo y todos** *alles und alle angreifen*
**la lucha contra el sida** *der Kampf gegen Aids*
**un programa contra la corrupción** *ein Programm gegen die Korruption*
**canjear un espía contra otro** *einen Spion gegen einen anderen tauschen*
**Sevilla contra Madrid** *Sevilla gegen Madrid*
**el pro y el contra** *das Für und Wider*
**vacunarse contra la malaria** *sich gegen Malaria impfen lassen*
**advertir contra el peligro de una escalada** *vor der Gefahr einer Eskalation warnen*
**cambiar algo contra algo** *etwas gegen etwas tauschen*

## 40. Weitere Präpositionen

### 40.14 CONTRA als Substantiv

CONTRA ist ein maskulines Substantiv im Ausdruck EL PRO Y EL CONTRA. Es ist sonst ein feminines Substantiv mit der Bedeutung *'Schwierigkeit'* und kommt häufig in feststehenden adverbiellen Ausdrücken und in der Wendung LLEVAR LA CONTRA vor:

**Le encanta llevarme la contra cuando hablamos de fútbol.**
*Sie liebt es, mir zu widersprechen, wenn wir von Fußball reden.*

**A** ▶ Beispiel mit POR CONTRA:

**A sus hermanas, por contra, se les daba muy bien el piano.**
*Hingegen waren ihre Schwestern für das Klavierspiel sehr begabt.*

### 40.15 Gebrauch von EN CONTRA DE

Die Wendung EN CONTRA DE ist ein Synonym von CONTRA. EN CONTRA DE wird kaum im konkreten Sinn des Kontakts gebraucht, sondern, und das wohl häufiger als CONTRA, zum Ausdruck des Zuwiderlaufens, des Entgegenwirkens und des Widerspruchs:

**actuar en contra de sus convicciones** *gegen seine Überzeugung handeln*
**en contra de lo que se esperaba** *entgegen den Erwartungen*
**hacer algo en contra de la xenofobia** *etwas gegen die Fremdenfeindlichkeit tun*
**manifestarse en contra del régimen militar** *gegen das Militärregime demonstrieren*

**A** ▶ Bei Wegfall der Ergänzung wird EN CONTRA, nicht CONTRA verwendet (und der Gegensatz ist nicht POR, sondern A FAVOR DE):

**¿Estabas tú a favor de su expulsión o en contra?**
*Warst du für oder gegen seinen Ausschluß?*

**B** ▶ Bei EN CONTRA DE wird häufig – vielleicht unkorrekterweise – **DE + Personalpronomen** mit einem Possessivpronomen vor CONTRA umschrieben (im folgenden Beispiel wäre die korrekte Fassung EN CONTRA DE MÍ):

**No sé por qué estaban ellas en mi contra.**
*Ich weiß nicht, warum sie gegen mich waren.*

## C. Gebrauch von ENTRE

• Zu ENTRE in Ortsbestimmungen vgl. 25.40. Zum Personalpronomen nach ENTRE vgl. 11.22.

### 40.16 ENTRE entspricht 'zwischen' und 'unter'

**la pelea entre Induráin y el resto** *der Kampf zwischen Induráin und dem Rest*
**llegar entre las ocho y las diez** *zwischen acht und zehn kommen*
**elegir entre varias posibilidades** *zwischen verschiedenen Möglichkeiten wählen*
**dudar entre irse y quedarse** *zwischen Gehen und Bleiben schwanken*
**pelearse entre sí / ellos** *sich untereinander streiten*
**entre los antiguos peruanos** *unter / bei den alten Peruanern*
**entre otras cosas** *unter anderem*

**A** ▶ ENTRE erscheint zwischen Adjektiven und Substantiven zur Bezeichnung des Mittaldings:

**Este es un libro entre novela rosa y ensayo de esoterismo.**
*Dieses Buch ist eine Mischung zwischen einem Kitschroman und einem Esoterik-Essay.*

**Avanzaban entre furiosas y desesperadas.**
*Sie schritten vorwärts, halb wütend, halb verzweifelt.*

# 40. Weitere Präpositionen

## 40.17 DE ENTRE

DE ENTRE erscheint beim Ausdruck des Sich-Lösens oder Herausnehmens und Herausragens aus einer Verstrickung oder einer Gruppe gleicher Elemente:

**Se le cayó de entre las manos.**
*Es fiel ihr aus den Händen.*

**Escogió de entre las camisas una de color negro.**
*Sie wählte unter den Hemden ein schwarzes.*

**Sobresalía de entre los presentes por su calva.**
*Unter den Anwesenden erregte er Aufmerksamkeit wegen seines kahlen Kopfes.*

## 40.18 ENTRE QUE

ENTRE QUE ... Y (QUE) wird sowohl als Zeitangabe als auch als Kausalgefüge gebraucht:

**Entre que llega y dicta la primera carta no pasan ni cinco minutos.**
*Zwischen seinem Eintreffen und dem Diktieren des ersten Briefes vergehen nicht einmal fünf Minuten.*

**Entre que trabaja 14 horas diarias y que sufre de insomnio se le ve agobiadísimo.**
*Er sieht sehr mitgenommen aus, da er 14 Stunden täglich arbeitet und auch noch unter Schlaflosigkeit leidet.*

## 40.19 ENTRE im Ausdruck von Gemeinsamkeit

Mit ENTRE wird Gemeinsamkeit des Tuns bezeichnet:

**No te preocupes, lo llevamos entre los dos.**
*Hab keine Sorge, wir tragen es zusammen.*

**Me abrumaron a preguntas entre el ruso y el japonés.**
*Der Russe und der Japaner haben mich mit Fragen überhäuft.*

## D. Gebrauch von SEGÚN, SIN und anderen Präpositionen

## 40.20 SEGÚN: 'nach Maßgabe von', 'je nachdem'

**según esta foto** *nach diesem Bild*
**según el modelo presentado** *nach dem vorgestellten Modell*
**según investigadores del CNIC** *laut Forschern des Nationalen Forschungszentrums*
**según la policía** *der Polizei zufolge*
**según tú** *deiner Meinung nach*
**según ella** *ihr zufolge*
**según lo dicho** *gemäß dem Gesagten*
**según el tiempo que haga** *je nachdem, wie das Wetter wird* (vgl. 35.101)
**según con quién hables** *je nachdem, mit wem du sprichst* (vgl. 35.101)
**según cómo te encuentres** *je nachdem, wie es dir geht* (vgl. 35.101)
**hablar o callar, según** *reden oder schweigen, je nachdem*

- SEGÚN ist manchmal durch POR (vgl. 39.15A, 39.15D) und BAJO (vgl. 40.23) ersetzbar.
- Auf SEGÚN in Beispielen wie dem viertletzten kann Y COMO oder Y CONFORME folgen.
- Zu SEGÚN als Konjunktion vgl. 35.21A, 35.21B, 35.29A, 35.26B, 35.40, 35.101.

## 40. Weitere Präpositionen

**A ▶** SEGÚN (manchmal gefolgt von CÓMO oder CONFORME) dient als skeptische Antwort:

–¿Se lo vendes o se lo regalas?   *"Verkaufst du es ihm oder schenkst du es ihm?"*
–Según.   *"Das kommt darauf an."*

### 40.21 SEGÚN QUÉ, SEGÚN QUIÉN

SEGÚN QUÉ, auf das meist ein Substantiv im Plural folgt, hat den Sinn von *'gewisse, bestimmte'*. Das pronominale SEGÚN QUIÉN hat die Bedeutung *'gewisse Menschen'*, *'ein bestimmter Mensch'*:

**No te pienso admitir según qué actitudes.**
*Ich bin nicht bereit, dir gewisse Verhaltensweisen zu erlauben.*

**Dar un traspiés puede resultar cómico. Y para según quién, trágico.**
*Stolpern kann komisch sein. Und für gewisse Menschen tragisch.*

### 40.22 SIN: 'ohne'

**un cuarto sin luz** *ein Zimmer ohne Licht*
**gente sin trabajo** *Menschen ohne Arbeit*
**sin palabra alguna** *ohne jedes Wort*
**sin noticias de Sally** *ohne Nachrichten von Sally*
**sin dinero con qué vivir** *ohne Geld zum Leben*
**lucha sin cuartel** *erbarmungsloser Kampf*

- Zu SIN + Negationswort vgl. 29.42.
- Zu SIN + Infinitiv vgl. 14.120
- Zu SIN QUE vgl. 35.32

**A ▶** Beispiele mit ESTAR SIN:

**estar sin dinero** *ohne Geld da sein*
**estar sin ganas** *keine Lust haben*

### 40.23 Zum Gebrauch von BAJO

Wie in 25.45A festgestellt, wird BAJO und nicht DEBAJO DE für nicht konkrete Angaben verwendet. Weitere Beispiele:

**bajo la protección de la constitución** *unter dem Schutz der Verfassung*
**bajo puntos de vista diferentes** *unter verschiedenen Gesichtspunkten*
**bajo esas condiciones, no** *unter solchen Bedingungen nein*
**caer bajo sospecha** *unter Verdacht geraten*
**bajo palabra de honor** *auf Ehrenwort*

### 40.24 Zum Gebrauch von ANTE

Wie in 25.47A festgestellt, wird ANTE und nicht DELANTE DE für nicht konkrete Angaben verwendet. In zahlreichen der folgenden Beispiele hat ANTE (das immer durch FRENTE A ersetzt werden kann) eine eindeutig kausale Bedeutung, der die Übersetzungen gerecht zu werden versuchen:

**solos ante el peligro** *allein der Gefahr gegenüber / angesichts der Gefahr*
**el horror ante el vacío** *der Schrecken vor der Leere*
**ante tal pregunta** *dieser Frage gegenübergestellt*
**¿qué hacer ante el problema?** *was soll man tun angesichts des Problems?*
**decepción ante los resultados** *Enttäuschung über die (angesichts der) Ergebnisse*
**indignarse ante las revelaciones** *sich wegen der Enthüllungen empören*

## 40. Weitere Präpositionen

**pasar apuros ante el Bayern** *sich sehr schwertun mit dem FC Bayern*
**pesimistas ante el futuro** *pessimistisch hinsichtlich der Zukunft*
**ante el escepticismo de los ciudadanos** *bei der skeptischen Reaktion der Bürger*

### 40.25 SOBRE entspricht 'über'

Gegenüber DE (vgl. 38.4l) betont SOBRE die Ausführlichkeit bzw. den Ernst bei der Beschäftigung mit einem Thema:

**influir sobre alguien** *auf jemanden Einfluß üben*
**su influencia sobre ti** *sein Einfluß auf dich*
**estar siempre sobre mí** *ständig hinter mir her sein*
**actuar sobre el estado de ánimo** *eine Wirkung auf den Seelenzustand haben*
**el poder del cerebro sobre la salud** *die Macht des Gehirns über die Gesundheit*
**mantener ventaja sobre López** *seinen Vorsprung gegenüber López behaupten*
**encuesta sobre la juventud española** *Umfrage über die spanische Jugend*
**informarse sobre el particular** *sich über diese Angelegenheit informieren*
**discutir sobre fútbol** *über Fußball diskutieren*
**alertar a los demás sobre un peligro** *die anderen vor einer Gefahr warnen*
**levantarse sobre el himno nacional** *beim Spielen der Nationalhymne aufstehen*
**saberlo todo sobre lagartijas** *alles über Eidechsen wissen*
**investigar sobre inteligencia artificial** *über künstliche Intelligenz forschen*
**una teoría sobre la sexualidad humana** *eine Theorie über die menschliche Sexualität*
**estudios sobre subdesarrollo** *Untersuchungen zur Unterentwicklung*
**un ensayo sobre el flamenco** *ein Essay über den Flamenco(-Tanz)*

• Weitere Beispiele mit SOBRE in der nicht konkret räumlichen Bedeutung (vgl. 25.44A)

**A** ▶ Beispiele mit SOBRE in Ausdrücken des Beigebens und Hinzufügens (Synonyme davon: ADEMÁS DE, FUERA DE, APARTE DE):

**ofrecer cien mil sobre lo convenido** *hunderttausend über das Vereinbarte hinaus anbieten*
**sobre los problemas existentes, otro** *ein weiteres Problem zu den schon vorhandenen*

• Zu SOBRE + Infinitiv vgl. 14.123B.

**B** ▶ Beispiele mit SOBRE in Ausdrücken nicht konkreten Belastens:

**un crédito sobre su piso** *ein Kredit auf ihre Wohnung*
**impuesto sobre tabaco** *Tabaksteuer*

**C** ▶ Beispiele mit SOBRE zum Ausdruck der Wiederholung:

**cartas sobre cartas** *Briefe über Briefe*
**error sobre error** *Fehler über Fehler*

**D** ▶ Folgende Verwendungsweise von SOBRE ist eine Übernahme aus dem Französischen und wird als inkorrekt angesehen (im ersten Fall wäre korrekt DE, im zweiten CON):

**Lograron 175 escaños sobre un total de 545.**
*Sie erhielten 175 von insgesamt 545 Parlamentssitzen.*

**Sobre una población total de casi 900 millones, India tiene unos 55 millones de niños trabajadores.**
*Bei einer Gesamtbevölkerung von fast 900 Millionen gibt es in Indien etwa 55 Millionen arbeitende Kinder.*

**E** ▶ Beispiele mit Synonymen von SOBRE zur Bezeichnung des Themas:

**acerca de la teoría de la relatividad** *über die Relativitätstheorie*
**ideas en torno a los orígenes del feudalismo** *Gedanken zum Ursprung des Feudalismus*

## 40. Weitere Präpositionen

### 40.26 Weitere Präpositionen

Beispiele mit sonstigen Präpositionen und präpositiven Wendungen:

**excepto / salvo ese error** *außer diesem Fehler*
**mediante las armas** *mit Hilfe der Waffen*
**Dios mediante** *mit Gottes Hilfe*
**pese al mal tiempo / a pesar del mal tiempo** *trotz des schlechten Wetters*
**no obstante ello** *nichtsdestoweniger*

**A** ▶ Beispiele für den Gebrauch von VÍA:

**viajar de París a Lima vía Madrid** *von Paris über Madrid nach Lima fliegen*
**evaluación vía examen oral** *Bewertung mittelst mündlicher Prüfung*
**resolver un conflicto vía negociaciones** *einen Konflikt durch Verhandlungen lösen*

## E. Besonderheiten im Gebrauch der Präpositionen

### 40.27 Zwei oder mehr Präpositionen folgen einander

- Zu A POR vgl. 39.9.
- Zu Konstruktionen wie DESDE POR LA MAÑANA vgl. 26.8.
- Zu Konstruktionen wie POR DEBAJO DE vgl. 25.58 und 25.44 ff.
- Zu DE ENTRE vgl. 40.17.

**A** ▶ Die Präpositionen HACIA und HASTA können sich mit einer anderen Präposition zur genauen Bezeichnung des Kontaktpunkts verbinden:

**correr hasta bajo el puente** *bis unter die Brücke laufen*
**apuntar hacia encima de la cabeza** *über den Kopf hinweg zielen*

**B** ▶ Im Prinzip kann die Präposition DE in begrifflichen und sonstigen Zusammensetzungen vor jeder anderen Präposition erscheinen:

**la gente de por aquí** *die Leute aus dieser Gegend*
**sellos de a veinte pesetas** *Briefmarken à zwanzig Peseten*

### 40.28 Mehrere Präpositionen zu einem Wort

Der gute spanische Stil verlangt immer ein substantivisches Wort nach der Präposition; dieser Regel entsprechend sind folgende Beispiele gebildet:

**con cadenas o sin ellas** *mit oder ohne Kette*
**hacia la casa o desde ella** *zum Haus hin oder von ihm weg*
**debido a su nacionalidad o a pesar de ella** *wegen oder trotz seiner Nationalität*

### 40.29 Präposition an unlogischer Stelle vor Relativpronomen

Weitere Beispiele zur üblichen, wenn auch unlogischen Plazierung der Präpositionen bei relativischen Konstruktionen (vgl. 10.65):

**Yo sé de lo que eres capaz.**
*Ich weiß, wozu du fähig bist.*

**De lo que quería hablarte...**
*Worüber ich mit dir reden wollte...*

## 40. Weitere Präpositionen

### 40.30 Wiederholung der Präposition bei mehreren Bezugswörtern?
Die Präposition kann bei ausreichender Klarheit des vielfältigen Bezuges ausgelassen werden, ansonsten muß sie wiederholt werden:

**La cartera estaba llena de dólares y euros.**
*Die Tasche war voll von Dollars und Euro-Scheinen.*

**Se exponen en ella obras de Miró y de Dalí.**
*Werke von Miró und von Dalí sind dort ausgestellt.*

### 40.31 Unlogische Auslassung der Präposition
Verlangen mehrere koordinierte Verben verschiedene Präpositionen, so muß jede von ihnen angeführt werden:

**Se manifestaban por la solidaridad y trabajaban para ella.**
*Sie demonstrierten und arbeiteten für die Solidarität.*

**A ▶** Die Auslassung einer Präposition ist nur zulässig bei feststehenden Wendungen:

**un billete de ida y vuelta a Toledo** *eine Rückfahrkarte nach Toledo*
**meter y sacar cosas del armario** *Sachen in den Schrank legen und herausnehmen*
**entrar y salir del cine** *ins Kino hinein- und herausgehen*

### 40.32 Auslassung der Präposition DE vor QUE
Wie in 34.2 bemerkt, wird die Universalpräposition DE sehr oft bei häufigen Ausdrücken mit QUE ausgelassen:

**estar seguro que viene** *sicher sein, daß er kommt*
**haberse enterado que venías** *erfahren haben, daß du kommst*
**darse cuenta que no sabes nada** *merken, daß du nichts weißt*
**antes que amanezca** *vor Morgengrauen*
**después que lo hubo dicho** *nachdem er es gesagt hatte*
**el hecho que mintiera** *die Tatsache, daß er gelogen hat*

# 41. Präfixe und Suffixe

In diesem Kapitel werden allein die Präfixe und Suffixe benannt, die in der geschriebenen und gesprochenen Sprache am häufigsten zur Bildung neuer Begriffe herangezogen werden.

## A. Präfixe

### 41.1 Das Negationspräfix IN

Das Präfix IN ist sehr produktiv bei der Bildung von Adjektiven. IN wird zu IM vor B und P; vor R erscheint IR– und bloßes I vor L. Beispiele:

**imborrable** *unauslöschlich*
**impagable** *unbezahlbar*
**ilegítimo** *ungesetzlich*
**ilícito** *unerlaubt*
**incapaz** *unfähig*
**indecible** *unsäglich, unsagbar*
**insospechado** *unvermutet*
**indocumentado** *ohne Ausweispapiere*
**inútil** *nutzlos*
**irrepetible** *unwiederholbar*
**irremediable** *unverbesserlich*

**A** ▶ Beispiele mit Substantiven (sehr häufig aus Adjektiven abgeleitet):

**incomprensión** *Unverständnis*
**irrealidad** *Unwirklichkeit*

• Zu der sehr verbreiteten Verwendung von NO zur Verneinung von Begriffen vgl. 29.21.

### 41.2 Das Negationspräfix DES

Das Präfix DES (auch DE, vor allem vor S) tritt auf vor allem zur Bildung von Substantiven auf, meist aus Adjektiven und Verben. Beispiele:

**desarme** *Abrüstung*
**desigualdad** *Ungleicheit*
**desconfianza** *Mißtrauen*
**desconocimiento** *Unkenntnis*
**desinterés** *Desinteresse*
**desunión** *Entfremdung*
**destiempo** *Unzeit*
**devaluación** *Abwertung*

**A** ▶ Beispiele mit anderen Wortarten:

**desaprobar** *tadeln*
**desconocer** *nicht kennen*
**desmedido** *maßlos*
**desnaturalizado** *entartet*
**desolar** *verwüsten*

## 41. Präfixe und Suffixe

### 41.3 Das Präfix RE

RE– wird vor Verben, Adjektiven und den daraus abgeleiteten Substantiven zum Ausdruck von Wiederholung, Umkehrung und Intensität (hier auch RES–) plaziert. Beispiele:

**reelaborar** *ausarbeiten*
**recolocar** *umstellen*
**reelección** *Wiederwahl*
**rearreglar** *wieder in Ordnung bringen*
**reinserción** *Wiedereingliederung*
**resquemor** *Kummer*

**A ▶** Bei manchen Wörtern, die mit E anfangen, kann das E des Präfixes wegfallen (das Lexikon gibt dies an):

**re(e)mplazar** *ersetzen*
**re(e)structuración** *Umstrukturierung*

### 41.4 Die Varianten RETE und REQUETE des Präfixes RE

Vor Adjektiven –auch vor Adverbien– erscheint RE auch in der Form RETE / REQUETE und dient zur Angabe eines hohen Intensitätsgrades:

**refeo** *sehr häßlich*
**reviejo** *sehr alt*
**rebueno / retebueno / requetebueno** *sehr gut*
**rebién / requetebién** *sehr gut*

### 41.5 Das Präfix AUTO

AUTO ist ein häufiges Präfix für Neubildungen. AUTO dient zum Ausdruck der Selbstbezüglichkeit und entspricht in der Regel deutschen Bildungen mit *'Selbst–'* oder *'Auto–'*:

**autobiografía** *Autobiographie*
**autobiográfico** *autobiographisch*
**autocompasión** *Selbstmitleid*
**autoexigencia** *selbstauferlegte Verordnung*
**autogobierno** *Selbstverwaltung*

### 41.6 Das Präfix ANTI

ANTI ist ein häufiges Präfix für Neubildungen. ANTI dient zum Ausdruck von Gegnerschaft, Gegensatz, feindliche Haltung, Verhütung. Beispiele:

**antiabortista** *Abtreibungsgegner*
**chaleco antibalas** *kugelsichere Weste*
**anticonceptivo** *Schwangerschaftsverhütungsmittel*
**antidemocrático** *demokratiefeindlich*
**antieuropeísmo** *Europagegnerschaft*

**A ▶** Bildungen mit ANTI + Substantiv werden sehr häufig adjektivisch gebraucht:

**manifestación anti OTAN** *Demonstration der NATO–Gegner*
**la campaña anti Maastricht** *die Kampagne gegen den Vertrag von Maastricht*
**los jóvenes antiglobalización** *die jungen Golbalisierungsgegner*

# 41. Präfixe und Suffixe

## 41.7 Das Präfix CONTRA

CONTRA ist ein häufiges Präfix für Neubildungen. CONTRA dient zum Ausdruck von Gegensatz, Gegenbewegung und Antwort:

**contracampaña** *Gegenkampagne*
**contraofensiva** *Gegenoffensive*
**contrarrevolución** *Konterrevolution*

**A ▶** Das letzte der vorigen Beispiele steht für die Notwendigkeit der Schreibung RR vor Stammwörtern mit Anfangs-R.

## 41.8 Das Präfix PRO

PRO ist ein häufiges Präfix für Neubildungen. PRO dient zum Ausdruck von Freundschaft, Sympathie, Unterstützung und wird insbesondere im Wortschatz der Politik eingesetzt. Bildungen mit PRO können in einem Wort oder in zwei Wörtern mit oder ohne Bindestrich geschrieben werden. Beispiele:

**proisraelí** *israelfreundlich*
**el pro castrismo** *die freundliche Haltung gegenüber Fidel Castro*
**la asociación pro–Museo del Prado** *der Verein der Freunde des Prado–Museums*

## 41.9 Die Präfixe ARCHI, HIPER und SUPER

ARCHI, HIPER und SUPER sind häufige Präfixe für Neubildungen. ARCHI, HIPER und SUPER werden zur Bezeichnung des Übermaßes eingesetzt, sie treten andererseits sehr oft als superlativische Präfixe in spontanen Bildungen mit Adjektiven und den Adverbien BIEN und MAL auf. Beispiele:

**archithatcheriano** *Erzthatcherianist; borniertes Thatcher–Anhänger*
**hiperactivismo** *Hyperaktivität*
**superpetrolero** *Supertanker*

**A ▶** Beispiele mit Adverbien und Adjektiven (die Präfixe werden zunehmend selbst als unveränderliches Adjektiv verwendet):

**superbién** *sehr gut*
**architonto** *sehr dumm*
**hipermoderno** *hochmodern*
**superexpresivo** *sehr ausdrucksvoll*
**un hotel archi** *ein Luxushotel*
**unos saques súper** *Superaufschläge (Tennis)*

## 41.10 Das Präfix NEO

NEO ist ein häufiges Präfix für Neubildungen. NEO bezeichnet Erneuerung oder Wiederholung und dient in der Hauptsache zur Bildung von Substantiven und Adjektiven zu Lehren und Moden. Beispiele:

**neoconservador** *jungkonservativ*
**neoliberal** *neoliberal*
**neofranquista** *später Anhänger des Franco–Regimes*
**neorrealismo** *Neorealismus*

**A ▶** Das letzte der vorigen Beispiele steht für die Notwendigkeit der Schreibung RR vor Stammwörtern mit Anfangs-R.

## 41. Präfixe und Suffixe

### 41.11 Die Präfixe PRE und POS(T)

PRE und PO(S)T sind häufige Präfixe für Neubildungen. PRE und POS(T) dienen zur Bezeichnung des Vorzeitigen bzw. Nachzeitigen. Beispiele:

**prenatal** *vorgeburtlich*
**precondición** *Vorbedingung*
**prepolítico** *vorpolitisch*

**posmoderno** *postmodern*
**posguerra** *Nachkriegszeit*
**poscomunismo** *Postkommunismus*

### 41.12 Das Präfix EX

EX ist ein häufiges Präfix für Neubildungen. EX dient zur Bezeichnung des Ehemaligen. Bildungen mit EX erscheinen bald als ein Wort, bald als zwei mit oder ohne Bindestrich getrennte Wörter. Beispiele:

**la ex primer ministro** *die ehemalige Premierministerin*
**ex-fumador** *früherer Raucher*
**examante** *ehemaliger Liebhaber*

### 41.13 Das Präfix CO

CO ist ein häufiges Präfix für Neubildungen. CO (auch CON-), das vor R zu COR und vor P und B zu COM- wird, dient zur Bezeichnung des Gleichzeitigen:

**coautor** *Mitverfasser*
**coeditor** *Mitherausgeber*
**correligionario** *Gesinnungsgenosse*
**conciudadano** *Mitbürger*
**compatriota** *Landsmann*

### 41.14 Das Präfix SEMI

SEMI ist ein häufiges Präfix für Neubildungen. SEMI dient zur Bezeichnung des Halben und sehr oft auch des Unzulänglichen. Beispiele:

**semifinal** *Halbfinale*
**semiculto** *halbgebildet*
**semireconstruido** *zur Hälfte wiederaufgebaut*

## B. Suffixe

In diesem Teil nehmen den größten Raum die Evaluativsuffixe ein, das sind die Diminutiv-, Augmentativ- und Pejorativsuffixe, welche in der spanischen Alltagssprache eine sehr bedeutende Rolle spielen, und die zu Neubildungen jederzeit zur Verfügung stehen, oft in einer Bedeutung, die allein der jeweiligen Redesituation zu entnehmen ist. Die angegebene Übersetzung ist daher im folgenden oft nur eine grobe Entsprechung. Vgl. im übrigen 3.6, 3.7, 3.8.

### 41.15 Das Diminutivsuffix –ITO, –ITA

–ITO, –ITA ist die in der spanischsprechenden Welt am häufigsten vorkommende Verkleinerungssilbe. –ITO, –ITA hat darüber hinaus andere bewertende Verwendungsweisen. –ITO, –ITA wird u.U. zu –CITO, –CITA bzw. –ECITO, –ECITA (vgl. 41.18D ff).

**A** ▶ –ITO, –ITA drückt das kleine Format aus:

**esas ventanitas** *diese kleinen Fenster*
**la bolsita de plástico** *die kleine Plastiktüte*

**41. Präfixe und Suffixe**

**un cuchillito** *ein kleines Messer, ein Messerchen*
**unas muñequitas de trapo** *kleine Puppen aus Stoff (= Stoffpüppchen)*

**B** ▶ –ITO, –ITA dient zum Ausdruck des Geringfügigen, Niedlichen, Lieben, Zarten, sowie zur Nuancierung der Redesituation als traut und gemütlich. In dieser rein affektiven Funktion kann –ITO, –ITA auch an indefinite Verbformen, Pronomen und Adverbien angehängt werden:

**la cartita que te mandé de Irún** *der kurze Brief, den ich dir aus Irún schickte*
**esa cabecita que sabe tanto** *dieses liebe Köpfchen, das so viel weiß*
**un besito para la abuelita** *ein Küßchen für Oma*
**un poquito nerviosas** *ein bißchen nervös*
**más allacito** *ein bißchen weiter weg*
**al ladito mismo de la videoteca** *gleich neben dem Videoladen*

**C** ▶ –ITO, –ITA dient als Mittel zur Andeutung eines hohen Grades der Eigenschaft:

**ya mayorcita** *nicht mehr ganz jung*
**un toque suavecito** *eine ganz sanfte Berührung*
**despacito** *schön langsam*
**acabaditos de llegar** *gerade eben angekommen*

**D** ▶ –ITO, –ITA dient nicht selten zu ironischen und auch abwertenden Benennungen:

**autor de novelitas neorománticas** *Verfasser neoromantischer Trivialromane*
**este trabajito que me trae loco** *diese dumme Arbeit, die mich verrückt macht*

## 41.16 Orthographisches zur Wortableitung auf –ITO, –ITA

**A** ▶ –ITO, –ITA sind tontragende Silben, was gegebenenfalls die Akzentsetzung nötig oder den Akzent des ursprünglichen Wortes überflüssig macht:

avión → avioncito
inglés → inglesito
feo → feíto
día → diíta

**B** ▶ Zur Erhaltung der Aussprache bzw. als konventionelle Rechtschreibregeln treten orthographische Veränderungen auf:

amigo → amiguito
poco → poquito
nariz → naricita
trozo → trocito

## 41.17 Genus der Wörter auf –ITO, –ITA

Adjektive und Substantive, an die –ITO, –ITA angehängt wird, behalten das Genus der Stammform: Maskulina enden auf –ITO, Feminina auf –ITA. Sonstige Wortarten übernehmen das ausgehende –O oder –A. Man vergleiche das letzte Beispiel auf –S:

**el golpe → el golpecito** *der Tips*
**la nube → la nubecita** *die kleine Wolke, das Wölkchen*
**un alumno serio → un alumno seriecito** *ein ganz ernsthafter Schüler*
**una alumna seria → una alumna seriecita** *eine ganz ernsthafte Schülerin*
**ahora → ahorita** *jetzt; gerade eben*
**despacio → despacito** *schön langsam*
**lejos → lejitos** *ganz schön weit*

## 41. Präfixe und Suffixe

**A** ▶ Maskulina auf –A und Feminina auf –O behalten Genus und Endung des Stammwortes:

un día → un diíta
el problema → el problemita
la soprano → la sopranito

**B** ▶ Die häufigste Diminutivform von LA MANO ist LA MANITA.

### 41.18 Ableitungsregeln für die Bildung von Wörtern auf –ITO, –ITA

Die Ableitungsregeln für die Bildung auf –ITO, –ITA bzw. –CITO, –CITA sind kompliziert und gespickt mit Ausnahmen.

**A** ▶ –ITO, –ITA tritt an die Stelle des letzten nicht diphthongierten A bzw. O eines mehrsilbigen Wortes. –ITO, –ITA tritt ebenfalls bei Wörtern mit mehr als zwei Silben an die Stelle des ausgehenden Vokals sowie an die Stelle der Diphthonge IO bzw. IA:

casa → casita *Häuschen*
libro → librito *Büchlein*
museo → museíto *kleines Museum*
billete → billetito *kleine Fahrkarte*
iglesia → iglesita *Kirchlein*
armario → armarito *Schränkchen*

**B** ▶ Bei mehrsilbigen Wörtern mit Endung auf Konsonanten wird –ITO, –ITA an den ausgehenden Konsonanten angehängt, sofern dieser weder N noch R ist, ebenso an Wörter mit Betonung auf der vorletzten Silbe und Endung auf –R:

hotel → hotelito *kleines Hotel*
japonés → japonesito *kleiner Japaner*
Óscar → Oscarito *(Diminutiv zum männlichen Vornamen Óscar)*

**C** ▶ Die Vornamen auf –S, die auf der vorletzten Silbe betont werden, behalten den Endkonsonanten beim Anhängen von –ITO, –ITA:

Carlos → Carlitos
Milagros → Milagritos
Nieves → Nievecitas

**D** ▶ –CITO, –CITA wird an zweisilbige Wörter auf E angehängt:

jefe → jefecito *kleiner Chef*
nube → nubecita *kleine Wolke*
llave → llavecita *kleiner Schlüssel*

**E** ▶ –CITO, –CITA wird an mehrsilbige, auf der letzten Silbe betonte Wörter auf –R und –N angehängt (der Akzent fällt dann gegebenenfalls weg):

amor → amorcito *Schätzchen*
jabón → jaboncito *kleines Seifenstück*

**F** ▶ –CITO, –CITA wird an mehrsilbige Wörter auf –N angehängt, die auf der vorletzten Silbe betont sind:

joven → jovencito *junger Mann*
virgen → virgencita *liebe Jungfrau Maria*

**G** ▶ –ECITO, –ECITA wird an einsilbige Wörter angehängt:

pez → pececito *Fischlein*
pan → panecito *kleines Brot*
flor → florecita *Blümchen*

**41. Präfixe und Suffixe**

**H** ▶ –ECITO, –ECITA tritt an die Stelle des ausgehenden Vokals zweisilbiger Wörter, deren erste, betonte Silbe -IE-, –UE– oder –EI– enthält:

**quieto** → **quietecito** *ganz schön ruhig*
**nuevo** → **nuevecito** *nagelneu*
**pleito** → **pleitecito** *kleiner Streit*

**I** ▶ –ECITO, –ECITA tritt an die Stelle des ausgehenden Vokals zweisilbiger und auf der vorletzten Silbe betonter Wörter, die auf den Diphthong -IO–, –IA– oder –UA– enden:

**patio** → **patiecito** *kleiner Hof*
**tibia** → **tibiecita** *zimmerwarm*
**lengua** → **lengüecita** *Zünglein*

**J** ▶ Zu den vorangegangenen Regeln gibt es sehr viele Ausnahmen, von denen einige häufige nachstehend angeführt werden:

**mano** → **manito / manita / manecita** *Händchen*
**mamá** → **mamaíta / mamita** *Mütterchen*
**papá** → **papaíto / papito** *Väterchen*
**Jorge** → **Jorgito**
**Jaime** → **Jaimito**
**café**→ **cafetito** *eine kleine Tasse Kaffee*
**rubio** → **rubito** *blond*
**agua** → **agüita** *Wässerchen*

### 41.19 Das Diminutivsuffix –ILLO, –ILLA

–ILLO, –ILLA ist die nach –ITO, –ITA gebräuchlichste Verkleinerungssilbe, in Andalusien ist sie sogar die populärste. Angehängt wird –ILLO, –ILLA nach den Regeln in 41.18, d.h. es kommt teilweise die erweiterte Form –CILLO, –CILLA bzw. –ECILLO, –ECILLA zum Tragen. Wörter auf –ILLO, –ILLA werden hauptsächlich aus Adjektiven und Substantiven, aber auch aus anderen Wortarten gebildet:

**animalillo** *kleines Tier*
**avecilla** *Vögelein*
**estatuilla** *kleine Figur*
**florecilla** *Blümlein*
**pantaloncillo** *kleine Hosen*
**vientecillo** *Lüftchen*
**poquillo** *ein bißchen*

**A** ▶ Die Wörter auf –ILLO, –ILLA klingen gegenüber denen auf –ITO, –ITA allemal weicher und gemütlicher, weshalb sie in gefühlsbetonter Rede bevorzugt werden, und zwar auch im Ausdruck von Geringfügigkeit und Abwertung:

**peleílla** *kleiner Streit*
**un catarrillo** *ein kleiner Schnupfen*
**dinerillos** *eine bedeutungslose Summe Geld*
**esos rojillos** *diese roten Socken* (politisch gemeint)

### 41.20 Lexikalisierte Wörter auf –ILLO, –ILLA

Viele Wörter auf –ILLO, –ILLA haben sich gegenüber ihrem Stammwort, teilweise in beträchtlicher Entfernung zu diesem, bedeutungsmäßig verselbständigt und werden in Lexika eigens eingetragen. Einige Beispiele:

**camilla** *Krankenbahre*
**infiernillo** *Spirituskocher*

**tornillo** *Schraube*
**pasillo** *Hausflur*
**nudillo** *Fingerknöchel*
**horquilla** *Haarnadel*
**guerrilla** *Partisanenkrieg*
**a hurtadillas** *verstohlen*

### 41.21 Die Diminutivsuffixe –ICO, –ICA und –IÑO, –IÑA

Die Verkleinerungssilbe –ICO, –ICA tritt in einigen Regionen Spaniens und des amerikanischen Kontinents als Neben- oder Ersatzform zu –ITO, –ITA auf. Dasselbe gilt für die Verkleinerungssilbe –IÑO, –IÑA, die auf Galizien im Nordwesten Spaniens beschränkt ist:

**un momentico** *Momentchen (kolumbianisch)*
**el cuitadiño de López** *López, das Dümmerle*

### 41.22 Das Diminutivsuffix –UELO, –UELA

Die Verkleinerungssilbe –UELO, –UELA wird nach den Ableitungsregeln für –ITO, –ITA eingesetzt (vgl. 41.18), die erweiterten Formen lauten –ZUELO, –ZUELA. Diese Verkleinerungssilbe, die im modernen Spanisch nur begrenzt produktiv ist, hat sehr oft eine abwertende Bedeutung, andererseits sind Wörter auf –UELO, –UELA selbständige Einheiten im Lexikon. Einige Beispiele:

**castañuelas** *Kastagnetten*
**pañuelo** *Kopftuch*
**zarzuela** *volkstümliches Singspiel; Gericht aus Meeresfrüchten*

### 41.23 Das Diminutivsuffix –ÍN, –INA

Die Verkleinerungssilbe –ÍN, –INA wird an ein Adjektiv oder Substantiv bei Wegfall des eventuellen Auslautvokals angehängt. Die Endung wird nur in einigen Regionen an der Atlantikküste und Andalusiens zu spontanen Diminutivbildungen verwendet. Gleichwohl wurde und wird die Endung zur Bildung selbständiger Eintragungen im allgemeinen Lexikon benutzt. Beispiele:

**botiquín** *Hausapotheke*
**futbolín** *Tischfußball*
**pegatina** *Aufkleber*
**tesina** *Magisterarbeit*

### 41.24 Das Augmentativsuffix –ÓN, –ONA

Die Endung –ÓN, –ONA wird an ein Wort (Substantiv, Adjektiv, Zahlwort, Stamm eines Verbs auf –AR) bei Ersetzung des eventuellen Auslautvokals angehängt. Bei Bezeichnungen für Lebewesen benennt die Endung –ÓN dann das Maskulinum, die Endung –ONA das Femininum. Sehr oft wird aus sonstigen Feminina ein maskulines Augmentativum auf –ÓN gebildet, manche von ihnen stehen bereits im Lexikon. Beispiele für Ableitungen:

**el pastel** *der Kuchen* → **el pastelón**
**el hombre** *der Mann* → **el hombrón**
**la mujer** *die Frau* → **la mujerona**
**triste** *traurig* → **tristón,–a**
**sesenta** *sechzig* → **un sesentón** *(ein Mann von sechzig Jahren, pejorativ gemeint)*
**empujar** *stoßen* → **el empujón**
**la taza** *die Tasse* → **el tazón**

## 41. Präfixe und Suffixe

**A** ▶ Zwischen dem Stammwort und –ÓN, –ONA erscheint häufig eine andere Ableitungssilbe. Bildungen dieser Art sind spontan durchaus möglich. Beispiele:

**bonachón** *gutmütig*
**vozarrón** *tiefe Stimme*
**santurrón** *scheinheilig*
**cursilón** *furchbar kitschig*
**pobretón** *armer Mensch*
**goterón** *dicker Tropfen*
**gordinflón** *dick*

### 41.25 Semantik des Augmentativsuffixes –ÓN, –ONA

**A** ▶ –ÓN, –ONA drückt das große oder übergroße Format aus:

**un macetón** *ein großer Blumentopf*
**un espaldón** *ein großer Rücken*
**un ollón** *ein großer Kochtopf*

**B** ▶ –ÓN, –ONA drückt meistens eine Abwertung gegenüber dem Großen aus, das man als ärgerlich, lächerlich oder übertrieben empfindet; bei Adjektiven hat die Abwertungsnuance die Vorstellung der Größe ganz verdrängt:

**un corbatón como de payaso** *eine große Krawatte wie von einem Clown*
**María la criticona** *Maria die Nörglerin*
**España aprovechona** *das schlau berechnende Spanien*
**melodías dulzonas** *honigsüße Melodien*

**C** ▶ Angehängt an einen Verbstamm der ersten Konjugationsklasse wird mit –ÓN (mitunter, wenn auch nicht spontan, mit –ONA) die Heftigkeit bzw. Plötzlichkeit des Geschehens unterstrichen:

**un tirón** *ein kräftiges, kurzes Ziehen*
**un colerón** *ein Zornausbruch sondergleichen*
**un remojón** *ein plötzliches Tauchen ins Wasser*
**la intentona** *der gescheiterte Versuch*

### 41.26 Lexikalisierte Wörter auf –ÓN, –ONA

Das Lexikon führt alle ursprünglichen Augmentativa auf –ÓN, –ONA an, bei denen der Sinn ihres Stammwortes mehr oder weniger verschwunden bzw. die Vorstellung des Übermäßigen ausgeblendet, ja sogar in ihr Gegenteil umgeschlagen ist. Einige Beispiele:

**callejón** *Gasse*
**corazón** *Herz*
**comadrona** *Hebamme*
**ratón** *Maus*
**caparazón** *Panzer (einer Schildkröte)*
**salón** *Wohnzimmer*
**tristón** *etwas traurig*

### 41.27 Das Suffix –AZO, –AZA

Die Vergrößerungssilbe –AZO, –AZA wird etwas weniger häufig verwendet als –ÓN, –ONA. Sie wird angehängt an Substantive und Adjektive, gegebenenfalls fällt dabei der Auslautvokal weg. Die so abgeleiteten Substantive behalten das Genus des Stammwortes bei: Maskulina enden auf –AZO, Feminina auf –AZA. Durch Anhängen von –AZO, –AZA wird Vergrößerung und Intensität ausgedrückt, sehr oft in abwertender Absicht:

**unos bigotazos** *ein großer Schnurrbart*
**unas manazas** *sehr große Hände*
**un perrazo** *ein großer Hund*


## 41.28 Semantik der Wörter auf –AZO

Durch Anhängen von –AZO bezeichnet man den Schlag, Hieb oder Stoß, der mit dem Gegenstand versetzt wird, den das Stammwort bezeichnet. Diese Ableitungsweise wird oft spontan eingesetzt, auch wenn es sich nicht um wirkliche Schläge, Hiebe oder Stöße handelt, sowie bei Wörtern, die keinen konkreten Gegenstand bezeichnen. Einige Beispiele:

**cañonazo** *Kanonenschlag*
**latigazo** *Peitschenhieb*
**cadenazo** *Schlag mit der Kette*
**sablazo** *Degenhieb*
**dar un sablazo** *anpumpen*
**leñazo** *Prügel*
**pegar un telefonazo** *anrufen*
**darse un duchazo** *kurz duschen*
**el Dedazo** *(Ernennung des Nachfolgers des Staatspräsidenten per Fingerzeig)*
**el Fujimorazo** *(Staatsstreich des A. Fujimori in Peru im April 1992)*


## 41.29 Das Suffix –OTE, –OTA

–OTE, –OTA wird an Substantive und Adjektive, aber auch an Adverbien – bei eventuellem Wegfall des Auslautvokals – angehängt. Das so entstandene Wort erhält die Bedeutung des Großen und Übermäßigen, meist gepaart mit der Nuance des Lächerlichen und Groben:

**animalote** *großes Tier*
**banderota** *Riesenflagge*
**cabezota** *großer Kopf; Dickschädel*
**barbarote** *Rohling*
**formalote** *übertrieben förmlich*


## 41.30 Das Suffix –ETE, –ETA

–ETE, –ETA wird an Substantive und Adjektive – bei eventuellem Wegfall des Auslautvokals – angehängt. Das so entstandene Wort erhält die Bedeutung des Unwichtigen, des Kleinen oder des Lächerlichen, wobei allerdings sehr oft die Kenntnis des Gesamtkontexts für das Verständnis der Nuancierung entscheidend ist:

**esos amiguetes de tu hermano** *die Kumpel deines Bruders*
**vestirse de payasete** *sich lächerlich clownhaft anziehen*
**la última gracieta de Tulio** *Tulios letzter dummer Streich*


## 41.31 Das pejorative Suffix –UCHO, –UCHA

–UCHO, –UCHA wird angehängt an Substantive und Adjektive – beim eventuellen Verlust des Auslautvokals – zum Ausdruck des Wertlosen, Unechten, Unschönen:

**un periodicucho** *ein Revolverblatt*
**un papelucho** *ein Wisch*

**A ▶** Bei Adjektiven verleiht –UCHO, –UCHA die Nuance des Bedauernswerten:

**flacucho** *mager*
**feúcho** *häßlich*

## 41. Präfixe und Suffixe

### 41.32 Andere pejorative Suffixe

Die diminutiven Suffixe –ITO, –ITA (vgl. 41.15) –ILLO, –ILLA (vgl. 41.19), –ICO, –ICA (vgl. 41.21) –UELO, –UELA (vgl. 41.22) und mehr noch die augmentativen Suffixe –ÓN, –ONA (vgl. 41.24) und –AZO, –AZA (vgl. 41.27) dienen zum pejorativen Ausdruck. Folgende Silben dienen ebenfalls zum Ausdruck des Wertlosen, Ärgerlichen, Verachtungswürdigen.

**A** ▶ –UCO, –UCA: **maluco** *ärgerlich schlecht*

**B** ▶ –EJO, –EJA: **tipejo** *Schuft*

**C** ▶ –ACHO, –ACHA: **ricacho** *schwerreicher Mann*

**D** ▶ –ACHÓN, –ACHONA: **poblachón** *Kaff*

**E** ▶ –ASTRO: **politicastro** *halbseidener Politiker*

### 41.33 Das Adjektivsuffix –ÍSIMO, –ÍSIMA: Inhalt und Form

–ÍSIMO, –ÍSIMA wird an Adjektive zur Bildung des absoluten Superlativs angehängt, und zwar zum Ausdruck eines noch höheren Grades als bei der Verwendung von MUY. Bei der Hinzufügung von –ÍSIMO, –ÍSIMA fällt der eventuelle Akzent des Stammworts weg.

**A** ▶ –ÍSIMO, –ÍSIMA wird an Adjektive auf Konsonanten angehängt (zu den Wörtern auf –N und –R vgl. 41.33E), ausgehendes Z wird dabei zu C:

fácil → **facilísimo**, –a *sehr leicht, kinderleicht*
peculiar → **peculiarísimo**, –a *überaus eigenartig*
feliz → **felicísimo**, –a *überglücklich*

**B** ▶ –ÍSIMO, –ÍSIMA tritt an die Stelle des nicht diphthongierten Endvokals (zu den Adjektiven auf –BLE vgl. 41.33F), dabei ergeben sich bei den Wörtern auf –GO, –GA und –CO, –CA die orthographischen Veränderungen zu –GUÍSIMO, –GUÍSIMA bzw. –QUÍSIMO, –QUÍSIMA:

claro → **clarísimo**, –a *sonnenklar*
pobre → **pobrísimo**, –a *bettelarm* (vgl. 41.34)
largo → **larguísimo**, –a *ellenlang*
tosco → **tosquísimo**, –a *sehr grob*

**C** ▶ Bei Adjektiven, die auf einen unbetonten Diphthong mit beginnendem I ausgehen, tritt –ÍSIMO, –ÍSIMA an die Stelle des Diphthongs:

limpio → **limpísimo**, –a *ganz sauber*
amplio → **amplísimo**, –a *überaus groß*

**D** ▶ Bei der Anfügung von –ÍSIMO, –ÍSIMA an Adjektive, die in der vorletzten betonten Silbe den Diphthong –IE– oder –UE– aufweisen, werden diese zu –E– bzw. –O–. Diese Regel wird sehr oft nicht befolgt, so daß manche Adjektive zwei Ableitungen haben:

bueno → **bonísimo**, –a oder: **buenísimo**, –a *sehr gut*
cierto → **certísimo**, –a oder: **ciertísimo**, –a *sehr wahr*

• Die Formen ohne Diphthong klingen immer gelehrter; bei VIEJO gibt es nur die Form mit beibehaltenem Diphthong: VIEJÍSIMO.

**E** ▶ –ÍSIMO, –ÍSIMA wird zu –CÍSIMO, –CÍSIMA bei den Wörtern auf –N und –R. Diese Regel kennt jedoch viele Ausnahmen. Am häufigsten kommt folgende regelmäßige Ableitung vor:

joven → **jovencísimo**, –a *blutjung*

**F** ▶ Die Adjektive auf –BLE (vgl. 41.38A) bilden die erweiterte Form –BILÍSIMO, –BILÍSIMA:

amable → **amabilísimo**, –a *sehr liebenswürdig*
fiable → **fiabilísimo**, –a *sehr vertrauenswürdig*

## 41. Präfixe und Suffixe

### 41.34 Gelehrte Form der Adjektive auf –ÍSIMO, –ÍSIMA

Einige Adjektive haben eine gelehrte Form, die entweder ausschließlich oder neben der dann häufigeren regelmäßigen Ableitung gebraucht wird. Einige Beispiele:

célebre → **celebérrimo,–a** *sehr berühmt*
libre → **libérrimo, –a** *sehr freizügig*
acre → **acérrimo, –a** *sehr rauh*
mísero → **misérrimo, –a** *elendig*
pobre → **paupérrimo,–a** oder: **pobrísimo, –a** *ärmlich*
pulcro → **pulquérrimo, –a** oder: **pulcrísimo, –a** *sehr sauber*
antiguo → **antiquísimo, –a** *sehr alt*
sabio → **sapientísimo,–a** *sehr gelehrt*
sagrado → **sacratísimo –a** *hochheilig*
simple → **simplicísimo, –a** oder: **simplísimo, –a** *sehr einfach*
magnífico → **magnificentísimo** *majestätisch*
cruel → **crudelísimo, –a** *sehr grausam*
fiel → **fidelísimo, –a** *treu*
salubre → **salubérrimo, –a** *sehr heilsam*

### 41.35 Historische Elative

Die ersten der nachstehenden Wörter in folgender Liste sind die sprachgeschichtlich richtigen Elativformen der Wörter in Klammern; sie werden meistens als eigenständige Wörter zum Ausdruck von hoher Intensität verwendet (die Wörter in Klammern bilden ihrerseits regelmäßige Ableitungen auf –ÍSIMO, –ÍSIMA):

| | | |
|---|---|---|
| ÓPTIMO (BUENO) | MÁXIMO (GRANDE) | ÍNFIMO (BAJO) |
| PÉSIMO (MALO) | MÍNIMO (PEQUEÑO) | SUPREMO (ALTO) |

### 41.36 –ÍSIMO, –ÍSIMA als allgemeines Elativ

**A ▶** Von einigen Adverbien und Pronomen gibt es Ableitungen auf –ÍSIMO, –ÍSIMA:

despacio → **despacísimo** *sehr langsam*
pronto → **prontísimo** *sehr bald*
temprano → **tempranísimo** *sehr früh*
tarde → **tardísimo** *sehr spät*
lejos → **lejísimos** *sehr weit weg*
cerca → **cerquísima** *ganz in der Nähe*
mucho → **muchísimo** *sehr viel*
poco → **poquísimo** *sehr wenig*

**B ▶** Auch echte Substantive werden manchmal zum Ausdruck hoher Intensität, meistens in humoristischer Absicht, mit –ÍSIMO, –ÍSIMA versehen:

**el partidísimo** *(etwa: das beste Spiel aller Spiele)*
**maridísimo** *(etwa: ein Ehemann, wie er im Buche steht)*
**cancionísima** *das Lied überhaupt*

**C ▶** Beispiele für die Ableitung von Adverbien auf MENTE (vgl. Kapitel 27, Teil C) aus Adjektiven auf –ÍSIMO, –ÍSIMA:

sencillísimo → **sencillísimamente** *überaus einfach*
inteligentísimo → **inteligentísimamente** *überaus intelligent*
airadísimo → **airadísimamente** *überaus wütend*

## 41. Präfixe und Suffixe

### 41.37 Die Suffixe –ISMO und –ISTA

**A** ▶ Das Suffix –ISMO ist außerordentlich produktiv in der modernen spanischen Sprache. Es diente zur Bezeichnung von Lehren und Bewegungen im politischen und sozialen Bereich; auf –ISMO enden aber inzwischen Bezeichnungen von Kunstströmungen, wissenschaftlichen Schulen, Moden, Krankheiten, Eigenschaften, linguistischen Begriffen, Sportarten sowie Verhaltensweisen und Handlungen im weitesten Sinne:

**amarillismo** *Revolverjournalismus*
**integrismo** *religiöser Fundamentalismus*
**el franquismo** *das Franco-Regime, die Zeit der Herrschaft des Francisco Franco*
**ecologismo** *Umweltschutzbewegung*
**didactismo** *die Tendenz, alles unter pädagogischen Gesichtspunkten zu sehen*
**el consumismo** *das Konsumdenken, der Konsumrausch*
**tabaquismo** *Rauchersucht*
**senderismo** *Bergwandern*
**un lusitanismo** *ein aus dem Portugiesischen entlehntes Wort*
**lista de peruanismos** *Liste von vorwiegend in Peru gebräuchlichen Wörtern*

**B** ▶ Die Silbe –ISTA wird zur Bildung von Substantiven und Adjektiven verwendet, in der Bildung von neuen Begriffen sehr häufig in Verbindung mit den Substantiven auf –ISMO: das Wort auf –ISTA bezeichnet dann den Vertreter, Träger oder Ausübenden. Beispiele von Wörtern auf –ISTA in adjektivischer Verwendung:

**una suciedad tercermundista** *ein Schmutz wie in einem sehr armen Land (der Dritten Welt)*
**un doblaje tercermundista** *eine miserable Synchronisierung*
**el hundimiento madridista** *der Untergang des Real Madrid*

### 41.38 Die Suffixe –BLE und –BILIDAD

**A** ▶ Die Endung –BLE, die sich weitgehend mit der Bedeutung von *'–bar'* oder *'–fähig'* deckt, wird bei der Erzeugung neuer Adjektive, die in passivischer Hinsicht Möglichkeit oder Notwendigkeit in bezug auf den Stammbegriff ausdrücken, überaus häufig eingesetzt. Die Silbe hat die Ausprägung –ABLE für die Verben auf –AR und –IBLE für die Verben auf –ER und –IR:

**imaginable** *vorstellbar*
**vendible** *verkaufsfähig*
**vivible** *lebbar*

**B** ▶ Aus Adjektiven auf –BLE werden sehr oft Substantive auf –BILIDAD gebildet:

**comunicabilidad** *Kommunizierbarkeit*
**digeribilidad** *Verdauungsfähigkeit*
**extendibilidad** *Verbreitbarkeit*

### 41.39 Die Verbalsuffixe –IFICAR und –IZAR

Mit den Endungen –IFICAR und vor allem –IZAR werden meist aus Substantiven und Adjektiven kausative Verben erzeugt, dabei wird die Endung an das Stammwort angehängt (mit eventuellem Wegfall des Endvokals), häufig auch in Anlehnung an gelehrte Wortstämme:

**dosificar** *dosieren*         **caricaturizar** *karikieren*
**masificar** *vermassen*         **regionalizar** *regionalisieren*
**purificar** *reinigen*          **satanizar** *verteufeln*
**reunificar** *wiedervereinigen* **mentalizarse** *das Selbstvertrauen stärken*

**A** ▶ Aus den Verben auf –IFICAR und –IZAR werden entsprechende Substantive auf –CIÓN gebildet: MASIFICACIÓN, SATANIZACIÓN. Weitere Beispiele:

**la dolarización de la economía ecuatoriana** *die Dollarisierung der ekuadorianischen Wirtschaft*

**la desclasificación de documentos sobre política exterior de Estados Unidos en Chile** *die Freigabe von Geheimdokumenten zur US-amerikanischen Außenpolitik in Chile*

### 41.40 Das Verbalsuffix –EAR

Mit der Endung –EAR werden aus Substantiven Verben mit iterativ-habitueller Bedeutung (ein Handeln oder Sichverhalten wie das, was das Stammwort bezeichnet) oder iterativ-instrumentellem Sinn (die Sache, die das Stammwort bezeichnet, benutzen). Die ersten der beiden Beispiele stehen im Lexikon, die anderen nicht:

**culebrear** *sich schlängeln*
**martillear** *hämmern*
**orteguear** *(etwa: im Stil des Schriftstellers Ortega y Gasset formulieren)*
**cangurear** *babysitten*

# 42. Aussprache und Schreibung

In diesem Kapitel werden zwischen [ ] die Symbole der Association Phonétique Internationale weitgehend verwendet, ebenso werden die Zeichen / / bei der Bezeichnung von Phonemen gebraucht.

## A. Alphabet und Aussprache

### 42.1 Das spanische Alphabet

| | | | | | | | |
|---|---|---|---|---|---|---|---|
| a | **a** | h | **hache** | ñ | **eñe** | v | **uve** |
| b | **b** | i | **i** | o | **o** | w | **uve doble** |
| c | **ce** | j | **jota** | p | **pe** | x | **equis** |
| ch | **che** | k | **ka** | q | **cu** | y | **i griega** |
| d | **de** | l | **ele** | r | **erre** | z | **zeta** |
| e | **e** | ll | **elle** | s | **ese** | | |
| f | **efe** | m | **eme** | t | **te** | | |
| g | **ge** | n | **ene** | u | **u** | | |

**A** ▶ Die spanischen Buchstaben sind Feminina (vgl. 1.73A):
**la primera o** *das erste o*
**la pronunciación de la hache** *die Aussprache von h*

**B** ▶ Seit 1994 werden CH und LL als eigenständige Buchstabengruppen in alphabetischen Anordnungen, z. B. in Wörterbüchern oder Telefonverzeichnissen, nicht mehr berücksichtigt.

### 42.2 Was die spanischen Buchstaben bezeichnen

- A bezeichnet das Phonem /a/.
- B bezeichnet das Phonem /b/ (vgl. unbedingt 42.12).
- C bezeichnet:  • das Phonem /k/ vor A, O, U, vor Konsonanten und am Wortende (vgl. 42.15, 42.15A).
  - das Phonem /θ/ vor E und I. (vgl. 42.19).
- CH bezeichnet das Phonem /č/ (vgl. 42.21A).
- D bezeichnet das Phonem /d/ (vgl. unbedingt 42.13).
- E bezeichnet das Phonem /e/ (vgl. 42.9A).
- F bezeichnet das Phonem /f/ (vgl. 42.20A).
- G bezeichnet:  • das Phonem /g/ vor A, O, U, vor Konsonanten und am Wortende (vgl. unbedingt 42.8B, 42.8C und 42.14).
  - das Phonem /x/ vor E und I.
- H hat keinerlei Lautwert in spanischen oder hispanisierten Wörtern, es dient teilweise zur Kenntlichmachung von Phonemen (vgl. 42.8I).
- I bezeichnet:  • das Phonem /i/ (vgl. unbedingt 42.10A)
  - das Phonem /y/ in der Schreibung HIE (vgl. 42.10B)
- J bezeichnet das Phonem /x/ (vgl. 42.20B).
- K bezeichnet das Phonem /k/ (vgl. 42.5A).
- L bezeichnet das Phonem /l/ (vgl. 42.20C).

## 42. Aussprache und Schreibung

- LL bezeichnet das Phonem /ļ/ (vgl. 42.4A und 42.21C).
- M bezeichnet das Phonem /m/ (vgl. 42.20D).
- N bezeichnet das Phonem /n/ (vgl. 42.16).
- Ñ bezeichnet das Phonem /ɲ/ (vgl. 42.21B).
- O bezeichnet das Phonem /o/ (vgl. 42.9B).
- P bezeichnet das Phonem /p/ (vgl. 42.15A).
- Q bezeichnet das Phonem /k/ (vgl. 42.8A).
- R bezeichnet: • das Phonem /r/ (vgl. 42.22).
  - das Phonem /ɾ/ (vgl. 42.8E und 42.22).
- S bezeichnet das Phonem /s/ (vgl. 42.17).
- T bezeichnet das Phonem /t/ (vgl. 42.15).
- U bezeichnet: • das Phonem /u/ (vgl. 42.10).
  - keinerlei Laut in den Buchstabenfolgen GUE, GUI, QUE und QUI (vgl. 42.8A, 42.8B).
- V bezeichnet das Phonem /b/ (vgl. unbedingt 42.12).
- W bezeichnet das Phonem /b/ (vgl. unbedingt 42.5B).
- X bezeichnet die Phonemenfolge /ks/ (vgl. 42.7).
- Y bezeichnet: • das Phonem /i/ im Wort **y** *und* sowie am Wortende (vgl. 42.10A).
  - das Phonem /y/ (vgl. 42.18).
- Z bezeichnet das Phonem /θ/ (vgl. unbedingt 42.4B, 42.19).

### 42.3 Bedeutungsunterscheidende Betonung im Spanischen

Die Betonung ist im Spanischen entscheidend für die Bedeutung der Wörter (zu den Betonungs- und Akzentregeln vgl. 42.24). Man vergleiche folgende Wortpaare:

**revolver** *umrühren* - **revólver** *Revolver*
**amen** *(3. Person Plural des* PRESENTE DE SUBJUNTIVO *von* AMAR*)* - **amén** *Amen*
**sábana** *Bettlaken* - **sabana** *Savanne*

**A ▶** Nur durch die Betonung unterscheiden sich die 3. Person Singular und Plural des FUTURO und des IMPERFECTO DE SUBJUNTIVO auf -RA der Verben der ersten Konjugationsklasse:

AMARÁ, AMARÁN - AMARA, AMARAN
ORGANIZARÁ, ORGANIZARÁN - ORGANIZARA, ORGANIZARAN

**B ▶** Beispiele für Phonemfolgen mit drei unterschiedlichen Betonungen:

**público** *Publikum* - **publico** *ich veröffentliche* - **publicó** *er veröffentlichte*
**continuo** *ununterbrochen* - **continúo** *ich fahre fort* - **continuó** *er fuhr fort*

### 42.4 Wegfall von Phonemen

**A ▶** Das Phonem /ļ/, dargestellt vom Buchstaben LL, existiert nur noch in einigen Gebieten der spanischsprechenden Welt. /ļ/ wird ersetzt vom Phonem /y/. Diese Ersetzung wird in der Sprachwissenschaft YEÍSMO genannt. Es ergibt sich also die gleiche Aussprache für folgende Wortpaare:

**pollo** *Huhn* - **poyo** *Sockel*
**rallar** *raspeln* - **rayar** *einritzen*

**B ▶** Das Phonem /θ/, dargestellt vom Buchstaben Z bzw. C, existiert nicht in den meisten Teilen der spanischsprechenden Welt, besonders nicht auf dem amerikanischen Kontinent. Es wird ersetzt vom Phonem /s/. Diese Ersetzung wird in der Sprachwissenschaft SESEO genannt. Es ergibt sich also für die SESEO-Gebiete dieselbe Aussprache für folgende Wortpaare:

## 42. Aussprache und Schreibung

**cazado** *erlegt (Jagd)* - **casado** *verheiratet*
**meces** *du wiegest ein* - **meses** *Monate*
**la cima** *der Gipfel* - **la sima** *der Abgrund*

**C** ▶ In einem allerdings sehr kleinen Teil Spaniens wird das Phomen /s/ durch das Phonem /θ/ verdrängt. Diese Ersetzung wird CECEO genannt.

### 42.5 Die exotischen Buchstaben K und W

Die Buchstaben K und W sind dem Spanischen eigentlich fremd.

**A** ▶ K steht vereinzelt statt C bzw. QU, meist in nicht voll hispanisierten Eigennamen:

**kilo** *Kilo*
**krausismo** *(Lehre des Philosophen C. F. Krause)*
**Nueva York** *New York*
**Alaska**

- Bei Wörtern, die voll zum spanischen Lexikon gehören, kann K immer durch C bzw. QU ersetzt werden: QUEROSENO, QUILO.
- Es findet sich in spanischen Texten immer mehr die baskische Schreibung baskischer Eigennamen mit K: KARLOS statt CARLOS.
- Wegen der Exotik von K wird es auch immer mehr zur bevorzugten Schreibweise des Phonems /k/ in den Milieus der unangepaßten Jugend: **un okupa** *ein Hausbesetzer*.

**B** ▶ W kommt im spanischen Lexikon nur in Wörtern fremder Herkunft vor. Bei den voll hispanisierten Wörtern stellt W das Phonem /b/ dar (erstes Beispiel), bei englischen Wörtern das Phonem /ŵ/ (zweites Beispiel); ansonsten schwankt die Aussprache von W zwischen [ŵ] und [b] bzw. [β] (letztes Beispiel):

**wáter** *Klosett*
**whisky** *Whisky* (es gibt auch die Schreibung **güisqui**)
**wagneriano** *den Komponisten R. Wagner betreffend*

### 42.6 Vereinfachte Schreibung des Spanischen

Die spanische Schreibung ist weniger traditionsbelastet als die anderer moderner Sprachen. Vom stummen H und U abgesehen, gibt es im Spanischen keine Buchstaben, die nicht irgendeiner phonetischen Realisierung entsprächen.

**A** ▶ Im Spanischen gibt es keine verdoppelten Buchstaben zur Bezeichnung ein und desselben Lauts (LL bezeichnet nicht zweimal /l/ sondern eben /ļ/ (vgl. 42.21C), und CC bezeichnet /kθ/ (vgl. auch 42.7). Es findet sich lediglich die Schreibweise NN bei Wörtern mit beginnendem N, die die Präfixe IN (vgl. 41.1) oder CON erhalten:

**innato** *angeboren*
**connotación** *Konnonation*

**B** ▶ Das Spanische hat die lateinische Schreibung griechischer Buchstaben, die sich etwa im Französischen, Englischen und Deutschen fortsetzt, nicht übernommen. Stummes H auf T und R gibt es also im Spanischen nicht, ebensowenig gibt es die Schreibung PH zur Bezeichnung des Phomens /f/ oder die Schreibung Y + Konsonant, bei der Y das Phonem /i/ bezeichnen würde. Man vergleiche die Schreibweise folgender Wörter mit deren deutschen Pendants:

**teatro** *Theater*
**ritmo** *Rhythmus*
**filosofía** *Philosophie*
**simpático** *sympathisch*

## 42. Aussprache und Schreibung

### 42.7 Wie man den Buchstaben X liest

**A** ▶ Der Buchstabe X bezeichnet die Phonemfolge /ks/ und sollte auch als [ks] realisiert werden. Tatsächlich wird diese Aussprache als hyperkorrekt empfunden. Gewöhnlich wird X zwischen Vokalen sowie im Auslaut als [ɣs] und vor Konsonanten als [s] ausgesprochen:

    taxi ['taɣsi]
    axila [a'ɣsila]
    expiar [espi'ar] oder besser: [ɛɣspi'ar]
    excelente [esθe'lente] oder besser: [ɛɣsθe'lente]

**B** ▶ Bei mexikanischen Eigennamen bezeichnet X das Phonem /x/:

**México, mexicano** *Mexiko, Mexikaner*
**Oaxaca** *(Stadt in Mexiko)*

• Für die Wörter MÉXICO und MEXICANO gibt es auch die selbst außerhalb Mexikos allerdings kaum noch auftauchende Schreibung MÉJICO bzw. MEJICANO.

• Zu TX statt CH vgl. 42.8J.

### 42.8 Konventionelle Buchstabenfolgen

**A** ▶ Die Phonemfolgen /ke/ und /ki/ müssen QUE und QUI geschrieben werden (vgl. aber 42.5A); das U bei QUE und QUI ist also "stumm":

    queso ['keso]
    quimono [ki'mono]

• Andere Buchstabenfolgen mit Q sind der spanischen Sprache fremd. Es ist ein nicht selten anzutreffender Fehler, das U in den Buchstabenfolgen CUA und CUE auch stumm zu lesen. Man beachte aber die richtige Leseweise:

    cualquiera [kwal'kjera]
    cuestión [kwes'tjon]

**B** ▶ Die Phonemfolgen /ge/ und /gi/ müssen GUE und GUI geschrieben werden; das U bei GUE und GUI ist also "stumm":

    guerra ['gɛra]
    guisar [gi'sar]

**C** ▶ Die Phonemfolgen /gue/ und /gui/ müssen GÜE und GÜI geschrieben werden; das U bei GÜE und GÜI ist also beim Lesen zu realisieren:

    ungüento [uŋ'gwento]
    pingüino [piŋ'gwino]

• Bei der Übernahme der baskischen Schreibweise baskischer Eigennamen entfällt das stumme U: GERNIKA (spanische Schreibweise dieses Stadtnamens: GUERNICA).

**D** ▶ Konventionellerweise darf man vor E und I kein Z schreiben, die Phonemfolgen /θe/ und /θi/ sind also CE und CI zu schreiben:

    cero ['θero]
    cinta ['θinta]

• Diese Regel kennt einige Ausnahmen, vor allem Eigennamen und Fremdwörter:

**Zeus** *Zeus*
**Nueva Zelanda** *Neuseeland*
**zeta** *(Name des Buchstabens Z)*
**zinc** *Zinn*

## 42. Aussprache und Schreibung

**E** ▶ Das Phonem /r̄/ wird in der Wortmitte zwischen Vokalen RR geschrieben:

carro ['kar̄o]
perra ['pɛr̄a]
arriba [a'r̄iβa]

- Ansonsten wird /r̄/ am Wortanfang sowie nach /n/, /s/ und /l/ durch R wiedergegeben:

rosa ['r̄osa]
honra ['ɔnr̄a]
israelí [iṣr̄ae'li]
alrededor [alr̄ɛðe'ðɔr]

**F** ▶ Die Phonemfolgen /nb/ und /mb/ dürfen in einem Wort nur MB oder NV geschrieben werden. In einem spanischen Wort kommen also die Buchstabenfolgen NB und MV niemals vor. Beispiele mit dem Präfix IN vor einem Stammwort mit beginnendem B:

imberbe [im'bɛrβe]
imborrable [imbɔ'r̄aβle]

**G** ▶ Die Phonemfolge /mp/ darf in einem Wort nur MP geschrieben werden. In einem spanischen Wort kommt also die Buchstabenfolge NP niemals vor. Beispiele mit dem Präfix CON vor einem Stammwort mit beginnendem P:

compadre [kɔm'paðre]
componer [kɔmpo'nɛr̄]

**H** ▶ Sofern die Phonemfolgen /ai/, /ei/, /oi/ und /ui/ Diphthonge darstellen, werden sie am Wortende und in einsilbigen Wörtern in der Regel AY, EY, OY bzw. UY geschrieben (Näheres vgl. 42.10A):

**¡ay!** *ach!*
**ley** *Gesetz*
**estoy** *ich bin*
**muy** *sehr*

**I** ▶ IE und UE kommen als Anfangsbuchstaben eines spanischen Wortes niemals vor, es wird davor immer H geschrieben (vgl. 42.10B und 42.10C):

**huevo** *Ei*
**hielo** *Eis*

**J** ▶ Das Phonem /č/ wird durch CH wiedergegeben. /č/ wird in Eigennamen aus dem Baskischen immer mehr mit der für diese Sprache typischen (und dem Spanischen fremden) Schreibweise TX dargestellt. In folgenden Beispielen steht in Klammern die traditionelle spanische Schreibung:

**Arantxa (= Arancha)**
**Atxaga (= Achaga)**

## B. Besonderheiten der spanischen Aussprache

Die Besonderheiten der spanischen Aussprache ergeben sich zum größten Teil aus der Tatsache, daß die Laute des Spanischen je nach ihrer lautlichen Umgebung verschiedene Ausprägungen erhalten, was auf den satzphonetischen Grundsatz des Spanischen zurückgeht: maßgebend ist die Aneinanderreihung von Sprechsilben in einer Äußerung, nicht das einzelne Wort.

### 42.9 Zur Aussprache der Vokale

Das Spanische hat nur fünf Vokale, die wegen der lautlichen Umgebung eine allerdings nicht bedeutungsrelevante Ausprägung erhalten können, am auffallendsten sind hier die Varianten von E und O. Die spanischen Vokale werden ohne einsetzenden "Knacklaut" gesprochen.

# 42. Aussprache und Schreibung

**A** ▶ Aussprache von /e/

- /e/ wird offen: [ɛ] wie das E in *fett* gesprochen:
    - In der Silbenmitte vor R, L, C, P, G, d.h. auch vor X = /ks/:
        ver [bɛɾ]
        papel [pa'pɛl]
        recto ['rɛkto]
        éxito ['ɛɣsito]
        inepto [i'nɛpto]
    - Am Silbenende vor /x/ und /r̄/:
        dejar [dɛ'xaɾ]
        perro ['pɛr̄o]
    - Am Silbenende nach /r̄/:
        rezar [r̄ɛ'θaɾ]
        ¡arre! ['ar̄ɛ]
    - Im Diphthong EI (EY):
        peinar ['pɛĩnaɾ]
        ley [lɛĩ]

- Ansonsten wird /e/ etwas offener als das E in *Mehl* gesprochen (vgl. aber 42.17):
    come ['kome]
    cree ['kree]
    poeta [po'eta]
    beso ['beso]
    pared [pa'reð]
    mezclar [meθ'klaɾ]
    venta ['benta]
    esto ['esto]
    explicar [espli'kaɾ]

**B** ▶ Aussprache von /o/

- /o/ wird offen: [ɔ] wie das O in *Sonne* gesprochen:
    - In der Silbenmitte:
        por [pɔɾ]
        contar [kɔn'taɾ]
    - Am Silbenende vor /x/ und /r̄/:
        hoja ['ɔxa]
        coger [kɔ'xɛɾ]
        zorro ['θɔr̄o]
    - Am Silbenende nach /r̄/:
        rosa ['r̄ɔsa]
        arroba [a'r̄ɔβa]
    - Im Diphthong OI (OY):
        boina ['bɔĩna]
        soy [sɔĩ]

## 42. Aussprache und Schreibung

- Im Hiatus /ao/, wenn darauf /r/ oder /l/ folgt:

    ahora [a'ɔra]
    batahola [bata'ɔla]

- Ansonsten wird /o/ etwas offener als das O in *Mohn* gesprochen:

    no [no]
    moto ['moto]
    ocho ['očo]

### 42.10 Diphthonge

Diphthonge sind einsilbige Verbindungen von /i/ oder /u/ mit einem anderen, "starken" Vokal (/a/, /e/, /o/) oder miteinander. Der "starke" Vokal ist bei einem solchen Doppellaut Silbenträger, d.h. er besitzt eine merklich höhere Schallfülle, während /i/ bzw. /u/ nicht voll vokalisch artikuliert werden. In den Verbindungen /iu/ und /ui/ ist das jeweils zweite Element meistens der Silbenträger.

**A** ▸ Man spricht von steigenden Diphthongen, wenn der Silbenträger an zweiter Stelle kommt. Dann haben /i/ und /u/ den Lautwert von Halbkonsonanten: [j] wie das I in *Amalie* bzw. [w] wie W im englischen Wort *what*:

| | |
|---|---|
| viaje ['bjaxe] | agua ['aɣwa] |
| cielo ['θjelo] | suelo ['swelo] |
| adiós [a'ðjɔs] | cuota ['kwota] |
| ciudad [θju'ðaðˀ] | ruido ['r̄wiðo] |

- Der Diphthong /ui/ in einsilbigen Wörtern wird UY geschrieben, wenn /u/ Silbenträger ist; man schreibt hingegen UI, wenn /i/ Silbenträger ist:

| | |
|---|---|
| muy [muĭ] | fui [fwi] |
| Ruy [r̄uĭ] | Luis [lwis] |

**B** ▸ Einen steigenden /i/-Diphthong am Wortanfang oder nach einem anderen Vokal gibt es nicht. Statt /i/ kommt der Konsonant /y/ zum Tragen (zu den phonetischen Ausprägungen vgl. 42.18). Dieser Konsonant wird Y geschrieben, vor E am Wortanfang steht auch häufig HIE:

ya [ya]
yo [yo]
yema ['yema]
mayor [ma'yɔr̄]
leyeron [le'yerɔn]
ayuda [a'yuða]
hierro ['yer̄o]
hierba ['yɛrβa]

- Zu den wenigen Ausnahmen, bei denen die Schreibung Y zwischen Vokalen sich nicht durchgesetzt hat, zählt das Wort PARANOIA.

**C** ▸ Einen steigenden Diphthong /ue/ am Wortanfang gibt es nicht; statt /u/ kommt hier der Konsonant /ŵ/ zum Tragen, der mit HU wiedergegeben wird und etwa einer geräuschvollen Aussprache des W im englischen Wort *when* entspricht:

huevo ['ŵeβo]
huelen ['ŵelen]

- /ŵ/ kommt auch in der Schreibung HUA in Wörtern aus indigenen Sprachen Südamerikas vor:

huaca ['ŵaka]
huaso ['ŵaso]

**D ▶** Man spricht von fallenden Diphthongen, wenn der Silbenträger an erster Stelle kommt. Dann haben /i/ und /u/ den Lautwert von Halbvokalen: [ĭ] wie das I in *Zeit* bzw. [ŭ] wie das U in *Auto*:

baile ['baĭle]     cauto ['kaŭto]
seis [sɛĭs]        Europa [ɛŭ'ropa]
boina ['bɔĭna]     Palou [pa'lɔŭ]

• [ĭ] am Wortende wird Y geschrieben (vgl. 42.8H):

voy [bɔĭ]
ley [lɛĭ]
hay [aĭ]

• Zu den wenigen Ausnahmen, bei denen sich die Schreibung Y für das Phonem /i/ nach Vokal am Wortende nicht durchgesetzt hat, zählen Fremdwörter wie BONSÁI, JERSÉI und SAMURÁI (vgl. 2.3).

## 42.11 Triphthonge

Triphthonge nennt man die folgenden Verkettungen von Phonemen: /iai/, /iei/, /iau/, /ioi/, /uai/, /uei/ und /uau/, dabei ist bei der Realisierung der "starke" Vokal Kern dieser Vokalfolge. Triphthonge kommen außer bei Formen einiger Verben auf –IAR und –UAR (vgl. 12.53A, 12.54A, 12.54B) ganz selten vor, die Ländernamen URUGUAY und PARAGUAY gehören dazu. Weitere Beispiele:

**miau** *Miau*
**guau** *Wau*
**buey** *Ochse*

## 42.12 Die phonetische Realisierung von /b/

Es ist sehr wichtig, darauf hinzuweisen, daß die im folgenden dargelegten Ausprägungen von /b/ mit der Schreibweise nichts zu tun haben: B und V werden im Spanischen identisch gelesen. Die "weiche" Realisierung von /b/ (vgl. 42.12B) ist im übrigen ein reiner Lippenlaut; ein dentilabiales [w] wie in *Wein* gibt es im Spanischen nicht (auch wenn unwissende Muttersprachler das behaupten und sogar üben lassen).

**A ▶** Im absoluten Anlaut (d.h. nach einer Pause auch mitten im Wort oder Satz) und nach dem Nasallaut [m] wird der Verschlußlaut [b] gesprochen, zu lesen also ähnlich dem B in *Ball*. Die Buchstabenfolgen NV und NB sind also wie MB zu lesen:

¡ven! [ben]            un vino [um'bino]
¡vamos! ['bamɔs]       invitar [imbi'taɾ]
¡caramba! [ka'ramba]   en barco [em'baɾko]
también [tam'bjen]     envase [em'base]

• Das B des Präfixes SUB wird vor M in gepflegter Aussprache als [β] realisiert, ansonsten entfällt die phonetische Realisierung:

submarino [suβma'rino] oder [suma'rino]

**B ▶** Ansonsten wird der Reibelaut [β] gesprochen. Die Lippen schließen sich dabei nicht ganz, sie berühren einander derart, daß eine leichte Reibung entstehen kann:

Cuba ['kuβa]      acababa de llegar el barco [aka'βaβa ðe ʝe'ɣaɾ ɛl 'βaɾko]
árbol ['aɾβol]    bébete de una vez tu vino ['beβete ðe úna βeθ tu 'βino]
doble ['doβle]    mi abuelo hablaba valenciano [mja'βwelo a'βlaβa βalen'θjano]

• In gepflegter Aussprache wird /b/ am Silbenende vor Konsonanten, in der Silbenmitte vor /s/ und am Wortende als stimmloser Reibelaut, also als [β̥] realisiert. Beispiele mit gebräuchlichen Wörtern:

## 42. Aussprache und Schreibung

obtener [ɔᵝte'nɛɾ]
absoluto [aᵝso'luto]
objeto [ɔᵝˑxɛto]
abstracto [aᵝs'trakto]

### 42.13 Die phonetische Realisierung von /d/

**A ▶** Nach einer Pause (auch mitten im Wort oder Satz) sowie nach /l/ und nach /n/ wird der Verschlußlaut [d] gesprochen, zu lesen also ähnlich dem D in *da*:

¿dónde? ['dɔnde]
el día [ɛl'dia]
un día [un'dia]

**B ▶** Ansonsten wird der Reibelaut [ð] gesprochen. Dieser Laut klingt in etwa wie das TH im englischen Wort *than*, ist jedoch nicht interdental:

lado ['laðo]          no sé nada de Pedro [no'se'naðaðe'peðro]
tarde ['taɾðe]        arden los cuadros de Dalí ['aɾðen lɔs'kwaðrɔzðeða'li]
padre ['paðre]        le dedicó toda su vida [leðeði'ko'toðasuβiða]

**C ▶** In lässiger Aussprache fällt das /d/ von Partizipformen (und auch Substantiven) auf /ado/ ganz weg:

colmado [kɔl'maɔ]
tablado [ta'βlaɔ]

**D ▶** In gepflegter Aussprache wird /d/ am Silbenende vor Konsonanten und in der Silbenmitte vor s als stimmloser Reibelaut, also als [đ] realisiert (in einigen Gegenden der iberischen Halbinsel wird in nicht gepflegter Aussprache [θ] ausgestoßen). Beispiele mit gebräuchlichen Wörtern:

adquirir [ađki'riɾ]
adjetivo [ađxɛ'tiβo]
admitir [ađmi'tiɾ]

**E ▶** Am Wortende wird /d/ in gepflegter, hyperkorrekt anmutender Aussprache als sehr kurzer, stimmloser Reibelaut, also als [ᵈ] realisiert. In der nicht übertrieben gepflegten Aussprache fällt es meistens weg, in einigen Gegenden der iberischen Halbinsel wird [θ] in nicht gepflegter Aussprache ausgestoßen:

pared [pa'reᵈ] oder: [pa'reθ]
usted [us'teᵈ] oder: [us'teθ]
juventud [xuβen'tuᵈ] oder: [xuβen'tuθ]

### 42.14 Die phonetische Realisierung von /g/

**A ▶** Im absoluten Anlaut (d.h. nach einer Pause, auch mitten im Wort oder Satz) und nach /n/ wird der Verschlußlaut [g] gesprochen, der dem G in *Garten* ähnlich ist:

¡gol! [gɔl]
tengo ['teŋgo]
un gato [uŋ'gato]

**B ▶** Ansonsten wird der Reibelaut [ɣ] gesprochen. Dieser Laut klingt ausgesprochen berlinerisch, d.h. viel weicher als das G in *Lage*:

pagar [pa'ɣaɾ]     una gota del agua del lago [una'ɣotaðe'laɣʷaðe'laɣo]

alegre [aˈleɣre]  algún peligro de guerra [alˈɣumpeˈliɣroðeˈɣɛɾa]
el gato [ɛlˈɣato]  alguien siguió pagando [ˈalɣjen siˈɣjo paˈɣando]

C ▶ Die Buchstabenfolge GN ist immer als [ɣn] zu lesen:

Ignacio [iɣˈnaθjo]
pugna [ˈpuɣna]
significar [siɣnifiˈkaɾ]

## 42.15 Die phonetische Realisierung von /p/, /t/ und /k/

Die Phoneme /p/, /t/ und /k/ haben normalerweise den Lautwert von [p], [t] und [k]. Man muß diese stimmlosen Laute aber vollkommen unbehaucht hervorbringen, d.h. es darf kein Hauch den Spiegel beschlagen, den man vor den Mund hält und den folgenden Satz spricht:

**Paco puso aquí la taza de té.**
*Paco stellte hier die Tasse Tee hin.*

A ▶ /p/ wird vor /t/ normalerweise als [b̥] realisiert:

apto [ˈab̥to]
séptimo [ˈseb̥timo]
capturar [kab̥tuˈraɾ]

B ▶ /k/ wird vor /s/, /θ/, /n/ und /t/ normalerweise als [ɣ] realisiert (vgl. 42.14B):

examen [eɣˈsamen]
taxi [ˈtaɣsi]
acción [aɣˈθjon]
técnico [ˈteɣniko]
actor [aɣˈtoɾ]

## 42.16 Aussprache von /n/

Für die Realisierung von /n/ wird immer die Artikulationsweise des darauffolgenden Lauts vorweggenommen. Für Deutsche sind die nachstehend aufgezählten Ausprägungen von praktischer Bedeutung.

A ▶ /n/ ist vor /θ/ interdental, vor /t/ und /d/ dental. Beispiele:

onza [ˈonθa]
manta [ˈmanta]
fondo [ˈfɔndo]

B ▶ Vor /p/ und /b/ (= B oder V als [b] gesprochen) wird [m] gesprochen:

un par [umˈpaɾ]
sin prisa [simˈprisa]
enviar [embiˈaɾ]
en vano [emˈbano]
un buen vino [umˈbwemˈbino]

C ▶ Vor /f/ wird [ɱ], also ein M in der Artikulationsstellung eines F gesprochen:

enfermo [eɱˈfɛɾmo]
un favor [uɱfaˈβoɾ]
con frutas [kɔɱˈfrutas]
en Francia [eɱˈfranθja]

**D** ▶ /n/ wird vor /k/, /g/ und /x/ als [ŋ] realisiert. [ŋ] entspricht dem Lautwert von N in *Ring*:

    banco ['baŋko]
    lengua ['leŋgwa]
    monja ['mɔŋxa]
    en casa [eŋ'kasa]

**E** ▶ /n/ wird vor /č/, /ļ/ und /y/ als [ṇ] realisiert, also wie GN im französischen Wort *gagner*:

    ancho ['aṇčo]
    conllevar [kɔṇļe'βaŕ]
    sin yema [siṇ'yema]

**F** ▶ /n/ wird meistens nachfolgendem /m/ angeglichen:

    conmigo [kɔm'miγo]
    inmenso [im'menso]
    en mayo [em'mayo]

## 42.17 Aussprache von /s/

Die ersten drei der folgenden Regeln beziehen sich auf die kastilische, apikale Aussprache von /s/. Auf die nicht kastilische, in der spanischsprechenden Welt verbreiteste Realisierung des Phonems /s/ bezieht sich die letzte Regel.

**A** ▶ /s/ wird vor einem Vokal, im Auslaut und vor einem stimmlosen Konsonanten stimmlos realisiert; zur Hervorbringung dieses Lauts spricht man ein S wie in *Posse*, stellt aber die Zunge wie zur Aussprache von D oder N:

    sí [si]
    pose ['pose]
    París [pa'ris]
    casco ['kasko]
    espera [es'pera]

**B** ▶ Vor einem stimmhaften Konsonanten wird /s/ stimmhaft, also als [z] gesprochen:

    isla ['izla]
    es verdad [ezβɛ ŕ'ðå]
    las naves [laz'naβes]

**C** ▶ Vor /ŕ/ wird /s/ meistens nur andeutungsweise realisiert, dem versucht in folgenden Beispielen die Symbolisierung durch [ş] gerecht zu werden:

    Israel [işŕa'ɛl]
    los reyes [loşŕɛyes]

**D** ▶ /s/ wird in Südspanien und im spanischsprechenden Amerika lateral realisiert, es entspricht der Aussprache von ß in *Maße*. Bei dieser Aussprache von /s/ entfallen weitgehend die Regeln in 42.17A bis 42.17B. Auffallend ist bei der nicht apikalen Realisierung von S vor allem das Phänomen der Aspiration, also die Variante [h] für /s/, welche vor jedem Konsonanten und im Auslaut stattfindet (und zur offeneren Aussprache eines vorangehenden Vokals zwingt). Die Aspiration läßt im übrigen Wortgrenzen eindeutig erkennen:

    dos [dɔh]
    espera [ɛh'pera]
    hasta ['ahta]
    externo [ɛh'tɛrno]
    estos estúpidos ['ɛhtɔheh'tupidɔh]

**E** ▶ Wo /s/ nicht apikal realisiert wird, ersetzt es auch das Phonem /θ/. Beispiele damit:

empezar [empe'sar]
pez [pes] oder [peh]

### 42.18 Aussprache von /y/

Zum Zustandekommen des Phonems /y/ vgl. 42.10B. Wie in 42.4A erörtert, ersetzt /y/ immer mehr das Phonem /ʎ/.

**A** ▶ Am Wortanfang und vor einem Vokal wird ein J wie in *jetzt* mit dem "Geräusch" gesprochen, das ensteht, wenn man dieses J zu verlängern versucht:

yo [yo]
¡vaya! ['baya]
ayuda [a'yuða]

● Beispiele für Wörter mit ursprünglichem Phonem /ʎ/:

lluvia ['yuβja]
cállate ['kayate]

● Im südlichen Lateinamerika, vornehmlich in Argentinien, wird /y/ als [ʒ] realisiert, also wie J im französischen Wort *jour*:

mayo ['maʒo]
valle ['baʒe]

**B** ▶ Nach /n/ und /l/ wird /y/ als [ŷ] gesprochen. Dieser Laut erinnert an das G im englischen Wort *gentle*; aber beim spanischen [ŷ] bleibt die Zungenspitze liegen:

inyección [iŋŷɛɣ'θjɔn]
con hielo [kɔŋŷelo]
el yo [ɛlŷo]

### 42.19 Realisierung von /θ/

Insofern /θ/ zum Phoneminventar des Spanischen gehört (vgl. 42.4B), hat es zwei Ausprägungen.

**A** ▶ Vor Vokal, stimmlosem Konsonanten und im Auslaut wird der Laut [θ] hervorgebracht, also ein Laut ähnlich dem des TH im englischen Wort *both*:

Zaragoza [θara'ɣoθa]
Legazpi [leɣaθpi]
cáliz ['kaliθ]

**B** ▶ Vor einem stimmhaften Konsonanten wird ein stimmhaftes "th": [ž] gesprochen:

Aznar [až'nar]
Luzmila [luž'mila]

### 42.20 Realisierung von /f/, /x/, /l/ und /m/

**A** ▶ Die phonetische Realisierung von /f/ ist ganz unproblematisch, es wird immer als [f] gesprochen.

**42. Aussprache und Schreibung**

**B** ▶ Ebenso unproblematisch ist die Aussprache von /x/ (geschrieben J oder G in den Verbindungen GE und GI), das entweder als Ach-Laut oder – vor allem in Südspanien und im spanischsprechenden Amerika – als Ich-Laut realisiert wird. Letztere Variante wird mitunter zu einer bloßen Aspiration reduziert.

**C** ▶ /l/ entspricht dem deutschen L bis auf die Variante [ḷ], die vor /č/ und /y/ auftritt:

el chino [ɛḷčino]
el yugo [ɛḷyuɣo]

**D** ▶ /m/ entspricht dem deutschen M bis auf die Variante [n], die am Wortende vor einer Pause auftreten kann:

álbum ['alβum] oder ['alβun]

### 42.21 Realisierung von /č/, /ņ/ und /ḷ/

**A** ▶ /č/ – geschrieben CH, vgl. aber 42.8J – wird wie das CH im englischen Wort *much* gesprochen:

ocho ['očo]
Chile ['čile]
echar [e'čar]

**B** ▶ /ņ/ – geschrieben immer Ñ – wird wie GN im französischen Wort *mignon* gesprochen:

España [es'paņa]
señora [se'ņora]
eñe ['eņe]

• [ņ] ist ein einziger Laut, nicht etwa die Lautfolge [nj]. Muttersprachler können sehr gut unterscheiden zwischen TOÑO und TONIO.

**C** ▶ /ḷ/ – geschrieben immer LL, vgl. aber 42.4A – wird immer als [ḷ] realisiert:

calle ['kaḷe]
pollo ['poḷo]

• [ḷ] gibt es im Deutschen nicht, es entspricht weitgehend dem Laut vor dem U, wenn man die Wörter *Lunge* und *Junge* gleichzeitig spricht. [ḷ] ist ein einziger Laut, Muttersprachler können zwischen POLIO und POLLO exakt unterscheiden.

### 42.22 Realisierung der Phoneme /r/ und /ŕ/

/r/ wird als [r] gesprochen, am Silbenende allerdings als [ŕ] realisiert. /ŕ/ wird immer als [ŕ] realisiert, es handelt sich in beiden Fällen um ein "Zungen"-r, die Zungenspitze muß man also wie bei [d] gegen die Alveolen schlagen: für [r] einmal, mehrfach für [ŕ]. Die Unterscheidung von /r/ und /ŕ/ muß wahrnehmbar sein (zur Schreibung von /ŕ/ vgl. 42.8E):

pero ['pero]          perro ['pɛŕo]
moro ['moro]          morro [moŕo]
prisa ['prisa]        risa ['ŕisa]
comeré [kome're]      comer [ko'mɛŕ]
negro ['neɣro]        norte ['nɔŕte]

**A** ▶ In nicht gepflegter Aussprache fällt [ŕ] am Wortende weg:

mujer [mu'xɛŕ] oder: [mu'xɛ]
comer [ko'mɛŕ] oder: [ko'mɛ]

## C. Silbentrennung, Betonung, Akzent
Bei den folgenden Worttrennungen wird der Akzent des nicht getrennten Wortes beibehalten.

### 42.23 Silbentrennung

**A** ▶ Im Spanischen wird nach Sprechsilben getrennt. Eine Silbe besteht aus einem Vokal (A, E, I, O, U) oder aus Konsonant plus Vokal und eventuellem Auslautkonsonanten. Die Wörter der rechten Spalte enthalten Vokalfolgen, die (mindestens theoretisch) nicht diphthongisch sind:

  a-la    á-re-a
  me-sa   e-té-re-o
  ma-yor   ro-de-en
  a-go-ni-zan  a-le-ja-os

**B** ▶ Diphthonge (und Triphthonge) dürfen nicht getrennt werden, da sie, mindestens theoretisch, einsilbig gesprochen werden:

  via-je
  cie-lo
  ciu-dad
  fui-mos
  Eu-ro-pa
  Pa-lou
  cam-biáis
  ac-tuéis

**C** ▶ Treffen zwei Konsonanten aufeinander, so gehört der zweite zur folgenden Silbe; da CH, LL und RR einen Laut bezeichnen, dürfen sie nicht getrennt werden:

  gus-tar
  car-ta
  sig-ni-fi-car
  mo-vi-mien-to
  sub-ven-ción
  pa-e-lla
  fe-cha
  gue-rri-lla

**D** ▶ Die Verbindung der Verschlußlaute P, T, C, B, D, G oder F mit den Gleitlauten R oder L wird in der Regel nicht getrennt. Eine solche Verbindung gehört zur folgenden Silbe, wenn ihr ein anderer Konsonant oder ein Vokal vorausgeht:

  fres-co
  san-gre
  ex-pli-car
  miem-bro
  Á-fri-ca
  cua-tro

**E** ▶ Sonstige (seltene) Verbindungen mehrerer Konsonanten werden nach dem dabei meistens vorkommenden S getrennt:

  sáns-cri-to
  trans-for-mar
  ads-cri-to
  abs-te-ner

## 42. Aussprache und Schreibung

**F ▶** Wörter, bei denen die Präfixe IN oder DES vor einem Vokal erscheinen, können entweder nach den obigen Regeln oder unter Berücksichtigung der Wortbildungselemente getrennt werden. Demnach lauten die Trennungsvarianten für DESATAR und INÚTIL:

de-sa-tar, des-a-tar
i-nú-til, in-ú-til

**G ▶** Der "stumme" Buchstabe H in der Wortmitte gehört immer zur folgenden Silbe:

a-ho-ra
a-hí
pro-hi-bir
ex-hi-bir
ad-he-rir

### 42.24 Grundregeln der Betonung und des Akzents

**A ▶** Wörter, die auf Vokal, N oder S enden, werden auf der vorletzten Silbe betont. Die Wörter der rechten Spalte enthalten Diphthonge:

| | |
|---|---|
| mesa | tragedia |
| cine | serie |
| taxi | diario |
| mono | continuo |
| tribu | ciencia |
| ganas | portuarios |
| joven | muestran |

**B ▶** Wörter, die auf Konsonant außer N und S enden, werden auf der letzten Silbe betont. Die Wörter der rechten Spalte enthalten Diphthonge:

| | |
|---|---|
| pared | continuad |
| mujer | odiar |
| hotel | actual |
| feliz | ordinariez |
| reloj | menguar |

**C ▶** Eine Betonung, die von den obigen Regeln abweicht, wird durch Akzent gekennzeichnet. (der Akzent auf Großbuchstaben sollte immer erscheinen):

| | | |
|---|---|---|
| sofá | Berlín | régimen |
| café | nación | aéreo |
| actué | París | dímelo |
| aquí | dejéis | dígamelo |
| tomó | azúcar | teléfono |
| murió | túnel | África |
| zulú | Martínez | estudiémoslo |

**D ▶** Mehrsilbige Wörter, die auf betontem Diphthong mit ausgehendem Y enden, werden auf der letzten Silbe betont und tragen keinen Akzent:

estoy
convoy
Godoy

● Ausnahmen sind die ganz wenigen Fremdwörter, die mit ausgehendem I geschrieben werden, und deshalb den Akzent tragen müssen: SAMURÁI, BONSÁI.

## 42. Aussprache und Schreibung

**E** ▸ Einsilbige Wörter tragen keinen Akzent (vgl. aber 42.25F und 33.8 zur Schreibung der Konjunktion O vor Zahlen). Die Wörter der rechten Spalte enthalten Diphthonge:

| a | ay |
|---|---|
| tal | miel |
| dos | Dios |
| vez | nuez |
| mes | seis |
| fe | fue |

### 42.25 Weitere Akzentregeln

**A** ▸ Wörter, die auf **Konsonant + s** enden, tragen den Akzent, wenn sie auf der vorletzten Silbe betont werden (und keinen Akzent nach 42.24A tragen müßten):

bíceps
récords
gángsters

• Wörter, die auf X (= KS) enden, werden auch dazu gerechnet:

ónix
tórax

**B** ▸ Mit dem Akzent wird der Hiatus, also das Nichtvorhandensein eines Diphthongs angezeigt:

| tía | país |
|---|---|
| continúa | baúl |
| río | rió |
| espíe | espié |
| actúe | reúne |

• Der Hiatus bei UI (bei Betonung auf /i/) wird nicht gekennzeichnet, außer es treffen die allgemeinen Regeln der Akzentsetzung oder die Hiatusregel zu:

| huid | huís |
|---|---|
| construir | construían |

**C** ▸ Der Akzent akzentuierter finiter Verbformen bleibt konventionellerweise erhalten, wenn ein unbetontes Personalpronomen angehängt ist; dies ist besonders auffallend bei Verbformen, die den modernen Regeln der Pronomenstellung (vgl. 11.98) nicht entsprechen:

déle
estáte
sentóse
metíme

**D** ▸ In abhängigen und unabhängigen Fragen und Ausrufen tragen folgende Wörter einen Akzent (vgl. Kapitel 28):

| QUÉ | DÓNDE | CUÁNTO | CUÁNTOS / CUÁNTAS | CÚYO |
|---|---|---|---|---|
| CÓMO | CUÁNDO | CUÁN | CUÁL / CUÁLES | QUIÉN / QUIÉNES |

**E** ▸ Die maskulinen und femininen Demonstrativpronomen: ESTE, ESTA, ESTOS, ESTAS sowie ESE, ESA, ESOS, ESAS und AQUEL, AQUELLA, AQUELLOS, AQUELLAS können (nicht müssen) mit Akzent geschrieben werden, wenn sie sich auf vorhin Genanntes beziehen:
**Os aseguro que en este bar lo pasaremos mejor que en aquél** oder **aquel**.
*Ich sage euch: in dieser Bar werden wir mehr Spaß haben als in der da hinten.*

**F ▶** Bei folgenden Wortpaaren mit identischem lautlichem Aufbau wird der Bedeutungsunterschied durch Akzent kenntlich gemacht (beim letzten Wort ist der Akzent nur noch optativ):

| | |
|---|---|
| **de** *von, aus* | **dé** *(3. Person Singular des* **PRESENTE DE SUBJUNTIVO** *von* DAR*)* |
| **el** *der, die, das* | **él** *er* |
| **mi** *mein* | **mí** *mich, mir* |
| **tu** *dein* | **tú** *du* |
| **te** *dich, dir* | **té** *Tee* |
| **se** *sich* | **sé** *ich weiß; sei!* |
| **si** *wenn, falls, ob* | **sí** *ja; sich* |
| **mas** *jedoch* | **más** *mehr* |
| **aun** *sogar* | **aún** *noch* |
| **solo** *allein* | **sólo** *nur* |

## D. Groß- und Kleinschreibung, Interpunktion

### 42.26 Zur Groß- und Kleinschreibung

**A ▶** Das erste Wort eines Textes und nach einem Punkt wird groß geschrieben. Nach einem Doppelpunkt wird im Spanischen in der Regel klein geschrieben. Der Akzent auf Großbuchstaben sollte immer erscheinen:

**Eran tres: dos guardaespaldas y un hombre gordo. No eran magrebíes; de los escoltas, uno podía ser español, el otro, un europeo nórdico. El grueso hablaba árabe con acento inglés. En agosto, en esta parte de África hay de todo.**
*Es waren drei: zwei Leibwächter und ein dicker Mann. Sie waren keine Maghrebiner; der eine Leibwächter mochte Spanier sein, der andere hingegen Nordeuropäer. Der Dicke sprach Arabisch mit englischem Akzent. Im August ist in diesem Teil Afrikas alles möglich.*

• Monatsnamen sowie Sprach- und Nationalitätenbezeichnungen werden klein geschrieben. Rechtschreibunkundige machen hier sehr oft Fehler.

**B ▶** Eigennamen aller Art, auch die substantivischen oder adjektivischen Beinamen und Attribute dazu, werden groß geschrieben:

**España, Francia y Alemania** *Spanien, Frankreich und Deutschland*
**el Reino Unido** *das Vereinigte Königreich*
**Federico García Lorca y Juan Ramón Jiménez** *(Namen spanischer Dichter)*
**Don Quijote y Sancho Panza** *(Hauptpersonen aus Cervantes' Don Quijote)*
**la Biblia** *die Bibel*
**Gran Buenos Aires** *Groß-Buenos Aires*
**en Viernes Santo** *am Karfreitag*
**la Revolución Francesa** *die Französische Revolution*
**Cubita la Bella** *Kuba die Schöne*
**Juana la Loca** *Johanna die Wahnsinnige*
**el Pentágono** *das Pentagon*
**la Casa Blanca** *das Weiße Haus*
**la Bolsa** *die Börse*
**el Gran Hermano** *der Große Bruder*
**Academia Nacional de Historia** *Nationalakademie für Geschichte*
**Universidad Libre de Berlín** *Freie Universität Berlin*
**Congreso Panamericano del Niño** *Gesamtamerikanischer Kongreß für das Kind*

• Inkonsequenzen bei der Anwendung dieser Regel, vor allem im Bereich der Feiertagsbezeichnungen, sind gang und gäbe.

**C ▶** Gattungsbezeichnungen, die zur Benennung einzelner Gegenstände oder Personen und meistens in einem spezifischen Kontext verwendet werden, sind dann Eigennamen und werden groß geschrieben. Dies trifft für Bezeichnungen der christlichen Religion, der katholischen Kirche und des spanischen Staates zu:

el **Salvador** *der Heiland*
por obra de **Él** *auf Seine (Gottes) Wirkung*
la **Iglesia** y los anticonceptivos *die katholische Kirche und die Verhütungsmittel*
el **Papa** *der (gegenwärtige) Papst*
los **Reyes** *das spanische Königspaar*
el **Gobierno** *die spanische Regierung*

● ESTADO schreibt man groß, wenn es die Bedeutung *'Staat'* hat, und zwar als Bezeichnung des staatlichen Handelns oder der staatlichen Macht:

el **Estado** de bienestar *der Wohlfahrtsstaat*
la crítica al **Estado** *die Kritik des Staates*

**D ▶** Außer in Titeln von Abhandlungen und als Bezeichnungen von Schul- und Studienfächern werden die Namen der Wissenschaften und Künste klein geschrieben:

los avances de la física *die Fortschritte der Physik*
suspender en **Historia** *in Geschichte durchfallen*

**E ▶** Allein das erste Wort eines belletristischen Titels wird groß geschrieben:

**Cien** años de soledad *(Titel eines Romans von G. García Márquez)*
**Mujeres** españolas *(Titel einer Essaysammlung von S. de Madariaga)*
**La** vida es sueño *(Titel eines Dramas von Calderón de la Barca)*

**F ▶** Bei Titeln von Abhandlungen und Periodika werden das erste Wort und alle Substantive und Adjektive großgeschrieben:

**Tratado de Ortografía Castellana** *Abhandlung über spanische Rechtschreibung*
publicado en **El País** *in El País (Tageszeitung) veröffentlicht*
**Anuario de Lingüística Hispánica** *(Publikation der Universität von Valladolid)*

**G ▶** In Beispielen wie den folgenden wird mit der Großschreibung beabsichtigt, die Sache schlechthin zu benennen oder für die Sache menschliche bzw. übermenschliche Eigenschaften zu suggerieren (bei Kleinschreibung im ersten Beispiel könnte es sich um die pejorative Bedeutung des Wortes handeln):

si el **Individuo** ha dejado de existir *wenn der Einzelne zu existieren aufgehört hat*
pues el **Orden** no existe *denn die Ordnung als solche gibt es nicht*
la guerra del **Norte** contra el **Sur** *der Krieg des Nordens gegen den Süden*
el **Progreso** y sus devastaciones *der Fortschritt und seine Verwüstungen*

## 42.27 Die Satzzeichen

Nachstehend eine Liste der meistgebrauchten Satzzeichen mit ihren spanischen Bezeichnungen und – zur Verdeutlichung des Genus – dem bestimmten Artikel.

| | | |
|---|---|---|
| . | el punto |
| ... | los puntos suspensivos |
| , | la coma |
| ; | el punto y coma |
| ¿ | el principio de interrogación |
| ? | el fin de interrogación |
| ¡ | el principio de admiración |

## 42. Aussprache und Schreibung

| | |
|---|---|
| ! | el fin de admiración |
| " " | las comillas |
| : | los dos puntos |
| ( ) | los paréntesis |
| ¨ | la diéresis (vgl. 42.8C) |
| - | el guión |
| – | la raya |

**A** ▶ Die Satzzeichen werden generell wie im Deutschen verwendet. Zur Verwendung von Satzzeichen bei Ordinalzahlen vgl. 4.16, 4.18. Das Zeichen ! wird in der Regel bei der Anrede in schriftlichen Mitteilungen nicht verwendet. Dort steht im Spanischen der Doppelpunkt oder – seltener – ein Komma:

**Querido Mario:**
**No quisiera dejar pasar la ocasión...**

*Lieber Mario!*
*Ich möchte die Gelegenheit nicht versäumen...*

### 42.28 Zur Kommaverwendung

• Zur Kommasetzung vor Relativpronomen vgl. 10.1, 10.2, 10.3.

Das Komma hat im Spanischen immer die Funktion, eine Pause im Redefluß widerzuspiegeln (vgl. aber 29.59). Die Kommasetzung im Spanischen hängt sehr vom subjektiven Stilgefühl ab. Die Verwendung des Kommas weicht vom deutschen Gebrauch vor allem in folgenden Fällen ab.

**A** ▶ Der Nebensatz, der einem Hauptsatz folgt, wird von diesem nicht durch ein Komma abgetrennt:

**Creo que no ha venido nadie.**
*Ich glaube, daß niemand gekommen ist.*

**Me pregunto si lo sabe.**
*Ich frage mich, ob er es weiß.*

**Te lo diré cuando lo sepa.**
*Ich werde es dir sagen, wenn ich es weiß.*

**Allí vive el sueco que ha comprado la casa.**
*Dort wohnt der Schwede, der das Haus gekauft hat.*

**No me ha dicho por qué ha venido sola.**
*Sie hat mir nicht gesagt, warum sie allein gekommen ist.*

• Steht der Nebensatz vor dem Hauptsatz, dann steht vor diesem in der Regel ein Komma:

**Si no lo sabe, ...** *Wenn er das nicht weiß, ...*
**Aunque quiera ser moderno, ...** *Auch wenn er modern sein möchte, ...*
**Cuando yo sea grande, ...** *Wenn ich einmal groß bin, ...*

**B** ▶ Eine adverbielle Angabe, die den gesamten Satzsinn in irgendeine Perspektive stellt, wird durch Komma getrennt:

**En España, el sur está menos desarrollado que el norte.**
*In Spanien ist der Süden weniger entwickelt als der Norden.*

**En 1940, España era uno de los países más pobres de Europa.**
*1940 war Spanien eines der ärmsten Länder Europas.*

**Yo, por mi parte, no tengo nada en contra.**
*Ich meinerseits habe nichts dagegen.*

## 42. Aussprache und Schreibung

**C ▶** Die Kommasetzung in Beispielen wie dem letzten hängt weitgehend vom subjektiven Stilgefühl ab. Streng geregelt ist die Kommasetzung bei adverbiellen Angaben nur bei PUES, vgl. 33.19A. Es ist üblich – und wird von den Sprachautoritäten empfohlen – folgende Adverbien zwischen Kommata zu setzen bzw. mit einem Komma vom Satz zu trennen, wenn sie vorangestellt werden: ADEMÁS, POR TANTO, POR CONSIGUIENTE, ASÍ PUES, PUES BIEN, AHORA BIEN, ANTES BIEN, SIN EMBARGO, NO OBSTANTE, CON TODO und POR EL CONTRARIO. Beispiele mit ADEMÁS und POR EL CONTRARIO:

**Además, Teresa les dijo que no iría.**
*Außerdem sagte ihnen Teresa, sie würde nicht hingehen.*

**Nosotros aspiramos, por el contrario, al pleno esclarecimiento de los hechos.**
*Wir streben hingegen die vollständige Aufklärung der Vorfälle an.*

**D ▶** Zwischen koordinierte Sätze mit unterschiedlichem Subjekt wird in der Regel kein Komma gesetzt:

**Silvia puso el vídeo y Ángeles cogió el móvil.**
*Silvia stellte den Videorecorder an, und Ángeles nahm das Handy.*

**E ▶** Eine weggelassene Verbform in beigeordneten Sätzen wird in der Regel durch ein Komma vertreten. Meist ohne vorliegende Satzkoordinierung kommt diese Kommaverwendung, und zwar aus Gründen der Prägnanz, in Schlagzeilen vor; dort vertritt das Komma normalerweise die Form eines Kopulaverbs (in dem Beispiel: ESTÁ):

**Rosa lo aprendía todo a toda velocidad y yo, muy lentamente.**
*Rosa lernte alles ganz schnell, ich hingegen sehr langsam.*

**España, nerviosísima ante el partido con Nigeria.**
*Spanien: supernervös vor dem Spiel gegen Nigeria.*

**F ▶** Die Koordinierung von Sätzen durch ein Komma anstelle eines Konjunktionaladverbs oder zur Unterlassung einer Satzunterordnung gehört nicht zum guten spanischen Stil. Die koordinierten deutschen Sätze *'Dora sperrte sich ein, sie hatte Angst'* wäre am besten wiederzugeben durch DORA SE ENCERRÓ PORQUE TENÍA MIEDO oder durch Koordinierung mit Punkt oder Semikolon: DORA SE ENCERRÓ; TENÍA MIEDO.

### 42.29 Die Anzeige direkter Rede

Direkte Rede im erzählenden Bericht wird in der Regel durch Gedankenstrich angezeigt. Die Zeichen ¿ und ¡ stehen an der Stelle, an der die Frage bzw. der Ausruf ansetzt:

–Bueno, ¡que aproveche!–dijo Julio.　　"Nun ja, guten Appetit!" sagte Julio.
–Pero Julio, ¿qué tienes?–preguntó la　　"Aber Julio, was hast du?" fragte die Mutter.
madre.

# Sach- und Wortregister

## A

A (Ordinalzahlkennzeichen): 4.18B
A (Präposition): 38B; akkusativisches ~: 10.36 ff, 24A, 23.9 f, 38.10; dativisches ~: 10D, 24C, 38.10; Substantivergänzung durch ~: 24.14; Wiederholung bei der Hervorhebung von Satzteilen: 30.68; in Ortsangaben: 25.25 ff, 25.48 ff; Verbergänzung durch ~: 14.114 ff, 14.45, 14.47; Adjektivergänzung durch ~: 3.63, 23.51, 38.19; in Zeitangaben: 26.14 ff, 26.59, 26.90, 26.96C; ~ + Infinitiv in passivisch-unpersönlicher Bedeutung: 14.11, 14.108; ~ LA + Adjektiv: 27.38; ~ LO + Substantiv / Adjektiv: 27.39; konkurriert mit POR und TRAS im Ausdruck der Wiederholung des Gleichen: 38.16; ~ POR: 39.9; ~ QUE als Finalkonjunktion: 35.3; ¿~ QUE ...?: 28.56; in imperativischen Formeln: 31.12, 31.15A
ABAJO: 25.12 ff; nachgestellt: 25.15
A BASE: ~ DE + Infinitiv: 14.105B
Abkürzungen: Geschlecht von ~: 1.71; Mehrzahl von ~: 2.27; ~ von USTED / USTEDES: 11.17A, 11.18
abstrakte Bezeichnungen: Gebrauch des bestimmten Artikels bei ~: 5.38, 5.40
ABUNDANTE: ~ EN: 38.25
ACÁ: 25.5, 26.39
ACABAR: ~ + Gerundio: 15.42; statt ESTAR: 20.6; ~ DE + Infinitiv: 14.72 ff; Stellung des Personalpronomens bei ~ DE + Infinitiv: 11.111A; IMPERFECTO und INDEFINIDO bei ~ DE + Infinitiv: 14.73, 18.61; ~ POR + Infinitiv: 14.75
ACABÁRAMOS: 32.31B
A CAMBIO: ~ DE + Infinitiv: 14.107B; ~ DE QUE: 35.97B
ACASO: Fragen mit ~: 28.55, 34.70; Subjuntivo beim Gebrauch von ~: 32.15, 34.70, 35.67; SI ~: 35.73; POR SI ~: 32.15B
ACERCARSE A: Gebrauch des bestimmten Artikels beim Objekt von ~: 5.71
-ACHO (Suffix): 41.32C
-ACHÓN (Suffix): 41.32D
A CONDICIÓN: ~ DE + Infinitiv: 14.107B; ~ DE QUE: 35.97B
ACONSEJAR: verbundene Personalpronomen bei ~: 11.63A
ACOSTUMBRAR: Infinitivergänzung bei ~ und ~SE: 14.53A
ACTOR: 1.15A
ACTRIZ: 1.15A
ACTUAR: Konjugation: 12.54C
A CUAL MÁS: 9.150A
ACULLÁ: 25.10A
ACUSAR: Verb des Benennens 21.14
ADELANTE: 25.12 ff; nachgestellt: 25.15
Adelsbezeichnungen: Gebrauch des bestimmten Artikels vor ~: 5.23
ADEMÁS: Kommasetzung: 42.28C; ~ DE + Infinitiv: 14.123; ~ DE + Adjektiv / Substantiv / Partizip: 14.123A, 40.25A; die Konjunktion ~ DE QUE: 35.31, 35.39
ADENTRO: 25.12 ff; nachgestellt: 25.15
A DIARIO: Bedeutung und Verwendungsweise: 26.59A
ADIVINAR: Bedeutung und Verwendungsweise: 21.11F
Adjektiv: 3; restriktives ~: 3.30 ff; kommentierendes ~: 3.35 ff; bewertendes ~: 3.39 ff; Bedeutungsunterschied bei Vor- und Nachstellung des ~: 3.38, 3.42; Substantivierung des ~: 3.86, 5.5B; ~ als modale Bestimmung: 27D; uneigentlicher Gebrauch in Ausrufen: 28.28C; in freien Fügungen statt Nebensatz: 35.115; präpositionale Ergänzungen: 38.1D, 38.4L, 38.4M, 38.19, 38.25, 39.11B; Verstärkungsstrukturen mit DE: 38.9; in Verbindung mit CON in freien Fügungen: 40.7; s. auch Kongruenz, Graduierung
ADMITIR: Infinitivergänzung bei ~: 14.49; Subjuntivo mit Gerundio im QUE-Nebensatz von ~: 34.58
A DONDE: 25.49
ADÓNDE: 25.49
ADQUIRIR: Konjugation: 12.57
Adverbialsatz: Modusverwendung im ~: 35; Äquivalente von ~: 35I; Tempus des Subjuntivo in ~: 37D
Adverbien: 27 (s. auch Ortsangaben, Zeitangaben); Stellung in Nominalfügungen: 3.36; ~ des Ortes: 25.13 ff; ~ der Zeit: 26B, 26C passim; ~ der Art und Weise: 27.29, 27E; ~ auf -MENTE: 27C, 41.36; zwei ~ auf -MENTE: 27.44A; graduierende ~: 27.53; modale ~: 27.55ff; kopulative ~: 33.5; disjunktive ~: 33.12; adversative ~: 33.17; distributive ~: 33.18; konsekutive ~: 33.19; Frageadverbien: 28 passim; Stellung der ~ im Satz: 30D passim; ~ der Umgangssprache: 33.20 ff
ADVERTIR: Konstruktion mit Zustandspassiv: 24.31; Indikativ oder Subjuntivo im QUE-Nebensatz: 34.106A

# Sach- und Wortregister

A EFECTOS: ~ DE + Infinitiv: 14.113B
A ESO DE: 7.42C, 26.91
A FALTA: ~ DE + Infinitiv: 14.105B; die Konjunktion ~ DE QUE: 35.31, 35.33
A FAVOR: ~ DE + Infinitiv: 14.105B; ~ DE + Substantiv: 39.6A; ~ DE als Gegensatz von EN CONTRA DE: 40.15A
AFECTAR: Verwendung von akkusativischem A bei ~: 24.12A
A FUER: ~ DE + Infinitiv: 14.110A
AFUERA: 25.12 ff, nachgestellt: 25.15
A FUERZA: ~ DE: 38.15C; ~ DE + Infinitiv: 14.105B
AFÍN: einendiges Adjektiv: 3.9; Ergänzung mit A: 3.63
A FIN: ~ DE + Infinitiv: 14.113B; die finale Konjunktion ~ DE QUE: 35.1
AGACHARSE: Infinitivergänzung: 14.115
AGRADECER: Modusgebrauch im QUE-Nebensatz von ~: 34.80, 34.80A
AGRIAR: Konjugation: 12.53B
AGUA: Verwendung der Mehrzahlform: 2.32A
AGUARDAR: Subjuntivo nach ~ QUE: 35.16A
AHÍ: 25.7; Korrelation mit Demostrativpronomen: 7.18; die Konjunktion DE ~ QUE: 35.59
AHORA: 26.75; ~ QUE in Verbindung mit IMPERFECTO: 18.19; ~ QUE als Konjunktion des begleitenden Umstands: 26.75C, 35.31; Kommasetzung bei ~ BIEN: 42.28C
AHORITA: 26.75B
AISLAR: Konjugation: 12.52A
-AJE (Substantivendung): 1.41
AJENO: Bedeutung und Verwendungseise: 9.17B
Akkusativobjekt: 24A passim; ~ oder Dativobjekt?: 11.63, 24.30 ff; Stellung im Satz: 30.2 ff, 30.34, 30.38, 30.40; Hervorhebung des ~: 30.58B, 30.61; in SE-Sätzen: 23.9; bei Hervorhebung mit Relativsatz: 30.61; Gebrauch und Wegfall beim Dativobjekt: 24.26; bei Verben des Benennens: 21.14, 38.6J
Akzent (graphisches Zeichen): Regeln:42.24 ff; bei der Mehrzahlbildung: 2.9B, 2.9C, 2.10; 3.18C; bei der Bildeung der weiblichen Form: 1.20 f, 3.3 f; 3.8; bei CUANDO: 26.89E; ~ der Adverbien auf -MENTE: 27.41; bei den Demonstrativpronomen: 7.19; umstrittener ~ beim Partizip -UIDO: 12.66A; in der Konjugation unregelmäßiger Verben: 12.41, 12.52, 12.53C, 12.54C, 12.66B, 12.82A, 12.87B, 12.94A, 12.97A, 12.98A
AL: s. EL / LA / LOS / LAS (bestimmter Artikel); ~ + Infinitiv: 14.96 ff
A LA ESPERA DE QUE: 35.16
A LA PAR QUE: temporale Konjunktion: 35.14, 35.26B
A LA QUE: temporale Konjunktion: 35.14, 35.21A
A LAS TANTAS: Bedeutung und Verwendungsweise: 26.91A
A LA VEZ QUE: temporale Konjunktion: 35.14, 35.26B
ÁLBUM: Mehrzahlform: 2.16
AL CABO: Bedeutung und Verwendungsweise von ~ DE: 26.20A
ALCANZAR: Gebrauch des bestimmten Artikels beim Objekt von ~: 5.71
AL COMPÁS: die Wendung ~ DE: 38.15B
AL EFECTO: 38.15D
ALGO: 9.77
ALGUIEN: 9.74 f; mit akkusativischem A: 24.7; Synonyme: 9.74A; Modus des Relativsatzes von ~: 36.18A
ALGUNO: 9.81 ff; Verkürzung: 3.48 ff; ALGÚN vor Feminina: 3.50; Vollform: 3.51, 9.85; Unterschied zu UNO: 9.82; ~ im Ausdruck geringer Intensität: 9.83; ~ in der Einzahl zum Ausdruck kleiner Menge: 9.84; ~ QUE OTRO: 9.87; Nachstellung von ~: 9.88; 'einige': 9.89; Modus des Relativsatzes von ~: 36.18A
ALICATE: Verwendung in der Einzahl- oder Mehrzahlform: 2.34A
AL INSTANTE: Bedeutung: 26.83D
ALLÁ: 25.9
ALLENDE: 25.10B
ALLÍ: 25.8, 26.80B; Korrelation mit Demostrativpronomen: 7.18; die Konjunktion DE ~ QUE: 35.59
AL MARGEN: ~ DE + Infinitiv: 14.123B; die Konjunktion ~ DE QUE: 35.31, 35.35
AL MENOS QUE: 35.94
A LOS EFECTOS: ~ DE + Infinitiv: 14.113B
A LO LARGO DE: 26.49B
A LO MEJOR: Indikativ nach ~: 32.17
A LO QUE: temporale Konjunktion: 35.14, 35.21A
AL PAR QUE: temporale Konjunktion: 35.14, 35.26B
AL PASO: die temporale Konjunktion ~ QUE: 35.14, 35.26B; das Präpositionalgefüge ~ DE / (EN) QUE: 38.15B
Alphabet: 42.1
ALREDEDOR: 25.21; ~ DE in ungefähren Angaben mit Zahlen: 4.36A; ~ DE in ungefähren Uhrzeitangaben: 26.91
ALREDEDORES (Substantiv): Bedeutung: 25.21B
AL RESPECTO: 38.15D

**Sach- und Wortregister**

ALTAMENTE: Verwendungsweise: 9.48D
ALTAVOZ: 1.56A
Altersangaben: Gebrauch des bestimmten Artikels bei ~: 5.73; Präposition bei ~: 26.18
ALTO: Bedeutungsunterschied je nach Voran- und Nachstellung: 3.42A; Elativ: 41.35
AMBOS: 9.35; ~ A DOS: 9.35A
-AMBRE (Substantivendung): 1.41
A MEDIDA QUE: temporale Konjunktion: 35.14, 35.29A
A MEDIO: ~ + Infinitiv: 14.14
AMÉN: ~ DE + Infinitiv: 14.123B; die Konjunktion ~ DE QUE: 35.39A
AMENAZAR: verbundene Personalpronomen bei ~: 11.63B
A MENOS: ~ DE + Infinitiv: 14.107B; ~ QUE: 35.94
amerikanisches Spanisch: beim Geschlecht einzelner Substantive: 1.52A; bei GENTE: 2.38A; Artikelgebrauch bei Ländernamen: 5.33; bei JUGAR: 5.75A; bei TOCAR: 5.75B; Personalpronomen: 11.16, 11.18, 11.71; Verwendung von L-Pronomen in indefiniten SE-Sätzen: 23.18A; in Ortsangaben: 25.5A, 25.9A; in Zeitangaben: 26.7B, 26.75B, 26.87B, 26.90C; in Fragesätzen: 28.5, 28.18A, 28.40; in der Zeitenfolge: 37.1A, 37.29; Verwendung von Diminutivsuffixen: 41.21; Wegfall von Phonemen: 42.4B; Schreibung mexikanischer Wörter: 42.7B; Aussprache einzelner Laute: 42.17D, 42.18A, 42.20B
A MONTONES: Verwendungsweise: 9.52A
-ÁN: Adjektive auf ~: 3.8
ANÁLISIS: männliches Substantiv: 1.52
ANÁLOGO: Ergänzung mit A: 3.63
ANDAR: Konjugation: 12.74; Regelmäßiges INDEFINIDO?: 12.74A; ~ + Gerundio: 15.41; Stellung des Personalpronomens bei ~ + Gerundio: 11.117E; ~ + Partizip: 17.25; statt SER und ESTAR: 20.1; Sondergebrauch des Imperativs: 31.16 ff
Angst: Subjuntivo nach Ausdrücken der ~: 34.64
ANOCHE: Bedeutung und Verwendungsweise: 26.77
A NO SER QUE: Konjunktion: 35.31, 35.38ª, 35.94A
Anrede: Titel als Wörter der ~: 28.61; ~wörter für geliebte Menschen; abwertende ~wörter: 28.63
ANTE (Präposition): 25.47; kausale Bedeutung: 40.24
-ANTE (Suffix): Verwendungsweise: 15.8B
ANTEANOCHE: Bedeutung: 26.77C
ANTEANTEANOCHE: Bedeutung und Verwendungsweise: 26.77C
ANTEANTEAYER: Bedeutung und Verwendungsweise: 26.77C
ANTEAYER: Bedeutung: 26.77C
ANTERIOR: einendiges Adjektiv: 3.6A; Engänzung mit A: 3.78; in Zeitangaben: 26.69
ANTES: 26.64 f, 26.68; Steigerung durch MUCHO: 9.43; in Ortsangaben: 25.47C; ~ (DE) QUE: 35.15, 37.46; ~ DE + Infinitiv: 14.100, 35.15A, 35.15B; Kommasetzung bei ~ BIEN: 48.28C
ANTI- (Präfix): 41.6
ANTIGÜEDADES: 2.36
ANTIGUO: in Zeitangaben: 26.69
ANTOJARSE: Bedeutung und Verwendungsweise: 20.12B
AÑO: Angaben mit ~: 26.4; EN LO QUE VA DE(L) ~: 26.3; EN LO QUE QUEDA DE(L) ~: 26.3
APARECERSE: Bedeutung und Verwendungsweise: 20.12B
APARTE: 25.17; ~ DE: 40.25A; ~ DE + Infinitiv: 14.123B; die Konjunktion ~ DE QUE: 35.31, 35.39
A PARTIR DE: 26.29A
APENAS: ~ + Partizip: 16.13; als Negationswort: 29.37; SIN ~: 29.42B; temporale Konjunktion: 35.14, 35.21A; ~ SI: 35.71, 36.15B; mit Relativsatz: 36.15B
A PESAR: ~ DE + Infinitiv: 14.110; die Konjunktion ~ DE QUE: 35.45
ÁPICE: Negationsverstärkung mit ~: 29.54B
APLAUDIR: verbundene Personalpronomen bei ~: 11.63C
APOCALIPSIS: männliches und weibliches Substantiv: 1.52, 1.52A
A POCO: ~ DE + Infinitiv: 14.104A; die Konjunktion ~ QUE: 35.99
APOSTAR: ; Modus des QUE-Nebensatzes bei ~: 34.26
Apposition: adjektivische ~: 2.20; Wegfall des unbestimmten Artikels bei ~: 6.32, Nachstellung des Demonstrativpronomens bei ~: 7.24
APRENDER (Verb des Lehrens und Lernens): Gebrauch des bestimmten Artikels bei ~: 5.51; Gebrauch des bestimmten Artikels vor Sprachennamen bei ~: 5.53
APRENDERSE: 13.18A
APRESURARSE: Infinitivergänzung: 14.115
A PROPÓSITO: 30.50A
APROXIMADAMENTE: in ungefähren Angaben mit Zahlen: 4.36A
AQUEL / AQUELLA / AQUELLOS / AQUELLAS: s. Demonstrativpronomen

# Sach- und Wortregister

AQUELLO: s. Demonstrativpronomen
AQUENDE: 25.6
AQUÍ: 25.4; Korrelation mit Demonstrativpronomen: 7.18; in Zeitangaben: 26.38; die Konjunktion DE ~ QUE: 35.59
A RAÍZ: ~ DE + Infinitiv: 14.105B; die Konjunktion ~ DE QUE: 35.57B
A RAZÓN DE: 38.13
ARDIENDO (Gerundio von ARDER): Verwendungsweise: 15.8
ARENAS: Verwendung der Mehrzahlform: 2.32A
A RENGLÓN SEGUIDO: ~ DE + Infinitiv: 14.104A
A RESERVA: ~ DE + Infinitiv: 14.107B; ~ DE QUE: 35.97B
A RIESGO: ~ DE + Infinitiv: 14.110A; die Konjunktion ~ DE QUE: 35.44A
ARMAZÓN: männliches oder weibliches Substantiv?: 1.35, 1.48B
ARRANCARSE: Ergänzung mit POR: 39.21
ARRIBA: 25.12 ff; nachgestellt: 25.15
ARTE: männliches und weibliches Substantiv: 1.30
Artikel: s. EL / LA / LOS / LAS (bestimmter Artikel), UN(O) / UNA / UNOS / UNAS (unbestimmter Artikel)
A SABIENDAS: ~ DE + Infinitiv: 14.110A; die Konjunktion ~ DE QUE: 35.48
A SANTO DE QUÉ: 28.12
ASAZ: Verwendungsweise: 9.70
ASCENSOR: Gebrauch des bestimmten Artikels bei ~: 5.76
A SER: ~ + Adjektiv: 14.108A
ASÍ: 27.8 ff; ~ DE: 9.141, 27.11; SER ~: 19.8; im Ausdruck erfüllbarer Wünsche: 32.9; im Ausdruck unerfüllbarer Wünsche: 32.11; Konjunktion: 27.13; ~ QUE: als temporale Konjunktion 35.14, 35.21, 35.62; konzessive Konjunktion: 35.44B; die konsekutive Konjunktion ~ QUE: 35.60, 35.62; Kommasetzung bei ~ PUES: 48.28C
ASIR: Konjugation: 12.75
ASISTENTE: 1.14A
ASISTENTA: 1.14A
ASISTIR: Ergänzung mit A: 25.48A
-ASTRO (Suffix): 41.32E
ATENDER: verbundene Personalpronomen bei ~: 11.63D
ATENTO: Tempus von ESTAR bei ~: 19.80
A TODA COSTA: Bedeutung und Verwendungsweise: 9.112
ATRÁS: 25.12 ff, nachgestellt: 25.15; in Zeitangaben: 26.64B, 26.68
A TRAVÉS DE: 39.17
A TRUEQUE: ~ DE + Infinitiv: 14.107B
Attributives Adjektiv: Stellung des ~: 3C, 3D
AUN: ~ A RIESGO DE + Infinitiv: 14.110A; ~ A SABIENDAS DE + Infinitiv: 14.110A; ~ + Gerundio: 15.19; die Konjunktion ~ CUANDO: 35.45; die Konjunktion ~ A RIESGO DE QUE: 35.44A
AÚN: 26.85; ~ in der Verbindung SEGUIR + Gerundio: 15.36A; Stellung im Satz: 30.43; mit NO: 29.12
AUNQUE: Konjunktion der Beiordnung: 33.15; mit Indikativ: 35.42; mit Subjuntivo: 35.43; ~ SEA 35.43D; ~ FUESE 35.43D
Ausrufe: 28 passim; ~ mit christlichem Bezug: 28.67; in Verbindung mit DE: 38.9B; in Verbindung mit CON: 40.11
Aussprache: 42A passim, 42B
AUTO- (Präfix): 41.5
AUTOBÚS: Gebrauch des bestimmten Artikels bei ~: 5.76
Automobilnamen: Geschlecht von ~: 1.72B
AVERIGUAR: Konjugation: 12.54B
AVERGONZAR: Konjugation: 12.58F
AVESTRUZ: männliches oder weibliches Substantiv?: 1.25C
AVIÓN: Gebrauch des bestimmten Artikels bei ~: 5.76
AVISAR: verbundene Personalpronomen bei ~: 11.63E; Konstruktion mit Zustandspassiv: 24.31
-AVO (Suffix): Verwendungsweise: 4.23, 4.25
AY (Ausrufewort): die Ausrufestruktur ~ DE: 28.68
AYER: 26.77
AYUDAR: verbundene Personalpronomen bei ~: 11.63F; Akkusativobjekt bei ~: 24.34
-AZO (Suffix): 41.27 f
AZÚCAR: männliches und weibliches Substantiv: 1.31

## Sach- und Wortregister

# B

BAJAR DE: Gebrauch des bestimmten Artikels beim Objekt von ~: 5.71
BAJO (Präposition): 25.45, 40.23
BAJO (Adjektiv): Elativ: 41.35
BALEARES: Wegfall des bestimmten Artikels vor ~: 5.23
BALONMANO: männliches Substantiv: 1.36B
BARBARIDAD: Syntax und Gebrauch von UNA ~: 9.48C
BARCO: Gebrauch des bestimmten Artikels bei ~: 5.76
BASTANTE: 9.63 ff; ~ DE: 9.64, ~ als Entsprechung von *'genügend'*: 9.66 f; LO ~: 9.67 f, TENER BASTANTE CON: 9.67A
BASTANTEMENTE: Verwendungsweise: 9.65
BASTAR: Infinitivergänzung bei ~: 14.53B
BEBER: Indefinitpronomen + DE / PARA + ~: 14.18
Bedingungssatz: s. Konditionalsatz
*'beide'*-Entsprechungen: 5.56
Beileid: ~sbekundungen: 28.64B
Bejahung: Ausdrücke der ~: 27.50, 27.52
BENDECIR: Konjugation: 12.79B
Bergnamen: Geschlecht von ~ : 1.72A
Berufsbezeichnungen: Geschlecht von ~ : 1.11; PARA + ~: 39.42
Betonung: 42.24; bedeutungsunterscheidend: 42.3; bei der Mehrzahlbildung: 2.10; ~ der Adverbien auf -MENTE: 27.41
Betonungsverschiebung bei der Mehrzahlbildung: 2.10
Bewertung: Modusgebrauch bei der ~ von Tatsachen: 34F, 36.32; Verwendung von PARA bei ~: 39.34
BÍCEPS: Mehrzahl: 2.15; Akzent: 42.25A
BIEN: 27.20 ff; Synonyme: 27.21, ESTAR ~: 19.56, 19.69; O ~ als disjunktiver Ausdruck: 33.7, 33.11; ~ als distributiver Ausdruck: 33.18; die temporale Konjunktion NO ~: 35.14, 35.21; die konzessive Konjunktion ~ QUE: 35.41, 35.45; die konzessive Konjunktion SI ~ : 35.48; Kommasetzung bei PUES ~: 42.28C;
-BILIDAD (Suffix): 41.38B1
-BILÍSIMO (Suffix): 41.33F
BILLÓN: Besonderheiten: 4.14, 4.14A
Binnenseenamen: Geschlecht von ~: 1.72A
*'bitte'*-Entsprechungen: 28.65B, 28.65D
-BLE (Suffix): 41.33F, 41.38A
BÓER: Mehrzahlform: 2.21
BONITO (Adjektiv): Verwendung in Ausrufen: 28.28C
BONSÁI: Mehrzahlform: 2.3; zur Schreibung: 42.10D; zum Akzent: 42.24D
*'brauchen'*-Entsprechungen (modale Bedeutung): 14.63G
Bruchzahl: 4.24 ff
Buchstaben: 42.1 f; Geschlecht von ~namen: 1.73A, 42.1A; Lautwert der ~ : 42.2, 42.5, 42.7, 42.14C; verdoppelte ~: 42.6A; exotische ~ : 42.5, 42.8D, 42.8J; konventionelle Folgen von ~ : 42.8
Buchtitel: Gebrauch des bestimmten Artikels vor ~: 5.23
BUENO: Konventionelle Stellung als Attribut: 3.43A; Verkürzung: 3.44; Steigerung: 3.70, 41.35; MÁS ~: 3.71; umgangssprachlicher Gebrauch: 28.47A, 33.21; Elativ: 41.35
BURGUÉS: zweiendiges Substantiv-Adjektiv: 1.21; 3.4
BURRADA: Syntax und Gebrauch von UNA ~: 9.48C

# C

CABER: Konjugation: 12.76
CADA: 9.122; Verbindung mit UNO / UNA: 9.123; Verbindung von CADA UNO mit TODOS: 9.123; ~ CUAL: 9.124; ~ QUIEN: 9.124; in Verbindung mit Zahlen: 9.125; ~ VEZ + Komparativ: 9.126; Verstärkung der Substantivbedeutung durch ~: 9.127; in Angaben regelmäßiger Wiederholung: 26.46; die temporale Konjunktion ~ VEZ QUE: 35.20
CAER: Konjugation: 12.77; Verwendungsweise: 13.25; bei der Standortsangabe: 19.34A; ESTAR AL ~: 19.50B
CAERSE: Verwendungsweise: 13.25
CALIFICAR: Verb des Benennens 21.14
CALOR: männliches oder weibliches Substantiv?: .35
CALLARSE: Verwendungsweise: 13.24
CALZONCILLO: Verwendung in der Einzahl. oder Mehrzahlform: 2.34A

# Sach- und Wortregister

CAMA: Gebrauch des bestimmten Artikels bei ~: 5.75F
CAMBIAR: Konjugation: 12.53A; ~SE EN: Verwendungsweise: 20.18B
CANARIAS: Wegfall des bestimmten Artikels vor ~: 5.23
CAPACIDAD: Ergänzung mit PARA: 39.41A
CAPAZ: Ergänzung mit DE: 38.5D
CARA: (DE) ~ A: 25.13C, 25.63A
CARÁCTER: Mehrzahlform: 2.10
CASA: Gebrauch des bestimmten Artikels bei ~: 5.75C
CASI: in ungefähren Angaben mit Zahlen: 4.36A; ~ mit PRESENTE im Ausdruck irrealer Vergangenheit: 18.7
CASO: EN TODO ~: 9.112A; ~ DE + Infinitiv: 14.107B; NI ~: 29.56D; EL ~ ES QUE: 34.24A; ~ QUE: 35.98; EN (EL) ~ (DE) QUE: 35.98
CATALANOHABLANTE: .3.25B
CATALANOPARLANTE: .3.25B
CAZA: 1.40
**CECEO**: 42.4C
CELOS: 2.36
CENTENA: Verwendungsweise: 4.30
CENTENAR: Verwendungsweise: 4.30
CENTÉSIMO: Verwendungsweise: 4.21
CEÑIR: Konjugation: 12.62B
CERCA: 25.16; ~ DE in ungefähren Angaben mit Zahlen: 4.36A
CERNIR: Konjugation: 12.55F
CHALET: Mehrzahlform 2.19A
CHOCAR: Ergänzung mit CON: 40.4A
-CIDA: (Suffix): Geschlecht der Substantive auf ~: 1.40A
CIEN / CIENTO: Besonderheiten: 4.9 f, 4.30; Pluralform: 4.11
CIEN POR CIEN: 4.10A
CIERTO: Bedeutungsunterschied je nach Voran- und Nachstellung: 3.42; Syntax und Bedeutung: 9.31; Gebrauch des unbestimmten Artikels: 6.21
-CIÓN: (Suffix): 41.39A; Endung weiblicher Substantive: 1.48A
-CÍSIMO (Suffix): 41.33E
-CITO (Suffix): 41.18D-F
CLARITO: Verwendung von ~ bei Farbadjektiven: 3.26, 3.36A
CLARO: Verwendung von ~ bei Farbadjektiven: 3.26; ~ QUE: 27.52C
CLASE: Gebrauch des bestimmten Artikels bei ~ : 5.50, 5.75E; Gebrauch des bestimmten Artikels vor Sprachennamen bei ~: 5.54; TODA ~ DE: 9.112A; Kongruenzfragen: 22.7; QUÉ ~: 28.17
CLIENTA: uneigentliche Variante zu CLIENTE?: 1.17A
CLIENTE: konkurriert mit CLIENTA: 1.17A
CLUB: Mehrzahlform: 2.16, 2.16A
CO- (Präfix): 41.13
COCHE: Gebrauch des bestimmten Artikels bei ~: 5.76
COCHE CAMA: Geschlecht: 1.58; Mehrzahl: 2.20
COGER: Konjugation: 12.49
COLOR: männliches oder weibliches Substantiv?: 1.35
COMENZAR: ~ A + Infinitiv: 14.76; ~ POR + Infinitiv: 14.77
COMER: Indefinitpronomen + DE / PARA + ~: 14.18
COMIENZO: Angaben mit ~: 26.17, 26.19
COMO: 10.109C, 27.14 ff; ~ + Infinitiv: 14.27; in Verbindung mit dem Gerundio: 15.18, 15.24; IMPERFECTO DE **SUBJUNTIVO** mit ~: 18.63; SER ~: 19.8, 19.17; im Vergleich von Adjektiven und Adverbien: 27.1; mit akkusativischem A: 24.15; kausale Bedeutung: 27.17, 35.57; konditionale Konjunktion: 35.102; ~ QUE: 27.18, 35.60, 35.112; mit MANERA: 27.35; mit Negationswort: 29.48; ersetzt durch QUE: 34.17; mit dem Indikativ: 27.14 passim, 35.40, 35.57, 36.4; mit dem Subjuntivo: 35.40A, 35.57A, 35.102, 36.18D; ~ NO SEA / FUERA: 35.96; ~ SI: 35.109 f; ~ + Infinitiv. 14.27, ~ PARA + Infinitiv: 9.68, 35.63, 39.42B; PARA QUE: 9.68; ~ (DE) + Infinitiv: 35.111; ~ QUIEN: 36.4A
CÓMO: 27.14; in umgangssprachlichen Wendungen: 27.19; ~ + Verb + DE + Adjektiv: 28.28B; ~ DE + Adverb / Adjektiv 27.14C; ~ QUE: 34.14; zum Akzent: 42.25D
COMO MUCHO: Bedeutung: 9.44A
CÓMO NO: Bedeutung: 27.19; Schreibweise: 27.19A
COMOQUIERA QUE: kausale Konjunktion: 35.57A; als Relativausdruck: 36.35A
COMPARABLE: Ergänzung mit A: 3.63
COMPLETAMENTE: 9.111B
COMPLETO: 9.111B

## Sach- und Wortregister

COMPLOT: Mehrzahlform 2.19A
COMPRENDER: Indikativ oder Subjuntivo im QUE-Nebensatz: 34.106B
CON (Präposition): 40A; bestimmter Artikel nach ~ in Angaben von Zustand und Aussehen: 5.64A; in superlativischen Angaben: 5.67; bestimmter Artikel nach ~ zur Bezeichnung eines Beförderungsmittels: 5.76B; in Ausrufen: 31.22, 31.13; Konkurrenz mit A: 38.14; Konkurrenz mit DE: 38.3A, 38.8, 40.2; in Verbindung mit dem Gerundio: 15.11, 15.16; in Warnungen: 31.15E; konzessive Bedeutung: 35.49, 40.6, 40.8; ~ + Infinitiv: 14.109, 14.111; ~ QUE: 35.100; ~ + LO + Adjektiv / Adverb + QUE + Verb: 35.49, 40.8; ~ + EL / LA / LOS / LAS + Substantiv + QUE + Verb: 35.49, 40.8; ~ (SÓLO) QUE: 35.97B, 35.100; PARA ~: 39.43, 40.9A; ~ TANTO COMO in konzessiver Bedeutung: 40.6A
CON- (Präfix): 41.13, 42.8G
CON CRECES: Verwendungsweise: 9.52A
CONDICIONAL COMPUESTO: Formenableitung: 12.29; Gebrauch: 18K; im Relativsatz: 36.8 ff; ersetzt vom IMPERFECTO: 18.21, 18.22; ersetzt vom IMPERFECTO DE SUBJUNTIVO: 32.27; ersetzt vom PLUSCUAMPERFECTO: 18.34, 18.35; ersetzt vom PRETÉRITO PLUSCUAMPERFECTO DE SUBJUNTIVO: 18.90; statt INDEFINIDO: 18.96, 37.8; statt PLUSCUAMPERFECTO: 18.96; in Subjekt-Objektsätzen: 37.6 ff, 37.6
CONDICIONAL SIMPLE: Formenableitung: 12.24; Gebrauch: 18J; im Relativsatz: 36.8ff; ersetzt vom IMPERFECTO: 18.21; ersetzt vom IMPERFECTO DE SUBJUNTIVO: 32. 23 ff; ersetzt vom FUTURO PERFECTO: 18.78; statt PRESENTE: 18.81, 18.88, 37.8 ; in Subjekt-Objektsätzen 37.6 ff, 37.6
CONDUCIR: Konjugation: 12.68B
CON EL FIN: ~ DE + Infinitiv: 14.113B; die finale Konjunktion ~ DE QUE: 35.2
CON EL OBJETO: ~ DE + Infinitiv: 14.113B; die finale Konjunktion ~ DE QUE: 35.1 f
CON EL PROPÓSITO: die finale Konjunktion ~ DE QUE: 35.1 f
CONFESARSE: Verb des Benennens 21.14
CONFIAR: ~ EN: 38.24B
CONFORME: Ergänzung mit A: 3.63; als temporale Konjunktion: 35.14, 35.29
CONMIGO (Personalpronomen): 11.21
CON MIRAS: ~ A + Infinitiv: 14.113B
CON MUCHO: Bedeutung und Verwendungsweise: 9.44B; NI ~: 9.44B
CONOCER: Konjugation: 12.67D; Bedeutung des INDEFINIDO von ~: 18.43A; mit Objektsprädikativ: 21.12
CONOCERSE: ersetzt CONOCER: 13.18B
CONQUE: konsekutive Konjunktion: 35.62
CONSECUTIVO: Angabe der Häufigkeit mit ~: 26.43
CONSENTIR: Infinitivergänzung bei ~: 14.49
CONSERVARSE: Verb des Weiterbestehens: 20.5B
CONSIDERAR: Verb des Dafürhaltens: 21.13
CONSIGO (Personalpronomen): 11.33 f
CONSISTIR: Konstruktion mit QUE-Nebensatz: 34.6I; Subjuntivo nach ~ EN QUE in Äquivalenzsätzen: 34.91A
CONSTITUIR: Bedeutung und Verwendungsweise: 20.14; ~SE EN: 20.18D
CON TAL: ~ DE (QUE): 9.28H, 35.97; ~ DE + Infinitiv: 14.107B
CONTAR: Konjugation: 12.58A; Verb des Dafürhaltens: 21.13; Y PARA / PARE USTED DE ~: 31.50
CONTESTAR: Ergänzung von ~: 38.18A
CONTIGO (Personalpronomen): 11.21
CONTINUAR: ~ + Gerundio: 15.37; Stellung des Personalpronomens bei ~ + Gerundio: 11.117C; Verb des Weiterbestehens: 20.5A
CON TODO: Kommasetzung bei ~: 48.28C
CONTRA (Präposition): 40 B; EN ~ DE: 40.15; Verwendung als Präfix: 41.7
CONTRA (Substantiv): 40.14
CONVENCER: Indikativ oder Subjuntivo im QUE-Nebensatz: 34.106D
CONVENIENTE: ~ als Ergänzungsteil in Vergleichsstrukturen: 3.68, 9.157, 9.161, 9.164
CONVERTIR: ~ EN übersetzt *'machen'*: 21.2; ~ SE EN übersetzt *'werden'*: 20.18; ~ SE A: 38.18B
CON VISTAS: ~ A + Infinitiv: 14.113B
CORREOS: 2.36; Kongruenzfragen: 22.9A
CORTÉS: einendiges Adjektiv: 3.14
COSA: ~ DE in ungefähren Angaben: 4.36C, 27.16A; ~ QUE: 10.29; QUÉ ~: 28.16; LO QUE SON LAS ~S: 28.69A; LA ~ ES QUE: 34.24A; UNA ~ ES QUE: 34.102; OTRA ~ ES QUE: 34.102A
COSTA: A TODA ~: 9.112A
COSTAR: Dativobjekt bei ~: 24.33A
CREER: Konjugation: 12.64; Verb des Dafürhaltens: 21.13; Sondergebrauch des Imperativs: 31.46; Subjuntivo von ~ in beigeordneten Finalkonstruktionen: 32.22B; PRETÉRITO IMPERFECTO DE SUBJUNTIVO statt CONDICIONAL SIMPLE: 32.27; Modusverwendung nach (NO) ~ QUE: 34.32, 34.57, 34.73; Infinitivsatz statt QUE-Nebensatz bei ~: 34.34; ~ EN: 38.24B
CREERSE: ersetzt CREER: 13.18D

CREYENTE: ~ EN: 38.25
CUAL (Adverb und Relativpronomen): 27.14B, 36.16D; ~ SI: 35.109
CUÁL (Fragewort): 28C; zum Akzent: 42.25D
CUALISQUIERA: 9.118A
CUÁLO / CUÁLA (Fragewort): 28.37A
CUALQUIERA: 9.118 ff; Verkürzung: 3.54ff; Gebrauch der Vollform: 3.56, 9.120; Gebrauch des unbestimmten Artikels: 6.27; Mehrzahl von ~: 9.119; Falscher Mehrzahl von ~: 9.119A; Bezugswort im Relativsatz: 36.35
CUANDO: 10.109A; 26.89, 35.116C; mit dem Indikativ: 35.17 ff, 35.19B, 35.18; mit dem Subjuntivo: 35.19, 35.19A, 37.47; zum Akzent als Fragewort: 42.25D
CUAN: Verwendung in feststehenden Wendungen: 10.88A
CUÁN: 28.47; zum Akzent: 42.25D
CUANTO / CUANTA / CUANTOS / CUANTAS (Relativpronomen): 10.13, 10.88 ff; ~ MÁS im proportionalen Vergleich (*'je mehr, desto'*): 9.165 ff
CUÁNTO/ CUÁNTA / CUÁNTOS / CUÁNTAS (Fragewort): 28D, 26.48A; ersetzt durch QUÉ: 28.9; ersetzt durch QUÉ DE: 28.52; zum Akzent: 42.25D; zum Akzent: 42.25D
CUIDADO: ~ CON + Infinitiv: 31.13; ~ CON in Warnungen: 31.15E
CULPAR: Verb des Benennens 21.14
CUMPLIR: Gebrauch des bestimmten Artikels beim Objekt von ~ in Altersangaben: 5.71
CURSAR (Verb des Lehrens und Lernens): Gebrauch des bestimmten Artikels bei ~: 5.51
CURSO: Gebrauch des bestimmten Artikels bei ~ : 5.50; Gebrauch des bestimmten Artikels vor Sprachennamen bei ~: 5.54
CUYO / CUYA / CUYOS / CUYAS (Relativpronomen): 10.12, 10.62, 10.78 ff; Ersetzung von ~: 10.79 ff
CÚYO / CÚYA / CÚYOS / CÚYAS (Fragewort): 28.34B; zum Akzent: 42.25D

# D

-DAD: Endung weiblicher Substantive: 1.46
DADO (adjektivisches Partizip von DAR): 16.15; ~ QUE: 35.51A, 35.52, 35.98B
DALE: 31.33
DAÑAR: Akkusativobjekt bei ~: 24.34
DAR: Verb des Lehrens und Lernens: 5.51; Konjugation: 12.78; Partizip als kausale Konjunktion: 16.15A; Infinitivergänzungen: 14.53C; ~ POR + Partizip: 16.23; ~ POR + Infinitiv: 14.53C, 14.118, 39.6B, 39.12; ~ POR Verb des Dafürhaltens: 21.13; ~ A + Substantiv in Positionsangaben: 25.33; ~ DE + Substantiv: 38.4G; ~ DE BEBER / COMER: 38.4H; ~ POR / PARA: 39.25; ~(SE) CON: 40.4B
Dativobjekt: 24C; obligatorische Redundanz des Personalpronomens beim ~: 11.88; ~ in SER-Passivsätzen: 17.4; ~ in SE-Sätzen: 23.11; Stellung im Satz: 30.2 ff, 30.35 f; bei Hervorhebung mit Relativsatz: 30.61
**DATIVUS COMMODI**: 24.29
**DATIVUS ETHICUS**: 11.38, 25.11C
**DATIVUS INCOMMODI**: 24.29
Datum: Angabe des ~: 19.18, 19.37, 26.96, 28.48A
DE (Präposition): 38A; in Angaben von Eigenschaft und Zustand: 5.65 ff; Wegfall vor QUE: 40.32; Wiederholung bei der Hervorhebung von Satzteilen: 30.68; führt den Urheber in Passivsätzen ein: 17.15A; 38.7F; Konkurrenz mit COMO (*'als'*): 38.6F, 35.116C; ~ oder POR bei Verben des Greifens?: 38.1E, 39.19; ~ + Infinitiv: 14.8, 14.9, 14.18, 14.19, 14.107; ~ TANTO + Infinitiv: 14.106; in Ortsangaben: 25.43, 25.52 f, 25.67, 25.68; in Zeitangaben: 26.13, 26.37 ff, 26.96; in Tätigkeitsangaben: 5.77; ~ ENTRE: 40.17
DEBAJO: 25.12 f; POR ~ DE: 25.45B
DEBER, DEBER DE: Modalverb: 14.57 f, 14.63A, 14.63B; Stellung des Personalpronomens bei ~ + Infinitiv: 11.111B; im irrealen Kontext: 18.21 f, 18.35, 18.47; **INDEFINIDO** von ~: 18.47; **PRETÉRITO IMPERFECTO DE SUBJUNTIVO** statt **CONDICIONAL SIMPLE**: 32.23, 36.11
DEBERSE: Modusgebrauch im QUE-Nebensatz bei ~: 34.49B
DEBIDO: ~ als Ergänzungsteil in Vergleichsstrukturen: 3.68, 9.157, 9.161, 9.164; ~ A: 16.15; ~ A QUE als kausale Konjunktion: 35.52
DE CARA: ~ A + Infinitiv: 14.113B
DECENA: Verwendungsweise: 4.31
DECIDIR: Infinitivergänzung bei ~ und ~SE: 14.53D; Indikativ oder Subjuntivo im QUE-Nebensatz: 34.106E
DÉCIMO (Ordinalzahl): in Zusammensetzungen: 4.16A, 4.20
DECIR: Konjugation: 12.79; Konjugation der Komposita: 12.79A; Sondergebrauch im **FUTURO**: 18.69; Sondergebrauch des Imperativs: 31.41 ff; Subjuntivo von ~ in beigeordneten Finalkonstruktionen: 32.22B; **PRETÉRITO IMPERFECTO DE SUBJUNTIVO** statt **CONDICIONAL SIMPLE**: 32.27; QUE DIGAMOS / DIJÉRAMOS: 32.30; LO QUE SE DICE + Infinitiv: 14.27; Verb des Benennens: 21.14; Zitierformel mit QUE: 34.17; COMO SE DIGA: 36.29
DECLARAR: Verb des Benennens 21.14

## Sach- und Wortregister

DE COLOR: 3.26A, 3.27
DE CUALQUIER MANERA: 9.121B
DE ESO NADA: 7.42D
DE ESO NI HABLAR: 7.42D
defektive Verben: 12.19
DEGOLLAR: Konjugation: 12.58E
DE INMEDIATO: Bedeutung: 26.83D
DEJAR: ~ + Gerundio: 15.6A; ~ + Partizip: 16.21 f, 17.21A; ~ DE + Infinitiv: 14.88 ff; Akkusativ und Dativ des Personalpronomens bei ~ + Infinitiv: 11.61; Stellung des Personalpronomens bei ~ + Infinitiv: 11.121; Stellung des Personalpronomens bei ~ DE + Infinitiv: 11.111A; mit Objektsprädikativ: 21.5; Infinitiv- oder QUE-Konstruktion?: 14.48; unbetonte Personalpronomen in Infinitivkonstruktionen: 11.121; feststehende Wendungen mit der Präpositionalergänzung EN: 38.26D
Deklination: ~ des bestimmten Artikels: 5.2; ~ des unbestimmten Artikels: 6.2
DEL: s. EL / LA / LOS / LAS (bestimmter Artikel)
DELANTE: 25.12 f; POR ~ DE: 25.47B
DELINQUIR: Konjugation: 12.48
DEL TODO: 9.110
DEMÁS: Syntax und Bedeutung: 9.21, feststehende Wendungen: 9.22
DEMASIADO: 9.71 ff; Wegfall von MUCHO bei ~: 9.71A
DEMASIÉ: Gebrauchsweise: 9.72A
Demonstrativpronomen: 7; Stellung zum Bezugswort: 3.29; falscher Gebrauch vor weiblichen Substantiven mit beginnendem -A oder -HA: 5.9C; Übersicht über den Formenbestand: 7.1, 7.4, 7.8; Bedeutung und Verwendungsweisen der ~: 7.2 f, 7.5 ff, 7.9, 7.25, 7.27, 7.28 ff, 7.33 f; 7.40 f; ~ statt Personalpronomen: 7.3, 7.32 f; Verwendung der neutralen ~: 7.10 ff, 7.35, 7.26, 7.38 f, 7.42; Geschlecht des ~ als Satzsubjekt: 7.16 f, 7.26; Akzenz bei den ~: 7.19, Wortstellung der: 7.20 ff, ESO statt ELLO: 7.36; feststehende Wendungen mit ESA / ESAS: 7.41; AQUEL ersetzt EL QUE (Relativpronomen): 10.60 f; AQUELLO ersetzt LO QUE: 10.68; in Zeitangaben: 26.6; neutrales ~ + DE + QUE-Nebensatz: 34.6R, 34.99; Akzent bei den ~: 42.25E
DENTRO: 25.12 f; Angabe der Frist mit ~ DE: 26.40
DEPENDER: Modus des Fragesatzes nach ~ DE: 34.101, 35.79; Subjuntivo im Relativsatz nach ~ DE: 36.20
**DEQUEÍSMO**: 34.2
DES- (Präfix): 41.2
DESCRIBIR: Verb des Benennens 21.14
DESDE (Präposition): in Altersangaben: 5.73D; Wiederholung bei der Hervorhebung von Satzteilen: 30.68; in Ortsangaben: 25.42, 25.64; in Zeitangaben: 26.29 ff, 26.37, 26.92, 35.116C; ersetzt durch A PARTIR DE: 26.29A; entspricht 'seit': 18.2, 18.13, 26.30 f; mit HACER (HACE, HACÍA): 18.2, 18.13, 26.32; ~ QUE: 18.63, 35.30; ~ LUEGO: 26.74B
DESEAR: Konjugation: 12.51; ESTAR + Gerundio von ~: 15.30A
DESPERTARSE: Verwendungsweise: 13.24
DESPLAZAR: akkusativisches A bei ~: 24.17
DESPUÉS: 26.71; Steigerung durch MUCHO: 9.43; in Ortsangaben: 25.46C; ~ DE QUE: 18.63, 35.24 ff; ~ DE + Infinitiv: 14.103, ~ DE + Partizip: 16.13; ~ DE TODO: 26.71C
DETENERSE: Infinitivergänzung: 14.115
DETERMINADO: Syntax und Bedeutung: 9.30
DETERMINARSE: Infinitivergänzung bei ~: 14.53D
DETRÁS: 25.12 f; POR ~ DE: 25.46B
DEVENIR: Bedeutung und Verwendungsweisen: 20.18F
DÍA: Angaben mit ~: 26.4, 26.63; Angaben mit EL ~ DE: 26.77 ff; Subjuntivo nach EL ~ QUE: 36.18B
DIARIAMENTE: Ersatzmöglichkeit: 26.60A
DIFERENTE: Ergänzung mit A oder DE: 3.79, Graduiertheit: 9.17A
DIFERENTES: 9.92
DIFÍCIL: ~ DE + Infinitiv: 14.10
Diphthonge: 42.10
Direkte Rede: im geschriebenen Text: 42.29
DIRÍASE: 18.81A
DIRIGIR: Konjugation: 12.50; Pronominalisierung bei ~SE: 24.35
DISFRAZAR(SE): Pronominalergänzung mit DE: 38.6G
DISPARAR: verbundene Personalpronomen bei ~: 11.63U
DISPONERSE: Infinitivergänzung: 14.115
DISTINGUIR: Konjugation: 12.47
DISTINTO: Ergänzung mit A oder DE: 3.79, Gebrauch des unbestimmten Artikels: 6.25, Graduiertheit: 9.17A
DIVERSOS: 9.92
DOBLAR: Zielergänzung: 25.63B

## Sach- und Wortregister

DOBLE: Syntax in Vergleichsstrukturen: 9.155; EL ~: 9.155
DOCENA: Verwendungsweise: 4.32
DOMINAR: Gebrauch des bestimmten Artikels vor Sprachennamen bei ~: 5.51
DON: Gebrauch des bestimmten Artikels vor ~: 5.24
DONDE: 10.109B, 25.1 f; in Verbindung mit dem Gerundio: 15.18A; A ~: 25.49; zum Akzent als Fragewort: 42.25D
DONDEQUIERA: Subjuntivo nach ~: 36.35A
DOÑA: Gebrauch des bestimmten Artikels vor ~: 5.24
-DOR: Adjektive auf ~: 3.6
Dorfnamen: Geschlecht der ~: 1.68
DORMIR: Konjugation: 12.59
DOTE: männliches und weibliches Substantiv: 1.32
DUDA: Modusgebrauch bei (LA) ~ DE SI: 35.77 f
DUDAR: Modusgebrauch im QUE-Nebensatz von ~: 34.71 f; Modusgebrauch im SI-Nebensatz von ~: 35.78; ~ EN: 38.24A
DURANTE (Präposition): 26.49; statt EN: 26.2
'dürfen'-Entsprechungen: 14.54A, 14.63A, 14.63B
'Dutzend': 4.31, 4.32

# E

E (Konjunktion anstatt Y): 33.3
-EAR: (Suffix): 41.40
ECHAR: ~(SE) A + Infinitiv: 14.78
-ECITO (Suffix): 41.18G-I
EDAD: Angaben mit ~: 26.18B
Eigennamen: Geschlecht der ~: 1.64 ff; Mehrzahl der ~: 2.24 ff
Eigenschaftsangaben: Gebrauch des bestimmten Artikels bei ~: 5.64
Eigenschaftsbezeichnungen: Verwendung der Mehrzahl von ~: 2.33
Einverständnis: Ausdrücke des ~: 27.52B
'einzeln'-Entsprechung: 39.16C
Eisenbahnverbindungsnamen: Geschlecht von ~: 1.72B
-EJO (Suffix): 41.32B
ÉL (Pronomen): Satzsubjekt: 11.10, 11.24; nach Präpositionen: 11.25; als Verstärkung von Adjektiven: 11.26
EL / LA / LOS / LAS (bestimmter Artikel): 5; Bestimmung des Geschlechts bei Sachbezeichnungen durch EL / LA: 1.27; ~ plus Adjektiv: 3.86, 5.4; ~ plus Partizip: 5.4; Wortstellung von ~: 5.3; Substantivierung mit EL: 5.5, 34.3, 34.6N; LOS zur Bezeichnung beider Geschlechter: 5.4; Verschmelzung von EL zu AL und DEL: 5.6ff; EL vor weiblichen Substantiven: 5.9 f; LA vor weiblichen Substantiven mit beginnendem -A oder -HA: 5.10A; pronominaler Gebrauch: 5.12ff; ~ gefolgt von Präpositionen: 5.12, 5.13; besondere Verwendungsweisen: 5B; Wegfall beim Satzobjekt: 5.40; LOS / LAS im Ausdruck von Gesamtheit: 5.55, 5.57 ff; Gebrauch von EL / LA bei TODO / TODA: 5.60f; LOS / LAS bei der Bezeichnung von Gesprächsteilnehmer: 5.62; LOS / LAS nach Personalpronomen; ~ in Zeitangaben: 5.68f; possessiver Gebrauch des ~: 8.5; bei Demonstrativpronomen: 7.21; Verwendung und Wegfall in Zeitangaben: 5.68 ff, 26.7 ff, 26.59, 26D passim
EL CUAL / LA CUAL / LOS CUALES / LAS CUALES (Relativpronomen): 10.9, 10.36 ff, 10.49 ff, 10.102, 10.105 ff; Konkurrenz mit QUE: 10.17; obligatorisches ~: 10.52; ~ als Demonstrativum: 10.105
ELEGIR: Konjugation: 12.60B; Verb des Benennens: 21.14
ELLA (Pronomen): Satzsubjekt: 11.10, 11.24; nach Präpositionen: 11.25; als Verstärkung von Adjektiven: 11.26
ELLAS (Pronomen): Satzsubjekt: 11.10, 11.24; Benennungsumfang: 11.14; nach Präpositionen: 11.25; als Verstärkung von Adjektiven: 11.26
ELLO (Pronomen): 11.27 ff
ELLOS (Pronomen): Satzsubjekt: 11.10, 11.24; nach Präpositionen: 11.25; als Verstärkung von Adjektiven: 11.26; implizites indefinites Subjekt: 23A
EL QUE / LA QUE / LOS QUE / LAS QUE (Relativpronomen): 10.8, 10.49 f, 10.57 ff, 10.70, 10.36 ff., 10.57 ff, 10.70 ff, 10.102 f, LA QUE ohne eindeutiges Bezugswort: 10.104; SER DE LOS QUE: 10.75; LOS HAY QUE: 10.76 ; in Verbindung mit TODOS: 10.15, 10.19, 10.32; Kongruenzfragen: 22.13, 22.18, 22.22
EL QUÉ: 28.5
EMPERADOR: 1.15A
EMPERATRIZ: 1.15A
EMPEZAR: Konjugation: 12.55B; ~ A + Infinitiv: 14.76; ~ POR + Infinitiv: 14.77

## Sach- und Wortregister

EN (Präposition): 38C; Positionsbestimmung durch ~: 25.22 ff; Konkurrenz mit DE bei Merkmalsangaben: 38.3C; in Positionsbestimmungen: 25.22; statt anderer Präpositionen bei Standortangabe: 25.24; Angaben betretenen Raums: 25.59; Verwendung und Wegfall in Zeitangaben: 26 passim; Angabe benötigten Zeitraums: 26.54; ~ + Gerundio: 15.14
EN ADELANTE: 26.29, 26.39
EN ABSOLUTO (Negationswort): 29.31, 29.37, 29.59B
EN CASO: ~ DE + Infinitiv: 14.107
ENCIMA: 25.12 f, 25.39; POR ~ DE: 25.44B; ~ DE + Infinitiv: 14.123B; die Konjunktion ~ DE QUE: 35.31, 35.39
ENCONTRAR: Unterschied zu ~SE: 13.19C; ~SE bei der Standortsangabe: 19.34; ~SE Verb des Befindens: 20.13; mit Objektsprädikativ: 21.11D, 21.12
EN CUANTO: Verwendungsweise: 10.91; ~ (QUE) (temporale Konjunktion): 35.21A
EN DERREDOR: 25.21A
EN EL CASO: ~ DE + Infinitiv: 14.107B
ENÉSIMO: 4.21
EN ESO: 7.42, 26.80B; ~ ANDO: 20.1C
EN ESPERA DE: ~ + Infinitiv: 14.102
EN ESTO: 7.42A, 26.80B
ÉNFASIS: männliches und weibliches Substantiv: 1.52, 1.52B
EN FIN (Adverb): 33.23
ENFRENTE: 25.19
englische Lehnwörter auf -Y: Mehrzahl von ~: 2.2
ENGULLIR: Konjugation: 12.63
EN LA MEDIDA EN QUE: konditionale Konjunktion: 35.97D
EN LUGAR: ~ DE + Infinitiv: 14.122; die Konjunktion ~ DE QUE: 35.31, 35.36
EN MEDIO / ENMEDIO: 25.20
EN PREVISIÓN DE QUE: konditionale Konjunktion: 35.98B
EN REPRESENTACIÓN DE: 39.13A
ENSEGUIDA / EN SEGUIDA: Bedeutung: 26.83D; DE ~ + Infinitiv: 14.104A; die temporale Konjunktion ~ DE QUE: 35.14, 35.21A
ENSEÑAR (Verb des Lehrens und Lernens): Gebrauch des bestimmten Artikels bei ~: 5.51; Infinitivergänzung bei ~: 14.53E; verbundene Personalpronomen bei ~: 11.63G
EN SUSTITUCIÓN DE: 39.13A
EN TANTO (QUE): temporale Konjunktion: 35.22A, 35.26B, 35.28A
EN TANTO EN CUANTO: konditionale Konjunktion: 35.97D
ENTENDER : Gebrauch des bestimmten Artikels beim Objekt von ~: 5.51; Gebrauch des bestimmten Artikels vor Sprachennamen bei ~: 5.53; verbundene Personalpronomen bei ~: 11.63H
ENTERAMENTE: 9.111A
ENTERO: 9.111A
Entfernung: Angabe der ~: 25.26
EN TODO CASO: Bedeutung und Verwendungsweise: 9.112
ENTONCES: 26.80; DESDE ~: 26.30A
ENTORNO: (Substantiv): Bedeutung: 25.21B
EN TORNO: 25.21A; ~ A in ungefähren Angaben mit Zahlen: 4.36A
ENTRAMBOS: 9.35
ENTRAR: Infinitivergänzung: 25.59A
ENTRE (Präposition): 40C, 11.22, 25.40; Gebrauch des Personalpronomens bei ~: 11.22; ~ im Ausdruck von Gemeinsamkeit: 11.22A, 40.19; ~ sí: 13.12; ~ QUE: 40.18
ENTREMESES: 2.36
Entschuldigung: Formeln der ~: 28.65F, 31.44; Subjuntivo nach Ausdrücken der ~: 34.81
'entweder ... oder'- Entsprechung : 33.10
EN VEZ: ~ DE + Infinitiv: 14.122; die Konjunktion ~ DE QUE: 35.36, 37.44
ENVIAR: Konjugation: 12.53C; Infinitivergänzung: 14.115
EN VISTA DE QUE: kausale Konjunktion: 35.52
EQUIPARABLE: Ergänzung mit A: 3.63
EQUIVALENTE: Ergänzung mit A: 3.63
ER / ERA (Ordinalzahlkennzeichen): 4.18C
ÉRASE UNA VEZ: Bedeutung: 26.61A
ERGUIR: Konjugation: 12.56B
ERIGIRSE: Bedeutung und Verwendungsweise: 20.18D
ERRAR: Konjugation: 12.55D
ERRE (Buchstabenname): die Intensitätsformel ~ QUE ~:34.15B
Erstaunen: Ausrufe des ~: 28.69; Subjuntivo nach Ausdrücken des ~: 34.84

## Sach- und Wortregister

Erwartung: Subjuntivo nach Ausdrücken der ~: 34.61
Erzählbericht: ~ in der Vergangenheitsform: 18.62
'es' (Scheinsubjekt): 22.24ff
ESCALERA: Verwendung in der Einzahl. oder Mehrzahlform: 2.34A
ESCASO: Verwendung in ungefähren Angaben mit Zahlen: 4.36F
ESCONDER: Modus des QUE-Nebensatzes bei ~: 34.37B
ESE / ESA / ESOS / ESAS: s. Demonstrativpronomen
ESO: s. Demonstrativpronomen
ESO ES: 7.42E; ~ QUE: 7.42K
ESO SÍ: 7.42F
ESPALDA: Verwendung in der Einzahl- oder Mehrzahlform: 2.34A
ESPARCIR: Konjugation: 12.46
ESPÉCIMEN: Mehrzahlform: 2.10
ESPERAR: Indikativ und Subjuntivo bei ~ QUE: 34.61 ff; ~ A QUE: 35.16
ESPERARSE: Verwendungsweise: 13.26
ESTADO: Groß- und Kleinschreibung: 42.26C
ESTADOS UNIDOS: Kongruenzfragen: 22.10A
ESTAR: Konjugation: 12.80; Pronominalisierung des Prädikatsnomens von ~: 11.72; ~ POR + Infinitiv: 14.12; ~ SIN + Infinitiv: 14.13; ~ SIN + Substantiv: 40.22A; ~ PARA + Infinitiv: 14.16; absoluter Gebrauch: 19.44, 19.45; feststehende Wendungen: 19.49, 19.85; ~ + Substantiv: 19.72 f; Kopula bei der Standortangabe: 19C; Synonyme und Quasi-Synonyme von ~: 19.34, 20A passim; Unterschied zu SER: 19E; ~ bei der Zustandsangabe: 19D; INDEFINIDO von ~: 18.42; ~ + Gerundio: 15.6, 15.25 ff; Stellung des Personalpronomens bei ~ + Gerundio: 11.117A; ~ + Partizip: 17.13 ff, 19.53 ff; ~ A: 19.36 ff; ~ DE: 19.39 ff; ~ CON: 19.49, 40.3; ~ EN ELLO: 19.35B; ~ PARA: 14.16, 19.50, 19.87, 39.33; ~ POR: 19.51, 39.6A; ~ HECHO im Ausdruck des Zustands: 19.54; ~ QUE: 19.55; Pronominalisierung von ~-Ergänzungen durch LO: 19.59; ~ entspricht *'werden'*: 20.22, ~ EN QUE: 34.6I; Wegfall und Ersetzung durch Komma: 42.28E
ESTARSE: Verwendungsweise: 13.21
ESTE (Substantiv): AL ~: 25.28
ESTE / ESTA / ESTOS / ESTAS: s. Demonstrativpronomen
ESTIMAR: Verb des Dafürhaltens: 21.13
ESTO: s. Demonstrativpronomen
ESTO ES: 7.42B, 19.7
ESTRIBAR: Subjuntivo nach ~ EN QUE in Äquivalenzsätzen: 34.91A
ESTUDIANTA: uneingentliche weibliche Form: 1.14A
ESTUDIANTE: männliches und weibliches Substantiv: 1.14A, 1.17
ESTUDIAR (Verb des Lehrens und Lernens): Gebrauch des bestimmten Artikels bei ~: 5.51
ESTUDIOS: Gebrauch des bestimmten Artikels bei ~ : 5.50; Gebrauch des bestimmten Artikels vor Sprachennamen bei ~: 5.54
-ETE / -ETA (Suffix): 41.30; Adjektive auf ~: 3.11
EVACUAR: Konjugation: 12.54B
EX- (Präfix): 41.12f
EXACTO: Ergänzung mit A: 3.63
EXCEPTO (Präposition): 40.26; Gebrauch des Personalpronomens nach ~: 11.22; die Konjunktion ~ QUE: 35.31, 35.38, 35.95
ÉXTASIS: männliches Substantiv: 1.52
EXTERIOR: einendiges Adjektiv: 3.6A; Semantik: 3.78
EXTRAORDINARIAMENTE: Verwendungsweise: 9.48D
EXTREMADAMENTE: Verwendungsweise: 9.48D

# F

FÁCIL: ~ DE + Infinitiv: 14.10; ASÍ DE ~: 27.11A
Fahrzeugbenennungen: Gebrauch des bestimmten Artikels bei ~: 5.76
Fahrrädernamen: Geschlecht von ~: 1.73D
FALTA: Subjuntivo nach HACER ~ QUE: 34.47A
FALTAR: Verb des Vorhandenseins: 19.100; ~ POR + Infinitiv: 14.12; Ergänzung mit A: 25.48A; ~ PARA: 26.28; ~ PARA QUE 26.28; ~ HASTA: 26.36B; Subjuntivo nach ~ QUE: 34.47A
Familiennamen: Mehrzahl von ~: 1.72D; Gebrauch des bestimmten Artikels vor ~: 2.28, 2.31, 5.26, 5.29
FARALÁ: Mehrzahlform: 2.5A
Farbadjektive: 3.26 ff
Farbennamen: Geschlecht von ~: 1.72D

## Sach- und Wortregister

FAVOR: POR ~: 28.65D; HACER EL ~ DE + Infinitiv: 31.45; A ~ DE: 39.6A
Feiertage: Gebrauch des bestimmten Artikels bei der Benennung von ~: 5.70
FELIZ: SER und ESTAR bei ~: 19.84
feminine Form: ~ von Substantiven: 1B; ~ von Adjektiven: 3A; ~ von CIENTO: 4.11
feststehende Wendungen: mit Städtenamen: 1.67; Einzahl und Mehrzahl von Substantiven in ~: 2.37; mit Zahlen: 4.35; mit dem bestimmten Artikel: 5.78; mit MEDIO: 6.20C; Wegfall des unbestimmten Artikels in ~: 6.30; ~ mit Demostrativpronomen: 7.41 f; ~ mit Possssivpronomen: 8.19; ~ mit OTRO: 9.18, ~ mit TAL: 9.28; ~ mit TODO / TODA: 9.112A; ~ mit TANTO: 9.137; ~ mit MÁS: 9.150, ~ mit MENOS: 9.171, ~ mit CUYO: 10.83; mit CUANTO: 10.91; ~ mit MÍ: 11.23; ~ mit TI: 11.23; ~ mit ELLO: 11.32; ~ mit dem Pronomen SÍ: 11.36; ~ mit Personalpronomen: 11.100A; mit SALIR + Gerundio: 15.42; ~ mit Partizipialangaben: 16.15; mit AQUÍ: 25.4A; mit ACÁ: 25.5B; mit AHÍ: 25.7A; mit ALLÍ: 25.8A; mit ALLÁ: 25.9B; mit Ausdrücken des Ortes: 25D; mit NI: 29.56; mit dem Imperativ von IRSE: 31.28; mit dem Imperativ von MIRAR: 31.36; ~ für Wünsche: 32.6 f; im PRESENTE DE SUBJUNTIVO im einfachen Satz: 32.21A; ~ der Korrespondenz mit A: 38.17
FIGURARSE: Sondergebrauch des Imperativs von ~: 31.48
FIJARSE: Sondergebrauch des Imperativs von ~: 31.48
FIN: Angaben mit ~: 26.17, 26.19
FINAL: Angaben mit ~: 26.17, 26.19
Finalsatz: durch Gerundio verkürzt: 15.20; durch Infinitivkonstruktion verkürzt: 14.113 ff; in der Hervorhebung mit Relativsatz: 30.69; Modusverwendung: 35.2, 35.64 f; Tempus des ~: 37.41 f
FINGIR: Modusverwendung bei ~: 34.36
Firmennamen: Geschlecht von ~: 1.73B
Flamenco-Gesang: Ausdrücke für ~: 39.21
FLOR: 1.50
Flugzeugnamen: Geschlecht von ~: 1.72B
Flußnamen: Geschlecht von ~: 1.72A
FONDO: AL ~: 25.30A; EN EL ~: 25.30A
FORMA (Modalausdruck): 27.37; Relativpronomen zu ~: 10.96; die konsekutive Konjunktion DE (TAL) ~ QUE: 35.60, 35.64
FORZAR: Konjugation: 12.58C
FRAC: Mehrzahlform: 2.19B
Fragen: Fragewörter: 28 passim; redundantes Pronomen bei Fragewörtern: 11.91; Sprecherstellungnahmen in Frageform: 28E, 34.74, 35.67; Wortfolge in Fragesätzen: 30.28 ff, 30.56; QUE vor ~: 34.11; Modus des Nebensatzes bei der indirekten Wiedergabe von ~: 34.40, 34.100; ~ im Subjuntivo im QUE-Nebensatz: 34.74, 34.77
Frauennamen: Gebrauch des bestimmten Artikels vor ~: 5.27
Fremdwörter: Geschlecht der ~:1.57; Schreibung der ~: 1.57; Mehrzahl der ~: 2.21 ff; Hispanisierung der ~ bei der Mehrzahlbildung: 2.19; Schreibweise der ~:42.8D, 42.10D, 42.24D
FRENTE A: 25.13C
Fruchtbezeichnungen: Geschlecht von ~: 1.37
FUERA: 25.12 f; ~ DE: 40.25A; ~ DE + Infinitiv: 14.123B; die Konjunktion ~ DE QUE: 35.31, 35.39A
FULANO: 9.75A; ~ DE TAL: 9.28
Funktionsbezeichnungen: 1.3
'für'-Entsprechung: bei Bezugnahmen: 39.39; ~ im Ausdruck der Meinung: 39.40
Furcht: Subjuntivo nach Ausdrücken der ~: 34.64
FUTURO: regelmäßige Formenableitung: 12.23; Gebrauch: 18H; ~ in Versprechen und Schwüren: 34.8; im Relativsatz: 36.6; Betonung einzelner Formen: 42.3
FUTURO DE SUBJUNTIVO: Formenableitung: 12.32; Ausdruck der Eventualität: 35.90, 36.38; in Relativsätzen: 36.16D; 36.38
FUTURO PERFECTO: Formenableitung: 12.28; Gebrauch: 18I
FUTURO PERFECTO DE SUBJUNTIVO: Formenableitung: 12.35; Ausdruck der Eventualität: 35.90, 36.38; in Relativsätzen: 36.38
FUTURO SIMPLE: S. FUTURO

# G

GALLINA: Mehrzahl als Kollektivbezeichnung: 2.30A
GENIA: uneigentliche feminine Form: 1.5, 1.12B
GENTE: 2.38, 22.8
GENTILICIO s. Herkunftsbezeichnungen
Genus: s. Geschlecht

# Sach- und Wortregister

geographische Bezeichnungen: Gebrauch des bestimmten Artikels vor ~: 5.31ff; Kongruenzfragen bei ~: 22.10; Verwendung von akkusativischehm A vor ~: 24.13

Gerundio: 15; unbetonte Personalpronomen beim ~: 11.110, 11.117 ff; regelmäßige Bildung des ~: 12.4; unregelmäßige ~formen: 12.5, 12.6; Bildung des zusammengesetzten ~: 12.7; ~ in Lageangaben: 15.6 f; Begriffsbestimmung des ~: 15.1 f; ~ als Adjektiv?: 15.8 ff; ersetzt einen Relativsatz?: 15.8A; ~-Angabe als Attribut: 15.9 ff; Fügungen mit dem ~: 15B; ~-Angabe zur Wiedergabe eines *'indem'*-Satzes: 15.12, 35.113; ~-Angabe als Verkürzung von Adverbialsätzen: 15.12 ff; EN + ~: 15.14; ~ oder Infinitiv bei Verben der Wahrnehmung (VER, OÍR)?: 15.4; ~angabe in Verbindung mit CON: 40.7

Gerundio-Angabe: s. Gerundio

Gerundium: s. Gerundio

Geschlecht: ~ der Substantive: 1; ~ der mit Suffixen gebildeten Wörter: 41.17, 41.24, 41.27

Gewohnheit: Subjuntivo nach Ausdrücken der ~: 34.87

-GIÓN: Endung weiblicher Substantive: 1.48A

GIRAR: Zielergänzung: 25.63B

Gleichgültigkeit: Ausdrücke der ~: 28.70; Subjuntivo nach Ausdrücken der ~: 34.83, 34.100, 36.28

GRACIAS: 2.36, 28.65; Indikativ nach ~ A DIOS: 32.18; die Konjunktion ~ A QUE: 35.52

Graduierung: 9E passim; ~ des Adjektivs: 3E; Stellung des attributiven Adjektivs bei der ~: 3.31, 3.32; Ergänzung der Graduierung mit DE LO (QUE): 9.156 f; TODO bei der ~: 9.108 f; graduierende Adverbien: 27.53; ~ des Adverbs: 25A passim; des Adjektivs: 3E; Superlativ durch Präfix: 41.4, 41.9; Superlativ durch Suffix: 41.33; Subjuntivo nach dem Superlativ: 36.37; Steigerung mit einem Wort: 3.70 ff, 27.5

GRAN: s. GRANDE

GRANDE: Stellung als Attribut: 3.41A; konventionelle Stellung als Attribut: 3.43A; Verkürzung: 3.52; Wegfall der Verkürzung: 3.53; Steigerung: 3.74 ff, 41.35; MÁS ~: 3.74; Elativ: 41.35

Großschreibung: 42.26, 1.52A

GRUÑIR: Konjugation: 12.62A

GUIRIGAY: Mehrzahlform: 2.3

GURÚ: Mehrzahlform: 2.6, 2.6A

gute Wünsche: Ausdrücke für ~: 28.64A

# H

HA: ersetzt HACE in Zeitpunktangaben: 19.99A

HABER: Konjugation: 12.81; Hilfsverb zur Bildung der zusammengesetzten Zeiten: 12.11

HABER im unpersönlichen Gebrauch: 19F; in Zeitpunktangaben: 19..99A; Personalpronomen bei ~: 11.78, 19.91; ~ POR + Infinitiv: 14.12; ~ + Substantiv + QUE + Infinitiv: 14.17; ~ + Fragewort + Infinitiv: 14.25; ~ mit Gerundio-Angabe: 15.6 f; Wortfolge bei ~: 30.13, 30.16; Unterschied zu ESTAR: 19.93 ff; Unterschied zu SER: 19.96 ff

HABER im persönlichen Gebrauch: 14.61 f, 19.101

HABER DE: 14.61 f, 18.66; Stellung des Personalpronomens bei ~ DE + Infinitiv: 11.111D; INDEFINIDO von ~: 18.48

HABER QUE: 14.60; Stellung des Personalpronomens bei ~ + Infinitiv: 11.112; INDEFINIDO von ~: 18.48

HABIDA CUENTA: 16.15, 19.90A

HABITUAL: ~ als Ergänzungsteil in Vergleichsstrukturen: 3.68, 9.157, 9.161, 9.164

HABLAR: Gebrauch des bestimmten Artikels vor Sprachennamen bei ~: 5.53

HACER: Konjugation: 12.82; Konjugation der Komposita von ~: 12.82B; orthographische Veränderungen in der Konjugation: 12.41; ~ in Verbindung mit NO MÁS: 9.153; Akkusativ und Dativ des Personalpronomens bei ~ + Infinitiv: 11.61; Stellung des Personalpronomens bei ~ + Infinitiv: 11.121; Infinitiv- oder QUE-Konstruktion?: 14.46; ~ + POR + Infintiiv: 14.118; *'machen'* (mit Objektsprädikativ): 21.1; in Angaben über Wetter und Temperatur: 22.27; entspricht *'vor'*: 22.28, 26.66; entspricht *'seit'*: 26.33, 26.66, 26.67; in der Hervorhebung von Satzinhalten: 30.74; unbetonte Personalpronomen in Infinitivkonstruktionen: 11.121; Verb des Bewirkens: 34.49; Verb des Vortäuschens: 20.12E ; Verb des Dafürhaltens: 21.13; in Verbindung mit QUÉ: 28.6; ~ POR / PARA: 39.24

HACERSE: Verb des Vortäuschens: 20.12D; *'werden'*: 20.15, 38.4J

HACIA (Präposition): 25.41, 25.63, 26.57, 26.91, 40.27A; Wiederholung bei der Hervorhebung von Satzteilen: 30.68

HALLAR: ~SE bei der Standortangabe: 19.34; ~SE Verb des Befindens: 20.13; mit Objektsprädikativ: 21.11E

HAMBRE: männliches und weibliches Substantiv: 1.33

HARTO: Verwendung als Adjektiv und Adverb der Menge und Intensität: 9.70

HASTA (Präposition): 25.65, 26.8, 26.36 f, 26.89, 40.27A; Gebrauch des Personalpronomens nach ~: 11.22B; die temprale Konjunktion ~ QUE: 35.22 f; ~ + Infinitiv: 14.101

HAY: s. HABER im unpersönlichen Gebrauch

## Sach- und Wortregister

HE (Adverb): 25.11
HECHO (Substantiv): EL ~ DE QUE: 34.4A, 34.6P; Indikativ oder Subjuntivo bei EL ~ DE QUE: 34.92 f
HEMBRA: Verwendung zur Geschlechtsunterscheidung: 1.26; unverändert bei der Mehrzahlbildung: 2.20
HENCHIR: Konjugation: 12.19A
HERBICIDA: männliches Substantiv: 1.40A
HIRVIENDO (Gerundio von HERVIR): Verwendungsweise: 15.8
Herkunftsbezeichnungen: 1.19; 3.3-3.5; feminine Form von ~: 1C; 3.2, 3.3 ff
Herrschernamen: Ordinalzahlen bei ~: 4.17, 4.22, Gebrauch des bestimmten Artikels vor ~: 5.23
Hervorhebung von Satzteilen: s. Satzgliedstellung
Himmelsrichtung: Bezeichnung einer ~: 25.28
HISPANO-: 3.25C
historisches Perfekt: s. INDEFINIDO
historisches Präsens: 18.6
Hoffnung: Subjuntivo nach Ausdrücken der ~: 34.61
Höflichkeit: Ausdrücke der ~: 18.23, 18.81, 28.53, 28.65
HOJALDRE: männliches oder weibliches Substantiv?: 1.35
HOMBRE: ~ als Vokativ: 28.59
Homonyme: 1.28
HORA: A LA ~ DE + Infinitiv: 14.99; ES ~ DE: 19.22; Angaben mit ~: 26.15
HORRORES: Syntax und Gebrauch: 9.48C
HOY: 26.78
*'Hunderte'*: 4.30

# I

IBERO-: 3.25C
IDEA: Indikativ oder Subjuntivo nach LA ~ DE QUE: 34.107
IDÉNTICO: Ergänzung mit A: 3.63
-IE (Substantivendung): 1.42
-IENTE (Suffix): 15.8B
-IFICAR (Suffix): 41.39
IGUAL: 9.4; Graduierung: 3.62, 9.5, 27.2; IGUAL DE: 9.5, 27.2A; ~ QUE: 9.5, 35.109; Ergänzung: 3.62A; ~ in Vergleichsstrukturen: 9.145B; Indikativ nach ~: 32.17
IGUALMENTE: 9.5
-ILLO (Suffix): 41.19 f
IMAGINAR: Verb des Dafürhaltens: 21.13; Subjuntivo mit Imperatv und Gerundio im QUE-Nebensatz von ~SE: 34.58
IMPEDIR: Infinitivergänzung bei ~: 14.50
Imperativ: 31; Formenableitung: 12.36 ff, 32.1; Personen des ~:12.15; unregelmäßige Formen: 12.73, 12.83A; Ausrufezeichen beim ~?: 31.1; Personalpronomen beim ~: 11.102 ff, 31.4; ersetzt durch Gerundio: 15.23, 15.32; ausgedrückt vom PRESENTE: 18.5; PRESENTE DE SUBJUNTIVO als ~: 32A; Modus des QUE-Nebensatzes beim ~ verneinter Mitteilungsverben: 34.39; ~ in der indirekten Rede: 34.46, 37.64
IMPERFECTO: 18C; regelmäßige Formenableitung: 12.21; in der indirekten Rede: 37.61; in Subjekt-Objektsätzen (QUE-Sätzen): 37.9 ff; ersetzt INDEFINIDO: 18.26 f; Unterschied zum INDEFINIDO: 18.56, 18.57, 18.58, 18.59, 18.60, 18.61, 18.62; ~ im Ausdruck der Zukunft: 18.29 f
IMPERFECTO DE SUBJUNTIVO: Formenableitung: 12.31; ersetzt eine Vergangenheitszeit des Indikativs: 18.63, 35.30A, 35.40A, 35.57B, 36.39; Betonung einzelner Formen: 42.3A
IMPERFECTO NARRATIVO: 18.26 f, 18.31
Imperfekt: s. IMPERFECTO
IMPORTAR: Ausdrücke der Verneinung mit ~: 29.29
IN- (Präfix): 41.1, 42.8F
-ÍN (Suffix): 41.23; Adjektive auf ~: 3.8
INCAPACIDAD: Ergänzung mit PARA: 39.41A
INCAPAZ: Ergänzung mit DE: 38.5D
INDEFINIDO: 18E; regelmäßige Formenableitung: 12.22; unregelmäßige Formenableitung: 12.70; Ausdruck der unmittelbaren Vorvergangenheit: 18.39; Entsprechung des deutschen Plusquamperfekts: 18.39; in Ausrufen: 18.49; in Subjekt-Objektsätzen (QUE-Sätzen): 37.12; statt PERFECTO: 18.49; statt FUTURO: 18.49; Unterschied zum PERFECTO: 18.52; Unterschied zum IMPERFECTO: 18.56, 18.57, 18.58, 18.59, 18.60, 18.61, 18.62; ersetzt durch PRETÉRITO IMPERFECTO DE SUBJUNTIVO: 18.63
indefinites Subjekt: 23; in der Gerundio-Angabe: 15.3

## Sach- und Wortregister

Indefinitpronomen: 9; LO plus ~: 5.17; Stellung zum Bezugswort: 3.29; Kongruenzfragen: 22.15, 22.20; mit akkusativischem A: 24.6 f
*'indem'*-Sätze: 15A8, 35.113
INDEPENDENCIA: Subjuntivo im Relativsatz nach CON ~ DE: 36.20
INDEPENDIENTEMENTE: Subjuntivo im Relativsatz nach ~ DE: 36.20
Indikativ: Verwendung der Zeiten des ~: 18, 37A; ~ oder Subjuntivo?: 34.106; ~ in Subjekt-Objektsätzen 34B, 35 passim; Verwendung des ~ gemäß Wissen und Absicht des Sprechers: 34.73, 34.96C, 34.97 f, 34.99B, 34.103A, 34.107, 36.19
indirekte Rede: 37F; CONDICIONAL SIMPLE bei der ~: 18.88, 37.8; CONDICIONAL COMPUESTO bei der ~: 18.96, 37.8; Behauptungen in der ~: 34.37
INDIVIDUA: uneigentliche feminine Form: 1.5, 1.12B
INFERIOR: einendiges Adjektiv: 3.6A; Engänzung mit A: 3.78
ÍNFIMO: Elativ zu BAJO: 41.35
infinite Verbformen: 12A
Infinitiv: 14; Bildung des zusammengesetzten ~: 12.2; der passivische ~: 12.3; Präposition vor dem ~ in unpersönlichen Konstruktionen?: 14.35, 14.37, 14.39; Bildung der passivischen ~formen: 12.3; unbetonte Personalpronomen beim ~: 11.108 f, 11.111 ff, 11.119 ff; einfacher ~ in Konkurrenz zum zusammengesetzten ~: 14.1 f; Subjekt des Infinitivsatzes: 14.3 f; Substantivierung des ~: 14.5 f, 14.36, 14.40; aktiver ~ in passivischer Bedeutung: 14.8, 14.11 ff; SER DE + ~: 14.8 f; DE + ~ als Ergänzung von Adjektiven: 14.10; DE + ~ als Merkmalbezeichnung: 14.19; statt finiter Form: 14.20 ff, 14.40; deklarativer ~: 14.21; ~satz statt Relativsatz: 14.26; thematischer ~: 14.27 f, 30.51 f; ~ als Mittel der Hervorhebung: 14.27, 30.51 f; zusammengesetzter ~ im Ausdruck von Bedauern und Vorwurf: 14.30; Substantiv + Präposition + ~: 14.31 f; Adjektiv + Präposition + ~: 14.33 f; ~fügungen: 14D; ~ als Aufforderungsform: 31.9 ff; ~satz statt QUE-Satz nach Verben des Berichtens: 14.41; ~ergänzung nach Verben der Willensäußerung: 14.43 ff; ~ oder QUE-Ergänzung?: 14.51 ff, 34.88 f; ~satz zur adverbiellen Angabe (Nebensatzverkürzungen): 14E; akkusativisches A in ~konstruktionen: 24.10
INFLUIR: Konjugation: 12.66A
INFORMAR: DE-Ergänzung: 24.30A; Konstruktion mit Zustandspassiv: 24.31
INMEDIATAMENTE: Bedeutung: 26.83D
INSECTICIDA: männliches Substantiv: 1.40A
Inselnamen: Geschlecht von ~: 1.72C
INTERESAR: Dativobjekt bei ~: 24.33A
INTERIOR: einendiges Adjektiv: 3.6A; Semantik: 3.78
Interjektionen: 28.66
Interpunktion: 42.27 f
Interrogativsatz: s. Fragen
-IÑO (Suffix): 41.21
IR: Konjugation: 12.83; Imperativ von ~SE: 12.83A; ~ + Gerundio: 15.33 ff, 20.21A; Stellung des Personalpronomens bei ~ + Gerundio: 11.117B; ~(SE) + Gerundio als Imperativ: 31.5; ~ + Partizip: 17.23 f; ~ statt ESTAR: 20.2; POR führt die Zielergänzung von ~ ein: 25.55; ~ PARA: 26.35, 39.42; VAMOS + Infinitiv als Imperativ: 31.6; VAYA (+ unbestimmter Artikel) + Substantiv: 28.28A; Sondergebrauch des Imperativs: 31.20 ff; Imperativformen von Wendungen mit ~SE: 31.28; ~ DE: 38.6I
IR A + Infinitiv: 14.64 ff; Stellung des Personalpronomens bei ~: 11.111E; IMPERFECTO und INDEFINIDO bei ~: 14.66, 14.71, 18.61; ~ in beigeordneten Finalkonstruktionen: 32.22; ~ im Subjuntivo im QUE-Satz: 37.18; in der indirekten Rede: 37.61
irrealer Kontext: 32C, 18.7, 18.12A, 18.8, 18.20, 18.22, 35.85 ff, 36.8, 36.25, 36.36, 37.15, 37.19 ff, 37.23, 37.24 ff, 37.28 f, 37.32 f, 37.36 f, 37.40, 37.49, 37.54
-ISMO (Suffix): 41.37A
-ÍSIMO / -ÍSIMA (Suffix): 41.33 ff; gelehrte Form der Adjektive auf ~: 41.34
-ISTA (Suffix): 41.37B; Substantive auf ~: 1.18; Adjektive auf ~: 3.12
italienische Künstler: Gebrauch des bestimmten Artikels vor dem Namen ~: 5.28
-ITO (Suffix): 41.15 ff
-IZAR (Suffix): 41.39

## J

Jahresnamen: Geschlecht von ~: 1.72C
Jahreszahl: Angabe der ~: 26.95
Jahreszeit: Angabe der ~: 19.19, 26.5, 26.94
Jahrhundert: Angabe des ~: 26.97

### Sach- und Wortregister

JAMÁS: 29.31, 29.32, 29.49, ; EN ~: 29.49; NUNCA ~: 29.49B; ~ DE LOS JAMASES: 29.49B; POR SIEMPRE ~: 29.49C; PARA SIEMPRE ~: 29.49C
'jeder.': 9.118, 9.122, 10.19, 10.38
JEFE: 1.14
JEFA: 1.14
'je mehr..' (proportionaler Vergleich): 9.165 ff
JERSEY: Mehrzahl: 2.3; zur Schreibung: 42.10D; zum Akzent: 42.24D
JESÚS: ~ als Ausruf: 28.67A
JUEZ: gleiche Bezeichnung für Mann und Frau: 1.16
JUEZA: uneigentliche Variante zu JUEZ?: 1.16A
JUGAR: Konjugation: 12.84; Ergänzung mit Artikel: 5.75A
JUNTOS: Verwendungsweise: 27.48
JUSTIFICAR: Subjuntivo nach ~ QUE: 34.86
JUZGAR: Verb des Dafürhaltens: 21.13

# K

Kardinalzahl: 4A; Stellung zum Bezugswort: 3.29; Geschlecht von ~: 1.70, 1.72D; ~ als Eigenname: 4.15; ~ statt Ordinalzahl: 4.21 f; in Zeitangaben: 26.95 ff
kausative Verben: Akkusativ und Dativ des Personalpronomens bei ~: 11.61; Stellung des Personalpronomens bei ~: 11.121; Neubildung durch Suffix: 41.39
Kausalsatz: durch Gerundio verkürzt: 15.17 f; Hervorhebung mit Relativsatz: 30.69; Hervorhebung mit hypothetischem Satz: 35.75, 35.88; Indikativ oder Subjuntivo: 35E; durch Infinitivkonstruktion verkürzt: 14.105
Kleinschreibung: 42.26
Kollektivbezeichnungen: Kongruenz bei Verwendung von ~: 22.5 ff, 22.14, 22.19; Verwendung von akkusativischem A vor ~: 24.8
Komitativsatz: Modusverwendung: 35C
Komma: Verwendung: 10.1 ff; 29.59, 42.28
Komparativsatz: Indikativ oder Subjuntivo im ~: 35H; irrealer ~: 15.24, 32.14, 35.109 f
Komposita: Geschlecht der ~: 1.58 f; Schreibung der ~: 1.58; Mehrzahl der ~: 2.20
Konditionalsatz: durch Gerundio verkürzt: 15.15 f; durch Infinitivkonstruktion verkürzt: 14.107 ff; eventualer ~: 35.89; irrealer ~: 35.85; irrealer ~ der Vergangenheit: 18.7 f; Indikativ oder Subjuntivo im ~: 35G; ~ ersetzt durch beigeordnete Konstruktion: 35.103; Zeiten des Subjuntivo im ~: 35.85, 37.51
Kongruenz (s. auch Prädikat): ~ von Subjekt und Prädikat: 22A; ~ von Substantiv und Adjektiv: 3B; bei der Verwendung von MISMO: 9.9A; bedeutungsmäßige Kongruenz: 22.21 ff; in indefiniten SE-Sätzen: 23.6 ff; bei der Hervorhebung durch Relativsatz: 30.59, 30.72 f
Konjugation: ~ der regelmäßigen Verben: 12C, ~ der unregelmäßigen Verben: 12E-G; orthographische Besonderheiten in der ~: 12D; ~ der Reflexivverben: 13.4 ff
Konjunktionen: ~ der Beiordnung: 33; finale ~: 35.1; temporale ~: 35.14; ~ des begleitenden oder fehlenden Umstands: 35.31; konzessive ~: 35.41; kausale ~: 35.50; konsekutive ~: 35.58; konditionale ~: 35.68, 35.92
Konjunktiv: s. Subjuntivo
Konsekutivsatz: 9.146; Indikativ oder Subjuntivo im ~: 35F; ~ mit SI: 35.81A
Konsonanten: Aussprache einzelner ~: 42.12 ff
Konzessivsatz: durch Gerundio verkürzt: 15.19; durch Infinitivkonstruktion verkürzt: 14.110 ff; Indikativ oder Subjuntivo: 35D; irrealer ~: 35.43, 37.49; Tempus des Subjuntivo im ~: 37.48 f; mit wiederholtem Verb in Relativgefügen: 36.16, 36.38A
koordinierende Konjunktion: Kongruenz bei der Verwendung von ~: 22.1, 22.3 f
Kopula: s. SER, ESTAR
Krankheitsbezeichnungen: Gebrauch des bestimmten Artikels bei ~: 5.39
Kunstwerke: Geschlecht von ~: 1.72B

# L

LA (Personalpronomen): feminine Akkusativform: 11.51, 11.66; als Dativform: 11.64
LABOR: 1.50
LA DE: ~ + Substantiv + QUE + Verb: 28.51
LADO: Gebrauch in feststehenden Ortsangaben: 25.66 f
LAÍSMO: 11.53 ff, 11.64
LAÍSTA: 11.53 ff
LA MAR (Intensitätsausdruck): 1.34A; ~ DE: 1.34A

LAND: Mehrzahlform 2.22A
Länderbezeichnungen: Geschlecht der ~: 1.64; Gebrauch des bestimmten Artikels vor ~: 5.23, 5.31ff
LANZARSE: ~ A + Infinitiv: 14.83
LA QUE: in Ausrufen: 28.32
LARGO: Verwendung in ungefähren Angaben mit Zahlen: 4.36F; PARA ~: 26.53A
LAS (Personalpronomen): feminine Akkusativform: 11.51, 11.66; als Dativform: 11.64; statt LA: 11.71
LÁSTIMA: Indikativ nach ~ QUE: 34.97C
Laute des Spanischen: 42.2; Wegfall: 42.4
Lautmalende Ausdrücke: Geschlecht der ~: 1.60
LE (Personalpronomen): Dativform im Singular: 11.52, 11.69; als Akkusativform: 11.54 ff; ersetzt LES: 11.70; Dativform für Satzinhalte und neutrale Pronomen: 11.74
LEÍSMO: 11.53 ff; ~ der Höflichkeit: 11.57; in indefiniten SE-Sätzen: 23.13, 23.15
LEÍSTA: 11.53 ff
LEJOS: 25.18; A LO ~: 25.18A; ~ DE + Infinitiv: 14.122; die Konjunktion ~ DE QUE: 35.31, 35.34, 37.44
LES (Personalpronomen): Dativform im Plural: 11.52, 11.69; als Akkusativform: 11.54 ff
LIARSE: ~ A + Infinitiv: 14.82
LÍDER: Geschlecht: 1.16, 1.16A
LIED: Mehrzahlform 2.22A
LINDO: Verwendung in Ausrufen: 28.28C
LLAMAR: verbundene Personalpronomen bei ~: 11.63I; Verb des Benennens 21.14; akkusativisches A bei ~: 24.16A; Direktivergänzung mit A: 25.48A; ~SE im Relativsatz: 36.29
LLEGAR A: Gebrauch des bestimmten Artikels beim Objekt von ~: 5.71; entspricht 'werden': 20.19; ~ + Infinitiv: 14.93 ff, 18.8; Stellung des Personalpronomens bei ~ + Infinitiv: 11.111F; ~ SER: 20.19; Direktivergänzung: 25.48A
LLENO: Pronominalergänzung mit DE: 38.8A
LLEVAR: Zur Beschreibung des Aussehens: 5.64, 16.20, 21.9; ~ + Gerundio: 15.39 f; ~ + Partizip: 16.19 f, 17.20; statt ESTAR: 20.10; entspricht einer 'seit'-Angabe: 26.34; in Angaben benötigten Zeitraums: 26.55B, 26.55C; ~ SIN: 26.34; ~ LA CONTRA: 40.14
LLEVAR PUESTO: 16.20A
LLEVARSE: Unterschied zu LLEVAR: 13.19A; ~ + Gerundio: 15.40A; ~ POR DELANTE: 25.36A
LO (neutraler Artikel): 3.87, 5.15 ff; in der Hervorhebung von Satzteilen: 30.63, 34.96; ~ DE: 5.18 ff; ~ DE QUE: 5.19, 34.99; LO DE + Adverbien: 5.20; POR ~ + Adjektiv: 5.21; A ~ modal: 5.22, 27.39; ~ + Adjektiv / Adverb + QUE: 28.29; ~ MÁS im Ausdruck des höchsten Grades von Adverbien: 27.6; ~ + Possessivpronomen: 8.14; ~ OTRO: 9.20; CON ~: 40.8
LO (Personalpronomen): maskuline Akkusativform: 11.51, 11.66; obligatorisch bei einem vorhandenen pronominalen Dativobjekt: 11.62; verbundenes Pronomen zu Kopulaverben: 11.72, 11.81; Akkusativform für Satzinhalte und neutrale Pronomen: 11.71; verbundenes Pronomen in Passivsätzen: 17.6, 17.16
LOCO: VOLVER(SE) ~: 20.16, 21.3A; NI ~: 35.44C
LO CUAL (Relativpronomen): 10.10, 10.28, 10.44, 10.47, 10.54, f 10.54A, 10.55, 10.67, 10.108, TODO ~: 10.108
LOÍSMO: 11.53 ff, in indefiniten SE-Sätzen: 23.14 ff
LOÍSTA: 11.53 ff
Lokaladverbien: 25A
LO MÍO: 5.16A
LO MISMO: Indikativ nach ~: 32.17
LO POQUITO: 9.57
LO QUE (Relativpronomen): 10.8, 10.28, 10.63 ff, 10.44, 10.54 f, 10.63 f, 10.69; nach TODO: 10.25; Konkurrenz mit QUE: 10.30; Konkurrenz mit LO CUAL: 10.30, 10.44; statt QUÉ in Fragen: 28.20; statt CUÁNTO: 28.46; ~ ES: 10.99, 30.51; in der Hervorhebung von Satzteilen: 30.59, 30.62, 30.76, 34.96
LO QUÉ: 28.5
LO QUE OCURRE: 19.28, 30.75
LO QUE PASA: 19.28, 30.75
LO QUE SE DICE: ~ Infinitiv: 14.27
LO QUE SUCEDE: 19.28, 30.75
LORD: Mehrzahlform: 2.19B
LOS (Personalpronomen): maskuline Akkusativform: 11.51, 11.66; obligatorisch bei einem vorhandenen pronominalen Dativobjekt: 11.62; statt LO: 11.71
LOS DOS: ersetzt AMBOS: 9.35A
LUCIR: Konjugation: 12.68A
LUEGO: in Ortsangaben: 25.46C; Zeitadverb: 26.74; ~ DE + Infinitiv: 14.103A; ~ DE + Partizip: 16.13; Konjunktion der Beiordnung: 33.19; umgangssprachlicher Gebrauch: 26.74A, 35.12
LUGAR: Gebrauch in feststehenden Ortsangaben: 25.69; die Präposition EN ~ DE: 25.69B; DAR ~ A: 25.69B; TENER ~: 25.69B; die Konjunktion EN ~ DE QUE: 35.31, 35.36

LUZ: weibliches Substantiv: 1.56; Komposita von ~ männlich: 1.56A

# M

MACHO: Verwendung zur Geschlechtsunterscheidung: 1.26; unverändert bei der Mehrzahlbildung: 2.20; als Anrede: 28.58
MADRUGADA: Angaben mit ~: 26.10
MAL (Adverb und Substantiv): 27.5, 27.26 ff; ESTAR ~: 19.56, 19.69; die Konjunktion ~ QUE: 35.47
MALDECIR: Konjugation: 12.79B
MALDITO: Verwendung von ~ in Verneinungen: 29.30
MALO: Konventionelle Stellung als Attribut: 3.43A; Verkürzung: 3.44; Steigerung: 3.72, 41.35; MÁS ~: 3.73; Elativ: 41.35
'man'-Entsprechungen: 23
MANDAR: Infinitivergänzung: 14.115
MANERA (Modalausdruck): 27.30 ff; A ~ DE: 27.15; Relativpronomen zu ~: 10.96; DE NINGUNA ~: 29.28, 28.59B; die konsekutive Konjunktion DE (TAL) ~ QUE: 35.60, 35.64
MANIFESTARSE: Bedeutung und Verwendungsweise: 20.12C
MANITA: Verkleinerungsform zu MANO: 41.17B
männliche Form: ~ des Substantivs als Kollektivbezeichnung: 2.28 ff; ~ des Adjektivs für mehrere Bezugswörter: 3.21
männliche Personennamen: Mehrzahl von ~: 2.28, 2.29
männliche Tiergattungsbezeichnungen: Mehrzahl von ~: 2.30
MANTENER: ~SE: Verb des Weiterbestehens: 20.5B; mit Objektsprädikativ: 21.8
MAÑANA: 26.78
MAR: männliches und weibliches Substantiv: 1.34; LA ~ DE: 1.35A
MARABÚ: Mehrzahlform: 2.6, 2.6A
MARATÓN: männliches oder weibliches Substantiv?: 1.35
Markennamen: Mehrzahl der ~: 2.26
MARRÓN: einendiges Adjektiv: 3.10
MAS (adversative Konjunktion): 33.15
MÁS: 9.148 ff; Synonymität mit OTRO: 9.15 f; bei der Graduierung von Adjektiven: 3.64 ff, 3.82 ff, 28.25; DE LO ~: 3.85; Steigerung durch MUCHO: 9.43; DE ~: 9.148A; superlatischer Gebrauch von ~: 9.149; ~ in Ausrufen: 9.151, 28.24 f; ~ QUE bei der Steigerung: 9.152; ~ QUE bei der Steigerung: 9.154; NO ~ QUE: 9.153; DE LO QUE als Ergänzung von ~; ~ QUE im adversativen Sinn: 9.163; ~ + Infinitiv: 9.163; ~ im proportionalen Vergleich: 9.165, 9.167 ff; MIENTRAS ~: 9.166; A ~ im proportionalen Vergleich: 9.168; bei Adverbiensteigerung: 27.3, 27. 6; in imperativischen Formeln: 31.15B; in Verbindung mit NO: 29.15 ff; der konzessive Ausdruck POR ~ QUE: 35.46A
MÁS BIEN: 27.23
MÁS O MENOS: Gebrauch in ungefähren Angaben mit Zahlen: 4.36D
Maßangaben: ~ mit Zahlen: 4.35; ~ ohne bestimmten Artikel: 5.72; mit ESTAR: 19.74
mathematische Aufgaben: Leseweise von ~: 4.6, 4.9A; Gebrauch von POR bei ~: 39.18
MÁXIMO: Elativ zu GRANDE: 41.35
MAYOR: einendiges Adjektiv: 3.6A; Steigerung von GRANDE: 3.74; Sondergebrauch: 3.75; Stellung: 3.84A; Steigerung durch MUCHO: 9.43
ME (Personalpronomen): 11.42
MEDIADOS: Angaben mit ~: 26.19
MEDIANOCHE: Angaben mit ~: 26.16
MEDIANTE: 39.17
MEDIO: Gebrauch des unbestimmten Artikels: 6.20; Y ~: 6.20; Adverbielle Verwendung: 11.99, 27.46; A ~ + Infinitiv: 14.14
MEDIODÍA: Angaben mit ~: 26.16
Mehrzahl: ~ der Substantive: 2; ~ als Bezeichnung mehrteiliger Einzelgegenstände: 2.32A, 2.34; ~ der Adjektive: 3.15 ff; Gebrauch des bestimmten Artikels bei der ~ von Substantiven in allgemeingültigen Aussagen: 5.44; Einzahl von CUÁNTO mit Bedeutung von ~: 28.50
Meinung: ~säußerung mit PARECER: 20.11B, 20.11D; Frageformel: 28.4; Ausdrücke der Bekräftigung der eigenen ~: 28.57
MEJOR: feminine Form: 3.6A; Steigerung von BUENO: 3.70; Steigerung durch MUCHO: 9.43; Steigerung von BIEN: 27.5; A LO ~: 32.17
MEMORIAS: 2.36
MENGANO: 9.75A

## Sach- und Wortregister

MENOR: einendiges Adjektiv: 3.6A; Steigerung von PEQUEÑO: 3.76; Sondergebrauch: 3.77; Stellung: 3.84A; Steigerung durch MUCHO: 9.43

MENOS (Pronomen): 3.81, 9.70 ff; Steigerung durch MUCHO: 9.43

MENOS (Präposition): Gebrauch des Personalpronomens nach ~: 11.22

MENOS MAL: Indikativ nach ~: 32.17

-MENTE (Suffix): Adverbien auf ~: 27C, 41.36C

MENTÍS: Mehrzahlform: 2.13

MENUDO: Verwendung in Ausrufen: 28.28C

MERCED: die Konjunktion ~ A QUE: 35.52

MERECER: Konjugation: 12.67A

MERO: Identitätsverstärkung durch ~: 9.13

MES: Angaben mit ~: 26.4

Meßwerte: Angabe von ~: 25.27; POR bei der Angabe von ~: 39.18

METERSE: ~ A + Infinitiv: 14.81; *'werden'*: 20.18C

MÍ (Personalpronomen): 11.21, 11.23

MIEMBRA: uneigentliche feminine Form: 1.12B

MIENTRAS: Adverb: 26.88; Konjunktion: 35.26 ff; Indikativ oder Subjuntivo?: 35.26 ff; ~ QUE: 35.37; im proportionalen Vergleich: 9.166

MIL: Besonderheiten: 4.3 f, 4.8; Verwendung der Mehrzahl: 4.33

MILÉSIMO: Verwendungsweise: 4.21

MILLAR: Verwendungsweise: 4.33

MILLARDO: Besonderheiten: 4.13, 4.13A

*'Milliarde'*: 4.13

MILLÓN: Besonderheiten: 4.5, 4.8, 4.12 f

MÍNIMO: Elativ zu PEQUEÑO: 41.35

MIRAR: Zielergänzung mit A: 24.36, 25.48B; Sondergebrauch des Imperativs: 31.34 ff

MISA: Gebrauch des bestimmten Artikels bei ~: 5.75D

MISMO: 9.1 ff; Graduierung: 3.61; ~ statt Personalpronomen: 9.2; feststehende Wendungen mit LO ~: 9.3; Hervorhebung von Identität durch ~: 9.6 ff; ~ bei Adverbien: 9.9, 25.4; LO ~ in Vergleichsstrukturen: 9.145A, 27.2; Indikativ nach LO ~: 32.17; LO ~ QUE SI: 35.109

MISMÍSIMO: Bedeutung: 9.10

MISMITO: Bedeutung: 9.10

*'mit'*-Entsprechung nach Verben des Beginnens und Beendens: 14.75, 14.77, 39.20

MITAD: Verwendung als Ordinalausdruck: 4.27

Modalverben: 14C; IMPERFECTO der ~ als Ersatz von CONDICIONAL: 18.21 f; INDEFINIDO der ~: 18.45 ff; PLUSCUAMPERFECTO der ~: 18.35

MODISTO: 1.18A

MODO (Modalausdruck): 27.36; A ~ DE: 27.15; Relativpronomen zu ~: 10.96; zur Bildung von Adverbien der Art und Weise: 27.36; die konsekutive Konjunktion DE (TAL) ~ QUE: 35.60, 35.64

*'mögen'*-Entsprechungen: 14.63C-F

Möglichkeit: Modusgebrauch in QUE-Nebensätzen im Ausdruck der ~: 34D

MOISÉS: Mehrzahlform: 2.13

MOMENTO: ES EL ~ DE: 19.22

MONA: Bedeutung der Mehrzahlform: 2.30A

Monatsnamen: Geschlecht von ~: 1.72C; Angabe der ~: 19.19, 26.93

MONSEÑOR: Gebrauch des bestimmten Artikels vor ~: 5.24

MONTAÑÉS: zweiendiges Substantiv-Adjektiv: 1.21, 3.4

MORIR: Konjugation: 12.59A; Verwendungsweise: 13.22

MORIRSE: Verwendungsweise: 13.22

MOSTRAR: Bedeutung und Verwendungsweise von ~SE: 20.12C; ergänzt durch POR: 39.10A

Motorrädernamen: Geschlecht von ~: 1.73D

MOVER: Konjugation: 12.58G

MUCHÍSIMO: Verwendungsweise: 9.47A, 9.48

MUCHO: 9.36 ff; ~ als Prädikatsnomen: 9.37; Einzahl von ~ als Mehrzahl: 9.38 ~ MÁS: 3.69, 9.39; LO ~ QUE: 9.41, 28.30; ~ im Ausdruck exzessiver Intensität: 9.42; ~ + Komparativ des Adjektivs und des Adverbs: 9.43; der konzessive Ausdruck POR ~ QUE: 35.46A

MUNDO: Verwendungsweise von TODO EL ~: 9.114

*'müssen'*-Entsprechungen: 14.57, 14.59 ff, 31.8

MUY: 9.45 ff; obligatorische Ersetzung durch MUCHO: 9.47; ~ MUCHO: 9.48; EL / LA / LOS / LAS ~: 9.49; ~ im Ausdruck exzessiver Intensität: 9.50; POR ~: 9.51, 35.46B

## Sach- und Wortregister

## N

Nachsilbe: s. Suffixe

NACER: Konjugation: 12.67B; PERFECTO von ~: 18.54A

NADA: 9.78 ff, ~ DE ~: 9.79A; Substantivierung: 5.5A; 29.43 ff; NI ~: 29.56C; in Zurückweisungen: 29.60A, 29.60B, 29.60C; ~ DE + Infinitiv: 31.13; ~ MÁS + Infinitiv: 14.104; ~ DE in imperativischen Formeln: 31.15C; A ~ QUE als temporale Konjunktion: 35.14, 35.21A; ~ MÁS QUE als temporale Konjunktion: 35.14, 35.21A

NADIE: 9.76, 29.43 ff; mit akkusativischem A: 24.7

NARIZ: Verwendung in der Einzahl. oder Mehrzahlform: 2.34A

Naturerscheinung: Verben der ~: 22.24 f

Nebensatz: in der Satzgliedstellung: 30.40, 30.19 ff, 30.28, 30.34B, 30.53; EL vor dem substantivischen ~: 34.3; ~ oder Infinitivkonstruktion?: 34.88; ~ des begleitenden oder fehlenden Umstands: 35C; Ersetzungen: 35I

NECESARIO: ~ als Ergänzungsteil in Vergleichsstrukturen: 3.68, 9.157, 9.161, 9.164

NEGAR: Konjugation: 12.55C; Indikativ und Subjuntivo bei (NO) ~ QUE: 34.76

Negation: 29; durch Präfix: 41.1 f; implizite ~: 36.14; mehrfache Verneinung: 29.36, 29.41 ff; ~swörter: 29.31; ~wörter als Bezugswort von Relativsätzen: 36.12; implizite ~ in Relativsätzen: 36.14

neutrale Pronomen: 7.10, ~ als Bezugswort in Relativsätzen: 10.24, 10.26 f, 10.41 f

NI: 29.31, 29.51ff, 33.4; feststehende Wendungen: 29.56 f; in imperativischen Formeln: 31.13, 31.15D; ~ QUE: 32.14, 35.44B; ~ AUNQUE 35.44B; ~ LOCO: 35.44C

NI AUN: ~ + Gerundio: 15.19

'nicht einmal'-Entsprechungen: 29.52, 29.58

'nicht mehr'-Entsprechung: 29.13

'nicht wahr?'-Entsprechungen: 28.54

NI MUCHO MENOS: 29.57

NI ... NI: 29.53, 33.4

NINGÚN: s. NINGUNO

NINGUNO: 9.93 ff, 21.31; Verkürzung: 3.48 ff; NINGÚN vor Feminina?: 3.50; Wegfall von ~: 9.94; Mehrzahl?: 9.95; Negationsverstärkung: 9.96; Alternanz mi ALGUNO in Negationen: 9.96

NI SIQUIERA: 29.36, 29.58

NI TAN SIQUIERA: 9.140B, 29.58

NO: 29A, 29.59; Synonyme und Quasi-Synonyme: 29.60; redundant: 29.9 ff, 29.36, 34. 63, 34.66, 35.23; Wegfall: 29.39

NO BIEN: temporale Konjunktion 35.14, 35.21

'noch nicht'-Entsprechung: 29.12

¿NO ES ESO?: 7.42P

NO FUERA / FUESE A SER QUE: finale Konjunktion: 35.13

NO FUERA / FUESE QUE: finale Konjunktion: 35.13

NOMBRAR: Verb des Benennens 21.14

Nominativergänzung: Verben mit ~: 20

NONO: ersetzt NOVENO: 4.16B, 4.22

NO OBSTANTE: als Präposition: 40.26; ~ DE + Infinitiv: 14.110A; die Konjunktion ~ QUE: 35.45; Kommasetzung: 42.28C

NORTE: AL ~: 25.28

NOS (Personalpronomen): 11.42 f

NO SEA QUE: finale Konjunktion: 35.13

NOSOTRAS (Pronomen): Satzsubjektfunktion: 11.10; Benennungsumfang: 11.14

NOSOTROS (Pronomen): Satzsubjektfunktion: 11.10

NOTAR: Bedeutung und Verwendungsweise: 21.11C, 21.12

Notennamen: Geschlecht von ~: 1.72D

NO VAYA A SER QUE: finale Konjunktion: 35.13

NUEVO: Verwendung der weiblichen Form bei Städtenamen: 1.67, Konventionelle Stellung als Attribut: 3.43A

Nullplural: ~ der Substantive auf -T: 2.18; ~ für die Bezeichnung exotischer Volksgruppen: 2.23; ~ von Eigennamen: 2.24A, 2.25 ff

Nullsubjekt: 22B

NÚMERO: Feststehende Wendungen mit ~: 4.37

NUNCA: 21.31 f, 29.36, 29.41, 29.43 ff, 29.49; in Vergleichssätzen: 29.46, 29.48; Stellung im Satz: 30.44, 30.48

## O

O (Ordinalzahlkennzeichen): 4.18A

O (Konjunktion): 33.6 ff; Subjuntivo in Verknüpfungen mit ~: 32.19; ~ ... ~: 33.10

## Sach- und Wortregister

OASIS: männliches Substantiv: 1.52
OBEDECER: verbundene Personalpronomen bei ~: 11.63J; Akkusativobjekt bei ~: 24.34
ÓBICE: die finale Wendung NO SER ~ PARA QUE: 35.7A
Objektsatz: s. Subjuntivo, Indikativ
OBJETO INDIRECTO s. Dativobjekt
Obstbaumbezeichnungen: Geschlecht von ~: 1.37
OCASIÓN: Angabe der Häufigkeit mit ~: 26.44
OCULTAR: Modus des QUE-Nebensatzes bei ~: 34.37B
O ESO: 7.42O
OESTE: AL ~: 25.28
OFRECERSE: Infinitivergänzung: 14.115
OÍR: Konjugation: 12.85; Sondergebrauch des Imperativs: 31.37 f; unbetonte Pronomen in Infinitivkonstruktionen: 11.120
OJALÁ: im Ausdruck erfüllbarer Wünsche: 32.8; im Ausdruck unerfüllbarer Wünsche: 32.10, 37.24C, 37.24D
OJO: ~ CON + Infinitiv: 31.13; ~ CON in Warnungen: 31.15E
OLER: Konjugation: 12.58I
OLVIDAR: Verwendungsweise gegenüber OLVIDARSE: 13.27; Modus des QUE-Nebensatzes bei ~: 34.28
-ÓN (Suffix): 41.24 ff; Adjektive auf ~: 3.8, 41.25B
ONG (Abkürzung): Mehrzahl von ~ : 2.27A
ÓPTIMO: Elativ zu BUENO: 41.35
ORA: ~ ... ~: 33.18
Ordinalzahl: 4B; Stellung zum Bezugswort: 3.29; ~ im Gebrauchswortschatz: 4.21; ~ bei Herrschernamen: 4.22; LO plus ~: 5.16; ~ als Bezugswort eines Relativsatzes: 36.24, 36.33; in Zeitangaben: 46.42 f, 26.96, 26.97
Ordinalzahlkennzeichen: 4.18
orthographische Veränderungen: ~ bei der Mehrzahlbildung von Substantiven: 2.9; ~ bei der Mehrzahlbildung von Adjektiven: 3.18; ~ in der Konjugation: 12D; ~ beim Einsetzen von Vorsilben: 41.1; ~ beim Einsetzen von Nachsilben: 41.16, 41.33B
Ortsangaben: 25
OS (Personalpronomen): 11.44 f
OSCURO: Verwendung von ~ bei Farbadjektiven: 3.26
O SEA: 19.17
-OTE, -OTA (Suffix): 41.29, Adjektive auf ~: 3.11
OTRO / OTRA / OTROS / OTRAS: Wegfall des bestimmten Artikels: 6.19; ohne unbestimmten Artikel: 9.14 ff; MUY ~: 9.14A; pronominale Begleiter von ~: 9.14B; + MÁS: 9.15; Synonymität mit MÁS: 9.15 f; Entsprechung von *'noch'* mit Zahlen: 9.15A; ~ QUE: 9.16; feststehende Ausdrücke mit ~: 9.18; mit bestimmtem Artikel: 9.19; LO OTRO: 9.20; ~ im Ausdruck der Gegenseitigkeit: 9.34, 13.11; in Zeitangaben: 26.23
OVEJA: Bedeutung der Mehrzahlform: 2.30A
Ozean- und Meeresnamen: Geschlecht von ~: 1.72A

# P

PA (Verkürzung von PARA): 39B
*'Paar'*: 4.34
Paarbezeichnungen: 2.28, Gebrauch von UNOS / UNAS bei ~: 6.13
PAGAR: verbundene Personalpronomen bei ~: 11.63K; Konjugation: 12.42; ~ POR + Infinitiv: 39.12
PANTALÓN: Verwendung in der Einzahl- oder Mehrzahlform: 2.34A
PAR: Bedeutung und Verwendungsweise: 4.34
PARA (Präposition): 39B; Unterschied zu POR: 26.27, 26.52, 39.23A, 39.24 f, 39.36B; SER ~ (QUE): 19.32, 19.86; Angabe der Richtung: 25.62, 39.42; in Zeitangaben: 26.8, 26.25 ff, 26.30, 26.35, 26.52, 26.58; ~ DENTRO DE: 26.40A; ~ QUE: 35.2, 35.7 ff, 39.36A; ~ CON: 39.43, 40.9A; ~ + Infinitiv: 14.15 f, 14.112 f, 35.6, 39.29B, 39.36A
PARA NADA: Verwendungsweisen: 29.60C
PARANOIA: zur Schreibung von ~: 42.10B
PARAR: Stellung des Personalpronomens bei ~ DE + Infinitiv: 11.111C; Sondergebrauch des Imperativs: 31.50
PARARSE: Infinitivergänzung: 14.115
PARECER: 20.11; Infinitiv und QUE-Ergänzung bei ~: 14.52; Pronominalisierung des Prädikatsnomens von ~: 11.72; in Meinungsäußerungen: 20.11B, 20.11D; Pronominalisierung bei ~SE: 24.35; Frage mit QUÉ: 28.2; Indikativ oder Subjuntivo?: 34.103 ff; **PRETÉRITO IMPERFECTO DE SUBJUNTIVO** statt **CONDICIONAL SIMPLE**: 32.27
PARECIDO: Ergänzung mit A: 3.63
PAREJA: Bedeutung und Verwendungsweise: 4.34A
PARÉNTESIS: männliches Substantiv: 1.52

### Sach- und Wortregister

PARTE: Verwendung als Ordinalausdruck: 4.27 f; in feststehenden Ortsangaben: 25.66, 25.68; A ESTA ~: 26.39
PARTICIPAR: Ergänzung mit EN: 38.24A
Partizip: 16; regelmäßige Bildung: 12.8; unregelmäßige ~formen: 12.9; Aktivische Fügungen mit dem ~: 16B; ~ als Adjektiv: 16.4 f, 16.7, 16.12, 19.82; Stellung in den zusammengesetzten Zeiten: 16.2; ~ + QUE + INDEFINIDO von HABER: 16.3; veränderliches ~ + QUE + INDEFINIDO des Hilfsverbs: 16.6; ~ + Umstandsergänzungen: 16.8; ~ als Prädikativum: 16.10; Partizipfügung statt Nebensatz: 16.11 f; ~ + QUE + INDEFINIDO von SER: 17.2; Pronominalisierung des ~ beim Vorgangspassiv: 17.6; ~angabe in Verbindung mit CON: 40.7
PASADO (Adjektiv): Gebrauch in Angaben des Wochentages: 26.92
PASAR: Gebrauch des bestimmten Artikels beim Objekt von ~: 5.71; ~ DE: Gebrauch des bestimmten Artikels beim Objekt von ~: 5.71; ~ A + Infinitiv: 14.79; ~ DE + Infinitiv: 14.80; Gerundio von ~ POR in Lageangaben: 15.7A; ~ A: entspricht *'werden'*: 20.18B; POR führt die Zielergänzung von ~ ein: 25.55; ~SE + Gerundio: 26.50; in Verbindung mit QUÉ: 28.6; ~(SE) DE + Adjektiv: 38.1C; ~ POR als Verb des Dafürhaltens: 39.14B
Passiv: 17; fragwürdige Vorgangspassivbildungen: 24.31A
PEDIR: Konjugation: 12.60A
PEGAR: verbundene Personalpronomen bei ~: 11.63L
PENSAR: Konjugation: 12.55; Verb des Dafürhaltens: 21.13; Subjuntivo von ~ in beigeordneten Finalkonstruktionen: 32.22B; ~ EN: 38.24B
PEOR: Einendigkeit: 3.6A; Steigerung von MALO: 3.72; Steigerung von MAL: 27.5; Steigerung durch MUCHO: 9.43
PEQUEÑO: Steigerung: 3.76; Elativ: 41.35
PERDER: Konjugation: 12.55E
PERDONAR: verbundene Personalpronomen bei ~: 11.63M; Gebrauch des Subjuntivo nach ~ QUE: 34.81
PERENGANO: 9.75A
PERFECCIONAR: Gebrauch des bestimmten Artikels vor Sprachennamen bei ~: 5.53
PERFECTO: 18B; Formenableitung: 12.25; ~ als Erzähltempus: 18.53; Unterschied zum INDEFINIDO: 18.52; nach DESDE (HACE): 18.13; statt FUTURO PERFECTO: 18.75A
PERFECTO COMPUESTO: S. PERFECTO
PERFECTO DE SUBJUNTIVO: Formenableitung: 12.33; Bedeutung des ~ in der Zeitenfolge: 37.16, 37.21
PERFECTO SIMPLE: S. INDEFINIDO
Perfekt: s. PERFECTO
PERIODISTO: 1.18A
PERJUICIO: die Konjunktion SIN ~ DE QUE: 35.44A
PERMANECER: Verb des Weiterbestehens: 20.5A
PERMITIR: Infinitivergänzung bei ~: 14.49; *'dürfen'*-Entsprechung: 14.54A
PERO: 33.13 f
Personalpronomen: 11 (s. auch Reflexivverben); Relativpronomen zu ~: 10.21; redundantes ~ in Relativsätzen: 10.35, 10.40, 11.77; Unterschied zwischen betonten und unbetonten Personalpronomen: 11.7; ~ als Satzsubjekt: 11B; Wegfall von ~ bei unpersönlichen Konstruktionen: 11.9; Subjektpronomen als Verstärkung: 11.12; Satzsubjektpronomen unbetont: 11.13; Benennungsumfang der femininen betonten Formen: 11.14; die unbetonten Personalpronomen: 11D, 11E; Dativformen als Zielergänzungen: 11.39; betontes Akkusativ- oder Dativobjekt: 11.41; Inklusion der Sprechenden durch unbetontes ~: 11.43; Inklusion der Gesprächspartner durch unbetontes ~: 11.45; Alternanz LO / LE bei gewissen Verben: 11.63; unbetonte ~ für Sachen und Satzinhalte: 11H; Vertretung von Unbestimmtem durch ~: 11.67; L-Pronomen als bezugsloses Verbalanhängsel: 11.75; Redundanz bei ~: 11I; redundantes ~ bei unbestimmtem Akkusativ: 11.79 f; antizipierendes L-Pronomen des Personenakkusativs: 11.83; Emphase und Redundanz: 11.89; die unbetonten ~ in der Wortfolge: 11J; falsche Reihenfolgen unbetonter ~: 11.98; ~ im Dativ beim Vorgangspassiv: 17.4; Dativ des Interesses mit Reflexivverben: 13.15; nicht kanonische Stellung des ~: 11.78, 11.100 f; unlogische Pronomenfolgen in Konstruktionen mit Infinitiv und Gerundio: 11.119 ff; possessiver Dativ: 21.12; ~ bei indefinitem Subjekt: 23.3; ~ in indefiniten SE-Sätzen: 23.12 ff; Wegfall in indefiniten SE-Sätzen: 23.17 ff; redundantes ~: 11I, 24.29; ~ mit HE: 25.11B, 25.11C; unbetontes ~ beim Imperativ: 11.102, 31.2 ff; ~ in disjunktiven Konstruktionen mit Subjuntivo: 32.20
Personenbezeichnungen: Geschlecht von ~: 1A; ~ mit unveränderlichem Genus: 1.5; feminine Form von ~: 1B
PESE: die Präposition ~ A: 40.26; ~ A + Infinitiv: 14.110; die Konjunktion ~ A QUE: 35.45
PÉSIMO: Elativ zu MALO: 41.35
PESTICIDA: männliches Substantiv: 1.40A
Pflanzenbezeichnungen: Geschlecht von ~: 1.38 ff
PICAR: verbundene Personalpronomen bei ~: 11.63N
PIE: PONERSE DE / EN ~: 25.43A
-PIÉS: Mehrzahl der Substantive auf ~: 2.13
PILLAR: bei der Standortsangabe: 19.34A
PLACER: Konjugation: 12.67C
Plural: s. Mehrzahl
Pluralia tantum: 2.35

# Sach- und Wortregister

PLUSCUAMPERFECTO: 18D; Formenableitung: 12.26; statt CONDICIONAL COMPUESTO: 18.34; ersetzt durch PRETÉRITO IMPERFECTO DE SUBJUNTIVO: 18.63
PLUSCUAMPERFECTO DE SUBJUNTIVO: Formenableitung: 12.34; ersetzt eine Vergangenheitszeit des Indikativs: 18.63, 35.40A, 35.57B, 36.39; statt CONDICIONAL COMPUESTO: 32.28
Plusquamperfekt: s. PLUSCUAMPERFECTO
POBRE: Bedeutungsunterschied je nach Voran- und Nachstellung: 3.42
POCO: 9.53 ff; ~ als Prädikatsnomen: 9.54; verneinende Bedeutung von ~ vor Adjektiven: 9.56; mit Relativsatz: 36.15A; LO ~ QUE: 9.57, 28.30; CON LO ~ QUE: 9.57, Substantivierung von ~: 9.58f; UN ~ als Adverb: 9.58; UN ~ vor Komparativen: 9.58A; ~ im Ausdruck exzessiver Geringfügigkeit: 9.50; A ~ DE + Infinitiv: 26.20A; die Konjunktion POR ~ QUE: 35.46C
PODER: Modalverb: 14.54; Konjugation: 12.86; Stellung des Personalpronomens bei ~ + Infinitiv: 11.111G; NO ~ MENOS DE: 14.54B; ~ im irrealen Kontext: 18.21 f, 18.35, 18.46A f; INDEFINIDO von ~: 18.46; Ersatz des CONDICIONAL SIMPLE von ~: 18.82; PUDIERA statt PODRÍA: 18.82, 36.11; bei der Adverbsteigerung: 27.7A; PRETÉRITO IMPERFECTO DE SUBJUNTIVO statt CONDICIONAL SIMPLE: 32.24, 36.11; PUEDA SER in Hauptsätzen: 32.25; PUEDA statt PODRÍA: 36.11A
POETA: feminine Form: 1.8, 1.9
PONER: Konjugation: 12.87; Konjugation der Komposita: 12.87A, 12.87B; *'machen'* (mit Objektsprädikativ): 21.4; feststehende Wendungen mit der Präpositionalergänzung EN: 38.26D
PONERSE: ~ A + Infinitiv: 14.76; PUESTOS A + Infinitiv: 16.15; *'werden'*: 20.17; ~ HECHO: 20.17B
POR: (Präposition): 39A (s. auch PARA); in Ortsangaben: 25.34 ff, 25.54 ff, 25.66, 25.67D, 25.68C; Urheber der Handlung beim Vorgangspassiv: 17.3, 17.12, 39.7; ~ bei passivischen SE-Sätzen: 17.12; beim Zustandspassiv: 17.16; ~ DÓNDE: 19.64; ~ AQUÍ: 19.64; in Zeitangaben: 26.7, 26.27, 26.42, 26.51 f, 26.56, 26.59; ~ ENTONCES: 26.80C; ~ QUE: 35.5; konzessive Bedeutung: 35.46; ~ LO + Adjektiv: 5.21; ~ POCO QUE: 35.46C; ~ SI: 35.91; ~ SI ACASO: 32.15B; konkurriert mit A und TRAS im Ausdruck der Wiederholung des Gleichen: 38.16, 39.16B; A ~: 39.9; ~ + Infinitiv: 14.12, 14.28, 14.105, 14.116 ff, 39.5A, 39.5B, 39.11B, 39.12; ~ + Adjektiv / Substantiv / Partizip: 14.105A; ¿ ~ ? statt POR QUÉ: 39.1A
POR CIERTO: 9.31B
POR COMPLETO: 9.111B
POR CONSIGUIENTE: Kommasetzung bei ~: 48.28C
POR CONTRA: 40.14A
POR CUANTO (QUE): kausale Konjunktion: 35.52
POR EL CONTRARIO: Kommasetzung bei ~: 48.28C
POR ENTERO: 9.111A
POR ESO: 7.42G
POR ESO MISMO: 7.42H
POR ESTO: 7.42G
POR FAVOR: 28.65D
POR MEDIO DE: 39.17
POR MOR: ~ DE + Infinitiv: 14.105B
POR POCO: ~ mit PRESENTE im Ausdruck irrealer Vergangenheit: 18.7
POR QUÉ: 28.12 f, Wortstellung in Sätzen mit ~: 30.29; verkürzt auf POR: 39.1A
PORQUÉ (Substantiv): 28.13C
POR QUÉ REGLA DE TRES: 28.12
PORQUE: SERÁ ~: 18.72; ~ NO: 29.6A; mit Subjuntivo: 34.90, 35.5, 35.54 f; Tempus des Subjuntivo: 37.50; mit Indikativ: 35.51
PORTARSE: Bedeutung und Verwendungsweise: 20.12C
POS- (Präfix): 41.11
POSIBLE: Adverbsteigerung durch LO MÁS ~: 27.7
POSIBLEMENTE: Subjuntivo nach ~: 32.15
Possessivpronomen: 8; adjektivische Formen des ~: 8.1; Stellung zum Bezugswort: 3.29, 8.2 f, 8.15, ff; andere Begleiter zum ~: 8.3 f, 8.12, 8.15; ~ oder bestimmter Artikel?: 8.5; Vermeidung der Mehrdeutigkeit von SU(YO): 8.6, 8.10, 8.13; Redundantes ~: 8.7; Pronominale Formen des ~: 8.8; ~ als Prädikatsnomen: 8.9, 8.11, 19.5; bei neutralen Pronomen: 8.11; LO + ~: 5.16, 8.14; ~ in Konstrukten wie DETRÁS MÍO: 8.18; feststehende Wendungen mit ~: 8.19
POST- (Präfix): 41.11
POSTERIOR: einediges Adjektiv: 3.6A; Engänzung mit A: 3.78
POSTRE: männliches und weibliches Substantiv: 1.28A
POSTRERO: Verkürzung: 3.45, 3.46, 4.19; Gebrauch der Vollform: 3.47
POSTRIMERO: Verkürzung: 3.45B
POTENCIAL COMPUESTO: s. CONDICIONAL COMPUESTO
POTENCIAL SIMPLE: s. CONDICIONAL SIMPLE

## Sach- und Wortregister

Prädikat: 22 passim; Stellung im Satz: 30 passim; Hervorhebung des ~: 30.62, 30.63; dritte Person Plural zur Bezeichnung indefiniten Subjekts: 23.A

Prädikatsnomen: Stellung im Satz: 30.2 ff, 30.39, 30.40; Pronominalisierung durch LO: 19.7

Präferenzen: Gebrauch des bestimmten Artikels im Ausdruck von ~: 5.46, Redundanz des Personalpronomens bei Verben der ~: 11.86, 11.92; Modusgebrauch im Relativsatz im Ausdruck von ~: 36.22, 36.27

Präfixe: 41A

Präpositionalobjekt: Stellung im Satz: 30.2 ff, 30.8A, 30.37, 30.40

Präpositionen: 25 passim, 26 passim, 38, 39, 40, 40D6; Besonderheiten im Gebrauch der ~: 40E; Wiederholung der ~ bei Hervorhebung von Satzteilen: 30.64 ff; ~ an unlogischer Stelle vor Relativpronomen: 40.29; ~ vor dem Infinitiv in unpersönlichen Konstruktionen?: 14.35; Gebrauch und Wegfall von ~ vor Infinitivergänzungen: 14.38, 14.53; welche ~ nach dem bestimmten Artikel?: 5.13; Auslassung der ~: 40.31 f

Präpositionalgefüge: Stellung in adjektivischem Gebrauch: 3.31; ~ statt Nebensatz: 35.116

Präpositivadverb: 25.12; POR + ~: 25.36

Präsens: s. PRESENTE

PRE- (Präfix): 41.11

PRECEDENTE: in Zeitangaben: 26.69

PRECEDER: akkusativisches A bei ~: 24.18

PRECIO: Verbindung mit A: 38.13C; Verbindung mit POR: 39.11A

PREDECIR: Konjugation: 12.79A

PREFERIBLE: Ergänzung mit A oder QUE: 3.80

PREFERIR: akkusativisches A bei ~: 24.26, 24.28; Konstruktion mit ANTES: 26.64C

PREGUNTAR: Konstruktion mit Vorgangspassiv: 24.31A

Preis: Ausdruck des ~: 27.14D, 28.44, 38.13, 39.11

PREOCUPARSE: ~ PORQUE + Subjuntivo: 34.90A

PRESENTE: Verwendungsweise: 18A; regelmäßige Formenableitung: 12.20; unregelmäßige Formenableitung: 12E passim, 12.71; bei der Hervorhebung durch Satzspaltung: 30.71; in der indirekten Rede: 37.59; in Subjekt-Objektsätzen (QUE-Sätzen): 37.5

PRESENTE DE INDICATIVO: S. PRESENTE

PRESENTE DE SUBJUNTIVO: regelmäßige Formenableitung: 12.30; unregelmäßige Formenableitung: 12.69; als Imperativ: 32.1; im Ausdruck erfüllbarer Wünsche: 32.4

PRESIDENTE: 1.14

PRESIDENTA: 1.14

PRETENDER: Entsprechung von 'wollen': 14.63H, 14.63L; Modusverwendung bei ~: 34.41

PRETÉRITO ANTERIOR: 18F; Formenableitung: 12.27; Spaltung des ~: 16.3, 18.51; Äquivalente des ~: 16.6; ersetzt vom INDEFINIDO: 18.39; ersetzt durch PRETÉRITO IMPERFECTO DE SUBJUNTIVO: 18.63

PRETÉRITO IMPERFECTO DE SUBJUNTIVO: S. IMPERFECTO DE SUBJUNTIVO

PRETÉRITO INDEFINIDO: S. INDEFINIDO

PRETÉRITO PLUSCUAMPERFECTO: S. PLUSCUAMPERFECTO

PRETÉRITO PLUSCUAMPERFECTO DE SUBJUNTIVO: S. PLUSCUAMPERFECTO DE SUBJUNTIVO

PREVER: Konjugation: 12.98A

PREVIO: in Zeitangaben: 26.69

PREVISTO: ~ als Ergänzungsteil in Vergleichsstrukturen: 3.68, 9.157, 9.161, 9.164

PRIMERO (Ordinalzahl): Verkürzung: 3.45, 3.46, 4.19; Gebrauch der Vollform: 3.47, Angaben mit ~S: 26.19

PRINCIPIO: Angaben mit ~: 26.17, 26.19

PRINGUE: männliches oder weibliches Substantiv?: 1.35

PRO- (Präfix): 41.8

'pro'- Entsprechung: 39.16

PROBABLEMENTE: Subjuntivo nach ~: 32.15, 36.1A

PROCLAMAR: Verb des Benennens 21.14

PROFESOR: Gebrauch des bestimmten Artikels bei ~: 5.50; Gebrauch des bestimmten Artikels vor Sprachennamen bei ~: 5.54

PROFESORA: Gebrauch des bestimmten Artikels bei ~: 5.50; Gebrauch des bestimmten Artikels vor Sprachennamen bei ~: 5.54

PROHIBIR: Infinitivergänzung bei ~: 14.49

PROMETER: ; Modus des QUE-Nebensatzes bei ~: 34.26

PRONTO: 26.83; die Konjunktion TAN ~ (COMO): 35.14, 35.21A

PROPIO: Identitätsverstärkung durch ~: 9.11

PROSEGUIR: ~ + Gerundio: 15.37

PRÓXIMO: in Zeitangaben: 26.73A, 26.92

Prozentangaben: 5.74, 39.16A

PUEBLO: Gattungsbegriff für die Geschlechtsbestimmung von Ortschaften: 1.68

PUEDE QUE: Subjuntivo nach ~: 32.16

Sach- und Wortregister

PUES: konsekutives Adverb: 33.19; Wortstellung von ~ als konsekutives Adverb: 33.19A; umgangssprachlicher Gebrauch: 33.20; kausale Konjunktion: 35.52; die kausale Konjunktion ~ QUE: 35.52; Kommasetzung: 33.19A

PUESTO QUE: kausale Konjunktion: 35.52

PUESTOS: ~ A + Infinitiv: 16.15B

Punkt (Interpunktionszeichen): Wegfall des ~ beim Eigennamen eines Herrschers: 4.17

PUNTO: ESTAR A ~ DE: 19.35A; die konsekutive Wendung HASTA TAL ~: 35.61A

PURO: kausative Wendungen mit DE: 38.7A, 38.7E

PYME (Abkürzung): Mehrzahl von ~: 2.27A

# Q

QUE (Relativpronomen): 10.6, 10.16, 10.18, 10.21 f, 10.24, 10.31, 10.33, 10.43, 10.92 ff; Konkurrenz mit EL CUAL: 10.17, 10.23, 10.34; Konkurrenz mit QUIEN: 10.23; ~ als Dativobjekt: 10.46, 10.48; in Zeitausdrücken (ersetzt CUANDO): 10.93; ~ vor einem Infinitiv: 10.97; begründendes ~: 10.98~ + Infinitiv: 14.17; ersetzt eine CADA-Konstruktion: 10.100

QUE (Konjunktion: *'daß'*): 34 passim; ~-Nebensatz konkurriert mit Infinitivergänzung: 14.42 ff; nach Modaladverbien: 27.56, 34.16; nach PARA MÍ: 39.40A; ~ NO: 29.22; Imperativ mit ~: 31.3; ~ SI: 34.12 f; Intensitätsformeln mit verdoppeltem Verb: 34.15A; ~ ersetzt COMO: 34.17; Wegfall von ~: 34.19, 34.33, 34.38, 34.44; 34.66, 34.80A; EL ~: 34.3, 34.94; finale Konjunktion: 35.4; kausale Konjunktion: 35.56; konsekutive Konjunktion: 35.60A; konditionale Konjunktion: 35.104 f

QUÉ (Frage- und Ausrufewort): 28A; ~ + Substantiv + NI ~ + Substantiv: 29.57; ~ + Substantiv + Demonstrativum: 7.23; zum Akzent: 42.25D

QUEDAR: ~SE:13.21; ~ POR + Infinitiv: 14.12; ~ SIN + Infinitiv: 14.13; Infinitivergänzung: 14.115; feststehende Wendungen: 20.8E; in Standortangaben: 19.34; Verb des Vorhandenseins: 19.100A; ~(SE) + Gerundio: 15.6, 15.44; ~SE + Partizip: 17.21 f; statt ESTAR: 20.8; *'werden'*: 20.23

QUEÍSMO: 34.2, 34.4A, 40.32

QUEJARSE: Indikativ nach ~ DE QUE: 34.97A

QUÉ LE VAMOS A HACER: 11.75A

QUÉ MÁS QUISIERA: 32.26A

QUERER: Konjugation: 12.88; Modalverb: 14.56; Stellung des Personalpronomens bei ~ + Infinitiv: 11.111H; INDEFINIDO: 18.45; Ersatz des CONDICIONAL SIMPLE: 18.82; QUISIERA: 14.56A; QUISIERA statt QUERRÍA: 18.82, 36.11; PRETÉRITO IMPERFECTO DE SUBJUNTIVO statt CONDICIONAL SIMPLE: 32.16A, 32.26; QUISIERA statt QUIERO: 32.26

¿QUÉ TAL?: 9.28D; 28.19

QUE VIENE: Verwendung bei Zeitangaben: 26.73

QUIEN / QUIENES (Relativpronomen): 10.11, 10.70, 10.101, 10.36 ff, 10.60, 10.101; in Verbindung mit dem Gerundio: 15.18A; Kongruenzfragen: 22.13, 22.18; Verweis auf Sachen: 30.60

QUIÉN / QUIÉNES (Frage- und Ausrufewort): 28B; in Ausrufen: 32.12; zum Akzent: 42.25D

QUIENQUIERA: Subjuntivo nach ~: 36.35A

QUIETO: Tempus von ESTAR bei ~: 19.80

QUISIERA: s. QUERER

QUITAR: Sondergebrauch des Imperativs: 31.47; Subjuntivo nach ~: 34.54A; die finale Wendung ESO NO QUITA PARA QUE: 35.7A

QUIZÁ(S): Subjuntivo nach ~: 32.15, 35.67, 36.1A, 37.24A, 37.24B

# R

RADICAR: ~ EN QUE: 34.61

RAER: Konjugation: 12.89

RATO: Bedeutung und Verwendungsweise von UN ~ (LARGO): 9.52A; Bedeutung und Verwendungsweise von AL (POCO) ~: 26.20A; ~ in Fragen nach der Dauer: 26.48A; PARA ~: 26.53A

RAZÓN: die Wendung A ~ DE im Ausdruck von Preis und Verteilung: 38.13

RE- (Präfix): 41.3 f

REAL SOCIEDAD: Geschlecht: 1.72G

REALMENTE: Verwendung bei der Adjektivsteigerung: 9.45A

REBASAR: Gebrauch des bestimmten Artikels beim Objekt von ~: 5.71

Rechtfertigung: Subjuntivo nach Ausdrücken der ~: 34.85

RECIÉN: 26.87; Stellung zum Partizip: 16.9

RÉCORD: Akzent bei der Mehrzahlform: 2.17, 42.25A

## Sach- und Wortregister

RECORDAR: Bedeutung und Verwendungsweise: 21.11G; QUE RECUERDE / RECORDARA: 32.29

REEMPLAZAR: akkusativisches A bei ~: 24.17

Reflexivpronomen: Stellung der ~ beim Imperativ: 13.1 f; Stellung der ~ beim Gerundio: 13.3; Stellung der ~ beim Infinitiv: 13.3; Akkusativ und Dativ beim ~: 13.8; *'selbst'* zum ~: 13.9; Dativ des Interesses mit ~: 13.15

Reflexivverben: 13; Konjugationsmuster von ~: 13.4 ff; ~ und Lexikon: 13.7, 13.15 f; ~ im Ausdruck der Gegenseitigkeit: 13.10 ff; kausativer Sinn von ~: 13.13; passivischer Sinn von ~: 13.14; Unterschied zwischen ~ und einfacher Form des Verbs: 13.17 ff

REGAÑAR: verbundene Personalpronomen bei ~: 11.63O

RÉGIMEN: Mehrzahlform: 2.10

Regionenbezeichnungen: Geschlecht der ~: 1.64

REHUIR: Konjugation: 12.66B

REÍR: Konjugation: 12.65; Verwendungsweise gegenüber REÍRSE: 13.23

Relativpronomen: 10; Entfernung zwischen ~ und Bezugswort: 10.4; Formenbestand: 10.5 f; ~ als Satzsubjekt: 10B; ~ zu Personalpronomen: 10.21 f, Präposition + ~: 10.49 ff; ~ in relativischer Verschränkung: 10.77; ~ in der Hervorhebung von Satzteilen: 10.85ff, 30.57, ~ zu Zeitausdrücken: 10.92 f, ~ zu Modalausdrücken: 10.96

Relativsatz: 10 passim; ~ als Ergänzung in Vergleichsstrukturen: 9.158 ff; ~ ersetzt von Infinitivsatz: 14.26; Typen des ~: 10.1 ff, 36.1; Komma vor dem ~: 10.1 ff; Wortfolge in ~: 30.20; ~ in der Hervorhebung von Satzteilen: 30 F; Modusgebrauch in ~: 36; Zeitenfolgeregeln für ~: 37E; statt abhängiger QUÉ-Frage: 28.20 f, 36.20; statt QUÉ-Ausruf: 28.33; Stellung des ~ in der Hervorhebung von Satzteilen: 30.73; Tempus des ~ in der Hervorhebung von Satzteilen: 30.70, 36.23; Indikativ im ~: 36A; Subjuntivo im ~: 36B, 37.53 f; konzessiver ~: 36.16; finaler ~: 36.17; Zeitenfolgeregeln für den ~: 37E

REPONER: Konjugation: 12.87A

REPRESENTAR: Gebrauch des bestimmten Artikels beim Objekt von ~: 5.71; ersetzt SER: 20.14

REPUTAR: Verb des Dafürhaltens: 21.13

REQUETE- (Präfix): 41.4

Resignation: Ausdrücke der ~: 28.70

RESOLVER: Konjugation: 12.58K

RESPECTIVAMENTE: Verwendungsweise: 9.129

RESPECTIVO: Verwendungsweise: 9.129

RESPECTO: AL ~: 38.15D; CON ~ A: 38.15E

RESPONDER: Ergänzung von ~: 38.18A

RESTANTE: Syntax und Bedeutung: 9.21A

RESULTAR: statt SER: 20.7

RETE- (Präfix): 41.4

REUNIR: Konjugation: 12.52B

RICO: ~ EN: 38.25

ROBAR: verbundene Personalpronomen bei ~: 11.63P

ROER: Konjugation: 12.90

ROGAR: Konjugation: 12.58D; Wegfall von QUE im Nebensatz von ~: 34.44

ROMPER: ~ A + Infinitiv: 14.78

rückbezügliche Verben: s. Reflexivverben

RUIN: einendiges Adjektiv: 3.9

## S

SABER: Gebrauch des bestimmten Artikels bei ~ als Verb des Lehrens und Lernens: 5.51; Gebrauch des bestimmten Artikels vor Sprachennamen bei ~: 5.53; Modalverb: CUALQUIERA SABE: 9.121B; 14.55; Konjugation: 12.91; mit dem Infinitiv in abhängigen Fragen: 14.22, 35.80; INDEFINIDO: 18.43A; Verb des Dafürhaltens: 21.13; ~ in Zurückweisungen: 29.61; QUE SEPA / SUPIERA: 32.29; ~SE: 13.18A; Subjuntivo nach NO ~ QUE: 34.69; NO SÉ QUÉ TE DIGA: 34.100B

SABERSE: ersetzt SABER: 13.18A

SACERDOTE: feminine Form: 1.8, 1.9

sächlicher Artikel: s. LO (neutraler Artikel)

Sachnamen: Geschlecht von ~ als Personenbezeichnungen: 1.2, 1.3

SALIR: Konjugation: 12.92; ~ + Gerundio: 15.43; Kopulaverb: 20.9; Zielergänzung durch PARA eingeführt: 25.62; ~ + A / POR im Ausdruck des Preises: 38.13A, 39.11A

SALVO (Präposition): 40.26; Gebrauch des Personalpronomens nach ~: 11.22; ~ + Infinitiv: 14.107B; die Konjunktion ~ QUE: 35.38, 35.95

SAMURÁI: Mehrzahlform: 2.3; zur Schreibung: 42.10D; zum Akzent: 42.24D

SAN: s. SANTO

## Sach- und Wortregister

SANTO: Verkürzung: 3.57; Gebrauch der Vollform: 3.58; A ~ DE QUÉ: 28.12

SARTÉN: männliches oder weibliches Substantiv?: 1.35

SATISFACER: Konjugation: 12.82B

Sätze ohne Subjekt: 22B

Satzgliedstellung: 30; festgelegte Wortfolgen: 3.43, 29.1, 11J; Stellung des attributiven Adjektivs: 3C, 3D passim; Stellung der Pronomen und Zahlen: 3.29, 4.17; Stellung des Artikels: 5.3; Voran- und Nachstellung des Demonstrativpronomens: 7.20 ff; Stellung des Possessivpronomens: 8.2 ff; Stellung des Relativpronomens zum Bezugswort: 10.4; Stellung von USTED / USTEDES: 11.19; Stellung der unbetonten Personalpronomen: 11.94 ff; archaisierende Wortfolge beim Personalpronomen: 11.78, 11.100 f; Stellung des Subjekts des Infinitivsatzes: 14.3; relativische Verschränkung: 10.77; akkusativisches A in Infinitivkonstruktionen: 24.10; Hervorhebung von Satzteilen: 30.38 ff, 30.53 ff, 30F passim, 34.95, 35.74, 36.23; Partizip in den zusammengesetzten Zeiten: 16.2; Partizip in Umstandsangaben: 16.13; beim Vorgangspassiv: 17.1; Stellung graduierender Adverbien: 27.53A; Wortfolge in QUÉ-Ausrufen: 28.24 ff

Satzzeichen: 42.27

Schiffsnamen: Geschlecht von ~: 1.72B

Schreibung: 42, 41.7A, 41.10A

Schulfachnamen: Gebrauch des bestimmten Artikels bei ~ : 5.50

SE (Personalpronomen): Übersicht über die Verwendungsbereiche von ~: 11.40; ~ statt LE / LES: 11.65

SE (indefinites Pronomen): 23B; Stellung des Personalpronomens bei ~-Sätzen: 11.119; ~-Sätze mit passivischem Sinn: 17.11 f; unbetonte Pronomen in Infinitivkonstruktionen: 11.119; Satzteilfolge der ~-Sätze: 30.18; Imperativ: 31.7

SEA: ~ als distributiver Ausdruck: 33.18A

SEGUIR: verbundene Personalpronomen bei ~: 11.63Q; Konjugation: 12.60C; ~ SIN: 14.74A; ~ + Gerundio: 15.36; Stellung des Personalpronomens bei ~ + Gerundio: 11.117C; ~ + Partizip: 17.19; statt ESTAR: 20.4; Synonyme: 15.37, 17.19, 20.15; mit akkusativischem A: 24.18, 24.34

SEGÚN als Präposition: 40.20 f; Gebrauch des Personalpronomens nach ~: 11.22; als Konjunktion: 35.21A, 35.26B, 35.29A, 35.40, 35.101; ~ Y COMO: 35.101; ~ QUÉ / QUIÉN: 40.21

SEGURAMENTE: Subjuntivo nach ~: 32.15A

*'seit'*-Angaben: 15.39, 18.2, 20.10, 26.30 ff

*'selber, selbst'*: 9.6

SEMANA: Angaben mit ~: 26.4

SEMEJANTE: 3.63; Gebrauch des unbestimmten Artikels: 6.23, Bedeutung: 9.29

SEMEJAR: Bedeutung und Verwendungsweise: 20.12A

SEMI- (Präfix): 41.14

SENDOS: 9.128

SENTARSE: Infinitivergänzung: 14.115

SENTIR: Konjugation: 12.56A; Indikativ oder Subjuntivo?: 34.106C; ~SE als Verb des Befindens: 20.13; mit Objektsprädikativ: 21.11A; ergänzt durch POR: 39.10A

SEÑALAR: Zielergänzung mit A: 24.36, 25.48B

SEÑAS: 2.36

SEÑOR: Gebrauch des bestimmten Artikels vor ~: 5.23

SEÑORA: Gebrauch des bestimmten Artikels vor ~: 5.23

SEÑORITA: Gebrauch des bestimmten Artikels vor ~: 5.23

SEPARARSE: Infinitivergänzung: 14.115

SER: Konjugation: 12.93; Pronominalisierung des Prädikatsnomens von ~: 11.72; Verbindungen mit DE: 19.24, 38.2D, 32.8F, 38.2A, 38.2F, 38.4E, 38.9D; ~ als Hilfsverb zur Bildung der zusammengesetzten Zeiten: 12.12, 16.1A; ~ PARA + Infinitiv: 14.16; in Verkürzung von Temporalsätzen mit dem Infinitiv: 14.24; ~ beim Klassifizieren, Quantifizieren und Identifizieren: 19A; ersetzt ein Geschehensverb: 19B; Unterschied zu ESTAR: 19E, 19.66; Unterschied zu HABER: 19.96 ff; *'stattfinden'*: 19.30; *'werden'*: 20.21; Synonyme von ~: 20 passim; ES QUE 19.26 ff; ES QUE in Fragen: 19.29, 28.55; Subjuntivo bei ~ QUE in Äquivalenzsätzen: 34.91; mit VEZ: 19.21; **INDEFINIDO** von ~: 18.42; Verwendung des Gerundio von ~: 15.22; Bildung des Vorgangspassivs: 17.1 ff; Sondergebrauch im **FUTURO** (SERÁ QUE): 18.72, 34.59; Kongruenz: 22.2; PUEDA ~ in Hauptsätzen: 32.25; LO QUE SEA: 36.29A, 36.30; POR: 39.1B; Wegfall und Ersetzung durch Komma: 42.28E

SERVIDOR: 9.75B

SERVIDORA: 9.75B

SERVIR: verbundene Personalpronomen bei ~: 11.63R; präpositionale Ergänzung mit DE: 38.6E

**SESEO**: 42.4B

SI (Konjunktion): 35.68 ff; QUE ~: 34.12; **FUTURO** nach ~: 18.73; ~ LOS / LAS HAY: 19.92; ~ ES QUE: 35.73; COMO ~: 35.109 f; ~ BIEN: 35.48; (QUE) NO: 35.68E; ~ in der Bedeutung *'ob'*: 35.77 ff, 35.82

SÍ (Personalpronomen): 11.33 ff

SÍ (Adverb): 27.50 f; A QUE ~: 27.51A; ~ QUE: 27.51B

**Sach- und Wortregister**

SIENDO (Gerundio von SER): ~ ASÍ QUE 15.22; ~ DE NOTAR QUE: 15.22; ESTAR ~ + Substantiv / Adjektiv: 15.31
SIEMPRE: Zeitadverb: 26.84; Stellung im Satz: 30.44; ~ QUE: 35.20, 35.97C; ~ Y CUANDO: 35.97C
SIGNIFICAR: Bedeutung und Verwendungsweise: 20.14
SIGUIENTE: in Zeitangaben: 26.23, 26.73A, 26.92
SILBAR: verbundene Personalpronomen bei ~: 11.63S
Silbentrennung: 42.23
SIMILAR: 3.63
SIMPLE: Bedeutungsunterschied je nach Voran- oder Nachstellung: 3.42
SIN: 40.22: bestimmter Artikel nach ~ in Angaben von Zustand und Aussehen: 5.64A; mit Negationswörtern: 29.42; ~ + Infinitiv: 14.13, 14.120 f, 31.13; ~ QUE: 35.32, 37.43, 37.45; Subjuntivo im Bezugswort nach ~: 36.13
SIN EMBARGO: ~ DE + Infinitiv: 14.110A; Kommasetzung: 42.28C
SIN IR MÁS LEJOS: 14.120B
Singular: s. Mehrzahl
SINO: 29.23 ff; ~ QUE: 29.24, 35.37B
SINÓNIMO: 3.63
-SIÓN: Endung weiblicher Substantive: 1.48A
SIQUIERA: 27.53, 9.140B; NI ~: 29.31, 29.58, 29.52; NI TAN ~: 9.140B; konzessive Konjunktion: 35.44B
-SIS: Endung weiblicher und männlicher Substantive: 1.51 f
SITIO: Gebrauch in feststehenden Ortsangaben: 25.66
SITUADO: ESTAR ~: 19.34; HALLARSE ~: 19.34; ENCONTRARSE ~: 19.34
SOBRANTE: Syntax und Bedeutung: 9.21A
SOBRAR: Verb des Vorhandenseins: 19.100B
SOBRE (Präposition): 40.25; ~ + Infinitiv: 14.123B; in Ortsangaben: 25.38 f, 25.44; in ungefähren Zeitangaben: 26.57, 26.91; Konkurrenz mit DE bei der Bezeichnung des Themas: 38.4I, 40.25; die Konjunktion ~ QUE: 35.31, 35.39A
SOBREMANERA: Verwendungsweise: 9.52A
SOBREPASAR: Gebrauch des bestimmten Artikels beim Objekt von ~: 5.71
SOLAMENTE: s. SÓLO
SOLER: ~ + Infinitiv: 14.92, 18.1A, 18.15B; Stellung des Personalpronomens bei ~ + Infinitiv: 11.111I
'sollen'-Entsprechungen: 14.57, 14.63M ff, 31.8, 34.41B, 35.89
SOLO: 27.48; unbestimmter Artikel vor ~: 6.8; Identitätsverstärkung durch ~: 9.12
SÓLO: 9.12A, 27.53B, 27.54; Stellung im Satz: 30.43; ~ + Infinitiv: 14.104A; ~ DE + Infinitiv: 14.107A; die Konjunktion ~ QUE: 35.38; die Konjunktion CON ~ QUE: 35.97B; Akzent bei ~: 42.25F
SOLTARSE: ~ A + Infinitiv: 14.83
'sondern'-Entsprechung: 29.23 ff
SONREÍRSE: Verwendungsweise: 13.23
SOÑAR: Modus des QUE-Nebensatzes bei ~: 34.35; ~ CON + Infinitiv: 34.35A
SO PENA: ~ DE + Infinitiv: 14.107B; die konditionale Konjunktion ~ DE QUE: 35.94A
SO PRETEXTO: ~ DE + Infinitiv: 14.113B; die Konjunktion ~ DE QUE: 35.52
-SOR: Adjektive auf ~: 3.6
SORPRESA: Gebrauch von ~ in Verbindung mit CUÁL: 28.42
Sportvereinsnamen: Geschlecht von ~: 1.72G
Sprachenbezeichnungen: Gebrauch des bestimmten Artikels bei ~: 5.52f
Sprachlautnamen: Geschlecht von ~: 1.73A
Städtenamen: Geschlecht der ~: 1.65
Steigerung: s. Graduierung
Stoffnamen: Mehrzahl von ~: 2.32; Gebrauch des bestimmten Artikels bei ~: 5.41ff
Straßennamen: Geschlecht von ~: 1.73C
Studienfachnamen: Gebrauch des bestimmten Artikels bei ~ : 5.50
Subjekt: Gebrauch des bestimmten Artikels beim ~ allgemeingültiger Aussagen: 5.44; ~ der Gerundio-Angabe: 15.3; der Infinitiv-Angabe: 14.3; Null~: 22B; Stellung im Satz: 30.2 ff, 30.6; Nachstellung des ~ im Satz: 30B; Hervorhebung des ~: 30.58; ~ und Prädikat: 22
Subjuntivo: im einfachen Satz: 32; zeitliche Bedeutung der Zeiten des ~: 37B; welches ~-Tempus ist in Hauptsätzen zu verwenden?: 37.24; welches ~-Tempus ist in Subjekt-Objektsätzen zu verwenden?: 37C; welches ~-Tempus ist in Adverbialsätzen zu verwenden?: 37D; ~ in Hauptsätzen nach Modaladverbien: 32.15; in Subjekt-Objektsätzen (QUE-Nebensätzen): 34C-F; CREER QUE + ~: 34.57; konventionelle Verwendung des ~ in QUE-Nebensätzen: 34.69A, 34.72, 34.73A, 34.76, 34.79A, 34.100A; in Adverbialsätzen: 35 passim; im QUE-Satz ohne explizit einleitendes Verb: 34.7; in Relativsätzen: 36B
Substantiv: statt Nebensatz: 35.114; s. Geschlecht der Substantive, Mehrzahl der Substantive
Substantivierungen: Geschlecht von ~: 1.61, 1.62, 5.5C, 5.5D; des QUE-Nebensatzes: 34.3, 34.94
SUCEDER: akkusativisches A bei ~: 24.17

## Sach- und Wortregister

SUERTE: Indikativ nach ~ QUE: 34.97C; die konsekutive Konjunktion DE ~ QUE: 35.60, 35.64
Suffixe: 41B; Bildung von Adjektiven: 3.6 ff, 15.8B; Bildung von Adverbien: 27.41; Bildung von Bruchzahlen: 4.25; Bildung von Ordinalzahlen: 4.23
SUFICIENTE: Verwendungsweise: 9.69
SUFICIENTEMENTE: Verwendungsweise: 9.69
SUMAMENTE: Verwendungsweise: 9.48D
SUPERAR: Gebrauch des bestimmten Artikels beim Objekt von ~: 5.71
SUPERIOR: einendiges Adjektiv: 3.6A; Ergänzung mit A: 3.78
SUPERIORA: Adjektivform zu MADRE: 3.6B
Superlativ: s. Graduierung
superlativische Angaben: 5.67, 39.38
SUPONER: Konjugation: 12.88B; Gebrauch des bestimmten Artikels beim Objekt von ~: 5.71; ersetzt SER: 20.14; Verb des Dafürhaltens: 21.13; Subjuntivo mit Imperatv und Gerundio im QUE-Nebensatz von ~: 34.58
SUPONERSE: ersetzt SUPONER: 13.18C
SUPREMO: Elativ zu ALTO: 41.35
SUPUESTO: ~ QUE: 35. 98B; EN EL ~ DE QUE: 35.98B
SUR: AL ~: 25.28
SUS (Personalpronomen): ersetzt OS: 11.44A
SUSTITUIR: akkusativisches A bei ~: 24.17

# T

TABÚ: Mehrzahlform: 2.6, 2.6A
TACHAR: Verb des Benennens 21.14
-TAD: Endung weiblicher Substantive: 1.46
Tagenamen: Geschlecht von ~: 1.72C
Tageszeit: Angabe der ~: 19.19, 26.7 ff
TAL: 9.23 ff; Artikelwörter bei ~: 6.22, 9.27; feststehende Wendungen mit ~: 9.28
TAL (Y) COMO: 9.28B, 9.28E
TAL CUAL: 9.28C
TAL VEZ: 9.28G; Subjuntivo nach ~: 32.15
TAMAÑO (Adjektiv): Gebrauch des unbestimmten Artikels: 6.24; Bedeutung: 9.29
TAMBIÉN: Stellung im Satz: 30.43
TAMPOCO: 21.31, 29.50
TAN: bei der Graduierung von Adjektiven: 3.59, 9.139; Gebrauch des unbestimmten Artikels: 6.26; bei der Graduierung von Adverbien: 27.1, 9.139; Gebrauch der Vollform TANTO bei der Graduierung von Adjektiven: 3.60, 9.139; COMO als Ergänzung zu ~ in Vergleichsstrukturen: 9.143; ~ ... COMO als Konzessivstruktur: 9.143A; ~ in Koordination mit MÁS: 9.147; in Ausrufestrukturen: 9.142, 28.24; QUÉ ~ + Adjektiv: 28.18A; in Konsekutivsätzen: 35.60, 35.64; ~ ES ASÍ QUE: 35.61
TANGA: männliches oder weibliches Substantiv?: 1.35
TANTO: 9.130 ff; OTRO ~: 9.131, 9.134; Einzahlform zur Bezeichnung einer Mehrzahl: 9.132; Verkürzung: 9.139; ~ als Prädikatsnomen: 9.135; ungefähre Angaben mit ~: 9.136; feststehende Wendungen mit ~: 9.137; UN ~: 9.138; UN ~ ASÍ: 9.138; COMO als Ergänzung zu ~ in Vergleichsstrukturen: 9.143; ~ COMO als Thematisierungsformel: 30.51; ~ ... COMO als Konjunktion: 9.143A; ~ in Koordination mit MÁS: 9.147; ~ im proportionalen Vergleich: 9.165, 9.167, 9.171; DE ~ + Infinitiv: 14.106; in Konsekutivsätzen: 35.60, 35.64; ~ ES ASÍ QUE: 35.61; Kommasetzung bei POR ~: 42.28C
TANTO MÁS CUANTO QUE: kausale Konjunktion: 35.53
TANTO MENOS CUANTO QUE: kausale Konjunktion: 35.53A
TAÑER: Konjugation: 12.61
TARDAR: Ausdruck benötigten Zeitraums mit ~: 26.55A
TARDE: 26.81
Tatsachen: Modusgebrauch bei der Benennung von ~: 34A; Modusgebrauch bei der Bewertung von ~: 34F
*'Tausende'*: 4.33
TE (Personalpronomen): 11.44; Schreibung: 42.25F
TÉ: Schreibung der Mehrzahlform: 2.4A; Schreibung der Singularform: 42.25F
Telefonnummern: Aufsagen von ~: 4.15A
TEMER: verbundene Personalpronomen bei ~: 11.63T; ersetzt durch ~SE: 13.18C; Indikativ und Subjuntivo im QUE-Nebensatz von ~ und ~SE: 34.64 ff
Temporalsatz: ~ durch Gerundioangabe verkürzt: 15.12; Modusverwendung: 35B
TEMPRANO: 26.82

**Sach- und Wortregister**

TENER: Konjugation: 12.94; in Angaben des Zustands: 5.64; Gebrauch des bestimmten Artikels in Altersangaben mit ~: 5.73B; ~ + Substantiv + QUE + Infinitiv: 14.17; ~ + Fragewort + Infinitiv: 14.25; ~ QUE: 14.59; Stellung des Personalpronomens bei ~ QUE + Infinitiv: 11.111J; ESTAR + Gerundio bei ~: 15.30; ~ + Partizip: 16.16 ff; IMPERFECTO von ~ QUE: 18.22; INDEFINIDO von ~ QUE: 18.48; ~ mit Objektsprädikativ: 21.7; ~ zur Lageangabe: 21.7; ~ POR Verb des Dafürhaltens: 21.13, 39.14B; akkusativisches A bei ~: 24.3, 24.21; NO ~ POR QUÉ + Infinitiv: 28.13B; ~ in Verbindung mit QUÉ und dem Infinitiv: 28.14; ~ QUIEN: 36.34

TERCERO (Ordinalzahl): Verkürzung: 3.45, 3.46, 4.19; Gebrauch der Vollform: 3.47

TERMINAR: ~ POR + Infinitiv: 14.75; ~ + Gerundio: 15.42

TESTIGA: uneigentliche feminine Form: 1.12B

Thematisierung: 30E

TI (Personalpronomen): 11.21, 11.23

TIEMPO: Bedeutung und Verwendungsweise von AL POCO ~: 26.20A; die Konjunktion A(L) ~ QUE: 35.41, 35.26B

Tierbezeichnungen: Geschlecht von ~ als Personenbezeichnungen: 1.3; Geschlecht von ~: 1D; akkusativisches A bei ~: 24.1, 24.20

TILDAR: Verb des Benennens 21.14

TILDE: männliches oder weibliches Substantiv?: 1.35

TÍA: Gebrauch des bestimmten Artikels bei ~: 5.75G; ~ als Vokativ: 28.60

TÍO: Gebrauch des bestimmten Artikels bei ~: 5.75G; ~ als Vokativ: 28.60

TIPA: Personenbezeichnung: 1.12B

TIPO: zur Verwendung als Personenbezeichnung: 1.12B; TODO ~ DE: 9.112A; Kongruenzfragen: 22.7; QUÉ ~: 28.17

TIRA: Verwendungsweise von LA ~ DE: 9.52A

TIRAR: verbundene Personalpronomen bei ~: 11.63U

-TIS: Endung weiblicher Substantive: 1.51

Titel: Gebrauch des bestimmten Artikels vor ~: 5.23ff; ~ als Vokative: 28.61

Tripthonge: 42.11

TOCAR: verbundene Personalpronomen bei ~: 11.63V; Konjugation: 12.43; Ergänzung mit Artikel: 5.75B

TODAVÍA: 26.85; Stellung: 29.12; in Verbindung mit SEGUIR + Gerundio: 15.36A

TODO (neutrales Indefinitpronomen): 9.97 ff; ~ mit neutralen Pronomen: 7.10, 9.98; ~ mit DEMÁS: 9.21; DE ~: 9.99, 38.4B; ~ LO QUE: 10.25; ~ LO CUAL: 10.108A; Personalpronomen zu ~: 11.82, 11.84; Kongruenz in SER-Sätzen: 22.2A; ~ LO in abhängigen Steigerungen 28.31

TODO / TODA / TODOS / TODAS: 9.101 ff; ~ UN / UNA: 9.105; Entsprechung von 'ganz': 1.67, 5.60f, 9.101; TODO LO + Adjektiv / Partizip: 9.101A; Nachstellung von TODO: 9.102; Wegfall des Artikels nach TODO: 9.103 ff; TODO gefolgt vom unbestimmten Artikel: 9.105 f; TODO gefolgt vom Possessiv- oder Demonstrativpronomen: 9.107; Ausdruck des höchsten Grades mit TODO: 9.108; Substantivierung von TODO: 9.110; Entsprechung von 'jeder': 9.112 f; feststehende Wendungen mit TODO / TODA: 9.112A; TODO EL QUE: 9.113; TODO AQUEL QUE: 9.113; Entsprechung von 'alle': 5.57ff, 9.114 ff; TODOS / TODAS + Pronomen: 9.117; Personalpronomen zu TODOS / TODAS: 11.82; in Zeitangaben: 26.45

TOMAR: ~ POR: 21.13; Sondergebrauch des Imperativs: 31.39 f

TOPAR: Ergänzung mit CON: 40.4A

-TOR: Adjektive auf ~: 3.6 f

TORCER: Konjugation: 12.58H; Zielergänzung: 25.63B

TORNARSE: Bedeutung und Verwendungsweisen: 20.18E

TOTAL (Adverb): 33.23

TRADUCIRSE: Ergänzung mit EN: 38.24A

TRAER: Konjugation: 12.95; ~ + Partizip: 16.18; in Angaben des Aussehens: 5.64, 21.10

TRAERSE: Unterschied zu TRAER: 13.19B

TRAGALUZ: 1.56A

TRANQUILO: Tempus von ESTAR bei ~: 19.80

TRANSFORMARSE: Bedeutung und Verwendungsweise von ~ EN: 20.18B

TRAS (Präposition): 25.46, 26.72; konkurriert mit A und POR im Ausdruck der Wiederholung des Gleichen: 38.16; ~ DE: 25.46D; ~ + Infinitiv: 14.103A; die Konjunktion ~ DE QUE: 35.14, 35.24A, 35.39A

TRASLUZ: 1.56A

TRATAR: ~ (SE) (DE): 38.4K; Indikativ oder Subjuntivo nach ~ DE QUE: 34.106F

TREN: Gebrauch des bestimmten Artikels bei ~: 5.76

TRÍCEPS: Mehrzahl: 2.15; Akzent: 42.25A

TRILLÓN: Besonderheiten: 4.14

-TRIZ: Adjektive auf ~: 3.7

TROCARSE: Bedeutung und Verwendungsweise von ~ EN: 20.18B

TROPEZAR: Ergänzung mit CON: 40.4A

TÚ (Personalpronomen): 11.10, 11.15; nach Präpositionen: 11.22; als indefinites Subjekt: 23.27

Typisierungen: Wegfall des unbestimmten Artikels bei ~: 6.31

# U

U (Konjunktion anstatt O): 33.9
Übereinstimmung von Subjekt und Prädikat: s. Kongruenz
-UCO (Suffix): 41.32A
-UCHO (Suffix): 41.31
-UELO (Suffix): 41.22
Uhrzeit: Angabe der ~: 19.18, 26.90 f
ULTERIOR: einendiges Adjektiv: 3.6A; Ergänzung mit A: 3.78
ÚLTIMOS: Angaben mit ~: 26.19
'*um*'- Entsprechung': bei Verben des Verringerns und Zunehmens: 38.23
-UMBRE (Substantivendung): Geschlecht der Substantive auf ~: 1.42
UNA POCA: 9.59
UNA POQUITA: 9.59
UNA VEZ: 35.116; ~ + Partizip: 16.13; ~ QUE (Konjunktion der Zeit) 10.93B, 35.21; ~ + Präpositionalgefüge: 35.116A, 35.116B
ungefähre Angaben: ~ mit Zahlen: 4.36, ~ mit unbestimmtem Artikel: 6.9, 6.15; mit TANTO: 9.136; mit POR: 25.34, 26.56; ~ der Zeit: 26.56 ff; ~ der Uhrzeit: 26.91; mit COMO: 27.16
ÚNICO: kann mit dem Artikel LO gebraucht werden: 5.17
UNO (Zahlwort): 4.4, 4.7 f; ~ vor femininen Substantiven mit betontem Anfangs-A: 4.7D
UNO / UNA / UNOS / UNAS (Pronomen): 9.32 ff; Verwendung des bestimmten Artikels in Verbindungen mit OTRO: 9.33; Ausdruck der Gegenseitigkeit in Verbindungen mit OTRO: 9.34; indefinites Subjekt UNO / UNA: 23.21 ff; UNO / UNA in Kardinalzahlen: 4.7; UNO / UNA MISMO / MISMA: 9.7; Kongruenzfragen: 22.22
UN(O) / UNA / UNOS / UNAS (unbestimmter Artikel): 6; ~ plus Adjektiv 3.86; Wegfall vor MILLÓN: 4.12A; Wortstellung des ~: 6.3; UN vor weiblichen Substantiven mit beginnendem A oder HA: 6.4ff; pronominaler Gebrauch von UNO / UNA: 6.7f; ~ in ungefähren Angaben: 4.36B, 6.9, 6.15; UNOS / UNAS als unbestimmter Artikel: 6.11f; ~ in Klassifizierungen: 6.14, 6.16; im Ausdruck von Besonderheit: 6.14, 6.16; pronominaler Gebrauch von UNA: 6.17; Wegfall von ~: 6.19 ff; 6.30 ff; UNA DE: 6.18; Wegfall: 6.19 ff; + zum Possessivpronomen: 8.15; Unterschied zu ALGUNO: 9.82; in Verbindung mit CUANTOS / CUANTAS: 9.90; in Zeitangaben: 26.62; mit MANERA: 27.31
UNO U OTRO: 6.7A
UNO QUE OTRO: 6.7A
UNOS CUANTOS: Syntax und Bedeutung: 9.90B
UNOS POCOS: Syntax und Bedeutung: 9.90A
UN POCO (DE): 9.58; ~ vor Komparativen: 9.58A
UN POQUITO (DE): 9.58; ~ vor Komparativen: 9.58A
unwirkliche Bedingung: s. irrealer Kontext
Unwirklichkeit: s. irrealer Kontext
USTED: Satzsubjektfunktion: 11.10, 11.17; Abkürzungen: 11.17A; Stellung im Satz: 11.19, 30.22; unbetontes Pronomen zu ~: 11.46 ff
USTEDES: Satzsubjektfunktion: 11.10, 11.18; Abkürzungen: 11.18A; Stellung im Satz: 11.19, 30.22; unbetontes Pronomen zu ~: 11.46 ff

# V

VALER: Konjugation: 12.96
VALIENTE: Verwendung in Ausrufen: 28.28C
VAMOS: 31.23 ff; ~ A + Infinitiv als Imperativ: 31.6; Ersetzung von QUÉ in Ausrufen: 28.28A, 31.22 (s. auch IR)
VARIOS: 9.91
VAYA: 31.20 ff; Ersetzung von QUÉ in Ausrufen: 28.28A, 31.22 (s. auch IR)
VEINTE: Wegfall des ausgehenden -E: 4.2
VEINTIUNO; Verkürzung: 4.4, 4.7B, 4.7D
VEINTITANTOS: ungefähre Mengenangabe: 4.2, 9.136
VENCER: Konjugation: 12.42
VENGA: s. VENIR
VENIR: Konjugation: 12.97; ~ A + Infinitiv: 14.84 ff; ~ + Gerundio: 15.38 f; Stellung des Personalpronomens bei ~ + Gerundio: 11.117D; ~ + Partizip: 17.8, 17.24A; ~ A + Infinitiv: 14.85 ff; statt ESTAR: 20.3; POR führt die Zielergänzung von ~ ein: 25.55; in Verbindung mit A QUÉ: 28.11; VENGA A + Infinitiv: 31.32A; Sondergebrauch von VENGA(N): 31.29 ff
VENTAJA: Indikativ nach LA ~ DE QUE: 34.97B

## Sach- und Wortregister

VER: Konjugation: 12.98; Akzent in INDEFINIDO-Formen?: 12.41; Sondergebrauch im FUTURO: 18.68; mit Objektprädikativ: 21.11B, 21.12; Sondergebrauch des Imperativs: 31.49; HAY QUE ~: 31.49A; A ~ (SI): 33.22; unbetonte Pronomen in Infinitivkonstruktionen: 11.120; Infinitivergänzung: 14.42; ~ DE: 14.53G; NADA QUE ~: 29.60B; VAMOS A ~: 31.26 f; (SI) VIERAS: 35.87A

Verbalsubstantive: Geschlecht der ~: 1.43

Verben der Bewegung: Stellung des Personalpronomens bei ~ + Infinitiv: 11.1113; mit dem Partizip: 17.24; in der reflexiven Form: 13.20; Infinitivergänzung mit A oder PARA?: 14.114; zweimal A in Infinitivergänzungen bei ~: 25.50; Verbindung mit DE: 38.6H, 38.6I; ergänzt von A POR: 39.9

Verben der Existenzangabe: 19.100; Wortfolge bei ~: 30.15 ff

Verben der geistigen Tätigkeit: Infinitiv und QUE-Ergänzung bei ~: 14.51; IMPERFECTO der ~ bei Meinungsberichtigung: 18.18; INDEFINIDO der ~: 18.43, 18.55; Indikativ bei den ~: 34B; Subjuntivo bei ~: 34.58; Reflexivformen der ~: 13.18

Verben der Gemütsbewegung: Gebrauch der unbetonten Personalpronomen bei ~: 11.60B; INDEFINIDO der ~: 18.44; Akkusativ- oder Dativobjekt bei ~: 24.33; kausale Ergänzung mit DE: 38.7B, 38.7C

Verben der Präferenz: Intensitätsadverbien bei ~: 9.48C; Personalpronomen bei ~: 11.86, 11.92, 20.11D; INDEFINIDO bei ~: 18.59

Verben der Vergegenwärtigung: Gerundio-Angabe bei ~: 15.5

Verben der Willensäußerung: Personalpronomen bei ~: 11.61B-D, 11.121B; Infinitivergänzung bei ~: 14.43 ff, Modusgebrauch bei ~: 34.41 ff

Verben der Wahrnehmung: unbetonte Pronomen bei ~: 11.120; Gerundio-Angaben bei ~: 15.4; TENER + Partizip bei ~: 16.16; mit Objektprädikativ: 21.11 f; Infinitivergänzung bei ~: 14.42

Verben der Zustands- und Wesensveränderung: 20B, 20.20

Verben des Berichtens: Infinitivergänzung statt Nebensatz bei ~: 14.41; TENER + Partizip bei ~: 16.16; DEJAR + Partizip bei ~: 16.22; IMPERFECTO statt INDEFINIDO bei ~: 18.27; einschränkende Ausdrücke mit ~: 32.29; Modusgebrauch bei ~: 34.37 ff, 34.45, 34.75, 34.77ff

Verben des Bewirkens eines Zustands: 21A, 21.6; Subjuntivo nach ~: 34.49 ff

Verben des Habens: Gebrauch des unbestimmten Artikels bei ~: 6.28 f; akkusativisches A bei ~: 24.22

Verben des Lehrens und Lernens: Gebrauch des bestimmten Artikels bei ~ : 5.51

Verben mit Nominativergänzung: 20

Verben mit Objektprädikativ: 21; akkusativisches A bei ~: 24.23

Verben mit Prädikatsnomen: 20A

Verbformen: 12; infinite ~: 12.1 ff; die finiten ~: 12B; regelmäßige und unregelmäßige Verben: 12.16 f; Wegfall und Ersetzung durch Komma: 42.28E

VERBO PRONOMINAL: 13

VERDADERAMENTE: Verwendung bei der Adjektivsteigerung: 9.45A

Vergangenheitszeiten: 18G, 37 passim; ~ im Erzählbericht: 18.62; ersetzt durch PRETÉRITO IMPERFECTO DE SUBJUNTIVO: 18.63, 35.30A, 35.40A, 35.57B, 36.39

Vergleich: s. Graduierung, Komparativsatz

Vergleich und Steigerung: s. Graduierung

Verkürzung: s. Adjektiv, s. CIENTO, s.RECIÉN

Verlaufsform: s. Gerundio

Vermutung: Ausdruck der ~: 18.71, 18.77 f, 18.85 f, 18.93 f, 36.7, 36.10; Indikativ und Subjuntivo nach Ausdrücken der ~: 34.31 ff, 34.103

Verneinung: s. Negation

VERSE: Verb des Befindens: 20.13; Vorgangspassiv: 16.6; 17.7

Verständnis: Subjuntivo nach Ausdrücken des ~: 34.85

Verwandtschaftsbezeichnungen: feminine Form von ~: 1.10

Verwendung der Zeiten des Indikativs: 18

Verwünschungen: 28.71

VESTIR(SE): Pronominalergänzung mit DE: 38.6G

VEZ: Angabe der Häufigkeit mit ~: 26.41 f; CADA ~ in Komparativsätzen: 9.126; die temporale Konjunktion CADA ~ QUE: 35.20; die temporale Konjunktion A LA ~ QUE: 35.14, 35.26B; die temporale Konjunktion UNA ~ (QUE): 35.14, 35.26B; die Konjunktion EN ~ DE QUE: 35.31, 35.36; die kausale Konjunktion TODA ~ QUE: 35.52

VÍA: präpositionaler Gebrauch: 39.17A, 40.26A

VIDA: POR LA ~: 20.2B; PASARSE LA ~: 26.50; ~ in Verneinungen: 29.40

VIEJO: Konventionelle Stellung als Attribut: 3.43A

VIGÉSIMO: in Zusammensetzungen: 4.16A, 4.20

VIRUSES: ~ ist eine falsche Mehrzahl: 2.14

VISITA: akkusativisches A bei ~: 24.14A

VISLUMBRE: männliches und weibliches Substantiv: 1.42A

VISTO QUE: kausale Konjunktion: 35.52

## Sach- und Wortregister

VIVAC: Mehrzahlform 2.19B
VODKA: männliches oder weibliches Substantiv?: 1.35
Vokale: Aussprache der ~: 42.9
Vokative: 28.58
VOLCAR: Konjugation: 12.58B
VOLVER: Konjugation: 12.58J; *'machen'* (mit Objektsprädikativ): 21.3; ~ A + Infinitiv: 14.91; Stellung des Personalpronomens bei ~ A + Infinitiv: 11.111K; POR führt die Zielergänzung von ~ ein: 25.55
VOLVERSE: *'werden'*: 20.16
Vorgangsbezeichnungen: Verwendung der Mehrzahl von ~: 2.33
Vorgangspassiv: 17A; Spaltung: 16.6, 17.2; mit ESTAR + Gerundio: 17.5A; Ersatz des ~: 17.9 ff
Vorsilbe: s. Präfixe
VOS (Anredeform): 11.20
**VOSEO**: 11.20A
VOSOTRAS (Pronomen): 11.16; Benennungsumfang: 11.14
VOSOTROS (Pronomen): 11.16
VOZ: weibliches Substantiv: 1.56; Komposita von ~ männlich: 1.56A

## W

Wahrscheinlichkeit: Modusgebrauch in QUE-Nebensätzen im Ausdruck der ~: 34D
*'weder ... noch'*-Entsprechung: 29.53
Weinnamen: Geschlecht von ~: 1.72F
*'werden'*-Entsprechungen: 20B
Widerspruch: Ausdrücke des ~: 29C; Modusgebrauch in QUE-Nebensätzen im Ausdruck von ~: 34E
Wissensgebietsbezeichnungen: Gebrauch des bestimmten Artikels bei ~: 5.47ff
Wochentag: Angabe des ~: 19.18, 19.37, 26.92
*'wollen'*-Entsprechungen: 14.56, 14.63H-L
Wortbildung: 41; Zusammensetzungen: 1.53, 1.58 ff; Adjektive: 3.6 ff; Adverbien: 27.40 ff; s. auch Präfixe, Suffixe
Wortfolge: s. Satzgliedstellung
Wortstellung: s. Satzgliedstellung
Wünsche: 32B

## Y

Y (Konjunktion): 33.1 ff; bei Zahlen?: 4.2; in feststehenden Wendungen: 31.50
YA: 26.86; ~ + Partizip: 16.13; umgangssprachlicher Gebrauch: 26.86C; ~ NO: 29.13 ff; in der Wortfolge: 30.43; mit ESTAR: 19.45C; ~ QUE: 35.52, 35.98B; in Verbindung mit Negationswörtern: 29.34; ~ ... ~: 20.86D; in disjunktiven Konstruktionen mit Subjuntivo: 32.21; ~ als distributiver Ausdruck: 33.18
YACER: Konjugation: 12.99
**YEÍSMO**: 42.4B
Y ESO: 7.42N
¿Y ESO?: 7.42L
Y ESO QUE: 7.42J, 35.48
¿Y ESO QUÉ?: 7.42M
YO (Pronomen): Satzsubjektfunktion: 11.10; nach Präpositionen: 11.22
Y PICO: in ungefähren Angaben mit Zahlen: 4.36E
Y TAL: 9.28A
Y TODO: ~ als konzessive Wendung: 9.100A; Gerundio + ~: 15.19
Y TODO ESO: 7.42N

## Z

Zahlwort: 4; Stellung zum Bezugswort: 3.29; Ausschreiben von ~: 4.29; s. Ordinalzahl, Kardinalzahl, Bruchzahl
Zeichensetzung: 42.27A; Punkt nach Ordinalzahl?: 4.17; Ausrufezeichen beim Imperativ: 31.1; Kommaverwendung: 42.28
Zeitangaben: 26
Zeiten: Bildung der zusammengesetzten ~ 12.11 ff; Bezeichnung der ~: 12.13; zusammengesetzte ~ mit TENER: 16.17B; Verwendung der ~ des Indikativs: 18; Verwendung der ~ des Subjuntivo: 37 passim
Zeitenfolge: 37

## Sach- und Wortregister

Zitate: Geschlecht von ~: 1.63
*'zu'*-Entsprechung durch PARA: 39.37
-ZUELO (Suffix): 41.22
Zurückweisung: Ausdrücke der ~: 29C
zusammengesetzte Adjektive: 3.23 ff; Herkunftsbezeichnungen als ~: 3.25
zusammengesetzte Substantive: s. Komposita
Zustandsangaben: Gebrauch des bestimmten Artikels bei ~: 5.64ff; ESTAR bei ~: 19.46 ff, 19.72 f; ESTAR + Gerundio bei ~: 15.30 f: SEGUIR + Gerundio bei ~: 15.36B, 15.36C
Zustandsbezeichnungen: Verwendung der Mehrzahl von ~: 2.33
Zustandspassiv: 17B
Zustandsreflexiv: 17.18
Zustimmung: Ausdrücke der ~: 27.52; ~ erheischende Fragen: 28.54
ZUTANO: 9.75A
Zweifel: Modusgebrauch in QUE-Nebensätzen im Ausdruck von ~: 34.68 ff

# Alphabetische Liste unregelmäßiger Verben

- Die Ziffer hinter dem Infinitiv verweist auf Kapitel 12

## A

abastecer 12.67A
abnegarse 12.55C
aborrecer 12.67A
abreviar 12.53A
absolver 12.58K
abstenerse 12.94, 12.94A
acaecer 12.67A
acariciar 12.53A
acentuar 12.54C
acertar 12.55A
acontecer 12.67A
acopiar 12.53A
acordar 12.58A
acostar 12.58A
acrecentar 12.55A
acrecer 12.67A
actuar 12.54C
adherir 12.56A
adolecer 12.67A
adormecer 12.67A
adquirir 12.57
aducir 12.68B
advenir 12.97, 12.97A
advertir 12.56A
afluir 12.66A
agobiar 12.53A
agradecer 12.67A
agriar 12.53B
aguar 12.54B
ahijar 12.52A
ahilar 12.52A
ahincar 12.52A
ahitar 12.52A
ahuchar 12.52B
ahumar 12.52B
airar 12.52A
aislar 12.52A
alentar 12.55A
aliar 12.53C
aliviar 12.53A
almorzar 12.58C
amanecer 12.67A
amolar 12.58A
amortecer 12.67A
amortiguar 12.54B
ampliar 12.53C
andar 12.74
angustiar 12.53A
anochecer 12.67A
ansiar 12.53C

antedecir 12.79
anteponer 12.87B
anunciar 12.53A
apacentar 12.55A
apaciguar 12.54B
aparecer 12.67A
apetecer 12.67A
apostar 12.58A
apreciar 12.53A
apremiar 12.53A
apretar 12.55A
aprobar 12.58A
apropiarse 12.53A
arcaizar 12.52A
argüir 12.66A
arreciar 12.53A
arrendar 12.55A
arrepentirse 12.56A
arriar 12.53C
ascender 12.55E
asediar 12.53A
asentar 12.55A
asentir 12.56A
aserrar 12.55A
asfixiar 12.53A
asir 12.75
asociar 12.53A
asolar 12.58A
atañer 12.61
ataviar 12.53C
atender 12.55E
atenerse 12.94, 12.94A
atenuar 12.54C
atestiguar 12.54B
atravesar 12.55A
atribuir 12.66A
atronar 12.58A
aullar 12.52B
aunar 12.52B
aupar 12.52B
avenirse 12.97, 12.97A
aventar 12.55A
avergonzar 12.58F
averiar 12.53C
averiguar 12.54B
aviar 12.53C

## B

bendecir 12.79A, 12.9C
beneficiar 12.53A

bienquerer 12.88
bruñir 12.62A
bullir 12.63

## C

caber 12.76
cablegrafiar 12.53C
caer 12.77
calcografiar 12.53C
calentar 12.55A
caligrafiar 12.53C
calumniar 12.53A
cambiar 12.53A
carecer 12.67A
cegar 12.55C
ceñir 12.62BC
cerner 12.55E
cernir 12.55F
cerrar 12.55A
chirriar 12.53C
cinematografiar 12.53C
circuir 12.66A
circunferir 12.56A
cocer 12.58G
codiciar 12.53A
cohibir 12.52A
colar 12.58A
colegiarse 12.53A
colegir 12.60B
colgar 12.58D
columpiar 12.53A
comedir 12.60A
comenzar 12.55B
comerciar 12.53A
compadecer 12.67A
competir 12.60A
complacer 12.67A
componer 12.87B
concebir 12.60A
conceptuar 12.54C
concernir 12.55F
conciliar 12.53A
concluir 12.66A
concordar 12.58A
condescender 12.55E
condolerse 12.58F
conducir 12.68B
conferir 12.56A
confesar 12.55A
confiar 12.53C

## Alphabetische Liste unregelmäßiger Verben

confluir 12.66A
conmover 12.58F
conocer 12.67D
conseguir 12.60C
consentir 12.56A
consolar 12.58A
constituir 12.66A
constreñir 12.62BC
construir 12.66A
contagiar 12.53A
contender 12.55E
contener 12.94, 12.94A
continuar 12.54C
contradecir 12.79
contrahacer 12.82
contraponer 12.87B
contrariar 12.53C
contravenir 12.97, 12.97A
contribuir 12.66A
controvertir 12.56A
convenir 12.97, 12.97A
convertir 12.56A
copiar 12.53A
corregir 12.60B
corroer 12.90
costar 12.58A
crecer 12.67A
creer 12.64
criar 12.53C
custodiar 12.53A

### D

dar 12.78
decir 12.79
decrecer 12.67A
deducir 12.68B
defender 12.55E
degollar 12.58E
demoler 12.58F
demostrar 12.58A
denegar 12.55C
denostar 12.58A
denunciar 12.53A
deponer 12.87B
derretir 12.60A
desabastecer 12.67A
desafiar 12.53C
desagradecer 12.67A
desaguar 12.54B
desahuciar 12.53A
desalentar 12.55A
desamoblar 12.58A
desandar 12.74
desaparecer 12.67A

desapretar 12.55A
desaprobar 12.58A
desarrendar 12.55A
desasir 12.75
desatender 12.55E
desavenirse 12.97, 12.97A
descarriar 12.53C
descender 12.55E
desceñir 12.62BC
descolgar 12.58D
descollar 12.58A
descomponer 12.87B
desconcertar 12.55A
desconfiar 12.53C
desconocer 12.67D
desconsolar 12.58A
descontar 12.58A
descornar 12.58A
desempedrar 12.55A
desenmohecer 12.67A
desentenderse 12.55E
desentorpecer 12.67A
desentumecer 12.67A
desenvolver 12.58J
desfallecer 12.67A
desfavorecer 12.67A
desguarnecer 12.67A
deshabituar 12.54C
deshacer 12.82
desleír 12.65
desliar 12.53C
deslucir 12.68A
desmentir 12.56A
desmerecer 12.67A
desobedecer 12.67A
desoír 12.85
desolar 12.58A
desollar 12.58A
despedir 12.60A
desperdiciar 12.53A
despertar 12.55A
desplegar 12.55C
despoblar 12.58A
despreciar 12.53A
desproveer 12.64
desteñir 12.62BC
desterrar 12.55A
destituir 12.66A
destorcerse 12.58G
destruir 12.66A
desvanecer 12.67A
desvestir 12.60A
desviar 12.53C
desvirtuar 12.54C
detener 12.94, 12.94A
devaluar 12.54C

devenir 12.97, 12.97A
devolver 12.58J
diferenciar 12.53A
diferir 12.56A
digerir 12.56A
diluir 12.66A
discernir 12.55F
discordar 12.58A
disentir 12.56A
disminuir 12.66A
disolver 12.58K
disonar 12.58A
disponer 12.87B
distanciar 12.53A
distender 12.55E
distribuir 12.66A
divertir 12.56A
divorciar 12.53A
doler 12.58F
dormir 12.59

### E

efectuar 12.54C
elegir 12.60B
elogiar 12.53A
embastecer 12.67A
embaular 12.52B
embebecerse 12.67A
embellecer 12.67A
embestir 12.60A
emblandecer 12.67A
emblanquecer 12.67A
embravecer 12.67A
embrutecer 12.67A
empalidecer 12.67A
empecer 12.67A
empedrar 12.55A
empequeñecer 12.67A
empezar 12.55B
emplastecer 12.67A
emplumecer 12.67A
empobrecer 12.67A
emporcar 12.58B
emputecer 12.67A
enaltecer 12.67A
enardecer 12.67A
encarecer 12.67A
encarnecer 12.67A
enceguecer 12.67A
encender 12.55E
encerrar 12.55A
encomendar 12.55A
encomiar 12.53A
encontrar 12.58A

# Alphabetische Liste unregelmäßiger Verben

encordar 12.58A
endentecer 12.67A
endurecer 12.67A
enflaquecer 12.67A
enfriar 12.53C
enfurecer 12.67A
engrandecer 12.67A
engreír 12.65
engullir 12.63
enjuiciar 12.53A
enlobreguecer 12.67A
enloquecer 12.67A
enlucir 12.68A
enmendar 12.55A
enmohecer 12.67A
enmudecer 12.67A
enmugrecer 12.67A
ennegrecer 12.67A
ennoblecer 12.67A
enorgullecer 12.67A
enraizar 12.52A
enrarecer 12.67A
enriquecer 12.67A
enrojecer 12.67A
enronquecer 12.67A
ensangrentar 12.55A
ensoberbecer 12.67A
ensombrecer 12.67A
ensoñar 12.58A
ensordecer 12.67A
ensuciar 12.53A
entallecer 12.67A
entender 12.55E
entenebrecer 12.67A
enternecer 12.67A
enterrar 12.55A
entibiar 12.53A
entontecer 12.67A
entorpecer 12.67A
entrecerrar 12.55A
entredecir 12.79
entreoír 12.85
entretener 12.94, 12.94A
entrever 12.98, 12.98A
entristecer 12.67A
entumecer 12.67A
enturbiar 12.53A
enunciar 12.53A
envanecer 12.67A
envejecer 12.67A
enviar 12.53C
envidiar 12.53A
envilecer 12.67A
envolver 12.58J
erguir 12.56B
errar 12.55D

escabullirse 12.63
escalofriar 12.53C
escarmentar 12.55A
escarnecer 12.67A
esclarecer 12.67A
escocer 12.58G
escornar 12.58A
esforzar 12.58C
esgrafiar 12.53C
espiar 12.53C
espurriar 12.53C
establecer 12.67A
estar 12.80
estatuir 12.66A
estremecer 12.67A
estreñir 12.62BC
estudiar 12.53A
evacuar 12.54A
evaluar 12.54C
evidenciar 12.53A
exceptuar 12.54C
excluir 12.66A
exiliar 12.53A
expatriar 12.53C
expedir 12.60A
expiar 12.53C
expoliar 12.53A
exponer 12.87B
extasiarse 12.53C
extender 12.55E
extenuar 12.54C
extraviar 12.53C

## F

fallecer 12.67A
fastidiar 12.53A
favorecer 12.67A
fenecer 12.67A
fiar 12.53C
florecer 12.67A
fluctuar 12.54C
fluir 12.66A
fortalecer 12.67A
forzar 12.58C
fosforecer 12.67A
fotografiar 12.53C
fraguar 12.54B
fregar 12.55C
freír 12.65

## G

gemir 12.60A
gloriarse 12.53C

gobernar 12.55A
graduar 12.54C
gruñir 12.62A
guarecer 12.67A
guarnecer 12.67A
guiar 12.53C

## H

haber 12.81
habituar 12.54C
hacer 12.82
hastiar 12.53C
heder 12.55E
helar 12.55A
henchir 12.60A
hender 12.55E
hendir 12.55F
hendir 12.56A
herir 12.56A
herrar 12.55A
hervir 12.56A
historiar 12.53A
historiar 12.53C
holgar 12.58D
hollar 12.58A
homogeneizar 12.52A
huir 12.66A
humedecer 12.67A

## I

imbuir 12.66A
impedir 12.60A
imponer 12.87B
incendiar 12.53A
incluir 12.66A
indisponer 12.87B
inducir 12.68B
infatuar 12.54C
inferir 12.56A
influir 12.66A
ingerir 12.56A
iniciar 12.53A
injerir 12.56A
injuriar 12.53A
inmiscuirse 12.66A
inquirir 12.57
insinuar 12.54C
instituir 12.66A
instruir 12.66A
interferir 12.56A
interponer 12.87B
intervenir 12.97, 12.97A
introducir 12.68B

823

## Alphabetische Liste unregelmäßiger Verben

intuir 12.66A
invertir 12.56A
investir 12.60A
ir 12.83
irradiar 12.53A
irse 12.83A

## J

jugar 12.84

## L

languidecer 12.67A
leer 12.64
liar 12.53C
lidiar 12.53A
limpiar 12.53A
llover 12.58F
lucir 12.68A

## M

malcriar 12.53C
maldecir 12.79A, 12.9C
malentender 12.55E
malherir 12.56A
malquerer 12.88
manifestar 12.55A
mantener 12.94, 12.94A
mecanografiar 12.53C
mediar 12.53A
medir 12.60A
menguar 12.54B
menstruar 12.54C
mentar 12.55A
mentir 12.56A
merecer 12.67A
merendar 12.55A
mimeografiar 12.53C
moler 12.58F
morder 12.58F
morir: 12.59A
mostrar 12.58A
mover 12.58F
mullir 12.63

## N

nacer 12.67B
negar 12.55C
nevar 12.55A

## O

obedecer 12.67A
oblicuar 12.54A
obscurecer 12.67A
obsequiar 12.53A
obstruir 12.66A
obtener 12.94, 12.94A
odiar 12.53A
oficiar 12.53A
ofrecer 12.67A
oír 12.85
oler 12.58I
oponer 12.87B
oscurecer 12.67A

## P

pacer 12.67B
padecer 12.67A
paliar 12.53C
palidecer 12.67A
parecer 12.67A
pedir 12.60A
pensar 12.55A
perder 12.55E
perecer 12.67A
permanecer 12.67A
perniquebrar 12.55A
perpetuar 12.54C
perseguir 12.60C
pertenecer 12.67A
pervertir 12.56A
piar 12.53C
pifiar 12.53C
placer 12.67C
plegar 12.55C
poblar 12.58A
poder 12.86
poner 12.87
porfiar 12.53C
poseer 12.64
posponer 12.87B
preceptuar 12.54C
preciar 12.53A
predecir 12.79A
predisponer 12.87B
preferir 12.56A
preludiar 12.53A
premiar 12.53A
presagiar 12.53A
presenciar 12.53A
presentir 12.56A
preterir 12.56A
prevalecer 12.67A
prevenir 12.97, 12.97A

prever 12.98, 12.98A
principiar 12.53A
privilegiar 12.53A
probar 12.58A
producir 12.68B
proferir 12.56A
prohibir 12.52A
prohijar 12.52A
promover 12.58F
pronunciar 12.53A
proponer 12.87B
proporcionar 12.53A
proseguir 12.60C
prostituir 12.66A
proveer 12.64
provenir 12.97, 12.97A
puntuar 12.54C

## Q

quebrar 12.55A
querer 12.88

## R

rabiar 12.53A
radiar 12.53A
radiografiar 12.53C
raer 12.89
rarefacer 12.82B
readquirir 12.57
reaparecer 12.67A
reargüir 12.66A
reblandecer 12.67A
rebullir 12.63
recalentar 12.55A
recluir 12.66A
recocer 12.58G
recomendar 12.55A
recomenzar 12.55B
recomponer 12.87B
reconducir 12.68B
reconocer 12.67D
reconstituir 12.66A
reconstruir 12.66A
reconvenir 12.97, 12.97A
recordar 12.58A
recostar 12.58A
recriar 12.53C
recrudecer 12.67A
redargüir 12.66A
redecir 12.79
redistribuir 12.66A
redituar 12.54C
reducir 12.68B

# Alphabetische Liste unregelmäßiger Verben

reelegir 12.60B
reencontrar 12.58A
reexpedir 12.60A
referir 12.56A
reflorecer 12.67A
refluir 12.66A
reforzar 12.58C
refregar 12.55C
refreír 12.65
refugiarse 12.53A
regar 12.55C
regir 12.60B
regoldar 12.58E
rehacer 12.82, 12.52A
rehilar 12.52A
rehuir 12.66B
rehusar 12.52B
reinvertir 12.56A
reír 12.65
rejuvenecer 12.67A
releer 12.64
relucir 12.68A
remediar 12.53A
remendar 12.55A
remoler 12.58F
remorder 12.58F
remover 12.58F
renacer 12.67B
rencontrar 12.58A
rendir 12.60A
renegar 12.55C
reñir 12.62BC
renovar 12.58A
renunciar 12.53A
repatriar 12.53C
repensar 12.55A
repetir 12.60A
replegar 12.55C
repoblar 12.58A
reponer 12.87A
reponer 12.87B
reprobar 12.58A
reproducir 12.68B
repudiar 12.53A
requebrar 12.55A
requerir 12.56A
resembrar 12.55A
resentirse 12.56A
resfriar 12.53C
resollar 12.58A
resolver 12.58K
resonar 12.58A
resplandecer 12.67A
resquebrar 12.55A
restablecer 12.67A
restituir 12.66A

restregar 12.55C
retemblar 12.55A
retener 12.94, 12.94A
reteñir 12.62BC
retorcer 12.58G
retribuir 12.66A
reunir 12.52B
revaluar 12.54C
revenirse 12.97, 12.97A
reventar 12.55A
reverdecer 12.67A
revertir 12.56A
revestir 12.60A
revolcar 12.58B
revolver 12.58J
robustecer 12.67A
rociar 12.53C
rodar 12.58A
roer 12.90
rogar 12.58D
rumiar 12.53A

## S

saber 12.91
saciar 12.53A
salir 12.92
santiguar 12.54B
satisfacer 12.82B
seducir 12.68B
segar 12.55C
seguir 12.60C
sembrar 12.55A
sentar 12.55A
sentenciar 12.53A
sentir 12.56A
ser 12.93
serrar 12.55A
servir 12.60A
sitiar 12.53A
situar 12.54C
sobreentender 12.55E
sobrehilar 12.52A
sobreponer 12.87B
sobreseer 12.64
sobrevenir 12.97, 12.97A
sofreír 12.65
solar 12.58A
soldar 12.58A
soler 12.58F
soltar 12.58A
sonar 12.58A
soñar 12.58A
sonreír 12.65
sosegar 12.55C

sostener 12.94, 12.94A
subarrendar 12.55A
subseguir 12.60C
subtender 12.55E
subvenir 12.97, 12.97A
subvertir 12.56A
sugerir 12.56A
suponer 12.87B
sustituir 12.66A

## T

tallecer 12.67A
tañer 12.61
tapiar 12.53A
tatuar 12.54C
telegrafiar 12.53C
temblar 12.55A
tender 12.55E
tener 12.94
teñir 12.62BC
tentar 12.55A
terciar 12.53A
torcer 12.58G
tostar 12.58A
traducir 12.68B
traer 12.95
transcender 12.55E
transferir 12.56A
translucir 12.68A
transponer 12.87B
trascender 12.55E
trascordarse 12.58A
trasegar 12.55C
trasferir 12.56A
traslucirse 12.68A
trasoír 12.85
trasponer 12.87B
travestir 12.60A
tribuir 12.66A
trocar 12.58B
tronar 12.58A
tropezar 12.55B
tullir 12.63

## U

usufructuar 12.54C

## V

vaciar 12.53C
valer 12.96
valuar 12.54C

## Alphabetische Liste unregelmäßiger Verben

variar 12.53C
vendimiar 12.53A
venir 12.97
ver 12.98
verdecer 12.67A
verter 12.55E
vestir 12.60A
viciar 12.53A

volar 12.58A
volcar 12.58B
volver 12.58J

## Y

yacer 12.99

yuxtaponer 12.87B

## Z

zaherir 12.56A
zambullir 12.63

# Menschen und Manager: Ein Balanceakt?

Eugen Buß
**Die deutschen Spitzenmanager -
Wie sie wurden, was sie sind**
Herkunft, Wertvorstellungen, Erfolgsregeln
2007. XI, 256 S., gb.
€ 26,80
ISBN 978-3-486-58256-7

Was ist eigentlich los im deutschen Management? Kaum ein Tag vergeht, ohne dass die Medien kritisch über die Zunft der Führungskräfte berichten. Sind die deutschen Manager denn seit dem Beginn der Bundesrepublik immer schlechter geworden? War früher etwa alles besser, als es noch »richtige« Unternehmerpersönlichkeiten gab?
Antworten auf diese Fragen finden Sie in diesem Buch.

Es gibt kein vergleichbares Buch, das die Zusammenhänge des Werdegangs und der Einstellungen von Spitzenmanagern darstellt. Die Studie zeigt, dass es in der Praxis unterschiedliche Managertypen gibt. Diejenigen, die ihre Persönlichkeit allzu gerne der Managementrolle unterordnen und jene, die eine Balance zwischen Mensch und Position finden.

**Das Buch richtet sich an all jene, die sich für die deutsche Wirtschaft interessieren.**

Prof. Dr. Eugen Buß lehrt an der Universität Hohenheim am Institut für Sozialwissenschaft.

Oldenbo.urg

# Steuern sparen leicht gemacht

Gerhard Dürr
**Das Steuer-Taschenbuch**
Der Ratgeber für Studierende und Eltern
2008. XII, 169 Seiten, Broschur
€ 16,80
ISBN 978-3-486-58409-7

Alles rund um das Thema Steuern – für Studierende und Eltern.

Die eine kellnert, der andere jobbt in einem Unternehmen oder an der Hochschule, wieder andere absolvieren Praktika in den Semesterferien. Nahezu jeder Studierende tut es – er arbeitet parallel zu seinem Studium.
Sobald der akademische Nachwuchs einer bezahlten Tätigkeit nachgeht, muss er sich an steuerliche Spielregeln halten.

Dieses Steuer-Taschenbuch macht den Studierenden fit für das Leben als Steuerzahler und gibt auch den Eltern nützliche Tipps: Der Autor erklärt die steuerlichen Grundbegriffe sowie die Steuerberechnung und -erhebung verständlich. Neben der Besteuerung von Studentenjobs thematisiert er sogar Schenkungen und Erbschaften.

**Kurzum: Alles Wissenswerte zum Thema Steuern und viele Steuerspar-Tipps für Studierende und deren Eltern.**

Gerhard Dürr ist im Bereich kaufmännische Bildung tätig. Er ist Lehrbeauftragter an mehreren Hochschulen und Autor verschiedener Lehrbücher.

Oldenbourg

# Ist der Drache unersättlich?

Xuewu Gu, Maximilian Mayer
**Chinas Energiehunger: Mythos oder Realität?**

Spätestens seit dem Beginn des 21. Jahrhunderts gibt es einen weltweiten Diskurs über Chinas Energiebedarf und dessen globale Auswirkungen.
Die Debatte verläuft teilweise leidenschaftlich. Sie ist aber auch von weit verbreiteten Mythen gekennzeichnet, die von der politischen und wissenschaftlichen Aufmerksamkeit und von den eigentlichen Energieherausforderungen Chinas und der Welt ablenken.
Dieses Buch versucht durch empirisches Datenmaterial und theoretische Überlegungen eine ausgewogene Sicht auf den chinesischen »Energiehunger« zu finden.

Das Buch richtet sich an Studierende, Wissenschaftler, Politiker, Entscheidungsträger in der Wirtschaft sowie an wirtschafts- und energiepolitisch Interessierte.

2007 | VIII, 207 Seiten | gebunden
€ 24,80
ISBN 978-3-486-58491-2

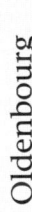

# Erfolgreiche Verkaufsgespräche

Uwe Jäger
**Verkaufsgesprächsführung**
Beschaffungsverhalten, Kommunikationsleitlinien, Gesprächssituationen
2007. VII, 249 Seiten, Broschur
€ 29,80, ISBN 978-3-486-58399-1

Welche kommunikativen Verhaltensregeln können Verkäufer nutzen und wie werden diese von professionellen Einkäufern interpretiert? Welche Gesprächsverläufe können sich im Verkaufszyklus ergeben und wie sollten Verkäufer hierbei agieren? Wer auf diese Fragen eine Antwort sucht, sollte dieses Buch lesen. Die kommunikativen Verhaltensmöglichkeiten im Verkauf und ihre Interpretation durch den professionellen Einkäufer sind die zentralen Themen dieses Lehrbuchs. Vor diesem Hintergrund erhält der Leser einen Überblick über die wichtigsten Gesprächsinhalte im Verkaufszyklus. Phasenspezifische Handlungsempfehlungen unterstützen die Vorbereitung einer kundenorientierten und situationsgerechten Gesprächsführung. Das Lehrbuch dient dem Leser als Strukturierungshilfe bei der Suche nach eigenen Qualifizierungspotenzialen und liefert Denkanstöße für die schrittweise Optimierung des Gesprächsverhaltens. Es richtet sich an Personen, die sich im wissenschaftlichen Umfeld mit dem Thema Verkaufsgesprächsführung befassen, an Verkaufstrainer und an Verkäufer im Business-to-Business-Sektor.

Fazit: Das Buch bietet Strukturierungshilfe bei der Suche nach eigenen Qualifizierungspotenzialen und liefert Denkanstöße für die schrittweise Optimierung des Gesprächsverhaltens.

Prof. Dr. Uwe Jäger ist seit 1997 Professor für Marketing, Vertrieb und Management an der Hochschule der Medien Stuttgart.

# economag.

Wissenschaftsmagazin für
Betriebs- und Volkswirtschaftslehre

## www.economag.de

Der Oldenbourg Wissenschaftsverlag veröffentlicht monatlich ein neues Online-Magazin für Studierende: economag. Das Wissenschaftsmagazin für Betriebs- und Volkswirtschaftslehre.

## Über den Tellerrand schauen

Das Magazin ist kostenfrei und bietet den Studierenden zitierfähige wissenschaftliche Beiträge für ihre Seminar- und Abschlussarbeiten - geschrieben von Hochschulprofessoren und Experten aus der Praxis. Darüber hinaus gibt das Magazin den Lesern nicht nur hilfreiche wissenschaftliche Beiträge an die Hand, es lädt auch dazu ein, zu schmökern und parallel zum Studium über den eigenen Tellerrand zu schauen.

## Tipps rund um das Studium

Deswegen werden im Magazin neben den wissenschaftlichen Beiträgen auch Themen behandelt, die auf der aktuellen Agenda der Studierenden stehen: Tipps rund um das Studium und das Bewerben sowie Interviews mit Berufseinsteigern und Managern.

**Kostenfreies Abonnement unter**
**www.economag.de**

Oldenbourg